中共中央党校年鉴

2010

《中共中央党校年鉴》编辑委员会

中共中央党校出版社
The Central Party School Publishing House

ISBN 978-7-5035-4766-9

9 787503 547669 >

图书在版编目（CIP）数据

中共中央党校年鉴.2010/《中共中央党校年鉴》编辑委员会.—北京：中共中央党校出版社，2012.3
ISBN 978-7-5035-4766-9

Ⅰ.中… Ⅱ.中… Ⅲ.中国共产党—党校—2010—年鉴 Ⅳ.D261.41-54

中国版本图书馆CIP数据核字（2012）第142832号

中共中央党校年鉴（2010）

责任编辑 蔡锐华
版式设计 尉红民
责任校对 王 巍
责任印制 王洪霞

出版发行 中共中央党校出版社
（北京市海淀区大有庄100号）
邮　　编 100091
网　　址 www.dxcbs.net
电　　话 （010）62805800（办公室）　（010）62805818（发行部）
经　　销 新华书店
印　　刷 北京天时彩色印刷有限公司
字　　数 1156千字
版　　次 2012年3月第1版　2012年3月第1次印刷
开　　本 787毫米×1092毫米 1/16
印　　张 57.25
定　　价 298.00元

3月1日，中共中央政治局常委、中央书记处书记、中央党校校长习近平在中央党校2009年春季开学典礼上讲话。（张永 摄）

7月16日，中共中央政治局常委、中央书记处书记、中央党校校长习近平出席2009年春季学期毕业典礼，并为学员颁发毕业证书。（张永 摄）

2月26日，中共中央政治局常委、中央书记处书记、中央党校校长习近平出席中央党校深入学习实践科学发展观活动总结大会并作重要讲话。

（张永 摄）

9月26日，中央党校举行学习贯彻党的十七届四中全会精神报告会。中共中央政治局常委、中央书记处书记、中央党校校长习近平出席并作题为“加强和改进新形势下党的建设的纲领性文献”的报告。（张永 摄）

9月23日，中共中央政治局常委、中央书记处书记、中央党校校长习近平在中央党校常务副校长李景田，黑龙江省委书记吉炳轩和省委副书记、省长栗战书等陪同下到黑龙江省委党校调研视察。（吴刚 提供）

9月23日，中共中央政治局常委、中央书记处书记、中央党校校长习近平观摩黑龙江省委党校“突发公共事件与政府应急管理”教学活动并即席讲话。

（吴刚 提供）

5月12日，中共中央政治局常委、中纪委书记贺国强出席全国县纪委书记培训班学员代表座谈会并讲话。（张永 摄）

10月21日，中共中央政治局委员、中央书记处书记、中组部部长李源潮在全国组织部长培训班上讲话。（张贵全 摄）

3月24日，外交部部长杨洁篪在中央党校作《当前国际形势与我国外交工作》报告。（张晓光 摄）

4月24日，国土资源部部长徐绍史在中央党校作《坚持改革创新，提高统筹保障发展与保护资源的能力》报告。（张晓光 摄）

9月3日，中国银行业监督管理委员会主席刘明康在中央党校作《金融危机的教训与反思》报告。（张晓光 摄）

1月7日，中央党校学习时报社召开“党校带头改进文风座谈会”。

（张永 摄）

12月8日，中央党校常务副校长李景田在“中国马克思主义论坛2009”开幕式上讲话。

（张晓光 摄）

2月26日，中央党校举行兼职教授聘书颁发仪式。（张永 摄）

2月26日，中央党校常务副校长李景田向兼职教授颁发聘书。（张永 摄）

8月5日至6日，中央党校常务副校长李景田赴青海就贯彻落实《中国共产党党校工作条例》和全国党校工作会议情况进行调研。（青海省委党校 提供）

4月9日，中央党校常务副校长李景田会见委内瑞拉总统查韦斯一行。（张贵全 摄）

9月8日，中央党校常务副校长李景田会见英国政府首席国务大臣彼得·曼德尔森勋爵一行。（张晓光 摄）

5月18日，中央党校副校长石泰峰会见丹麦哥本哈根商学院院长延森先生一行。（张晓光 摄）

12月16日，中央党校副校长陈宝生会见坦桑尼亚代表团。　　（张晓光 摄）

6月1日，中央党校副校长孙庆聚会见日本防卫大学校长五百旗头真。
（张晓光 摄）

11月19日,中央党校副校长李书磊会见意大利经济与财政部部长朱利奥·特莱蒙蒂。（张晓光 摄）

5月21日，中央党校教育长郝时晋会见法国电力公司亚太区总裁马识路。（张永 摄）

5月8日至15日，全国县纪委书记培训班在中央党校举办。（张永 摄）

10月21日，全国组织部长学习贯彻党的十七届四中全会精神第2—4期培训班在中央党校开班。（张贵全 摄）

8月10日至11日，第二次全国党校系统援助西藏党校工作会议在拉萨召开。（西藏自治区委党校 提供）

9月5日至6日，全国党校系统纪念新中国成立60周年理论研讨会在深圳召开。（谢全棠 摄）

11月26日，全国党校系统学员管理工作座谈会在湖北武汉举行。（选自湖北网络电视台网）

《中共中央党校年鉴》编辑委员会

《中共中央党校年鉴》编辑部

主　任　冯秋婷

副主任　刘能杰　王超英

编　辑　刘能杰　王超英　闫景明

撰稿人

李作钦	桑　瑜	王兆勤	王彦民	朱辉宇	陈启清
冯书泉	肖立辉	刘宝东	吕　品	李媛媛	潘　悦
郝全洪	卢红兵	王军敏	刘魁明	任尊严	孙向军
沈黎萍	朱晋平	余昌淼	仲　平	李小琳	王永清
赵若玉	卢　华	张品彬	张小虎	赵继光	高光海
刘　铁	孙　伟	吕晓庆	唐江平	费伟民	曹　达
罗　高	陈世奎	许　立	丁长顺	袁生福	朱玉涛
黄东山	潘向阳	梁少英	郭晓帆	陈延平	朱义俊
谢　芳	赵汝杰	刘治运	郭宝禄	王宏权	马建光
摆世刚	陆　鹏	黄银萍	朱道东	杨玉斌	谭媛媛
金荣钢	王统爱	张杰君	陆　燕	何云标	吴志华
迟兴臣	高云飞	王恒俊	吴　云	胡昌云	潘永明
戴霞飞					

编 辑 说 明

一、《中共中央党校年鉴》是由中共中央党校年鉴编委会领导下编纂的资料性工具书，逐年记载中央党校重大事件、重要文献和重要信息，主要反映中央党校各方面工作的发展情况，适当反映全国各省区市（含副省级城市）党校及中央党校各分校（部）有关情况。

二、《中共中央党校年鉴》创刊于1984年，时任中共中央政治局委员、中央军委常委、中央党校校长的王震同志为本刊题写刊名。目前已编纂出版1984年、1985年、1990年、1992年、1994年、1995年、1996年、2001年共8卷。2009年12月3日，中央党校校委会议研究决定，恢复出版。

三、《中共中央党校年鉴》实行编委会领导下的主编负责制。编委会主任由中央党校常务副校长李景田同志担任，副主任由其他校委成员担任，编委由中央党校各直属单位主要负责人和全国各省区市（含副省级城市）党委党校及中央党校各分校（部）常务副校长组成。编委会下设主编、副主编和编辑部。中央党校研究室负责《中共中央党校年鉴》的具体工作。

四、《中共中央党校年鉴》（2010）共20个栏目，包括：习近平同志在中央党校的重要讲话和重要活动，中央党校工作概况，学习贯彻党的十七届四中全会精神，深入学习实践科学发展观活动，贯彻落实《中国共产党党校工作条例》和全国党校工作会议精神，纪念中华人民共和国成立60周年，教学工作，学科建设，科研工作，学员管理，学位研究生教育，组织人事，机关党的工作，对外培训，图书、出版和报刊，中国马克思主义研究基金会，财务行政、后勤服务和安全保卫，信息化建设，对外合作与交流，地方党校工作。

五、本卷年鉴主要收编和反映的是从2009年1月17日（2008年秋季学期毕业典礼结束）起到2010年1月15日（2009年秋季学期毕业典礼）止的相关资料和数据。

六、本卷年鉴由中央党校研究室组织编写。在编写过程中，得到了中央党校各直属单位和全国各省区市（含副省级城市）党校及中央党校分校（部）的大力支持，在此谨表衷心感谢。

七、本卷年鉴涉及的内容广泛，编辑工作人员少、经验不足，缺点和疏漏之处在所难免，敬请广大读者批评指正。

《中共中央党校年鉴》编辑部

2011年12月

目　　录

习近平重要讲话和重要活动

中央党校工作概况

学习贯彻党的十七届四中全会精神

深入学习实践科学发展观活动

贯彻落实《中国共产党党校工作条例》和全国党校工作会议精神

纪念中华人民共和国成立 60 周年

教学工作

学科建设

科研工作

学员管理

学位研究生教育

组织人事

机关党的工作

对外培训

图书·出版·报刊

中国马克思主义研究基金会

信息化建设

对外合作与交流

地方党校工作

习近平重要讲话和重要活动

领导干部要爱读书读好书善读书*

（2009年5月13日）

习近平

中央党校2009年春季学期第二批进修班暨专题研讨班今天开学了。我代表中央党校校委，对全体新学员的到来表示热烈欢迎。

同志们是在“5·12”四川汶川特大地震一周年的时候到中央党校学习的。去年5月12日发生的那场空前惨烈、震惊世界的灾难，使受灾地区人民生命财产和经济社会发展蒙受巨大损失。在党中央、国务院和中央军委的坚强领导下，全党全军全国各族人民众志成城、迎难而上，奋力开展抗震救灾斗争，大力开展灾后恢复重建工作，取得重要阶段性成果。昨天，胡锦涛同志出席了纪念四川汶川特大地震一周年活动并发表重要讲话，对一年来抗震救灾和灾后恢复重建工作及取得的成绩给予充分肯定，对大力弘扬伟大的抗震救灾精神、夺取抗震救灾斗争全面胜利提出了明确要求。抗震救灾和灾后恢复重建的伟大实践再一次证明，中华民族是历经磨难而信念愈坚、饱尝艰辛而斗志更强的伟大民族，中国特色社会主义事业是具有巨大优越性、能够集中力量办大事的伟大事业，中国共产党是具有强大战斗力、久经考验、能够战胜各种困难和风险的伟大的马克思主义政党。

去年这个时候，也是这个场合，我作了一次讲话，主要讲领导干部要认认真真学习、老老实实做人、干干净净干事。我们讲认认真真学习，基本内容之一就是读书。今天，我想接着这个话题，专门谈一谈领导干部读书问题。我讲三个观点：一是领导干部要爱读书，二是领导干部要读好书，三是领导干部要善读书。围绕这三个观点，我谈一些自己的认识和体会，和同志们交流。

---

* 本文是习近平同志5月13日在中央党校2009年春季学期第二批进修班暨专题研讨班开学典礼上的讲话，载《学习时报》2009年5月18日第1版。

一、领导干部要爱读书

书籍是人类知识的载体，是人类智慧的结晶，是人类进步的阶梯。读书的好处很多，如可以获取信息、增长知识、开阔视野，可以陶冶性情、培养和提升思维能力等等。读书对于一个人的成长进步很重要，对于领导干部提高自身素质、做好工作更为重要。

读书学习是领导干部加强党性修养、坚定理想信念、提升精神境界的一个重要途径。我们国家历来讲究读书修身、从政立德。传统文化中，读书、修身、立德，不仅是立身之本，更是从政之基。古人讲，治天下者先治己，治己者先治心。治心养性，一个直接、有效的方法就是读书。列宁在 1920 年向共青团提出了学习的任务，指出："只有了解人类创造的一切财富以丰富自己的头脑，才能成为共产主义者。"列宁这句话，深刻揭示了读书学习和知识素养对于成长为真正共产党人的极端重要性。还要看到，在现代领导活动中，领导干部的人格力量对于做好领导工作越来越重要，而人格力量的形成很重要的途径是读书学习。周恩来同志经常对身边工作人员讲，要活到老，学到老，改造到老。他把读书学习与加强世界观改造紧密联系起来，形成了崇高的思想品德、高尚的道德情操和特有的人格魅力。在新的时代条件下，领导干部要不断提高自己、完善自己，经受住各种考验，就要坚持在读书学习中坚定理想信念、提高政治素养、锤炼道德操守、提升思想境界，坚持在读书学习中把握人生道理、领悟人生真谛、体会人生价值、实践人生追求，努力使自己成为一个高尚的人，一个纯粹的人，一个有道德的人，一个脱离了低级趣味的人，一个有益于人民的人。

读书学习是领导干部胜任领导工作的必然要求。工欲善其事，必先利其器。从古今中外历史中可以清晰地看到这样的现象：事有所成，必是学有所成；学有所成，必是读有所得。现在，我们的各级领导干部承担着执政兴国、执政为民的重要职责，肩负着为官一任、造福一方的重要使命，要认清科学发展大势、把握科学发展规律、统领科学发展全局、创造科学发展业绩，所有这些都离不开读书学习。特别要看到，当今世界和当代中国正在发生广泛而深刻的变化，按照党的十七大部署继续解放思想、坚持改革开放、推动科学发展、促进社会和谐，开创中国特色社会主义事业新局面，对领导干部的素质和能力提出了新的要求，对领导干部读书学习也提出了新的要求。领导干部如果不加强读书学习，知识就会老化，思想就会僵化，能力就会退化，就难以做好领导工作，就会贻误党和人民的事业。爱学习、勤读书，通过读书学习来增长知识、增加智慧、增强本领，这是新形势下做一名称职的领导干部、胜任地履行领导职责的内在要求和必经之路。

领导干部加强读书学习也是推动学习型政党、学习型社会建设的需要。当今世界，科学技术日新月异，知识经济方兴未艾，知识总量呈几何级数增长，知识更新速度大大加快，近50年来人类社会所创造的知识比过去3000年的总和还要多。联合国教科文组织的埃德加·富尔先生预言："未来的文盲，不再是不识字的人，而是没有学会怎样学习的人。"现代人才学中有一个理论叫做"蓄电池理论"，认为人的一生只充一次电的时代已经过去，只有成为一块高效蓄电池，进行不间断的、持续的充电，才能不间断地、持续地释放能量。一个人是这样，一个国家、一个社会、一个政党也是这样。正是基于对时代发展趋势的深刻认识和对自身使命的清醒把握，我们党明确提出了建设学习型政党、建设学习型社会的战略目标。这是一项复杂而庞大的系统工程，需要全党的共同努力，需要全社会广泛参与。领导干部在党内和社会上处于重要位置，具有强大的行为导向和风气引领作用。群众看党员，党员看干部，广大基层干部看中高级领导干部。各级领导干部带头读书、勤于读书，必然会激发干部、党员和群众读书学习的积极性和主动性。因此，领导干部不仅要从提高自身素质和岗位职责、而且要从社会责任和示范需要来看待读书问题，既做读书的自觉实践者，又做学习型政党、学习型社会建设的积极倡导者、精心组织者、大力推动者，以自己的模范表率作用引导党内和社会上形成崇尚知识、热爱读书的良好风气，促进全党、全民族素质的提高。

我们党历来重视学习，是一个勤于学习、善于学习的马克思主义政党。以毛泽东同志、邓小平同志、江泽民同志为核心的党的三代中央领导集体和以胡锦涛同志为总书记的党中央，一以贯之地把加强学习作为一项关系党和国家事业兴旺发达的战略任务来对待、来倡导、来坚持，总是根据形势和任务的发展变化向全党提出学习的任务，而且身体力行、率先垂范，对推动全党的学习建设，对党和国家事业的发展，产生了十分重要的作用。党的十六大以来，党中央结合新的实际和新的任务，以更大的力度和更扎实的作风突出抓领导干部的理论和业务学习培训，带动全党的学习，取得了明显成效。在十六大以来的六年半时间里，中央政治局坚持集体学习并形成制度，已总共学习56次，为建设学习型政党、建设学习型社会起到了重要的推动和示范作用。

我们今天的领导干部，大都受过高等教育，学习能力比较强，很多同志有自觉读书、勤于读书的习惯。同时必须看到，当前领导干部读书的状况不容乐观，归结起来主要是四个方面的问题：一是追求享乐、玩物丧志，不好读书；

二是热衷应酬、忙于事务，不勤读书；三是浅尝辄止、不求甚解，不善读书；四是学而不思、知行不一，学用脱节。出现这些问题，原因是多方面的。一些同志对读书抱有不正确的观念。有的认为自己现有的知识差不多了，不用读书也能应付工作；有的认为干比学重要，读不读书无所谓；有的认为领导工作太忙，没有时间顾得上读书；有的认为社会上潜规则太多，需要的是关系而不是知识，书读多了反而适应不了社会，照书上的道理做会吃亏。正是这些“差不多”、“无所谓”、“顾不上”、“会吃亏”的思想观念，影响了一些领导干部的读书学习，对此应予高度重视。各级领导干部一定要深刻认识现代领导活动与读书学习的密切关系，深刻认识领导干部的读书学习水平在很大程度上决定着工作水平和领导水平，真正把读书学习当成一种生活态度、一种工作责任、一种精神追求，自觉养成读书学习的习惯，真正使读书学习成为工作、生活的重要组成部分，使一切有益的知识和文化入脑入心，沉淀在我们的血液里，融汇在我们的从政行为中，做到修身慎行，怀德自重，敦方正直，清廉自守，永葆共产党员的先进性。

二、领导干部要读好书

总起来说，读书是多多益善。但“吾生也有涯，而知也无涯”。人的学习追求应当是无止境的，但人的精力是有限的，我们不可能把所有的书读完。现在，新书生产量很大，我国每年出版20多万种新书，加上存量书目，可谓浩如烟海。在大量书籍中，领导干部应当围绕提高思想水平、增强工作能力、完善知识结构、提升精神境界，选择那些与所从事的工作关系密切、自己爱好和有兴趣的书来读，力争在有限的时间内取得最佳的读书效果。就一般情况而言，领导干部普遍应当读下列三个方面的书。

第一，当代中国马克思主义理论著作。马克思主义是我们认识世界和改造世界的强大思想武器，马克思主义理论素养是领导干部领导素质的核心和灵魂，掌握马克思主义理论是领导干部的基本功。在革命战争年代，毛泽东同志就主张一切有相当研究能力的共产党员，都要研究马克思列宁主义理论，干部应当着重研究，中央委员和高级干部尤其应当加紧研究。他曾经提出，从担负主要领导责任的观点上说，如果我们党有一百个至二百个系统地而不是零碎地、实际地而不是空洞地学会了马克思列宁主义的同志，就会大大提高我们党的战斗力。今天，我们仍然应当这样提出和认识问题，并为此作出应有的努力。领导干部学习马克思主义理论，首先要认真研读马克思主义中国化最新成果，深入学习领会邓小平理论、“三个代表”重要思想以及科学发展观等重大战略思想，系统掌握中国特色社会主义理论体系，做到真学、真懂、真信、真用。科学发展观是我国经济社会发展的重要指导方针，是发展中国特色社会主义必须坚持和贯彻的重大战略思想。当前正在全党开展的深入学习实践科学发展观活动，为党员干部指定了学习书目，要求大家系统深入地进行学习，目的是为了全面把握科学发展观的科学内涵、精神实质、根本要求，提高贯彻落实科学发展观的自觉性和坚定性。领导干部要在学习实践科学发展观方面起到带头和示范作用，切实做到用科学发展观武装头脑、指导实践、推动工作。中国特色社会主义理论体系是同马克思列宁主义、毛泽东思想既一脉相承又与时俱进的科学理论。领导干部在研读当代中国马克思主义理论著作的同时，要追根溯源，认真学习马克思列宁主义经典作家的著作，认真学习毛泽东同志的著作。读马列、学毛著，要精，要原原本本地学、仔仔细细地读，下一番真功夫。1939 年底，毛泽东同志在延安对一位进马列学院学习的同志说："马列主义的书要经常读。《共产党宣言》，我看了不下 100 遍，遇到问题，我就翻阅马克思的《共产党宣言》，有时只阅读一两段，有时全篇都读，每读一次，我都有新的启发。我写《新民主主义论》时，《共产党宣言》就翻阅过多次。读马克思主义理论在于应用，要应用就要经常读，重点读。"邓小平同志、江泽民同志和胡锦涛同志也都在不同时期反复强调认真研读原著的重要性。我们要通过有计划有重点地研读原著，从根本上了解和信服马克思主义的真理性，进一步坚定理想信念；从根本上把握马克思主义的世界观和方法论，进一步坚定政治立场和党性原则；从根本上认识马克思主义的发展进程及其基本理论与创新理论的相互关系，做到在继承中坚持、在坚持中发展、在发展中创新。

学习马克思主义理论，一个重要方面就是学习马克思主义哲学。陈云同志曾指出："学习理论，最要紧，是把思想方法搞对头。因此，首先要学哲学，学习正确的观察问题的思想方法。如果对辩证唯物主义一窍不通，就总是要犯错误。"现在的领导干部不少人受过专业训练，不缺乏专门知识，但其中的很多人不懂哲学，不善于辩证思考，很需要在思想方法和工作方法上提高一步。建议大家在学习原著的时候，读一些马克思主义哲学基本著作，掌握科学的世界观和方法论，不断增强工作的原则性、系统性、预见性、创造性。

第二，做好领导工作必需的各种知识书籍。领导工作综合性、系统性强，需要多方面的知识积累。有人测算，在人的知识库中，经常有用的知识只占其知识总量的 30% 左右。因此，领导干部加强现代知识的扩充和更新，十分必要，也十分迫切。总体而言，领导干部应当学习多方面的知识，包括经济、法律、科技、文化、管理、国际和信息网络等方面的知识。领导干部的成长进步是与岗位调整相结合的，一名优秀领导干部往往要经过多领域、多层次、多岗位的锻炼。因此，调整知识结构，完善知识体系，是动态的发展过程。领导干部要坚持干什么学什么、缺什么补什么的原则，有针对性地学习掌握做好领导工作、履行岗位职责必备的各种知识，多读与本职工作相关的新理论、新知识、新技能、新规则的书，努力使自己真正成为行家里手、内行领导。

领导干部不管学什么专业，无论处在哪个层次和岗位，都应该把提高科学素养作为读书学习的重要目标，通过读书学习进一步树立科学观念，掌握科学方法，弘扬科学精神，使自己不断增加对本职工作的规律性认识，成为学科学、懂科学、用科学的模范。各级领导干部还应该学一些中国历史和世界历史知识，特别要深入学习中国近现代史和中共党史，深入学习世界近现代史和马克思主义发展史，不断深化对共产党执政规律、社会主义建设规律、人类社会发展规律的认识。历史知识丰富了，眼界和胸襟就可以大为开阔，精神境界就可以大为提高，思维层次和领导水平就可以提升到一个新高度。我国是一个多民族国家，又是一个拥有众多信教群众的国家，处理好民族问题和宗教问题，对于国家的长治久安十分重要。各级党政领导干部特别是主要负责同志和从事民族、宗教工作的领导干部，应该尽可能多地学习一些民族、宗教方面的基本知识，这样才有可能对民族、宗教问题认识得更深一些，理解得更透一些，把握得更准一些。领导活动本身也具有专业性，需要遵循一定的领导原则，掌握和运用相关的领导方法、领导艺术。现在，一些年轻干部文化水平很高，但领导工作经验相对欠缺，尤其是驾驭复杂局面、处理突发事件等方面的能力不够强，要注意加强现代社会管理、危机管理方面知识的学习，并知行合一、付诸实践，使自己的领导管理能力得到不断提高。

第三，古今中外优秀传统文化书籍。优秀传统文化书籍作为古今中外文化精华的传世之作，思考和表达了人类生存与发展的根本问题，其智慧光芒穿透历史，思想价值跨越时空，历久弥新，成为人类共有的精神财富。特别是我们中华民族有着五千年的文明史，传统文化中的许多优秀文化典籍蕴涵着做人做事和治国理政的大道理。所谓“半部论语治天下”，讲的就是这个意思。毛泽东同志说过：“从孔夫子到孙中山，我们应当给以总结，承继这一份珍贵的遗产。”党的十七大明确提出，要弘扬中华文化，建设中华民族共有的精神家园。优秀传统文化可以说是中华民族永远不能离别的精神家园。读优秀传统文化书籍，是一种以一当十、含金量高的文化阅读。领导干部多读优秀传统文化书籍，经常接受优秀传统文化熏陶，可以提高人文素养，增强对人与人、人与社会、人与自然关系的认识和把握能力，正确处理义与利、己与他、权与民、物质享乐与精神享受等重要关系。优秀传统文化书籍包括历史经典、文学经典、哲学经典、伦理经典等多个方面。领导干部要通过研读历史经典，看成败、鉴是非、知兴替，起到“温故而知新”、“彰往而察来”的作用；通过研读文学经典，陶冶情操、增加才情，做到“腹有诗书气自华”；通过研读哲学经典，改进思维、把握规律，增强哲学思考和思辨能力；通过研读伦理经典，知廉耻、明是非、懂荣辱、辨善恶，培养健全的道德品格。总之，要通过研读优秀传统文化书籍，吸收前人在修身处事、治国理政等方面的智慧和经验，养浩然之气，塑高尚人格，不断提高人文素养和精神境界。

三、领导干部要善读书

我国著名学者王国维论述过治学的三种境界。第一种境界是“昨夜西风凋碧树，独上高楼，望尽天涯路”；第二种境界是“衣带渐宽终不悔，为伊消得人憔悴”；第三种境界是“众里寻他千百度，蓦然回首，那人却在灯火阑珊处”。我看，领导干部读书学习也应该有这三种境界：首先，要有“望尽天涯路”那样志存高远的追求，有耐得住“昨夜西风凋碧树”的清冷和“独上高楼”的寂寞，静下心来通读苦读；其次，要勤奋努力，刻苦钻研，舍得付出，百折不挠，下真功夫、苦功夫、细功夫，即使是“衣带渐宽”也“终不悔”，“人憔悴”也心甘情愿；再次，要坚持独立思考，学用结合，学有所悟，用有所得，要在学习和实践中“众里寻他千百度”，最终“蓦然回首”，在“灯火阑珊处”领悟真谛。这三种境界启示我们，读书不仅要有明确的目标、有不移的恒心，还要提高读书效率和质量，讲求读书方法和技巧，在爱读书、勤读书、读好书、善读书中提高思想水平、解决实际问题、实现自我超越。关于善读书，我有三点认识和体会。

第一，要坚持阅读与思考的统一。古人说：“学而不思则罔，思而不学则殆。”书本上的东西是别人的，要把它变为自己的，离不开思考；书本上的知识是死的，要把它变为活的，为我所用，同样离不开思考。读书学习的过程，实际上是一个不断思考认知的过程。思考是阅读的深化，是认知的必然，是把书读活的关键。如果只是机械地阅读、被动地接受、简单地浏览，没有思考，人云亦云，再好的知识也难以吸收和消化。爱因斯坦说：“学习知识要善于思考、思考、再思考，我就是靠这个方法成为科学家的。”领导干部阅历丰富，独立思考能力比较强，要带着问题读书，养成边读书边思考的习惯，在广泛阅读的基础上，联系实际，开动脑筋，对现实中的疑惑进行深入思考，力求把零散的东西变为系统的、孤立的东西变为相互联系的、粗浅的东西变为精深的、感性的东西变为理性的。要敢于拿起批判的武器，在思考中发现新的问题，在继承前人的基础上努力形成新的认识。当然，思考的基础是阅读。终日而思，不如须臾之所学。只有通过阅读获得新知识、了解新思想、树立新观念，才能提高思维的准确性、逻辑性、深刻性、敏捷性、创造性。现实中，有些人既不学习也不思考，既罔于自己也殆于工作。有的对学习浮光掠影、蜻蜓点水，不深入，欠思考，忙碌于会议、活动、应酬。领导干部要同时防止学而不思和思而不学这两种现象。

第二，要坚持读书与运用相结合。读书学习客观上是一个去粗取精、去伪存真的过程，必须联系实际，知行合一，通过理论的指导、利用知识的积累，来洞察客观事物发展的规律。古人讲，“纸上得来终觉浅，绝知此事要躬行”、“耳闻之不如目见之，目见之不如足践之”，说的就是这个道理。毛泽东同志说，读书是学习，使用也是学习，而且是更重要的学习，讲的也是同样的道理。大凡有作为者，都注重读书与运用的结合，而不是读死书、死读书。一个人如果不注重把学到的知识运用到工作中、落实在行动上，即使他“学富五车、才高八斗”，也不能说达到了学习的最终目的。今天，我们看领导干部水平高不高，不是单纯地看他读书多不多，而主要看他运用理论和知识解决实际问题的能力强不强。领导干部坚持读书与运用相结合，就要在读书的过程中增强运用能力，在运用的过程中提高读书水平。领导干部加强知识的运用，在以下三个方面努力很重要。一是要勇于实践，把知识转化为能力。知识向能力的转化，媒介就是实践。领导干部勇于实践，就要敢于面对实践中的热点、难点问题，敢于探索新的实践领域，努力使自己主导的实践成为正确的而不是盲目的实践，成为系统的而不是零碎的实践，成为有科学根据的而不是想当然的实践。同时，要加强对实践经验的总结和对新情况、新问题的调查研究，弄清楚它们是怎么产生的、变化发展的趋势怎样、应该如何引导使之趋利避害，从总结和探索中提高思想水平和工作能力，不断由必然王国走向自由王国。二是要运用理论和知识着力改造客观世界。马克思说：“哲学家们只是用不同的方式解释世界，而问题在于改变世界。”领导干部要认真履行工作职责，善于把握工作规律，不断提高工作水平，努力增强工作实效。尤其要深刻认识当今世界的发展趋势和变化特征，准确把握中国特色社会主义的发展规律，认真研究改革开放和社会主义现代化建设进程中出现的新情况新问题，进一步提高领导水平和决策水平，进一步制定和落实保持经济社会又好又快发展的政策措施，进一步解决人民最关心、最直接、最现实的利益问题。三是要运用理论和知识自觉改造主观世界。在对外开放和发展社会主义市场经济的条件下，领导干部面临的诱惑很多，一些人经受不住权力、金钱、美色等考验而败下阵来，一个重要原因就在于他们放松了读书学习，忽视了主观世界的改造。我们党一再强调，领导干部要在改造客观世界的同时改造主观世界，要在推进事业发展的同时加强党性修养。领导干部要通过加强读书学习，增强改造主观世界的意识和能力，牢固树立马克思主义世界观、人生观、价值观和正确的权力观、地位观、利益观，切实解决好理想信念、思想作风、道德情操、清正廉洁等问题，不断增进与人民群众的感情，始终保持共产党人的本色。

第三，要锲而不舍、持之以恒。读书是一个长期的需要付出辛劳的过程，不能心浮气躁、浅尝辄止，而应当先易后难、由浅入深，循序渐进、水滴石穿。正如荀子在《劝学篇》中所说："不积跬步，无以至千里；不积小流，无以成江海。"现实中，不少人都有长期坚持、积少成多，最后取得惊人收获的读书经历。有人研究过，一个人每天阅读一小时，三年之后可以变成某一问题的专家。领导干部要善读书，一个重要方面就在于利用好时间，养成坚持不懈的习惯。一要发扬挤劲。争取每天挤出一定时间读书，特别要善于把各种零碎时间利用起来读书。二要发扬钻劲。书读百遍，其义自见。功夫下到一定程度，就能达到出神入化的境界。一本好书、一篇好文章，要反复读、仔细品，甚至把相关书籍和背景材料找来对照读、比较读，彻底琢磨清楚。三要发扬韧劲。读书最可贵的是终身坚持，无论处于哪个年龄段都孜孜不倦地读书。"少而好学，如日出之阳；壮而好学，如日中之光；老而好学，如秉烛之明"。年轻的时候，记忆力好、接受力强，应该抓紧读一些对自己终身成长具有关键性作用和决定性影响的好书。中年的时候，精力旺盛、视野开阔，应该努力拓展读书的广度和深度，打牢一生的学问基础。年老的时候，时间充裕、阅历丰富，要有锲而不舍的精神、常读常新的态度、百读不厌的劲头，在读书世界里感悟人生、乐以忘忧。

中央党校是我们党最高层次的干部教育培训基地，在倡导领导干部爱读书、读好书、善读书方面具有特殊重要的作用。要把教学培训计划同推动学员读书有机结合起来，利用这里的有利条件，系统推荐好书、及时推荐新书、定期组织读书报告会等形式，为学员读书学习提供丰盛的"知识大餐"、"知识套餐"，发挥好帮助学员获取书本知识的"大讲台"作用。要通过深化教学改革、提高科研水平、加强学员管理，让学员在党校期间感受高质量的教学服务，接受高层次的知识传播，发挥好促进学员学习成长的"充电器"作用。要通过营造浓厚的读书氛围，鼓励教职员工勤奋读书，要求全体学员认真读书，带动党员干部热爱读书，发挥好推动学习型政党、学习型社会建设的"火车头”作用。

同志们在紧张的工作中专门集中一段时间到中央党校参加学习，是多读书、读好书的难得机会。希望大家专心致志、心无旁骛，遵守纪律、抓紧时间，科学安排读书学习计划，提高读书学习效果，丰富知识，增强能力。

最后，祝全体学员在校期间身体健康、生活愉快、学习进步！

关于新中国60年党的建设的几点思考*

（2009年9月1日）

习 近 平

在党的十七届四中全会即将召开、中华人民共和国成立60周年庆典即将到来之际，中央党校2009年秋季学期今天正式开学。大家在这样的时候来中央党校学习，时机不同寻常。首先，我代表中央党校校委，对来校学习的全体学员表示热烈欢迎！向全校教职员工致以诚挚问候！

今年是新中国成立60周年。回顾60年来中国共产党党的建设历程和经验，加深对长期执政条件下党的建设规律的认识和把握，对于在新的历史起点上全面推进党的建设新的伟大工程、奋力开创中国特色社会主义事业新局面，是十分重要的。今天我就60年来中国共产党党的建设谈几点自己的思考和体会，同大家一起研究讨论。

新中国成立前夕，毛泽东同志把我们党在全国执政比作进京“赶考”，提出“我们决不当李自成，我们都希望考个好成绩”。60年过去了，实践表明我们党在这场“考试”中是合格的，人民是满意的。能够做到“考试”合格、人民满意，从根本上说是因为这60年我们党在执政为民的全部工作中，取得了举世瞩目的成就。这些成就最主要的有以下三个方面。

第一，我们党带领全国各族人民实现了从新民主主义革命到社会主义革命和建设的转变，从高度集中的计划经济体制到充满活力的社会主义市场经济体制、从封闭半封闭到全方位开放的转变，建立了社会主义基本制度，确立了马克思主义在意识形态领域的指导地位，经过艰辛探索在改革开放的实践中找到了中国特色社会主义道路，形成了中国特色社会主义理论体系，使社会主义制度不断得到巩固、发展和完善。社会主义基本制度的建立、中国特色社会主义道路的

---

* 本文是习近平同志9月1日在中央党校2009年秋季学期开学典礼上的讲话，载《学习时报》2009年9月18日第1版。

开辟,为当代中国一切发展进步奠定了根本的政治前提和制度基础,为中国人民开辟了无比广阔的美好发展前程,使中华民族获得了前所未有的强大生命力。

第二,我们党带领全国各族人民在旧中国一穷二白的基础上自力更生、艰苦奋斗,克服无数困难,逐步建立起独立的比较完整的工业体系和国民经济体系,改革开放以来创造性地建立起社会主义市场经济体制,社会生产力得到快速发展,经济总量跃居世界前列,主要工农业产品的供给能力名列世界前茅,综合国力大幅度提升,人民生活正在向全面小康目标迈进。

第三,我们党带领全国各族人民坚决维护国家的独立、统一和安全,彻底废除了帝国主义在中国的一切特权,结束了中国近代以后任人宰割、受尽欺凌的屈辱历史和四分五裂、一盘散沙的局面,挫败了外部势力对我国的孤立、封锁、干涉和挑衅,恢复了对香港、澳门行使主权并保持了香港、澳门的繁荣稳定。我们奉行独立自主的和平外交政策,坚持走和平发展道路,坚持互利共赢的开放战略,坚决反对霸权主义和强权政治,致力于维护世界和平、促进共同发展,我国的国际地位和国际影响力显著提高,在国际事务中发挥着越来越重要的作用。100多年来中华民族苦苦求索的民族复兴,在中国共产党的领导下正在逐步变为现实。

新中国成立以来的60年,是中国共产党带领全国各族人民为实现国家繁荣富强、人民幸福富裕不懈奋斗的60年;是我国社会主义经济建设、政治建设、文化建设、社会建设等方面取得辉煌成就的60年;是国家面貌和人民物质文化生活状况发生历史性变化的60年。60年来,中国共产党忠诚履行执政为民的使命,经受住了一系列政治、经济领域和自然界出现的困难和风险以及国际风浪的严峻考验,领导人民谱写了中华民族发展史上和人类进步史上的辉煌篇章,不愧是一个伟大的马克思主义执政党。

一、60年党的建设进程的主要特点

我们党执政60年来,根据党所承担的历史任务的变化,不断加强和改进党的建设,呈现出以下几个特点。

(一)科学判断并准确把握党的历史方位,在逐步实现两大转变中加强和改进党的建设。以新中国成立为标志,我们党从一个领导人民为夺取全国政权而奋斗的党,开始向一个领导人民掌握全国政权并实现由新民主主义过渡到社会主义的执政党转变;党的十一届三中全会以后,我们党从一个受到外部封锁和实行计划经济条件下领导国家建设的执政党,开始向对外开放和实行社会主义市场经济条件下领导国家建设的执政党转变。历史和现实都表明,我们党执政以后党的建设比没有执政时党的建设面临的情况要复杂得多，在对外开放和社会主义市场经济条件下党的建设比在封闭半封闭和计划经济条件下党的建设面临的情况也要复杂得多。这两大转变，都要求全党在思想上、组织上、作风上乃至领导体制和领导方式上进行相应的转变，以适应新的形势和任务。

新中国成立前夕，毛泽东同志在党的七届二中全会上深刻分析了进城后党面临的形势和考验，针对因为革命胜利党内表现出的骄傲情绪、以功臣自居的情绪、停顿起来不求进步的情绪、贪图享受不愿再过艰苦生活的情绪，明确提出了“两个务必”的思想，告诫全党要警惕资产阶级糖衣炮弹的进攻。新中国成立后，毛泽东同志和党中央反复强调要反对党内的主观主义、官僚主义和宗派主义，密切党同人民群众的联系，不要变为特权阶层，并采取一系列措施保持党的先进性、增强党的战斗力。1956 年社会主义改造基本完成以后，党和国家面临着工作重点由阶级斗争向经济建设的转移。适应这种转移，党的八大提出了加强执政党建设的一系列任务。后来“左”的错误指导思想滋长，对党的建设造成很大的负面影响。进入改革开放时期以后，邓小平同志鲜明提出执政党应该是什么样的党、执政党的党员怎样才算合格、党怎样才叫善于领导的问题。通过党的指导思想上的拨乱反正，我们党明确了进一步解放和发展生产力、建设社会主义现代化国家的现阶段奋斗目标，确立了党的建设的根本任务是把党建设成为社会主义现代化建设的坚强领导核心。党的十五大强调着力解决提高领导水平和执政水平、提高拒腐防变和抵御风险能力这两大历史性课题，党的十六大提出加强党的执政能力建设的战略任务，党的十六大以后党中央提出加强党的先进性建设的重大任务，从而不断推进了党的建设新的伟大工程。

我们党执政，需要通过党的完善的领导体制和科学的执政方式来运行与实现。新中国成立初期，各级政权机关尚处于初创阶段，而党的领导机关和各级组织则比较严密、健全，对党政军民各项工作的具体领导有着丰富的经验，因此党在民主革命时期形成的党委一元化领导格局继续沿用下来。这对于当时统一指挥、协调一致地完成经济恢复和民主改革的任务起了十分重要的作用。在一元化领导格局下，我们党初步提出了一些正确处理党政关系的基本原则。改革开放 30 年来，我们党在改革和完善党的领导制度、领导方式和执政方式上提出了许多新思想、新决策和新举措。如：党委对政权机关的领导从包揽一切向主要是政治、思想和组织领导转变，党委通过制定大政方针、提出立法建议、推荐重要干部、进行思想宣传、发挥党组织和党员的作用、坚持依法执政来实施领导；按照总揽全局、协调各方的原则规范党委与人大、政府、政协以及人民团体的关系，党的全部执政活动都在宪法和法律范围之内，都严格接受监督，做到科学执政、民主执政、依法执政等等。这些思想、决策和举措的贯彻实施，既保证了党的执政地位的巩固和领导作用的有效性，又保证了国家政权机关职能得以依法履行和充分发挥。

（二）把推进党领导的伟大事业同推进党的建设伟大工程结合起来，在履行执政为民、执政兴国历史使命中加强和改进党的建设。60年来，我们党把对客观世界的改造同对主观世界的改造结合起来，既紧紧围绕党领导的伟大事业推进党的建设，又通过加强和改进党的建设来推进伟大事业，不断提高党的执政能力和拒腐防变能力，使党始终成为社会主义事业的坚强领导核心。

新中国成立初期，我们党适应工作重心从农村转入城市、开始由城市领导农村的重大转变，密切结合民主改革和恢复国民经济的各项工作加强自身建设，使党员质量和党组织的战斗力进一步提高，党的政策得到社会各阶层人民的拥护和支持，党在群众中的威信空前提高。我们党依靠理论路线的正确、党组织和党员干部富有战斗力等优势，领导人民巩固了新生的人民政权，迅速医治了战争创伤，荡涤了旧社会的污泥浊水，完成了全国土地改革，基本完成了对生产资料所有制的社会主义改造，实现了从新民主主义向社会主义的转变，展开了大规模的社会主义经济文化建设。

1956年9月召开的党的八大在制定适合我国国情的正确的路线方针政策的同时，明确提出党的建设的基本任务是提高全党的马列主义水平，坚持理论联系实际、实事求是的原则，把马克思主义的普遍真理同中国革命的具体实践密切结合，反对主观主义、官僚主义和宗派主义。八大以后到"文化大革命"前的十年，党领导人民艰辛探索适合我国情况的社会主义建设道路，其间成功与挫折交替，正确与失误交织，从总体上说我国社会主义建设事业取得的成就是巨大的，党的建设各方面工作是扎实有效的，党经历了在曲折中发展的过程。

党的十一届三中全会以后，我们党重新确立马克思主义的思想路线、政治路线、组织路线，坚持把推进中国特色社会主义伟大事业同推进党的建设新的伟大工程结合起来，加强党的执政能力建设和先进性建设，提高党的领导水平和执政水平、拒腐防变和抵御风险能力。一方面，党的建设始终坚持服从和服务于党和国家工作大局，坚持从建设中国特色社会主义伟大实践中开辟党的建设的宽阔舞台和活力源泉，把服务中国特色社会主义伟大事业、实现中华民族伟大复兴作为党的建设的根本方向。另一方面，建设中国特色社会主义始终以党的建设为支撑、为保证，把党的建设的成效贯穿到国家发展的各个领域，把国家的发展作为党执政兴国的第一要务。改革开放30年，是我国综合国力和人民生活水平提高最快的30年，也是我们党坚持不懈抓党的建设的30年。党的建设伟大工程同中国特色社会主义伟大事业就是这样紧密联系在一起，呈现出相互促进、相辅相成的生动局面。

（三）深刻总结和运用国内国际正反两方面经验，在坚持真理、修正错误中加强和改进党的建设。在中国这样原来经济文化十分落后和地区发展极不平衡的东方大国建设社会主义，是极为艰巨而复杂的任务，建设过程中难免会出现这样那样的曲折和失误。重要的是，我们党善于总结经验，能够依靠自身的力量和人民的支持坚持真理、修正错误，敢于对发生的各种缺点、错误作出自我批评和公开纠正，并且通过总结和反思使党的领导水平得到新的提高，使党和人民的事业得到新的发展。

上世纪50年代后期，在探索社会主义建设道路过程中出现了“大跃进”和人民公社化运动的严重失误。“大跃进”开始后不久，毛泽东同志和党中央就觉察到“左”的错误并着手进行纠正，使“共产”风、浮夸风、高指标和瞎指挥等错误得到初步遏制，形势开始向好的方向转变。1960年底党中央开始纠正农村工作中“左”的错误，并且决定对国民经济实行“调整、巩固、充实、提高”的方针，随即制定和执行了一系列正确的政策和果断的措施。1962年中央召开的有七千多人参加的扩大的中央工作会议，初步总结了“大跃进”中的经验教训，开展了批评和自我批评。这次会议前后，为“反右倾”运动中被错误批判的大多数同志进行了甄别平反，给被划为“右派分子”的大多数人摘掉了“右派分子”帽子。由于这些经济和政治的措施，从1962年到1966年国民经济得到了比较顺利的恢复和发展。从十一届三中全会开始，我们党全面纠正“文化大革命”中及其以前“左”的错误，审查和解决了党的历史上一批重大冤假错案，公正评价一些重要领导人的功过是非，在各个方面进行拨乱反正的工作。党的十一届六中全会通过《关于建国以来党的若干历史问题的决议》，认真总结建国以来的历史经验，显示了我们党勇于坚持真理、修正错误的政治品质，显示了我们党顺应时代潮流和人民愿望、勇敢开辟建设社会主义新路的坚强决心。新时期以来，我们党坚持解放思想与实事求是的统一，在领导改革开放和社会主义现代化建设的伟大实践中不断总结经验，对的就坚持，不对的就赶快改，做得不够的就加以补充，新问题出来抓紧解决，由此保证了党和国家的工作始终沿着正确的方向前进。1989年春夏之交的政治风波发生以后，我们党认真总结经验教训，按照邓小平同志提出的“这个党该抓了，不抓不行了”的重要思想，采取一系列重要举措聚精会神抓党的建设，大力加强党的思想政治工作，党的创造力、凝聚力、战斗力得到新的提高。党的十六大总结了党领导人民建设中国特色社会主义“十个坚持”的基本经验，党的十六届四中全会总结了我们党50多年来执政的六条主要经验，党的十七大总结了改革开放30年来“十个结合”的宝贵经验，这些经验对于我们党不断提高领导水平和执政能力已经产生而且还将长期产生重要的指导作用。

60年来，我们党还注重总结和借鉴国外执政党建设的经验教训。1956年2月召开的苏共二十大全盘否定斯大林，在社会主义阵营引起极大震动，相继发生了波兰和匈牙利事件。帝国主义趁机掀起反苏反共反社会主义浪潮。我们党借鉴苏联等社会主义国家共产党的历史教训，党的八大强调坚持党的集体领导原则，健全党的民主集中制，加强对党的组织和党员的监督，发展党内民主，反对个人崇拜。这些重要思想，无论从当时来讲还是从长远来看，对于加强党的建设都是至关重要的。1957年2月，毛泽东同志在最高国务会议上发表《关于正确处理人民内部矛盾的问题》讲话，总结社会主义事业发展中的历史经验，提出了严格区分两类不同性质矛盾、正确处理人民内部矛盾的理论。20世纪80年代末、90年代初，东欧剧变、苏联解体，世界社会主义出现严重挫折。我们党科学总结苏联东欧亡党亡国的教训，并且科学总结一些执政几十年的老党、大党先后丧失执政地位的教训，从中吸取和借鉴有益的经验来警示自己、提高自己、完善自己。

总之，这60年我们党的建设，是一个坚持真理、修正错误，总结和运用国内外多方面丰富经验，从而不断提高的过程。正是通过这种多方面经验的总结，使党的建设工作和党的执政实践在历史的比较、国际的观察、现实的把握中，开阔了视野、深化了认识、提高了水平。

二、60年党的建设的主要成绩

新中国成立60年我们党作为执政党始终围绕治国理政不断加强和改进党的建设，可以说在以下各个方面都取得了显著的成绩。

（一）关于党的政治路线。60年我们党为制定和贯彻正确的政治路线作出了不懈努力。新中国成立初期，党制定了过渡时期的总路线，提出要在一个相当长的时期内逐步实现国家的社会主义工业化，并逐步实现国家对农业、手工业和资本主义工商业的社会主义改造。在这条正确路线的指引下，国民经济迅速发展，社会主义改造基本完成，社会主义基本制度的建立，为国家的进步和发展奠定了根本基础。党的八大和八大一次会议制定了尽快把我国从落后的农业国变为先进的工业国的路线和一系列方针政策，积极探索适合我国情况的社会主义建设道路。但由于在对形势的判断尤其是在阶级斗争问题上出现严重失误，八大的正确路线没有坚持下去。改革开放之后，我们党深刻总结经验教训，制定并坚持了“以经济建设为中心，坚持四项基本原则，坚持改革开放”的党在社会主义初级阶段的基本路线。在这条正确路线的指引下，我们党带领全国人民克服各种困难，战胜各种风险，抵制各种干扰，全面推进改革开放和社会主义现代化建设，稳步走上了奔向富裕安康的广阔道路。60年党的政治路线发展演变及其实践结果表明：政治路线正确与否，直接关系到党、国家和人民事业的盛衰。政治路线是党全部活动的生命线，党的建设的首要任务就是确立和坚持一条正确的政治路线。抓住了、抓好了这一条，党就会赢得人民的支持和拥护，国家的发展就会沿着正确的方向前进。

（二）关于党的指导理论。我们党要在中国这样的东方大国实现执政为民、执政兴国的历史使命，没有科学理论的指导是根本不可能的。新中国成立初期，以毛泽东同志为核心的党的第一代中央领导集体努力探索适合我国情况的社会主义建设道路，在理论上不断作出新的总结和概括。毛泽东同志的《论十大关系》、《关于正确处理人民内部矛盾的问题》等著作，党的八大政治报告等文献，围绕在我国如何建设社会主义进行了实践探索和理论创新，成为毛泽东思想的重要组成部分。党的十一届三中全会以后，以邓小平同志为核心的党的第二代中央领导集体彻底否定“以阶级斗争为纲”的错误理论和实践，实行党和国家工作重点向经济建设转移，实行改革开放，开辟中国特色社会主义道路，集中全党智慧形成了邓小平理论。党的十三届四中全会以后，以江泽民同志为核心的党的第三代中央领导集体在建设和发展中国特色社会主义的实践中，加深了对什么是社会主义、怎样建设社会主义和建设什么样的党、怎样建设党的认识，丰富了治党治国的宝贵经验，集中全党智慧形成了“三个代表”重要思想。党的十六大以来，以胡锦涛同志为总书记的党中央坚持以邓小平理论和“三个代表”重要思想为指导，坚持理论创新和实践创新，集中全党智慧提出了科学发展观等重大战略思想。包括邓小平理论、“三个代表”重要思想以及科学发展观等重大战略思想在内的中国特色社会主义理论体系，坚持和发展了马克思列宁主义、毛泽东思想，是马克思主义中国化的最新成果。形成这个科学理论体系，是60年来我们党在理论上和政治上的最大收获。

注重从思想上建党，是我们党自身建设的显著特点。60年来，我们党坚持把学习和运用马克思主义理论作为党员和干部教育的中心内容。在党和国家处于历史转折时期、事业发展处于新的起点、前进道路上遇到大的困难、世界社会主义出现风波、国内外敌对势力借机制造思想混乱的时候，我们党特别重视用科学理论教育全党，保持清醒头脑，坚定正确的前进方向。改革开放以来，我们党坚持用马克思主义中国化最新成果武装全党，党的理论创新每前进一步、党的理论武装工作就跟进一步。在全党县级以上党政领导班子、领导干部中开展的以“讲学习、讲政治、讲正气”为主要内容的党性党风教育，在全国农村开展的“三个代表”重要思想学习教育活动，在全党开展的以实践“三个代表”重要思想为主要内容的保持共产党员先进性教育活动，以及目前正在全党开展的深入学习实践科学发展观活动，都极大地统一了全党的思想，凝聚了全党的力量。

（三）关于党的干部队伍建设。建设一支高素质的干部队伍，是保证党和国家兴旺发达的根本大计。新中国成立初期，党中央提出了全面培训各级干部的任务，通过举办扫盲班、文化补习班、选调部队干部上大学等多种措施，着力提高党员干部的文化知识水平，保证了新生政权的干部需求。1954 年，党中央制定和实施《关于轮训全党高、中级干部和调整党校的计划》，对提高领导干部素质起了重要作用。1964 年毛泽东同志提出培养和造就革命事业接班人问题，中央组织部据此提出了培养提拔新生力量的四项举措：一是将年轻优秀的知识青年干部分批下放到基层挂职锻炼；二是将理论水平较低但有培养前途的干部送到各级党校学习；三是对文化水平较低的工农干部帮助他们提高文化；四是领导干部搞好传、帮、带。随后，中央和地方党委选调一批优秀的青年知识分子干部到基层挂职锻炼，还从应届大学毕业生中挑选一批优秀分子进行重点培养。改革开放之后，我们党创造性地制定干部队伍革命化、年轻化、知识化、专业化方针，坚持德才兼备的用人原则。通过平反冤假错案、废除实际存在的领导干部职务终身制、建立干部离退休制度、实行新老干部合作与交替、大力培养选拔年轻干部等措施，为改革开放和社会主义现代化建设提供了有力的组织保证。通过推进干部人事制度改革，下放干部管理权限，实行干部分类管理，建立国家公务员制度，制定并贯彻《党政领导干部选拔任用工作条例》，积极扩大干部工作中的民主，建立有利于推动科学发展的干部考核评价体系等，提高了干部工作的科学化、民主化、制度化水平。60 年来，我们党在各个历史阶段培养造就了一支总体上适应当时形势任务需要的干部队伍和大批善于治党治国治军的优秀领导人才。这是我们党所以能够在长期执政中取得伟大成就的关键性因素。

（四）关于党的基层组织建设。重视党的基层组织建设，是我们党的组织优势。新中国成立初期，为巩固政权和发展经济的需要，从 1951 年到 1954 年进行的整党，对党员开展了在执政情况下怎样做一个合格共产党员的教育，清理了党员队伍中的不纯分子和消极落后分子，同时开展了发展新党员和建立新的基层党组织的工作。上世纪 60 年代初，中央制定了农村、工业企业、商业企业三个党的组织工作条例，推进党的基层组织建设制度化、规范化。改革开放以后，针对基层党组织建设出现的新情况、新问题，中央制定了全面推进农村、企业、城市社区和机关、学校、新经济组织和新社会组织等基层党组织建设的方针和措施。各级党组织在实践中积极进行调整基层党组织设置方式、改进工作方法、创新活动内容、完善职能作用的探索，积累了新鲜经验，扩大了基层党组织的覆盖面，增强了基层党组织的战斗力。2008 年，党的基层组织从新中国成立之初的 25 万个增加到 371.8 万个，党员总数由 580 万名增加到 7593 万名，形成了遍布全国、覆盖各个领域的基层组织体系。改革开放以来，大批生产一线工人、农民、知识分子、大学生以及一些新社会阶层中的先进分子加入到党组织中来，党员队伍的素质、结构和分布更加适应新形势新任务的要求。60 年来，我们党能够长期稳固地执掌政权、完成在不同历史时期的执政使命，是同不断加强和改进基层党组织建设，各条战线的基层党组织发挥战斗堡垒作用、广大党员发挥先锋模范作用密不可分的。

（五）关于党的作风建设。在革命战争年代，我们党形成的理论联系实际、密切联系群众、批评和自我批评三大作风，成为克敌制胜的力量源泉和有效法宝，是我们党执政的宝贵精神财富。新中国成立以后，党处在执政地位，获得了更好地为人民服务的条件，同时一些党员干部沾染不良风气、脱离群众的危险也大大增加。1950 年 5 月，党中央发出指示，在全党范围进行大规模的整风运动，克服上级机关的官僚主义、居功自傲情绪和“革命到头”思想。1951 年开始的整党，着重解决党内思想不纯和组织不纯等问题。1956 年党的八大以后到“文化大革命”前，尽管我国的建设事业经历曲折，但全党的精神风貌是好的。在国内发生严重经济困难、外部受到战争威胁和巨大压力的情况下，党和人民坚持独立自主，自力更生，不怕挫折，顶住压力，团结一致，艰苦奋斗，依然以无比的英雄气概和高昂的热情投身建设事业。在那个激情燃烧的年代，广大党员干部中涌现出大量可歌可泣的优秀典型和先进人物。

改革开放以后，我们党充分认识到在长期执政条件下、在改革开放和发展社会主义市场经济的环境中，党的作风方面的问题、脱离群众的问题会比以往凸显出来，因而高度重视党的作风建设，坚持不懈地采取一系列措施防止和纠正不正之风。从 1983 年开始，用三年半的时间对党的作风和组织进行了整顿。1990 年 3 月，党的十三届六中全会通过《关于加强党同人民群众联系的决定》。2001 年 9 月召开的党的十五届六中全会作出《关于加强党的作风建设的决定》，提出“八个坚持、八个反对”的作风建设新要求。党的十六大以来，党中央大力倡导弘扬优良传统作风，带头树立为民、务实、清廉形象；各级党委在解决思想作风、学风、工作作风、领导作风和干部生活作风方面存在的突出问题方面做了大量工作,取得了重要成效。60 年的实践证明,执政党的作风,关系党的形象,关系人心向背,关系党的生命。以密切党同人民群众的血肉联系为重点加强党的作风建设,是长期执政条件下党的建设一项重大而长期的任务。

（六）关于党的制度建设。实现党和国家的长治久安，必须依靠制度的保障，因为制度更带有根本性、全局性、稳定性和长期性。新中国成立后，我们确立了人民民主专政制度、人民代表大会制度、中国共产党领导的多党合作和政治协商制度、民族区域自治制度等基本政治制度，对社会主义条件下党的制度建设也进行了探索和尝试。党的八大明确提出：党的各级委员会实行集体领导和个人分工负责相结合的制度。改革开放以来，我们党把制度建设作为一项重要的基础性建设贯穿于党和国家政治生活的各个方面，努力探索从制度上加强党的建设的新经验。党章是党的根本规章，党章的修改和完善是党的制度建设的最重要内容。党的十二大制定了新党章，之后经过党的十三大到十七大历次党代会的修改，党章不断得到充实、丰富和完善。1980 年 2 月，党的十一届五中全会讨论通过《关于党内政治生活的若干准则》。同年 8 月，邓小平同志发表的《党和国家领导制度的改革》重要讲话，是加强党的制度建设的纲领性文献。此外，《中国共产党地方委员会工作条例（试行）》、《中国共产党党员权利保障条例》的制定和修改，党的各级代表大会代表任期制、党内选举制度、党的地方各级全委会和常委会工作机制、干部人事制度、党务公开制度、巡视制度的改革和完善，以及党代表大会常任制在一些县（市、区）的试行，使党的制度建设取得了实质性进步，并发挥了越来越大的作用。

（七）关于党的反腐倡廉建设。党在全国执政后，对消极腐败现象的危害性，对反腐败斗争的长期性、复杂性、艰巨性始终保持清醒的认识，并采取正确的方针和有力的措施惩治腐败。新中国成立初期，果断处理刘青山、张子善贪污案，在全党全社会引起极大震动，有效遏制了腐败现象滋长的势头。上世纪五六十年代，通过开展整党整风、“三反”运动等惩治当时存在的消极腐败现象。改革开放以后，我们党在继承过去反腐倡廉有效做法的同时，积极探索新的途径和措施。针对改革开放条件下腐败现象滋生蔓延的情况，始终坚持一手抓改革开放、一手抓惩治腐败，坚定不移地开展反腐倡廉建设，领导干部廉洁自律、查处大案要案、纠正部门和行业不正之风工作成效明显，惩处腐败分子、加强制度建设、强化对领导干部的监督、治理商业贿赂等工作取得重要进展。改革反腐倡廉工作体制，恢复重建党的各级纪律检查机关，政府系统成立监察部门，检察院设立反贪局，组建国家预防腐败局，纪检机关和监察部门合署办公，纪检机关、监察部门对派驻机构实行垂直领导、统一管理。制定和实施了《中国共产党纪律处分条例》、《中国共产党党员领导干部廉洁从政若干准则》、《关于实行党风廉政建设责任制的规定》和《中国共产党党内监督条例（试行）》等一批党内重要法规。特别是2005年中央颁布《建立健全教育、制度、监督并重的惩治和预防腐败体系实施纲要》，标志着反腐倡廉建设进入了新的发展阶段。

以上我从七个方面对60年加强和改进党的建设取得的主要成绩进行了粗线条的梳理，请大家进一步研究。

三、60年党的建设实践的启示

结合新中国成立60年我们党、我们国家走过的伟大历程，可以从党的建设实践中得到许多重要启示。

第一，必须坚持把马克思主义基本原理同中国具体实际和时代特征相结合，坚定不移地走中国特色社会主义道路。建设社会主义没有也不可能有适合各国情况的统一模式，照搬书本不行，照搬外国也不行，必须把马克思主义基本原理同本国实际和时代特征相结合，走符合自己国情的道路。从一个社会主义国家来说，就是建设有本国特色的社会主义。中国特色社会主义，就是符合我国国情、扎根中国大地的科学社会主义。

新中国成立60年来，我们党把马克思主义基本原理同中国具体实际和时代特征相结合，在曲折、艰辛的探索中终于成功地走出了中国特色社会主义道路。这条道路，是在以毛泽东同志为核心的党的第一代中央领导集体探索社会主义建设规律取得宝贵经验的基础上，以邓小平同志为核心的党的第二代中央领导集体开创的、以江泽民同志为核心的党的第三代中央领导集体加以坚持和发展的、以胡锦涛同志为总书记的党中央继续坚持和发展的正确道路，是一条实现中国繁荣富强、中国人民共同富裕和中华民族伟大复兴的康庄大道。在当代中国，只有坚持走中国特色社会主义道路而不是什么别的道路，才能发展中国、振兴中国，才能保证中国的长治久安，也才能使中国通过实现社会主义现代化而为世界和平和人类进步事业作出更大的贡献。无论遇到什么复杂局面，无论遇到什么风险考验，我们都要毫不动摇地走中国特色社会主义道路。

中国特色社会主义道路，就是在中国共产党领导下，立足基本国情，以经济建设为中心，坚持四项基本原则，坚持改革开放，解放和发展社会生产力，巩固和完善社会主义制度，建设社会主义市场经济、社会主义民主政治、社会主义先进文化、社会主义和谐社会，建设富强民主文明和谐的社会主义现代化国家。60 年来特别是改革开放 30 年的实践经验表明，坚持中国特色社会主义道路，最重要的就是要坚持以经济建设为中心，把坚持四项基本原则与坚持改革开放统一起来。党的十七大报告指出，以经济建设为中心是兴国之要，是我们党、我们国家兴旺发达和长治久安的根本要求；四项基本原则是立国之本，是我们党、我们国家生存发展的政治基石；改革开放是强国之路，是我们党、我们国家发展进步的活力源泉。这些精辟论断，把一个中心、两个基本点在党和国家事业中的地位和作用讲得很透彻很深刻。全党同志都应当十分明确，我们的经济建设，是以四项基本原则为政治保证、以改革开放为强大动力的；我们的改革开放，是以进一步解放和发展生产力、建设和发展中国特色社会主义为根本目的的；我们的四项基本原则，是保证改革开放和经济建设沿着正确的方向前进，同时又从新的实践中不断取得新的经验来加以丰富的。围绕党的基本路线加强和改进党的建设，就要牢牢把握经济建设和四项基本原则、改革开放之间相互贯通、相互依存、不可分割的辩证统一关系，坚持把以经济建设为中心同四项基本原则、改革开放这两个基本点统一于发展中国特色社会主义的伟大实践，贯穿于党的思想、组织、作风、制度建设和反腐倡廉建设的全部工作之中，体现到各级党组织和广大党员干部的工作和行动中去。

第二，必须紧紧围绕党的中心任务尤其是发展这个党执政兴国的第一要务来加强和改进党的建设，确保党建工作始终服务于经济社会发展。党的建设历来是与党的中心任务紧密联系在一起的，是为实现党的中心任务服务的。在新民主主义革命时期，党的建设是为胜利开展武装斗争和壮大统一战线，取得全国政权服务的；在新中国成立党成为执政党以后，党的建设是为推进社会主义革命、建设和改革事业，实现党的执政使命服务的。我们党一贯强调要根据不同历史阶段中国社会发展的主要矛盾确定党的中心任务，紧紧围绕党在各个历史时期的中心任务加强党的建设。这里的关键问题，是必须正确认识我国社会不同时期的主要矛盾，归根到底是要通过正确处理好生产力和生产关系、经济基础和上层建筑的关系，不断促进我国社会生产力的发展。这也是我们党治国理政、不断加强和改进党的建设的根本出发点和归宿。马克思主义最重视发展生产力，社会主义的根本任务就是发展生产力，社会主义的优越性就在于最终能够创造出比资本主义发展得更快更好的劳动生产率，更能保证发展成果为广大人民群众所共享。改革开放之前的 30 年，我们党出现严重失误的根本原因之一，就是在社会主义改造基本完成后还“以阶级斗争为纲”，长期把发展生产力的任务推到次要地位。改革开放之后的 30 年，我们党所以能够带领人民在国家发展中取得举世瞩目的新成就，根本的一条就是坚定不移地把党和国家的中心任务放到了经济建设上，聚精会神搞建设、一心一意谋发展。现在，我国仍处于并将长期处于社会主义初级阶段，人民日益增长的物质文化需要同落后的社会生产之间的矛盾仍然是社会的主要矛盾。发展，对于全面建设小康社会、开创中国特色社会主义事业新局面具有决定性的意义。因此，党的建设必须按照党在社会主义初级阶段基本路线的要求，紧紧围绕社会主义经济建设、政治建设、文化建设、社会建设以及生态文明建设的实践来进行，归根到底必须紧紧围绕发展这个党执政兴国的第一要务来进行。我们所追求的发展，是速度与结构、质量、效益相统一的又好又快发展，是以人为本、全面协调可持续的科学发展。我们在加强和改进党的建设中，要坚持深入贯彻落实科学发展观，围绕科学发展抓好党建、抓好党建促进科学发展，努力把党建优势转化为国家发展的优势，把党建成果转化为国家发展的成果，使党的建设更加符合社会主义现代化事业科学发展的要求。

第三，必须坚持立党为公、执政为民，把实现好、维护好、发展好最广大人民的根本利益作为党的建设必须始终遵循的宗旨、方向和目的，始终保持党同人民群众的血肉联系。全心全意为人民服务是我们党的根本宗旨，也是我们党区别于其他一切政党的根本标志。在革命战争年代，我们党能够赢得人民群众的衷心拥护，取得新民主主义革命的胜利，根本原因在于党以自己的实际行动证明自己是为人民的利益奋斗的。我们党在全国执政 60 年来，尽管经历过这样那样的曲折，但全心全意为人民服务的宗旨始终没有变。这使我们党既赢得了人民群众的衷心拥护，获得了为人民利益不懈奋斗的强大动力，又使我们党从人民群众中汲取了夺取胜利的无穷智慧。60 年的实践证明，加强和改进党的建设，最重要的就是坚持立党为公、执政为民，把实现好、维护好、发展好最广大人民的根本利益作为党全部工作的出发点和落脚点，始终保持党同人民群众的血肉联系。面向未来，我们党要团结和带领全国各族人民把我国建设成为富强民主文明和谐的社会主义现代化国家，坚持和发展中国特色社会主义，实现中华民族伟大复兴，执政使命非常神圣，执政任务非常艰巨。我们要坚持一切为了群众、一切依靠群众，从群众中来、到群众中去的群众路线，把党的正确主张变为群众的自觉行动，一切以是否有利于发展社会主义社会生产力、有利于增强社会主义国家综合国力、有利于提高人民生活水平这“三个有利于”为根本判断标准，坚持问政于民、问需于民、问计于民，既通过提出和贯彻正确的理论和路线方针政策带领人民前进，又从人民的实践创造和发展要求中获得前进动力。我们要尊重人民主体地位，发挥人民首创精神，使全体人民都满腔热情地投身到建设祖国的美好未来和自己的幸福生活中去。只要我们坚持这样做，坚持同广大人民群众心连心、同呼吸、共命运，就能“任凭风浪起，稳坐钓鱼船”，从容应对前进道路上的各种风险和挑战，不断开创社会主义现代化建设事业的新局面。

第四，必须坚持和健全民主集中制，发展党内民主，维护中央权威，不断增强党的蓬勃活力和团结统一。民主集中制是党的根本组织制度和领导制度。我们党在长期实践中创造性地运用和发展民主集中制原则，制定规范党内政治生活、处理党内关系的基本准则和具体制度，形成了党在组织建设上的鲜明特征。新中国成立后最初七八年，我们党十分强调民主集中制，党中央和毛泽东同志一直比较注意实行集体领导，反对和防止个人崇拜，党内民主生活比较正常。从20世纪50年代后期开始，党和国家政治生活逐渐不正常，削弱以至破坏了党内民主和人民民主。这是导致发生严重失误的重要原因。正如邓小平同志所指出的：“我们过去发生的各种错误，固然与某些领导人的思想、作风有关，但是组织制度、工作制度方面的问题更重要。这些方面的制度好可以使坏人无法任意横行，制度不好可以使好人无法充分做好事，甚至会走向反面。”这是总结历史经验教训得出的深刻结论。

60年的历史表明，坚持和完善民主集中制，一方面必须充分发展党内民主、充分尊重广大党员的主体地位，确保党员按照党章规定充分行使党内民主权利；另一方面必须坚决维护中央权威、坚决维护党的团结统一。这二者是相辅相成、相互促进的。党内民主是党的生命和活力之源，是民主集中制的政治基础。坚持党和国家的集中统一，维护中央权威，是贯彻民主集中制的内在要求，是全党全国人民的最高利益所在。新中国成立以来这60年，我们党正是在以毛泽东同志、邓小平同志、江泽民同志为核心的党的三代中央领导集体和以胡锦涛同志为总书记的党中央领导下，经过一代又一代中国共产党人团结带领全国各族人民前赴后继的不懈奋斗，党和国家事业才取得如此辉煌的历史性成就。在今后党的民主集中制建设中，必须始终坚持民主基础上的集中和集中指导下的民主相结合，切实推进党内民主，充分发挥各级党组织和广大党员的积极性、主动性、创造性，坚决维护党的集中统一，保证全党行动一致，努力形成又有集中又有民主、又有纪律又有自由、又有统一意志又有个人心情舒畅、生动活泼的政治局面。

第五，必须以党的执政能力建设和先进性建设为主线，以改革创新为动力，推动党的思想建设、组织建设、作风建设、制度建设和反腐倡廉建设相互促进，从整体上提高党的建设水平。党的先进性是马克思主义政党的本质属性，是党的生命所系、力量所在；在处于执政地位时，党的先进性集中体现在党的执政活动中。党要承担起人民和历史赋予的重大使命，必须认真研究自身建设遇到的新情况新问题，在领导改革发展中不断认识自己、加强自己、提高自己。60 年来，我们党始终重视加强党的执政能力建设和先进性建设，为不断提高党的执政能力、保持和发展党的先进性作出的巨大努力是承前启后、一以贯之的，我们党对加强自身建设规律的探索也是承前启后、一以贯之的。

长期以来，我们说到党的建设，一般都是讲思想建设、组织建设、作风建设这三大建设。改革开放以来，我们党总结历史经验，根据新的实践要求，提出要注重制度建设，丰富了党的建设总体布局的内涵。党的十七大明确提出反腐倡廉建设这个科学概念，把反腐倡廉建设与党的思想建设、组织建设、作风建设、制度建设并列，进一步丰富了党的建设总体布局的内涵。按照党的十七大的要求加强党的建设，就要着眼全局，统筹部署党的思想建设、组织建设、作风建设、制度建设和反腐倡廉建设，使这五个方面的建设相互配套、相互促进，既突出重点、又整体推进，不断提高党的建设工作水平。

党执政 60 年的实践告诉我们，创新是一个民族进步的灵魂，是一个国家兴旺发达的不竭动力，也是一个政党永葆生机的源泉。进入新世纪新阶段，世情、国情、党情发生深刻变化，党的建设遇到许多新情况新问题，面临许多新考验新挑战。这就要求我们党要善于运用在加强自身建设中长期积累的成功经验，与时俱进地推进党的建设的理论创新、制度创新、工作创新、方法创新。我们要按照党的十七大的要求，坚持以改革创新精神加强党的建设，把党的执政能力建设和先进性建设作为主线，坚持党要管党、从严治党，贯彻为民、务实、清廉的要求，以坚定理想信念为重点加强思想建设，以造就高素质党员、干部队伍为重点加强组织建设，以保持党同人民群众的血肉联系为重点加强作风建设，以健全民主集中制为重点加强制度建设，以完善惩治和预防腐败体系为重点加强反腐倡廉建设，使党始终成为立党为公、执政为民，求真务实、改革创新，艰苦奋斗、清正廉洁，富有活力、团结和谐的马克思主义执政党。

以上我谈了对新中国 60 年党的建设的一些初步认识和思考，不准确、不妥当的地方欢迎大家批评指正。新中国 60 年有很多成就和经验值得总结，对 60 年党的建设进行回顾和总结无疑是其中一个很重要的内容。党校是培训和教育党的干部的专门学校和重要阵地，有必要也有责任去努力研究党的建设，总结党建经验，探索党建规律，为党校教学科研服务。我讲这个题目，是为了引起党校的同志和学员们对这个问题的重视，继续进行深入的研究。

最后，祝全体学员在党校期间学习好、生活好、身体好，祝全校教职员工教学、科研、管理取得新进步！

加强和改进新形势下党的建设的纲领性文献*

（2009年9月26日）

习 近 平

党的十七届四中全会是在国际形势继续发生深刻变化，我国处在进一步发展的重要战略机遇期召开的一次重要会议。全会听取和讨论了胡锦涛总书记受中央政治局委托作的工作报告，充分肯定党的十七届三中全会以来中央政治局的工作。全会审议通过了《中共中央关于加强和改进新形势下党的建设若干重大问题的决定》（以下简称《决定》）。胡锦涛总书记在全会讲话中，就切实贯彻好全会精神、做好当前各项工作提出了明确要求。《决定》全面贯彻党的十七大精神，以邓小平理论和“三个代表”重要思想为指导，深入贯彻落实科学发展观，深刻分析党的建设面临的新形势新任务，认真总结我们党执政60年来加强自身建设的基本经验，提出加强和改进党的建设的总体要求、目标任务、重要举措，对加强和改进新形势下党的建设作出战略部署，是指导当前和今后一个时期党的建设的纲领性文献。

一、党的十七届四中全会专题研究党的建设的战略考虑和《决定》的起草过程

今年是中华人民共和国成立60周年，在这个时候召开的中央全会以什么为主题，是一个需要从党和国家工作全局出发认真考虑和全面把握的重大问题。党的十七届四中全会研究加强和改进新形势下党的建设问题，主要有以下几点考虑。

第一，实现党的十七大描绘的宏伟蓝图，要求进一步从战略上研究加强和改进党的建设。党的十七大描绘了全面建设小康社会、加快推进社会主义现代

---

* 本文是习近平同志9月26日在中央党校学习贯彻党的十七届四中全会精神报告会上的讲话，载《人民日报》2009年10月9日第1版。

化、发展中国特色社会主义的宏伟蓝图，明确提出了加强和改进党的建设的总体部署。党的十七大以来，党中央就推进党的十七大关于党的建设总体部署的贯彻落实作出一系列决策，做了大量工作，取得新的成效。同时我们认为，我国正处在进一步发展的重要战略机遇期，也处在一个矛盾凸显期，发展中呈现一系列新的阶段性特征，出现一系列新情况新问题。当前，国内外形势的新发展，改革发展稳定的新要求，人民群众的新期待，迫切需要我们党以改革创新精神进一步加强自身建设，提高领导水平和执政水平，进一步增强创造力、凝聚力、战斗力，更好地团结带领全国各族人民夺取全面建设小康社会新胜利、开创中国特色社会主义事业新局面。

第二，应对国际形势的挑战和风险，特别是应对国际金融危机冲击、保持经济平稳较快发展，要求进一步加强和改进党的建设。当今世界正处在大发展大变革大调整时期。世界多极化、经济全球化深入发展，科技进步日新月异，世界经济格局发生新变化，国际力量对比出现新态势，全球思想文化交流交融交锋呈现新特点，发达国家在经济、科技等方面仍占优势，综合国力竞争和各种力量较量更趋激烈，不稳定不确定因素有所增多，给我国发展带来新的机遇和挑战。特别是国际金融危机给世界经济造成严重冲击，给我国经济发展也带来较大困难。应对复杂多变的国际形势、完成艰巨繁重的改革发展任务，要求进一步把党建设好，更好地发挥党委领导核心作用、基层党组织战斗堡垒作用、共产党员先锋模范作用，把党的政治优势和组织优势转化为推动经济社会又好又快发展的强大力量。

第三，巩固和扩大深入学习实践科学发展观活动成果，要求进一步采取加强和改进党的建设的有效举措。根据党的十七大部署，我们党从去年9月开始分三批在全党开展深入学习实践科学发展观活动，目前第一批已经结束，第二批已经基本告一段落，第三批于今年9月初启动、到明年2月基本结束。在学习实践科学发展观活动中，各级党组织和广大党员着力转变不适应不符合科学发展要求的思想观念，着力解决影响和制约科学发展的突出问题以及党员干部党性党风党纪方面群众反映强烈的突出问题，着力构建有利于科学发展的体制机制，创造了许多推进党的建设的新经验新举措。我们要巩固和扩大深入学习实践科学发展观活动成果，更好地把贯彻落实科学发展观的要求体现在党的建设之中，教育引导广大党员、干部增强贯彻落实科学发展观的自觉性和坚定性，推动实现以人为本、全面协调可持续的科学发展，实现好、维护好、发展好最广大人民的根本利益。

第四，抓紧解决党内存在的突出问题，要求进一步加大党的建设的工作力度。改革开放30年来，我们党在继往开来、与时俱进中成长进步，党的建设取得显著成绩。当前，党的领导水平和执政水平、党的建设状况、党员队伍素质总体上同党肩负的历史使命是适应的。同时，党的干部队伍构成发生很大变化，干部队伍思想、素质、能力出现许多新情况，不少年轻干部缺少严格的党内生活锻炼和重大政治风浪考验，干部队伍建设亟待加强。更重要的是，目前党内存在不少不适应新形势新任务要求、不符合党的性质和宗旨的问题。对存在的问题，《决定》从理想信念、民主集中制、领导班子和干部队伍建设、基层党组织建设、作风建设、反腐倡廉建设6个方面作了归纳。这些问题虽然不是党的队伍的主流，但严重削弱党的创造力、凝聚力、战斗力，严重损害党同人民群众的血肉联系，严重影响党的执政地位巩固和执政使命实现。我们党是一个拥有370多万个基层组织、7500多万名党员的大党，建设好这样一个大党任务十分艰巨。党内出现这样那样的问题是客观存在，解决党内存在的问题也是一个长期复杂的过程，不可能一蹴而就，但我们必须正视存在的问题，出现什么问题就抓紧解决，不能放任不管。如果存在的问题得不到有效解决，党的十七大作出的战略部署就难以贯彻落实，全面建设小康社会的奋斗目标就难以顺利实现。

总之，全面贯彻党的十七大精神，要求我们党更好地负起党要管党、从严治党的责任，全面落实党建工作责任制，对党的建设一些重大问题进行集中研究和再部署，全面推进党的建设新的伟大工程。

改革开放30年来，每次党的全国代表大会届内都安排一次中央全会讨论党的建设问题。1983年10月召开的党的十二届二中全会，审议通过了《中共中央关于整党的决定》；1990年3月召开的党的十三届六中全会，审议通过了《中共中央关于加强党同人民群众联系的决定》；1994年9月召开的党的十四届四中全会，审议通过了《中共中央关于加强党的建设几个重大问题的决定》；2001年9月召开的党的十五届六中全会，审议通过了《中共中央关于加强和改进党的作风建设的决定》；2004年9月召开的党的十六届四中全会，审议通过了《中共中央关于加强党的执政能力建设的决定》。党的十七大对全面推进党的建设新的伟大工程作出了总体部署，也需要召开一次中央全会就贯彻落实工作作出安排。

党的十七届四中全会《决定》的起草工作，是在中央政治局和中央政治局常委会领导下进行的。今年3月，胡锦涛总书记在文件起草组第一次全体会议上作重要讲话，深刻阐述了加强和改进新形势下党的建设的重要性和紧迫性，提出了文件起草过程中需要深入思考和重点研究的问题，对起草工作提出了要求、指明了方向。中央政治局常委会、中央政治局多次召开会议，讨论审议《决定》稿，提出了许多指导性意见和重要修改意见。《决定》在形成过程中，坚持群众路线，充分发扬民主，广泛集中全党智慧，不断凝聚全党共识，体现了科学决策、民主决策的要求。文件起草工作开始时，中央就下发通知，向各地区各部门征求对党的十七届四中全会研究加强和改进新形势下党的建设问题的意见，并组织18个中央部门和单位开展专题调研，形成25份专题调研报告。同时，文件起草组到12个省区进行专题调研，广泛听取地方各级干部、基层党员和专家学者的意见和建议。文件起草过程中，充分研究和吸收了各方面的意见和建议。《决定》稿形成后，中央再次将《决定》稿下发到全党一定范围内广泛征求意见，据统计征求意见人数共2995人。胡锦涛总书记亲自主持召开座谈会，听取各民主党派中央、全国工商联负责人和无党派人士的意见。党中央对各方面意见高度重视，要求文件起草组逐条研究吸收，对《决定》稿进行充实、修改和提高。全会通过的这个《决定》提出的重要观点和主要举措，来自各级党组织的探索实践、来自全党的集思广益，来自方方面面的意见，具有坚实的实践基础和群众基础。

二、关于我们党在全国执政以来加强自身建设的基本经验

以新中国成立为标志，我们党从一个领导人民为夺取全国政权而奋斗的党，开始向一个领导人民掌握全国政权并实现由新民主主义过渡到社会主义的执政党转变；党的十一届三中全会以后，我们党从一个受到外部封锁和实行计划经济条件下领导国家建设的执政党，开始向对外开放和实行社会主义市场经济条件下领导国家建设的执政党转变。历史和现实都表明，我们党执政以后党的建设比没有执政时党的建设面临的情况要复杂得多，在对外开放和社会主义市场经济条件下党的建设比在封闭半封闭和计划经济条件下党的建设面临的情况也要复杂得多。60年来，我们党根据自身历史方位和中心任务的变化，围绕长期执政、改革开放和发展社会主义市场经济条件下建设什么样的党、怎样建设党进行深入探索和实践，走过的历程波澜壮阔、很不寻常，积累的经验承前启后、十分丰富。对60年党的建设的成功经验进行系统总结，结合新的实践不断丰富和发展，对于提高新形势下党的建设工作水平是很有必要、非常重要的。基于这样的考虑，《决定》从6个方面对我们党执政以来加强自身建设的基本经验进行了总结。

（一）关于坚持把思想理论建设放在首位，提高全党马克思主义水平。这条经验，反映了思想理论建设对于我们这个有7500多万名党员的执政党所具

有的重要性，揭示了我们党注重从思想上建设党，善于运用马克思主义理论来立党、兴党的政治优势。回顾历史，正是靠这一政治优势，才能够在旧中国无产阶级人数很少、农民和其他小资产阶级占人口绝大多数、经济文化十分落后的社会里，建设起一支团结统一、纪律严明、英勇善战的工人阶级先锋队。我们党在全国执政以后，坚持把马克思主义基本原理同中国具体实际和时代特征相结合，不断推进马克思主义中国化、时代化、大众化，在实践上不断有新创造，在理论上不断取得新成果，特别是在改革开放的伟大实践中形成了包括邓小平理论、“三个代表”重要思想以及科学发展观等重大战略思想在内的中国特色社会主义理论体系。60 年来，我们党坚持把学习和运用马克思主义理论作为党员和干部教育的中心内容，注重把对党员的经常性教育和适时的集中教育结合起来，不断提高全党马克思主义理论水平。尤其在党和国家处于历史转折时期、事业发展处于新的起点、前进道路上遇到大的困难、世界社会主义运动出现风波、国内外敌对势力借机制造思想混乱的时候，我们党更加注重用科学理论武装党员、教育干部，起到了统一全党思想、凝聚全党力量的重要作用。60 年的实践证明，坚持以思想理论建设为根本建设，坚持党的指导思想与时俱进，坚持用发展着的马克思主义武装全党，党和国家事业的发展就有了坚实的理论基础、正确的前进方向和强大的精神动力，就能不断开创新局面。

（二）关于坚持把推进党的建设伟大工程同推进党领导的伟大事业紧密结合起来，保证党始终成为社会主义事业的坚强领导核心。这条经验，反映了党的建设必须服从服务于党的历史任务这一根本指导原则，揭示了党的建设伟大工程同党领导的伟大事业之间紧密联系、相互促进、相辅相成的互动关系。中国共产党的领导是推进革命、建设、改革最根本的政治保证和组织保证，党的建设是党领导的伟大事业不断取得胜利的重要法宝。60 年来，我们党坚持运用这个法宝，始终把对客观世界的改造同对主观世界的改造结合起来，既紧紧围绕党领导的伟大事业推进党的建设，又通过加强和改进党的建设来推进伟大事业。新中国成立初期，我们党密切结合民主改革、恢复国民经济等中心任务加强自身建设，使党组织的战斗力进一步增强；另一方面，我们党依靠党的领导的坚强有力，依靠人民群众的大力支持，巩固了新生的人民政权，迅速恢复和发展了经济，完成了从新民主主义向社会主义的过渡。1956 年党的八大以后，我们党领导人民艰辛探索适合我国情况的社会主义建设道路，其间成功与挫折交替，正确与失误交织，从总体上说我国社会主义建设事业取得的成就是巨大的。党的十一届三中全会以后，我们党作出把党和国家工作中心转移到经济建设上来、实行改革开放的历史性决策，紧紧围绕“一个中心、两个基本点”的基本路线加强和改进党的建设，既开创和不断推进了中国特色社会主义伟大事业，又开创和不断推进了党的建设新的伟大工程。60 年的实践证明，党的建设必须按照党的政治路线来进行，围绕党的中心任务尤其是发展这个党执政兴国的第一要务来展开，朝着党的建设总目标来加强，着力提高党的创造力、凝聚力、战斗力。抓住了这一条，党的建设就抓住了根本，党就会赢得人民群众的真心拥护，国家的发展就会沿着正确的方向前进。

（三）关于坚持以执政能力建设和先进性建设为主线，保证党始终走在时代前列。这条经验，反映了执政能力建设和先进性建设在党的建设新的伟大工程中的引领和主导作用，揭示了提高党的执政能力、保持和发展党的先进性关系马克思主义执政党的生死存亡这一历史真理。最近 20 年世界上一些执政多年的大党、老党丧失执政地位特别是一些马克思主义执政党人亡政息的惨痛教训表明：一个政党的执政地位不是与生俱来的、也不是一劳永逸的，过去拥有不等于现在拥有，现在拥有不等于永远拥有；一个政党的先进性不是一蹴而就的、也不是一成不变的，过去先进不等于现在先进，现在先进不等于永远先进。中国共产党的阶级基础是工人阶级，思想基础是马克思主义，根本宗旨是全心全意为人民服务，奋斗目标和远大理想是建设中国特色社会主义和实现共产主义，根本领导制度和组织制度是民主集中制，这些主要方面集中体现了我们党作为马克思主义政党的先进性。60 年来，我们党把这些根本要求贯穿于党的全部执政活动中，体现在党组织和党员的行动上，代表人民执政、依靠人民执政，保持和发展了党的先进性。这是我们党所以能够取得举世瞩目执政成就的根本原因。60 年的实践证明，在新的历史条件下我们党面临的执政考验、改革开放考验、市场经济考验、外部环境考验是长期的、复杂的、严峻的；党要经受住这些考验，承担起人民和历史赋予的重大使命，必须切实加强执政能力建设和先进性建设，不断提高党的执政能力和拒腐防变能力，做到科学执政、民主执政、依法执政。坚持这样做，我们党就能在发展中国特色社会主义的历史进程中始终成为坚强的领导核心。

（四）关于坚持立党为公、执政为民，保持党同人民群众的血肉联系。这条经验，反映了立党为公、执政为民是我们党必须始终践行的根本政治要求，揭示了人民群众是我们党的力量之源、执政之基这一历史唯物主义的重要思想。我们党在中国执政，是历史的必然、人民的选择。党在全国执政 60 年来，尽管经历过这样那样的曲折，但全心全意为人民服务的宗旨始终没有变。改革开放以来，我们党坚持人民是历史创造者的马克思主义根本观点，坚持以人为本，坚持党的群众路线，充分发挥人民群众的首创精神，引导全体人民满腔热情地投身到建设祖国的美好未来和自己的幸福生活中去。这使我们党既赢得了人民群众的支持和拥护，赢得了为人民利益不懈奋斗的强大动力，又使我们党从人民群众中汲取夺取胜利的无穷智慧。60 年的实践证明，党的根基在人民，党的血脉在人民，党的力量在人民，党的成败也在人民。中国共产党作为一个久经考验的马克思主义政党，最大的政治优势是密切联系群众，党执政后最大的危险是脱离群众。如果党脱离群众，就会失去群众的支持，从根本上失去先进性，以致最终失去执政资格。加强和改进新形势下党的建设，最重要最根本的就是坚持全心全意为人民服务的根本宗旨，始终把实现好、维护好、发展好最广大人民的根本利益作为党全部工作的出发点和落脚点，组织动员全党同志紧紧依靠人民群众始终不渝地为中国人民和中华民族的根本利益而不懈奋斗，做到权为民所用、情为民所系、利为民所谋。只要我们始终不渝地坚持这个根本政治立场，把这个政治立场一以贯之地落实和体现到党的全部理论和实践中去，我们党就能获得取之不尽、用之不竭的力量源泉，就无往而不胜。

（五）关于坚持改革创新，增强党的生机活力。这条经验，反映了我们党勇于变革、勇于创新，永不僵化、永不停滞的治党治国之道，揭示了我们党始终保持马克思主义政党本色、永不脱离群众和具有蓬勃活力的根本奥秘之所在。改革创新是解放和发展生产力的必由之路，也是增强党的创造力、凝聚力、战斗力的必由之路。60 年来特别是改革开放以来，我们党紧密结合新的历史条件和新的历史任务，坚持解放思想、实事求是、与时俱进，不断研究党的建设面临的新情况新问题，不断推进党的建设的实践创新、理论创新、制度创新，使党的建设不断适应党的事业的发展要求。从开创和不断推进党的建设新的伟大工程，到确立思想建设、组织建设、作风建设、制度建设和反腐倡廉建设“五位一体”党的建设总体布局；从提出和不断推进党的执政能力建设，到提出和不断推进党的先进性建设；从实行差额选举、党务公开等扩大党内民主的举措，到确立科学执政、民主执政、依法执政的执政理念；从废除领导职务终身制到实行公开选拔、竞争上岗、民主推荐和民主评议干部等干部人事制度改革，党的建设在理论上和实践上取得了一系列创新成果。60 年的实践证明，坚持党的思想路线，用时代发展要求审视自己、以改革创新精神提高和完善自己，是我们党保持先进性和增强创造力的决定性因素。党和国家的事业发展没有止境，党的建设的改革创新也没有止境。加强和改进新形势下党的建设，就要既坚持马克思主义基本原理、又谱写新的理论篇章，既发扬革命传统、又创造新鲜经验，既善于用改革的办法破解党的建设中的难题、又善于用创新的思路探索提高党的执政能力、保持和发展党的先进性的途径，努力做到理论上不断有新发展，实践上不断有新创造。特别要创新党的领导体制和工作机制，建立健全以党章为根本、以民主集中制为核心的制度体系，做到以制度管权、管事、管人，切实提高党的建设科学化、制度化、规范化水平。

（六）关于坚持党要管党、从严治党，提高管党治党水平。这条经验，反映了我们党管党治党的根本方针，揭示了新的历史条件下唯有从严治党才能保持和发展党的先进性的规律性认识。党要管党、从严治党是由党的性质、党在国家和社会生活中所处的地位、党肩负的历史使命决定的，因而是我们党的一贯要求和优良传统。新中国成立初期，为巩固政权和发展经济的需要，从1950年5月开始在全党范围内进行了大规模整风，克服党政机关中存在的官僚主义、居功自傲情绪和“革命到头”思想。从1951年到1954年进行的整党，对党员开展了在执政情况下怎样做合格共产党员的教育，清理了党员队伍中的不纯分子和消极落后分子。我们党的八大从加强思想教育、健全制度、加强监督等方面提出了党要管党、从严治党的要求。改革开放以来，面对执政条件和社会环境的深刻变化，我们党把党要管党、从严治党作为党的建设的根本方针认真加以实施。从1983年开始，用三年半时间对党的作风和组织进行整顿，此后还在全党县级以上党政领导班子、领导干部中开展了以“讲学习、讲政治、讲正气”为主要内容的党性党风教育，在全国农村开展了“三个代表”重要思想学习教育活动，在全党开展了以实践“三个代表”重要思想为主要内容的保持共产党员先进性教育活动，目前正在全党开展深入学习实践科学发展观活动。这些从严管党、从严治党的举措，对于坚持党的领导、加强党的建设起到了十分重要的作用。60年的实践证明，治国必先治党，治党务必从严。坚持从严管党、从严治党，必须严格按照党章办事，按党的制度和规定办事；必须对党员特别是领导干部严格要求、严格教育、严格管理、严格监督；必须在党内生活中讲党性，讲原则，弘扬正气，反对歪风；必须严格执行党的纪律，坚持在纪律面前人人平等。特别要加强党风廉政建设，坚持不懈开展反腐败斗争，坚决纠正损害群众利益的不正之风，不断解决自身存在的问题，始终保持党的先进性和纯洁性。

总起来说，《决定》总结的6条基本经验，集中体现了我们党在全国执政后加强自身建设的丰富实践，凝聚了几代中国共产党人的心血，体现和深化了对共产党执政规律、社会主义建设规律、人类社会发展规律的认识，是我们党极为宝贵的财富，必须倍加重视、倍加珍惜，必须作为加强和改进新形势下党的建设的重要指导原则长期坚持。善于总结经验，是我们党发扬成绩、纠正错误、提高自己的科学领导方法，也是党的优良传统。党的十六大总结了我们党领导人民建设中国特色社会主义“十个坚持”的基本经验，党的十六届四中全会总结了我们党50多年来执政的6条主要经验，党的十七大总结了改革开放30年来“十个结合”的宝贵经验，这些经验对于我们党不断提高领导水平和执政能力已经产生而且还将长期产生重要的指导作用。我们相信，全面把握、充分运用《决定》总结的6条基本经验，并在实践中不断丰富和发展，党的建设就会提高到一个新的水平。

三、关于加强和改进新形势下党的建设的总体要求和主要任务

党的十七届四中全会是党的十七大之后召开的专门研究党的建设的中央全会，全会文件内容应该主要在贯彻落实党的十七大关于党的建设总体部署上下功夫。党的十七大关于党的建设的部署很全面，加强和改进新形势下党的建设需要研究解决的重大问题很多，党的建设涉及的党和国家工作领域也很多，全会文件不可能也不需要面面俱到地研究党的建设全部内容，而应重点研究解决当前党的建设中带有战略性、根本性、紧迫性的重大问题，研究解决党员干部队伍中存在的突出问题和广大党员、干部、群众关注的热点问题。基于这样的考虑，《决定》写了八部分内容，分两大板块。第一、第二部分为第一板块，是文件的总论，主要论述加强和改进新形势下党的建设的重要性和紧迫性，总结和概括新中国成立以来我们党在全国执政条件下加强自身建设的基本经验，提出加强和改进新形势下党的建设的总体要求。第三部分至第八部分为第二板块，是文件的分论，从6个方面提出了加强和改进新形势下党的建设的主要任务和要求。

（一）关于总体要求。

《决定》提出，加强和改进新形势下党的建设，必须全面贯彻党的十七大关于党的建设总体部署，按照党章要求，着眼于继续解放思想、坚持改革开放、推动科学发展、促进社会和谐，着眼于提高党的执政能力、保持和发展党的先进性，着眼于增强全党为党和人民事业不懈奋斗的使命感和责任感，着眼于保持党同人民群众的血肉联系，突出重点，突破难点，全面推进思想建设、组织建设、作风建设、制度建设和反腐倡廉建设，提高党的建设科学化水平，进一步把党建设成为立党为公、执政为民，求真务实、改革创新，艰苦奋斗、清正廉洁，富有活力、团结和谐的马克思主义执政党，确保党始终是中国工人阶级的先锋队、同时是中国人民和中华民族的先锋队。

以上这个总体要求，提纲挈领、要言不烦，覆盖了党的建设各方面工作，从根本上为加强和改进新形势下党的建设指明了方向。对这个总体要求，应当

的是严格遵循执政党建设规律进行制度建设，不断增强党内生活和党的建设制度的严密性和科学性，既要有实体性制度又要有程序性制度，既要明确规定应该怎么办又要明确规定违反规定怎么处理，减少制度执行的自由裁量空间，推进党的建设的科学化、制度化、规范化。以科学方法推进党的建设，最根本的是既要继承和发展党在长期实践中积累的党的建设成功方法，又要积极探索运用现代科学方法，包括探索运用信息网络技术，探索运用现代管理学、组织学、心理学等现代科学方法，借鉴外国执政党建设的有益做法，不断提高党建工作水平。

第四，把握好党的建设总目标。《决定》提出，“进一步把党建设成为立党为公、执政为民，求真务实、改革创新，艰苦奋斗、清正廉洁，富有活力、团结和谐的马克思主义执政党，确保党始终是中国工人阶级的先锋队、同时是中国人民和中华民族的先锋队。”这个总目标，鲜明而集中地体现了我们党的根本宗旨、思想路线、工作作风和精神风貌，符合我们党的党情，具有鲜明的时代特色。党的建设各方面工作，都要牢牢把握这个总目标，都要聚焦于这个总目标，都要为实现这个总目标而奋斗。

（二）关于主要任务。

《决定》在把握党的十七大关于党的建设总体部署的基础上，按照突出重点、不面面俱到的原则，对加强和改进新形势下党的建设提出了6个方面的任务。

第一，提出了建设马克思主义学习型政党、提高全党思想政治水平的重要任务。建设学习型政党是党的十七大提出的任务。《决定》围绕这个任务，突出强调必须按照科学理论武装、具有世界眼光、善于把握规律、富有创新精神的要求，把建设马克思主义学习型政党作为重大而紧迫的战略任务抓紧抓好，以此为抓手带动党的思想理论建设。《决定》重点从推进马克思主义中国化、时代化、大众化，用中国特色社会主义理论体系武装全党，开展社会主义核心价值体系学习教育，建设学习型党组织这4个方面提出了明确要求。

第二，提出了坚持和健全民主集中制、积极发展党内民主的重要任务。党内民主是党的生命，集中统一是党的力量保证。加强民主集中制建设，要以保障党员民主权利为根本，以加强党内基层民主建设为基础，切实推进党内民主，广泛凝聚全党意愿和主张，充分发挥各级党组织和广大党员的积极性、主动性、创造性，坚决维护党的集中统一。《决定》重点从坚持和完善党的领导制度、保障党员主体地位和民主权利、完善党代表大会制度和党内选举制度、完善党内民主决策机制、维护党的集中统一这5个方面提出了明确要求。

第三，提出了深化干部人事制度改革、建设善于推动科学发展和促进社会和谐的高素质干部队伍的重要任务。形成充满活力的选人用人机制，促进优秀人才脱颖而出，是培养造就高素质干部队伍的关键；坚持党管干部原则，全面贯彻干部队伍革命化、年轻化、知识化、专业化方针，坚持五湖四海，拓宽视野选拔干部，广辟途径培养干部，满腔热情爱护干部，严格要求管理干部，把各方面优秀人才集聚到党和国家事业中来，是坚持和发展中国特色社会主义的根本保证。《决定》重点从坚持德才兼备、以德为先用人标准，完善干部选拔任用机制，提高领导班子和领导干部推动科学发展、促进社会和谐能力，培养造就大批优秀年轻干部，健全干部管理机制这 5 个方面提出了明确要求。

第四，提出了做好抓基层打基础工作、夯实党执政的组织基础的重要任务。党的基层组织是落实党的路线方针政策和各项工作任务的战斗堡垒。抓基层、打基础，必须坚持围绕中心、服务大局、拓宽领域、强化功能，进一步巩固和加强党的基层组织，着力扩大覆盖面、增强生机活力。《决定》重点从扩大基层党组织覆盖面、推进基层党组织工作创新、增强党员队伍生机活力、建设高素质基层党组织带头人队伍、构建城乡统筹的基层党建新格局这 5 个方面提出了明确要求。

第五，提出了弘扬党的优良作风、保持党同人民群众的血肉联系的重要任务。执政党的党风，关系党的形象，关系党和人民事业成败。总结这些年的实践经验，弘扬党的优良作风必须多管齐下，以思想教育、完善制度、集中整顿、严肃纪律为抓手，下大气力解决作风方面存在的形式主义、官僚主义、享乐主义等突出问题，这样才能切实抓出明显成效。《决定》重点从大兴密切联系群众之风、大兴求真务实之风、大兴艰苦奋斗之风、大兴批评和自我批评之风、以坚强党性保证党的作风建设这 5 个方面提出了明确要求。

第六，提出了加快推进惩治和预防腐败体系建设、深入开展反腐败斗争的重要任务。坚决反对腐败是我们党必须始终抓好的重大政治任务。必须把反腐倡廉建设放在更加突出的位置，坚持标本兼治、综合治理、惩防并举、注重预防的方针，抓紧建立健全惩治和预防腐败体系，严格执行党风廉政建设责任制，在坚决惩治腐败的同时加大教育、监督、改革、制度创新力度，更有效地预防腐败，不断取得反腐败斗争新成效。《决定》重点从加强廉洁从政教育和领导干部廉洁自律、加大查办违纪违法案件工作力度、健全权力运行制约和监督机制、推进反腐倡廉制度创新这 4 个方面提出了明确要求。

四、关于加强和改进新形势下党的建设的新要求新举措

《决定》坚持继承和创新相结合、当前和长远相结合、全面推进和突出重

点相结合、科学性和实效性相结合，在认真总结实践经验特别是改革开放30年实践经验的基础上，在思想理论上、政策取向上、工作部署上提出了不少新要求新举措。这里列举30条重要的新要求新举措。

（一）提出推进马克思主义中国化、时代化、大众化的新要求新举措。强调做到三个“准确把握”和一个“及时总结”（即准确把握当今世界发展大势，准确把握社会主义初级阶段基本国情，准确把握改革发展实际，及时总结党领导人民创造的新鲜经验），围绕“四大问题”（即什么是马克思主义、怎样对待马克思主义，什么是社会主义、怎样建设社会主义，建设什么样的党、怎样建设党，实现什么样的发展、怎样发展），不断作出新的理论概括，增强理论说服力和感召力，丰富发展中国特色社会主义理论体系。

（二）提出用中国特色社会主义理论体系武装全党、党员领导干部要作真学真懂真信真用的表率的新要求新举措。强调认真总结深入学习实践科学发展观活动成功经验，形成有利于学习研究和贯彻落实科学发展观的政策导向、舆论导向、用人导向和体制机制。中央委员和省部级领导干部要认真研读马克思主义特别是中国特色社会主义理论体系基本著作，切实提高战略思维、创新思维、辩证思维能力。

（三）提出开展社会主义核心价值体系学习教育，党员、干部要模范学习践行社会主义核心价值体系的新要求新举措。强调把理想信念教育作为重中之重，加强党的意识形态工作和思想政治工作，引导党员、干部增强政治敏锐性和政治鉴别力，自觉划清“四个重大是非界限”，培养高尚道德情操和健康生活情趣，保持昂扬奋发的精神状态。

（四）提出在全党营造崇尚学习的浓厚氛围、提高全党学习能力、建设学习型党组织的新要求新举措。强调加强对全党学习的指导和服务，加强理论宣讲队伍建设，完善和落实党委（党组）中心组学习制度，把理论素养、学习能力作为选拔任用领导干部重要依据，使各级党组织成为学习型党组织、各级领导班子成为学习型领导班子。

（五）提出坚持和完善党的领导制度、提高党的领导水平和执政水平的新要求新举措。强调坚持党总揽全局、协调各方的领导核心作用，改革和完善党的领导方式和执政方式，以明确权责为重点完善地方党委领导体制和工作机制，健全部门党组（党委）工作机制，健全党对国有企业和事业单位领导的体制机制。

（六）提出推进党务公开、畅通党内信息上下互通渠道的新要求新举措。强调建立党委新闻发言人制度，办好党报党刊和党建网站，建立健全党内事务听证咨询、党员定期评议基层党组织领导班子成员等制度。鼓励和保护党员讲真话、讲心里话，营造党内民主讨论、民主监督环境。

（七）提出完善党代表大会制度的新要求新举措。强调改善党代表大会代表结构，提高基层一线代表比例，增强代表广泛性；扩大党代表大会代表对提名推荐候选人的参与，改进候选人提名方式；建立各级党代表大会代表提案制度；落实和完善党代表大会代表任期制。

（八）提出完善党内选举办法的新要求新举措。强调改进和规范选举程序和投票方式，改进候选人介绍办法。推广基层党组织领导班子成员由党员和群众公开推荐与上级党组织推荐相结合的办法，逐步扩大基层党组织领导班子直接选举范围。党的任何组织和个人不得以任何方式妨碍选举人依照规定自主行使选举权。严格控制选任制领导干部任期内职务变动。

（九）提出完善党内民主决策机制的新要求新举措。强调发挥全委会对重大问题的决策作用，推行和完善地方党委讨论决定重大问题和任用重要干部票决制。加强党委决策咨询工作，发挥咨询研究机构、专家学者、社会听证在决策过程中的作用。落实重大决策报告制度，健全决策失误纠错改正机制和责任追究制度。健全对中央重大决策部署执行情况定期检查和专项督查制度、纪律保障机制。

（十）提出选拔任用干部要坚持德才兼备、把德放在首要位置的新要求新举措。强调从政治品质和道德品行等方面完善干部德的评价标准，注重从履行岗位职责、完成急难险重任务、关键时刻表现、对待个人名利等方面考察干部的德，使选拔出来的干部组织放心、群众满意，不让老实人吃亏，不让投机钻营者得利。

（十一）提出扩大选人用人民主、建立健全干部选拔任用提名制度的新要求新举措。强调正确分析和运用民主推荐、民主测评结果，增强科学性和真实性；鼓励多渠道推荐干部，广开举贤荐能之路，拓宽党政干部选拔来源；健全干部考察制度，完善考察标准，落实领导干部任用延伸考察办法，增强考察准确性；完善差额选拔干部办法，推行差额推荐、考察、酝酿。

（十二）提出健全干部选拔任用监督机制和干部选拔任用责任追究制度的新要求新举措。强调匡正选人用人风气，坚决整治跑官要官、买官卖官、拉票贿选等问题。

（十三）提出提高领导班子和领导干部推动科学发展、促进社会和谐能力的新要求新举措。强调加强领导班子和领导干部领导能力培养，优化领导班子配备，选好配强党政正职领导干部，着力抓好县委书记队伍建设。建立领导班子定期务虚制度，加强对本地区本部门重大问题研究。

（十四）提出培养造就大批优秀年轻干部的新要求新举措。强调建立来自基层一线党政领导干部培养选拔链，大力选拔经过艰苦复杂环境磨炼、重大斗争考验、实践证明优秀、有培养前途的年轻干部。合理使用各年龄段干部，切实解决领导干部任职年龄层层递减问题。

（十五）提出健全干部管理机制、加强干部队伍宏观管理的新要求新举措。强调推进企事业单位人事制度改革，制定符合企事业单位特点的人事管理办法。加大重要部门、关键岗位、东中西部地区干部交流力度，疏通党政机关干部、企事业单位干部交流渠道。加大治懒治庸力度，健全干部退出机制，切实解决干部能上不能下、能进不能出问题。严格按照领导职数配备干部，切实解决违反规定超职数配备干部问题。

（十六）提出建立健全干部职务与职级并行制度、实行干部职级与待遇挂钩的新要求新举措。强调对长期在基层和艰苦边远地区工作的干部、长期担任县乡党政领导职务的干部实行工资福利倾斜政策。

（十七）提出在以地域、单位为主设置基层党组织的基础上，探索完善基层党组织设置形式的新要求新举措。强调推广在农民专业合作社、专业协会、产业链、外出务工经商人员相对集中点建立党组织的做法，抓紧在非公有制经济组织建立党组织，加大在中介机构、协会、学会以及各类新社会组织中建立党组织力度。

（十八）提出建立健全教育、管理、服务党员长效机制的新要求新举措。强调改进发展党员工作，做好党员服务工作，健全党内激励、关怀、帮扶机制，健全党内表彰制度，加强对老党员、生活困难党员的关怀帮扶。建立基层党员轮训制度。鼓励党员带头参与志愿服务，推广党员承诺制等做法，探索建立党员在居住地发挥作用机制。

（十九）提出拓宽农村基层干部来源、选拔优秀党员担任村党组织书记的新要求新举措。强调推进选聘高校毕业生到村任职工作，鼓励转业退伍军人到乡、村工作，及时调整软弱涣散农村基层党组织班子，加强乡镇党委书记队伍建设。加大从农村、社区优秀基层干部中考录公务员力度，切实解决农村基层组织负责人基本报酬和社会保障问题。

（二十）提出构建城乡统筹的基层党建新格局的新要求新举措。强调建立全国党员信息库，健全城乡一体、流入地党组织为主、流出地党组织配合的流动党员教育管理服务工作制度。实行城乡基层党组织一方为主、接续培养、两地考察、相互衔接的优秀农民工入党办法。加强城乡基层党建资源整合，普遍推行机关、企业、社区党组织同农村党组织结对帮扶等做法。通过财政转移支付等建立稳定规范的基层组织工作经费保障制度。2010 年底基本完成村级组织活动场所、农村党员干部现代远程教育网络一体化建设任务。

（二十一）提出健全联系群众制度、创新联系群众方式的新要求新举措。强调机关工作要重心下移，基层干部要坚守一线，领导干部要定期深入基层调查研究。拓宽社情民意反映渠道，坚持领导干部定期下访、定期接访、及时阅处群众来信。健全党和政府主导的维护群众权益机制，认真解决群众反映强烈的突出问题。

（二十二）提出建立健全工作责任制、营造求真务实良好氛围的新要求新举措。强调从领导机关做起，大力整治文风会风，提倡开短会、讲短话、讲管用的话，力戒空话套话。严格控制发文数量和范围，严格控制会议数量、经费、规模。大力清理检查评比达标表彰活动，切实解决节庆剪彩过多过滥问题。改进各级领导干部活动报道。

（二十三）提出党政机关带头厉行节约、进一步控制办公经费的新要求新举措。强调严格执行财经制度和经济工作纪律，从严控制楼堂馆所建设，严禁超预算超标准装修办公用房，严禁为领导干部违反规定购买、建造住房和配置用车，严格控制出国（境）团组数量和规模。对党员干部社会交往、休闲娱乐、生活作风方面的不良现象，要及时提醒、批评、制止。

（二十四）提出坚决反对上下级和干部之间逢迎讨好、相互吹捧，坚决反对党内生活庸俗化的新要求新举措。强调完善领导干部双重组织生活会制度，提高民主生活会质量；建立健全通过民意调查等征求群众批评意见制度。领导干部特别是主要领导干部要坚持原则、敢抓敢管，勇于揭露和纠正缺点错误，反对和克服好人主义。保护坚持党性原则的党员，不准压制批评，严禁打击报复。

（二十五）提出建立党性定期分析制度、把党性分析作为民主生活会主要内容、把作风状况作为党性分析重点内容的新要求新举措。强调加大对党政机关和领导干部作风方面突出问题的整顿力度，把作风建设情况纳入党风廉政建设责任制考核范围，把考核结果作为选拔任用干部重要依据。

（二十六）提出加强廉洁从政教育和领导干部廉洁自律的新要求新举措。强调在全党深入开展党性党风党纪教育，把廉政教育列入干部教育培训规划。完善党员领导干部报告个人有关事项制度，把住房、投资、配偶子女从业等情况列入报告内容。加强对配偶子女均已移居国（境）外的公职人员管理。进一步规范离退休领导干部在企业和各类学会、协会、基金会任职行为。

（二十七）提出加大查办违纪违法案件工作力度的新要求新举措。强调严肃查办发生在领导机关和领导干部中滥用职权、贪污贿赂、腐化堕落、失职渎职案件，严肃查办商业贿赂案件和严重侵害群众利益案件，严肃查办群体性事件和重大责任事故背后的腐败案件。健全反腐败协调工作机制，加强查办大案要案组织协调。健全反腐倡廉网络举报和受理机制、网络信息收集和处置机制。完善举报人和证人保护制度，保障被调查人合法权益，依法追究诬告陷害行为。

（二十八）提出健全权力运行制约和监督机制的新要求新举措。强调以加强领导干部特别是主要领导干部监督为重点，建立健全决策权、执行权、监督权既相互制约又相互协调的权力结构和运行机制。凡涉及群众切身利益的重大决策都要向社会公开，接受群众监督。地方党委常委会要把廉政勤政、选人用人等方面工作作为向全委会报告的重要内容。推行党政领导干部问责制、廉政承诺制、行政执法责任制。健全巡视工作领导机制，选好配强巡视干部，完善巡视程序和方式，提高巡视成效。完善党政主要领导干部和国有企业领导人员经济责任审计，加强对财政资金和重大投资项目审计。

（二十九）提出完善防治腐败体制机制、提高反腐倡廉制度化法制化水平的新要求新举措。强调深化行政管理体制改革、司法体制和工作机制改革、预算管理制度改革，加强金融监管和内控机制建设，完善政府重大投资项目公示制和责任追究制，完善国有企业权力运行制衡机制、薪酬激励和约束机制，加强反腐倡廉制度执行情况监督检查。

（三十）提出全面落实党建工作责任制、建立健全党建工作长效机制、确保党的建设各项部署落到实处的新要求新举措。强调健全党委统一领导、部门齐抓共管、一级抓一级、层层抓落实的党建工作格局，充分发挥党的建设工作领导小组职能作用。完善党建工作考核综合评价体系，加强分类指导、统筹协调、监督检查，建设高素质党务工作队伍。加强党建工作调查研究，推进党建理论创新。

《决定》提出的新要求新举措，是多年来党的建设实践经验的新总结，反映了我们党在全面推进党的建设新的伟大工程一系列重大问题上的新认识，体现了开创中国特色社会主义事业新局面的新要求。

五、关于加强对党的建设的领导，贯彻落实好《决定》提出的工作部署

历史经验告诉我们，制定一个好的文件不容易，把文件精神贯彻落实好更

不容易。贯彻落实好《决定》精神，既要有良好的作风来保障，更要有过硬的措施来保障。

第一，各级党委要从国际国内形势和全党全国工作大局的高度深刻认识加强和改进新形势下党的建设的重要性和紧迫性，增强贯彻落实《决定》的责任感和紧迫感。加强和改进新形势下党的建设，是全党的重大政治责任。中央要求各级党委要抓好全会文件的学习，深刻领会精神。要居安思危，增强忧患意识，常怀忧党之心，恪尽兴党之责，坚持党要管党、从严治党，按照《决定》的要求扎扎实实做好党的建设各项工作。

第二，各级党委要从实际出发，认真制定贯彻落实《决定》的具体措施，作出工作部署，明确领导责任，做好各自工作。对《决定》明确提出的新的要求和举措，要抓紧研究制定实施办法，切实贯彻落实；对《决定》提出的加强和改进党建工作的方向性要求，要抓紧开展深入的调查研究，早日提出工作方案。省、市、县党委主要领导同志要深入实际、深入基层，及时了解和解决《决定》贯彻落实中存在的问题，取得经验，用以指导面上的工作。

第三，各级党委要以贯彻落实《决定》为契机、为动力，全面落实党建工作责任制，建立健全党建工作长效机制，确保党的建设各项部署落到实处、落到基层。对中央以往作出的党建工作决策部署和政策措施，要继续抓紧抓好，不断抓出成效。要健全党委统一领导、部门齐抓共管、一级抓一级、层层抓落实的党建工作格局。要充分发挥各级党的建设工作领导小组统筹协调的职能作用，及时总结交流经验，就重大问题组织深入研究、作出部署，不断增强党建工作的整体效应。各级党委要增强“抓好党建是本职，不抓党建是失职，抓不好党建是不称职”的理念，自觉履行管党责任，切实做到责任明确、措施到位、领导有力。党委书记要切实履行抓党建第一责任人的责任，善于通过抓党的建设来推动经济社会又好又快发展。

第四，各级党委要重视党务工作队伍特别是基层党务工作队伍建设，努力造就思想、作风、能力都过硬的高素质党务工作队伍。建设一支高素质党务工作队伍，是加强和改进新形势下党的建设的基本保证。近年来，一些地方、单位特别是基层党务队伍后继乏人，加强队伍建设尤为紧迫。中央强调，要拓宽选人途径、创新培养思路、完善工作机制，选拔优秀人才进入党务工作队伍。要高度重视加强基层党务工作队伍建设，热情支持他们的工作，真情关心他们的生活，帮助他们解决实际困难。

关于建设马克思主义学习型政党的几点学习体会和认识*

（2009 年 11 月 12 日）

习 近 平

中央党校 2009 年秋季学期第二批进修班今天开学了。我代表中央党校校委，对全体新学员的到来表示热烈欢迎。

中央党校是我们党培训、轮训领导干部的最高学府，是一个读书学习的地方，去年以来我多次在党校的讲话中强调读书学习问题。记得在去年春季学期第二批进修班开学典礼上，我围绕领导干部要“认认真真学习、老老实实做人、干干净净干事”这个题目讲了话。在今年春季学期第二批进修班开学典礼上，我又以“领导干部要爱读书读好书善读书”为题谈了一些个人的体会。今天，我围绕党的十七届四中全会提出的建设马克思主义学习型政党的战略任务，谈谈自己的一些学习体会和认识，与大家交流。

一、提出建设马克思主义学习型政党的主要依据和重大意义

学习是文明传承之途、人生成长之梯、政党巩固之基、国家兴盛之要。党的十七届四中全会明确提出，要把建设马克思主义学习型政党作为重大而紧迫的战略任务抓紧抓好。这是我们党在深刻认识党的建设历史经验和新鲜经验基础上作出的战略决策，体现了对时代发展脉搏和新形势下党的建设新要求的高度自觉和清醒把握。

第一，建设马克思主义学习型政党是保持党在理论上实践上先进性的本质要求，具有充分的理论依据。马克思主义政党是以科学理论为指导，由具有共

* 本文是习近平同志 11 月 12 日在中央党校 2009 年秋季学期第二批进修班开学典礼上的讲话，载《学习时报》2009 年 11 月 16 日第 1 版。

产主义觉悟的先进分子基于共同的理想、共同的目标、共同的纲领和严格的纪律组织起来的政治集团。理论上的先进性和实践上的先进性，是马克思主义政党区别于其他一切政党最鲜明的本质特征。党要始终坚持把马克思主义作为根本指导思想，作为全党团结前进的精神旗帜，作为改造客观世界和主观世界的强大思想武器，保持和发展党在理论上的先进性，必须重视学习、善于学习。这是因为，马克思主义是在批判吸收人类全部知识的基础上产生并且随着时代、实践和科学的发展而不断丰富发展的，是人类迄今为止最先进的思想理论体系。正如列宁所说："共产主义是从人类知识的总和中产生出来的，马克思主义就是这方面的典范。"马克思主义政党要准确掌握和自觉运用这一具有丰富知识含量、思想含量的先进理论，没有老老实实的态度、扎扎实实的功夫和持之以恒的毅力认真学习是不可能的。

在人类改造自然、改造社会的创造性实践中，马克思主义政党要始终起到最坚决、最有力的推动作用，引导社会发展进步，保持党在实践上的先进性，同样必须重视学习、善于学习。这是因为，以人民群众为主体的社会实践具有一往无前的革命性品格，探求未知的道路上会不断遇到各种新情况新问题，需要有远大的目光和开拓奋进的勇气，需要掌握和运用人类创造的最新理论成果、最新科学知识及时总结经验、深刻揭示规律、科学预见未来。在这一过程中，马克思主义政党不仅自身要认真学习，努力成为学习型政党，而且要以自己的示范行动促进学习型社会建设，充分激发全社会创造活力，共同推动社会向前发展。

我们党作为马克思主义执政党，要始终成为中国工人阶级先锋队、同时成为中国人民和中华民族的先锋队，始终代表中国先进生产力的发展要求、中国先进文化的前进方向、中国最广大人民的根本利益，始终走在时代前列引领中国发展进步，必须努力掌握和运用一切科学的新思想、新知识、新经验，努力成为学习型政党。

第二，建设马克思主义学习型政党是在新的历史条件下继承和弘扬党的优良传统、发扬党的政治优势的必然要求，具有充分的历史依据。中国共产党历来重视学习、善于学习，党领导中国革命、建设和改革的历史就是一部创造性学习的历史。1939 年 5 月，毛泽东同志在延安在职干部教育动员大会上提出："要把全党变成一个大学校"，"全党的同志，研究学问，大家都要学到底，都要进这个无期大学。"邓小平同志强调："实现四个现代化是一场深刻的伟大的革命。在这场伟大的革命中，我们是在不断地解决新的矛盾中前进的。因此，全党同志一定要善于学习，善于重新学习。"江泽民同志指出："历史给我们揭示了一条千真万确的真理：我们党要领导全国人民实现中华民族的伟大复兴，必须始终坚持学习，并把学到的科学理论和先进知识用于中国实际，不断推动经济持续发展和社会全面进步。”胡锦涛同志指出：“我们党要团结带领全国各族人民抓住机遇、迎接挑战，与时俱进、开拓创新，实现全面建设小康社会的宏伟目标，不断开创中国特色社会主义事业新局面，必须坚持把学习作为全党一项十分重要的任务，不断加强，不断推进，努力使全党的马克思主义理论水平和科学文化水平不断有新的提高。”

正是基于对学习重要性的深刻认识，党中央总是号召全党同志加强学习，在每一个历史转折重要时期更加强调这一点，而每次这样的学习热潮都会推动我们的事业实现大进步大发展。在新民主主义革命时期，我们党认真学习马克思主义科学理论和各种先进知识，深入研究中国具体国情，指明了中国社会发展的正确方向，从而在旧中国各种政治力量较量中脱颖而出并不断发展壮大，领导人民取得了新民主主义革命的胜利，建立了社会主义新中国。新中国成立后，面对全新的环境和任务，我们党努力学习过去不熟悉的东西，艰苦探索，不懈奋斗，领导人民取得了社会主义建设的巨大成就。进入改革开放新时期，我们党更是以与时俱进的态度加强学习建设，号召全党努力学习一切有利于我国发展的新思想、新知识、新经验，积极借鉴人类文明发展的一切有益成果。特别是进入新世纪新阶段以来，党中央坚持把学习放在更加突出的位置，中央政治局带头坚持集体学习制度，各级党组织和广大党员干部自觉加强学习，不断提高党的领导水平和执政水平，推动中国特色社会主义事业蓬勃发展。88年来，我们党之所以始终具有旺盛的生命力，党领导的事业之所以能够不断取得新成就，从根本上说就是因为有马克思主义先进理论的指导，就是因为不断用人类的先进文化知识充实和提高自己。党的十七届四中全会关于建设马克思主义学习型政党的战略部署，继承和弘扬了我们党重视学习、善于学习的优良传统和政治优势，体现了我们党一脉相承而又与时俱进的马克思主义建党思想。

第三，建设马克思主义学习型政党是新形势新任务对党的建设提出的新要求，具有充分的现实依据。当今世界在深刻变化，国际形势在不断发展，社会实践在不断深入。最近一百多年来，人类社会发展变化的剧烈和深刻程度远远超出了人们的预料。从两次世界大战到美苏争霸、到两极格局终结、再到多极化加速发展，世界格局在深刻变动；从经典力学到相对论、到新技术革命迅猛发展、再到互联网的普及，科技进步日新月异；从农业社会到工业社会、再到信息社会，人类的生产生活方式今非昔比。在当今世界大发展大变动大调整的同时，中国也在发生巨大而深刻的变化。特别是我国相继实现了从半殖民地半封建社会到民族独立、人民当家作主新社会的历史性转变，从新民主主义革命到社会主义革命和建设的历史性转变，从高度集中的计划经济体制到充满活力的社会主义市场经济体制、从封闭半封闭到全方位开放的历史性转变，根本改变了中华民族的命运，深刻影响了人类历史的进程。当前，我国正处于改革的攻坚期、发展的关键期、矛盾的凸显期，我国发展呈现一系列新的阶段性特征，党面临的执政考验、改革开放考验、市场经济考验、外部环境考验是长期的、复杂的、严峻的。面对世情、国情、党情的深刻变化，面对改革开放和社会主义现代化建设任务的艰巨性、复杂性、繁重性，我们党只有更加重视学习、善于学习，永不自满、永不停滞，不断提高执政水平和领导水平，才能确保党在世界形势深刻变化的历史进程中始终走在时代前列，在应对国内外各种风险和考验的历史进程中始终成为全国人民的主心骨，在发展中国特色社会主义的历史进程中始终成为坚强的领导核心。

当前，党内的学习风气和学习情况总的是好的，多数党员干部学习自觉性比较高，各级党组织在组织党员学习方面取得很大成绩。同时必须清醒地看到，一些党员干部和党组织的学习状况确实不容乐观。有些党员干部不思进取、碌碌无为，不愿学；有些党员干部热衷应酬、忙于事务，不勤学；有些党员干部装点门面、走走形式，不真学；有些党员干部心浮气躁、浅尝辄止，不深学；有些党员干部食而不化、学用脱节，不善学。从党组织组织学习方面看，有的学习制度不健全，或满足于把制度挂在墙上，却很少落实到行动上；有的开展学习思路不开阔，形式单一、方法简单，在引导党员加强日常学习、激发学习内在动力上缺乏有效措施；有的热衷形式，搞得阵势很大，但学习的针对性不强，学习效果不佳。这些问题，是与建设马克思主义学习型政党的要求相背离的，需要认真加以解决。

二、建设马克思主义学习型政党的基本要求

建设马克思主义学习型政党，就是要把学习科学理论和先进知识在全党形成制度、形成风气，就是要以有效的学习提升党的创新能力，增强党的生机活力。我们所要建设的马克思主义学习型政党，应该是高举中国特色社会主义伟大旗帜，坚持推进马克思主义中国化并自觉用以指导实践的政党；是目光远大、胸怀宽阔、善于总结经验、善于吸收一切人类文明成果的政党；是始终走在时代前列，勇于变革、勇于创新，永不僵化、永不停滞的政党；是学以立德、学以增智、学以创业，在学习意识、学习能力、学习成效上引领全社会全

民族的政党。归根到底，应该是科学理论武装、具有世界眼光、善于把握规律、富有创新精神的马克思主义政党。

第一，建设马克思主义学习型政党，要贯彻和体现科学理论武装的要求。科学理论武装是马克思主义学习型政党的本质特征。列宁曾说，没有理论，党"就会失去生存的权利，而且不可避免地迟早注定要在政治上遭到破产。"建设马克思主义学习型政党，必须始终以思想理论建设为根本，以提高全党的马克思主义理论水平为目标，组织党员、干部深入学习实践马克思列宁主义、毛泽东思想，特别要深入学习实践邓小平理论、"三个代表"重要思想以及科学发展观等重大战略思想，全面贯彻和体现用科学理论武装全党的要求。用科学理论武装全党，具有多方面的内涵，最基本的就是要把党的基本理论贯注和渗透到党的各项工作之中，进一步健全党内政治生活，增强党的工作的原则性、系统性、预见性和创造性；就是要把党的基本理论作为坚持和改善党的领导、加强和改进党的建设的根本指导思想，不断提高党的领导水平和执政水平、提高拒腐防变和抵御风险能力；就是要通过学习党的基本理论，使广大党员、干部牢固树立辩证唯物主义和历史唯物主义基本观点，把思想统一到党的基本理论、基本路线上来，坚定共产主义远大理想和中国特色社会主义信念，在改革开放和社会主义现代化建设中充分发挥先锋模范作用。

第二，建设马克思主义学习型政党，要贯彻和体现具有世界眼光的要求。我们党是在世界多极化、经济全球化和科技进步日新月异的时代条件下领导社会主义现代化建设的，肩负着在中国特色社会主义道路上实现中华民族伟大复兴的历史使命。中国的发展离不开世界，我们不可能关起门搞建设。特别是随着经济全球化的深入发展和我国对外开放的不断扩大，当代中国的前途命运已经日益紧密地同世界的前途命运联系在一起。如果我们对世界发展大势认识不清，甚至茫然无知，就难以把握时代的脉搏，我们的事业就难以有新的开拓。要清醒地看到，我国面临着发达国家在经济科技方面长期占优势的压力，国际上综合国力竞争更趋激烈。要使中国特色社会主义赢得与资本主义相比较的优势，要牢牢掌握加快我国发展的主动权，就必须大胆吸收和借鉴人类社会创造的一切文明成果，吸收和借鉴当今世界各国包括资本主义发达国家一切反映现代社会化生产规律的先进经营方式和管理方法。马克思主义学习型政党必须高瞻远瞩、深谋远虑，具有宽广的视野。这就要求广大党员、干部特别是领导干部要坚持以党的基本理论为指导，多掌握一些国际问题的基本知识，多了解一些国际社会的基本情况，坚持用马克思主义的宽广眼界观察世界，正确把握时代发展的趋势，努力从国际国内形势的相互联系中把握发展方向，从国际国内条件的相互转化中用好发展机遇，从国际国内资源的优势互补中创造发展条件，从国际国内因素的综合作用中掌握发展全局，不断增强各项工作的战略性和前瞻性。

第三，建设马克思主义学习型政党，要贯彻和体现善于把握规律的要求。善于把握规律是马克思主义学习型政党必须具有的科学精神和科学态度。规律是事物发展过程中的本质联系和必然趋势。任何政党要取得执政成效，都必须按客观规律办事，中国共产党执政也不例外。共产党执政规律，就是共产党执政后必须遵循的、反映党执政本质和必然性的法则和客观要求，包括共产党在执政过程中应该遵循的执政理念和执政方略，应该采取的执政体制和执政方式，应该巩固的执政基础和执政资源，应该创造的执政条件和执政环境等等。民主革命时期，毛泽东同志全面论述了战争规律、革命战争规律和中国革命战争规律及其相互关系。而政党执政规律、共产党执政规律和中国共产党执政规律也是相互联系的。建设马克思主义学习型政党，就要围绕什么是马克思主义、怎样对待马克思主义，什么是社会主义、怎样建设社会主义，建设什么样的党、怎样建设党，实现什么样的发展、怎样发展等重大问题，着眼于我们党长期执政、在复杂环境下执政，科学总结世界上各种政党执政特别是马克思主义政党执政的实践和正反两方面的经验，科学总结我们党执政60年来的宝贵经验，从中获得规律性认识并运用于党的执政实践中，使党的全部理论和工作体现时代性、把握规律性、富于创造性。在建设马克思主义学习型政党中贯彻和体现善于把握规律的要求，还要着眼培养科学精神和科学态度，引导党员、干部大力发扬求真务实精神，始终坚持实践是检验真理的唯一标准，始终坚持想问题、办事情从我国社会主义初级阶段基本国情出发，牢牢把握人民日益增长的物质文化需要同落后的社会生产之间的矛盾这一我国社会的主要矛盾，不断增强按客观规律办事的自觉性和主动性，不断深化对共产党执政规律、社会主义建设规律、人类社会发展规律的认识。

第四，建设马克思主义学习型政党，要贯彻和体现富有创新精神的要求。富有创新精神是马克思主义学习型政党必须具有的理论品质和政治勇气。改革创新是当今时代精神的核心，是保持和发展党的先进性的一个根本要求。历史和现实都表明，任何一个政党，无论实力多强、资格多老、执政时间多长，如果因循守旧、故步自封、保守僵化、不思进取，其创造力就会衰竭，生命就要停止。随着我国经济体制深刻变革，社会结构深刻变动，利益格局深刻调整，思想观念深刻变化，大量新的难题需要我们去破解、新的挑战需要我们去应对、新的风险需要我们去化解。在充满希望和机遇、也充满挑战和考验的未来征途上，建设马克思主义学习型政党，必须一如既往地坚持用时代发展的要求审视自己，以改革的精神加强和完善自己，永不自满、永不懈怠，不断以新的理论、新的经验、新的方法切实推动党的建设，使我们党在与时俱进中始终保持和发展先进性；必须教育和引导党员干部解放思想、更新观念，树立创新意识、焕发创造激情、激发创造活力，坚持把改革创新作为解决前进中各种矛盾和问题的根本方法来把握，作为推动科学发展、促进社会和谐的强大动力来运用，作为共产党人不变的精神价值来追求，不断以新的认识、新的思路、新的举措开创事业发展的新局面。

三、建设马克思主义学习型政党的重要着力点

建设马克思主义学习型政党是一项宏大的系统工程，也是一项长期而艰巨的任务，工作千头万绪，必须突出重点。党的十七届四中全会明确提出了建设马克思主义学习型政党的四项任务，这应当成为建设马克思主义学习型政党的重要着力点。

第一，坚持推进马克思主义中国化、时代化、大众化。马克思主义中国化，就是把马克思主义基本原理同中国具体实际相结合，深入研究和解决中国革命、建设、改革不同历史时期的实际问题，总结中国的独特经验，形成具有中国风格、中国气派的马克思主义。马克思主义时代化，就是把马克思主义同时代特征结合起来，使之紧跟时代发展步伐、不断吸收新的时代内容、科学回答时代课题。马克思主义大众化，就是把马克思主义理论用简单质朴的语言讲清楚、用群众喜闻乐见的方式说明白，使之更好地为广大党员和人民大众所理解、所接受。

马克思主义中国化、时代化、大众化，核心是马克思主义中国化。我们党在领导中国革命、建设、改革的实践中，把马克思主义基本原理同中国具体实际和时代特征相结合，不断推进马克思主义中国化，实现了两次历史性飞跃。第一次历史性飞跃发生在新民主主义革命时期，经过反复探索找到了农村包围城市、武装夺取政权的中国特色革命道路，创立了新民主主义革命的理论体系，形成了毛泽东思想，指引中国革命取得胜利。第二次历史性飞跃发生在党的十一届三中全会以后，在总结国内国际正反两方面经验的基础上找到了中国特色社会主义道路，创立了中国特色社会主义理论体系，形成了邓小平理论、“三个代表”重要思想以及科学发展观等重大战略思想，开辟了马克思主义在中国发展的新境界，指引改革开放和社会主义现代化建设不断取得伟大成就。

当前，我国正处于进一步发展的重要战略机遇期，在新的历史起点上向前

迈进。新的形势和任务，要求我们坚持党的思想路线，解放思想、实事求是、与时俱进，丰富和发展中国特色社会主义理论体系，为进一步认识世界和改造世界、推动党和国家事业发展提供强有力的理论指导。我们要按照党的十七届四中全会的要求，紧密结合我国国情和时代特征大力推进理论创新，坚持在实践中检验真理、发展真理，坚持运用马克思主义立场、观点、方法准确把握当今世界发展大势，准确把握我国社会主义初级阶段基本国情，准确把握改革发展实际，及时总结党领导人民创造的新鲜经验，不断作出新的理论概括，用发展着的马克思主义指导新的实践。

第二，坚持用中国特色社会主义理论体系武装全党。中国特色社会主义理论体系，就是包括邓小平理论、“三个代表”重要思想以及科学发展观等重大战略思想在内的科学理论体系。这一理论体系是马克思主义中国化最新成果，是党最可宝贵的政治和精神财富，是全国各族人民团结奋斗的共同思想基础。在当代中国，坚持中国特色社会主义理论体系，就是真正坚持马克思主义。建设马克思主义学习型政党，一项战略任务就是组织和推动党员、干部加强对中国特色社会主义理论体系的系统学习，做到真学真懂真信真用。真学，就要真正把中国特色社会主义理论体系作为武装头脑、指导实践、推动工作的思想武器来学习，紧密结合工作和思想实际自觉主动地学，认真踏实地学，带着问题学，持之以恒地学。真懂，就要深刻领会中国特色社会主义理论体系的重大意义、时代背景、实践基础和历史地位，真正把握这一理论体系的丰富内涵和基本观点，深刻理解这一理论体系同马克思列宁主义、毛泽东思想既一脉相承又与时俱进的内在关系。真信，就要深刻认识共产党执政规律、社会主义建设规律、人类社会发展规律，坚信只有社会主义才能救中国、只有改革开放才能发展中国的历史真理，进一步强化对中国特色社会主义的坚定信念，不为任何风险所惧，不被任何干扰所惑，自觉地把实现中华民族伟大复兴作为终身奋斗目标。真用，就要坚持理论联系实际、学以致用，把学习理论同研究解决人民最关心最直接最现实的利益问题、本地区本部门改革发展稳定的重大问题、党的建设突出问题结合起来，切实把学习成效转化为解决问题的实际能力，切实把党的政治理想、政治路线、政治主张内化为增强党性修养、提高思想觉悟、陶冶道德情操的自觉行动。真学真懂真信真用，关键是个“真”字。只要广大党员、干部做到这个“真”字，理论武装工作就能不断取得实实在在的效果，建设马克思主义学习型政党的任务就能扎实向前推进。

科学发展观是中国特色社会主义理论体系的最新成果，是我国经济社会发展的重要指导方针。按照党的十七大部署，从 2008 年 9 月开始，用一年半左右的时间，在全党自上而下分三批开展深入学习实践科学发展观活动。这是用中国特色社会主义理论体系武装全党的重大举措。现在，前两批学习实践活动已先后告一段落，第三批学习实践活动主要在城乡基层单位开展，目前大多数单位陆续转入分析检查阶段。下一步，主要是继续按照中央提出的“党员干部受教育、人民群众得实惠、科学发展上水平”的总要求，扎扎实实抓好第三批学习实践活动，确保实现“提高思想认识、解决突出问题、加强基层组织、促进科学发展”的目标。与此同时，坚持前后衔接、上下联动，抓好前两批参加单位特别是第二批参加单位整改任务的落实，认真总结学习实践活动经验，建立和完善学习实践科学发展观长效机制，努力形成有利于学习研究和贯彻落实科学发展观的政策导向、舆论导向、用人导向和体制机制，推动各级党组织成为贯彻落实科学发展观的坚强堡垒、党员干部成为贯彻落实科学发展观的骨干力量。

第三，坚持开展社会主义核心价值体系学习教育。核心价值体系是一个社会意识形态的主体和灵魂，在所有价值目标中处于统领和支配地位，对社会意识和社会思潮具有强大的引领和整合功能。社会主义核心价值体系是社会主义意识形态的本质体现，其基本内容包括马克思主义指导思想、中国特色社会主义共同理想、以爱国主义为核心的民族精神和以改革创新为核心的时代精神、以“八荣八耻”为主要内容的社会主义荣辱观。这四个方面相互联系、相互贯通，共同构成辩证统一的有机整体，鲜明地回答了在新的历史条件下我们党用什么样的精神旗帜团结带领全体人民开拓前进、中华民族以什么样的精神风貌屹立于世界民族之林的重大问题。建设马克思主义学习型政党，要坚持把社会主义核心价值体系贯穿到党的建设的各个方面，体现到党员干部教育管理的全过程，引导广大党员、干部模范学习践行社会主义核心价值体系。

党员、干部模范学习践行社会主义核心价值体系，首先要切实解决好理想信念的坚定性问题。理想信念是思想和行动的“总开关”。当前在一些党员干部中出现的种种问题，追根溯源是由于动摇和丧失了共产党人的理想信念。党的十七届四中全会《决定》和胡锦涛同志在全会上的重要讲话指出的党内存在的主要问题中，列在第一位的都是理想信念问题。因此，要把理想信念教育作为学习践行社会主义核心价值体系的重中之重，教育引导党员着力增强贯彻党的基本理论、基本路线、基本纲领、基本经验的自觉性和坚定性，增强走中国特色社会主义道路、为党和人民事业不懈奋斗的自觉性和坚定性。要引导党员、干部增强政治敏锐性和政治鉴别力，筑牢思想防线，自觉划清“四个重大是非界限”，即马克思主义同反马克思主义的界限，社会主义公有制为主体、多种所有制经济共同发展的基本经济制度同私有化和单一公有制的界限，中国特色社会主义民主同西方资本主义民主的界限，社会主义思想文化同封建主义、资本主义腐朽思想文化的界限，始终保持立场坚定、头脑清醒，切实把思想上政治上的坚定性体现到为实现党的基本路线、基本纲领而努力奋斗上，体现在脚踏实地做好本职工作、完成改革发展稳定的各项任务中。

党员、干部模范学习践行社会主义核心价值体系，还要切实解决好保持高尚的道德情操和健康的生活情趣问题。道德问题是做人的首要的基本问题。古人说："百行以德为首"，讲的就是这个道理。在道德问题上，党员、干部无疑应该比普通群众有更高的标准和要求。大量情况表明，道德情操与生活情趣是密切联系在一起的。许多腐败分子走上犯罪道路，大多是从操守不严、品行不端、道德败坏开始的。因此，要大力加强思想道德建设，引导党员、干部自觉践行社会主义荣辱观，培养高尚的道德情操和健康生活情趣，始终保持蓬勃朝气、昂扬锐气、浩然正气，用自己的模范行为和高尚人格感召群众，引领社会风尚。

第四，建设学习型党组织。党组织是党全部工作顺利推进、落实生效的坚实基础。我们党是由中央到地方再到基层的各级党组织结合起来的整体，建设马克思主义学习型政党必须把建设学习型党组织作为基础工程和组织保障抓实抓好。建设学习型党组织，就要大力营造和形成重视学习、崇尚学习、坚持学习的浓厚氛围，牢固确立党组织全员学习、党员终身学习的理念，建立健全管用有效的学习制度，使党员的学习能力不断提升、知识素养不断提高、先锋模范作用充分发挥，使党组织的创造力、凝聚力、战斗力不断增强。要从党的各级组织抓起，切实开展学习型党组织创建活动，把搞好党员学习作为完善党的组织生活的有机组成部分，使党组织成为党员增强党性修养、提高思想觉悟的大熔炉，成为党员学习新知识、增长新本领的大学校。

建设学习型党组织，要坚持运用好已有的组织学习的各种有效做法，如党委（党组）中心组学习、专题研讨学习、形势政策教育、干部脱产培训轮训等，同时要结合新的实际积极探索富有时代特点的新方法。要充分了解新形势下党员干部在知识和技能方面的新需求，加强和改进专题讲座、报告会、专题电视片等学习教育方式，加强和改进领导干部进修班、专题研究班、中青年领导干部培训班等培训方式，鼓励和支持参加各种形式的成人教育、函授教育、网络教育，不断增强建设学习型党组织的吸引力和凝聚力。要组织各种形式的主题学习教育活动，运用学习讲坛、读书会、知识竞赛、技能比赛、参观考察等广大党员干部喜闻乐见的手段，特别是结合党和国家重大政策出台、重大活动开展和重大节庆日纪念日等契机，不断丰富完善创建抓手，提高学习型党组织创建活动的覆盖面和参与度。

建设学习型党组织，基础是抓好党员的学习。每一个党组织都要认真履行职责，切实组织党员抓好三个方面的学习。一是向书本学习。在学习党的基本理论的同时，广泛学习哲学、历史、优秀传统文化，学习现代市场经济、现代国际关系、现代管理等方面知识，学习做好本职工作所必需的各种新知识、新技能，切实提高战略思维、创新思维、辩证思维能力。二是向实践学习。实践出真知，实践育人才。要把改革发展的主战场、维护稳定的第一线、服务群众的最前沿作为砥砺品质、增长才干、提高本领、开拓创业的最好课堂和广阔舞台，在实践中掌握新知识，积累新经验，增长新本领，形成学以致用、用以促学、学用相长的良性循环。三是向群众学习。要带着感情、带着责任深入群众当中，倾听群众呼声，体察群众疾苦，始终把人民群众的安危冷暖放在心上，虚心向群众请教，真正做到问政于民、问需于民、问计于民。

四、为建设马克思主义学习型政党提供有力保证

建设马克思主义学习型政党，需要各级党组织、全体党员干部的高度重视、积极参与和不懈努力，需要加强领导、精心组织、明确责任、狠抓落实。

第一，加强对学习的组织、指导和服务。坚持党要管党、从严治党，必须抓好学习、坚持从严治学；全面落实党建工作责任制，必须认真落实抓学习、促学习的责任制。这就要求各级党委把推进马克思主义学习型政党建设、建设学习型党组织作为重要任务，纳入重要议事日程，加强组织领导，研究解决推进过程中的实际问题。要切实加强理论教育、理论研究、理论宣传的人才队伍建设，尊重理论建设规律，尊重理论工作者的创造性劳动，通过多种形式不断提高他们的思想政治水平和业务素质，为抓学习、促学习提供强大的人才支持。要加大硬件投入，加强各类学习阵地建设，充分利用现代信息技术和各种新兴媒体，特别要高度重视、充分利用以互联网为核心的网络阵地，整合各类资源，实现资源共享，为推动学习型党组织建设创造有利条件。要加大宣传力度，总结成功经验，推广先进典型，努力在党内形成重视学习、鼓励学习、推动学习的正确导向，营造党员干部人人学习、发奋学习、持续学习的良好氛围。

第二，充分发挥各级领导干部的表率作用。非学无以广才，非学无以明志。领导干部自觉学习、带头学习，是新形势下提高执政能力、胜任领导工作的必然要求。领导干部选择了学习，就是选择了进步。要重学好学，真正把学

习当成一种生活态度、一种工作责任、一种精神追求，坚持在学习中感悟人生、提升境界，在学习中开阔视野、丰富知识，在学习中把握规律、探求真理，使自己变得更加充实、更加睿智。要勤学苦学，抛开功利，摈弃浮躁，发扬挤劲、钻劲、韧劲，锲而不舍，持之以恒。学习历来不是一件轻松的事情，特别是对于新理论、新知识、新经验的学习，更需要花大气力、下苦功夫，不能遇难而退，更不能投机取巧。要广学博学，坚持干什么学什么、缺什么补什么，求得知识更新和能力提升。海不辞水，故能成其大；山不辞土，故能成其高。在学习问题上，必须虚怀若谷，博采众长，广泛涉猎，兼收并蓄，力争学得更多一些、更快一些、更好一些、更深一些，努力成为建设学习型党组织和学习型领导班子的精心组织者、积极促进者、自觉实践者，在马克思主义学习型政党建设中发挥表率作用。

第三，建立和完善促进学习、保障学习的长效机制。建立健全符合实际、行之有效的学习制度，对于促进党员、干部学习科学化、规范化、制度化，推动学习型党组织、学习型政党建设具有根本性的重要意义。要进一步加强和改进党委（党组）中心组学习制度，不断丰富学习内容，创新学习方式，规范学习管理，提高学习效果。在组织中心组学习中，要紧密联系本地区本部门本单位实际，围绕全局性、战略性、前瞻性问题开展调查研究和学习讨论，促使领导干部在学习中提高解决实际问题的能力，在研究解决问题中增强深入学习的紧迫感。要健全和落实常态化、多样化的党员、干部学习培训制度，加强日常学习、脱产学习、短期集中培训，科学安排岗前培训、业务培训、晋职培训、理论培训等，并在培训对象、培训时间上作出制度性规定，切实增强培训的针对性和实效性。要着力加强学习考勤、档案、通报、督察等制度建设，建立健全促进学习、保障学习的竞争机制、激励机制、创新机制和考核机制。加强对学习情况的考核和考核结果的运用，对推动学习非常重要。要立足党员、干部工作岗位的实际，采用科学的考核方法，全面客观地了解干部学习培训情况，并把考核结果作为考核领导班子和选拔任用领导干部的重要依据，注重选拔那些理论素养高、学习能力强、学用结合好、善于解决实际问题的干部，形成注重学习的用人导向，引导广大干部把兴趣、心思、精力放在学习上、放在干事创业上，真正做到学习和使用有机结合。

第四，进一步发挥包括党校在内的各类干部教育培训机构在建设马克思主义学习型政党中的重要作用。党校、行政学院、干部院校是干部教育培训的主渠道、主阵地，在建设马克思主义学习型政党中担负着重要职责。各级党校、行政学院、干部院校和各类干部教育培训机构要全面贯彻落实党的十七届四中全会精神，充分发挥自身优势，坚持正确办学方向，遵循教学规律，积极改革创新，进一步完善教学布局、改进培训方式、加强教育管理，在教学培训中更加突出党性锻炼和党性修养的分量，更加注重对广大学员政治品质和道德品行的教育，更加强化对党员干部综合素质和工作能力的培养，不断提高培训质量和效果，为推进马克思主义学习型政党建设作出新的更大贡献。中央党校作为培训党的中高级领导干部的重要阵地，在建设学习型政党、进而引领建设学习型社会中责无旁贷，要尽心尽力、尽职尽责，坚持党校姓党、从严治校方针，带头建设学习型党组织，把科学理论武装、具有世界眼光、善于把握规律、富有创新精神这四项建设马克思主义学习型政党的要求贯彻体现到教学、科研、管理等各项工作中，贯彻体现到队伍建设、学风建设、校风建设的各个环节中，切实抓出成效，不辜负党中央和广大党员干部的期望。

最后，祝同志们在党校期间学习顺利、身体健康、生活愉快，取得丰硕的学习成果。

习近平出席中央党校深入学习实践科学发展观活动总结大会并作重要讲话

2月26日下午，中央党校在大礼堂举行深入学习实践科学发展观活动总结大会，中共中央政治局常委、中央书记处书记、中央党校校长习近平出席并作重要讲话。他强调，学习实践科学发展观活动是有时限的，深入贯彻落实科学发展观是无时限的，必须常抓不懈。中央党校要把通过这次学习实践活动凝聚的共识、取得的成效、积累的经验转化为促进党校科学发展的强大动力和自觉行动，始终坚持用科学发展观指导教学、科研、管理等各项工作，大力加强教师队伍建设和管理队伍建设，切实推进党校工作不断迈上新台阶。

习近平在讲话中对中央党校学习实践活动取得的成效给以充分肯定。他指出，中央党校通过学习实践活动，进一步增强了党校工作要更好地为经济社会科学发展服务的意识，进一步形成了坚持党校姓党原则、贯彻从严治校方针、加强校风学风建设的浓厚氛围，一些影响和制约党校科学发展的突出问题得到初步解决，党校的一些规章制度和内部管理体制得到健全，为在新的起点上开创党校工作新局面奠定了良好基础。

习近平对巩固和深化中央党校学习实践活动成果、进一步做好党校工作提出三点要求。第一，要把深入贯彻落实科学发展观作为一项长期战略任务坚持抓好，首先要继续认真抓好校委和各直属单位整改落实方案的实施，在提高党校服务科学发展和自身科学发展的水平上不断取得新进步。第二，要把教学和科研的关注点进一步聚焦到改革发展稳定的重大实践问题和理论问题上来，紧密联系国内外形势的发展变化加强理论研究，推动理论创新，在贴近现实、服务大局上不断作出新贡献。第三，要把坚持党校姓党、从严治校作为一项根本方针贯彻到各项工作中去，把党性教育放在党校教学更加突出的位置，引导和推动党校教研人员、党校学员加强党性修养，在改进校风和学风上不断树立新形象。

会上，常务副校长李景田作了总结报告，中央指导检查组组长王众孚讲了话。中央指导检查组副组长王晓安和副校长石泰峰、李书磊，教育长郝时晋、校委委员张伯里、贾高建、罗宗毅出席会议。会议由副校长、中央党校学习实践活动领导小组副组长孙庆聚主持。

中央指导检查组全体成员及中央党校全体党员，共约 900 人参加了总结大会。

习近平出席中央党校2009年春季学期开学典礼并作重要讲话

3月1日上午，中央党校在大礼堂举行2009年春季学期开学典礼。中共中央政治局常委、中央书记处书记、中央党校校长习近平出席并作重要讲话。他强调，积极应对国际金融危机冲击、保持经济平稳较快发展，维护社会和谐稳定，关键在党，关键在人。各级领导干部要按照德才兼备的要求加强自身修养，不断提高综合素质。

习近平强调，坚强的党性，是成为高素质领导干部的首要条件。各级领导干部要加强理论修养，真正掌握马克思主义的立场观点方法，坚持以与时俱进的态度学习和运用马克思主义理论；要加强政治修养，增强政治信念的坚定性、政治立场的原则性、政治鉴别的敏锐性、政治忠诚的可靠性；要加强道德修养，不断提高道德认识、陶冶道德情操、锤炼道德意志、提升道德境界；要加强纪律修养，增强纪律观念，自觉在思想上政治上行动上同党中央保持高度一致，确保政令畅通；要加强作风修养，做到执政为民有新举措、求真务实有新要求、廉洁从政有新成效。

习近平指出，提高领导干部推动科学发展的能力，是当前干部队伍建设的一项根本任务。各级领导干部要努力提高以下六个方面的能力。一要提高统筹兼顾的能力，善于运用唯物辩证法认识和处理问题，既统揽全局、统筹规划，又在重点突破中推动工作协调发展。二要提高开拓创新的能力，善于根据事物发展的客观规律推动思维创新、方法创新、实践创新、制度创新，创造性地开展工作。三要提高知人善任的能力，善于发现人才，正确识别人才，科学评价人才，合理使用人才，把各方面优秀人才会聚到党和国家事业中来。四要提高应对风险的能力，善于对各种可能出现的风险进行科学预判和超前准备，增强临机处置能力，化风险为机遇，化被动为主动。五要提高维护稳定的能力，善于见微知著，增强维护稳定的果断性，及时化解矛盾纠纷，妥善处理群体性事件。六要提高同媒体打交道的能力，尊重新闻舆论的传播规律，正确引导社会舆论，要与媒体保持密切联系，自觉接受舆论监督。

习近平强调，为政之要，莫先于用人。用人导向是最重要的导向。坚持正确用人导向，既要靠干部政策来引导，也要靠深化干部人事制度改革、建立健全科学的选人用人机制来保障。

习近平还对党校学员和进一步做好党校工作提出了明确要求。

中共中央政治局委员、中央书记处书记、中央组织部部长李源潮，中央书记处书记、中央纪委副书记何勇出席了开学典礼。

常务副校长李景田主持开学典礼。中央有关部门负责同志赵胜轩、王尔乘、焦利、何毅亭，副校长石泰峰、孙庆聚、李书磊，教育长郝时晋，校委委员张伯里、贾高建、罗宗毅参加开学典礼。

在校全体学员、分校学员代表、全体教职员工及部分离退休老同志，共1500多人参加了开学典礼。

习近平出席中央党校2009年春季学期第二批进修班暨专题研讨班开学典礼并作重要讲话

5月13日，中央党校举行2009年春季学期第二批进修班暨专题研讨班开学典礼。中共中央政治局常委、中央书记处书记、中央党校校长习近平出席开学典礼并讲话。他指出，书籍是人类知识的载体，是人类智慧的结晶，是人类进步的阶梯。各级领导干部要深刻认识现代领导活动与读书学习的密切关系，深刻认识领导干部的读书学习水平在很大程度上决定着工作水平和领导水平，真正把读书学习当成一种生活态度、一种工作责任、一种精神追求，自觉做到爱读书读好书善读书，积极推动学习型政党、学习型社会建设。

习近平指出，在新的时代条件下，领导干部要不断提高自己，经受住各种考验，就要坚持在读书学习中坚定理想信念、提高政治素养、锤炼道德操守、提升思想境界，坚持在读书学习中把握人生道理、领悟人生真谛、体会人生价值、实践人生追求。领导干部如果不加强读书学习，知识就会老化，思想就会僵化，能力就会退化。爱学习、勤读书，通过读书学习来增长知识、增加智慧、增强本领，这是领导干部胜任领导工作的内在要求和必经之路。

习近平强调，马克思主义理论素养是领导干部领导素质的核心和灵魂，掌握马克思主义理论是领导干部的基本功。领导干部读书学习，首先要学习马克思主义理论，认真研读当代中国马克思主义最新成果，深入学习领会邓小平理论、“三个代表”重要思想和科学发展观等重大战略思想，坚持用中国特色社会主义理论体系武装头脑、指导实践、推动工作。当前正在全党开展的深入学习实践科学发展观活动，要求党员干部系统深入学习中央规定书目，就是在深刻理解基础上提高贯彻落实科学发展观的自觉性和坚定性，做到真学、真懂、真信、真用。学习实践科学发展观，领导干部要起带头和示范作用。习近平指出，领导工作综合性、系统性强，需要多方面的知识积累。领导干部要坚持干什么学什么、缺什么补什么，有针对性地学习掌握做好领导工作、履行岗位职责必备的各种知识，努力使自己真正成为行家里手、内行领导。传统文化中的许多优秀典籍蕴涵着做人做事和治国理政的道理。领导干部要通过研读优秀传统文化书籍，不断提高人文素养和精神境界。

习近平强调，领导干部读书，要坚持阅读与思考的统一，在广泛阅读的基础上开动脑筋，对现实中的疑惑进行深入思考，力求把零散的东西变为系统的、孤立的东西变为相互联系的、粗浅的东西变为精深的、感性的东西变为理性的；要坚持读书与运用相结合，联系实际，知行合一，通过理论的指导、利用知识的积累来洞察客观事物发展的规律，在读书的过程中增强运用能力，在运用的过程中提高读书水平；要锲而不舍、持之以恒，发扬挤劲、钻劲、韧劲，先易后难、由浅入深，循序渐进、水滴石穿。

习近平在讲话中希望中央党校的学员在学习期间专心致志、心无旁骛，遵守纪律、抓紧时间，科学安排读书学习计划，努力提高读书学习效果。

中共中央政治局委员、中央书记处书记、中央组织部部长李源潮，中央书记处书记、中央纪委副书记何勇，中央书记处书记、中央办公厅主任令计划出席开学典礼。

中央党校常务副校长李景田主持开学典礼。中央有关部门负责人、中央党校负责人以及2009年春季学期5月新入学学员和在校学员参加开学典礼。

习近平主持召开学员座谈会并作重要讲话

7月1日上午，中共中央政治局常委、中央书记处书记、中央党校校长习近平在中央党校学员座谈会上强调，要把党校姓党原则和从严治校、从严施教、从严管理的要求贯彻到党校全部工作中、落实到具体制度上，进一步加强学风校风建设，以良好学风校风保证教育培训质量。

参加座谈会的有来自进修部和培训部不同班次的15位学员代表。大家踊跃发言，围绕党的建设、党校工作和科学发展等重大问题谈认识、提建议，气氛热烈。

习近平在听了学员发言后作了讲话。他指出，今天是我们党的生日，我们采取座谈讨论的方式来纪念党成立88周年，很有意义。88年来我们党带领人民不断取得革命、建设、改革胜利的伟大进程波澜壮阔，每一个共产党员都应该为之感到自豪，满怀信心地为全面建设小康社会、开创中国特色社会主义事业新局面努力奋斗。

习近平指出，继续大规模培训干部、大幅度提高干部素质，是党的十七大提出的战略任务。党校在这方面是主渠道、主阵地，要坚持把提高学员思想政治素质作为第一位的任务，把提高学员领导水平和执政本领贯穿于教育培训全过程，进一步创新培训手段、改进培训方法，不断提高教育培训的针对性和实效性。党校学员要珍惜学习培训机会，心无旁骛，认真学习。党校要加强对学员的管理，坚持以管促学、以学促管，坚持理论联系实际、学以致用，坚持教学相长、学学相长，集思广益、共同提高。

习近平对中央党校做好深入学习实践科学发展观活动整改落实后续工作提出了要求。他指出，中央党校作为第一批开展学习实践活动的单位，前一段取得了明显成效。要按照中央的部署和要求，进一步抓好整改落实后续工作，建立健全推动党校科学发展的长效机制，全面完成整改落实任务。

习近平强调，中央党校学员大都是领导干部，肩上担子重、责任大，要通过在党校的学习培训，在党性修养、知识储备、能力提高和作风养成等方面取得新的进步。要把在党校的学习收获带回去，把在党校得到提高的学习研究能力带回去，作为进一步做好本职工作的有力支持，在促进地方和部门工作科学发展中更好地发挥作用，在学习型政党和学习型社会建设中更好地起到示范带头作用。

中央政策研究室常务副主任何毅亭，常务副校长李景田，校委委员、办公厅主任罗宗毅参加了座谈会。

习近平出席中央党校 2009 年春季学期毕业典礼

7 月 16 日下午，中央党校在大礼堂举行 2009 年春季学期毕业典礼。中共中央政治局常委、中央书记处书记、中央党校校长习近平出席毕业典礼，并为学员颁发毕业证书。

中共中央政治局委员、中央书记处书记、中央组织部部长李源潮，中央书记处书记、中央纪委副书记何勇，中央书记处书记、中央办公厅主任令计划出席毕业典礼。

中央党校本期毕业学员共 744 人。另有中直机关分校、中央国家机关分校、部队分部和国资委分校的 2800 多名学员同期毕业。

常务副校长李景田在毕业典礼上讲话，中央有关部门负责同志雒树刚、李建华、孙志军，副校长孙庆聚、李书磊，教育长郝时晋，校委委员张伯里、贾高建、罗宗毅出席毕业典礼。毕业典礼由副校长石泰峰主持。

在校全体学员、分校学员代表、教职员工及部分离退休老同志，近 1000 人参加了毕业典礼。

习近平出席中央党校 2009 年秋季学期开学典礼并作重要讲话

9 月 1 日上午，中共中央政治局常委、中央书记处书记、中央党校校长习近平，出席中央党校 2009 年秋季学期开学典礼并发表讲话。他强调，新中国成立以来的 60 年，是中国共产党带领全国各族人民为实现国家繁荣富强、人民幸福富裕不懈奋斗的 60 年；是我国社会主义经济建设、政治建设、文化建设、社会建设等方面取得辉煌成就的 60 年；是国家面貌和人民物质文化生活状况发生历史性变化的 60 年。中国共产党忠诚履行执政使命，经受住了一系列严峻考验，领导人民谱写了中华民族发展史上和人类进步史上的辉煌篇章，不愧是一个伟大的马克思主义执政党。

中共中央政治局委员、中央书记处书记、中央组织部部长李源潮，中央书记处书记、中央办公厅主任令计划出席开学典礼。

中央党校常务副校长李景田主持开学典礼。中央有关部门负责同志张惠新、何毅亭、李建华、孙志军，副校长陈宝生、孙庆聚、李书磊，校委委员张伯里、徐伟新、贾高建、罗宗毅参加开学典礼。在校全体学员、分校学员代表、全体教职员工及部分离退休老同志，共 1800 多人参加了开学典礼。

开学典礼结束后，习近平在校委成员和有关部门负责同志陪同下参观了“科学发展与廉政文化建设”主题书画展。

习近平校长与校委领导同志参观“廉政文化建设书画展”

9 月 1 日上午，习近平校长与校委领导同志参观中央党校图书馆举办的“廉政文化建设书画展”。参观后，图书馆向学校上报的《习近平校长参观中央党校“廉政文化建设书画展”记》留档案馆存档。

习近平到黑龙江省委党校调研

9月23日，中共中央政治局常委、中央书记处书记、中央党校校长习近平在黑龙江省委书记吉炳轩，省委副书记、省长、省行政学院院长栗战书等陪同下在黑龙江省委党校视察调研。习近平观看了校史展览和主要科研成果展示，接见了校学科带头人，观摩“突发公共事件与政府应急管理”案例分析式教学并发表即席讲话，听取黑龙江省委党校工作汇报并就党校工作发表了重要讲话。

习近平在观摩案例教学后即席讲话中强调，案例式教学这种形式值得深入探讨，特别是在党校教学过程中，要作为一种经常性的教学形式加以运用，非常有针对性，对于解决实际问题能够起到非常大的作用。习近平在听取黑龙江省委党校工作情况汇报后强调，党校事业是党的事业的重要组成部分；办好党校，坚持党校姓党原则至关重要；党校要从新的形势和任务要求出发，继续推进教学科研改革；党校要坚持从严治校，对学员严格要求、严格管理。

习近平要求，党校要认真、主动贯彻落实十七届四中全会精神，一要组织教师、干部和学员认认真真、原原本本地学习领会全会精神，把思想统一到全会精神上来；二要发挥讲坛、科研、宣传阵地等多方面优势，在建设马克思主义学习型政党、推进党的理论创新和理论武装方面更好地发挥作用；三要进一步加强自身建设，带头建设学习型党组织和学习型领导班子。

调研结束时，习近平与黑龙江省委党校校委班子成员和学科带头人合影留念并与全校教职工和学员亲切握手话别。中央党校常务副校长李景田等参加了调研视察。

习近平出席中央党校学习贯彻党的十七届四中全会精神报告会并作重要讲话

9月26日上午，中央党校在大礼堂举行学习贯彻党的十七届四中全会精神报告会，中共中央政治局常委、中央书记处书记、中央党校校长习近平作了题为“加强和改进新形势下党的建设的纲领性文献”的报告。他强调，学习四中全会审议通过的《中共中央关于加强和改进新形势下党的建设若干重大问题的决定》，一定要认认真真、原原本本、深刻理解；落实四中全会精神，一定要不折不扣、踏踏实实、务求成效。

习近平在报告中深刻论述了加强和改进新形势下党的建设的重要性和紧迫性，系统介绍了《决定》在起草过程中充分发扬民主、广泛集中全党智慧、反复征求和听取各方面意见，实行科学决策、民主决策的情况。他指出，《决定》深入贯彻党的十七大精神，从夺取全面建设小康社会新胜利、开创中国特色社会主义事业新局面的要求出发，在建设马克思主义学习型政党、坚持和健全民主集中制、建设善于推动科学发展和促进社会和谐的高素质干部队伍、做好抓基层打基础工作、弘扬党的优良作风、加快推进惩治和预防腐败体系建设等六个方面提出了目标任务和一系列重要举措，是加强和改进党的建设的纲领性文献。

习近平强调，我们党在中国执政60年来，走过的历程波澜壮阔、很不寻常，积累的经验承前启后、十分丰富。《决定》总结的党在长期执政实践中加强自身建设的六条基本经验，凝聚了几代中国共产党人的心血，深化了对共产党执政规律、社会主义建设规律、人类社会发展规律的认识，是极为宝贵的财富，必须倍加重视、倍加珍惜，必须作为加强和改进新形势下党的建设的重要指导原则长期坚持、切实运用，并在实践中不断丰富发展。

习近平指出，《决定》着眼于研究解决当前党的建设中带有战略性、根本性、紧迫性的重大问题，研究解决党员干部队伍中存在的突出问题和广大党员、干部、群众关注的热点问题，坚持继承和创新相结合、科学性和实效性相结合，在思想理论上、政策取向上、工作部署上提出了许多新要求新举措。习近平从30个方面列举和解说了《决定》提出的新要求新举措后指出，这些新要求新举措是多年来党的建设实践经验的新总结，反映了全党在推进党的建设新的伟大工程一系列重大问题上的新认识，体现了开创中国特色社会主义事业新局面的新要求，要作为重点认真学习、深刻领会、深入贯彻。

习近平强调，学习贯彻党的十七届四中全会精神是当前和今后一个时期全党的重要政治任务。各级党组织要加强组织领导，采取有效措施，作出工作部署，明确领导责任，确保党的建设各项任务落到实处、落到基层。要把学习贯彻全会精神与正在开展的深入学习实践科学发展观活动结合起来，按照中央的要求扎扎实实抓好第三批学习实践活动。

习近平指出，中央党校和地方各级党校是轮训和培训党员领导干部，培养党的理论队伍，研究马克思列宁主义、毛泽东思想和中国特色社会主义理论体系的重要阵地，是领导干部加强党性锻炼的熔炉，在加强党的建设方面担负着重要责任。《决定》提出的加强和改进新形势下党的建设的总体要求、目标任务、重要举措，对党校具有重要指导意义；各级党校要把全会精神贯彻落实到党校教学科研及各项工作中去，进一步发挥党校在推进党的理论创新方面的生力军作用，在推进党的理论武装工作、建设学习型政党中的重要作用，进一步提高党校工作水平。

常务副校长李景田主持报告会，全体校委成员出席报告会。全体学员、教职员工共1800人参加报告会。

习近平出席中央党校 2009 年秋季学期第二批进修班开学典礼并作重要讲话

11 月 12 日，中共中央政治局常委、中央书记处书记、中央党校校长习近平出席中央党校 2009 年秋季学期第二批进修班开学典礼并讲话。他强调，学习是文明传承之途、人生成长之梯、政党巩固之基、国家兴盛之要。要切实贯彻落实党的十七届四中全会精神，按照科学理论武装、具有世界眼光、善于把握规律、富有创新精神的要求，把建设马克思主义学习型政党作为重大而紧迫的战略任务抓紧抓好。

习近平在讲话中从四个方面谈了对建设马克思主义学习型政党的学习体会和认识：一、提出建设马克思主义学习型政党的主要依据和重大意义；二、建设马克思主义学习型政党的基本要求；三、建设马克思主义学习型政党的重要着力点；四、为建设马克思主义学习型政党提供有力保证。

中共中央政治局委员、中央书记处书记、中央组织部部长李源潮，中央书记处书记、中央纪委副书记何勇出席开学典礼。

开学典礼由常务副校长李景田主持。中央有关部门负责人、中央党校负责人，第 46 期省部级干部进修班、第 53 期地厅级干部进修班、市地党政主要领导干部进修班全体学员，以及部分在校学员、中央党校研究生院研究生等共 600 多人参加了开学典礼。

习近平向“中国马克思主义论坛2009”致贺信

12月8日至9日，由中国马克思主义研究基金会主办、国家开发银行为支持单位的“中国马克思主义论坛2009”在中央党校举行。中共中央政治局常委、书记处书记、中央党校校长习近平向论坛致贺信。

习近平在贺信中指出，“马克思主义是我们立党立国的根本指导思想。新中国60年来，我们坚持把马克思主义基本原理同中国具体实际和时代特征相结合，不断研究和解决革命、建设、改革中的实际问题，探索和积累了新的经验，丰富和发展了毛泽东思想，形成了包括邓小平理论、‘三个代表’重要思想以及科学发展观等重大战略思想在内的中国特色社会主义理论体系。这是我们党在理论上取得的最重大成就。你们以‘新中国60年来马克思主义中国化的历史经验’为主题，开办首届中国马克思主义论坛，很有意义。”“希望基金会在中央党校主管下，进一步开展好奖励、资助、组织马克思列宁主义、毛泽东思想和中国特色社会主义理论体系的学习、研究、宣传工作，充分发挥马克思主义研究事业的助推器作用和联系团结党校系统以及全国理论工作者的纽带作用。希望同志们不断奋发进取，把中国马克思主义论坛办成发表马克思主义研究新成果，推进马克思主义中国化、时代化、大众化的有影响力的平台，为建设马克思主义学习型政党作出新贡献。”

习近平同志向“中国马克思主义论坛2009”致贺信的消息经新华社发出通稿后，《人民日报》、《光明日报》、《经济日报》等中央主要报刊均在第一版刊登，中央电视台新闻联播、中央人民广播电台全国联播作为主要新闻予以播发。10余家省报和多家专业报刊刊发。人民网、新华网、中国网、求是理论网等官方网站对论坛情况作了大量报道。人民网中国共产党新闻频道还对开幕式现场进行直播。

论坛开幕式上，中央党校常务副校长李景田宣读习近平的贺信并讲话。中国社会科学院常务副院长、中国马克思主义研究基金会理事长王伟光向论坛提交了书面演讲稿。出席论坛开幕式的领导还有中央党校副校长陈宝生、孙庆聚、李书磊，中央文献研究室副主任李捷，中央党史研究室副主任李忠杰等。

中央党校教育长、中国马克思主义研究基金会副理事长郝时晋主持开幕式。

本届论坛的主题为“新中国60年来马克思主义中国化的历史经验”。与会专家围绕新中国60年来马克思主义中国化的历史经验、马克思主义中国化与改革开放、进一步推进和深化马克思主义研究等专题先后发表了大会演讲。

中央党校直属单位负责人和部分省级党校校长，中央文献研究室、中央党史研究室、中国社会科学院、中央编译局直属单位负责人和研究人员，北京大学、清华大学、中国人民大学等14所高校马克思主义学院的院长和资深学者和论坛入选论文作者代表出席论坛。中央党校进修部、培训部部分学员和各教研部部分教员也出席了论坛部分活动。参加论坛活动的共计600余人。

习近平出席中央党校
2009年秋季学期毕业典礼

2010年1月15日上午，中央党校在大礼堂举行2009年秋季学期毕业典礼。中共中央政治局常委、中央书记处书记、中央党校校长习近平出席毕业典礼，并为学员颁发毕业证书。

中共中央政治局委员、中央书记处书记、中央组织部部长李源潮，中央书记处书记、中央纪委副书记何勇出席毕业典礼。

中央党校本期毕业学员共777人。另有中直机关分校、中央国家机关分校、部队分部和国资委分校的2700多名学员同期毕业。学员们反映，通过在党校的学习，进一步增强了推进党的建设新的伟大工程、建设马克思主义学习型政党的使命感和责任感，增强了加强学习的紧迫性和自觉性；进一步提高了理论素养，开阔了视野，深化了对中国特色社会主义理论体系科学内涵和精神实质的理解；进一步增强了理论联系实际、学以致用的自觉性，提高了运用马克思主义立场观点方法分析和解决实际问题的能力；进一步受到了党性教育和锻炼，在牢固树立群众观点、继承和弘扬优良作风上取得了新进步。

常务副校长李景田在毕业典礼上讲话，他希望学员们把党校的学习成果转化为进一步做好本职工作的能力，继续加强学习，不断深化学习，在各自的工作岗位上作出新的成绩。

副校长石泰峰主持毕业典礼。中央有关部门负责同志何毅亭、赵胜轩、王尔乘、孙志军，副校长陈宝生、孙庆聚、李书磊，教育长张伯里，校委委员徐伟新、贾高建、罗宗毅、黄宪起、赵长茂出席毕业典礼。

中央党校工作概况

中央党校2009年工作要点

（2008年12月25日校委会议讨论通过）

2009年是中华人民共和国成立60周年，是应对国际国内环境重大挑战、推动党和国家事业实现新发展的关键一年。党校工作要进一步围绕中心、服务大局，切实在党和国家事业发展中发挥重要作用。中央党校工作总的要求是：全面贯彻党的十七大和十七届三中全会精神，以邓小平理论和“三个代表”重要思想为指导，深入贯彻落实科学发展观，认真贯彻落实全国干部教育培训工作会议精神、全国党校工作会议精神和《中国共产党党校工作条例》（以下简称《党校工作条例》），把学习、研究、宣传中国特色社会主义理论体系作为党校工作的中心内容，坚持解放思想、实事求是、与时俱进、开拓创新，坚持党校姓党、从严治校，努力提高教学科研和管理服务水平，全面开创党校工作新局面。

一、深入学习实践科学发展观，认真贯彻落实全国干部教育培训工作会议精神、全国党校工作会议精神和《党校工作条例》，突出抓好校风和学风建设

1. 抓好新一轮大规模培训干部工作，集中办好各类培训轮训主体班次，同时做好中央在中央党校举办的省部级主要领导干部专题研讨班和与有关部门联合举办的专题培训班的相关工作。（教务部、进修部、培训部、办公厅、研究室、后勤服务部、信息管理部）

2. 抓好中央党校和全国党校系统对全国干部教育培训工作会议精神、全国党校工作会议精神和《党校工作条例》的贯彻落实。组织力量进行督促检查，并将贯彻落实情况上报中央。与有关部门合作，力争年内完成省级党校办学质量评估体系和办法的制定。适时召开全国党校校长会议。（办公厅、研究室、教务部、科研部、进修部、培训部、研究生院、组织部、财务行政管理局、后勤服务部、信息管理部、机关党委）

3. 坚持把党校姓党原则和从严治校方针贯彻到党校工作的各个方面，切实加强校风和学风建设。以同党中央保持一致为核心，以理论联系实际为重点，加强教师队伍建设。以突出党性教育为重点，加强对学员的教育和管理。（教务部、科研部、七部一所、机关党委、进修部、培训部）

4. 继续抓好深入学习实践科学发展观活动。认真进行整改，确保取得实效，并建立和完善深入学习实践科学发展观的长效机制。（机关党委、研究室、办公厅）

5. 抓好校委理论学习中心组和各直属单位的学习。坚持学以致用、用以促学，把十七大、十七届三中全会和中央经济工

作会议精神贯彻落实到党校教学、科研等各项工作中。（机关党委、教务部、科研部）

二、继续推进教学改革，坚持用马克思主义中国化最新成果武装党员、教育干部

6. 进一步加强对学员的马克思主义理论武装工作，切实推进中国特色社会主义理论体系进课堂、进教材、进头脑。在进修类班次，用科学发展观统领各个专题班的教学，着力研究我国经济社会发展中的重点问题和热点难点问题。在培训类班次，进一步加大中国特色社会主义理论体系特别是科学发展观的教学力度，提高学员领导科学发展的能力。（教务部、七部一所）

7. 继续深化教学改革。完善学员学习需求调研制度，进一步加强教学的针对性和实效性。改革创新教学方法，积极推进案例式教学、体验式教学、情景模拟式教学，着手筹建领导干部应对突发事件模拟教学实验室。逐步推广教学组织的项目制管理，试行教学计划和教学讲题招标制。进一步完善集体备课制度、讲稿审核制度和教学效果评估制度，改革和完善学员学习考核制度。（教务部、七部一所、进修部、培训部）

8. 进一步加强教材建设。完善教材编写组织办法，抓紧出版《科学发展观研究》和《社会主义市场经济研究》、《社会主义和谐社会研究》、《社会主义民主政治研究》、《社会主义先进文化研究》等重点教材，启动《中国特色社会主义理论体系研究》教材的编写工作。（教务部、七部一所、研究室、出版社）

9. 切实加强学科建设，颁布实施《中央党校学科建设实施纲要》。认真落实《中央党校马克思主义理论一级学科建设实施方案》和《中央党校马克思主义理论一级学科三年（2007—2009）建设发展规划》，抓紧马克思主义理论二级学科建设。起草《中国马克思主义基金会“学科建设专项基金”使用管理办法》。（教务部、科研部、研究生院、七部一所、研究室）

三、进一步深化科研改革，大力推进理论研究和创新

10. 紧密结合推动科学发展、促进社会和谐的新形势新任务，结合庆祝新中国成立60周年，加强对党的建设实践经验的总结，加强对党的执政能力建设和先进性建设战略性、全局性问题的研究，加强对马克思主义执政党建设理论的研究。根据十七大和十七届三中全会精神以及应对国际金融危机的要求，设立一批校级研究课题，在中央党校和全国党校系统开展“中国特色社会主义理论体系”和“扩大内需、促进发展”课题研究。围绕庆祝建国60周年筹备召开全国党校系统理论研讨会，适时对一些重大问题或课题召开理论研讨会。（科研部、七部一所、研究室）

11. 落实中央关于加强马克思主义理论研究和建设工程的要求，完成中央党校承担的“毛泽东思想、邓小平理论和‘三个代表’重要思想对党的建设特别是执政党建设理论贡献”课题研究和《科学社会主义概论》教材编写任务。（科研部、党建部、科社部）

12. 积极做好理论研究和宣传工作。发挥“中央党校邓小平理论和‘三个代

表’重要思想研究中心”作用，组织重大课题研究宣传。利用党校报刊和出版社的优势，围绕研究宣传中国特色社会主义理论体系、深入学习实践科学发展观等主题，发表一批质量高、影响大的理论作品。（科研部、研究室、七部一所、出版社、校刊社、学习时报社）

13. 进一步改革和完善科研管理制度，研究探索教学科研一体化实施办法。编写和组织学习《十七大以来党中央关于党校科研工作的论述》。进一步健全科研活动组织管理机制，建立七部一所科研活动月报制度。区别不同情况,处理和规范“编外中心”问题。（科研部、教务部、七部一所）

四、大力推进干部队伍特别是教师队伍建设，深化干部人事制度和机构改革

14. 按照深入贯彻落实科学发展观的要求，着眼于理顺关系，推进机构改革。加快筹建马克思主义理论教研部，整合校办报刊，进一步规范与大有数字资源有限责任公司的合作关系。终止有关合同，停办印刷厂，妥善处理善后事宜。（组织部、研究生院、校刊社、学习时报社、图书馆、信息管理部、出版社）

15. 落实人才强校战略，特别要努力建立一支高素质教师队伍。面向社会公开招聘，加大对优秀人才的引进力度。加强兼职教授队伍建设。举办中青年教师骨干培训班，做好教师进修培训工作。（组织部、教务部、七部一所）

16. 深化干部人事制度改革。进一步完善竞争上岗办法，改进和完善职称评审办法，研究制定中央党校工作人员工资序列变动管理办法。（组织部）

17. 以坚持从严治校和加强校风建设为重点，加强组织员队伍建设，提高学员管理水平。（进修部、培训部、研究生院）

18. 着力落实老同志政治、生活待遇，扎实推进离退休干部党支部建设和离退休人员思想政治工作。逐步建立齐抓共管的长效机制，全面做好离退休干部工作。（离退休干部局）

五、坚持“三从严”方针，切实加强学员管理

19. 认真贯彻落实胡锦涛同志在中央纪委三次全会上的重要讲话精神，把加强领导干部党性修养、树立和弘扬优良作风作为重大政治任务抓紧抓好，推动学员加强党性修养，大力弘扬党的优良作风，始终保持清醒政治头脑和高尚道德情操，始终保持共产党人的政治本色，以坚强的党性和优良的作风保证科学发展观的贯彻落实。（进修部、培训部）

20. 坚持“从严治校、从严施教、从严管理”的方针，以加强校风建设为重点，按照科学有效的要求，进一步修改、健全和落实各主体班次学员的管理制度。适时召开全国党校系统学员管理工作座谈会，进一步总结提高学员管理的经验和水平。（进修部、培训部）

21. 修订完善并严格执行学位研究生教育的各项规章制度，做好学位研究生的培养和管理工作。加强学位点建设工作，促进学位点建设规范化、制度化。（研究生院、七部一所）

22. 进一步规范管理、提高质量，做好对外培训和在职研究生教育工作，同时

做好函授学历教育收尾和转型发展工作。（办公厅、研究生院、函授学院）

六、加强制度建设，不断提高行政管理和后勤服务水平

23. 以《党校工作条例》为基础，建立和完善科学有效的规章制度，不断提高行政管理水平。以大事要事和领导重要批示落实情况为主要内容，加强和改进督办工作。以计算机和网络信息安全为重点，着力抓好安全保密工作。（办公厅、信息管理部）

24. 加强对地方党校的业务指导，在教学设计、教材编写、科研课题立项、学科建设、学位评定等方面进行组织协调。举办地方党校校长研讨班，继续举办师资培训班，做好“西部之光”访问学者培养工作。加强对分校的管理，修订《中共中央党校分校工作暂行条例》。（办公厅、教务部、科研部、七部一所、研究生院）

25. 继续拓宽对外交流渠道，加强对外学术交流。召开全校外事工作会议，进一步规范外事管理。（办公厅、教务部、科研部、培训部）

26. 继续做好校园建设和设施维修工作。确保数字图书馆和配电室项目开工建设，完成职工食堂和职工住宅项目立项，完成二食堂和清真食堂、育园楼等修缮工程。（财务行政管理局）

27. 继续做好房地产管理工作。年内完成房屋、土地权属证件的办理，着手制定新建职工住宅分配方案。（财务行政管理局）

28. 修订完善现行内部财务管理制度，进一步加强财务管理。着力强化预算管理，协调有关部门，围绕项目预算推进“项目库”建设。继续做好成本管理、支出管理工作。（财务行政管理局）

29. 根据实际情况不断深化后勤服务社会化改革，努力提高服务质量。继续做好资源节约和校园绿化工作。（后勤服务部、财务行政管理局）

30. 进一步推进信息化建设。完成校园网升级改造工程，完善远程教学网功能。协助中组部等单位做好全国农村党员干部现代远程教育有关工作，认真落实两年内实现乡村远程网络基本覆盖的目标任务。启动数字图书馆系统与资源建设，进一步推进全国党校系统数字资源共建共享工作。（信息管理部、图书馆）

七、围绕党校中心工作开展机关党的工作

31. 加强机关党的组织建设和制度建设。召开全校机关党员代表大会，选举产生新一届机关党委会和机关纪委会。完善行政负责人带头抓党建责任制、党支部工作目标管理责任制和创建最佳党日活动制度。（机关党委）

32. 加强党员干部队伍作风建设。大力抓好领导班子和领导干部思想政治建设，加强对党员干部特别是领导干部的理想信念、党风党纪、廉洁从政和艰苦奋斗教育。认真实施《建立健全惩治和预防腐败体系规划 2008—2012 年工作规划》。（机关党委、组织部）

33. 创建和谐校园，推进思想道德建设和精神文明创建活动。以庆祝建国 60 周年为契机，深入开展形势教育和思想道德教育。继续开展“健康形态，和谐心态”

主题实践活动。积极筹备校史展，对学员和教职工进行革命传统和校史、校风、校纪教育。（机关党委、校史展筹备工作班子）

2009年中央党校校委会议情况简表

序次	时间	讨论和议定事项
1	1月8日	一、听取《关于纪念艾思奇同志百年诞辰活动有关情况及建议》的汇报。 二、讨论并原则同意《关于中央党校2009年外事出访计划》。 三、讨论并原则同意校外聘请的10名兼职教授，聘期为两年。 四、讨论并原则同意中央党校校刊社、学习时报社合并为中央党校报刊社和成立中央党校马克思主义理论教研部。 五、讨论了有关人事问题。
2	1月15日	一、讨论并原则同意《关于2009年春季学期教学安排的意见》。 二、听取校领导汇报所分管单位的述职情况及校组织部对26个直属单位领导班子成员的测评情况。 三、讨论了有关人事问题。
3	2月18日	一、学习讨论胡锦涛同志在第十七届中纪委第三次全会上的讲话和第十七届中央政治局常委会《向中央政治局通报中央政治局常委参加深入学习实践科学发展观活动专题民主生活会情况的报告》。 二、讨论并原则同意《中央党校深入学习实践科学发展观活动整改落实方案》。
4	3月5日	一、学习讨论习近平2月24日在《中央党校深入学习实践科学发展观活动总结报告》和在《校委会议纪要》（2009年第3期）上的两个重要批示、2月26日在《中央党校深入学习实践科学发展观活动总结大会上的讲话》以及3月1日《中央党校2009年春季学期开学典礼上的讲话》。 二、讨论并原则同意成立中央党校研究生院党委。 三、讨论了有关人事问题。
5	3月12日	一、讨论并原则同意关于中央党校南院1—6号院出租使用的有关事项。 二、研究进一步做好为离退休老同志服务的有关问题。 三、讨论并原则同意《关于在部分直属单位进行民主推荐副局级干部工作的意见》、《关于在全校选拔2名副巡视员的实施方案》。

续 表

序次	时间	讨论和议定事项
6	3月19日	一、讨论并原则同意《关于中央党校2009年预算方案和2008年收支情况的报告》。 二、讨论并原则同意关于部署《2009年度全国党校系统三大重点课题申报》的有关事项，以及关于设立中央党校重大课题的有关事项。 三、讨论并原则同意关于修订《科研津贴条例（试行）》的建议。
7	3月26日	一、学习讨论中央文件（中发电〔2009〕1号）。 二、讨论并原则同意《关于成立马克思主义理论教研部的实施意见》和《关于校刊社、学习时报社合并成立报刊社的实施意见》。 三、会议还作出两个决定：第一，要进一步发挥图书馆的作用；第二，将中央党校对外培训中心划归函授学院，由函授学院承担中央党校短期培训工作。 四、讨论了有关人事问题。
8	4月1日	受李景田同志委托，石泰峰同志主持召开校委会议，讨论了有关人事问题。
9	4月9日	一、审议通过中央党校省部级后备干部考察对象建议名单。 二、讨论了关于校史展总体布局方案，原则同意筹备组提出的第一方案。 三、讨论并原则同意关于中央党校与美国乔治城大学续签学术交流合作备忘录事项。 四、讨论了有关人事问题。
10	4月23日	一、研究确定了报刊社常务副总编辑考察人选。 二、研究确定了在全校选拔2名副巡视员的任职人选。 三、讨论了有关人事问题。 四、听取了关于李景田同志率中国改革开放论坛代表团赴美国和韩国访问情况的汇报。
11	4月30日	一、研究决定报刊社常务副总编辑及副总编辑任职人选。 二、讨论和议定关于中央党校到龄中管干部办理和暂不办理退（离）休手续的事项。 三、讨论了其他人事问题。
12	5月7日	一、学习讨论习近平5月3日在《人民日报》4月27日第10版《湖北禁止党校学员用公款相互宴请》文章上的重要批示。 二、学习讨论习近平等领导同志关于电视文献片《中国1978—2008》的重要批示。 三、讨论并原则同意关于中央党校与日本政策研究大学院大学续签学术交流合作备忘录事项。

续 表

序次	时间	讨论和议定事项
13	5 月 14 日	一、学习讨论习近平同志在中央党校春季学期第二批进修班暨专题研讨班开学典礼上的讲话。 二、讨论并原则通过《中央党校甲型 H1N1 流感防控工作方案》。 三、讨论并原则通过中央党校治理“小金库”专项工作实施办法。 四、讨论并原则同意中央党校与丹麦哥本哈根商学院签署学术交流合作谅解备忘录及其相关事项。 五、讨论并原则同意关于选拔拟任办公厅副主任及副巡视员兼地方党校办公室主任人选的工作方案。 六、关于其他人事问题。
14	5 月 25 日	李景田同志传达中办发电〔2009〕11 号文件，并议定了中央党校贯彻落实的具体措施。
15	5 月 27 日	一、讨论关于中央党校和团中央联合摄制《中国和平发展道路》电视专题片的有关事项。 二、讨论并原则同意科研部提出的《关于进一步整顿和规范中央党校编外研究中心的若干意见》。 三、同意校组织部提出的在中国井冈山干部学院举办“中央党校第三期局处级领导干部任职培训班”的意见。
16	6 月 3 日	一、听取关于进一步发挥图书馆职能与作用的若干意见和建议的报告。 二、听取校保密委关于中央党校保密工作情况的汇报。 三、听取机关纪委提交的关于离退休干部局“小金库”问题查处情况的报告。
17	6 月 18 日	讨论并原则同意办公厅提出的《关于召开全国党校系统援助西藏党校工作会议的方案》。
18	7 月 3 日	一、讨论并原则同意校组织部、教务部、科研部提出的关于中央党校 2009 年评奖工作的安排。 二、讨论并原则通过科研部提出的关于修订《中央党校科研项目管理条例（试行）》的意见。 三、讨论并原则同意科研部提出的《关于编外研究中心公告事宜》。 四、听取办公厅关于校领导暑期调研安排的情况汇报。 五、讨论了有关人事问题。

续 表

序次	时间	讨论和议定事项
19	7月10日	一、传达学习中央文件（中办通报〔2009〕第13期）。 二、讨论并原则同意图书馆提出的关于成立中国干部学习网的意向。 三、同意校组织部提出的《关于"邓小平理论和'三个代表'重要思想研究中心研究室"更名为"中国特色社会主义理论体系研究中心研究室"的请示》。
20	7月16日	一、讨论并原则同意教务部提出的《关于2009年秋季学期教学安排的意见》。 二、讨论并原则同意科研部提出的关于召开全国党校系统纪念新中国成立60周年理论研讨会实施方案。 三、讨论并原则同意报刊社提出的对刊物进行调整的意见。 四、听取校学位评定委员会办公室提出的关于2009年中央党校博士生指导教师遴选结果的情况报告。 五、讨论校组织部提出的推荐培训部为"全国民族团结进步模范集体"的建议。 六、讨论了有关人事问题。 七、听取关于马克思主义理论教研部工作的汇报。 八、李景田同志对暑假前后的相关工作提出具体要求。
21	8月27日	一、听取6个调研组对全国党校系统贯彻落实《中国共产党党校工作条例》和全国党校工作会议精神进行督促检查的情况汇报，并对调研情况进行了认真研究。 二、听取校组织部关于中央党校2008年局级干部年度考核等次情况的汇报。 三、讨论了有关人事问题。 四、李景田同志对做好新学期的工作提出十点要求。
22	9月2日	一、听取校奖励工作领导小组关于中央党校2009年评选教学、科研、管理服务等方面6个奖项评选工作的情况，讨论通过获奖个人和单位名单。 二、讨论了有关人事问题。 三、听取办公厅外事办公室关于调整中央党校2009年外事出访计划的说明。

续 表

序次	时间	讨论和议定事项
23	9 月 30 日	一、讨论并通过教务部提交的关于调整中央党校教材审定委员会成员的建议名单。 二、讨论并原则同意组织部关于 2009 年度中央党校专业技术职务评审的意见。 三、讨论了有关人事问题。 四、听取和原则同意关于中央党校分别与意大利国家行政学院、意大利忠利集团执行总裁和美国纽约大学签署或续签合作备忘录。会议还听取办公厅外事办公室关于近几年与外方签署合作备忘录的情况汇报，对进一步做好今后的对外交流工作提出要求。 五、讨论并原则同意财务行政管理局制定的《中央党校办公主楼及配楼公有房产配置管理办法》。
24	10 月 20 日	一、学习讨论中央领导同志近期关于加强党史教育的重要批示。 二、讨论并原则同意组织部提出的《中央党校关于公开招聘选拔高端战略人才的意见》等三个文件。 三、讨论了有关人事问题。
25	11 月 19 日	一、听取教务部关于制定《中央党校分校工作若干规定》的汇报。 二、讨论并原则同意组织部提出为离退休干部局增设处级机构和增加人员编制等意见。 三、讨论并原则同意离退休干部局提出的《关于调整中央党校离退休干部工作领导小组成员的建议》。 四、讨论了其他人事问题。
26	12 月 3 日	一、讨论并原则同意研究室《关于〈党校年鉴〉急需确定问题的报告》。 二、听取函授学院关于开展短期培训工作的情况汇报。
27	12 月 8 日	审议关于中央党校教育长及校委委员人选事宜。
28	12 月 10 日	一、讨论并原则同意教务部制定的《中央党校 2010 年招生计划（送审稿）》。 二、听取教务部关于中央党校体验式教学基地建立和使用情况的汇报。 三、讨论并原则同意组织部制定的关于中央党校 2010 年进人计划。 四、讨论并原则同意组织部制定的《关于在全校选拔 3 名正局级非领导职务干部的实施方案》和《关于在部分单位进行民主推荐副局级非领导职务干部工作的请示》。讨论了其他人事问题。 五、听取中央党校出版社关于体制改革工作情况的汇报。

续表

序次	时间	讨论和议定事项
29	12月17日	一、传达学习全国组织部长会议和贯彻落实干部人事制度改革《规划纲要》座谈会精神。 二、讨论并原则同意组织部制定的《中央党校2009年年度考核工作安排》。 三、讨论并原则同意出版社制定的《中央党校出版社体制改革工作方案》。
30	12月24日	一、审议组织部关于部分正局级领导职务任免的建议。 二、审议组织部关于确定部分同志为副局级非领导职务考察人选的建议。 三、听取财务行政管理局关于内蒙古驻京办拆迁中央党校小报房胡同部分房产有关事宜的汇报。
31	12月31日	一、讨论并原则同意科研部制定的《中央党校年度校级科研项目指南总体规划》和《中央党校校级科研项目2010年年度课题指南》。 二、讨论并原则同意校机关党委关于换届选举工作的安排意见。 三、通过校专业技术职务高级评审委员会关于2009年度中央党校高级专业技术职务评审结果。 四、讨论并同意组织部关于部分局级非领导职务干部以及局级领导干部拟任职人选与考察人选的建议。

2009年中央党校工作概述

2009年是应对国际国内重大挑战、推动党和国家事业实现新发展的关键一年，也是中央党校工作十分繁忙、取得新进展的重要一年。在中央的高度重视、亲切关怀和习近平同志直接领导下，中央党校按照中央的要求和2009年校委工作要点的具体安排，深入学习贯彻党的十七大和十七届三中、四中全会精神，认真贯彻《党校工作条例》和全国党校工作会议精神，团结奋进，扎实工作，较好地完成了各项任务，取得新的成绩。

第一，深入学习贯彻党的十七届四中全会精神。党的十七届四中全会召开后，校委高度重视，立即对全校党员干部学习、宣传、贯彻全会精神作出具体安排。9月21日召开了全校副局级以上党员干部会议，及时传达全会精神。9月26日，习近平同志作全会精神专题辅导报告，对全校的学习是一个极大的推动。各直属单位采取理论中心组学习等方式畅谈学习四中全会精神的心得和体会。接着，校委又召开了扩大会议暨理论学习中心组会议，既务虚又务实，进一步深入学习领会全会精神，并考虑和谋划2010年的工作。通过学习，全校党员进一步统一了思想，增强了加强和改进新形势下党的建设的自觉性和坚定性，明确了加强和改进党的建设和党校工作的着力点。

第二，深入开展学习实践科学发展观活动，不断巩固和深化学习实践活动成果。2009年初，中央党校学习实践活动处于第三阶段。校委围绕解决影响党校科学发展的全局性重大问题和学风、校风建设中的突出问题，研究制订了整改方案；各直属单位也都结合实际，突出重点，分别研究制订了具体详细的整改方案。2月26日，召开了全校党员大会，对深入学习实践科学发展观活动进行总结，习近平同志出席大会，并作了重要讲话。学习实践活动的集中教育阶段完成后，中央党校认真做好整改方案的落实工作，按照中央要求进行"回头看"。从目前反馈的情况看，各单位整改项目多已落实，效果比较好。与此同时，中央党校认真总结和运用学习实践活动中取得的经验和做法，逐步建立并不断完善深入学习实践科学发展观的长效机制。

第三，督促检查各地落实《党校工作条例》和全国党校工作会议精神的情况。为深入了解全国各地贯彻落实《条例》和会议精神的整体情况，及时总结经验、查找不足，进一步督促和指导下一步的贯彻落实工作，根据习近平同志指示，校委在暑假期间分6个督促检查组，采取汇报座谈、实地考察等形式，对31个省（区、市）普遍进行了一次专题调研，就全国党校系统贯彻落实工作取得的主要成绩、存在的主要问题等掌握了大量一手材料。具体情况向习近平同志作了专门报告，习近平同志作了重要批示，对中央党校和各地党委、党校贯彻落实《条例》和全国党校工作会议精神的情况给予了高度评价，对中央党校进一步做好调查研究工作提出了明确要求。

第四，组织召开全国党校系统援助西藏党校工作会议。经习近平同志同意，8月10日至11日在拉萨召开全国党校系统援助西藏党校工作会议。会前，中央党校做了大量的准备、协调工作。会议期间中央党校签订了援助西藏党校的协议书，并向西藏党校捐资172万元，其中全校教职工捐款22万元。全国党校系统积极响应中央党校倡议，高度重视援助工作，山东、广东、江苏、浙江和上海等地援助力度比较大。各地党校总计捐款2400多万元。除直接投入外，中央党校和各地党校还提出了多项智力援藏项目，重点加大对西藏党校教学科研工作、师资培训和队伍建设的帮扶力度。这次会议取得的成果超出预期，目前正在抓紧落实各项后续工作。

第五，完成各班次的培训轮训任务，教学质量有了新的提高。2009年中央党校春秋两个学期共培训学员2741人。其中，上半年招收15个班次，学员1434人；下半年招收15个班次，学员1307人。在各个班次的教学中，进一步加大了中国特色社会主义理论体系特别是科学发展观进课堂、进教材、进头脑的力度。为了提高教学的针对性，加强了需求调研。进修类班次集中研究当前国内外的重大现实问题，培训类班次根据学员的任职需要和岗位需求设计教学内容。2009年上半年，中央党校还配合中纪委培训县纪委书记329人，下半年，配合中组部培训各级组织部长1926人，合计2255人。按照习近平同志提出的领导干部要爱读书、读好书、善读书的要求，2009年还突出抓了学员读书问题。除了在教学计划上开列必读书目外，教师在讲稿上也开列了推荐书目。为加强对学员学习马克思主义原著的引导，2009年秋季学期新增加“原著导读”教学单元。同时，组织多种形式的读书交流活动，有效地调动了学员们的读书热情，形成了更加浓厚的学习氛围。

进一步提高了教学质量，强调教学的科研含量与学术水平，要求教师在备课过程中深入研读有关的马克思主义经典著作与党的重要文献，研读有关的学术经典著作与前沿成果，并对涉及到的重大现实问题深入调研。各教研部（所）在这方面都下了很大功夫，根据实际需要，开设了一些新的讲题，很多课程受到学员的肯定和好评。

在教学方法和教学形式上也有一些新的探索。继续开展案例教学、体验式教学、模拟教学、从政经验交流和学员论坛，还为全校学员新开设了电影鉴赏课。培训一班开展了自主选学的新尝试，请中央党校兼职教授开设行政管理体制改革讲座，学员自主选听。此外，还新增设了中国大唐集团公司、天津滨海新区两个教学基地。

在教学管理上，进一步扩大项目制试点范围并不断完善管理机制，新增“教学提示”环节，及时发现并处理教学中出现的情况和问题。

加强了对校委确定的重点教材的编写组织工作。《科学发展观研究》、《社会主义市场经济研究》、《社会主义民主政治研究》和《社会主义和谐社会研究》进入审稿阶段，《社会主义先进文化研究》的初稿开始撰写。

第六，抓好重大理论和实际问题的研究，进一步提升科研水平。根据党的十七大、十七届三中、四中全会精神以及应对国际金融危机的要求，结合庆祝新中国成立60周年，加强对党的建设实践经验的研究，对党的执政能力建设和先进性建设战略性、全局性问题的研究。申报并获批准国家哲学社会科学基金课题8项，设立校级各类课题近50项、全国党校系统重点课题3项。目前，各类课题研究总体进展顺利，部分课题已经结项，尚未结项的也取得了阶段性成果。

为加强科研成果的交流，中央党校围绕一些重大问题或课题适时举办理论研讨会。先后召开了全国党校系统纪念新中国成立60周年理论研讨会、“中国马克思主义论坛2009”、中央党校纪念五四运动90周年座谈会、中央党校理论工作者学习贯彻党的十七届四中全会精神座谈会；还与全国总工会联合召开“坚定不移地走中国特色社会主义工会发展道路理论与实践”研讨会，与中央社会主义学院联合召开“互联网时代对政府工作带来的机遇、挑战及应对措施”理论研讨会等。中国特色社会主义理论体系研究中心的作用得到进一步的发挥，全年共组织撰写并在“四报一刊”上发表署名文章24篇，在全国7大基地中名列第一，产生广泛的社会影响。

进一步深化科研改革，落实党校科研管理长效机制的建章立制工作，新出台和修订了一系列科研管理制度性文件。在深入调研的基础上，制定校级科研项目指南总体规划和年度课题指南。

第七，落实人才强校战略实施纲要，推进干部人事制度和机构改革。人才和干部教育培训工作取得新成果。完成“新世纪百千万人才工程”国家级人选、“四个一批”人才的推荐选拔工作，推荐五位老专家为中国翻译协会资深翻译家，对中央联系的专家信息库信息进行了更新。着眼于引进优秀人才，制定了《中央党校关于公开招聘选拔高端战略人才的意见》及两个配套办法。在对中央党校教职工队伍状况及人才需求情况进行全面摸底分析的基础上，制定2010年学校进人计划。进一步加大教研人才培养力度，举办中青年骨干教师培训班，推荐4名教师攻读博士学位、从事博士后研究，22人出国留学或访学，选派7人到基层或中央国家机关挂职锻炼。选送29名局处级领导干部参加中央党校和三所干部学院的学习培训，选派17名干部参加境外培训。在井冈山和延安干部学院举办了两期以“接受革命传统教育、加强党性修养”为主题的新任局处级领导干部培训班，共77人参加，取得良好的效果，干部素质进一步提高。

干部选拔任用工作取得新进展。协助中组部完成了省部级后备干部、1名教育长、2名校委委员的推荐增补工作。与此同时，局处级领导班子建设得到加强，对13个直属单位领导班子进行了调整补充，占直属单位的50%，任免直属单位正、副职领导干部24名，其中提任正、副局级领导干部8人。对60个处（室）领导班子成员进行了调整补充，任免处（室）级领导干部115名，其中提任75名。

在干部选拔任用工作中，认真贯彻《党政领导干部选拔任用工作条例》和《公开选拔党政领导干部工作暂行规定》，坚持民主、公开、竞争、择优方针和德才兼备、以德为先的用人标准，在创新选人用人措施和办法方面进行了积极探索。比如，从党校教研干部的特殊要求出发，把学术道德纳入干部“德”的考察范围，制定了《关于教研室机构领导职务任职资格条件的补充规定》，把挂职锻炼经历作为任职资格条件之一；除对部分副局级领导职务实行竞争上岗外，还分别制定了副局级、正局级非领导职务干部选拔工作方案，规范选拔程序，引入竞争机制，量化评价标准，改进组织考察办法，使优秀干部在“比选”中脱颖而出，选人用人公信度明显提高。

干部监督工作有新举措。组织了直属单位领导班子成员学习《干部选拔任用工作法规选编》和答题活动，在各直属单位开展贯彻执行《干部选拔任用条例》的情况检查工作，在部分直属单位开展了干部选拔任用“一报告两评议”工作。制定了《中央党校提拔副局级以上干部组织部听取机关纪委意见工作细则》，设立中央党校干部监督电话和电子信箱，增强了干部监督的力度。

在机构改革方面迈出新步伐。为落实党校学科建设规划，着眼于进一步发挥党校优势，成立马克思主义理论教研部；整合校刊社和学习时报社，成立报刊社；离退休干部局被正式批准为学校的内设机构。

第八，加强学员管理、学位研究生管理、分校管理和对地方党校的业务指导，取得了新成绩。按照中央和习近平同志的指示，中央党校在学员管理中进一步突出党性教育的地位和分量，把加强学员党性锻炼同制止相互吃请、相互赠送礼品相结合，同开展读书活动、改进文风相结合，同改革开放形势教育、革命传统教育和反腐倡廉教育相结合，加强对学员的管理，狠杀学员的“吃喝风”、“送礼风”，严格实行“三查”制度（查饭堂、查课堂和查晚自习），及时向学员通报检查结果并对执行不好的学员提出批评，学风、校风建设取得新进展。11 月底，在武汉召开了全国党校系统学员管理工作座谈会，交流经验，研究措施，取得良好效果。

在学位研究生工作方面，5 月下旬，在重庆召开了全国党校系统学位研究生工作座谈会，总结学位研究生培养工作的经验，研究和交流新形势下党校学位研究生培养工作的规律和特点。7 月共有 161 名学位研究生（67 名博士生、94 名硕士生）毕业，就业情况还是比较好的，总就业率 96.7%，高于 2008 年的 87.2%。

为加强对地方党校的业务指导，举办了党校系统教学管理等 3 个专题研讨班。同时，在广泛调研的基础上，起草了《中央党校分校工作若干规定》（草稿）及《中央党校对地方党校业务指导办法》（草案）。

第九，加强基础设施、信息化建设和财务管理，改进和强化后勤服务，进一步增强保障能力。2009 年是中央党校近 5 年来基本建设投资最大、项目最多、任务最重的一年。完成了主楼、综合教学楼、礼堂、二食堂、清真食堂、体育馆、70—80 楼防水改造、大有北里小区道路改造等修缮项目。育园楼改造及加层工作正在顺利进行，2010 年 3 月将正式投入使用。数字图书馆项目已开工建设。中央党校与中直合作建房工程在 2009 年 3 月达成协议，5 月正式开工建设，预计 2010 年 7 月完工。

学工食堂和数字化校园项目的前期论证工作已完成，已上报发改委申请立项，并进入前期投资审核阶段。2009年财政拨款比上年增加4180万元，又申请追加了校史馆改造布展专项经费2300万元，在财政部统一压缩公用经费的情况下，确保了各项工作的运转。后勤服务保证了教学科研等各项任务的完成，得到学员的好评。

校史馆建设方面，按照习近平同志的指示精神，校委成立了领导小组和四个工作组，认真扎实地开展了各方面工作。目前，校史展布局和脚本初稿已形成，项目立项工作已完成，财政资金已到位，并初步征集了一批比较珍贵的校史文物，各方面工作稳步推进。

信息化建设方面，校园网主干万兆的升级改造工程基本完成，丰富了网络的信息资源，进一步提高了为教学、科研和行政后勤工作服务的水平；情景模拟教学实验室工程目前正在施工；较好地完成所承担的全国农村党员干部现代远程教育的工作。

第十，机关党的工作、外事工作、离退休干部工作、报刊出版、图书资料工作等也都有新的进展。机关党的工作方面，坚持不懈地抓好理论武装工作，进一步巩固和深化学习实践科学发展观活动成果，同时加强基层党组织和党员队伍建设，在加强反腐倡廉、做好群众工作等方面，都取得新的成绩。在建党88周年、新中国成立60周年之际，举办了各种丰富多彩的活动。

外事方面，进一步拓宽对外交流渠道，加强了对外学术交流。积极适应中央关于外事政策的调整，开展出访、来访、项目管理及涉外培训工作，在服务于教学、科研、行政管理和人才队伍方面，在服务于党和国家对外交往大局中取得新成绩。

离退休干部工作方面，配合中组部办理了已退出领导岗位多年的校级领导干部的离退休手续。以落实政治、生活待遇为重点，积极为离退休人员办实事、解难事。

报刊出版方面，新成立的报刊社平稳完成了机构的合并、办公场所的合并以及体制机制的合并等工作。《学习时报》、《理论前沿》、《中国党政干部论坛》、《理论动态》、《中共中央党校学报》等报刊围绕学习、研究和宣传中国特色社会主义理论体系，发挥了思想理论宣传阵地作用。《思想理论内参》、《中央党校研究报告》刊发了不少有价值的内部文章和理论政策建议，得到中央和有关部门领导同志的肯定和重视，还有不少重要批示。出版社稳妥进行改制工作，推出一批有党校特色的图书。图书馆进一步做好数字资源建设，申办了“中国干部学习网和干部读书网”，目前，正在进行网站建设的前期筹划工作。同时，与国家图书馆达成战略合作，可将大量资源引入校内，丰富馆藏，从而加快数字化资源建设。

第十一，下决心解决了一批历史遗留问题。停办出版社印刷厂。鉴于继续办印刷厂对中央党校没有实际意义，而且实行对外承包后，中央党校对承包方自主经营以及土地租用等方面又要承担很大风险，2008年4月，校委作出停办印刷厂的决定。目前，其占地与设备已按时清理完毕，出版社与承包方就最后终止合作协议的事宜进行磋商，以期尽快解决。

整顿编外研究中心。中央党校共有10

个编外研究中心，起了一定的积极作用，但一直以来存在着管理不规范问题，有些中心还有一些违规活动，对党校在社会上的声誉造成一定损害。2009 年 5 月，校委颁布实施了《关于进一步整顿和规范中央党校编外研究中心的若干意见》，并在《人民日报》、《光明日报》和《学习时报》上及时发布了公告，有的撤销，有的合并，调整后的中心全部转到教研部（所）实行归口管理，聘用的校外人员和退休人员全部解聘，党校科研的力量进一步整合，科研管理进一步规范。

整合短期培训力量和机构。多年来，短期培训在发挥党校优势、提高干部素质方面发挥了积极作用，但也存在着管理不够规范的问题。校委作出决定，并召开全校短期培训归口管理会议，把短期培训任务统一划归函授学院。现在，此项职能已经中编办批准，收费方式和收费标准已经国家发改委批准。同时，校委还研究出台了《中央党校短期培训管理办法（试行）》。通过这些工作，使短期培训归口管理、规范有序，成为常规班次的必要补充、党校教育的组成部分和多渠道培训党员干部的有效形式。

2009 年中央党校大事记

1 月 7 日 学习时报社在中央党校召开党校带头改进文风座谈会。

1 月 12 日 中央党校深入学习实践科学发展观活动进入整改落实阶段和总结测评环节。

1 月 16 日 中共中央政治局常委、中央书记处书记、中央党校校长习近平出席中央党校 2008 年秋季学期毕业典礼并为学员颁发毕业证书。毕业典礼结束后，习近平看望慰问部分专家教授和服务人员。

2 月 2 日 温家宝总理将中央党校出版社出版的《中共中央党校出版社电子版图书》作为国礼赠送英国剑桥大学。温总理亲自为此套电子图书数据库题字“中华数字书苑”。

2 月 18 日 中央党校校委会议讨论通过《中央党校深入学习实践科学发展观活动整改落实方案》。

2 月 26 日 中央党校在大礼堂举行深入学习实践科学发展观活动总结大会，中共中央政治局常委、中央书记处书记、中央党校校长习近平出席并作重要讲话。

3 月 1 日 中央党校在大礼堂举行 2009 年春季学期开学典礼。中共中央政治局常委、中央书记处书记、中央党校校长习近平出席并作重要讲话。

3 月 30 日 中央党校常务副校长李景田到宁波市委党校视察。

5 月 13 日 中央党校春季学期第二批进修班暨专题研讨班开学典礼在综合楼报告厅举行。中共中央政治局常委、中央书记处书记、中央党校校长习近平出席开学典礼并作重要讲话。

5月13—22日 中央党校举办党校系统教学管理专题研讨班。

7月1日 中共中央政治局常委、中央书记处书记、中央党校校长习近平与中央党校学员座谈。习近平主持召开学员座谈会并作重要讲话。进修部和培训部不同班次的15位学员代表参加座谈会。

7月16日 中央党校在大礼堂举行春季学期毕业典礼。中共中央政治局常委、中央书记处书记、中央党校校长习近平出席毕业典礼，并为学员颁发毕业证书。

7月20日 中央党校常务副校长李景田一行到济南市委党校调研《中国共产党党校工作条例》贯彻落实情况。

7月28日 中央党校副校长李书磊一行到武汉市委党校就进一步贯彻《条例》和全国党校工作会议精神进行调研。

8月5—6日 中央党校常务副校长李景田一行到青海省，就贯彻落实《中国共产党党校工作条例》和全国党校工作会议情况进行调研。

8月10—11日 全国党校系统援助西藏党校工作会议在拉萨召开。中央党校常务副校长李景田和西藏自治区党委书记张庆黎出席会议并讲话。

8月27日 中央党校召开第21次校委会议，听取和研究6个调研组对全国党校系统贯彻落实《中国共产党党校工作条例》和全国党校工作会议精神进行督促检查的情况汇报。

9月1日 中央党校秋季学期开学典礼在大礼堂举行。中共中央政治局常委、中央书记处书记、中央党校校长习近平出席并作重要讲话。

9月5—6日 全国党校系统纪念新中国成立60周年理论研讨会在深圳召开。常务副校长李景田出席并作主报告。

9月23日 中共中央政治局常委、中央书记处书记、中央党校校长习近平在黑龙江省委书记吉炳轩，省委副书记、省长、省行政学院院长栗战书等陪同下在黑龙江省委党校视察调研。

9月23日 中央党校副校长李书磊到江苏省委党校考察党校干部教育培训等工作。

9月26日 中央党校举行学习贯彻党的十七届四中全会精神报告会。中共中央政治局常委、中央书记处书记、中央党校校长习近平出席并作题为“加强和改进新形势下党的建设的纲领性文献”的报告。

10月13日 中央党校召开中央党校理论工作者学习党的十七届四中全会精神座谈会。

10月21日 全国组织部长学习贯彻党的十七届四中全会精神第二期培训班在中央党校开班。

11月12日 中共中央政治局常委、中央书记处书记、中央党校校长习近平出席中央党校秋季学期第二批进修班开学典礼并讲话。

11月26—27日 “全国党校系统学员管理工作座谈会”在湖北武汉召开。

12月8—9日 “中国马克思主义论坛2009”在中央党校举行。中共中央政治局常委、中央书记处书记、中央党校校长习近平向论坛致贺信。

2010年1月5日 中共中央政治局常委、中央书记处书记、中央党校校长习近平在中南海听取中央党校校委关于2009年工作情况和2010年工作打算的汇报，并作重要讲话。

2010年1月15日 中共中央政治局常委、中央书记处书记、中央党校校长习近平出席2009年秋季学期毕业典礼并为学员颁发毕业证书。毕业典礼结束后，习近平看望慰问部分教职工及家属。

学习贯彻党的十七届四中全会精神

在中央党校校委理论学习中心组扩大会议上的讲话

（2009年10月15日）

李景田

同志们：

从昨天到现在，校委成员和各单位主要负责同志结合明年工作安排，深入学习贯彻全会精神，从不同角度、不同侧面，发表了很好的意见，体现了近平同志强调的“学习全会《决定》要认认真真深刻理解，落实全会精神要踏踏实实务求实效”的要求。总的看，各单位贯彻四中全会精神是认真的，提出的意见和措施也是可行的。结合大家的讨论，我讲四点意见。

一、充分认识四中全会《决定》的重大意义

贯彻落实好全会《决定》，前提是正确认识《决定》的重大意义。大家通过这一段时间的学习，特别是听了近平同志的辅导，对这个问题已经有了比较好的认识基础，但是，我觉得，还是有必要再强调一下这个问题。

第一，《决定》对党所处的历史方位和执政党自身建设经验的表述更加全面丰富，有利于增强我们推进伟大事业及伟大工程的自信心和使命感。《决定》对于我们党成立88年、执政60年、领导改革开放30年来所实现的“三个历史性转变”作了充分肯定，对长期执政实践中探索形成的“六个坚持”的党建基本经验作了深刻的总结。对我们党来说，实现这些历史性转变、获得这些宝贵经验殊为不易，极其珍贵。从中，我们可以清楚地感受到，我们党对历史方位的认识更全面了，对加强和改进新形势下党的建设必须长期坚持的重要原则更明确了。同时，也让我们感到，中国共产党不愧为中国特色社会主义事业的领导核心，一定能够在新的历史条件下续写伟大事业和伟大工程的新的辉煌篇章。

第二，《决定》表现的忧党、兴党意识更加强烈，有利于增强我们加强和改

进新形势下党的建设的自觉性和坚定性。《决定》对世情、国情、党情的深刻变化给党的建设带来的“四个考验”作了清醒估计，对我们党面临的六个方面“不适应”、“不符合”的突出问题进行了深刻剖析，明确提出党要管党、从严治党的任务比过去任何时候都更为繁重和紧迫，号召全党居安思危，增强忧患意识，常怀忧党之心，恪尽兴党之责，勇于变革、勇于创新，永不僵化、永不停滞。这种强烈的忧党兴党意识，必将推动全党更积极、更有效地以改革创新精神加强党的建设。

第三，《决定》对马克思主义执政党建设规律的认识更加全面，有利于提高党的建设的科学化水平。《决定》集中全党的智慧，对党的建设的环境、目标、总体要求、主要任务、具体举措等作了深刻的阐述，特别是着眼于研究解决当前党的建设中带有战略性、根本性、紧迫性的重大问题，在思想理论上、政策取向上、工作部署上提出了许多新思想新观点新论断。这是多年来党的建设实践经验的新总结，其中既有自己的经验，也有别人的经验；既有历史的总结，也有现实的关注。自觉运用这些规律性认识来指导党建的各项实际工作，一定会进一步提高党的建设的科学化水平。

第四，《决定》提出的推进党的建设新的伟大工程的目标任务、对策措施更加鲜明务实，有利于我们有针对性地加强和改进党的建设。《决定》从夺取全面建设小康社会新胜利，开创中国特色社会主义事业新局面的要求出发，提出了党的建设六个方面的主要任务。对此，近平同志归纳了30个新要求新举措。落实这些新要求新举措，就能够把新形势下党的建设向前推进一大步，并且能够通过党的建设实际成效的新提高促进中国特色社会主义事业的新发展。

我以上总结了“四个更加”、“四个有利于”，力求进一步阐明《决定》的重大意义。是否准确，大家还可以研究。但我们完全可以肯定地说，《决定》标志着党的建设的理论和认识达到了新的高度、新的水平，标志着党的建设新的伟大工程站在了新的历史起点、新的层次上。这足以表明，这个《决定》是一个指导新形势下加强和改进党的建设的纲领性文献。

二、学习十七届四中全会《决定》的几点体会

通过对四中全会《决定》的初步学习，我有这样几点体会：

（一）关键在党的高度自觉。

《决定》有一段话写得好，“实践证明，没有中国共产党就没有新中国，就没有中国特色社会主义。办好中国的事情，关键在党。坚持中国特色社会主义道

路，推进社会主义现代化，实现中华民族伟大复兴，必须毫不动摇地坚持中国共产党的领导”。这是历史作出的结论。要引领中华民族实现伟大复兴，必须毫不动摇地坚持中国共产党的领导。而我们共产党人的高度自觉，不仅在于认识到要坚持党的领导，而是认识到，要坚持党的领导，必须改善党的领导。新的形势、新的任务给我们党提出了更高的要求。我们党审时度势，及时作出了加强和改进新形势下党的建设若干重大问题的决定。

（二）与时俱进的理论勇气。

党的十七届四中全会通过的《决定》，郑重宣布，我们党“坚持把马克思主义作为立党立国的根本指导思想”。这本身就是了不起的理论勇气。我们党的理论勇气更体现在发展马克思主义上，体现在善于针对新的实际，敢于突破马克思主义经典作家原来的不合时宜的个别结论，作出新的概括和判断。正因为我们敢于与时俱进，我们的事业才有现在的新天地，我们的理论才有现在的新境界。《决定》指出：“坚持把马克思主义作为立党立国的根本指导思想，紧密结合我国国情和时代特征大力推进理论创新，在实践中检验真理、发展真理，用发展着的马克思主义指导新的实践。”为我们实现理论上的与时俱进，指明了方向。

（三）全面科学的发展理念。

30 年来，我们之所以能取得举世瞩目的伟大成就，一个根本原因就是在理论上坚持发展，在实践中推动发展。需要强调的是，我们所说的发展是全面协调可持续的发展，也就是科学的发展。而科学发展不仅是一场发展方式革命，更是一场观念革命。我们要在转变发展理念、创新发展模式、提高发展质量上下功夫，努力将经济和社会的发展纳入到全面协调可持续的发展轨道上来。这一点非常重要。

《决定》指出，党的建设必须“为抓好发展这个党执政兴国的第一要务、建设富强民主文明和谐的社会主义现代化国家、坚持和发展中国特色社会主义提供根本保证。”既进一步表明了我们党一心一意抓发展的坚定决心，又阐明了党的建设必须服从服务于发展的极端重要性。

（四）以人为本的爱民情结。

我们党成立之初就把为人民服务作为自己的宗旨，在各个历史时期所制定的路线、方针和政策，都以最广大人民群众的根本利益为出发点和落脚点，都以实现好、维护好、发展好最广大人民的根本利益作为全党的核心价值。中国特色社会主义理论体系传承了建党以来的根本宗旨，坚持人民的利益高于一切、重于一切、大于一切，体现了深厚的爱民情结。

这次全会《决定》，特别强调要认真贯彻党的群众路线，问政于民，问计于民，切实办好顺民意、解民忧、惠民生的实事。正是我们党代表广大群众的利益，有着至诚至深的爱民情结，才凝聚了人心，激发了民力，取得一个又一个的胜利。水可载舟，亦可覆舟，得民心者得天下，是亘古以来的一条颠扑不破的真理。

（五）不断完善的制度机制。

六十年来，特别是改革开放三十年来，我们党始终重视制度机制建设，最突出的有两点：一是在经济上建立社会主义市场经济体制；二是在政治上坚持党的领导，建立和完善民主机制。

这次四中全会，又进一步提出了坚持和健全民主集中制，积极发展党内民主的重要任务，并从五个方面提出了明确要求，我们要认真学习，贯彻落实。

（六）居安思危的忧患意识。

增强忧患意识，做到居安思危，未雨绸缪，是国家安定、社会进步的一个重要条件，也是我们党治国理政的一条重要经验。

世界的事情是复杂的、多变的。在前进的道路上，可以预见的和不可能预见的困难、矛盾、危机随时都可能发生。因而，领导伟大事业的领导者们的忧患意识，至关重要。全会提醒全党必须牢记：党的先进性和党的执政地位都不是一劳永逸、一成不变的，过去先进不等于现在先进，现在先进不等于永远先进；过去拥有不等于现在拥有，现在拥有不等于永远拥有。还指出，党面临的执政考验、改革开放考验、市场经济考验、外部环境考验是长期的、复杂的、严峻的，全党必须居安思危，增强忧患意识，常怀忧党之心，恪尽兴党之责。还强调要大兴密切联系群众之风、大兴求真务实之风、大兴艰苦奋斗之风、大兴批评和自我批评之风，都很有针对性，显示出党中央十分理智，十分清醒。这实在是党之大幸、国之大幸。

三、结合党校工作，要重点领会贯彻《决定》的有关精神

可以说《决定》的全部内容都与党校有关，都需要党校认真贯彻落实。对此，近平同志提出了明确要求。这里我想再强调六点。

第一，大力推进党的理论创新。《决定》总结我们党自身建设基本经验，非常重要的一条，就是坚持改革创新。《决定》提出的六个方面主要任务中强调，坚持把马克思主义作为立党立国的根本指导思想，紧密结合我国国情和时代特征大力推进理论创新，在实践中检验真理、发展真理，用发展着的马克思主义指导

新的实践。党校作为党的思想理论阵地和哲学社会科学研究机构，在推进党的理论创新方面具有独特的优势，承担着十分庄严的责任。我们要充分发挥推进党的理论创新的生力军作用，积极参与实施马克思主义理论研究和建设工程，进一步建设充分反映马克思主义中国化最新成果的党校学科体系和教材体系，努力培养造就马克思主义理论研究大家、名家特别是中青年理论骨干，为推进党的理论创新作出新的贡献。

第二，积极用中国特色社会主义理论体系武装全党特别是党员领导干部。《决定》对理论武装工作作出了新部署，提出党员干部要系统掌握中国特色社会主义理论体系，尤其是领导干部要作真学、真懂、真信、真用的表率等新要求。以往我们在用中国特色社会主义理论体系武装领导干部方面作了大量扎实有效的工作。今后，我们要在这方面继续努力。特别是要改进理论武装的方式方法，注重引导学员把学习理论同研究解决人民最关心最直接最现实的利益问题、本地区本部门改革发展稳定的重大问题、党的建设突出问题结合起来，切实提高理论武装的实效。

第三，建设马克思主义学习型政党。《决定》强调把建设马克思主义学习型政党作为重大而紧迫的战略任务抓紧抓好。提出了在全党营造崇尚学习的浓厚氛围，提高全党学习能力、创新能力，建设学习型党组织和学习型领导班子等新要求。并强调要“充分发挥党校、行政学院、干部学院和国民教育体系在建设马克思主义学习型政党中的重要作用”。中央党校是党中央的重要部门，是党的最高学府，理应在建设学习型社会、学习型政党、学习型党组织方面作出表率。去年，在全国党校工作会议上，锦涛同志就提出党校要充分发挥建设学习型政党的积极推动作用，近平同志也积极倡导爱读书、读好书、善读书。我们要努力落实这些要求，在促进学习型政党、学习型党组织建设，进而促进学习型社会建设方面发挥更好的作用。

第四，建设善于推动科学发展、促进社会和谐的高素质干部队伍。《决定》提出了提高领导班子和领导干部推动科学发展、促进社会和谐能力，以及培养造就大批优秀年轻干部的新要求新举措。这对我们进一步做好干部教育培训工作，具有很强的指导意义。近年来，我们在提高学员的素质和能力上下了很大的功夫，取得了明显的成绩。今后，我们要继续突出办学特色，提高办学质量，充分发挥培训轮训领导干部的主渠道作用和促进领导干部加强党性锻炼的熔炉作用。

第五，提高党的建设的科学化水平。这是《决定》提出的一个全新命题和重大任务。近平同志明确提出，提高党的建设科学化水平，归根到底是要准确把握和自觉运用马克思主义执政党建设规律，研究新情况，解决新问题，创造新经验，在以科学理论指导党的建设、以科学制度保障党的建设、以科学方法推进党的建设上不断取得实实在在的成效。我们要结合工作实际，进行深入研究和探讨，并把这方面的科研成果及时运用到教学中，为党建科学化提供理论支撑和智力支持。

第六，弘扬党的优良作风，深入开展反腐败斗争。《决定》在弘扬党的优良传统、深入开展反腐败斗争方面提出了一系列新要求新举措。强调要在全党大兴密切联系群众之风、求真务实之风、艰苦奋斗之风、批评和自我批评之风，以坚强党性保证党的作风建设；强调要把反腐倡廉建设放在更加突出的位置，加强廉洁从政教育、加大查办违纪违法案件工作力度、健全权力运行制约和监督机制。我们要在教学和管理中更加重视学员作风的养成，加强党性教育和党性锻炼；同时，进一步加强自身建设，按照近平同志的要求，带头改进学风、文风和会风，以优良的作风保证党校事业不断向前发展。

四、对明年和今后一个时期党校工作的考虑

落实《决定》精神，必须体现在推进工作上。在这两天的讨论中，大家对明年和今后一个时期的工作提出了一些初步设想。我梳理了一下，除了常规性的工作之外，主要有十项重点工作。

（一）进一步深入学习四中全会精神。继续把学习四中全会精神作为全校教职工和学员今后一个时期的重要政治任务，深入学习《决定》和全会其他文件，深刻把握加强和改进新形势下党的建设的重要性和紧迫性，党执政以来进行自身建设的基本经验，加强和改进党的建设的总体要求、目标任务、重大举措，使全校学工人员的思想进一步统一到全会精神上来。

（二）进一步抓好《党校工作条例》和全国党校工作会议精神的贯彻落实。今年暑假，我们对地方党校贯彻落实《条例》的情况进行了调研督查，我们已将有关情况上报近平同志。近平同志对此作了重要批示："原则同意报告所提建议。中央党校和各地党委、党校高度重视《中国共产党党校工作条例》和全国党校工作会议精神的贯彻落实，工作扎实有效，取得了较好成绩。希望中央党校进一步加强调查研究，针对全国各级党校存在的问题特别是规范办学、提高教学质量和科研水平、加大对西部和困难地区党校支持力度等，提出切实可行的办法妥善指导、协调解决，推动全国党校事业科学发展，为落实大规模培训干部、大幅度提高干部素质作出新贡献。"明年要结合贯彻全会精神，继续抓好督办工

作，切实把《条例》和全国党校工作会议的要求落到实处。

（三）办好常规班次。按照《条例》规定，常规班次主要是进修班、培训班、专题研讨班和师资班四类班次。办好常规班次是我们的主要任务，一定要进一步增强教学的针对性和实效性。要加大党史教学的分量，用党的历史经验和教训教育高中级干部，进一步探索对学员进行党性教育的内容、方法和形式。要充分发挥“学员论坛”、“执政经验交流”等在教学相长、学学相长方面的作用。要注意适应形势和任务的需要，加大举办专题研讨班的力度。同时，要认真研究我们中央党校如何发挥自身优势、适应各级党组织的要求，办好短期培训班的问题。

（四）进一步提高教学质量，特别要加大中国特色社会主义理论体系武装工作。我不止一次强调，教学质量是党校的安身立命之本。在这方面，我们还有很多工作要做。要从教学过程的各个环节入手，切实加强和改进。特别是在用中国特色社会主义理论体系武装学员头脑方面，还要下更大的功夫。教材编写工作要抓紧。要加强教学质量评估，既要重视听取学员的意见，也要重视教师之间的相互评价。现在，有些地方在干部教育培训上搞自主选学，我们要认真总结和积累这方面的经验，同时，要处理好选学和必学的关系，把干部个人的需求与党的事业的要求、岗位的要求统一起来。

（五）加强作风建设，重点抓好学风、校风、文风建设。抓文风我们已经开了个好头，其他方面也要抓出成效。有些风气还要大力倡导，比如学员读书的风气，在这方面要研究具体举措，要发挥图书馆在读书中的作用；有些风气要严刹，比如学员吃喝风、送礼风等等。刹“两风”问题，前一段有一定成效，但总的形势并不乐观，两个学员部还要提出进一步的整治措施。要按照四中全会的要求，坚持党校姓党、从严治校的原则和方针，加强教员和干部队伍建设，加强对学员的教育和管理。

（六）抓好两大课题攻关。要通过设置科研课题抓好对重大理论和现实问题的研究，特别是着力抓好两大课题的攻关。一是关于提高党建科学化水平的研究。党建科学化说到底是党的建设要符合客观规律，这些规律需要我们进一步研究。二是民族宗教理论研究。当前，民族宗教方面出现的新情况和新问题不断增多，民族宗教工作的重要性日益体现，深入研究新时期民族宗教重大理论和现实问题十分迫切。是不是可以把这两大课题列为校级重大课题，组织精干力量进行攻关，请大家研究。

（七）继续推进人才强校战略。三年不进人的规定到期，在引进优秀人才方面要迈出实质性步伐。组织部准备面向全社会公开招聘一批高端战略人才，重点是教研人才，也包括管理方面的人才。这项工作一定要做好。组织部已经有了一个初步方案，听取意见后，提交校委会议讨论。明年开始从高校毕业生中补充人员，要注意把好关。此外，还要加强对现有人员的培养。我们的教员优势在理论，短腿在实践。因此，要加强调查研究、加强挂职锻炼方面的工作。

（八）抓好四项基建工程。一是数字图书馆。现在正在进行前期招投标工作，建设工期主体在明年，要做好相关工作。二是新建学员职工合一的食堂。这个项目中直管理局已经批了，要抓紧做好立项的后期工作。三是校史馆改造和布展。目前正在紧张进行中，计划明年开馆，要积极做好开展前的筹备工作。四是数字化校园工程，也要继续做好立项工作。合建宿舍、育园楼加层、中水处理等在建工程，要继续抓好。基建工作，要保质量、保工期、保概算、保廉洁。

（九）加强管理和服务。应该肯定，教学、科研、校园管理和服务总体上是得到认可的，不少服务，特别是学员楼的服务比一般宾馆的服务都好。但用高标准要求，我们的管理还要进一步加强。一流学府，首先要有一流的教学和科研，同时要建一流校园，要有一流的管理和一流的服务。还要有一流的人才，一流的队伍，这需要长期努力才能见成效。但一流的校园，一流的管理和服务可以立见成效。所以要从一流的服务和一流的校园抓起。为什么提出“一流”的要求？因为我们是中共中央党校，你总不能比地方党校和兄弟院校都差吧？什么叫“一流”？我认为，第一要集大成。大家的优点我们都要学，叫拿来主义。第二要有特色。要有中央党校的特点、品牌。第三，要没有漏洞、瑕疵和死角。明年要狠抓管理，相关单位可以组织人员到其他院校参观学习。办公厅、财务行政管理局、离退休干部局、信息管理部都要从各自的角度，研究如何做好这方面的工作。特别提一下，职工的房子要建好，还要分好。分好的关键是公平，保证公平的前提是民主和公开，包括房源公开、政策公开、结果公开，用公开保公平，用民主保公平。另外，要按照有关要求，做好出版社改制工作。报刊社要进一步做好合并后的整合、提高工作，真正承担起宣传阵地的职责。

（十）加强机关党的工作。把“服务中心、建设队伍贯穿机关党组织活动始终，发挥党组织在完成本部门各项工作中的协助监督作用”44 字新要求落到实处。进一步做好学习实践科学发展观活动整改方案的落实工作。特别要注意加强思想教育工作，引导党员、干部增强党员意识、宗旨意识、执政意识、大局意识、责任意识，自觉维护党员形象、党校形象。

对以上十个方面工作的考虑还是初步的，会后在听取大家意见的基础上进一步充实、修改，成熟后将向近平同志汇报，听取近平同志指示，再做布置。

中央党校理论工作者学习贯彻党的十七届四中全会精神座谈会召开

10月13日下午，中央党校在主楼七层会议室组织召开中央党校理论工作者学习党的十七届四中全会精神座谈会。副校长石泰峰出席并讲话。他强调，中央党校的理论工作者要“常怀忧党之心，恪尽兴党之责”，要在建设马克思主义学习型政党中发挥重要作用，不仅要做《决定》的学习者、宣传者和研究者，更要做《决定》的实践者。

石泰峰指出，一方面，《决定》提出了一系列的新论断和要求，我们要认真学习理解并贯彻执行，把思想统一到四中全会精神上来；另一方面，《决定》也给理论工作者留出了广阔的探索空间，需要继续去探讨去研究。理论工作者要在探索重大理论和实践问题中作出自己的贡献，就需要进一步解放思想，进一步深入实际，不断学习、善于学习，努力掌握和运用一切科学的新思想、新知识、新经验。作为理论工作者，必须不断思考并认真总结党执政60年、改革开放30年的经验教训，特别是要坚持运用马克思主义立场、观点、方法准确把握当今世界发展大势，准确把握社会主义初级阶段基本国情，准确把握改革发展实际。

张伯里在主持座谈会时要求理论工作者继续深化研究，为党的理论创新，为建设马克思主义学习政党作出自己应有的贡献。

座谈会上，贾建芳、宋福范、毛卫平、董艳玲、梁波、林喆、陈雪薇、曹普、蔡霞、张荣臣、徐平、秦治来等理论工作者，结合自己的专业研究，分别就新形势下加强和改进党的建设及学习《决定》谈了看法和体会。

校各直属单位负责人、八部一所的理论工作者代表、科研部全体工作人员和媒体代表共60多人参加了会议。

全国组织部长学习贯彻党的十七届四中全会精神第2—4期培训班在中央党校开班

全国组织部长学习贯彻党的十七届四中全会精神第2—4期培训班10月21日在中央党校开班，中央和国家机关、各人民团体，中央企业、中管金融机构，部属高校组织人事部门的负责同志参加集中培训。中共中央政治局委员、中央书记处书记、中组部部长李源潮在讲话中指出，要紧密联系机关、企业、高校党建工作实际，扎实贯彻十七届四中全会精神，把全会提出的各项任务落到实处。

李源潮指出，四中全会深化和落实十七大关于党的建设总体部署，提出了以改革创新精神推进党的建设和组织工作的新任务新要求。组织系统要以贯彻落实四中全会精神为契机，全面推动组织工作各项任务的落实。重点要抓好12件大事：扎实抓好第三批深入学习实践科学发展观活动，探索建立有利于贯彻落实科学发展观的长效机制；按照民主、公开、竞争、择优方针，全面推进干部人事制度改革；坚决整治用人上不正之风，提高选人用人公信度；贯彻从严治党方针，加强领导班子思想政治建设和制度建设；对关键岗位干部实行重点管理，提高干部管理科学化水平；加强后备干部队伍建设，突出党性锻炼和基层历练；积极推进党内基层民主建设，保障党员主体地位和民主权利；进一步加强农村村级和城市社区党组织建设，发挥好领导核心作用；进一步加强基层单位党组织建设，发挥好政治核心作用；深化干部教育培训改革，提高培训的针对性和实效性；加强创新创业型人才队伍建设，大力引进海外高层次人才；积极推进各类用人制度改革，把各方面优秀人才集聚到党和国家事业中来。

李源潮要求，各级组织人事部门要充分认识加强和改进新形势下党的建设对组织工作提出的新要求，切实加强自身建设。要开阔眼界、开阔思路、开阔胸襟，主动到基层去、到实践中去、到群众中去，提高能力素质，改进工作作风，争做贯彻落实四中全会精神的模范。

深入学习实践科学发展观活动

在中央党校深入学习实践科学发展观活动总结大会上的讲话

（2009 年 2 月 26 日）

李 景 田

同志们：

根据中央的统一部署，中央党校从去年 9 月 23 日至今年 2 月 26 日，在全校开展了深入学习实践科学发展观活动。在近平同志和中央学习实践活动领导小组的领导下，在中央学习实践活动第 15 指导检查组的指导下，在校委和全校党员的共同努力下，在有关单位的大力支持下，学习实践活动顺利完成了各项任务，达到了预期目的。下面，我代表校委和校学习实践活动领导小组对全校的学习实践活动作一总结。主要讲三个问题：

一、基本情况和主要做法

在历时五个多月的学习实践活动中，我们按照《中共中央关于在全党开展深入学习实践科学发展观活动的意见》要求，根据《中央党校深入学习实践科学发展观活动实施方案》安排，把学习实践活动作为一项重大政治任务和推动科学发展的难得机遇，自始至终坚持高举中国特色社会主义伟大旗帜，以邓小平理论和“三个代表”重要思想为指导，组织全校党员特别是各级领导班子和党员领导干部深入学习实践科学发展观，认真学习贯彻《中国共产党党校工作条例》和全国党校工作会议精神，紧紧围绕如何按照科学发展观的要求，坚持党校姓党原则，贯彻从严治校方针，着力转变不适应不符合党校事业科学发展要求的思想观念，着力解决影响和制约党校事业科学发展的突出问题以及党员干部党性党风党纪方面群众反映强烈的突出问题，着力深化党校教学和科研等各项改革，着力构建有利于党校事业科学发展的体制机制，促进党校事业又好又快发展，为整个经济社会的科学发展服务。全校 2196 名党员，其中包括494名处级以上和具有正高级专业技术职务的党员、710名离退休党员，都积极参加了这项活动。整个学习实践活动经历了三个阶段十一个环节。总的看，这次学习实践活动思想明确，措施有力，工作扎实，进展顺利，成效明显，党员、干部、群众满意。根据近期在校委成员，在校的全国人大代表、全国政协委员，各直属单位领导班子成员、党组织负责人、学习实践活动联络员，离退休干部党委委员，职工代表，学员代表范围内进行的群众满意度测评结果看，满意的占89%，比较满意的占10%，不太满意的占1%，总体满意率达到了99%。我们的主要做法是：

（一）认真贯彻中央精神，切实加强组织领导。近平同志对学校的学习实践活动非常重视，始终关注活动的进展情况，并给予直接指导。去年10月16日，他出席全校学习实践活动动员大会并发表了重要讲话，提出明确要求。在中央党校上报的学习调研阶段和分析检查阶段两个总结报告上他先后作出长篇重要批示。在去年11月12日秋季学期第二批进修班开学典礼上，他再次对中央党校的学习实践活动作出重要指示。前天，近平同志出访刚刚归来，就审阅了我们报给他的总结报告，并作了重要批示。今天，他又出席总结大会，并将发表重要讲话。近平同志的高度重视和精心指导，是我们搞好这次学习实践活动最为有力的政治和组织保证。中央第15指导检查组对中央党校的学习实践活动关心备至，悉心指导。组长王众孚、副组长王晓安等同志多次来校检查指导工作，对每一环节每一阶段都提出明确意见，给予具体指导。校委认真贯彻中央精神和近平同志的指示，自觉主动接受指导检查组的督促指导。我们自始至终按照中央的决策部署，科学筹划，精心组织，认真制订方案，明确任务，落实责任，做到“四个不走样”和“四个不能”，即贯彻中央的总体要求不走样，贯彻近平同志的指示精神不走样，贯彻中央指导检查组的意见不走样，贯彻校学习实践活动《实施方案》的规定动作不走样；学习实践活动的步骤一步也不能缺，环节一个也不能少，干劲一刻也不能松，过场一点也不能走。

（二）积极发挥自身优势，突出抓好理论武装。我们充分发挥党校人才优势、理论研究优势和资源优势，把不断深化学习贯穿活动始终。校委和各直属单位通过举办集体培训班、专题报告会、座谈会、理论研讨会、专题辅导和中心组学习等多种方式，深入学习中央规定的学习内容。校领导还对全校党员干部进行专题辅导。先后举办了两期处级以上和具有正高级专业技术职务的党员共447人参加的集中培训班。各直属单位结合工作实际推动理论学习，有的开展局级干部“一人一讲”活动。

（三）紧密联系党校实际，强化学习实践特色。学习实践活动一开始，校委就从中央党校实际出发，决定把贯彻落实《中国共产党党校工作条例》和全国党校工作会议精神，作为中央党校学习实践活动的实践载体，以科学发展观指导《党校工作条例》和会议精神的贯彻落实，以贯彻落实好《党校工作条例》和会议精神来促进党校事业的科学发展，以此作为学习实践活动与党校中心工作的结合点。在学习调研阶段，有关校领导专门做了“学习实践科学发展观，贯彻落实全国党校工作会议精神”、“深入学习实践科学发展观，贯彻落实《党校工作条例》”的专题辅导报告。在学习实践活动中，各直属单位注意做到把学习实践活动同完成中心任务结合，同总结 2008 年工作、谋划 2009 年工作结合，同解决突出问题、加强制度建设结合，同提高服务水平、增强科学发展能力结合。

（四）坚持深入解放思想，努力凝聚发展共识。校委和各直属单位紧密结合各自工作实际，深入开展解放思想大讨论，认真查找在教学、科研、行政后勤等工作中存在的突出问题，深入思考了一系列重大问题以及解决问题的措施和办法。包括党员干部中存在哪些不适应、不符合科学发展观要求的思想观念；如何按照科学发展观的要求，进一步坚持党校姓党原则，保证正确的办学方向；如何进一步坚持中央确定的党校“一个中心、四个方面”的教学新布局，提高教学科研水平；如何进一步加强党校的校风和学风建设，加强对学员的科学管理；如何进一步改进文风，在全党起好带头作用；如何进一步发挥思想库的作用，提高服务科学发展的能力和水平等。全校党员干部敞开思想、畅所欲言，积极建言献策，增强了改革创新意识，为学习实践活动取得实效奠定了坚实的思想基础。

（五）坚持开门开展活动，广泛动员群众参与。在学习调研阶段，校委成员根据《实施方案》，通过召开座谈会、到基层调研、个别访谈和发函等方式，在尽可能大的范围内征求意见。校委共向中央国家机关和地方党委、党校等单位发出 98 份征求意见函，收集意见 427 条。在分析检查阶段，校委的专题民主生活会还邀请在校的全国人大代表、全国政协委员、直属单位代表、离退休干部代表和学员代表列席；各直属单位的专题民主生活会邀请下一级部门行政和党组织负责人列席。校委领导班子分析检查报告请各直属单位和在校的全国人大代表、全国政协委员、离退休干部代表和学员代表进行评议。除在职教职工党员外，离退休老同志、研究生院的学生党员，也通过学习文件、座谈讨论等方式，参与学习实践活动。进修部、培训部的学员，也以不同的方式参与了中央党校的学习实践活动。

（六）着力解决突出问题，大力完善制度机制。校委和各直属单位通过多种形式，认真查找了自身在贯彻落实科学发展观方面的突出问题，并深刻剖析了主客观原因，有针对性地提出了改进措施。校委研究制订了全校总体整改落实方案和十个专题整改方案；各直属单位也都分别研究制订了具体详细的整改落实方案，并逐步加以落实。能够马上解决的立即进行了整改，对当前不具备整改条件的，订出计划，限定时间，明确责任，尽快加以解决。校委和各直属单位依据《党校工作条例》，对各项规章制度进行了一次认真细致的排查清理，对实践中证明有效的继续加以坚持，需要修改调整的予以修正完善，需要拾遗补阙的增补充实。

（七）坚持党员干部带头，切实发挥表率作用。处以上党员领导干部和具有正高级专业技术职务的教学科研人员，既是这次学习实践活动的重点对象，也是这次学习实践活动的工作骨干和重点依靠力量。校委要求各级领导班子和领导干部自觉地把自己摆进去，带头学习文件，带头调查研究，带头解放思想，带头分析检查，带头整改落实。校领导还对分管单位的学习实践活动进行具体的指导和督促检查，确定一个分管单位作为联系点，深入调查研究，总结经验，解决问题。

（八）注意区分不同情况，正确实施分类指导。由于校内各单位的工作性质、队伍结构及其他情况差别较大，为防止和避免活动指导上的一刀切、大呼隆，注意区分教学、科研、教辅、行政、后勤、党务等不同类型单位的不同情况，在布置任务和检查工作时，既坚持共性要求，又照顾个性特点；既有一般号召，又有个别指导。通过定期召开领导小组及办公室会议、党组织负责人会议、联络员工作会议等形式，及时分析各种不同情况，总结推广各种不同类型的经验，努力避免工作指导上的一般化。

（九）正确处理工学矛盾，确保各项任务落实。去年秋季学期，除了常规的培训轮训班次以外，我们还承办了全国党校工作会议、省部级主要领导干部专题研讨班、两批千名县委书记培训、纪念改革开放30周年的重大研讨活动等工作。同时，岁末年初总结部署年度工作，各单位工作普遍较忙。在这种情况下，校委和各直属单位采取有力措施，统筹安排工作，及时沟通协调，督促检查，确保学习实践活动与日常工作两不误、两促进。

（十）努力提升素质能力，服务全党工作大局。我们努力把提高全校党员学习、研究、宣传、贯彻科学发展观的能力水平，作为学习实践活动的中心任务，做到既努力促进党校自身科学发展，又努力为全党深入学习实践科学发展观活动服好务，从而促进整个经济社会的科学发展。如提高科学发展观课程的教学组织水平和授课质量，进一步用科学发展观武装领导干部；加大对科学发展观的科研扶持，提高科学发展观的理论研究水平；通过高标准地完成中央交办的重大办班任务，推动科学发展观在全党的贯彻落实；认真贯彻近平同志强调的“要坚持更高标准、更严要求”指示，积极展现党校人的优良作风，努力在全党学习实践活动中发挥表率作用。

二、主要收获和几点体会

经过全校同志的共同努力，中央党校学习实践活动基本达到了中央提出的“提高思想认识、解决突出问题、创新体制机制、促进科学发展”的目标要求。取得的成效主要体现在以下六个方面：

（一）深化了对科学发展观的理解，进一步提高了党校工作要更好地为整个经济社会科学发展服务的思想认识。大家一致认为，党校贯彻落实科学发展观，就是要通过自身的科学发展，服务和促进整个经济社会的科学发展。要办好党校、促进党校事业的科学发展，必须发挥好“五个作用”，牢固树立“五种意识”；必须科学地把握和遵循党校教育规律，努力做到“三个适应、三个促进”。

（二）强化了坚持党校姓党原则的意识，进一步形成了贯彻从严治校方针、加强校风学风建设的浓厚氛围。通过学习实践活动，大家清醒地认识到坚持党校姓党原则，是开展深入学习实践活动、在新的历史起点上开创党校工作新局面的总要求，是办好党校、保证党校事业沿着正确方向前进的根本保障，是做好党校工作、促进党校事业科学发展必须坚持的根本原则。大家表示，在始终坚持党校姓党原则问题上，一定要旗帜鲜明、立场坚定、绝不含糊，一切教学活动、一切科研活动、一切办学活动，都要坚持这一原则、都要遵循党的政治路线、都要恪守党的政治纪律、都要为党校履行好自己的职能服务，确保在思想上、政治上、行动上与党中央保持高度一致。

（三）查找并初步解决了影响和制约党校科学发展的突出问题，进一步把科学发展观的要求转化为推进党校各方面工作和建设的自觉行动。通过学习实践活动，党校的自身建设得到了明显加强，各项工作有了新的进展。教学方面，进一步推进了中国特色社会主义理论体系特别是科学发展观进教材、进课堂、进头脑。科研方面，对重大理论和实际问题的研究有了新的进展，特别是加强了对中国特色社会主义理论体系的研究。队伍建设方面，以教师队伍为重点的人才队伍建设取得了明显成效，领导班子建设也有所加强。学员管理方面，进一步实施科学有效的管理，特别是加强了党性教育的探索和研究。行政后勤方面，为教学科研服务的水平有了新的提高，解决了一些涉及群众切身利益的问题。

（四）完善了各项规章制度，进一步理顺了党校内部的管理运行机制。通过学习实践活动，已经和正在修订完善规章制度10项，同时，进一步理顺工作机制，加强了对直属单位工作安排的统筹协调和相互之间的沟通配合；深入研究了加强中央党校马克思主义学科建设和理论宣传阵地建设问题，建立中央党校马克思主义理论教研部和合并校刊社、学习时报社的方案，已经中编办批准，正在抓紧实施。

（五）提高了贯彻落实科学发展观的能力和水平，进一步促进了各项工作任务的圆满完成。全校党员干部自觉地把参加学习实践活动的热情，转化为做好本职工作的实际行动；把学习实践活动的成果内化为增强自身贯彻落实科学发展观的能力和为服务整个经济社会科学发展的水平。学习实践活动有效地推动了党校的各项工作，我们圆满完成了全国党校工作会议的筹备和会议服务工作，成功举办了两期全国县委书记培训班，召开了全国党校系统纪念改革开放30周年理论研讨会、第三次全国党校系统教学改革座谈会，完成了培训轮训学员等各项业务工作。

（六）推动了《党校工作条例》和全国党校工作会议精神的贯彻落实，进一步开创了在新的起点上办好党校的新局面。我们紧紧抓住中央颁布《党校工作条例》和召开全国党校工作会议的契机，认真查找中央党校工作与中央要求的差距，用《党校工作条例》和会议精神来指导实际工作。校委成员充分利用各种时机和场合，对学习贯彻《党校工作条例》和会议精神提出明确要求，抓好地方党校的传达学习和贯彻落实。

回顾开展学习实践活动的过程，我们深切地感到，搞好学习实践活动，首要的是认真贯彻中央的决策部署、近平同志的重要指示、中央指导检查组的意见，同时也要认真借鉴兄弟单位的好经验，虚心听取广大党员、干部、群众的意见。但关键是要善于把中央的精神、近平同志的指示、指导检查组的意见和有关领导的要求，同党校自身的实际紧密结合起来，创造性地开展工作。对此，我们主要有以下六点体会：一是把抓好理论武装、深化学习作为学习实践活动的前提和基础；二是突出实践特色，把贯彻《党校工作条例》和全国党校工作会议精神作为实践载体；三是把坚持党校姓党原则作为学习实践活动的根本要求；四是从党校实际出发，把具有正高级专业技术职务的党员也作为学习实践活动的重点对象；五是把提高学习、研究、宣传科学发展观的能力和水平作为中心任务；六是把分类指导作为学习实践活动的重要手段。

三、存在问题和努力方向

虽然这次学习实践活动取得了明显成效，实现了预期目标，党员、干部、群众的满意度也比较高，但成果还是初步的。应该清醒地看到，我们只是在有限时间内实现了有限目标，与中央的要求和群众的期望还有一定差距。在充分肯定成绩的同时，也要冷静地正视存在的问题和不足：一是总体发展还不够平衡，单位与单位之间在开展学习实践活动的质量与效果上还有差异；二是工学矛盾始终比较突出，虽然在工作安排和实际操作中，我们始终强调两不误、两促进，但在个别时候、个别问题上难免有应接不暇、顾此失彼的现象；三是由于整改落实阶段正值寒假期间，人员不太容易集中，有些工作显得不够紧凑；四是也有个别党员认为学习实践活动主要是领导班子的事情，参与热情和投入程度不是很高。

前天，近平同志在我们的总结报告上作出重要批示。他指示我们，“学习实践科学发展观活动有期限，深入贯彻落实科学发展观无期限，是一项长期的任务。中央党校要继续抓好整改落实方案的实施，抓好突出问题的解决，进一步完善有利于党校事业科学发展的长效机制，巩固和深化学习实践活动成果，把科学发展观的要求贯彻和体现到党校工作的各个方面，为加强干部队伍建设、推进理论武装和理论创新、服务党和国家工作大局做出新的贡献。”

我们要认真学习和贯彻近平同志的批示和近平同志在今天总结大会上的讲话精神，重点做好以下四个方面的工作：

（一）继续深化学习，坚持不懈地用科学发展观武装头脑。学习实践活动虽然告一段落，但学习不能停滞。要把学习科学发展观融入到党员干部的日常工作之中，从理论和实践的结合上不断深化对科学发展观的认识，坚持用科学发展观武装头脑、指导实践、推动工作。

（二）加强督促检查，切实把整改措施落到实处。在学习实践活动中，校委提出了40条整改措施，各直属单位也分别提出了具体整改措施，对这些整改措施要坚持一抓到底，务求实效。对已经整改的，要防止出现反弹；对正在整改的，也要加强督促检查；对涉及面较广、需要较长时间解决的深层次问题，更要积极创造条件，争取早日解决。

（三）进一步完善体制机制，健全保障和促进科学发展的长效机制。根据不断变化的实际情况，进一步在教学、科研、管理等各方面工作中健全和完善制度机制，特别是坚持党校姓党原则的长效机制。同时，注意及时将整改过程中的新鲜经验和整改成果制度化，努力形成更加科学规范的制度体系，确保各项工作能够不断取得新成绩。

（四）抓牢实践载体，继续深入贯彻落实《党校工作条例》和全国党校工作会议精神。特别要注意围绕中心、服务大局，在应对金融危机、确保经济平稳较快发展上发挥中央党校应有的作用。

我要讲的就这些，谢谢！

在中央党校深入学习实践科学发展观活动总结大会上的讲话

（2009 年 2 月 26 日）

中央第 15 指导检查组组长　王众孚

同志们：

今天，中央党校召开深入学习实践科学发展观活动总结大会，习近平同志再次亲自出席我们的大会，并将作重要讲话，充分体现了对学习实践活动的高度重视和关心，近平同志的重要讲话，我们一定要认真学习，深刻领会，努力贯彻。

刚才，李景田同志代表党校校委对学习实践活动作了认真的总结和回顾，讲得很全面、很深刻。几个月来，党校按照中央的统一部署和要求，紧紧围绕“党员干部受教育、科学发展上水平、人民群众得实惠”的总体要求，紧密联系国际国内形势和党校事业发展的实际，精心组织，扎实推进，到今天已圆满完成了学习实践活动的各项任务，取得了明显的成效，达到了预期的目的。

下面，我讲几点认识和意见。

第一，领导同志率先垂范，党员干部踊跃参与，充分体现了对学习实践活动的高度政治责任感和使命感。

近平同志对党校学习实践活动高度重视、十分关心，在活动的各个阶段各个环节都作出重要指示和批示，多次参加党校的调研和座谈等活动，亲自研究审改活动实施方案、班子分析检查报告和整改落实方案，对党校和全党学习实践活动进行了坚强有力的领导和及时有效的指导。景田同志和校委一班人，认真履行职责，切实加强领导，严格按照中央学习实践活动的指导思想、目标要求、主要原则和方法步骤，统筹谋划，周密安排，学习实践活动高起点开局、高质量推进。同时，以身作则，带头参加研讨，带头开展调研，带头查摆问题，带头进行整改，在各个阶段各个环节都自觉做到先行一步、深入一层。学习实践活动领导小组办公室的同志认真负责，加班加点，承担了大量具体工作，确保了学习实践活动有序、有效开展。领导同志的组织和表率作用，极大地激发了广大党员干部参加学习实践活动的热情和积极性。

学习实践活动开展以来，党校广大党员干部以高度的政治责任感和良好的精神状态，全员、全程参与学习实践活动，认真参加学习培训，积极参与调查研究，深入开展解放思想大讨论，实事求是地评议班子分析检查报告和整改落实方案，形成了党员有序参与、群众监督有力、评价客观公正的生动局面。有2200余名党员干部参加学习实践活动，召开各类座谈会80多次，提出意见建议400多条。离退休老同志克服诸多困难，积极参加学习实践活动，体现了高度的政治觉悟和政治热情。大家反映，这次学习实践活动党员干部参与热情是近年来最好的。

第二，普遍受到了一次科学发展观的深刻教育，进一步提高了认识，统一了思想，形成了服务科学发展、推动科学发展的共识。

党校始终把深入学习、提高认识贯穿始终，充分发挥人才、理论研究和资源优势，通过校委中心组学习、专题培训、研讨交流、专题辅导和个人自学等形式，组织党员干部认真学习《毛泽东邓小平江泽民论科学发展》、《科学发展观重要论述摘编》、《深入学习实践科学发展观活动领导干部学习文件选编》等中央规定的书目，紧密联系当前形势变化和党校事业发展实际，深入学习党的十七届三中全会、中央经济工作会议、中央纪委三次全会和全国党校工作会议精神，认真学习胡锦涛、习近平等中央领导同志关于学习实践活动和党校工作的一系列重要讲话精神。既着力抓好领导班子和领导干部这个重点，又切实做到广大党员全程、全员参加学习。利用寒假对党员干部学习情况进行了一次认真的“回头看”，对学习不够到位的，及时进行了“补课”。通过学习，大家普遍感到，受到了一次深刻的科学发展观再教育，进一步加深了对科学发展观科学内涵、精神实质、根本要求的理解，增强了在实际工作中贯彻落实科学发展观的自觉性和坚定性。特别是在必须发挥好“五个作用”、牢固树立“五种意识”，必须科学地把握和遵循党校教育规律、努力做到“三个适应、三个促进”，必须把党校姓党作为党校办学始终坚持的根本原则，必须建立健全科学有效的制度，办好党校、促进党校事业科学发展等一些重大问题上，统一了思想，凝聚了共识。

第三，严格按照中央的部署和要求，紧密联系工作和思想实际，总结经验，查找不足，认真整改，学习实践活动富有成效。

党校是我们党培养各类领导管理人才，特别是高中级领导干部的坚强阵地，是马克思主义、中国特色社会主义理论研究和大政方针战略研究的重要基地。党校始终突出这个实际，在设计学习实践活动载体、确定民主生活会主题、形成分析检查报告和制定整改落实方案等方面，都根据这个思想来谋划、来推进，使学习实践活动最大限度地贴近党校机关实际、贴近党校事业实际、贴近思想认识实际。

学习实践活动一开始，党校就紧紧围绕“贯彻落实全国党校工作会议精神和《中国共产党党校工作条例》，进一步办好党校”这个主题，深入学习，广泛开展调查研究和解放思想大讨论，初步形成了服务科学发展、推进科学发展的新理念新思路。在提高认识、广泛听取意见的基础上，召开领导班子专题民主生活会，深入查找个人和班子存在的突出问题，认真开展批评与自我批评，吸取经验教训，自觉改进提高。集思广益地撰写班子分析检查报告，深刻分析工作中不符合不适应科学发展的突出矛盾和问题，明确努力方向。采取灵活多样的方式方法组织群众评议，进一步吸取意见、扩大共识。按照“四明确一承诺”要求，制定出1个总的整改落实方案和10个专题整改方案，涉及11个方面40多项。坚持边学边改、边查边改，对分析检查出来的问题及早研究提出整改措施，对能够解决的问题马上解决。在解决突出问题的同时，积极稳妥地推进体制机制建设，建立健全符合科学发展要求的规章制度。目前，党校已经和正在修订完善《党校分校工作暂行规则》、《全国党校科研评估细则》和《到课率情况、请销假情况、就餐情况通报制度》等一系列涉及教学、科研、管理等各个方面的规章制度，研究提出了筹建中央党校马克思主义理论教研部和合并校刊社、学习时报社的初步方案，同时，解决了或正在解决办公用房调整、食堂改造等群众普遍关心的一些实际问题。

第四，突出实践特色，坚持学习实践活动与推动当前各项工作紧密结合，真正做到“两促进、双丰收”。

学习实践活动中，党校统筹兼顾，坚持学习实践活动与当前工作同步考虑、同步推进，以学习实践活动推动当前各项工作，在推动当前各项工作中深化学习实践活动。学习实践活动期间，党校除了常规的培训轮训班次外，还承担了全国党校工作会议、省部级主要领导干部专题研讨班和千名县委书记培训班等大量任务，按照中央的要求，采取有力措施，加班加点，圆满完成了各项任务。党校的同志们以自身优异的工作成绩诠释了学习实践活动所取得的实际成效。

同志们，党校学习实践活动集中学习的任务将告一段落，但是以中国特色社会主义理论体系武装头脑、深入贯彻落实科学发展观是一项长期的战略任务，我们必须持之以恒、常抓不懈。

一要继续深化学习，坚持不懈地抓好理论武装。充分运用好这次学习实践活动加强学习的好经验、好方法，继续发扬良好的学风，从理论和实践的结合上深刻理解和全面把握科学发展观，进一步把科学发展观转化为推进科学发展的坚强意志、谋划科学发展的正确思路、领导科学发展的实际能力、促进科学发展的工作措施、增强党性修养和提高思想觉悟的自觉行动，始终不渝地坚持党校姓党的原则。

二要继续抓好督促检查，确保整改落实方案取得实效。要切实按照近平同志重要批示精神，狠抓整改落实，不断巩固和扩大学习实践活动成果，特别是要继续着力推进体制机制的创新，着力加强队伍建设和管理，着力抓好党风、校风、学风的建设，以整改落实的实际效果，确保学习实践活动真正成为“群众满意工程”。

三要继续改革创新，不断提高学习、研究、宣传科学发展观和服务科学发展的能力。要充分吸收和利用这次学习实践活动的成果，紧紧抓住牵动党校工作全局的重要方面和关键环节，围绕推动科学发展、服务科学发展，更好地发挥中央党校培训轮训领导干部的主渠道作用、党的理论武装工作的重要阵地作用、推进党的理论创新的生力军作用、建设学习型政党的积极推动作用和促进领导干部加强党性锻炼的熔炉作用。

同志们，几个月来，我们指导检查组得到了近平同志的亲切关怀，得到了党校校委会和全体党员干部的大力支持和帮助，借此机会，我代表第15指导检查组，向大家致以诚挚的敬意！通过几个月的学习实践活动，党校同志对党的事业无限忠诚，对工作高度负责，求真务实、改革创新，给我们留下了深刻的印象，我们要很好地学习。让我们紧密团结在以胡锦涛同志为总书记的党中央周围，进一步巩固和扩大学习实践活动的丰硕成果，站在新的起点上，努力开创党校工作的新局面，为推进中国特色社会主义伟大事业作出新的更大贡献！

关于深入学习实践科学发展观活动整改落实阶段和总结测评环节工作安排的通知

校学组发〔2009〕1号

校各直属单位：

根据中央深入学习实践科学发展观活动领导小组第三次会议精神和《中央党校深入学习实践科学发展观活动实施方案》的部署，我校学习实践活动整改落实阶段和总结测评环节的工作安排如下：

一、时间安排

整改落实阶段和总结测评环节从2009年1月12日开始，至2月28日结束。

1. 1月12—19日：（1）召开整改落实阶段和总结测评工作动员会议；（2）校委和各直属单位领导班子制定并公布整改落实方案，接受监督。

2. 1月20日—2月24日：落实整改方案，完善体制机制，做好校委和校直属单位相关制度废、改、立的准备工作；对于具备条件、能够马上解决的问题立即整改；对于难度较大、需要长时间才能解决的问题，要列出时间表，逐步予以解决。

3. 2月25—28日：（1）形成校委和各直属单位学习实践活动总结报告；（2）进行满意度测评；（3）召开全校总结大会。

二、主要工作

整改落实阶段和总结测评环节的主要任务是明确整改措施、突出整改重点、确保整改取得实效。重点要抓住制订整改落实方案、集中解决突出问题、完善体制机制和总结测评四个环节。

（一）制定整改落实方案。校委和校直属单位领导班子要结合贯彻落实《党校工作条例》和全国党校工作会议精神，以分析检查报告为依据，制定目标明确、措施具体、责任到位的整改落实方案。这个方案要把领导班子分析检查报告中提出的整改思路和措施、把解决问题和完善制度的工作具体化，使整改工作有章可循、群众满意度测评有据可依。制定整改落实方案要切实做到“四明确一承诺”，即明确整改落实项目；明确整改落实目标和时限要求；明确整改落实措施；明确整改落实责任；对整改落实做出公开承诺。整改落实方案制订后，采取适当方式向党员群众公布，接受监督。广大党员要围绕制订、落实整改方案，积极建言献策。

（二）集中解决突出问题。要把解决突出问题、实现科学发展作为学习实践活动的出发点和落脚点，进一步明确科学发展的工作思路、工作方法和工作方向，切实解决查找出来的、通过努力能够解决的突出问题。校委注重解决影响党校科学发展的全局性重大问题和学风、校风建设等问题。各直属单位要结合实际，突出重点，注重解决工作作风和提高工作能力、效率、质量等方面的问题。要尽力而为、量力而行，对当前不具备整改条件的问题要积极创造条件，定出计划，明确责任，限定时间。

（三）*完善体制机制*。按照《中央党校深入学习实践科学发展观活动实施方案》中提出的开展学习实践活动要达到：贯彻落实科学发展观的自觉性、坚定性进一步增强，贯彻落实科学发展观的能力和水平进一步提高，影响和制约科学发展的突出问题切实加以解决，保障和促进科学发展的体制机制框架基本形成，《党校工作条例》加紧实施的五项目标要求，着力完善有利于党校事业科学发展的体制机制，校委和校直属单位都要全面清理现有的制度，切实做好废、改、立工作。校委在制订《中央党校校委深入学习实践科学发展观整改落实方案》的同时，分别形成十个专题整改方案：（1）加强校委领导班子建设；（2）深化党校教学改革；（3）深化党校科研改革；（4）建立健全学员管理制度；（5）实施人才强校战略；（6）提高行政管理水平和后勤保障能力；（7）深化党校报刊改革；（8）推进出版工作和信息化建设；（9）建立健全党校离退休干部工作机制；（10）加强和改进机关党的工作。各项制度的建立和出台，一定要充分听取各方面的意见，注重政策性、科学性和时效性。

（四）*总结测评*。校委和各直属单位要认真总结学习实践活动取得的成效和经验，分别形成总结报告。在此基础上开展满意度测评工作。主要测评两项内容：一是解决突出问题的满意度，二是对活动开展情况的满意度。要科学制定测评指标，合理确定参评人员范围，体现广泛性代表性要求，保证测评结果客观真实。要注意防止盲目攀比测评结果的现象。根据测评情况，进一步完善整改方案，确保在学习实践活动中尚未解决的突出问题继续得到有效解决。拟于2009年2月27日召开全校总结大会。

三、几点要求

根据胡锦涛同志《在纪念党的十一届三中全会召开30周年大会上的讲话》和习近平同志《在中央深入学习实践科学发展观活动领导小组第三次会议上的讲话》精神、中央学习实践活动第15指导检查组的意见，按照校委的统一部署，提出以下要求：

（一）*要把学习贯穿始终，以胡锦涛同志《在纪念党的十一届三中全会召开30周年大会上的讲话》精神为指导，把学习实践活动与落实中央决策部署紧密结合起来*。要组织党员干部深入学习领会胡锦涛同志最近一系列重要讲话精神，自觉地把思想和行动统一到中央对当前形势的判断和作出的重大决策部署上来，始终不渝地坚持党的基本理论、基本路线、基本纲领、基本经验，牢固树立改革开放是发展中国特色社会主义、实现中华民族伟大复兴必由之路的坚定信念，满怀信心地为开创中国特色社会主义事业而不懈奋斗。目前，我校深入学习实践科学发展观活动已进入攻坚阶段，要按照党员干部受教育、科学发展上水平、人民群众得实惠的总要求，以更加良好的精神状态、更加扎实的工作作风认真抓好各个环节的工作，把学习实践科学发展观提高到新的水平。

（二）要把解放思想贯穿始终，准确把握整改落实工作的总体思路，制定出目标明确、措施具体、责任到位的整改落实方案。以《党校工作条例》和全国党校工作会议精神特别是胡锦涛同志和习近平同志的重要讲话精神、习近平同志在中央党校2008年秋季学期第二批进修班开学典礼上的重要讲话精神为指导，按照中央关于深入学习实践科学发展观活动的一系列重要指示精神，以及《中央党校深入学习实践科学发展观活动实施方案》的要求，充分运用准备动员、学习调研、分析检查阶段的成果，继续着力转变不适应、不符合党校科学发展要求的思想观念；着力解决影响和制约党校科学发展的突出问题以及党员领导干部在党性党风党纪方面群众反映强烈的突出问题；着力深化党校教学和科研等各项改革；着力构建有利于党校科学发展的体制机制，提高全校学习、研究、宣传科学发展观和服务科学发展的能力，把党员干部和教职工的积极性引导到促进党校事业又好又快发展上来，把科学发展观贯彻落实到党校发展的各项工作中去，为整个经济社会的科学发展服务。

（三）要把发扬民主、听取群众意见、接受群众监督贯穿始终，集中力量解决几个影响和制约科学发展的突出问题。校委和各直属单位领导班子要把分析检查报告中提出的整改思路和措施、解决问题和完善制度的工作具体化，使整改落实工作有章可循、群众满意度测评有据可依。制订整改落实方案，要注重针对性和可操作性，注重选准突破口和切入点，注重立足当前和着眼长远，不断完善体制机制。要坚持边学边改、边查边改、边整边改，把解决问题、完善制度贯穿始终，办几件让群众满意的事情。要充分运用学习实践活动简报、校报校刊、校内视频网络等媒体做好宣传工作，加强正面引导，营造良好的舆论氛围，大力宣传整改工作取得的成效和学习实践活动的成果，以学习实践活动取得的实际成效赢得群众的肯定和好评。

（四）要把边整边改贯穿始终，积极稳妥地推进党校体制机制创新，建立健全贯彻落实科学发展观的长效机制和符合科学发展要求的规章制度。在整改落实阶段，要坚持边整改、边总结，既要从当前工作入手，从最需要改的事情入手，也要立足长远，着力在抓根本、打基础、管长远上下功夫。在总结测评工作中，要注意把握好解决突出问题的满意度和对活动开展情况的满意度这两个重点，切实把群众满意作为评价活动成效的重要依据。要按照中央提出的学习实践活动的目标要求，认真总结开展学习实践活动的好做法、好经验，努力在事关党校科学发展的重大问题上形成新共识，提出新举措，为建立健全贯彻落实科学发展观的长效机制奠定坚实的基础。

（五）要统筹兼顾，坚持两手抓、两不误、两促进。新年初始，工作繁重，任务集中，上一年度工作总结和新学期准备工作都十分重要，各单位一定要把学习实践活动与贯彻落实《党校工作条例》和全国党校工作会议精神结合起来，与全面部署2009年的各项工作结合起来，确保各项工作全面有序推进，既要下力气解决突出问题，也要切实把眼前的工作抓好，坚持两手抓、两不误、两促进，把学习实践活动激发出来的精神力量转化为强大的物质力量，推动党校事业又好又快发展。

（六）要加强组织领导，从严要求，切实把握好时间，掌握好进度。在进入整改落实阶段后，各单位要对前一段党员参加学习实践活动的情况进行一次“回头看”，看一看是否通读了中央规定的学习内容，是否参加了解放思想讨论，是否参与了建言献策，是否参加了组织生活会等，对于没有按照学校要求参加学习实践活动的党员同志要进行“补课”，确保全体党员全程参加学习实践活动。在寒假期间，各级领导班子和主要负责同志要投入足够的时间和精力，继续抓好学习实践活动和其他各项工作，保证按时高质量地完成任务。

中央党校深入学习实践
科学发展观活动领导小组
2009 年 1 月 9 日

关于印发《中央党校校委贯彻落实科学发展观情况分析检查报告》的通知

校学组发〔2009〕6号

各直属单位学习活动小组：

在深入学习实践科学发展观活动中，校委在深入学习研讨、广泛征求意见的基础上形成了《中央党校校委贯彻落实科学发展观情况分析检查报告（征求意见稿）》，于2009年1月上旬下发全校党员干部进行评议，并同时以书面形式送中央国家机关有关部门，各省、自治区、直辖市党校、全国各省级党校、副省级城市党校、新疆生产建设兵团党校、铁道部党校等单位征求意见。截至3月初，收到校内修改稿27份，提出修改意见39条；收到校外单位回复53份，提出修改意见47条。在吸收等方面意见的基础上，对报告进行了修改，现正式印发。

中央党校深入学习实践科学发展观活动领导小组

2009年4月7日

中央党校校委贯彻落实科学发展观情况分析检查报告

根据中央深入学习实践科学发展观活动领导小组第二次会议精神和《中央党校深入学习实践科学发展观活动实施方案》的部署，中央党校在顺利完成学习调研阶段各环节任务的基础上，自12月1日开始进入分析检查阶段。

习近平同志对中央党校的学习实践活动高度重视，寄予殷切期望，对这个阶段的工作作了重要批示，要求中央党校切实抓好这个阶段的工作，特别是要进一步查找坚持党校姓党原则、贯彻从严治校方针、加强校风和学风建设方面存在的问题与差距，写好分析检查报告，为促进党校事业科学发展奠定基础。校委认真贯彻落实习近平同志的重要批示精神，李景田同志几次主持召开校委会研究分析检查阶段的工作，带头到校外和校内各直属单位听取意见，带头查找问题和分析原因，带头开展批评和自我批评。中央党校在这个阶段主要做了以下工作：一是在前一段调研的基础上组织专题调研，广泛征求意见。自开展学习实践活动以来，校委班子成员分别带队走访了一个省委（山西）和11个中央国家机关部委；校委发征求意见函98份（19个中央国家机关单位、31个省区市委和省级党校、15个副省级城市党校、新疆生产建设兵团党校和铁道部党校）；向校内26个直属单位征求了意见，还专门向老干部征求了意见；校委成员面对面听取干部群众意见83次。通过6种方式，共收集意见427条。二是校委和各直属单位分别召开了专题民主生活会、专题组织生活会，围绕贯彻落实中央领导对党校工作的重要讲话精神和《党校工作条例》，进一步统一思想、形成共识。三是分析存在的问题，明确改进方向。校委和各直属单位领导班子深入开展谈心活动，认真撰写发言材料，开展了积极的批评与自我批评，查摆贯彻落实科学发展观方面的问题，查摆领导班子和个人在思想观念、工作能力、工作作风等方面的不足，分析存在问题的原因，有针对性地提出改进措施。四是边学边改、边查边改，突出实践特色。把学习实践活动与深入贯彻落实党的十七大和十七届三中全会精神结合起来，与贯彻落实《党校工作条例》结合起来，与学习贯彻胡锦涛总书记、习近平同志在全国党校工作会议和有关党校工作的一系列重要讲话精神结合起来，与总结改革开放30年特别是十六大以来党校的办学经验结合起来，与做好近期的教学科研工作和研究制定好明年的工作计划结合起来，丰富了学习实践活动的内容，增强了学习实践活动的针对性、实效性。

在深入学习研讨、广泛征求意见的基础上，李景田同志主持召开校委专题民主生活会，按照习近平同志的批示精神，对照科学发展观的要求，认真梳理各方面的意见建议，深入分析存在的问题和原因，研究提出整改措施，并亲自主持了中央党校深入贯彻落实科学发展观分析检查报告的撰写工作。初稿形成后，又送请各位校委成员分别修改。中央指导检查组对分析检查阶段的工作进行了全程指导，提出了很有价值的意见和建议。分析检查报告征求意见稿形成后，将以书面形式送中央有关部门、各省区市委和省级党校、副省级城市党校、新疆生产建设兵团党校、铁道部党校和校内全体党员干部进行评议。之后，经过集思广益、反复修改，形成正式的分析检查报告。

一、党的十六大以来贯彻落实科学发展观取得的主要成绩及形成的基本共识

党的十六大以来，中央党校认真贯彻落实党的十六大、十七大精神，以邓小平理论和“三个代表”重要思想为指导，深入贯彻落实科学发展观，全面贯彻落实胡锦涛同志总结的党校工作“九条经验”、曾庆红同志概括的“十六字”办学新要求、习近平同志提出的“五点要求”，紧紧围绕党和国家工作大局，着眼于干部队伍建设需要，紧密联系改革开放和社会主义现代化建设的实际开展教育培训工作，各项工作都取得了较好较快的发展，为干部教育和党的理论武装与理论创新作出了积极的贡献。

第一，积极发挥培训轮训领导干部的主渠道作用，在大规模培训干部、大幅度提高干部素质方面取得重大成绩和进步。认真贯彻中央要求，在教学、科研、管理等各项工作中落实和体现主渠道作用，为实现党的十六大、十七大提出的大规模培训干部、大幅度提高干部素质的任务积极贡献力量。据统计，党的十六大以来仅中央党校就培训轮训领导干部和理论骨干11643人，其中包括省部级干部1485人，地厅级干部4094人，中青年领导干部2222人，县（市、区）委书记1586人，新疆、西藏等少数民族干部1414人，理论宣传干部和党校师资842人。十六大以来，党中央继续坚持每年都在中央党校举办省部级主要领导干部专题研讨班，还举办了新进十六大和十七大的中央委员、候补中央委员培训班。此外，还举办了16期全国县委书记、县长“建设社会主义新农村”专题培训班，2期共1000名县委书记学习贯彻十七届三中全会精神培训班。

第二，积极发挥党的理论武装工作的重要阵地作用和领导干部加强党性锻炼的熔炉作用，在不断推进教学改革、提高教学质量方面取得重大成绩和进步。在教学内容上不断与时俱进，始终围绕党的理论创新的要求确定和发展教学的中心内容，始终围绕党和国家工作大局加强干部教育培训和理论武装工作的科学性、针对性和实效性。进一步丰富和发展了以学习邓小平理论、“三个代表”重要思想以及科学发展观等重大战略思想为中心，主要包含理论基础、世界眼光、战略思维、党性修养这四个方面教育课程的教学新布局，并积极探索教学新布局的具体实现形式，建构分类别、分层次的教学体系。在教学方法上不断探索创新，坚持教学相长、学学相长，稳步推进和认真实施了研究式教学、

案例教学、体验式教学、菜单式教学、情景模拟式教学等教学方法，教学质量进一步提高。积极探索并平稳实现了班次设置和招生工作的重大调整，教学管理和学员管理也进一步规范。把党性教育放在更加重要的位置，把党性锻炼作为学员必修课，贯穿于理论教学的全过程和学习生活的始终，促使学员始终保持清醒的政治头脑和高尚的道德情操，始终保持共产党人的本色。

第三，积极发挥推进党的理论创新的生力军作用和建设学习型政党的积极推动作用，在深化科研改革、推进理论创新和学习型政党建设方面取得重大成绩和进步。以高度的政治责任感和历史使命感，密切关注国内国际形势的发展变化，加强对中国特色社会主义理论体系和重大理论、现实问题的研究，不断取得新的进展，为推进党的理论创新、提高党校教学质量、促进党委和政府科学决策、加强学习型政党建设作出了积极贡献。积极参与马克思主义理论研究和建设工程，以多种形式推动马克思主义理论研究和宣传工作，为繁荣我国哲学社会科学事业作出了应有的贡献。党校系统科研协作和党校与有关实际工作部门、政策研究部门、社会科学研究部门、学术研究机构和高等院校的交流合作不断加强，党校系统的科研实力继续提升，已经成为全国马克思主义理论研究和哲学社会科学研究的一支重要方面军。

第四，积极实施人才强校战略，在加强党校队伍建设、提高党校教师整体素质方面取得重大成绩和进步。随着党校事业的发展，着眼于提高素质、改善结构、稳定骨干、培养后俊，积极实施人才强校战略。坚持以教师队伍建设为重点，以提高素质和能力为核心，切实加强党校人才工作和队伍建设。在教学科研实践中引导党校教研人员认真学习和运用邓小平理论、“三个代表”重要思想以及科学发展观等重大战略思想，坚定马克思主义立场，夯实理论功底，建立健全科学严谨的学术规范，不断提高业务素质和党性修养。通过进修培训、挂职锻炼、引进人才等途径，改善教师队伍结构，提高教研人员的素质和能力。不断深化干部人事制度改革，努力创新人才工作机制。经过努力，教职工队伍整体素质和能力明显提高，队伍结构得到较大改善，特别是教师队伍中涌现出一批在理论界有一定影响的中青年教研骨干和学术带头人。

第五，积极促进党校工作整体发展和进步，在提高办学能力和实力方面取得重大成绩和进步。新增马克思主义理论、哲学、政治学三个一级学科学位授权点，哲学、经济学、政治学博士后研究流动站，获得哲学、科学社会主义与国际共产主义运动、中共党史（含党的学说与党的建设）三个国家重点学科，初步形成了以马克思主义基本理论学科为主，结构比较合理，既与国内外学科发展趋势相联系、又具有党校特色的马克思主义基本理论学科体系。编写出版了一批具有较强科学性和时代精神的教材，初步形成了体现和反映马克思主义中国化最新成果、与新的教学布局和教学体系相适应的教材体系。信息化建设实现了跨越式发展，建起了校园网、远程教学网、数字图书馆网、数字电视网和全国农村党员干部现代远程教育中心资源库、辅助教学中心网站。按照新的办学规模，调整校园规划，不断改善基础设施和办学条件。行政管理、机关党的工作和后勤服务工作等也都有新的进步。几届校委班子在勤政廉政、民主作风等方面，一直有较高的威信，领导班子建设不断加强。所有这些，为党校教学科研水平的提高和党校事业的发展提供了强有力的保障。

第六，积极开展干部成长规律和党校教育规律研究，在增强党校工作科学性和预见性、推进党校教育制度化和规范化方面取得重大成绩和进步。适应干部教育培训任务越来越重、要求越来越高的新形势，高度重视对两个规律的研究和探索，把它作为提高党校工作水平特别是党校教育水平的前提。2005—2006 年组织专门力量，就两个规律课题深入到全国省地县三级党校开展调研，取得了一定的成果。2007 年校委将其列为校级重大课题，全校 26 个直属单位和部分地方党校集中攻关，组织了一系列研讨交流活动，完成了一批高质量的研究报告，相当一部分研究成果成为 2008 年 9 月颁布的《党校工作条例》和随后召开的全国党校工作会议文件的重要素材，为促进党校事业科学发展提供了重要的理论支持。

广大教职工普遍认为，党的十六大以来的这些年，是全党干部教育培训事业取得重大成绩的时期，也是包括中央党校在内的全国党校系统发展最好、最快的一个时期。这是以胡锦涛同志为总书记的党中央高度重视和正确领导的结果，是全体教职员工团结奋斗、辛勤工作的结果。

自科学发展观提出五年多来，全校同志在贯彻落实科学发展观、推动党校事业和各项工作不断发展的同时，对科学发展观的认识不断深化，尤其是通过深入学习实践科学发展观活动在全校扎实地开展，广大教职工在学习中形成了一些重要的共识，主要包括：

第一，科学发展观的提出和深入贯彻落实，从根本上说，是当代中国社会发展的客观要求，是进一步推进中国特色社会主义事业的客观要求。科学发展观是以胡锦涛同志为总书记的党中央对党的三代中央领导集体关于发展的重要思想的继承和发展，是马克思主义中国化的最新成果，是建设和发展中国特色社会主义事业的重大战略思想，进入新世纪特别是党的十六大以来，党和国家各项事业的发展之所以更加辉煌，与之密不可分。党的十七大在深刻分析国际国内形势和党的建设状况基础上，作出在全党开展深入学习实践科学发展观活动的重大战略部署，是深入推进改革开放、推动经济社会又好又快发展、促进社会和谐稳定的迫切需要，是提高党的执政能力、保持和发展党的先进性的必然要求，是顺应人民新期待、密切党同人民群众血肉联系的重大举措，意义十分重大。

第二，党校贯彻落实科学发展观，要从自己的定位出发，通过自身的科学发展，服务和促进整个经济社会的科学发展。党的十七大提出了继续大规模培训干部、大幅度提高干部素质的新要求，中央颁发的《党校工作条例》，更为党校工作和党校事业的发展提供了有力保障。但与此同时，我们也要清醒地看到，在新的机遇、新的形势和任务面前，党校工作也遇到了新的挑战和压力，自身工作和建设的各个方面也都显露出不少的差距和不足。因此，我们要通过深入学习实践科学发展观，使全校同志特别是各级领导干部，进一步增强贯彻落实科学发展观的自觉性和坚定性，进一步提高贯彻落实科学发展观的能力和水平，着力解决影响和制约自身发展的突出问题，进而通过党校又好又快的科学发展，为整个经济社会的科学发展服务。

第三，办好党校、促进党校事业的科学发展，必须把党校姓党作为党校办学始终坚持的根本原则。坚持党校姓党原则，是在新的历史起点上开创党校工作新局面的总要求，是办好党校、保证党校事业始终沿着正确方向前进的根本保障。校委一致认为，坚持党校姓党原则，关键是三条：一是在思想上、政治上、行动上与党中央保持高度一致。特别是思想上要始终牢固树立党的意识。没有思想上的认同，就没有政治上的坚定和行动上的自觉。二是大力弘扬理论联系实际的马克思主义学风。真正从党情、国情和世情的实际出发，在教学科研上贯彻和宣传中央一系列正确的方针、决策和部署。三是全面加强学工人员管理，切实加强校风建设。坚持从严治校，维护好党的形象、党校的形象。广大教职工认为，我们一定要以党的旗帜为旗帜、以党的意志为意志，不管形势和任务怎样变化，党校姓党的原则决不能变，忠诚于党的立场决不能变。

第四，办好党校、促进党校事业的科学发展，必须发挥好“五个作用”、牢固树立“五种意识”。面对新形势新任务，党校工作要上新台阶，实现又好又快的发展，必须按照胡锦涛同志的要求，充分发挥好“五个作用”，即培训轮训领导干部的主渠道作用、党的理论武装工作的重要阵地作用、推进党的理论创新的生力军作用、建设学习型政党的积极推动作用和促进领导干部加强党性锻炼的熔炉作用；牢固树立“五种意识”，即大局意识、党的意识、创新意识、勤俭意识和纪律意识。这样，才能不断开创党校工作的新局面，努力为建设高素质干部队伍、推进中国特色社会主义伟大事业和党的建设新的伟大工程作出新的更大的贡献。

第五，办好党校、促进党校事业的科学发展，必须科学地把握和遵循党校教育规律，努力做到“三个适应、三个促进”。在长期的办学实践中，党校工作积累了丰富经验，胡锦涛同志、曾庆红同志都曾对这些实践经验作出过科学的总结。习近平同志在今年召开的全国党校工作会议上，进一步提出了“三个适应、三个促进”的党校教育规律性认识，即党校教育必须适应党和国家工作大局的要求，促进党的中心任务的落实；党校教育必须适应党的干部教育的要求，促进领导干部素质和能力的提高；党校教育必须适应党的理论建设的要求，促进理论创新和实践创新。科学发展，归根到底，就是遵循科学规律的发展。广大教职工普遍认为，只有遵循党校教育规律，按照“三个适应、三个促进”的要求去做，党校才能在全党、全国工作大局中有为、有位，才能不偏离方向，在难得的历史机遇中，实现又好又快的发展。

第六，办好党校、促进党校事业的科学发展，必须依靠建立健全科学有效的制度机制来保障。制度更带有根本性、全局性、稳定性、长期性，办好党校、促进党校事业的科学发展，一定要重视制度建设。

要围绕党校事业科学发展进一步加强战略谋划和总体设计，在深化改革、推进创新的基础上，建立健全相关制度，把坚持党校姓党原则具体化为从严治校、从严施教、从严管理的制度措施，逐步完善党校事业科学发展的长效机制，从制度和机制上保证把科学发展观的要求落到实处。

二、党的十六大以来中央党校贯彻落实科学发展观存在的突出问题

通过在校内外广泛征求意见，召开专题民主生活会，校委和校学习实践活动领导小组组织全校认真查找了问题。主要是：在坚持党校姓党原则、同中央保持一致方面还有许多工作亟须加强；对马克思主义中国化最新成果的研究和运用这个最新成果武装学员方面的工作亟须加强；以端正学风、提高素质为目标的教研人员队伍建设亟须加强；以从严治校、端正校风为重点的学员管理工作亟须加强；坚持以人为本，在全校营造全面开创工作新局面的氛围方面，也有许多工作亟须加强。这些问题具体反映在以下六个方面的工作中：

（一）在校委班子自身建设方面还需要进一步加强。在创造性地落实中央要求，坚持用科学发展观统领党校各项工作，不断提高广大党员干部按科学发展观办事的素质和能力上，还有差距和不足。

在切实加强对全局性和战略性问题的研究，加大重点工作的贯彻落实力度，抓好以前对校委所提意见建议的处理上，还不够深入和有效。

在进一步改进作风，拓宽与干部群众的沟通渠道，经常深入教学科研第一线，了解情况、解决问题上，还不够主动和及时。

此外，在对地方党校的业务指导上，还需要进一步加强。

（二）在以中国特色社会主义理论体系特别是科学发展观为中心内容推进教学改革方面还需要进一步深化。推进中国特色社会主义理论体系特别是科学发展观进课堂、进教材、进头脑，还是初步的。中央党校对科学发展观还没有一个成熟的教材和大纲，尚停留在一般性的理论宣传和理论讲授上，讲授的系统性、生动性、有效性不够强，还不能满足中央对党校教学的要求和学员的需求。对中国特色社会主义理论体系特别是科学发展观的研究、讲解，还没有完全形成像研究、讲解马列主义、毛泽东思想经典理论那样的优势。

把理论教育、党性教育和知识教育统一到党校教学中，还缺乏总体的思路和规划。党校教育内容主要包括理论教育、党性教育、知识教育，其中理论教育是根本，党性教育是关键，知识教育是基础。怎样以理论教育引领和带动党性教育和知识教育，设计出党性教育的有效形式，设置出更加适应党校科学发展和领导干部需求的课程内容，还有待于进一步的探索和谋划。

在教学中坚持党校姓党原则、同中央保持一致方面，还有差距。在坚持党校姓党、同中央保持一致的问题上，我们总体上做得是好的，但也有个别同志做得不够好。比如，在校内外课堂上，有的教员有时用指责批评中央的口气讲问题。有的教员对我们取得的成绩和存在的问题把握不全面、材料来源不可靠、数据收集不准确，

讲课时牵强附会。有的教员讲授马克思主义基本理论、中国特色社会主义理论体系和党的十七大提出的重大问题时，理解和把握不准确。

教学的针对性、实效性依然是突出问题。对干部需求的调研了解还需进一步加强，进修类班次专题设计的针对性尚待提高。教学改革的力度还不够大，在打破学科的壁垒，优化配置教学资源方面做得还不够。不能及时把一些重大热点问题调整进教学计划。学科建设和教材建设与提高教学质量的要求还不完全适应，教学与学科建设的关系还没有完全理顺。

（三）*在按照发挥理论创新生力军作用的要求推进科研改革方面还需要进一步突破。*对党校科研工作的地位和作用有待于进一步统一思想。《党校工作条例》第一次明确提出，党校是党的哲学社会科学研究机构，要发挥在党委和政府决策中的思想库作用，要成为党的理论创新的生力军。对照这一要求，还有差距，尤其在认识上有三个问题尚未完全解决好：一是对科研工作坚持党校姓党原则，认识不太到位，在如何把握和落实好理论探索无禁区与讲台论坛有纪律之间的关系上，有待于厘清认识、掌握好尺度。二是教学科研要一体化，这几年作了一些努力，但还不够，尚需作出新的努力。三是在怎样处理为提高教学质量服务与为党委和政府决策服务的关系问题上，还有不足。

对中国特色社会主义理论体系的研究有待于进一步加强。如何进一步深化对中国特色社会主义理论体系的系统研究，把邓小平理论、“三个代表”重要思想、科学发展观作为一个理论体系有机整合起来，做得还比较欠缺。需要进一步加强对科学发展观的理论研究，确定若干重大课题，组织全国党校系统开展系列调研，及时总结梳理各地贯彻落实科学发展观的新鲜经验，推出一批具有影响力的科研成果。

对学术风气不浓这一薄弱环节有待于取得突破性进展。对照中央对党校科研所寄予的厚望，以及全校教研人员对校委的要求，中央党校理应出更多的精品力作，理应出更多的优秀人才，但我们在这两方面都有差距。这与时下盛行的浮躁之风有关。学风不正的问题在学员和教员中不同程度地存在着，表现之一是，理论研究浅尝辄止，实践调研走马观花，理论联系实际不够；表现之二是，做学问不扎实，投入不多产出不少，不少是“学术泡沫”、“膨化食品”、“棉花糖”，里面没有什么实际内容。校内的学术氛围还不够浓厚，教师的科研环境还有待进一步优化，教师科研的主动性创造性还需要进一步发挥。

（四）*在对学员的科学有效管理方面还需要进一步严格。*从学员方面看，反映最多的是，有些学员没有把心思放在学习上，热衷于吃请，忙于应酬。吃喝问题在某种程度上已经成为党校学员管理上的“老大难”问题，对党校良好学风校风的建设，有很强的负面影响。一些学员不能严格遵守学籍管理规定和课堂纪律。部分学员中存在学风不严谨、忙闲不均的问题。

从管理方面看，对习近平同志提出的科学有效管理理解不深，对科学管理与严格管理、民主管理、和谐管理的关系把握不准，对党性教育和党性锻炼工作抓得还不够实、不够细、不够深，统筹规划和整体设计方面还显得比较弱。学员管理制度建设有待进一步加强，管理理念和管理手段相对落后。学绩考核方法不够科学规范，考核内容失之简单笼统，对学员难以起到有效的约束作用。

（五）在教师和人才队伍建设的措施方面还需要进一步创新。与新时期党校担负的任务和使命相比，队伍结构还需要进一步优化，素质能力还需要进一步提高。建设一支素质优良、规模适当、结构合理、适应新时期干部教育培训要求的党校工作人员队伍需要进一步加大力度，特别是加强教师队伍建设，注意提高教师素质，注意培养大家名家方面，还有很多工作要做。同时也要注意解决组织员和行政后勤队伍的优化配置问题。

干部选拔任用机制有待于进一步完善。在干部队伍中，一定程度上存在干多干少一个样的现象，如何彻底做到让干事、做好工作的人不吃亏，让不干工作、干不好工作的人占不到便宜，还需要在制度建设上下功夫。

（六）在行政管理和后勤服务工作方面还需要进一步改进。机制上有待进一步理顺。比如，财务和行政在一起，花钱和管钱在一起，园林绿化和修缮在一起，设计施工又与基建部门无关。

制度执行上有待进一步加强。制度执行过程中存在宣传不够、执行不力、刚性不强、权威不足等问题。一些窗口单位和职能处室不同程度地存在态度生硬、方法简单、沟通说明解释不够等不足。某些制度对违反者没有严格的惩罚措施，刚性约束力不足，制度权威大大削弱。

人员严重老化，队伍素质难以适应形势任务要求。行政后勤部门普遍面临这个问题。有些单位50岁以上人员占到职工总数的一半以上，队伍建设的可持续性受到挑战。对业务工作急需的现代财务知识、信息化办公技能、房地产管理等知识和技能的在职培训亟待加强。

此外，在研究生教育、报刊出版、图书资料和信息化建设、老干部工作、机关党的工作等方面，也程度不同地存在着一些与科学发展观要求不适应不符合的问题。

三、存在问题的主要原因分析

以上各种问题产生的原因是多方面的，校委班子成员进行了认真的查找剖析。概括起来看，值得在整改中引起高度重视的主要是以下五个方面。

（一）理论学习的深度不够。加强学习是搞好这次学习实践活动的基础，也是做好党校各项工作的前提。党校工作中存在的各种问题，原因之一是认识不到位，而认识不到位的深层次原因是理论学习不深入，尤其是对马克思主义中国化最新成果的学习不够深入、领会不够深刻。虽然在这次学习实践活动中，全校的学习氛围更加浓厚，用科学发展观指导各项工作的自觉性明显增强，但与当前党的思想理论建设的要求相比，与党中央对于党校工作的要求相比，学习上的差距依然明显。被动学习多，主动学习、深入学习、研究式学习相对不足，在“深”和“专”上下功夫还不够。

（二）改革创新的力度不够。改革创新是党和国家事业前进的不竭动力，是发挥党校应有作用的必然要求。党校在革命、建设和改革时期为党的事业作出了贡献，在党的历次思想解放运动中有过辉煌的历史，形成了自己特有的优势。但是，党校作为讲思想解放、教思想解放的地方，本身也面临着进一步解放思想、推进改革创新的问题。因为过去我们驾轻就熟的一套做法已经不适应新的形势和任务要求，而新的做法我们又比较陌生。在这种情况下极易抱残守缺，改革创新不够自然就成为阻碍党校事业发展的重要因素之一。在教学改革和科研创新的进取性、管理服务和其他方面工作的开拓性上都有力度不够的问题。在紧紧把握干部教育培训的新形势，用新思路、新办法来最大限度调动教师和学员的积极性方面，在问教于需、问教于学、问教于教方面，在发展具有党校特色和优势的学科体系方面，在营造良好的科研学术氛围方面，在科学管理、严格管理、民主管理、和谐管理等方面都需要下大功夫，真正以创新求科学发展。

（三）作风建设的强度不够。作风决定着精神面貌，决定着工作成效。党校工作中存在的不少问题，都与作风有关。学风、校风等方面的突出问题都是作风建设力度不强的具体体现。在新的历史起点上，如何在党校培训中更加有效地进行作风教育，如何抓紧抓好“党校姓党”原则的教育，如何在党校各项工作中全面坚持发扬理论联系实际、密切联系群众、批评与自我批评等优良作风，都是必须认真对待的重要课题。通过作风建设的全面加强来保障各项工作的落实，既是当前的紧迫任务，又是一项长远的战略任务。

（四）素质能力的提升高度不够。素质能力对工作状况的影响很大，需要不断提高。领导职责的履行、领导任务的完成、领导效能的提高、工作业绩的出色，既需要专业化素养、能够精益求精，也需要全面的知识和能力结构，能够融会贯通。在这方面我们还存在明显的不足，尤其在培养领导干部领导科学发展的能力方面，在促进党校自身科学发展的能力方面，我们确实存在着本领恐慌。党校工作中存在的不少问题是因为我们不会做、心有余而力不足造成的。我们虽然也意识到素质能力建设的紧迫性，并提出一些具体措施，但还没有放在更加重要的位置，在重视学习和运用党校事业新发展所需要的政治、经济、法律、文化等各种知识，善于把所学知识转化为工作能力，从根本上克服“本领饥渴”、“本领恐慌”现象方面，还缺少更多有效措施，也没有形成良好的氛围。

（五）制度机制的完善程度不够。习近平同志在2008年11月12日的重要讲话中指出，党校工作中出现一些问题的原因是多方面的，但最直接的是党校的管理力度不够、措施不到位、制度不完善。这个论断切中要害。在党校自身的科学发展和党校服务于整个经济社会的科学发展方面，在党校工作的方方面面，制度机制都还不够完善。对现有的制度机制缺乏科学的全面的评估，哪些是适应科学发展观要求的，哪些是不完全适应科学发展观要求的，没有完全做到心中有数。一些规定是多年以前制定的，已经不完全符合或完全不符合党校教育形势发展的新需要，难以发挥作用，甚至产生副作用，从而也影响到制度应有的权威性。各项工作面临新情况新问题，有些方面的制度机制尚未完全跟上；

有的制度只是提供了大的原则，相应的具体实施办法尚未跟上，作用发挥受到限制；有些制度机制监督执行不够，落不到实处。所有这些因素，就带来了上述许多“不适应、不符合”的问题。

四、整改的方向、思路、要求和措施

开展学习实践活动取得实效的关键是在充分肯定成绩、认真查找问题、深刻剖析原因的基础上，切实解决问题，下大力搞好整改。校委通过广泛听取校内外意见，召开校委理论学习中心组扩大会议和专题民主生活会，针对查找出来的上述突出问题，围绕如何进一步把科学发展观落到实处，体现到党校的各项工作和建设中，初步理清了整改的总体思路，明确了整改的主要方向，提出了整改的工作要求，研究了整改的主要措施。

整改的主要方向：继续把《中央党校深入学习实践科学发展观活动实施方案》中提出的开展学习实践活动要达到的五项目标要求，即：贯彻落实科学发展观的自觉性、坚定性进一步增强；贯彻落实科学发展观的能力和水平进一步提高；影响和制约科学发展的突出问题切实加以解决；保障和促进科学发展的体制机制框架基本形成；《中国共产党党校工作条例》加紧实施作为整改的主要方向。并结合下一步“整改落实阶段”的特点，把工作重点放在制定整改落实方案、集中解决突出问题、完善体制机制上。

整改的总体思路：以《中国共产党党校工作条例》和全国党校工作会议精神特别是胡锦涛同志和习近平同志的重要讲话精神、习近平同志在中央党校2008年秋季学期第二批进修班开学典礼上的重要讲话精神为指导，按照中央关于开展深入学习实践科学发展观活动的一系列重要指示精神，以及《中央党校深入学习实践科学发展观活动实施方案》的要求，充分运用准备动员、学习调研、分析检查阶段的成果，采取切实可行的整改措施，继续着力转变不适应、不符合党校科学发展要求的思想观念；着力解决影响和制约党校科学发展的突出问题以及党员领导干部在党性党风党纪方面群众反映强烈的突出问题；着力深化党校教学和科研等各项改革；着力构建有利于党校科学发展的体制机制，提高全校学习、研究、宣传科学发展观和服务科学发展的能力，把党员干部和教职工的积极性引导到促进党校事业又好又快发展上来，把科学发展观贯彻落实到党校发展的各项工作中去，为整个经济社会的科学发展服务。

整改的工作要求：切实把中央提出的开展学习实践活动要把握的四个主要原则，即“坚持解放思想、突出实践特色、贯彻群众路线、正面教育为主”贯穿整改工作的始终。要进一步加强学习，真正把学习贯穿始终；进一步解放思想，把解放思想贯穿始终；进一步在制度建设上下功夫，特别是要建立深入贯彻落实科学发展观的长效机制；进一步发扬民主，广泛听取群众意见，把接受群众监督这个工作做好。要坚持边整边改，既要从当前工作入手，从最需要改的事情入手，也要立足长远，着力在抓根本打基础管长远上下功夫。要统筹兼顾两手抓，把开展学习实践活动与做好岁末年初各项工作紧密结合起来，确保“两不误、两促进”。

整改的主要措施：在学习实践活动的第一、第二阶段，我们注重从实际出发，坚持边学边改、边查边改的原则，对能够马上整改的问题立即进行了整改。比如：深入研究了加强党校的马克思主义学科建设和理论宣传阵地建设问题，提出了筹建中央党校马克思主义理论教研部和合并校刊社、学习时报社的初步方案；实施了“到课率情况通报制度”、“请销假情况通报制度”、“就餐情况通报制度”新的学员管理制度，等等。

对于需要经过一段时间努力解决的突出问题，校委将采取一些新的举措，主要包括：

1. 进一步把党校姓党原则贯彻和体现到党校的全部工作之中。在思想上、政治上、行动上与党中央保持高度一致的问题上，校委旗帜鲜明、立场坚定，绝不含糊，将不折不扣地贯彻落实习近平同志提出的要求，坚持党校办学的正确方向，坚持党校一切教学活动、一切科研活动、一切办学活动都要坚持党性原则，都要遵循党的政治路线，都要恪守党的政治纪律，都要为党校履行好自己的职能服务。

为了确保党校姓党原则落到实处，我们将进一步严格纪律，健全制度，完善长效机制。

在教学工作方面，强化集体备课制度，推行议课、听课、否课制度，防止把不成熟的课拿到课堂上。建立任课教师、教研部、教务部三级责任制，从教学讲题的设置、讲稿的撰写、备课和课堂讲授等各个环节，严格把关，并把与中央是否保持高度一致作为教学评估的要素之一。

在科研工作方面，建立健全制度机制。一是活跃而有序的研究机制。建立重大理论和现实问题集体研讨制度，对重大问题在内部好好地讨论，讨论清楚了，再进教材、进课堂、上报刊。二是成果的发表监管机制。健全宣传纪律和报刊出版物的审稿制度。内部研究可以敞开思想，发表宣传必须讲规矩、守纪律。对校内各种理论研讨会的新闻稿和研讨成果的发表，实施严格监管。三是应急管理机制。对突发问题实施应急管理，及时处置一些问题，降低负面影响。对有关责任人及时打招呼，及时教育，防微杜渐。

在学员管理和机关党的工作、离退休干部工作等方面，把党校姓党的教育制度化、常态化、长效化，使党校姓党的意识变成每个学员、每个党校人的坚定信念和自觉行动。

2. 进一步提高教学和科研质量。加大中国特色社会主义理论体系，特别是科学发展观进课堂、进教材、进学员头脑的力度。深化对中国特色社会主义理论体系的研究，编写统一的教学大纲和教材。改革现行的一些教学组织管理机制，教学计划的制定、教学讲题的设计以及任课教师的选任，考虑在全校范围内招标，打破部门和学科的壁垒。同时，认真总结 2008 年秋季学期项目制试点的经验，积极推广教学项目制管理，有效整合全校资源。

改进教学方法，着眼于提高学员运用马克思主义立场、观点、方法分析和解决实际问题的素养和能力。在教学中更好地做到“三结合”和“三体现”，即把学习马克思主义理论与党和国家的事业发展结合起来，与学员的岗位要求结合起来，与学员主观世界的改造结合起来；把学习成果体现到为实现党的基本路线和基本纲领而奋斗的实践上，体现到努力做好本职工作上，体现到自身的党性修养上和在关键时刻、危难关头豁得出来、冲得上去的实际行动上。在学员素养和能力的培养方面，进一步推广和完善课堂研讨、双向交流和小组讨论等教学环节的互动力度，开展形式多样的学员论坛，继续积极采用案例教学、体验式教学、情景模拟式教学等新的方法。

坚持按需施教，不断增强教学的针对性和实效性。坚持理论联系实际的马克思主义学风，坚持按需施教的原则，把党的要求、学员履行岗位职责的要求和学员的个性化需求结合起来，有针对性地开展教学。进一步加强需求调研，建立和完善教学科研需求调研制度，更好地加强教学科研工作的针对性和实效性。

加强对重大理论和现实问题的研究，尤其是加强对中国特色社会主义理论体系包括科学发展观方面的相关研究以及开展扩大内需、促进发展的现实问题研究。继续推进教学科研一体化，做到教学出题目，科研做文章，重视超前性研究，真正拿出一批像样的、能够打动人的成果，能够供中央决策参考的成果，能够进课堂、进教材、进学员头脑的成果，使科研工作切实做到为理论创新服务、为提高教学质量服务、为党和国家决策服务、为“五个建设”服务。

大力加强队伍建设，提高教师理论联系实际的能力和水平。落实人才强校战略，着眼于培养大师、名师一级的教员，加强对现有教师队伍的理论培养、出国进修、实践锻炼和岗位交流。同时，也从全国高等院校、科研机构等适当引进一些优秀人才，特别是引进一些有发展潜力的年轻人才。

3. 进一步加强校风建设。贯彻从严治校方针，加强对学员的科学管理，做到“四个到位”。

思想认识到位。管理者要充分认识加强学员管理的重要性，改变不敢管、不会管、不愿管的状态。

管理力量到位。树立全员管理的意识，形成学员部、教员以及学员自身齐抓共管的氛围。既发挥教员、组织员的主导作用，也重视发挥以学员党支部为依托的学员自我管理的作用。

制度机制到位。依据《中国共产党党校工作条例》，结合学员情况和新特点，制定新制度，修订旧制度，废除过时制度。同时加大制度落实、执行、监督的力度，做到有章可循、有章必循、违章必究。

管理手段到位。通过改善管理手段和技术手段，对学员进行全程管理。在科学管理、细化管理上动脑筋，在严格管理上动真格，敢管、敢抓、敢碰硬，形成合力推进的机制。

4. 进一步提高行政管理和后勤服务工作水平。强化思想政治建设，提高政治觉悟和工作水平。结合校风、学风建设，构建和谐健康规范的工作和生活环境，营造爱岗敬业的浓厚氛围。广泛开展岗位练兵，改善工作方法，提高工作技能，使行政管理和后勤服务工作有序、规范、科学。

下大气力抓好制度建设，坚持以制度管人、按制度办事。对行政管理和后勤服务各方面的工作制度进行一次细致排查，做好有关制度的废止、修订和充实工作，并认真抓好制度的落实，切实做到：制度执行前，认真做好周密细致的宣传工作，力戒因宣传工作不到位引发执行矛盾；制度执行过程中，做到既严格执行制度不动摇，又循循善诱，以理服人，提高人性化管理和服务水平；制度实行一段时间之后，在通盘考虑各方面意见建议的基础上，对制度存在的不合理、不完善之处进行修改、补充和完善，然后在工作中继续坚持下去。

进一步理顺工作机制，实现机制科学顺畅、运作高效协调、制约均衡有力的目标。改进工作方法，正确划分和科学设置管理权限和管理机构，使整体管理和服务流程有序运转、科学运转、高效运转。重点解决好会议审批与主办、越级请示事项、财务管理与项目实施合一、园林和修缮合一、规划与实施合一等问题。

积极探索好的工作平台和抓手，提高服务保障工作的质量和水平。办公厅重点抓好全校督办工作，为校委工作要点和议定事项的贯彻落实提供强有力保障；行政管理和后勤服务部门要重点抓好预算管理、“阳光支出工程”、项目监管、成本核算，做好资产、资金、资源和劳务四篇大文章。

5. 进一步加强校委班子的自身建设。按照习近平同志在全国党校工作会议上提出的“党校的领导干部要加强学习，不断提高政治理论水平和校务管理能力，努力做到讲政治、懂理论、善管理”的要求，从校委主要领导做起，努力做到“三不”：一是“不二心”。无论发生什么事情，都要跟党一心一意，忠诚于党，忠实于党的事业，和党中央始终保持高度一致。二是“不懈怠”。作为一名共产党员和领导干部，对组织上安排的岗位决不能懈怠，努力工作，扎实工作，勤奋工作。三是“不伸手”。不向权力、地位、金钱伸手，不该自己拿的东西，决不伸手。

还要做到“三靠”：一是“靠中央”。贯彻中央的精神就是校委的思路，按照中央的精神办，就是校委做好工作十分重要的保证。二是“靠集体”。校委班子成员要和睦相处，遇到事情大家一起商量，商量完了大家一起去办。三是“靠规矩”。靠规矩办事，靠规矩管人，靠规矩律己。

中央党校深入学习实践科学发展观活动整改落实方案

（2009年2月18日校委会议讨论通过）

校学组发〔2009〕7号

按照中央部署，2008年9月以来，中央党校开展了深入学习实践科学发展观活动。校委坚持把这次活动作为加强党校自身建设和为推动整个经济社会科学发展服务的难得机遇，高度重视、精心组织，联系实际、突出特色，扎实推进、环环紧扣，比较圆满顺利地完成了准备动员环节、学习调研和分析检查阶段的工作任务。特别是围绕如何进一步把科学发展观落到实处，体现到党校的各项工作和建设中，广泛征集到校内外的意见和建议427条。针对这些意见和建议，校委先后召开以检查贯彻落实科学发展观情况为主题的理论学习中心组扩大会议和民主生活会，在积极开展批评与自我批评的同时，严肃认真查找了存在的突出问题，深刻剖析了原因，有针对性地提出了整改的措施。经过集思广益、反复修改，形成了校委贯彻落实科学发展观情况的分析检查报告，并报习近平同志和中央指导检查组、中央有关部门，同时征求各省（区、市）委和省级党校、副省级城市党校、新疆生产建设兵团党校、铁道部党校的意见，并请校内全体党员干部进行评议。根据评议意见，对分析检查报告作了进一步修改完善。在分别制订十个专题方案的基础上，校委研究提出了本整改落实方案。

校委研究确定，当前和今后一个时期，进一步贯彻落实科学发展观的总体思路是：以邓小平理论和“三个代表”重要思想为指导，认真贯彻《中国共产党党校工作条例》（以下简称《党校工作条例》）和全国党校工作会议精神，特别是胡锦涛同志和习近平同志的重要讲话精神、习近平同志在中央党校2008年秋季学期第二批进修班开学典礼上的重要讲话精神，按照中央关于开展深入学习实践科学发展观活动的一系列重要指示，以及《中央党校深入学习实践科学发展观活动实施方案》的要求，采取切实可行的整改措施，进一步提高全校学习、研究、宣传科学发展观和服务科学发展的能力，把党员干部和教职工的积极性引导到促进党校事业又好又快发展上来，把科学发展观贯彻落实到党校发展的各项工作中去，为整个经济社会的科学发展服务。

按照这一总体思路，针对查摆出来的突出问题，重点从以下十一个方面抓好整改落实：

一、进一步加强思想政治建设，切实把党校姓党原则贯彻和体现到党校的全部工作之中

1. 思想上政治上行动上要始终与党中央保持高度一致。对这一重大问题，校委旗帜鲜明、立场坚定、绝不含糊，不折不扣地贯彻落实习近平同志提出的要求，坚持党校办学的正确方向，坚持党校一切教学活动、一切科研活动、一切办学活动都要坚持党性原则，都要遵循党的政治路线，都要恪守党的政治纪律，都要为党校履行好自己的职能服务。为了确保党校姓党原则落到实处，必须进一步大力加强以讲政治、顾大局，自觉同党中央保持高度一致为重点内容的思想政治建设，通过健全制度，完善长效机制，全面贯彻落实党校姓党、从严治校的方针。

（责任人：校委成员；责任单位：各直属单位；整改落实时限：长期）

2. 教学工作要始终坚持从严施教。正确处理言论自由与政治纪律的关系。强化集体备课制度，推行议课、听课、否课制度。建立任课教师、教研部、教务部三级责任制，从教学讲题的设置、讲稿的撰写、备课和课堂讲授等各个环节，把是否与党中央保持高度一致作为教学评估的要素之一。

（责任人：石泰峰、陈宝生、李书磊、贾高建；责任单位：教务部、各教研部（所）；整改落实时限：2009 年上半年）

3. 科研工作要始终坚持从严治学。正确处理学术研究与理论宣传的关系。一是建立健全活跃而有序的研究机制。坚持重大理论和现实问题集体研讨制度，对重大问题在内部认真讨论，讨论清楚了，再进教材、进课堂、上报刊。二是建立健全成果发表的监管机制。坚持宣传纪律和报刊出版物的审稿制度。内部研究可以敞开思想，发表宣传必须讲政治、守纪律。对校内各种理论研讨会的新闻稿和研讨成果的发表，实施严格监管。三是建立健全应急管理机制。对突发问题实施应急管理，及时处置一些问题，淡化影响。对有关责任人及时打招呼，及时教育，防微杜渐。

（责任人：石泰峰、陈宝生、李书磊、郝时晋、张伯里、贾高建；责任单位：科研部、各教研部（所）、出版社、校刊社、学习时报社；整改落实时限：2009 年上半年）

4. 学员工作要始终坚持从严管理。正确处理管理的主体与客体的关系，坚持学校管理与学员自我管理相结合。充分发挥以学员党支部为依托的学员自我管理的作用，调动学员的积极性和主观能动性，使学员在自我管理、自我教育、自我服务中自觉遵守校规校纪。

（责任人：孙庆聚、李书磊、徐伟新；责任单位：进修部、培训部、研究生院；整改落实时限：2009 年第一季度）

5. 全校各项工作都要始终贯彻和体现党校姓党原则。行政管理、后勤服务、机关党的工作、离退休干部工作等，也要把党校姓党的教育制度化、常态化、长效化，使党校姓党的意识变成每个党校人的坚定信念和自觉行动。

（责任人：校委成员；责任单位：各直属单位；整改落实时限：长期）

二、进一步加强校委和各直属单位领导班子建设，切实增强领导党校科学发展和为整个经济社会科学发展服务的能力

6. 继续抓好深入学习实践科学发展观活动。认真进行整改，确保取得实效，建立和完善深入学习实践科学发展观的长效机制，坚持用科学发展观统领党校的各项工作。以学习实践活动为契机，进一步加强以提高领导科学发展和服务科学发展能力为重点的执政能力建设。以胡锦涛总书记在中央纪委三次全会上的重要讲话为指导，进一步推进以加强党性锻炼、增强党性修养、提高党性觉悟为重点的先进性建设。

（责任人：李景田、孙庆聚、罗宗毅；责任单位：机关党委、研究室、办公厅、组织部；整改落实时限：2009 年第一季度）

7. 着力抓好校委理论学习中心组和各直属单位领导班子的学习。不断提高各级领导班子成员的政治理论水平和按照科学发展观办事的素质，进一步增强领导力、执行力和创新力，努力做到讲政治、懂理论、善管理。

（责任人：校委成员；责任单位：各直属单位；整改落实时限：长期）

8. 切实加强对宏观性、全局性和战略性问题的研究。校委和各直属单位领导班子成员要把握大局，吃透中央精神，结合党校实际，创造性地抓好工作落实。加强对党和国家重大理论和现实问题，尤其是“两个规律”（干部成长规律和党校教育规律）的调查研究。校委班子成员要带头调研，并切实抓好调研成果的转化和利用工作。

（责任人：校委成员；责任单位：各直属单位；整改落实时限：长期）

9. 注重抓好全国党校系统贯彻落实全国干部教育培训工作会议精神、全国党校工作会议精神和《党校工作条例》。中央党校要带头深入学习、贯彻落实，进一步提高党校工作的科学化、规范化和制度化水平。同时，加强对全国党校系统贯彻落实工作的检查指导，组织校委成员分赴各地方党校进行调研和督促检查。今年 4 月组织一次督察，5 月向中央写出贯彻落实情况的报告。与有关部门合作，力争年内完成省级党校办学质量评估体系和办法的制定。适时召开全国党校校长会议，加大对地方党校业务指导的力度，在教学设计、教材编写、科研课题立项、学科建设、学位评定等方面进行组织协调。举办地方党校校长研讨班。加强对分校的管理，修订《中共中央党校分校工作规则》。

（责任人：校委成员；责任单位：办公厅、研究室、教务部、科研部、进修部、培训部、研究生院、组织部、财务行政管理局、后勤服务部、信息管理部、机关党委；整改落实时限：2009 年年内）

10. 进一步改进领导作风和工作作风。坚持从严治校方针，切实加强校风和学风建设。从校委主要领导做起，努力做到“三不”（不二心、不懈怠、不伸手）、“三靠”（靠中央、靠集体、靠规矩）。精简会议文件，改进会风文风，开短会，讲短话。经常深入教学科研一线，了解情况，解决问题，及时处理和答复校内外所提的意见和建议。

（责任人：校委成员；责任单位：各直属单位；整改落实时限：长期）

三、进一步深化教学改革，切实推进中国特色社会主义理论体系特别是科学发展观进课堂、进教材、进头脑

11. 深化教学内容改革。坚持把中国特色社会主义理论体系特别是科学发展观作为党校教学的中心内容，进一步研究中国特色社会主义理论体系的教学框架，进一步研究中国特色社会主义理论体系特别是科学发展观分类别、分层次讲授的内容和方式。从各个学科角度对中国特色社会主义理论体系特别是科学发展观进行分科细化研究，提高讲授的学术化水平。深入研究如何在校内和分校各个班次教学中贯穿党性教育的要求，把党性教育贯穿于教学的全部过程和各个方面。

（责任人：石泰峰、陈宝生、李书磊、贾高建；责任单位：教务部、各教研部（所）；整改落实时限：2009年上半年）

12. 推进教学方法改革。改进和完善案例教学，以提高领导干部领导能力和执政能力为目标进一步规范案例教学。加强研讨式教学，根据不同的教学内容和不同班次领导干部的特点，在讲授基础上，增加教与学的互动，实现教学相长，学学相长。启动模拟实验室的建设，做好模拟实验室的各项建设工作，积极开展情景模拟式教学。加强教学基地的规范化建设，规范教学基地案例选择、案例分析，提高体验式教学效果。丰富菜单式教学内容，为学员多样化需求提供更多选择。

（责任人：石泰峰、陈宝生、李书磊、郝时晋、贾高建；责任单位：教务部、各教研部（所）、信息管理部；整改落实时限：2009年年内）

13. 改进教学组织管理方式。逐步推广教学组织的项目制管理，试行教学计划和教学讲题招标制，进一步打破学科界限，优化教学资源，提高教学组织效率。就完善教学评估表发放调查问卷，并根据提出的意见和建议，改进教学评估办法。加强备课管理，要求教师对每个讲题的讲授既要有学术框架又要有现实维度。加强对学员读书和自学的考核，认真研究不同班次学员特点，探索不同班次、不同教学组织形式对学员读书和学习的考核方式。进一步推广读书交流活动，促进学员形成良好的读书习惯和理论联系实际的马克思主义学风。

（责任人：石泰峰、陈宝生、孙庆聚、李书磊、徐伟新、贾高建；责任单位：教务部、各教研部（所）、进修部、培训部；整改落实时限：2009年年内）

14. 优化班次设置。在办好目前常规班次的同时，加大专题研讨班的力度。加强需求调研，广泛征求学员和相关部门意见，增强班次设置的针对性。

（责任人：石泰峰、陈宝生、孙庆聚、李书磊、徐伟新、贾高建；责任单位：教务部、各教研部（所）、进修部、培训部；整改落实时限：2009年下半年）

15. 加强学科建设和教材建设。颁布实施《中央党校学科建设实施纲要》。认真落实《中央党校马克思主义理论一级学科建设实施方案》和《中央党校马克思主义理论一级学科三年（2007—2009）建设发展规划》，加快筹建马克思主义理论教研部。完善教材编写组织办法，抓紧出版《科学发展观研究》和《社会主义市场经济研究》、《社会主义民主政治研究》、《社会主义文化建设研究》、《社会主义和谐社

会研究》等重点教材。

（责任人：石泰峰、陈宝生、李书磊、郝时晋、张伯里、贾高建；责任单位：教务部、科研部、研究生院、各教研部（所）、研究室、出版社；整改落实时限：2009年年内）

四、进一步深化科研改革，切实推进理论创新

16. 建立和完善开放的科研体制。党校科研要坚持“请进来”与“走出去”相结合，加强与实际工作部门和政策研究部门、高等院校、科研院所及国（境）外学术界的交流与合作。进一步加强科研协作，制定《全国党校科研评估细则》，开展全国党校科研评估工作。完善《全国党校系统科研评奖条例》，改进全国党校系统科研课题研究制度，完善党校科研基地的工作机制。

（责任人：石泰峰、张伯里；责任单位：科研部；整改落实时限：2009年年内）

17. 建立健全有利于科学发展的科研激励机制和约束机制。在科学研究中坚持严格政治纪律，严格学术规范，严格工作程序，严格财务纪律。修订《中央党校科研津贴条例》，完善科研项目的奖励与激励机制。全国党校系统调研项目和中央党校校级科研项目的结项成果要评出等级，对优秀等级的校级科研成果予以适当表彰。提高《中央党校理论文库》的出版质量。加大以中央党校邓小平理论和“三个代表”重要思想研究中心名义在中央“四报一刊”发表文章的奖励力度。

（责任人：石泰峰、张伯里；责任单位：科研部；整改落实时限：2009年下半年）

18. 加强和改进科研项目管理，进一步发挥其枢纽和导向作用。修订《中央党校科研项目管理办法》（试行），协商中国马克思主义研究基金会修订《〈中国马克思主义研究基金会“中央党校教学科研专项基金”资助奖励办法（试行）〉科研课题项目实施细则（试行）》。广开研究项目的渠道，更多地为教研人员提供科研信息。建立健全课题管理的长效机制，进一步加强对在研项目的中期管理。继续清理、督办未按时结项的各类课题，解决“重立项，轻结项”的问题。对项目成果做好评估、鉴定、宣传利用等工作。

（责任人：石泰峰、张伯里；责任单位：科研部；整改落实时限：2009年年内）

19. 积极推进教学科研一体化。出台《关于加强科研为提高教学质量服务，积极推进教学科研一体化的意见》。通过经常性的与相关部门沟通、协商或不定期召开联席会议等方式，认真研究教学科研一体化进程中急需协商、办理的重大事宜。组织教研人员和科研管理人员研究学员“两带来”问题（带来一个干部群众关心的热点问题，带来一个希望中央党校解决的思想理论问题），对于一些重大问题予以优先立项研究。充分利用和发挥学员的科研资源优势，吸收学员参加党校组织的各种学术活动，并注重学员科研成果的运用、转化工作。

（责任人：石泰峰、陈宝生、孙庆聚、李书磊、郝时晋、张伯里、徐伟新、贾高建；责任单位：科研部、教务部、各教研部（所）、进修部、培训部；整改落实时

限：2009年上半年）

20. 营造浓厚的学术研究氛围。定期或不定期地举办不同类型不同层次的科研交流会、理论研讨会、学术论坛、“学术活动月”、学术沙龙等活动，促进教学科研中的学科交叉与知识融合，着力打造学术团队。建立长效、常规的教研单位学术活动月报制度。

（责任人：石泰峰、陈宝生、李书磊、张伯里、贾高建；责任单位：科研部、各教研部（所）；整改落实时限：长期）

五、进一步健全完善学员管理制度，切实加强学员管理工作

21. 加强对学员的党性教育。认真贯彻落实胡锦涛总书记在中央纪委三次全会上的重要讲话精神和习近平同志在全国党校工作会议上提出的要求，把加强领导干部党性修养、树立和弘扬优良作风作为重大政治任务抓紧抓好，完善党性教育机制，规范党性教育课程，丰富党性教育内容，以坚强的党性和优良的作风保证科学发展观的贯彻落实。

（责任人：孙庆聚、徐伟新；责任单位：进修部、培训部；整改落实时限：2009年上半年）

22. 建立健全学员管理制度。进一步修改、健全和落实校内和分校各主体班次的管理制度，加强对学员的教学、生活、思想、安全管理，加强对学员的学绩考核、学籍管理，重点解决学风不浓、应酬过多等问题。今年适时召开全国党校系统学员管理工作座谈会，进一步总结提高学员管理的经验和水平。

（责任人：孙庆聚、徐伟新；责任单位：进修部、培训部；整改落实时限：2009年年内）

23. 加强对研究生等其他类型学员的管理。修订完善并严格执行学位研究生教育的各项规章制度，以确保质量为重点，做好学位研究生的培养和管理工作。加强学位点建设工作，促进学位点建设规范化、制度化。进一步规范管理、提高质量，做好在职研究生教育工作。同时，做好函授学历教育收尾和转型发展工作以及对外培训工作。

（责任人：陈宝生、李书磊、罗宗毅；责任单位：办公厅、研究生院、函授学院；整改落实时限：2009年年内）

六、进一步实施人才强校战略，切实为促进党校科学发展提供人才保证

24. 加大队伍建设的力度。对中央党校教职工队伍状况及人才需求情况进行全面调研分析，形成综合报告。制定《关于公开招聘（选拔）高端战略人才暂行办法》，选择部分岗位试点公开招聘（选拔）高端战略人才。逐步壮大兼职教师队伍。加强教师培训的制度化建设，完善和落实干部理论学习、基层锻炼、培训规划制度。

（责任人：李景田；责任单位：组织部；整改落实时限：2009年年内）

25. 深化干部人事制度改革。改进和完善职称评审办法，明确专业技术岗位聘用程序，督促各相关事业单位制定明确的岗位条件和岗位职责。进一步完善竞争上岗办法，召开参加2008年竞争上岗人员的座谈会，听取意见。扩大民主推荐范围，拓宽谈话考察范围。进一步强化干部选拔

任用监督工作，在试点基础上，在全校各直属单位实行“一报告两评议制度”（对干部选拔任用情况进行报告，对干部选拔任用工作和新提拔任用的干部进行评议），建立干部选拔任用监督电子信箱。

（责任人：李景田；责任单位：组织部；整改落实时限：2009 年年内）

26. 创新管理和激励机制。进一步完善干部年度考核办法，加强专业技术职务资格人员管理和专家管理工作，提高劳动合同制人员的管理水平。研究制定中央党校工作人员工资序列变动管理办法。修改人才强校基金教研人才资助项目资助办法，改进评审方式，使资助侧重于马克思主义基础理论研究，侧重于有发展潜力、立志于党校教学科研的青年教师。采取多种办法，逐步解决行政后勤部门人员青黄不接的问题。

（责任人：李景田；责任单位：组织部；整改落实时限：2010 年）

七、进一步抓好建章立制和沟通协调工作，切实提高行政管理水平和后勤保障能力

27. 健全完善科学有效的制度。对行政管理和后勤服务各方面的工作制度进行一次细致的排查清理，做好有关制度的废止、修订和充实工作，并注意做好宣传解释工作。认真抓好制度的落实，坚持以制度管人、按制度办事。

（责任人：陈宝生、罗宗毅；责任单位：办公厅、财务行政管理局、后勤服务部；整改落实时限：2009 年年内）

28. 进一步理顺工作机制。合理划分管理权限、科学设置管理机构，使整体管理和服务流程有序运转、科学运转、高效运转。加强对直属单位工作安排的统筹协调和相互之间的沟通配合，提高机关工作整体效能。以大事要事和领导重要批示落实情况为主要内容，加强和改进督办工作。重点解决好越级请示事项、会议审批与主办合一、财务管理与项目实施合一、园林和修缮合一、规划与实施合一等问题。

（责任人：陈宝生、罗宗毅；责任单位：办公厅、财务行政管理局、后勤服务部；整改落实时限：2009 年年内）

29. 进一步提高服务保障工作的质量和水平。进一步抓好预算管理、“阳光工程”和项目监管工作，协调有关部门，围绕项目预算推进“项目库”建设，建立健全相应的基本资料。抓好成本核算工作，做好资产、资金、资源和劳务“四篇文章”。不断深化后勤服务社会化改革。

（责任人：陈宝生；责任单位：财务行政管理局、后勤服务部；整改落实时限：2009 年下半年）

30. 进一步改善教职工的工作和生活条件。继续做好机关办公用房的调整工作，增加必要的办公设施，逐步改善办公条件。年内完成职工食堂和住宅项目立项，制定新职工住宅分配方案，继续完成房屋、土地权属证件的办理工作，以及二食堂和清真食堂、育园楼的修缮工程。进一步搞好社区服务，改进校医院的医疗服务工作。

（责任人：陈宝生；责任单位：财务行政管理局、后勤服务部；整改落实时限：2009 年年内）

八、进一步深化党校报刊改革，切实发挥党校宣传阵地作用

31. 整合报刊资源。经校委会讨论决

定并报请中编办批准，中央党校校刊社、学习时报社合并为中央党校报刊社。报刊社按事业单位人事制度管理，配齐配强领导班子。

（责任人：李景田、石泰峰；责任单位：组织部、校刊社、学习时报社；整改落实时限：2009 年上半年）

32. 规范报刊经营管理。目前暂按合并前两个部门及规定进行财务核算，有关法人资格、税务登记、银行账户及印鉴仍沿用，以保障工作的连续性。以后由组织部、财务行政管理局财务部商报刊社制定或修订财务管理各方面的制度或规定。

（责任人：李景田、石泰峰、陈宝生；责任单位：组织部、财务行政管理局、校刊社、学习时报社；整改落实时限：2009 年年内）

九、进一步加强出版工作、图书资料文献工作和信息化建设，切实提高为教学科研服务的水平

33. 突出党校出版工作的特色。充分发挥出版社的马克思主义理论宣传、党的干部教育类教材书籍、党校教学科研成果出版阵地作用，坚持正确的政治方向，不断提升管理和经营水平，进一步调整图书生产品种结构，强化主打品牌，全力打造精品图书。继续深化出版体制的改革。

（责任人：郝时晋；责任单位：出版社；整改落实时限：2009 年上半年）

34. 进一步发挥图书文献资料的服务功能。加强对信息化、数字化、网络化条件下图书馆发展的研究，明确馆藏特色，转变服务理念，在深入教学科研全过程服务和学科化服务上下功夫。启动数字图书馆系统与资源建设，进一步推进全国党校系统数字资源共建共享工作。

（责任人：郝时晋；责任单位：图书馆；整改落实时限：2009 年年内）

35. 进一步推进信息化建设。尽快完成校园网升级改造工程，完善远程教学网功能。协助中组部等单位做好全国农村党员干部现代远程教育的有关工作，认真落实两年内实现乡村远程网络基本覆盖的目标任务。以计算机和网络信息安全为重点，抓好安全保密工作。

（责任人：陈宝生、郝时晋、罗宗毅；责任单位：信息管理部、办公厅；整改落实时限：2010 年）

十、进一步健全完善离退休干部工作机制，切实发挥离退休干部的积极作用

36. 建立校委统一领导、离退休干部局具体负责、相关单位积极配合、各直属单位共同参与的工作机制。每年召开一次校老干部工作领导小组会议，进一步发挥老干部工作领导小组的组织、协调和指导作用。每两年召开一次全校离退休干部工作会议，在全校营造尊老敬老的良好氛围。各直属单位确定一名负责同志，协助离退休干部局共同做好本部门离退休干部、职工的工作。

（责任人：李景田、陈宝生、孙庆聚；责任单位：离退休干部局、组织部、财务行政管理局、后勤服务部、机关党委；整改落实时限：2009 年年内）

37. 建立离退休人员共享改革发展成果的机制。相关部门在制定有关工资、住房、医疗和福利待遇等措施规定时，要按

照共享改革发展成果的要求，在国家政策允许范围内，充分考虑离退休人员的利益和权益。在进行涉及离退休人员切身利益的改革前，要征求离退休干部局和老同志代表的意见，同步研究制定相应的保障办法和措施。

（责任人：李景田、陈宝生、孙庆聚；责任单位：离退休干部局、组织部、财务行政管理局、后勤服务部；整改落实时限：2009年年内）

38. 加大工作力度，落实好老同志的政治、生活待遇。充分调动老同志的积极性，继续为党的干部教育事业发挥作用。同时，探索建立校委、离退休干部局、原工作单位齐抓共管的政策宣讲和说服解释机制，加大思想政治工作力度。尝试在离退休干部集中、年龄严重老化的党支部由联络员兼任支委，增强党支部工作活力。完善高龄、孤寡、病残和有特殊困难的离退休人员帮扶机制，加大重点服务力度。综合运用学习教育、思想疏导、典型示范和业务培训等多种形式，丰富老同志精神文化生活。

（责任人：孙庆聚；责任单位：离退休干部局；整改落实时限：2009年年内）

十一、进一步加强和改进机关党的工作，切实为党校科学发展提供思想政治保证

39. 紧紧围绕党校中心任务，扎实开展机关党建工作。及时组织全校广大党员干部认真学习贯彻中央一系列会议精神，把思想统一到中央对当前形势的判断和作出的重大决策部署上来。着力抓好理论学习中心组和处以上党员领导干部的政治理论学习，每学期布置一次理论学习任务，完善理论学习考核机制，经常召开学习情况交流会。着力加强基层党组织建设，今年上半年完成校机关党委换届工作，加强机关党务工作者队伍建设，每学期举办一次党务干部培训班，深入开展创建“最佳党日活动”。在纪念建党88周年之际，评选表彰全校优秀共产党员和优秀党务工作者。围绕庆祝建国60周年，开展“迎国庆、讲文明、树新风”和爱国爱党爱校等系列活动。

（责任人：孙庆聚；责任单位：机关党委；整改落实时限：2009年年内）

40. 着力加强制度建设，推进机关党建工作的制度化规范化。研究制定贯彻《中国共产党党和国家机关基层组织工作条例》和《中国共产党党校工作条例》的实施办法，对机关党组织的设置、职责任务、党内监督、基层党组织建设和党务干部队伍建设作出具体规定。形成《中央党校机关党的工作制度汇编》、《中央党校党风廉政建设制度汇编》和《机关党委办事机构工作制度汇编》。落实党风廉政建设责任制，贯彻好《建立健全惩治和预防腐败体系2008—2012年工作规划》。进一步完善和落实《思想政治工作分析报告制度（试行）》，探索思想政治工作的新形式新载体。完善党建工作考核评价机制，落实《党支部工作目标管理责任制》。

（责任人：孙庆聚；责任单位：机关党委；整改落实时限：2009年上半年）

对于以上整改意见，校委成员和各直属单位要按照责任分工，细化整改措施，制定实施计划，明确整改的时间和进度，狠抓落实。

中央党校深入学习实践科学发展观活动总结报告

校学组发〔2009〕11号

根据中央的统一部署，中央党校从去年9月23日至今年2月26日，在全校开展了深入学习实践科学发展观活动。在习近平同志和中央学习实践活动领导小组的领导下，在中央学习实践活动第15指导检查组的指导下，在校委和全校党员的共同努力下，在有关单位的大力支持下，学习实践活动顺利完成了各项任务，达到了预期目的。

一、基本情况和主要做法

在历时五个多月的学习实践活动中，中央党校按照《中共中央关于在全党开展深入学习实践科学发展观活动的意见》要求，根据《中央党校深入学习实践科学发展观活动实施方案》安排，把学习实践活动作为一项重大政治任务和推动科学发展的难得机遇，自始至终坚持高举中国特色社会主义伟大旗帜，以邓小平理论和“三个代表”重要思想为指导，组织全校党员特别是各级领导班子和党员领导干部深入学习实践科学发展观，认真学习贯彻《中国共产党党校工作条例》和全国党校工作会议精神，紧紧围绕如何按照科学发展观的要求，坚持党校姓党原则，贯彻从严治校方针，着力转变不适应不符合党校事业科学发展要求的思想观念，着力解决影响和制约党校事业科学发展的突出问题以及党员干部党性党风党纪方面群众反映强烈的突出问题，着力深化党校教学和科研等各项改革，着力构建有利于党校事业科学发展的体制机制，促进党校事业又好又快发展，为整个经济社会的科学发展服务。全校2196名党员，其中包括494名处级以上和具有正高级专业技术职务的党员、710名离退休党员，都积极参加这项活动。整个学习实践活动经历了准备动员环节、学习调研阶段、分析检查阶段、整改落实阶段、总结测评环节共三个阶段十一个环节。总的看，这次学习实践活动思想明确，措施有力，工作扎实，进展顺利，成效明显，党员、干部、群众满意。根据近期在校委成员，在校的全国人大代表、全国政协委员，各直属单位领导班子成员、党组织负责人、学习实践活动联络员，离退休干部党委委员，职工代表，学员代表范围内进行的群众满意度测评结果看，满意的占89%，比较满意的占10%，不太满意的占1%，总体满意率达到了99%。主要做法是：

（一）*认真贯彻中央精神，切实加强组织领导。*中央党校自始至终紧跟中央的决策部署，把学习实践活动摆在重要议事日程，科学筹划，精心组织。习近平同志对学校的学习实践活动非常重视，始终关注活动的进展情况，并给予直接指导。去年10月16日，他出席全校学习实践活动动员大会并发表重要讲话，强调要以党的十七大精神为指导，以深入学习贯彻《中国共产党党校工作条例》和全国党校工作会议精神为实践载体，通过深入开展学习实践活动，达到提高思想认识、解决突出问题、创新体制机制、促进科学发展的目标。在中央党校上报的学习调研阶段和分析检查阶段两个总结报告上他先后作出长篇重要批示。在去年11月12日中央党校秋季学期第二批进修班开学典礼上，他再次对中央党校的学习实践活动作出重要指示。今年2月24日，习近平同志出访刚刚归来，就审阅了中央党校报给他的总结报告，并作了重要批示。2月26日，习近平同志出席中央党校学习实践活动总结大会并发表重要讲话。习近平同志的高度重视和精心指导，是我们搞好这次学习实践活动最为有力的政治和组织保证。中央第15指导检查组对中央党校的学习实践活动关心备至、悉心指导。组长王众孚、副组长王晓安等同志多次来校检查指导工作，对每一环节每一阶段都提出明确意见，给予具体指导。校委认真贯彻中央精神和习近平同志的指示，自觉主动接受指导检查组的督促指导。活动伊始，学校成立了由常务副校长李景田同志任组长的中央党校深入学习实践科学发展观活动领导小组，副校长、机关党委书记孙庆聚同志任副组长，校委成员为领导小组成员。领导小组下设办公室作为办事机构。校直属单位也各自成立了学习实践活动领导小组，由主要负责同志任组长，作为本单位学习实践活动的第一责任人，党组织负责人任副组长，同时也是活动的直接负责人，领导班子成员为小组成员，负责本单位学习实践活动的组织实施。中央党校自始至终按照中央的决策部署，科学筹划，精心组织，认真制订方案，明确任务，落实责任，做到“四个不走样”和“四个不能”，即贯彻中央的总体要求不走样，贯彻习近平同志的指示精神不走样，贯彻中央指导检查组的意见不走样，贯彻校学习实践活动《实施方案》的规定动作不走样；学习实践活动的步骤一步也不能缺，环节一个也不能少，干劲一刻也不能松，过场一点也不能走。校学习实践活动领导机构和工作机构一经设立，就立即着手举办了107人参加的工作骨干培训班，培训校各直属单位党政负责人、联络员和校领导小组办公室工作人员。活动的每个阶段都有部署有总结，并注意做好充分的思想发动工作。活动的全过程坚持从严要求，严格补课等制度，以确保质量和效果。

（二）积极发挥自身优势，突出抓好理论武装。充分发挥党校人才优势、理论研究优势和资源优势，把不断深化学习贯穿活动始终，通过丰富的学习内容和灵活多样的学习形式，深刻理解和全面把握科学发展观的重大意义、科学内涵、精神实质和根本要求。除了完成中央规定的学习内容外，为强化学习效果，结合党校工作实际，校学习实践活动领导小组还组织广大党员，研读胡锦涛同志在纪念改革开放30周年大会上的讲话、中央经济工作会议和中央纪委三次会议文件等，并将相关材料汇编成册，印发全体党员。校委和各直属单位还通过举办集体培训班、专题报告会、座谈会、理论研讨会、专题辅导和中心组学习等多种方式，深入学习科学发展观。多位校领导结合自己的研究领域和学习体会，对全校党员干部进行专题辅导。校委成员和直属单位领导班子还旁听了省部级主要领导干部专题研讨班。随后，学校又先后举办两期处级以上和具有正高级专业技术职务的党员共447 人参加的集中培训班。此外，各直属单位结合工作实际推动理论学习，有的开展了局级干部“一人一讲”活动。

（三）紧密联系党校实际，强化学习实践特色。学习实践活动一开始，校委就从党校实际出发，决定把贯彻落实《党校工作条例》和全国党校工作会议精神，作为中央党校学习实践活动的实践载体，以科学发展观指导《党校工作条例》和会议精神的贯彻落实，以贯彻落实好《党校工作条例》和会议精神来促进党校事业的科学发展，以此作为学习实践活动与党校中心工作的结合点。在学习调研阶段，常务副校长李景田等领导同志专门作了《学习实践科学发展观，贯彻落实全国党校工作会议精神》、《深入学习实践科学发展观，贯彻落实〈党校工作条例〉》的专题辅导报告。在学习实践活动中，各直属单位注意做到把学习实践活动同完成中心任务结合，同总结 2008 年工作、谋划 2009 年工作结合，同解决突出问题、加强制度建设结合，同提高服务水平、增强科学发展能力结合。在此基础上，各直属单位还开展了具有部门工作特色的活动。不少单位结合“两个规律”（干部成长规律和党校教育规律）的研究，紧紧抓住贯彻落实《党校工作条例》和全国党校工作会议精神这个载体，围绕工作实际，提出了更加明确具体的要求，采取了更加切实管用的措施，有力促进了各单位工作的科学发展。

（四）坚持深入解放思想，努力凝聚发展共识。在实现党校科学发展问题上，针对部分党员思想观念仍然不够解放、改革创新意识仍然不够强的问题，校委和各直属单位紧密结合工作实际，深入开展解放思想大讨论，对照《党校工作条例》和全国党校工作会议精神，认真查找在教学、科研、行政后勤等工作中存在的突出问题，仔细审视工作和思想认识上的不足，深入思考了一系列重大问题以及解决问题的措施和办法。包括党员干部中存在哪些不适应、不符合科学发展观要求的思想观念，以及如何按照科学发展观的要求，进一步坚持党校姓党原则，保证正确的办学方向；如何进一步坚持中央确定的党校“一个中心、四个方面”的教学新布局，提高教学科研水平；如何进一步加强党校的校风和学风建设，加强对学员的科学管理；如何进一步改进文风，在全党起好带头作用；如何进一步发挥思想库的作用，提高服务科学发展的能力和水平，推动党校事业又好又快发展等。全校党员干部敞开思想、畅所欲言，积极建言献策，增强改革创新意识，为学习实践活动取得实效奠定坚实的思想基础。

（五）坚持开门开展活动，广泛动员群众参与。学习实践活动中，校委始终注重激发党员干部参与的主动性、积极性，努力做到全体党员全过程参与。在学习调研阶段，校委成员根据《实施方案》，通过召开座谈会、到基层调研、个别访谈和发函等方式，广泛征求意见。校委共向中央国家机关和地方党委、党校等单位发出98份征求意见函，收集意见427条。常务副校长李景田同志首先召开离退休老同志座谈会，认真听取老同志的意见和建议；还赴山西省委和山西省委党校调研，召开有6个省（区）级党校常务副校长参加的座谈会，直接听取地方党校对中央党校工作的意见建议，并亲自带队到中央纪委等部门走访征求意见。副校长石泰峰、陈宝生、孙庆聚、李书磊同志，原副校长李君如同志和教育长郝时晋同志也带队分赴中央办公厅、中央宣传部、中央联络部、中央统战部、中央文献研究室、中央党史研究室、国防大学、军事科学院等多家单位走访征求意见。其他校委成员也根据分管部门的职能特点，开展多种形式的调研走访活动。在学习实践活动分析检查阶段，校委的专题民主生活会邀请在校的全国人大代表、全国政协委员、直属单位代表、离退休干部代表和学员代表列席；各直属单位专题民主生活会邀请下一级部门行政和党组织负责人列席。校委领导班子分析检查报告请各直属单位和在校的全国人大代表、全国政协委员、离退休干部代表和学员代表进行评议。除教职工党员外，离退休老同志、研究生院的学生党员，也通过学习文件、座谈讨论等方式，参与学习实践活动。进修部、培训部的学员，也以不同方式参与了中央党校的学习实践活动。

（六）着力解决突出问题，大力完善制度机制。校委和各直属单位通过多种形式，认真查找了自身在贯彻落实科学发展观方面的突出问题，并深刻剖析了主客观原因，有针对性地提出了改进措施。校委研究制订了全校总体整改落实方案和十个专题整改方案；各直属单位也都分别研究制订了具体详细的整改落实方案，并逐步加以落实。能够马上解决的立即进行了整改，对当前不具备整改条件的，订出计划，限定时间，明确责任，尽快加以解决。校委和各直属单位依据《党校工作条例》，对各项规章制度进行了一次认真细致的排查清理，对实践中证明有效的继续加以坚持，需要修改调整的予以修订完善，需要拾遗补阙的增补充实。

（七）坚持党员干部带头，切实发挥表率作用。处以上党员领导干部和具有正高级专业技术职务的教学科研人员，既是这次学习实践活动的重点对象，也是这次学习实践活动的工作骨干和重点依靠力量。校委要求各级领导班子和领导干部自觉地把自己摆进去，带头学习文件，带头调查研究，带头解放思想，带头分析检查，带头整改落实，以自身的模范行动带动和促进学习实践活动扎扎实实地进行，带动和促进科学发展观在中央党校的贯彻落实。校领导还对分管单位的学习实践活动进行具体的指导和督促检查，确定一个分管单位作为联系点，深入调查研究，总结经验，解决问题。

（八）注意区分不同情况，正确实施分类指导。由于校内各直属单位的工作性质、队伍结构及其他情况差别较大，为防止和避免活动指导上的一刀切、大呼隆，校学习实践活动领导小组注意区分教学、科研、教辅、行政、后勤、党务等不同类型单位的不同情况，在布置任务和检查工作时，既坚持共性要求，又照顾个性特点；既有一般号召，又有个别指导。通过定期召开党组织负责人会议、联络员工作会议等形式，及时分析各种不同情况，总结推广各种不同类型的经验，努力避免工作指导上的一般化。

（九）正确处理工学矛盾，确保各项任务落实。去年秋季学期，除了常规的培训轮训班次以外，还承办了全国党校工作会议、省部级主要领导干部专题研讨班、两批千名县委书记培训、纪念改革开放30周年的重大研讨活动等工作。同时，岁末年初总结部署年度工作，各单位工作普遍较忙，特别是一些单位还承担着组织全校学习实践活动的有关任务，头绪更多、任务更重。在这种情况下，校委和各直属单位采取有力措施，统筹安排工作，及时沟通协调，督促检查，保证学习实践活动按照《实施方案》扎实有效地向前推进，确保开展活动与做好业务工作两不误、两促进。

（十）努力提升素质能力，服务全党工作大局。中央党校努力把提高全校党员学习、研究、宣传、贯彻科学发展观的能力水平，作为学习实践活动的中心任务，做到既努力促进党校自身科学发展，又努力为全党深入学习实践科学发展观活动服好务，从而促进整个经济社会的科学发展。如：提高科学发展观课程的教学组织水平和授课质量，进一步用科学发展观武装领导干部；加大对科学发展观的科研扶持，提高科学发展观的理论研究水平；通过高标准地完成中央交办的重大办班任务，推动科学发展观在全党的贯彻落实；认真贯彻习近平同志强调的“要坚持更高标准、更严要求”指示，积极展现党校人的优良作风，努力在全党学习实践活动中发挥表率作用。

二、主要收获和几点体会

经过全校同志的共同努力，中央党校学习实践活动基本达到了中央提出的“提高思想认识、解决突出问题、创新体制机制、促进科学发展”的目标要求，实现了《中央党校深入学习实践科学发展观活动实施方案》中提出的“五项具体目标要求”，即：贯彻落实科学发展观的自觉性、坚定性进一步增强，贯彻落实科学发展观的能力和水平进一步提高，影响和制约科学发展的突出问题切实加以解决，保障和促进科学发展的体制机制框架基本形成，《党校工作条例》加紧实施。取得的成效主要体现在以下六个方面：

（一）深化了对科学发展观的理解，进一步提高了党校工作要更好地为整个经济社会科学发展服务的思想认识。通过学习实践活动，全校党员干部较好地转变了不适应不符合科学发展观要求的思想观念，在怎样促进党校事业又好又快发展、如何服务整个经济社会的科学发展等一系列重大问题上，统一思想，凝聚共识，进一步增强了全校党员特别是各级领导干部贯彻落实科学发展观的自觉性和坚定性。大家普遍认识到，党校工作贯彻落实科学发展观的情况如何，直接关系到能否充分发挥“三个阵地、一个熔炉”的作用，实现党的十七大关于进一步大规模培训干部、大幅度提高干部素质的决策部署；直接关系到能否为全党贯彻落实科学发展观服务，为党和国家工作全局服务，为提高各级领导干部贯彻落实科学发展观的素质和能力服务。大家一致认为，党校贯彻落实科学发展观，要从自己的定位出发，通过自身的科学发展，服务和促进整个经济社会的科学发展。要办好党校、促进党校事业的科学发展，必须发挥好“五个作用”（即培训轮训领导干部的主渠道作用、党的理论武装工作的重要阵地作用、推进党的理论创新的生力军作用、建设学习型政党的积极推动作用、促进领导干部加强党性锻炼的熔炉作用），牢固树立“五种意识”（即大局意识、党的意识、创新意识、勤俭意识、纪律意识）；必须科学地把握和遵循党校教育规律，努力做到“三个适应、三个促进”（即适应党和国家工作大局的要求，促进党的中心任务的落实；适应党的干部教育的要求，促进领导干部素质和能力的提高；适应党的理论建设的要求，促进理论创新和实践创新）；必须依靠建立和健全科学有效的制度机制来保障。

（二）强化了坚持党校姓党原则的意识，进一步形成了贯彻从严治校方针、加强校风学风建设的浓厚氛围。通过学习实践活动，全校党员干部，特别是校委成员和各直属单位的主要领导，清醒地认识到坚持党校姓党原则，是开展深入学习实践活动、在新的历史起点上开创党校工作新局面的总要求，是办好党校、保证党校事业沿着正确方向前进的根本保障，是做好党校工作、促进党校事业科学发展必须坚持的根本原则。大家一致表示，在始终坚持党校姓党原则问题上，一定要旗帜鲜明、立场坚定、绝不含糊，一切教学活动、一切科研活动、一切办学活动，都要坚持这一原则、都要遵循党的政治路线、都要恪守党的政治纪律、都要为党校履行好自己的职能服务，确保在思想上、政治上、行动上与党中央保持高度一致。

（三）查找并初步解决了影响和制约党校科学发展的突出问题，进一步把科学发展观的要求转化为推进党校各方面工作和建设的自觉行动。通过学习实践活动，党校的自身建设得到了明显加强，各项工作有了新的进展。教学方面，进一步推进了中国特色社会主义理论体系特别是科学发展观进教材、进课堂、进头脑，教学方式和教学手段也都有了新的探索，并取得了积极成效。科研方面，对重大理论和实际问题的研究有了新的进展，特别是加强了对中国特色社会主义理论体系的研究。队伍建设方面，以教师队伍为重点的人才队伍建设取得了明显成效，领导班子建设也有所加强。学员管理方面，进一步实施科学有效的管理，探索和研究了更好地加强党性教育的方法措施。行政后勤方面，为教学科研服务的水平有了新的提高，解决了一些涉及群众切身利益的问题。

（四）完善了各项规章制度，进一步理顺了党校内部的管理运行机制。通过学习实践活动，已经和正在修订完善规章制度10项，初步建立了保障和促进科学发展的体制机制框架，包括《中共中央党校分校工作暂行规则》、《中央党校学科建设实施纲要》、《全国党校科研评估细则》、《全国党校系统科研评奖办法》、《中央党校科研津贴办法》、《中央党校科研项目管理办法》、《〈中国马克思主义研究基金会“中央党校教学科研专项基金”资助办法（试行）〉科研课题项目实施细则（试行）》、《关于加强科研为提高教学质量服务，积极推进教学科研一体化的建议》、《关于公开招聘（选拔）高端战略人才暂行办法》、《党校系统办学质量评估体系》。进一步理顺工作机制，加强了对直属单位工作安排的统筹协调和相互之间的沟通配合；深入研究了加强中央党校马克思主义学科建设和理论宣传阵地建设问题，建立中央党校马克思主义理论教研部和合并校刊社、学习时报社的方案已经中编办批准，正在抓紧实施。

（五）提高了贯彻落实科学发展观的能力和水平，进一步促进了各项工作任务的圆满完成。全校党员干部自觉地把参加学习实践活动的热情，转化为做好本职工作的实际行动；把学习实践活动的成果内化为增强自身贯彻落实科学发展观的能力和为服务整个经济社会科学发展的水平。学习实践活动有效地推动了党校的各项工作。这期间，中央党校圆满完成了全国党校工作会议的筹备和会议服务工作，成功举办了两期全国县委书记培训班，召开了全国党校系统纪念改革开放30周年理论研讨会、第三次全国党校系统教学改革座谈会，完成了培训轮训学员等各项业务工作。

（六）推动了《党校工作条例》和全国党校工作会议精神的贯彻落实，进一步开创了在新的起点上办好党校的新局面。学习实践活动期间，中央党校紧紧抓住中央颁布《党校工作条例》和召开全国党校工作会议的契机，认真查找工作与中央要求的差距，用《党校工作条例》和会议精神来指导实际工作。校委成员充分利用各种时机和场合，对学习贯彻《党校工作条例》和会议精神提出明确要求，抓好地方党校的传达学习和贯彻落实。

回顾开展学习实践活动的过程，我们深切地感到，搞好学习实践活动，首要的是认真贯彻中央的决策部署、习近平同志的重要指示、中央指导检查组的意见，同时也要认真借鉴兄弟单位的好经验，虚心听取广大党员、干部、群众的意见。但关键是要善于把中央的精神、习近平同志的指示、指导检查组的意见和有关领导的要求，同党校自身的实际紧密结合起来，创造性地开展工作。对此，主要有以下五点体会：一是把抓好理论武装、深化学习作为学习实践活动的前提和基础。把学习贯穿始终，是开展学习实践科学发展观活动的一项基本要求。正所谓“知是行之始”。检验学习实践活动是否取得成效，首先是要看党员干部在用科学发展观武装头脑上是否下了真功夫，看对科学发展观的理解和把握是否达到了新高度，必须始终注意把搞好理论学习、提高思想认识作为首要任务来抓。二是突出实践特色，把贯彻《党校工作条例》和全国党校工作会议精神作为实践载体。新修订的《党校工作条例》，是关系党校工作的“根本大法”，全国党校工作会议对贯彻条例、谋划党校未来发展作出了全面部署。把贯彻《党校工作条例》和会议精神作为实践载体，就抓住了学习实践活动与促进党校发展的结合点。对《党校工作条例》和会议精神贯彻落实得如何，是衡量和检验党校学习实践活动成效的根本标准。因此，学习实践活动必须始终紧紧抓住这个载体来展开。三是把坚持党校姓党原则作为学习实践活动的根本要求。坚持党校姓党原则，贯彻从严治校方针，是在新的历史起点上开创党校工作新局面的总要求，是新形势下办好党校、促进党校事业科学发展的根本保障，也是这次学习实践活动应该着力解决的事关党校工作大局的核心问题。党校是党直接兴办的学校，党校的科学发展，首要一条是必须以党的旗帜为旗帜，以党的意志为意志。在学习实践活动中抓住这一条，就抓住了新形势下办什么样的党校，怎样办好党校的“纲”和“魂”。四是把提高学习、研究、宣传科学发展观的能力和水平作为中心任务。党校是学习、研究、宣传马列主义、毛泽东思想、邓小平理论、“三个代表”重要思想和科学发展观的重要阵地，党校的使命和责任决定了党校的学习实践活动的落脚点必须是在促进自身科学发展的同时，努力为整个经济社会科学发展服务。具体来说，就是要努力造就一大批符合科学发展观要求、具有领导科学发展能力的高中级领导干部；大力推进中国特色社会主义理论体系，特别是科学发展观的理论创新与理论传播。五是立足校情，把分类指导作为学习实践活动的重要手段。中央党校既是党中央的重要部门，又是培养高中级领导干部和理论骨干的学校，还是党的哲学社会科学研究机构；既有参照公务员管理的部门，又有按照事业单位管理的机构；既有行政管理人员，又有专家学者，所以必须坚持实事求是，一切从实际出发，针对不同单位和个人的实际情况和岗位要求，搞好分层分类指导，包括把具有正高级专业技术职务的教研人员列为学习实践活动的重点对象，这样才能够增强活动的针对性和实效性。

三、存在问题和努力方向

虽然这次学习实践活动取得了明显成效，实现了预期目标，党员、干部、群众的满意度也比较高，但成果还是初步的。我们只是在有限时间内实现了有限目标，与中央的要求和群众的期望还有一定差距。在充分肯定成绩的同时，也要冷静地正视存在的问题和不足：一是总体发展还不够平衡，单位与单位之间在开展学习实践活动的质量与效果上还有差异；二是工学矛盾始终比较突出，虽然在工作安排和实际操作中始终强调两不误、两促进，但在个别时候、个别问题上难免有顾此失彼、应接不暇的现象；三是整改落实阶段正值寒假期间，人员不太容易集中，有些工作显得不够紧凑；四是也有个别党员认为学习实践活动主要是领导班子的事情，参与热情和参与投入程度不是很高。

2 月 24 日，习近平同志在中央党校总结报告上作出重要批示。他指示我们，“学习实践科学发展观活动有期限，深入贯彻落实科学发展观无期限，是一项长期任务。中央党校要继续抓好整改落实方案的实施，抓好突出问题的解决，进一步完善有利于党校事业科学发展的长效机制，巩固和深化学习实践活动成果，把科学发展观的要求贯彻和体现到党校工作的各个方面，为加强干部队伍建设、推进理论武装和理论创新、服务党和国家工作大局作出新的贡献。”

2 月 26 日，习近平同志出席中央党校学习实践活动总结大会，并发表了重要讲话，对巩固和深化中央党校学习实践活动成果，进一步做好党校工作提出了明确要求：“要把深入贯彻落实科学发展观作为一项长期战略任务坚持抓好，在提高党校服务科学发展和自身科学发展的水平上不断取得新进步；要把教学和科研的关注点进一步聚焦到改革发展稳定的重大实践问题和理论问题上来，在贴近现实、服务大局上不断作出新贡献；要把坚持党校姓党、从严治校作为一项根本方针贯彻到各项工作中去，在改进校风和学风上不断树立新形象。”

我们要认真贯彻落实习近平同志的批示和他在中央党校学习实践活动总结大会上的讲话精神，重点做好以下四个方面的工作：

（一）继续深化学习，坚持不懈地用科学发展观武装头脑。学习实践活动虽然告一段落，但学习不能停滞。要把学习科学发展观融入到党员干部的日常工作之中，从理论和实践的结合上不断深化对科学发展观的认识，坚持用科学发展观武装头脑、指导实践、推动工作。充分利用党校作为党的理论武装工作重要阵地的资源和优势，借鉴学习实践活动中加强学习的好经验好做法，坚持个人自学与集中研讨相结合等多种形式开展学习。坚持理论联系实际的学风，深入实际，深入群众，努力做到学以致用，用以促学，学用相长，进一步把科学发展观转化为促进党校发展的正确思路和政策措施，转化为推动党校发展的实际能力和自觉行动。

（二）加强督促检查，切实把整改措施落到实处。巩固和扩大学习实践活动成果，必须把整改方案落到实处，必须形成集中整改与经常落实相结合的工作格局。在学习实践活动中，校委提出了40条整改措施，各直属单位也分别提出了具体整改措施，对这些整改措施要坚持一抓到底，务求实效。对已经整改的，要防止出现反弹；对正在整改的，也要加强督促检查；对涉及面较广、需要较长时间解决的深层次问题，更要积极创造条件，争取早日解决。

（三）进一步完善体制机制，健全保障和促进科学发展的长效机制。建立健全保障和促进科学发展的长效机制，既是学习实践活动的重要目标，也是巩固和扩大学习实践活动成果的根本措施。在学习实践活动中，中央党校已初步建立了保障和促进科学发展的体制机制框架。下一步，将根据不断变化的实际情况，进一步在教学、科研、管理等各方面工作中健全和完善制度机制，特别是坚持党校姓党原则的长效机制。同时，注意及时将整改过程中的新鲜经验和整改成果制度化，努力形成更加科学规范的制度体系，确保各项工作能够不断取得新成绩。

（四）抓牢实践载体，深入贯彻落实《党校工作条例》和全国党校工作会议精神。贯彻《党校工作条例》和全国党校工作会议精神是中央党校学习实践活动的实践载体。学习实践活动结束后，也还要继续抓住抓牢这个实践载体，进一步促进科学发展观的贯彻落实。要以改革创新的精神，深化教学改革，进一步完善教学新布局；深化科研改革，进一步推进理论创新；深化行政后勤改革，进一步提高管理和服务水平；创新管理和激励机制，进一步加大人才队伍建设力度；创新方式方法，进一步加强学员管理。注意围绕中心、服务大局，在应对金融危机、确保经济平稳较快发展上发挥中央党校应有的作用。

中央党校深入学习实践科学发展观
活动领导小组
2009年3月4日

中央党校深入学习实践科学发展观活动整改落实“回头看”工作情况报告

中央深入学习实践科学发展观活动领导小组办公室：

根据校学组发〔2009〕14号和21号文件的要求，从6月初至月底，中央党校对深入学习实践科学发展观活动整改落实后续工作和“回头看”进行了部署与检查，现将有关情况报告如下。

一、基本情况

中央党校学习实践活动，从2008年9月23日开始至2009年2月26日结束，历时5个月零3天。全校26个直属单位、2196名党员，其中包括494名处级以上和具有正高级专业技术职务的党员、710名离退休党员参加了学习实践活动。在学习实践活动中，校委和各直属单位通过多种形式听取各方面意见，认真查找自身在贯彻落实科学发展观方面存在的突出问题。其中，校委共收集到校内外意见和建议427条。经过认真梳理分析，周密研究制订，多方征求意见，最后形成了11个方面40项整改措施的全校整改落实方案和10个专题整改方案。方案突出一个“实”字，实事求是、突出重点，尽力而为、量力而行，明确了措施、明确了责任、明确了整改时间。常务副校长李景田同志对整改方案的落实负总责，其余各位副校长和校委委员按照分工负相应责任。各直属单位也都按照各自情况分别研究制订了具体的整改落实方案，并按照边学边改的要求，能够马上解决的立即进行了整改，解决了一些有条件解决的问题，建立和完善了一批有条件完善的体制机制；对不具备整改条件的，订出了计划，限定时间，尽快加以解决。

校学组发〔2009〕14号和21号文件下发后，校委高度重视，常务副校长李景田同志要求校学习实践活动领导小组办公室立即作出工作安排，认真做好学习实践活动整改落实后续工作和“回头看”。6月3日，校学习实践活动领导小组办公室及时下发了文件，提出了中央党校做好学习实践活动整改落实“回头看”工作的安排意见。从6月3日到20日，全校各直属单位按照整改落实“回头看”的主要内容和要求，对照整改落实方案认真进行了自查，并上报了自查情况报告。在对各单位自查报告进行审查的基础上，校学习实践活动领导小组办公室对照《中央党校深入学习实践科学发展观活动整改落实方案》，逐条进行了自查。

从中央党校自查情况看，校委提出的全校整改落实方案的11个方面整改工作都已启动，40项整改措施大多数已经落实或正在落实；10个专题整改落实方案也都已启动并正在落实。各直属单位的整改落实措施也大多数已经落实或正在落实，并在此基础上，进一步加强领导抓落实，健全制度抓管理，巩固和深化学习实践活动成果，探索建立各项长效机制。

二、主要做法

（一）领导高度重视，精心组织落实责任制，切实做好整改落实后续工作。

中共中央政治局常委、中央书记处书记、中央党校校长习近平同志高度重视和关心中央党校学习实践活动，曾先后3次在校委报送的学习实践活动有关材料上批示，其中2月24日在《中央党校深入学习实践科学发展观活动总结报告》上批示："学习实践科学发展观活动有期限，深入贯彻落实科学发展观无期限，是一项长期的任务。中央党校要继续抓好整改落实方案的实施，抓好突出问题的解决，进一步完善有利于党校事业科学发展的长效机制，巩固和深化学习实践活动成果，把科学发展观的要求贯彻和体现到党校工作的各个方面，为加强干部队伍建设、推进理论武装和理论创新、服务党和国家工作大局做出新的贡献。"校委在3月5日专门召开会议，学习讨论并研究贯彻习近平同志的批示，提出要按照近平同志的重要批示精神，进一步巩固和深化学习实践活动的成果，把各项工作向前推进；要抓好整改方案的贯彻落实和长效机制的建立完善工作，在校学习实践活动领导小组完成任务不继续存在之后，整改方案的贯彻落实和长效机制的建立完善工作，在校委领导下，由办公厅负责督促检查；要把深入贯彻落实科学发展观作为一项长期战略任务，切实贯彻到教学科研等各项工作中去，常抓不懈。

在整改落实后续工作及"回头看"中，校委把工作的着力点放在整改措施、整改期限、整改责任人的落实上。为此，专门下发了文件，要求各单位和各级党组织振奋精神，认真做好整改落实后续工作和"回头看"，切实保证各项整改措施的进一步落实。各直属单位领导班子按照校委部署，紧密结合各部门实际情况，对照整改落实方案，抓住重点问题和措施，详细制定了抓落实的工作计划，明确分工、责任到人，形成了主要领导带头抓，党组织负责人具体抓，班子成员共同抓，人人有任务，个个有责任的工作局面，做到了整改工作项项有措施，桩桩有着落，件件有回音。

（二）认真贯彻落实《党校工作条例》和全国党校工作会议精神，突出抓好校风和学风建设。

学习实践活动一开始，校委就把贯彻落实《党校工作条例》和全国党校工作会议精神，作为中央党校学习实践活动的实践载体。学习实践活动基本结束后，校委仍把深入学习实践科学发展观，认真贯彻落实《党校工作条例》和全国党校工作会议精神，突出抓好校风和学风建设，作为2009年工作首要任务。提出要以同党中央保持一致为核心，以理论联系实际为重点，加强教师队伍建设；以突出党性教育为重点，加强对学员的教育和管理；坚持把党校姓党原则和从严治校方针贯彻到党校工作的各个方面，切实加强校风和学风建设。

加强学员管理是中央党校整改落实工作的重要内容，并制定了专题整改方案，收到了很好的效果，但也还存在着一些不容忽视的问题。5 月 7 日，校委召开会议学习讨论习近平同志 5 月 3 日的重要批示，专题研究进一步加强学员党性教育和管理的措施。提出，要按照近平同志的“措施要有效管用，抓一项就落实一项，求真务实，以求实效”的要求，进一步下大力气从抓学员纪律入手，切实抓好从严治校工作。全校各单位认真落实校委要求，进修部、培训部等从学员入学教育开始，加强廉洁自律，把狠刹吃喝、送礼风作为学员管理的重点内容；把督促学员潜心读书、廉洁从学作为学员党支部工作的重要内容，每个党支部都设有纪检委员，专门负责支部的廉学工作；部里定期听取学员党支部关于学员廉洁自律的情况汇报；按月定期公布学员吃饭刷卡情况，就餐次数最少的学员要在支部会上作出说明。办公厅地方党校办公室严把地方党校来校办事送礼的关口。后勤服务部对相关服务员提出要求，不得接受学员相互送礼的委托，从各方面堵塞漏洞。教务部规定了学员必读书目，并定期召开学员读书心得交流会，加强对学员读书学习的考核工作，引导学员把精力和时间用到读书上来。同时，各学员部都采取措施，加强组织员队伍的管理，明确要求组织员除教学活动外，不得参与学员之间相互宴请活动，不得找学员办私事；建立学员对工作人员工作情况的评估制度；严把组织员入口关，适时进行岗位交流等。

（三）坚持党校姓党原则，进一步深化教学科研改革。

坚持党校姓党，深化教学改革，进一步加大中国特色社会主义理论体系特别是科学发展观进课堂、进教材、进头脑，是党校教学工作的重点。目前，全校各班次都把中国特色社会主义理论体系特别是科学发展观的学习研究贯彻到了教学的全过程，并通过部分课程的适当调整，把学习中国特色社会主义理论体系特别是科学发展观与学习马克思列宁主义、毛泽东思想贯通了起来。同时，通过对构建中国特色社会主义理论体系的教学框架和在教学中贯彻落实党性教育等问题进行深入研讨，对下一步如何做好中国特色社会主义理论体系特别是科学发展观的“三进”工作，完善教学布局和教学计划，深化对相关专题的研究，提高教学质量，形成了基本思路。同时，改革创新教学方法，继续推进研讨式教学、案例式教学、情景模拟式教学、体验式教学等研究式教学方法，增强课堂教学的现实感和互动性，提高教学的针对性和实效性。

加强重大理论和现实问题研究，深化科研改革，推进教学科研一体化，是进一步提高党校教学科研水平的内在要求。在加强重大理论和现实问题研究方面，目前已有“中国共产党在困难和成绩面前如何应对的经验研究”、“中国特色社会主义理论体系研究”、“应对国际金融危机，扩内需，保增长问题研究”3 个全国党校系统重点科研课题立项，并由李景田、石泰峰、陈宝生同志分别担任 3 个课题研究的总负责人。为进一步深化科研改革，完善科研管理制度，科研部修订、完善了《中央党校科研津贴管理办法》、《中央党校科研项目管理办法（试行）》、《全国党校系统科研评奖办法》等原有的规章制度，同时，又根据新情况制定了《中央党校科研活动双月报》、《关于加强公共科研经费使用进度管理的若干意见》、《全国党校系统课题管理办法》等规章制度。各教研部以教学为中心，加强学科体系建设加强科研组织工作，努力提高科研和学术水平。

（四）积极开展读书活动，切实推动学习型校园建设。

5月14日，校委召开会议学习讨论习近平同志的“领导干部要爱读书读好书善读书”的讲话精神，并研究部署在全校组织开展读书活动。校委认为，中央党校作为我党最高层次的干部教育培训基地，在倡导领导干部爱读书、读好书、善读书方面具有特殊重要作用，要在认真学习贯彻习近平同志的重要讲话方面起带头作用，在全党读书学习上领风气之先。按照校委的部署与要求，机关党委向全校下发了通知，要求各单位党组织认真组织学习习近平同志的重要讲话，深刻领会讲话精神，切实开展好读书活动。各单位组织开展了多种形式的读书活动，营造职工读书的良好风气。教务部将学习计划与推动学员读书紧密结合起来，合理安排各班次学员的读书学习活动。各教研部门采取多种方式，提供高质量的教学服务，并加大督促学员读书的力度。各学员部坚持举办学员论坛、学员读书心得交流会、学员课题研究成果交流会等活动，倡导良好的读书风气，促进学员自觉读书。图书馆开展了推介好书、举办讲座等形式多样的读书服务工作。校园媒体充分发挥宣传引导作用，《学习时报》全文刊载了习近平同志的讲话内容，邀请校内外二学者撰写系列评论文章，并分别召开了“领导干部要爱读书读好书善读书”学员、工作人员、校外人员座谈会，推动全校读书活动的开展，形成浓厚的读书氛围。

（五）坚持群众路线，倾听群众呼声，切实解决关系群众切身利益和党校长远发展的问题。

校委和各直属单位在整改落实工作中，始终坚持群众路线，倾听群众呼声，切实解决关系群众切身利益和党校长远发展的问题。组织部针对不少教研人员提出的问题，研究出台了《关于博士生导师退休的暂行规定》、《关于部分专家、高级人才延长退休年龄的规定》、《教研室级机构领导职务任职资格条件补充规定》等规定；对干部任用监督问题，在直属单位实行“一报告两评议制度”。财务行政管理局采取与中直管理局合作新建住宅等多种途径，改善职工住房条件，尤其是坚持公开、参与的原则，利用网络、电视、简报等媒体广为宣传，召开情况介绍会、意见征求会等多种途径在全体教职工包括离退休人员中征求对合建工程及住宅设计方案的意见建议，并按多数教职工意见对住宅设计方案进行修改和优化，得到了广大职工的肯定。离退休干部局针对老同志反映的突出问题，进一步完善了高龄、孤寡、病残离退休人员帮扶机制，加大了重点服务力度；初步解决了老同志提出的参与科研工作享受在职人员同等待遇、体育馆健身享受优惠、家属进出校园等问题；对暂时不具备解决条件的问题，有关校领导亲自登门做工作或委托相关部门解释说明。后勤服务部针对群众关心的热点难点问题，积极研究改进措施。动力保障中心对全校6座供水设备进行过滤器、消毒设备的维修保养，并改每年一次清理除垢为每年两次，提高了生活用水的质量。园林修缮中心变被动服务为主动服务，从细节入手，到现场办公，及时解决维修问题。

三、初步成效和下一步工作打算

7月1日，习近平同志专程来校召开学员座谈会并再次强调，要把党校姓党原则和从严治校、从严施教、从严管理的要求贯彻到党校全部工作中、落实到具体制度上，进一步加强学风校风建设，以良好学风校风保证教育培训质量。对中央党校做好学习实践活动整改落实后续工作提出了明确要求。他指出，中央党校作为第一批开展学习实践活动的单位，前一段取得了明显成效。要按照中央的部署和要求，进一步抓好整改落实后续工作，建立健全推动党校科学发展的长效机制，全面完成整改落实任务。

通过对中央党校学习实践活动整改落实工作情况的"回头看"，我们认为，中央党校党员干部特别是各级领导班子和党员领导干部的中国特色社会主义理想信念坚定，推进党校事业科学发展的决心大信心足，各级领导班子在分析检查报告和整改落实方案中确定的整改措施已经或正在得到落实，影响和制约党校事业科学发展的突出问题正在得到解决，各项工作的体制和机制也已经或正在建立健全中，并不断加以创新，群众反映的突出问题已经和正在得到解决。对于还没有落实的整改措施，我们将按照方案中设定的时限要求，认真研究，扎实推进，确保整改工作的全面落实。

学习实践活动有期限，深入贯彻落实科学发展观无期限。我们将进一步认真总结和运用学习实践活动中取得的经验和做法，进一步建立和完善深入学习实践科学发展观的长效机制，巩固和深化学习实践活动成果，把科学发展观的要求落实到党校工作的各个方面。

中央党校深入学习实践
科学发展观活动领导小组办公室
2009年7月3日

贯彻落实《中国共产党党校工作条例》和全国党校工作会议精神

在全国党校系统援助西藏党校工作会议上的讲话

（2009 年 8 月 10 日）

李 景 田

同志们：

今天，我们在拉萨召开第二次全国党校系统援助西藏党校工作会议。我代表中央党校校委，对出席会议的同志们表示热烈的欢迎！向亲临会议的西藏自治区党委、人大、政府、政协的各位领导同志和国家行政学院的领导同志表示衷心的感谢！

这次会议，是经近平同志批准召开的。会议的主要任务是：按照党的十七大提出的继续大规模培训干部、大幅度提高干部素质的要求，进一步贯彻落实全国干部教育培训工作会议、全国党校工作会议精神和《中国共产党党校工作条例》，贯彻落实中央关于援藏工作的一系列新要求，学习贯彻锦涛同志、近平同志有关指示精神，总结交流党校系统援藏工作经验，研究部署全国党校系统援助西藏党校工作的具体措施，推进西藏党校事业和干部教育事业新发展。

刚才，自治区党委书记张庆黎同志发表了热情洋溢的讲话，介绍了西藏经济发展、社会进步、民族团结的大好形势，体现了西藏自治区党委、政府对党校事业和干部教育事业发展的关心和支持。听后，使我们很受鼓舞。下面，我就党校系统援藏工作讲几点意见。

一、深刻认识新形势下援助西藏党校工作的重要性

西藏自古以来就是中国领土不可分割的一部分。中国的历史是汉族和其他兄弟民族共同创造的。我们的祖先经过政治隶属上一次次的结合，相互吸引，日益接近，逐步融合，最后终于凝聚在一个疆界确定、领土完整的国家实体之内。从唐朝以来，西藏和祖国内地的政治关系就越来越密切，经济文化的交流

越来越频繁，逐步建立起血肉相连的不可分割的联系。13 世纪，元朝蒙古族上层统治中国，西藏就正式归入中国元代版图，成为中国的一个行政区域。元代以后，中国的封建王朝几经更替，但都对自己的领土西藏行使着主权。在这期间，西藏地方政权也几经更替，但西藏与中央政府的政治隶属关系从未间断。新中国成立后，西藏实行了民主改革和民族区域自治制度，实现了西藏内部团结和全国各民族的大团结，开创了西藏历史的新纪元。我国是多民族国家。民族区域自治制度是我们国家的根本政治制度。民族地区的繁荣稳定，至关重要。

我们要深刻认识到，西藏等民族地区的稳定与发展关系党和国家工作全局。19 世纪末 20 世纪初，帝国主义在我国争夺势力范围，英国侵入西藏。长期以来，西方敌对势力千方百计地企图破坏中国在西藏等民族地区的主权，培植分裂势力，不断利用民族宗教问题挑起事端，干扰我国内政。进入 21 世纪，境内外敌对势力在西藏等民族地区的挑衅不断升级，去年拉萨的“3·14”事件和不久前乌鲁木齐的“7·5”事件，使这种挑衅达到了极端疯狂的地步。它们攻击我国的民族宗教政策，挑拨民族关系，破坏稳定局面，制造发展障碍，分散我们的精力，干扰我国社会主义现代化建设的进程；它们深谙西藏等民族地区战略地位的极端重要性，图谋瓦解我们国家的国防屏障、资源屏障、生态屏障，危害我国的国家安全、经济安全和生态安全。由此可见，西藏等民族地区的稳定与发展事关全国的稳定与发展。这些地区在党和国家的大局中具有举足轻重的地位。

我们要深刻认识到，西藏的长治久安根本在发展。中央一贯高度重视西藏的发展。党的十六大以来，以胡锦涛同志为总书记的党中央继往开来、与时俱进，坚持和完善我们党新时期西藏工作的方针政策，在党的西藏工作历史上树立起新的里程碑。2005 年 8 月，中央政治局专题研究西藏工作，颁发了《中共中央、国务院关于进一步做好西藏发展稳定工作的意见》，确立了新时期西藏工作的指导思想、发展战略、发展道路、目标任务和一系列政策措施，为做好西藏工作指明了方向。

2007 年 3 月 5 日，胡锦涛同志在参加十届全国人大五次会议西藏代表团审议政府工作报告时，要求全党充分认识做好西藏工作的极端重要性，切实做好新世纪的西藏工作。他强调发展是解决西藏所有问题的基础和关键。一定要按照科学发展观的要求，进一步转变发展观念、创新发展模式、提高发展质量，推动西藏在科学发展的轨道上实现经济社会跨越式发展。

西藏各族人民在中央和自治区党委的坚强领导下，团结一致，共同建设美好家园，使西藏发生了翻天覆地的变化，取得的成就举世瞩目。任何不带偏见的人都会为之赞叹。毫无疑问，这个巨大成绩的取得，与全国各地各族人民的大力支持和无私援助是分不开的。今后，西藏的长治久安，还要靠发展。

我们还要深刻认识到，西藏的发展关键在人才，尤其需要培养一支德才兼备的领导干部队伍，但西藏党校的办学条件还难以适应这一战略要求。由于特殊的地理环境和历史的原因，西藏在我国仍属于欠发达地区，经济社会发展总体水平较低。西藏要在新的历史起点上实现跨越式发展，关键是要有一大批特别能吃苦、特别能战斗、特别能忍耐、特别能团结、特别能奉献、具备领导科学发展能力的领导人才。这些人才，一方面靠全国各地的对口支持，但主要还是靠西藏自治区自我培养。近年来，西藏自治区党委认真贯彻落实中央的精神，从本地实际出发，采取了一系列加快党校事业发展的新举措。党校事业不断迈出新步伐，党校培养的大批领导干部在西藏的各条战线上发挥了巨大作用，做出了重要贡献。我听说，在去年的“3·14”事件中，我们西藏党校培养的学员表现得十分突出，在关键时刻经受住严峻考验，受到广泛赞誉。这是值得我们骄傲和自豪的。但是，目前自治区党校系统的办学条件和办学水平还难以适应新形势新任务新要求，主要是基础设施落后，师资队伍薄弱，教学效果有待提高，科研工作亟待改善，制约发展的难题不少，全面提升办学水平的任务依然艰巨。

我们必须深刻认识到，支持西藏的干部教育事业是中央交给我们的重要任务，是全国党校系统的共同责任。中央十分关心西藏的干部教育和党校事业的发展。拉萨“3·14”事件发生后，中央政治局常委会针对西藏发展稳定中出现的新情况、新问题，专题研究西藏有关工作，就进一步加强西藏领导班子、干部队伍、基层组织和党员队伍建设及干部对口支持工作，专门下发了中办发〔2008〕16号文件。这个文件也明确要求“加强西藏干部培养教育基地和师资队伍建设，帮助西藏自治区党校、行政学院和地（市）党校加强基础配套设施建设，建立多层次培训体系”。

在去年7月召开的全国干部教育培训工作会议上，习近平同志指出：“中央和国家机关有关部门要研究制定不同地区干部教育培训工作的指导性意见，加强对革命老区、民族地区、边疆地区、贫困地区干部教育培训工作的政策倾斜和经费支持。东部地区要加大与中西部地区、东北地区干部教育培训的合作力度，继续做好各类干部教育培训的对口支援。”紧接着召开的全国党校工作会议明确提出，要采取具体措施帮助西藏自治区党校、行政学院和地（市）党校加强基础配套设施建设，建立多层次培训体系。

今年6月2日，近平同志在中央党校呈报的关于召开这次工作会议的请示上批示："同意召开会议。要精心准备，开好会议，推进西藏党校事业和干教事业新发展。"7月9日，近平同志又在中央党校关于校领导暑期调研的报告上批示："同意对地方党校贯彻落实《党校工作条例》进行督促检查，进一步推动党校工作上新台阶。要积极推动各地党校开展援藏工作。"

建设好西藏各级党校，迫切需要全国党校系统给予多方面的支持和帮助。我们要按照中央的要求，扎实做好援助工作，通过人力和财力的支持，通过师资管理人员培训、教学资源共享和信息化等项目援助，改善西藏党校办学条件，加快西藏各级党校的建设，推进西藏干部教育事业的发展，不断夯实党在西藏的执政基础，巩固党在西藏的执政地位，为西藏和全国的稳定与发展做出积极贡献。

二、八年来党校系统援助西藏党校工作取得的成绩

2001年8月，由中央党校牵头，成功召开了首次全国党校系统援助西藏党校工作会议，确定了促进西藏党校发展的一系列政策措施。8年来，中央党校会同兄弟省（市）党校，对西藏自治区各级党校的建设和发展事业给予了积极支援和热情帮助，有力地推动了西藏党校事业的发展。

（一）安排落实项目资金，支援西藏党校的基础设施建设。

全国党校系统克服自身困难，从实际出发，竭尽所能，全面加大了对西藏党校基础设施建设的投入力度，利用多种渠道，采取各种措施，为西藏党校筹集资金，安排各类项目，有效推动了西藏党校的硬件建设。从西藏自治区党校受援情况看：中央党校援助项目20余个，折合资金约800万元；深圳、珠海市委党校在援助信息化建设等方面投入资金100万元。从西藏七地（市）党校受援情况看，仅基础设施和信息化建设方面，就得到18项援助，折合资金共约4700万元。需要指出的是，这些无私支援，是在内地各党校财力有限和急需发展资金的情况下，千方百计挤出来的，充分体现了全国党校系统团结协作、共创未来的精神风貌。

（二）重视智力援助，提高西藏党校师资和管理队伍的水平。

8年来，中央党校相继选派了5批援藏干部。有的省市党校也向对口援藏单位选派了干部。援藏同志在西藏工作期间，认真贯彻落实中央援藏工作的方针政策，贯彻落实全国党校系统援助西藏党校工作会议的精神和各项举措，带着对西藏人民的深厚感情，情系西藏党校事业和干部教育事业，弘扬"缺氧不能缺精神、艰苦不能降低标准"的援藏干部精神，表现了党校人特有的思想境

界和精神风貌。他们克服高原缺氧、条件艰苦、身体不适、远离家人等种种困难，把自己的青春年华和聪明才智奉献给雪域高原，为提高西藏党校师资和管理队伍的水平，促进西藏党校事业和干部教育事业发展做出了应有的贡献。他们用自己的实际行动赢得了西藏同志们的好评，多位同志在援藏期间被评为全国党校系统先进工作者或本地区、本部门的优秀党员。

党校系统还十分注重对西藏师资和管理队伍的培训。中央党校共为西藏自治区党校培训师资管理人员 110 人，培养研究生 64 名，安排进藏讲学 60 人次。各省累计为西藏七地（市）委党校培训师资和管理人员 70 人次，代培研究生 44 人次。海南省委党校、珠海市委党校还多次安排西藏自治区党校教职工学习考察。上海、江苏、山东、重庆、广西、云南等党校为自治区党校中青年干部培训班异地培训提供了必要条件。

（三）统一组织协调，初步建立党校系统援藏工作机制。

8 年来，按照第一次全国党校系统援助西藏党校工作会议确定的总体规划和要求，由中央党校组织协调，初步确立了全国党校系统对口援藏工作的基本框架、基本途径。目前，除中央党校外，还有 13 个省、直辖市委党校与西藏的地（市）委党校建立了对口支援关系。各对口援藏单位通过多种方式、多种途径，在教学科研、师资培训和队伍建设、基础设施和信息化建设等方面，都给予西藏党校无私的援助和支持。各对口援助党校的主要领导多次带队进藏考察，逐一落实对口支援项目，拓展双方合作空间和服务领域。在各对口援藏单位的支持和帮助下，西藏党校系统的办学条件总体上有新的改善，软件和硬件建设水平都有了较大幅度的提高。

三、对新时期援助西藏党校工作的几点要求

按照中央的总体部署和要求，结合新形势下援藏工作的新特点，中央党校校委最近研究确定了新的援藏思路，即以智力援助为主，同时做到“四个一点”：中央党校在收入大幅度减少的情况下，尽可能挤一点；发动教职工捐一点；引导地方党校自觉自愿支援一点；智力援助力度加大一点。

经研究，中央党校这次准备从预算中拿出 150 万元支持西藏自治区党校综合教学楼建设。此外，中央党校教职工自愿捐款 22 万元。国家行政学院在经费十分紧张的情况下，也拿出 50 万元，支持西藏党校建设。前不久，我们的校领导分别带队到不少省份检查《党校工作条例》落实情况，同时为援助西藏党校工作进行必要的沟通，得到有关省区市党委、政府的大力支持，特别是经济比较发达的几个沿海省市，以高度的政治责任感和大局意识，慷慨解囊，

使我们深受感动。我们将进一步加强组织、协调，进一步完善各地党校支援西藏党校工作的机制，进一步形成全国党校系统关心支援西藏各级党校的局面，扎扎实实做好援助西藏党校工作，推进西藏党校事业和干部教育事业的新发展。

在这里，我对全国党校系统的援藏工作提几点希望和要求。

（一）树立大局意识，尽力而为援藏。

维护西藏的稳定和发展是事关党和国家全局的重大任务。全国党校系统要主动为党为国分忧，要有维护和促进西藏稳定与发展的大局意识，在完成自身建设和干部培训任务的同时，继续积极承担援助西藏的社会责任，完成党和国家赋予的援藏使命，不论遇到什么样的困难，都要尽心尽力地把援助西藏党校的工作做好，把支持西藏干部培训的工作做好。

要按照“量力而行、尽力而为”的原则，进一步统一思想，明确任务分工，加大援助工作力度。对口援助的内地党校，要本着“实事求是、务求实效”的态度，根据自身情况，与西藏对口党校协商，确定项目和资金。项目合作要做实、做细、做好，不留尾巴，不留包袱。资金援助在收入大幅度减少的情况下，尽可能多挤一点，也可以发动教职工捐一点。没有对口援助西藏单位的党校，要在中央党校统一协调安排下，努力做好援助工作。

（二）拓宽援藏渠道，加大智力支持力度。

《中共中央、国务院关于进一步做好西藏发展稳定工作的意见》，对援藏工作提出了更高要求。我们要突出智力援藏，深化援藏内涵，拓宽援藏渠道，加大援藏力度，促进西藏党校事业和干部教育事业全面协调可持续发展。具体来说，主要是在两个方面下功夫。

一是加大对西藏党校教学科研工作的帮扶力度。中央党校将坚持每年选派优秀教师赴西藏自治区党校讲学。同时，努力帮助西藏自治区党校开展教学科研工作，具体内容包括：协助申报国家社科基金项目；赠送教学科研资料；资助出版学术著作；以及在全国党校系统科研立项、科研评奖和理论研讨会论文入选方面，向自治区党校适当倾斜等。各省党校也要发挥本单位优势，采取各种形式帮助提高西藏党校的教学科研水平。

二是加大师资培训和队伍建设的帮扶力度。坚持每年为西藏自治区党委组织部和党校系统培养代培生，同等条件下优先录取报考中央党校博士生的西藏自治区党校工作人员；坚持每年安排处以上干部赴西藏自治区党校挂职锻炼，同时根据需要安排西藏自治区党校教师和干部到中央党校进修或挂职锻炼，安排西藏自治区党校人员随中央党校出访团出国（境）考察或进修。在这方面，各省党校也都有一些好做法、好经验，希望继续坚持，并根据新的形势要求不断开拓创新。

（三）希望西藏党校充分利用全国党校系统资源，全面推进各项工作。

随着全国党校系统援助西藏党校工作进一步制度化，援助西藏党校的力度将进一步加大。越来越多的人、财、物资源，将不断地输送到西藏各级党校。但是，内地党校的援助，尤其是资金上的支援，毕竟是有限的，不可能完全满足西藏党校发展的需求。西藏党校的工作，关键要依靠西藏自治区党委、政府强有力的领导和支持，依靠西藏党校的同志们奋发图强，努力拼搏。我相信，在中央和自治区党委的亲切关怀和坚强领导下，在全国党校系统的真诚帮助下，西藏党校的同志们一定会倍加珍惜并充分利用好全国党校系统的资源，把主要精力集中到千方百计提高干部队伍的素质和能力上来，集中到千方百计提高教学和科研水平上来，把西藏党校的建设推上一个新的台阶，出色地完成中央及自治区党委赋予的培养高素质干部的任务。

我就讲这些，预祝这次会议圆满成功，预祝援助西藏党校工作不断取得丰硕成果！谢谢大家。

在全国党校系统援助西藏党校工作会议上的总结讲话

（2009 年 8 月 11 日）

陈 宝 生

同志们：

历时一天半的全国党校系统援助西藏党校工作会议今天结束。现在由我做个简要总结。

一、会议的主要特点

这次会议是贯彻落实全国干部教育培训工作会议精神、全国党校工作会议精神、《中国共产党党校工作条例》和中央关于援藏工作的一系列新要求，推进西藏党校事业和干部教育事业发展的重要会议，也是一次党校系统团结协作、互相学习、共谋发展的重要会议。会议特点主要有以下四个方面：

1. 中央领导同志高度重视。对这次会议，近平同志两次作出重要批示。近平同志的重视和指示，是开好这次会议的根本保证。

2. 时机恰当，意义重大。这次会议是在党的十七大以来，中央对干部教育培训工作、党校工作和援藏工作都提出了新的更高要求的背景下召开的，非常必要，非常及时。对贯彻落实中央有关精神，推进西藏党校事业和干部教育事业发展具有重大意义和深远影响。

3. 任务明确，内容丰富。这次会议的任务非常明确，就是全力推动全国党校系统支援西藏党校工作。在开幕式上，景田同志和庆黎同志发表了重要讲话，对做好当前和今后一个时期的援藏工作具有重要指导意义。昨天下午进行了分组讨论，具体商谈了援助项目。刚才上海、江苏、山东、广东四所地方党校负责同志作了大会发言，深入交流了援藏工作经验。俊华同志还通报了 8 年来西藏党校受援工作情况，对我们进一步明确今后的援助任务很有帮助。

4. 齐心合力，务实高效。中央党校和西藏自治区区委、区委党校，专门成立了会议筹备工作领导小组，对各项工作作出精心的部署和周密的安排。中央党校和国家行政学院，全国27所省级党校、3所独立行政学院、9所副省级党校的负责同志，围绕会议主题与西藏党校就援助项目进行认真商谈。大家本着实事求是的原则，想方设法，有钱出钱，有人出人，有力出力，切实帮助西藏党校解决发展中的一些问题，取得的成效超出了预期。

二、会议的主要收获

这次会议时间虽短，收获很大。主要取得以下成果：

1. 提高了认识。大家深刻领会锦涛同志、近平同志的批示精神，认真学习讨论景田和庆黎同志的讲话，一致认为西藏在全国稳定和发展大局中具有重要的战略地位，西藏的长治久安根本在发展，西藏的发展关键在人才，特别是要有一支德才兼备的领导干部队伍，推动西藏党校工作发展具有重大的政治意义。一致表示要从讲政治、讲大局的高度，认识新形势下援助西藏党校工作的重大意义；要以更积极的态度、更有力的措施和更扎实的工作，完成援助工作的各项任务。

2. 交流了经验。会议对2001年以来党校系统援助西藏党校工作进行了全面总结，充分肯定了成绩和经验。在分组讨论中，各地方党校介绍了援藏工作的做法，交流了援藏工作的体会。几位代表所作的大会交流，为我们进一步加强援藏工作提供了有益的启示和借鉴。

3. 明确了思路。大家一致认为景田校长提出的“一个为主、四个一点”的援藏思路，符合新形势下援藏工作的新特点、新要求。纷纷表示针对西藏党校发展的需要，从各自实际出发，坚持以智力援助为主，努力做到在经费较紧的情况下尽可能挤一点；发动教职工捐一点；引导有关方面自觉自愿支援一点；智力援助力度加大一点。

4. 商谈了援助项目。中央党校、国家行政学院和部分地方党校会前就进行了充分沟通和酝酿，会议期间分别与西藏党校商谈了具体的援助项目，提出了具体的落实措施，充分体现了“一个为主、四个一点”。目前，从中央党校到全国各级党校吃的都是财政饭，创收渠道不多，手头上都比较紧，加之各个党校的基本建设、教学科研等任务都很重，经费都较困难。尽管如此，大家都本着“量力而行、尽力而为”的原则，自觉自愿拿出积极的援助计划，实属难能可贵。从各级党校捐款数目看，充分体现了高度的政治责任感和团结协作精神。

三、会议精神的贯彻落实

同志们，这次会议非常重要。下面我就贯彻落实会议精神，再谈几点意见：

1. 抓紧向党委汇报。会议之后，同志们要尽快向党委汇报这次会议的主要精神，争取各级党委的重视和支持，把援助西藏党校列入工作计划和议事日程，切实按照援藏工作的新任务新要求，加强援藏工作。

2. 抓紧研究落实援助项目。已经确定的援助项目，要加强工作力度、加快工作进度，切实落实到行动上。还没有完全落实项目的要尽快落实。西藏自治区党委党校要主动同各支援单位积极沟通，建立援藏资金的使用制度，把这部分饱含全国党校系统深情厚意的资金管好、用好、用出效果，保证用在既定的援藏项目上，切实解决发展中的实际困难和问题。

3. 加强交流、及时反馈落实情况。各级党校要尽快把会议精神落实情况、援助项目进展情况报到中央党校，由中央党校汇总后，向中央和近平同志汇报，并向全国党校系统通报。中央党校将利用《党校工作通讯》反映援藏工作进展，加强交流和督促。

最后，让我们共同感谢西藏自治区党委、政府和区委党校对这次会议的大力支持，感谢在座的各级党校的同志积极热情地参加这次会议。今天下午，同志们还将赴西藏各地考察党校工作，预祝考察工作取得圆满成功！祝各位代表身体健康、心情愉快，返程平安顺利！

贯彻落实《中国共产党党校工作条例》和全国党校工作会议精神情况概述

《中国共产党党校工作条例》（以下简称《条例》）颁发和全国党校工作会议（以下简称会议）召开以来，中央党校和各地党委、党校认真贯彻落实《条例》和会议精神，各方面工作取得了比较好的成绩。为深入了解全国各地贯彻落实《条例》和会议精神的整体情况，及时总结经验，查找不足，进一步督促和指导下一步的贯彻落实工作，中央党校校委在2009年暑假期间分六个督促检查组（李景田、石泰峰、陈宝生、孙庆聚、李书磊、郝时晋各率领一个组），采取集中召开汇报座谈会、实地考察等形式，对31个省（市、区）进行了一次专题调研。中央党校各地党委和党校贯彻落实《条例》和会议精神情况如下：

一、主要成绩

（一）中央党校、各地党委和党校高度重视，广泛动员，统筹协调，贯彻落实工作扎实有效。

中央党校校委把贯彻落实《条例》和会议精神作为学习和实践科学发展观活动的实践载体和主要内容，以《条例》要求为尺度，对照检查工作差距和不足，围绕提高党校教学质量和科研水平，全面贯彻落实《条例》和会议精神。校委下大气力抓了以下几方面工作：加强校委领导班子建设；深化党校教学改革；深化党校科研改革；建立健全学员管理制度；实施人才强校战略；提高行政管理水平和后勤保障能力；深化党校报刊改革；推进出版工作和信息化建设；建立健全离退休干部工作机制；加强和改革机关党的工作；加大对全国党校系统的业务指导力度。从中央党校学习实践活动“回头看”反馈信息表明，效果良好。

全国各地党委普遍把贯彻落实工作摆到重要议事日程，加强领导，统一部署，认真积极地组织贯彻落实。截止到2009年8月底，全国31个省（市、区）委普遍做到了“四个一”，即召开了一次全省（区、市）党校工作会议，出台了一个指导本省（区、市）贯彻落实《条例》和会议精神的实施意见（办法），营造了一个学习、贯彻《条例》和会议精神的良好氛围，采取了一系列贯彻落实的具体措施，解决了党校领导体制、机构设置、队伍建设、基础设施、经费保障等一系列党校事业发展面临的突出问题。

《条例》颁发和会议的召开，也使党校系统教职员工备受鼓舞，心气倍增，干劲倍增。他们积极主动，不等不靠，认真学习宣传，积极贯彻落实，严格遵照执行，用《条例》和会议精神统一思想、统一认识，努力开创工作新局面，党校各方面工作得到了很大促进。

（二）各地各部门对新形势下党校性质、地位和作用的认识进一步加深，办好党校的责任感和使命感进一步增强。

《条例》的颁发和会议的召开，进一步提升了党校的地位，为党校事业发展提供了政治保障、良好环境和崭新机遇。无论是东部发达地区，还是西部欠发达地区，人们对党校在提高干部队伍素质、促进地方经济和社会发展中的重要地位和作用有了更深刻的认识，对《条例》和会议提出的办好党校的方针、政策和措施有了新共识，做好党校工作，促进党校事业发展的自觉性进一步增强。江苏和山东的同志说，经济越发展、社会越进步，对干部队伍的要求就越高，越需要有政治觉悟高、党性观念强、视野开阔、业务精通的干部来领导和保障各方面事业的科学发展、持续发展。青海和西藏的同志说，经济越是欠发达、差距越大、发展和稳定中存在的问题越多，越需要大局观念好、开拓意识强、知难而进的干部队伍来带领各族干部群众加快发展，尽快缩小东西部差距，走和谐发展、科学发展之路，实现各族人民共同富裕。各级党委和政府有关部门紧密联系各地实际，执行《条例》要求，自觉履行义务，普遍加大了对党校工作的支持力度，采取有力措施解决了不少党校事业发展面临的突出问题。云南、贵州、四川、重庆等省市，改变过去把党校作为一般事业单位的老做法，把党校列入各级党委部门序列，党校排名提前了十几个位次，党校工作受到前所未有的重视。

（三）党校教学呈现新面貌。

中央党校结合《条例》和会议要求，继续深化教学改革，进一步规范班次设置，调整和充实教学内容，突出中国特色社会主义理论体系特别是科学发展观在教学内容中的核心地位，把党性教育贯彻于教学的全过程和各方面，积极创新教学方法，进一步加强学科建设和教材建设，扎实开展中国特色社会主义理论进课堂、进教材、进头脑工作。成立马克思主义理论教研部，启动《中国特色社会主义理论体系研究》教材的编写工作。

各地党校在普遍坚持“一个中心、四个方面”基本教学布局的基础上，联系各地实际和干部需求，对班次和学制设置、讲题选择、教学方式和方法、教学效果测评等多个教学环节进行了深入探讨，形成了各具地方特点的党校教育内容体系和许多深受地方干部欢迎的精品讲题和培训专题。中国特色社会主义理论体系的教学更受重视，科学发展观等重大战略思想在教学中的地位更加突出，党性教育在党校教学中的分量日益加重，教学方法更为生动活泼。浙江、湖南、陕西、内蒙古等省区党校联系东、中、西的不同实际，突出科学发展观在党校教学中的主导地位和统领作用，经过课堂讲授、专题研讨、社会调研等多种方式，科学发展观在广大学员中更加深入人心，在引领地方经济和社会发展中的巨大作用得到进一步体现。上海市委党校以教学项目为龙头，积极创新班次设置，进一步完善和充实轮训培训内容，收到了很好的效果。广西等省区高度重视基层干部培训，强化县乡级党校在培训农村基层党员干部中的主渠道、主阵地作用，形成了“纵向到底、横向到边”的培训体系，党校教育向基层延伸，效果良好。

（四）党校科研取得新成绩。

根据《条例》提出的党校“是党的哲学社会科学研究机构”、“要把党校办成学习、研究和宣传马克思列宁主义、毛泽东思想、邓小平理论、‘三个代表’重要思想以及科学发展观等重大战略思想的重要阵地”、“发挥党校在党委和政府决策中的思想库”作用等新定位、新要求，中央党校进一步明确了科研工作的新思路和科研管理的新要求，修订了《中央党校科研项目管理条例（试行）》，整顿了中央党校编外研究中心，成立了中央党校中国特色社会主义理论体系研究中心，合并了校刊社和学习时报社，成立报刊社。进一步建立和完善了开放的科研体制，广泛开展科研协作，围绕经济建设、党的建设和社会发展的重大理论和现实问题，确定了“中国共产党在困难和成绩面前如何应对的经验研究”、“中国特色社会主义理论体系研究”、“应对国际金融危机，扩大内需，保增长问题研究”等重大课题开展研究，取得了阶段性成果。

全国各地党校充分利用自身特点和优势，服务党委和政府工作大局，面向现实热点、难点问题，进一步明确党校科研工作思路，积极探索党校科研运作方式，不断提高科研水平，使科研成果源源不断地进党委政府决策、进党校课堂、进学员教材，在提高党校教学质量和水平的同时，努力发挥党校在促进经济和社会发展中的“思想库”作用。浙江省委党校提出“以实践者为老师、以主战场为课堂”的教学科研理念，定期举办市长论坛，成立跨学科、跨部门的地方政府危机管理中心，对科研工作产生了很大促进作用。广东、福建省委高度重视党校科研工作，科研成果直接上报省委领导同志，极大地调动了党校科研积极性。

（五）学员管理及校风、学风建设得到进一步加强。

中央党校以提高全体教职员工和学员党性修养为核心，深入落实“从严治校、从严施教、从严管理”要求，严格执行《中央党校领导干部学员学习期间廉洁自律的若干规定》，突出抓好会风、文风，狠刹吃喝风、送礼风。校委带头在校内和全国党校系统做到开短会、讲短话、写短文，带头做到不吃请、不请吃、不接受礼品，努力使党校成为社会不良风气的“净化器”，成为党性锻炼的熔炉，把广大学员的主要精力引导到读书学习上来，引导到提高党性修养上来，取得了良好的效果。

各地党校采取切实措施改进校风、学风和文风，加强学员管理，维护和提高党校声誉，一度在学员管理过程中存在的不正之风得到有效遏制。湖北省委党校与学员签订了《廉洁自律承诺书》，禁止学员用公款互相宴请，严格要求学员做到“不私驾公车，不留公车驻校，不参加‘带彩’（金钱赌注）的娱乐活动，不用公款相互宴请，不接受贵重礼品、礼金、有价证券和支付凭证，不接待‘礼节性’来访”。“六个不”，在全国起到了很好的表率作用。吉林省委关心党校组织员队伍建设，充实组织员人数，解决组织员职级，学员管理工作进一步加强。黑龙江省委党校充分调动学员的积极性和创造性，采用“轮盘式”方法打造党性修养课，把党性教育贯穿到党校教学全过程，校风、学风得到很大改观。

（六）党校办学条件得到进一步改善。

《条例》颁发和会议召开之后，各省（市、区）对党校工作高看一眼，厚爱一分，根据各自实际积极采取措施，切实改善党校办学条件。山东省委为扩大省委党校办学规模，拨专款建设省委党校新校，同期在校人数由1000人增加到3000多人。内蒙古自治区党委针对辖区地域辽阔的实际，立足于提高区党校办学水平和规模，建成并启用了新校舍，校园硬件设施得到很大提高，办学条件大为改善。青海省委编制下发了《全省党校系统基础设施改造2009—2015年规划》，把党校公用经费由原来的事业单位标准调整为党政一般部门标准，计划用7年时间投资3500万元将全省党校系统基础设施进行改造提高。此次党校系统援藏工作会议共为西藏区党校募得资金2400余万元，相信不久的将来西藏区党校的办学条件也会有大的改观。

二、存在的主要问题

（一）贯彻落实的整体情况存在东西不平衡，西部地区和灾区办学困难较大。

东部发达地区省市，由于经济条件较好，历史遗留问题较少，贯彻落实《条例》和会议精神的整体情况相对好些。西部省区经济相对落后，历史遗留问题较多，加上自然灾害、师资水平等因素影响，西部地区和灾区党校面临许多困难。虽然各级党委和政府部门也是在积极努力贯彻落实，但限于客观条件，许多要求难以完全落实或暂时难以落实。经费不足、经费来源没有制度性保障和人才缺乏，是目前面临的突出问题。

（二）“一校两制”引发教职员工待遇不平等。

党校既是“学校”又是“部门”的双重身份，使党校内部职工分为“参照公务员管理”人员与“事业单位职员”两种身份。由于目前“参照公务员管理”人员工资福利改革措施已经到位，而事业单位工资、业绩、福利等项改革尚未完全到位，在一定程度上影响了教研人员的工作积极性。

（三）学制设置存在一定程度的短期化。

由于《条例》对学制设置问题没有硬性规定，各地各级党校存在学制短期化行为。这样做有灵活方便、扩大培训规模、提高培训时效性的优点，但也容易导致基本理论学习时间不足、培训容易走过场的弊端。

（四）课程设置存在一定程度的“偏颇”现象。

各地各级党校在教学改革中逐渐克服了过去相对单一的课堂讲授模式，比较重视学员的个性化需求，广泛采用了体验式、情景模拟式、菜单式等多种教学手段，取得了不错的效果。但有些党校一改过去“安排什么学什么”为“需要什么学什么”，实际教学照顾知识性、趣味性，注重了学员个性需求而基本理论灌输不足，容易使基本理论的教育被弱化，也容易对党校的性质、地位和作用形成冲击。

（五）组织员、班主任的职数编制来源有待进一步明确。

《条例》对组织员、班主任的职数编制来源没有明确规定，各地落实起来遇到困难。

三、进一步贯彻落实的着力点

(一)加大对地方党校业务指导工作力度,进一步规范党校系统办学。

各地党校在学制设置、课程设置、组织员配备等方面普遍存在着“同一条文而执行各异”的问题。这些问题与市场经济条件下党校办学面对的大气候有关,与各级党委、党校对《条例》和会议精神的认识和把握有关,与各地经济社会发展水平有关。在这种情况下,相对统一、更加有力的业务指导显得尤为必要。应在支持和鼓励各地党校因地制宜、突出特色的同时,加强中央党校对地方党校的业务指导力度,指导和规范全国党校系统办学。必要时,对《条例》相关条文进行统一解释。

(二)以提高教学质量和科研水平为中心,继续推动《条例》和会议精神的进一步贯彻落实。

教学质量和科研水平是党校的立身之本,是发挥“主渠道”作用和“思想库作用”的根本依托。基础设施建设、经费保障、队伍建设、信息化建设等等都是提高教学质量和科研水平的手段和条件,要把好的办学条件充分体现在高质量教学和高水平科研上来,在现有的和逐步改善的办学条件的基础上,围绕党和国家工作大局,围绕地方经济和社会发展需要,集中精力搞好教学和科研工作,提高党校办学水平,发挥党校多项职能,提高党校社会地位。

(三)进一步加大对西部地区和灾区党校的扶持力度。

西部地区(含灾区),尤其是边疆民族地区担负着保持边疆安宁、维护民族团结、保护生态环境、发展民族经济等历史重任,是社会主义现代化建设重要的安全屏障、生态屏障和资源储备。与西部大开发业已取得的各方面成就相比,党校事业相对滞后,教学、科研、人才、经费、设施等各方面条件还比较差,难以有效承担起应有的责任,发挥应有作用。应以落实《条例》第54、55条的要求为重点,在人才、智力等方面继续帮扶西部地区党校,把习近平同志在全国党校工作会议上的重要讲话精神真正落到实处。

(四)进一步关注县(区)党校的生存与发展。

由于《条例》把县级党校机构设置权限赋予了省级党委,而各省(市、区)经济和社会发展水平又千差万别,县级党校的生存与发展面临着多种选择。有的得到进一步加强,呈现出良好的发展态势;有的没有得到应有的重视,工作环境比较差。此外,随着社会主义市场经济的快速发展,各地新建的许多县处级经济技术开发区、工业园区、示范区、生态保护区等功能性行政机构,辖内干部职工有的几万人,也有的多达十几万人,但大多没有党校。应组织力量对县级党校的改革发展问题进行深入研究,形成指导性意见。

中央党校召开第21次校委会要求继续做好贯彻落实《中国共产党党校工作条例》和全国党校工作会议精神有关工作

8月27日上午，中央党校召开2009年第21次校委会议，常务副校长李景田主持召开校委会议。会议听取了6个调研组对全国党校系统贯彻落实《中国共产党党校工作条例》和全国党校工作会议精神进行督促检查的情况汇报，并对调研情况进行了认真研究。会议认为，《党校工作条例》是指导党校工作的重要文件，胡锦涛总书记和习近平同志在全国党校工作会议上的重要讲话为党校事业的发展指明了方向。今后一个时期做好党校工作的重要抓手，就是贯彻落实《党校工作条例》和全国党校工作会议精神。

会议认为，暑假期间，校委成员带队分赴各地进行集中调研，对全国党校系统贯彻落实《党校工作条例》和全国党校工作会议精神进行督促检查。既看到了地方党校取得的阶段性成果，又了解到存在的主要问题及其解决的意见和建议，对下一步继续抓好此项工作很有帮助。

会议要求继续做好贯彻落实《党校工作条例》和全国党校工作会议精神的有关工作：

1. 办公厅地方党校工作办公室要做好专题调研工作，对地方党校所反映的在实行“一校两制”引发教职员工待遇不平等、落实经费保障等方面存在的突出问题，进行认真调研，提供翔实数据，加强与中央和国务院有关部委的沟通，进一步推动相关政策的落实。

2. 要加强对地方党校的业务指导，进一步完善有关制度和办法；会同有关部门制定出科学的办学质量评估体系和办法，并以此为抓手，规范和指导地方党校办学，推动地方党校办学水平上一个新台阶。

3. 进一步加强与地方党校的沟通与联系。通过参加地方党校举办的重要活动、举办各类培训班、适时召开全国党校系统工作经验交流会、以及在《党校工作通讯》刊登办学经验等形式，使各党校之间的信息更加畅通、联系更加紧密，促进党校事业的整体发展。

4. 筹备好本学期召开的全国党校校长会议。会议以贯彻落实《党校工作条例》和全国党校工作会议精神为主要内容，对前一阶段所取得的经验进行总结交流，对存在的主要问题进行深入研讨，进一步推进全国党校系统对《党校工作条例》和全国党校工作会议精神的贯彻落实。

中央党校举办全国党校系统教学管理专题研讨班

5月13日至22日，中央党校举办党校系统教学管理专题研讨班。49名学员分别来自全国各省、自治区、直辖市党委党校，铁道部党校，新疆生产建设兵团党委党校，各副省级城市党委党校，以及中央党校各分校（部），主要为各党校主管教学工作的副校长、教育长。

学员们围绕“构建中国特色社会主义理论体系的教学框架”、“教学方法改革创新和提高教学质量”、“党校学科建设”以及“如何在教学中加强党性教育”等问题展开研讨，并提交了论文。

全国党校系统援助西藏党校工作会议在拉萨召开

8月10日至11日，全国党校系统援助西藏党校工作会议在拉萨召开。常务副校长李景田、西藏自治区党委书记张庆黎出席开幕会议并讲话，副校长陈宝生作总结讲话，国家行政学院副院长周文彰在闭幕会议上讲话。西藏自治区领导尹德明、公保扎西、马如龙、刘庆慧和校委委员、办公厅主任罗宗毅出席会议。副校长陈宝生和西藏自治区党委副书记、西藏自治区党委党校校长张裔炯分别主持开幕和闭幕会议。

这次会议的主要任务是：按照党的十七大提出的继续大规模培训干部、大幅度提高干部素质的要求，贯彻落实全国干部教育培训工作会议精神、全国党校工作会议精神、《中国共产党党校工作条例》和中央关于援藏工作的一系列政策精神，学习贯彻胡锦涛同志、习近平同志有关重要指示精神，总结交流党校系统援藏工作经验，研究部署全国党校系统援助西藏党校工作的具体措施，推动西藏党校事业和干部教育事业新发展。

李景田在讲话中指出，西藏自古以来就是中国领土不可分割的一部分，中国的历史是汉族和其他兄弟民族共同创造的。西藏等边疆民族地区的稳定和发展关系党和国家工作全局。西藏的长治久安根本在发展、关键在人才，尤其需要培养一支德才兼备的领导干部队伍。支持西藏的干部教育事业是中央交给我们的重要任务，是全国党校系统的共同责任。建设好西藏各级党校，迫切需要全国党校系统给予多方面的支持和帮助，我们要按照中央的要求，扎实做好援助工作，通过人力、财力支持，通过师资管理人员培训、教学资源共享和信息化等项目援助，积极改善西藏党校办学条件，加快西藏各级党校建设，推动西藏干部教育事业发展，不断夯实党在西藏的执政基础，巩固党在西藏的执政地位，为西藏和全国的稳定与发展做出积极贡献。

李景田强调，2001年8月，由中央党校牵头，成功召开了首次全国党校系统援助西藏党校工作会议，确定了促进西藏党校发展的一系列政策措施。8年来，中央党校会同兄弟省市党校，对西藏自治区各级党校的建设和发展事业给予了积极支援和热情帮助，有力地推动了西藏党校事业的发展。按照中央的总体部署和要求，结合新形势下援藏工作的新特点，我们将进一步加强组织协调，进一步完善各地党校支援西藏党校工作的机制，进一步形成全国党校系统关心支援西藏各级党校的局面，扎扎实实做好援助西藏党校工作，推进西藏党校事业和干部教育事业的新发展。李景田要求全国党校系统要树立大局意识，尽力而为援藏，拓宽援藏渠道，加大智力支持力度，并根据新的形势要求不断开拓创新，努力做好援助工作。西藏党校要充分利用全国党校系统资源，把主要精力集中到千方百计提高干部队伍的素质和能力上来，集中到千方百计提高教学和科研水平上来，全面推进各项工作，把西藏党校的建设推上一个新的台阶。

张庆黎在讲话中介绍了西藏经济社会发展形势并指出，在中央特殊关怀和中央党校、国家行政学院及全国党校系统的大力支持下，西藏党校事业和干部教育事业取得了历史性成就。一代又一代干部的健康成长，推动建设社会主义新西藏的伟大事业取得了一个又一个新的胜利。今后实现西藏跨越式发展和长治久安，关键在于建设一支高素质的干部队伍。加强党校工作和干部教育培训工作，是实现西藏跨越式发展和长治久安的重大而紧迫的战略任务。我们一定要以这次全国党校系统援助西藏党校工作会议为动力，抓住机遇，乘势而上，大力加强党校工作和干部教育培训工作，大规模培训干部，大幅度提高干部素质，努力为实现西藏经济社会的跨越式发展和长治久安提供坚强的政治保证和组织保证。

陈宝生在总结讲话中指出，这次会议时间虽短，但收获很大，大家进一步提高了认识、交流了经验、明确了思路，并商谈了具体援助项目。他对会议精神的贯彻落实提出了明确要求，希望与会代表回去后抓紧向党委汇报，争取各级党委的重视和支持，把援助西藏党校列入工作计划和议事日程，按照援藏工作的新任务新要求，加强工作力度、加快工作进度，切实把援藏工作落到行动上。西藏自治区党委党校要主动同各支援单位积极沟通，建立援藏资金的使用制度，把这部分饱含全国党校系统深情厚意的资金管好、用好、用出效果，保证用在既定的援藏项目上，切实解决发展中的实际困难和问题。

闭幕会议上，上海市委党校常务副校长吕贵、江苏省委党校常务副校长黄文虎、山东省委党校常务副校长安世银、广东省委党校副校长陈韩生、西藏区委党校常务副校长石俊华分别作了大会发言。

出席全国党校系统援助西藏党校工作会议的代表在藏期间对拉萨、日喀则、林芝、山南等地进行了实地考察，并与区党委党校、各地市委党校领导就贯彻落实《中国共产党党校工作条例》和全国党校工作会议精神，以及如何开展援助西藏党校工作进行了座谈。

中央党校和国家行政学院，全国27所省级党校、3所单设省级行政学院、9所副省级党校的负责同志和有关人员，近150人参加了会议。

全国党校系统学员管理工作座谈会在武汉召开

11月26日至27日，“全国党校系统学员管理工作座谈会”在湖北武汉召开，来自中央党校、全国省级党校、副省级党校的代表共150多人参加了会议。本次会议的主要任务是：总结交流近年来各地党校在学员管理工作中的做法和经验，进一步明确在新形势下做好学员管理工作的思路。

中央党校常务副校长李景田出席会议并讲话。中央党校副校长孙庆聚出席会议并作会议总结。中共湖北省委常委、组织部长、省委党校校长潘立刚在开幕式上致词。中央党校副校长孙庆聚，中央党校校委委员、办公厅主任罗宗毅分别主持了大会。中纪委、中组部有关部门负责同志，湖北省委党校常务副校长马哲军出席了会议。座谈会由中央党校办公厅和湖北省委党校承办。

中央党校常务副校长李景田在讲话中分析了全国党校系统学员管理工作的现状，总结和概括了近年来各地党校在学员管理工作中的新鲜经验：一是要把加强学员管理作为党校培训轮训党员领导干部的重要工作，切实抓好；二是按照党校姓党的原则，坚持以学员为本，坚持从严治校、从严管理；三是把党性锻炼作为学员管理的主线，贯穿于党校教育各个环节，贯穿于学员管理工作的始终；四是学员管理工作要以改革创新为动力，以制度建设为载体；五是加强学员工作机构和组织员队伍建设，为学员管理工作提供组织保证；六是要努力形成各级党委的纪检机关、组织部门、学员派出单位和党校协调配合，齐抓共管的工作格局。

李景田在讲话中还指出了新形势下加强学员管理工作的总体思路：以邓小平理论和“三个代表”重要思想为指导，深入贯彻落实科学发展观，着眼于培养忠诚于中国特色社会主义事业、德才兼备的党员领导干部和理论干部，按照党要管党、从严治党的方针，坚持从严治校、从严管理，坚持以人为本，坚持以党性教育为主线，以改革创新为动力，以制度建设为载体，突出重点，突破难点，健全管理制度，改进管理方式，提高管理效果，全面加强对学员的管理，把各级党校办成风清气正的学府、党性锻炼的熔炉。

会议期间，湖北省领导罗清泉、李鸿忠、杨松、黄先耀、李明波分别会见了与会代表。

纪念中华人民共和国成立60周年

认真汲取党应对困难和成绩的历史经验，不断推进中国特色社会主义事业发展*

（2009 年 9 月 5 日）

李 景 田

同志们：

首先感谢玉浦同志所作的热情洋溢的讲话和广东省委、深圳市委对我们这次会议的大力支持。

今天，我们在这里举办全国党校系统纪念新中国成立 60 周年理论研讨会，主要是回顾中国人民所走过的风雨历程，总结中国共产党领导和团结全国各族人民所取得的光辉成就和成功经验，探讨共产党执政规律、社会主义建设规律和人类社会发展规律，这对于我们深入学习贯彻科学发展观，落实《党校工作条例》和党校工作会议精神，进一步发挥党的理论创新生力军作用具有重大的意义。

善于总结和运用历史经验，是我们党的光荣传统。一部中国共产党的历史，在一定意义上来说，就是一部应对困难和成绩的考验过程中，总结经验、汲取教训、不断发展壮大的历史。1965 年 7 月 26 日，毛泽东在中南海会见刚从海外归来的原国民党代总统李宗仁和夫人郭德洁时，问李的秘书程思远："你知道我是靠什么吃饭的？"程一时茫然，不知如何应答。这时毛泽东徐徐说道："靠总结经验。"党校作为党的哲学社会科学研究机构，在总结党的历史经验方面更应该发挥重要作用。下面，我围绕党在 88 年的奋斗历程中，经历的关系自身前途命运甚至是生死存亡的 8 个历史关节点上的重大挫折或重大成绩的严峻考验，作一个发言，谈几点认识和思考，同大家一起研究讨论。

---

* 9 月 5 日至 6 日，全国党校系统纪念新中国成立 60 周年理论研讨会在深圳召开。本文是李景田同志在研讨会上所作主旨报告的全文。

一、党在领导革命过程中对困难和成绩的应对

党在领导新民主主义革命的28年中，主要有四次应对困难和成绩的重大考验。

第一次重大考验：大革命失败的应对

中国共产党成立后，以崭新的理念、清新的形象和务实的作风等其他旧式政党所不具有的先进性，产生了广泛的社会影响并使党迅速发展。第一次国共合作实现后，党推动大革命走向了高潮。然而胜利的喜悦未及仔细品味，年轻的中国共产党就遭到大革命的悲惨失败。

大革命失败是中国共产党成立后遇到的第一次重大挫折，面对这一重大挫败的考验，中国共产党没有退缩，而是在绝境中奋起，开始了探索中国革命新道路的艰难历程。为了总结大革命失败的教训、明确下一步方向，1927年8月7日，党中央在汉口召开紧急会议，毛泽东在会上提出了“枪杆子里面出政权”的著名论断，解决了还要不要革命，怎样革命的问题。其后，党领导了南昌起义、秋收起义、广州起义、百色起义等一系列武装起义。由此，以毛泽东为主要代表的中国共产党人，突破了共产国际“城市中心论”的束缚，着力于马克思主义与中国实际相结合，深入农村开展武装斗争、土地革命和根据地建设。到1930年上半年，逐步地解决了大革命失败后中国革命的道路问题，形成了农村包围城市、武装夺取政权的重要思想，为复兴中国革命和争取革命胜利指明了唯一正确的道路。从1930年冬至1931年秋，中央根据地和红一方面军在毛泽东、朱德的指挥下，接连取得了三次反“围剿”斗争的胜利。鄂豫皖、湘鄂西、湘鄂赣等根据地也都发展到了相当规模。星星之火，开始燎原。1931年11月7日，中华苏维埃共和国在江西瑞金宣布成立。中华苏维埃共和国的成立，加强了中枢指挥的作用，扩大了中国共产党在全国的影响。

第二次重大考验：第五次反“围剿”失利的应对

20世纪20年代后期和30年代前期，在国际共产主义运动中和中国共产党内盛行把马克思主义教条化、把共产国际决议和俄国革命经验神圣化的错误倾向，导致党内“左”倾冒险错误、“左”倾教条主义错误接连发生，给党和红军造成了巨大损失，其进一步发展的恶果就是导致了第五次反“围剿”斗争的失败和红军主力退出中央根据地。

在党和红军面临生死存亡的紧急关头，党中央在长征途中召开遵义会议，事实上确立了能够坚持党的正确思想、了解中国实际的毛泽东同志在中央和红军的领导地位。以毛泽东同志为主要代表的中国共产党人坚持把马克思列宁主

义基本原理同中国革命具体实践相结合，正确解决了关乎党和红军前途命运的三个全局性问题，即：引领红军向哪里去的战略方向问题，使党和红军摆脱被动局面的军事指挥问题，结束“左”倾教条主义错误在中央的统治问题，从思想上、政治上、组织上、军事上确保了红军长征的胜利。与此同时，党的第一代中央领导集体得以确立，并逐步成熟。这次会议在极其危急的情况下，挽救了中国共产党、挽救了中国红军、挽救了中国革命，成为党的历史上一个生死攸关的转折点。

第三次重大考验：日军侵华导致民族危亡的应对

1931年，日本帝国主义悍然发动了“九一八事变”，1937年7月7日，日军全面侵华战争爆发。在这场实力悬殊的战争中，疯狂的日本侵略者把中华民族逼上亡国灭种的边缘，整个中华民族危在旦夕。

中国共产党自诞生之日起，就把争取民族独立当作自己的奋斗目标。在红军长征途中，面对日本侵华加剧的危急形势，党就鲜明地提出了“北上抗日”的口号，争取了政治上的主动。红军到达陕北后，国内形势和社会主要矛盾都发生了重大变化，中华民族已经到了最危险的时刻。在这种情况下，能否正确处理民族矛盾和国内的阶级关系，对中国共产党是一个严峻的考验。

中共中央准确地分析了国际国内形势的变化，在1935年底召开的瓦窑堡会议上，适时地提出了建立抗日民族统一战线的正确口号和方针。1936年12月发生了震惊中外的西安事变，中国共产党又以民族大义为重，摒弃前嫌，促成了西安事变的和平解决。从此，十年内战的局面基本结束，第二次国共合作、全民抗战局面正式形成，党和红军也摆脱了危险处境，中国革命在抗日救亡的战火中重新开始走向复兴。此后，中国共产党统筹全局、正确应对抗日民族统一战线中的各种困难和问题的能力不断增强，每当遇到困难和转折关头，党都能正确提出并有效贯彻顺应民心、符合民意的口号和方针政策。如抗日战争进入相持阶段，适时地提出了新民主主义理论，为中国革命指明了方向；抗日战争胜利前夕，适时地提出了建立联合政府的主张，有力地扩大了中国共产党领导的统一战线。

八年抗战中，中国共产党提出了全面抗战路线和持久战的战略方针，确定了向敌后发展、建立敌后抗日根据地、发展游击战争的战略任务，开辟了广大的敌后战场，牵制、消耗了大量日本兵力，为赢得抗日战争胜利作出了重大贡献。

第四次重大考验：抗日战争胜利后复杂局面的应对

1945年8月15日，日本宣布投降，中国抗日战争宣告胜利。四万万华夏儿女众志成城抵御外侮，饱受磨难的中华民族赢得了1840年鸦片战争以来反抗外敌入侵的第一次完全胜利。抗战胜利后，中国共产党面临着十分复杂的政治局面，以美国政府支持下的蒋介石集团为代表的大资产阶级、大地主阶级同以中国共产党为代表的人民大众之间的矛盾，代替日本帝国主义同中华民族之间的矛盾，成为中国社会的主要矛盾。抗战胜利后的中国局势将如何发展？中国共产党面临着新的严峻考验。

中国共产党运用马克思主义的立场、观点、方法对战后基本形势进行了深刻的分析，认为避免战争的可能很小，基本上是非打不可，但在和平还有一线希望的时候仍要争取。根据对时局的判断，党提出了正确的指导方针和斗争策略，我们既作争取和平的努力，又作打仗的准备，也就是"以谈对谈，以打对打"。为此，中共中央一方面命令各部队继续放手发动群众，巩固已有阵地，主力迅速集结整训，提高战斗力。另一方面，在战争胜利、全国人民普遍要求和平民主的情况下，适时地提出了反对内战、要求和平的口号；当蒋介石释放出所谓"和谈诚意"，三次邀请毛泽东赴重庆共商国是的时候，毛泽东同志不顾个人安危毅然前往，并在政治协商会议上做出巨大让步，从而赢得全国人民的同情和支持。中国共产党为争取和平民主尽了最大努力，但是国民党政府在美帝国主义的支持下悍然发动内战。中国共产党领导人民进行了三年多的解放战争，取得了新民主主义革命的伟大胜利。由于党在抗战胜利后的应对准备充分，方法得当，原计划10—15年的解放战争3年结束。

二、党在领导社会主义建设和改革开放过程中对困难和成绩的应对

党在领导社会主义建设和改革开放的60年中，也至少经历了四次应对困难和成绩的重大考验。

第一次重大考验：新中国建立初期胜利和困难局面的应对

开国之初的考验是严峻的。除了新中国伊始、百废待兴，面临着国内外经济、政治、军事严峻形势的考验外，更重要的是，中国共产党自身的队伍，也面临着新的考验。这不仅是指在全新的任务面前要排除万难去学会全新的本领，更重要的是指由于胜利来得太快，在进入繁华城市、执掌全国政权、从事和平建设的全新的历史条件下，党能不能继续保持同人民群众的血肉联系，继续保持实事求是、谦虚谨慎和艰苦奋斗的优良传统，不被权力、地位和资产阶级的捧场所腐蚀。这的确是中国共产党在全国范围执政面临的一次严峻"考试"！

早在建国前夕召开的七届二中全会上，毛泽东同志就告诫全党："因为胜利，党内的骄傲情绪，以功臣自居的情绪，停顿起来不求进步的情绪，贪图享

乐不愿再过艰苦生活的情绪，可能生长……可能有这样一些共产党人，他们是不曾被拿枪的敌人征服过的，他们在这些敌人面前不愧英雄的称号；但是经不起人们用糖衣裹着的炮弹的攻击，他们在糖弹面前要打败仗。”为了预防这种情况的发生，毛泽东同志提出“务必使同志们继续地保持谦虚、谨慎、不骄、不躁的作风，务必使同志们继续地保持艰苦奋斗的作风”。

面对建国初期的复杂形势和种种困难，党中央保持着清醒的头脑，满怀信心地迎接挑战。1949—1952年，中国共产党领导全国人民全面实施新民主主义的建国纲领，国民经济得到全面恢复和初步发展，中国的政治、经济、文化和社会面貌发生了巨大变化，为向社会主义过渡创造了有利条件。从1953年起，我国开始了大规模的对农业、手工业和资本主义工商业的社会主义改造。1956年社会主义改造任务的胜利完成，标志着社会主义制度在中国的确立。同年9月党的八大正式宣布我国已经进入社会主义社会。社会主义制度的建立，是中国历史乃至人类历史的一次深刻的社会变革。

第二次重大考验：社会主义改造成功完成后探索社会主义建设道路的应对

在建国以后几年的时间，我们党就在一个人口众多的农业国实现了生产资料所有制的社会主义改造，这是了不起的巨大成绩。正如1981年6月党的十一届六中全会通过的《关于建国以来党的若干历史问题的决议》所说：“在一个几亿人口的大国中比较顺利地实现了如此复杂、困难和深刻的社会变革，促进了工农业和整个国民经济的发展，这的确是伟大的历史性胜利。”

随着三大改造的完成，中国进入了社会主义初级阶段，党开始了进行社会主义道路事业的探索。中共八大前后，党对适合中国国情的社会主义建设道路的探索，取得了多方面的积极成果。八大对社会主义改造完成后的国内主要矛盾和主要任务作了正确规定，明确指出：“我们国内的主要矛盾，已经是人民对于建立先进的工业国的要求同落后的农业国的现实之间的矛盾”。“党和全国人民当前的主要任务，就是集中力量解决这个矛盾，把我国尽快地从落后的农业国变为先进的工业国。”1957年4月，毛泽东发表《关于正确处理人民内部矛盾问题的讲话》，把正确处理人民内部矛盾作为国家政治生活的主题，确定“长期共存、互相监督”为中国共产党处理同各民主党派的关系的方针；在社会主义文化建设方面，毛泽东提出，要坚持马克思主义的指导地位，实行“百花齐放、百家争鸣”的方针，对古今中外的优秀文化实行“古为今用、洋为中用”的方针。

遗憾的是，这些正确思想和方针政策没有能够在实践中坚持下去。由于以毛泽东同志为核心的中共第一代中央领导集体对社会主义建设规律认识不足，更由于提出“两个务必”的毛泽东同志本人在社会主义改造胜利完成的巨大成就面前逐渐滋长骄傲自满情绪，急于求成，夸大了主观意志的作用，没有经过认真的调查研究和试点，就在总路线提出后轻率地发动“大跃进”和人民公社化运动。另一方面，在七届二中全会上提出忧患意识的毛泽东同志把阶级斗争看得过于严重，对国际特别是对国内出现修正主义的现实危险性看得过于严重。进而导致“以阶级斗争为纲”的“左”倾思想的积累和发展，最终错误地发动了“文化大革命”运动。应当说，这次应对是不成功的，教训是十分沉重的。

第三次重大考验：“文革”后百废待兴困难局面的应对

为时10年的“文化大革命”使党、国家和人民遭到建国以来最严重的挫折和损失，国民经济濒临崩溃的边缘，与国外的经济差距进一步拉大，中国面临“被开除球籍的危险”。面对当时的困难局面，中国共产党人没有气馁，而是解放思想，拨乱反正，从而开拓出了一番新天地。

1976年10月，中央政治局对江青等人采取隔离审查措施，结束了“文化大革命”这一长达10年的内乱。此后，为消除“文化大革命”造成的混乱局面，重建党和国家各方面的正常秩序，解决长时期积累下的政治和社会问题，党中央作出了多方面的努力，取得了明显的成绩。

1978年5月上旬，先在中央党校《理论动态》，后又在《光明日报》上发表的题为《实践是检验真理的唯一标准》的文章，重申了实践是检验真理的唯一标准这个马克思主义认识论的基本原理，批评、否定“两个凡是”的错误方针。文章发表后，在邓小平同志等老一辈革命家的领导和支持下，在全国范围内兴起了一场关于真理标准问题的大讨论，极大地解放了人们的思想。在真理标准讨论的直接推动下，1978年12月召开的十一届三中全会，是建国以来我党历史上具有深远意义的伟大转折。这次全会重新确立了实事求是的思想路线，作出了党和国家工作重点转移的战略决策，提出了改革开放的基本方针，事实上形成了以邓小平同志为核心的党的第二代中央领导集体。以此为开端，中国特色社会主义事业进入历史新时期。党的十二大报告指出：把马克思主义的普遍真理同我国的具体实际结合起来，走自己的道路，建设有中国特色的社会主义，这就是我们总结长期历史经验得出的基本结论。

第四次重大考验：国内政治风波和苏东剧变的应对

1989年春夏之交，我们党果断而又稳妥地处置了在北京发生的那场政治风波，妥善地应对了以美国为首的西方国家对我国实行所谓“制裁”给我们造成的各种困难。1989—1991年社会主义国家接连发生“剧变”、“解体”的多米诺骨牌效应，国际共产主义运动在世界范围内遭受严重挫折。当时在国内也有人对改革开放发出了姓“社”还是姓“资”的责难。面对这些问题和困难，党中央科学观察国内外形势发展变化，牢牢把握发展机遇，有效应对风险挑战。

针对“89政治风波”，邓小平同志强调要大力反对资产阶级自由化，要求全党要按照十一届三中全会确定的基本路线、方针、政策，坚定不移地干下去。面对西方国家的“制裁”以及东欧剧变、苏联解体，中央采取了“冷静观察、稳住阵脚、沉着应付、韬光养晦、善于守拙、决不当头”的正确方针，坚持把注意力集中在办好我们自己的事情上面，坚持全面贯彻党的基本路线，紧紧抓住经济建设这个中心，同时努力纠正“一手比较硬，一手比较软”的现象，加强思想政治工作，加强党的建设，密切党群关系，领导全党进行了大量艰苦细致的工作。特别是1992年1月至2月，邓小平同志以88岁高龄，视察南方，发表重要谈话，明确回答解决了长期困扰人们思想的许多重大认识问题，极大地解放了人们的思想。针对一段时间以来姓“社”姓“资”的争论，邓小平说：“改革开放迈不开步子，不敢闯，说来说去就是怕资本主义的东西多了，走了资本主义道路。要害是姓‘资’还是姓‘社’的问题。判断的标准，应该主要看是否有利于发展社会主义社会的生产力，是否有利于增强社会主义国家的综合国力，是否有利于提高人民的生活水平”。在南方讲话思想指导下，1992年10月，党的十四大明确我国经济体制改革的目标是建立社会主义市场经济体制，要求全党抓住机遇，加快发展，集中精力把经济建设搞上去。特别是社会主义市场经济的提出，是人类社会发展史上的一个石破天惊之举。以邓小平南方谈话和党的十四大为标志，中国社会主义改革开放和现代化建设事业，在以江泽民同志为核心的党的第三代领导集体的带领下进入新的发展阶段，并成功地推向了21世纪。

十六大以来，以胡锦涛同志为总书记的党中央牢记“两个务必”，坚持“四个一定要”，果断及时地处理好了2003年的非典疫情、2008年初的南方冰冻灾害天气、2008年西藏“3·14”打砸抢等问题。同时，解放思想、实事求是、与时俱进，提出了科学发展观、构建社会主义和谐社会、建设社会主义新农村、建设创新型国家、推动建设和谐世界和加强党的先进性建设等一系列重大战略思想，全面拓展和推进了中国特色社会主义事业，开创了改革开放和社会主义现代化建设的新局面。丰富和发展了什么是社会主义、怎样建设社会主义；建设一个什么样的党、怎样建设党的问题，并创造性地回答了实现什么样的发展，怎样发展的问题。

三、在我们党应对困难和成绩的历史中应汲取的经验

整体看来，我们党在历史上的内忧外患面前的应对是好的，总是能在挫折中奋起。在胜利和成绩面前，头脑清醒时处理得好，骄傲自满、头脑发热时就容易犯错误。党应对困难和成绩的历史留下了非常宝贵的经验，总结和汲取这些经验，具有重大现实意义。

第一，任何时候都必须坚持理想，坚定信念。

理想和信念是一种追求，一种境界，一种激情。有了它，就会无往而不胜。尤其在巨大困难和挫折面前，理想和信念的力量将更加凸显出来。邓小平同志曾经指出："为什么我们过去能在非常困难的情况下奋斗出来，战胜千难万险使革命胜利呢？就是我们有理想，有马克思主义信念，有共产主义信念。"大革命失败，党内信念坚定的分子没有被吓倒，被征服，被杀绝。"他们从地上爬起来，揩干净身上的血迹，掩埋好同伴的尸首，他们又继续战斗了。"正是有了这些信念坚定的党员的存在，才使得工农群众在党的旗帜下重新集合起来，形成"星星之火，可以燎原"之势。在改革开放和现代化建设的今天，依然需要这样，越是在环境复杂的时候，在遇到巨大困难的时候，在形势不明朗的时候，在处于弱势的时候，越要坚定中国特色社会主义的理想信念。

第二，任何时候都必须戒骄戒躁，牢记"两个务必"。

毛泽东同志提出的"两个务必"思想是成功应对成绩的规律性揭示。党的历史告诉我们，"慎终如始，则无败事。"党的历史也告诉我们，越是取得巨大成绩的时候，越是形势大好的时候，越是发展顺利的时候，越要戒骄戒躁。在成绩面前骄傲不得，小骄傲小失败，大骄傲大失败，谁骄傲谁失败。谁违背了这个规律都要受到惩罚。艰苦奋斗是我们的传家宝。过去，党依靠艰苦奋斗建立、巩固和扩大了根据地，扩大了红军队伍，使星星之火燎原于祖国大地，并取得了抗日战争和解放战争的胜利。在中国特色社会主义建设取得重大成绩的今天，仍然需要发扬艰苦奋斗的精神。党的十六大以后，面对"风景这边独好"，"又一个盛世到来"的一片赞誉声，以胡锦涛同志为总书记的党中央头脑十分清醒，中央书记处集体登上西柏坡，重温毛泽东同志"两个务必"的教诲，警醒全党戒骄戒躁，艰苦奋斗，永葆先进性，不断推进我们党的事业走向新的辉煌。

第三，任何时候都必须居安思危，增强忧患意识。

居安思危、增强忧患意识，是推进党的事业顺利发展的强大动力，是我们党在成绩面前，不骄傲自满，成功应对各种困难考验的重要保证。我国古代伟

大的思想家孟子在两千多年前就提出了“生于忧患，死于安乐”的警示箴言。《周易》中也说：“安而不忘危，存而不忘亡，治而不忘乱”。我们党是在忧患中诞生、发展和壮大的政党，已把忧患意识深深地融入党领导革命、建设与改革的全部实践中。

在1945年抗日战争已经取得胜利、中华民族重新站在十字路口上、面临着两种前途的选择之际，毛泽东同志就提出：我们应当把世界进步的情况和光明的前途，常常向人民宣传，使人民建立起胜利的信心。同时，我们还要告诉人民，告诉同志们，道路是曲折的。在革命的道路上还有许多障碍物，还有许多困难，我们宁肯把困难想得更多一些。改革开放伟大事业行将起步之际，邓小平同志也充满忧患意识地讲道：“在实现四个现代化的进程中，必然会出现许多我们不熟悉的、预想不到的新情况和新问题。……对此我们必须有足够的思想准备。”

在新的形势下，我们党仍要居安思危、增强忧患意识，保持高度的清醒。只有始终心存忧患意识，对一定会出现各种各样的复杂情况和问题，一定会遇到重重障碍，一定会面临可以预测或难以预测的风险，保持足够的警醒，在警醒中奋进，才能成功应对全球化条件下来自国际的风险和挑战，应对我国经济和社会快速发展过程中带来的种种风险和挑战。当然，忧患意识是对面对的困难和可能出现困难的清醒估计和科学分析，没有忧患意识要摔跟头；但把困难和问题看得过重，从而作出脱离实际的错误判断，也会给党和国家造成重大损失。这方面的教训，也相当深刻。

第四，任何时候都必须解放思想，勇于创新。

要克服前进道路上的各种困难，必须以实事求是为基础，解放思想，勇于创新，反对教条式地对待马克思主义的态度。1942年，毛泽东同志在中央党校开学典礼上，就党校教员的教学和学员的学习，提出过这样的要求：“我们党校的同志不应当把马克思主义的理论当成死的教条。对于马克思主义的理论，要能够精通它、应用它，精通的目的全在于应用。如果你能应用马克思列宁主义的观点，说明一个两个实际问题，那就要受到称赞，就算有了几分成绩。被你说明的东西越多，越普遍，越深刻，你的成绩就越大。”这个要求，归根结底，就是要坚持实事求是的思想路线。解放思想、勇于创新一定要以中国国情为基础，而调查研究是认识国情的正确途径，也是作出正确决策的基础。1961年3月毛泽东同志在广州中央工作会议上说：“民主革命阶段，要进行调查研究，社会主义革命和社会主义建设阶段，还是要进行调查研究，一万年还是要进行调查研究工作。”这话余音绕梁，长期管用。

第五，任何时候都必须尊重群众，依靠群众。

历史充分证明，凡是从群众角度考虑提出的政策，都发挥了很好的指导作用；凡是得到群众信任和支持的时候，革命和建设事业都能顺利发展。反之，我们的事业就会遭受挫折，党也会犯错误。在旧中国执政的国民党，虽然口头上提出遵循孙中山的三民主义，却反其道而行之，一步步失去了民众的信任。国民党败退台湾后，蒋介石也总结了在大陆上失败的原因，认为国民党的缺点是党的工作只在党部里面做，而不能向民众中间发展。国民党实际上是自己打倒了自己。相反，我们党自成立起就以全心全意为人民服务为自己的根本宗旨。正是有了全心全意为人民服务的宗旨，党才能不怕困难，不畏艰险，在困难面前依靠人民，倾听人民的呼声，发掘人民的潜力，从而获得人民的拥护，立于不败之地。《联共布党史》中讲的安泰失败的故事，真的是闪耀着真理的光辉。

四、应对新的考验，把中国特色社会主义事业不断推向前进

当前，我们的事业取得的成绩前所未有，我们遇到的挑战和困难也前所未有。应当说，我们面临着成绩和困难的双重考验，这在党的历史上是少有的，也是空前严峻的。

新中国成立60年特别是改革开放30年取得的成绩，亲身领导并参与其中的中国共产党人都引以自豪。一切不抱偏见的外国人也都为之叹服。一个生机勃勃的社会主义国家巍然屹立在世界的东方，是一个不争的客观事实。我们坚信，在以胡锦涛同志为总书记的党中央领导下，社会主义中国将不断谱写新的篇章。但我们必须清醒地看到，我们还是一个发展中国家，虽然经济总量位列前三，一人均就排到一百位去了。我们的经济科技水平同发达国家还有很大差距。就是到本世纪中叶，也才是中等发达国家的水平。正确对待我们取得的成绩，实在是对我们的一次新的考验。我们不能妄自菲薄，又要警惕被人“捧杀”。什么“中国要担负领导世界的责任”、“G2机制”等，其中当然有对中国日益增强实力的认可，但也不乏“忽悠”我们的成分。此时此刻，尤其需要戒骄戒躁，居安思危，在成绩面前防止头脑发热。

我们也要清醒地看到，我们中国共产党人面对的挑战和困难也是空前的。当前，经济全球化和世界多极化曲折发展，科学技术日新月异，发达国家在综合国力和科技实力上对我国的压力不断加大。西方国家用其社会制度和价值观改造我们的图谋从未停止过。在国内，由于我们是在一个人口多、底子薄、发展不平衡的国度搞社会主义、搞社会主义市场经济，前所未有；也由于我们的

工业化和现代化的步伐加快，以致使在西方一百年乃至几百年进程中渐进显现出来的问题在我国的几十年中集中地暴露出来。经济问题、社会问题、生态问题，党外问题、党内问题，相继出现，累积叠加。尤其是国际金融危机的出现，给我国经济社会发展带来了巨大的冲击和负面影响。在困难和挑战面前，尤其需要坚定信念，树立信心。我们要承认困难，敢于战胜困难。没有困难，要共产党干什么。当前最要紧的还是要咬紧牙关，抓住机遇，发展自己。只要发展，只要不断强大，一切都有底气。我们要继承和发扬不屈不挠的长征精神，继承和发扬敢于在一穷二白的国土上画出最新最美图画的英雄气概，继承和发扬解放思想、实事求是、与时俱进的理论品格，把中国特色社会主义不断推向前进。同时，我们必须科学地分析困难和挑战，善于抓住机遇，科学发展，和谐发展，和平发展，真正实现中华民族的伟大复兴。

上个世纪 90 年代以来，一些长期执政的“大党”、“老党”相继失去了执政地位，引起了人们的深思。中国共产党能不能迈过这个“坎儿”，真正走出“其兴也勃焉，其亡也忽焉”的周期率？我们的回答是肯定的。只要我们认真总结和汲取历史上的经验教训，包括应对成绩和困难的考验的经验教训，坚持马克思主义的立场、观点、方法，解放思想，实事求是，与时俱进，既推进党的建设新的伟大工程，又不断推进中国特色社会主义事业，我们的党就会不断前进，我们的执政地位就一定能够不断巩固。

中央党校召开第24次校委会强调加强对高级干部的党史教育

10月20日上午，中央党校召开2009年第24次校委会议，常务副校长李景田主持召开会议。会议学习讨论了中央领导同志近期关于加强党史教育的重要批示。会议认为，中央领导同志在举国欢庆新中国成立60周年之际，在党领导的伟大事业不断取得巨大成就面前，提出要把建国以来的历史经验总结好、借鉴好，要让党内一定级别的干部深入了解新中国的历史特别是重大经验教训，体现了中央领导集体战略上的远见卓识、政治上的高度清醒和居安思危的忧患意识，使大家深受教育和启发。

会议强调，加强对高级干部的党史教育，特别是让新上来的干部在学习新中国历史和党在全国执政的历史中受到教育、认识规律十分重要。中央党校要按照习近平同志关于“在中央党校等高级干部培训计划中加强新中国历史、党在全国执政的历史教育”的重要批示，责无旁贷地承担起加强对党的高级干部进行党史教育的工作。首先要尽快编写一本针对党的高级干部进行党史教育的读本，筛选出党执政以来的若干重大历史事件，在总结成绩的基础上，认真总结党在一些重大历史事件上的经验教训以及对我们党执政的启示。此读本由党史教研部组织编写，作为中央党校对党的高级干部进行党史教育的重要教材。

全国党校系统纪念新中国成立60周年理论研讨会在深圳召开

“全国党校系统纪念新中国成立60周年理论研讨会”9月5日至6日在深圳召开。来自中央党校和全国48所省级党校、副省级党校的专家学者共200多人参加了研讨会。与会专家学者围绕新中国成立60年来我国在政治、经济、文化、外交等领域中取得的伟大成就和成功经验进行了深入的研讨。

中央党校常务副校长李景田，中央党校副校长陈宝生、孙庆聚，中央党校教育长郝时晋，广东省委副书记、深圳市委书记刘玉浦，广东省委常委、代市长王荣，中央党校校委委员张伯里、贾高建、罗宗毅，深圳市委常委、组织部长、深圳市委党校校长王穗明，深圳市委常委、秘书长戴北方，广东省委党校常务副校长郑盛廷出席了会议。

李景田在会上作了《认真汲取党应对困难和成绩的历史经验，不断推进中国特色社会主义事业发展》的主旨报告。

与会代表进行了分组讨论和大会交流。深圳市委党校常务副校长汪开国作了大会发言。代表们一致认为，新中国成立60年来，中国共产党领导全国人民建设富强民主文明和谐的社会主义现代化国家，中国已经从一个落后的农业国发展成为工业化中期国家，人民生活从贫困迈向总体小康，教科文卫等各项事业迎来了大发展、大跨越。60年的辉煌成就充分证明，中国共产党不愧是伟大、光荣、正确的党。在新的历史时期，在中国共产党的坚强领导下，在科学发展观的指引下，在全国人民的共同努力下，中华民族伟大复兴的目标一定能够实现。

代表们认为，当前，我们面临的困难和挑战尤为艰巨，尤其需要全党、全社会坚定信念、树立信心。我们要继承和发扬不屈不挠的长征精神，继承和发扬敢于在一穷二白的国土上画出最新最美图画的英雄气概，继承和发扬解放思想、实事求是、与时俱进的理论品格，把中国特色社会主义不断推向前进。同时，我们必须科学地分析困难和挑战，善于抓住机遇，科学发展，和谐发展，和平发展，才能真正实现中华民族的伟大复兴。

第5届优秀青少年党史教育活动周在中央党校举行

由关心下一代工作委员会发起，中央党校、中宣部、中央文献研究室、中央党史研究室、文化部、教育部、广电总局、全国妇联等十部委共同参与的第5届优秀青少年党史教育活动周，于7月27日至8月2日在中央党校举办，来自全国各地大学、中学的优秀学生代表和部分教师100多人参加了活动。

全国人大常委会原副委员长顾秀莲出席开幕式并讲话。原副校长李君如为学员授课。党史教育活动周主要围绕科学发展观、中国共产党历史、社会主义核心价值体系、科技创新、民族团结、应对金融危机等内容组织了教学，并组织学员到西城区实地考察。

“中国共产党执政60年：历史进程与主要经验”学术研讨会暨全国党校系统党史教学与研究专业委员会年会在京召开

10月23日至24日，由中央党校中共党史教研部、全国党校系统党史教学与研究专业委员会、国情国策研究中心、中国现代史学会等单位在北京联合举办“中国共产党执政60年：历史进程与主要经验”学术研讨会暨全国党校系统党史教学与研究专业委员会年会。原副校长杨春贵，中央党史研究室室务委员、秘书长张树军研究员出席会议。会议由中共党史教研部主任柳建辉主持。

杨春贵在主题报告中围绕新中国60年解放思想的历程，总结了60年来解放思想的若干历史经验。他指出，坚持真理观上的实践标准、历史观上的生产力标准和价值观上的人民利益标准，是破除种种思想障碍、不断促进思想解放的锐利思想武器，也是我们解放思想的又一条历史经验。解放思想不是一件容易的事情，需要我们不断增强解放思想的勇气，“不为任何风险所惧，不为任何干扰所惑”，坚定不移地推进思想解放。

与会专家学者就60年来我国在政治、经济、文化、社会等各方面所取得的伟大成就，以及发展中存在的问题、解决问题的办法等发表了见解。

来自中央党校及全国各省、区、市委党校、自治区委党校，部分副省级城市党校和地市委党校的专家学者近60人参加会议。

教 学 工 作

在中央党校2009年春季学期第一批进修班毕业典礼上的讲话

（2009年4月30日）

李 景 田

同志们：

中央党校进修班省部级第45期干部“国际金融危机与应对”、“国际战略”专题研究班，地厅级第52期“农村改革发展”、“扩大内需与经济发展”、“社会稳定”专题研究班，共168名学员，今天毕业。首先，我代表近平同志，代表中央党校校委，向所有毕业的学员表示热烈的祝贺！向所有在教学中付出辛勤劳动的老师和工作人员表示衷心的感谢！

今年是新中国成立60周年。学习期间，又恰逢“两会”召开，全党深入学习实践科学发展观活动成效明显，国际金融危机应对顺利、一季度经济回暖势头初步显现。同志们深感学习时机好，学习机会难得，满腔热情地投入到学习生活中来，圆满完成了预定的学习任务。

近几天，同志们以支部为单位组织了学习总结和交流活动。刚才又有5名同志代表所在支部汇报了两个月来的学习情况，充分反映了这批进修班的学习成果。概括大家的收获，主要集中在以下三个方面：

第一，通过深入的理论学习，提高了政治素质，进一步增强了用中国特色社会主义理论体系特别是科学发展观指导实践、推动工作的自觉性。

中国特色社会主义理论体系特别是科学发展观教学是中央党校教学的中心内容。通过深入讲解和研讨，以及目睹我国改革开放的巨大成果，尤其是我国政府应对金融危机见事早、出手快、影响大的生动实践，同志们进一步感受到了社会主义制度的优越性和中国特色社会主义理论体系的巨大威力，进一步坚定了走中国特色社会主义道路的信心，更加深刻地认识到中国特色社会主义理论体系的重大理论价值和实践价值。

同志们刚刚结束第一批深入学习实践科学发展观活动，通过党校的科学发展观教学，思想上认识上又有了新的提高。同志们纷纷表示，要更加坚定地以科学发展观指导实践、推动工作，当前要特别注意以科学发展观为指导化解国际金融危机带来的各种挑战和影响。既要充分估计国际国内环境的复杂性，深刻认识保持经济平稳较快发展的艰巨性，又要正确看待我们的有利条件和积极因素，紧紧抓住扩大内需政策措施带来的新机遇，保持积极向上的精神状态，推动经济社会又好又快发展。

通过理论学习，同志们进一步感受到党的思想理论建设的重要性，尤其是进一步深刻认识到解放思想、实事求是、与时俱进的极端重要性。有的同志说，改革开放以来，中国人民的面貌、中国社会的面貌、中国共产党的面貌发生的历史性变化，同党不断加强思想理论建设、创立和发展中国特色社会主义理论体系分不开，同贯穿于邓小平理论、“三个代表”重要思想、科学发展观等一系列战略思想中的解放思想、实事求是、与时俱进这根红线分不开。有的同志说，马克思主义理论素养是领导干部素质的核心，坚持解放思想、实事求是、与时俱进是马克思主义理论素养的重要内容。同志们表示，一定要进一步学习几代中央领导人解放思想、实事求是、与时俱进的马克思主义精神，不断提高自身的理论素养，为推进党的理论创新和思想理论建设发挥积极作用。

第二，通过课题研究和相关课程学习，取得了一批质量较高的研究成果，进一步明确了解决一些重大现实问题的思路和对策。

学习期间，同志们围绕“国际金融危机与应对”、“国际战略”、“农村改革发展”、“扩大内需与经济发展”、“社会稳定”五个专题展开了深入的相关课程学习。在认真听取辅导老师讲课、阅读大量资料的同时，同志们按照学校要求，认真选择研究题目，仔细研究调研提纲，精心设计调研路线和内容，针对特定选题进行深入细致的调研。大家通过深入基层、深入群众，获取了许多第一手资料，了解了许多地方改革创新的新鲜经验。在此基础上，广泛参与、集体协作，反复讨论、数易其稿，高质量地完成了研究报告。

同志们撰写的研究报告涉及的内容较多，包括：国际金融危机与中小企业发展，保增长、扩内需、重民生的建议，区域经济协调发展，金融危机对国际战略格局的影响及对策，台湾问题对国家安全战略的影响，农民增收长效机制，城乡统筹发展，建立健全农村养老保险制度，农村宅基地管理制度，金融衍生工具的作用及对策，国有企业发展现状及对策，扩大内需与宏观经济政策，收入分配结构调整与扩大内需，农民增收与扩大内需，改善民生与扩大内需，中小企业发展，新农村建设，信访制度与维护社会稳定，社会稳定责任制，建立矛盾纠纷解决的多元机制，积极应对信息传播发展的挑战，网络监管、服务、引导问题，等等。这些都是我国发展面临的重要问题，也是人民群众和广大干部普遍关心的热点问题。同志们在研究报告中对这些问题进行比较透彻的理论分析，提出了比较有新意、有可操作性的思路对策。

同志们反映，这种以研究问题为主的学习，能够广泛集中各方面的经验和智慧，防止和克服某一部门和单位研究问题的局限性，有利于提高研究成果的质量，是干部教育的一种好形式。

第三，通过实实在在的党性锻炼和丰富多彩的党校学习生活，全面提升了素养和能力，进一步夯实了履行岗位职责的基础。

同志们在开学典礼上聆听了近平同志的重要讲话，并畅谈了体会。一致认为，近平同志的重要讲话给大家上了一次非常生动的党课。一致表示，要按照近平同志的要求，自觉加强修养，不断提高政治素质和能力素质，努力成为思想纯洁、品行端庄的示范者，爱岗敬业、敢于负责的力行者，明理守信、遵纪守法的先行者，生活正派、情趣健康的引领者。大家表示，要使整个学习过程成为改造主观世界、提高思想境界、增强党性的过程，成为全面提高领导素质和能力的过程。在近平同志的开学典礼重要讲话的激励下，同志们积极实现“三个转变”，严格遵守校规校纪，自觉参加组织生活和各项活动，自觉增强党性意识、学员意识、纪律意识、形象意识，注意维护党校学员的良好形象和社会声誉；思想上相互促进，学习上相互帮助，生活上相互关心，表现出和谐团结、奋发向上的良好精神风貌。

根据以往的经验和学员的要求，这期教学安排加大了课程量。同时，进修部和各支部组织开展了多次学员论坛，并安排了其他一些学习活动。同志们普遍反映，通过丰富多彩的学习，进一步了解和把握了国内外形势及政治、经济、文化、社会各方面大量知识和信息，知识得到了更新，视野得到了开阔，各方面的素养和能力都得到一定程度的提升。

同志们普遍感到，两个月的学习进修，时间虽然短暂，但成果却是丰硕的。一致认为，在中央党校的这段学习时光十分难得、十分难忘，在思想上、知识上、能力上的收获将终身受用，在党校得到进一步强化的优良学风和党性意识将一生受益。

同志们充分肯定了这期进修班的教学，尤其是对研究式教学、案例教学、项目制管理留下了深刻的印象，给予了好评。在充分肯定成绩的同时，同志们对我们这五个专题班的学习时间、课程安排、课题研究成果的运用等，也提出了一些很好的意见和建议。我们将认真研究，积极改进，力争把工作做得更好。

同志们马上就要返回各自的工作岗位了。临别之际，我代表近平同志，代表中央党校校委，提几点希望，与大家共勉。

第一，树立终身学习的理念，做学习型干部，不断扩大学习成果。

同志们通过参加这期进修班的学习，对中国特色社会主义理论体系特别是科学发展观，在认识上有了进一步的理解和升华；对国际金融危机与应对、国际战略、农村改革发展、扩大内需与经济发展、社会稳定问题，有了进一步的认识；对实际工作中一些热点、难点和重点问题，有了更清醒和准确的把握。但可以肯定地说，两个月的学习，不可能解决所有的问题。对两个月的学习收获，也不能估计过高。毛泽东同志曾经说过，读书是学习，使用也是学习，而且是更重要的学习。认识世界是为了改造世界，理论必须指导实践。如果有了正确的理论，并不实行，那么，这种理论再好也是没有意义的。

希望同志们回到工作岗位以后，坚持继续学习、终身学习，坚持学以致用、用以促学。要注意及时把自己的学习成果与班子成员交流沟通，使一个人的成果变成大家的收获，一个人的感悟变成集体的共识，从而扩大学习成果。要在新的实践中进一步解放思想，不断研究新情况、解决新问题、积累新经验、获得新认识，并注意将成熟的东西上升为理性层面、制度层面的东西。在这个过程中，不断提升科学执政、民主执政、依法执政的能力，不断增强做好本职工作、开创工作新局面的本领。

第二,坚持党性锻炼,重视树立和弘扬优良作风,永葆为人民服务的本色。

加强党性锻炼，树立和弘扬优良作风，是共产党人的终身课题。锦涛同志在十七届中央纪委三次全会上指出，加强领导干部党性修养，树立和弘扬优良作风，要坚持理论和实践相统一，坚持继承光荣传统和弘扬时代精神相统一，坚持改造客观世界和改造主观世界相统一，坚持加强个人修养和接受教育监督相统一，努力使各级领导干部成为政治坚定、作风优良、纪律严明、勤政爱民、恪尽职守、清正廉洁的领导干部，充分发挥模范带头作用。

希望大家回到工作岗位以后，认真按照锦涛同志的要求，积极探索党性党风建设的长效机制，自觉加强个人修养，自觉接受人民群众的监督，在切实解决党性党风方面存在的问题上取得新成效，在永葆党员干部为人民服务的本色上取得新进展。

第三，积极投身新的更具挑战性的实践，认真抓好各项工作，共克时艰。

去年以来，在全球金融危机和国内自然灾害等多重因素影响下，我国经济遇到前所未有的困难和挑战。在中央的坚强领导下，全党和全国各族人民团结一心、共同奋斗、努力拼搏、共克时艰，保增长、保民生、保稳定工作取得宝贵的成效，经济形势发生了积极变化，某些行业出现回暖的迹象，总体看比预期的要好。但是，现在就判断已经到了谷底开始反弹，还为时尚早。必须清醒地认识到，我们面对的困难和挑战依然严峻，我们面临的经济社会发展的任务艰巨而繁重，我们肩负的责任重大而光荣。

希望大家回到工作岗位以后，进一步坚定必胜信心，勇敢面对各种困难和挑战，善于把困难和挑战转变成工作的机遇，紧紧围绕党和国家工作大局、按照中央的部署和要求，扎实工作，锐意进取，保证经济社会又好又快的发展，努力创造无愧于时代、无愧于历史、无愧于人民的新业绩，奋力把改革开放和现代化建设伟大事业推向前进。

第四，认真总结新中国成立60周年的历史经验，特别要总结好党的建设的历史经验。

今年是新中国成立60周年。60周年的历史是波澜壮阔的历史，是在党的正确领导下我国经济社会发生翻天覆地变化的历史。热情讴歌新中国成立60年来我国发展的光辉历程、伟大成就，全面总结建国60年的成功经验以及60年来党的建设的经验，对于激发党员干部的爱党爱国热情，坚定人们高举中国特色社会主义旗帜、走中国特色社会主义道路的信心，推动人们积极应对金融危机等各种困难和挑战、深入贯彻落实科学发展观、全面建设小康社会，都具有重要作用。

希望同志们抓住这个契机，认真做好相关的各项工作。通过努力，进一步激发热情、凝聚人心，更好地建设我们的党和我们的国家。

第五，认真贯彻《中国共产党党校工作条例》和全国党校工作会议精神，关心和支持党校事业的发展。

去年10月，中央专门召开的全国党校工作会议，是在我们党和国家发展的关键时期召开的一次关系党校长远发展的重要会议。在这次会议上，锦涛同志同与会代表座谈并发表了重要讲话，近平同志作了重要的工作报告，既从理论层面提出了许多新论断，又从实际出发提出了许多新举措，为加强和改善党校工作、搞好干部教育指明了方向。

希望同志们回到工作岗位以后，按照中央的要求，更加重视干部教育培训工作，更加重视和推动党校事业的发展。希望同志们把进一步办好中央党校的意见、建议留下来，以便我们把中央党校办得更好；也请同志们更多地关心、支持、指导所在单位党校的工作，为党校事业的发展作出力所能及的贡献。

祝大家旅途愉快、工作顺利、身体健康、生活幸福！

谢谢！

在全国县纪委书记培训班上的致辞

（2009 年 5 月 8 日）

李 景 田

同志们：

今天，全国县纪委书记培训班开班了。首先，我代表中央党校、国家行政学院和中纪委监察部培训中心对同志们的到来表示热烈的欢迎。

在当前国际国内形势发生深刻变化、党风廉政建设和反腐败斗争面临新情况新问题的背景下，中央决定对县纪委书记进行集中培训，这对于深入贯彻落实党的十七大和十七届三中全会精神，推动经济平稳较快发展、维护社会和谐稳定，对于加强纪检监察机关自身建设，深入推动党风廉政建设和反腐败斗争，意义十分重大。

党的十六大以来，在党中央和中央纪委的坚强领导下，经过全党全社会的共同努力，作风建设和反腐倡廉建设取得了新的成绩。但同时我们也看到党风廉政建设和反腐败斗争面临许多新情况新问题，党组织和党员干部队伍中还存在许多亟待解决的突出问题，广大人民群众对我们党的反腐倡廉工作也充满了新的期待。在今年年初召开的中央纪委第三次全会上，胡锦涛总书记发表重要讲话，从党和国家事业发展全局和战略的高度，全面分析了当前的反腐倡廉形势，明确提出了深入推进党风廉政建设和反腐败斗争的总体要求和主要任务，深刻阐述了新时期加强领导干部党性修养、树立和弘扬优良作风的重要性、紧迫性以及基本要求和工作重点，为我们当前和今后一个时期加强党风廉政建设和反腐败斗争指明了方向。

党中央、中央纪委把这次集中培训的任务分别落实到中央党校、国家行政学院和中纪委监察部培训中心，是对我们的高度信任，也是我们义不容辞的责任。我们一定要按照中纪委的要求和何勇同志的讲话精神，精心做好这次集中培训的各项服务工作。同时也希望大家对我们的工作提出宝贵意见。今后，我们将进一步按照十七届三中全会和十七届中央纪委三次全会关于党风廉政建设和反腐败斗争的新部署、新要求，更加认真地抓好自身的反腐倡廉建设，更加卓有成效地开展反腐倡廉教育，并在教学和科研安排、课程设置以及教材建设上进一步突出这方面的内容，努力为党的纪检监察事业和反腐倡廉建设做出应有的贡献。

最后，预祝培训班取得圆满成功！

在全国县纪委书记培训班（第1期）结业式上的讲话

（2009年5月15日）

李 景 田

同志们：

历时8天的第1期全国县纪委书记培训班今天就要结束了。受培训班领导小组的委托，我作个简要总结。

一、培训班基本情况和主要特点

这次对全国2000名县纪委书记集中培训，采取集中选调、分期安排的方式，于5月至6月分别在中央党校、国家行政学院、中央纪委监察部北戴河、北京、杭州培训中心进行。目的是使县纪委书记深刻领会中央精神和重大决策以及中央纪委监察部工作部署，准确把握推动农村改革发展、加强农村党风廉政建设的指导思想、目标要求和工作任务，进一步提高认识，统一思想，树立和弘扬优良作风，切实增强贯彻落实的自觉性和坚定性，提高推进农村党风廉政建设的本领，把反腐倡廉的各项工作任务落到实处。今天在中央党校结业的是培训班第1期。同志们普遍认为，这次县纪委书记集中培训，充分表明了中央对深入推进党风廉政建设和反腐败斗争高度重视，对农村党风廉政建设和县级纪检监察机关建设密切关注，对县纪委书记寄予深切关怀和殷切期望。这是一次高层次、高规格、高质量的培训，概括起来主要有五个特点：

一是中央高度重视，规格之高，前所未有。对全国县纪委书记进行大规模的集中培训，是中央纪委监察部历史上的第一次，也是中央党校历史上的第一次。中央对这次集中培训高度重视。锦涛同志和近平、国强、何勇同志分别作出重要批示。国强同志亲自确定培训主题，多次作出重要指示，5月12日又与学员代表进行座谈，直接听取县纪委书记的意见和建议，并发表了重要讲话。何勇同志在5月8日召开的全国县纪委书记培训班开班式上，作了动员讲话。中央纪委书记办公会对筹备和举办培训班的有关事项进行了专门的研究。中央纪委监察部、中央组织部、国家发改委、中央农村工作领导小组办公室的领导同志亲自授课辅导。同志们普遍感到，这么近距离地与中央领导同志座谈，聆听这么多高层领导深刻精辟的辅导，从未有过，备感亲切，深受教育和鼓舞。

二是紧扣当前形势，意义重大，影响深远。集中培训全国县纪委书记，是贯彻落实党的十七届三中全会和十七届中央纪委第三次全会精神，应对当前国际金融危机冲击，保持国内经济平稳较快发展的迫切需要；是深入推进农村党风廉政建设和反腐败工作，加强县级纪检监察机关建设的重大举措；是加强县纪委书记队伍建设，提高县纪委书记思想政治水平、能力素质和工作作风的重要方式；也是广泛听取县纪委书记意见，更加科学有效地制定农村党风廉政建设各项措施的重要途径。同志们普遍反映，我国正在积极应对国际金融危机的挑战，扩大内需、推动经济平稳较快发展、促进社会和谐的任务艰巨。当前农村党风廉政建设和反腐败工作面临许多新情况新问题，“保增长、保民生、保稳定”的责任重大。全国第二批深入学习实践科学发展观活动正在市、县两级开展。中央纪委会同有关部门刚刚出台《关于加强地方县级纪检监察机关建设的若干意见》和《关于县级纪检监察机关办公办案装备配置标准和实施办法的通知》。在这样的大背景、大形势下，举办县纪委书记培训班非常及时，对于深入推进农村党风廉政建设，更好地服从服务于党和国家工作大局，确保农村改革发展健康有序地推进，必将产生重大而深远的影响。

三是围绕重大问题，主题鲜明，内容丰富。这期培训班，紧紧围绕如何当一名合格的县纪委书记这一主题，安排了当前我国宏观经济形势和经济政策、新时期党的建设的回顾和思考、农村改革发展的形势任务和总体思路、加强农村党风廉政建设的形势和任务、惩治和预防腐败体系建设、纪检监察信访举报工作和妥善处理群体性事件、纪检监察机关查办案件工作、加强纪检监察机关自身建设，以及王瑛先进事迹介绍等内容。同志们一致认为，这期培训班设置的主题明确，内容既丰富充实，又具有很强的针对性和实效性，贴近基层，贴近实际，对于深刻领会和准确把握中央的政策精神、提高自身政策水平和业务本领具有重要作用。

四是各方通力合作，组织严密，富有成效。为办好这次集中培训，中央纪委监察部、中央党校、国家行政学院专门成立了培训班领导小组及办公室，对各项工作做出精心的部署和安排，还从相关单位抽调骨干人员从事各种服务保障工作。培训班领导小组及办公室，所有工作人员，职责明确、相互配合、相互支持，做了大量工作，为学员提供了良好的学习和生活条件。在培训过程中，注意把理论与实际、学习与应用、辅导与交流很好地结合起来，综合运用专题辅导、分组讨论、代表座谈、典型示范、参观考察等多种方式。同志们普遍评价，培训班组织严密、管理严格、方法多样、成效明显。

五是学员认真学习，积极研讨，风貌良好。培训期间，大家按照中央领导同志提出的要求，十分珍惜难得的学习机会，排除干扰，集中精力，认真学习党的十七届三中全会和十七届中央纪委三次全会精神，深刻领会国强同志与学员代表座谈时的重要讲话精神，以及何勇同志在开班式上的讲话精神，认真听取中央和国家机关有关部门负责同志的专题报告。大家发扬优良学风，重点围绕如何认识和把握当前反腐倡廉建设面临的形势和主要任务、进一步推进党风廉政建设和反腐败斗争，如何加强县级纪检监察机关建设，如何做一名合格的县纪委书记等问题，紧密联系农村反腐倡廉的实际、本地区经济社会发展的实际、个人的思想和工作实际，深入思考和研讨推进农村党风廉政建设的重点难点问题、农民群众反映强烈和迫切需要解决的突出问题，深入思考和研讨进一步推进农村党风廉政建设的思路和对策，较好地做到了学有所思、学有所悟、学有所得。在讨论交流的过程中和参加座谈会时，大家敞开思想，畅所欲言，提出了许多颇有价值的意见和建议。

二、培训班主要收获

几天来，不断听到同志们反映，这次培训时间虽短，但收获很大。用有的同志的话说，参加这期培训是中央精神的“再领会”、使命责任的“再强化”，是政策水平的“大提升”、工作能力的“大提高”。归纳同志们的收获，主要有以下六个方面。

（一）进一步深化了对党中央和中央纪委关于深入推进党风廉政建设和反腐败斗争一系列重大决策部署的认识。

许多同志反映，虽然在地方已经学习过党的十七届三中全会和十七届中央纪委第三次全会精神，但由于日常工作事务繁杂，领会的远远不够。通过参加这次集中培训，静下心来系统学习、聆听辅导、深入研讨，对全会精神的理解进一步深化，对中央深入推进党风廉政建设和反腐败斗争的重大决策，以及中央纪委监察部的工作部署有了更为准确的把握，进一步提高了认识，统一了思想，增强了贯彻落实的自觉性和坚定性。同志们纷纷表示，作为县级纪检监察机关的主要负责人，一定要把加强农村基层党风廉政建设作为主要任务，认真履行职责，确保中央关于党风廉政建设和反腐败斗争的各项决策部署贯彻落实到基层。不少同志都谈到，中央关于深入推进党风廉政建设和反腐败斗争的方针政策、目标任务和要求都已经非常明确，我们的任务就是要把中央精神与本地实际很好地结合起来，积极研究新情况、探索新思路、提出新办法、解决新问题，创造性地抓好贯彻落实。

（二）进一步提高了对新形势下深入推进农村党风廉政建设重大意义的认识。

培训过程中，同志们按照中央纪委领导同志提出的要求，自觉地站在党和国家事业发展全局的战略高度，站在推动经济平稳较快发展、维护社会和谐稳定的政治层面，剖析当前国内外的新形势和新情况，研究党风廉政建设和反腐败斗争面临的新问题和新任务，充分认清了深入推进农村党风廉政建设的重大意义。深刻认识到，加强农村党风廉政建设是推进农村改革发展的重要保证，是维护广大农民根本利益、促进农村社会和谐稳定的重要途径，是加强反腐倡廉建设、巩固党的执政基础的重要手段，必须常抓不懈，一刻也不能放松。许多同志谈到，在当前社会主义新农村建设中，情况复杂、利益多元、矛盾突出、问题敏感。加强农村党风廉政建设，有利于中央强农惠农政策措施的贯彻落实，确保农村改革发展的顺利推进；有利于拉动广大的农村内需和基层稳定，确保中央方针政策和决策部署的实现。

（三）进一步理清了加强农村党风廉政建设的总体思路和工作重点。

同志们普遍反映，中央纪委领导同志的重要讲话和其他中央、国家机关有关部门负责同志所作的专题报告，紧紧抓住反腐倡廉在教育预防、制度规范、监督惩处等方面的重点难点问题，以及我国宏观经济形势和经济政策、农村改革发展的形势任务和总体思路等热点问题，针对新形势下县纪委书记、纪检监察干部面临的矛盾和困惑，既从理论上回答了“是什么、为什么”，也从工作实践的角度讲清了应该“怎么办”和需要注意把握的问题，听后确实感到眼界更开阔了，思路更清晰了，重点更明确了。有的同志谈到，金融危机对县域经济发展的冲击较为明显，对农村党风廉政建设和反腐败斗争带来了新挑战，提出了新要求。我们当前要及时把工作的重心转移到“保增长、保民生、保稳定”上来，进一步加强监督检查，促进经济发展环境不断优化。还有的同志提出，抓农村党风廉政建设要区分情况突出重点，在乡镇重点是抓作风建设，在基层站所重点是抓督察，在村级重点是抓财务制度和村务公开。

（四）进一步明确了加强县级纪检监察机关建设的着力点和努力方向。

通过培训，同志们对县级纪检监察机关的重要地位、作用及承担的主要任务有了更加明确的认知，对如何进一步加强县级纪检监察机关的建设有了更为明确的方向。许多同志谈到，中央纪委新近下发的〔2009〕9号和10号文件，对加强地方县级纪检监察机关建设做出了全面部署，对县级纪检监察机关办公办案装备配置标准和实施办法提出了明确具体要求。认为抓县级纪检监察机关建设，抓到了点子上；抓领导班子建设和干部队伍建设，抓住了要害；抓经费和装备设施保障，抓住了关键。有的同志把如何加强县级纪检监察机关的建设，概括为配机构、抓队伍、建制度、重投入“四句话”。就是建立健全基层纪检监察机构；把好干部准入关，优化人员结构，加大培训力度，提高干部素质；规范日常管理，完善内部监督机制；加大办公办案经费及装备投入力度，改善工作环境，促使基层纪检监察干部不断提高履行职责的能力和水平。

（五）进一步增强了做好县级纪检监察工作的责任感和使命感。

同志们通过学习培训，更加深刻地认识到了县级纪检监察工作的重要作用，更加清醒地意识到了自己肩负的重大责任，较好地澄清了反腐败“越反越腐”、“不可不反”、“不可真反”、“不可大反”等模糊认识，消除了不敢较真碰硬、怕得罪人等畏难情绪，破除了纪检监察工作不是中心、难有作为等平庸思想，激发了工作干劲，增强了责任感和使命感。许多同志谈到，加强农村党风廉政建设是县级纪检监察机关的主要任务，县纪委书记是抓农村党风廉政建设的一线指挥者。我们战斗在反腐倡廉工作的最前沿，肩负着党章赋予的职责和使命；作为党委领导班子的重要成员和纪委领导班子的“一把手”，岗位重要，责任重大，使命光荣。既然组织上信任我们，我们也选择了这个岗位，就要时刻牢记党的重托和人民的期待，始终保持蓬勃朝气、昂扬锐气和浩然正气，以更加负责的精神、更加有力的举措、更加务实的作风，切实抓好反腐倡廉工作，努力开创农村党风廉政建设的新局面，为推动经济社会又好又快发展作出应有的贡献。

（六）进一步深入研讨了县级纪检监察工作中的一些重大理论和实践问题。

在这几天的讨论交流中，同志们结合工作和思想实际，抓住一些难点、热点、焦点问题，就如何进一步做好县级纪检监察工作，提出了不少意见和建议。如：进一步加强对出台文件贯彻落实情况的督导，完善惩治和预防腐败体系，加强对重点对象、重点环节的动态监督，明确规定农村干部违法违纪的定性标准，整合资源形成农村监督合力，加强对农村资金、资产、资源“三资”的监管，探索建立加强农村党风廉政建设的推进机制，理顺县级纪检监察工作的体制，加大对县级纪检监察机关人、财、物的投入力度，加强对纪检监察机关的内部监督，为县级纪检监察机关履行职责营造良好的环境，等等。这些意见和建议，体现了县纪委书记们对于当前县级纪检监察工作实践的深入思考和强烈责任感。其中的一些问题，有的中央纪委在新出台的〔2009〕9号和10号文件中已经有了指导性的意见，需要各地结合实际贯彻落实；有的在一些地方已经进行了有益的尝试，摸索出了经验，需要总结推广；有的还需要在实践中进行全新的探索，寻求解决的思路和办法。培训班《简报》已经较为全面、充分、真实地反映了大家提出的许多有价值、有分量的意见和建议。培训班领导小组还将把大家的意见和建议进一步整理，上报给中央及有关部门，供决策参考。

三、认真贯彻落实中央领导同志的重要讲话精神，努力当好合格的县纪委书记，扎实推进农村党风廉政建设和县级纪检监察机关建设

5月13日，近平同志在中央党校2009年春季学期第2批进修班暨专题研讨班开学典礼上，作了题为《领导干部要爱读书读好书善读书》的重要讲话，强调了读书学习对领导干部加强党性修养、坚定理想信念、提升精神境界、胜任领导工作、推进学习型政党和学习型社会建设的极端重要性，并对领导干部读好书善读书提出了明确的要求。这个重要讲话精神对于我们当好县纪委书记同样具有重要的指导意义。我们要按照近平同志的要求，在读书学习上下大功夫，不断提升能力素质，更好地履行职责，抓好党风廉政建设和县级纪检监察机关建设。这篇讲话稿，我们今天也发给大家，请同志们认真学习。

在5月12日上午召开的全国县纪委书记培训班学员代表座谈会上，国强同志听取6名学员代表的发言后，发表了重要讲话，从全局和战略的高度深刻论述了加强县级纪检监察机关建设的重要性和紧迫性，明确提出了贯彻落实《关于加强地方县级纪检监察机关建设的若干意见》的具体要求，强调要把《意见》关于县级纪检监察机关领导班子建设的规定、干部队伍建设的要求、改善县级纪检监察机关经费和装备设施的措施落实好；结合自己的切身感受，系统阐述了当好一名合格的纪委书记应当着重把握的“六个问题”，要求大家坚持讲政治、顾大局，坚决维护党的政治纪律；恪尽职守、秉公执纪，同腐败分子和消极腐败现象作坚决斗争；牢记宗旨、以人为本，忠实捍卫人民群众的根本利益；加强学习、注重实践，努力使自己成为纪检监察工作的行家里手；解放思想、与时俱进，不断推进纪检监察工作创新；严于律己、清正廉洁，做勤政廉政的表率。国强同志的重要讲话，对于县纪委书记准确把握中央精神、分析形势任务、提高思想认识、理清工作思路、把握努力方向，更好地履行职

责，承担起推进农村党风廉政建设和县级纪检监察机关建设的重任，具有重要的指导作用。

希望同志们不断深入学习，吃透中央领导同志重要讲话精神的实质，结合本地实际认真抓好贯彻落实。要向县委班子成员进行汇报，及时组织纪检干部传达学习，让大家分享自己的学习成果，使一个人的心得变成大家的收获、一个人的感悟变成集体的共识；要自觉地把参加这次学习培训焕发出来的热情内化为平时不断学习进取的强大动力，把学习培训的成果转化为领导农村党风廉政建设的实际能力；要以抓好中央纪委〔2009〕9 号和 10 号文件的贯彻落实为契机，进一步加强县级纪检监察机关的思想政治建设、组织建设、作风建设和基础设施建设；要紧密结合当地纪检监察工作的实际，紧紧抓住那些干扰中心、影响全局的重点问题，那些禁而不止、纠而复发的难点问题，那些普遍关心、反响强烈的热点问题，敢为人先、求真务实、攻艰破难。要像中央领导同志期望的那样，争当合格、优秀的县纪委书记，模范践行“做党的忠诚卫士、当群众的贴心人”的庄严承诺，让党放心，让人民满意，以基层党风廉政建设的新气象和反腐败斗争的新成效，迎接新中国成立 60 周年。

最后，再说一点。

培训期间，中央纪委监察部领导和机关工作人员高度的组织协调能力、勤奋敬业的工作状态、严谨高效的工作作风等，给中央党校的工作人员留下了深刻印象；国家行政学院、北京培训中心等单位的领导，以及参加培训的县纪委书记特别是各位班长、小组召集人，对中央党校的工作给予了大力支持和密切配合；培训领导小组及办公室的领导、工作人员和组织员尽心竭力做好各项服务保障工作，确保了本期培训圆满、顺利、成功地举办。借此机会，向各位领导和同志们表示衷心的感谢！同时，希望大家把进一步办好中央党校的意见、建议留下来，以便我们把工作做得更好；也请县纪委书记同志们更多地关心、支持、指导县委党校的建设和发展，以培养更多德才兼备的干部，为推动县域经济平稳较快发展、维护社会和谐稳定，提供强有力的骨干力量和智力支撑。

祝同志们旅途愉快、工作顺利、身体健康、生活幸福！

谢谢！

在中央党校2009年春季学期毕业典礼上的讲话

（2009年7月16日）

李 景 田

同志们：

中央党校2009年春季学期进修部省部级“扩大内需与经济发展”、“民生与社会建设”专题研究班，地厅级“国际金融问题与应对”、“党的群众工作”、“文化发展”专题研究班；培训部中青年干部一班、地厅级和县处级新疆班、半年制西藏班、台湾省籍干部培训班，共526名学员，今天毕业。同时毕业的还有研究生院174名博士、硕士学位研究生及访问学者和代培生。中直机关分校、中央国家机关分校、部队分部和国资委分校的2800多名学员，也同期毕业。首先，我代表近平同志，代表中央党校校委，向所有毕业的学员表示热烈的祝贺！向所有在教学中付出辛勤劳动的老师和工作人员表示衷心的感谢！

今年是建党88周年，新中国成立60周年。7月1日上午，近平同志就进一步加强学风校风建设，以良好学风校风保证教育培训质量问题与学员座谈讨论，以此纪念我们党的生日。学习期间，全党深入学习实践科学发展观活动扎实推进、成效明显，应对国际金融危机、促进经济平稳较快发展的一揽子计划实施初见成效，经济运行出现企稳向好的积极变化。同志们深感学习时机好，学习机会难得，满腔热情地投入到学习生活中来，圆满完成了预定的学习任务。

近几天，各学员部组织了不同层次的学习总结和交流活动。同志们反映，这期学习具有三个明显的特点：

一是教学主题突出，针对性和实效性比较强。各个班次都坚持以学习中国特色社会主义理论体系为中心，突出科学发展观的教学，同时按照“分类别、分层次”的要求，不同班次的教学内容也都具有各自的特点。在教学组织上，继续进行项目制试点，采用招标的方式确定教学组。继续推进研究式教学，加强教学互动。案例式、菜单式、模拟式、体验式教学进一步规范。学员论坛和从政经验交流逐步成为教学的有机组成部分。

二是高度重视读书，形成了比较浓厚的读书氛围。按照近平同志提出的“领导干部要爱读书读好书善读书”的要求，这学期我们更加重视学员的读书环节，加大了学员的读书量，强化对学员读书的引导。进修部、培训部学员开展了多种形式的读书活动，把听课与读书相结合，把课题研究与读书相结合，把党性锻炼同读书相结合，读书学习的氛围更为浓厚。研究生院也注意推动学位研究生的读书学习，努力营造“认真读经典、潜心做学问”的氛围。广大教职工率先垂范，结合本职工作认真读书学习，努力提高思想理论素质和工作能力。

三是重视学风校风建设，切实做到坐得住、钻得进、学得好。同志们认真贯彻近平同志今年 5 月 3 日重要批示精神，坚决按照党校的规定和要求办事，严格遵守各项制度，排除干扰，减少应酬，不搞特殊，廉洁从学，比较好地做到了专心致志、心无旁骛。

同志们普遍感到，在党校的学习时间虽然短暂，但成果丰硕，受益终身。概括大家的学习收获，主要集中在以下四个方面：

第一，提高了理论素养，坚定了政治信念，进一步增强了用中国特色社会主义理论体系特别是科学发展观指导实践、推动工作的自觉性。

不少同志说，过去在工作岗位也学习了中国特色社会主义理论体系，但是比较零碎，不够深入，通过在党校的系统学习，以及目睹我国政府应对金融危机见事早、出手快、影响大的生动实践，更加深刻地认识到中国特色社会主义理论体系的重大理论价值和实践价值，更加充分地认识到科学发展观的重大意义和指导作用。同志们表示，要更加坚定地以中国特色社会主义理论体系特别是科学发展观指导实践、推动工作，当前要特别注意以科学发展观为指导化解国际金融危机带来的各种挑战和影响。既充分估计形势的不确定性、不稳定性，保持清醒头脑，增强忧患意识，做好应对更大困难的长期准备；又要看到经济社会发展的有利条件和积极因素，坚定战胜困难的决心和信心。要毫不放松地全面实施应对危机的一揽子计划，努力把金融危机的影响降到最低限度，促进我国经济平稳较快发展。

第二，开阔了视野，提高了理论联系实际的能力，进一步明确了解决一些重大现实问题的思路和对策。

有来自地方的同志说，尽管信息化的发展提供了便捷的信息和知识传播途径，缩短了空间距离，但在地方学习的局限性仍然存在。通过在党校听取“形势与任务”报告，学习“当代世界”系列讲座，选修一些自己感兴趣的课程，获得了当代世界和我国经济、政治、文化、社会、军事、科技等方面的大量知识和信息，对国内外最新形势和国家一些政策出台的背景、过程和实质，有了进一步的了解和把握。

同志们发扬理论联系实际的学风，围绕重大现实问题及人民群众关心的热点问题展开调查研究。有的同志反映，过去对国情的了解局限于自己熟悉的领域，主要是一个点或一条线，通过跨行业、跨领域的调研，对国情有了比较全面的了解和把握，并且取得了不少研究成果。据统计，进修部组织了37个课题组，形成了37份调研报告和课题研究报告。研究成果涉及扩大内需、可持续发展与生态文明建设、社会主义新农村建设、金融危机应对、社保制度改革、群体性事件及其应对、网络时代的舆论引导、执政党的文化自觉等内容。培训部组织了45个课题组，形成了25份课题研究报告及276份调研报告。研究成果涉及的内容包括：财政金融体制改革、生态环境建设、新型工业化、政府管理与服务、新疆稳定、西藏稳定、促进台资企业在大陆健康持续发展等。同志们在研究报告中对这些问题进行了比较透彻的理论分析，提出了比较有新意、有可操作性的思路对策，体现了比较强的理论和战略思维能力。

第三，交流了工作信息和从政经验，进一步提高了领导素质和能力。

进修部各班次充分挖掘学员资源，举办了19次各具特色的学员论坛，共有31人次就党和国家面临的重大问题进行了信息交流和工作经验交流。本学期省部班还首次开展了从政经验交流活动。培训部在举办各种形式的学员论坛的同时，继续在中青班组织从政经验交流活动，累计安排了近70个半天，共有273人次参加交流；新疆班、西藏班根据学员实际情况，组织了工作体会交流。学员们运用所学理论，结合工作实践和领导经验，结合分析典型事例，讲述冷静思考后的人生体验，交流从政心得，内容既有成功经验的启示和喜悦，又有失败挫折的警醒和反思。大家相互切磋，彼此借鉴。

学员论坛和从政经验交流活动，不仅是工作信息和经验的交流过程，更是思想沟通、能力训练和党性修养提升的过程。学员们普遍认为，通过这些活动，既能很好地促进自我教育、自我锤炼，更加坚定立党为公、执政为民的宗旨，又能很好地促进相互学习、相互促进、相互勉励，对于提升执政能力和领导水平大有裨益。

第四，增强了党员意识，锤炼了党性，进一步培养了履行岗位职责所需要的优良作风。

同志们聆听了近平同志开学典礼上的重要讲话，深受触动，对近平同志提出的“稳得住心神、经得起诱惑、耐得住寂寞、保得住清廉”，以及加强五种修养、提高六种能力的要求非常拥护，并努力使整个学习过程成为改造主观世界、提高思想境界、增强党性修养的过程，成为全面提高领导素质和能力的过程。大家在校期间积极实现“三个转变”，自觉参加组织生活和各项活动，注意维护党校学员的良好形象和社会声誉，表现出和谐团结、奋发向上的良好精神风貌。在学习期间，各学员部及学员支部组织了形式多样的党性教育和丰富多彩的集体活动，进一步强化了党员意识、责任意识和党性观念，促进了优良作风的养成。有的同志说，作为一名党员和领导干部，每逢党和国家遇到大事，都能与自己联系起来，把自己摆进去，而不是做一个旁观者和“评论员”。这种意识过去也有，经过在党校的学习训练，现在更加自觉了，而且更多地思考自己应该做什么贡献。

同志们在肯定党校教学效果的同时，也对课程安排、课堂教学、阅读书目推荐、课题调研选题以及以往课题研究成果的查阅、学员组织形式等，提出了一些很好的意见和建议。我们将认真研究，积极改进，力争把工作做得更好。

同志们马上就要返回各自的工作岗位了。临别之际，我代表近平同志，代表中央党校校委，提几点希望，与大家共勉。

第一，坚持读书，树立终身学习的理念，做学习型干部，不断扩大学习成果。

同志们通过参加党校的学习，知识储备、能力提高、党性修养和作风养成等方面都有新的进步，对一些重大现实问题以及实际工作中热点、难点和重点问题，有了更清醒和准确的把握。但可以肯定地说，几个月的学习，不可能解决所有的问题。对学习收获，也不能估计过高，学习是无止境的。近平同志 5 月 13 日在中央党校发表重要讲话，强调领导干部要把读书学习当成一种生活态度、一种工作责任、一种精神追求。希望同志们回到工作岗位以后，坚持继续学习、带头学习、终身学习，坚持学以致用、用以促学。在这个过程中，不断研究新情况、解决新问题、积累新经验、获得新认识，并注意将成熟的东西上升为理性层面、制度层面的东西；不断加强党性修养，自觉接受人民群众的监督，在切实解决党性党风方面存在的问题上取得新成效，在永葆党员干部为人民服务的本色上取得新进展；不断提升科学执政、民主执政、依法执政的能力，不断增强做好本职工作、开创工作新局面的本领，在促进地方和部门工作科学发展中更好地发挥作用，在学习型政党和学习型社会建设中更好地起示范带头作用。

第二，积极投身实践，认真抓好各项工作，共克时艰。

去年以来，在国际金融危机和国内自然灾害等多重因素影响下，我国经济遇到前所未有的困难和挑战。在中央的坚强领导下，全党和全国各族人民团结一心、共同奋斗、努力拼搏、共克时艰，经济运行出现了积极变化，有利条件和积极因素增多，总体形势比预期的要好。实践证明，中央应对国际金融危机采取的方针和一揽子计划是正确有效的。必须清醒地认识到，经济回升的基础还不稳固，国际金融危机对我国的不利影响并未减弱，我们面对的困难和挑战依然严峻，我们面临的经济社会发展的任务和维护社会稳定的任务艰巨而繁重，我们肩负的责任重大而光荣。

希望大家把在党校的学习收获带回去，把在党校得到提高的学习研究能力带回去，更好地应对各种困难和挑战。要紧紧围绕党和国家工作大局、按照中央的部署和要求，巩固和发展企稳向好的形势。要密切跟踪分析形势，注意深入实际，深入基层了解情况，及时调整和完善政策。要扎实工作，锐意进取，奋力把改革开放和现代化建设伟大事业推向前进。

同志们都知道，新疆乌鲁木齐 7 月 5 日发生了打砸抢烧严重暴力犯罪事件，对此党中央国务院高度重视，及时作出决策部署。新疆各级党委、政府认真贯彻中央指示，态度坚决，行动迅速，措施有力。目前维护新疆稳定工作取得了重要进展，社会大局总体稳定，形势正向好的方向发展。但是我们要清醒地看到，各种不稳定因素依然存在，维稳任务依然艰巨繁重。我们新疆的学员回去后要坚决贯彻中央精神，在各级党委政府的领导下，带头维护民族团结，带头维护社会稳定，带头维护各族人民的根本利益，尽快让社会秩序走上正轨。其他地方和部门的学员也要按照中央的要求，做好相关的稳定工作。

第三，认真总结新中国成立 60 周年的历史经验，特别要总结好党的建设的历史经验。

60 周年的历史是波澜壮阔的历史，是在党的正确领导下我国经济社会发生翻天覆地变化的历史。热情讴歌新中国成立 60 年来我国发展的光辉历程、伟大成就，全面总结建国 60 年的历史经验以及 60 年来党的建设的历史经验，对于激发党员干部的爱党爱国热情，坚定高举中国特色社会主义旗帜、走中国特色社会主义道路的信心，积极应对金融危机等各种困难和挑战，深入贯彻落实科学发展观、全面建设小康社会，都具有重要作用。希望同志们抓住这个契机，认真做好相关的各项工作。通过努力，进一步激发热情、凝聚人心，把握规律、指导实践，更好地建设我们的党和国家。

最后再说一点。党校也是党员干部之家，大家来党校学习也是对党校干部教育事业的支持与参与。希望同志们回到工作岗位以后，按照中央的要求，更加重视干部教育培训工作，更加重视和推动党校事业的发展。希望同志们把进一步办好中央党校的意见、建议留下来，以便我们把中央党校办得更好；也请同志们更多地关心、支持、指导所在单位和地区党校的工作，为党校事业的发展作出力所能及的贡献。

祝大家旅途愉快、工作顺利、身体健康、生活幸福！

谢谢！

在中央党校2009年秋季学期第一批进修班毕业典礼上的讲话

（2009年11月6日）

李景田

同志们：

中央党校第46期省部级干部进修班“国际金融危机与应对”和“行政管理体制改革”专题研究班，第53期地厅级干部进修班“廉政建设”、“城市发展与城市治理”和“文化体制改革”专题研究班，共228名学员，今天毕业。首先，我代表近平同志，代表中央党校校委，向所有毕业的学员表示热烈的祝贺！向在教学中付出辛勤劳动的老师和工作人员表示衷心的感谢！

今年是新中国成立60周年，学习期间又恰逢党的十七届四中全会召开，中央作出了《关于加强和改进新形势下党的建设若干重大问题的决定》，我国隆重地举行了新中国60周年国庆大典。同志们在开学典礼上聆听了近平同志关于“新中国成立以来60年执政党建设的几点思考”的重要讲话，在9月26日举行的中央党校学习贯彻党的十七届四中全会精神报告会上，又聆听了近平同志题为“加强和改进新形势下党的建设的纲领性文献”的报告。同志们深感学习时机好，学习机会难得，满腔热情地投入到学习生活中来，圆满完成了预定的学习任务。

近几天，同志们组织了各种形式的学习总结和交流活动。刚才又有几名同志代表所在支部汇报了学习情况，充分展示了这期进修班的学习成果。概括大家的收获，主要集中在以下几个方面：

第一个方面的收获是，通过党的十七届四中全会精神、党的基本理论和形势任务报告的学习，推进党的建设新的伟大工程和中国特色社会主义伟大事业的思路更加清晰，责任感使命感进一步增强。

党的十七届四中全会召开后，同志们认真地、原原本本地研读全会文件，认真学习讨论近平同志的辅导报告，深入学习领会全会精神。同志们一致认为，党的十七届四中全会系统总结了我们党执政以来的丰富经验，系统分析了新形势下加强和改进党的建设面临的新情况、新任务，提出了建设马克思主义学习型政党，提高党的建设的科学化水平，以改革创新精神全面推进党的建设新的伟大工程的新要求，堪称一篇纲领性文献。有的同志形象地称之为加强和改进新形势下党的建设的“一幅施工蓝图”。同志们对近平同志列举的《决定》在思想理论上、政策取向上、工作部署上提出的30条重要新要求新举措留下了深刻印象，对《决定》体现的强烈的忧党兴党意识和科学精神、求实精神、创新精神给予了高度评价。大家深深感到，新形势下管党治党的任务比过去任何时候都更为繁重和紧迫，一定要按照四中全会精神推进党的建设，善于通过抓党的建设来推动经济社会又好又快发展。

在校期间，同志们还学习了中国特色社会主义理论体系特别是科学发展观的有关课程，听取了当前经济形势和下一步经济工作、当前国际形势和我国的外交工作、金融危机的教训与反思、互联网与新信息环境等形势与任务报告。有的学员讲，原来以为到党校来学习，主要是养养身体，看看杂书，没想到还真有收获，尤其对党的基本理论有了进一步的认识。有的学员说，在党校学习一段时间，再看践行科学发展观，就感觉不一样。科学发展观之所以在短时间内深入人心，一是体现了以人为本和宗旨意识，二是揭示了规律，体现了真理的力量。还有的同志说，我们来时就带着期待，希望弄清一些长期困惑自己的理论问题，两个月的学习使我们受益匪浅。虽说还不能做到在所有重大理论现实问题上都有收获，但已经有了明确的努力方向。大家表示，要作真学真懂真信真用的表率，充分发挥中国特色社会主义理论特别是科学发展观指导工作、推动实践的作用，有效解决各种问题、克服各种困难，为不断推进伟大事业，完成我们党所肩负的世所罕见的艰巨、复杂、繁重的各项建设和改革任务，作出应有的贡献。

学习期间，我们全体学员同全国人民一道热烈庆祝中华人民共和国60华诞，全面回顾总结伟大祖国60年的光辉历程和宝贵经验，认真学习胡锦涛总书记在庆祝大会上的重要讲话，进一步提高了“办好中国的事情关键在党”的认识，切实增强了建设中国特色社会主义事业的坚定信心。

第二个方面的收获是，通过专题学习、研究、思考和探讨，解决一些重大现实问题的思路和对策更加清晰，全局意识、战略思维能力和理论联系实际的能力进一步增强。

学习期间，同志们分别围绕“国际金融危机与应对”、“行政管理体制改革”、“廉政建设”、“城市发展与城市治理”、“文化体制改革”五个专题听取有关课程，还通过学员论坛、案例教学、小组讨论等形式对所关心的热点问题进行充分交流。在此基础上，围绕若干专题开展调研，形成了42篇研究报告。

有的同志说，以前在工作岗位也思考这些问题，但受到时间和视野的局限。这次集中一段时间到党校来，了解国内外大量前沿信息，跳出部门地域界限，与众多同志共同研究，效果就不一样了。不仅对一些问题有了更加深刻的认识，进一步理清了解决这些问题的思路，而且开阔了视野，开拓了思维，培养了以宽广眼光、全局观念观察问题，进行系统思维和战略思维的习惯，进一步提高了运用科学理论创造性解决实际问题的能力。

第三个方面的收获是，通过丰富多彩、实实在在的党性锻炼，对弘扬党的优良作风和学风更加自觉，党的意识、宗旨意识、执政意识进一步增强。

党性锻炼是党校的必修课、特色课，也是我们共产党人的终身必修课。学习期间，同志们党性锻炼的意识进一步增强，自觉地把党性锻炼贯穿于理论学习、专题调研、生活管理的全过程。

一到党校，同志们就按照要求，积极实现“三个转变”，迅速形成了浓厚的学习氛围和乐于学习、刻苦钻研的风气。在学习讨论调研过程中，同志们注意讲短话、讲明白的话、讲管用的话，畅所欲言、坦诚交流，集思广益，教学相长，达到了个人学习研究难以达到的高度、深度和广度，也培养了民主、科学意识。同志们积极响应近平同志“领导干部要爱读书读好书善读书”的号召，把听课、课题研究、党性锻炼与读书紧密结合，进一步培养了读书学习的习惯。大家在完成一批高质量的研究报告的同时，还撰写了不少读书报告，真正做到了人人动脑、人人动口、人人动手。同志们注意维护党校学员的良好形象和社会声誉，严格遵守校规校纪，严格遵守各项制度，自觉排除干扰，减少应酬，廉洁从学。学习期间，各支部还积极开展文体活动，先后组织学员参加乒乓球赛、趣味运动会、书画摄影展，欣赏交响乐、歌剧等高雅文化，培养了健康向上的生活情趣。有一位党外学员动情地说，我不是共产党员，但两个月的学习使我加深了对共产党的理解，坚定了跟共产党走的信念，这是我的肺腑之言。

同志们一致认为，两个月的学习，时间虽然短暂，但成果丰硕。许多同志对这期进修班的教学给予了充分肯定，认为专题设置、课程安排合理，教师授课、答疑认真，各方面的管理、服务比较到位。有的同志说，刚入校的时候还在考虑如何咬紧牙关坚持下来，学起来则感觉时间过得太快了。有一位学员形象地比喻，“天黑得太快，冬天来得太早”，毕业的时候感到依依不舍。

在充分肯定成绩的同时，同志们对学习时间、课程安排、案例教学、课题研究、管理服务等，提出了一些很好的意见和建议。我们将认真研究，积极改进，力争把工作做得更好。

同志们马上就要返回各自的工作岗位了。临别之际，我代表近平同志，代表中央党校校委，提几点希望，与大家共勉。

第一，继续深化学习，不断扩大学习成果，在建设马克思主义学习型政党中做表率。

可以肯定地说，两个月的学习，不可能解决所有的问题。对两个月的学习收获，也不能估计过高。理论是学习，实践也是学习，理论和实践相统一的学习才是真学习。如果有了正确的理论，并不实行，那么，这种理论再好也是没有意义的。

希望同志们回到工作岗位以后，带头贯彻落实十七届四中全会关于建设学习型政党的要求，坚持继续学习、终身学习。在这个问题上，我赞成有的学员提出的一种境界，叫作："静者心多妙，超然思不群"。要坚持学以致用、用以促学，带头探索回答现实中的重大理论和实践问题，带头把学习理论同研究解决人民最关心最直接最现实的利益问题、本地区本部门改革发展稳定的重大问题、党的建设突出问题结合起来，增强工作的原则性、系统性、预见性、创造性。

第二，进一步深入学习贯彻十七届四中全会精神，更好地把党的政治优势和组织优势转化为推动经济社会又好又快发展的强大力量。

坚持把推进党的建设伟大工程同推进党领导的伟大事业紧密结合起来，保证党始终成为社会主义事业的坚强领导核心，为抓好发展这个党执政兴国的第一要务、建设富强民主文明和谐的社会主义现代化国家、坚持和发展中国特色社会主义提供根本保证。这是我们党执政60年来党的建设非常重要的一条基本经验。党的十七届四中全会通过的《决定》，为我们党更好地把党的政治优势和组织优势转化为推动经济社会又好又快发展的强大力量，提供了明确的指导。

希望同志们回到工作岗位以后，继续深入学习、深刻领会《决定》精神。要居安思危，增强忧患意识，常怀忧党之心，恪尽兴党之责，按照《决定》的要求扎扎实实做好党的建设各项工作。对《决定》明确提出的新的要求和举措，要积极制定、完善实施办法，切实贯彻落实；对《决定》提出的加强和改进党建工作的方向性要求，要认真开展深入的调查研究，早日提出工作方案。通过努力，确保党的建设各项部署落到实处、落到基层，确保党发挥好中国特色社会主义事业领导核心作用，确保党始终得到人民群众的支持和拥护。

第三，巩固发展企稳向好的形势，奋力开拓各项工作新局面。

由于全球金融危机等因素的影响，今年我国经济社会发展遇到了不少困难和挑战。在前所未有的挑战和考验面前，在中央的坚强领导下，全党全国各族人民团结一心、共同奋斗、努力拼搏、共克时艰，经济社会形势保持了良好的态势。目前，美国经济也已经出现了复苏势头。但我们不能盲目乐观，必须看到，经济社会发展复杂艰巨繁重的任务、金融危机对我国经济社会的影响仍然在挑战和考验着我们。

希望大家回去以后，要紧紧围绕党和国家工作大局，按照中央的部署和要求，扎实工作，锐意进取，巩固发展企稳向好的形势，不断推动各项工作取得新的成绩。

第四，继续关心党校建设，进一步支持党校事业发展。

党校的事业是我们党的事业的组成部分。去年，中央颁布《中国共产党党校工作条例》，并专门召开了全国党校工作会议。在这次会议上，胡锦涛总书记同与会代表座谈并发表了重要讲话，近平校长作了重要的工作报告，既从理论层面提出了许多新论断，又从实际出发提出了许多新举措，党的十七届四中全会《决定》对建设马克思主义学习型政党作出重要部署，对用中国特色社会主义理论武装提出新的要求，这实际上也对党校工作提出了新的要求，为加强和改善党校工作、搞好干部教育指明了方向。

希望同志们回到工作岗位以后，按照中央的要求，更加重视干部教育培训工作，更加重视和推动党校事业的发展。希望同志们把进一步办好中央党校的意见、建议留下来，以便我们把中央党校办得更好；也请同志们更多地关心、支持、指导所在单位党校的工作，为党校事业的发展作出力所能及的贡献。

祝大家旅途愉快、工作顺利、身体健康、生活幸福！

谢谢！

在中央党校市地党政主要领导干部进修班（第3期）毕业典礼上的讲话

（2009年12月11日）

李景田

同志们：

中央党校2009年秋季学期市地党政主要领导干部进修班（第3期）共31名学员，今天毕业。首先，我代表近平同志，代表中央党校校委，向同志们表示热烈的祝贺！向在教学中付出辛勤劳动的老师和工作人员表示衷心的感谢！

今年是新中国成立60周年，我们党召开了十七届四中全会，作出了《关于加强和改进新形势下党的建设若干重大问题的决定》，我国隆重地举行了新中国60周年国庆大典。在开学典礼上同志们聆听了近平同志关于建设马克思主义学习型政党的重要讲话。近日，中央召开了经济工作会议，对明年经济工作作出重要部署。同志们深感学习时机好，学习机会难得，满腔热情地投入到学习生活中来，圆满完成了预定的学习任务。

近几天，同志们开展了各种形式的学习总结和交流活动。刚才学员支部书记王云峰同志汇报了一个月来的学习情况，充分展现了这期进修班的学习成果。根据我们的了解，概括大家的共识，同志们的收获主要体现在以下几个方面：

第一，通过对党的十七届四中全会精神、党的基本理论和形势任务报告的学习，进一步提高了政治素质和理论素养，增强了建设马克思主义学习型政党的使命感和责任感。

大家普遍认为，近平同志在开学典礼上关于建设马克思主义学习型政党的重要讲话，是一篇深入学习党的十七届四中全会精神的很好的辅导报告，非常有助于从主要依据、重大意义、基本要求等方面加深对建设马克思主义学习型政党的理解。同志们深有感触地说，中国共产党历来是一个善于学习的政党，但提出把建设马克思主义学习型政党作为“重大而紧迫的战略任务”抓紧抓好，还是第一次。这也深刻说明，建设学习型政党对于加强和改进新形势下党的建设，意义重大。有的同志说，提出建设学习型政党，是执政的中国共产党忧党兴党的必然选择，是对党一贯重视学习这一优良传统的提升，是党的执政能力建设和先进性建设新的着力点。同志们认为，一个重视学习的党，是充满希望、富有生命力的党；一个善于学习的党，是能够与时俱进、永葆先进性的党。同志们表示，要更加自觉地学习，更加勤奋地学习，更加有效地学习，通过学习开阔思路，增强能力，促进创新。

在校期间，同志们学习了中国特色社会主义理论体系、科学发展观课程，听取了一些关系全局的形势任务报告，还选修了“时事热点问题”等讲座和电视、网上课程。同志们普遍认为，通过学习获得了当代世界和我国经济、政治、文化、军事、科技、宗教等方面的大量知识和信息，对国内外最新形势和国家一些政策出台的背景、过程和实质，有了比较翔实的了解和掌握，开阔了视野，开拓了思维。尤其是通过马克思主义中国化最新成果的学习，大局意识、全局观念进一步增强了，政治素质、理论素养进一步提高了。有的同志说，越是形势复杂、挑战严峻的时刻，越要牢记中国特色社会主义理论体系特别是科学发展观是我们的主心骨，做到在行动上真学，在理论上真懂，在思想上真信，在实践中真用。

第二，通过对一些重大理论和现实问题的研究思考，增强了理论联系实际的自觉性，进一步提高了施政能力。

同志们在学习研讨的过程中，注意发扬理论联系实际的马克思主义学风，在认真听取辅导老师讲课，大量阅读资料的基础上，运用所学理论，围绕国际金融危机的成因及对我国的影响、统筹城乡经济发展、依法行政与服务型政府建设、转型期的社会结构与社会整合、城市发展与城市治理、城市文化建设与文化遗产保护、党内民主等重大现实问题，积极开展研究讨论，还围绕突发群体性事件及其处置、如何面对媒体等问题进行了研究，举办了“落实科学发展观，推动城市经济社会协调发展”、“怎样当好市委书记”两次学员论坛，每位学员都交流了认识和经验，并提交了一篇工作案例。有的同志说，过去市地主要领导讨论交流工作多是以省为单位，这次学习与全国二十几个省的同学进行交流，相当于学习考察了大半个中国，机会太难得了。大家反映，把学习理论与研究问题有机地结合起来，有利于促进深入思考现实问题，找到进一步解决这些问题的方法和途径，有利于培养、提高市地主要领导干部的施政能力。

第三，通过实实在在的党性锻炼，进一步提升了思想境界，培养了良好的作风。

同志们一到党校，就按照要求，积极实现“三个转变”，迅速形成了浓厚的学习氛围和乐于学习、刻苦钻研的风气。同志们都是本地区的一二把手，自律意识很强，标准要求很高，以甘当小学生的精神勤奋学习，做到上课出全勤，自学基本上不请假，自觉参加组织生活和各项活动，注意维护党校学员的良好形象和社会声誉，在思想上相互促进，学习上相互帮助，生活上相互关心，体现了和谐团结、奋发向上的良好精神风貌。

不少同志说，我们这个班虽然学习时间不长，但通过入学教育和一个月的党校生活熏陶，进一步理解了党校姓党的含义，也亲身感受到隔一段时间来中央党校进行修身养性的好处。大家觉得，党校的学习时光十分难得、十分难忘。正如有的同志所说，学习快结束了，才真正感到学习的时间太短了。

经过各方面的努力，这期进修班的教学得到了大多数学员的肯定和好评，认为课程安排抓住了市地领导的共鸣点，特别是对模拟式教学、学员论坛、双向交流等教学形式留下了深刻印象，评价较高。另外，大家对党校以人为本的服务感受很深，尤其对食堂工作给予充分肯定，认为到党校学习有回家的感觉。

在充分肯定成绩的同时，同志们还提出了一些很好的意见和建议，最为集中的一条是希望学习时间尽可能避开年末。此外，还希望在课程安排上增加对历史经验的分析总结、多讲一些中央精神、更加重视启发思路的内容等等，我们将认真研究，积极改进，力争使进修班越办越好，越办越有成效。

同志们马上就要返回各自的工作岗位了。临别之际，我代表近平同志，代表中央党校校委，提几点希望，与大家共勉。

第一，继续深化学习，不断扩大学习成果，在建设马克思主义学习型政党中做表率。

可以肯定地说，一个月的学习，不可能解决所有的问题。对一个月的学习收获，也不能估计过高。理论是学习，实践也是学习，理论和实践相统一的学习才是真学习。如果有了正确的理论，并不实行，那么，这种理论再好也是没有意义的。

希望同志们回到工作岗位以后，坚持继续学习、带头学习、终身学习，坚持学以致用、用以促学。要在新的实践中进一步解放思想，不断研究新情况、解决新问题、积累新经验、获得新认识，不断提升科学执政、民主执政、依法执政的能力，为建设马克思主义学习型政党作出新的贡献。

第二，进一步深入学习贯彻十七届四中全会精神，更好地把党的政治和组织优势转化为推动经济社会又好又快发展的强大力量。

坚持把推进党的建设伟大工程同推进党领导的伟大事业紧密结合起来，保证党始终成为社会主义事业的坚强领导核心，是我们党执政60年来党的建设非常重要的一条基本经验。党的十七届四中全会通过的《决定》，为我们党更好地把党的政治优势和组织优势转化为推动经济社会又好又快发展的强大力量，提供了明确的指导。

希望同志们回到工作岗位以后，继续深入学习、深刻领会《决定》精神。要居安思危，增强忧患意识，常怀忧党之心，恪尽兴党之责，按照《决定》的要求扎扎实实做好党的建设各项工作。要把学习贯彻十七届四中全会精神与学习中央对当前经济形势的分析和明年的工作要求结合起来，确保党的各项部署落到实处、落到基层。

第三，按照中央经济工作会议精神，巩固发展当前经济回升向好趋势，锐意进取，开创各项工作新局面。

今年是新世纪以来我国经济社会发展最为困难的一年，也是我们砥砺奋进、经受严峻考验的一年。面对历史罕见的国际金融危机严重冲击和自然灾害频发等困难和挑战，党中央、国务院全面分析、准确判断、果断决策、从容应对，把保持经济平稳较快发展作为经济工作的首要任务，坚持积极的财政政策和适度宽松的货币政策，全面实施并不断丰富完善应对国际金融危机冲击的一揽子计划，全党全国坚定信心、共克时艰，全力做好保增长、保民生、保稳定各项工作，有效遏止了经济增长明显下滑态势，率先实现经济形势总体回升向好。但我们不能盲目乐观，必须看到，经济社会发展复杂艰巨繁重的任务、金融危机对我国经济社会的影响仍然在挑战和考验着我们。

明年是实施“十一五”规划的最后一年，做好经济工作，对于进一步有效应对国际金融危机冲击、巩固经济回升基础，为“十二五”规划启动实施创造良好条件至关重要。希望大家回去以后，要紧紧围绕党和国家工作大局，按照中央经济工作会议的部署和要求，扎实工作，锐意进取，更加注重提高经济增长质量和效益，更加注重推动经济发展方式转变和经济结构调整，更加注重推进改革开放和自主创新、增强经济增长活力和动力，更加注重改善民生、保持社会和谐稳定，更加注重统筹国内国际两个大局，努力实现经济平稳较快发展，不断推动各项工作取得新的成绩。

第四，继续关心党校建设，进一步支持党校事业发展。

党校事业是我们党的事业的组成部分。去年，中央颁布《中国共产党党校工作条例》，并专门召开了全国党校工作会议。在这次会议上，胡锦涛总书记发表的重要讲话和近平校长所作的工作报告，既从理论层面提出了许多新论断，又从实际出发提出了许多新举措。党的十七届四中全会《决定》对建设马克思主义学习型政党作出重要部署，对用中国特色社会主义理论体系武装全党特别是领导干部提出新的要求，这实际上也是对党校工作提出了新的任务，为加强和改进党校工作指明了方向。

希望同志们回到工作岗位以后，按照中央的要求，更加重视干部教育培训工作，更加重视和推动党校事业的发展，在继续关心中央党校的同时，更多地关心、支持、指导所在地区的党校工作，为党校事业的发展作出力所能及的贡献。

祝大家旅途愉快、工作顺利、身体健康、生活幸福！

谢谢！

在中央党校 2009 年秋季学期毕业典礼上的讲话

（2010 年 1 月 15 日）

李 景 田

同志们：

中央党校 2009 年秋季学期进修部省部级、地厅级转变经济发展方式与经济结构战略性调整专题研究班，扩大内需与经济发展专题研究班，突发公共事件与危机管理专题研究班，学习贯彻党的十七届四中全会精神专题研究班；培训部中青年干部培训班一班、二班，新疆地厅级、县处级干部培训班，西藏一年制、半年制干部培训班，以及科学社会主义和文化学师资班，共 777 名学员，今天毕业。另有中直机关分校、中央国家机关分校、部队分部和国资委分校的 2700 多名学员同期毕业。首先，我代表近平同志，代表中央党校校委，向所有毕业的学员表示热烈的祝贺！向所有在教学中付出辛勤劳动的老师和工作人员表示衷心的感谢！

2009 年是建党 88 周年、新中国成立 60 周年、澳门回归祖国 10 周年，我们党召开了十七届四中全会，作出了《关于加强和改进新形势下党的建设若干重大问题的决定》，我国隆重地举行了新中国 60 周年国庆大典和澳门回归祖国 10 周年庆典。我国经济发展克服国际金融危机影响，取得世人瞩目的成就和宝贵经验。中央召开了经济工作会议，对今年经济工作作出重要部署。同志们深感学习时机好，学习机会难得，满腔热情地投入到学习生活中来，圆满完成了预定的学习任务。

近几天，同志们开展了各种形式的学习总结和交流活动。根据我们的了解，概括大家的共识，同志们的收获主要体现在以下四个方面：

第一，通过对党的十七届四中全会精神的学习，进一步增强了推进党的建设新的伟大工程、建设马克思主义学习型政党的使命感和责任感，增强了加强学习的紧迫感和自觉性。

党的十七届四中全会召开前后，同志们认真聆听近平同志“关于新中国60年党的建设几点思考”的重要讲话，关于“加强和改进新形势下党的建设的纲领性文献”的报告，关于建设马克思主义学习型政党的重要讲话，并以各种方式深入学习领会全会精神。同志们深切感到，新形势下管党治党的任务比过去任何时候都更为繁重和紧迫。一致表示，要居安思危，增强忧患意识，常怀忧党之心，恪尽兴党之责，按照四中全会精神大力推进党的建设，把党的政治优势和组织优势转化为推动经济社会又好又快发展的强大力量。

近平同志在党校专门讲读书学习，专题讲建设马克思主义学习型政党问题，引起大家强烈的共鸣。同志们深有感触地说，提出建设学习型政党，是执政的中国共产党忧党兴党的必然选择，是党的执政能力建设和先进性建设新的着力点。有的同志说，改革开放30年，是我国发展最快的时期，同时不断有新问题摆到面前，让我们时时产生知识的匮乏感和本领的恐慌感。不加强学习，我们可能是科盲、法盲、互联网盲；不加强学习，就无法认识当前的客观实际，更无法解决现实中的问题。同志们认为，一个重视学习善于学习的党，才能与时俱进，永葆先进性，富有生命力；一个重视学习善于学习的领导干部，才能抵挡住诱惑，不断提升能力，得到群众发自内心的拥护。一致表示，一定要更加重学、崇学、尚学、好学。同志们把这种认识落实到党校学习中，“任凭浮华尘世闹，静下心思多读书”。许多同志反映，在党校学习后，更感到学习不足，做好本职工作的本领不够，渴望学习的自觉性进一步提高。

第二，通过对党的基本理论和形势任务报告的学习，进一步提高了理论素养，开阔了视野，增强了真学真懂真信真用中国特色社会主义理论体系的坚定性和自觉性。

在校期间，同志们学习了中国特色社会主义理论体系、科学发展观课程。同志们认为，通过马克思主义中国化最新成果的学习，深刻领会了科学发展观的世界观和方法论的意义，对中国特色社会主义道路和中国特色社会主义理论体系进一步坚定了信心。有的同志说，越是形势复杂、挑战严峻的时刻，越要牢记中国特色社会主义理论体系特别是科学发展观是我们的主心骨，做到在行动上真学，在理论上真懂，在思想上真信，在实践中真用，充分发挥中国特色社会主义理论特别是科学发展观指导工作、推动实践的作用。

在校期间，同志们还听取了一些关系全局的形势任务报告，选修了“时事热点问题”等讲座和电视、网上课程。同志们普遍认为，通过学习获得了当代世界和我国经济、政治、文化、军事、科技、宗教等方面的大量知识和信息，开阔了视野，开拓了思维。尤其是对国内外最新形势和国家一些政策出台的背景、过程和精神实质，有了比较翔实的了解和掌握，对世界范围的金融危机和经济下行发生以来中央审时度势，沉着应对，采取的一揽子计划，有了深刻的了解，深切感到以胡锦涛同志为总书记的党中央是坚强有力的，贯彻落实中央重大战略部署和方针政策的自觉性、坚定性进一步增强。大家认为，作为领导干部，对党的事业的忠诚，就要体现在认真学习和掌握党的基本理论和理论创新的最新成果，不断充实自己，不断提高能力和水平上，体现在忠实贯彻党的路线方针政策，创造性地做好本职工作上。

第三，通过对一些重大理论和现实问题的研究、思考和探讨，增强了理论联系实际的自觉性，进一步提高了施政能力。

学习期间，进修班的同志们分别围绕相关专题听取有关课程。在此基础上，对发展循环经济、国有企业改革与经济结构调整、健全执政党权力制约与监督机制等问题开展调研，形成了32篇研究报告。培训班的同志们在学好按照任职需要所设课程的同时，组成课题组进行了广泛的调研活动。中青一班、二班，新疆班，西藏班，对基层党组织建设、应对国际金融危机、民族地区社会经济发展等问题开展调研，形成了407篇研究报告。在问题研究中，注意理论联系实际，撰写论文注意言之有物，把问题说清、说深、说透的要求。每项研究成果都力求摆明情况，列出具体数字，剖析实践案例，并力求有比较透彻的理论分析和比较有价值的对策性建议。有的研究报告对一些重要建议作了比较深入的论述，对落实这些建议可能遇到的困难、可以采取的办法、可能产生的正面或者负面的效应，作出了分析，质量较高。

同志们所选择的课题，都是我国改革发展稳定中面临的重要问题，是人民群众和广大干部普遍关心的热点问题，也是自己在工作实践中面临的甚至是被困扰的问题。大家将这样的问题转化为研究课题，在学习和研究中运用理论分析探讨，又带着问题开展社会调查，深入到实践当中寻找答案，并与来自各中央国家机关和全国各省、区、市的同学展开多种形式的交流。通过这样的研究探讨，不仅对一些问题有了更加深刻的认识，而且培养了以宽广眼光、全局观念观察问题，进行系统思维和战略思维的习惯，进一步提高了运用科学理论创造性解决实际问题的能力。

第四，通过实实在在的党性锻炼，进一步提升了思想境界，培养了重学好学、深入实际、深入群众、求真务实、不尚空谈的优良作风、学风和文风。

在党校学习期间，每个同志既是党性锻炼的实践者，又是党性锻炼的受益者。

一到党校，同志们就按照要求，积极实现“三个转变”，迅速形成了浓厚的学习氛围和乐于学习、刻苦钻研的风气。很多学员除了考察调研，没出过党校大门，坚持专心致志学习。学习讨论调研写作，同志们注意讲短话、讲明白话、讲管用的话，畅所欲言、坦诚交流，集思广益，教学相长，学学相长，达到了个人学习研究难以达到的高度、深度和广度，也培养了民主、科学意识。起草研究报告，反复推敲，精益求精，通宵达旦。同志们积极响应近平同志“领导干部要爱读书读好书善读书”和领导干部要在马克思主义学习型政党建设中发挥好表率作用的号召，让读书成为在校期间一项重要学习内容和一种有效学习方法。在读书报告会上，学员们争先发言，谈感受，议体会，论方法，信息量大，启发性大，借鉴性强，取得了相互启发、相互砥砺的良好效果。一些支部到井冈山、延安开展体验式教学，有的支部赴西柏坡参观学习，受到了生动的革命传统教育、宗旨教育、作风教育和廉政教育，牢记“两个务必”，经受住执政、改革开放、市场经济、外部环境四个方面的长期考验的自觉性进一步增强。学习期间，同志们注意维护党校学员的良好形象和社会声誉，严格遵守校规校纪，自觉排除干扰，谢绝吃请，减少应酬，廉洁从学，升华了人格和道德修养。有的同志说，党校学习有效地促进了读书习惯、与周围同事讨论理论问题的习惯、写文章的习惯、党性锻炼习惯的养成，这些是终身受益的。

经过各方面的努力，这学期的教学得到了大多数学员的肯定和好评。认为课程安排合理，把学员的主体作用和实践优势与教师的主导作用和理论优势有机结合得好。认为采取经典原著导读的方式学理论，有助于真正进入学习阅读状态，充分体验经典作家的文气，体会他们的精神力量和情怀，进入他们的精神世界，使理论学习生动、真实，取得事半功倍的效果。认为根据党和国家改革发展稳定大局的需求，设置研究专题的教学模式，以及在学制、学习方法等方面的调整和创新，积极效果明显。认为采取推荐书目、小组会通读、典型引导等多种方式营造浓厚的读书氛围，取得了明显效果。很多同志对案例教学、模拟式教学、双向交流、学员论坛、从政经验交流等教学形式以及小班教学试点，留下了深刻印象，评价较高。有的特别肯定了从政经验交流，认为“听到了真经”。另外，大家对党校以人为本的服务感受很深，各方面服务都比较到位，让人有回家的感觉。

在充分肯定成绩的同时，同志们还提出了一些很好的意见和建议，如在课程安排上增加对历史经验的分析总结，把党史课作为必修课；进一步加强党的方针政策的解读、增加大报告，不要局限于周五，教师解读要注意严谨，重视启发思路；还希望增加公共选修课，增加案例教学。此外，希望多给教师提供掌握最新信息最新理论政策的条件，希望让更多的中高级干部来党校学习研究党建，希望社会考察时间适当延长、宿舍灯光再亮些、食堂开饭时间再长些、两个月专题班学习时间尽可能避开年末等等。我们将认真研究，积极改进，力争使党校更好地促进干部学习，更好地发挥推动建设马克思主义学习型政党的作用。

同志们马上就要返回各自的工作岗位了。临别之际，我代表近平同志，代表中央党校校委，提几点希望，与大家共勉。

第一，继续加强学习，不断深化学习，大力弘扬理论联系实际学风，做终身学习的表率。

可以肯定地说，党校的学习，不可能解决所有的问题。对党校的学习收获，也不能估计过高。理论是学习，实践也是学习，理论和实践相统一的学习才是真学习。如果有了正确的理论，并不实行，那么，这种理论再好也是没有意义的。

希望同志们回到工作岗位以后，坚持继续学习、带头学习、终身学习，坚持学以致用、用以促学。要在新的实践中进一步解放思想，不断研究新情况、解决新问题、积累新经验、获得新认识，不断提升科学执政、民主执政、依法执政的能力，为推进马克思主义中国化、时代化、大众化，推进党的伟大事业和伟大工程作出新的贡献。

第二，巩固发展当前经济回升向好趋势，锐意进取，开创各项工作新局面。

去年是新世纪以来我国经济社会发展最为困难的一年，是惊心动魄的一年，也是我们砥砺奋进、经受严峻考验的一年。面对历史罕见的国际金融危机严重冲击和自然灾害频发等困难和挑战，党中央、国务院果断地采取了应对的政策和措施，全面实施并不断丰富完善应对国际金融危机冲击的一揽子计划。通过一年的努力，我们稳住了经济，稳定了就业，有效遏止了经济增长明显下滑态势，率先实现经济形势总体回升向好，实现了全年经济增长保 8 目标。就全局而言，形势令人振奋，我们应该充满希望。同时，也要充分看到，一些国家的经济虽然开始恢复，但还有可能出现反复。我国经济企稳向好，并不等于经济根本好转，深层次问题还没有解决，在我们面前的仍是一条不平坦的路。比如经济结构调整、建设创新型国家、启动内需等还任重道远，出口短时间内还不会有太大进展，还要看到，物价持续上涨，防止通货膨胀任务可能还很艰巨。我们切不可盲目乐观，还要继续保持忧患意识和危机意识。

今年是实施“十一五”规划的最后一年，做好经济工作，对于进一步有效应对国际金融危机冲击、巩固经济回升基础，为“十二五”规划启动实施创造良好条件至关重要。希望大家回去以后，要紧紧围绕党和国家工作大局，按照中央经济工作会议的部署和要求，更加兢兢业业地努力工作，扎实工作，锐意进取，努力把中央一系列政策落到实处、落到基层，推动各项工作取得新的成绩，实现经济平稳较快发展。

第三，继续关心党校建设，推动党校在建设马克思主义学习型政党方面切实发挥作用。

党校事业是我们党的事业的组成部分。近平同志 11 月 12 日在 2009 年秋季学期第二批进修班开学典礼讲话中提出进一步发挥党校在建设马克思主义学习型政党中的重要作用。1 月 5 日近平同志在听取中央党校校委 2009 年工作汇报后明确要求我们，要把学习贯彻好四中全会精神作为今后一个时期重要政治任务抓紧抓好，要深入研究中央党校如何在推动建设马克思主义学习型政党方面切实发挥作用，深入思考现有的教学科研布局是否适应建设马克思主义学习型政党的需要，进一步明确思路和工作重点。这是对党校工作提出的新任务新要求，为加强和改进党校工作指明了方向。

同志们参加了党校的学习，对如何搞好党校的教学、科研最有发言权。希望同志们把进一步办好中央党校的意见、建议更多地留给我们。也希望同志们回到工作岗位以后，按照近平同志的要求，切实发挥所在地区党校在推动建设马克思主义学习型政党中的重要作用，为党校事业的发展作出力所能及的贡献。

我国的传统节日——春节快要到了，在这里向大家拜个早年，祝同志们旅途愉快、工作顺利、身体健康、阖家幸福！

谢谢！

读书是兴盛之象*

（2009 年 6 月 29 日）

李 书 磊

习近平同志作为中央党校校长亲自劝学课读，党校教师有强烈的共鸣，也深感欣喜。读书是我们共产党的伟大传统，是马克思、列宁和毛泽东开创、发扬的传统。书中有主义，书中有真理，书中有情怀，共产党人不信宗教、不拜偶像、不靠神仙皇帝，我们的思想和精神就通过读书代代相传。读书是共产党人的精神生活形式，共产党的事业也由此与人类文明史血脉相连。“认真看书学习，弄通马克思主义”，毛泽东的教诲言犹在耳，从一个方面深刻地揭示了我们党的生存方式。在面临全新的执政环境、面临无数新的挑战与诱惑之时，党内重新强调读书，其意深远。

读书也是我们中华民族的久远传统。官员谓仕学相济，民间曰耕读传家，读书一直是中国人崇尚并力行的人生信条。世界史上有倚骑士为中坚者，未免略输文采；有用宗教狂热征服异域者，亦觉稍逊风骚。相比之下，中国政治的重文传统让我们有特别的自豪。读圣贤书、读经史子集、吟咏诗赋与习琴棋书画所塑造出来的文化，自有深沉的力量、健全的理性与活泼的生机。切不要以为读书只会有书生议论、只会出冬烘先生，“读圣贤书，所为何事?”杀身成仁、舍生取义的英雄主义就出自读书。古代先贤在读书中把江山社稷、国土人民装在了心里，把为天地立心、为生民立命、为往圣继绝学、为万世开太平的责任放在了肩上。读书养志、养心、养气，成就一种大智大勇。中国共产党是中华民族的先锋队，我们作为执政党接续起祖国文化中为政读书的宝贵传统，觉得格外地亲切、妥贴、温暖。

---

* 5 月 13 日，习近平出席春季学期第二批进修班暨专题研讨班开学典礼并作《领导干部要爱读书读好书善读书》的重要讲话，为在教学工作中深入学习贯彻习近平的重要讲话精神，全面推动领导干部的读书活动，作者署名“束耒”，在 6 月 29 日《学习时报》发表特约评论员文章。

读书是一种精神状态，是一个政党的精神状态，是一个国家的精神状态。看到书店里拥挤的人群、满图书馆静默的读者，我们感到了中国的希望；看到中央党校勤读不倦的学员，我们增强了对党的信心。爱读书首先就是不足之意，是自强之道，是进取之心。读书是正气、是正相、是正人之相。对一个政党来说，它的骨干读书不辍，就是一种无与伦比的兴盛之象。我们共产党的干部要发愤读书，一方面是要在纷纷世事、滚滚红尘中有素心与定力，另一方面，也是因为使命重大。我们作为执政党承担国运、关系国脉，不可不对自己的使命心怀敬畏，不学将何以堪。当前中国作为一个大国迅速崛起，一百多年来中国人的梦想就要实现，中华民族的现代化曙光在望，进入了关键性的历史阶段。此时此刻，经济社会、内政外交都呈现出从来没有遇到过的复杂局面，使我们总感到个人知识与能力的贫乏。历史使命鞭策我们学习，对祖国的热爱、对国家的忠诚成为我们克任繁剧、虚心向学的无限动力，周恩来当年“为中华崛起而读书”的少年初衷，依然当得我们今天的壮怀。我们要通过读书真正洞察历史、把握天下大势，也要借助读书深化实践、格物致知，增益所不能。我们还要在读书中与古人相稽、以圣贤为镜，把几千年来中华文化的浩然之气变成我们中国共产党人的精神力量。

习近平校长劝导读书，对干部既是严格要求，也是殷切关心。读书既须刻苦，也是乐事。阅读中遇数语会心，不禁喜从中来；有一言警醒，顿时恍然大悟：都是美好的人生体验。夜半挑灯，周末闭门，一卷在手，其乐难与外人道。学生时代读书还会有些不谙其意的隔膜，今天有丰富阅历之后再来读书，就分外地真切有味。清人孙宝瑄说：“读书非惟能广人之智也，且能使人得非常之幸福焉。”信哉斯言，何妨一试。

2009年教学工作概述

2009年，在校委的正确领导下，党校教学工作认真学习贯彻党的十七大和十七届三中、四中全会精神，坚持以邓小平理论和“三个代表”重要思想为指导，深入贯彻落实《中国共产党党校工作条例》和全国党校工作会议精神，坚持党校姓党原则，突出抓好中国特色社会主义理论体系特别是科学发展观的教育培训；继续深化教学改革，加强教学管理，提高教学质量，较好地完成了本年度的教学任务。

一、认真履行岗位职责，较好地完成了中央举办的重要班次和中央党校常规班次的教学任务

2009年是近年来中央党校班次最多、教学任务最重的一年。省部级干部进修班和地厅级干部进修班共开办20个研究专题，培训班共招收13个班次，专题研究班举办4个，师资培训班举办4期，共培训各类学员2741人。

中央还先后在中央党校举办了全国县纪委书记培训班（第1期，学员329人）、全国组织部长学习贯彻党的十七届四中全会精神培训班（第2—4、5、7期，学员1926人），教学组织和教学效果良好，得到中组部、中纪委等单位的肯定和好评。

此外，继续承担中组部、中宣部、中央党校、教育部、总政治部等单位联合举办的哲学社会科学教学科研骨干师资培训班，与中联部合办的涉外培训等非常规班次的教学工作。

二、适应干部教育的新形势新任务，加强需求调研，做好招生和学籍管理工作

1. 加大调研力度，摸清学员需求。以党的十七大关于“继续大规模培训干部”、“大幅度提高干部素质”的精神为指导，认真贯彻十七届四中全会精神，对进修班次研究方向的设定采取了“需求调研——具体论证——组织实施”的方法，先在各地各单位组织部门及校内教学相关部门的范围内进行问卷调查，掌握学员的学习需求，问卷回收后进行统计汇总，以学员的需求为依据提出初步选题，效果很好。

2. 抓住主要环节，搞好招生工作。2009年中央党校共举办27个班次（其中省部级、地厅级干部进修班共开办20个研究方向），招收学员2741人。在招生过程中，紧紧抓住主要环节，提早做好招生计划，及早着手学员报名工作，保证全年较好地完成招生计划。在开学前主动与各地组织部门联系，督促学员按时报到入学，大大提高了学员的报到率。春季学期学员入学报到率达到了99%，创下了近些年的纪录。秋季学期重点加强了催报环节的工作力度，对重点单位反复督促及时上报名单材料，及时通知学员和学员部做好入学准备。秋季学期学员入学报到率同样达到了99%，本年度比去年提高了7个百分点。

3. 完善规章制度，加强学籍管理。在学籍管理工作中，按照“严格管理，注重实效”的要求，加强制度建设，提高管理效果。上半年完成了《中共中央党校学员学籍管理规定》、《中央党校关于学员毕业证书颁发工作的管理规定》等5个规章制度修订稿初稿的撰写工作。完成了两个学期学员报到注册工作，共录入25个班次2526名学员基本情况。印制、发放学员分支组名册20种1700余册。设计、印制学员学习考核登记表32种4000余份、学员成绩登记册5000余份。发放毕业证书2411本、非常规班次结业证书1980本。本年度学籍管理工作的档案材料已整理归档，主要有：25个班次的学员卡片2526张；学员入学登记表2526份；学员正式名册、分支组名册、学员综合信息名册等8卷。在新建立的学员信息库中，已录入1998—2000年及本年度入学的共7176名学员综合信息。

三、科学设计教学内容，教学的针对性实效性有了新的提高

（一）深入贯彻党的十七大和十七届三中、四中全会精神，继续以中国特色社会主义理论体系为教学的中心内容。

根据党的十七大和《中国共产党党校工作条例》精神，本学年继续把中国特色社会主义理论体系作为教学的中心内容，将科学发展观的学习、研究贯彻落实到教学的全过程，并通过调整、增设部分讲题，不断优化课程设计，进一步完善了中国特色社会主义理论体系特别是科学发展观的教学框架，切实推进科学发展观系统进教材、生动进课堂、扎实进头脑。

进修类班次继续突出科学发展观的学习，紧紧围绕学习实践科学发展观活动中的重大现实问题设置教学讲题和开展课题研究。培训类班次以系统学习中国特色社会主义理论体系特别是科学发展观为主，更加注重中国特色社会主义理论体系教学的内在逻辑性和科学性。中青年干部培训班根据党的十七大和十七届四中全会精神新增了部分讲题，完善了中国特色社会主义理论体系的教学内容。新疆县处级民族干部培训班、一年制西藏民族干部培训班的必修理论课，调整为以讲马克思主义原理为基础，以中国特色社会主义理论体系为中心，进一步加大了中国特色社会主义理论体系的教学。

为了在教学中更好地贯彻党的十七届四中全会精神，大会一召开就对学员学习贯彻四中全会精神做出提前安排，在听取习近平同志来校作的辅导报告后，还安排了相应的大报告和有关课程，并举办了省部级、地厅级两个学习十七届四中全会的专题研究班。中央经济工作会议召开后，又及时将会议精神贯彻和体现在2010年春季学期的招生计划和教学计划中。

（二）科学设计教学讲题，合理安排各班次课程。

根据不同班次的教学定位和目的要求，结合需求调研，在教学内容方面，更加注重讲题设计的科学性和课程安排的合理性，进一步增强教学的针对性和实效性。

1. 进修类班次的教学定位由“研究方向”调整为“研究专题”。每学期开设10个研究专题班，集中围绕重大理论课题和学员共同关注的热点、难点问题设计讲题，增强互动研讨。在学习考核环节，

改变传统论文考核模式，首次尝试将撰写案例作为毕业考核的内容，让学员结合理论思考、联系工作实际编写，效果很好。此外，根据学员要求，对进修班的课时分配进行了适当调整。授课时间增加一周，再加上课题研究阶段每个课题组安排的辅导课，进修班的课堂讲授分量明显加大。这一调整使得教学内容更加充实，时间安排更加紧凑，解决了学员提出的“前紧后松”问题。

2. 培训类班次的教学更加强调历史与现实、理论与实践的统一。为了深化对中国特色社会主义理论的学习研究，在中青年干部培训一班增设“马克思主义原著导读”教学单元，对学员学习马克思主义经典原著进行重点辅导。创新教学方式，对小班教学进行了试点，把小班教学作为大班授课的补充和深化，受到学员普遍欢迎。中青年干部培训二班进一步加大能力训练的力度，安排为期 10 天的国际调研，提高了学员的领导能力。

3. 增设了“文化遗产保护”和“党校系统教学管理”专题研讨班。开设专题研讨班，是中央党校教学改革的一项新的尝试。为了做好这两个班次的教学计划，通过与国家文物局、北京市委党校召开座谈会，与相关教研部召开教学计划讨论会，向学员发放调查问卷等方式做了大量的调研工作，对整个教学内容的设计、教学方法的采用、教学活动的安排都做了细致的分析和研究。此外，把教学管理研讨班的学员论文进行了整理汇编，并以《教学情况反映》增刊的形式发给大家作参考。学员普遍反映，教学讲题设计合理、教学内容安排充实、教学节奏紧凑、教学方式方法灵活，效果好、收获大。

4. 积极探索和开展自主选学试点的有关工作。围绕 2010 年在中央和国家机关司局级干部中开展的自主选学试点工作，专门针对中央党校如何承担具体培训任务的有关事宜进行了深入调研，先后在中央党校中青年干部培训班和中直机关分校、中央国家机关分校、国资委分校发放调查问卷，进行需求调研，形成调查问卷分析报告。此后，又多次召开座谈会，围绕自主选学的专题设置、讲题设计、师资配备等相关问题征求有关教研部、学员部的意见和建议，集思广益，开拓思路，形成了中央党校的自主选学课程体系和菜单，为中央党校参与 2010 年中央国家机关司局级干部自主选学工作奠定了基础。

（三）大力推进研究式教学，不断改进教学方法。

本年度，在不同班次继续探索研究式教学的多种实现形式，创新教学方法，加强教学互动，促进教学相长、学学相长，进一步增强了教学效果。

1. 案例式教学有新进展。在各相关班次继续开设以案例式教学为主的“领导能力训练”课程。培训类班次加大了开展案例式教学的分量和力度，新疆地厅级民族干部培训班、半年制西藏民族干部培训班都增设了案例教学课程。进修类班次的案例教学更加注重适应专题研究的需要，案例的选择也更加强调满足不同类别、不同层次的学员提升领导能力和执政能力的需求，教学效果很好。

2. 体验式教学有新突破。在规范已有体验式教学基地的基础上，根据教学需要在中国大唐集团公司、天津滨海新区等地确定了新的体验式教学基地。进修班学员通过去西柏坡进行现场体验式教学，并在七届二中全会会场开展现场教学。在人民网的体验式教学中，学员与网民进行在线交流，普遍感到“这是一种最真切的体验教学和最有效的领导能力训练”。在相关班次的党史专题研究课程中继续采用影像教学的方法，学员普遍认为，影像教学有历史感，发人深思，效果很好。

3. 模拟式教学有新面貌。继续加大与相关部门的合作，开发、完善情景模拟课程。在新华社的大力支持下，中青一班继续开展了“领导干部如何面对新闻媒体”的模拟式教学。此外，为建设好中央党校情景模拟式教学实验室，教务部负责人带队先后到国家地震局、国防大学、浦东干部学院等单位进行了实地考察调研，现在建设方案已经过可行性论证并报校委批准，预计2010年可以建成并投入使用。

4. 菜单式教学有新内容。菜单式教学进一步扩大了选学的班次，并根据不同班次分班进行菜单式教学。中青二班、新疆地厅班、半年制西藏班、台籍班均开设了系列的菜单式选修课，供学员自主选择，为避免重复，课程讲题的设计每学期都作一定的调整，进一步满足了学员的个性化需求。同时，适应提高领导干部文学修养的需要，增设了“古典文学名著欣赏”选修课。

（四）大力倡导读书交流，强化学员党性锻炼。

按照习近平校长提出的“领导干部要爱读书读好书善读书”的要求，中央党校着重在学员读书兴趣的激发、读书目的的引导、读书习惯的养成、读书活动的组织、读书效果的考核上下功夫。要求教师在教学计划及讲稿上开列阅读书目时，要密切结合教学需要并体现本学科最新研究成果，从而强化对学员读书的引导。同时继续抓好读书活动的制度化和规范化，把读书交流列入教学计划。在读书效果的考核方面也采取了新举措，规定进修班各研究专题的学习考核除提交课题报告外，也可围绕阅读书目撰写读书报告作为考核依据。对于学员在读书活动中形成的读书体会及心得，选编其中的一些优秀的读书报告刊登在《教学情况反映》上并发至每一名学员。常务副校长李景田对此作出批示，指出“读书交流会是推动学员读书的好形式，望教务部、进修部、培训部认真总结经验，坚持办下去，且要越办越好”。继续将学员论坛、从政经验交流等方式作为教学的有效组成部分。

继续贯彻落实党校姓党原则，坚持从严治校和从严管理，以胡锦涛同志2009年1月在中纪委第三次全体会议上提出的“六个着力”为重点，进一步抓好学员的党性教育。在教学中充分发挥党校的理论优势和学科特点，将党性教育贯穿于课堂教学、现场体验、社会调研、党性分析、读书活动、学员论坛等各个方面、各个环节。特别是在党史教学过程中，教师有意识地将课堂讲授和党性分析、党性锻炼结合起来，拓宽了党性教育的内容，增强了党性锻炼的效果。在全校范围内开设电影鉴赏课程，定期组织学员观看反映中国共产党发展进程的重大革命和历史事件、重要历史人物的文献纪录片、历史资料片等，达到了提升修养、净化心灵的教学效果，成为党性教育有效的实践载体。组织学员观看警示片，开展反腐倡廉教育，坚定学员的理想信念，增强学员的使命感、责任感，充分发挥党校的“熔炉”作用。

四、进一步加强教学组织和教学管理，教学工作顺利开展

1. 加强组织，运转顺利。一年来坚持按时编制和印发双周课表20期，坚持每日巡查课堂，特别是做好每周三“当代世界报告”和每周一晚上讲座课，发现问题及时解决，全年组织运转课堂教学1200余节，无一差错。积极策划、认真组织全校性“形势与任务”大报告，密切关注当前国内外形势发展变化中的焦点、热点问题，全年共组织外请报告32场。建立报告联系制度，联系人与报告方反复沟通，报告效果有较大提升。做好学员论坛、研讨和各种讲座课的组织协调工作，全年安排各种研讨、讲座课424次。统筹安排中央党校远程教学网上课程，全年制作远程教学课表2期，网上播放中央党校部分主体班课程205讲，其中“当代世界”和“形势与任务”报告44讲，授课内容针对性强，教学质量有所提高。继续做好《教学情况反映》、《教学评估简报》的编印工作，对教学实施情况进行了及时的总结和反馈。

2. 加强管理，秩序正规。为了使管理工作更加正规化，上半年组织对《中央党校学员管理暂行条例》进行了修订，在充分征求校内相关部门意见的基础上汇总撰写，形成了《中央党校学员管理条例》的初稿（讨论稿）。在管理过程中，根据校领导关于“加强教学管理，严格调课制度”的指示，调课现象得到明显控制，但因外请报告人出席中央或国务院的各种工作会议等原因造成的调课仍较多。为解决这个问题，采取了“复告知”制度，没有因调课而发生教学事故。加强学员课堂纪律，在教室摆放学员座签，利于对学员的考勤、课堂秩序的管理，确保了学员到课率。秋季学期在礼堂和综合楼报告厅安装了手机信号屏蔽设备，创造了良好的听课环境。把每位教员的讲课录制下来，刻成光盘送给教员，帮助教员了解自己的授课情况，进一步改进授课方式，提高教学质量。

3. 加强协调，保障有力。协调组织学员参加国（境）外专家、学者、政要来校演讲、座谈交流6次。国（境）外专家、学者、政要来校演讲、座谈交流对学员开阔视野、拓宽世界眼光起到积极作用。协调做好2008—2009年度教学优秀奖的评选工作。本年度教学优秀奖评奖工作严格执行评选条件，继续体现了校委关于“质量高、数量少”的精神。协调教学活动用车630多辆次，保证了教学活动用车。协助分校做好有关党校班来校参听“当代世界”、“形势与任务”报告的组织工作，全年约1万多人次。为搞好改革开放30周年纪念活动，与校内外有关部门反复联系，协调做好大型文献纪录片“中国1978—2008”在校电视台和校园网上播放工作。协助安排好电影鉴赏课的放映工作，全年放映电影25部。

五、加大对教材建设和管理的力度，初步形成与新的教学体系相适应的教材体系

1. 实施精细化管理，教材管理工作更加制度化。在教材的购买、发放及教学资

料的印制方面实行专人负责、透明操作流程、细化管理规定，全年为校内购买和发放教材和教学参考书65种11300册，印制讲稿和各种教学参考资料739种共约765万字，发放教学计划、讲稿及教学参考材料33万册（份）。保障全国县纪委书记培训班、第2—4、5、7期全国组织部长学习贯彻十七届四中全会精神培训班教材、讲稿发放工作，汇集整理各省（区、市）实践报告和发言材料40种，发放、印制讲稿及有关教学参考材料53种、教材9种共80313份。

2. 推进教材建设科学化，教材建设有了新成果。校委会议讨论通过了中央党校教材审定委员会成员的调整，加大了对教材建设的领导组织和对教材的审定力度。在继续把《马列著作选编》、《毛泽东著作选编》、《邓小平文选》、《江泽民文选》、《十一届三中全会以来党和国家重要文献选编》、“三基本”、“五当代”和《“三个代表”重要思想概论》、《执政党建设若干问题研究》（试用本）、《改进文风阅读材料》等作为基本教材使用的基础上，根据教学计划的规定，为进修班各研究专题配发了适合教学需要的教材。按照《中央党校2006—2010年教材编写规划》实施要求，重点教材的编写工作有新进展，《科学发展观研究》、《社会主义市场经济研究》、《社会主义民主政治研究》、《社会主义和谐社会研究》和《社会主义先进文化研究》均基本完成初稿写作或已根据审定意见进行修改。其他规划内教材及中国特色社会主义理论教材的编写和《马列著作选编》的修订工作也在紧张进行，《政党政治原理》、《中国共产党建设史》已出版。

六、积极推进分校和地方党校的教学改革，对分校工作的管理和对地方党校的业务指导得力

分校教学和管理工作取得了重大突破。分校全年共举办了132个班次，共招生5641人。在教学安排方面，认真贯彻落实十七届四中全会精神，及时下发了《关于组织中央党校分校学员学习贯彻党的十七届四中全会精神的安排意见》，及时将习近平校长在校内所作的关于十七届四中全会精神的传达和辅导报告录像资料复制给各分校。根据学员的需求，秋季学期教学中增加了能力训练课和马克思主义经典原著导读课，并扩大了面授课的比例，增强了教学效果。为督促检查分校教学效果，组织了在秋季学期对四个分校10个班次、395名学员进行了抽查考试，有力地促进了教学。在班次设置上，以学习中国特色社会主义理论体系特别是科学发展观为中心，结合学员自身的学习需求，对原有课程作了相应调整，深受学员欢迎。在教学管理方面，认真贯彻全国党校工作会议精神和《中国共产党党校工作条例》，着手修订《中央党校分校工作暂行条例》。组织汇编有关制度文件并下发各分校（部）征求意见和建议，会同四个分校（部）到11个党校或党校班依托办学单位进行了深入调研，形成了《中央党校分校工作若干规定》（草稿）。此外，各分校（部）在教学中都注意加强学员党性锻炼，把党性锻炼贯彻到教学管理的全过程。重视对教学管理规律的研究，并形成一系列研究成果。

坚持以《中国共产党党校工作条例》为指导，继续开展对地方党校的业务指导，

并进一步加强了与地方党校的沟通和交流。本学年春季学期，举办了全国党校系统分管教学副校长参加的“教学管理专题研讨班”，推动中国特色社会主义理论体系进课堂、进教材、进头脑，受到了地方党校的好评。在远程教学方面，认真做好远程教学课程的设计和统筹安排工作，及时调整远程教学的内容结构，全年在远程教学网上播出中央党校主体班课程 205 讲，授课内容贴近地方党校的实际和领导干部的工作需要，增强了教学针对性。在设计安排各类专题研究课程的基础上，同时在网上增加了中央党校文化学师资培训课程 9 讲，帮助地方党校提高教师的理论素养和教学水平。十七届四中全会召开后，及时对远程教学课程内容进行了调整，集中播出 5 讲由中央党校著名教授和校外知名专家主讲的学习贯彻十七届四中全会精神的专题辅导，深受地方党校学员的欢迎。

教学计划与教学安排

春季学期教学安排

2009年春季学期教学工作的总体要求是：高举中国特色社会主义伟大旗帜，认真学习贯彻党的十七大和十七届三中全会精神、全国党校工作会议精神，以马克思列宁主义、毛泽东思想和中国特色社会主义理论体系为指导，深入贯彻落实科学发展观，坚持党校姓党原则，突出抓好中国特色社会主义理论体系特别是科学发展观的教育培训，使其更深入地进课堂、进教材、进头脑；继续深化教学改革，探索新的教学方法，完善教学组织形式，增强教学的针对性和实效性，进一步提高教学质量。

一、关于班次设置和招生安排

2009年春季学期中央党校共开设4类班次：

（一）进修班。

省部级干部进修班（第45期），计划招收学员120名，开设4个研究专题每个专题招收30名学员。“国际金融危机与应对”研究专题、“国际战略”研究专题，学习时间为2009年3月1日至4月30日；“扩大内需与经济发展”研究专题、“民生与社会建设”研究专题，学习时间为2009年5月13日至7月17日。

地厅级干部进修班（第52期），计划招收学员300名，开设6个研究专题，每个专题招收50名学员。“农村改革发展”研究专题、“扩大内需与经济发展”研究专题、“社会稳定”研究专题，学习时间为2009年3月1日至4月30日；“国际金融危机与应对”研究专题、“党的群众工作”研究专题、“文化发展”研究专题，学习时间为2009年5月13日至7月17日。

（二）培训班。

中青年干部培训一班（第26期），招收学员110名，学制四个半月，学习时间为2009年3月1日至7月17日。

中青年干部培训二班（第9期），招收学员200名，学制一年，学习时间为2009年3月1日至2010年1月15日。

新疆地厅级民族干部培训班（第49期），招收学员45名，学制四个半月，学习时间为2009年3月1日至7月17日。

新疆县处级民族干部培训班（第50期），招收学员45名，学制四个半月，学习时间为2009年3月1日至7月17日。

半年制西藏民族干部培训班（第37期），招收学员40名，学制四个半月，学习时间为2009年3月1日至7月17日。

一年制西藏民族干部培训班（第38期），招收学员40名，学制一年，学习时间为2009年3月1日至2010年1月15日。

台湾省籍干部培训班（第8期），招收学员40名，学制四个半月，学习时间为2009年3月1日至7月17日。

（三）专题研讨班。

“文化遗产保护”专题研讨班，招收学员50名，学习时间为2009年4月7日至4月17日。

“党校系统教学管理”专题研讨班。招收学员52名，学习时间为2009年5月13日至5月22日。

（四）师资培训班。

哲学社会科学教学科研骨干研修班，举办3期，每期招收学员150名，学习时间为1个月。

2009年春季学期共招收12个班次，学员1572名。

二、关于教学内容

（一）以中国特色社会主义理论体系特别是科学发展观为教学的中心内容，进一步推动中国特色社会主义理论体系特别是科学发展观进课堂、进教材、进头脑。

把学习中国特色社会主义理论体系特别是科学发展观作为教学的中心内容。根据党的十七大精神和党中央关于在全党开展深入学习实践科学发展观活动的总体部署，2009年春季学期，要以学习中国特色社会主义理论体系为中心，突出科学发展观的教学。各个班次都要把科学发展观的学习、研究贯彻落实到教学的全过程；要从历史和理论相统一的角度，把学习中国特色社会主义理论体系特别是科学发展观与学习马克思列宁主义、毛泽东思想贯通起来；要深化对中国特色社会主义理论体系特别是科学发展观的学术化研究，发挥我们的学科优势，把最新的研究成果充实到教学中去；要努力探索、不断完善中国特色社会主义理论体系特别是科学发展观的教学框架。

进一步加大中国特色社会主义理论体系特别是科学发展观在教学中的分量。进修班增设公共必修课“科学发展观研究”；各研究专题都要紧紧围绕学习实践科学发展观活动中的重大现实问题设置教学讲题。培训班以系统学习中国特色社会主义理论体系特别是科学发展观为主，围绕中国特色社会主义经济建设、政治建设、文化建设、社会建设和党的建设中的重大理论和现实问题设置讲题，使学员深刻地理解和把握中国特色社会主义理论体系，坚定走中国特色社会主义道路的信念，提高领导科学发展的能力。

（二）科学设计各班次的教学内容，增强教学的针对性和实效性。

要把党中央的要求与学员的岗位需求和个性需求结合起来，按照“分类别、分层次”的要求，根据进修班和培训班的不同定位科学设计教学内容，进一步增强教学的针对性和实效性。

进修班各研究专题要紧紧围绕当前重大理论、现实问题和热点、难点问题设计教学内容。根据校委要求，2009年进修班的班次设置和教学内容作了重要调整，研究的问题更为集中。各研究专题要适应这一调整，围绕贯彻落实科学发展观中遇到的重大理论、现实问题和热点难点问题设计教学内容。要对各研究专题的重点问题进行筛选与推敲，增强讲题设计的科学性；要把本研究专题的“重大理论和现实问题”与“热点难点问题”区分开；“重大理论和现实问题”要结合贯彻落实科学发展观设计讲题，把重大问题找准；“热点难点问题”要结合学员“两带来”提出的问题设计讲题，突出“问题”意识，加强针对性。在课题研究阶段，教师要引导学员围绕当前的重大现实问题来选择研究课题，突出对实际问题的理论分析和对策研究。

培训班要着眼于学员的任职需要和岗位需求设计教学内容。培训一班要以系统学习中国特色社会主义理论体系特别是科学发展观为中心内容，把学习中国特色社会主义理论体系与研究改革开放和现代化建设中的重大问题结合起来；进一步加强能力训练特别是战略思维能力训练，提高学员驾驭全局的能力。培训二班要以学习中国特色社会主义理论体系特别是科学发展观为中心，系统学习马克思主义理论基本问题；根据学员意见和教学需要，调整和完善课程结构，切实解决前半年紧后半年松的问题。新疆地厅级民族干部培训班、半年制西藏民族干部培训班和台湾省籍干部培训班，要进一步加大中国特色社会主义理论体系特别是科学发展观教学的分量；进一步加大能力训练的力度；在教学安排中突出各自特点，加强针对性。新疆县处级民族干部培训班和一年制西藏民族干部培训班要把学习马克思主义基础理论与学习中国特色社会主义理论体系特别是科学发展观结合起来，着眼于提高学员分析解决问题的能力；适当增加适合民族班特点的专题课。

在讲稿、授课、学员论文等教学环节贯彻改进文风的要求，破除八股习气。专题研讨班的教学内容根据需要商有关部门确定。

（三）进一步组织好全校性公共必修课和选修课。

“形势与任务”报告，要加强与讲课人的沟通，进一步提高授课质量，同时要避免与校内主体班教学内容的重复。“当代世界”报告要根据学员要求，更新有关讲题。增设全校性选修课“时事热点问题讲座”。充实和调整周一晚上全校选听讲座、电视选修课和校园网网上选修课。

三、关于教材安排

在继续使用《马列著作选编》、《毛泽东著作选编》、《邓小平文选》、《江泽民文选》、《马克思列宁主义基本问题》、《毛泽东思想基本问题》、《邓小平理论基本问题》和《“三个代表”重要思想概论》、《执政党建设若干问题研究》（试用本）等重点教材的基础上，对进修班的教材和参考书目进行调整、充实，各教研部（所）要根据教学需要精选基本教材、辅助教材和参考书目。继续为全校学员配发公共教材。

继续落实《中央党校2006—2010年教材编写规划》，做好教材和教学参考书的编写工作，并根据相关班次的教学需要，对规划内的部分教材进行适当调整，建设与新的教学体系相适应的“分类别、分层次”的教材体系。

四、关于教学方法

大力推进研究式教学。要把研究式教学的理念贯穿在课堂研讨、小组讨论和双向交流等教学环节中，积极探索研究式教学的多种实现形式，充分发挥教员的主导作用和学员的主体作用，加强教学互动。

探索和运用新的教学方法。培训班要

在能力训练课程中集中开展案例教学，并进一步加大力度；进修班也要根据专题研究需要开展案例教学。菜单式教学要扩大选学的班次，培训二班、新疆地厅班、半年制西藏班、台籍班等主体班次均要开设系列的菜单式选修课，供学员自主选择。继续在培训一班开展模拟式教学，并抓紧建立模拟式教学实验室。要在充分利用中央党校已有教学基地的基础上，继续建立新的教学基地，并进一步规范各教学基地的教学。

组织好学员论坛和从政经验交流。要结合课堂教学，分班次、分专题举办多种形式的学员论坛；培训班的从政经验交流要纳入教学计划。

五、关于教学组织和管理

进一步改进和完善各班次的教学组织工作。省部级干部进修班“国际金融危机与应对”研究专题、地厅级干部进修班“文化发展”研究专题和“农村改革发展”研究专题的教学组织继续进行项目制试点，前两个研究专题采用招标的方式确定教学组。培训班的教学组织形式根据各班次的实际情况确定。

认真抓好学员的读书环节。倡导学员认真读书，加大学员的读书量，教师要为学员提供有针对性的书目；除教学计划开列的书目外，教师应在讲稿上开列推荐书目，强化对学员读书的引导；把小组讨论、双向交流等教学环节与读书结合起来，采取多种方式加强对学员读书的督促与考核。

重视对学员“两带来”问题的研究，增强教学的针对性。

进一步抓好备课特别是集体备课。在备课过程中，强调对马克思主义基本理论著作、党的文献、相关学科基本学术著作与前沿成果的深入研读和对相关重大现实问题的调研。

加强师资队伍建设。充分发挥校内教师的积极性，引导教师把主要精力放到校内主体班的教学上。加强对年轻教师的培养，通过集体备课、教学观摩等途径提高年轻教师的教学水平。加大聘请兼职教师的力度，聘任一批专家型领导干部和知名专家学者担任中央党校兼职教授，建立一支规模适当的兼职教师队伍。

六、关于教学评估和学习考核

改进和完善教学效果评估。着手修订教学评估有关项目，完善教学评估系统，增强教学评估的科学性。改进和完善学员的学习考核。坚持分类别、分层次的原则，增强考核的针对性。加强党性分析课的考核。进修班各研究专题的党性分析课要列入教学日程安排，并进行适当形式的考核。培训班的党性分析课要结合课堂教学、体验式教学和社会调研等多种形式进行。

七、关于分校教学

分校教学要以学习中国特色社会主义理论体系特别是科学发展观为中心，与校内相关主体班次相协调，科学设计教学内容。继续贯彻落实《关于进一步深化中央党校分校教学改革的若干意见》，着力推进教学方法改革，提高教学水平和办学质量。认真贯彻落实全国党校工作会议精神和《中国共产党党校工作条例》，着手《中央党校分校工作暂行规定》的修订工作，进一步推进分校教学管理的制度化建设。

教务部

2009年1月17日

春季学期教学工作基本情况

2009年春季学期，按照校委的部署，中央党校教学工作高举中国特色社会主义伟大旗帜，坚持党校姓党原则，认真学习贯彻党的十七大和十七届三中全会精神、全国党校工作会议精神，以马克思列宁主义、毛泽东思想和中国特色社会主义理论体系为指导，深入贯彻落实科学发展观，突出抓好中国特色社会主义理论体系特别是科学发展观的教育培训，继续深化教学改革，积极探索新的教学方法，不断完善教学组织形式，在全校各有关部门的共同努力下，较好地完成了本学期的教学任务。

一、深入贯彻党的十七大和十七届三中全会精神、全国党校工作会议精神，继续以中国特色社会主义理论体系特别是科学发展观为教学的中心内容

根据党的十七大精神和党中央关于在全党开展深入学习实践科学发展观活动的总体部署，本学期继续以中国特色社会主义理论体系特别是科学发展观作为教学的中心内容，进一步推动中国特色社会主义理论体系特别是科学发展观进课堂、进教材、进头脑。

各班次都把科学发展观的学习、研究贯彻落实到教学的全过程，并通过调整、增设部分讲题，不断优化课程设计，进一步完善中国特色社会主义理论体系特别是科学发展观的教学框架。进修类班次继续突出科学发展观的学习，开设了公共必修课“科学发展观研究”，各研究专题也都紧紧围绕学习实践科学发展观活动中的重大现实问题设置教学讲题。培训类班次以系统学习中国特色社会主义理论体系特别是科学发展观为主，并根据实际需要对部分讲题进行了调整。中青年干部培训一班在必修理论课程中增设了文化发展、对外开放战略、国家安全形势等教学讲题，进一步深化了“中国特色社会主义理论体系与当代实践”的教学。中青年干部培训二班比较系统地学习了马克思列宁主义基本问题、毛泽东思想基本问题和中国特色社会主义理论体系概论等基本理论课程，并在党史专题研究课程中充实有关教学讲题，增加体验式教学的内容。新疆县处级民族干部培训班、一年制西藏民族干部培训班的必修理论课程作了较大的调整，由原来以讲马克思主义基本原理为主改为以讲马克思主义原理为基础，以讲中国特色社会主义理论体系为中心。对于台籍干部培训班和新开设的半年制西藏民族干部培训班，在必修理论课程中安排了“马克思列宁主义、毛泽东思想、中国特色社会主义理论体系研究”三个单元，从历史与理论相统一的角度，把学习中国特色社会主义理论体系特别是科学发展观与学习马克思列宁

主义、毛泽东思想贯通起来，进一步深化了学员对马克思主义中国化最新成果的学习和研究。

二、结合需求调研，科学设计教学内容，进一步增强教学的针对性

根据校委要求，对2009年进修班的班次设置作了重要调整，由过去的“研究方向”调整为“研究专题”。春季学期，开设了10个研究专题班，涉及“国际金融危机与应对”、“国际战略”、“扩大内需与经济发展”、“民生与社会建设”、“农村改革发展”、“社会稳定”、“党的群众工作”、“文化发展”等专题。

适应研究专题设置的变化，对教学内容也作了重要调整。对各研究专题的教学讲题设计进行了认真的分析和研究，强调对“重大理论和现实问题”与“热点、难点问题”要进行区分。各教研部（所）、各教学组在设计教学讲题的过程中，既结合学习贯彻落实科学发展观的实践，力求找准重大理论和现实问题，又结合学员的“两带来”，着力突出热点难点问题。通过以上努力，切实增强了教学讲题设计的合理性和科学性，受到了学员的充分肯定。

按照招生计划，先后举办了“文化遗产保护”和“党校系统教学管理”专题研讨班。开设专题研讨班，是中央党校教学改革的一项新的尝试。为了做好这两个班次的教学计划，通过与国家文物局、北京市委党校召开座谈会，与相关教研部召开教学计划讨论会，向学员发放调查问卷等方式做了大量的调研工作，对整个教学内容的设计、教学方法的采用、教学活动的安排都做了细致的分析和研究。特别是通过在“党校系统教学管理”专题研讨班上安排“关于建构中国特色社会主义理论体系的教学框架”、“加强党校学科建设”等重要讲题，对党校如何进一步发挥学科优势，加强学术化研究，不断完善中国特色社会主义理论体系的教学框架有了更加深入、系统的思考和研究。此外，把该班学员的论文进行了整理汇编，并以《教学情况反映》增刊的形式发给教研人员作参考。对于这两个专题研讨班，学员普遍反映，教学讲题设计合理、教学内容安排充实、教学节奏紧凑、教学方式方法灵活，效果很好、收获很大。

为科学设计秋季学期的教学计划，先后召开六次教学计划讨论会，分别听取教员、学员等各方面的意见，并与教学相关部门进行充分讨论，集思广益、开拓思路。

三、积极探索研究式教学的多种实现形式，充分运用新的教学方法，增强教学效果

各教研部（所）在不同班次继续大力推进研究式教学，积极探索研究式教学的多种实现形式，特别注重发挥教员的主导作用和学员的主体作用，通过合理运用各种新的教学方法，加强了教学互动，促进了教学相长、学学相长，增强了教学效果。

1. 继续推进案例式教学。各相关班次继续开设以案例式教学为主的“领导能力训练”课程。培训类班次加大了开展案例式教学的分量和力度。新疆地厅级民族干部培训班、半年制西藏民族干部培训班都增设了案例教学课程。进修类班次的案例教学更加注重适应专题研究的需要，案例

的选择也更加强调满足不同类别、不同层次的学员提升领导能力和执政能力的需求。“党的群众工作”研究专题在“应对群体性事件”的案例教学中，选用了三个主题相同但侧重点不同的案例，在课堂上采取以一个为主，另外两个为辅的案例教学方式，增强了案例教学的针对性，教学效果很好。

2. 大力拓展体验式教学。在规范已有体验式教学基地的基础上，根据教学需要在中国大唐集团公司、天津滨海新区等地确定了新的体验式教学基地。进修班学员通过去西柏坡进行现场体验式教学，并在七届二中全会会场开展现场教学，重温了“两个务必”，效果很好。在人民网的体验式教学中，学员切身感受到新媒体的力量，在与网民进行在线交流的过程中，普遍感到“这是一种最真切的体验教学和最有效的领导能力训练”。

3. 积极开展模拟式教学。本学期，在新华社的大力支持下，中青一班继续开展“领导干部如何面对新闻媒体”的模拟式教学。此外，为建设好情景模拟式教学实验室，教务部和信息管理部等单位先后到国家地震局、国防大学、浦东干部学院等单位进行实地考察调研，对建设方案进行可行性论证并报校委批准，2010 年可以建成并投入使用。

4. 努力完善菜单式教学。菜单式教学进一步扩大了选学的班次，并根据不同班次分班进行菜单式教学。中青二班、新疆地厅班、半年制西藏班、台籍班均开设了系列的菜单式选修课，供学员自主选择，讲题设计也作了一定的调整，进一步满足了学员的个性化需求，

5. 规范学员论坛和从政经验交流。进修部和培训部继续将学员论坛、从政经验交流等方式作为教学的有效组成部分。学员部充分挖掘学员资源，以支部为依托，联系当前国内外形势，就国际金融危机问题、台海形势、基层党组织建设、自主创新等问题举办学员论坛，学员通过彼此的观点碰撞、思想交流，开阔了视野、增长了才干。

四、大力倡导学员读书，着力加强党性教育

按照习近平校长提出的“领导干部要爱读书读好书善读书”的要求，着重在学员读书兴趣的激发、读书目的的引导、读书习惯的养成、读书活动的组织、读书效果的考核上下功夫。除教学计划开列的书目外，教师在讲稿上也开列了推荐书目，强化了对学员读书的引导。学员部通过组织读书交流活动、召开以学员支部为单位的读书交流会等方式有效地促进学员读书，激励学员读书。不少学员不仅制定读书计划，而且撰写读书笔记、读书心得。

在开展党性教育、加强党性锻炼、提高党性修养等方面，也进行了有益的探索。在教学中把党史教学、体验式教学和党性分析、党性锻炼较好地结合起来，增强了党性教育的针对性和实效性。将大型电视文献片《中国 1978—2008》作为全校学员学习中国特色社会主义理论体系的常用辅助教材，组织全校学员收看，并召开学员观后座谈会，深化了学员对我国改革开放 30 年伟大实践的感性认识，强化了科学发展的意识，激发了学员强烈的爱国主义情

怀。在全校范围内开设了电影鉴赏课程，通过定期组织学员观看反映中国共产党发展进程的重大革命和历史事件、重要历史人物的文献纪录片、历史资料片等，进一步开展党性教育，提升党性修养。另外，还通过组织学员观看警示片，开展反腐倡廉教育，增强学员的使命感、责任感，坚定理想信念。

五、进一步加强教材建设，逐步形成与新的教学体系相适应的教材体系

在继续使用《马列著作选编》、《毛泽东著作选编》、《邓小平文选》、《江泽民文选》、《十一届三中全会以来党和国家重要文献选编》、“三基本”、“五当代”和《“三个代表”重要思想概论》、《执政党建设若干问题研究》（试用本）等重点教材的基础上，按照《中央党校2006—2010年教材编写规划》和校委《关于进一步加强教材建设的若干意见》，重点加强了校委确定的重点教材的编写组织工作。其中，《社会主义先进文化研究》的初稿正在撰写中，《科学发展观研究》、《社会主义市场经济研究》、《社会主义民主政治研究》和《社会主义和谐社会研究》已进入审稿阶段，2009年秋季学期将陆续出版并使用。为了落实习近平校长的指示，落实党校带头改进文风的要求，教务部委托《学习时报》社编辑了《改进文风阅读材料》，供学员和教师学习参考。还组织了《政党政治原理》、《民族宗教问题研究》（修订本）等教材的初稿写作和送审工作。

加强讲稿审稿的管理工作，实行教研部负责人签批审核制，使讲稿在政治把关、内容质量提高、减少文字差错和按时交稿等方面都有了明显改进。

六、进一步改进教学组织，严格教学管理，推动教学工作顺利开展

各教研部（所）认真落实教学计划，严格执行备课制度，积极改进教学组织方式，有效地提高了教学质量和教学水平。

哲学教研部：为提高教学质量，全面实行教学竞争上岗，鼓励教员自由申报，公平竞争；在讲题设计中做到“三结合”，即结合全校教学布局和教学体系、学员的需求、哲学学科层次进行讲题设计；组织多次全部集体备课和教研室集体备课，促进多学科、老中青相互交流，营造全体教师关注教学、研究教学规律的气氛；此外，中青一班教学组对教学组织工作机制的完善方面还进行了积极的探索，涉及教学组负责制、协调机制、反馈机制、交流机制、考核测评机制、研究保证机制六个方面。通过以上努力，取得较好的效果。

经济学教研部：从各个方面强调教学准备的重要性。十分重视教学讲稿的科研含量，努力做到最新科研成果进课堂。为此，教研部为每个讲题都配有调研经费，资助任课教员进行社会调研。同时，为更好地帮助进修班学员深入了解本研究专题的前沿理论和现实问题，为每一个学员提供了内容丰富的阅读活页夹，深受学员欢迎。本学期，继续认真组织集体备课，每一个新讲题都以教研室或教研部为单位进行集体备课和试讲。同时，继续扩大A、B角组合教学，以老带新，促进青年教师成长。此外，非常重视民族班教学，安排优秀教师到民族班上课。通过以上努力，取

得了较好的教学效果。

科学社会主义教研部：为充分发挥教员的积极性，合理配置教学资源，本学期进行了开放式的讲题竞争上岗活动，所有讲题都进行公开竞争上岗，同时，打破部门局限，积极邀请教学管理部门和学员部的人员参加讲题竞争的评议活动，增加了讲题竞争的开放性和客观公平性；大力支持教师以个人或小组的形式开展与教学讲题相关的社会调研活动；鼓励教师参加与本专业相关的国内外各层次的学术研讨会；提倡教师课前走访学员，听取学员的意见，抓学员的关注点和兴奋点，增强教学过程的针对性。以上努力收到了良好的效果，受到学员好评。

政法教研部：继续推进教学方法改革，案例式教学和体验式教学完成得比较成功。本学期分别在中青一班、地厅新疆班、半年制西藏班等班次进行了“提高领导干部处理公共事件的能力”和“提高应对突发公共危机事件的能力”的案例教学，在总结上学期经验基础上，深化了案例教学的研讨，效果很好。分别组织中青一班和半年制西藏班到北京市高级人民法院和海淀区法院旁听行政诉讼庭审，并进行参观，取得了较好的效果。此外，认真组织好教学组和下班教师的工作，受到学员的肯定。

中共党史教研部：认真分析研究学员的“两带来”问题，并结合党史教学的特点，对教学讲题进行了优化和调整，增强了教学针对性；进一步丰富了体验式教学的内容，除继续组织学员赴新影厂观看教学电影外，联系了中央党史研究室等相关部门，将中央领导刚刚审定的“中共党史内参片”及时安排在校内有关班次放映7次，取得了较好效果；此外，认真组织公开竞课、集体备课、互相听课，组织所有承担新教学讲题的教师都进行了集体备课和全程试讲，各教研室组织了听课和评课，促进了教师特别是年轻教师的成长，提高了教学水平和教学质量。

党的建设教研部：开展灵活多样的教学方式，注重有深度的交流互动，加大了体验式教学、现场教学、情景模拟式教学的力度。继续对已有的案例进行后续研究，充实有关内容，丰富案例库，并修订了《党建部案例教学规范意见（草案）》。为进一步规范备课制度，充分发挥整体优势，制定了《党建部备课制度及操作流程（草案）》。此外，在现有学术力量和教学科研基础上，为灵活开展党建学科的学术和教学活动设立了具有沙龙性质的“大课题组”，按照老、中、青教师相结合的原则进行组合，促进了学术交流和学科建设。

文史教研部：继续改进模拟式教学，并增加了案例教学，还为全校学员新开设了电影鉴赏课。在教学中坚持集体备课，集思广益，注重加大调研力度，增强教学内容的现实感和针对性。本学期两个专题班的下班组制定了严密而又操作性强的工作计划，始终坚持人员到位，全程参与教学组织和教学活动，积极与学员互动交流，高度重视课题选题工作，并选择精力充沛、知识结构新、对话能力强的教师参加课题指导，真正参与学员的课题研究和交流点评。同时，鼓励年轻教师积极参与主体班教学，部分年轻教员的讲课受到学员好评。外语教研室除教学外，还完成了研究生招生的外语阅卷、复试工作。体育工作组一如既往，出色完成教学任务和多次学员运动会的组织协调工作。

国际战略研究所：对于教学讲题的制定、教学内容的构架等，召集教学效果好、经验丰富的老师通过会议制度进行商讨。注重教学和科研的互动，围绕教学任务专门召开研讨会，并积极吸纳学员参与。为配合“国际金融危机与应对”专题研究班的教学，邀请学员参加了战略所与法国电力公司的能源问题研讨会和战略所主办的国际金融危机应对研究会，并请学员作主题发言和点评，促进了教学相长，实现了教学互动。同时，加强与经济学部的资源共享，在“国际战略”专题班的外请教员、学员论坛和教学参观等教学环节中，全部与经济学部的同期省部班资源共享，收到了事半功倍的效果。此外，对于教学效果突出的年轻教师，在主体班的课堂上大胆起用，也取得较好的效果。

进修部：针对两个月班次课程设置的特点，结合课题研究的现实需要，根据学员的学习节奏，各支部都适当增加了有针对性的外请报告和讲座、学员论坛、电视论坛和支部研讨交流、从政经验交流等；配合教学组认真抓好专题课之外的研究辅导课教学；继续鼓励和促进学员读书，开学初便安排读书交流活动计划，并组织了全部读书心得交流会，部分支部在教学计划的指定书目之外，还将与本专题研究密切相关的资料汇编成册进行阅读，加大了课题研究的深度和广度。此外，认真开展课题研究成果交流活动，组织编写了《中央党校进修部学员研究成果要报》系列，实现了资源共享，促进了教学相长、学学相长。

培训部：不断创新研究式学习形式，坚持课题研究与社会调研相结合。本学期，中青一班三支部探索了以课题引导调研、以调研深化课题的研究式学习形式，形成了31份有分量的课题研究报告和一部体系完整的研究国际金融危机问题的著作《国际金融危机背景下的中国发展：经济影响、应对思维与发展方式转型》，具有较强的实践价值。民族班围绕新疆、西藏的稳定问题、民族宗教问题开展课题研究，取得了良好效果。此外，组织中青班各支部分别与新疆班、西藏班和台籍班结成交流对子，开展学习交流、教学参观活动，促进了学学相长，受到学员欢迎。举办了《应对危机、促进增长、路径选择》大型学员论坛，作为课堂教学的有益补充，进一步加深了对科学发展观与我国应对金融危机、促进经济增长的认识和理解。

各教学辅助部门和行政后勤部门也各尽其职，保证了教学工作的正常进行。

信息管理部：继续坚持以教学为中心的服务意识，紧密配合教学改革，认真做好了各主体班次课堂教学的电教保障工作，并通过电视、网络等信息化平台丰富教学内容和教学资源，推动了教学工作的顺利开展。

教务部：作为教学管理的职能部门，按照校委的指示精神，继续深化学习实践科学发展观活动，巩固和扩大学习实践活动的成果，进一步改进管理和服务，加强与各教研部（所）、学员部、信息管理部等教学相关部门和后勤行政部门以及校有关单位的沟通协调，保证了教学的正常运转和顺利开展。按照学校的要求，继续尝试在省部级干部进修班“国际金融危机与应对”研究专题、地厅级干部进修班“文化发展”研究专题和“农村改革发展”研究专题进行教学组织的项目制试点，其中前两个研究专题采用招标的方式确定了教学组。通过采取这种教学组织方式，打破了部门界限，优化了教学资源，提高了教学质量，取得了较好的教学效果。专门围绕如何在党校教学中强化学员读书、加强党性教育、优化教学设计、加强教学针对性、完善学科建设等方面的内容多次召开座谈会、讨论会，就相关问题征求有关领导、专家、教授的意见和建议，及时了解教学中存在的实际问题，这也为进一步做好秋季学期教学管理和服务提供了实践依据和工作思路。

七、加强对分校和地方党校的业务指导和管理，继续推进分校和地方党校的教学改革

分校教学和管理工作取得新的进展。在教学安排方面，分校教学与校内主体班次相协调，以学习中国特色社会主义理论体系特别是科学发展观为中心，并结合学员自身的学习需求，对原有课程作了相应调整，取得了较好的效果。同时，认真贯彻全国党校工作会议精神和《中国共产党党校工作条例》，着手修订《中央党校分校工作暂行条例》。组织汇编有关制度文件并下发各分校（部）征求意见和建议，会同四个分校（部）到 11 个党校或党校班依托办学单位进行了深入调研，并撰写了调研报告，在此基础上，形成“中央党校分校工作若干规定”（草稿）。此外，各分校（部）在教学中都注意加强学员党性锻炼，把党性锻炼贯彻到教学管理的各个环节和全过程。中央国家机关分校还组织了以加强党性锻炼为主题的领导干部成长规律研究，并形成一系列研究成果。

根据《中国共产党党校工作条例》，继续积极开展对地方党校的业务指导工作，并进一步加强了与地方党校的沟通和交流。5 月中旬，举办了“党校系统教学管理”专题研讨班，受到分校和地方党校的高度评价。

八、存在的问题和不足

在取得成绩的同时，本学期的教学工作也还存在一些问题和不足。

在讲题设计和教学内容安排方面，如何从战略性的高度科学设计进修类班次教学讲题、加强教学内容的针对性，还有待进一步研究。在培训类班次中，对中国特色社会主义理论体系的教学框架的建构还没有形成成熟的思路和做法，部分讲题内容仍有重复，且与现实联系不够紧密。

在教学方法方面，案例式教学在具体的案例选择和编制过程中仍存在与相关研究专题不契合的情况，体验式教学在具体组织上还有待进一步完善。同时，如何根据教学班次、教学专题、教学对象的不同采用合适的教学方法，进一步增强教学针对性，还需要进一步思考和研究。

在教学组织方面，进修类班次如何进一步规范项目制的人员构成、教学组织，真正打破部门界限，优化教学资源，提高教学质量，仍需要进一步总结经验、摸索思路。在课题研究方面，如何进一步采取有效措施，避免课题小组和行政小组的交叉重复，加强研究、促进交流，还需进一

步探索。

在学习考核方面，如何进一步强化学员读书，建立促进读书的有效机制，将读书交流和读书考核制度化、规范化，完善进修班、培训班的不同班次的学习考核制度，还有待于继续探索和研究。

以上问题和不足，需要深入研究、逐步改进。

秋季学期教学安排

2009年秋季学期教学工作的总体要求是：高举中国特色社会主义伟大旗帜，认真学习贯彻党的十七大和十七届三中、四中全会精神以及全国党校工作会议精神，以马克思列宁主义、毛泽东思想和中国特色社会主义理论体系为指导，深入贯彻落实科学发展观，坚持党校姓党原则，突出抓好中国特色社会主义理论体系特别是科学发展观进课堂、进教材、进头脑工作；进一步深化教学改革，加强教学管理，增强教学的针对性和实效性，提高教学质量。

一、关于班次设置和招生安排

2009年秋季学期中央党校共开设4类班次。

（一）进修班。

省部级干部进修班（第46期），计划招收学员120名，学制两个月，开设四个研究专题，每个专题招收30名学员。“国际金融危机与应对”研究专题、“行政管理体制改革”研究专题，学习时间均为2009年9月1日至11月6日；“转变经济发展方式与经济结构战略性调整”研究专题、“学习贯彻党的十七届四中全会精神”研究专题，学习时间均为2009年11月12日至2010年1月15日。

地厅级干部进修班（第53期）。计划招收学员300名，学制两个月，开设六个研究专题，每个专题招收50名学员。“廉政建设”研究专题、“城市发展与城市治理”研究专题、“文化体制改革”研究专题，学习时间均为2009年9月1日至11月6日；“扩大内需与经济发展”研究专题、“突发公共事件与危机管理”研究专题、“学习贯彻党的十七届四中全会精神”研究专题，学习时间均为2009年11月12日至2010年1月15日。

市地党政主要领导干部进修班（第3期）。计划招收学员41名，学制1个月，学习时间为2009年11月12日至12月11日。

（二）培训班。

中青年干部培训一班（第27期）。招收学员110名，学制四个半月，学习时间为2009年9月1日至2010年1月15日。

中青年干部培训二班（第9期）。在校学员169名，学制一年，学习时间为2009年3月1日至2010年1月15日。

新疆地厅级民族干部培训班（第51期）。招收学员45名，学制四个半月，学习时间为2009年9月1日至2010年1月15日。

新疆县处级民族干部培训班（第52期）。招收学员45名，学制四个半月，学习时间为2009年9月1日至2010年1月15日。

半年制西藏民族干部培训班（第39期）。招收学员40名，学制四个半月，学习时间为2009年9月1日至2010年1月15日。

一年制西藏民族干部培训班（第38期）。在校学员36名，学制一年，学习时间为2009年3月1日至2010年1月15日。

（三）专题研讨班。

“推进土地管理制度改革”专题研讨班。招收学员40名，学习时间为2009年9月1日至10日。

（四）师资培训班。

哲学社会科学教学科研骨干研修班。招收学员230名，学习时间为2009年9月1日至9月30日。

文化学师资培训班。招收学员50名，学习时间为12月15日至2010年1月15日。

科学社会主义师资培训班。招收学员50名，学习时间为12月15日至2010年1月15日。

2009年秋季学期共计在校14个班次，学员1896名。

二、关于教学内容

（一）以中国特色社会主义理论体系为教学的中心内容，切实推进中国特色社会主义理论体系特别是科学发展观进课堂、进教材、进头脑。

秋季学期教学要继续以学习中国特色社会主义理论体系为中心，进一步加大科学发展观在教学中的分量。各个班次都要把科学发展观的学习、研究贯彻落实到教学的全过程和各方面。进修班的公共必修课“科学发展观研究”适当增加讲题；各研究专题都要紧紧围绕学习实践科学发展观活动中的重大现实问题设置教学讲题和开展课题研究。培训班以系统学习中国特色社会主义理论体系特别是科学发展观为主要内容，围绕中国特色社会主义经济建设、政治建设、文化建设、社会建设和党的建设中的重大理论和现实问题设置讲题，使中国特色社会主义理论体系的教学更加科学化和系统化；其他教学内容也要围绕贯彻落实科学发展观的需要来安排。

在中国特色社会主义理论体系特别是科学发展观的教学中，要充分发挥党校的理论优势和学科优势，运用党校教师深厚的理论功底和学术积淀，把最新的理论研究成果运用和体现到教学中去，不断完善中国特色社会主义理论体系特别是科学发展观的教学框架，不断提高“三进”的质量和水平；要弘扬理论联系实际的马克思主义学风，把中国特色社会主义理论体系的学习与研究国内外重大现实问题结合起来，与学员的党性修养结合起来，把学习的成果落实到解决问题、增强党性和推动工作上。通过学习和研究，使学员深刻地理解和把握中国特色社会主义理论体系，坚定走中国特色社会主义道路的信念，增强贯彻执行党的路线方针政策的自觉性，提高领导科学发展的能力。

（二）科学设计各班次的教学内容，进一步增强教学的针对性和实效性。

根据不同班次的教学定位和目的要求，科学设计教学内容，进一步增强教学的针对性和实效性。

1. 进修班各研究专题要紧紧围绕当前重大理论和实践问题、热点难点问题设计教学内容。秋季学期进修班的一个重要特点是研究专题的设置专业性强、新专题多，教学讲题设计的难度大。“重大理论和现实问题研究”课程的讲题设计要从党的方针政策、具有战略性的现实问题以及学理分析、国际背景、历史比较等角度入手，实现“学术框架”与“现实维度”的有机结合；“热点难点问题研究”课程的讲题设计要突出“问题意识”，真正找准该研究专题内的热点难点问题，不照搬照抄文件，不求面面俱到。

根据学员要求，秋季学期适当增加进修班的课堂讲授分量。“科学发展观研究”课程由原来的3讲增加为4讲，本专题的“重大理论和现实问题研究”课程由3讲增加为5讲，本专题的“热点难点问题研究”课程由6讲增加为8讲。授课时间相应增加一周。每个研究专题都应有一定数量的外请讲课人。每个课题组在课题研究阶段还应根据需要安排2次至3次辅导课，总量不少于6次。

要采取相应措施，进一步做好课题研究阶段的教学工作，充分发挥每一个学员的积极性和主动性，切实做到“人人动脑、人人动口、人人动手”。要引导学员加强对重大现实问题的对策性研究，进一步提高课题研究报告的质量，并将课题研究成果交流作为教学的重要环节，让学员在交流过程中共享研究成果。

2. 培训班要着眼于学员的任职需要和岗位需求设计教学内容，以系统学习中国特色社会主义理论体系特别是科学发展观为中心内容，把学习中国特色社会主义理论体系与学习马克思列宁主义、毛泽东思想结合起来，与研究改革开放和现代化建设中的重大问题结合起来，着力提高学员的马克思主义理论素质和领导能力。

培训一班要进一步加大中国特色社会主义理论体系特别是科学发展观在教学中的分量，同时根据教学需要对部分讲题进行调整，增强讲题间的内在逻辑性，使讲题设置更加科学和规范，更加符合党的十七大精神和马克思主义本身的内在逻辑。为帮助学员把中国特色社会主义理论体系的学习与马克思列宁主义、毛泽东思想的学习更好地结合起来，秋季学期新增“马克思主义原著导读”教学单元，对学员学习马克思主义原著进行重点辅导。

培训二班秋季学期以学习中国特色社会主义理论体系特别是科学发展观为主，比较全面系统地讲授中国特色社会主义的基本内容。同时，进一步加大能力训练的力度。为开阔学员的世界眼光，还安排了10天的国际调研。为避免菜单式课程与第一学期重复，秋季学期的菜单式选修课全部安排新的教学内容，并适应提高领导干部文学修养的需要，增设了“古典文学名著欣赏”选修课。

民族干部培训班的马克思主义理论教学，特别是中国特色社会主义理论体系的教学，要与研究当前国内外重大问题相结合，进一步增强教学的针对性和实效性。适应当前形势任务的需要，要切实加强“民族宗教问题专题研究”、“新疆（西藏）地方史”和“西部开发开放”等课程的教学，提高学员领导发展与稳定、正确处理民族宗教问题的能力。新疆县处班、半年制西藏班和一年制西藏班都增加能力训练单元，以加强对民族班学员的能力培训。

3. 专题研讨班的教学内容安排，要加强与相关部门的沟通协商，征求他们的意见建议，同时要体现党校教学的特点。

4. 师资班的教学内容安排，要把理论课程的学习与教学工作研讨密切结合起来，着眼于提高党校的教学质量和水平。

（三）组织好全校性公共必修课和选修课。

“形势与任务”报告，要进一步加强与讲课人的沟通，逐步形成相应的沟通协调机制，进一步提高授课的针对性和质量，减少与校内主体班次其他教学内容的重复。“当代世界”报告要根据学员要求，及时更新有关讲题。继续开设“热点问题讲座”，切实做好落实工作。继续充实和调整周一晚上全校选听讲座、电视选修课和校园网网上选修课，满足学员的多样化学习需求。

三、关于教材安排

在继续使用《马列著作选编》、《毛泽东著作选编》、《邓小平文选》、《江泽民文选》、《马克思列宁主义基本问题》、《毛泽东思想基本问题》、《邓小平理论基本问题》和《“三个代表”重要思想概论》、《执政党建设若干问题研究》（试用本）等重点教材的基础上，对进修班的教材和参考书目进行调整、充实，各教研部（所）要根据教学需要精选基本教材、辅助教材和参考书。为进一步加强文风建设，我们编印了《改进文风阅读材料》，供学员学习参考。

继续落实《中央党校2006—2010年教材编写规划》，做好教材和教学参考书的编写工作，并根据相关班次的教学需要，对规划内的部分教材进行适当调整，建设与新的教学体系相适应的“分类别、分层次”的教材体系。

四、关于教学方法

继续大力推进研究式教学。各教研部门、项目组和教师可以根据不同班次和讲题的实际情况，采取课堂研讨式、课题研究式、讨论交流式和学员课题组式等多种形式进行研究式教学，也可综合运用上述方式。

进一步提高案例教学的质量。继续支持教师开展案例调研和案例编写，逐步建立中央党校案例教学资料库。扩大案例教学的班次和范围。

协调相关部门共同推动党校应急管理与媒体应对实验室建设，做好相应的教学设计和教学资源配置工作，使实验室尽早投入使用。

在充分利用中央党校已有教学基地的基础上，继续建立新的教学基地，并进一步规范各教学基地的教学内容与形式。

加强教学的研讨环节。加大小组讨论和支部双向交流的力度，提高讨论交流的质量和水平。要结合课堂教学，分班次、分专题举办多种形式的学员论坛。进一步组织好培训班的从政经验交流活动。

五、关于教学组织和管理

（一）坚持从严治校和从严管理，把党校姓党原则贯彻落实到教学组织管理工作中。

要在教学中认真贯彻落实党校姓党原则，按照从严治校、从严管理的要求，抓好学员的党性教育。要以胡锦涛同志2009年1月在中纪委第三次全体会议上讲的“六个着力”为重点，进一步深化党性教育的内容、丰富党性教育的载体、拓宽党性教育的途径、强化党性教育的效果，把党性教育贯穿到课堂教学、现场教学、社会实践和教学管理等各个环节，使党校的“熔炉作用”得到更加充分的发挥。

（二）改进和完善教学的组织管理。

坚持不懈地抓好学员读书环节。利用

当前大兴读书之风的契机，采取多种方法促进学员读书，着力培养党校浓厚的读书气氛。各教研部（所）在提供阅读书目时，要本着精简管用的原则，所提供的书目应密切结合教学需要，应是与本专题相关的学术经典著作和最新成果。进修班各研究专题教学组（项目组），还要以“活页材料”的形式为学员的课题研究提供必要的学习研究资料。秋季学期，各班次都把读书交流列入了教学计划，要以小组或支部为单位，举办多种形式的读书活动。

进一步扩大项目制试点范围并完善机制。秋季学期将项目制试点范围扩大为五个。项目组要认真履行职责，搞好教学讲题设计，组织好集体备课，创新教学组织形式，提高教学效果。要总结经验，适时修订《中央党校教学组织管理实行项目制的若干规定（试行）》。

各教研部（所）要进一步抓好备课特别是集体备课。在备课过程中，强调对马克思主义基本理论著作、党的文献、相关学科基本学术著作与前沿成果的深入研读和对相关重大现实问题的调研；要高度重视对学员“两带来”问题的研究，增强教学的针对性。

做好教学服务保障工作。与相关部门协调，进一步加强教学硬件设备建设。在礼堂和综合楼报告厅加装手机信号屏蔽设备。继续实行课堂摆座签制度。

根据校内班次的变化，对远程教学内容进行调整，提高教学针对性。将进修班“研究方向”课程调整为“研究专题”课程，将“地县级党校课程”调整为“中央党校主体班基本理论课程”。

加强师资队伍建设。注重年轻教师的培养，通过集体备课、教学观摩等途径提高年轻教师的教学水平。充分发挥校内教师的积极性，引导教师把主要精力放到校内主体班的教学上。继续加大外请教师的力度。

六、关于教学评估和学习考核

进一步改进教学效果评估体系。根据学员和校内相关部门的反馈意见，修订教学评估项目，以更准确评价和反映教学效果、促进教学效果提升。

完善各班次的学习考核方式。进修班各研究专题的学习考核，除以课题组形式提交总报告外，每个学员要围绕研究专题撰写分报告或子报告，或者围绕指定阅读书目撰写读书报告，作为考核依据。其他班次的考核方式，要根据新的教学需要大胆探索，逐步规范。

七、关于分校教学

进一步优化分校教学设计。在参照校内有关教学安排的基础上，加强学员需求分析，制定分校教学计划并认真组织实施。督促和帮助学员读书，加大马克思主义经典原著导读的分量。适当增加能力训练课程，并单独开设能力训练教学单元。完成修订《中央党校分校工作暂行条例》工作。就修订稿广泛征求意见，并报中央党校校委和中直机关工委、中央国家机关工委、国资委党委、解放军总政治部，完成会签和印发工作。以修订工作为契机，完善分校教学管理各个环节，加强分校教学的制度化、规范化建设。

教务部
2009 年 7 月 14 日

秋季学期教学工作基本情况

2009年秋季学期按照校委的部署，教学工作高举中国特色社会主义伟大旗帜，认真学习贯彻党的十七大和十七届三中、四中全会精神，以马克思列宁主义、毛泽东思想和中国特色社会主义理论体系为指导，深入贯彻落实科学发展观，坚持党校姓党原则，突出抓好中国特色社会主义理论体系特别是科学发展观的教育培训；继续深化教学改革，加强教学管理，提高教学质量，在全校各有关部门的共同努力下，较好地完成了本学期的教学任务。

一、深入贯彻党的十七大和十七届三中、四中全会精神，继续以中国特色社会主义理论体系为教学的中心内容，进一步突出科学发展观的学习

根据党的十七大和《中国共产党党校工作条例》精神，本学期继续把中国特色社会主义理论体系作为教学的中心内容，突出科学发展观在教学中的地位和分量，切实推进中国特色社会主义理论体系特别是科学发展观系统进教材、生动进课堂、扎实进头脑。

进修类班次的公共必修课继续开设“科学发展观研究”课程，适当调整讲题设置，增加了“中国特色社会主义是当代中国的马克思主义”、“科学发展观的方法论研究”等讲题；各研究专题也都紧紧围绕学习实践科学发展观活动中的重大现实问题设置教学讲题和开展课题研究。

培训类班次以系统学习中国特色社会主义理论体系特别是科学发展观为主，围绕发展中国特色社会主义的重大理论和现实问题设置讲题，更加注重中国特色社会主义理论体系教学的内在逻辑性和科学性。中青年干部培训一班在“中国特色社会主义理论体系与当代实践”必修理论课程中，对部分讲题进行调整，新设了“马克思主义的理论逻辑和方法”、“中国特色社会主义与当代世界社会主义”等教学讲题，完善了原有教学框架。中青年干部培训二班在中国特色社会主义理论体系教学单元，增设了金融体制改革、社会保障、国家安全形势等教学讲题，丰富了“中国特色社会主义理论体系基本问题研究”单元的教学内容。新疆班、西藏班进一步加大了中国特色社会主义理论体系教学内容。

党的十七届四中全会召开过程中，就对学员学习贯彻四中全会精神作出安排。全会一结束，除了听取习近平同志来校作的辅导报告外，还安排了相应的大报告和有关课程，并举办了省部级、地厅级两个学习十七届四中全会精神的专题研究班。中央经济工作会议召开后，又将会议精神贯彻和体现在2010年春季学期的招生计划和教学计划中。

二、科学设计教学讲题，合理安排教学内容，进一步增强教学的针对性和实效性

根据不同班次的教学定位和目的要求，结合需求调研，在教学内容方面，更加注重讲题设计的科学性和课程安排的合理性，进一步增强了教学的针对性和实效性。

进修类班次各研究专题紧紧围绕当前重大理论和实践问题、热点难点问题设计教学内容，并对二者进行科学区分。“重大理论和现实问题”课程的讲题设计注重“学术框架”与“现实维度”的有机结合，着眼于学理分析、国际背景、历史比较、现实问题等多角度的统一，力求找准并涵盖本研究专题的重大理论和现实问题。“热点、难点问题”课程的讲题设计则主要结合学员的“两带来”，突出“问题意识”，注重挖掘具有广泛关注度及社会效应的热点、难点问题。从教学反映来看，进修班各研究专题的讲题设置及教学内容的安排都受到了学员的充分肯定。

此外，根据学员要求，对进修班的课程讲授与课题研究的课时分配进行了适当调整。每个研究专题的“重大理论和现实问题研究”课程由3讲增加为5讲，“热点难点问题研究”课程由6讲增加为8讲。总体上，授课时间增加一周，再加上课题研究阶段每个课题组安排的辅导课，进修班的课堂讲授分量明显加大。这一调整使得教学内容更加充实，时间安排更加紧凑，也解决了学员普遍感觉“前紧后松”的问题。

市地党政主要领导干部进修班（第3期）的教学也在总结前两期的经验基础上顺利开展。根据该班时间短（一个月）、学员工作性质相近的特点，集中围绕重大理论课题和学员共同关注的热点、难点问题设计讲题，并突出能力训练，增强互动研讨，课堂气氛热烈。考虑到该班没有课题研究任务，在学习考核环节，改变传统论文考核模式，首次尝试将撰写案例作为毕业考核的内容，要求学员结合理论思考、联系工作实际编写案例。

培训类班次的中国特色社会主义理论体系教学，进一步强调历史与现实、理论与实践的统一，把学习中国特色社会主义理论体系与学习马克思列宁主义、毛泽东思想结合起来，与研究改革开放和现代化建设中的重大问题结合起来，从而使学员更加深刻地理解和把握中国特色社会主义理论体系，并切实提高领导科学发展的能力。

为深化对中国特色社会主义理论的学习研究，从思想理论的渊源上搞清楚马克思主义的一脉相承和与时俱进，在中青年干部培训一班增设“马克思主义原著导读”教学单元，对学员学习马克思主义经典原著进行重点辅导。此外，为引导学员对我国经济社会发展中的重大现实问题的深入研究，还在培训一班进行了小班教学试点，作为大班授课的补充和深化，受到学员普遍欢迎。在中青年干部培训二班进一步加大了能力训练的力度。为开阔学员的世界眼光，还安排了为期10天的国际调研。通过增加并调整民族干部培训班部分讲题，进一步加强了“民族宗教问题专题研究”、“中国特色社会主义民族宗教理论”、“新疆（西藏）地方史”等课程的教学。为提高学员的领导能力，在新疆县处

班、半年制西藏班和一年制西藏班都增加了能力训练课。

做好自主选学的有关工作。围绕2010年在中央和国家机关司局级干部中开展的自主选学试点工作，专门针对中央党校如何承担具体培训任务的有关事宜进行了深入调研，先后在中央党校中青年干部培训班和中直机关分校、中央国家机关分校、国资委分校发放调查问卷，进行需求调研，形成调查问卷分析报告。此后，又多次召开座谈会，围绕自主选学的专题设置、讲题设计、师资配备等相关问题征求有关教研部、学员部的意见和建议，集思广益，开拓思路，形成了中央党校的自主选学课程体系和菜单，为中央党校参与2010年中央国家机关司局级干部自主选学工作奠定了基础。

三、大力推进研究式教学，积极探索新的教学方法，进一步增强教学效果

各教研部（所）在不同班次继续积极探索研究式教学的多种实现形式，创新教学方法，加强教学互动，促进教学相长、学学相长，进一步增强了教学效果。

案例式教学有新进展。各相关班次除继续开设以案例式教学为主的“领导能力训练”课程之外，其他课程的部分讲题也根据教学需要采用了案例教学的方法。培训类班次继续加大开展案例式教学的分量和力度。新疆县处级民族干部培训班、一年制西藏民族干部培训班都增设了案例教学课程。进修类班次的案例教学更加注重案例调研和案例编写的科学性。

体验式教学有新突破。在充分利用已有体验式教学基地的基础上，进一步规范体验式教学的内容和形式。学员通过去西柏坡现场体验，在七届二中全会会场重温“两个务必”，收到了很好的效果。在人民网体验教学中，通过网络将学员与网民在线联系，彼此深入交流，及时互动，学员在体验新媒体的过程中得到了能力训练。此外，在相关班次的党史专题研究课程中继续采用影像教学的方法，增加了历史感，发人深思。

模拟式教学有新面貌。继续加大与相关部门的合作，开发、完善情景模拟课程。在中国地震局的大力支持下，地厅级干部进修班“突发事件与危机管理”研究专题以“提高自然灾害应急响应能力”为主题开展了情景模拟式教学，调动了学员参与的积极性。

菜单式教学有新内容。为避免菜单式教学与春季学期重复，本学期中青二班的菜单式选修课全部安排新的教学内容，同时，适应提高领导干部文学修养的需要，增设了“古典文学名著欣赏”选修课。

研讨式教学有新探索。在新疆班、西藏班等有关班次都采用了研讨式教学的授课方法，作为研究式教学的新探索。这一教学模式更加注重对问题的深入探讨，充分鼓励观点的碰撞和交锋，能够充分调动学员的参与热情，有利于更好地实现教学相长、学学相长。

学员论坛和从政经验交流有新思路。进修部和培训部继续举办学员论坛、从政经验交流，并不断创新思路，完善组织形式，提高交流效果。学员论坛充分挖掘学员资源，紧密结合当前实际，注重理论学习与交流研讨的统一，总体上呈现出内容

丰富、主题多元、形式多样等显著特点。市地党政主要领导干部进修班先后组织两次学员论坛，改变传统推荐学员代表发言的模式，要求全员参与，围绕怎样当好市委书记进行深入交流并将成果汇集成册，效果很好。培训班的学员论坛紧密联系当前国内外形势，就国际金融危机、台海形势、基层党组织建设、自主创新、劳动就业、食品安全、妇女工作等问题深入讨论。其中，部分论坛集录像、书籍、提问为一体，现场交流热烈，学术气氛浓厚，形式生动活泼。

四、进一步强化学员读书，着力抓好党性教育

为进一步贯彻习近平校长关于加强读书的指示，继续强化对学员读书的要求，坚持不懈地抓好读书各个环节，鼓励学员爱读书、读好书、善读书。要求教师在教学计划及讲稿上开列阅读书目时，要密切结合教学需要并体现本学科最新研究成果，从而强化对学员读书的引导。同时继续抓好读书活动的制度化和规范化，把读书交流列入了教学计划。学员部通过定期组织读书心得交流活动、召开以学员支部为单位的读书交流会等方式有效激发学员读书的兴趣，培养学员读书的习惯。在读书效果的考核方面，规定进修班各研究专题的学习考核除提交课题报告外，也可围绕阅读书目撰写读书报告作为考核依据。对于学员在读书活动中形成的读书体会及心得，从进修班中选编一些优秀的读书报告在《教学情况反映》上发表。常务副校长李景田对此作出批示，予以肯定。

继续贯彻落实党校姓党原则，坚持从严治校和从严管理，以胡锦涛同志2009年1月在中纪委第三次全体会议上提出的“六个着力”为重点，进一步抓好学员的党性教育。在教学中充分发挥党校的理论优势和学科特点，将党性教育贯穿于课堂教学、现场体验、社会调研、党性分析、读书活动、学员论坛等各个方面、各个环节。特别是在党史教学过程中，教师有意识地将课堂讲授和党性分析、党性锻炼结合起来，拓宽了党性教育的内容，增强了党性锻炼的效果。继续在全校范围内开设电影鉴赏课程，定期组织学员观看反映中国共产党发展进程的重大革命和历史事件、重要历史人物的文献纪录片、历史资料片等，达到了增长知识、开拓视野、提升修养、净化心灵的教学效果，成为党性教育有效的实践载体。另外，通过组织学员观看警示片，开展反腐倡廉教育，坚定学员的理想信念，增强学员的使命感、责任感，充分发挥党校的“熔炉”作用。

五、进一步加强教材建设，逐步形成与新的教学体系相适应的教材体系

经校委会议讨论，通过了对中央党校教材审定委员会成员的调整。这对于加强教材建设，更好地发挥教材审定委员会的职能和作用具有重要意义。

在继续把《马列著作选编》、《毛泽东著作选编》、《邓小平文选》、《江泽民文选》、《十一届三中全会以来党和国家重要文献选编》、“三基本”、“五当代”和《“三个代表”重要思想概论》、《执政党建设若干问题研究》（试用本）、《改进文风阅读材料》等列为基本教材使用的基础上，

根据教学计划的规定，为进修班各研究专题配发了适合教学需要的教材。按照《中央党校2006—2010年教材编写规划》实施要求，重点教材的编写工作有新进展，《科学发展观研究》、《社会主义市场经济研究》、《社会主义民主政治研究》、《社会主义和谐社会研究》和《社会主义先进文化研究》均基本完成初稿写作或已根据审定意见进行修改，2010年春季学期将陆续出版并使用。其他规划内教材及中国特色社会主义理论教材的编写和《马列著作选编》的修订工作也在抓紧进行，《政党政治原理》、《中国共产党建设史》已由中共中央党校出版社出版。

六、进一步加强教学组织和教学管理，推动教学工作顺利开展

各教研部（所）和各教学相关部门认真落实教学计划，加强集体备课，积极改进教学组织方式，课堂教学质量和教学水平有了进一步的提高。

马克思主义理论教研部：承担主体班教学讲题13个，由于是新成立的教研部，很多老师是初次承担中国特色社会主义理论方面的课程。部领导带领全部教师从暑假开始就认真备课，集体备课四次，分组讨论多次。开学后还组织集体听课3次，分组互相听课，多次讨论，取得较好的教学效果。下班教师坚持到岗到位，精心组织小组讨论和双向交流，完成一年制西藏班单元考试有关工作。此外，承担了《马列著作选编》教材和校级重点教材《中国特色社会主义理论体系》的编写工作。

哲学教研部：为提高教学质量，优化教学讲题设计，提出了“三个结合”，即结合全校教学布局和教学体系、学员的需求、哲学学科层次进行讲题设计；继续实施教学竞争上岗，所有讲题原则上都要纳入竞争上岗范围，好中选优，让更优秀的教员承担相应的教学讲题；进一步完善有关教学制度，根据实践中遇到的问题和新的需要，在已有的《哲学教研部领导干部班教学工作制度》基础上制定了《补充规定》；组织多次集体备课，以教研室为单位，部领导和相关教员参加，通过备课促进多学科、老中青相互交流，营造全体教师关注教学、研究教学规律的气氛。

经济学教研部：高度重视教学工作的各个环节。继续认真组织集体备课，每一个新讲题都以教研室或教研部为单位进行集体备课和试讲。重视提高教学的科研含量，努力做到最新科研成果进课堂。教研部为每个讲题都配有调研经费，资助任课教员进行社会调研。为促进教学科研一体化，根据教学讲题确定科研课题，并提供资助。为帮助进修班学员深入了解本研究专题的前沿理论和现实问题，更好地开展课题研究，坚持为每一个学员提供内容丰富的阅读活页夹作为必要的学习研究资料，深受学员欢迎。同时，继续扩大A、B角组合教学，以老带新，促进青年教师成长。此外，高度重视民族班教学，安排优秀教师到民族班上课。通过以上努力，取得较好的教学效果。

科学社会主义教研部：继续大力支持教师以个人或教学小组的形式进行与教学讲题相关的社会调研活动，搜集信息，增强教学的针对性；承担了较多新的讲题，为顺利完成教学任务，不仅加大外请教师参与校内教学的力度，也立足挖掘本部教

学资源，多次组织相关教员进行集体备课，大大强化了集体备课环节；积极探索新的教学方法，鼓励教员在教学过程中根据本学科的实际情况探索灵活有效的教学方法，并为教员提供相关支持；在部分民族班的“民族宗教问题专题研究”课程中引入研讨式教学，在新疆县处班的“中国特色社会主义民族宗教理论”课程中引入案例教学，效果很好，受到学员好评。

政法教研部：承担了两个项目制试点班的教学工作，项目组认真设计教学讲题，并积极创新教学形式，在地厅级干部进修班“突发事件与危机管理”研究专题引入情景模拟式教学，效果很好；继续总结案例教学经验，在8个主体班次中开展案例教学，并在原有相对成熟的案例基础上又调研和撰写了“石首事件”的案例，丰富了案例库，增强了案例教学的时效性；进一步深化体验式教学，先后5次组织学员分别到北京市高级人民法院、北京市第二中级人民法院和海淀区人民法院旁听行政诉讼案件的庭审，学员与合议庭成员进行即时的互动和研讨，现场气氛热烈，达到了预期效果；引入竞争式讲课机制，通过自愿报名、上报提纲、组织试讲，确定讲题和讲课人，充分调动教师参与教学的积极性，为青年教师的发展提供更大空间。

党史教研部：通过召开学员座谈会等形式，认真研究学员需求，及时优化教学讲题，获得了良好反映；根据新疆、西藏班学员特点，适当调整影像教学内容，获得学员的普遍认可；实行教学讲题公开竞争上岗，严格执行平均分制度，教学效果评估低于平均分的教员，不能再继续讲授该讲题；实行教学讲题资助制度，为承担新教学讲题的教员，提供教学调研资助，促进了教学质量的提高。

党的建设教研部：承担新讲题近20讲，达到进修班总讲题的70%，专题班教学更加突出研究定位，采用师生共同研究的方式开展互动式教学活动；保持传统优势，提升发展后劲，加强教学整体规范性和制度性建设；在教学组织和实施过程中，积极组织课前集体备课，课后热评，适时修订了《党建部备课制度及操作流程（草案）》；为促进教学科研优势互补，以科研促教学，全面提高教学和科研质量，以“大课题组”形式对教师进行组合并开展多项学术和教学活动；继续充实案例，丰富案例库，并修订了《党建部案例教学规范意见（草案）》；在不同班次继续完善讨论式案例教学的同时，也尝试辩论式案例教学、讲授式案例教学和体验式案例教学等形式，得到学员好评。

文史教研部：承担的教学任务相比过去任务重，参与教员多。针对项目负责制的地厅级“文化体制改革”专题研究班，突出讲题设计的问题意识，强化教员的理论思考，着眼于现实针对性，实现了理论讲授、课堂研讨和案例教学的合理搭配；在师资配备上，广泛调配校内外教学资源，邀请校内外专家学者，对文化体制改革的深层次问题进行深入解读，收到了良好的效果；创新文化学师资班教学模式，采取1.5+1或1.5+1.5的模式，加强教员与学员、学员与学员之间的互动，由专人记录并整理文字材料供大家共享，提高教员教学和学员学习的质量，效果较好。

国际战略研究所：实行讲题招标，竞争上岗。上学期末将本学期的课程计划张贴招标竞标，决定主讲人。讲题设计由主体班次授课人集体开会讨论，多次酝酿，反复斟酌，最终确定。进修班教学工作结束后，立即召开分析研讨会，由教学小组和所领导参加，共同分析研究本次研究专题教学的经验教训，为开展下一次教学工作打下良好的基础；重视教学成果的应用。在学员研究报告完成后，向党校内参和报刊积极推荐高质量的研究报告，利用和挖掘好学员成果，为中央决策提供参考；实行开放式教学，优化教学资源。在“国际金融危机与应对”研究专题师资配备上，打破部门界限，积极邀请经济学部参与教学，发挥各自的优势，获得学员的认可。

进修部：把引导学员认真读书和加强党性锻炼作为推进学员工作的“两轮驱动力”。结合学习党的十七届四中全会精神，强调把党性教育同理论武装结合起来、同多读书读好书善读书结合起来、同改进文风结合起来、同学习党章结合起来、同从政经验的交流结合起来；继续鼓励和促进学员读书，对学员在校期间的读书提出了明确要求，采取推荐书目、小组会通读、典型引领等多种方式，引导学员认认真真读书，先后在全部范围内组织了两批入校学员的读书心得交流会，学员们反映效果很好；在学员课题研究阶段，根据两个月班次课程设置的特点和学员的学习节奏，结合课题研究的需要，各支部都适当增加了有针对性的外请讲座、教学参观、学员论坛和研讨交流等活动；继续认真开展课题研究成果交流活动，组织编写《中央党校进修部学员研究成果要报》系列，实现了资源共享，也为相关领导和部门提供了参考。

培训部：继续创新研究式学习新形式，坚持将课题研究与社会调研相结合，在研究的深度和广度上下功夫。抓好课题研究的同时，做好学员学习成果的利用和转化工作，学期末举办了学员学习成果展，对学员在校期间出版的论著和发表在各类报刊上的文章进行了交流和展示。其中，部分学员的成果得到中央领导或中央国务院有关部门领导的批示，也得到相关部委领导的好评。创新读书交流活动，将读书与课堂学习、学员论坛、班际交流等结合起来，举办了“读书与从政”大型学术论坛。通过这些活动，真正让学员体会到“带着问题来，带着成果走”，效果很好。民族班将社会调研、课题研究与学员论坛有机结合，围绕新疆、西藏的稳定发展问题、民族宗教问题开展课题研究，达到了教学相长、学学相长的目的，取得良好效果。此外，组织中青班各支部分别与新疆班、西藏班和台籍班结成交流对子，开展学习交流、从政经验交流、教学参观活动，促进了学学相长，取得很好效果。

研究生院：以学习中国特色社会主义理论为主要内容，为2009级硕、博新生开设15讲马克思主义理论公共必修课程，并结合学习和实践科学发展观活动，为各年级开设党性教育课；与科学社会主义教研部合作，为西藏代培生开设“西藏历史”课程；组织首届学位研究生优秀教师评比活动，评选出14名优秀教师并颁奖；为促进学生科研，提高学术研究水平，在全体研究生中开展了“建国六十周年学术征文”活动并评奖；为推动学科建设，启动“学位研究生教育与学科建设”调研工作，分赴八部一所进行调研，征询意见。

信息管理部：继续坚持以教学为中心的服务意识，紧密配合教学改革，认真做好各主体班次课堂教学的电教保障工作。更新有关设施设备，更换视频点播系统，通过电视、网络等信息化平台丰富教学内容和教学资源，保证了教学工作的顺利开展。此外，为进一步做好远程教学工作，对远程教学网络系统播出平台也进行了升级改造。

各教学辅助部门和行政后勤部门也各尽其职，保证了教学工作的正常进行。

教务部：作为教学管理的职能部门，充分发挥协调和服务职能，加强与各教研部（所）、学员部、信息管理部等教学相关部门和后勤行政部门以及校有关单位的沟通协调，保证了全校教学的正常运转和顺利进行。通过加强需求调研，进一步增强招生工作和教学计划制定的科学性；进一步扩大项目制试点范围并完善有关机制，重点抓好教学讲题设计、组织集体备课等环节，达到了优化教学资源配置、提高教学质量的目的；建立中央党校教学提示制度，在开展社会调研活动之前，通过向学员印发教学提示，加强对一些班次的重要教学环节的关注和指导，确保了教学活动的顺利开展，深受学员欢迎；进一步强调加大各班次小组讨论和全班交流的力度，着力提高交流讨论的质量和水平，鼓励现场提问和及时互动，搞好教学相长、学学相长。为进一步提高教学评估的科学性，经过反复调研，对教学效果评估表作了修改，为提高课堂讲授质量，确保全校正常的课堂教学秩序提供了良好的保障。与校内各有关部门密切合作，完成了全国县级纪委书记专题培训班、全国组织部长学习十七届四中全会精神专题研讨班等各种专题研讨班的组织协调工作。

七、积极推进分校和地方党校的教学改革，加强对分校工作的管理和对地方党校的业务指导

在教学安排方面，认真贯彻落实十七届四中全会精神，及时下发了《关于组织中央党校分校学员学习贯彻党的十七届四中全会精神的安排意见》，及时将习近平校长在校内所作的关于十七届四中全会精神的传达和辅导报告录像资料复制给各分校。根据学员的需求，秋季学期教学中增加了能力训练课和马克思主义经典原著导读课，并扩大了面授课的比例，增强了教学效果。为督促检查分校教学效果，教务部分校办组织了秋季学期抽查考试。总体上说，各分校（部）教学质量稳中有升。

认真贯彻《中国共产党党校工作条例》精神，继续做好对地方党校的业务指导工作。举办了全国党校系统的分管教学副校长参加的“教学管理专题研讨班”，以推动中国特色社会主义理论体系进课堂、进教材、进头脑，受到了地方党校的好评。在远程教学方面，认真做好远程教学课程的设计和统筹安排工作，及时调整远程教学的内容结构，使播出的内容更加贴近地方党校的实际和领导干部的工作需要，增强了教学针对性。十七届四中全会召开后，集中播出了5讲学习贯彻党的十七届四中全会精神的专题辅导。全年在远程教学网上播出中央党校主体班课程205讲。

八、存在的问题和不足

在取得成绩的同时，本学期的教学工

作也还存在一些问题和不足。

在教学设计方面，进修类班次公共必修课的教学讲题和培训类班次的中国特色社会主义理论体系的部分教学讲题有重复，且内在逻辑联系不够强。

在教学方法方面，案例式教学质量有待提高，有的课堂教学互动不够。

在教学组织方面，项目制有待进一步规范。一些班次组织小组讨论及全班交流等教学研讨活动时，任课教师有不到位的问题。进修类班次的课题研究“苦乐不均”的问题仍然存在。

在学习考核方面，学习考核的规范化、科学化有待加强。

春季学期主体班次授课内容与教师

班　次	教　学　内　容	讲课人
省部级干部进修班“扩大内需与经济发展”专题研究	学习引言	李书磊
	关于深入贯彻落实科学发展观的若干问题	李兴山
	以人为本与当代中国发展	边立新
	生态文明与科学发展	赵建军
	国际金融危机的成因及其对我国的影响	董艳玲
	扩大内需与加快经济发展方式转变	杨秋宝
	扩大内需与统筹城乡发展	徐祥临、张汉飞
	扩大内需与宏观经济政策选择	王东京
	改善民生与扩大内需	外请
	收入分配结构调整与扩大消费需求	赵振华
	加快社会保障制度建设与扩大内需	李　蕾、青连斌
	农民增收与扩大内需	石　霞、曹　立
省部级干部进修班“国际战略”研究专题	学习引言	李书磊
	关于深入贯彻落实科学发展观的若干问题	庞元正
	以人为本与当代中国发展	韩庆祥
	生态文明与科学发展	赵建军
	中国特色国际战略研究	宫　力
	国际战略视野下的能源与环境问题	马小军
	国际金融危机对国际战略格局的影响	孙建杭
	国际金融危机与中国开放战略的调整	潘　悦
	美国对华战略与中美关系	刘建飞
	亚洲安全形势与中国周边外交	康绍邦
	大国责任与中国国家形象塑造	赵　磊
省部级干部进修班“民生与社会建设”研究专题	学习引言	李书磊
	关于深入贯彻落实科学发展观的若干问题	李兴山
	以人为本与当代中国发展	边立新
	生态文明与科学发展	赵建军
	社会主义社会建设理论	严书翰
	现阶段我国社会公正问题研究	吴忠民
	统筹协调利益关系问题研究	谢志强

续 表

班 次	教 学 内 容	讲课人
	现阶段我国收入分配问题研究	赵振华
	建立覆盖城乡居民的社会保障体系（案例教学）	青连斌、李　蕾
	城乡医疗保障问题研究（案例教学）	向春玲
	食品安全问题研究（案例教学）	李慧英、林　梅
省部级干部进修班“国际金融危机与应对”研究专题	学习引言	李书磊
	关于深入贯彻落实科学发展观的若干问题	庞元正
	以人为本与当代中国发展	韩庆祥
	生态文明与科学发展	赵建军
	国际金融危机的原因、后果及教训	谢鲁江
	虚拟经济与实体经济协调发展研究	王天义
	国际金融危机与加快经济发展方式转变	杨秋宝
	国际金融危机与中国经济增长趋势研究	韩保江
	扩大内需与宏观经济政策选择	田应奎
	国际金融危机与扩大就业	徐平华
	国际金融危机与对外经贸战略调整	隆国强
地厅级干部进修班“农村改革发展”研究专题	学习引言	李书磊
	关于深入贯彻落实科学发展观的若干问题	庞元正
	以人为本与当代中国发展	韩庆祥
	生态文明与科学发展	赵建军
	30 年农村改革发展的光辉历程及基本经验	曾业松
	党的十七届三中全会基本精神与农村改革发展现状分析	唐仁健
	破解城乡二元结构深层次矛盾的理论分析	徐祥临
	走中国特色农业现代化道路问题研究	宋洪远
	农村土地管理制度创新研究	石　霞、张汉飞
	破解新农村建设资金短缺问题研究	施　红、刘艳梅
	我国农民工问题研究	吴忠民、王道勇
	加强农村基层党建问题研究	张晓燕、徐祥临
	关于解决“三农”问题基本理论体制政策的综合研究	张晓山、温铁军
地厅级干部进修班“扩大内需与经济发展”研究专题	关于深入贯彻落实科学发展观的若干问题	庞元正
	以人为本与当代中国发展	韩庆祥
	生态文明与科学发展	赵建军
	国际金融危机的成因及其对我国的影响	陈启清
	扩大内需与加快经济发展方式转变	李继文
	扩大内需与统筹城乡发展	施　红、刘艳梅

续表

班次	教学内容	讲课人
	扩大内需与宏观经济政策选择	李旭章
	收入分配结构调整与扩大消费需求	赵振华
	加快社会保障制度建设与扩大内需	李　蕾、青连斌
	农民增收与扩大内需	石　霞、曹　立
	当前中小企业发展问题研究	张玉杰
地厅级干部进修班“国际金融危机与应对”研究专题	学习引言	李书磊
	关于深入贯彻落实科学发展观的若干问题	李兴山
	以人为本与当代中国发展	边立新
	生态文明与科学发展	赵建军
	国际金融危机的现状、走势与影响	李向阳
	国际金融危机应对的国际比较（案例教学）	刘　东、秦治来
	国际金融危机与加快经济发展方式转变	韩保江
	国际金融危机与保障就业的政策选择	纪　军
	国际金融危机与扩大内需的政策选择	田应奎
	国际金融危机与中国外经贸战略的调整	潘　悦
	国际金融危机与能源环境问题	马小军
	国际金融危机对国际战略格局的影响	孙建杭
地厅级干部进修班“社会稳定”研究专题	学习引言	李书磊
	关于深入贯彻落实科学发展观的若干问题	庞元正
	以人为本与当代中国发展	韩庆祥
	生态文明与科学发展	赵建军
	我国转型中的社会稳定问题	刘启云
	提升政府调控社会稳定能力的几个问题	黄小勇
	国际金融危机对我国社会稳定的影响	李良栋
	建立多元化纠纷解决机制	傅思明
	劳动权利保障与社会稳定	张晓玲
	完善信访机制问题	刘素华
	提高处理群体性突发事件能力（案例教学）	王　红、傅思明
地厅级干部进修班“党的群众工作”研究专题	学习引言	李书磊
	本研究专题教学说明	王长江
	关于深入贯彻落实科学发展观的若干问题	李兴山
	以人为本与当代中国发展	边立新
	生态文明与科学发展	赵建军
	执政党建设的理论体系与研究方法	王长江
	党的群众工作的理念与改革	高新民

续表

班次	教学内容	讲课人
	党的执政基础研究	梁妍慧
	执政党与社会组织发展	吴 辉
	基层党的建设的改革与创新	陈冬生
	国外政党处理党群关系的做法与启示	姜 跃
	新型媒体与党群沟通渠道的拓展（体验式教学）	高新民、王 瑜
	提高应对群体性事件的能力（案例教学）	蔡志强、王金柱
	党的群众工作的继承与创新（体验式教学）	李俊伟、赵绪生
地厅级干部进修班“文化发展”研究专题	学习引言	李书磊
	关于深入贯彻落实科学发展观的若干问题	李兴山
	以人为本与当代中国发展	边立新
	生态文明与科学发展	赵建军
	建国以来文化发展的基本脉络	田嵩燕
	核心价值体系建设与意识形态创新研究	周熙明
	全球化背景下的文化矛盾与我们的应对	徐 平
	国家文化软实力研究	张筱强
	中国传统文化及其当代价值	王 杰
	关于文化体制改革的几个深层次问题	高书生
	我国文化遗产保护存在的问题与对策	马奔腾
	现代媒体的特点与舆论引导机制	秦 露
	中国城市文化建设问题研究	陈宇飞
中青年干部培训一班	学习引言	李书磊
	马克思主义的一脉相承和与时俱进	董德刚
	中国特色社会主义理论体系研究	李君如
	科学发展观研究	段培君
	解放思想，实事求是，与时俱进	阮 青
	中国特色社会主义道路研究	秦 刚
	中国社会主义改革的理论与实践	王怀超
	社会主义市场经济理论与经济体制改革	韩保江
	加快转变经济发展方式（分支部教学）	潘云良、李 蕾
	加快城乡经济社会一体化发展（分支部教学）	徐祥临、张汉飞
	金融危机与扩大内需的政策选择	梁 朋
	社会主义民主政治建设的前沿问题	李良栋
	加快建设社会主义法治国家	卓泽渊
	深入推进行政体制改革的路径与前瞻	张 伟
	改革开放以来的文化变迁与我党的文化自觉	田嵩燕

续 表

班　次	教　学　内　容	讲课人
	文化时代的来临与我党的文化发展新思路	周熙明
	中国共产党夺取全国政权的历史经验	高中华
	十一届三中全会以前党对中国社会主义建设道路的探索	曹　普
	十一届三中全会以来党对中国特色社会主义道路的探索	谢春涛
	社会主义和谐社会重大问题研究	刘海涛
	社会主义与人的全面发展	贾建芳
	当代世界格局与中国和平发展道路	宫　力
	新时期对外开放的战略调整	潘　悦
	新形势下的国家安全问题	孙建杭
	执政党建设前沿问题研究	王长江、高新民
	党的执政方式前沿问题研究	张希贤
	党内民主建设若干热点问题研究	张晓燕
	教学说明	刘永艳
	提高驾驭全局的战略思维能力	杨春贵
	哲学思维与领导能力	贾高建
	系统思想与创新能力	李建华
	突发事件与危机管理（案例教学）	孙建杭、秦治来
	提高领导干部处理公共事件的能力（1）（案例教学）	刘永艳、齐　惠
	提高领导干部处理公共事件的能力（2）（案例教学）	封丽霞、张立伟
	提高领导干部处理公共事件的能力（3）（案例教学）	张晓玲、赵永红
	领导干部如何面对新闻媒体（模拟式教学）	秦　露
	领导干部如何提高领导能力（1）（案例教学）	宋福范、董亚炜
	领导干部如何提高领导能力（2）（案例教学）	张晓燕、蔡志强
	领导干部如何提高领导能力（3）（案例教学）	刘炳香、谢　峰
中青年干部培训二班	学习引言	李书磊
	马克思恩格斯的哲学思想	侯　才
	《路德维希·费尔巴哈和德国古典哲学的终结》导读	边立新
	中国传统文化专题研究：（1）对于中华文化及其建设的思考	许嘉璐
	恩格斯晚年关于历史唯物主义部分书信导读	林艳梅
	中国传统文化专题研究：（2）中国传统文化的基本精神	王　杰
	马克思主义哲学研究的若干前沿问题	王晓林

续表

班次	教学内容	讲课人
	中国传统文化专题研究：(3)《周易》与中国文化	王峰
	中国传统文化专题研究：(4) 禅宗与中国文化	陈中浙
	《资本论》导读（一）	李继文
	政治学专题研究：(1) 政治体制改革的回顾与前瞻	李良栋
	《资本论》导读（二）	李省龙
	政治学专题研究：(2) 民主理论研究	赵虎吉
	《资本论》导读（三）	王天义
	政治学专题研究：(3) 我国公共服务均等化研究	井敏
	政治学专题研究：(4) 政府职能体系研究	张伟
	马克思恩格斯的社会主义思想	秦刚
	《社会主义从空想到科学的发展》导读	刘海涛
	列宁晚年的社会主义思想	朱可辛
	民主社会主义研究	常欣欣
	毛泽东思想的科学体系和历史地位	祝彦
	中共党史专题研究：(1) 中国特色革命道路的开辟	刘宝东
	毛泽东哲学思想	胡为雄
	毛泽东新民主主义理论	罗平汉
	中共党史专题研究：(2) 延安整风与马克思主义中国化	卢毅
	中共党史专题研究：(3) 建立新中国的构想及实践	张旭东
	中共党史专题研究：(4) 中国革命和建设道路的艰辛探索（体验式教学）	学员自行安排
	毛泽东对中国社会主义建设道路的探索	谢春涛
	中共党史专题研究：(5) 毛泽东农村调查的理论与实践	罗平汉
	中共党史专题研究：(6)“文化大革命”及其教训	曹普
	中共党史专题研究：(7) 十一届三中全会与伟大历史转折	陈述
	中共党史专题研究：(8) 社会主义市场经济体制目标的确立	曹普
	中国特色社会主义理论体系研究	刘俊杰
	中国特色社会主义理论体系的哲学基础	毛卫平
	西方经济学与管理学专题研究：(1) 西方微观经济学主要理论	王东京
	科学发展观研究	李建华

续 表

班　次	教　学　内　容	讲课人
	西方经济学与管理学专题研究：（2）西方宏观经济学主要理论	胡希宁
	中国社会主义改革的理论与实践	王怀超
	西方经济学与管理学专题研究：（3）西方新制度经济学主要理论	谢鲁江
	西方经济学与管理学专题研究：（4）西方管理学主要理论	潘云良
	社会主义和谐社会若干问题研究	王中汝
	国际政治专题研究：（1）国际战略格局演变与中国对外战略	刘建飞
	生态文明问题研究	李宏伟
	国际政治专题研究：（2）东亚秩序视角下的中日关系	门洪华
	国际政治专题研究：（3）俄罗斯的发展趋势与中俄关系	左凤荣
	国际政治专题研究：（4）中印关系与两国发展模式比较	康绍邦
	战略学专题研究：（1）战略思维的理论与方法	段培君
	战略学专题研究：（2）自主创新战略研究	胡　卫
	战略学专题研究：（3）可持续发展战略	邱耕田
台湾省籍干部培训班	学习引言	李书磊
	马克思恩格斯的哲学思想	侯　才
	恩格斯《路德维希·费尔巴哈和德国古典哲学的终结》导读	边立新
	马克思恩格斯的经济学思想	张燕喜
	马克思恩格斯列宁的社会主义思想	梁　波
	《社会主义从空想到科学的发展》导读	刘海涛
	第二单元教学说明	党史部
	毛泽东思想的科学体系和历史地位	祝　彦
	毛泽东新民主主义理论	罗平汉
	中共党史专题研究：（1）延安整风与马克思主义中国化	卢　毅
	毛泽东对中国社会主义建设道路的探索	陈雪薇
	中共党史专题研究：（2）十一届三中全会与伟大历史转折	沈传亮

续表

班　次	教　学　内　容	讲课人
	中共党史专题研究：（3）社会主义市场经济体制目标的确立	陈　述
	中共党史专题研究：（4）中国共产党对台政策的历史演变	李　瑗
	中国特色社会主义的形成与发展	张　瑞
	中国特色社会主义理论体系研究	贾建芳
	中国特色社会主义理论体系的哲学基础	毛卫平
	科学发展观研究	董振华
	解放思想，实事求是，与时俱进	刘毅强
	社会主义市场经济理论与实践	孙小兰
	加快转变经济发展方式	韩保江
	新农村建设问题（案例教学）	施　红、刘艳梅
	积极稳妥地推进社会主义民主政治建设	赵虎吉
	加快建设社会主义法治国家	封丽霞
	核心价值体系建设与文化认同	赵伯英
	文化体制改革中的深层次问题	谢武军
	社会主义和谐社会理论	牛先锋
	中国特色国际战略研究	宫　力
	一国两制与祖国统一大业	刘建飞
	执政党建设的若干问题	张荣臣
	党内民主建设问题研究	蔡　霞
	台湾问题专题研究：（1）台联工作与争取台湾民心	梁国扬
	台湾问题专题研究：（2）台湾历史	褚静涛
	台湾问题专题研究：（3）岛内政治生态介绍	周志怀
	台湾问题专题研究：（4）当前两岸关系与中央对台方针政策	康绍邦
	台湾问题专题研究：（5）国际战略视野中的台湾问题	马小军
	台湾问题专题研究：（6）中美关系与我国对台方针策略	孙建杭
	台湾问题专题研究：（7）一国两制在港澳的实施及对台的借鉴	外请
	台湾问题专题研究：（8）台湾民情	杨毅周
	台湾问题专题研究：（9）台湾文化思潮	赵暇秋
	中国传统文化专题研究：(1)对于中华文化及其建设的思考	许嘉璐
	中国传统文化专题研究：(2)中国传统文化的基本精神	王　杰
	中国传统文化专题研究：(3)《周易》与中国文化	王　峰

续 表

班　次	教　学　内　容	讲课人
	中国传统文化专题研究：(4) 禅宗与中国文化	陈中浙
	西方经济学与管理学专题研究：(1) 西方微观经济学主要理论	王东京
	西方经济学与管理学专题研究：(2) 西方宏观经济学主要理论	胡希宁
	西方经济学与管理学专题研究：(3) 西方新制度经济学主要理论	谢鲁江
	西方经济学与管理学专题研究：(4) 西方管理学主要理论	董艳玲
	政治学法学专题研究：(1) 政府职责体系研究	张　伟
	政治学法学专题研究：(2) 我国公共服务均等化研究	井　敏
	政治学法学专题研究：(3) 立法的民主化与科学化	封丽霞
	政治学法学专题研究：(4) 人权保障的法律制度	林　喆
	国际政治专题研究：(1) 国际战略格局演变与中国对外战略	刘建飞
	国际政治专题研究：(2) 东亚秩序视角下的中日关系	门洪华
	国际政治专题研究：(3) 俄罗斯的发展趋势与中俄关系	左凤荣
	国际政治专题研究：(4) 中印关系与两国发展模式比较	康绍邦
	战略学专题研究：(1) 战略思维的理论与方法	段培君
	战略学专题研究：(2) 自主创新战略研究	胡　卫
	战略学专题研究：(3) 可持续发展战略	邱耕田
	社会学专题研究：(1) 我国现阶段阶层问题研究	青连斌
	社会学专题研究：(2) 社会政策与行动研究	李慧英
	社会学专题研究：(3) 公共卫生与社会危机	靳　薇
	社会学专题研究：(4) 心理健康与社会和谐	向春玲
新疆地厅级民族干部培训班	学习引言	李书磊
	第一单元教学说明	邱耕田
	马克思恩格斯的哲学思想	边立新
	马克思恩格斯的经济学思想	张燕喜
	马克思恩格斯列宁的社会主义思想	冯书泉
	第二单元教学说明	党史部

续表

班　次	教　学　内　容	讲课人
	毛泽东新民主主义理论	罗平汉
	中共党史专题研究：（1）延安整风与马克思主义中国化	祝　彦
	毛泽东哲学思想	杨信礼
	毛泽东对中国社会主义建设道路的探索	程连升
	中共党史专题研究：（2）十一届三中全会与伟大历史转折	陈　述
	中共党史专题研究：（3）社会主义市场经济体制目标的确立	曹　普
	中国特色社会主义的形成与发展	王怀超
	中国特色社会主义理论体系研究	秦　刚
	中国特色社会主义理论体系的哲学基础	毛卫平
	邓小平理论基本问题研究	刘俊杰
	“三个代表”重要思想研究	戴焰军
	科学发展观研究	董振华
	解放思想，实事求是，与时俱进	阮　青
	社会主义市场经济理论与实践	徐平华
	走中国特色工业化道路问题	曹　立
	社会主义新农村建设	李　鹏、韩保江
	积极稳妥地推进社会主义民主政治	刘学军
	加快建设社会主义法治国家	张恒山
	60 年来我党领导文化建设的历史经验	刘　忱
	当前我国文化建设的难点和重点问题	谢武军
	社会主义社会建设理论	郭　强
	中国特色国际战略研究	宫　力
	党群关系问题研究	祝灵君
	领导能力训练：（1）现代领导能力	刘玉瑛
	领导能力训练：（2）现代领导能力（案例教学）	刘玉瑛、吕　品
	领导能力训练：（3）提高领导干部应对突发事件的能力（案例教学）	黄小勇
	西部大开发专题研究：（1）西部地区民营经济发展问题	王君超
	西部大开发专题研究：（2）国外地区开发经验研究	潘　悦
	民族宗教问题专题研究：（1）我国现阶段的民族问题和民族政策	张建新

续表

班　次	教　学　内　容	讲课人
	民族宗教问题专题研究：（2）我国现阶段的宗教问题和宗教政策	蒲长春
	中国传统文化专题研究：（1）对于中华文化及其建设的思考	许嘉璐
	中国传统文化专题研究：（2）中国传统文化的基本精神	王　杰
	中国传统文化专题研究：（3）《周易》与中国文化	王　峰
	中国传统文化专题研究：（4）禅宗与中国文化	陈中浙
	西方经济学与管理学专题研究：（1）西方微观经济学主要理论	王东京
	西方经济学与管理学专题研究：（2）西方宏观经济学主要理论	胡希宁
	西方经济学与管理学专题研究：（3）西方新制度经济学主要理论	谢鲁江
	西方经济学与管理学专题研究：（4）西方管理学主要理论	董艳玲
	政治学法学专题研究：（1）政府职责体系研究	张　伟
	政治学法学专题研究：（2）我国公共服务均等化研究	井　敏
	政治学法学专题研究：（3）立法的民主化与科学化	封丽霞
	政治学法学专题研究：（4）人权保障的法律制度	林　喆
	国际政治专题研究：（1）国际战略格局演变与中国对外战略	刘建飞
	国际政治专题研究：（2）东亚秩序视角下的中日关系	门洪华
	国际政治专题研究：（3）俄罗斯的发展趋势与中俄关系	左凤荣
	国际政治专题研究：（4）中印关系与两国发展模式比较	康绍邦
	战略学专题研究：（1）战略思维的理论与方法	段培君
	战略学专题研究：（2）自主创新战略研究	胡　卫
	战略学专题研究：（3）可持续发展战略	邱耕田
	社会学专题研究：（1）我国现阶段阶层问题研究	青连斌
	社会学专题研究：（2）社会政策与行动研究	李慧英
	社会学专题研究：（3）公共卫生与社会危机	靳　薇
	社会学专题研究：（4）心理健康与社会和谐	向春玲

续表

班 次	教 学 内 容	讲课人
新疆县处级民族干部培训班	学习引言	李书磊
	第一单元教学说明	何建华
	马克思列宁主义基本问题概论	叶庆丰
	毛泽东思想基本问题概论	柳建辉
	中国特色社会主义理论体系概论	毛卫平
	第二单元教学说明	何建华
	唯物主义辩证法	王晓林
	辩证唯物主义认识论	何建华
	历史唯物主义	董振华
	哲学思维方式与领导工作方法	韩庆祥
	商品与货币理论	赵振华
	剩余价值生产与分配理论	李省龙
	信用与股份公司理论	韩保江
	经济学管理学知识讲座：（1）西方经济学主要理论	王东京
	经济学管理学知识讲座：（2）西方管理学主要理论	李 蕾
	第四单元教学说明	科社部
	科学社会主义基本原理	胡振良
	社会主义本质理论	朱可辛
	社会主义发展阶段理论	王中汝
	中国特色社会主义理论体系研究	刘俊杰
	中国特色社会主义道路研究	严书翰
	社会主义改革开放理论	常欣欣
	社会主义市场经济理论	徐平华
	社会主义新农村建设（案例教学）	石 霞
	西部开发开放讲座：（1）可持续发展与转变经济发展方式	贾华强
	西部开发开放讲座：（2）西部地区民营经济发展问题	曹 新
	西部开发开放讲座：（3）解放思想，加快民族地区发展	学员主讲
	完善基层民主制度	肖立辉
	权力监督的法律问题（案例教学）	姜小川
	马克思主义文化理论与我党的文化发展战略	刘 忱
	现代化进程中的城乡文化建设问题	陈宇飞

续 表

班　次	教　学　内　容	讲课人
	中共党史知识讲座：（1）延安整风与马克思主义中国化	张太原
	中共党史知识讲座：（2）“大跃进”运动及其教训	李庆刚
	中共党史知识讲座：（3）十一届三中全会与伟大历史转折	陈　述
	和平发展道路与中国对外战略	刘建飞
	和谐世界理念与中国软实力建设	赵　磊
	国际政治知识讲座：（1）国际政治与国际战略环境的构建	马小军
	国际政治知识讲座：（2）国际秩序与大国关系	门洪华
	执政党建设的若干问题	任铁缨
	党的执政方式若干问题研究	张志明
	执政条件下的党群关系	陈凯龙
	党的基层组织建设	李俊伟
	政治学法学知识讲座：（1）社会主义民主政治	李良栋
	政治学法学知识讲座：（2）社会主义法治	张立伟
	政治学法学知识讲座：（3）尊重和保障人权	王立峰
	中国特色社会主义民族理论及现阶段的民族问题	张建新
	中国特色社会主义宗教理论及现阶段的宗教问题	龚学增
	当前新疆反对“三股势力”的斗争	孙建杭
	新疆地方史知识讲座：（1）新疆地方史（一）	外请
	新疆地方史知识讲座：（2）新疆地方史（二）	蒲长春
半年制西藏民族干部培训班	学习引言	李书磊
	马克思恩格斯的哲学思想	侯　才
	马克思恩格斯的经济学思想	张燕喜
	马克思恩格斯列宁的社会主义思想	梁　波
	第二单元教学说明	党史部
	毛泽东新民主主义理论	张太原
	中共党史专题研究：（1）延安整风与马克思主义中国化	张卫波
	毛泽东对中国社会主义建设道路的探索	谢春涛
	毛泽东哲学思想	杨信礼
	中共党史专题研究：（2）十一届三中全会与伟大历史转折	陈　述
	中共党史专题研究：（3）社会主义市场经济体制目标的确立	匡家在

续 表

班　次	教　学　内　容	讲课人
	第三单元教学说明	科社部
	中国特色社会主义的形成与发展	王怀超
	中国特色社会主义理论体系研究	牛先锋
	中国特色社会主义理论体系的哲学基础	韩庆祥
	科学发展观研究	庞元正
	解放思想、实事求是、与时俱进	刘毅强
	社会主义市场经济理论与实践	韩保江
	走中国特色工业化道路问题	曹　立
	新农村建设问题（案例教学）	施　红
	积极稳妥地推进社会主义民主政治建设	刘学军
	加快建设社会主义法治国家	刘永艳
	改革开放以来的文化变迁与我党的文化自觉	田嵩燕
	推动社会主义文化大发展大繁荣的若干重要问题	李媛媛
	社会主义社会建设理论	王道勇
	中国特色国际战略研究	宫　力
	一国两制与祖国统一大业	刘建飞
	以改革创新精神全面加强党的建设	戴焰军
	党群关系问题研究	王　莉
	西部开发开放专题：（1）可持续发展问题研究	刘振英
	西部开发开放专题：（2）国外地区开发经验研究	潘　悦
	领导能力训练：（1）现代领导能力（案例教学）	曹鹏飞
	领导能力训练：（2）提高领导干部应对突发事件的能力	黄小勇
	民族宗教问题专题研究：（1）我国现阶段的民族问题和民族政策	靳　薇
	民族宗教问题专题研究：（2）我国现阶段的宗教问题和宗教政策	胡　岩
	中国传统文化专题研究：(1)对于中华文化及其建设的思考	许嘉璐
	中国传统文化专题研究：(2)中国传统文化的基本精神	王　杰
	中国传统文化专题研究：（3）《周易》与中国文化	王　峰
	中国传统文化专题研究：（4）禅宗与中国文化	陈中浙
	西方经济学与管理学专题研究：（1）西方微观经济学主要理论	王东京
	西方经济学与管理学专题研究：（2）西方宏观经济学主要理论	胡希宁

续 表

班　次	教　学　内　容	讲课人
	西方经济学与管理学专题研究：（3）西方新制度经济学主要理论	谢鲁江
	西方经济学与管理学专题研究：（4）西方管理学主要理论	董艳玲
	政治学法学专题研究：（1）政府职责体系研究	张　伟
	政治学法学专题研究：（2）我国公共服务均等化研究	井　敏
	政治学法学专题研究：（3）立法的民主化与科学化	封丽霞
	政治学法学专题研究：（4）人权保障的法律制度	林　喆
	国际政治专题研究：（1）国际战略格局演变与中国对外战略	刘建飞
	国际政治专题研究：（2）东亚秩序视角下的中日关系	门洪华
	国际政治专题研究：（3）俄罗斯的发展趋势与中俄关系	左凤荣
	国际政治专题研究：（4）中印关系与两国发展模式比较	康绍邦
	战略学专题研究：（1）战略思维的理论与方法	段培君
	战略学专题研究：（2）自主创新战略研究	胡　卫
	战略学专题研究：（3）可持续发展战略	邱耕田
	社会学专题研究：（1）我国现阶段阶层问题研究	青连斌
	社会学专题研究：（2）社会政策与行动研究	李慧英
	社会学专题研究：（3）公共卫生与社会危机	靳　薇
	社会学专题研究：（4）心理健康与社会和谐	向春玲
一年制西藏民族干部培训班	学习引言	李书磊
	马克思列宁主义基本问题概论	叶庆丰
	毛泽东思想基本问题概论	陈雪薇
	中国特色社会主义理论体系概论	毛卫平
	马克思主义的一脉相承和与时俱进	董德刚
	第二单元教学说明	哲学部
	马克思主义哲学是科学的世界观和方法论	张耀光
	唯物主义辩证法	王晓林
	辩证唯物主义认识论	何建华
	社会基本矛盾	李宏伟
	社会意识和文化	朱辉宇

续表

班　次	教　学　内　容	讲课人
	科学技术及其社会作用	赵建军
	人民群众和个人在历史上的作用	李海青
	哲学思维方式与领导工作方法	韩庆祥
	政治学知识讲座：(1) 政治学的基本理论	齐　惠
	政治学知识讲座：(2) 政治发展与政治稳定问题	刘启云
	政治学知识讲座：(3) 公共管理基本理论	黄小勇
	政治学知识讲座：(4) 民主理论基本问题	赵虎吉
	法学知识讲座：(1) 法理学的原理与原则	张恒山
	法学知识讲座：(2) 宪法学的基本理论	王雅琴
	法学知识讲座：(3) 刑法与人权保障	赵永红
	法学知识讲座：(4) 行政法的基本理论	王　勇
	商品与货币理论	赵振华
	剩余价值生产与分配理论	李　鹏
	资本循环和社会资本再生产理论	王天义
	信用与股份公司理论	李省龙
	经济学管理学知识讲座：(1) 西方经济学主要理论	徐平华
	经济学管理学知识讲座：(2) 西方管理学主要理论	董艳玲
	经济学管理学知识讲座：(3) 现代金融学主要理论	张汉飞
	经济学管理学知识讲座：(4) 公共财政学主要理论	李旭章
	国际政治知识讲座：(1) 南亚局势与中印关系	秦治来
	国际政治知识讲座：(2) 国际政治与国际战略环境的构建	马小军
	国际政治知识讲座：(3) 国外反分裂斗争的经验与启示	赵　磊
	科学社会主义基本理论	孟　鑫
	社会主义本质理论	门晓红
	社会主义发展阶段理论	冯书泉
	伦理学知识讲座：(1) 马克思主义伦理学基本问题	靳凤林
	伦理学知识讲座：(2) 中国传统伦理思想	刘余莉
	伦理学知识讲座：(3) 发展伦理问题	邱耕田
	伦理学知识讲座：(4) 生态伦理问题	任俊华
	中国古典文学知识讲座：(1) 心曲初唱——先秦至南北朝文学	张　文
	中国古典文学知识讲座：(2)盛世诗潮——隋唐宋文学	马奔腾
	中国古典文学知识讲座：(3)人间画卷——元明清文学	廖小鸿

秋季学期主体班次授课内容与教师

班　次	教　学　内　容	讲课人
省部班“转变经济发展方式与经济结构战略性调整”研究专题	学习引言	李书磊
	本研究专题教学说明	韩保江
	中国特色社会主义是当代中国的马克思主义	贾建芳
	科学发展观若干问题研究	庞元正
	以人为本与当代中国发展	韩庆祥
	科学发展观的方法论研究	李建华
	国际金融危机成因、演变及对策选择	陈启清
	加快转变经济发展方式问题研究	杨秋宝
	走中国特色新型工业化道路问题研究	曹　立
	统筹城乡发展与破解“二元经济”难题研究	徐祥临
	现代产业结构及其演进规律研究	韩保江
	扩大内需与宏观经济政策选择	王东京
	收入分配结构调整与扩大消费需求	赵振华
	当前我国失业问题及治理对策研究	徐平华
	农民增收问题研究	石　霞
	当前我国中小企业发展问题研究	张玉杰
省部级干部进修班（第46期）“国际金融危机与应对”研究专题	学习引言	李书磊
	中国特色社会主义是当代中国的马克思主义	周为民
	科学发展观若干问题研究	李兴山
	以人为本与当代中国发展	韩庆祥
	科学发展观的方法论研究	李建华
	国际金融危机的成因与影响	谢鲁江
	中国应对国际金融危机的策略抉择与宏观经济走势	韩保江
	虚拟经济与实体经济的协调发展研究	王天义、赵锦辉
	金融危机应对的国际比较（案例教学）	刘　东、秦治来
	应对国际金融危机与加快经济发展方式转变	杨秋宝
	应对金融危机与中国外经贸战略的调整	潘　悦
	应对金融危机与中国保障就业的政策抉择	纪　军
	应对金融危机与扩大内需的政策抉择	田应奎
	应对金融危机与国际经济合作	刘建飞

续表

班次	教学内容	讲课人
	国际金融危机对国际战略格局的影响	孙建杭
省部级干部进修班（第46期）“行政管理体制改革”研究专题	学习引言	李书磊
	中国特色社会主义是当代中国的马克思主义	周为民
	科学发展观若干问题研究	李兴山
	以人为本与当代中国发展	韩庆祥
	科学发展观的方法论研究	李建华
	发展社会主义民主政治与深化行政管理体制改革	李良栋
	西方国家的行政改革运动与新公共管理思想	黄小勇
	建设服务型政府与实现基本公共服务均等化	井　敏
	合理划分中央与地方政府的职责与权限	张　伟
	政府社会管理的体制与机制创新	王　军
	健全行政执法体制和程序的路径选择	傅思明
	健全对行政权力的监督制度	刘　春
	完善科学民主的决策机制（案例教学）	王　军、黄小勇、井　敏
地厅级干部进修班（第53期）“扩大内需与经济发展”研究专题	学习引言	李书磊
	本研究专题教学说明	韩保江
	中国特色社会主义是当代中国的马克思主义	贾建芳
	科学发展观若干问题研究	庞元正
	以人为本与当代中国发展	韩庆祥
	科学发展观的方法论研究	李建华
	国际金融危机的成因及其对我国的影响	谢鲁江
	扩大内需与宏观经济政策选择	田应奎
	加快转变经济发展方式问题研究	王天义
	走中国特色新型工业化道路问题研究	李继文
	扩大内需与统筹城乡发展	施　红、刘艳梅
	收入分配结构调整与扩大消费需求	赵振华
	当前我国失业问题及治理对策研究	徐平华
	当前我国中小企业发展问题研究	王君超
	加快社会保障制度建设问题研究	李　蕾
	农民增收问题研究	石　霞、陈启清
	新形势下我国对外贸易战略调整研究	潘　悦
地厅级干部进修班（第53期）“城市发展与城市治理”研究专题	学习引言	李书磊
	中国特色社会主义是当代中国的马克思主义	周为民
	科学发展观若干问题研究	李兴山

续 表

班　次	教　学　内　容	讲课人
	以人为本与当代中国发展	韩庆祥
	科学发展观的方法论研究	李建华
	城市发展的历史和理论	顾文选
	中国特色的城镇化道路研究	向春玲
	国外城镇化道路研究	林　梅
	统筹城乡发展问题研究（案例教学）	谢志强
	现代城市治理的国际经验	孟　鑫
	城市规划问题研究	仇保兴
	城市经济与产业结构	杨重光
	城市住宅问题研究	张　弥
	城市文化保护与文化发展	陈宇飞
	城市流动人口管理研究（案例教学）	王道勇
	城市交通问题研究	孔令斌
	城市生态问题研究	郭　强
	城市突发事件处理（案例教学）	王　军
地厅级干部进修班（第53期）“突发事件与危机管理”研究专题	学习引言	李书磊
	中国特色社会主义是当代中国的马克思主义	贾建芳
	科学发展观若干问题研究	庞元正
	以人为本与当代中国发展	韩庆祥
	科学发展观的方法论研究	李建华
	转型期社会矛盾与社会稳定问题研究	李良栋
	依法应对突发事件的理论与实践	傅思明
	突发事件处置的政府责任与行政问责	王　红
	突发事件与网络治理	刘素华
	突发事件应对与公民参与	王雅琴
	提高处理群体性突发事件能力（案例教学）	王　红、傅思明 王雅琴、张丽娟
地厅级干部进修班（第53期）“文化体制改革”研究专题	学习引言	李书磊
	中国特色社会主义是当代中国的马克思主义	周为民
	科学发展观若干问题研究	李兴山
	以人为本与当代中国发展	韩庆祥
	科学发展观的方法论研究	李建华
	建国以来文化发展的基本脉络	田嵩燕
	全球化背景下的中国文化认同问题	李文堂
	阻碍文化发展和繁荣的观念因素	周熙明

续表

班　次	教　学　内　容	讲课人
	美国的文化运作机制（案例教学）	韩　红
	中国传统社会的文化生产与传播机制	张　军
	现代传媒的特点与舆论引导机制	秦　露
	文化创意产业发展中的重点难点问题研究	范玉刚
	中国文化产业的动力机制——以“798”和赵本山为例（案例教学）	陈宇飞
	文化体制改革研究	谢武军
地厅级干部进修班（第53期）“廉政建设”研究专题	学习引言	李书磊
	中国特色社会主义是当代中国的马克思主义	周为民
	科学发展观若干问题研究	李兴山
	以人为本与当代中国发展	韩庆祥
	科学发展观的方法论研究	李建华
	政党政治视野下的廉政问题研究	王长江
	国外廉政建设经验教训	姜　跃
	中国廉政实践的历史考察	戴焰军
	中国共产党对廉政建设的探索	张荣臣
	权力制约若干问题研究	张晓燕
	发展党内民主与廉政建设	蔡　霞
	党内监督问题研究	任铁缨
	干部制度改革与廉政建设	梁妍慧
	廉政文化建设研究	张希贤
	建立健全监督机制（案例教学）	谢　峰、王金柱
	媒体监督与廉政建设（体验式教学）	高新民、王　瑜
	跳出“历史周期率”的思考（体验式教学）	张志明、张希贤 赵绪生
中青年干部培训一班（第27期）	学习引言	李书磊
	教学说明	王天义
	马克思主义的一脉相承和与时俱进	董德刚
	马克思主义的理论逻辑与方法	周为民
	《路德维希·费尔巴哈和德国古典哲学的终结》导读	张绪文
	《德意志意识形态》（第一章）导读	侯　才
	《共产党宣言》导读	周为民
	中国特色社会主义理论体系研究	李君如
	科学发展观研究	段培君
	解放思想，实事求是，与时俱进	阮　青

续 表

班　次	教　学　内　容	讲课人
	中国特色社会主义道路的开创和拓展	秦　刚
	中国社会主义改革的理论与实践	王怀超
	社会主义市场经济理论与经济体制改革	韩保江
	加快转变经济发展方式	王天义
	加快城乡经济社会一体化发展（1）	徐祥临、陈宇学
	加快城乡经济社会一体化发展（2）	石　霞、陈启清
	加快城乡经济社会一体化发展（3）	施　红、刘艳梅
	走中国特色新型工业化道路问题研究	曹　立
	社会主义民主政治建设的前沿问题	李良栋
	加快建设社会主义法治国家的深层次思考	封丽霞
	深入推进行政体制改革的路径	王　军
	改革开放以来的文化变迁与我党的文化自觉	田嵩燕
	科学发展观中的文化视野与文化思维	周熙明
	教学说明	党史部
	中国共产党夺取全国政权的历史经验	汪朝光
	十一届三中全会以前党对中国社会主义建设道路的探索	谢春涛
	十一届三中全会以来党对中国特色社会主义道路的探索	曹　普
	社会主义和谐社会问题研究	刘海涛
	中国特色社会主义与当代世界社会主义	常欣欣
	当代世界格局与中国和平发展道路	宫　力
	新时期中国对外开放战略的调整	潘　悦
	新形势下的国家安全问题	孙建杭
	执政党建设前沿问题研究	王长江
	党的执政方式前沿问题研究	张志明
	党内民主建设若干热点问题研究	高新民
	教学说明	刘永艳
	提高驾驭全局的战略思维能力	杨春贵
	哲学思维与领导能力	贾高建
	系统思想与创新能力	李建华
	领导干部如何应对新闻媒体（模拟式教学）	秦　露
	提高领导干部处理公共事件的能力（1）（案例教学）	赵永红、张晓玲
	提高领导干部处理公共事件的能力（2）（案例教学）	张立伟、封丽霞
	提高领导干部处理公共事件的能力（3）（案例教学）	齐　惠、刘永艳

续表

班次	教学内容	讲课人
	提高领导能力和执政能力（1）（案例教学）	张晓燕、吴　辉
	提高领导能力和执政能力（2）（案例教学）	刘炳香、谢　峰
	提高领导能力和执政能力（3）（案例教学）	刘玉瑛、吕　品
中青年干部培训二班（第9期）第二学期教学计划	社会主义市场经济理论基本问题研究	孙小兰
	建设社会主义新农村问题（1）	徐祥临、陈宇学
	建设社会主义新农村问题（2）	施　红、刘艳梅
	建设社会主义新农村问题（3）	徐祥临、陈宇学
	建设社会主义新农村问题（4）	施　红、刘艳梅
	建设社会主义新农村问题（5）	石　霞、陈启清
	走中国特色工业化道路问题	曹　立
	公共财政理论与公共财政体制改革	梁　朋
	现代金融理论与金融体制改革	董艳玲
	坚持中国特色社会主义民主政治道路	赵虎吉
	坚持和完善社会主义民主制度	刘学军
	树立社会主义法治理念	张恒山
	推进依法行政	傅思明
	改革开放以来的文化演变与我党的文化自觉	田嵩燕
	社会发展与文化创新	刘　忱
	中国城市化进程中的文化矛盾	陈宇飞
	现代传媒的挑战与应对	秦　露
	社会主义社会建设理论与实践	严书翰
	我国转型中的社会稳定	刘启云
	建立覆盖城乡居民的社会保障体系（案例教学）	青连斌
	以改革创新精神全面加强党的建设	王长江
	党的执政方式研究	张希贤
	党群关系研究	张荣臣
	党内民主研究	张晓燕
	中国特色国际战略研究	宫　力
	一国两制与祖国统一大业	刘建飞
	新形势下的国家安全问题	孙建杭
	战略预见与危机预防	段培君
	提高领导能力和执政能力（1）（案例教学）	蔡志强、童阳秀
	提高领导能力和执政能力（2）（案例教学）	张晓燕、吴　辉
	提高领导能力和执政能力（3）（案例教学）	刘炳香、谢　峰
	提高领导能力和执政能力（4）（案例教学）	刘玉瑛、吕　品

续 表

班　次	教　学　内　容	讲课人
	提高领导能力和执政能力（5）（案例教学）	祝灵君、王　瑜
	提高领导干部处理公共事件的能力（1）（案例教学）	赵永红、张晓玲
	提高领导干部处理公共事件的能力（2）（案例教学）	齐　惠、刘永艳
	提高领导干部处理公共事件的能力（3）（案例教学）	赵永红、张晓玲
	提高领导干部处理公共事件的能力（4）（案例教学）	齐　惠、刘永艳
	提高领导干部处理公共事件的能力（5）（案例教学）	张立伟、封丽霞
	提高领导干部应对突发事件的能力（1）（案例教学）	张丽娟、王　红
	提高领导干部应对突发事件的能力（2）（案例教学）	王雅琴、傅思明
	提高领导干部应对突发事件的能力（3）（案例教学）	王　勇、张丽娟
	提高领导干部应对突发事件的能力（4）（案例教学）	刘素华、王　红
	提高领导干部应对突发事件的能力（5）（案例教学）	傅思明、王雅琴
第二学期教学安排日程表（二）	西方哲学专题研究：（1）西方哲学的基本精神	李晓兵
	西方哲学专题研究：（2）西方的哲学与政治	郭大为
	西方哲学专题研究：（3）当代西方人的自我认识	成官泯
	世界经济专题研究：（1）国际货币体系改革与人民币的国际化	陈江生
	世界经济专题研究：（2）国际金融深化与中国的金融发展	刘　东
	世界经济专题研究：（3）国际直接投资与中国的开放经济	潘　悦
	法学专题研究：（1）立法的民主化与科学化	封丽霞
	法学专题研究：（2）公民物权保障与政府行为规制	李雅云
	法学专题研究：（3）人权保障的法律与实践	王立峰
	社会学专题研究：（1）社会政策与行动研究	李慧英
	社会学专题研究：（2）公共卫生与社会危机	靳　薇
	社会学专题研究：（3）社会管理与社会和谐	向春玲
	古典文学名著欣赏：（1）《诗经》欣赏	李媛媛
	古典文学名著欣赏：（2）《牡丹亭》欣赏	梅敬忠
	古典文学名著欣赏：（3）《三国演义》欣赏	梅敬忠
新疆地厅级民族干部培训班（第51期）	学习引言	李书磊
	第一单元教学说明	杨信礼
	马克思恩格斯的哲学思想	边立新
	马克思恩格斯的经济学思想	张燕喜
	马克思恩格斯列宁的社会主义思想	胡振良
	毛泽东思想的科学体系与历史地位	陈　述

续表

班　次	教　学　内　容	讲课人
	毛泽东新民主主义理论	罗平汉
	中共党史专题研究:(1)延安整风与马克思主义中国化	卢　毅
	毛泽东对中国社会主义建设道路的探索	谢春涛
	毛泽东哲学思想	杨信礼
	中共党史专题研究：（2）十一届三中全会与伟大历史转折	陈雪薇
	中共党史专题研究：（3）社会主义市场经济体制目标的确立	曹　普
	第三单元教学说明	科社部
	中国特色社会主义是当代中国的马克思主义	王中汝
	中国特色社会主义理论体系研究	刘俊杰
	中国特色社会主义理论体系的哲学基础	毛卫平
	“三个代表”重要思想研究	戴焰军
	科学发展观研究	董振华
	中国社会主义改革的理论与实践	常欣欣
	社会主义市场经济理论与实践	孙小兰
	走中国特色工业化道路问题	曹　立
	社会主义新农村建设（案例教学）	李　鹏、韩保江
	积极稳妥地推进社会主义民主政治建设	刘学军
	推进依法行政	王　勇
	当前我国文化建设的重点与难点问题	谢武军
	社会主义和谐社会问题研究	刘海涛
	中国特色国际战略研究	宫　力
	新形势下的国家安全问题	孙建杭
	党群关系问题研究	祝灵君
	领导能力训练：(1）现代领导能力（案例教学）	刘玉瑛、吕　品
	领导能力训练：（2）提高领导干部应对突发事件的能力（案例教学）	黄小勇、井　敏
	西部大开发专题研究：（1）西部地区民营经济发展问题	王君超
	西部大开发专题研究：（2）可持续发展与转变经济发展方式	贾华强
	西部大开发专题研究：(3）国外地区开发经验研究	潘　悦
	民族宗教问题专题研究：（1）新疆历史若干问题研究	蒲长春

续 表

班　次	教　学　内　容	讲课人
	民族宗教问题专题研究：（2）我国现阶段的民族问题和民族政策	张建新
	民族宗教问题专题研究：（3）民族宗教问题专题研究	外请
	民族宗教问题专题研究：（4）我国现阶段的宗教问题和宗教政策	龚学增
	民族宗教问题专题研究：（5）当前西藏反对“三股势力”的斗争	学员主讲
	民族宗教问题专题研究：（6）正确认识和处理新疆的民族宗教问题（研讨式教学）	张建新、蒲长春
教学安排日程表（二）	中国传统文化专题研究：（1）中国传统文化的基本精神	王　杰
	中国传统文化专题研究：（2）《周易》与中国文化	王　峰
	中国传统文化专题研究：（3）禅宗与中国文化	陈中浙
	中国传统文化专题研究：（4）中国古代生态文化	任俊华
	西方经济学与管理学专题研究：（1）西方微观经济学主要理论	王东京
	西方经济学与管理学专题研究：（2）西方宏观经济学主要理论	胡希宁
	西方经济学与管理学专题研究：（3）西方新制度经济学主要理论	谢鲁江
	西方经济学与管理学专题研究：（4）西方管理学主要理论	潘云良
	政治学法学专题研究：（1）权力运行中的制约与监督	林　喆
	政治学法学专题研究：（2）公共服务均等化研究	井　敏
	政治学法学专题研究：（3）司法公正与司法体制改革	姜小川
	政治学法学专题研究：（4）人权保障的法律制度研究	张晓玲
	世界经济专题研究：（1）国际直接投资与中国的开放经济	潘　悦
	世界经济专题研究：（2）国际金融深化与中国的金融发展	刘　东
	世界经济专题研究：（3）国际货币体系改革与人民币的国际化	陈江生
	战略学专题研究：（1）战略思维的理论与方法	段培君
	战略学专题研究：（2）自主创新战略研究	胡　卫

续 表

班　次	教　学　内　容	讲课人
	战略学专题研究：（3） 系统思想与战略思维	庞元正
	社会学专题研究：（1） 社会管理与社会和谐	向春玲
	社会学专题研究：（2） 社会政策与行动研究	李慧英
	社会学专题研究：（3） 公共卫生与社会危机	靳　薇
新疆县处级民族干部培训班（第52期）	学习引言	李书磊
	马克思列宁主义基本问题概论	叶庆丰
	毛泽东思想基本问题概论	柳建辉
	中国特色社会主义理论体系概论	牛先锋
	第二单元教学说明	哲学部
	照唯物辩证法办事	王晓林
	在实践中检验和发展真理	何建华
	唯物史观与社会发展	董振华
	商品货币理论与价值规律	赵振华
	剩余价值生产与分配理论	赵锦辉
	信用与股份公司理论	李省龙、赵锦辉
	经济学管理学讲座：（1） 现代西方经济学基本理论	胡希宁
	经济学管理学讲座：（2） 现代管理学基本理论	李　蕾
	科学社会主义的形成和发展	胡振良
	社会主义本质理论	门晓红
	社会主义改革开放理论	朱可辛
	中国特色社会主义是当代中国的马克思主义	邱耕田
	中国特色社会主义理论体系的哲学基础	刘毅强
	中国特色社会主义理论体系	梁　波
	社会主义和谐社会问题研究	刘海涛
	社会主义市场经济理论	徐平华
	社会主义新农村建设（案例教学）	李　鹏、韩保江
	西部开发开放讲座：（1） 西部地区民营经济发展问题	曹　新
	西部开发开放讲座：（2） 可持续发展与转变经济发展方式	贾华强
	中共党史讲座：（1） 中国共产党夺取全国政权的历史经验	祝　彦
	中共党史讲座：（2） 从新民主主义向社会主义的过渡	罗平汉

续表

班　次	教　学　内　容	讲课人
	中共党史讲座：（3）十一届三中全会以前党对中国社会主义建设道路的探索	李庆刚
	中共党史讲座：（4）十一届三中全会以来党对中国社会主义建设道路的探索	谢春涛
	加快建设社会主义法治国家	张恒山
	完善基层群众自治制度	肖立辉
	中国特色社会主义民族理论及我国现阶段的民族问题	张建新
	中国特色社会主义宗教理论及我国现阶段的宗教问题	蒲长春
	正确认识和处理新疆的民族宗教问题（案例教学）	张建新
	当前新疆反对“三股势力”的斗争	孙建杭
	新疆地方史讲座：（1）新疆地方史（一）	外请
	新疆地方史讲座：（2）新疆地方史（二）	蒲长春
	政治学法学讲座：（1）民主的历史发展	刘学军
	政治学法学讲座：（2）人权的历史发展	林　喆
	政治学法学讲座：（3）法制现代化的历程	王立峰
	马克思主义文化理论与我党的文化发展战略	刘　忱
	现代化进程中的城乡文化建设问题	陈宇飞
	和平发展道路与中国对外战略	秦治来
	和谐世界理念与中国软实力建设	赵　磊
	国际政治讲座：（1）国际政治与国际战略环境的构建	马小军
	国际政治讲座：（2）国际秩序与大国关系	左凤荣
	执政党建设的若干问题	任铁缨
	新时期的党群关系	陈凯龙
	党的基层组织建设	祝灵君
	领导能力训练：（1）提高领导干部处理公共事件的能力（案例教学）	齐　惠、刘永艳
	领导能力训练：（2）现代领导能力（案例教学）	谢　峰、张志明
半年制西藏民族干部培训班（第39期）	学习引言	李书磊
	马克思恩格斯的哲学思想	何建华
	马克思恩格斯的经济学思想	张燕喜
	马克思恩格斯列宁的社会主义思想	冯书泉
	毛泽东思想的科学体系与历史地位	柳建辉
	毛泽东新民主主义理论	罗平汉
	中共党史专题研究：（1）延安整风与马克思主义中国化	祝　彦

续 表

班　次	教　学　内　容	讲课人
	毛泽东对中国社会主义建设道路的探索	陈雪薇
	毛泽东哲学思想	刘毅强
	中共党史专题研究：（2）十一届三中全会与伟大历史转折	沈传亮
	中共党史专题研究：（3）社会主义市场经济体制目标的确立	匡家在
	中国特色社会主义是当代中国的马克思主义	李俊伟
	中国特色社会主义理论体系研究	王怀超
	中国社会主义改革的理论与实践	常欣欣
	社会主义和谐社会问题研究	陈天林
	中国特色社会主义理论体系的哲学基础	阮　青
	科学发展观研究	朱辉宇
	社会主义市场经济理论与实践	韩保江
	走中国特色工业化道路问题	曹　立
	新农村建设问题（案例教学）	施　红、刘艳梅
	积极稳妥地推进社会主义民主政治建设	赵虎吉
	加快建设社会主义法治国家（研讨和体验式教学）	刘永艳
	改革开放以来的文化演变与我党的文化自觉	田嵩燕
	推动社会主义文化大发展大繁荣的若干重要问题	李媛媛
	中国特色国际战略研究	宫　力
	新形势下的国家安全问题	孙建杭
	以改革创新精神全面加强党的建设	张志明
	党群关系问题研究	王金柱
	西部开发开放专题：（1）可持续发展问题研究	刘振英
	西部开发开放专题：（2）国外地区开发经验研究	潘　悦
	西部开发开放专题：（3）西部地区民营经济发展问题	曹　新
	领导能力训练：（1）现代领导能力（案例教学）	张晓燕、王金柱
	领导能力训练：（2）提高领导干部应对突发事件的能力（案例教学）	井　敏、黄小勇
	民族宗教问题专题研究：（1）西藏历史若干问题研究	胡　岩
	民族宗教问题专题研究：（2）我国现阶段的民族问题和民族政策	靳　薇
	民族宗教问题专题研究：（3）我国民族区域自治问题研究	外请

续 表

班　次	教　学　内　容	讲课人
	民族宗教问题专题研究：（4）我国现阶段的宗教问题和宗教政策	胡　岩
	民族宗教问题专题研究：（5）当前西藏的反分裂斗争	外请
	民族宗教问题专题研究：（6）正确认识和处理西藏的民族宗教问题（研讨式教学）	胡　岩、靳　薇
教学安排日程表（二）	中国传统文化专题研究：（1）中国传统文化的基本精神	王　杰
	中国传统文化专题研究：（2）《周易》与中国文化	王　峰
	中国传统文化专题研究：（3）禅宗与中国文化	陈中浙
	中国传统文化专题研究：（4）中国古代生态文化	任俊华
	西方经济学与管理学专题研究：（1）西方微观经济学主要理论	王东京
	西方经济学与管理学专题研究：（2）西方宏观经济学主要理论	胡希宁
	西方经济学与管理学专题研究：（3）西方新制度经济学主要理论	谢鲁江
	西方经济学与管理学专题研究：（4）西方管理学主要理论	潘云良
	政治学法学专题研究：（1）权力运行中的制约与监督	林　喆
	政治学法学专题研究：（2）公共服务均等化研究	井　敏
	政治学法学专题研究：（3）司法公正与司法体制改革	姜小川
	政治学法学专题研究：（4）人权保障的法律制度研究	张晓玲
	世界经济专题研究：（1）国际直接投资与中国的开放经济	潘　悦
	世界经济专题研究：（2）国际金融深化与中国的金融发展	刘　东
	世界经济专题研究：（3）国际货币体系改革与人民币的国际化	陈江生
	战略学专题研究：（1）战略思维的理论与方法	段培君
	战略学专题研究：（2）自主创新战略研究	胡　卫
	战略学专题研究：（3）系统思想与战略思维	庞元正
	社会学专题研究：（1）社会管理与社会和谐	向春玲

续表

班次	教学内容	讲课人
	社会学专题研究：（2）社会政策与行动研究	李慧英
	社会学专题研究：（3）公共卫生与社会危机	靳　薇
一年制西藏民族干部培训班（第38期）第二学期教学计划	中国特色社会主义的形成和发展	张　瑞
	中国特色社会主义理论体系	宋福范
	中国特色社会主义道路	李宏伟
	中国特色社会主义理论体系的哲学基础	阮　青
	科学发展观研究	董振华
	解放思想、实事求是、与时俱进	毛卫平
	社会主义改革开放理论	赵　宏
	社会主义市场经济理论	韩保江
	走中国特色工业化道路问题	曹　立
	新农村建设问题（案例教学）	施　红、刘艳梅
	加快转变经济发展方式	王天义、赵锦辉
	我国现阶段的收入分配问题	李　鹏
	社会主义和谐社会理论	杨玲玲
	推进依法行政	张丽娟
	积极稳妥推进社会主义民主政治建设	肖立辉
	权力监督的法律问题（研讨式教学）	姜小川、张立伟
	财政运行法治化	王　伟
	和平发展道路与中国对外战略	秦治来
	和谐世界理念与中国软实力建设	赵　磊
	国家主权理论与中国主权领土安全	马小军
	建国以来文化发展的基本脉络	刘悦斌
	核心价值体系建设与文化认同	赵伯英
	当前我国文化建设的若干重大问题	谢武军
	执政党建设的若干问题	张志明
	党群关系的基本理论与实践	赵绪生
	党的基层组织建设	蔡志强
	国外政党治国理政经验教训	王　瑜
	世界经济讲座：（1）经济全球化与中国的对外开放战略	潘　悦
	世界经济讲座：（2）区域经济一体化与中国的区域合作战略	纪　军
	世界经济讲座：（3）国际金融危机与中国的金融发展	刘　东

续表

班次	教学内容	讲课人
	西部开发开放讲座：(1) 邓小平“两个大局”思想	杨秋宝
	西部开发开放讲座：(2) 统筹区域经济发展与西部大开发	张玉杰
	西部开发开放讲座：(3) 西部地区民营经济发展问题研究	曹　新
	西部开发开放讲座：(4) 可持续发展问题研究	赵建军
	中国特色社会主义民族理论	靳　薇
	我国现阶段的民族问题和民族政策	靳　薇
	我国民族区域自治问题研究	毛公宁
	中国特色社会主义宗教理论	胡　岩
	正确认识和处理西藏的民族宗教问题（研讨式教学）	靳　薇、胡　岩
	社会发展与文化变迁	徐　平
	领导学讲座：(1) 领导决策与用人	张希贤
	领导学讲座：(2) 领导活动与领导理论	刘炳香
	领导学讲座：(3) 领导影响力	李　民
	领导学讲座：(4) 领导者的语言艺术	刘玉瑛
	领导能力训练：提高领导干部处理公共事件的能力（案例教学）	赵永红、张晓玲
	领导能力训练：现代领导能力（案例教学）	李　民、蔡志强
	社会学讲座：(1) 社会学的基本理论与基本方法	谢志强
	社会学讲座：(2) 社区理论概述	林　梅
	社会学讲座：(3) 社会阶级阶层理论	青连斌
	社会学讲座：(4) 社会群体与社会交往	向春玲
	中共党史讲座：(1) 延安整风与马克思主义中国化	张太原
	中共党史讲座：(2) 建立新中国的构想及实践	张旭东
	中共党史讲座：(3) 十一届三中全会与伟大历史转折	陈　述
	中共党史讲座：(4) 社会主义市场经济体制目标的确立	曹　普
	历史讲座：(1) 中国早期国家的形成与特点	张　军
	历史讲座：(2) 康乾盛世时期的中国与西方	岑大利
	历史讲座：(3) 英国资产阶级革命与现代化的启动	刘　婷
	历史讲座：(4) 近代中国人民对现代化的追求与探索	赵书刚

续 表

班 次	教 学 内 容	讲课人
	历史讲座：（5）中日两国的近代化与两国关系的演变	刘悦斌
	历史讲座：（6）五四新文化运动与近代文化建设	田嵩燕
	西藏地方史讲座：（1）西藏地方史（一）	胡 岩
	西藏地方史讲座：（2）西藏地方史（二）	胡 岩
	西藏地方史讲座：（3）西藏地方史（三）	胡 岩
文化学师资培训班	学习引言	李书磊
	文化时代的来临与我党的文化发展新思路	周熙明
	核心价值体系与文化认同	赵伯英
	社会发展与文化变迁	徐 平
	全球化背景下中国文化认同	李文堂
	中国传统社会的文化生产与传播机制	张 军
	近代以来我国的文化论争	刘悦斌
	中国传统文化的现代价值	赵 峰
	四大名著与中国传统政治文化	梅敬忠
	当代文学艺术与社会文化	刘 忱
	中国大众文化的现状及未来发展方向	李媛媛
	文化创意产业发展中的重点难点问题研究	范玉刚
	社会发展中的文化遗产保护问题	马奔腾
	乡土文化的现代价值	张宏明
	当代中国的城市文化生态问题	陈宇飞
	现代传媒的特点与舆论引导机制探索	秦 露
	美国文化软实力研究	穆占劳
市地党政主要领导干部进修班（第3期）	学习引言	李书磊
	中国特色社会主义理论体系研究	严书翰
	科学发展观若干问题研究	田应奎
	国际金融危机的成因及对我国的影响	韩保江
	加快转变经济发展方式	王天义
	转型期的社会结构与社会整合	吴忠民
	依法行政与服务型政府建设	傅思明
	城市发展与城市治理	仇保兴
	城市文化建设与文化遗产保护	单霁翔
	党内民主问题研究	高新民
	领导干部如何面对新闻媒体	秦 露
	突发群体性事件及其处置	卓泽渊

续 表

班　次	教　学　内　容	讲课人
	提高领导干部应对突发事件的能力（案例教学）	王　军
“推进土地管理制度改革”专题研讨班	积极稳妥推进土地管理制度改革，提高统筹保障发展与保护资源的能力	徐绍史
	以十七届三中全会精神指导农村土地制度改革	陈锡文
	中外土地制度比较及历史研究	叶剑平
	土地管理制度改革	鹿心社
	建立城乡统一土地市场	胡存智
	土地管理制度改革的地方实践及启示	周其仁
	中国土地管理法制建设若干问题	甘藏春
	搭建农村土地整治平台推动城乡统筹	吴海洋
	农村宅基地制度创新研究（案例教学）	石　霞、陈启清
	土地规划与土地管理制度改革	董祚继
省级档案局（馆）长培训班	十一届三中全会以前党对中国社会主义建设道路的探索	曹　普
	我国档案事业发展战略	杨冬权
	十一届三中全会以来党对中国社会主义建设道路的探索	谢春涛
	中国特色社会主义理论体系若干问题研究	阮　青
	深入贯彻落实科学发展观	庞元正
	饮食有节，身必无灾——食物是最好的药物	赵　霖
	建设社会主义法治国家	张恒山
	依法行政的理论与实践（体验式案例教学）	政法部
	当代世界经济的主要趋势	张伯里
	依法行政理论与实践	傅思明
	提高领导干部处理公共事件的能力	张晓玲
	深化行政管理体制改革，建设服务型政府	井　敏
	情绪管理	唐登华
	加快推进以改善民生为重点的社会建设	青连斌
	当代国际贸易格局变化与未来走势	潘　悦
	牵动新时期档案事业发展的六大变化	冯惠玲
	中国书画艺术欣赏	陈中浙
	提高驾驭全局的战略思维能力	段培君
	提高领导干部的执政能力（案例教学）	宋福范、曹鹏飞
	当代国际金融格局变化与未来走势	朱　民
	提高领导干部应对突发事件的能力	黄小勇

续表

班次	教学内容	讲课人
	走进音乐世界	周海宏
全国党史部门负责人培训班	改革开放史研究的若干问题	章百家
	社会主义革命和建设时期党史研究若干问题	张　化
	从新民主主义向社会主义的过渡	罗平汉
	关于地方党史编写的几个问题	张树军
	党史宣传教育的主题和任务	黄如军
	“大跃进”运动及其教训	谢春涛
	发挥党史工作在文化建设中的重要作用	龙新民
	建立社会主义市场经济体制目标的确立	曹　普

春季学期“当代世界报告”题目与报告人

报告题目	报告人	
当前国际金融格局变化及其未来走势	中国银行副行长、研究员	朱　民
当代世界经济的主要趋势	中央党校校委委员、科研部主任、教授	张伯里
当前国际贸易格局变化及其未来走势	中央党校国际战略研究所教授	潘　悦
中国法治进程的回顾与展望	中国社科院法学所研究员	李步云
当代世界法制发展的历史走向	中央党校研究生院院长、教授	卓泽渊
当代刑事法治重大问题	北京师范大学法学院院长、教授	赵秉志
中国核能发展的前景与展望	中国科学院院士、中国原子能科学研究院研究员	王乃彦
当代世界科技与创新战略	中央党校哲学教研部教授	李建华
国家军事安全的新形势和新问题	军事科学院战略部副主任、研究员	张世平
关于国家安全的战略思维	国防大学战略教研部副主任、教授	金一南
当代西方人本主义思潮	中央党校哲学教研部教授	丁东红
西方马克思主义思潮	中央社会主义学院副院长、教授	张　峰
美国全球战略的调整与中美关系	中央党校国际战略研究所所长、教授	王缉思
世界民族宗教发展趋势及对我国的影响	中央党校科学社会主义教研部教授	龚学增

秋季学期“当代世界报告”题目与报告人

报告题目	报告人
当代国际贸易格局变化与未来走势	中央党校国际战略研究所教授 潘 悦
当代世界经济的主要趋势	中央党校校委委员、科研部主任、教授 张伯里
当代国际金融格局变化与未来走势	中国银行副行长、研究员 朱 民
中国法治的发展趋势	山东大学校长、教授 徐显明
世界视野下的中华法文化	中央党校研究生院院长、教授 卓泽渊
世界法制发展与中国的司法问题	最高人民法院副院长 景汉朝
创新方法与自主创新	科技部副部长 刘燕华
低碳技术与能源利用方式转变	中央党校哲学教研部教授 赵建军
国家军事安全的新形势和新问题	军事科学院战略部副主任、研究员 张世平
关于国家安全的战略思维	国防大学战略教研部副主任、教授 金一南
美国全球战略的调整与中美关系	中央党校国际战略研究所教授 王缉思
当代西方哲学对西方文明的反思	中国人民大学教授 张志伟
当代西方科学主义思潮	中央党校哲学教研部教授 丁东红
世界民族宗教发展趋势及对我国的影响	中央党校科学社会主义教研部教授 龚学增

春季学期全校选听讲座题目与教师

题 目	教 师
饮食有节，身必无灾——食物是最好的药物	赵 霖——解放军301医院研究员
播种健康，收获幸福	洪昭光——全国心血管病防治科研领导小组副组长、首都医科大学附属安贞医院研究员
中国书画艺术赏析	陈中浙——中央党校哲学教研部副教授
走进音乐世界	周海宏——中央音乐学院副院长
关于故宫与故宫博物院	郑欣淼——文化部副部长、故宫博物院院长
领导者的演讲艺术	闻 闸——中央教育电视台播音指导、教授

续 表

题　目	教　师
积极应对媒体　主动引导舆论	郭卫民——国务院新闻办一局局长
中国人口与社会发展	原　新——南开大学人口与发展研究所教授
《红楼梦》赏析	梅敬忠——中央党校文史教研部教授
管理创新	张玉杰——中央党校经济学教研部教授
人文的城市	陈宇飞——中央党校文史教研部教授
当代世界格局与我国的对外战略	亓成章——中央党校国际战略研究所教授
朝鲜半岛核问题与东北亚地区安全	张琏瑰——中央党校国际战略研究所教授
儒释道与中国文化	王　杰——中央党校哲学教研部教授

秋季学期全校选听讲座题目与教师

题　目	教　师
饮食有节，身必无灾——食物是最好的药物	赵　霖——解放军301医院研究员
情绪管理	唐登华——北京大学精神卫生研究所主任医师
中国书画艺术赏析	陈中浙——中央党校哲学教研部副教授
走进音乐世界	周海宏——中央音乐学院副院长
关于故宫与故宫博物院	郑欣淼——文化部副部长、故宫博物院院长
领导者的演讲艺术	闻　闸——中央教育电视台播音指导、教授
积极应对媒体　主动引导舆论	郭卫民——国务院新闻办一局局长
中国人口与社会发展	原　新——南开大学人口与发展研究所教授
《红楼梦》与中国文化	梅敬忠——中央党校文史教研部教授
管理创新	张玉杰——中央党校经济学教研部教授
人文的城市	陈宇飞——中央党校文史教研部教授
当代世界格局与我国的对外战略	亓成章——中央党校国际战略研究所教授
朝鲜半岛核问题与东北亚地区安全	张琏瑰——中央党校国际战略研究所教授
儒释道与中国文化	王　杰——中央党校哲学教研部教授

春季、秋季学期党校台电视选修课教学题目与教师

一、学习贯彻党的十七大精神专题讲座

题　目	教　师
中国特色社会主义若干重要问题研究	严书翰
中国特色社会主义理论的形成和发展	谢春涛
科学发展观若干前沿问题	庞元正
加快转变经济发展方式	韩保江
全面建设小康社会的新要求	刘海涛
发展社会主义民主政治	李良栋
十七大关于推进文化发展大繁荣的新思路	周熙明
以改善民主为重点，加强社会建设	青连斌
十七大在对外关系理论上的创新	宫　力
以改革创新精神全面推进党的建设新的伟大工程	张志明

二、马克思主义原著导读

题　目	教　师
恩格斯《路德维希·费尔巴哈和德国古典哲学的终结》导读	张绪文
列宁《谈谈辩证法问题》导读	何建华
马克思《资本论》导读（一）	鲁从明
马克思《资本论》导读（二）	臧志风
《共产党宣言》导读	韩云川
《社会主义从空想到科学的发展》导读	刘海涛

三、国际政治专题讲座

题　目	教　师
中国国家安全环境现状与走势	亓成章
联合国改革与我国的多边外交	刘建飞
中俄关系现状与走势	左凤荣
中国和平发展道路与国际战略	康绍邦

四、综合讲座

题　目	教　师
《周易》与中国传统文化	王　峰
经济全球化与中国竞争力	施　红
信息化条件下的二元经济结构转换	李继文
公共卫生与社会危机	靳　薇
性别失衡与社会危机	李慧英
财政运行法治化	王　伟
我国行政救济制度的完善	张丽娟
延安整风新论	李东朗
胡耀邦与拨乱反正	陈　述
西方执政党党内民主研究	谢　峰
领导人才战略	李　民
从闭关到开放——中国近代化的起始	刘悦斌
中国古代的治国方略	岑大利
中国传统民本思想探析	齐　惠

五、学员论坛和“两带来”问题解答

题　目	
学员论坛（一）	培训部
学员论坛（二）	进修部
“两带来”问题探析（一）	经济学教研部
“两带来”问题探析（二）	党的建设教研部

春季、秋季学期校园网网上选修课教学题目与教师*

一、学习贯彻党的十七大精神专题讲座

题　　　目	教　师
中国特色社会主义若干重要问题研究	严书翰
中国特色社会主义理论的形成和发展	谢春涛
科学发展观若干前沿问题	庞元正
加快转变经济发展方式	韩保江
全面建设小康社会的新要求	刘海涛
发展社会主义民主政治	李良栋
十七大关于推进文化发展大繁荣的新思路	周熙明
以改善民生为重点，加强社会建设	青连斌
十七大在对外关系理论上的创新	宫　力
以改革创新精神全面推进党的建设新的伟大工程	张志明

二、加强党的执政能力建设专题讲座

题　　　目	教　师
党的执政能力建设是党执政后的一项根本建设	刘炳香
党执政的主要经验研究	柳建辉
提高驾驭社会主义市场经济的能力	韩保江
提高发展社会主义民主政治的能力	李良栋
提高建设社会主义先进文化的能力	戴木才
提高构建社会主义和谐社会的能力	贾建芳
提高应对国际局势和处理国际事务能力	康绍邦

* 秋季学期国际政治专题讲座另增加“核军控与防止核扩散（孙东方）”和“在华外国非政府组织研究（杨青）”，其余专题讲座与春季学期相同。

三、马克思主义原著导读

题　　目	教　师
恩格斯《路德维希·费尔巴哈和德国古典哲学的终结》导读	张绪文
列宁《谈谈辩证法问题》导读	何建华
马克思《资本论》导读（一）	鲁从明
马克思《资本论》导读（二）	臧志风
马克思和恩格斯《共产党宣言》导读	韩云川
恩格斯《社会主义从空想到科学的发展》导读	刘海涛

四、社会学的理论和方法专题讲座

题　　目	教　师
社会学的基本理论和方法	青连斌
阶级阶层理论	谢志强
社区理论与实践	李慧英
社会政策	李慧英
社会变迁	向春玲
社会调查	林　梅
中国现阶段社会阶层结构分析	谢志强
维护社会公正促进社会和谐	吴忠民
社会变迁与婚姻法律制度	王立峰

五、文化学专题讲座

题　　目	教　师
中国城市发展的文化动力研究	陈宇飞
中国教育面临的深层次问题	刘景录
当代中国大众文化研究	张筱强
新媒体对当代社会的影响研究	秦　露
近代以来中西文化的相遇、冲突与融合	刘景录
悲从何来——文学作品中悲剧意识	范玉刚
道德重建与社会整合	赵　峰

六、伦理学专题讲座

题　　目	教　师
马克思主义伦理学基本问题	孙向军
行政伦理问题研究	靳凤林
发展伦理问题研究	邱耕田
中国传统伦理研究	刘余莉
现代西方伦理思潮	梁晓杰

七、政党学专题讲座

题　　目	教　师
执政党建设问题研究	王长江
政党制度类型比较研究	谢　峰
发展中国家的政党政治	姜　跃
党内选举制度改革	蔡　霞
党内民主研究	蔡　霞
执政党与媒体发展	高新民
建国前党局部执政的实践及其意义	张希贤
现代企业制度与党的建设	蔡　霞
台湾政党政治研究	王　瑜
国外共产党的现状	耿克民

八、领导科学专题讲座

题　　目	教　师
领导能力提升	刘炳香
领导干部的语言艺术	刘玉瑛
领导心理调适	刘余莉

九、中共党史专题讲座

题　　目	教　师
陈独秀的历史功过	祝　彦
王明再认识	刘晶芳
人民公社化运动与公社体制	罗平汉
1959 年庐山会议及其教训	谢春涛
中苏论战与“反修防修”	李　瑗
刘少奇冤案的形成	王海光
十一届三中全会的历史转折	陈　述
国内外毛泽东研究述评	罗平汉
离休后的邓小平	陈雪薇
当代中国政治体制的历史演变	韩　钢
中国共产党领导的多党合作制的由来和发展	李　瑗

十、中国哲学专题讲座

题　　目	教　师
如何看待当前的国学热	王　杰
儒释道与中国文化	王　杰
孔子与中国文化	王　峰
周易入门	王　峰
禅宗与中国文化	陈中浙
中国古代的生态哲学	任俊华
中国传统哲学的基本精神	王　杰

十一、国际政治专题讲座

题　　目	教　师
中日关系的现状和趋势	张琏瑰
中美日俄印综合国力的国际比较	门洪华
国际反恐怖主义斗争问题	马小军
美国的意识形态外交与我国的应对策略	刘建飞
上海合作组织与反对三股恶势力的斗争	孙建杭
中国和中亚国家关系的历史、现状及其发展趋势	亓成章
软实力与中国外交	罗建波
国际冲突与中国参与联合国维和	赵　磊
国际关系的传媒透视	秦治来
美国两条现代化道路之争	刘　婷

十二、世界经济专题讲座

题　　目	教　师
跨国公司投资及其对中国经济的影响	潘　悦
转型国家经济状况及启示	纪　军
日本泡沫经济的教训	孙仲涛
人民币汇率变化的长期走势	陈江生
国际金融危机的成因与走势	刘　东

十三、其他专题讲座

题　　目	教　师
西方管理理论	潘云良
基督教伦理与现代西方文明	靳凤林
中国传统文化与中国式管理	刘余莉
科学发展观与中国人权保障	张立伟
可持续发展战略	冯鹏志
法治政府与可持续发展	刘素华
生命科学与哲学	李建华
电子政务与体制创新	蔡德聪
信息资源开发利用与信息安全	蔡德聪
社会主义政治文明建设的理论与实践	李良栋
服务型政府与公共服务均等化	胡　卫
弘扬中国优秀传统道德，促进社会和谐	刘余莉

秋季学期电影鉴赏课教学计划

日　期	星　期	时　间	地　点	片　　名
9月2日	三	晚上：19：40	礼堂	《东方／西方》（俄罗斯、保加利亚等）
9月11日	五	下午：14：30	礼堂	《走近毛泽东》（国产）
9月16日	三	晚上：19：40	礼堂	《佐贺的超级阿嬷》（日本）
9月23日	三	晚上：19：40	礼堂	《生命国界》（德国）
9月25日	五	下午：14：30	礼堂	《小平，您好!》（国产）
10月14日	三	晚上：19：40	礼堂	《建国大业》（国产）
10月28日	三	晚上：19：40	礼堂	《晚安，好运!》（美国）
11月11日	三	晚上：19：40	礼堂	《灵魂的抗议》（朝鲜）
11月20日	五	下午：14：30	礼堂	《华氏911》（美国）
11月25日	三	晚上：19：40	礼堂	国产大片（待定）
12月4日	五	下午：14：30	礼堂	《乐土浮生录》（古巴）
12月9日	三	晚上：19：40	礼堂	《防兔篱笆》（澳大利亚）
12月18日	五	下午：14：30	礼堂	《乌干达天空下》（美国）
12月23日	三	晚上：19：40	礼堂	《巴黎，我爱你》（法国）
12月25日	五	下午：14：30	礼堂	《北极故事》（美国）
2010年1月6日	三	晚上：19：40	礼堂	《九月录像带》（美国）

中央党校教务部
中央党校文史教研部
2009年8月

春季学期体育课教学计划

2009 年 3 月 1 日—7 月 17 日

班　次	教学内容	上课时间	上课地点	教　师
进修部各班次	太极拳 太极剑 练功十八法等	周一、二、三、四、五 早晨：6：10—7：00	综合楼前舞池	谷洪云
培训部中青一班、半年制民族干部培训班各班次	太极拳 太极剑 练功十八法等	周一、二、三、四、五 早晨：6：10—7：00	综合楼西侧	胡德明
培训部中青二班、一年制西藏民族干部培训班	太极拳 太极剑 练功十八法等	周一、二、三、四、五 早晨：6：10—7：00 下午：16：30—18：00	礼堂前	何春光
进修部、培训部各班次	网球	周一、二、三、四、五 下午：16：30—18：00	体育馆东侧 充气网球馆 3—6 号场地	谷洪云 胡德明

注：1. 各班次开课时间以任课教师通知为准。

2. 课程如有变化，以任课教师通知为准。

中央党校教务部

中央党校文史教研部

2009 年 2 月

秋季学期体育课教学计划

2009 年 9 月 1 日—2010 年 1 月 15 日

班　次	教学内容	上课时间	上课地点	教　师
进修部各班次	太极拳 太极剑 练功十八法等	周一、二、三、四、五 早晨：6：10—7：00	综合楼前 舞池	谷洪云
	网球	周一、四 下午：16：00—18：00	充气网球馆 3 号场地	
培训部中青一班、半年制民族班	太极拳 太极剑 练功十八法等	周一、二、三、四、五 早晨：6：10—7：00	体育馆西侧	胡德明
	网球	周一、四 下午：16：00—18：00	充气网球馆 4 号场地	
培训部中青二班、一年制民族班	太极拳 太极剑 练功十八法等	周一、二、三、四、五 早晨：6：10—7：00	礼堂前	何春光
	网球	周一、二、三、四、五 下午：16：00—18：00	充气网球馆 6 号场地	

注：1. 各班次开课时间以任课教师通知为准。

2. 课程如有变化，以任课教师通知为准。

中央党校教务部

中央党校文史教研部

2009 年 8 月

教学工作会议

中央党校召开2009年第一次教学工作会议

1月17日下午，中央党校召开2009年第一次教学工作会议。常务副校长李景田出席会议并讲话。会议由石泰峰副校长主持。副校长、教务部主任李书磊通报了2008年秋季学期教学工作的基本情况，对2009年春季学期的教学安排作了说明，并对春季学期的教学工作提出要求。校委委员、教育长郝时晋，校委委员、科研部主任张伯里，校委委员、哲学部主任贾高建，校委委员、办公厅主任罗宗毅出席会议。各教研部（所）主任（所长）、副主任（副所长）和全体教师，各学员部主任、主管教学的副主任、组教处处长和组织员，其他校直属单位负责人，各分校负责人和教务处处长以及教务部有关人员参加会议。

李景田在会上首先传达了1月13日胡锦涛同志在十七届中央纪律检查委员会第三次全体会议上的重要讲话精神，并强调要在党校教学中进一步把党性教育真正落到实处。

李景田指出，胡锦涛同志在十七届中央纪律检查委员会第三次全体会议上的重要讲话中对全党提出了进一步加强党性党风教育的重大任务，强调面对复杂多变的国际局势和艰巨繁重的国内改革发展任务，要保持经济平稳较快发展，保持社会和谐稳定，各级领导干部一定要树立和弘扬良好作风。领导干部作风问题，说到底是党性问题。党性纯洁则作风端正，党性不纯则作风不正。胡锦涛同志提出，当前，加强干部党性修养、树立和弘扬良好作风要在“六个着力”上下功夫。一是着力增强宗旨观念，切实做到立党为公、执政为民。二是着力提高实践能力，切实用党的科学理论指导工作实践。三是着力强化责任意识，切实履行党和人民赋予的职责。四是着力树立正确政绩观，切实按照客观规律谋划发展。五是着力树立正确利益观，切实把人民利益放在首位。六是着力增强党的纪律观念，切实维护党的团结统一。

李景田在讲话中着重指出，胡锦涛同志要求各级党委把加强领导干部党性修养、树立和弘扬优良作风作为重大政治任务抓紧抓好，把加强领导干部党性修养作为重要内容纳入深入学习实践科学发展观活动。这个重大政治任务，对党校教育也提出了新的要求，就是要把党性教育放在党校教育更加重要的位置，以“六个着力”为重点进一步深化党性教育的内容、丰富党性教育的载体、拓宽党性教育的方法和途径、强化党性教育的效果，把党性修养和作风养成贯穿到课堂教学、现场教学、社会实践和教学管理等各个环节，提高党性教育的针对性、实效性，使党校促进领导干部加强党性锻炼的熔炉作用得到更加充分的发挥。

李景田在讲话中围绕贯彻落实胡锦涛同志的重要讲话精神，进一步把党性教育在党校教学中真正落到实处着重强调了四个问题。第一，加强党性教育是巩固党校干部教育培训主渠道地位的需要。现在干部培训机构越来越多，高等院校也在承担培训干部的任务。他们之所以取代不了党校的主渠道地位，很重要的一点就是党性教育是党校的一大特色。如果这一点体现不好，主渠道的作用就体现不了，我们的优势就丧失了。所以党性教育在整个党校教育中很关键，是必须做好的一个事情。第二，加强党性教育说到底还是进一步加强干部队伍建设的需要。从干部队伍的现状看，一方面，整个干部队伍的学历和知识层次有了很大提高，另一方面，相当数量干部的理论素质、党性锻炼、从政经验以及经受的各种考验则显得不够。其中最缺的恐怕还是党性锻炼。第三，党性教育历来是党校教育的重要内容。在长期的党校教育实践中，我们在党性教育上，已经有了一些好的做法和经验，比如在学员管理上，对党性教育的内容与步骤、形式与方法、组织与领导等，都有了一些探索和经验。比如，培训部通过入学教育、主题活动、专题教育、党性分析、党性锻炼小结等多个环节，采用党课、报告会、观看录像、体验式教学、民主生活会等多种形式对学员进行党性党风教育，取得了较好的效果。但这还远远不够。进一步加强党性教育，除了在学员管理上要根据班次和学制的变化进行新的探索和改进之外，关键还是在教学上要取得一定的突破。第四，教学是对学员进行党性教育的重要渠道。党性教育要贯穿于教学的全过程和方方面面，对此，我们一直在强调，但至今尚未形成一整套为大家公认并自觉实行的做法。这学期要加强这方面的工作，特别是教务部、七部一所要深入探索和研究如何在各个班次教学中贯穿党性教育的要求，多做尝试，注意总结，逐步积累一套经验，并在时机成熟的时候予以制度化。

石泰峰副校长要求各有关部门要认真落实景田同志的讲话精神，认真做好春季学期的教学工作。

副校长、教务部主任李书磊在讲话中就2009年春季学期的教学工作着重提出了四个方面的要求。第一，要进一步提高中国特色社会主义理论体系“进课堂、进教材、进头脑”的水平。第二，要进一步提高整体的教学质量。第三，要在教学中坚持党校姓党的原则。第四，要进一步改进文风，破除八股习气。

中央党校召开2009年第二次教学工作会议

7月23日下午，中央党校召开2009年第二次教学工作会议。副校长李书磊出席会议并讲话。会议由校委委员、科研部主任张伯里主持。校委委员、哲学部主任贾高建，校委委员、办公厅主任罗宗毅出席了会议。各教研部（所）主任（所长）、副主任（副所长）和全体教师，各学员部主任、主管教学的副主任、组教处处长和组织员，其他校直属单位负责人，各分校负责人和教务处处长以及教务部有关人员参加会议。

副校长李书磊在讲话中指出，2009年春季学期的教学已比较顺利、圆满地结束，学员对党校教学比较肯定。教学工作取得的成绩有赖于各教研部所、各位教授的辛勤工作，有赖于学员部和各位组织员的努力，有赖于教辅部门、教学相关部门和全校各部门的支持与配合。他受常务副校长李景田同志的委托，代表校委向为教学而辛苦工作的教师和各部门同志表达由衷的敬意。

对于如何做好2009年秋季学期的教学工作，李书磊按照校委会议精神和景田同志的意见，提出几点要求。

第一，要进一步研究、推敲中国特色社会主义理论体系的教学框架，提高中国特色社会主义理论体系的教学水平。中国特色社会主义理论体系的教学是党校教学的核心内容，要进一步研究怎样使中国特色社会主义理论体系的教学框架不断成熟起来。现在我们已经有了一个基本的教学框架，包括经济建设、政治建设、文化建设、社会建设、党的建设和国际战略六个部分，再加上总论。这个框架大致是被学员接受的，是与我们党作为执政党的建设任务相契合的，也与党校现有的学科结构紧密结合。但是，就框架内的七个方面而言，哪些问题是最重要的，是非讲不可、不可省略的，还需要继续推敲。各教研部所要就自己承担的框架内的教学内容，组织教授包括校外专家一起商讨，多听取学员意见，总结教学实践经验，提出修改完善的方案，争取使中国特色社会主义理论体系的教学框架不断有所改善。校委已布置由马克思主义理论教研部牵头，梳理各部所修改、完善这一框架的成果，形成一个有初步共识的大纲。

中国特色社会主义理论体系的教学，要特别强调提高每一堂课的讲授水平。一是要有学术框架，要真正有学科背景和学术基础，备课首先要读马列经典，读领导人的著作，读党和国家的重要文献，同时还要强调读与讲题相关的学术经典，读学术界的最新成果，这样才能对现实问题有分析的工具，对问题的认识才有深度。二是要有现实维度，要深入社会作调研，要与学员进行深入交谈，对每个讲题在实践中所涉及的最突出的问题要心中有数。学术框架和现实维度不可分割，要把二者结合起来，把每一次讲课变成一次学科积累。

第二，要进一步抓好对学员读书的组织和引导。近平校长关于干部读书的讲话精神我们要坚持不懈地落实。读书是比听课更深刻的学习形式，要格外用心地抓好学员读书这个环节。教学计划和讲稿要把真正可读的、经典的好书推荐出来，激发学员读书的兴趣；教学组和学员部要组织好学员的读书交流，甚至形成读书的竞赛，让学员有非读书不可的压力。下学期在中青一班增设了“马克思主义原著导读”，希望真正把学员引入读原著的状态，使他们不仅掌握马克思主义的理论，而且从字里行间体会文气，从中汲取精神力量和人格力量。经典的研读是一个不可替代的学习过程，专题课不能代替导读课。半年以上的长班将来还可以导读一些中国文化经典，既是丰富人文修养，也是强化国家认同。两个月以下班次的学员也要结合专题精读几本好书。

第三，各教研部所、学员部要进一步提高各个环节的教学组织水平。首先，教师在进行案例总结时，要真正概括出共性的问题，提供方法论层面上的引导，启发学员举一反三。其次，项目制需要总结完善，要强化项目组组长的作用，帮助项目组协调好各方面的关系，针对项目组运作中的棘手问题寻找解决的办法。进修部两个月专题班的教学，要加强教学组管理的有效性，加强前一个月教学阶段和后一个月研究阶段的呼应与衔接。教学阶段就要开始考虑课题研究工作，研究阶段也要适当安排一些辅导课，二者不能截然分开，不能成为“两张皮”。两个月专题班的关键在于后一阶段的研究，各教学组和组织员要多下功夫、多想办法，真正把研讨变成促进学员思考的平台，把他们平常积累的经验和认识激发出来，形成思想碰撞，使学员真正从研讨中受益。其他班次的小组研讨和支部交流等，也要不断提高组织水平。要改进小组讨论的组织，通过集中讨论题目形成对话和交锋；双向交流也要采取有效的办法使讨论活跃起来，鼓励同学论辩，互相启发，深化思考。在教学组织方面，还要持之以恒地抓文风问题。教学组要明确写论文、写研究报告的规范，要求学员言之有物，要有信息量，要提出真实的问题，要有深入的分析，结构上不一定面面俱到，要把自己最有感受、最有见解的方面突出出来。

第四，要进一步增强新疆班、西藏班教学的针对性。下学期对民族班的教学内容作了部分调整，强化了民族宗教课的分量。下一步我们还将做认真的研究、论证，较大幅度地增加与新疆、西藏区情相关的教学内容。这两个班的教学，要从长治久安而不仅是暂时稳定的角度培养学员的战略思维，从做好基础性政治工作的角度提高学员的执政能力。学科建设也要把这两个班的教学作为重点，真正培养出不同学科的新疆和西藏研究的专家。我们要把最优秀的教师安排到这两个班任课。

第五，要进一步加强学位研究生教学。导师要真正指导学生读书、读经典，打好书底子。要认真指导学位论文，这是中央党校学术工作的一个重点。研究生院和各教研部所要真正通过学位教育这个平台带动党校的学科建设。

最后，提一点务虚的要求，就是要进一步增强党校教学的责任感和使命感。中央党校作为党的最高学府，承担着对执政骨干进行理论武装和政治教育的重要使命。我们要通过党校教育，真正坚定领导干部的信仰，强化领导干部对党和国家的忠诚，提高执政能力。中央党校从某种意义上讲是党的文化象征，我们党校教师对此要有高度的自觉。我们要有真学问，有大格局，有圣贤之心，切实做到言传身教，不辜负锦涛同志、近平同志对我们的殷切嘱托。

教务部副主任赵理文通报了本学期教学工作的基本情况，并从班次设置和招生安排、教学内容、教材安排、教学方法、教学组织和管理、教学评估和学习考核、分校教学七个方面对2009年秋季学期的教学安排作了说明。

分校工作

李书磊副校长出席分校开学典礼

3月24日上午，中直机关分校举行春季学期直属局处级领导干部进修班开学典礼，中央党校副校长兼教务部主任李书磊出席。

3月30日下午，中央国家机关分校举行春季学期开学典礼，中央党校副校长兼教务部主任李书磊出席。

10月10日上午，中央国家机关分校举行秋季学期开学典礼，中央党校副校长兼教务部主任李书磊出席。

10月15日上午，部队分部海军干部进修班在海军培训中心举行开学典礼，中央党校副校长兼教务部主任李书磊出席。

2009年分校招生工作简况

分校全年举办132个班次，共5641人。其中，青年干部培训班3个，共131人，局级干部进修班26个，共701人；处级干部进修班99个，共4679人；专题研究班4个，共130人。

《中央党校分校工作暂行条例》修订工作进展情况

3月20日下午，教务部召开分校负责人会议，就修订《中央党校分校工作暂行条例》有关事宜进行动员和布置。中直机关分校副校长玉淑君、中央国家机关分校副校长何晓辉、国资委分校校长助理黄健、部队分部办公室主任王玉华以及各分校教务处的负责同志参加了会议。教务部副巡视员侯少文主持会议。

4月下旬到5月中旬，教务部副巡视员侯少文带领分校工作办公室的有关同志，会同各分校（部）走访了新华社党校、财政部机关党校、住房和城乡建设部机关党校、农业部党校、国家安全生产监督管理总局党校、建设银行党校和国家开发银行党校、中国石油天然气集团公司党校、航天科技集团公司党校和华能集团公司党校、总装备部继续教育学院共11个所属党校或党校班的依托办学单位，就修订《暂行条例》有关问题进行了调研。

6月22日，分校工作办公室下发《关于就〈中央党校分校工作若干规定〉（草稿）征求意见的通知》。8月20日，教务部分校办在中国华能集团公司党校召开修订《中央党校分校工作暂行条例》座谈会。中直机关分校副校长玉淑君、中央国家机关分校副校长侯建中、国资委分校副校长杨永志、部队分部办公室干事刘力维，以及四个分校所属13个党校或党校班的负责同志共22人参加了座谈会。教务部副巡视员侯少文出席并主持会议。会上，分校办下发了《中共中央党校分校工作若干规定》（修订后拟用名称）（征求意见稿）。与会同志对《若干规定》逐章逐节进行了讨论。

11月19日上午，校委会讨论了《中央党校分校工作若干规定》（上报稿）。会议认为，中央党校分校的工作非常重要，是中央党校工作的必要延伸。在党中央统一领导下，在中央党校和重要直属机关、中央国家工委、国资委党委、解放军总政治部共同领导下，分校工作取得很大成绩，培养了大批干部，对保证整个干部队伍素质的提高，推进中国特色社会主义事业的发展起了很大作用。《中央党校分校工作暂行条例》已实行多年，对指导和规范分校工作起到了积极的作用，在形势和任务发生变化的情况下，尤其在中央颁布《党校工作条例》后，有必要对其进行修订。教务部先后在泰峰、书磊同志领导下，把修订工作作为一项十分重要的任务来抓，在充分调研的基础上几易其稿，做了大量工作，会议对此给予充分肯定。

会议对《若干规定》的制定提出以下意见：第一，《若干规定》的定位要明确，指定文件的主体是中央党校，要以中央党校名义发文。在文件中，要明确分校的职能，并规范分校的办学标准；第二，文件要简化，不宜规定太具体；第三，有些文字要再斟酌。请教务部根据校委会讨论的意见，对《若干规定》再作进一步修改。

党校教学规律研究

遵循干部成长规律和党校教育规律，坚持和发展“一个中心、四个方面”的教学新布局，建构“分类别、分层次”的教学体系*

教 务 部

干部成长规律和党校教育规律是党校教学工作必须遵循的科学依据。全面认识和研究两个规律，是开展党校教学工作的基本前提；正确把握和运用两个规律，是搞好党校教学工作的根本保证。为更好地推进党校教学改革，提高教学质量，必须立足于教学管理工作的实际，从教学布局、教学体系、教学方法以及教学工作的其他环节和方面着手，研究干部成长规律和党校教育规律的客观要求，以指导教学工作更加有效地开展。

一、贯彻党校姓党原则，坚持和发展“一个中心、四个方面”的教学新布局，把马克思主义中国化的最新成果作为教学的中心内容

（一）党校作为党委的工作部门，应该为党的政治任务和中心工作服务。

党校不同于一般的学校或培训机构，它是党委的重要部门。党校姓党，它是培训、轮训党员领导干部和培养党的理论骨干的主渠道，是学习研究宣传马列主义、毛泽东思想和中国特色社会主义理论体系的主阵地，是领导干部加强党性锻炼的熔炉。党校是为党的事业而建立的，是同党的基本理论和基本路线紧密联系在一起的，是为立党、兴党而工作的。

在延安时期和建国以后，党校集中大批干部，学习理论，总结历史经验，在统一全党思想，提高党的领导干部的马克思主义理论水平方面发挥了重要作用。党的十一届三中全会前后，中央党校率先开展了真理标准大讨论，对于全党解放思想、拨乱反正，重新确立实事求是的思想路线、正确的政治路线和干部路线做出了重要贡献。在改革开放和社会主义现代化建设的

* 2007—2008 年度中央党校校委重大课题“干部成长规律和党校教育规律研究”形成了校内 26 个分课题研究报告和 4 个地方党校的研究报告，本文是分课题研究报告之一，选自《中共中央党校“两个规律”课题研究成果汇编》，中共中央党校科研部、中共中央党校研究室编，中共中央党校出版社 2009 年 7 月第 1 版，第 18—31 页。

新时期，党校积极学习、研究、宣传马克思列宁主义、毛泽东思想、邓小平理论、“三个代表”重要思想和科学发展观等重大战略思想，紧紧围绕加强党的执政能力建设和先进性建设的要求，在领导干部培训轮训方面进行了新的探索，为服务全党工作大局做出了新的贡献。

党校发展的历史充分证明，党校工作只有坚持党校姓党，紧紧围绕党的事业和党的建设的全局，紧密联系我国改革开放与现代化建设的新形势、新任务，适应党的干部队伍建设的客观需要，在促进干部队伍素质和能力的提高、促进党的建设和党的事业发展方面发挥应有的作用，才有存在的价值，才能获得发展。

（二）党校的性质和定位决定了党校教育应该坚持“一个中心、四个方面”的教学新布局，党校教育要适应新的形势和任务的变化，并不断完善和发展。

根据党校的性质和定位，党校在长期的教学实践中逐步形成了具有自己特色的教学布局。在不同的阶段，由于具体条件和形势、任务的不同，党校教学布局的具体构成也各有不同。

党的十五大以后，在新世纪之交，国际国内形势有了新的发展，建设中国特色社会主义伟大事业对各级领导干部素质提出了新的要求。2000 年《中共中央关于面向 21 世纪加强和改进党校工作的决定》明确提出，要“紧紧围绕学习邓小平理论这个中心，建设好既坚持马克思主义又充分适应世界大转折和中国新发展要求的，主要包括‘理论基础’、‘世界眼光’、‘战略思维’和‘党性修养’这四个方面内容的教育课程”，也即“一个中心、四个方面”的教学布局。

“一个中心、四个方面”的教学新布局，是在认真总结党校教育多年来的实践基础上，适应新的历史条件和要求所形成的党校教学的新布局。这一教学新布局符合党校教育的基本定位，符合领导干部提高马克思主义政治家素质的基本需求，具有较强的科学性。“一个中心”要求把马克思主义理论作为党校教育的主课，也就是要求党校的全部教学必须以学习马克思主义中国化的最新成果为中心；“四个方面”主要着眼于领导干部提高素质、增强能力，要求把马克思主义理论与当代世界经济、科技、法律、军事、思潮的基本情况及其发展动向，与运用马克思主义的立场、观点、方法科学分析解决实际问题从而培养战略思维，与多种形式和途径的党性锻炼，有机地结合起来。除此之外，为满足领导干部更新知识的需要，在开设“理论基础”、“世界眼光”、“战略思维”和“党性修养”等主要课程的同时，还应该根据不同班次的不同特点，开设有关专题研究课程和知识课程。

从实践来看，“一个中心、四个方面”的教学新布局较好地适应了新的阶段干部教育培训的需要，符合新世纪新阶段我国干部教育的特点。这个新布局实施以后，党校教学出现了新的气象，对提高干部教育培训工作的水平起到了积极的促进作用，理应在实践中继续坚持。与此同时，“一个中心、四个方面”的教学新布局又不能停滞不前，而应该不断发展和完善，特别是要根据不断变化着的新的情况，对其做出新的调整。随着我们党在理论与实践的结合上不断取得新的成果，“一个中心、四个方面”的教学新布局也得到了拓展和丰富。党的十六大把“三个代表”重要思想确立为党的指导思想，党校的教学布局也相应地将“三个代表”重要思想的学习纳入中心内容，这时“一个中心”便拓展为以学习邓小平理论和“三个代表”重要思想为中心。十六大后，中央提出了以人为本，全面、协调、可持续的科学发展观和构建社会主义和谐社会等重大战略思想，党校的教学布局中也相应地突出了这方面的教学内容。党的十七大将马克思主义中国化的最新成果概括为中国特色社会主义理论体系，党校教学布局也应该体现这一精神，把学习中国特色社会主义理论体系作为中心内容。

2005 年 5 月，胡锦涛同志在为第二批全国干部培训教材所作的序言中指出：“干部教育培训工作，必须坚持以马克思列宁主义、毛泽东思想、邓小平理论和‘三个代表’重要思想为指导，全面贯彻落实科学发展观，把学习和传播马克思主义中国化的最新成果作为中心内容，着力引导广大干部准确把握当代中国马克思主义理论发展成果的科学内涵和精神实质，并用以武装头脑、指导实践、推动工作。”《2006—2010 年全国干部教育培训规划》提出干部教育培训要以马克思主义中国化的最新成果为中心内容，进一步加大理论武装力度，引导广大干部全面准确地掌握和运用马克思主义中国化的最新成果。

把学习马克思主义中国化最新成果作为教学的中心内容，就是要用中国特色社会主义理论体系统领党校教学，并贯穿于教学的各个方面和各个环节，进一步做好进课堂、进教材、进头脑的工作。要把学习中国特色社会主义理论体系作为党校教育的主课，组织学员深入学习邓小平理论、“三个代表”重要思想和科学发展观，深刻理解马克思主义中国化的理论成果之间既一脉相承又与时俱进的关系，准确把握其中的基本理论和基本方法，进一步加大马克思主义中国化最新成果在教学中的分量。要组织编写系列教材，在教材中充分体现和反映马克思主义中国化最新成果。

把马克思主义中国化的最新成果作为党校教育的中心内容，必须弘扬理论联系实际的马克思主义学风。首先，要把马克思主义中国化最新成果的学习与研究国内外重大现实问题结合起来。着眼于马克思主义中国化最新成果的应用，着眼于对实际问题的理论思考，着眼于新的实践和新的发展，运用马克思主义的立场、观点、方法来认识和分析社会主义现代化建设中的重大问题，特别是要加强对落实科学发展观、构建社会主义和谐社会等重大理论和现实问题的研究，创造性地解决当前在实践中所遇到的重大理论和现实问题。其次，要把马克思主义中国化最新成果的学习与提高学员分析解决实际问题的能力结合起来。贯彻落实科学发展观，构建社会主义和谐社会，迫切需要提高领导干部的知识水平和工作能力。要通过教学引导学员全面理解、准确把握中央关于经济社会发展的指导方针和一系列战略决策，不断增强贯彻落实科学发展观的自觉性和坚定性，切实把思想和行动统一到科学发展观的要求上来，并体现到各项具体工作中，真正落到实处。要引导学员把理论学习与主观世界的改造结合起来，切实加强马克思主义理论修养，加强学风、思想作风、工作作风、生活作风建设，提高思想道德水平。

（三）党校教育必须引导学员切实增强执政意识、提高执政能力。

根据党的新任务和党的执政能力建设的新要求，以及党校教育面临的新形势，中央提出党校教育要由素质培训向素质和能力相结合的培训转变。党的十六大对领导干部提出了提高“五种能力”的要求，党的十六届四中全会明确提出“围绕增强执政意识，提高执政能力，创新培训方法，提高培训质量，大规模培训干部”。中央颁布的《干部教育培训工作条例（试行）》和《2006—2010年全国干部教育培训规划》，都把提高干部的素质和能力作为干部培训工作的重要内容，体现了党的事业发展对干部教育培训工作的新要求，体现了干部教育培训工作自身的功能定位。

党校教学必须按照中央的要求，把提高干部的素质和能力贯穿于“一个中心、四个方面”的教学新布局中。要进一步研究和分析各级领导干部的能力层次，明确党校在领导干部能力培养方面的责任和使命。通过与时俱进地加强和改进党校的能力培训，引导各级领导干部努力提高学习和钻研马克思主义理论的素质和能力，努力提高研究现代化建设和改革开放重大现实问题的战略思维能力，不断提高分析和解决实际问题的能力，不断提高创造性地贯彻落实党的路线方针政策的能力，不断提高严于律己的党性修养能力。

二、探索教学新布局的具体实现形式，建构“分类别、分层次”的教学体系

“一个中心、四个方面”的教学新布局规定了党校教学的基本内容，党校教学的全部工作都应围绕这些内容展开。但是，任何内容都必须借助于一定形式实现出来，形式是否适合，直接影响到内容的实现。党校教学的新布局也是如此，必须找到合适的实现形式。

在党校教学的具体实践中，长期存在着一个十分突出的问题，就是“上下一般粗、左右一个样”，教学内容在相当程度上重复雷同，教学模式单一。这个问题在教学新布局的具体实施过程中进一步凸显出来，影响了教学新布局的实施效果。正是针对教学实践中存在的这些问题，在全国党校系统开始实行了新一轮的教学改革，改革的基本目标就是探索教学新部局的具体实现形式，建构“分类别、分层次”的教学体系。

（一）分类别、分层次地进行班次设置。

党校教育必须适应党的事业和党的建设的需要，同时还必须遵循干部成长规律和党校教育规律的内在要求。党校的班次设置必须以此为依据，力求科学合理，以帮助和促进干部全面健康成长，确保干部队伍建设的不断优化。

1. 根据干部队伍建设需要分类别设置班次。

按照中央关于干部教育的规划和有关规定，现职的省部、地厅、县处级领导干部特别是党政主要领导干部，每5年必须到党校轮训一次；县级以上（含县级）中青年党政后备干部，在被提升或提名选举到上一级领导岗位之前，必须经过相应的党校培训。

领导干部在职进修和中青年后备干部

培训，是党校干部教育的两种基本形式，其性质、功能和任务不同。后备干部培训是任职培训，基本任务是在领导干部进入新的岗位前，对其进行基本理论、基本知识和基本能力的系统培训，使其具备相应的任职资格。在职进修属于常规轮训，也就是领导干部在担任一定时期领导职务后，脱产到党校进行在岗轮训，以进一步充实提高，并研讨实践中遇到的重大理论与现实问题。根据这两类教育的不同性质和定位，党校的主体班次应区分为培训和进修两大类。除此之外，还可以开设各类专题研讨班，根据形势和任务的需要，确定专题进行专门的研讨。

2. 在分类的基础上，依据干部成长的路径分层次设置班次。

从干部队伍建设的实践来看，领导干部的成长具有一定的成长轨迹。正是这种成长轨迹，为党校的班次设置提供了进一步细化的依据。

领导干部的成长与干部选拔任用密切相关，是个人素质能力提升和职务晋升相互作用的过程，具有一定的成长轨迹，呈现出梯次渐进的特征。从领导干部的基本情况来看，绝大多数都是从基层工作干起，经过县处级副职、正职晋升为地厅级副职、正职，再由地厅级副职、正职晋升到省部级副职、正职，循序渐进地成长起来。由于不同层级的领导岗位对领导干部的理论修养、知识结构和领导才能等有不同的要求，因此，党校教育必须充分考虑不同层级的领导干部在岗轮训和任职培训的双重需要，在进行班次分类的基础上，区分两类班次内部相应的结构层次。

从中央党校的教学实际来看，学员对象主要是省部级和地厅级领导干部，因此在分类分层设置班次上应该作相应的安排。在培训类班次内部，分为一年制中青年干部培训班和半年制中青年干部培训班，前者学员对象为正地厅级领导干部中的省部级后备干部，后者学员对象为副地厅级干部中的正职后备。同时，按照培养少数民族干部的要求，设立新疆、西藏民族干部培训班，也根据学员对象和职级区分为不同层级的班次。在进修类班次内部，区分为省部级干部进修班和正地厅级干部进修班，前者学员对象主要为现职省部级领导干部，后者学员对象为省区市和中央、国家机关部委地厅（司局）级干部正职。考虑到干部队伍的实际情况，又对省部级干部进修班和正地厅级干部进修班分设 A 班和 B 班。任职前参加过后备干部系统培训的学员可以进入 A 班，未参加过的可以进入 B 班。

通过这样的划分，中央党校的班次设置就形成了一个功能定位准确、结构层次分明、整体衔接到位的格局。

（二）根据不同班次领导干部的岗位需要，分类别、分层次设计教学内容。

1. 培训类班次的教学内容设计应着眼于学员的任职需要，突出系统性。

培训类班次具有任职培训性质，因此教学内容应主要着眼于学员的任职需要，按照系统学习基本理论、掌握必备知识、加强党性锻炼、提高领导能力的要求来安排，以使学员具备相应的任职资格。在培训类班次的内部，又应区分不同的结构层次。在中央党校，根据学员的实际，培训类班次主要区分为省部级领导干部任职培训和地厅（司局）级领导干部任职培训两个不同层次，在教学内容上应分别根据省部级领导岗位的任职需要和地厅（司局）级领导岗位的任职需要来安排，形成两个具有递进关系的教学层次。

比如一年制中青班应根据省部级领导职务的任职需要，在系统学习“马克思列宁主义基本问题”、“毛泽东思想基本问题”、“邓小平理论基本问题”、“三个代表”重要思想和当代世界经济、当代世界科技、当代世界法制、当代世界军事、当代世界思潮、当代世界民族宗教等课程的基础上，深入研究其前沿问题，进一步夯实理论功底，提高理论水平。半年制中青班则应根据正司局级领导职务的任职需要，开设系统的“马克思列宁主义基本问题”、“毛泽东思想基本问题”、“邓小平理论基本问题”、“三个代表”重要思想和当代世界经济、当代世界科技、当代世界法制、当代世界军事、当代世界思潮、当代世界民族宗教等课程，突出对马克思主义原著的学习。少数民族干部培训班也应该根据学员对象的不同层次开设相应的课程，同时还应根据民族地区经济和社会发展的需要，增开民族、宗教理论与政策等特色课程。比如新疆地厅级民族干部培训班根据地厅级领导职位的任职需要，其教学设计应与半年制中青班基本一致；新疆县处级民族干部培训班和西藏民族干部培训班则应突出对马克思主义基本原理的学习，系统学习马克思主义基本理论和有关基本知识，同时学习本地区的民族宗教理论和政策。

2. 进修类班次的教学内容设计应注重学员能力的进一步提高，突出研究性。

进修类班次具有在岗轮训性质，学员任职前已经过党校培训类班次系统的任职培训，因此在教学设计上应根据这一实际，着重围绕研讨实践中的重大理论和现实问题来安排教学内容，以使学员进一步充实提高。就中央党校而言，进修班A班的教学不再重复任职培训时已经学习过的那些课程，而是以研究重大问题为主，围绕不同的研究方向开设不同的专门课程，组织学员进行课题研究，并形成相应的研究成果。B班教学内容参照培训类班次来安排。中央党校的进修类班次主要区分为省部级、地厅（司局）级、县处级三个不同层次，安排相应的教学内容。

比如省部级干部进修班A班的课程主要应根据中央的战略部署和形势任务的需要，以马克思主义的立场、观点和方法为指导，从战略高度研究国际国内重大理论和现实问题，并提出研究报告，重要成果以适当形式上报中央。教学安排分为课程学习和课题研究两个阶段，前一阶段开设“重大理论和现实问题研究”和本研究方向的“热点难点问题研究”课程，紧密配合全党全国工作的大局，尽量贴近当前的重大实际，把重大理论和实践问题作为学习研究的重点，突出适用性。课题研究的选题也应定位在当前具有重大理论和现实意义的问题上，侧重于对其进行理论思考和对策性研究，突出针对性。省部级干部进修班B班的课程主要根据省部级干部的任职需要，参照一年制中青年干部培训班的课程来安排，突出系统的理论学习，进行强化培训。地厅级干部进修班A班的教学安排与省部级干部进修班A班基本一致，主要应根据形势、任务和工作需要，以马克思主义的立场、观点和方法为指导，分专题研究现阶段经济和社会发展中的有关重大问题，并提出研究报告。具体的课程内容根据学员对象层次的差异而有所区分。地厅级干部进修班B班主要应根据地厅级干部的任职需要，参照半年制中青班的课程来安排，也要突出理论学习的系统性。

其他各类专题研讨班，则应根据形势和任务的需要，开设相关的专题课程，组织学员进行专门研讨。

（三）教学设计应努力适应领导干部学习的多样化与个性化需求。

从中央党校的教学实际来看，学员来自不同的工作领域，到党校学习除了要实现共同的组织培训要求外，自身还会有一些个性化的学习和研究需求，希望能通过党校各种形式的教学予以满足。为此，党校的教学内容还应充分考虑到学员在这些方面的实际需要，力所能及地进行相应的安排。除根据各个班次的不同定位开设不同的必修理论课程之外，还应对学员特殊的学习需求进行广泛调查，通过各种形式和渠道开设一些有利于提高执政意识、执政能力的系列选修课程，扩大学员的选择余地，满足学员增长知识、开阔眼界、提高能力的个性化需求。比如可以充分利用电视、网络等现代化教学手段，开设有关“马克思主义原著导读”和其他“综合讲座”的电视选修课程，开设“加强党的执政能力建设”、“社会学的理论和方法”、“文化学”、“伦理学”、“中共党史”、“政党学”、“领导科学”、“国际政治”等专题性质的校园网网上选修课程。通过提供内容丰富的选修课程，还可以充分调动学员学习的积极性和主动性，进一步增强学习效果。

三、适应领导干部学习理论、研究问题的特点和规律，改革和创新教学方法

教学方法是实现教学目的的重要手段，对于完成教学任务、实现教学目标、增强教学效果具有重要意义。教学方法的改革和创新，是深化党校教学改革的一个重要方面，也是提高领导干部的素质和能力，提高党校教学质量的有效途径。改进教学方法，既要与领导干部学习理论、研究问题的特点和规律紧密结合起来，又要根据新的形势和任务要求勇于创新，积极探索多样化的实现形式。

（一）党校的教学方法必须服从于教学内容。

教学方法属于教学的形式，从属于教学内容。在教学过程中不能为方法而方法，而应该根据教学的具体内容来确定相应的教学方法。因此，党校教学方法的改革与创新，必须首先着眼于教学内容的需要。

“一个中心、四个方面”的教学新布局，规定了党校教学的基本内容。毛泽东指出，干部学习要“以研究思想方法论为主”。所谓思想方法，就是思想路线问题，就是世界观、方法论问题，就是让领导干部真正掌握马克思主义的立场、观点和方法，并且善于运用马克思主义立场、观点、方法来认识世界和改造世界。党校教学的重要任务，也是最大的特点和优势，就是对学员进行马克思主义理论教育，以此来提高学员的理论素养，帮助他们树立和掌握科学的世界观和方法论，引导学员思考和研究国际国内重大理论问题和现实问题。

近年来，中央关于加强党的执政能力建设和先进性建设的指示精神对领导干部的能力培养提出了新的更高的要求。因此，教学方法的运用必须服务于这一教学内容的要求，引进和采取有利于能力培养的新方法，促使学员通过理论学习来分析和解决实际问题。

从具体的课程体系来看，目前中央党校正在进行以建构分类别、分层次的教学体系为目标的新一轮教学改革。为此，要根据不同班次、不同课程的特点和需要，采取相应的教学方法。当然，教学内容和教学方法之间不存在一一对应的关系，同一内容可以采用不同的教学方法，同一教学方法也可以适用于不同的教学内容。

（二）党校的教学方法必须适应学员对象的学习特点和自身特点。

领导干部进入党校学习是国民教育的继续，学习理论和研究问题有其自身的特点和规律。而领导干部到党校来进行学习，是在经过系统的国民教育培训之后，带着工作中遇到的实际问题，针对新的实际，进行深入的研究，不再是从书本到书本的学习，而是既向书本学习，又向实践学习；既包括改造客观世界的学习，又包括改造主观世界的学习。领导干部研究问题的特点和规律不同于大学生，课堂学习是为研究问题打基础，研究问题是对课堂教学的深化，研究成果要体现为能力的提高。因此，党校教育主要解决的是领导干部的素质问题、能力问题、水平问题、本领问题，不是以传授知识为主，必须以解决世界观、方法论为主，以解决立场、观点和方法为主，以学会运用马克思主义世界观、方法论认识和解决实际问题为目的。因此，教学方法的采用不同于国民教育体系中的一般高校，必须区别于以传授知识、教师主讲为特点的教学方法。

近年来，党校学员也发生了新的变化。改革开放前，党校学员不但年龄大，文化程度也比较低。随着我国经济社会的发展和干部队伍的“四化”，党校学员的素质与改革开放前相比有了很大变化。

表1 2004—2006 年中央党校培训领导干部职称概况

		省部级	地厅级	一年制中青年	半年制中青年	民族班	合计
正高	人数	159	329	110	89	32	719
	比例	18.68%	21.62%	29.41%	16.36%	5.84%	18.73%
副高	人数	192	433	125	154	110	1014
	比例	22.56%	28.45%	33.42%	28.31%	20.07%	26.41%
中级	人数	76	129	26	74	65	370
	比例	8.93%	8.48%	6.95%	13.60%	11.86%	9.64%
其他	人数	424	631	113	227	341	1736
	比例	49.82%	41.46%	30.21%	41.73%	62.23%	45.22%

表 2　2004—2006 年中央党校培训领导干部学历概况

		省部级	地厅级	一年制中青年	半年制中青年	民族班	合计
博士	人数	91	136	80	70	7	384
	比例	10.69%	8.94%	21.39%	12.87%	1.28%	10.00%
硕士	人数	143	292	112	163	22	732
	比例	16.80%	19.19%	29.95%	29.96%	4.01%	19.07%
研究生	人数	144	229	44	72	114	603
	比例	16.92%	15.05%	11.76%	13.24%	20.80%	15.71%
大学	人数	375	664	123	225	264	1651
	比例	44.07%	43.63%	32.89%	41.36%	48.18%	43.01%
大专	人数	88	195	15	14	134	446
	比例	10.34%	12.81%	4.01%	2.57%	24.45%	11.62%
中专	人数	8	5			5	18
	比例	0.94%	0.33%			0.91%	0.47%
中专以下	人数	2	1			2	5
	比例	0.24%	0.07%			0.36%	0.13%

从上述表中可以看出，近几年来到中央党校学习的学员绝大多数是高中级领导干部，学员的知识层次普遍有了相当大的提高，多数具有本科以上学历，有较高的技术职称，他们中甚至不乏博士、博士后和博士生导师。有些学员不但对某些问题的了解比教员透，思考比教员深，而且对基本理论问题也有比较多的了解，有的就是国内外知名的专家。这些学员不但有丰富的实践经验，而且有一定的理论基础和较强的研究能力。显然，对这样的学员对象，不能采取“满堂灌”的方式，必须从学员的自身特点出发选用不同的教学方法。

（三）围绕提高学员的素质和能力，大力推进研究式教学。

在长期教学实践中，党校系统根据自身的教学定位和教学特点，努力探索并逐步形成了一系列具有党校特色的教学方法。例如，“两为主、一加强”（读原著为主、自学为主，加强研讨），注意课堂教学与下班辅导相结合，重视双向交流，组织学员论坛，进行党性分析，开展社会调查等等，都具有良好的效果。这些行之有效的教学方法总体上是符合党校实际的，并较好地体现出党校的优势，在新的条件下仍具有特殊价值，应当继续坚持。

近年来，党校系统比较突出强调研究式教学，给党校教学增加了新的气象。早在 1941 年 12 月 17 日，《中共中央关于延安干部学校的决定》就指出：“在教学方法中，应坚决采取启发的、研究的、实验的方式，以发展学生在学习中的自动性与创造性。”2000 年 6 月 5 日《中共中央关于面向 21 世纪加强和改进党校工作的决定》又指出：“各级党校要形成浓厚的学习和研究空气，切实发扬理论联系实际的马克思主义学风，不断提高教学质量。”根据中央精神，2000年12月6日在第三次全国党校教学工作会议上，中央党校明确提出要提倡研究式教学方法，突出和加强教学的研究性，把研究式教学贯穿于教学的全过程，体现在课堂讲授、自学、小组讨论、双向交流、学员论坛、社会调查等各个教学环节。

研究式教学体现了党校教学的特点，符合领导干部学习和研究问题的规律。开展研究式教学，就要树立以学员为本的理念，充分发挥学员的主体作用和教员的主导作用。教员要深入研究学员的学习需求和教学内容，帮助学员掌握理论的精髓和研究问题的方法；学员要在教员的组织和引导下，进行深入的思考和研究，把学习理论与研究问题相结合。要通过研究式教学，实现教学相长、学学相长，通过教与学双方互相探讨、共同研究、教学互动，发挥集体的智慧，共同研究和解决问题。

近年来，中央党校在教学中逐步推行研究式教学，目前已经取得了初步成效并积累了一定的经验。要进一步推进研究式教学，还需要着重解决好两个问题。一是要把发挥学员的主体作用与教员的主导作用更好地结合起来。研究式教学最主要的特点就是突出学员的主体地位，充分调动学员的主观能动性，让学员自主学习，自主研究，思考探索，真正提高分析和解决实际问题的能力。同时，在这个过程中，教员的引导作用也是不可或缺的。要充分发挥教员在理论上的优势，指导学员深化对实际问题的思考和认识，在研究规律上下功夫，提高其理性分析的能力，搞好教学相长。二是把研究问题和提高能力更好地结合起来。按照中央关于能力培养的有关要求，要把研究问题放在突出地位，在研究问题中提高学员的学习能力、创新能力、战略思维能力和分析解决重大实践问题的能力。

（四）积极探索并综合运用研究式教学的多种具体形式。

研究式教学是一个人的概念，它应该包容各种不同的教学方法，而这些新的方法的引进，可以使研究式教学以更为多样化的形式具体开展。教学有法但教无定法。除了研究式教学之外，还应探索研究式教学在不同班次、不同课程的具体实现形式，选用和推广有利于学员研究问题和提高能力的各种教学方法，切实增强教学的吸引力和感染力。

比如要积极推广案例式教学，搞好菜单式教学，深化体验式教学，探索情景模拟式教学等。近年来，中央党校经济学部、政法部、党建部等教研部门在省部A班、地厅A班、地厅B班、半年制中青班、新疆地厅班等班次都相继开展了案例式教学，具体形式也更加多样化，教学效果受到了学员的普遍肯定。但是从实践来看，在党校开展案例教学还需要总结经验，进一步探索。党校的案例教学不同于普通高校，也不同于国外的教育培训机构，有自身的特点，需要进一步结合党校的教学实际，精心选择和设计好案例，进一步提高教师对案例教学课堂的组织、引导、协调和控制能力。菜单式教学从2006年秋季学期开始在地厅B班、新疆地厅班、半年制中青班试行，主要针对不同职级的领导干部在理论武装、知识掌握和能力提高等方面的不同要求，开设更多的系列选修课程，扩大学员的选择余地，尽可能满足学员多样化、个性化学习需要。下一步将坚持突出党校教学的个性化、差别化、特色化、专业化，完善菜单式教学的实施形式，利用电视、网络等现代化教学手段，开设更多的系列选修课程，充分调动学员学习的积极性和主动性。体验式教学在近年来主要以组织有关班次的学员到浦东、井冈山和延安三个干部学院进行党性锻炼的形式开展。自2007年春季学期，根据校领导指示，中央党校已经在唐山曹妃甸工业园区、北京市高级人民法院、中央新闻纪录电影制片厂、西柏坡纪念馆和外交部新闻发布厅建立了第一批体验式教学点。我们将在此基础上，继续拓展体验式教学，根据教学专题的要求，利用教学资源优势，组织学员到现场考察和学习。除此之外，中央党校还将与有关部门和单位协作，积极开展应对突发事件的模拟、应对媒体访谈的模拟、演讲模拟和会谈模拟等能力训练，通过开展情景模拟式教学多方面、多途径地提高领导干部的能力。

四、适应建立“分类别、分层次”的教学体系的要求，全面推进教学工作的其他环节和方面的改革

党校教学不仅包括班次设置、教学设计、教学方法，还包括教学组织、学习考核、教学评估、教材建设、学科建设、教学科研一体化等多个环节和方面，这些环节和各个方面之间相互联系、相互制约，形成一个有机的系统。要建构分类别、分层次的教学体系，必须按照党校教学过程的内在逻辑，把握这些环节和方面之间的内在联系，从系统整体上统筹考虑。为此，要把握好教学组织、学习考核、教学评估、教材建设、学科建设、教学科研一体化等一系列具体环节，协调配套地推进教学改革。

（一）按照不同的班次和教学设计，采用灵活多样的教学组织形式。

教学组织形式直接关系到学员学习效果的好坏。要根据新的教学目标和要求，立足于不同班次学员的特点，结合教学内容的实际，创新具体的教学组织形式。要充分发挥教研部门的积极作用，特别是要充分发挥各个教学组在教学中的作用，进一步改进教员的下班工作，确保到位。同时要充分发挥教学管理部门的作用，加强与教学各相关部门之间的协调配合，共同实施好教学。

（二）改进学习考核的具体方式，建立科学的考核体系。

学习考核是促进学员学习研究的有效手段。要根据教学实际和学员实际，分类制定科学的考核体系。针对不同班次的不同定位制定不同的考核办法，加强对学员学习态度和表现、掌握学习内容情况的考核，抓好学习考核的各个环节；要继续探索和改进学习考核的具体方式，在对学员的学习作出综合评价的基础上，进一步突出能力考核。

（三）逐步完善教学评估机制，增强教学评估的规范性和科学性。

随着教学改革的逐步推进，中央党校对教学效果评估体系进行了进一步完善，目前已经形成了进修班A班、进修班B班和各培训班次、案例式教学三套教学效果评估系统，并利用信息化手段实现教学评估的自动化和规范化。下一步要逐步完善

各个班次、不同课程的教学评估指标体系，进一步增强教学评估的科学性。同时，要建立健全教学评估反馈机制，通过切实可行的措施来促进教学质量的不断提高。

（四）充分发挥党校马克思主义理论学科群的优势，为推进马克思主义理论创新和提高教学质量服务。

学科建设是提高党校教学水平、推动理论创新、培养学术和理论大家名家的基础工程。中央党校的马克思主义理论学科整体层次比较高、基础比较扎实、实力比较强。要把学科建设同研究当今世界和中国的重大理论和现实问题结合起来，进一步提高马克思主义基本理论研究的水平，提高马克思主义中国化最新成果研究的水平，为推进马克思主义理论创新，推进马克思主义中国化服务。与此同时，要把学科建设同坚持和发展教学新布局结合起来，特别是要把马克思主义理论学科建设同对中国特色社会主义理论体系的学习研究结合起来，同马克思主义中国化的最新成果进课堂、进头脑、进教材结合起来，为提高党校的教学水平服务。

（五）加强教材建设，逐步形成充分体现和反映马克思主义中国化最新成果，“分类别、分层次”的教材体系。

教材建设是教学工作的重要组成部分，直接影响着教学质量的高低。编写出高质量、系统完善的教材，是党校各项建设事业中的一项基本的建设，也是衡量党校理论水平和教学水平的基本标志之一。近年来，中央党校编写出版了一批具有较强科学性和时代精神的教材，初步形成了比较规范的教材体系，特别是“三基本”、“五当代”教材的出版为党校新教材体系的形成奠定了基础，这些教材现在已纳入全国干部培训政治理论类教材，对全党干部的理论学习产生了较大影响。适应新的教学改革，要进一步加强教材建设，认真落实《2006—2010年教材编写规划》，在教材和教学参考书的编写过程中，要充分体现和反映马克思主义中国化的最新成果。在继续使用“三基本”、“五当代”教材的同时，认真抓好《社会主义市场经济研究》、《社会主义民主政治研究》、《中国特色社会主义文化研究》、《社会主义和谐社会研究》、《科学发展观研究》等重点教材的组织编写工作。同时，要配合新的教学改革认真解决教材分类别、分层次使用的问题，根据不同班次的不同需要编写不同的教材，努力建立与新的教学体系相适应的分类别、分层次的教材体系。

（六）探索教学科研一体化的实现形式，切实为提高教学质量服务。

科研是党校教学的基础。党校科研应围绕教学任务的新要求，为提高教学水平提供坚实的科研成果支持。立足于提高教学质量这一根本，要进一步探索教学科研一体化的实现形式，通过建立相应的激励约束机制，不断推进教学科研一体化的进程。要围绕中国特色社会主义理论体系的学习和研究展开调研，并把调研成果转化为坚持和发展教学新布局的能力和水平。积极做到“教学出题目、科研做文章、成果进课堂”，使党校教学和科研实现良性互动、协调发展。

学 科 建 设

机构

马克思主义理论教研部

2009年3月26日，中央党校马克思主义理论教研部正式成立。马克思主义理论教研部主要承担“三基本”和“三个代表”重要思想、科学发展观等党的基本理论和重大战略思想课程的教学，进行马克思主义基本原理、马克思主义发展史、马克思主义中国化研究、国外马克思主义研究和思想政治教育的研究，培养本专业博士、硕士研究生，编写相关教材，并通过以上工作促进马克思主义理论一级学科的发展。

马克思主义理论教研部现设马克思主义基本原理、马克思主义发展史、马克思主义中国化研究、国外马克思主义研究和思想政治教育5个教研室。现有教授10人，副教授4人，讲师1人，全部具有博士学位。

马克思主义理论教研部为马克思主义理论博士学位授权一级学科单位，并有马克思主义理论学科博士后研究流动站，设马克思主义基本原理、马克思主义发展史、马克思主义中国化研究、国外马克思主义研究和思想政治教育、中国近现代史6个专业的博士点和硕士点。

哲学教研部

哲学教研部正式成立于1953年10月（当时称哲学教研室）是新中国哲学学科，特别是马克思主义哲学学科的重要奠基者和开拓者。其承担和主持的哲学学科是中央党校具有悠久历史和传统优势的学科之一。

哲学教研部为博士学位授权哲学一级学科单位，同时拥有马克思主义哲学国家重点学科以及哲学学科博士后研究流动站。现有马克思主义哲学、中国哲学、西方哲学、伦理学、科技哲学5个专业的博士点和硕士点。设有马克思主义哲学教研室、马克思主义哲学史教研室、伦理学教研室、战略学教研室、中外哲学教研室、科技哲学教研室6个教研室。有教研和行政人员共计42人（含特聘、返聘教授）。其中，在职教授25人，特聘教授1人，返聘教授2人，副教授6人，讲师6人，行政2人。在职教授中有16人具有博士生导师资格。

哲学教研部担负中央党校高中级领导干部、少数民族干部、学位研究生等多种班次和对象的哲学教学和哲学理论培训任务，为从世界观和方法论方面培养党和国家的高层领导人才和理论人才做出了重要贡献。同时，作为党和国家的哲学理论研究机构和宣传机构，积极开展对哲学基础理论、重大现实问题和前沿问题的研究，推进哲学理论创新，在马克思主义哲学、重大现实问题的哲学研究等领域始终处在全国哲学界的前列，并在参与“实践是检验真理的唯一标准”的讨论等重大活动、用哲学引领社会发展方面发挥了重要作用。

经济学教研部

中央党校经济学教研部的前身是中央党校政治经济学教研室（1953年6月26日由中共中央政治局决定成立）。1990年更名为中央党校经济学教研部。

经济学教研部主要负责全校的经济学专业课程教学和理论研究工作。下设政治经济学、财政金融学、区域经济学、发展经济学、经济管理学、经济学说史等6个教研室。现有专任教师35人，行政人员2人。其中，教授22人、副教授12人，具有博士学位的26人。拥有政治经济学、区域经济学、国民经济管理学等3个硕士学位点，政治经济学博士学位点和理论经济学博士后研究流动站。目前在校硕士和博士生近120名。

长期以来，本部坚持以教学为中心，鼓励教师阅读原著，深入经济社会第一线，特别是围绕教学讲题进行调研，形成了一批有分量的研究报告，多项研究成果在国内获奖；举办双月经济论坛，既是研讨会，又是备课会，每年有约20人次获全校教学评估第1名；创办《中国经济观察》（系列读物），出版《政治经济学》、《财政学》和《金融学》等教材；承担国家社科基金项目9项，获马克思主义研究基金会支持项目近20项。在研究、宣传马克思主义理论、社会主义市场经济理论和培养党的中高级领导干部方面做出了重要贡献。

科学社会主义教研部

中央党校科学社会主义教研部的前身是中共中央党校马克思列宁主义基础教研室（简称马基室）。马克思列宁主义基础教研室成立于1954年，承担着科学社会主义、国际共产主义运动史和社会主义思想史等主要课程，无论在培养党的高中级领导干部，还是在研究和宣传马克思主义理论，以及推进国际共产主义运动理论研究等方面都做出了重要贡献，产生了很大的社会影响。在“文化大革命”中，马克思列宁主义基础教研室停办。1977年中央党校复校后，成立了中央党校科学社会主义教研室。1990年，组建了中共中央党校科学社会主义教研部（简称科社教研部）。

科社教研部设有6个教研室：科学社会主义原理教研室、国际工人运动史教研室、社会主义发展史教研室、社会学教研室、民族与宗教理论教研室、社会制度比较教研室。现有在职人员37人。其中，教授20人，副教授9人，讲师4人，行政人员3人。有“新世纪百千万人才工程”国家级人选1人，有3人享受国务院政府特殊津贴。

科社教研部在承担中央党校各主体班次教学任务的同时，还承担了中央马克思主义理论研究和建设工程重点教材编写课题组工作任务。有科学社会主义概论教材编写课题组的首席专家2人、主要成员3人，国际共产主义运动史教材编写课题组主要成员1人。有2人为中共中央政治局集体学习作专题辅导。

科社教研部所属的科学社会主义与国际共产主义运动专业是国家重点学科，社会学专业是中央党校重点学科。1981年经教育部批准开始招收科学社会主义和国际共产主义运动史两个专业的硕士研究生，1984年这两个专业获硕士学位授予权，1986年获科学社会主义与国际共产主义运动专业博士学位授予权并开始招收博士研究生。2005年开始设立博士后研究流动站。

政法教研部

1996年3月11日，中央党校增设政治学、法学教研部，由政治学教研室、法学教研室、国际政治教研室、资料室组成。同年7月11日，校委会同意政治学、法学教研部改名为政法教研部。

政法教研部包括法学、政治学、公共管理学三个一级学科。现拥有政治学博士学位授予权和政治学博士后研究流动站，另有二级学科博士点2个（法学理论、政治学理论）、硕士点6个（政治学理论、中外政治制度、行政管理、法学理论、宪法、经济法）。在法学基础理论研究、政治学民主理论研究方面处于国内学术界前列。现有教研和行政人员共计33人，其中教授15人、副教授11人、讲师4人、行政人员3人。

政法教研部为中央党校主体班、研究生班开设政治学、法学类专题，承担社会主义民主政治建设、社会主义法治国家等讲授课程。在科研工作中，政法教研部教员承担改革和完善党的执政方式、突发事件应急管理、社会稳定、基层民主政治建设等课题。

中共党史教研部

中共党史教研部是党校专门从事中共党史、毛泽东思想等学科教学与研究的机构，是国内最早设立的中共党史教研机构之一。早在延安整风时期，就已开始系统地讲授中共党史课程。1952年，正式设立中共党史教研室。1991年，成立中共党史教研部。

中共党史教研部下设新民主主义革命时期教研室、社会主义革命和建设时期教研室、社会主义现代化建设新时期教研室、中国现代政党史教研室和毛泽东思想教研室。现有教授13人、副教授9人、讲师1人和党务行政人员2人。其中，博士生导师10人，硕士生导师9人；具有博士学位的18人；3人享受国务院政府特殊津贴，2人入选马克思主义理论建设与研究工程首席专家，1人入选国家人事部“百千万人才工程”一二层次人选，2人入选中央宣传部“四个一批”人才，1人获得“全国先进工作者”称号。

作为国内最早开始中共党史专业教学与研究的单位之一，中共党史教研部中共党史学科在全国的党史教学研究领域一直处于较为领先的地位，是中央党校的优势学科之一。曾创办了全国第一家中共党史专业学术刊物《党史研究》，参与创立了中国中共党史学会等。1983年中共党史教研部获准设立中共党史专业硕士点，1985年又被批准成为中共党史专业博士点，2002年1月被教育部确定为高等学校重点学科点（2007年顺利通过了评估），2005年开始设立博士后研究流动站。目前有国家级学术团体——中国现代史学会挂靠本教研部。编写出版了《中国共产党历史经验》、《中国共产党历史十八讲》等教材。

党的建设教研部

中央党校党的建设教研部（简称党建部），主要负责马克思主义党的学说与党的建设、领导科学、政党比较、政党制度等学科的教学与研究工作，培养博士、硕士研究生。

党建部下设马克思主义党的学说史、党的建设原理、党的领导与领导科学、世界政党比较和正常制度等 5 个教研室。现有在岗人员 30 人，其中教授 15 人（含博士生导师 12 人），副教授 9 人，讲师 4 人，行政秘书和干事各 1 人，具有博士学位的 14 人，50 岁以下的占 76.5%。

党的学说与党的建设是中央党校的优势学科之一。在延安整风时期，中央党校就已经系统讲授党的建设课程。1953 年正式成立党的建设教研室，1963 年与中共党史教研室合并，1977 年又分设两个教研室，1991 年成立党的建设教研部。1983 年被批准设立硕士学位点，1985 年设立博士学位点，2000 年新增马克思主义理论与思想政治教育专业硕士学位点（后转入马克思主义理论教研部）。2001 年进入全国重点学科。

在学科建设上，以研究马克思主义党的学说和党的建设为基础，重点研究执政党建设的理论与实践，开展世界政党比较、领导科学和政党制度研究等。编写出版了《政党政治原理》、《党的建设教程》、《党的领导与党的建设》、《马克思主义党的学说史纲》、《世界政党比较概论》、《新编领导科学简明教程》、《思想政治工作教程》等教材；有的论文被多家报刊转载，一批著作获全国“五个一工程”奖、中国图书奖。党建部还承担着若干国家社科基金项目和中央委托的重大科研项目。

文史教研部

中央党校的文史教学，从 1933 年“马克思共产主义学校”在中央苏区创建时起，至今已有 77 年的历史。一大批文史大家、文化学者担任过文史教员，如成仿吾、何其芳、吕叔湘、范文澜、郭沫若、胡绳、吕振羽、邓拓、何家槐、周文、刘景录、李书磊等，在文史部的发展史上留下了光辉足迹，正是他们的身影与学术文化成就，构成了中央党校的文史传统，写就了文史部昨日的辉煌。

目前，文史部下设文化、语文、历史、外语、体育5个教研室，共40多名教职员工。其中，教授17人，副教授18人。拥有“中国近现代史”专业、“文艺学”专业两个硕士点和“中国近现代史基本问题研究”专业博士点，博士生导师3人，硕士生导师12人；3人享受国务院政府特殊津贴；1人曾获“中国图书奖”；2009年，荣获“全国三八红旗集体”称号。

在教学和科研方面，以马克思主义文化理论为指导，面对国内复杂多样的文化现实与文化建设的现状，以及全球化背景下国际间激烈的文化冲突与文化斗争，开展对我国文化发展历史和文化建设现状问题的研究，包括改革开放以来文化发展脉络、核心价值体系建设、主体文化建设、文化体制改革、现代传媒、城市化进程中的文化问题等，致力于增强领导干部的文化意识和文化使命感，提高其建设社会主义文化事业的领导能力。

国际战略研究所

中央党校国际战略研究所是中央党校直属的研究与教学机构。主要从事重大国际战略问题和中国对外政策研究，并承担本校国际政治、世界经济、国际关系、外交学、国际政治经济学等学科的教学工作。

1977年复校后，中央党校开始开展国际问题的教学科研工作，相继成立国际政治教研室和世界经济教研室（1985—1986年），1994年成立国际战略研究中心。2000年，战略研究所成立。2001年，改名为“国际战略研究所”。2009年中央党校国际战略研究中心和亚太研究中心归属国际战略研究中心管理。

国际战略研究所下设5个研究室：国际政治研究室、世界经济研究室、当代世界思潮研究室、中国外交研究室、国际关系与台港澳研究室。现有在编人员38人，其中教研人员35人，行政管理人员3人；研究员22人，副研究员9人，助理研究员4人；博士生导师9人；拥有博士后资格5人，博士学位14人。

国际战略研究所承担了“中国和平发展道路”、“和谐世界理念”、“冷战时期中美关系再探讨”等许多重大课题的研究。目前，该所在国际战略、中国外交、中美关系、中国大战略、中国周边安全、台海局势、能源安全、环境与气候变化、中俄关系、中非关系、国际非政府组织、中国与联合国关系、世界经济、中国外经贸发展等领域形成一定的研究优势。此外，还承担中央党校省部、地厅级干部进修班等主体班次的国际问题教学工作。现设有国际政治专业博士后研究流动站，国际政治、外交学、国际关系3个博士点和世界经济、国际政治、外交学、国际关系4个硕士点。每年招收博士后1—2名，博士研究生12名，硕士研究生14名。

学术队伍

国务院学位委员会委员名单

石泰峰

国务院学位委员会第六届学科评议组成员名单

侯　才　张恒山　王长江　严书翰　石泰峰

中央马克思主义理论研究和建设工程咨询委员会委员

郑必坚　中央党校原常务副校长
虞云耀　中央党校原常务副校长
李景田　中央党校常务副校长
邢贲思　中央党校原副校长、《求是》杂志原总编辑
李君如　中央党校原副校长

中央马克思主义理论研究和建设工程重点教材编写课题组

中国近现代史纲要教材编写课题组

首席专家：李景田　中央党校常务副校长

思想道德修养与法律基础教材编写课题组
首席专家：虞云耀　中央党校原常务副校长

马克思主义哲学教材编写课题组
首席专家：杨春贵　中央党校原副校长

毛泽东思想和中国特色社会主义理论体系概论教材编写课题组
首席专家：李君如　中央党校原副校长

科学社会主义概论教材编写课题组
首席专家：李君如　中央党校原副校长、教授
赵　曜　中央党校科学社会主义教研部教授
严书翰　中央党校科学社会主义教研部主任、教授
主要成员：王怀超　中央党校科学社会主义教研部副主任、教授
叶庆丰　中央党校科学社会主义教研部副主任、教授
秦　刚　中央党校科学社会主义教研部教授

马克思主义政治经济学概论教材编写课题组
首席专家：李兴山　中央党校原教育长

法理学教材编写课题组
编委会委员：石泰峰　中央党校副校长、教授
卓泽渊　中央党校政法教研部副主任、教授

当代中国政治制度教材编写课题组
主要成员：刘　春　中央党校研究生院副院长、教授

当代国际政治教材编写课题组
主要成员：宫　力　中央党校国际战略研究所所长、教授

中华人民共和国史教材编写课题组
首席专家：陈　述　中央党校中共党史教研部教授
柳建辉　中央党校中共党史教研部主任、教授

主要成员：罗平汉　中央党校中共党史教研部教授
　　　　　沈传亮　中央党校中共党史教研部副教授

中国共产党历史教材编写课题组
主要成员：柳建辉　中央党校中共党史教研部主任、教授

中国政治思想史教材编写课题组
主要成员：卓泽渊　中央党校政法教研部教授

国际共产主义运动史教材编写课题组
主要成员：刘海涛　中央党校科学社会主义教研部教授

中国哲学史教材编写课题组
主要成员：杨信礼　中央党校哲学教研部教授

西方哲学史教材编写课题组
主要成员：郝永平　中央党校哲学教研部教授

伦理学教材编写课题组
主要成员：韩庆祥　中央党校哲学教研部教授

马克思主义经济学说史教材编写课题组
主要成员：张燕喜　中央党校经济学教研部教授

中国近代史教材编写课题组
主要成员：谢春涛　中央党校中共党史教研部副主任、教授

马克思主义发展史教材编写课题组
首席专家：邢贲思　中央党校原副校长、清华大学马克思主义学院院长、教授

马克思恩格斯列宁经典著作导读教材编写课题组
首席专家：侯　才　中央党校哲学教研部副巡视员、教授

中央马克思主义理论研究和建设工程重大问题研究课题组

毛泽东思想、邓小平理论和“三个代表”重要思想对党的建设特别是执政党建设的理论贡献研究课题组

主 管 单 位：中央党校基地

课题组负责人：虞云耀 中央党校原常务副校长

蔡长水 中央党校党的建设教研部教授

中国特色社会主义人民政协理论研究课题组

主要成员：李君如 中央党校原副校长、全国政协常委、中国人民政协理论研究会副会长

维护和提升我党的国际形象课题组

主要成员：王长江 中央党校党的建设教研部主任、教授

马克思主义经典著作基本观点研究课题组

主要成员：梁言顺 研究室主任、研究员

马克思主义经典著作基本观点研究课题组关于马克思主义政党建设研究课题组

首席专家：陈登才 党的建设教研部原主任、教授

梁言顺 研究室主任、研究员

马克思主义经典著作基本观点研究课题组关于马克思主义所有制和分配问题研究课题组

首席专家：张燕喜 经济学教研部教授

梁言顺 研究室主任、研究员

新世纪“百千万人才工程”国家级人选

李书磊　贾高建　吴忠民　卓泽渊　韩庆祥　罗平汉

全国宣传文化系统“四个一批”人才培养工程人员名单

秦　刚　卓泽渊　韩庆祥　谢春涛　柳建辉

享受国务院政府特殊津贴人员名单

李君如　石泰峰　李兴山　张伯里　陈高桐　康绍邦　卓泽渊　吴忠民
庞元正　王东京　韩　红　贾高建　谢春涛　宫　力　周天勇　丁东红
王怀超　徐伟新　李书磊　侯　才　侯少文　赵长茂　李晓兵　王长江
韩庆祥　张燕喜　严书翰　李良栋　张恒山　柳建辉　赵伯英　秦　刚
赵振华　周为民　戴焰军

特聘教授名单

张绪文　臧志风　陈雪薇　赵　曜　蔡长水

高级专业技术职务及资格人员名单

教授：

马克思主义理论教研部

周为民　韩庆祥　秦　刚　邱耕田　贾建芳　牛先锋　宋福范　陈冬生

哲学教研部

贾高建　李晓兵　董德刚　侯　才　庞元正　王　杰　靳凤林　刘毅强
李建华　毛卫平　杨玉成　阮　青　段培君　胡为雄　边立新　任俊华
王克迪　丁东红　刘余莉　蔡德聪　付　立　郭大为　赵建军　杨信礼
何建华　陈中浙

经济学教研部

赵振华　韩保江　王　珏　贾华强　张燕喜　王天义　谢鲁江　胡希宁
石　霞　徐祥临　杨秋宝　刘振英　田应奎　曹　新　潘云良　李继文
施　虹　孙小兰　张玉杰　梁　朋　董艳玲　李省龙

科学社会主义教研部

严书翰　王怀超　叶庆丰　李道中　胡振良　杨玲玲　谢志强　向春玲
胡　岩　常欣欣　靳　薇　青连斌　吴忠民　韩云川　李慧英　刘海涛
孟　鑫　刘俊杰　孙劲松　张　弥

政法教研部

李良栋　张恒山　张晓玲　刘学军　王　红　刘永艳　赵虎吉　林　喆
姜小川　王　军　傅思明　李雅云　罗志先　封丽霞

中共党史教研部

柳建辉　谢春涛　曹　普　李　瑗　刘晶芳　罗平汉　王海光　陈　述
韩　钢　李东朗　张太原　张珊珍　祝　彦

党的建设教研部

王长江　戴焰军　张志明　李　民　梁妍慧　刘炳香　蔡　霞　高新民
张荣臣　刘玉瑛　张晓燕　任铁缨　姜　跃　张希贤

文史教研部

赵伯英　周熙明　张筱强　谢武军　韩　红　张爱平　岑大利　赵书刚
刘悦斌　张　文　郭　莲　廖小鸿　李文堂　徐　平　焦玉莉　肖宏宇
梅敬忠

研究员：

国际战略研究所

宫　力　郭建平　刘建飞　康绍邦　孙建杭　余瑞先　刘德喜　王红续
赵黎青　孙仲涛　朱邦宁　张　明　左凤荣　门洪华　潘　悦　马小军
李云龙　纪　军　吕建华　史妍媚　陈江生　景桂兰

研究馆员：

朱满良　刘俊瑞　昝平川　史小平　叶成林　许桂珍　李　虹　周　慧
郝　莉　常友寅

编审：

田国良　张克敏　曲　炜　王　君　王彩琴　楚双志　崔宪涛　李庆华
包　驰　许冬梅　刘荣荣　刘奎波　刘　爽　周晓中　梁丽萍　殷　真
钟国兴　孙佃香　刘学侠　曹玉海　史世鹏　李素玲　龚　瑜　谢广乔
舒金城

主任医师：

赵新乡

正高级职务资格人员：

校领导　　孙庆聚　李书磊　张伯里
办公厅　　罗宗毅　张忠军　薛广州
教务部　　王东京　赵理文　冯鹏志　侯少文
科研部　　梁言顺　郝永平　张喜德
进修部　　黄宪起　魏泽焕　崔永琳
培训部　　徐伟新　王　炳
研究生院　卓泽渊　刘　春　段若鹏
研究室　　冯秋婷　周天勇　曾业松　辛　鸣
图书馆　　陈高桐
组织部　　赵长茂
报刊社　　肖勤福
函授学院　陈果吉　刘利群
后勤服务部　张素峰
信息管理部　王金龙
出版社　　李援朝　胡建华

说明：正高级职务资格人员中，李书磊、张伯里、徐伟新、张忠军、薛广州、王东京、赵理文、冯鹏志、侯少文、张喜德、冯秋婷、周天勇、魏泽焕、卓泽渊、刘　春、赵长茂、肖勤福为教授职务资格人员；崔永琳、王　炳、刘利群、张素峰、李援朝、胡建华为编审职务资格人员；其他为研究员职务资格人员。

研究成果

2009年教研人员出版著作

序号	专著题目	作　者	单　位	成果形式	出版单位
1	《与党员谈构建社会主义和谐社会》	贾建芳	马克思主义理论教研部	专著	广西师范大学出版社
2	《权利与社会和谐》	李海青	马克思主义理论教研部	专著	山东人民出版社
3	《马克思的遗产》	侯　才	哲学教研部	专著	黑龙江人民出版社
4	《当代中国根本理论问题——科学的马克思主义观研究》	董德刚	哲学教研部	专著	河北人民出版社
5	《与党员谈科学发展观》	杨信礼	哲学教研部	专著	广西师范大学出版社
6	《John Rawls' Theory of Institutionalism》	李绍猛	哲学教研部	专著	The Edwin Mellen Press
7	《哲学与社会》第1辑	贾高建	哲学教研部	合著	中国时代经济出版社
8	《科学发展观概论》	杨信礼	哲学教研部	合著	人民出版社
9	《毛泽东思想与中国特色社会主义理论体系概论》	杨信礼	哲学教研部	合著	新华出版社
10	《米德文选》	丁东红 李小科	哲学教研部	合译著	社会科学文献出版社
11	《中国人民银行干部理论学习读本》	段培君	哲学教研部	教材	中共中央党校出版社
12	《政治、哲学笔记》	李晓兵	哲学教研部	专著	中央编译出版社
13	《柏拉图的三部曲》	成官泯	哲学教研部	译著	华东师范大学出版社

续表

序号	专著题目	作者	单位	成果形式	出版单位
14	《走向和谐之路——缩小收入差距问题研究》	赵振华	经济学教研部	专著	党建读物出版社
15	《新世纪欧盟国家空间规划的实践与思考》	刘艳梅	经济学教研部	专著	中国工商出版社
16	《建设社会主义新农村问题研究》	施红	经济学教研部	专著	中国档案出版社
17	《科学发展观概论》	韩保江 李继文 曹新 杨秋宝	经济学教研部	合著	人民出版社
18	《西方管理理论的产生与发展》	潘云良	经济学教研部	合著	中共中央党校出版社
19	《资本论与中国经济理论热点》	张燕喜 石霞	经济学教研部	合著	中共中央党校出版社
20	《中国大百科全书（第二版）》	杨秋宝	经济学教研部	参著	中国大百科全书出版社
21	《怎样当县委书记的完整案例》	徐祥临	经济学教研部	合著	中共中央党校出版社
22	《西方管理理论的产生与发展》	董艳玲	经济学教研部	合著	中共中央党校出版社
23	《金融危机启示录》	陈启清	经济学教研部	合著	中国人民大学出版社
24	《前沿经济学理论要略——当代诺贝尔经济学奖聚焦》	胡希宁	经济学教研部	合著	研究出版社
25	《市场经济概论》	王珏	经济学教研部	编著	中共中央党校出版社
26	《西方经济学》	谢鲁江	经济学教研部	编著	中国财经出版社
27	《现代服务业与现代物流业知识读本》	张汉飞	经济学教研部	编著	人民出版社　西南师范大学出版社
28	《以改善民生为重点的社会建设》	青连斌	科学社会主义教研部	专著	人民出版社　西南师范大学出版社

续 表

序号	专著题目	作　者	单　位	成果形式	出版单位
29	《中国社会政策的演进及问题》	吴忠民	科学社会主义教研部	专著	山东人民出版社
30	《权力腐败与权力制约（修订本）》	林　喆	政法教研部	专著	山东人民出版社
31	《当代英国政治研究》	刘启云	政法教研部	专著	团结出版社
32	《明代官场之致仕制度》	齐　惠	政法教研部	专著	中共中央党校出版社
33	《无纸化证券与证券法的变革》	王　静	政法教研部	专著	中国法制出版社
34	《中国基层民主的创新研究》	肖立辉	政法教研部	专著	人民出版社
35	《村民委员会选举研究（修订版）》	肖立辉	政法教研部	专著	中国社会出版社
36	《社会弱势群体权利的法律保障研究》	张晓玲	政法教研部	专著	中共中央党校出版社
37	《中华人民共和国发展史（第六卷）》	柳建辉	中共党史教研部	专著	青岛出版社
38	《新中国社会主义 60 年》	谢春涛	中共党史教研部	专著	河南人民出版社
39	《辉煌历程：庆祝新中国成立60 周年读本》	曹　普	中共党史教研部	专著	江西高校出版社
40	《毛泽东新民主主义理论研究》	刘晶芳	中共党史教研部	专著	中共中央党校出版社
41	《中华人民共和国史》	陈　述	中共党史教研部	专著	人民出版社
42	《中华人民共和国 60 年》	陈　述	中共党史教研部	专著	中共党史出版社
43	《中国共产党农村调查史》	罗平汉	中共党史教研部	专著	福建人民出版社
44	《问路：1961 年全党农村大调查》	罗平汉	中共党史教研部	专著	中央文献出版社
45	《“大跃进”的发动》	罗平汉	中共党史教研部	专著	人民出版社
46	《当代历史问题札记三集》	罗平汉	中共党史教研部	专著	广西师范大学出版社

续表

序号	专著题目	作者	单位	成果形式	出版单位
47	《“救活农村”：民国初期乡村建设运动回眸》	祝彦	中共党史教研部	专著	福建人民出版社
48	《近代中朝法制变革比较研究》	刘宝东	中共党史教研部	专著	中共中央党校出版社
49	《章门弟子与近代文化》	卢毅	中共党史教研部	专著	广西师范大学出版社
50	《击水中流：点击1978年以来重大事件与决策（1989—2002）》	李庆刚	中共党史教研部	专著	湖南人民出版社
51	《转轨新时期的宏观经济调控研究》	匡家在	中共党史教研部	专著	经济科学出版社
52	《社会分野与秩序变动：以清朝旗人和民人关系为分析视角》	高中华	中共党史教研部	专著	中共中央党校出版社
53	《祈天忧民：近代以来中国社会救助史论》	高中华	中共党史教研部	专著	中州古籍出版社
54	《惠风和畅：点击1978年以来重大事件与决策（2002—2008）》	沈传亮	中共党史教研部	专著	湖南人民出版社
55	《政党论》	王长江	党的建设教研部	专著	人民出版社
56	《选择——中国共产党执政论》	张荣臣	党的建设教研部	专著	中共中央党校出版社
57	《加强和改进新形势下党的建设问题解读》	张荣臣	党的建设教研部	专著	中国方正出版社
58	《考官谈面试》	刘玉瑛	党的建设教研部	专著	新华出版社
59	《霍家沟的民考官》	吕品	党的建设教研部	专著	中国文联出版社
60	《跳出历史周期率：党群关系60年回顾与前瞻》	王金柱	党的建设教研部	专著	光明日报出版社
61	《菊与刀》	赵伯英	文史教研部	译著	陕西人民出版社
62	《中央党校图书馆典藏书画集》	赵伯英	文史教研部	译著	中共中央党校出版社

续 表

序号	专 著 题 目	作 者	单 位	成果形式	出版单位
63	《新世纪日汉双解大辞典》	张爱平	文史教研部	合译	外语教学与研究出版社
64	《德国移民子女教育研究》	刘丽丽	文史教研部	专著	中国社会科学出版社
65	《十九世纪个体主义》	惠春琳	文史教研部	合译	社会科学文献出版社
66	《China Through Ages——from Confucius to Deng〈中国简史〉》	刘悦斌 张 军	文史教研部	编著	新世界出版社
67	《西方文艺理论名著导读（上下卷）》	范玉刚	文史教研部	参编	安徽教育出版社
68	《费孝通评传》	徐 平	文史教研部	合著	民族出版社
69	《同舟共济：东北亚安全与合作》	刘建飞	国际战略研究所	编著	九州出版社
70	《冷战后美日欧盟与台湾关系研究》	郭建平	国际战略研究所	编著	九州出版社
71	《中国国际战略导论》	门洪华	国际战略研究所	专著	清华大学出版社
72	《中美欧三边关系研究》	李云龙	国际战略研究所	编著	中共中央党校出版社

2009 年教研人员发表论文

序号	论 文 题 目	作 者	单 位	发表报刊及时间
1	《社会层级结构理论——面向“中国问题”的政治哲学》	韩庆祥	马克思主义理论教研部	《中国社会科学》2009 年第 1 期
2	《破解“中国问题”需要“中国理论”》	韩庆祥	马克思主义理论教研部	《哲学动态》2009 年第 9 期
3	《中国特色社会主义理论体系的哲学基础》	韩庆祥	马克思主义理论教研部	《毛泽东邓小平理论研究》2009 年第 3 期
4	《当代中国马克思主义哲学研究的“中国图景”——近十年来中国马克思主义哲学研究新进展》	韩庆祥	马克思主义理论教研部	《马克思主义与现实》2009 年第 4 期
5	《“中国问题”与“中国理论”——从学术角度看中国特色社会主义理论体系》	韩庆祥	马克思主义理论教研部	《中共中央党校学报》2009 年第 3 期
6	《当代中国马克思主义的大众化及其实现途径》	韩庆祥	马克思主义理论教研部	《光明日报》2009 年 8 月 4 日
7	《坚持走中国特色自主创新道路》	韩庆祥	马克思主义理论教研部	《经济日报》2009 年 9 月 7 日
8	《把体制改革进一步引申到结构性改革》	韩庆祥	马克思主义理论教研部	《学习时报》2009 年 7 月 20 日
9	《中国特色社会主义：理论与实践的双重探索》	秦 刚	马克思主义理论教研部	《光明日报》2009 年 1 月 6 日
10	《充分发挥文化在社会发展和进步中的作用》	秦 刚	马克思主义理论教研部	《科学社会主义》2009 第 2 期
11	《中国特色社会主义理论体系的源流》	秦 刚	马克思主义理论教研部	《中共中央党校学报》2009 年第 1 期
12	《中国共产党人建设中国特色社会主义始终坚守的基本准则》	秦 刚	马克思主义理论教研部	《马克思主义研究》2009 年第 9 期
13	《中国社会主义道路的选择和开拓》	秦 刚	马克思主义理论教研部	《思想理论教育导刊》2009 年第 10 期

续 表

序号	论 文 题 目	作 者	单 位	发表报刊及时间
14	《让理论走进大众生活》	秦 刚	马克思主义理论教研部	《光明日报》2009 年 7 月 8 日
15	《一本导向鲜明说理透彻的理论读物——读〈六个为什么——对几个重大问题的回答〉》	秦 刚	马克思主义理论教研部	《光明日报》2009 年 7 月 19 日
16	《如何破解征地、拆迁难题——青岛开发区推进城市化重要举措及其启示》	宋福范	马克思主义理论教研部	《学习时报》2009 年 3 月 30 日
17	《邓小平晚年对中国发展道路的反思》	宋福范	马克思主义理论教研部	《学习时报》2009 年 6 月 29 日
18	《怎样选好村党支部书记——青州的探索》	宋福范	马克思主义理论教研部	《学习时报》2009 年 9 月 14 日
19	《四中全会思考党建问题的主要特点》	宋福范	马克思主义理论教研部	《学习时报》2009 年 10 月 12 日
20	《继续推进党的建设新的伟大工程的必然要求》	宋福范	马克思主义理论教研部	《人民日报》2009 年 12 月 7 日
21	《全域城镇化：推进农村现代化的创新实践——对山东青州的调查与思考》	宋福范	马克思主义理论教研部	《人民日报》2009 年 12 月 10 日
22	《发展伦理学基本问题新论》	邱耕田	马克思主义理论教研部	《哲学动态》2009 年第 2 期
23	《中国模式的低代价发展之路》	邱耕田	马克思主义理论教研部	《学习时报》2009 年 9 月 14 日
24	《当务之急是注重科学发展》	邱耕田	马克思主义理论教研部	《学习时报》2009 年 12 月 7 日
25	《60 年来对社会主义本质的认识再认识》	贾建芳	马克思主义理论教研部	《科学社会主义》2009 年第 5 期
26	《加强马克思主义学习型政党建设》	贾建芳	马克思主义理论教研部	《光明日报》2009 年 11 月 17 日
27	《网络文化革命与意识形态领导》	陈冬生	马克思主义理论教研部	《理论动态》第 1802 期，2009 年 1 月 10 日
28	《构建城乡统筹的基层党建新格局要解决的结构性问题》	陈冬生	马克思主义理论教研部	《理论前沿》2009 年第 21 期

续表

序号	论文题目	作者	单位	发表报刊及时间
29	《中国发展道路的历史底蕴和现实选择》	牛先锋	马克思主义理论教研部	《科学社会主义》2009年第4期
30	《马克思主义时代化进程中的中国化、大众化研究》	牛先锋	马克思主义理论教研部	《科学社会主义》2009年第6期
31	《意识形态的功能及其创新指向》	李俊伟	马克思主义理论教研部	《学习时报》2009年8月3日
32	《使干部压力与公众诉求紧密契合》	李俊伟	马克思主义理论教研部	《人民论坛》2009年第2期
33	《事业观、工作观、政绩观：领导干部价值观的着力点》	李俊伟	马克思主义理论教研部	《思想政治工作研究》2009年第8期
34	《干部执政以德的传统因素与时代特质》	李俊伟	马克思主义理论教研部	《理论动态》第1819期，2009年6月30日
35	《着力提高党员领导干部的思想政治水平》	王莉	马克思主义理论教研部	《思想政治工作研究》2009年11期
36	《基层干部上台阶需要做好制度安排》	王莉	马克思主义理论教研部	《人民日报》2009年11月6日
37	《让基层之路越走越宽》	王莉	马克思主义理论教研部	《人民日报》2009年11月10日
38	《民主政治发展的中国道路与模式》	王中汝	马克思主义理论教研部	《科学社会主义》2009年第4期
39	《实现公平分配的关键在于初次分配》	王中汝	马克思主义理论教研部	《理论前沿》2009年第10期
40	《在新的历史起点上继续深化改革》	李海青	马克思主义理论教研部	《人民日报》2009年11月30日
41	《中国特色社会主义论坛理论研讨会举行》	李海青	马克思主义理论教研部	《光明日报》2009年12月8日
42	《科学发展观与政治伦理》	李海青	马克思主义理论教研部	《学习时报》2009年12月21日
43	《现代民主：运作于市民社会与政治国家之间》	李海青	马克思主义理论教研部	《哲学研究》2009年第9期
44	《市民社会的利益冲突及其中国语境——一种政治社会学的分析》	李海青	马克思主义理论教研部	《科学社会主义》2009年第1期

续 表

序号	论 文 题 目	作 者	单 位	发表报刊及时间
45	《领导干部“说真话难”的利益分析》	曹鹏飞	马克思主义理论教研部	《学习时报》2009年4月20日
46	《贸易保护主义视角下的石油政治》	曹鹏飞	马克思主义理论教研部	《学习时报》2009年3月16日
47	《在历史观和价值观的统一中坚持以人为本》	边立新	哲学教研部	《理论动态》第1812期，2009年4月20日
48	《坚持以人为本必须着力解决的几个问题》	边立新	哲学教研部	《学习时报》2009年9月7日
49	《坚持以人为本对当代中国发展的意义》	边立新	哲学教研部	《中共石家庄市委党校学报》2009年第10期
50	《孔子的理想与无奈》	陈中浙	哲学教研部	《光明日报》2009年3月16日
51	《论苏轼的文学创作与禅宗之关系》	陈中浙	哲学教研部	《大学生GE阅读》第3辑，中国传媒大学出版社2009年版
52	《先秦儒家政治理想建构的文化基础》	陈中浙	哲学教研部	《哲学动态》2009年第10期
53	《传统书画的社会作用与政治意义》	陈中浙	哲学教研部	载于《佛学与国学》，九州出版社2009年版
54	《雅可布·克莱因和他的〈柏拉图的三部曲〉》	成官泯	哲学教研部	《中国图书评论》2009年第7期
55	《海德格尔、施特劳斯与希腊——我为什么还要研究希腊哲学?》	成官泯	哲学教研部	《世界哲学》2009年第6期
56	《百年康德哲学研究在中国》	丁东红	哲学教研部	《世界哲学》2009年第4期
57	《现代西方人本主义思潮》	丁东红	哲学教研部	《中共中央党校学报》2009年第4期
58	《论马克思主义中国化的实质》	董德刚	哲学教研部	《马克思主义与现实》2009年第1期
59	《对无产阶级专政的新认识》	董德刚	哲学教研部	《理论视野》2009年第5期
60	《坚持和发展马克思主义的宏观路径》	董德刚	哲学教研部	《党政干部学刊》2009年第10期

续表

序号	论文题目	作者	单位	发表报刊及时间
61	《社会科学也应该回应“钱学森之问”》	董德刚	哲学教研部	《北京日报》2009年12月14日
62	《对“什么是马克思主义、怎样对待马克思主义”的求索》	董德刚	哲学教研部	《理论前沿》2009年第24期
63	《研究所有制问题的新观念》	董德刚	哲学教研部	《社会科学报》2009年12月31日
64	《创新实践视域中的哲学创新》	董振华	哲学教研部	《理论前沿》2009年第2期
65	《全面协调可持续的系统方法论》	段培君	哲学教研部	《学习时报》2009年1月5日
66	《4万亿投资：应将产业结构优化调整作为基本目标》	段培君	哲学教研部	《沪港经济》2009年第1期
67	《统筹兼顾蕴涵的现代化建设规律》	段培君	哲学教研部	《学习时报》2009年1月12日
68	《人与自然和谐发展的环境科学基础》	段培君	哲学教研部	《学习时报》2009年2月9日
69	《扩大创新型需求：转变发展方式的重要突破口》	段培君	哲学教研部	《沪港经济》2009年第2期
70	《发展是第一要义的战略学蕴涵》	段培君	哲学教研部	《学习时报》2009年2月16日
71	《开放的心灵与开放的社会》	段培君	哲学教研部	《学习时报》2009年3月2日
72	《创新型改革：中国面临一场革命性的变革》	段培君	哲学教研部	《沪港经济》2009年第3期
73	《改革是最大的民生所在》	段培君	哲学教研部	《沪港经济》2009年第5期
74	《权宜之计不能脱离基本战略取向》	段培君	哲学教研部	《沪港经济》2009年第7期
75	《走向科学发展的中国——中国新甲子前瞻》	段培君	哲学教研部	香港《中国评论》2009年10月号
76	《深入改革的实质是调整权力结构》	段培君	哲学教研部	《沪港经济》2009年第9期
77	《转变发展方式是实现科学发展的关键》	段培君	哲学教研部	《石油政工研究》2009年第4期

续 表

序号	论 文 题 目	作 者	单 位	发表报刊及时间
78	《构建开放社会需要开放的心态》	段培君	哲学教研部	《沪港经济》2009 年第 11 期
79	《生物灭绝图景的两种解读》	付 立	哲学教研部	《学习时报》2009 年 3 月 23 日
80	《有一种保护是远离》	付 立	哲学教研部	《学习时报》2009 年 7 月 13 日
81	《学会在不确定中生存》	付 立	哲学教研部	《学习时报》2009 年 11 月 30 日
82	《西方的哲学与政治》	郭大为	哲学教研部	《云南大学学报》（社会科学版）2009 年第 6 期
83	《列宁的政治伦理思想及其当代价值》	何建华	哲学教研部	《中共中央党校学报》2009 年第 1 期
84	《政治伦理建设的方法论——列宁的探索》	何建华	哲学教研部	《理论视野》2009 年第 10 期
85	《像列宁一样对待马克思》	何建华	哲学教研部	《学习时报》2009 年 12 月 21 日
86	《从诠释走向构建——理论研究的三种范式和境界》	侯 才	哲学教研部	《哲学动态》2009 年第 2 期
87	《经典文本解读中值得重视的几个问题》	侯 才	哲学教研部	《理论视野》2009 年第 4 期
88	《中国特色社会主义的基本价值观：民主、富强、公正、和谐和自由》	侯 才	哲学教研部	载于《文化建设与和谐社会》，鹭江出版社 2009 年版
89	《执著的学术追求 彻底的科学精神》	侯 才	哲学教研部	载于《哲人其萎 风范永存》，国家图书馆出版社 2009 年版
90	《马克思的人类终极关怀——马克思视野中作为理想社会价值目标的自由》	侯 才	哲学教研部	《科学社会主义》2009 年第 6 期
91	《1950 年代中国哲学界有关经济基础和上层建筑的争论》	胡为雄	哲学教研部	《毛泽东邓小平理论研究》2009 年第 1 期
92	《毛泽东的视角转换：从“中国化”到“国际化”》	胡为雄	哲学教研部	《中共中央党校学报》2009 年第 1 期

续表

序号	论文题目	作者	单位	发表报刊及时间
93	《举国一心　共克时艰　齐奔小康》	胡为雄	哲学教研部	《视界》2009年第3期
94	《科学是财富的最可靠形式》	胡为雄	哲学教研部	《学习时报》2009年3月9日
95	《准确解释马克思的上层建筑学说》	胡为雄	哲学教研部	《学习时报》2009年3月16日
96	《从上层建筑学说看马克思主义的研究方法》	胡为雄	哲学教研部	《学习时报》2009年3月23日
97	《对“上层建筑”学说发生误解的原因》	胡为雄	哲学教研部	《学习时报》2009年4月6日
98	《马克思关于“上层建筑”的论述（上）》	胡为雄	哲学教研部	《学习时报》2009年4月20日
99	《全球化与中国社会精神文化的发展》	胡为雄	哲学教研部	《国际关系学院学报》2009年第5期
100	《马克思主义在中国的最初介绍(1899—1911年)》	胡为雄	哲学教研部	《理论视野》2009年第5期
101	《马克思关于“上层建筑”的论述（中）》	胡为雄	哲学教研部	《学习时报》2009年5月11日
102	《马克思关于“上层建筑”的论述（下）》	胡为雄	哲学教研部	《学习时报》2009年5月18日
103	《调整产业结构　发展新兴产业》	胡为雄	哲学教研部	《视界》2009年第6期
104	《柳亚子向毛泽东要过颐和园吗?》	胡为雄	哲学教研部	《北京日报》2009年6月8日
105	《毛泽东论读书与学习》	胡为雄	哲学教研部	《学习时报》2009年6月15日
106	《“马克思主义中国化”研究须深入的五个方面》	胡为雄	哲学教研部	《中共中央党校研究报告》2009年第10期
107	《当代中国文化哲学研究现状分析及其历史比较》	胡为雄	哲学教研部	《毛泽东邓小平理论研究》2009年第9期
108	《1978—1982年中国哲学界有关上层建筑的争论》	胡为雄	哲学教研部	《中共浙江省委党校学报》2009年第3期
109	科学对待历史遗产推进哲学理论创新——读《马克思的遗产》	胡为雄	哲学教研部	《光明日报》2009年11月3日

续 表

序号	论　文　题　目	作　者	单　位	发表报刊及时间
110	《日本、韩国发展战略转变的经验与启示》	胡　卫	哲学教研部	《亚太经济》2009 年第 3 期
111	《平权措施背后的哲学争论及其对构建和谐社会的启示》	胡　卫	哲学教研部	《湖南社会科学》2009 年第 6 期
112	《现阶段可持续发展战略的主要着力点》	贾高建	哲学教研部	《新视野》2009 年第 2 期
113	《规则、“潜规则”及“反规则”》	贾高建	哲学教研部	《学习时报》2009 年 7 月 13 日
114	《当代中国社会发展进程中的基本关系与内在逻辑》	贾高建	哲学教研部	《中共中央党校学报》2009 年第 5 期
115	《让生命价值铭刻为民族记忆》	靳凤林	哲学教研部	《郑州大学学报》（哲学社会科学版）2009 年第 1 期
116	《现状与走向：中国死亡哲学研究三十年》	靳凤林	哲学教研部	载于《东亚生死学》，日本东京大学出版社 2009 年版
117	《延安时期中共领导干部道德建设研究》	靳凤林	哲学教研部	《中国延安干部学院学报》2009 年第 3 期
118	《全球化与中国主权伦理的深度更新》	靳凤林	哲学教研部	《甘肃理论学刊》2009 年第 4 期
119	《对中国民族主义政治伦理的多维检视》	靳凤林	哲学教研部	《道德与文明》2009 年第 5 期
120	《民族主义政治伦理的道德悖论》	靳凤林	哲学教研部	《中共中央党校学报》2009 年第 3 期
121	《地球村内的和平伦理及其历史走向》	靳凤林	哲学教研部	《学习时报》2009 年 7 月 6 日
122	《现代战争理论的多重面相及其伦理困惑》	靳凤林	哲学教研部	《学习时报》2009 年 9 月 14 日
123	《耶稣政治伦理思想的核心理念》	靳凤林	哲学教研部	载于《科学发展与政治伦理》，线装书局 2009 年版
124	《意识机的哲学基础质疑》	李绍猛	哲学教研部	《北京大学学报》（哲学社会科学版）2009 年第 3 期

续表

序号	论文题目	作者	单位	发表报刊及时间
125	《罗尔斯正义论与民主论的关系》	李绍猛	哲学教研部	《新华文摘》2009年第6期
126	《试论哈耶克对“本真”自由的“还原”及其意义》	李小科	哲学教研部	《云南大学学报》（社会科学版）2009年第2期
127	《哈耶克眼中的“马克思”——以〈致命的自负〉为例》	李小科	哲学教研部	《西南民族大学学报》（人文科学版）2009年第5期
128	《西班牙人的伦理学邀请》	梁晓杰	哲学教研部	《文汇读书周报》2009年1月2日
129	《奥伊泽尔曼与马克思主义的当代反思》	林艳梅	哲学教研部	《现代哲学》2009年第2期
130	《奥伊泽尔曼〈为修正主义辩护〉一书观点述评》	林艳梅	哲学教研部	《国外理论动态》2009年第4期
131	《建设与发展社会主义和谐文化的辩证分析》	林艳梅	哲学教研部	《学习与探索》2009年第3期
132	《社会主义初级阶段理论是中国特色社会主义理论体系的基石》	刘毅强	哲学教研部	《中共珠海市委党校珠海市行政学院学报》2009年第1期
133	《读邓小平的两句诗》	刘毅强	哲学教研部	《学习时报》2009年5月11日
134	《邓小平的两句诗》	刘毅强	哲学教研部	《博览群书》2009年第6期
135	《党的思想路线新议》	刘毅强	哲学教研部	《岭南学刊》2009年第3期
136	《中国特色社会主义理论体系需借鉴传统文化》	刘余莉	哲学教研部	《精神文明导刊》2009年第7期
137	《从传统文化中汲取营养构建全社会普遍遵守的道德价值观》	刘余莉	哲学教研部	《精神文明导刊》2009年第10期
138	《弘扬中华文化，促进社会和谐》	刘余莉	哲学教研部	载于《大家都学弟子规》，世界知识出版社2009年版
139	《传统家族伦理与中国式管理》	刘余莉	哲学教研部	《浙商》2009年第23期

续 表

序号	论 文 题 目	作 者	单 位	发表报刊及时间
140	《〈弟子规〉与伦理道德教育》	刘余莉	哲学教研部	《学习时报》2009年12月21日
141	《不应被忘却的哲人——兼评〈杨献珍哲学思想通论〉》	毛卫平	哲学教研部	《学习时报》2009年3月2日
142	《马克思主义发展观的重大进展》	毛卫平	哲学教研部	《中国特色社会主义研究》2009年第5期
143	《社会结构、全面发展与人类文明关系新探》	庞元正	哲学教研部	《北京行政学院学报》2009年第5期
144	《论统筹兼顾》	庞元正	哲学教研部	《学术探索》2009年第6期
145	《深入贯彻落实科学发展观 夺取应对世界金融危机的新胜利》	庞元正	哲学教研部	《毛泽东邓小平理论研究》2009年第7期
146	《创新实践与马克思主义哲学当代化》	庞元正	哲学教研部	《哲学研究》2009年第7期
147	《唯物辩证法在中国化当代化中不断发展》	庞元正	哲学教研部	《人民日报》（理论版）2009年9月4日
148	《贯穿新中国60年的两条主线》	庞元正	哲学教研部	《理论动态》第1827期，2009年9月20日
149	《论社会主义现代化与马克思主义中国化》	庞元正	哲学教研部	《中国特色社会主义研究》2009年第6期
150	《马克思主义哲学中国化时代化视域中的唯物辩证法研究》	庞元正	哲学教研部	《中共中央党校学报》2009年第6期
151	《资本精神与湖湘文化的第二次转型》	任俊华	哲学教研部	《学习时报》2009年6月8日
152	《近代民间慈善发展及其现代启示》	任俊华	哲学教研部	《学习时报》2009年6月15日
153	《永远的温暖》	任俊华	哲学教研部	《学习时报》2009年7月20日
154	《政治家要有浩然正气——重读孟子的集义养气说》	任俊华	哲学教研部	《理论学习与探索》2009年第6期
155	《倡导华夏新国学》	任俊华	哲学教研部	《湖南社会科学》2009年第6期
156	《〈易经〉的“生态社会理想”》	任俊华	哲学教研部	《学习时报》2009年11月30日

续表

序号	论文题目	作者	单位	发表报刊及时间
157	《中国社会不能承受之重——虚假价值研究和批判》	阮　青	哲学教研部	《理论学刊》2009年第6期
158	《中国传统哲学的基本精神》	王　杰	哲学教研部	《人民日报》2009年3月24日
159	《中国传统哲学的基本内容》	王　杰	哲学教研部	《学习时报》2009年5月25日
160	《儒家治国方略对构建和谐社会的启示》	王　杰	哲学教研部	《中共中央党校学报》2009年第2期
161	《多元对话视角中的马克思主义哲学自我革命》	王晓林	哲学教研部	《学习时报》2009年1月19日
162	《工程哲学的兴起与思考》	王晓林	哲学教研部	《学习时报》2009年6月29日
163	《社会规律：历史必然性与主体选择性的统一》	杨信礼	哲学教研部	《学习时报》2009年7月6日
164	《论当代科学论的经济学转向》	杨玉成	哲学教研部	《科技进步与对策》2009年第1期
165	《科学知识生产和传播的经济学分析》	杨玉成	哲学教研部	《自然辩证法研究》2009年第3期
166	《加拿大环境与可持续发展科技创新及对我国的启示》	赵建军	哲学教研部	《中国人口资源与环境》2009年第3期
167	《小灵通十年发展历程》	赵建军	哲学教研部	载于《工程研究—跨学科视野中的工程》第4卷，北京理工大学出版社2009年版
168	《一个突破性的制度创新——中国农村科技特派员制度研究》	赵建军	哲学教研部	《思想理论内参》2009年第15期
169	《在制度创新中提升国企竞争力》	赵建军	哲学教研部	《中共中央党校研究报告》2009年第12期
170	《建设生态文明实现科学发展》	赵建军	哲学教研部	载于《人文北京科技北京绿色北京》，同心出版社2009年版
171	《发展低碳经济　实现可持续发展新跨越》	赵建军	哲学教研部	《科技成果纵横》2009年第5期

续 表

序号	论 文 题 目	作 者	单 位	发表报刊及时间
172	《低碳经济视域下的生态文化建设》	赵建军	哲学教研部	《林业经济》2009 年第 11 期
173	《低碳技术引领能源发展》	赵建军	哲学教研部	《学习时报》2009 年 12 月 14 日
174	《社会主义核心价值体系与文化领导权》	朱辉宇	哲学教研部	《政工研究动态》2009 年第 24 期
175	《扩大内需的重点问题研究札记》	赵振华	经济学教研部	《中国经济问题》2009 年第 5 期
176	《紧紧扭住扩大消费需求不放松》	赵振华	经济学教研部	《求是》2009 年第 10 期
177	《经济危机问题札记》	赵振华	经济学教研部	《学习时报》2009 年 4 月 20 日
178	《启动社会投资是一个重要问题》	赵振华	经济学教研部	《学习时报》2009 年 7 月 13 日
179	《关于效率与公平的几个基本问题》	赵振华	经济学教研部	《科学社会主义》2009 年第 1 期
180	《经济复苏之后的政策走向》	赵振华	经济学教研部	《中国党政干部论坛》2009 年第 11 期
181	《分配制度改革之总结》	赵振华	经济学教研部	《理论动态》第 1803 期，2009 年 1 月 20 日
182	《中国发展模式运行的制度机理——改革开放 30 年中国经济高速发展的制度奥秘》	韩保江	经济学教研部	《经济研究参考》2009 年第 28 期
183	《改革要通过协调来深入》	韩保江	经济学教研部	《新华文摘》2009 年第 17 期
184	《政治经济学研究的一个光辉典范——纪念马克思〈政治经济学批判〉出版 150 周年》	王天义	经济学教研部	《当代经济研究》2009 年 10 月
185	《马克思的虚拟资本理论及其当代价值》	王天义	经济学教研部	《学习时报》2009 年 8 月 24 日
186	《社会主义所有制理论与我国所有制结构的创新》	王天义	经济学教研部	《科学社会主义》2009 年第 5 期
187	《坚持市场化取向的改革不动摇》	王天义	经济学教研部	《学习时报》2009 年 12 月 14 日

续表

序号	论文题目	作者	单位	发表报刊及时间
188	《湖南“一化三基”战略实践的调研报告（合作）》	王天义 李继文 张汉飞	经济学教研部	《中共中央党校研究报告》2009年第3期
189	《关于经济危机理论的盘点与思考》	张燕喜	经济学教研部	《中共中央党校学报》2009年第6期
190	《软实力：未来三十年中国经济发展的战略重点》	赵锦辉	经济学教研部	《学习时报》2009年11月16日
191	《慎提“第三次分配”》	赵锦辉	经济学教研部	《学习时报》2009年11月2日
192	《如何判断当前物价的走势》	梁　朋	经济学教研部	《学习时报》2009年7月20日
193	《温州改革开放的经验与启示》	梁　朋	经济学教研部	《理论动态》第1804期，2009年1月30日
194	《长三角发展中如何发挥温州的作用》	梁　朋	经济学教研部	《中共中央党校研究报告》2009年第5期
195	《燃油税费改革重在构建新机制》	李旭章	经济学教研部	《学习时报》2009年1月5日
196	《加快完善社会保险制度》	李旭章	经济学教研部	《学习时报》2009年2月16日
197	《辩证看待财政风险》	李旭章	经济学教研部	《学习时报》2009年4月6日
198	《医疗卫生改革的历史性进步》	李旭章	经济学教研部	《学习时报》2009年4月20日
199	《农村养老保险改革正当其时》	李旭章	经济学教研部	《学习时报》2009年7月13日
200	《辩证理解宏观经济政策的连续性》	李旭章	经济学教研部	《学习时报》2009年8月24日
201	《坚持财政货币政策的动态统一》	李旭章	经济学教研部	《学习时报》2009年12月28日
202	《扩大内需与宏观经济政策选择》	李旭章	经济学教研部	《中共中央党校学报》2009年第3期
203	《中西部经济发展的“题材”匹配与“硬件”支持》	张玉杰	经济学教研部	《改革》2009年第8期

续表

序号	论文题目	作者	单位	发表报刊及时间
204	《中西部地区如何实践跨越式发展》	张玉杰	经济学教研部	《学习时报》2009年12月14日
205	《在制度创新中提升国有企业竞争力》	徐平华	经济学教研部	《中共中央党校研究报告》2009年第12期
206	《破解新农村建设资金短缺问题研究》	刘艳梅	经济学教研部	《经济研究参考》2009年第45期
207	《惯性和压力下的战略更新》	刘艳梅	经济学教研部	《企业管理》2009年第9期
208	《工业反哺农业：从“反补收入”到“反哺要素”的战略转向》	刘艳梅	经济学教研部	《中共中央党校研究报告》2009年第11期
209	《工业反哺农业的未来战略选择》	刘艳梅	经济学教研部	《理论前沿》2009年第19期
210	《农民增收的特征、成因与对策分析》	刘艳梅	经济学教研部	《学习时报》2009年2月23日
211	《最具价值的“反哺”：人力资本的培育》	刘艳梅	经济学教研部	《学习时报》2009年9月7日
212	《最理性的“反哺”：信贷资金的回流》	刘艳梅	经济学教研部	《学习时报》2009年7月6日
213	《统筹城乡发展的路径选择》	刘艳梅	经济学教研部	《学习时报》2009年10月12日
214	《长沙市“两型社会”建设的实践与启示》	张汉飞	经济学教研部	《学习时报》2009年8月31日
215	《运用农村包围城市道路的精髓改变二元经济结构（上）（下）》	徐祥临	经济学教研部	《理论动态》第1836期，2009年12月20日、第1837期，12月30日
216	《新中国三农问题60年：从古代走向现代》	徐祥临	经济学教研部	《中国党政干部论坛》2009年第10期
217	《破解粮食大县经济发展困境的思考：来自河南固始县、浚县的调研》	施　红	经济学教研部	《理论动态》第1815期，2009年5月20日
218	《“混合经济”：一个不容忽视的经典作家的重要思想》	曹　立	经济学教研部	《当代经济研究》2009年第11期
219	《建立有效的区域生态补偿机制——以湖北省神农架林区为例》	曹　立	经济学教研部	《理论动态》第1832期，2009年11月10日

续表

序号	论文题目	作者	单位	发表报刊及时间
220	《努力提高农村居民消费能力》	曹　立	经济学教研部	《经济日报》2009年11月5日
221	《切实增强企业自主创新能力》，（以中央党校中国特色社会主义理论体系研究中心名义发）	贾华强	经济学教研部	《经济日报》2009年8月17日
222	《目前为止最中肯的分析〈再论国际金融危机成因〉》	董艳玲	经济学教研部	《学习时报》2009年12月7日
223	《组织间信任理论研究回顾与展望》	李　蕾	经济学教研部	《经济管理》2009年第4期
224	《民族地区农牧民收入状况研究：以新疆自治区为例》	李　鹏	经济学教研部	《中国经济问题》2009年第4期
225	《抓住契机稳步推进人民币国际化》	陈启清	经济学教研部	《学习时报》2009年2月16日
226	《地方政府债券破壳待出》	陈启清	经济学教研部	《学习时报》2009年3月2日
227	《让更多政策惠及中小企业》	陈启清	经济学教研部	《学习时报》2009年8月31日
228	《推动国际金融体系必要的改革》	陈启清	经济学教研部	《学习时报》2009年4月6日
229	《为什么要推出创业板》	陈启清	经济学教研部	《学习时报》2009年10月12日
230	《国际金融危机的反思与启示》	陈启清	经济学教研部	《科学社会主义》2009年第3期
231	《政治学者或诺贝尔经济学奖》	胡希宁	经济学教研部	《学习时报》2009年11月9日
232	《新制度经济学第三次获奖的缘由》	胡希宁	经济学教研部	《学习时报》2009年12月7日
233	《中国改革开放的历史进程与基本经验》	王怀超	科学社会主义教研部	《科学社会主义》2009年第6期
234	《中国发展道路和模式的成功经验》	叶庆丰	科学社会主义教研部	《科学社会主义》2009年第4期
235	《中国特色社会主义理论体系基本问题》	刘海涛	科学社会主义教研部	《学习论坛》2009年第1期

续 表

序号	论 文 题 目	作 者	单 位	发表报刊及时间
236	《劳动价值论与中国特色社会主义》	刘海涛	科学社会主义教研部	《理论学刊》2009 年第 2 期
237	《党内民主与社会民主是两种民主形式吗》	刘海涛	科学社会主义教研部	《解放日报》2009 年 5 月 4 日
238	《中国共产党指导思想的创新》	刘海涛	科学社会主义教研部	《科学社会主义》2009 年第 6 期
239	《社会主义社会建设理论的形成及其重要意义》	严书翰	科学社会主义教研部	《红旗文稿》2009 年第 3 期
240	《中国特色社会主义理论体系的几个问题》	严书翰	科学社会主义教研部	《中共中央党校学报》2009 年第 1 期
241	《中国特色社会主义道路研究》	严书翰	科学社会主义教研部	《学习论坛》2009 年第 6 期
242	《为了实现中华民族的伟大复兴》	严书翰	科学社会主义教研部	《中国特色社会主义研究》2009 年第 5 期
243	《中国道路的世界影响》	严书翰	科学社会主义教研部	《瞭望》2009 年第 36 期
244	《要使协商民主成长为先进文化的重要组成部分》	严书翰	科学社会主义教研部	《学习时报》2009 年 12 月 14 日
245	《坚持用中国特色社会主义理论体系武装全党 》	严书翰	科学社会主义教研部	《科学社会主义》2009 年第 6 期
246	《中国经济发展模式的基本特征》	梁 波	科学社会主义教研部	《科学社会主义》2009 年第 4 期
247	《国民财富有四次分配 》	青连斌	科学社会主义教研部	《北京日报》2009 年 11 月 9 日
248	《新时期发挥社会组织积极作用研究》	林 梅	科学社会主义教研部	《科学社会主义》2009 年第 5 期
249	《资源互济：征地补偿中的基层政权行为分析》	王道勇	科学社会主义教研部	《社会主义研究》2009 年第 1 期
250	《应考虑制定农民工市民化行动纲要》	王道勇	科学社会主义教研部	《理论前沿》2009 年第 16 期
251	《小农制衰亡论的争议与现实启示 》	王道勇	科学社会主义教研部	《科学社会主义》2009 年第 5 期
252	《在各民族共同繁荣发展过程中增进国家认同》	胡 岩	科学社会主义教研部	《中国民族报》2009 年 7 月 10 日

续表

序号	论文题目	作者	单位	发表报刊及时间
253	《美国西藏政策的历史回顾》	胡岩	科学社会主义教研部	《中国社会科学报》2009年10月8日
254	《新中国60年来马克思主义民族理论中国化的探索》	张建新	科学社会主义教研部	《科学社会主义》2009年第5期
255	《中国特色社会主义宗教理论研究述评》	蒲长春	科学社会主义教研部	《当代世界与社会主义》2009年第4期
256	《关于完善巡视制度的建议》	张瑞	科学社会主义教研部	《光明日报》2009年11月26日
257	《服务型政府理念下的法治政府建设刍议》	傅思明	政法教研部	《理论视野》2009年第1期
258	《中国信访立法探究》	傅思明	政法教研部	《中共中央党校学报》2009年第1期
259	《论经济自由与政府调控的关系》	李良栋	政法教研部	《中共中央党校学报》2009年第4期
260	《新中国成立以来民主政治建设的回顾与前瞻》	李良栋	政法教研部	《理论动态》2009年第1823期
261	《新中国成立以来我国民主建设的理论与实践》	李良栋	政法教研部	《科学社会主义》2009年第5期
262	《积极推进政治体制改革发展社会主义民主政治》	李良栋	政法教研部	《光明日报》2009年5月19日
263	《信访制度的功能、属性及其发展趋势》	林喆	政法教研部	《中共中央党校学报》2009年第1期
264	《基层民主建设的理论与实践》	齐惠	政法教研部	《党建研究内参》2009年第11期
265	《传统社会家族文化对构建和谐社会的影响》	齐惠	政法教研部	《科学社会主义》2009年第6期
266	《论无纸化证券市场对“证券”的挑战》	王静	政法教研部	《中共中央党校学报》2009年第6期
267	《人权与政治合法性》	王立峰	政法教研部	《法学研究》2009年第4期
268	《论我国证券信用交易的法律规制框架》	王伟	政法教研部	《中共中央党校学报》2009年第5期
269	《县委书记眼中的农村信访问题》	肖立辉	政法教研部	《中国行政管理》2009年第12期

续 表

序号	论 文 题 目	作 者	单 位	发表报刊及时间
270	《乡镇党委领导班子选举方式改革研究》	肖立辉	政法教研部	《中共中央党校学报》2009 年第 1 期
271	《论国际人权法在我国法律中的实施》	张晓玲	政法教研部	《中共中央党校学报》2009 年第 2 期
272	《新中国六十年社会主义现代化发展的经验启示》	柳建辉	中共党史教研部	《理论前沿》2009 年第 19 期
273	《刘少奇对中国农业现代化几个问题的思考》	柳建辉	中共党史教研部	《毛泽东思想研究》2009 年第 4 期
274	《开启中华民族发展进步的历史新纪元》	柳建辉	中共党史教研部	《人民日报》2009 年 10 月 14 日
275	《新中国成立以来党内民主发展的轨迹：以 10 次党代会为视角》	曹 普	中共党史教研部	《学习时报》2009 年 9 月 28 日
276	《二〇〇八年中共党史研究述评》	刘晶芳	中共党史教研部	《中共党史研究》2009 年第 5 期
277	《五四思潮与“人的解放”》	李 瑗	中共党史教研部	《学习时报》2009 年 5 月 4 日
278	《军队素质、战略计划和解放战争的进程》	李东朗	中共党史教研部	《中共党史研究》2009 年第 9 期
279	《中共领导人年谱几则史实表述之辨思》	李东朗	中共党史教研部	《中共党史资料》2009 年第 3 期
280	《“枪杆子里面出政权”就意味着专制吗?》	李东朗	中共党史教研部	《解放日报》2009 年 9 月 21 日
281	《五四运动与民族意识的空前觉醒》	李东朗	中共党史教研部	《中共党史研究》2009 年第 6 期
282	《“学好哲学，终身受用“》	李东朗	中共党史教研部	《学习时报》2009 年 6 月 29 日
283	《一九六一年广州中共中央工作会议述论》	罗平汉	中共党史教研部	《中共党史研究》2009 年第 1 期
284	《1961 年人民公社基本核算单位的下放》	罗平汉	中共党史教研部	《中共党史资料》2009 年第 1 期
285	《贵州接管初期征收一九四九年公粮问题初探》	王海光	中共党史教研部	《中共党史研究》2009 年第 3 期

续表

序号	论文题目	作者	单位	发表报刊及时间
286	《改革开放30年来对毛泽东思想宣传和学习的历史考察》	祝彦	中共党史教研部	《毛泽东思想研究》2009年第4期
287	《新民主主义革命时期中国共产党反腐倡廉思想与实践》	祝彦	中共党史教研部	《中共中央党校学报》2009年第5期
288	《科学发展观对中国特色社会主义理论体系的历史贡献》	张旭东	中共党史教研部	《毛泽东思想研究》2009年第5期
289	《〈中国文化〉与延安时期民族文化争论》	张卫波	中共党史教研部	《中共党史资料》2009年第4期
290	《民国初期章门弟子与桐城派的北大之争》	卢毅	中共党史教研部	《近代中国与文物》2009年第2期
291	《瞿秋白与20世纪30年代的文艺大众化运动》	卢毅	中共党史教研部	《近代中国与文物》2009年第4期
292	《国民外交与五四运动》	刘宝东	中共党史教研部	《中共党史资料》2009年第4期
293	《李大钊的法制建设思想及其当代价值》	刘宝东	中共党史教研部	《科学社会主义》2009年第4期
294	《我的一生将与书同行：张闻天谈书论学》	刘宝东	中共党史教研部	《学习时报》2009年8月10日
295	《学习要有傻子的精神：陈毅的“三要”读书法》	刘宝东	中共党史教研部	《学习时报》2009年10月19日
296	《学习要走在工作的前头：“书迷”元帅叶剑英的藏书与读书》	刘宝东	中共党史教研部	《学习时报》2009年11月30日
297	《中国共产党执政60年：历史进程与主要经验》	李庆刚	中共党史教研部	《学习时报》2009年12月14日
298	《六十年来中国共产党领导的多党合作和政治协商制度的重大发展》	李庆刚	中共党史教研部	《理论前沿》2009年第21期
299	《刘少奇与1947年石家庄市接管》	李国芳	中共党史教研部	《党的文献》2009年第3期
300	《土地出让金制度变迁与地方政府行为》	匡家在	中共党史教研部	《中共中央党校学报》2009年第2期
301	《从收容遣送到救助管理——我国城市流浪乞讨人员救助制度的变迁》	高中华	中共党史教研部	《当代中国史研究》2009年第6期

续表

序号	论 文 题 目	作 者	单 位	发表报刊及时间
302	《陈云的社会保障观》	高中华	中共党史教研部	《学习时报》2009年11月2日
303	《多多读书 多多研究：周恩来的读书态度和方法》	高中华	中共党史教研部	《学习时报》2009年11月30日
304	《新时期我国劳资关系演变的趋势和对策分析》	程连升	中共党史教研部	《教学与研究》2009年第4期
305	《新中国60年的主要成就和基本经验》	陈雪薇	中共党史教研部	《党的文献》2009年第5期
306	《论政治流通——建立一种研究政党体制的新视角》	王长江	党的建设教研部	《马克思主义与现实》2009年第4期
307	《民主和法治建构下的信访定位》	王长江	党的建设教研部	《中共中央党校学报》2009年第1期
308	《新一轮思想解放的特点和要求》	戴焰军	党的建设教研部	《学习时报》2009年2月16日
309	《执政党建设的经验就是规律吗》	戴焰军	党的建设教研部	《解放日报》2009年11月16日
310	《公民人格教育推动民主政治推进》	张志明	党的建设教研部	《学习时报》2009年6月15日
311	《提高党建科学化水平需重点关注哪些问题》	张志明	党的建设教研部	《学习时报》2009年12月21日
312	《选举应成为人民当家作主的节日》	张志明	党的建设教研部	《学习时报》2009年11月23日
313	《关于党的干部制度建设科学化的几个问题》	张志明	党的建设教研部	《中国党政干部论坛》2009年第11期
314	《公民意识教育有利于民主政治发展》	张志明	党的建设教研部	《人民日报》2009年6月10日
315	《党的建设改革30年评析》	梁妍慧	党的建设教研部	《学习时报》2009年1月5日
316	《村“两委”换届选举的新做法》	梁妍慧	党的建设教研部	《学习时报》2009年3月30日
317	《夯实党的建设的基础》	梁妍慧	党的建设教研部	《人民日报》2009年8月12日
318	《深化干部人事制度改革的着力点》	梁妍慧	党的建设教研部	《学习时报》2009年10月26日

续表

序号	论 文 题 目	作 者	单 位	发表报刊及时间
319	《在突破难点上下功夫》	梁妍慧	党的建设教研部	《中国党政干部论坛》2009 年第 11 期
320	《如何正确认识和引导社会组织健康发展》	蔡志强	党的建设教研部	《理论动态》第 1810 期，2009 年 3 月 30 日
321	《防止经济危机向社会危机传导》	蔡志强	党的建设教研部	《理论动态》第 1811 期，2009 年 4 月 10 日
322	《石首失守后，危机如何变良机？——群体性事件留给我们的警示与思考》	蔡志强	党的建设教研部	《学习时报》2009 年 8 月 3 日
323	《新中国 60 年社会管理的经验与启示》	蔡志强	党的建设教研部	《学习时报》2009 年 9 月 28 日
324	《加强党的思想整合：利益协调与价值引导》	蔡志强	党的建设教研部	《理论前沿》2009 年第 22 期
325	《南京市公推直选基层党组织领导班子的做法与启示》	蔡志强	党的建设教研部	《中国党政干部论坛》，2009 年第 12 期
326	《党内民主推动社会民主的科学探索》	蔡志强	党的建设教研部	《学习时报》2009 年 11 月 23 日
327	《党内民主：实现授权与领导的有机统一》	王金柱	党的建设教研部	《理论动态》第 1809 期，2009 年 3 月 20 日
328	《发展党内民主与完善民主集中制的统一》	王金柱	党的建设教研部	《学习时报》2009 年 11 月 16 日
329	《领导干部“治人”先要“治己”》	刘玉瑛	党的建设教研部	《学习时报》2009 年 4 月 20 日
330	《小事“糊涂”，大事不能糊涂》	刘玉瑛	党的建设教研部	《学习时报》2009 年 5 月 25 日
331	《“累脑”“累身”不能累心》	刘玉瑛	党的建设教研部	《学习时报》2009 年 5 月 4 日
332	《记住自己是党的人》	刘玉瑛	党的建设教研部	《学习时报》2009 年 6 月 22 日
333	《高度重视在实践中锤炼年轻干部》	蔡 霞	党的建设教研部	《人民日报》2009 年 7 月 22 日
334	《治理民主是普遍性与特殊性的统一——以成都市新都区民主实践为例》	祝灵君	党的建设教研部	《中共中央党校学报》2009 年第 5 期

续表

序号	论文题目	作者	单位	发表报刊及时间
335	《六十年来党群关系的发展及挑战》	祝灵君	党的建设教研部	《学习时报》2009年9月14日
336	《新时期党的基层组织建设回顾》	祝灵君	党的建设教研部	《学习时报》2009年10月12日
337	《党内大规模的“公推直选”在南京城市社区的发展》	祝灵君	党的建设教研部	《理论动态》第1833期，2009年11月20日
338	《不动摇　不懈怠　不折腾》	张荣臣	党的建设教研部	《人民日报》2009年1月5日
339	《领导干部作风问题说到底是党性问题》	张荣臣	党的建设教研部	《人民日报》2009年2月9日
340	《以人为本与民本主义、人本主义的本质区别》	张荣臣	党的建设教研部	《中共中央党校学报》2009年第3期
341	《牢牢把握党的建设的根本任务》	张荣臣	党的建设教研部	《人民日报》2009年7月1日
342	《思想理论建设是党的建设的根本》	张荣臣	党的建设教研部	《人民日报》2009年8月17日
343	《反封建：党内民主建设的重大课题》	张荣臣	党的建设教研部	《中国党政干部论坛》2009年第9期
344	《总结执政经验　破解党建难题》	张荣臣	党的建设教研部	《学习时报》2009年9月21日
345	《60年党群关系的变与不变——兼论执政条件下党群关系的实质与改革取向》	张荣臣	党的建设教研部	《中国党政干部论坛》2009年第12期
346	《准确把握工作目标　增强反腐倡廉信心》	任铁缨	党的建设教研部	《思想政治工作研究》2008年第12期
347	《反腐败与社会监督》	任铁缨	党的建设教研部	《中共中央党校学报》2009年第4期
348	《提高反腐倡廉教育实效》	任铁缨	党的建设教研部	《学习时报》2009年10月26日
349	《略论权力制约的三种途径与反腐败》	高新民	党的建设教研部	《中国党政干部论坛》2009年第3期
350	《政治共识与中国政党制度》	高新民	党的建设教研部	《中国党政干部论坛》2009年第8期

续表

序号	论文题目	作者	单位	发表报刊及时间
351	《从宏观视野看“南京样本”》	高新民	党的建设教研部	《中国党政干部论坛》2009年第12期
352	《完善党内民主决策机制》	高新民	党的建设教研部	《中国党政干部论坛》2009年第11期
353	《有序推进党内民主的全委会制度改革》	高新民	党的建设教研部	《学习时报》2009年6月8日
354	《党的建设要直面人民群众关心的重大问题》	高新民	党的建设教研部	《学习时报》2009年9月7日
355	《从新的高度看待党内民主》	高新民	党的建设教研部	《学习时报》2009年7月13日
356	《忧患意识推动党的建设改革创新》	高新民	党的建设教研部	《学习时报》2009年11月9日
357	《扎实推进学习实践科学发展观活动应特别重视的三个问题》	刘炳香	党的建设教研部	《理论动态》第1814期，2009年5月10日
358	《“桃源居模式”领创中国社区发展》	张晓燕	党的建设教研部	《学习时报》2009年12月14日
359	《2009年欧洲议会选举及其影响》	赵伯英	文史教研部	《当代世界》2009年第9期
360	《爱尔兰第二次全民公决及其后的欧盟局势》	赵伯英	文史教研部	《当代世界》2009年第11期
361	《爱尔兰全民公决成功的多种因素》	赵伯英	文史教研部	《学习时报》2009年10月19日
362	《欧盟进入一个新时代》	赵伯英	文史教研部	《学习时报》2009年11月30日
363	《日本女性教育的发展变化》	张爱平	文史教研部	《学习时报》2009年10月26日
364	《课件在博士生阅读课中所起作用的实证研究》	郭　莲	文史教研部	载于《研究生英语教学与研究（2009）》，中国人民大学出版社2009年版
365	《西非区域意识、民族主义与独立运动》	肖宏宇	文史教研部	《西亚非洲》2009年第1期
366	《国家命运的塑造：探求非洲的竞争力与优势（译文）》	肖宏宇	文史教研部	《西亚非洲》2009年第11期

续表

序号	论 文 题 目	作 者	单 位	发表报刊及时间
367	《孟子的交往观与和谐社会建设》	焦玉莉	文史教研部	《学习时报》2009年4月13日
368	《俄罗斯历史上的“女人当政”》	尹永波	文史教研部	《学习时报》2009年3月9日
369	《对完善我国金融监管体制的思考》	尹永波	文史教研部	《学习时报》2009年4月27日
370	《人生三事：潜心向学、老实为人、踏实做事》	穆占劳	文史教研部	《学习时报》2009年12月21日
371	《中国共产党关于“文化软实力”思想的提出和发展》	穆占劳	文史教研部	《中共石家庄市委党校学报》2009年第10期
372	《中美关系三十年》	惠春琳	文史教研部	《学习时报》2009年12月21日
373	《我国现阶段的教育公平：问题与策略》	刘丽丽	文史教研部	《中共云南省委党校学报》2009年第4期
374	《多媒体课件在研究生英语教学应用中的利与弊》	刘丽丽	文史教研部	载于《第二语言教学研究》，线装书局2009年版
375	《新现实仿真摄影（译文）》	刘丽丽	文史教研部	《世界美术》2009年第3期
376	《漫画日本：日本漫画学的形成及现状》	潘郁红	文史教研部	《开放时代》2009年第12期
377	《改革开放以来价值观的变迁与重建》	田嵩燕	文史教研部	《学习时报》2009年1月12日
378	《Comparison and Appreciation of Eileen Chang's Chinese and English Version of the Golden Cangue》	沈 凌	文史教研部	载于《研究生英语教学与研究（2009）》，中国人民大学出版社2009年版
379	《马瑟修斯与普实克在中国与波希米亚文学中的面对面——来自捷克巴别塔（译文）》	沈 凌	文史教研部	载于《捷克和斯洛伐克汉学研究》，学苑出版社2009年版
380	《建国以来文化政策的发展》	田嵩燕	文史教研部	《学习时报》2009年6月29日

续表

序号	论文题目	作者	单位	发表报刊及时间
381	《晚清时期社会救助制度的新特点》	刘悦斌	文史教研部	《河北师范大学学报》2009 年第 6 期
382	《清代官箴书中的为官之德和从政之道》	岑大利	文史教研部	《中共中央党校学报》2009 年第 5 期
383	《论抚远大将军图海》	岑大利	文史教研部	载于《明清论丛》第 9 辑，紫禁城出版社 2009 年版
384	《清代的饮酒礼俗》	岑大利	文史教研部	《文化学刊》2009 年第 3 期
385	《研究马克思主义中国化从何起步》	赵书刚	文史教研部	《博览群书》2009 年第 4 期
386	《十六大以来中共中央对两岸和平发展的理论创新及成效》	赵书刚	文史教研部	《徐州师范大学学报》2009 年第 4 期
387	《北平青年学生抗日救亡的爱国壮举》	赵书刚	文史教研部	载于《知识分子与近现代中国社会》，湖北人民出版社 2009 年版
388	《孙中山关注近代中国农业的发展》	赵书刚	文史教研部	《团结》2009 年增刊
389	《从“土八路”到外交官》	赵书刚	文史教研部	《博览群书》2009 年第 10 期
390	《以胡锦涛为总书记的党中央对两岸和平发展的理论创新及成效》	赵书刚	文史教研部	载于《纪念改革开放 30 周年》，中共中央党校出版社 2009 年版
391	《建国以来中国共产党领导文化建设的历史经验》	刘　忱	文史教研部	《科学社会主义》2009 年第 2 期
392	《深化体制改革　增强文化活力(合著，执笔)》	刘　忱	文史教研部	《中国党政干部论坛》2009 年第 3 期
393	《社会主义文化传统在当代的深化和重建》	刘　忱	文史教研部	《大连干部学刊》2009 年第 10 期
394	《还我革命真本色》	刘　忱	文史教研部	《光明日报》2009 年 10 月 9 日

续表

序号	论文题目	作者	单位	发表报刊及时间
395	《网络文化的生成特点及其领导权问题》	范玉刚	文史教研部	《理论视野》2009年第2期
396	《掌握网络文化的引领权》	范玉刚	文史教研部	《中国文化报》2009年1月2日
397	《文艺学范式的重构及其文化阐释》	范玉刚	文史教研部	《求是学刊》2009年第3期
398	《精神的沉沦与诗意地栖居》	范玉刚	文史教研部	《中国人民大学学报》2009年第2期
399	《“经典不再”时代的文艺学何为》	范玉刚	文史教研部	《人文杂志》2009年第1期
400	《大众文化互动中的文化霸权》	范玉刚	文史教研部	《中共中央党校学报》2009年第1期
401	《文艺学范式的重构及其文化阐释》	范玉刚	文史教研部	载于《理论创新时代：中国当代文论与审美文化的转型》，知识产权出版社2009年版
402	《自然美：生态伦理学的一个向度》	范玉刚	文史教研部	载于《问题与转型——多维视野中的当代中国美学》，山东美术出版社2009年版
403	《领导干部必须具有家庭美德》	梅敬忠	文史教研部	《党课参考》2009年第4期
404	《改革开放以来的文化变迁》	谢武军	文史教研部	《理论动态》第1803期，2009年1月20日
405	《法国的公共文化服务》	谢武军	文史教研部	载于《文化蓝皮书·中国公共文化服务发展报告2009》，中国社会科学出版社2009年版
406	《从文化观念的更新看改革开放30年的文化变迁》	谢武军	文史教研部	《党的文献》2009年第5期
407	《文化体制改革的历程和面临的问题》	谢武军	文史教研部	《理论视野》2009年第11期
408	《“所有部长都是文化部长”——法国公共文化一瞥》	谢武军	文史教研部	《学习时报》2009年4月27日

续表

序号	论 文 题 目	作 者	单 位	发表报刊及时间
409	《法国的文化民主化理念》	谢武军	文史教研部	《学习时报》2009 年 5 月 11 日
410	《下一个十年中国文化产业的四点思考》	谢武军	文史教研部	《中国文化报》2009 年 7 月 3 日
411	《兵贵神速·避实击虚·慎终如始：写作的行文艺术》	廖小鸿	文史教研部	《应用写作》2009 年第 10 期
412	《干部如何提高写作能力》	廖小鸿	文史教研部	《应用写作》2009 年第 8 期
413	《超级在什么地方——评日本电影〈佐贺的超级阿嬷〉》	廖小鸿	文史教研部	《学习时报》2009 年 10 月 19 日
414	《文化遗产在当前社会发展中的定位问题》	马奔腾	文史教研部	《理论前沿》2009 年第 2 期
415	《〈刘瑞川山水画与哲理诗〉序》	马奔腾	文史教研部	载于《刘瑞川山水画与哲理诗》，河北教育出版社 2009 年版
416	《青春的罗马》	马奔腾	文史教研部	《学习时报》2009 年 11 月 23 日
417	《人文素养与文化软实力》	张 文	文史教研部	《党课参考》2009 年第 5 期
418	《他山之石：60 年外国文艺理论的译介及影响》	李媛媛	文史教研部	《理论学刊》2009 年第 2 期
419	《中国哲学研究的四个范式》	赵 峰	文史教研部	《人文杂志》2009 年第 6 期
420	《朱熹的“理”》	赵 峰	文史教研部	载于《新亚洲论坛》第二辑，首尔出版社 2009 年版
421	《试论蒂里希“终极关怀”的“终极性”》	赵 峰	文史教研部	载于《余敦康先生八十寿辰纪念集》，首都师范大学出版社 2009 年版
422	《韩国哲学的现状、问题和前景——专访首尔大学哲学系主任许南进教授》	赵 峰（与杨学功合作）	文史教研部	《中国社会科学报》2009 年 8 月 11 日

续 表

序号	论 文 题 目	作 者	单 位	发表报刊及时间
423	《城市：我们的新家园中的文化问题》	陈宇飞	文史教研部	《中国党政干部论坛》2009年第7期
424	《现代化进程中的中国城市文化问题》	陈宇飞	文史教研部	《长春市委党校学报》2009年第5期
425	《市场经济条件下西藏农村经济的发展——以西藏江孜县班觉伦布村为例》	徐 平（与张群合作）	文史教研部	《中国藏学》2009年第1期
426	《从实求知，志在富民——纪念费孝通先生逝世四周年》	徐 平	文史教研部	《群言》2009年第4期
427	《古老的羌族将重新焕发生机》	徐 平	文史教研部	《中国民族报》理论周刊2009年5月8日
428	《不能忘却的纪念》	徐 平	文史教研部	《学习时报》2009年5月11日
429	《以科学发展观为指导，推动少数民族文化加快发展》	徐 平（合作）	文史教研部	载于《中国少数民族文化发展报告》（2008），民族出版社2009年版
430	《社会变迁与文化调适》	徐 平（合作）	文史教研部	载于《中国少数民族文化发展报告》（2008），民族出版社2009年版
431	《我们的太阳升起来了——记帕拉庄园的过去和现在》	徐 平	文史教研部	载于《西藏民族的新生——民主改革亲历记》，中国藏学出版社2009年版

续表

序号	论文题目	作者	单位	发表报刊及时间
432	《大瑶山与费孝通——纪念费孝通、王同惠大瑶山调查七十周年》	徐平	文史教研部	载于《费孝通与中国社会学人类学》，社会科学文献出版社 2009 年版
433	《再读云南三村》	张宏明	文史教研部	载于《费孝通与中国社会学人类学》社会科学文献出版社 2009 年版
434	《中国外交决策机制变迁研究(1949—2009 年)》	宫力	国际战略研究所	《世界经济与政治》2009 年 11 期
435	《国际金融危机与国际秩序的变革》	宫力	国际战略研究所	《现代国际关系》2009 年第 4 期
436	《改革开放与中国外交》	宫力	国际战略研究所	《当代中国史研究》2009 年第 5 期
437	《2008 年中美关系及其对两岸关系的影响》	宫力	国际战略研究所	《两岸关系》2009 年第 3 期
438	《新中国国际战略的历史演进与基本经验》	宫力	国际战略研究所	《学术探索》2009 年第 5 期
439	《新中国外交若干重大问题探析》	宫力	国际战略研究所	《中国党政干部论坛》2009 年第 9 期
440	《中美关系与东北亚安全》	宫力	国际战略研究所	《新远见》2009 年第 10 期
441	《解读冷战后美国“推进民主”战略及其对世界的影响》	刘建飞	国际战略研究所	《当代世界与社会主义》2009 年第 1 期
442	《经济体制选择对中国外交的影响》	刘建飞	国际战略研究所	《外交评论》2009 年第 6 期
443	《中国和平外交有深厚的文化底蕴——评〈从“协和万邦”到建设和谐世界〉》	刘建飞	国际战略研究所	《外交评论》2009 年第 1 期
444	《中国发展模式探源》	刘建飞	国际战略研究所	《当代世界与社会主义》2009 年第 6 期
445	《试析美“民主国家联盟”战略构想的走向》	刘建飞	国际战略研究所	《现代国际关系》2009 年第 11 期

续 表

序号	论 文 题 目	作 者	单 位	发表报刊及时间
446	《世界将进入“无霸权时代”?》	刘建飞	国际战略研究所	《同舟共进》2009年第2期
447	《“新总统磨合期”的蹉跎往事》	刘建飞	国际战略研究所	《环球》2009年第2期
448	《良师益友　学人楷模》	刘建飞	国际战略研究所	《学习时报》2009年2月16日
449	《“同舟共济”，美国也应出力划船》	刘建飞	国际战略研究所	《环球》2009年第5期
450	《国际金融危机背景下的中国对外战略》	刘建飞	国际战略研究所	《探索与争鸣》2009年第3期
451	《理性应对“两国集团”论》	刘建飞	国际战略研究所	《中国党政干部论坛》2009年第5期
452	《“和”：从历史到未来》	刘建飞	国际战略研究所	《中国社会科学院报》2009年4月21日
453	《中国民主政治建设与中美关系》	刘建飞	国际战略研究所	《中共中央党校研究报告》2009年第3期
454	《“两国集团”不是中国的选项》	刘建飞	国际战略研究所	《环球》2009年5月1日
455	《Sino-US Relations and Building a Hamonious World》	刘建飞	国际战略研究所	Journal of Contemporary China Volume 18 Number 60 June 2009
456	《东北亚秩序中的中美日俄关系》	刘建飞	国际战略研究所	《新远见》2009年第5期
457	《美国欲以优先议题捆绑中国》	刘建飞	国际战略研究所	《环球》2009年第12期
458	《全球金融危机背景下的世界格局》	刘建飞	国际战略研究所	《当代世界》2009年第8期
459	《撬动世界的三角支点》	刘建飞	国际战略研究所	《环球》2009年第15期
460	《“金砖四国”合作并非坦途》	刘建飞	国际战略研究所	《环球》2009年第16期

续 表

序号	论 文 题 目	作 者	单 位	发表报刊及时间
461	《美国"民主联盟"战略的产生背景与内涵》	与李景云、周绍雪合作	国际战略研究所	《理论动态》第1827期，2009年9月20日
462	《中国模式：由理想到现实》	刘建飞	国际战略研究所	《探索与争鸣》2009年第9期
463	《简析奥巴马"新外交"》	刘建飞	国际战略研究所	《红旗文稿》2009年第18期
464	《美国"民主联盟"战略与中美关系》	刘建飞	国际战略研究所	《国外理论动态》2009年第11期
465	《应对金融危机助推国际经济合作》	刘建飞	国际战略研究所	《中国党政干部论坛》2009年第11期
466	《中美关系步入新轨道》	刘建飞	国际战略研究所	《学习时报》2009年11月23日
467	《东北亚安全挑战与中国的应对战略——"东北亚安全论坛"海参崴会议综述》	刘建飞	国际战略研究所	《思想理论内参》2009年第47期
468	《奥巴马东亚之行的政治观察》	刘建飞	国际战略研究所	《环球》2009年第23期
469	《奥巴马政府的对华政策》	刘建飞	国际战略研究所	《兵器知识·防务观察家》2009年7月15日
470	《中国发展模式探源》	刘建飞	国际战略研究所	《当代世界与社会主义》2009年第6期
471	《奥巴马外交的新玄机》	刘建飞	国际战略研究所	《瞭望新闻周刊》2009年12月28日
472	《从以"制度为本"到"以人为本"——中国特色社会主义对苏联斯大林模式的实质性突破》	左凤荣	国际战略研究所	《探索与争鸣》2009年第2期
473	《俄美关系走势分析》	左凤荣	国际战略研究所	《学术探索》2009年第2期
474	《切实探讨苏联解体之因——评雷日科夫〈大国悲剧〉的大国主义倾向》	左凤荣	国际战略研究所	《探索与争鸣》2009年第5期
475	《金融危机能阻止俄罗斯的崛起吗》	左凤荣	国际战略研究所	《中共中央党校学报》2009年第3期

续 表

序号	论 文 题 目	作 者	单 位	发表报刊及时间
476	《扎尔达里时代美巴反恐合作的制约性因素分析》	张 明	国际战略研究所	《世界经济与政治》2009 年第 4 期
477	《索马里海盗难以制止的原因和解决思路》	张 明	国际战略研究所	《理论前沿》2009 年第 23 期
478	《自然灾害对人类社会的影响及其治理》	张 明	国际战略研究所	《新远见》2009 年第 8 期
479	《东亚秩序变迁中的中日关系》	马小军	国际战略研究所	《中共中央党校学报》2009 年第 5 期
480	《国际关系变迁中的中国与世界》	马小军	国际战略研究所	《学习时报》2009 年 12 月 28 日
481	《试析金融危机后的世界经济格局》	陈江生	国际战略研究所	《中共中央党校学报》2009 年第 1 期
482	《农业现代化之路的成功探索》	纪 军	国际战略研究所	《中国党政干部论坛》2009 年第 1 期
483	《以产业化道路保障农产品质量安全——以台州经验为例》	纪 军	国际战略研究所	《理论前沿》2009 年第 8 期
484	《西方国家保障就业的政策及其对我们的启示》	纪 军	国际战略研究所	《科学社会主义》2009 年第 5 期
485	《海峡两岸经贸关系分析》	朱邦宁	国际战略研究所	《贸易经济》2009 年第 4 期
486	《中国巨额外汇储备及其对美国国债的投资》	朱邦宁	国际战略研究所	《理论视野》2009 年第 5 期
487	《国际货币体系的演变与改革》	朱邦宁	国际战略研究所	《新远见》2009 年第 9 期
488	《如何解决巨额外汇储备问题》	朱邦宁	国际战略研究所	《广角镜》2009 年第 7 期
489	《三十年代大萧条与当前金融海啸》	朱邦宁	国际战略研究所	《广角镜》2009 年第 1 期
490	《中国东亚战略的展开》	门洪华	国际战略研究所	《当代亚太》2009 年第 1 期
491	《中国海外利益研究的历程、现状与前瞻》	门洪华	国际战略研究所	《外交评论》2009 年第 5 期
492	《世界转型与中国的战略取向》	门洪华	国际战略研究所	《现代国际关系》2009 年第 11 期

续表

序号	论文题目	作者	单位	发表报刊及时间
493	《中国国际战略研究的议程与方法》	门洪华	国际战略研究所	《教学与研究》2009年第2期
494	《金融危机与美元霸权的变迁》	门洪华	国际战略研究所	《理论视野》2009年第1期
495	《多极化与中国战略》	门洪华	国际战略研究所	《理论前沿》2009年第10期
496	《中国国际战略的演变与联合国外交（1949—2008）》	门洪华	国际战略研究所	《中国研究》（韩国釜山大学）2009年第2期
497	《社会结构、政党危机与2009年大选前景——关于德国政党体制变迁的调研与思考》	门洪华	国际战略研究所	《国际观察》2009年第5期
498	《中国国际战略演进及其经验总结》	门洪华	国际战略研究所	《教学与研究》2009年第10期
499	《中国大国关系的历史演进（1949—2009）》	门洪华	国际战略研究所	《江苏社会科学》2009年第6期
500	《国际局势变迁视野下的新中国外交60年》	秦治来	国际战略研究所	《世界经济与政治》2009年第9期
501	《奥巴马的新能源政策及其对中美关系的影响》	秦治来	国际战略研究所	《中国党政干部论坛》2009年第4期
502	《关于经济全球化发展趋势的争论》	杨　青	国际战略研究所	《中国党政干部论坛》2009年第9期
503	《金融危机与经济全球化》	杨　青	国际战略研究所	《新远见》2009年第7期
504	《从气候变化看全球环境斗争与合作》	赵晓红	国际战略研究所	《新远见》2009年第6期
505	《清洁发展机制：全球温室气体减排的双赢机制》	赵晓红	国际战略研究所	《学习时报》2009年6月1日
506	《中国参与联合国维和行动的类型及地域分析》	赵　磊	国际战略研究所	《当代亚太》2009年第2期
507	《论中国外交布局中的“多边舞台”》	赵　磊	国际战略研究所	《教学与研究》2009年第12期

续 表

序号	论 文 题 目	作 者	单 位	发表报刊及时间
508	《有关“软权力”与“负责任大国”的若干问题——以中国参与联合国维持和平行动为分析视角》	赵 磊	国际战略研究所	《中国党政干部论坛》2009年第3期
509	《中美战略互信建设——要素、思路与原则》	赵 磊	国际战略研究所	《新远见》2009年第7期
510	《国际金融危机对国际战略格局的影响》	孙建杭	国际战略研究所	《新远见》2009年第6期
511	《警惕“藏独”“疆独”问题国际化》	孙建杭	国际战略研究所	《环球》2009年第16期
512	《消除贫困是一项核心人权——以广西和甘肃为例》	李云龙	国际战略研究所	《人权》2009年第6期
513	《中非关系与非洲人权发展》	李云龙	国际战略研究所	《人权》2009年第2期
514	《奥巴马的亚洲新战略》	康绍邦	国际战略研究所	《理论前沿》2009年第21期
515	《改革开放对台湾与两岸关系的影响》	康绍邦	国际战略研究所	《理论动态》第1805期，2009年2月10日
516	《中国与西方国家的对非洲外交：在分歧中寻求共识与合作》	罗建波	国际战略研究所	《世界经济与政治》2009年第4期
517	《论非洲共同外交的发展历程及主要问题》	罗建波	国际战略研究所	《外交评论》2009年第3期
518	《亚非复兴视野下中国与发展中国家关系：历史变迁与世界意义》	罗建波	国际战略研究所	《当代亚太》2009年第5期
519	《切实推动发展中国家复兴》	罗建波	国际战略研究所	《人民日报》2009年5月5日
520	《亚非复兴进程与世界地缘政治转变》	罗建波	国际战略研究所	《西亚非洲》2009年第5期
521	《地区认同与非洲一体化》	罗建波	国际战略研究所	《亚非纵横》2009年第3期
522	《China's African Policy and its Soft Power》	罗建波	国际战略研究所	*AntePodium*，2009
523	《女性主义运动：历史与理论的演进逻辑》	周绍雪	国际战略研究所	《湖南社会科学》2009年第6期

2009年进修部学员研究成果目录

2009年春季学期进修部学员研究成果

省部级干部进修班（第45期）“国际金融危机与应对”研究专题

课题一：国际金融危机与中小企业发展
——浙江调研情况报告

课题二：应对金融危机、破解中国难题的必由之路
——成都市城乡统筹发展的调查与思考

课题三：积极推进“双转移”战略，全面实现科学发展
——对广东的调查与思考

课题四：应对国际金融危机必须重视的若干经济战略问题

课题五：中小企业贸易融资难的成因及对策

省部级干部进修班（第45期）“国际战略”研究专题

课题一：全球金融危机对国际战略格局的影响及对策思考

课题二：妥善处理中美关系、积极维护战略机遇期

省部级干部进修班（第45期）“扩大内需与经济发展”研究专题

课题一：关于依靠自主创新推动发展方式转变的若干思考

课题二：小城镇建设：中国扩大内需和城乡统筹发展的战略重点

课题三：高度重视扩大内需中的环保问题

课题四：积极发挥民航在扩大内需和对外开放中的作用

课题五：扩大内需战略的重点是扩大居民消费

课题六：立足自主创新转变发展方式促进经济增长

省部级干部进修班（第45期）“民生与社会建设”研究专题

课题一：群体性事件的成因及防控对策分析
——从典型案例看政府在防控群体性事件中的责任与对策

课题二：努力在总结探索中增强工作的主动性
——关于当前积极预防和妥善处置群体性事件的调研与思考

课题三：关于防范群体性事件的几点认识和思考

课题四：把节水型社会建设摆在更加突出的战略位置

课题五：发展现代林业是建设生态文明的关键
——关于湖北、江西两省林业发展的调研报告
课题六：大学生就业的难点与对策
——以山东省大学生就业问题为例
课题七：当前我国城乡医疗保障制度研究
课题八：我国当前基础教育公平性探析
——以贵州省为例
课题九：关于我国城乡居民基本养老保险制度建设的对策建议
——对天津、郑州、宝鸡城乡居民养老保险体系建设的调查

地厅级干部进修班（第52期）“农村改革发展”研究专题
课题一：建立农民增收的长效机制研究
课题二：让中国农民老有所养不再是梦想
——构建中国农村养老保险制度研究报告
课题三：关于农村宅基地流转问题的思考
课题四：新时期农村社区建设的探索与思考
——以山东省诸城市农村社区建设为例

地厅级干部进修班（第52期）“国际金融危机与应对”研究专题
课题一：试析我国外汇储备的适度规模、合理构成及投资选择
课题二：国际金融危机对我国农民工就业的影响及对策
课题三：推进中国金融创新的几点战略思考
课题四：金融危机与中小企业发展
课题五：在应对国际金融危机中着力发展科技型中小企业
课题六：中国企业应对国际金融危机的思考
课题七：国际金融危机背景下的农业农村经济发展
课题八：积极推动金融创新，加快发展小银行的研究与建议
课题九：国际金融危机影响下的农民增收对策研究
课题十：战略转型应对金融危机

地厅级干部进修班（第52期）“党的群众工作”研究专题
课题一：坚持用群众工作理念解决信访问题
课题二：关于构建和谐阶层关系的对策研究
课题三：新媒体与党群关系研究
课题四：领导干部应对群体性事件的对策与思考

地厅级干部进修班（第52期）“文化发展”研究专题

课题一：当前多民族文化认同的战略思考和建议

——基于青海地区调研的探析

课题二：科学发展观与四川灾后重建中的文化自觉

课题三：从执政党的文化自觉看“丽江模式”

课题四：社会主义市场经济条件下文化遗产合理利用问题的思考

课题五：互联网时代的舆论引导

课题六：网络“涉官”事件传播分析与舆论引导

课题七：本土化——跨文化传播的最佳方式

课题八：发展文化创意产业、提高文化竞争力

——广东发展文化创意产业的启示

课题九：艺术院团改革要按照艺术规律和市场规律进行深化

课题十：建立“以钱养事”新机制，促进农村文化事业发展

——湖北农村乡镇文化站改革情况调研

2009年秋季学期进修部学员研究成果

省部级干部进修班（第46期）“国际金融危机与应对”研究专题

课题一：改善风险监管促进银行创新

课题二：审时度势抓机遇，调整结构促发展

——重庆市应对国际金融危机的基本经验及启示

课题三：加快产业转型升级促进经济发展方式转变

课题四：外需形势及应对危机的下一步对策建议

课题五：以金融转型促经济转型，增强我国经济可持续发展能力

课题六：从国家战略高度看待我国衍生品市场的发展与监管

课题七：坚持自主创新，推进创新型国家建设

课题八：中小企业自主创新平台的战略意义与发展对策

课题九：统筹城乡发展几个重要问题的研究思考

省部级干部进修班（第46期）“行政管理体制改革”研究专题

课题一：深入推进省直管县（市）体制改革的思考对策

课题二：筑牢社会稳定基石

——从基层角度对社会稳定问题的思考

课题三：探索适应城乡统筹发展的行政管理体制及相关举措

——成都市改革的经验和启示

课题四：关于新社会组织发展与政府职能转移的思考

课题五：建立社会稳定风险评估机制，提高政府社会管理水平
课题六：构建适应城乡统筹发展的行政管理体制研究报告
课题七：网络舆论浪潮改变政治生态，创新执政方式才能长治久安
——互联网给政府工作带来的机遇、挑战及其应对建议

省部级干部进修班（第 46 期）“转变经济发展方式与经济结构战略性调整”研究专题

课题一：大力发展循环经济，加快经济发展方式转变
课题二：我国外贸发展现状、存在问题及转变发展方式的对策建议
课题三：关于国有经济结构战略性调整的思考
课题四：西部地区加快发展的重点、难点及政策建议
课题五：我国高等教育的投入问题
课题六：着力发展现代农村金融，服务城乡统筹发展大局
课题七：人才支撑、科技创新与产业结构调整的若干问题与对策建议
课题八：破解加快转变经济发展方式的三大难题
课题九：让战略性新兴产业的发展机制活一点

省部级干部进修班（第 46 期）“学习贯彻党的十七届四中全会精神”研究专题

课题一：以增进民主推进农村基层民主建设
课题二：巩固加强党在城市基层执政的基础
课题三：党的理想信念与高校学生认知的调研与思考
课题四：关于加强对执政党权力运行监督的几点思考
课题五：立足国际旅游岛，建设文明生态村

地厅级干部进修班（第 53 期）“廉政建设”研究专题成果

课题一：提高党管干部科学化水平的思考
——关于贵州省委干部选拔任用工作的调研
课题二：关于竞争性选拔干部方式的调查与思考
课题三：关于廉政制度建设科学化课题研究报告
课题四：官员财产申报问题的若干思考
课题五：关于建立健全党内决策权、执行权、监督权相互制约协调的运行机制的思考
课题六：创新村级自治组织决策、执行、监督三权运行机制，
大力推进基层民主政治建设
——内蒙古伊金霍洛旗实行村民代表会议常设制的实践与思考
课题七：关于新时期推进党务公开的思考及建议

课题八：加强对党政“一把手”监督问题调查与对策研究

地厅级干部进修班（第 53 期）“城市发展与城市治理”研究专题
课题一：我国城乡统筹发展的阶段性特征及对策研究
——以无锡市城乡一体化实践为例
课题二：现阶段城市化进程与人口有序流动
——以江苏苏南城市群为例
课题三：我国大城市交通问题研究
课题四：加快推进西部地区城镇化问题研究
课题五：推进新型城镇化与全面实现小康社会研究
课题六：走特色之路，促城市发展
——欠发达地区城市发展的思考与探讨

地厅级干部进修班（第 53 期）“文化体制改革”研究专题
课题一：对山西非物质文化遗产保护的调查与思考
课题二：多民族地区村落文化建设与社会发展研究
课题三：更好发挥主流媒体的导向作用
——基于新传播环境下构建舆论引导新格局的思考
课题四：关于中央级部门所属报刊社改革的思考
课题五：在推进广电改革发展中加强政府监管
课题六：“鲁剧”品牌崛起的思考
——以山东省广电局改革为视角
课题七：金融危机下文化产业发展的机遇与挑战

地厅级干部进修班（第 53 期）“扩大内需与经济发展”研究专题
课题一：关于促进我国汽车消费的政策建议
课题二：发展中地区统筹城乡发展的途径和方法研究
课题三：在国家扩大内需形势下转变经济发展方式的对策研究
课题四：发展循环经济，打造绿色钢铁
课题五：突出县级城市作用，统筹城乡协调发展
课题六：统筹协调内外需关系　促进国民经济稳定发展
课题七：关于提升企业自主创新能力的思考与建议
课题八：我国城镇化战略与中小企业自主创新趋势、难点与对策研究
课题九：扩大内需与促进就业对策研究

地厅级干部进修班（第53期）“突发公共事件与危机管理”研究专题
课题一：正确处理群众大规模集体上访的思考
课题二：自然灾害应对机制研究
课题三：民国外交突发事件应对及其历史启示
课题四：国家经济金融主权危机管理研究
课题五：从黄河洪水灾害处置谈突发公共事件应对的体制机制建设
课题六：提高领导干部预防处置群体性突发事件的五种能力

地厅级干部进修班（第53期）“学习贯彻党的十七届四中全会精神”研究专题
课题一：关于加强党的制度建设的若干思考和建议
课题二：关于提高选人用人公信度的思考
课题三：建设学习型党组织，切实提高创新能力
课题四：实施“泰山先锋”工程，推进基层党组织工作创新
课题五：关于积极发展党内民主的动力研究

2009年培训部中青班学员课题研究成果目录

培训部第26期中青一班社会调研成果目录

第一组　推进依法行政，提高执政能力（10人）
组长：张建华　　　　　　　　调研地点：广东省
成员：崔芝昆　赵立申　聂瑞平　拉　巴　于万源　刘　伟　王志宏　王良友
刘晔华
第二组　以科学发展观为指导，大力推进生态环境建设（9人）
组长：钟志华　　　　　　　　调研地点：湖南省
成员：赵英民　姜国文　辛保安　肖殷洪　赵子忠　丁小强　洪碧玲　谢焕忠
第三组　保增长扩内需政策落实进展与绩效调查（9人）
组长：祝卫东　　　　　　　　调研地点：云南省
成员：胡存智　屈　强　董建岳　柳　地　张　杰　奚国华　陈绿平　段丽元
第四组　发展循环经济，促进节能减排（8人）
组长：张令平　　　　　　　　调研地点：甘肃省
成员：刘　运　胡金木　蔡华相　高体玙　蒲增繁　赵争平　徐思伟
第五组　关于西部农民增收致富问题（5人）
组长：宋先平　　　　　　　　调研地点：宁夏回族自治区
成员：孙康敏　刘华学　张　华　李金冬
第六组　新疆煤炭资源发展战略研究（7人）
组长：王占甫　　　　　　　　调研地点：新疆维吾尔自治区
成员：缪蒂生　王会民　张荣顺　吴晓光　安胜利　孙爱军
第七组　西部地区旅游产业发展研究（8人）
组长：魏小东　　　　　　　　调研地点：新疆维吾尔自治区
成员：邓建军　袁宗祥　陈吉宁　褚　波　杨子强　张英健　牛伟宏
第八组　关于我国国民休闲与扩大内需的问题调研（8人）
组长：卫彦明　　　　　　　　调研地点：安徽省
成员：江　山　陈彩虹　赵　峡　吴玉才　袁家军　陈　飞　郭珺明
第九组　关于文化创业与文化产业发展问题（8人）
组长：韩永进　　　　　　　　调研地点：上海市
成员：金小桃　康　捷　张百新　翁祖亮　姚瑞坤　沈　骥　李雅琴

第十组　金融危机对经济发达地区的影响及应对措施（10 人）

组长：钱巨炎　　　　　　　　　　调研地点：浙江省

成员：寿梅生　陈　刚　李亚飞　周文斌　沈立强　戴春宁　任生德　孙抱平
　　　韩光宇

第十一组　我国大型企业自主创新与治理结构改革面临的问题与改革路径问题研究（9 人）

组长：舒印彪　　　　　　　　　　调研地点：江苏省

成员：赵长茂　王晓方　董春波　蒋　伟　孙月英　李晓春　刘跃珍　李守武

第十二组　新时期我国西部地区发展战略研究（8 人）

组长：胡敏谦　　　　　　　　　　调研地点：内蒙古自治区

成员：佟吉禄　杨冠军　刘伟平　胥燕婴　张　勇　陈雨露　宋显珠

第十三组　全球金融危机背景下的劳动力就业问题（10 人）

组长：王应际　　　　　　　　　　调研地点：海南省

成员：马青山　董锦燕　李国坚　恽鹏举　刘金峰　刘润民　邹跃斌　邓秀新
　　　齐　红

培训部第 9 期中青二班研究课题目录

第一组　城乡协调发展问题研究（8 人）

组长：高世楫　赵　平

成员：刘国洪　曹清尧　钱远刚　朱建山　赵　铸　王建军

第二组　区域协调发展问题研究（6 人）

组长：杨有贤

成员：张慧星　盖文启　袁　华　宋京雁　姚文明

第三组　新型工业化问题研究（9 人）

组长：王　臣　华　清

成员：吐逊江·艾力　谢少锋　邵　峰　林　涛　王尚康　黄迪南　庄建武

第四组　“三农”问题研究课题一（9 人）

组长：廖西元　张黄元

成员：张家权　陈大勇　丁中平　姜晓龙　王耀鹏　张泽军　张晓辉

第五组　“三农”问题研究课题二（8 人）

组长：占　勇　黄高宝

成员：郑　红　郭玉福　焦国栋　樊江波　李晓东　陈法春

第六组　金融、财政体制改革问题研究（8 人）

组长：程　光　李沐欣

成员：孟宪东　刘大群　朱民安　施维雄　原永胜　周石平

第七组　国际金融危机的影响及对策研究课题一（8 人）
组长：朱小良　张汉平
成员：郑希友　谭建生　王思强　余红胜　宣宇才　李东兴
第八组　国际金融危机的影响及对策研究课题二（7 人）
组长：李雪松　王学东
成员：潘志金　陈奋健　朱　军　谢　彪　卢淳杰
第九组　结构调整与就业政策问题研究（9 人）
组长：游　钧　谢瑾瑜
成员：张八五　严弟勇　周望军　毛传强　贾　洪　亢　平　杨有贤
第十组　民生问题与和谐社会建设问题研究课题一（8 人）
组长：姜万荣　马玉娥
成员：黄生林　李玲蔚　张英焕　戎　阳　邹　蔚　冯曰铭
第十一组　民生问题与和谐社会建设问题研究课题二（7 人）
组长：徐国俊　沈全荣
成员：王嘉毅　左　力　李前龙　冯亚平　徐姗娜
第十二组　可持续发展及生态文明建设问题研究课题一（6 人）
组长：陈善荣
成员：曹兵武　高金祥　刘秀宏　刘保锋　高　嵌
第十三组　可持续发展及生态文明建设问题研究课题二（7 人）
组长：郭亨孝　赵维明
成员：吴　捷　索南东智　李立中　王理平　袁灼琼
第十四组　政府管理与服务问题研究课题一（11 人）
组长：张长河　王智永
成员：詹丰兴　刘　耿　滕　刚　朱天舒　胡一丁　任振鹤　付爱琴　胡　斌
罗毅芳
第十五组　政府管理与服务问题研究课题二（10 人）
组长：黄锦生　邱国栋
成员：王世彤　刘懋洲　魏建荣　陈宏志　季求知　马宇骏　金洪钧　徐启方
第十六组　科技创新与科技体制、机制改革问题研究（12 人）
组长：熊盛青　刘新民
成员：王　军　魏保志　赖新春　叶玉江　宣　勇　戴亚平　杨文志　王自力
杨　军　于晶霞
第十七组　文化事业发展与文化安全问题研究（7 人）
组长：李敬泽　倪庆华
成员：叶　青　李耀强　张　越　张俊宗　吴佳松

第十八组　互联网条件下舆论引导和调控问题研究（11 人）

组长：姜永刚　袁亚彬

成员：马　扬　乔方利　董石桂　曹国英　周杰华　郭晓林　刘　刚　薛松岩　高世军

第十九组　党的建设问题研究（8 人）

组长：滕中平　陈庆立

成员：来　鹤　迟丽华　郝　欣　肖　叶　李　莉　李小平

第二十组　新形势下完善和推进惩治和预防腐败体系问题研究（11 人）

组长：张志刚　穆红玉

成员：王成胜　李纯德　索朗扎西　肖振猛　尹宝虎　李　昊　葛晓燕　余惠平　温树忠

学术会议

“中国特色社会主义论坛”理论研讨会在太原召开

10月30日至31日，“中国特色社会主义论坛”在山西太原召开以“历史新起点上的中国改革”为主题的理论研讨会。会议由中央党校马克思主义理论教研部和山西省委党校共同举办。

会议围绕历史新起点上的中国改革、中国特色社会主义、价值观建设以及党的建设等问题进行了研讨，着重阐述了5个方面的问题：一、建立社会主义市场经济是中国特色社会主义最富特征的方面，以建立社会主义市场经济体制为目标的改革是各方面改革的基础，并逻辑地包含了其他方面的改革；二、中国发展的新阶段上面临着突出的问题与矛盾，主要是经济增长方式与经济结构的问题、民生问题、社会平等问题、腐败问题、社会治理问题等等，这些问题的根源在于改革的任务还远未完成，市场经济体制还远未完善；三、改革面临的不利因素在增长，包括改革动力在衰减、改革共识发生断裂、反市场化趋势在增强等等；四、在新的历史起点上，应坚持深化改革，一以贯之地坚持富民目标和市场经济的逻辑；五、要真正以马克思主义的观点认识社会主义市场经济，应当看到，改革越深化，市场经济体制越完善，社会主义就越发展。

中央党校马克思主义理论部、山西省委党校、北京大学、南开大学、吉林大学、武汉大学的专家学者先后发言。来自中央党校及全国党校系统、高校系统和社会科学院系统的80多位专家、学者参加会议。

全国党校系统哲学年会在上海召开

11月10日至12日，由中共中央党校哲学教研部和中共上海市委党校共同举办的“2009年全国党校系统哲学年会暨哲学与当代中国社会发展——纪念新中国成立六十周年学术研讨会”在上海召开。中央党校副校长石泰峰出席开幕式并讲话。中央党校校委委员、哲学教研部主任贾高建，上海市委党校常务副校长吕贵出席开幕式并分别代表本单位致辞。

石泰峰副校长指出，中国共产党历来重视并善于从思想理论的高度特别是哲学的高度来总结中国革命和建设的历史经验，从而有效地指导社会实践。党校的哲学理论工作者要“常怀忧党之心，恪尽兴党之责”，坚持运用马克思主义的立场、观点、方法准确把握当今世界发展大势，准确把握社会主义初级阶段的国情，准确把握改革发展实际，及时总结党领导人民创造的现代化建设的新鲜经验，不断做出新的理论概括，努力推进哲学理论创新，为建设马克思主义学习型政党和搞好党的思想理论建设，为推动党和国家事业的进一步发展做出贡献。

在为期两天的研讨会上，与会学者分别围绕新中国哲学六十年的主要成就与基本经验、中国特色社会主义理论体系的哲学研究、当代中国社会发展实践的哲学研究，以及新形势下党校哲学教学科研面临的问题与挑战等议题进行了广泛而深入的研讨。大家一致认为，要大力加强哲学教研工作在党校干部教育事业特别是教学和科研体系中的地位，重视和加强党校的哲学学科建设，充分发挥哲学在培养领导干部世界观、方法论和价值观等方面的重要作用。同时，努力推进党校哲学理论研究和哲学学科的发展。

会议期间，中央党校哲学部还专门召开了党校哲学教学科研工作座谈会，来自全国各省、直辖市、自治区委党校哲学教研部主任、副主任参加了会议。会上交流了过去两年来各地党校在哲学学科建设、人才培养、教学课题设置和科研成果等方面的情况和经验，并围绕学习贯彻十七届四中全会精神和《中国共产党党校工作条例》，改进党校哲学学科的教学和科研工作提出了一些意见和建议。

来自中央党校及全国各省、直辖市、自治区委党校的专家学者 60 余人参加了会议。

“哲学与社会发展论坛(2009)”在中央党校举办

12 月 18 日上午，由中央党校哲学教研部、社会发展研究中心、中国马克思主义研究基金会联合主办的“哲学与社会发展论坛（2009）”在中央党校举行。中央党校副校长石泰峰出席并讲话。中央党校校委委员、哲学教研部主任、中央党校社会发展研究中心主任贾高建教授和中国马克思主义研究基金会副理事长周炳成编审分别代表本单位致辞。

与会学者普遍认为，当前我国哲学研究存在比较严重的问题，甚至面临着严重的危机。（1）由于中国的快速发展和在国际社会地位的空前提高，当代中国哲学正愈益紧迫和突出地面临世界化的任务，而当代中国哲学尚未做好这方面的准备。（2）马克思主义哲学的研究存在三多三少的现象：体系意识、文本意识比较多，问题意识、现实意识比较少；行动、实践研究比较多，制度层面研究比较少；解释的多，批判的少。(3) 中国哲学之所以被社会边缘化是因为越来越脱离于中国现实，存在“食古不化和食洋不化”的问题。(4) 我们的哲学研究也存在问题：一是话语权危机，即话语与研究兴趣大多以国外马克思主义学者的话语为转移；二是翻译的挑战，即翻译缺少推敲，有些浮躁，令读者反感；三是治学方式的危机与转换，即不注重文本研究，以“原理”为中心；四是哲学教科书的缺陷是误解、遮蔽、附加。

针对我国哲学研究中存在的突出问题和所面临的严重危机，与会学者探讨了哲学研究的出路。大家认为，当代中国哲学要摆脱这种困境，必须立足于当代社会实践，深入认识和抓紧解决处理好三个方面的关系：哲学的科学性与哲学的价值性的关系、外国哲学包括马克思主义哲学的中国化与中国传统哲学的现代化的关系、外国哲学包括马克思主义哲学的中国化与当代中国哲学的世界化的关系。哲学研究的出路在于：第一，哲学既要上天又要落地，既要有理论高度，又要关注现实；第二，哲学既要关注外部世界，又要关注内部世界；第三，哲学要努力去探索构建能够体现中国特色社会主义的社会发展理论和社会批判理论。

来自中央党校、中国社会科学院、北京大学、清华大学、中国人民大学、中国政法大学的近80名专家学者参加了会议。

全国党校系统第14次科社教学科研座谈会述要

12月19日至20日，“全国党校系统第14次科社教学科研座谈会”在北京市委党校召开。中央党校副校长石泰峰出席开幕式并讲话。这次会议的主题是学习贯彻党的十七大，十七届三中和四中全会精神，研究如何推动中国特色社会主义理论体系进教材、进课堂、进头脑；交流两年来全国党校系统科社教学科研和学科建设的经验与今后设想。

石泰峰副校长在讲话中指出，全国党校系统科社学科两年一次的教学科研座谈会到今年已经坚持开了14次，当中没有中断过，坚持了20多年，这很有意义。全国党校系统科社学科的教学和科研，要密切联系中国特色社会主义的伟大实践，研究中国特色社会主义实践中出现的新情况、遇到的新问题，从而把发展中国特色社会主义学科建立在鲜活而又坚实的实践基础之上。

与会专家学者认为，推进中国特色社会主义理论体系学科建设关键要确定几个相对稳定的研究方向：第一，科学社会主义与中国特色社会主义的关系。第二，中国特色社会主义理论体系的方法论。第三，中国特色社会主义理论体系概论。第四，中国特色社会主义史研究。第五，中国特色社会主义理论体系的基本内容和逻辑建构。第六，中国特色社会主义道路研究。第七，中国特色社会主义的世界历史意义和国外研究状况。

在科研方面，与会专家学者认为，一要着力研究科社基本理论，二要着力研究中国特色社会主义理论体系，三要着力研究社会主义改革与建设的基本经验，四要着力对我国现实生活进行科社的理论思考，五要着力对社会主义理论研究现状的研究。

与会代表就全国党校系统科社学科的发展问题进行了热烈讨论，一致认为，党校系统的科社教学科研和学科建设要以学习、宣传、研究中国特色社会主义理论体系作为中心内容，紧密结合中国特色社会主义的伟大实践，深化对中国特色社会主义重点理论问题的研究，进一步拓展中国特色社会主义理论研究的视野和领域。

全国党校系统“执政经验与执政规律”理论研讨会在沈阳召开

7月21日至22日，中央党校党建教研部、全国党建研究会党建理论教学与研究专业委员会和中共辽宁省委党校在沈阳联合举办了全国党校系统“执政经验与执政规律”理论研讨会。中央党校副校长李书磊、辽宁省委副书记张成寅出席开幕式并讲话。

针对党建研究，与会者一致认为：一是要深化对执政党执政规律的研究；二是深入思考党建教学研究面临的重大问题，主要包括以下三大问题：执政党建设视野下政治体制改革的空间、党内民主与社会民主的关系以及党建研究的推进方向；三是今后党建教学研究应特别关注以下课题：执政党与民众的沟通渠道、党内民主的着眼点、制度体系建设以及党建研究方法。

与会专家还就政党执政经验、执政规律、党内民主与社会民主的关系、党建研究的方法等问题进行了研讨。来自全国党校系统的100余位专家学者、人民网等媒体的记者参加了会议。

“按照科学发展观要求改进党建理论教学与研究”座谈会召开

8月20日至21日，中央党校党建教研部、全国党建研究会党建理论教学与研究专业委员会、中共满洲里市委党校在满洲里联合举办了“按照科学发展观要求改进党建理论教学与研究”座谈会。

中央党校和全国省级党校党建教研部主任和教学骨干共20余人参加并就这些年进行党建理论教学与研究的做法和经验进行了交流，对如何按照科学发展观要求改进党建理论教学与研究交换了意见。大家主要围绕以下问题加以探讨：一是把握好党建研究的重点问题。二是注意提高党建研究的学术水平。三是改进党建理论教学与研究方法。

全国党校系统召开“社会主义文化建设与发展问题”理论研讨会

8月17日至21日，全国党校系统“社会主义文化建设与发展问题”理论研讨会，在吉林省长春市委党校召开。中央党校副校长李书磊同志出席会议，并在开幕式上讲话。

李书磊副校长指出：党校的教员一定要有大眼界、大格局，要始终着眼于人类文明演进的整个历史和中华民族的伟大复兴。党校教员是党的文化象征和精神载体，要有使命感、神圣性，要主动自觉地承担起党的历史使命；要有扎实的学问功底，要一点一滴地做学问，建立坚实的学术立足点，要成为一行里的专家；要努力矫正学术空疏的毛病，在学科建设中，做好多学科融会贯通的功课，增强学术判断力和对中国实际问题的解读能力。党校系统的教员要形成网络，多做交流，争取在党校这个大舞台上，多演出精彩的节目，为伟大时代增添光彩，为党争光。

会议认为，党的十七大明确提出的：“中华民族伟大复兴必然伴随着中华文化繁荣兴盛。要充分发挥人民在文化建设中的主体作用，调动广大文化工作者的积极性，更加自觉、更加主动地推动文化大发展大繁荣，在中国特色社会主义的伟大实践中进行文化创造，让人民共享文化成果”的总体精神，应该是今后很长一段时间党校文化类课程设置的指南，也应该是党校教员学术努力的方向。近年来，全国党校（省级行政学院）系统在适应时代发展要求和党校（行政学院）教学要求，发挥专业理论特长，突出文化理论与文化研究的学科特色，加强党校文化类课程的针对性与适用性等方面做出了不懈的努力，有力地推进了党校（行政学院）文化学类的学科建设，取得了一批优秀科研成果，提升了专业课程教学水平，扩大了社会影响。然而，全球化进程给中国带来的文化挑战和发展机遇前所未有地凸显出来，中国的文化建设与发展问题也空前地复杂和多样，全国党校文化学科类教学工作的整体格局还在形成过程中，大家必须振奋精神，以全局性视野观察中国社会的剧烈变迁过程，以学术性眼光审视历史大格局中的中国共产党人的文化使命，以中国的生动现实引导我们的学科研究，在党的十七大精神指引下，学会在原有学科建设的基础上，全面梳理党的文化理念与实践经验，要提出符合中国发展要求的、与世界文明进步主潮流相一致的理论观点和阐释，要在党校的主体课堂真正贯彻中央的精神，讲出自己的学科特色，形成特有的学科解读方式和学科吸引力。

全国党校系统近 30 所党校的 60 多位专家学者出席了会议。

“中国外交六十年：回顾与展望”学术研讨会召开

8 月 23 日，由中央党校国际战略研究所举办的“中国外交六十年：回顾与展望”学术研讨会在山东省东营市召开。来自中央党校、国防大学、中国现代国际关系研究院、中国社会科学院、北京大学、中国人民大学、南京大学、外交学院、国际关系学院等研究机构和高等院校的专家、学者 30 余人参会。与会专家以中国外交六十年为核心议题，从中国外交历史进程、中国外交整体布局、中国外交评估、中国外交面临的挑战与前瞻等诸多方面展开了深入研讨。

科研工作

在建设马克思主义学习型政党、推进理论创新中发挥重要作用

——在2009年全国党校系统哲学年会上的讲话

（2009年11月10日）

石泰峰

同志们：

首先，我代表中央党校校委对本届全国党校系统哲学年会的召开表示热烈的祝贺，对红光同志的讲话和吕贵同志的致辞以及上海市委、上海市委党校对这次会议的大力支持表示衷心的感谢！

我们这次年会是在新中国成立60周年之际、全党正在认真贯彻十七届四中全会精神的情况下召开的。党的十七届四中全会是一次非常重要的会议。特别是全会通过的《决定》，适应世情、国情、党情的深刻变化对党的建设提出的新要求，深刻分析党的建设面临的新形势新任务，全面总结党执政60年来加强自身建设的基本经验，提出加强和改进党的建设的总体要求、目标任务和重要举措，对加强和改进新形势下党的建设作出了具体部署；同时，也对党校教育事业的发展提出了新的更高的要求。所以，我想在此结合十七届四中全会精神的贯彻简要讲几点意见。

第一，重视党的思想理论建设，始终以思想理论建设为党的根本建设，是我们党加强自身建设的历史传统和优势，也是我们党在新的历史条件下领导现代化建设不断取得胜利的基本保证。

一个政党是否重视思想理论建设，是这个党是否具有理论自觉的主要标志。我们党自成立之日起，就十分重视党的思想理论建设。这不仅表现在把马克思主义确定为党的指导思想，而且表现在始终重视对党员、干部的思想理论培训和教育，特别是马克思主义理论的培训和教育。众所周知，中央党校以及

我们的各级党校就是适应这一思想理论培训和教育的需要而创立和蓬勃发展起来的。

我们党还历来重视并善于从思想理论的高度特别是哲学的高度来总结中国革命和建设的历史经验，从而有效地指导社会实践。可以说，我们党重视思想理论建设的一个重要特点，就是重视哲学的学习和研究，重视科学世界观和方法论的培训和掌握，重视从哲学的高度来总结历史经验和解决路线是非问题。人们熟知的延安整风和真理标准讨论，就是这方面的典型事例。毛泽东同志在新民主主义革命时期清算党内教条主义时曾深刻指出：我们党所犯的“一切大的政治错误没有不是离开辩证唯物论的”。与此相类似，邓小平同志在1985年接见坦桑尼亚副总统姆维尼时指出：“20年的历史教训告诉我们一条重要的原则：搞社会主义一定要遵循马克思主义的辩证唯物主义和历史唯物主义。”胡锦涛同志在纪念党的十一届三中全会召开30周年大会上的讲话中也指出：“30年来，我们在一个十几亿人口的发展中社会主义大国取得的摆脱贫困、加快现代化进程、巩固和发展社会主义的宝贵经验，闪耀着马克思主义的真理光芒，是辩证唯物主义和历史唯物主义的胜利。”毛泽东、邓小平和胡锦涛同志的这些论述，都是从哲学高度总结历史经验的范例，同时也都有力地表明思想理论建设对于党的建设、对于中国革命和建设的根本性意义。

在当前，世情、国情、党情的深刻变化对党的建设提出了新的要求，党面临着长期、复杂和严峻的执政考验、改革开放考验、市场经济考验和外部环境考验。在此情势下，党要肩负起领导现代化建设、复兴中华民族的历史重任，就必须比以往任何时候都更加重视思想理论建设，重视哲学理论建设。可以说，搞好党的思想理论建设，建设马克思主义学习型政党，越来越成为我们党始终走在时代前列并引领中国社会发展进步的决定性因素。

第二，党校理论工作者在建设马克思主义学习型政党，提高全党思想政治水平特别是马克思主义理论水平方面负有重大的历史责任。

搞好党的思想理论建设，建设马克思主义学习型政党，是全党的任务，首先是各级党委的任务。但是，我们各级党校，特别是我们党校的理论工作者，由于担负着党的理论教育、研究和宣传的具体工作，更有着不可推卸的历史责任。

为把我们党建设成为马克思主义学习型政党，《决定》提出四个方面的具体任务，即推进马克思主义中国化、时代化、大众化；用中国特色社会主义理论体系武装全党；开展社会主义核心价值体系学习教育；建设学习型党组织。这四个方面的任务，实际上规定了我们党校理论工作者现阶段的工作内容、具体职责和历史使命。因此，我们必须认真落实，抓紧抓好。

对于党校的哲学学科、对于党校的哲学理论工作者来说，在建设马克思主义学习型政党、提高全党思想政治水平特别是理论水平方面尤其担负着重要的历史责任。这是因为，哲学学科具有特殊的性质，它关系到党的思想路线，关系到党员和干部的世界观、方法论和价值观，关系到领导干部的“战略思维、创新思维、辩证思维”的能力，关系到党的执政的宗旨和党的执政的科学化水平。具体就《决定》中提出的上述提到的四个方面的具体要求来说，也都是需要我们党校的哲学学科、哲学理论工作者的介入才能加以完成的。所以，我们党校的理论工作者特别是哲学理论工作者应该充分地意识到我们自身责任的重大和光荣，要有强烈的责任感和使命感。过去我们经常强调“党校姓党”，我认为还要讲“党校兴党”，即通过我们党校理论工作者的切实的理论教育、研究和宣传工作，为党的兴旺发达做出我们党校应有的贡献。

第三，党校理论工作者要常怀忧党之心，恪尽兴党之责，在建设马克思主义学习型政党、搞好党的思想理论建设、推进党的理论创新的过程中发挥应有的重要作用。

首先，要不断学习，善于学习，努力掌握和运用一切科学的新思想、新知识、新经验，加强研究，深入探索，大力推进理论创新。

要像《决定》所要求的那样，坚持运用马克思主义的立场、观点、方法准确把握当今世界发展大势，准确把握社会主义初级阶段基本国情，准确把握改革发展实际，及时总结党领导人民创造的现代化建设的新鲜经验，不断做出新的理论概括，增强理论说服力和感召力，丰富发展中国特色社会主义理论体系，为进一步认识世界和改造世界、推动党和国家事业发展提供强有力的理论指导。在此方面，仅就《决定》文本而言，就提出了不少重要的命题，以及提供了很大的空间，需要我们去认真探索和研究。比如，《决定》提出马克思主义的中国化、时代化、大众化，这三化之间的关系是怎样的，如何把它们有机地统一起来？又比如，《决定》提出用中国特色社会主义理论体系武装全党，但这个体系到底应是什么样子的？如果反映到我们的教科书中应如何构建，怎样体现逻辑与历史的统一？对于哲学学科而言，情况也是如此。比如，《决定》提出党员领导干部要提高理论素养和解决实际问题的能力，高中级领导干部尤其要提高战略思维、创新思维、辩证思维的能力，那么，哲学与这些能力之间的关系到底是怎样的？如何使哲学理论转化为领导干部的这些能力？我们党校的哲学教学和科研在此方面应如何切实发挥自己的作用？等等。这些问题都需要我们去认真研究并加以解决。

应该强调指出，要做到深入探索，推进理论创新，其思想前提是好好读书，重视基础理论的研究，解决好理论功底和理论根基问题。现阶段，伴随市场经济的发展和现代化过程的加速，急功近利和浮躁之风大盛，导致许多人对基础理论尤其是哲学社会科学的基础理论愈益忽视、淡漠，仿佛远水难解近渴。殊不知，没有坚实的基础理论功底就不可能具备深入把握重大理论和现实问题的能力，当然也就谈不上做到真正的理论创新。要求用基础理论特别是哲学基础理论直接解决现实具体问题的做法实际上是对基础理论的本性的误解，是学术上急功近利的表现。

其次，要深入调查研究，准确把握世情、国情、党情，准确把握实际，发扬理论联系实际的学风。

应该说，准确把握世情、国情、党情，准确把握实际很不容易。如何准确把握世情、国情、党情，准确把握实际？这也是科学化问题，需要科学地把握。比如，大量占有第一手资料，善于将研究对象提升到本质和规律性的高度来认识，等等。与高校和科研单位相比，我们党校的理论工作者在了解现实、了解实际方面具有我们自己的优势。我们应该充分利用我们独有的条件和资源，发扬这一优势。

做到准确把握世情、国情、党情，准确把握实际，理论联系实际就有了基础，就能够做到将基础理论的研究与对重大现实问题的研究有机地结合、统一起来。我们党校的理论工作者应该努力并善于做到以中国的实际问题为中心，以我们正在做的事情为中心，着眼于马克思主义的运用和发展。这样才能够使我们的理论体现时代性，把握规律性，富于创造性。

再次，要加强对党校理论教育工作特别是科研工作的领导，为党校理论工作者“恪尽兴党之责”创造优越条件。

党校的理论工作要切实担负起“兴党之责”，需要各方面的条件，需要一定的实力，比如人才、科研成果、经费等等。在此方面，各级党校的领导、科研部门有责任为教研人员创造和提供更好的条件。为加强对校级科研资助项目的管理和引导，中央党校计划从 2010 年开始，实施《中央党校校级科研课题指南》。现在，这一工作已经启动，正在实施过程中。中央党校校委希望通过这一计划的实施，集中财力，整合资源，充分发挥党校自身的优势，更好地发挥党校教研人员在建设学习型政党和理论创新中的作用。总之，这方面还有许多工作要做，需要我们继续解放思想，更新观念，开动脑筋。

同志们，这次会议我就讲以上一些意见，供大家参考。最后，我祝愿本届党校系统哲学年会取得圆满成功，祝愿大家参会期间生活愉快，身体健康！

2009年科研工作概述

2009年，中央党校科研工作坚持以邓小平理论和“三个代表”重要思想为指导，深入贯彻落实科学发展观，努力在推进理论研究和管理体制创新上下工夫，进一步加大对重大理论和现实问题的研究，进一步探索并形成有利于党校科研科学发展的体制机制，进一步发挥党校科研“四个服务”的功能，科研工作取得了明显成效。

一、以学习贯彻《中国共产党党校工作条例》和全国党校工作会议精神为载体，着力建立贯彻落实科学发展观的长效机制

修订和新出台了党校科研管理改革的一系列制度性文件。主要有：修订并出台《中央党校科研项目管理办法》（中校发〔2009〕3号），修订《中央党校科研津贴条例》（中校字〔2009〕21号），制订《关于进一步整顿和规范中央党校编外研究中心的若干意见》（中校字〔2009〕36号），修订《中央党校科研经费支出管理实施细则（修订）》（中校厅字〔2009〕52号），制订《关于加强公共科研经费使用进度管理的若干意见》（校科字〔2009〕4号），制订《中央党校关于教研部（所）科研活动双月报的规定》（校科字〔2009〕5号），制订《全国党校系统科研课题管理暂行办法》（校科字〔2009〕6号），制订《全国党校系统理论研讨会组织实施暂行办法》（校科字〔2009〕7号），修订《中央党校科研部研究基地工作条例》（校科字〔2009〕8号），制订《关于进一步做好以“中央党校中国特色社会主义理论体系研究中心”名义在中央“四报一刊”发表文章工作的意见》，制订《关于进一步加强〈中共中央党校研究报告〉编辑出版工作的若干意见》，制订《中央党校年度校级项目指南总体规划》和《中央党校校级项目2010年度课题指南》等。

二、集中力量抓业务工作，各项工作取得显著成效

1. 根据党的十七大、十七届三中、四中全会及中央经济工作会议精神，围绕贯彻落实科学发展观，新立一批不同类别、层次的科研课题。受理国家社科基金项目申报361项，全国党校系统项目申报500余项，校级项目申报100余项；获准国家社科基金项目立项44项（其中中央党校获准8项），设立2009年度校级各类课题近50项，设立2009年度全国党校系统重点课题3项、子课题200项。此外，加强课题中期管理和检查工作，加强课题的结项管理工作，其中国家社科基金课题结项65项、全国党校系统课题结项700余项（2008—2009年度课题500项，2009年度课题200项）、校级各类课题结项近50项。

2. 适时组织召开理论研讨会、座谈会。主要有：组织召开全国党校系统“纪

念建国60周年”理论研讨会、中央党校“纪念五四运动90周年青年理论工作者座谈会”、“中央党校理论工作者学习贯彻党的十七届四中全会精神座谈会”；与全国总工会联合召开“坚定不移地走中国特色社会主义工会发展道路理论与实践研讨会”，与中央社会主义学院联合召开“互联网时代对政府工作带来的机遇、挑战及应对措施理论研讨会”，与哈佛大学联合举办“第二届中国社会发展论坛”，与经济日报联合召开“统筹城乡发展”座谈会等。此外，还组织召开各种工作会议，如：中央党校主管学会、研究会、基金会年度工作座谈会，中国马克思主义研究基金会资助的校级科研课题立项评审会，中央国家机关课题负责人培训工作会议，中央党校编外研究中心工作会议，中央党校国家社科基金课题工作会议，制订中央党校校级课题规划和课题指南系列会议等。

3. 进一步整合全国党校系统的科研力量，深化研究党和国家事业发展中的重大理论和现实问题。校领导主持2008—2009年度9项重大课题，并在全国党校系统设立498项分课题；设立2009年度全国党校系统重大课题3项，中央党校常务副校长李景田主持“中国共产党在困难和成绩面前如何应对的经验研究”，中央党校副校长石泰峰主持“中国特色社会主义理论体系研究”，中央党校副校长陈宝生主持“应对国际金融危机，扩内需、保增长问题研究”，并围绕这三大课题在全国党校系统设立子课题200项。完成2008—2009年度和2009年度课题的结项工作和优秀调研报告的结集印制工作。同时积极着手部署2010年度全国党校系统重点调研课题的申报立项工作。

4. 充分发挥中央党校中国特色社会主义理论体系研究中心在理论研究和宣传上的重要作用。上半年完成了将“中央党校邓小平理论和‘三个代表’重要思想研究中心”更名为“中央党校中国特色社会主义理论体系研究中心”的工作。积极组织专家撰写高质量的理论文章，以“中央党校中国特色社会主义理论体系研究中心”名义在“四报一刊”上发文24篇，发文总量和被资助额度均列七大中心之首；上报舆情信息约150条；编辑出版《中央党校研究报告》14期，其中4期得到省部级以上领导重要批示。

5. 进一步加强和改进中央党校编外研究中心的各项工作。在广泛调研和征求意见的基础上，制订并以校委名义出台《关于进一步整顿和规范中央党校编外研究中心的若干意见》，从领导体制、队伍和经费三个方面对编外研究中心进行整顿，取得了预期的效果。

6. 进一步规范经费管理等工作。合理分配科研经费，均衡使用科研经费。完成科研评奖和科研津贴发放工作。完成2009年度《中央党校理论文库》的评选和出版联系工作。进一步加强党校科研信息化工作，搭建更加方便、实用、功能全面的科研信息沟通平台。

科研制度建设

中共中央党校科研项目管理办法

中校发〔2009〕3号

第一章　总　则

第一条　为加强科研项目管理的科学化、规范化、制度化建设，促进教研人员对重大理论和现实问题的研究，提高教学科研一体化水平，特制定本办法。

第二条　中央党校科研项目管理，坚持以马克思列宁主义、毛泽东思想、邓小平理论和“三个代表”重要思想为指导，深入贯彻落实科学发展观，为推进党的理论创新服务，为提高党校教学质量服务，为党委和政府决策服务，为社会主义经济建设、政治建设、文化建设、社会建设和党的建设服务。

第三条　中央党校科研项目评审实行公平竞争、专家评议、择优立项。

第二章　管理体制

第四条　中央党校科研项目，实行两级项目、两级管理制度。两级项目，即校级项目、教研部（所）级项目；两级管理，即校级项目由科研部管理，教研部（所）级项目由教研部（所）管理。

校级项目由校科研委员会确定；部（所）级项目由教研部（所）确定，报科研部备案。

第三章　选题和项目类型

第五条　中央党校科研项目主要按“年度课题指南”设立。“年度课题指南”由科研部在征求教务部、教研部（所）和学员部意见及建议的基础上制定，经校科研委员会审定后报校委批准。

第六条　中央党校科研项目的选题，要从党校培训轮训中高级领导干部的需要出发，坚持与校内教学和学科建设相结合，加强对学员普遍关心的热点、难点问题的研究。

第七条　校级项目类型：

1. 重点项目；
2. 一般项目；
3. 青年项目；
4. 委托项目；
5. 自筹经费项目。

第八条　每年设立的青年项目数量约为校级常规项目的四分之一。

第九条　校级项目成果形式：一般应为公开发表的研究报告、论文（在国家中文核心期刊上），出版的专著等。研究报告、论文的完成时限为1年；专著为2年。经申请同意后可延期1年，申请延期只能1次，延期后仍然不能完成课题的，按自动撤项处理。科研部及时在网页上公布撤项信息。撤项后三年内不能作为课题主持人进行校级各类课题（包括自筹经费课题）的申报。

第十条 教研部（所）级项目的设立，由各教研部（所）根据需要，自行确定。部（所）级课题的研究期限为1年，不能申请延期。部（所）级课题的经费必须专款专用。各教研部（所）必须加强对课题研究进程和经费使用的管理，确保课题顺利完成。对课题结项率没达到要求的部（所），根据未结项情况酌减该部（所）下一年度课题经费的额度。

第四章 申报和评审

第十一条 申请校级科研项目者应符合以下条件：

1. 项目申请人应是我校在职和离退休人员。

2. 申请人应在思想上、政治上同党中央保持一致。

3. 申请人具有独立研究能力。不能从事实质性研究工作的，不得申请。

4. 申请人应尽可能地吸收学员（包括研究生）作为课题组成员，参加项目研究。

5. 申请人当年只能申报一个项目。已承担国家项目或校级项目，尚未结项者，不得申报。

6. 申请重点项目者，应具有正高级专业技术职务。

7. 申请一般项目者，应具有副高级以上专业技术职务。

8. 申请青年项目者（包括课题组成员）年龄不得超过39周岁（以申报日期为准），并具有初级以上专业技术职务。

9. 申请自筹经费项目，须有与出资单位签订的协议书。

10. 被撤项课题的期限满3年以上。

第十二条 校级科研项目的立项实行同行专家双向匿名评审制。评审专家由科研部在校内外聘任（校外专家不少于二分之一）。

第十三条 科研部负责组织校级科研项目的立项评审。评审程序如下：

1. 资格审查。按本办法所列申请人条件进行审查。

2. 专家评审。由专家依据统一制定的评估指标体系评分并写出评审意见。

3. 科研部选项。科研部根据专家评审情况，择优选出拟立项目，并提出资助经费建议，报校科研委员会审批。

4. 校科研委员会审批。校科研委员会以无记名投票方式决定立项项目。出席会议成员投票同意率达三分之二以上，方能通过。

第五章 经费的管理与使用

第十四条 项目经费采取一次核定，分两步报销的办法。前期报销项目经费的30%；项目按时按质完成并符合结项要求的，再报销70%的预留经费。

第十五条 科研部和校财务部分别负责校级项目（含自筹经费项目）经费的审批和管理。

第六章 项目的中期管理

第十六条 校级科研项目实行中期检

查制度。主要检查项目的进度和经费使用情况，课题负责人一般在课题正式立项一年后认真填写《中央党校科研项目______年度中期检查表》。对无故不填写《中央党校科研项目________年度中期检查表》的，视作没有启动项目研究，从检查结束之日起，冻结该课题账户，直至课题负责人作出合理说明并补交检查表后，方可解除冻结账户。账户冻结满半年以上的，按自动撤项处理。

第十七条 凡有下列情况之一者，项目负责人须提交书面申请，经所在单位同意，报科研部审批：

1. 改变项目名称；
2. 改变最终成果形式；
3. 研究内容有重大调整；
4. 延期完成；
5. 课题组成员有重大变动；
6. 因特殊原因未能填写《中央党校科研项目________年度中期检查表》。

第十八条 凡有下列情况之一者，由科研部撤销项目：

1. 逾期半年以上不提交延期申请，或已批准延期但仍不能按时完成的；
2. 严重违反财务制度的；
3. 无故不参加校级课题中期检查，账户冻结半年以上的；
4. 延期一年后仍不能按时提交结项成果的；
5. 课题成果存在着抄袭、剽窃等严重学术不端行为的。

被撤销项目在科研部网页及时进行公布，被撤销项目的项目负责人三年内不得申请任何类型（包括自筹经费课题）新项目。

第七章 成果验收、结项

第十九条 结项申请。项目研究工作完成后，项目负责人应及时到科研部科研管理处填报《项目结项审批书》，并报送最终成果五套、成果软盘一套。

第二十条 结项成果验收。结项成果验收实行同行专家双向匿名评审制，评审专家由科研部在校内外聘任（校外专家不少于二分之一）。

第二十一条 结项：项目验收合格以上的，科研部发给《中央党校科研项目结项证书》。

结项实行分等级结项制度．中央党校校级科研课题等级分为优秀、合格两个等级。

结项成果符合以下1、2、4或1、3、4条件，科研部颁发优秀结项证书：

1. 按期或提前完成项目并提交结项成果的；
2. 超量完成最终结项成果的（如申请书上最终结项成果为1篇论文，结项提交系列论文的，或者申请书上最终结项成果为论文，结项提交专著的）；
3. 结项成果被中央和国家机关采用，并能够提供证明材料的；
4. 超过二分之一的验收专家建议给予优秀等级的。

第二十二条 结项课题及其成果实行公示制度。公示内容包括课题名称、最终成果名称、最终成果形式、最终成果发表的刊物以及结项等级等。科研部通过下发通知等形式在全校公示。

第八章 科研档案

第二十三条 科研档案的保存包括以

下内容：

1.《中央党校科研项目申请书》；

2.《中央党校科研委员会立项文件》；

3.《中央党校校级科研项目____年度中期检查表》；

4.《中央党校科研项目结项审批书》；

5. 最终成果（正式出版物）及软盘一套。

第九章　附　　则

第二十四条　本办法自公布之日起施行。

第二十五条　中央党校教研人员承担的国家社科基金项目及中央各部委的科研项目，管理办法依据全国社科规划办和各相关部委的要求进行管理。

第二十六条　本办法由科研部负责解释。

中共中央党校校务委员会
2009年7月3日

中共中央党校科研津贴条例

中校字〔2009〕21号

第一章　总　　则

第一条　为激励教研人员的科研积极性，促进我校科学研究的发展，促进科研与教学一体化，中共中央党校决定实行科研津贴制度。

第二条　科研津贴将重点倾斜和普遍顾及相结合，以科研成果质量为主，兼顾科研成果数量。

第三条　根据教研部（所）人员专业技术职务的不同，规定最低科研工作量，实行基本科研津贴制度。

第四条　对重要科研项目科研质量高的成果，实行重点科研津贴制度。

第二章　享受科研津贴人员范围

第五条　基本津贴：各教研部（所）在职和特聘、返聘的教研人员。

第六条　重点津贴：所有在职和特聘、返聘人员。

第三章　最低科研工作量与基本津贴

第七条　教授、研究员，每年发表科研成果25000字以上，享受津贴1200元。

第八条　副教授、副研究员，每年发表科研成果20000字以上，享受津贴1000元。

第九条　讲师、助理研究员及其他教研人员，每年发表科研成果15000字以上，享受津贴800元。

第十条 教研人员必须完成最低科研工作量，才能享受科研津贴。

第十一条 凡由科研部认定的国际学术交流活动的科研成果，可以纳入教研人员相应的年度基本科研工作量。

第十二条 译文、译著可列入基本津贴发放范围。

第十三条 外语教研室教授、研究员，每年发表科研成果10000字以上，享受津贴1200元；副教授、副研究员，每年发表科研成果8000字以上，享受津贴1000元；讲师、助理研究员及其他教研人员，每年发表科研成果5000字以上，享受津贴800元。

第四章 重点津贴

第十四条 中央委托研究的项目和国家社科基金项目，每项享受津贴10000元。项目按期完成后兑现。

第十五条 中央党校委托的重点项目，每项享受津贴5000元。项目按期完成后兑现。

第十六条 获全国精神文明建设“五个一工程”奖、国家图书奖和中国图书奖的著作每种享受津贴10000元，文章每篇享受津贴3000元。

第十七条 在《人民日报》、《光明日报》、《解放军报》、《经济日报》、《求是》、《中国社会科学》和《新华文摘》、《中央党校思想理论内参》、《中央党校研究报告》上发表的学术文章（包括各报刊“学习通信”栏目）在1500字以上的，每篇享受津贴500元。被中央采用的内参文章和调研报告在1500字以上的，每篇享受津贴1000元。

第十八条 入选中央党校组织的国际学术交流会（中文稿、英文稿均需在2000字或单词以上）并在科研部备案的论文，每篇享受津贴500元。

第十九条 入选中央部委联合召开的研讨会论文，每篇享受津贴500元。

第五章 实施时间、步骤

第二十条 每年3月开始发放上一年度的科研津贴。

第二十一条 各教研部（所）和有关单位，按照本条例，组织有关人员申报，并汇总报科研部审核批准后发放津贴。

第六章 附　　则

第二十二条 本条例自公布之日起施行。原《中共中央党校科研成果津贴办法（试行）》随即停止执行。

第二十三条 本条例由科研部负责解释。

中共中央党校校委会

2009年3月19日

中共中央党校年度校级科研项目指南总体规划

中校发〔2010〕3号

本规划是在广泛征求意见的基础上，报中央党校校委会讨论批准制定的。作为一种长效机制，中央党校每年校级科研项目指南均据此制定。

一、中央党校年度校级科研项目指南制定的指导思想是，高举中国特色社会主义伟大旗帜，以邓小平理论和“三个代表”重要思想为指导，深入贯彻落实科学发展观，坚持解放思想、实事求是、与时俱进，为推进党的理论创新服务，为提高党校教学质量服务，为党委和政府决策服务，为社会主义经济建设、政治建设、文化建设、社会建设和党的建设服务。

二、中央党校年度校级科研项目指南制定坚持突出党校特色，重视基础理论研究，支持党校优势学科建设，注重整合全国党校系统和中央党校各教研部（所）、学员部等部门的科研力量，充分发挥党校资源优势。

三、中央党校年度校级科研项目指南适用于全国党校系统调研课题、马克思主义研究基金会资助的中央党校科研课题、科研部资助的中央党校校级课题。上述三类课题每年基于此项目指南分别进行申报与立项。

四、中央党校年度校级科研项目指南所列课题条目主要来源于：校委根据党和国家工作大局需要提出的重要选题，教研部（所）提供的建议课题，进修部、培训部提供的学员“两带来”问题，教务部提供的有关教学中需要研究和解决的重要问题，国家社科基金项目指南里的重要问题（作为补充和参照）。

五、中央党校年度校级科研项目指南所列课题内容主要包括：马克思主义及马克思主义中国化基本理论问题，当今世界和当代中国面临的重大战略性、前瞻性、现实性问题，与学科建设相关的问题。

六、中央党校年度校级科研项目包括四大类别：重大项目、重点项目、一般项目、青年项目。

1. 重大项目由校委根据需要进行委托立项，不进行申报与评审。

2. 马克思主义研究基金会资助的中央党校科研项目需作重点项目、一般项目、青年项目的区别，并根据项目成果形式和实际需要进行差额资助。全国党校系统调研课题和科研部资助的校级课题根据实际情况进行类别区分。

3. 重点项目须按原题申报。

4. 一般项目和青年项目只在申报者年龄上进行区分。申报青年项目者（包括课题组成员）年龄不得超过39周岁（以申报截止日期为准）。

5. 青年项目立项数量应不低于立项总数的三分之一。

七、课题完成时间须遵照《中央党校科研项目管理办法》的规定，研究报告和论文的完成时限为一年，专著为两年。一些重点项目、需要长期跟踪研究的项目等，可根据实际情况适当延长期限。

中共中央党校校务委员会
2009年12月31日

中共中央党校校级科研项目2010年年度课题指南

中校发〔2010〕4号

根据《中共中央党校年度校级科研项目指南总体规划》的要求，综合各教研部(所)、学员部等方面的意见，特制定此指南。

一、本指南制定的指导思想是：高举中国特色社会主义伟大旗帜，以邓小平理论和“三个代表”重要思想为指导，深入贯彻落实科学发展观，认真贯彻落实党的十七大和十七届三中、四中全会以及中央经济工作会议精神，坚持解放思想、实事求是、与时俱进，为推进党的理论创新服务，为提高党校教学质量服务，为党委和政府决策服务，为社会主义经济建设、政治建设、文化建设、社会建设和党的建设服务。

二、本指南制定的基本原则是：1. 坚持突出党校特色，重视基础理论研究，支持党校优势学科建设。2. 充分发挥党校资源优势，注重整合全国党校系统和中央党校各教研部（所）、学员部等部门的科研力量。3. 指南条目设定坚持从少从优，充分发挥校级项目的科研导向作用。

三、本指南所列课题条目主要来源于如下几个方面：一是校委根据党和国家工作大局需要提出的重要选题，二是教研部（所）提供的建议课题，三是进修部、培训部提供的学员“两带来”问题，四是国家社科基金项目指南里的重要问题（作为补充和参照)。

四、本指南根据党校科研工作实际，分为重大项目、重点项目、一般项目和青年项目四个类别。重大项目和重点项目均为跨学科问题，没有学科划分，一般项目和青年项目按学科分别列题。重大项目属于校委委托项目，不需要年度申报评审；重点项目按原题申报；一般项目、青年项目原则上按原题申报，也可略作改动或自选题目。

五、本指南所列课题主要包含三个方面的内容：一是马克思主义及马克思主义中国化基本理论问题，二是当今世界和中国面临的重大战略性、前瞻性、现实性问题，三是与各学科建设相关的问题。

一、重大项目

1. 党的建设科学化研究

2. 新形势下的民族、宗教理论与实践研究

3. 国际金融危机后中国经济面临的挑战与对策

二、重点项目

1. 马克思主义中国化、时代化、大众化研究

2. 马克思主义学习型政党建设研究

3. 中国特色社会主义理论体系研究

4. 中国特色社会主义发展道路研究

5. 中国特色社会主义核心价值体系研究

6. 中国特色社会主义民主政治道路研究

7. 中国特色社会主义文化建设研究

8. “三农问题”研究

9. 城镇化问题研究

10. 党的领导体制与工作机制研究

11. 中国软实力建设研究

12. 中国现阶段民生问题研究

13. 当前中国社会稳定问题研究

14. 新疆、西藏经济社会发展与稳定问题研究

15. 新时期中国外交战略研究

16. 党的干部成长规律和党校教育规律研究

三、一般项目和青年项目

（一）马克思主义·科学社会主义

1. 马克思主义经典著作研究

2. 马克思主义发展史研究

3. 20世纪世界社会主义运动的历史经验研究

4. 马克思主义基本原理与中国现代化建设研究

5. 马克思主义社会发展理论研究

6. 科学社会主义的学科体系研究

7. 思想政治教育创新研究

8. 中国改革攻坚阶段的利益冲突研究

9. 低碳社会研究

10. 社会建设中的公共治理问题研究

11. 发展农村社会公共事业研究

12. 农村教育的现状与对策研究

13. 其他自选题目

（二）党史·党建

1. 中国共产党执政历程的经验教训研究

2. 延安整风与马克思主义中国化研究

3. 马克思主义中国化与中国传统文化的关系研究

4. 党的建设创新研究

5. 贯彻落实科学发展观与党的干部选拔机制改革研究

6. 党内民主建设的体制机制问题研究

7. 新形势下加强反腐倡廉建设研究

8. 党校干部队伍建设和“人才强校”战略研究

9. 其他自选题目

（三）哲学

1. 马克思主义中国化的哲学研究

2. 建国60年来马克思主义哲学在我国的发展

3. 科学发展观的哲学基础研究

4. 和谐社会的哲学基础研究

5. 当代马克思主义哲学大众化问题研究

6. 发展与创新问题的哲学研究

7. 科学发展与当代中国现代性建构问题研究

8. 发展哲学与当代中国发展问题研究

9. 生态环境问题的哲学研究

10. 领导干部伦理道德教育研究

11. 其他自选题目

（四）经济学

1. 马克思主义经济学经典著作研究

2. 有利于科学发展的宏观调控体系研究

3. 新形势下切实促进发展方式转变问题研究

4. 扩大内需与经济发展问题研究

5. 进一步深化金融体制改革研究

6. 城乡一体化制度问题研究

7. 城市发展与治理问题研究

8. 房地产市场问题研究

9. 促进中小企业发展问题研究

10. 农民宅基地改革问题研究

11. 生态环境问题的经济学研究

12. 其他自选题目

（五）政治学、法学

1. 中国行政体制改革重点难点问题研究

2. 中央与地方关系研究

3. 科学发展与法治保障问题研究

4. 人权与和谐社会研究

5. 公共决策的民主化、科学化机制研究

6. 政府管理流程的优化研究

7. 突发公共事件与危机管理问题研究

8. 网络参与和治理研究

9. 信访工作立法研究

10. 其他自选题目

（六）国际问题与台港澳问题

1. 中国和平发展与推动建设和谐世界关系研究

2. 大国关系与国别问题研究

3. 东亚一体化问题研究

4. 中国与中亚国家关系研究

5. 金融危机与国际政治经济格局新走向研究

6. 国际战略视野中的中国能源与环境安全问题研究

7. 气候变化问题的国际博弈及我国对策研究

8. 北冰洋的主权与开发问题研究

9. 中国东南沿海岛屿主权问题研究

10. 台湾与两岸关系问题研究

11. 其他自选题目

（七）文化学、历史学、语言学、体育学等

1. 科学发展观的文化视角研究

2. 深化文化体制改革问题研究

3. 中国近代以来国家转型与民族关系构建问题研究

4. 边疆稳定与文化认同研究

5. 近代以来中国的边疆问题研究

6. 其他自选题目

（八）图书馆·情报与文献学及其他

1. 党校系统文化典籍整理与开发研究

2. 党校系统文献资源共享问题研究

3. 其他自选题目

中共中央党校校务委员会
2009年12月31日

科研课题立项

中央党校2009年承担的“中央马克思主义理论研究和建设工程小组”重点项目

2009年中央党校中国特色社会主义理论体系研究中心承担“毛泽东思想、邓小平理论和‘三个代表’重要思想对党的建设特别是执政党建设理论贡献”课题。

项目来源：中央马克思主义理论研究和建设工程小组

项目名称：“毛泽东思想、邓小平理论和‘三个代表’重要思想对党的建设特别是执政党建设理论贡献”

成果形式：研究报告

项目负责人：虞云耀　李君如

中央党校2009年国家社科基金项目立项情况一览表

序　号	批准号	项目类别	项目名称	负责人
1	09BDJ011	一般项目	1955—2003：中国共产党领导农村合作医疗的历史考察及经验研究	曹　普
2	09BKS016	一般项目	从共产国际七大到中共七大马克思主义中国化研究	张喜德
3	09BKS038	一般项目	当代西方国家左翼运动和思潮研究	白平浩
4	09BZX004	一般项目	后苏联的马克思主义哲学	林艳梅
5	09BZZ001	一般项目	经济增长背景下的执政党认同：以墨西哥、印度、意大利、俄罗斯为例	祝灵君
6	09CFX006	青年项目	转型期公民政治权利的发展与有序政治参与研究	王雅琴
7	09CKS006	青年项目	马克思主义宗教思想中国化的理论成果研究	蒲长春
8	09CZX042	青年项目	伦理视阈中的企业社会责任研究	朱辉宇

中央党校校委2009年重大调研项目

为深入学习贯彻科学发展观，落实《中国共产党党校工作条例》，充分发挥党校哲学社会科学研究机构和思想库作用，加强对重大理论和现实问题的研究，中央党校校委决定，2009年度中央党校重大调研课题为“中国共产党在困难和成绩面前如何应对的经验研究”、“加强对中国特色社会主义理论体系研究”和“应对国际金融危机，扩内需、保增长问题研究”。中央党校校委高度重视这次三大课题的研究工作。中央党校常务副校长李景田同志负责“中国共产党在困难和成绩面前如何应对的经验研究”课题工作，中央党校副校长石泰峰同志负责“中国特色社会主义理论体系”课题工作，中央党校副校长陈宝生同志负责“应对国际金融危机，扩内需、保增长问题研究”课题工作。围绕这三大课题，在全国党校系统设立子课题，组织全国党校系统进行调查研究。

中央党校科研部委托科研项目

序　号	资金来源	姓　名	单　位	项目名称	成果形式
1	科研部	梁言顺 周天勇 冯秋婷	研究室	深化对“两个规律”研究	研究报告
2	科研部	李景田	办公厅	中国共产党在困难和成绩面前如何应对的经验研究	论文
3	科研部	郭焕永	进修部	学员关注的重大理论和现实问题研究	研究报告
4	科研部	崔津秀	离退休干部局	关于新形势下如何发挥好离退休干部作用问题的研究	研究报告

自筹经费项目

序　号	资金来源	姓　名	单　位	项目名称	成果形式
1	山东肥城	刘玉瑛	党的建设教研部	落实科学发展观的保障机制研究—山东肥城的探索与实践（专著和教学案例）	专著和教学案例
2	教育部委托中山大学	向春玲	科学社会主义教研部	国内新移民政策分析以及影响	论文
3	青岛市	徐祥临	经济学教研部	脱盐膜技术国产化与建设资源节约型环境友好型社会	研究报告
4	长沙市政府	陈景彪 向春玲	办公厅 科学社会主义教研部	资源节约型、环境友好型社会建设研究—长沙市两型社会建设综合配套改革的实践与思考	研究报告
5	青岛市经济技术开发区	宋福范	党的建设教研部	青岛市经济技术开发区破解拆迁难题的做法和启示	论文 2 篇
6	上海杨浦区	周天勇	研究室	上海杨浦区创新城区建设的实践和战略	专著
7	山西浮山县	张　明	国际战略研究所	日美防震救灾机制及对中国的启示	研究报告
8	台州市	康绍邦	国际战略研究所	海上直航发展战略研究	研究报告
9	山西襄汾县政府	施　红	经济学教研部	县域经济发展问题研究	研究报告

续 表

序　号	资金来源	姓　名	单　位	项目名称	成果形式
10	无锡新区	薛伟江	研究室	无锡新区发展房权换股权富民合作社的实践与启示	论文2—3篇
11	上海杨浦区	彭劲松	研究室	提高处理新形势下社会矛盾的能力	论文1篇
12	上海市出入境检验检疫局	董亚炜	党的建设教研部	行政文化建设	研究报告
13	三峡库区管委会	石泰峰	校领导	三峡库区社会稳定政策与机制研究	研究报告
14	国家林业局经济发展研究中心	赵建军	哲学教研部	推进生态文明与林业生态文化体系建设研究	研究报告
15	泛华建设集团有限公司	赵素芬	中共党史教研部	辽源城市崛起之路探索	专著
16	中国节能投资公司	赵素芬	中共党史教研部	《中国节能投资公司企业文化建设纲要》	专著
17	北京高识远度信息咨询有限责任公司	谢煜桐	办公厅	《全国县级党校建设与发展状况》	研究报告
18	四川省成都市新都区委	肖立辉	政法教研部	《新都之治——基层民主政治建设的探索与思考》	专著
19	无锡市现代新农村投资发展有限公司	刘德喜	国际战略研究所	超越之路：中国特色社会主义道路	研究报告
20	三门峡市	韩庆祥	马克思主义理论教研部	三门峡市应对国际金融危机的做法与经验	研究报告
21	中石化中原油田三公司	曹鹏飞	党的建设教研部	“中石化中原油田三公司企业党建研究”	研究报告
22	国家开发银行	王　伟	政法教研部	《开行参与企业并购法律问题研究》	研究报告

续 表

序 号	资金来源	姓 名	单 位	项目名称	成果形式
23	国家开发银行	张忠军	办公厅	《国家开发银行信托业务创新及法律风险防范研究》	研究报告
24	国家发改委	赵建军	哲学教研部	“十二五”时期黄河三角洲区域生态补偿政策研究	研究报告

科研课题结项

“2008—2009 年度全国党校系统重点课题”、“2009 年度全国党校系统重点课题”结项总体情况

按照“关于2008—2009年度全国党校系统重点课题立项的通知”要求和“关于2008—2009年度全国党校系统重点课题结项及成果内容和格式要求的通知”，“关于2009年度全国党校系统重点课题立项的通知”要求和“关于2009年度全国党校系统重点课题结项的通知”精神，中央党校科研部分别于2009年9月、11月，对500项“2008—2009年度全国党校系统重点课题”，200项“2009年度全国党校系统重点课题”邀请中央党校专家对课题结项研究报告进行了评审，评审结果如下：

2008—2009年度全国党校系统重点课题结项评审结果：179项为优秀等级，占全部课题的35.8%；307项为合格等级，占全部课题的61.4%；5项为不合格，占全部课题的1%；9项为撤项，占全部课题的1.8%。

2009年度全国党校系统重点课题结项评审结果：63项为优秀等级，占全部课题的31.5%；134项为合格等级，占全部课题的67%；2项为不合格，占全部课题的1%；1项为撤项，占全部课题的0.5%。

按照《全国党校系统科研课题管理暂行办法》（校科字〔2009〕6号）的规定，优秀等级、合格等级课题成果已授予相关课题结项证书。优秀等级课题成果将汇编成“白皮本”论文集。不合格的课题成果，要求课题主持人参考专家评审意见限期修改；限期修改后仍不符合结项要求的，不予结项，取消课题立项，课题主持人两年内不得申报全国党校系统课题。

从总体上看，2008—2009年度全国党校系统重点课题、2009年度全国党校系统重点课题结项成果，取得了预期效果：

1. 承担课题的全国各级党校普遍都比较重视，能够按期完成课题研究任务，并按照规定格式上报课题研究报告。

2. 课题研究报告总体质量较以往有了很大的提高，一些优秀调研报告在深层次理论和实践问题上，有了可喜的突破。部分课题主持人在课题研究过程中，不断深化、拓展，又申请并通过了全国社科基金资助项目。

3. 课题调研深入，参与的教研人员较多，获得了大量的第一手资料，对一些难点、热点、重点问题提出了一些有针对性、可操作性的建议，起到了课题对科研的引导作用和科研对教学的促进作用。

同时，两年的课题研究结项报告中也

反映出一些问题：

1. 部分课题不能按期结项。部分课题主持人对课题重视不够，加之科研管理部门对课题进展监督不力，导致课题研究重立项、轻结项的问题依然存在。

2. 部分课题结项报告质量不高，格式不规范。部分课题主持人对课题研究不深入，没有投入必要的时间、精力，结项报告无新意，无深度，与全国党校系统重点调研课题标准存在一定距离。

3. 课题管理有待进一步加强。部分课题结项时出现的延期、更改课题题目、行文不规范等问题反映出部分党校科研部门对全国党校系统重点课题的管理有待进一步加强监督、规范。

中央党校2009年国家社科基金项目结项情况

序　号	批准号	项目名称	成果名称	鉴定等级	负责人
1	05BFX004	弱势群体权利保障与和谐社会法制构建研究	弱势群体权利保障与和谐社会法制构建研究	良好	张晓玲
2	00BZW024	城市发展进程中的文化动力与行为研究	城市发展进程中的文化动力与行为研究	合格	陈宇飞
3	06BZX031	儒家政治思想与现代社会	儒家政治思想与现代社会	优秀	王　杰
4	02ADJ001	中国共产党的执政基础研究	中国共产党的执政基础研究	良好	蔡长水
5	01BGJ012	马克思主义国际政治理论发展史研究	马克思主义国际政治理论发展史研究	良好	张中云
6	01BKS001	马克思主义理论创新研究	马克思主义理论创新研究	良好	倪德刚
7	07BSH065	中国现阶段社会公正问题的多层面研究	中国现阶段社会公正问题的多层面研究	良好	吴忠民
8	04CKS005	新时期加强和改进我国的意识形态建设研究	新时期加强和改进我国的意识形态建设研究	合格	万　军
9	06CGJ005	非盟与非洲国家发展问题研究	非盟与非洲国家发展问题研究	良好	张建波
10	05BKS019	全面建设小康社会进程中的公平分配问题研究	公平分配的实现机制	良好	青连斌
11	04BKS010	中国特色社会主义史	中国特色社会主义史	良好	谢春涛
12	06CFX001	历史性权利问题研究	国际法中的历史性权利	合格	王军敏
13	07BZX015	低代价发展理论及其实践问题研究	论低代价发展	合格	邱耕田
14	05CZX018	儒家伦理与美德伦理（中外伦理思想研究）	儒家伦理与美德伦理	良好	刘余莉
15	05BZX006	杨献珍哲学的时代意义	走向和谐—杨献珍哲学的时代意义	合格	毛卫平

中央党校2009年国家社科基金结项成果简介

《弱势群体权利保障与和谐社会法制构建研究》 中央党校政治学法学教研部教授张晓玲主持完成的国家社会科学基金项目（批准号：05BFX004），2009年按时获准结项，鉴定等级为良好（结项证书号：20090090）。该课题的最终成果《社会弱势群体权利的法律保障研究》已由中央党校出版社出版。

该课题从法理层面探讨了和谐社会的基本内涵、价值基础及目标，分析了弱势群体权利保障与和谐社会的内在联系，系统地梳理国际人权公约确立的保护弱势群体的人权标准，研究了国外在立法、行政、司法等方面保护弱势群体权利的制度和措施，分析概括了国际社会在弱势群体保障方面的最新发展和趋势，深入探讨了弱势群体的涵义、分类和外延。通过对大量的实证材料的分析，深入地研究了我国农民工、城市失业下岗人员、贫困农民、残疾人、妇女、儿童各自面临的基本权利问题，探讨了弱势群体利益表达机制和救济机制存在的主要问题及成因，分析了弱势群体的权利救济方式的选择及对社会和谐的影响。

弱势群体问题实质上是人权保障问题。权利保障法律体系的缺陷和不足，是产生这些问题的制度性根源。从立法、执法和司法方面提出了完善弱势群体权利保障机制的具体建议：立法完善利益表达制度；修改《劳动法》，增设对欠薪行为的行政处罚，在刑法中增加“拖欠工资罪”；加大对弱势群体的赋权；尽快出台《社会保险法》、制定《社会救助法》、《自然灾害救助法》、《反歧视法》、《信访法》、《反家庭暴力法》、《社会保障基本法》、《慈善法》、《遗产税法》；完善对弱势群体的司法救助制度；完善法律援助制度；改革和完善劳动争议处理机制；建立健全公益诉讼制度等。

《城市发展进程中的文化动力与行为研究》 中央党校文史教研部教授陈宇飞主持完成的国家哲学社会科学基金项目（项目编号：BZW0024），2009年获准结项，专家鉴定等级为合格（结项证书号：20090091）。课题的最终成果名为《城市发展进程中的文化动力与行为研究——北京人文社会考察》。

本课题从城市文化基本概念入手，以北京市人文社会发展与构成为基本内容，以北京2005年正式发布的《北京市城市总体规划方案》（2004—2020）为基本叙述依据，从城市构成要义的几个基本层面，以北京市城市文化构成为导入话题，全面论述了城市文化的作用、意义和影响力范围。课题以“城市文化的构成及其意义”、“城市的产生极其文化特征”、“中国古代都城的文化意蕴”、“域外城市的文化启示”、“北京：作为一种都市范本”、“文化名城：北京例证”、“宜居：我们的城市家园”、“文化软实力与城市竞争力”等几个部分为基本框架。运用挖掘历史材料、现实社会调研、国外城市相关案例参照研究和相关理论梳理，对这一问题进行了全面的论证和解析。

《儒家政治思想与现代社会》 中央党校哲学教研部教授王杰主持的国家社会科学基金项目（批准号：06BZX031），2009年获准结项，鉴定等级为优秀（结项证书号：20090192）。

本课题共分上中下三篇。上篇指出，殷商时期，天命乃一切价值的源头，乃庇佑殷商政权的依据，一切皆听命于天命，一切社会、政治活动都是为探求天命之究竟，而对如何治理国家则缺乏理性的思考，是率民而事神、先鬼而后礼的神权政治时代。中篇认为，孔子之后，儒家政治思想主要按两条逻辑线索展开：一条是由孔子经曾子、子思而孟子的内圣型思想线索，一条是由孔子经子夏而荀子、《易传》的外王型思想线索。下篇对儒家政治思想在现代社会的表现形态及其影响方面，撷取当代社会人们关注的一些重大理论和现实问题，如儒家政治思想与当代和谐社会的构建、儒家政治思想与社会主义核心价值体系的构建、当前国学热何以兴的社会背景与国民心理需求以及儒家政治思想在当代社会是否还具有价值等问题进行了宏观阐释。

中国传统文化中优秀的思想遗产支撑着我们这个民族从过去走到现在，走向未来，构成了中华民族精神的核心，我们正在实施的以德治国、依法治国、以人为本、博施济众、和而不同、和谐世界、执政为民、道德修养、社会主义荣辱观等思想，无一不是来源于中国的传统思想，这些思想观念都已经融化到了我们今天的治国方略和执政理念中，成为我们今天治国安邦的重要历史资源和思想资源。同时也表明中国共产党已经开始重视从传统思想中总结优秀的思想资源，注意从传统思想中挖掘吸取治国理政的政治智慧。因此，在构建社会主义和谐社会的过程中，如何弘扬中华民族的“和谐文化”，协调社会各方面的利益关系，减少社会摩擦和矛盾冲突，维护社会的和谐稳定，巩固党的执政地位，推动经济发展和社会进步，是一个具有重要理论意义和现实意义的课题。

《中国共产党执政基础研究》 中央党校科学社会主义教研部教授蔡长水主持完成的国家社会科学基金（重点）项目（批准号：02ADJ001），2009年获准结项，鉴定等级为良好（结项证书号：20090194）。最终研究成果《中国共产党执政基础研究》已于2008年由中央党校出版社出版。

本课题研究了在新形势下党的执政基础面临的新情况新问题，以及苏联和东欧国家共产党丧失执政基础、丢掉政权的教训；研究了如何从执政理念上，从经济上、政治上和文化上加强党的执政基础建设；研究了如何加强党的领导和党的自身建设，为加强执政基础提供组织保证。其主要内容：（一）党的执政基础的新变化及苏东共产党丧失政权的教训。主要阐述在社会变迁条件下，工人阶级、农民阶级状况的新变化，以及新的社会阶层的出现和公民社会的崛起，给巩固党的执政基础带来新的问题，提出新的要求。（二）从各方面加强和推进党的执政基础建设。强调坚持执政为民、促进经济发展、维护社会公平正义、建设社会主义民主政治，以及坚持创新意识形态等，为巩固党的执政基础提供必备的条件。（三）巩固党的执政基础的组织保证。主要阐述巩固党的执政基础，加强党的执政基础建设，必须加强和改进党的领导和党的自身建设，要努力加强党的执政能力建设和先进性建设，高素质干部队伍建设、党的作风建设和反对腐败，以及加强基层组织建设和党员队伍建设，以保证党的先进性，保证党始终成为领导建设中国特色社会主义事业的坚强核心。

在国际国内形势深刻变化的历史条件下，中国共产党要巩固执政地位、实现执政使命，必须随着形势和任务的变化，不断增强党的阶级基础，扩大党的群众基础，赢得广大群众的信任、支持和拥护。

《马克思主义国际政治理论发展史研究》中央党校科学社会主义教研部原副主任张中云教授主持完成的国家社会科学基金项目（批准号：01BGJ012），2009 年获准结项，评审等级为良好（结项证书号：20090618）。

该项成果对马克思主义国际政治理论发展史进行了全面、系统和深入的研究，拓宽了马克思主义学科的研究领域，认定马克思主义国际政治理论是马克思主义政治学的重要内容，又是相对独立的部分；明确了马克思主义国际政治作为国际政治“三种理论范式”之一的理论基础是历史唯物主义，它较其他两种理论范式即自由主义和现实主义更具科学性；梳理了马克思主义国际政治理论架构的基础内容，包括主要理论支点，基本问题以及社会主义胜利后新型国家的国际战略目标、外交方针政策及其对世界政治发展的影响等；概述了马克思主义国际政治理论和实践发展的三个主要历史阶段，即马克思、恩格斯的初创阶段、列宁、斯大林继承发展列宁主义阶段，毛泽东、邓小平、江泽民进一步丰富创新的马克思主义中国化阶段，相继树立了三大里程碑。

《马克思主义理论创新研究》中央党校科研部倪德刚研究员主持完成国家社科基金项目（批准号：01BKS001），2009 年获准结项，鉴定等级为良好（结项证书号：20090687）。

本课题系统研究了马克思主义理论创新的基本规律、基本经验、基本趋势和马克思主义中国化的历史由来、核心问题、基本含义、形态特征等一系列重大基本理论问题。深入研究了马克思、恩格斯、列宁、斯大林各个时期理论创新的方法、主要贡献问题，尤其是专题研究了毛泽东、邓小平、江泽民、胡锦涛马克思主义中国化各个阶段中国化的具体问题。着力研究了中国特色理论体系及毛泽东思想与邓小平理论之间的关系，开创性地提出构建马克思主义中国化体系问题。

该课题主要成果之一《马克思主义中国化研究》（25 万字）已于 2009 年 11 月由中央文献出版社出版。

《中国现阶段社会公正问题的多层面研究》中央党校科学社会主义教研部教授吴忠民主持完成国家社科基金项目（批准号：07BSH065），2009 年如期完成，经专家评审获准结项，鉴定等级为良好（结项证书号：20090688）。

本课题对于中国现阶段社会公正问题采取“逐层递进”的研究路径，基于社会公正问题涉及领域的复杂性和全面性，从多个层面的角度，采取“逐层递进”的研究路径，深入探讨中国现阶段的社会公正问题。从外观和具体表现的层面上，描述和概括中国现阶段收入差距过大这一重要的社会不公问题的基本状况，以社会公正的四项基本规则为视角，对于社会不公现象的各个主要环节进行探讨和解释，从社会阶层结构（社会力量配置结构）的层面，对于社会不公现象的表现和根源进行分析，从发展的基本理念和基本制度的层面，对中国现阶段社会公正问题的根源进行研究。

本课题对于维护和促进社会公正提出了应对思路和对策。本课题认为，要特别重视这样几个方面的事情：高度重视基本制度层面上的社会公正问题；准确把握社会公正的两个基本价值取向；合理把握社会公正的基本立足点；优化社会阶层结构；协调和理顺社会利益关系；遵循“尽力而为”和“量力而行”两项行动准则；注意把握好事关社会公正重要政策出台的时机；宜梯度性地推动社会公正的发展。

《非盟与非洲国家发展问题研究》由中央党校国际战略研究所副研究员罗建波主持完成的国家社会科学基金青年项目（批准号：06CGJ005），2009年获准结项，评审等级为良好（结项证书号:20090784）。

本课题从非洲一体化的视角解读非洲历史变迁及发展趋向，旨在探讨非盟对于非洲国家发展的历史价值与意义，构建未来非洲一体化发展的基本思路与框架。

课题首先阐述了非盟与非洲国家发展的内在关系。以泛非主义为源起的非洲一体化，是近代以来非洲人追求独立与发展的历史选择，是非洲人确认自身权益及其与外部世界应有关系的一种集体努力。2002年7月，非盟正式取代存在39年的非洲统一组织，表明非洲人民自主解决自身发展危机的意识和信心进一步增强，表明非洲国家在追求集体自力更生道路上迈出了新的步伐。

然后选取经济合作、冲突管理、共同外交三个核心领域，以此构建未来非洲集体发展的思路与框架。在经济合作领域，非盟大力推动非洲发展新伙伴计划的实施，致力于非洲经济共同体的建设，试图在联合自强的基础上增强非洲大陆的自主发展能力。在安全合作领域，非盟显著强化了非洲自主维和精神，在非洲历史上第一次创建了专司和平与安全职能的“和平与安全理事会”，把非洲集体安全原则从“不干涉”发展到“非漠视”。在对外关系领域，非盟试图整合非洲国家在重大国际问题上的外交立场，以统一的姿态表达了非洲国家的“入常”要求，呼吁非洲国家以整体力量同国际社会特别是西方国家打交道。21世纪中非新型战略伙伴关系的建立和发展，以及中非多边合作机制的不断完善，就是非洲国家与中国开展全面合作的典范。

最后探讨了非洲集体发展的世界影响，包括对发展中国家的启示与意义。非洲国家的联合自强是发展中国家以集体方式寻求发展的一种努力和尝试，它所取得的经验与教训，所经历的艰辛与不易，对于世界区域化进程以及发展中国家的和平与发展都有重要的启示意义。课题强调，作为一种区域性联合，非洲一体化为发展中国家探寻集体发展之路提供了许多经验教训，为当前世界南北问题的解决提供了新的探索，其理论与实践也丰富了当前世界区域化进程及相关研究。

《全面建设小康社会进程中的公平分配问题研究》由中央党校科学社会主义教研部教授青连斌主持的国家社会科学基金项目（批准号：05BKS019），2009年按时获准结项，鉴定等级为良好（结项证书号：20090786）。该课题的最终成果为专著《公平分配的实现机制》。

该成果提出，公平分配的目标需要通过4次分配才能真正实现。第一次分配或初次分配，属于收入分配领域，最能体现公平原则的是劳动、资本、技术和管理等生产要素按贡献大小进行分配，按生产要素的贡献大小进行分配就是公平的。初次分配中的公平，也应该包括机会均等。第二次分配或再分配，仍然属于收入分配领域，最能体现公平原则的应该是均衡。第三次分配，属于基本公共服务或公共品的分配，最能体现公平原则的当然是均等。第四次分配，是机关事业单位、企业、居民个人基于社会责任而对自己所获得的收入进行的自我调节，也就是我们通常所讲的捐赠和慈善，适用的原则是能力。在现阶段，动员和鼓励先富起来的社会成员热心慈善事业，对实现好第四次分配具有特殊的意义。

该成果强调，必须重视基本公共服务或公共品的分配（第三次分配）对实现公平分配目标的重要性。基本公共服务的提供或公共物品的分配必须以均等为原则，为全体国民提供基本公共服务是政府的基本职能。这就要求健全公共财政，调整财政支出结构，把更多财政资金投向公共服务领域，加大财政在教育、卫生、文化、就业再就业服务、社会保障、生态环境、公共基础设施、社会治安等方面的投入，使城乡居民、不同地区居民、不同社会群体和不同社会成员享有比较均等的就业、住房、医疗、教育、基本公共文化的机会，以及大致均等的基本公共服务水平和良好生活环境。

《历史性权力研究》中央党校研究生院秘书、副研究员王军敏主持完成国家社科基金（青年）项目（批准号：06CFX001），2009年经专家评审获准结项，鉴定等级为合格（结项证书号：20090895）。本课题的最终成果名称为《国际法中的历史性权利》。

国际海洋法上的历史性权利是指国家对某些海域在历史上一直享有的权利，这些权利已被国际法所确认，并往往作为编纂性条约确立的一般规则的例外而使所涉国家继续享有。

国家对某些海域在历史上一直享有的权利既可以是领土主权，也可以是非领土主权性质的权利，前者为历史性所有权，后者为非专属历史性权利。国家对某些海域享有的历史性权利是通过时效方式取得的，需要经过历史性逐渐强化过程才能最终形成。历史性权利的法律根据是权利主张国对某些海域行使国家权力的法律确信，以及国际社会其他国家将权利主张国的权利主张接受为国际法一部分的法律确信。历史性权利的构成要件为权利主张国的权利主张以及其他国家对这种权利主张的默认。地理因素、重要利益在形成历史性权利过程中也具有一定的地位和作用。

历史性所有权所及的水域被称为“历史性水域”，即意味着这些水域是权利主张国的内水或领海的一部分，“历史性水域”包括历史性海湾、多国历史性海湾，邻接海岸的其他沿海水域、群岛间的水域，以及比国际公认的领海宽度更宽的领海水域等。非专属历史性权利分为历史性通过权和历史性捕鱼权。以历史性所有权为根据可主张离海岸较远的领海基线，或者主张较宽的领海宽度，其效果使海岸相向或相邻国家的领海界限可以偏离中间线。历史性捕鱼权是影响专属经济区划界的“相关因素”之一，同时又是评价划界结果是否公平的标准之一。作为影响专属经济区划界的“相关因素”及评价划界结果是否公平的标准之一，历史性捕鱼权在用单一边界线划分专属经济区和大陆架中具有一定的地位和作用。

《联合国海洋法公约》规定了复杂、完备的争端解决机制，有关历史性权利的争端可以适用公约规定的争端解决程序。同时，公约又允许当事国将涉及历史性权利的争端作为适用导致有拘束力裁判的强制程序的例外。时际法规则和关键日期对解决有关历史性权利争端具有重要作用；历史性权利就其本质来说是特殊习惯法，不属于“法院知悉法律原则的适用范围，应由权利主张国承担举证责任”。

《中国特色社会主义史》 中央党校中共党史教研部副主任谢春涛教授主持完成的国家社会科学基金项目（批准号：04BKS010），2009 年获准结项，评审等级为良好（结项证书号：20090893）。本课题于 2008 年列入中宣部和新闻出版总署组织的“强国之路”丛书，已于 2008 年 12 月由福建人民出版社出版。

本成果的基本思路，是对中国特色社会主义从发展史的角度进行研究，基本研究方法是历史学的方法。全书分为四编：第一编：对社会主义建设道路的曲折探索。主要记述以毛泽东为核心的党的第一代中央领导集体，为建立社会主义制度和探索适合中国国情的社会主义建设道路所作出的努力。第二编：中国特色社会主义道路的开辟。主要记述以邓小平为核心的党的第二代中央领导集体，为开辟中国特色社会主义道路所作出的贡献。第三编：中国特色社会主义事业的继承和发展。主要记述以江泽民为核心的党的第三代中央领导集体，为坚持和发展中国特色社会主义事业所作出的贡献。第四编：中国特色社会主义事业的全面推进。主要记述以胡锦涛为总书记的中央领导集体，从多方面发展中国特色社会主义事业的贡献。

《低代价发展理论及其实践问题研究》 中央党校马克思主义理论部邱耕田教授主持的国家社会科学基金项目（批准号：07BZX015），2009 年按时获准结项，评审等级为合格（结项证书号：20090916）。

本成果围绕着发展与代价互动关系的轴线，力图从哲学的视角对低代价发展的若干理论与实践问题进行解析，以廓清其理论内涵和阐发其实践指导功能；在进行理论创建的基础上，本成果研究遵循着理论联系实际的原则，立足当今中国的发展现实，试图分析中国实施低代价发展的必要性和应当采取的合理对策。

该研究的最终成果为《低代价发展论》，已在《哲学研究》、《自然辩证法研究》、《北京大学学报》、《天津社会科学》、《光明日报》等报刊上发表了与课题主旨相关的论文 8 篇（属于阶段性成果），所发文章被《新华文摘》全文转载 2 篇，论战摘编 2 篇。

《儒家伦理与美德伦理》 中央党校哲学教研部教授刘余莉主持的国家社会科学基金（青年）项目（批准号：05CZX018），2009 年项目按时获准结项，评审等级为良好（结项证书号：20090992）。其最终成果名称为《中外伦理思想研究》。

美德伦理的复兴被西方哲学家公认为是当代西方伦理学发展中最有意义的一个主题。在美德伦理复兴的背景下，一些西方儒学家认为，儒家伦理强调了品格的塑造和个体美德的培养，因此把儒家伦理归为美德伦理是恰当的。本课题通过诉诸于先秦儒家伦理学原著，论证了对儒家伦理和美德伦理二者表面相似性的过分强调，实际上掩盖了这两种伦理学之间更重要的哲学差别。通过诉诸先秦儒家经典中对道与德、德与性、仁与礼之关系的论述，试图证明把儒家伦理视为美德伦理是不足取的。儒家伦理是一种独特的、统一了规则和美德于一体的伦理学说。正如中国古代的“道德”一词所暗示的，儒家道德理论或伦理学的形成总是包含了两个方面，道德是一个双面的同一体，即内在的方面和外在的方面，或主观的方面或客观的方面。

儒家伦理不仅有助于我们把握儒家伦理理解道德的独特角度，而且有助于我们理解儒家伦理对于建构一种完善的道德理论体系所能给予的理论启示。儒家伦理对当代伦理学发展的贡献在于它对道德理解的独特方式，暗示了一个彻底的伦理学说应当包含两个部分或两个方面，即主观的美德和客观的规则。这二者是互相依赖、互相促进的。这两个方面一起构成了完整意义上的道德。因此，一个彻底的、高度发达的伦理学说必须是一个统一了美德和规则于一体的伦理学说。但是，在当代西方美德伦理与规则伦理的论争中，无论是美德伦理还是规则伦理，都仅仅抓住了整个彻底的伦理学说的一个方面。因此，整合美德伦理和规则伦理于一个统一的伦理学说中是必要的，也是可以期待的。

《杨献珍哲学的时代意义》 中央党校哲学教研部教授毛卫平主持的国家社会科学基金一般项目《杨献珍哲学的时代意义》（批准号：05BZX006）获准结项，评审等级为合格（结项证书号：20091092）。最终成果名称为《走向和谐——杨献珍哲学的时代意义》。

该研究成果由五章构成。前三章“起跑线上的争论”、“站稳脚跟的努力”和“两条思路的交锋”分别论述了“三次哲学论战”。第四章“哲学家的哲学”论述了杨献珍哲学思想的内容和特点。第五章“和谐哲学与和谐社会”论述了和谐哲学在当代的意义。

“三次哲学论战”，特别是“合二而一”与“一分为二”的论战，是共和国思想史上的重大事件，但一直扑朔迷离，歧见甚多。通过本项研究，明确了“和谐哲学”与“斗争哲学”的区别，随着共产党从革命党变成执政党，必然要从“斗争哲学”向“和谐哲学”转变。杨献珍所主张的“合二而一”与当时盛行的“一分为二”是“和谐哲学”与“斗争哲学”的特殊表现形态，“合二而一”与“一分为二”的论战是从“斗争哲学”向“和谐哲学”转变过程中出现的重大思想理论冲突。弄清这一点，对于提高完成执政使命、构建和谐社会的自觉性具有重要的理论意义和现实意义。

在项目进行过程中，发表了《从革命党的哲学到执政党的哲学——兼论“合二而一”与“一分为二”的论战》（《江西师范大学学报·哲学社会科学版》2005 年第 5 期）、《和谐哲学：当代中国时代精神的精华——兼论马克思主义哲学与中国传统“和”文化》（《中共中央党校学报》第 12 卷第 6 期，2008 年 12 月出版）等 10 余篇论文，并以项目成果为基础，申报、完成了马克思主义基金会资助讲题 3 项（《和谐社会的哲学基础》、《中国特色社会主义理论体系研究》、《中国特色社会主义理论体系的哲学基础》）。

组织撰写理论文章

中央党校中国特色社会主义理论体系研究中心在中央“四报一刊”发表文章情况

2009 年，以“中央党校中国特色社会主义理论体系研究中心”名义在《人民日报》、《光明日报》、《经济日报》、《解放军报》、《求是》杂志上发文 24 篇，发文数量列全国 7 大中心之首，在中宣部理论局对 2009 年各大中心发表署名文章所开展的评选中，获得的奖励额度也列全国 7 大中心之首。这提高了党校的学术影响，促进了校内科研工作的深入开展，同时也培养锻炼了党校理论宣传队伍。

中央党校中国特色社会主义理论体系研究中心发表文章一览表

序 号	文章名称	发表报刊	发表时间	执笔人
1	作风优良是贯彻落实科学发展观的保证	《人民日报》	2009 年 6 月 3 日	洪向华
2	自觉坚持和不断发展科学社会主义基本原则	《人民日报》	2009 年 9 月 14 日	严书翰
3	中国特色社会主义的科学出发点和价值出发点	《人民日报》	2009 年 10 月 12 日	李君如
4	开启中华民族发展进步的历史新纪元——学习胡锦涛同志在庆祝中华人民共和国成立 60 周年大会上的讲话	《人民日报》	2009 年 10 月 14 日	柳建辉
5	继续推进党的建设新的伟大工程的必然要求	《人民日报》	2009 年 12 月 7 日	宋福范

续表

序　号	文章名称	发表报刊	发表时间	执笔人
6	全域城镇化：推进农村现代化的创新实践	《人民日报》	2009 年 12 月 10 日	宋福范 韩　冰
7	中国特色社会主义：理论和实践的双重探索——学习胡锦涛同志在纪念党的十一届三中全会召开 30 周年大会上的讲话	《光明日报》	2009 年 1 月 6 日	秦　刚
8	积极推进政治体制改革　发展社会主义民主政治——学习胡锦涛同志在纪念党的十一届三中全会召开 30 周年大会上的讲话	《光明日报》	2009 年 5 月 19 日	李良栋
9	爱国主义与中国特色社会主义	《光明日报》	2009 年 6 月 9 日	李君如
10	当代中国马克思主义的大众化及其实现途径	《光明日报》	2009 年 8 月 4 日	韩庆祥
11	建设马克思主义学习型政党是重大而紧迫的战略任务	《光明日报》	2009 年 10 月 13 日	李君如
12	加强马克思主义学习型政党建设——学习《中共中央关于加强和改进新形势下党的建设若干重大问题的决定》的体会	《光明日报》	2009 年 11 月 17 日	贾建芳
13	《建设学习型政党要努力掌握马克思主义思想方法》	《光明日报》	2009 年 12 月 30 日	杨春贵
14	大力推进农业产业化经营	《经济日报》	2009 年 5 月 18 日	洪向华
15	努力推动文化产业跃上新台阶	《经济日报》	2009 年 8 月 3 日	郑　权
16	切实增强企业自主创新能力	《经济日报》	2009 年 8 月 17 日	贾华强
17	坚持走中国特色自主创新道路	《经济日报》	2009 年 9 月 7 日	韩庆祥
18	努力推动文化产业又好又快发展	《经济日报》	2009 年 9 月 9 日	洪向华
19	紧紧扭住扩大消费需求不放松	《求是》	2009 年第 10 期	赵振华
20	改革开放与中国工人阶级	《求是》	2009 年第 13 期	严书翰
21	坚持党的领导是中国繁荣发展的根本保证	《求是》	2009 年第 19 期	张荣臣
22	社会主义与民族复兴——新中国 60 年的历史回顾和理论思考	《求是》	2009 年第 23 期	赵　曜
23	科学把握科学发展观的方法论特征	《解放军报》	2009 年 5 月 31 日	辛　鸣
24	怎样看待新中国两个 30 年	《解放军报》	2009 年 7 月 21 日	李君如

《中共中央党校理论文库》建设

《中共中央党校理论文库》建设情况

为了进一步提高中央党校科研工作水平，使中央党校的理论研究多出精品力作、多出人才，扩大中央党校的社会影响力，科研部于2000年12月制定了《中共中央党校理论文库》出版办法，并自2000年开始组织实施。十年来，在校委的领导与关怀下，在各教研部（所）和校内外专家的支持下，《中共中央党校理论文库》资助出版了一批坚持正确的政治方向、反映本学科建设的最新成果和代表较高水平的力作，取得了较好的社会效益。

在实施《中共中央党校理论文库》出版办法的过程中，科研部严格按程序与制度进行操作和管理。

第一，每年对全校26个各直属单位下发关于组织出版《中共中央党校理论文库》的申报通知。为顺利组织好全校教研人员的申报工作，还专门在校园内网上公布信息，对申报的范围、出版条件以及出版申请书的下载方法和具体要求，进行充分的介绍与宣传。各教研部（所）或相关部门的申报者都比较积极。十年来，全校共申请资助出版《理论文库》百余部，内容涉及哲学、经济学、科社、党史、党建、文化、军事等多种学科。

第二，严把作品质量关。为了科学公正地评估申报《中共中央党校理论文库》的研究成果，每年都聘请校内外相关专业的专家学者参加此项评审工作，采取每一部书稿由三位以上同行专家进行评审的办法，并要求专家对该书在政治方向、理论水平现实意义、有何突破与创新以及该书能否代表中央党校学术水平等方面提出明确意见。同时，还在评估指标体系评审表上按A、B、C三个等级进行打分（满分为30分），最后以三个专家的评分总和的高低作为评判依据。在此基础上，交由出版社提出出版意见后，提交校科研委员会讨论审议，最终决定出版名单。

第三，认真吸收专家意见。从专家的反馈意见来看，中央党校广大教研人员能把各自专业领域内的研究成果、学术思想及相关理论深入浅出地与现实密切结合起来，研究成果的质量比较高，具有一定的理论水平和学术价值；有的书稿理论性突出，有创意；有的书稿对现阶段党提出的科学发展观、构建社会主义和谐社会等重大理论和现实问题作了系统的阐发，具有一定的现实性和较强时代感。专家们在肯定成绩的同时，也对申报书稿中存在的不足提出了修改建议：如有的书稿过于冗长累赘，缺乏理论深度；有的书稿过于粗疏，流于形式。随后，我们将每位专家的评审意见及时反馈给作者本人，供其在修改书稿和今后研究中参考。

十年间，由《中共中央党校理论文库》资助出版的研究成果共计12部：按出版的时间排序，它们分别是：刘海藩：《中国金融问题——风险控制和化解》；陈道华：《“一国两制”与国家理论》；陈文通：《社会主义初级阶段基本制度问题研究》；王瑞璞：《中国股票期权制度实证研究》；同利军：《中国古代少数民族军事思想研究》；庞元正：《辩证唯物主义研究：历史、理论与前言问题》；杨春贵：《中国共产党历史经验的哲学反思》；曹新：《走可持续发展之路——21世纪中国发展的抉择》；杨英杰：《金融发展中的中国货币需求活动研究》；屠春友：《中国共产党的执政理论研究》；于永臻：《面向全球化的中国银行产业组织研究：竞争、效率与金融安全》；谢武军：《江泽民文化建设思想研究》。

总的来说，《中共中央党校理论文库》出版办法的实施，为解决中央党校教研人员出成果难、出书难，为扩大中央党校的社会影响力，提升中央党校学术地位，发挥了积极的作用。

2009年《中共中央党校理论文库》出版情况统计表

序号	名称	成果形式	作者姓名	单位
1	构建和谐世界的重要实践：中国参与联合国维持和平行动研究	著作	赵磊	国际战略研究所
2	平衡与交错——多元性世界中的全球道德责任研究	著作	朱辉宇	哲学教研部
3	和谐管理——企业组织变迁与管理理论创新	著作	张素峰	后勤服务部

理论研讨会

纪念五四运动90周年青年理论工作者座谈会召开

为弘扬五四精神，激励广大青年理论工作者在新形势下更加奋发有为，促进党校教学和科研事业发展，中央党校纪念五四运动90周年青年理论工作者座谈会于5月4日下午在中央党校召开。中央党校校委委员、科研部主任张伯里主持会议。校内直属单位的青年理论工作者代表、学员代表和科研部全体工作人员约60人参加了此次座谈会。

座谈会上，来自哲学部的董振华、经济学部的李蕾、科社部的梁波、政法部的张立伟、党建部的李俊伟、党史部的张太原、文史部的田嵩燕、战略所孙东方、研究生院博士生李想、硕士生乔伟丽、培训部中青班学员、共青团湖北省委书记丁小强等11人，结合各自工作、学习和思想的实际，谈了在新的历史条件下如何继承与弘扬五四精神，勇敢地承担起中华民族伟大复兴的历史重任的认识和体会。大家一致认为，90年前由爱国青年学生发起的那场声势浩大、波澜壮阔的反帝爱国群众运动，对中国是具有划时代意义的。这种划时代意义，不仅标志着中国革命发生了从旧民主主义革命向新民主主义革命的历史性转变，而且是一场伟大的思想解放运动和新文化运动，其中所孕育产生的“爱国、进步、民主、科学”精神，激励着一代又一代的中国人为民族振兴、国家富强和人民幸福而勇往直前、不懈奋斗。

与会者强调，胡锦涛总书记5月2日《在同中国农业大学师生代表座谈时的讲话》中指出，当代青年对五四运动最好的纪念、对五四先驱最好的告慰，就是要在党的领导下，以执著的信念、优良的品德、丰富的知识、过硬的本领，勇敢地担负起历史重任，同广大人民群众一道，奋力开创中国特色社会主义事业新局面，让伟大的五四精神在振兴中华新的实践中放射出更加夺目的时代光芒。这一重要讲话精神，为我们学习与践行五四精神指明了方向。我们一定要按照胡锦涛总书记的要求，内强素质、外展才华，积极投身于中国特色社会主义建设的伟大实践中，为民族振兴、国家富强、人民幸福贡献我们的青春和力量。

与会者还从各自专业研究的角度，对在新的历史起点上，如何更好地继承与弘扬五四精神，作了深入思考。

"坚定不移地走中国特色社会主义工会发展道路理论与实践研讨会"召开

5月26日，全国总工会、中央党校、人民日报社、求是杂志社在人民大会堂联合召开"坚定不移地走中国特色社会主义工会发展道路理论与实践研讨会"。中共中央政治局委员、全国人大常委会副委员长、中华全国总工会主席王兆国出席会议并作重要讲话。

王兆国在讲话中指出，今天召开的理论研讨会是为了进一步深入学习胡锦涛同志2008年10月在同全国总工会新一届领导班子成员和工会十五大部分代表座谈时的讲话精神和习近平同志在工会十五大祝词的讲话精神。坚定不移地走中国特色社会主义工会发展道路，要求我们要从思想上深刻认识中国特色社会主义工会发展道路形成的时代背景。中国特色社会主义工会发展道路是在中国特色社会主义理论体系的指导下，在推进改革开放和中国特色社会主义事业的伟大实践中形成的。它是党的三代领导集体和以胡锦涛同志为总书记的党中央关于工人阶级和工会工作一系列指示精神的集中体现，是对中国工会80多年、新中国成立60年特别是改革开放30多年来理论探索和实践创新的科学总结，也是适应经济全球化、应对国际工运新变化的必然要求。

中央党校常务副校长李景田在大会上作了题为《继续探索和拓展中国特色社会主义工会发展道路，不断丰富和发展中国特色社会主义道路》的发言。他说：道路问题至关重要。在当代中国，坚持中国特色社会主义道路就是真正坚持社会主义。中国特色社会主义道路，是一条引领当代中国发展进步的胜利之路，是实现中华民族伟大复兴的必由之路。它不仅是我们30年改革开放一切成功和进步的根本原因之所归，还是我们团结奋斗、高举旗帜、科学发展的根本之所在。中国特色社会主义道路有总道路和具体道路之分。中国特色社会主义总道路规定了建设中国特色社会主义的总目标、大方向和基本路径，具有决定全局的指导意义；中国特色社会主义具体道路是具体目标、具体方向和具体路径。中国特色社会主义工会发展道路，是中国特色社会主义总道路中的具体道路。它是改革开放新时期开辟的中国特色社会主义工会发展之路，需要在新的实践中不断地深化和拓展。首先，中国特色社会主义工会发展道路，是经过长期探索，在改革开放新时期开创的我国工会发展的唯一正确的道路。其次，中国特色社会主义工会发展道路，既坚持了科学社会主义基本原则，又赋予其鲜明的中国特色，是马克思主义工会理论在当代中国的新发展。再次，中国特色社会主义工会发展道路，回答了新时期建设什么样的工会、怎样建设工会的基本问题。实践无止境，认识也无止境。全面建设小康社会新的伟大实践，要求我们要以中国特色社会主义理论体系为指导，在应对新情况、研究新课题中，进一步解放思想，开拓进取，改革开放，科学发展，从而使中国特色社会主义工会发展道路越走越宽广。这是工会工作者和理论工作者的重要职责，也是丰富和发展中国特色社会主义道路的实际贡献。

中央党校科学社会主义教研部原主任、全国科学社会主义学会名誉会长赵曜在大会上作了《中国特色社会主义工会发展道路的科学内涵》的发言。中央党校科学社会主义教研部主任、全国科学社会主义学会常务副会长严书翰向大会提交了《改革开放与中国工人阶级》的书面发言。

中央党校与哈佛大学联合举办第二届“中国社会发展论坛”

中共中央党校与美国哈佛大学合办的“中国社会发展论坛”，继2007年6月在中央党校成功举办第一届（中央党校科研部承办）后，于2009年10月25日至26日在美国哈佛大学成功举办了第二届（美国哈佛大学公共卫生学院及其中国项目部承办）。中央党校校委委员、科研部主任张伯里教授率领由中央党校科研部、研究生院、经济学部、科社部、政法部、文史部的教授和工作人员组成的中央党校代表团一行9人赴美国波士顿参加了本届论坛。

在开幕式上，哈佛大学副校长乔治·多明戈斯（Jorge Dominguez），中央党校校委委员、科研部主任张伯里，中国驻美国大使馆公使谢锋，哈佛大学教授安东尼·赛奇（Anthony Saich）等4人致辞、演讲。

党校代表团团长张伯里教授在论坛开幕式上的致辞中，介绍、阐发了中国长期、近期和当前的发展形势，指出召开此次学术论坛具有十分重要的意义。

与会专家学者围绕社会平等问题，教育和公民社会问题，城乡协调发展问题，政府与民间的关系问题，社会价值观与社会政策问题，人口、环境与健康问题进行了研讨。

“互联网时代对政府工作带来的机遇、挑战和应对措施”研讨会召开

10月28日上午，中央党校与中央社会主义学院在中央党校联合召开“互联网时代对政府工作带来的机遇、挑战和应对措施”研讨会，中央党校副校长石泰峰主持会议，中央社会主义学院第一副院长、党组书记叶小文作会议总结。

《中国日报》社副总编辑兼《中国日报》香港版总编辑曲莹璞同志，代表中央党校第46期省部级干部进修班“行政管理体制改革”专题第6组的学员作了主题发言。学员课题组认为，互联网技术带来的机遇是，可以帮助我们在舆论上争取主动，可以帮助政府提高执政能力和水平，可以帮助推进我国社会的发展进步。但也要看到，互联网技术的飞速发展，在意识形态安全、执政能力建设、社会的发展进步、国家的安全稳定等方面，确实给我国带来了新挑战。课题组建议，为了应对挑战，兴利抑弊，我国应在以下几个方面作出努力：一要牢固树立网络忧患意识；二要理顺我国网络管理体制；三要切实加强网络阵地建设；四要调整创新思想宣传思路；五要大力加强人才队伍建设；六要加快网络管理立法步伐；七要制定信息网络安全战略；八要实施网络技术自主控制。

国务院新闻办公室网络局局长李伍峰、工业和信息化部通信保障局局长王秀军、公安部互联网信息中心主任赵世强、新闻出版总署科技与数字出版司司长张毅君、中国科会科学院计算机网络中心主任张新鹰、人民网总裁何加正、国家宗教局新闻处处长弋杨先后作了发言。代表们认为，目前互联网在促进我国经济社会发展方面正在发挥着越来越重要的作用：一是促进了国民经济增长，带动了传统产业结构调整和经济增长方式的转变；二是提高了政府行政管理与公共服务的能力，促进了社会事业的发展；三是成为了文化发展的载体；四是成为党和政府了解社情民意、服务民生的重要渠道。在我国处于社会转型、经济转轨的关键时期，互联网经过15年的发展，网络规模、业务应用、网民数量、技术创新也进入一个新的阶段。在这种新的形势下，应该进一步做好互联网管理工作，更好地发挥互联网在推动经济发展、促进社会和谐方面的积极作用。为此，要坚定不移执行党和国家的正确决策，坚持发展与安全并重，坚定不移走科学发展之路；要发挥各自优势，分工协作，建立以事先审批和事后监管相结合、境外技术管控与境内依法管理相结合、分级管理与属地管理相结合、政府管理与行业自律相结合、网上监控与网下管理相结合的多种工

作机制；要坚持依法公开管理，积极适应信息化发展的大势，因势利导，趋利避害，积极引导，强化管理，综合利用行政、法律、技术和行业自律多种手段，努力下好先手棋，打好主动仗。

中央社会主义学院第一副院长、党组书记叶小文在会议总结中说，关注和研究互联网时代对政府工作带来的机遇、挑战和应对措施是忧党之思，是兴党之责。如果我们不高度重视互联网对我们的挑战并且采取切实措施，不尽早着力解决面临的问题，互联网就会被敌对势力作为煽动和争夺群众、动摇我们的国本、颠覆我们政权的利器。相反，如果我们有效地利用好互联网，互联网也可以成为更有利于我们宣传发动与团结群众从而汇聚民智、凝聚人心、推动社会进步的强大力量。因此，我们应该继续深入研究互联网问题，以取得更好的成果供中央决策参考。

“统筹城乡发展”座谈会召开

11 月 16 日，中央党校科研部与《经济日报》社评论理论部联合在京召开“统筹城乡发展”座谈会。中央党校校委委员、科研部主任张伯里出席了座谈会并致辞。

与会专家认为，统筹城乡发展，必须更加注重加快农村发展，加快农村发展要从四个方面作出努力。一是合理调整国民收入分配结构和政策，加大对农业的支持和保护力度。农业是基础产业，又是弱势产业，要承担自然风险和市场风险。国民收入分配要向农业倾斜，通过税收政策、财政转移支付等，加强对农业、农村的支持。二是加快推进城镇化。要继续实施农业和农村经济结构的战略性调整，加快科技进步，全面提高农业综合生产能力，提高农业素质和效益。深化农村改革，充分调动农民的积极性。加快农村社会发展，加强农村基础设施建设。推动农村劳动力向非农产业和城镇转移，加快农村工业化、城镇化进程。三是城市发展要和农村发展相协调，充分发挥城市对农村的带动作用。随着现代化进程的推进，城市必然还要进一步发展，但要防止规模过大、标准过高的倾向，注意以城市繁荣带动农村发展。要把更多的财力等社会资源用于农村，并更好地为农村产业结构调整、劳动力转移和农民增收创造条件。四是统筹推进城乡改革，消除体制性障碍，逐步建立城乡统一的劳动就业制度、户籍管理制度、义务教育制度和税收制度等，逐步形成有利于城乡相互促进、共同发展的体制和机制。

校领导和马工程专家学者参加《马克思恩格斯文集》、《列宁文集》出版座谈会

12月25日，《马克思恩格斯文集》、《列宁专题文集》出版座谈会在京举行，中共中央政治局常委李长春出席会议并讲话。他强调，马克思主义经典著作是人类文明的瑰宝，是马克思主义政党的精神支柱和强大思想武器，要紧密联系中国特色社会主义伟大事业，紧密联系用科学理论武装全党、教育人民的长期任务，学习好运用好马克思主义经典著作，不断推动用发展着的马克思主义指导新的实践。

李长春指出，高度重视马克思主义理论的学习研究宣传，是我们党的优良传统。党的十六大以来，以胡锦涛同志为总书记的党中央，作出了实施马克思主义理论研究和建设工程的重大战略决策。其中一项重要任务，就是组织最强的力量，重新修订和编译马克思主义经典作家的重要著作。做好这项工作，既是当代中国共产党人义不容辞的职责，也是进一步深化马克思主义研究、更好地用马克思主义指导实践的需要。两部文集的出版是党的思想理论建设的一件大事，是马克思主义理论研究和建设工程的一个重大成果，对于推进中国特色社会主义伟大事业，推进党的建设新的伟大工程，具有重要的现实意义和深远的历史意义。他向为这项工作付出辛勤劳动的同志和所有从事马克思主义经典著作编译、研究和传播工作的同志表示崇高敬意和衷心感谢。

李长春强调，学习研究马克思主义，要坚持以我们正在做的事情为中心，着眼于马克思主义理论的运用，着眼于对实际问题的理论思考，着眼于新的实践和新的发展。要把学习研究马克思主义经典著作与推进马克思主义学习型政党建设紧密结合起来，不断提高全党的马克思主义理论水平；把学习研究马克思主义经典著作与把握中国国情和时代特征紧密结合起来，大力推进马克思主义中国化、时代化和大众化；把学习研究马克思主义经典著作与研究阐释中国特色社会主义理论体系紧密结合起来，推动用马克思主义中国化最新成果武装头脑；把学习研究马克思主义经典著作与学习贯彻科学发展观紧密结合起来，进一步增强贯彻落实科学发展观的自觉性坚定性；把学习研究马克思主义经典著作与开展社会主义核心价值体系学习教育紧密结合起来，进一步凝魂聚气、强基固本。各级党组织要把两部文集作为领导干部理论学习的重要内容，通过学习深刻掌握马克思主义立场观点方法。马克思主义理论研究和建设工程要把两部文集的编译成果充分体现到哲学社会科学学科体系和教材体系建设中，推动这些成果更好地进教材、进课堂、进头脑。

中共中央政治局委员、中央书记处书

记、中宣部部长刘云山主持会议，全国政协副主席、中国社会科学院院长陈奎元出席会议。

中央宣传文化各单位主要负责同志，马克思主义理论研究和建设工程咨询委员、工程课题组专家和理论界专家学者及青年学生代表，共220多人参加会议。韦建桦、顾锦屏、邢贲思、李卫红、王伟光、黄书元作了大会发言。

中央党校常务副校长李景田、教育长张伯里，原校领导江流、邢贲思、杨春贵、李君如、李兴山出席了座谈会。中央党校部分马克思主义理论研究和建设工程专家和成员严书翰、郝永平、秦刚、王怀超、谢春涛、杨信礼、陈述以及联络员洪向华参加了座谈会。

科研管理工作会议

"中央党校主管学会与基金会年度工作座谈会"召开

3月23日下午，科研部召开中央党校主管的学会和基金会年度工作座谈会。来自中国延安精神研究会、中国马克思主义研究基金会、中国市场经济研究会、中国科学社会主义学会、中国领导科学学会和中国现代史学会的主要负责同志参加了会议。会上，各学会、研究会和基金会的负责同志向科研部汇报了2008年度的工作情况及2009年的工作计划，并对一些共同关心的问题展开了深入研讨。校委委员、科研部主任张伯里作了大会总结讲话，对各学会、研究会和基金会2008年的工作给予了充分肯定，对如何从新的历史起点出发，以科学发展观为指导、进一步推动各学会和基金会2009年的工作提出了明确要求。

会议由科研部副主任郝永平同志主持。会上，科研部管理处处长王彦民同志传达了民政部有关社团年度工作检查和经费审计的会议精神。科研部管理处全体同志和各学会、研究会和基金会的财会人员参加了会议。

"中国马克思主义研究基金会中央党校教学科研专项基金"科研课题立项评审会召开

4月8日下午，中央党校2009年度"中国马克思主义研究基金会中央党校教学科研专项基金"科研课题立项评审会在主楼东三会议室召开。七部一所分管科研工作的副主任以及三个学员部的负责人共13位评委参加了此次立项评审会。

会议由中央党校校委委员、科研部主任、中国马克思主义研究基金会中央党校科研专项基金评审委员会主任张伯里同志主持。张伯里主任对评审工作的重要性及其原则做了说明，强调立项评审的程序、规则，即与会评审专家以无记名方式投票、投票同意率达三分之二以上通过立项、实行多轮投票制和末位淘汰制。

会议首先由科研部管理处处长王彦民对中央党校2009年度"中国马克思主义研究基金会中央党校教学科研专项基金"科研课题的申报情况和上会预选名单的产生办法做了说明。2009年度中央党校"中国马克思主义研究基金会中央党校教学科研专项基金"科研课题的申报总数为63项，与去年持平，不同的是各部门之间的申报数量有所变化。接到申报材料后，科研部管理处按照校外2名、校内1名专家的原则，对63项申报材料进行双向匿名评审。根据专家的打分和具体意见建议，按照25—3/63—3的比例（由于老干部项目每年固定的是3项），对不同学科的课题进行上会预选名单的筛选，这样产生哲学学科前6名、经济学学科前4名、科学社会主义学科前4名、政治学法学学科前4名、党史学科前4名、党建学科前4名、文史学科前1名、国际问题学科4名、图书馆学科3名，老干部局只申报3项，3项全部上会，总计37项。与会委员认为预选上会名单的产生合理，同意按照这一名单进行正式投票表决。

经过3轮无记名投票，按照投票同意率达三分之二以上通过立项和实行末位淘汰制的原则，25项课题通过立项评审（包括老干部项目3项）。具体名单待上报校"三项基金"工作协调会议批准后公示。

会上，科研部副主任郝永平还向与会同志通报了中校字〔2009〕21号条例《中共中央党校科研津贴条例》的相关规定，传达了校科字〔2009〕4号文件《关于加强公共科研经费使用进度管理的若干意见》精神。王彦民处长还就即将实行的《关于教研部（所）科研活动月报的规定》征求与会同志意见，并请与会同志在4月14日之前反馈正式书面意见。

中央国家机关国家社科基金新立项目负责人和管理人员培训会议召开

6月26日，中央党校科研部召开了2009年度中央国家机关国家社科基金新立项目负责人和项目所在单位科研管理人员培训会议。中央党校校委委员、科研部主任张伯里同志出席会议并致辞，全国社科规划办副主任姜培茂同志出席会议并作报告。中央党校科研部副主任李连明同志、郝永平同志、科研部副巡视员倪德刚同志、全国哲学社会科学规划办公室成果处处长王武龙同志，正处级调研员、基金处副处长陈文学同志，中央国家机关2009年度国家社会科学基金新立项目负责人和项目所在单位科研管理人员共70人参加了会议。中央党校科研部副主任李连明同志和管理处长李怀义同志分别主持了会议。全国社科规划办公室王武龙处长、陈文学副处长、科研部规划处长高彦斌同志就国家社科基金项目的经费预算、中期管理和结项工作进行了细致的辅导和说明。

与会代表表示，此次培训会议的举办，必要、及时、有效，一定按照会议的要求，严格执行课题研究计划，切实加强对新立项目的研究和管理，努力提高课题研究的质量和水平。

国家社科基金项目工作会议召开

7月15日下午，科研部组织召开国家社科基金项目工作会议。石泰峰副校长出席了会议并发表讲话。会议由校委委员、科研部主任张伯里主持。八部一所和三个学员部分管科研工作的负责人共20余人参加了会议。

会上，张伯里向与会者介绍了中央党校2009年申报国家社科基金课题和中央党校2000—2009年十年申报国家社科基金课题的总体情况。科研部副主任李连明对申报国家社科基金课题中存在的问题作了说明。八部一所和三个学员部分管科研负责人，结合本单位实际谈了在申报国家社科基金课题过程中存在的问题、解决措施和下一步工作设想。

石泰峰副校长在讲话中指出：做好中央党校国家社科基金课题申报工作，对提升中央党校的学术水平具有重要意义。总体上看，中央党校国家社科基金课题申报工作取得明显成绩，但也存在着不容忽视的问题，要引起我们的高度重视。2008年颁布的《中国共产党党校工作条例》中明确提出，中国共产党党校是党的哲学社会科学研究机构，我们要以党的哲学社会科学研究机构的定位来思考、衡量和部署我们的科研工作。科研部、八部一所要共同想办法，拿出切实可行的措施。首先，要切实提高在国家社科基金课题申报工作上的组织化水平，加大力度。其次，要积极探索、建立起一套切实可行的工作机制。科研部作为课题的管理单位，要有一些新举措，通过提升科研管理水平，来促进国家社科基金课题申报工作有大的提升。各教研部内部也要建立相应的工作机制，多方协力共同把中央党校国家社科基金课题申报工作推上新的台阶。

"中央党校2010年度校级项目指南"制定工作会议召开

10月22日上午，科研部筹办的"中央党校2010年度校级项目指南"制定工作会议在主楼六层校委会议室召开。石泰峰副校长出席会议并讲话，校委委员、科研部主任张伯里主持会议，科研部副主任郝永平、八部一所、进修部、培训部的负责人和科研部相关人员参加了会议。石泰峰副校长在会上就"中央党校2010年度校级项目指南"制订工作进行了部署。

张伯里主任主持了会议，并对制定项目指南制定工作计划和指南总体规划（初步设计）作了说明。

"中央党校2010年度校级项目指南"制定工作调研座谈会召开

10月12日科研部制定了关于"中央党校2010年度校级项目指南"制定工作的计划和"中央党校年度校级项目指南总体规划（初步设计）"。在常务副校长李景田和副校长石泰峰批准了此工作计划后，科研部于10月22日召集八部一所、进修部、培训部的负责人，召开了"中央党校2010年度校级项目指南"制定工作会议。石泰峰副校长在会上就"中央党校2010年度校级项目指南"制定工作进行了部署。校委委员、科研部主任张伯里主持了工作会议。

11月9日、11月20日、12月1日科研部三次召集八部一所分管科研的副主任和老中青专家代表、进修部和培训部的有关负责人和工作人员与学员代表，召开了"中央党校2010年度校级项目指南"制定工作调研座谈会。石泰峰副校长两次出席会议并讲话。校委委员、科研部主任张伯里、副主任郝永平和相关人员参加了这三次座谈会。

八部一所领导和教师代表认为，项目指南设定的课题内容一定要突出党校特色，掌握好科研定位，要突出为提高教学质量服务，为满足广大党员干部理论需求服务，为探索"两个规律"服务，为党委政府决策服务。建议涉及学科建设等重大课题要整合全校科研力量，开展跨学科、跨部门的合作研究，形成具有党校特色和重大影响的优秀成果。有的代表建议大幅度增加全校科研经费和单个项目的资助数量；加强对基础理论问题的立项研究；立项数量要少一点，质量要好一点；完成时间要根据具体情况灵活一点等等。

中青年专家代表发言认为，青年教师是在党校的教学和科研实践中成长起来的。校级项目指南制定工作，广泛听取中青年教师的意见，体现了对青年教师的尊重和决策的科学化；指南在项目类别中单列出青年项目并予以倾斜，对优秀青年教师的培养和成长具有重大意义，是中央党校实施人才强校战略的具体体现，也是校委关心青年教师成长的具体体现，大家深受感动和鼓舞。

学员部领导和学员代表发言认为，中央党校的科研工作要为中央决策服务，要为提高教学水平服务，围绕中央在不同时期提出的重大命题做出前瞻性研究，树立“居安思危”意识，加强对建国60周年和改革开放30年存在的问题的研究，加强对学员“两带来”问题的研究。党校科研要突出马克思主义中国化、大众化和时代化问题的研究，要突出对世情、国情和党情问题的研究，突出体制、机制改革问题研究，要突出中央关注、群众关心的重点、难点和热点问题的研究。党校科研工作还要注意科研的开放性与合作性，注意长线研究和短线研究的结合，还要注意对问题的跟踪研究。两个学员部的领导和工作人员强调，党校科研要突出中国特色社会主义建设主题，更好地服务于教学工作，更好地利用党校的学员资源。

张伯里主持了这几次会议，每次会议他都就项目指南调研、制订工作的背景、进程情况进行介绍，并对代表有关发言进行解释和说明。

在京中央国家机关国家社科基金项目管理工作会议召开

为了贯彻落实2009年度全国各省区市社科规划办主任会议精神，进一步推动中央国家机关国家社会科学基金项目的研究和管理工作，11月4日，中央党校科研部召开了在京中央国家机关国家社科基金项目管理工作会议。中央党校科研部副主任郝永平出席会议并致辞，全国社科规划办公室副主任姜培茂出席会议并作报告。中央党校各教研部（所）分管科研工作的负责人，中央国家机关国家社科基金项目管理机构负责人共60人参加了会议。

郝永平在致辞中回顾了15年来中央党校科研部受全国社科规划办委托而管理中央国家机关国家社科基金项目的总体情况。他指出，中央国家机关不仅在国家社科基金项目申报工作中取得了较好的成绩，而且在基础理论研究和应用对策研究领域，推出了一批具有重要学术价值、理论价值和应用价值的优秀成果，充分发挥了“智囊团”和“思想库”的作用，同时也为培养造就一支高素质的哲学社会科学队伍作出了积极贡献。希望大家站在新的历史起点上，总结过去，展望未来，扎实工作，切实采取有效措施，为开创中央国家机关哲学社会科学事业繁荣发展的新局面作出新的贡献。

姜培茂首先传达了中共中央政治局委员、中央书记处书记、中宣部部长、全国哲学社会科学规划领导小组组长刘云山同志在2009年度国家社科基金项目评审会议上以及在听取全国规划办工作汇报时的重要讲话精神，介绍了国家社科基金项目的总体情况和全国社科规划办关于加强和改进国家社科基金管理工作的新举措和新设想，并就当前课题管理工作提出了具体要求。希望大家一定要牢固树立导向意识、大局意识、精品意识和服务意识，进一步增强责任感和使命感，共同做好社科规划管理工作。

中央党校科研部科研规划处处长高彦斌按照会议的安排，简要通报了中央国家机关国家社科基金项目的总体情况，并就下一阶段工作做了具体布置。

编外研究中心

关于进一步整顿和规范中央党校编外研究中心的若干意见

中校字〔2009〕36号

5月27日中央党校校务委员会出台《关于进一步整顿和规范中央党校编外研究中心的若干意见》，全文如下：

编外研究中心，是20世纪90年代根据当时形势发展需要经校委批准成立的科研学术团体，是中央党校开展科研活动的一种组织形式。编外研究中心成立近20年来，坚持以马列主义、毛泽东思想、邓小平理论、“三个代表”重要思想为指导，深入贯彻落实科学发展观，坚持理论联系实际、“百花齐放、百家争鸣”的方针，始终关注改革开放和社会主义现代化建设中的重大理论和现实问题，在开展课题研究、组织理论研讨、推出科研成果和参加社会调研等科研活动中取得了一定的成绩，在“为推进党的理论创新服务，为提高党校教学质量服务，为党委和政府决策服务，为社会主义经济建设、政治建设、文化建设、社会建设和党的建设服务”等方面作出了积极的贡献。但是也应该看到，由于1995年颁布试行的有关编外研究中心管理的条例已不适应发展着的形势的要求，十多年来编外研究中心也不断出现各种各样的问题，有些问题已给中央党校造成了不小的负面影响。为加强和改进编外研究中心的工作，有必要认真加以整顿与规范。

整顿与规范编外研究中心，是贯彻落实《中国共产党党校工作条例》和全国党校工作会议精神的需要，也是贯彻落实中央党校深入学习实践科学发展观整改方案的一项重要举措。其着眼点，是从中央党校大局出发，进一步统筹科研活动，整合科研力量，充分发挥编外研究中心在教学科研中的作用。其整顿与规范的重点在编外研究中心的班子、队伍、经费三个方面。基于上述要求，现对进一步整顿和规范中央党校编外研究中心提出如下意见。

一、编外研究中心的性质和管理体制

1. 中央党校编外研究中心是中央党校开展科研活动的一种组织形式，编外研究中心不具有独立法人资格。

2. 编外研究中心实行业务归口管理，按照学科相同和专业相近的原则归属各教研部（所）。每个教研部（所）管理的编

外研究中心不得超过 2 个。

3. 编外研究中心的主任、副主任，由各归口教研部（所）的现任主任、副主任分别兼任。编外研究中心的人员设置情况，须报科研部审核、备案。现有编外研究中心主任、副主任应按此要求进行调整。并报科研部审核、备案。

4. 编外研究中心实行主任负责制。中心主任全面负责编外研究中心开展的业务活动及其日常工作。编外研究中心的公章由所归属的教研部（所）管理。

5. 编外研究中心内部不得设立任何形式的分支机构，不得在任何地方设立办事处（站）等相类似的办事机构。

6. 编外研究中心应当结合各自的实际情况，制定章程和有关管理办法，并报科研部备案。

7. 科研部要加强对编外研究中心活动的监督和管理。其主要职责是：审定各编外研究中心年度工作计划；对各编外研究中心重大活动进行审批；督促、检查各编外研究中心按照章程规定积极开展学术活动；对各编外研究中心活动进行监督，并对违反相关规定的研究中心提出处罚意见；向校委及时汇报各编外研究中心的情况。

二、编外研究中心的主要职能与学术活动

1. 编外研究中心的主要职能是：组织校内外教研人员、理论工作者和实际工作部门的同志，共同开展理论研究、学术讨论、调查研究等科研活动。

2. 编外研究中心开展的重大科研活动，应事先报科研部审批。涉及外事的活动，应严格执行中央党校有关外事的规定。

3. 编外研究中心的研究人员，以校内正式在编人员为主，原则上不固定聘用非在编人员。同时，要充分发挥离退休人员特别是离退休老教授进行科研活动的积极性，鼓励在相关科研课题研究活动中，积极吸收离退休同志特别是离退休老教授参与。

三、编外研究中心的经费来源与管理

1. 编外研究中心不得搞经营活动，不得以任何形式在社会上拉赞助；其科研活动经费，主要是通过申报国家课题和校级课题、承担校内外委托课题、自筹科研项目及其他研究项目等途径获得。

2. 编外研究中心的经费，必须用于符合中心职能规定的学术活动，并由校财务部统一管理。编外研究中心不得单独设立账号，财务收支应符合国家财务制度和校财务管理的有关规定。

四、编外研究中心的活动守则

1. 编外研究中心必须严格遵守国家法律、法规、政策，严格遵守校纪、校规，积极维护中央党校名誉和形象。

2. 编外研究中心不得开展任何以营利为目的的编辑出版、征文、评奖、表彰、拉广告等活动。

3. 编外研究中心有下列情形之一的，科研部有权责令其停止一切活动，并限期整顿：

不符合中心宗旨和超出业务范围开展活动的；

不按照有关规定接受监督检查、弄虚作假的；

擅自成立分支机构的；

违反国家有关规定的；

违反中央党校校纪校规的。

4. 编外研究中心有下列情形之一的，科研部有权作出撤销的处理：

擅自以中央党校名义在社会上从事营利性经营活动的；

擅自以编外研究中心名义在社会上进行有损于中央党校名誉和形象的活动，造成不良社会影响的；

超过1年（含1年）未开展任何形式学术活动的；

各教研部（所）主任（所长）提出撤销申请的。

五、编外研究中心的名称

各编外研究中心的名称统一规范为：中央党校×××研究中心。

六、本《意见》由科研部负责解释

七、本《意见》自公布之日起开始实施，原相关规定同时废止

中央党校校务委员会

2009年5月27日

2009年度编外研究中心工作会议召开

7月6日，科研部召开了“中央党校2009年度编外研究中心工作会议”。副校长石泰峰出席会议并讲话。

石泰峰强调，要明确整顿和规范编外研究中心的思路和要求，一是要深刻理解整顿和规范编外研究中心工作的出发点和必要性。这次整顿编外研究中心目的是为了进一步规范研究中心的工作，整合党校科研力量，更好地发挥编外研究中心的作用。二是要加强对所归口的编外研究中心的管理。各教研部（所）要按照校委文件精神，加强对编外研究中心的管理。教研部（所）现任主任、副主任兼任研究中心的主任、副主任，不增设副主任，不聘任非在编的工作人员。编外研究中心的活动要完全服务于教研部（所）的教学科研工作，二者要紧紧结合在一起，绝不能搞“两张皮”。三是要平稳做好编外研究中心的交接工作。各编外研究中心新的主任、副主任要做好与老同志的沟通工作。老同志在历史上对中心工作做出了贡献，要充分肯定他们所取得的成绩，鼓励他们继续做好有关课题研究工作。要吸纳离退休老教授参加相关课题组，充分发挥他们的积极作用。四是科研部要对编外研究中心加强管理，搞好服务。各教研部（所）尽快制定出编外研究中心章程和管理办法，以后各中心都要做好年度工作规划，并报科研部备案，尽量避免临时动议。科研部负责各编外研究中心活动的审核工作，不仅要防止活动违规，还要看这些活动是否符合其研究方向，一定要把好关，同时要做好对编外研究中心的服务工作，使它们更好地开展活动。

会议还就贯彻落实中共中央党校学习实践科学发展观整改方案，进一步学习贯彻好中央党校校委于2009年5月27日正式颁布实施的《关于进一步整顿和规范中央党校编外研究中心的若干意见》（中校字〔2009〕36号），进行了充分的研讨。八部一所的负责人、报刊社领导和编辑，以及科研部全体工作人员出席会议。

编外研究中心简表

序号	名　称	负责人	归口教研部门
1	社会发展研究中心	贾高建	哲学教研部
2	中国经济研究中心	王东京	经济学教研部
3	“三农问题”研究中心	王东京	经济学教研部
4	妇女研究中心	严书翰	科学社会主义教研部
5	国情国策研究中心	柳建辉	中共党史教研部
6	国际战略研究中心	宫　力	国际战略研究所
7	亚太研究中心	宫　力	国际战略研究所

党校科研规律研究

探索党校科研工作规律，提高党校科研工作水平*

科 研 部

努力探索领导干部的成长规律，培养造就大批能够担负改革与发展重任的优秀领导干部，既是我们党的建设的重大任务，又是我们党校工作者义不容辞的责任。干部的成长，根本途径在于实践。同时，党校作为学习、研究、宣传马列主义、毛泽东思想、邓小平理论、“三个代表”重要思想及科学发展观等重大战略思想的重要阵地和党性锻炼的熔炉，在用集中培训轮训方式提高领导干部素质方面，具有不可替代的重要作用。因此，深入研究党校教育规律对于提高领导干部素质具有重要的意义。党校科研工作是党校教育工作的重要组成部分，在党校教育工作中发挥着重要的作用。因此，党校科研规律是党校教育规律的重要组成部分，深入研究党校科研规律对于改进党校教育工作具有重要意义。

一、党校科研规律是干部成长规律和党校教育规律中的一条重要规律

（一）科研规律、党校科研规律、干部成长规律和党校教育规律

1. 科研规律。

所谓规律，是指事物发展过程中本质的、必然的联系和趋势。它是客观存在的、不以人的主观意志为转移的，同时，它又具有不可抗拒性。也就是说，遵循规律我们就可以把事情办成、办好，相反，如果违背规律，就只可能做到事倍功半或者导致失败。另外，由于规律具有隐蔽性，人们对规律的认识是一个由浅入深、由表及里、由片面到全面的渐进过程，因此，加大对规律的研究，依靠规律提高工作效率和为人民服务的本领，在任何时候都是推动工作迈上新台阶的重要抓手。

严格地说，科研规律分为科学研究规律和科研工作规律。科学研究规律牵涉到

---

* 2007—2008 年度中央党校校委重大课题“干部成长规律和党校教育规律研究”形成了校内 26 个分课题研究报告和 4 个地方党校的研究报告，本文是分课题研究报告之一，选自《中共中央党校“两个规律”课题研究成果汇编》，中共中央党校科研部、中共中央党校研究室编，中共中央党校出版社 2009 年 7 月第 1 版，第 32—55 页。

的主要要素是科学研究主体、科学研究对象和科学研究方法等；而科研工作规律则把整个科学研究活动作为其研究的对象，其主要构成要素为研究科研工作的主体、作为研究对象的科研工作以及科研工作的构成要素，如科研规划、科研立项、科研管理、科研协作等相关环节。本研究课题中出现的科研规律是单纯地指科研工作规律。具体地说，科研工作规律是指科研工作各相关要素之间存在的内在的本质的必然的联系。发现并掌握这一规律，对于提高科研工作的能力、效率和水平，具有十分重要的实践意义。

2. 党校科研工作规律是科研工作规律的重要组成部分，具有科研工作规律的一般性，同时又具有科研工作规律的特殊性。

党校，姓党名校。党校的党性特征决定党校的科研工作必须围绕党的中心工作展开，为党和政府的决策服务、为理论创新服务、为党校教学服务和为四个文明建设服务；从研究问题的范围来看，党校科研相对比一般的哲学社会科学研究的面要窄，但从研究问题的属性来看，同样是重点研究具有战略性、全局性和宏观导向性的重大问题；从研究目的来看，党校的科研工作要体现党在不同时期治国治党的战略指导思想，为中国共产党执政的实践服务，为提高党的各级领导干部政治理论素质服务。

3. 干部成长规律和党校教育规律。

干部成长规律和党校教育规律是党校工作中的两条最基本的规律。这两条基本规律是由党校工作中存在的两个基本关系决定的。这两个基本关系：一是党校工作与党的事业发展和党的建设要求之间的关系，二是党校工作与教育培训对象之间的关系。由这两个基本关系衍生出：党校教育必须适应党的事业和党的建设的需要，促进党的事业和执政党建设的发展；党校工作必须适应干部成长规律的要求，帮助和促进干部全面健康成长。这“两个适应，两个促进”是带有全局性的基本规律，它具体体现在党校工作的科学定位、指导思想、办学方针、工作布局、特色优势等各个方面。

干部成长规律是指影响干部成长各相关要素之间存在的本质的必然的联系。有研究指出，影响干部成长的因素主要有“德与才、理论与实践、个人与组织”这三对相关因素。与之相对应，干部成长规律主要有德才兼备规律、理论学习与实践锻炼互补规律、组织培养与个人努力结合规律。对这三对关系六个要素认识和处理得好坏，决定着领导干部成长的质量和成长的速度。其一，德才兼备是党政领导干部的必备条件。有德无才难成事，有才无德要坏事。其二，理论学习与实践锻炼是领导干部成长的必由之路。干部的德才素质只能从理论学习和实践锻炼中来。缺乏理论水平，思考问题没深度；缺乏实践锻炼，提出意见缺分量；实践锻炼无理论指导易迷失方向，理论学习脱离实践则苍白无力。“实践，认识，再实践，再认识”不仅是理论的深化过程，也是实践的深化过程，领导干部就是在这两者的深化过程中锻炼提高。其三，干部成长既需要组织培养，也需要自己努力，只讲其中之一，或只强调某一方面的作用都是不符合实际的。组织培养是多方面、多层次的，既包括提供理论学习的机会、实践锻炼的舞台，又包括科学管理和严格监督；既包括严格要求、严格考核干部，又包括大胆、及时使用干部；既包括建立使优秀干部特别是优秀年轻干部得以脱颖而出的干部选拔机制，又包括搞好舆论宣传和政策导向。个人努力包括自我修养与自我完善、自我调节与选择。组织的培养和干部的特长，干部个人努力的方向与组织的要求和党的事业的要求结合起来，形成合力，对缩短干部的成长期，提高成才的可能性具有重要作用（参见甄小英：《“党政领导干部成长规律”研讨会综述》）。

干部成长规律对党校教育规律有着十分重要的影响。因为，党校就是为培养党的各级领导干部而存在的，是干部成长的摇篮和党性锻炼的熔炉。《中共中央关于面向21世纪加强和改进党校工作的决定》中指出：面对21世纪国际国内形势发展和建设有中国特色社会主义伟大事业对我们党各级领导干部素质提出的新要求，全党必须进一步提高对党校教育重要性的认识，大力加强和改进党校工作。进一步加强和改进党校工作，是事业全局和党的自身建设的迫切需要，尤其在当前，我国改革和发展正处在关键时期，党的干部队伍正处在整体性新老交替的重要时期，就更加迫切地要求把我们党建设成为用中国特色社会主义理论体系武装起来，全心全意为人民服务、思想上政治上组织上完全巩固、能够经受住各种风险、始终走在时代前列、领导全国人民建设有中国特色社会主义的马克思主义政党，把我们的干部队伍建设成为一支不仅有知识、懂业务、胜任本职工作，而且忠诚于马克思主义、坚持走中国特色社会主义道路、会治党治国治军的高素质的领导干部队伍。从本质上说，干部成长的根本途径在于实践。同时，党校作为学习、研究、宣传马列主义、毛泽东思想、邓小平理论、“三个代表”重要思想及科学发展观等重大战略思想的重要阵地和党性锻炼的熔炉，在用集中培训轮训方式提高领导干部素质方面，具有不可替代的重要作用。党校教育工作的重要性决定党校教育规律研究的重要性和紧迫性，必须从党和国家事业发展全局的高度来认识研究党校教育规律的重要性。

党校教育规律是指与党校教育相关要素之间内在的本质的必然的联系。这种联系包括干部成长规律、教学科研一体化规律、教学相长规律、学学相长规律、理论与实际相结合规律、党校教学规律、党校科研规律等。加强对党校教育规律的研究，对于提高党校教学工作和教学科研管理工作的层次和水平具有十分重要的指导意义。一直以来，我们对党校教育规律的研究十分重视，取得了一些积极的成果，主要表现在：第一，在把握干部成长规律的基础上，探索有特色的党校教学管理、课程体系、考核评价体系等等，构建有党校特色的素质教育模式；第二，积极探索教学科研一体化规律，并从制度和体制上探索建立教学科研一体化的体制和机制模式，使党校科研真正为教学服务；第三，坚持理论联系实际的教学方针，加大调查研究的力度，广泛开展案例教学和社会实践，形成科学、正确、严谨的教风、学风，体现学马列“要精、要管用”的基本要求，真正使科学理论武装头脑、指导实践、推动工作；第四，建立科学、规范的教学管理、科研管理与考核评价体系；第五，把党性教育和党性锻炼贯穿于教学科研的全过程，增进党性修养，永葆共产党员的先进性。经过不懈地努力，党校系统在领导班子和干部队伍建设特别是干部教育培训方面取得了重要进展。

（二）党校科研规律是“干部成长规律和党校教育规律”，特别是党校教育规律的重要组成部分

科研是教育工作的重要组成部分，是人才培养和学科建设的重要支撑，是提高教学质量，深化教育改革，优化教学队伍建设的根本保证。

党的干部教育工作是新时期党的建设，特别是党的组织建设的一个重要内容，也是我们为完成全面建设小康社会奋斗目标的一项基础性工程。党中央已明确指出，科教兴国的“教”，包括党员干部教育。党校是党的重要工作部门，同时又是进行党员干部教育的学校。作为学校，科研工作同样是党校的基础工程，是衡量党校办学水平的重要标志。同时，党校教育作为党的干部教育，按照中央的明确指示：干部教育培训工作必须把学习和传播马克思主义中国化的最新成果作为中心内容，着力引导广大干部准确把握当代中国马克思主义理论发展成果的科学内涵和精神实质，并用以武装头脑，指导实践，推进工作。围绕教育对象、内容、目的和方法上的特殊要求，不断探索党校教学科研工作的特殊规律，就成为党校教育的重要任务。比如党校的培养对象是具有较长工作经历和较丰富领导或管理经验的领导干部；党校是党的理论阵地，是党性锻炼的熔炉；等等。在围绕党校姓党、努力提高干部素质和能力的党校办学规律中，党校科研也具有自身的特点和规律。如认真贯彻党的路线、方针、政策，坚定不移地把重大理论和现实问题的研究作为党校科研的主攻方向，为推进理论创新和“四个文明建设”的实践服务；始终把马克思主义理论研究作为主要任务；立足于用马克思主义理论武装干部的工作，培养提高干部的执政能力；科研工作具有党校系统的整体优势和资源优势；必须坚持理论联系实际的学风，以我们正在做的事情为中心，着眼于新的实际和新的发展；等等。总结并不断探索党校科研规律，才能完成好党校承担的基本任务，发挥党校在理论创新中的先导作用。

党校科研是哲学社会科学研究的重要组成部分，为推动哲学社会科学的繁荣发展做出了重大的贡献。经过几十年党校教研人员和科研管理人员的不懈努力，党校的科研水平和学术影响日益提升，如学科建设成效显著，科研精品不断涌现，资政性建议被采纳率逐渐提高，理论创新成果的研究和宣传地位日益增强，等等，党校教育在理论界已经形成了独特的学术优势。但同时应看到，党校科研工作还存在着学科建设的体制机制不够健全、科研为决策服务的作用不够明显、科研队伍建设的力度不够大、不同层次党校的科研成果结构不尽合理等方面的不足。

新世纪、新阶段，不断提高党员领导干部素质和能力的新要求，对党校教育提出了新挑战：党校教育要以素质能力的提高为主。领导干部素质能力高低的最根本标志是看能否运用马克思主义立场、观点、方法解决实际问题。围绕这一中心，党校科研也应将研究、运用马克思主义中国化

最新成果，推动党的理论创新作为中心工作。总结党校科研经验，探索并科学运用党校科研规律，才能不断提高党校的科研水平，将反映中央最新精神和科研的最新成果运用于教材、课堂，真正深入学员的头脑。这是完成党校素质培训和能力培训的基础。

党校科研规律的研究和探索是一项大的系统工程，与干部成长规律和党校教育规律的探索与实践互为依托并相互促进。党校的发展是一个渐进的过程，与社会环境和党的事业的发展息息相关。干部教育的实践、理论创新步伐的加快都对科研规律的正确总结和科学运用提出了更高的要求，研究规律、体现规律已成为党校科研持续发展的必由之路。

（三）认识与运用党校科研规律的重要意义

科研是教育工作的重要组成部分，党校科研在党校教育中更是处于基础性地位。正确认识和运用党校科研规律是促进党校学科建设发展，发挥学科优势的重要支撑。在党的指导思想——马克思主义研究方面，党校具有自身的独特优势。几十年来，党校的传统学科：马克思主义哲学、政治经济学、党的学说与党的建设、科学社会主义等学科在国内均保持着领先水平。随着党的理论创新步伐的加快，各学科建设的不断发展，党校的优势学科也面临着新的挑战，总结经验，不断提高把握和运用科研规律的能力和水平，努力使党校科研工作体现时代性、把握规律性、富于创造性，是保持党校学科建设突出优势，保持特色的重要支撑。

正确认识和运用党校科研规律是优化教学队伍，促进党校师资水平提高的重要途径。人才是科研力量的核心。科研力量能否持续发展，起决定性作用的是广大的科研人员。长期执政对党政领导干部的素质和能力提出了更高的要求，也对党校教育提出了严峻的挑战。党校的地位和作用、影响和效果，在于教学质量。高质量的教学，取决于高素质的教师队伍。要用马克思主义中国化最新成果武装学员，首先要武装党校的教师。传授知识、培养能力、思想引导有机结合的程度是教学创造性的重要体现。科研是促进教学的重要手段，教学效果的提高有赖于科研成果的质量。加强党校科研工作规律的研究，不断深化科研体制改革，鼓励、引导教研人员深入钻研，才能多出名家、多出精品，不断增强党校的核心竞争力。

正确认识和运用党校科研规律是提高教学水平，推进马克思主义中国化最新成果宣传的有效性，对领导干部进行理论引导的根本保证。随着改革开放和现代化建设的不断深入发展，党员干部面临的竞争和挑战更加激烈，对干部教育的培训需求、培训方式、培训手段都提出了更高的要求。就培训对象需求的差异来看，党校教育是难度最大的教育。政治理论教育、党性教育是党校教育的特色。如何增强宣传、引导的针对性、有效性，增强教学的吸引力，科研方面还存在如重复研究、研究脱离社会需要等与创新要求相矛盾的问题，创新意识欠缺等问题。深化对科研规律的认知，不断探索科研与教学结合的新方法，既坚持培训的系统化、规范化，又不断推陈出新，是提高党校教学效果、水平的关键。

正确认识和运用党校科研规律是不断

推进马克思主义理论创新的前提。党校是党的学校，宣传、研究马克思主义理论是党校的使命和任务。党校理论教学的主要内容就是以学习马克思主义的基本理论、党的重要方针、路线为主。没有研究，宣传就没有说服力、感染力和号召力；没有宣传，研究成果也难以推广和普及。同时，党校的地位使党校科研又要正确处理好研究与宣传、学术与政治、理论与实践的关系。坚持解放思想，与时俱进，同时又保持政治敏锐性，始终用马克思主义的立场、观点和方法深化对重大理论和现实问题的研究，是党校科研的一条重要经验。

二、体现“两个规律”的党校科研规律的基本内涵

内涵是反映事物（思维对象）的本质属性，所谓“本质”也就是一事物之所以为该事物以及区别于其他任何事物所固有的根本属性，是唯一的。毫无疑问，党校科研规律体现着“两个规律”，它有着不同于其他院校的独特的本质内容。

（一）党校科研工作必须坚持“四个服务”的目标方针

胡锦涛总书记2002年12月18日在同中央党校校委成员座谈时，完整地提出“四个服务”的科研工作方针。贯彻好“四个服务”的目标方针，构建与一般高校和科研机构不同的、具有党校鲜明特色的科研工作布局，是党校科研规律的重要内涵。

1. 为理论创新服务。

所谓理论创新，就是我们要以马克思主义基本原理为指导，敏锐洞察时代的变化，深刻把握世界和中国的大变动，以实事求是和与时俱进的精神，不断把马克思主义理论推向前进，并用来指导我们国家建设的实践。中央党校是重要的马克思主义理论阵地，党校的科研工作是全国马克思主义理论和哲学社会科学理论研究的重要方面。党校的教师队伍是我们党思想理论战线的一支重要力量。因此，党校科研有责任切实加强对中央提出的、关注的重大理论问题的研究，为不断推进党的理论创新服务，在党的理论创新方面做出应有的贡献。

改革开放新时期最突出的标志是与时俱进，党的理论在实践中创新发展；中国特色社会主义理论是改革开放30年来的最大理论创新。党的十七大对这个理论又有了新的发展和创新，而且在理论中体现出创新精神。

理论是在不断创新中丰富发展的。党的十一届三中全会以来，正是由于我们党摆脱了停滞僵化的思想束缚，解放思想、实事求是、与时俱进、开拓创新，才形成了中国特色社会主义理论体系；今天在历史的新起点上，我们仍然要甚至更需要在新的机会和挑战面前，继续解放思想、实事求是、与时俱进、开拓创新，发展中国特色社会主义理论体系。创新是理论和实践的生命线。正是由于创新，党的理论才显示出其勃勃的生机，而且党的理论创新引领各方面创新，成为指导实践的强大思想武器。

同时，创新、发展与坚持、继承并行不悖。创新要符合客观实际，即是科学的创新。客观实际变化了，就要与时俱进、发展创新；客观实际没有变的，就要坚持不动摇，不能为变而变、为新而新。这才

是科学的创新精神。新中国成立以来特别是改革开放以来，我国取得了举世瞩目的发展成就，但我国仍处于并将长期处于社会主义初级阶段的基本国情没有变，人民日益增长的物质文化需要同落后的社会生产之间的矛盾这一社会主要矛盾没有变。因此，贯彻执行社会主义初级阶段的基本路线，任何情况下都要坚定不移，坚持以经济建设为中心同四项基本原则、改革开放这两个基本点统一于发展中国特色社会主义的伟大实践，任何时候都绝不能动摇。实践无止境，创新无止境。中国特色社会主义理论体系是不断发展的开放的理论体系。党校科研“为理论创新服务”，首要的一点就是为中国特色社会主义理论的发展、创新服务。以不断深化对作为中国特色社会主义理论体系重要组成部分的科学发展观的研究为事例，中央党校和全国党校关于科学发展观的研究也已历多年，仅就召开的专门研讨科学发展观的会议每年就有一次，如2004年5月召开的“全国党校系统树立和落实科学发展观理论研讨会”（无锡研讨会）、2005年10月召开的“认真学习党的十六届五中全会精神，全面贯彻落实科学发展观理论研讨会”（杭州研讨会）和2006年12月召开的“全国党校系统科学发展观：重点、难点理论研讨会”（咸阳研讨会）。从对历次研讨会的内容、成果的比较中可见，对科学发展观的研究是不断深化、创新的。

2. 为提高党校教学质量服务。

所谓为提高党校教学质量服务，就是坚持“以教学为中心”，“以科研为基础”的办学方针，把科研与教学有机结合起来，坚持以教学带科研，以科研促教学，努力做到教学出题目、科研做文章、成果进课堂，真正实现教学科研一体化。

这样一种关系是由党校的地位、功能决定的。党校是培训轮训领导干部的主渠道，要“以教学为中心”；同时，党校是思想理论战线的重要阵地，加强科学研究是提高党校教学水平的基础一环，要“以科研为基础”；而且，两者是相辅相成、互相促进的两只轮子的关系，要一体化、并行运转。因此，科研结合党校各个学科的建设和教学内容展开，是其一个重要功能。

从科研工作的角度看，实现“为提高党校教学质量服务”，促进教学科研一体化，主要的途径是发挥科研立项，特别是中央党校校级项目的导向作用。校级科研项目的选题，要从党校培训轮训领导干部的需要出发，强调与校内教学和学科建设相结合，加强对学员普遍关心的热点、难点问题的研究。要做到这一点，一是在每年设置校级年度课题前，广泛征求教研部所教员的选题意见。因为对教员来说，只有提高教学的科研含量，使自己对所讲的问题研究得更深更透些，才能使学员得到启发，解惑受益，才能真正体现教学出题目、科研做文章、成果进课堂。二是在每年设置校级年度课题前，通过教务部、学员部汇集的学员“两带来”，选取一些与现有教学讲题相关的重大问题，作为科研项目选题。三是科研部的有关人员在日常工作中注重参与学员部的学习研讨、调研交流，直接从学员的发言、交流中了解学员们普遍关注的重大现实问题，以便在设计年度科研项目指南时备选。

3. 为党委和政府的决策服务。

所谓为党委和政府的决策服务，就是

在新世纪、新阶段，我们党和政府不断面临新形势、新问题、新任务的情况下，为了服务于提高党委和政府决策的科学化水平，充分利用党校自己的理论优势和科研优势，积极、主动地对那些全局性、前瞻性和战略性的重大理论和现实问题进行深入研究，从而为党委和政府在这些重大问题上的决策提供政策咨询和建议。这个“服务”说到底，就是党校科研应体现其实践性、应用性和“有用”，从而起到决策者“智库”、“思想库”的作用。

一直以来，中央党校在这方面发挥过很好的作用。比如，党的十六大以来，中央几乎每年都在中央党校举办省部级主要领导干部专题研讨班，各省市区、中央国家机关以及各大单位主要负责同志会聚在一起，共商国是；又如每年中央党校校委承担的中央委托重大调研课题，为当年党的全国代表大会报告提供重要参考；又如《思想理论内参》和《中央党校研究报告》报送的具有前瞻性和战略性参考价值的精品不断涌现，资政性建议被采纳率逐年提高，2006 年第 2 期《中央党校研究报告》刊发的党校学者撰写的调研报告《江西省林业体制改革调查报告》，由曾庆红同志、回良玉同志批示给国家林业局，对我国集体林权制度改革有关政策的出台，发挥了很好的作用。各省市党校接受本省、市党委、政府委托的研究项目，并为相关的决策提供咨询参考（一些省市党校科研部门办的内部刊物名字就叫《决策参阅》——浙江省委党校，《决策咨询》——黑龙江省委党校等等），也同样发挥了作用。

4. 为社会主义物质文明、政治文明、精神文明建设与和谐社会建设服务。

所谓为社会主义物质文明、政治文明、精神文明建设与和谐社会建设服务，就是在建设中国特色的社会主义，包括物质文明建设、政治文明建设、精神文明建设、和谐社会建设过程中，党校要充分发挥自己的理论和科研优势，积极参与，做出自己应有的贡献。

这个方面的服务更是直接与中国特色社会主义事业“四位一体”的总体布局相联系。特别是胡锦涛同志 2002 年 12 月 18 日在总结党校工作九条经验时就曾经指出，党校科研工作要“加强对中国特色社会主义经济、政治、文化建设和党的建设重大现实问题，特别是战略性、前瞻性问题的研究”。这就明确提出了党校科研要在中国特色社会主义几大建设的研究上发挥作用的要求。党校理应也有条件特别是学科条件，发挥好这个“服务”的作用。中央党校现有的 23 个博士学科点、32 个硕士学科点以及全国各党校的 101 个硕士学科点和各专业学科，大多数都能与中国特色社会主义四大建设的某一方面对应。因此，党校要充分发挥自己的理论和科研优势，特别是学科优势，在中国特色社会主义的经济建设、政治建设、文化建设、社会建设过程中，积极参与相关的研究，为其做出自己应有的贡献。

比如说，2005 年 10 月十六届五中全会后，中央党校与沈阳市委联合进行了关于振兴老工业基地的调研。2006 年 10 月，十六届六中全会召开后，中央党校承担了中央交给的“关于建设社会主义核心价值体系”的课题研究任务。2007 年 3 月“两会”后，中央党校承担了中央交给的“关于构建和谐世界问题”的课题研究任务，等等。完成好这类重大现实问题的研究任务，很显然就是在为中国特色社会主义总体布局中某个方面的建设服务。

（二）党校科研工作必须坚持党校姓党，从严治校原则

2002年12月18日胡锦涛、曾庆红同中央党校校委座谈，曾庆红在即席讲话时强调，锦涛同志讲党校姓党，这个原则千万不能偏离。2006年1月13日，曾庆红同志在校委会上发表的讲话和3月1日曾庆红同志在春季学期开学典礼上的讲话，都重申了“中央党校必须始终坚持党校姓党、从严治校”的原则；3月23日在时任常务副校长虞云耀同志主持的校委扩大会议上，校各直属单位结合本单位的实际汇报了如何落实曾庆红同志讲话的情况。2006年7月13日，曾庆红同志在中央党校校委会上的讲话和9月1日在秋季学期开学典礼上的讲话，再次强调了这一原则；8月25日新任常务副校长苏荣同志在校局级干部会议上作了《坚持党校姓党原则，推进党校工作发展》的报告，得到了曾庆红同志的肯定。

曾庆红指出，党校姓党，从严治校是党校办学的特色，“要在教学、科研、管理几个方面体现出来”。党校姓党是办好党校的基本原则，从严治校是体现党校姓党的基本途径。在科研管理中体现从严治校，具体应体现在“四严”上面。

1. 严格政治纪律。

科学研究和科学探索无禁区，理论宣传和课堂讲授有纪律。要坚持解放思想、实事求是、与时俱进，创造良好的科研环境，推动教研人员打破各种思想禁锢，大胆探索问题，积极进行理论研究；同时要遵守理论宣传纪律，绝不允许传播违反中央精神的错误观点，不为错误观点提供论坛、讲坛。

2. 严格学术规范。

学术失范现在已成国内外学术界的恶疾，因此，规范学术是保障科学研究健康发展的现实要求。党校不是世外桃源，学术界存在的学术失范、学术不端行为在党校也存在。

有学术失范，就必须强化学术规范。“失范”一词，最初是由法国社会学家杜尔克姆使用的，按他的解释，“失范”是指一种无规范状况，或者是社会准则的缺乏和含混不清。我国学者也对学术失范、学术不端以及学术腐败作过讨论和界定。无论如何，抄袭、造假、侵吞他人成果等非学术行为会造成很大的社会危害，必须通过学术规范，才能遏制其蔓延，优化学术生态，促进学术繁荣与发展。而且，党校除了有与其他单位共同的强化学术规范、学风建设的一般要求外，还有党校特殊性质、地位决定的特殊要求。2002年12月胡锦涛同志在与校委座谈时的讲话中提出，党校姓党，同时党校又是学校，不是党政机关，也不是一般高校、一般成人学校。这样一个定位决定了坚持党校姓党，从严治校原则，是做好党校工作、保证党校事业始终沿着正确方向前进的根本保障。

3. 严格工作程序。

科研管理工作是需要制度性程序的。强调严格工作程序是各项科研管理工作有序、有效进行的可靠保障，因此，要持之以恒地严把工作程序关。要处理好“有序”与“有效”的辩证关系。另外，也只有通过严格程序，才能使科研立项、评奖

等工作实现公正、公平。例如，2006年的全国党校科研评奖工作，就进一步严格了评选程序。

4. 严格财经纪律，合理使用科研经费。

（三）党校科研工作必须坚持以项目管理为枢纽

课题项目管理，是科研管理工作的核心和枢纽，发挥着主要的科研导向功能。通过加强围绕课题项目管理的制度创新和管理机制创新，带动科研经费、成果、规章、协作、学术研讨以及激励机制等各方面科研工作的完善和加强，即以课题项目管理为枢纽，形成含有各主要工作环节并有机结合的管理体制、机制，是促进党校科研管理改革与发展的基本思路。从近年来的实践看，围绕着课题项目这个枢纽展开全部主要科研工作，在实现“四个服务”目标、整合科研力量、促进科研协作、投放科研经费、加强科研激励、带动理论研讨、扩大学术影响、支持学科建设、培养和锻炼科研队伍等方面，都显现出应有的效果。

1. 加强课题项目工作，落实“四个服务”目标。

为贯彻落实党校科研“四个服务”的目标、方针，需要从多方面作出努力，其中，完善和加强课题项目管理工作，是核心一环。为此，中央党校校委、科研部、马克思主义研究基金会出台了一系列涉及项目管理的制度性规定。特别是校委2004年5月颁布的《中央党校科研项目管理条例》，开宗明义指出“为发挥项目管理在整个科研管理工作的核心、枢纽和导向作用，加强科研项目管理的科学化、规范化、制度化建设，促进教研人员对重大理论和现实问题的研究，提高教学科研一体化水平，特制定本条例。”该条例对中央党校科研项目管理的原则、体制、项目类型、立项、经费、成果结项等，都作出了新的改进和规范。

在中央党校的项目管理上，特别着力使各类各级课题项目有不同的侧重点，以更好地实现“四个服务”的科研工作目标。目前已逐步形成、完善了包括中央委托项目、国家项目、省部校级项目、教研部所级项目几个类别的项目体系。各类项目不仅是层级上的区别，更重要的是在选题内容上各有侧重，特别是逐步形成了各有侧重的与“四个服务”的对应关系，以解决各类、各层级课题项目在内容设置上的上下雷同问题，从而使课题项目的布局更加有利于全面落实“四个服务”的科研工作目标。

2. 组织重大课题研究，贯彻中央精神和要求。

中央党校是重要的马克思主义理论阵地，党校科研是全国马克思主义理论和哲学社会科学理论研究的重要方面，党校教研队伍是我们党思想理论战线的一支重要力量。贯彻落实中央的精神和要求，是党校科研工作责无旁贷的任务，而完成好这个任务的主要措施之一是抓课题项目。譬如，2004年1月中共中央发布了《关于进一步繁荣发展哲学社会科学的意见》并相应推出“马克思主义理论研究和建设工程”，2004年9月党的十六届四中全会通过了《中共中央关于加强党的执政能力建设的决定》，2005年1月中共中央党的建设工作领导小组印发了涉及中央党校研究任务的《工作要点》，2005年4月27日曾庆红同志发表了含有当前中央党校教学科研工作要“围绕加强党的执政能力建设和先进性建设来进行”的要求的讲话，2005年10月党的十六届五中全会通过《中共中央关于制定十一五规划的建议》，2006年10月党的十六届六中全会通过《中共中央关于构建社会主义和谐社会若干重大问题的决定》，党的十七大通过的报告等等，在党校科研工作中如何贯彻、落实这些中央文件、中央领导同志讲话的精神和要求，主要是通过承担委托项目、设置相关项目来组织对重大课题的研究。

3. 围绕课题项目管理，辐射带动其他相关工作。

围绕课题项目管理这个枢纽展开各项相关工作，其辐射、带动作用表现在六个方面。

（1）通过课题项目，带动理论研讨。中央党校组织的一些高层次的理论研讨会、学术交流会，不少是在相应的重大课题项目研究的基础上进行的。

（2）通过课题项目，扩大党校学术影响。通过中央党校人员承担中央委托项目、国家社科基金项目、国家软科学项目等，并使这些项目的研究成果或转化为内部决策参考或在社会公开出版发表，产生了很好的社会影响，提高了党校的学术地位。

（3）通过课题项目，支持学科建设和科研队伍建设。校内各学科的建设、各专业学位点的设立，一个重要支撑或条件是看其国家项目、省部级项目的承担情况；校内教研人员的成长、提高以至专业技术职称的晋升，一个重要因素或条件是看其国家项目、省部级项目的承担情况。

（4）通过课题项目，整合科研力量、促进科研协作。党校科研广而言之是全国党校系统科研，全国党校系统的科研协作或中央党校对地方党校的科研业务指导，其“三大抓手”之一就是课题项目，通过每年设立2～3个全国党校系统项目来整合科研力量、促进全国党校系统科研协作。

（5）通过课题项目，筹措、投放科研经费。经费是教研人员从事科研的基础条件，而经费一般是配套于课题项目的，因此争取项目就是争取经费。近年来中央党校科研部与教研部所、教研人员多渠道开拓课题项目来源的努力，同时也是多渠道解决科研经费的短缺问题。

（6）通过课题项目，加强科研激励，激励的重点应是课题项目及项目研究成果。2004年7月校委通过的《中央党校奖励工作条例》改革了过去的科研评奖办法，实行对科研优秀成果的奖励，而且在近三年的评奖工作中，力求向各类课题项目的研究成果倾斜。2004年5月校委颁布的《中共中央党校科研津贴条例》改革了过去的科研津贴发放办法，特别对中央委托的项目、国家社科基金项目和中央党校委托的重点项目给予重点津贴，以体现对课题项目的激励。

（四）党校科研工作必须有完善的体制、机制作保障

科研工作有一个总体思路是重要的，但是仅此不够，做好科研工作，还要有一个好的体制、机制作为基础和保障，所以改革和完善科研体制、机制，是过去、现在或未来的工作不可缺少的重要方面。

党校的科研管理几乎都是由科研处室对科研项目进行立项、实施、检查、总结、

验收、鉴定和报奖。这种管理模式已经严重落后于党校科研发展的实际，成为科研管理难以突破的瓶颈。要解决这个问题，必须创新党校的体制和机制，如党校可以设立学科特区，给予特殊的政策和特别支持。学科特区的特点就是财务独立和人事独立，实行首席专家负责制。

党校科研管理需要激励和约束机制。要完善相应的激励和约束政策，如科研奖励管理规定、科研项目经费管理规定、知识产权管理规定等，使科研工作者的待遇与工作业绩挂钩，实施岗位津贴浮动制，科研业绩考核制，科研成果奖励制等，真正调动广大科研工作者的积极性。与此同时，要制定科学合理的科研评价指标体系，对确实做出重大贡献的科研工作者给予奖励。

党校的科研管理必须发挥专家、教授的作用。党校是一个学术单位，应加强学术委员会建设。即学术委员会应是党校学术指导的最高机构，学校有关的学科建设、人才培养、科研计划、科研奖励等，应主要由学术委员会来研究决定。这并不违背中央确定的校委制，即在行政问题上，尽量由行政领导进行决策，而在学术问题上，专家学者参与的越多，效果越好。科研是一个专门化程度非常高的领域，吸收专家和教授参加，必定有利于科研的高效进行。

（五）党校科研工作应有效整合资源并处理好四大关系

整合科研资源，提高科学研究质量是一项复杂细致的工作，涉及的层面比较多，在实际工作中需要处理好四个方面的关系。

1. 立足本职与服务大局的关系。

大局与本职是整体与局部的关系：整体是由众多局部组成的，局部是构成整体的要素；整体发展为局部指明了方向，局部发展为整体增添了活力。脱离了整体，局部就会在运行中出现偏差；没有局部的支持，整体就会丧失现实基础。

从党校科研工作来说，必须在大局中找准定位，必须服从于大局的要求，必须服务于大局的发展。只有这样，才能更好地整合科研资源，才能保证正确的前进方向，才能发挥应有的作用，才能实现“四个服务”的目标。相反，一旦偏离了大局，科研工作就会劳而无功，甚至干扰、破坏大局。因此，从大局着眼，就要自觉地把科研管理的本职工作融入大局中思考、谋划和部署，凡有利于服务和保障大局的科研活动就要全力以赴地去做好、做细、做实，就要及时关注形势与政策的发展变化，注意研究新情况与新问题，适时地调整与改进科研管理工作的思路、方法与手段。

同时，从服务大局出发做好科研工作，也就是为党校事业的发展作出贡献，从而最终为改革开放和现代化建设的大局提供支持。每一个局部都能如此，中国特色社会主义现代化建设就能顺利实现。

2. 推进创新与恪守规范的关系。

推进创新就要建立创新机制，激发创新活力。为保证科学研究的创新，全面提升马克思主义的研究质量和创新能力，必须在科研管理工作中强化创新意识，实施创新行为。这就要求，进一步深化科研管理体制改革，探索更加灵活高效的科研组织形式，形成更加有利于马克思主义理论创新的宏观管理体制和微观运行机制，营造更加有利于创新型人才脱颖而出和发挥作用的良好环境。

在科学研究中，创新绝不是恣意妄为的行为，也不是否定任何规范的冲动。相反，只有恪守一定的社会规范，才能维护科学研究工作的严肃性，增强科研人员的社会责任感；才能有利于科研成果的生产、传播与评价，为提高科学研究的水平和质量奠定坚实的基础。

在科研工作中，没有开拓创新，就难以适应新的变化与新的挑战，就难以推出精品力作与优秀人才，就难以推进事业的发展。同样，不恪守规范，也难以保证科研工作的正确方向，难以实现科研成果的学术价值与社会影响，难以顺利完成科研任务。

开拓创新绝不是对恪守规范的否定，恪守规范也不是对开拓创新的束缚。否定了恪守规范，开拓创新就会变成主观任性和盲目冲动；拒绝了开拓创新，恪守规范无疑就成为保守僵化与墨守成规的代名词。如果说恪守规范是底线、基础和保障的话，那么开拓创新就是升华、突破与发展。正是在开拓创新与恪守规范的矛盾运动中，科研管理的水平得到逐步提高，科学研究的质量得到不断提升。

3. 基础研究与应用研究的关系。

基础理论研究和应用对策研究是紧密联系、相互作用、相辅相成的，二者在哲学社会科学研究中占据着不同的地位并具有不同的职能。但是，它们都必须坚持以马克思主义为指导，都必须坚持为人民服务、为社会主义服务的方向，都统一于并服务于改革开放和社会主义现代化建设的伟大实践。

基础研究是应用研究的先导和源泉。我们对重大现实问题的分析与认识，必须以基础理论研究为依托，必须高度重视基础学科的建设和发展，必须切实提高基础理论研究的水平。应用对策研究是基础理论研究的扩展与升华。加强应用对策研究，既可检验基础理论研究的成果及其真理性，又可增强基础理论研究的时代感与责任感，既能开阔基础理论研究的视野，又能丰富基础理论研究的内容。

正因为基础理论研究和应用对策研究是紧密联系、相互作用、相辅相成的，我们应当把基础理论研究和应用对策研究紧密结合起来，坚持以应用对策研究带动基础理论研究，以基础理论研究促进应用对策研究，做到基础理论研究与应用对策研究并重，不断完善马克思主义理论体系建设，努力增强马克思主义理论的整体创新能力。

在两种研究的关系中，必须澄清一些模糊认识。从事基础理论研究的一些人断言，应用对策研究大多是“应景之作”，甚至是“政治活动的单纯工具”；相反，重视应用对策研究的一些人批驳，基础理论研究是“躲在象牙塔中的人所作的抽象的孤芳自赏”。其实，这些都是偏见和误解。正确的态度是，承认两种研究各有存在的理由与社会价值，推动两种研究的互补与交叉，促进两方面研究人员的沟通与交流，形成繁荣发展哲学社会科学、推进马克思主义理论创新的整体“合力”。

4. 内部激活与外部开放的关系。

整合科研资源，提高科学研究质量，必须确立与强化科研开放意识，正确处理好对内与对外的关系，把校内资源与校外资源、国内资源与国际资源结合起来。在整合科研资源中，要确立以人为本的管理观念。要从制定规划、组织管理、基金资助、评价标准、激励机制等多方面着力，把工作做细、做实、做好，不断增强科研人员的创造活力。激活内部力量，必须重视协同攻关。要根据研究任务的需要加强组织与协调，进行集体攻关、协同作战，开展跨学科的综合性研究。特别是在激活教研人员的同时，要高度重视并充分发挥学员参与研究的优势与积极性。整合科研资源的过程中，加强对外交流与合作，是必不可少与至关重要的。一方面，立足于国内做好“请进来”与“走出去”的结合。既要加强与高等院校、科研机构的联系，交流哲学社会科学研究中的创新成果与方法，又要强化与党政部门、实际工作部门的合作，围绕经济社会发展中的重大战略问题进行调研、政策咨询与决策服务。既积极邀请国内专家学者、决策者来校作报告、开讲座、搞合作研究，又要鼓励与支持研究人员“走出去”参加学术研讨、课题合作与成果交流。另一方面，着眼于国际扩大与深化双向交流与合作。注意引进国外哲学社会科学研究的优秀成果、研究方法、管理经验，经常举办外国政要与专家学者的采访演讲活动，积极组织各种涉外学术研讨会。与此同时，要积极拓宽渠道，努力创造条件，使更多的教研人员“走出去”，参加出国培训、攻读学位与学术交流活动。另外，特别要扩大马克思主义理论研究领域中的对外交流，把我国优秀的马克思主义理论研究成果推向世界。

在整合科研资源、提高研究水平的过程中，必须统筹好对外交流与激活内部的关系。激活内部是为了提高研究人员的素质与能力，对外交流则是着眼于展示形象与扩大影响。激活内部是基础和前提，只有研究人员不断提高素质和能力，才能在对外交流中获得承认与尊重，才能开展卓有成效的合作与沟通；对外交流则是检验与拓展，在对外交流中取得了收获与见识，必将进一步激发研究人员的创造性，进一步推动党校科研工作开创新局面。相反，忽视哪一方面，都会带来严重后果，或者会堵塞与挤压科研工作发展的通道，或者会使科研工作丧失根基与阵地。

三、积极探索党校科研规律的实现形式

规律反映了事物的本质属性，这种本质属性要通过一定的形式表现出来。同样道理，科研规律要通过一定的形式来反映这种规律的本质内容。因此，在日常的科研工作中，我们要积极探索科研规律的实现形式。

（一）积极推进教学科研一体化

1. 教学科研一体化是教学科研过程一体化与教学科研管理一体化的优化组合，在党校的整体工作中，教学与科研是不可或缺的。教学是党校的中心工作，党校的一切工作都要围绕教学工作进行，为提高教学质量服务。而科学研究是教学工作的基础，是提高教学质量的根本环节。党校科研工作成效的大小，很大程度上要体现在教学质量方面，教学质量的高低，是检验党校工作成效的一个重要尺度，也是检验党校科研工作的一个重要尺度。提出教学科研一体化的理念，就是要围绕提高教学质量这个中心，把科研与教学有机地结合起来，坚持以教学带科研，以科研促教

学，两者齐头并进，协调发展，不断提高教学质量和科研水平，使科研工作更好地为推进党的理论创新服务，为提高党校教学质量服务，为党委和政府的决策服务，为社会主义物质文明、政治文明和精神文明的建设服务。教学科研一体化包括两个方面的含义，一是教学过程与科研过程一体化，即教学过程科研化，科研过程教学化。二是教学管理与科研管理一体化。即教学管理与科研管理要紧密结合，不能脱节。

2. 科研工作要紧密结合教学活动开展。

党校的科研工作，要以实事求是、与时俱进、艰苦奋斗、执政为民为指导，既要研究马克思列宁主义、毛泽东思想、邓小平理论、“三个代表”重要思想及科学发展观等这些基础理论问题和重大理论问题，又要研究关系全局性、前瞻性和战略性的重大现实问题；既要研究干部教育规律和成长规律，特别是认真研究新形势下如何更好地坚持实事求是、与时俱进、艰苦奋斗、执政为民，如何使这些要求转化为学员的自觉行动等课题，又要认真研究马克思主义执政理论建设，深入探索人类社会发展规律，社会主义建设规律和共产党执政规律。党校教师要把这些研究出来的高质量的成果运用到教学中去，以高水平的科研保证高质量的教学，不断提高教学质量。

党校教师要认真研究教学中的疑难问题，特别是干部思想理论教育中带有普遍性的问题。科研管理部门要积极引导教师研究在教学中反映出来的疑难问题和教学中所急需解决的问题，通过课题立项的方式，组织教师研究，用课题规划的方式来保证科研与教学紧密结合，把党校教学改革和教学规律课题列入党校科研的重要内容，使科研本身成为促进教学质量提高的重要动力。

党校每期新学员在入学时都要带来一个干部群众关心的热点问题，带来一个最希望党校能解决的思想理论问题。对于这些理论和现实问题，教学部、下班教学组、学员部都会进行归纳整理，科研管理部门要及时了解这些重要信息，从中筛选一些最具代表性的理论和现实问题，以课题优先立项的方式，引导教师去研究，并把研究的成果运用到教学中，从而使科研工作更贴近教学，更贴近学员。

3. 科研管理部门要积极参与学员的学习过程。

学员在学校的学习过程包括课堂讲授、学员自学、小组讨论、双向交流、学员论坛、专题研讨、社会实践等重要环节。党校的教学管理部门，各学员部应该及时把各个班次学员的教学计划、课表及时通知科研管理部门，科研管理部门也应主动地了解这些学员学习过程的信息，积极地参与教员的教学过程和学员的学习过程。科研管理人员、学员面对面地接触，可以更快、更准确地了解教员在教学过程中遇到的疑难问题及学员在学习过程中遇到的理论和实践困惑，以便能够组织精干力量、整合资源进行科研攻关，多出成果、快出成果、出好成果。

4. 科研管理部门要统一管理学员的科研活动。

党校学员大多是来自第一线的既有丰富的实践经验，又有一定理论水平的各行各业的领导干部，完全有能力参加科研活动。在党校教员承担的课题中，应该尽量吸收有一定研究能力的在校学员参加。另外学员在党校学习时间，要自主选择研究方向，完成论文。应该牢固树立党校学员的科研活动是党校科研工作的重要组成部分的理念，积极探索学员参加科研活动的新路子，切实搞好在校学员的科研活动。应该把政治学习与理论研究结合起来，课内研讨与课外科研活动结合起来。提高学员的学习质量，提高学员的理论研究水平和政策分析能力。应该根据不同培训、轮训班次，不同学员层次，不同的授课内容，并结合学员的需要来安排学员的科研活动。

党校科研管理部门应该积极参与学员科研活动的每个环节。要帮助学员确定主题，精心选题，拟定提纲，查阅资料。要积极介入学员在国内外进行的调查研究活动，为学员撰写论文提供切实有效的帮助。各学员部应该积极为科研管理部门参与学员科研活动创造条件。党校科研管理部门应制定有关学员的科研成果评奖办法，对于组织较好的学员科研活动和学员中优秀的科研成果在学员毕业时给予相应的表彰和奖励，以调动学员从事科研活动的积极性。科研管理部门应该组织好学员优秀成果的宣传、推广工作，建立与新闻出版部门的广泛联系，拓宽传播渠道和应用途径，尽快把学员的优秀成果推向社会，要结合党委和政府的工作部署与重点，选择重要成果及时上报，供决策参考。

5. 提供优质的科研信息，更好地为教员和学员服务。

为及时通报信息，科研管理部门应该建立自己的载体，及时把党校教师承担的各种课题的研究成果通报给学员，让学员了解党校教员所关注的理论和实践问题。另一方面，紧密结合社会实际、报道理论信息，反映最新学术动态，着重反映国内外理论研究的新观点、新成果，为学员的学习过程提供研究资料。同时，党校科研部门的载体也可把历届学员研究课题的进展、成果介绍给应届的党校学员，从而可以避免学员重复研究同一课题，造成资源浪费情况的发生。

6. 建立实施教学科研一体化的保障机制。

实施教学科研一体化，必须建立一定的机制作保障。教学管理部门与科研管理部门要相互协调沟通，定期不定期地对教学一体化进程的有关具体事项进行碰头、协商、处理。教学管理部门、教研部门要把有关的教学信息，学员管理部门要把有关学员的学习信息及时反馈给科研管理部门，使他们能够及时了解教员的教学信息，学员的学习信息，为科研管理部门拟定课题和组织研究提供参考。科研管理部门、学员管理部门要定期不定期向教学管理部门、教研部门推荐教员的最新科研成果，学员的调研报告，为使教师的研究成果和学员关注的难点、热点问题及时进入教学框架和课堂提供渠道。

应该建立教学管理部门、科研管理部门和学员部门的负责人与相关职能处室负责人之间的交流轮岗制度或相互兼职制度，使每个岗位的领导和管理人员都能够更好地熟悉另一个部门的工作，更多地了解另一个部门的工作需求，使教学科研工作资源共享、优势互补、协调发展。

（二）积极探索科研直接服务于干部培训的方式

中央党校科研工作一直与教学工作相联系来定位，但在这种定位中一直没有科研直接服务于干部培训的内容，在中央提出“加大干部培训力度”和研究式教学在党校教学方式改进中的重要性日益提高的形势下，党校科研工作没有理由一直游离于干部培训的中心任务之外，应该积极应对新形势，努力探索直接服务于干部培训工作的方式，从而开创党校科研工作的新局面，为党校事业做出更大贡献。

1. 加强校园学术文化建设，增强学习和研究风气。

综观当今世界一切著名高校和科研教学机构，做好教育工作，培养优秀人才不仅在于搞好教学和科研工作，而且都很重视培育校园学术文化气氛。经验证明，良好的学术环境和浓郁的文化氛围，能够使置身其中的任何人在无声无息中受到熏陶，从而增加知识、提高素质和能力。只有在这样的环境和氛围下，学术文化才能得到繁荣，优秀的教学科研人才和学术成果才能涌现，也才能培养出高素质的学生或学员。

（1）在每个学期创办一个学术文化月。学术文化月由科研部牵头组织，各教学和学员管理部门协助配合。以立足校内、充分利用校外资源为原则，充分利用校内八部一所教员、学员和全日制研究生资源，把原来一些分散的讲座和选修课整合起来，并增加新的内容，还可以有选择地外请部分著名专家学者，集中举办各种讲座、论坛。

另外，因为中央党校的学员学习时间短，以半年制学员为主，每年举办一次，多数学员难以体验和参与，因此，以半年为一期比较适合。又考虑一周时间太短，影响和效果不会太明显，因此，以一月时间比较恰当。

（2）尽可能向学员开放科研部和各教学科研部门组织的学术和理论研讨会。只要不涉及保密纪律问题，学校组织各种理论研讨会就尽可能有选择地吸收学员代表参加发言，并发布通知让学员自愿听会。这样，既可以更好地发扬理论联系实际的学风，让学术、理论、政策和实践之间更加畅通，还能让学员更多地受到学术和理论熏陶。

（3）为达上述目的，必须建立起一套完善的科研信息发布和交流机制。如建立科研管理部门、科研教学部门和学员管理部门之间固定的联系机制；建立科研信息交流沟通的网络和书面平台等。畅通的科研信息交流机制和平台对科研管理工作和学术交流活动的顺利开展都是必不可少的。为此，在科研部当前网页的基础上，加强对全校科研信息发布和交流的功能，特别是要涵盖八部一所的科研活动，仅仅是科研部自己组织的活动是远远不够的。相应地，也要在科研部现在《科研信息》的基础上，增加内容和校内发行量，要涵盖八部一所的科研活动，特别要增加学员的送阅。

2. 适应研究式教学和干部培训需要，将学员纳入学校统一科研管理范畴。

中央党校的校级项目可以尝试专门设立学员项目。学员项目由学员自由申请立项。学校可以拨付一定项目启动经费，并由学员自己筹措部分经费，也可以完全由学员自己筹措项目经费。有些学员在工作中对一些重大理论或现实问题有疑惑或有兴趣，就可以自由申请，党校可以帮助配备相应的研究人员共同研究，这不仅可以提高学员的领导能力和素质，还能充分利用学员资源，拓宽科研渠道，为教师提供更多调研和研究的机会。这些项目不受时间限制，在学员毕业后仍然可以继续进行。

（三）加强和改进科研管理

科研管理的根本任务是激发科研人员的积极性和创造性，为研究人员能够释放出更大的潜能，能够更好地进行科研活动，实现科研目标，创造条件、提供服务。科研管理工作是科研规律的重要实现形式。只有加强和改进科研管理工作，为科研活动提供便利和保证，科研规律才能在科研管理工作中体现出来。

1. 加强和改进科研项目管理，切实提高科研项目研究质量。

目前在科研项目管理过程中存在一些问题，这些问题主要体现在：第一，在科研项目立项环节，由于各类课题之间缺乏有效的信息共享，项目改头换面多头申报导致项目重复立项，经费投入效益低。第二，项目拿到后，项目主持人发表论文、应付检查、结题，又去争取新的项目。这些人精力分散，项目完成的质量不高，科研成果产出率低，社会资源投入成本增加，而且会造成很大的负面影响，会使其他人员失去申报课题的信心和积极性。第三，在项目申报过程中，相当数量的研究人员信息闭塞，对国内外相关领域的研究动态不了解，申报项目中低水平的重复现象严重。同时只注重经费和利益的分配导致了各自为战，很少有跨部门的合作。第四，经费管理不规范。课题申请者对经费预算也没有给予充分的重视，预算过于随意、笼统，预算内容没有反映课题的实际需求，预算和支出不对应，不合理支出普遍存在；项目来源预算不真实的情况较普遍。

由于上述问题的存在，我们有必要进一步加强和改进科研项目管理。

（1）建立科研绩效评价的运作机制。要改变过去只管“播种”、不管收获的现象，重视科研项目的中后期管理，保证最大限度地利用科研经费，以提高绩效。要建立准确、有效和可行的科研绩效评价指标体系。根据指标体系的内容折算成相应的分值，然后根据不同内容、等级，给予不同的权重系数，计算出八部一所科研业绩综合分指标，年初下达指标，年终给予考核，对于超额完成年度科研考核指标的单位，学校给予奖励。

（2）加强并规范绩效管理。采取流动资助方式，将科研经费下拨与项目执行情况挂钩，每年对项目执行情况进行检查，按计划任务书要求认真评估。将项目执行和完成情况纳入考核内容，作为晋级、晋升标准。使科研人员充分认识到申报项目与执行项目同等重要。严格结题评议及重点项目的鉴定，将结题情况与新申请的课题挂钩，实行优胜劣汰。对发表优秀论文者拨出专款，予以鼓励。实施财务监督，保证经费合理使用。

（3）完善科研项目实施的配套制度和条件。科学研究不仅要依靠科技人员的创造性劳动，而且需要必要的科研设备、良好的氛围、快速获取信息的能力以及与之相适应的配套政策和管理机制。党校作为课题依托单位，要制定与课题项目相适应的相关制度和办法。设立科研财务，使科研项目管理与财务管理紧密衔接，设专人对项目进行全程财务监督和管理，改变过去财务事后管理为事前、事中、事后全过程管理，财务人员直接参与项目的申报、过程管理、验收，使财务监督机制真正建立起来。学校要协调资产、财务、后勤等部门，建立高效的服务支持体系和宽松的研究环境，减少过多干预。建立科研网络管理系统，对项目采取实时的动态管理，使科研管理部门、课题主持人所在单位、课题组各司其职，各负其责，提高管理效率。

2. 加强和改进科研经费管理，切实提高科研经费使用效率。

目前科研经费已经成为学校资金的重要组成部分。随着中央党校科研活动越来越多，科研经费规模将会越来越大。但是，在科研经费管理过程中也存在一些问题，这些问题主要体现在：第一，项目管理与经费管理相对脱节。中央党校科研管理部门负责科研项目管理及费用控制，并定期与财务部门的相关账务进行核对。财务部门对科研资金的筹集和运用全过程缺乏综合管理和监督，而管理部门只重视争取项目或提取管理费，通常不跟踪经费使用的合理性和有效性，加上部门之间缺乏有效的沟通，以及从事科研经费管理的财务人员不熟悉科研管理工作，从而造成了项目管理与经费管理严重脱节的现象，未能通过经费管理来控制项目进程。目前科研经费大多实行招标制，科研项目和经费主要靠学校科研管理部门和科研人员去争取。因此，许多人认为科研经费是科研人员争取来的，经费的所有权归课题组所有，学校无须过问或过多干涉。由于项目负责人是学术型人才，对于项目经费管理缺乏经验，在使用经费时缺乏计划，加之科研经费财务管理松懈，造成经费使用中的种种违规现象。第二，科研经费的报销制度不健全。科研经费是特殊的专项资金，财务部门根本没有力量对本校所有科研项目信息资料做出大量而细致的收集整理工作，更谈不上参与科研项目的前期、中期和后期管理工作，所以容易造成财务部门与科研管理部门之间的信息不对称，有时会出现科研经费已经用完而科研项目却未结题，或是科研项目已结题，但财务账面上却一直保留着余额没有结清。这些现象已经成为普遍性问题。上述问题的存在，使得加强科研经费管理势在必行。

（1）提高科研经费财务管理人员素质。党校应结合自身的实际情况，不断深化科研管理体制改革，通过加强科研经费管理，提高科研经费的使用效率，其中最主要的是提高财务人员的素质。这项工作通常不需要过多的财务人员，但对其素质却有特殊的要求：一是要具备较好的财会专业知识，不仅要熟知预算制的经费管理，还必须熟悉权责发生制的经费管理；二是对科研工作要有所了解；三是要有较好的计算机应用能力、数据分析能力。科研管理部门可成立专门的财务室，管理学校所有的科研项目，配备两名财务人员，一名会计，一名出纳，其中会计由校财务处派驻。这样做，有利于科研管理人员与财务人员沟通、交流、共同搞好科研项目管理工作，使财务管理人员增强主动为科研人员服务的意识，营造良好的科研环境。

（2）重视科研经费管理，完善科研经

费管理制度。严格财务报销制度。严格管理项目经费的事前、事中和事后复核制度是十分重要的，报销必须严格审查核对，这样才能使差错率降到最低。

项目负责人应自觉接受有关部门的监督检查，按照有关规定及时办理科研项目结题及结账手续，并对科研经费使用的真实性、有效性承担经济和法律责任。科研项目结束或通过验收后，科研管理部门应及时通知财务部门已结题项目的有关信息，原则上，项目负责人应在六个月内根据学校制定的科研经费结账管理办法办理结账手续，对无正当理由逾期不办理结账手续的科研项目，学校有权按照校内管理办法予以结账。

（3）加强科研经费的监督检查。保障科研经费出效率、出成果是科研财务管理的最终目标。党校财务部门应根据内部会计控制的要求，建立健全科研经费使用和管理的监督机制，对科研经费的管理与监督应列入学校的内部审计监督范围，每年至少进行一次审计，发现违规现象及时纠正。科研项目经费的审批报销应做到手续合法完整，账目核算准确，确保科研资金安全并合理使用，要采取有效措施，防止弄虚作假、挪用经费等行为。对科研经费使用中的违规行为，应追究有关人员的责任。从体制上真正把科研经费管理纳入整个科研管理中，加强监督，建立结构合理、管理科学、程序严密、制约有效的管理制度。

3. 加强和改进科研档案管理，夯实科研管理基础工作。

科研档案管理是党校工作中一项重要的基础性工作，由于管理制度欠完善、科研人员及管理人员档案意识不强、宣传力度不大等多种原因，导致档案材料缺失和不完整的现象时有发生。因此，有必要加强和改进科研档案管理。

（1）建立科学的管理制度，理顺科研档案的归档程序。学校应尽快制定《科研档案管理实施办法》，同时应该在人员、经费、库房、设备各方面给予保证。要完善综合档案室的基本设施，改善工作条件，建立合理的归档程序。适当地实行课题组立卷归档，并从行政上给予大力支持。对于某些从事科研活动而不遵守学校管理制度的个人行为，要责令其递交相应的科研归档材料。凡在科研过程中产生的技术和成果材料必须立卷递交科研部，要根据完成情况分别给予不同奖励或不予奖励。

（2）加强重点、重大科研项目的档案管理。重大、重点项目最能反映一个学校的科研能力和对国民经济与社会发展的突出影响力。重点、重大科研项目的研究时间较长，往往有一些阶段性成果。对重点、重大科研项目应从立项起立卷归档，然后将每个阶段产生的阶段性成果在相应的研究阶段补充到档案中去，以免遗漏。

（3）加快档案信息化工作，使科研档案得到充分开发利用。目前，学校最紧要的是开发自己的软件系统，在确保科研机密和档案安全的情况下，实行网上档案信息资源共享，网上提交必要的电子档案。同时，充分利用已有设备、资源和校园网，大力提高工作质量和效率。

学员管理

在全国党校系统学员管理工作座谈会上的讲话

（2009 年 11 月 26 日）

李 景 田

首先，我代表中央党校校委、代表与会的同志感谢湖北省委对这次会议的大力支持，感谢潘立刚同志热情洋溢的讲话。同时还要感谢应邀出席会议的中纪委党风室、中组部干教局、湖北省纪委和省委组织部的各位同志。我们这个会是个座谈会，我先作一个发言，讲点意见，以期引起大家的讨论。我讲五个问题。

一、为什么要召开这个会议

一是贯彻落实十七届四中全会精神的需要。党的十七届四中全会以加强和改进新形势下党的建设为主题，在深刻分析党的建设的重要性和紧迫性、总结 60 年执政党自身建设基本经验的基础上，提出了加强和改进党的建设的指导原则、总体部署和六项重要任务。其中，有不少关于加强干部管理的要求和举措。如："治国必先治党、治党务必从严"，"坚持严格要求、严格教育、严格管理、严格监督"；"深入了解干部情况，完善谈心谈话制度，对干部存在的苗头性问题，早发现、早提醒、早纠正"；"加大治懒治庸力度，着力解决干部管理不严问题"；"加大对党政机关和领导干部作风方面突出问题的整顿力度"，等等。这些要求和举措，为加强和改进新形势下的学员管理提供了重要指导。我们要认真学习领会，并以此来推进党校系统的学员管理工作。

二是贯彻《中国共产党党校工作条例》和全国党校工作会议精神的需要。去年，中央颁布了《中国共产党党校工作条例》。《条例》强调学员管理是实现党校培养目标的重要环节，提出要坚持以人为本，按照加强领导、强化培训、严格管理、注重实效的要求，健全管理制度，改进管理方式，提高管理效果，并对党校学员管理的主要内容、工作方式和领导体制，都作出了明确规定。在去年10月召开的全国党校工作会议上，胡锦涛同志明确提出，各级党校要充分发挥“五个作用”、牢固树立“五种意识”，要求认真落实从严治校、从严施教、从严管理的方针，加强党校管理工作，把党性教育放在更加重要的位置，促使领导干部始终保持清醒政治头脑和高尚道德情操，始终保持共产党人的本色。习近平同志明确要求，要坚持从严治校的方针，严格对学员的管理，加强学风建设，严肃党校纪律，严格执行党校内部的各项管理制度，进一步提高党校管理水平。今年5月3日，习近平同志在对《人民日报》发表的《湖北禁止党校学员用公款相互宴请》一文所作的批示中，进一步要求从抓学员的纪律入手，抓好从严治校工作，措施要有效管用，抓一项就落实一项，求真务实，以求实效。这些重要指示和要求，需要我们认真研究贯彻，真正体现在学员管理工作之中。

三是认真总结和交流近年来各级党校在学员管理方面创造的经验的需要。在中央关于党校工作一系列重要指示特别是坚持党校姓党，坚持从严治校、从严施教、从严管理原则的指导下，近些年不少党校高度重视学员管理工作，自觉地把学员管理作为党校教育的基础工程来抓，形成了不少行之有效的做法，积累了一些经验，应当总结和交流，相互启发，相互借鉴。我们召开这次座谈会，也是要给同志们提供一次交流的机会和条件，希望与会代表把各自实践中的“实招”、“真经”亮出来，通过取长补短，促进党校学员管理水平的进一步提高。

四是认真贯彻《条例》和履行中央党校职责，切实加强对地方党校业务指导的需要。《党校工作条例》规定，上级党委党校负责对下级党委党校进行业务指导。中央党校作为党的最高学府，既有责任和义务履行好培训轮训高中级领导干部的职责，也有责任、有义务履行好对地方党校的业务指导职责。过去，我们在教学、科研、师资培训、信息化建设等方面，业务指导比较多一些，在学员管理方面业务指导相对较少。我们召开这次座谈会，也是在学员管理方面加强业务指导的需要。

二、为什么这个会叫座谈会而不叫工作会

一般的工作会议，是要作工作部署的，部署后是要认真贯彻执行的。这样的工作会议，是要在大量的调查研究、吃透情况的基础上，先作工作报告，明确工作思路，提出工作目标、主要任务和具体措施，然后讨论如何落实的问题。而我们现在对全国党校系统的学员管理工作，还做不到这一点。就是说，

我们对全国党校系统的学员管理工作的调查研究工作还很不够，情况还没吃得很透，因此，事先也就很难拿出一个工作报告，把总体思路、工作目标、主要任务和具体举措都说得很清楚。之所以要开一个座谈会，就是把大家请来，座谈一下，听取意见，调查研究，分析形势，交流经验，相互切磋，最后形成共识。工作会是会前充分发扬民主，形成意见，会议上集中贯彻下去。我们这个座谈会是会议上民主，会议上集中。大家发扬民主，集中大家意见。如果有结论、有思路，那就是在座谈会的末尾，来概括大家的共识。回去后，按照形成的共识，结合本地的情况来推动工作。因此，把我们的这个座谈会开好，对于推动全国党校系统的学员管理工作，是有积极意义的。我开始的这个讲话，只能就这次座谈会怎么开，出几个题目，供大家讨论。

三、怎么分析和认识学员管理工作的现状

这是我给大家出的第一个题目。对情况怎么估计，对形势如何判断，这是下决心、作决策的前提。情况不明，决心大，往往要犯错误。这次党的十七届四中全会对形势作分析时，作出了“两个没有变”和“两个一系列”的重要判断，这就是：我国仍处于并将长期处于社会主义初级阶段的基本国情没有变，人民日益增长的物质文化需要同落后的社会生产之间的矛盾这一社会主要矛盾没有变，同时，我国发展呈现一系列新的阶段性特征，出现一系列新情况新问题。这个基本判断是我们正确决策的基础和前提。20 世纪 50 年代中期以后，为什么我们犯“急躁冒进”和“以阶级斗争为纲”的错误，就是因为对我们所处的阶段和社会的主要矛盾的估计和判断上出了问题。现在我们抓学员管理工作，就要对整个学员管理工作的形势有个正确的估计。

为了抛砖引玉，引发大家的讨论，对这个问题，我先谈点看法。我们党已经建党 88 周年，在全国执政 60 年。伴随着伟大事业和伟大工程的脚步，党校事业当然包括学员管理工作也取得了显著的成绩。加强对学员的教育和管理，是党校工作的光荣传统，近年来各级党校在加强学员管理工作中，积累了许多宝贵经验，学员理想信念的进一步坚定和党性觉悟的不断提高，为造就大批高素质干部队伍作出了积极贡献。这应该是我们学员管理工作的主流。对这个主流，我们应当充分肯定。但同时，我们也应当看到，学员管理工作的总体形势并不乐观，我们的学员管理工作同四中全会提出的要求，同《党校工作条例》和全国党校工作会议对党校的定位还有很大差距，在某种程度上还存在失之于宽、失之于软的问题。四中全会指出，一些党员、干部忽视理论学习、学用脱节，理想信念动摇，对马克思主义信仰不坚定，对中国特色社会主义缺乏信

心；有些领导干部宗旨意识淡薄，脱离群众、脱离实际，不讲原则、不负责任，言行不一、弄虚作假，铺张浪费、奢靡享乐，个人主义突出，形式主义、官僚主义严重。这些问题，在我们的学员——领导干部中是存在的。这些问题存在的原因是多方面的，但同党校教学、学员管理工作跟不上是有密切联系的。作为党校学员，在党校学习培训的环境下，除了共性问题之外，还存在一些特定的问题。比如一些中青年干部心浮气躁，把来党校培训作为提拔的阶梯，不安心学习；一些年龄较大的干部把到党校学习当作“放松”、“调节神经”的机会，不认真学习；一些人把来党校学习作为交朋结友、拉关系、走门子的场所，把心思用在互相吃请、送礼上，没心思学习；有的学风不正，来党校学习，带来一堆工作人员住在学校附近，为其生活提供服务，为其调研报告、学术论文捉刀代笔。这些虽然不是主流，但严重影响党校的培训质量，严重损害领导干部和党校的形象。我的这个总体估计，是否符合实际，希望大家讨论研究。至于学员管理中存在哪些问题，大家讨论中还可具体化。

四、怎么总结和概括学员管理工作中的新鲜经验

为什么我把这个题目提出来供大家讨论？因为实践证明的成功经验，反映出来的是规律性的东西，往往会长期起作用的，因而应当把它当作重要指导原则来看待。十七届四中全会把我们党加强自身建设的基本经验概括为六条。强调指出：“这些基本经验，体现和深化了对共产党执政规律、社会主义建设规律、人类社会发展规律的认识，必须倍加重视、倍加珍惜，必须作为加强和改进新形势下党的建设的重要指导原则长期坚持。”因此，加强新形势下的学员管理工作，总结和运用好大家创造的好经验，至关重要。

根据我的了解和思考，我把近年来各地党校创造的学员管理工作的新鲜经验概括为六条：一是要把加强学员管理作为党校培训轮训党员领导干部的重要工作，切实抓好；二是按照党校姓党的原则，坚持以学员为本，坚持从严治校、从严管理；三是把党性锻炼作为学员管理的主线，贯穿于党校教育的各个环节，贯穿于学员管理工作的始终；四是学员管理工作要以改革创新为动力，以制度建设为载体；五是加强学员工作机构和组织员队伍建设，为学员管理工作提供组织保证；六是要努力形成各级党委的纪检机关、组织部门、学员派出单位和党校协调配合、齐抓共管的工作格局。

以上这六条是否能反映各地的新鲜经验，还有什么内容没有？希望大家讨论。

五、新形势下加强学员管理工作的总体思路怎样表述为好

总体思路很重要。思路不清晰，工作起来就可能打乱仗；思路错了，不仅不会有成效，还会影响大局。希望大家在讨论时，重点讨论一下下一步加强学员管理的总体思路。为讨论方便，我先提供一个靶子，供大家讨论、修改。

新形势下加强学员管理工作的总体思路是不是可以这样表述：以邓小平理论和“三个代表”重要思想为指导，深入贯彻落实科学发展观，着眼于培养忠诚于中国特色社会主义事业、德才兼备的党员领导干部和理论干部，按照党要管党、从严治党的方针，坚持从严治校、从严管理，坚持以人为本，坚持以党性教育为主线，以改革创新为动力，以制度建设为载体，突出重点，突破难点，健全管理制度，改进管理方式，提高管理效果，全面加强对学员的管理，把各级党校办成风清气正的学府、党性锻炼的熔炉。

我提出了以上几个题目，目的是引导大家认真分析形势，总结经验，明确思路，力争使会议开得有成效。

我今天的这个讲话，是我们这次座谈会的开场锣鼓。正戏是下面的经验交流、座谈讨论和庆聚同志概括大家的意见作的会议总结。

（根据讲话录音整理）

在全国党校系统学员管理工作座谈会上的总结讲话

（2009 年 11 月 27 日）

孙 庆 聚

同志们：

根据会议安排，受景田校长的委托，我来对会议做个小结。

昨天上午，湖北省委常委、组织部长、党校校长潘立刚同志作了热情洋溢的致辞，中央党校常务副校长李景田同志作了重要讲话，然后 8 家地方党校和中央党校 3 个部门进行了大会发言。下午以小组为单位组织了讨论，晚上听取了发言情况的汇报。刚才 6 位小组代表交流了发言情况。这次会议，时间虽然比较短，但安排紧凑，内容充实，达到了“听取意见，调查研究，分析形势，交流经验，相互切磋，最后形成初步共识”的目的。概括起来，主要形成了以下六个方面的共识。

第一点共识：对召开这次会议以及采取座谈会的形式给予了充分肯定。很多同志反映，这么高规格、高层次专门研究学员管理的会议还是第一次，感觉很兴奋，很激动，很受鼓舞。有的同志说：“昨天起程的时候，全体班主任把我送上车，我是带着期盼和重托来的。”有的同志形象地把这次会议比喻为“吹响了党校学员管理工作的集结号”。有的同志讲：“开这次会议的理由阐述得很充分，概括起来就是贯彻中央精神的需要、交流经验的需要、业务指导的需要，这三个‘需要’恰恰是地方党校的迫切需要。”

大家普遍认为，用召开座谈会来推动学员管理工作这个形式很好，赞成让大家充分发表意见的办法，这充分体现了党校实事求是的精神。有的同志谈道：“以前对工作会和座谈会各自的功能并不是很清楚，没有作过专门的思考。通过参加这次会议，一下子清晰了。”

同志们普遍反映，这次会议很务实，有讲话，有讨论，有经验交流，特别是做到了“会议上民主，会议上集中”，“大家发扬民主，集中大家意见”，是民主氛围很浓的一次会议。

当然，这毕竟是全国党校系统第一次就学员管理工作召开座谈会，更不可能靠一次会议就解决所有的问题，而且全国各级、各地党校的情况千差万别。因此，我们也不能把这次会议的成果估计的太高、太满。有些问题提出来，能够引起大家的思考和探索，这也是成果之一。会议取得的共识，也只能是相对的，只能取个最大公约数。

第二点共识：对景田校长的讲话给予了高度评价。大家都认为，景田校长的讲话言简意赅、画龙点睛，听了让人耳目一新，豁然开朗。虽然不长，但开门见山，实实在在，简明扼要，很有分量，问题抓得准，经验谈得深，基本经验概括得很到位，总体思路表述得好。听了讲话既感到兴奋，也很受教育和鼓舞。有的同志说：“景田校长的‘开场锣鼓’非常响亮，听了以后顿觉眼睛一亮，精神一振，感到不虚此行。”有的同志说：“景田校长倡导讲短话，讲实话，讲管用的话，他在这次会议上的讲话，身体力行，作出了样子，非常受教育，很值得我们学习。”有的同志说：“景田校长的讲话立意高远、内容深刻，符合中央精神，贴近党校实际。这看似套话，但确实是我的切身感受。”还有的同志讲：“景田校长的讲话，不设定框框，不定调子，先做一个引导性发言，认识到什么程度就讲到什么程度，这种抛砖引玉的技巧和实事求是的态度令人敬佩。”

第三点共识：对交流发言给予了普遍好评。大家认为，这次会上发言的11家单位，分别介绍了近年来在学员管理工作方面积累的新鲜经验，有思想，有分析，有做法，值得学习借鉴。尽管有的可能还不够成熟，但从不同侧面、不同角度，反映了各级、各地党校结合实际，对学员管理工作进行的探索和实践。

需要说明的是，为准备这次会，共有46家党校提供了总结材料，但因为时间关系，大多数单位没能进行大会发言，但各单位所做的工作都应该得到肯定，各单位结合实际创造、积累的经验同样需要汲取。我们计划在会后对各单位的经验汇集成册，以供大家相互参考借鉴。

第四点共识：对学员管理工作的现状有了清醒的认识。同志们普遍认为，景田校长对学员管理工作现状的分析研判是辩证的、准确的、符合实际的。讲主流，客观公正，强调取得了显著成绩，形成了优良传统，积累了宝贵经验；讲问题，直言不讳，强调确实存在失之于宽、失之于软的现象，既点了共性的问题，也点了党校特定的问题，而且指出这些问题都与党校学员管理工作跟不上有密切联系；讲危害，发人深省，强调既严重影响党校的培训效果，又严重损害领导干部和党校的形象。

有的同志说："听了景田校长对学员管理工作现状的分析，感到责任很大，担子很重。"大家普遍认识到，发挥好党校作为干部党性锻炼的熔炉作用，关键还要靠我们自己练好内功，正确处理好"有位"与"有为"的关系，不断改革创新，发挥特色和优势，打造品牌，增强学员管理工作的针对性和实效性。有的同志深有感触地说："我们不能占着主渠道的位置而不履行主渠道的职责，有着熔炉的名分而不发挥熔炉的作用。"

还有的同志说："景田校长对学员管理工作形势的判断，给了我们方法论的启示。他强调'情况不明决心大，往往要犯错误'，这是对以往实践经验的深刻总结，对今后工作具有启发和借鉴意义。"

有的同志说："景田同志分析的党校学员'不安心学习'、'不认真学习'、'没心思学习'以及请人捉刀代笔等现象虽然不是主流，也不是每所党校都突出存在的问题，但就全国党校系统来说，确实有典型性和代表性。"

有的同志在讨论中，还结合自己党校的情况，谈了一些具体问题，甚至提出了不少深层次敏感的问题。比如，对吃喝现象如何界定的问题。有的说："请客吃饭已经成为一种文化、一种交往方式，完全看作不正之风不一定合适，好长时间没见了，吃一顿饭怎么就认定是不正之风呢?！但是到党校来，天天吃喝，甚至喝多了，从校门口一直吐到宿舍，哪有心思和精力来学习。这样就属于风气不正，也违反党校的校规校纪。吃一顿饭不能说是不正之风，但天天吃喝，甚至用公款相互宴请，大吃大喝，就是不正之风。"有的党校开个口子，提供经费，让大家聚一次，甚至贴上点钱，在食堂吃，这个是不是也可以。再比如，正确处理党性教育与学员管理的关系问题。有的说，现在有一种现象，把这个关系颠倒了，应该是学员管理为了增强学员的党性，促进学员党性的提升，但有的把党性教育归属于学员管理的一个内容了，需要引起重视。还有的同志提出，对城市党校的局级班是不是可以尝试办走读班，等等。对这些敏感问题，在坚持党校姓党、从严治校大原则的前提下，可以继续研究。

第五点共识：对学员管理工作的经验有了初步的把握。大家认为，景田校长提炼概括的学员管理工作六条新鲜经验，涵盖了全国党校近年来在学员管理工作方面积累的基本经验，是各级、各类党校以后需要遵循的重要指导原则。

关于最后一条"要努力形成各级党委的纪检机关、组织部门、学员派出单位和党校协调配合、齐抓共管的工作格局"问题，大家讨论比较热烈。不少同志认为，"多家联动、齐抓共管"肯定是一条重要经验，但具体实现形式可以多样，不管采取哪种形式，只要管用，就要坚持。各地可根据本地实际，探索具体实现形式。也有的同志认为，“多家联动、齐抓共管”不在于采取何种方式，而主要是在考核及考核结果的使用上建立联动机制，实现培训和使用的有机结合。

在讨论发言中，还有同志比较集中地谈了一些带共性的经验，主要是5条，也列出来，供大家进一步研究探讨。

1. 树立科学管理的理念，正确处理好以人为本与从严管理的关系。

2. 学员管理要以提高教学质量为基础和前提，围绕学习抓管理，抓好管理促教学。

3. 要把党校对学员的管理和服务与学员的自我管理和服务有效地结合起来，通过充分发挥学员的主观能动性来提升管理效果。

4. 正确处理好服务与管理的关系，既要做好管理，又要做好服务，努力提高服务水平。

5. 要从实际出发，把学员管理工作放在全党的大局中来认识来定位，同时发挥积极作用，尽自己的职责。

除此之外，一些同志还结合各自工作实践和体会，提出了一些比较个性化的经验。如“点名”、“开门”、“贴桌签”等等。这些虽然没有形成共识，但可以进一步研究，从实际出发进一步探索。

第六点共识：对加强和改进学员管理工作的总体思路有了明确的认识。大家对景田校长概括的新形势下加强学员管理工作的总体思路一致赞同，认为体现了形势要求，借鉴了历史经验，反映了工作规律，有方针，有主线，有动力，有载体，有目标。有的同志说，“强调突出重点，突破难点，健全管理制度，改进管理方式，提高管理效果”，体现了四中全会的精神，符合《党校工作条例》的要求。有的同志说，“把各级党校办成风清气正的学府、党性锻炼的熔炉”这一目标，符合党校职能定位的要求，提法也很鲜明。

同时，大家还对这个总体思路提出了个别补充建议。比如，有的希望加上“从实际出发”这几个字眼，有的提出加上“提高学员管理工作科学化水平”等。

总体思路需要认识一致，但具体思路和措施可以依据不同地区、不同层次、不同类别党校实际情况，进行多种探索，不搞一刀切，对的就坚持，甚至上升为制度，错了再改回来。

会议期间，大家在小组讨论和大会交流中，还就如何进一步加强和改进新形势下的学员管理工作，提出了许多意见和建议。比较集中的主要有6条：

1. 希望学员管理工作座谈会制度化，至少每两年开一次，有的还建议三年联动：今年是座谈会；明年召开工作会，最好由中央党校、中组部、中纪委联合召开；后年是经验交流会。

2. 建议中央党校在讨论、研究、总结、提炼的基础上，制定一个操作性强的指导性文件，规范学员管理工作。

3. 建议中央党校加强学员管理队伍的培训，设立专门的班次，哪怕培训一周两周也可以，提高学员管理队伍的素质和能力。

4. 建议建立健全对学员管理队伍的考核评价标准及激励约束机制。

5. 建议把学员管理和党性教育列为党校系统的一个课题，开展深入研究，进行集体攻关。

6. 建议研究探索短班加强管理、开展党性教育的形式，逐步形成规制。因为现在学员班次多了，学习时间短了，如果还用老办法去开展党性教育，可能会流于形式。

这些意见和建议都很中肯，也很宝贵。我们需要进一步研究，有一些方面还需要和中纪委、中组部等单位协商。

同志们，这次会议是继全国党校工作会议召开之后，专题研究党校学员管理工作的一次重要会议，必将对全国党校系统在新的历史起点上，开创学员管理工作的新局面产生积极的推动作用。大家回去以后，要及时将会议精神向校委和校内各部门负责人传达。同时，主动向主管领导汇报，争取党委、政府的支持，紧密结合本地区、本单位的实际，认真抓好落实。关于如何向市、县级党校传达贯彻的问题，由各省级党校研究确定。

在新形势下，党校学员管理工作面临许多新的情况和新的问题，需要我们在实践中边探索、边总结、边提高。党校系统之间要进一步加强沟通和交流，相互借鉴，共同发展。希望各级党校有什么新的做法、好的经验和重要信息，及时向中央党校地方办反馈。我们将通过《党校工作通讯》等载体进行交流。同时，省级党校也要加强对市、县级党校的业务指导。

最后，我代表景田同志和中央党校校委，代表与会同志，再次衷心感谢湖北省委、省委党校对这次会议的大力支持，感谢为这次会议顺利圆满召开付出辛勤劳动的所有领导和工作人员，感谢应邀参加会议的中纪委党风室、中组部干教局、湖北省纪委和省委组织部的各位同志！

祝大家返程顺利！

入学教育和“两带来”交流

春季学期进修部入学教育情况

按照中央党校2009年春季学期招生工作安排，进修部省部级干部进修班（第45期）“国际金融危机与应对”研究专题、“国际战略”研究专题，地厅级干部进修班（第52期）“农村改革发展”研究专题、“扩大内需与经济发展”研究专题、“社会稳定”研究专题，共168人，于3月1日开学。

本学期进修部学员有以下几个特点：一是学员是在全党深入贯彻党的十七大和十七届三中全会精神，积极应对国际金融危机冲击，确保经济平稳较快增长的关键时期，学习实践科学发展观活动第一阶段基本结束，第二阶段即将开始，全国“两会”即将召开之际来中央党校学习，机会十分难得，学习热情高，学有所成的信心很足。二是学员在规定的报到时间内全部到齐，这为做好今后的各项工作奠定了良好的基础。三是本期学员是进修部普遍开设研究专题后招收的第一批学员。

按照教学计划，3月1日至2日是学员入学教育阶段。3月1日上午，进修部全体学员聆听了习近平校长在开学典礼上的重要讲话。1日下午，进修部召开迎新会，副校长孙庆聚出席并就落实习近平校长开学典礼讲话精神、如何加强党性锻炼问题讲了话。进修部主任黄宪起介绍了党校和进修部的基本情况，并作学习动员，副主任赵凤珍就学员的学习和管理提出了要求和意见。迎新会后，各学员支部分别召开支部大会，组织员就学员管理工作的具体要求作了详细的介绍。当晚，各班次学员召开小组讨论会，认真学习领会习近平校长开学典礼讲话精神和进修部入学教育内容。3月2日上午，学员集中听取了李书磊副校长所作的学习引言。2日下午，各班次在听取本研究专题教学说明后都开展了“两带来”问题交流。经过努力，入学教育达到了预期目的，取得了明显成效。

一是通过聆听习近平校长在开学典礼上的讲话，增强了使命感和责任感。学员们认为，习近平校长的讲话站在积极应对国际金融危机冲击，保持经济平稳较快发展，维护社会和谐稳定的高度，紧紧围绕加强党的干部队伍和各级领导班子建设这一重要问题，强调各级领导干部要按照德才兼备的要求加强自身修养，不断提高综合素质，深刻提出了各级领导干部要加强五种修养、提高六种能力的要求。习近平校长的报告高屋建瓴、内容丰富，是入校后的第一堂课，也是党性锻炼的第一课，既是一个很好的开学动员报告，又是一个很好的理论辅导报告，具有很强的思想性、理论性、针对性和指导性，充分体现了党中央对党校学员的高度重视，大家倍感精神振奋，深受教育和鼓舞。

二是对“党校姓党”以及党校对学员的要求有了较全面的了解，找准了学习定位，明确了努力方向。学员们谈到，习近平校长的重要讲话强调各级领导干部要按照德才兼备的要求加强自身修养，不断提高综合素质，不断提升领导科学发展的本领，为学员们完成在党校的学习任务指明了方向。在进修部迎新会上，孙庆聚副校长强调党性锻炼是党校的必修课，要求学员都应强化党性意识、学员意识、廉洁从学意识、形象意识、纪律意识和作风养成意识，发挥好学员的主体作用，使大家对“党校姓党”有了深刻的认识和切身体会。学员们普遍反映，进修部学员管理制度严格、工作扎实，进修部迎新会、各支部见面会开得好，体现了进修部学习实践科学发展观活动的积极成果；学员们纷纷表示，一定不辜负党中央的期望，争取在理论修养、科学知识、党性信念、作风建设、健康锻炼等各方面都取得较大收获，努力高质量、高标准地完成学习任务，向党组织交上一份合格的答卷。

三是进修部合理安排，精心组织，使学员入学后的各项工作顺利开展。进修部重视加强对学员管理工作的研究性，专门在入学报到前召开工作研究会，分析班次情况和特点，探索新的工作方法；部领导提出从严管理、不断总结、加强研究等要求，对新学期的工作作出具体部署，重点强调要实施好座签制、加强督察和情况通报、抓好学员读书等；按照教学计划，本期研究专题班入学教育时间较短，各班次都做到了早作准备，加快节奏；各班次组织员都在学员入学前与相关教学组取得联系，共同研究了工作，还针对短班特点，不断探索党性锻炼的实现形式；各学员支部在入学教育阶段结束时均已成立并投入工作；“两带来”问题交流中，学员们畅所欲言，一入学就感受到了浓厚的学习研究氛围，增强了学有所获，研有所得的信心。

中央党校2009年春季学期第二批进修班，5月13日开学。这期入学的班次有省部级干部进修班（第45期）“扩大内需与经济发展”研究专题、“民生与社会建设”研究专题，地厅级干部进修班（第52期）“国际金融危机与应对”研究专题、“党的群众工作”研究专题、“文化发展”研究专题，共240名学员。入学教育按照惯例顺利实施。

通过入学教育，学员们基本上实现了从领导干部到普通学员、从工作到学习、从家庭生活到集体生活的转变。学员学习积极性很高，思想认识统一到了党校的要求上来。

春季学期培训部新学员入学教育情况

根据中央党校2009年春季学期入学教育工作安排，培训部所有班次3月1日至2日开展了入学教育活动。培训部本学期共有新学员484人。其中，中青年干部培训一班学员104人，中青年干部培训二班169人，新疆地厅级民族干部培训班40人，新疆县处级民族干部培训班48人，半年制西藏班44人，一年制西藏班36人，台籍班43人。本学期学员基本情况和班次与上学期相比有以下特点：一是中青年干部培训一班人数有所增加，中青年干部培训二班正厅（局）级学员比例有所降低；二是西藏班班次有所调整，增设了半年制西藏班，取消两年制西藏班；三是台湾省籍干部培训班在停办几年后再次开班。

新学期伊始，培训部高度重视入学教育，认真准备，在总结以往工作经验的基础上提出了新的要求，采取了新的措施。一是与各教研部和相关教学组联系召开了教学准备会，针对各班次和学员的特点沟通信息，分析研究，增加了教、学、管的针对性；二是进一步明确入学教育的基本内容，规范工作基本程序，要求各处室、各班及组织员围绕学员报到、生活安排和入学教育认真准备，制定具体的实施方案，确保入学教育工作全面有序开展。开学后，全体工作人员按照严格、规范、认真、细致的要求，扎扎实实完成了入学教育的各项任务，做到了五个“讲清”：讲清校、部的基本情况和管理模式；讲清教学培训的目标任务和学习方法；讲清学员应遵守的各项规章制度、党员干部廉洁自律有关规定；讲清各类考核、考勤的要求和措施；讲清学员党性教育、党性锻炼和考核的内容、形式和目标要求。

本次入学教育内容全面、丰富，安排紧凑，给予新学员全方位的引导。按照教学计划的统一要求，开学后即进入为期2天的入学教育。3月1日上午，全体学员聆听了习近平校长在开学典礼上的重要讲话。1日下午，培训部召开新学员见面会，学员们听取了孙庆聚副校长关于认真学习、深刻领会习近平校长重要讲话精神，自觉用讲话精神指导理论学习和党性锻炼的动员讲话；培训部副主任李中印、王炳分别就各班次的培训目标、教学内容、教学方法以及学员管理、党性修养，中央党校和培训部的基本情况等向学员作了详细说明。培训部见面会后，各学员支部又分别召开见面会，组织员向学员们详细介绍了党校学习、生活、管理、纪律等方面应当注意的问题，并对如何尽快实现“三个转变”介绍了方法和经验，提出了具体明确的要求。1日晚上，各班次学员召开了小组讨论会，认真学习领会习近平校长开学典礼上的重要讲话精神，学习了入学教育有关文件，教学计划、规章制度等。3月2日上午，全体学员听取了李书磊副校长所作的学习引言。2日下午，各班次都开展了“两带来”问题交流、研讨。各支部还密切配合学校培训部安排，结合自身实际特点，精心安排，增加了教育内容：有的支部增加了学习讨论习近平校长重要讲话的时间；有的支部找来了前几个学期习近平校长开学典礼讲话，进行延伸学习；有的支部安排了个人学习计划的交流讨论；新疆班和西藏班还分别增加了班史教育内容。整个入学教育从思想、学习、纪律及生活等方面对新学员进行了及时的引导，充分发挥了入学教育的作用。

两天的入学教育时间虽然短暂，但主题鲜明，内容丰富，组织精心，工作到位，适时有效，促进了学员的“三个转变”，增强了学员的党校意识、学员意识和学习意识，为学习任务的顺利完成打下了坚实基础。归纳起来，主要有四个方面的成效：

一是进一步增强了学习的使命感、责任感和紧迫感。学员们一致认为，习近平校长开学典礼上的重要讲话全面深刻，思想性、理论性、系统性、指导性、针对性都很强，既是一个感召力非常强的开学动员，又是一堂关于干部队伍建设和党性修养的高水平理论辅导，是入校的第一堂课，也是党性锻炼的第一堂课。大家表示，一定按照习近平校长提出的“稳得住心神、经得起诱惑、耐得住寂寞、保得住清廉”的要求，加强党性修养、理论修养、政治修养、纪律修养和作风修养，提高推动科学发展能力和水平。面对百年一遇的国际金融危机，面对纷繁复杂的国际政治格局，面对民族复兴大业的重要机遇期，一定会从切实提高自身推动科学发展的能力着眼，倍加珍惜学习机会，处理好工作和学习的矛盾，带着实践中的问题沉下心来，以饱满的政治热情和勤奋刻苦的精神投入到学习中来，真正做到坐得住、钻得进、学得好、收获多，不负党和人民的重托。

二是明确了学习任务。要以学习中国特色社会主义理论体系为中心，深入研究发展中国特色社会主义的重大理论与实践，紧紧围绕夯实理论基础、开阔世界眼光、培养战略思维、增强党性修养的学习目标，进一步提高政治素质和理论水平，加强能力训练和党性修养，提高执政能力和推动科学发展的能力。

三是迅速实现了“三个转变”。本学期学员的一个显著特点就是身份转变快，适应环境快，进入角色快。入学报到非常整齐，大家精神饱满，情绪高昂；大多数学员对来党校脱产培训做好了充足的准备，工作妥善交接；“两带来”问题层次深，有调研，有思考，有观点；团队意识强，积极融入集体，主动承担服务工作；认真研读入学教育文件，许多学员根据教学计划制定了自己的读书学习计划，有的学员还确定了个人研究课题，希望在党校老师的指导下研有所获。全体学员以非常认真的态度参加入学教育，以最好的精神面貌和良好的开端进入学习状态。

四是强化了自律意识。在两天时间内，学员们认真学习了党校有关校规校纪，重点学习了学员管理规定，大家表示：要按照校长的要求，在党校当好学员，坚决按照党校的规定和要求办事，绝不搞特殊，认真遵守各项制度，排除干扰，减少应酬，廉洁从学，以饱满的热情投入学习，完成好学习任务，不辜负党组织的重托。

秋季学期进修部学员入学教育情况

按照中央党校2009年秋季学期招生工作安排，进修部省部级干部进修班（第46期）“国际金融危机与应对”研究专题、“行政管理体制改革”研究专题，地厅级干部进修班（第53期）“廉政建设”研究专题、“城市发展与城市治理”研究专题、“文化体制改革”研究专题，以及“推进土地管理制度改革”专题研讨班、省级档案馆局（馆）长培训班、党史部门负责人培训班，共388人，于9月1日入学。按照教学计划安排，1日至2日入学教育阶段。

9月1日上午，进修部全体学员聆听了习近平校长在开学典礼上的重要讲话。1日下午，进修部召开迎新会，副校长孙庆聚就学习贯彻习近平校长开学典礼讲话精神、加强党性锻炼问题作了讲话；进修部主任黄宪起介绍了党校和进修部的基本情况并作学习动员；副主任赵凤珍就学员的学习和管理问题提出了要求和建议。迎新会一结束，各学员支部分别召开支部大会，组织员就学员管理工作作详尽安排。当晚，各班次学员召开小组讨论会，认真学习领会习近平校长开学典礼讲话精神，并学习了《入学教育材料》和《进修部学员管理规章制度》等材料。9月2日上午，全体学员听取了李书磊副校长所作的学习引言。2日下午，各班次在听取本研究专题教学说明后开展了“两带来”问题交流。各学员支部在组织员的主导下，按照民主集中制原则选出了党支部。学员党支部开始全面履行引导学员学习、加强党性锻炼、活跃文体生活的职责。

总体上看，本期学员入学教育有以下几个特点：一是时机好，学员学习热情高。本期开学恰是在党的十七届四中全会即将召开、新中国成立60周年庆典即将到来之时，时机不同寻常。学员的学习热情高，学有所成的信心很足。尤其是地厅班学员大多是第一次来中央党校学习，倍感珍惜，态度非常认真。二是行动早，见效快。学员报到前一周，进修部即早动手早准备，8月25日上午召开全部大会，认真总结交流上学期工作的经验，对本学期工作提出具体要求，会后制定了详细的《入学教育方案》。正是因为准备充分，整个入学教育运转正常，环环相扣，效率非常高。三是安排紧凑，学员满意。

一是通过学习领会习近平校长在开学典礼上的重要讲话，增强了使命感和责任感，为完成在党校的学习任务指明了方向。学员们认为，在党的十七届四中全会重点研究部署党的建设问题的前夕，在新中国成立60周年庆典即将到来之际，近平校长的重要讲话紧紧围绕60年党的建设这个主题进行了全面系统深刻的阐述，为我们加强和改进党的建设提供了理论指南。讲话全面系统地回顾了60年来党建工作所走过的历程，科学总结了党中央三代领导集体在党建方面作出的卓越贡献和七个方面的主要成绩，深刻提出了五个方面的重要启示。近平校长的报告高屋建瓴、内容丰富，是入校后的第一堂课，也是搞好党性锻炼的第一课。既是一个很好的开学动员报告，也是一次十七届四中全会精神的提前辅导，具有很强的思想性、理论性和针对性、指导性，充分体现了党中央和近平同志对党校学员的高度重视和关心。大家倍感精神振奋，深受教育和鼓舞，纷纷表示，要把到党校学习作为一次“充电”、“加油”的好机会，按照习校长在开学典礼上提出的要求，尽快实现“三个转变”，加强党性修养和党性锻炼，满腔热情地投入到党校的学习生活中来。

二是找准了学习定位，明确了努力方向。学员们谈到，近平校长的重要讲话为我们上了一堂精彩的理论辅导课，是一篇重要的学习指引，为学员们完成在校学习任务指明了方向。孙庆聚副校长强调党性锻炼是党校的必修课，要求学员都应强化党性意识、学员意识、形象意识使大家对“党校姓党”有了深刻的认识和切身体会。进修部领导的讲话，使大家对党校和进修部的基本情况、对党校学习生活的方方面面都有了详尽的了解。学员们普遍反映，党校和进修部学员管理经验丰富、制度完善，既管理严格，又以学员为本；部机关工作人员和组织员工作扎实认真，任劳任怨为学员服务。进修部迎新会、各支部见面会开得好，体现了进修部学习实践科学发展观活动的积极成果，纷纷表示，一定按照习近平校长的指示和学校的学习计划安排，刻苦读书，认真思考，争取在理论修养、知识储备、党性修养、强身健体等方面都取得较大收获，交上一份合格答卷。

三是进修部精心组织，使学员入学后的各项工作顺利开展。进修部重视加强对学员管理工作的研究性，专门在入学报到前召开工作研究会，分析班次情况和特点，探索新的工作方法；部领导提出要不断总结、加强研究、从严管理、热情服务等要求，对新学期的工作作出具体部署，重点强调要实施好上课座签制、加强督察和情况通报、抓好学员读书、人人动手等。按照教学计划，本期研究专题班入学教育时间较短，各班次都做到了早作准备，加快节奏。各班次组织员都在学员入学前与相关教学组取得联系，共同研究了工作，还针对短班特点，不断探索党性锻炼的实现形式。所有这些，都保证了入学教育的正常开展，并为以后的学员管理工作打下了良好的基础。

通过入学教育，学员们实现了从领导干部到普通学员、从工作到学习、从家庭生活到集体生活的转变。学员学习积极性很高，思想认识已统一到党校的要求上来。各教学管理相关部门均已进入角色，各项工作平稳推进。

中央党校2009年秋季学期第二批进修班，11月12日开学。这期入学的班次有省部级干部进修班（第46期）“转变经济发展方式与经济结构战略性调整”研究专题、“学习贯彻党的十七届四中全会精神”研究专题，地厅级干部进修班（第53期）“扩大内需与经济发展”研究专题、“突发公共事件与危机管理”研究专题、“学习贯彻党的十七届四中全会精神”研究专题，以及市地党政主要领导干部进修班，共294人。入学教育按照惯例顺利实施。

秋季学期培训部入学教育情况

培训部本学期共有新学员213人。其中，中青年干部培训一班学员81人，新疆地厅级民族干部培训班40人，新疆县处级民族干部培训班49人，半年制西藏民族干部培训班44人，另有老学员（中青年干部培训二班、一年制西藏班）205人，本学期培训部共有学员418名。9月1日前，培训部6个班次新、老学员按时报到入学。按照教学计划，9月1日至2日是学员入学教育阶段。

（一）学员们对习近平校长在开学典礼上的讲话反响热烈，并用心学习领会

9月1日上午开学典礼，培训部全体学员聆听了习近平校长的重要讲话。会后，各支部进行了认真学习讨论。学员们一致认为，讲话全面深刻，思想性、理论性、系统性、指导性和针对性都很强，既是具有感召力的新学期学习动员，又是关于党建工作和干部队伍建设的高水平辅导课，更是学员个人加强党性修养、提高能力水平的行动指南。

中青班学员在讨论中谈到，作为中青年领导干部，听了习近平校长的重要讲话，受到了一次深刻教育，加深了对我们党的历史经验的认识，加深了对党的执政规律和社会主义建设规律的认识，进一步增强了立党为公、执政为民的责任意识，进一步增强了全心全意为人民服务的宗旨意识，进一步坚定了走中国特色社会主义道路的信心。民族班学员在讨论中结合新疆、西藏当前经济社会的形势，畅谈了思想认识。大家认为，新疆、西藏改革开放以来经济社会不断发展，取得巨大成就，充分说明中国共产党不仅能够领导中国革命取得胜利，而且能够领导改革开放和社会主义建设取得新胜利，更能够在领导各族群众应对复杂局面、维护社会稳定工作中取得胜利。

学员们表示，要继续认真学习、深刻领会、全面贯彻落实习近平校长重要讲话精神，把学习讲话贯穿于整个学习培训的始终，与学习即将召开的党的十七届四中全会精神结合起来，同学习建国60周年中央一系列的决策精神结合起来，与加强党性修养结合起来，与党校的各项学习任务结合起来，努力使自己在理论武装、战略思维、世界眼光、党性修养等方面得到全面提高。

（二）培训部和支部见面会定位准确，要求明确

按照学校安排，培训部在2天内开展了一系列入学教育活动，学员感到触动很大，对学校、培训部领导的讲话印象深刻，很受启发。新学员通过培训部和各支部见面会，学员们进一步明确了培训学习的目的、任务、要求和具体做法，都表示要珍惜难得的机会，思想上再重视，行动上再加油，尽快实现“三个转变”，尽快进入学习状态。

（三）“两带来”交流有内容，有质量

9月4日，根据培训部的要求和安排，各支部分组进行了“两带来”材料交流。交流认真深入，不仅内容丰富，而且很多

问题抓得准，提得尖锐，令人深思。如学员们谈到，如何提高中国国际形象问题；怎么让国际上认可“中国特色社会主义道路”问题；提高社会保障覆盖面问题；提高企业自主创新能力问题；预防恶性群体性事件问题；缩小收入分配差距问题；如何全面贯彻落实民族区域自治制度问题等等。学员们希望中央党校的专家教授能就这些现实重大问题释疑解惑。也有的学员表示要将这些问题结合党校的学习、结合自己的工作和兴趣，作为个人课题，深入研究，争取有所得、有所获。

（四）老学员收心上位快，学习热情不减

中青二班和一年制西藏班的老学员按照要求如期返校。参加开学典礼后，各支部分别召开会议，总结上学期的工作和学习情况，明确了本学期的任务，强调了学习纪律，进一步统一了思想、端正了认识。表示要更加珍惜时间抓好学习、深入研讨交流；严格纪律，控制请销假，减少应酬活动；进一步提高各方面的安全意识。

学员们还利用假期完成了社会调研报告，开学后各支部安排了社会调研成果交流，学员们一致认为很有收获，掌握了丰富的第一手资料，开阔了眼界，启发了思路，对许多问题有了更深层次的思考，为本学期完成好课题研究打下了坚实的基础。

进修部学员春季学期“两带来”问题汇总

按照入学通知中关于“每个学员以文字形式带来一个干部群众关心的热点问题、带来一个最希望党校解决的思想理论问题”的要求，本学期3月1日入学的进修部省部级干部进修班（第45期）“国际金融危机与应对”研究专题、“国际战略”研究专题，地厅级干部进修班（第52期）“农村改革发展”研究专题、“扩大内需与经济发展”研究专题、“社会稳定”研究专题的168名学员和5月13日入学的省部级干部进修班（第45期）“扩大内需与经济发展”研究专题、“民生与社会建设”研究专题，地厅级干部进修班（第52期）“国际金融危机与应对”研究专题、“党的群众工作”研究专题、“文化发展”研究专题的240名学员带来了材料并就“两带来”问题进行了交流。“两带来”的主要问题汇总如下。

一、干部群众关心的热点问题

1. 保增长和调整结构如何协调？

2. 金融危机对中国的冲击有多大，何时复苏？周期如何把握？在重要领域的影响有多深？金融危机下，如何保障我国政府和居民的财产安全？

3. 如何更好发挥商业保险在促进扩大内需中的作用？

4. 中国在金融危机中面临的情况与欧

美有何不同？是生产过剩危机还是消费扩张危机？中国应该如何做好周期性危机的准备？

5. 面对国际金融危机，如何进一步增强我国自主创新能力，推动企业形成更多的自主知识产权、行业标准，进一步提升企业的国际核心竞争力？

6. 中国的宏观调控如何更加科学合理？

7. 现阶段我国内需结构的特点是什么？长期内需不足的原因何在？内需与经济发展有着怎样的内在关系？“满地都拉”不行，如何科学制定与调整扩大内需政策？

8. 如何进一步把扩大内需和扩大出口有机结合起来？

9. 如何启动农村消费？

10. 如何避免低水平的重复建设问题？如何提高经济增长的科技含量？在扩大内需的过程中如何保护民族中小企业？

11. 如何科学处理银行放贷风险和支持经济发展的关系？

12. 为农村提供金融服务的主体如何定位？如何建设农村金融环境？如何解决农民贷款难的问题？

13. 如何使我国国民收入分配在政府、企业、居民个人之间更加合理？

14. 怎样在农村土地流转过程中有效发展农业规模化、集体化经营？

15. 美国金融危机的实质是什么？我国如何避免内生性同类危机？我国应对危机措施是否应该跟美国一样？

16. 为什么在世界金融危机逐渐演变成经济危机的时候，我国要将扩大内需和经济发展相联系，而没有特别强调与科学技术发展的关系？

17. 我们应如何看待以投资方式扩大内需？经济欠发达地区如何有效扩大内需？

18. 金融危机将会对产业结构多以能源、原材料、农业等为重要组成部分的中部省份目前的发展势态造成什么样的影响？

19. 金融危机中，一些世界500强企业面临困境和窘境，这给中央企业带来哪些启示和警示？

20. 在金融危机大背景下，金融业如何支持中小企业发展，解决企业融资难问题？

21. 政府实施4万亿的投资计划，地方配套30万亿。如何把资金来源、去向和收效全程透明化，避免滋生腐败？

22. 如何在刺激投资和刺激消费之间保持良好的平衡？

23. 如何切实保障民营经济持续健康发展，特别是形成民营企业发展公平竞争的环境？

24. 当前我国农业和农村经济发展面临的问题：（1）农产品国内外产销矛盾突出，价格全面下行压力加大；（2）乡镇企业倒闭关停数量增加；（3）大量农民工失业返乡，再就业面临困难；（4）农民务工、农产品出售收入增长困难加大。

25. 税收制度在调节个人收入分配的力度和效果方面尚存不足：（1）税制结构缺陷导致调控收入差距力不从心；（2）税收调控体系不健全难以形成调控合力；（3）具体税收政策的不完善制约了收入差距调控功能的发挥；（4）税收征管能力弱抑制了收入差距调控作用等。

26. 当前，我国建筑市场不足之处：

(1)管理和监管体制不顺;(2)供求失衡严重;(3)建筑行业信用缺失问题突出;(4)施工企业资金紧张状况难以缓解。如何规范以促其健康发展?

27. 如何建立企业新型的利益关系?如何兼顾公平和效率,统筹不同职工群体的收入分配?

28. 如何有效加强对金融企业高管人员的监管?

29. 如何看消费理论与消费引导问题?

30. 如何提高农民财产性收入?如何保护农民种粮积极性?

31. 如何深化农村信用合作社改革,完善农村金融抵押制度?

32. 如何确立民用航空发展的战略地位以及在现代综合交通运输体系中的地位?

33. 在当前形势下,如何正确认识经济全球化带给中国政权建设的冲击?如何采取积极有效的政策加强政权的稳定性?

34. 个别地方对应对金融危机措施和现有法律法规之间的关系存在错误认识:为应对金融危机可以临时突破现有法律法规的规定,环境影响评价和国家保护耕地的政策应当放松。有的地方越权免税、豁免欠税和先征后返,还出现了优惠措施攀比现象,损害法律法规的权威性。

35. 如何解决司法不公、有法不依、随意执法问题?如何做到依法行政?

36. 在行政问责上,对被问责官员"复出"有何明确规定及程序?

37. 如何提高制度的执行力,确保中央惠民政策落到实处?

38. 如何建立有效的防腐、反腐机制,强化查办案的手段和措施,消除干部群众迷茫情绪和信心不足的心态?

39. 党员的主体地位怎样才能真正体现?如何实行党务公开?

40. 选拔干部如何做到德才兼备?考察难、识别难、推荐难怎么解决?怎样建立五个机制:培养机制、入口机制、约束机制、挽救机制、退出机制?

41. 如何建设国家工程科技思想库?

42. 金融危机对中国文化企业和文化产业有什么影响?如何规范文化市场?经济整体不景气的前提下文化创意产业有无可能逆市而上?

43. 如何解决广播电视节目低俗化和社会过度商业化问题?

44. 如何解决教育发展均衡问题?教育资源分配不均,引发择名校、乱收费、跨省考等一系列问题,如何解决?农村义务教育依然薄弱,如何满足人民群众希望接受更高质量教育、享有更加平等教育机会的新诉求?

45. 大学生思想教育课程效果究竟如何?应如何改革?

46. 就业岗位减少,大学毕业生又多,"三支一扶"都是短期政策,以后怎么办?现在对毕业生去基层工作没有整体规划、没有待遇上的政策,如何改善?

47. 企业现有岗位流失,用工减少,城镇新增就业人数下降,如何解决就业?

48. 如何建立食品安全监管体系?要建立一种机制,使企业成为第一责任人,要通过提高违法成本让他不敢做违法的事。

49. 我们应该怎么看待差距?如何尽快解决地区间、行业间收入差距过大问题?

50. 社会是否达到了两极分化?群众的幸福感,特别是贫困人口更应该关注。下岗职工、返乡农民工曾经有幸福感,现在他们沦为最底层，怎么解决？

51. 住房问题需要解决的难点：（1）土地成本偏高；（2）开发商建设成本的透明化；（3）降低税费以利于降低交易成本；（4）降低房地产开发企业的融资成本；（5）监控房地产开发企业的营销成本和房地产市场的暴利问题；（6）监管投机性购房及短期炒房的行为；（7）健全住房保障体系，落实国家保障性住房政策。

52. 改革开放30年我们取得了巨大的成就，为什么信访、上访和群体性事件增多了？

53. 如何畅通信访渠道，让群众有序、有效表达合理的利益诉求？如何提高举报人的积极性，并对其合法权益进行保护？

54. 我国现有的养老金体系面临城乡差距大、个人账户空账运行、养老金入不敷出、企业负担过重、各省贫富负担不均等诸多矛盾。如何改善？

55. 正在上海等五个试点省市进行的养老保险制度改革给群众的切身利益带来哪些影响？如何积极稳妥地推进这项改革？

56. 如何解决城市流动就业人口和农村劳动力养老统筹问题，使养老和医疗关系能在异地延续？

57. 事业单位的津贴和绩效工资至今没有到位，事业单位改革的出路在哪里？党报、机关报等公益性事业单位的出路在哪里？

58. 目前公立医院普遍存在政府投入不足、以药养医、滥检查、大处方等问题。如何完善公立医院运行机制，确保其公益性？如何深化医药卫生体制改革，缓解群众看病贵、看病难的问题？

59. 能否建立全体公民的平等社会医疗保障制度？

60. 如何解决基层医疗服务体系的人才问题？基本医疗卫生服务的“安全、有效”保障手段是什么？

61. 民生及社会建设中存在的突出矛盾和问题有哪些？推进以改善民生为重点的社会建设的方法和途径是什么？是否解决了收入分配失衡就解决了民生？如何从根本上解决民生问题？

62. 三峡移民的民生和社会发展问题：如何在实现了“搬得出”之后，还能“稳得住”和“能致富”？在移民问题上如何发挥市场机制在资源配置中的基础性作用？

63. 如何构建老年人社会保障体系？尤其是有特殊困难的离退休老干部的帮扶机制问题。

64. 如何在我国经济社会发展中提高残疾人生活水平？

65. 如何保障农村妇女权益？如何通过有效途径帮扶少数民族地区贫困妇女实现创业就业、脱贫致富？

66. 如何加强流动人口的服务管理？

67. 如何把落实农村普惠政策与计划生育基本国策结合起来？目前农村普惠政策相当一部分以人均形式落实，未能体现对计划生育家庭的优先优惠，客观上形成了“多生多受益，少生少受益”的不良导向，如何保护实行计划生育家庭的权益？

68. 如何解决基本公共服务的非均等化问题？

69. 如何有效配置公共财政资源，加大基础教育、文化艺术、“三农”等的投入？

70. 如何引导宗教人士在社会经济发展中发挥积极作用？

71. 网络社会的管理职能如何定位？网络的发展对民主社会的影响到底是什么？

72. 如何建立科学的救灾机制、信息管理机制？如何进一步完善公共危机管理体系？

73. 如何把地震安全作为新农村建设的第一要素考虑进去？

74. 如何进一步做好标准化工作？

75. 如何防止不合格产品流向市场？

76. 诚信问题：许多事情都做假，甚至波及到做官、学术领域，都已触及底线。

77. 普世价值是不是某些社会的专利，社会主义是否需要追求普世价值？

78. 如何维护政府的公信力问题和社会基础秩序的问题？

79. 高校负债问题，已对高校发展产生很多负面影响。政府、学校、社会各界如何各负其责？

80. 科学发展观学习实践活动对深化人与自然和谐相处的认识作用影响多，对深化人与社会和谐发展的认识作用有淡化现象，怎么办？

81. 如何使环境保护产业在扩大内需中成为新经济增长点？

82. 如何进一步完善天然林保护工程的相关政策？如何解决森工企业办社会问题？

83. 在西部生态建设中，如何有效保护和利用西部干旱地区的水资源？

84. 美国联合其他国家对我国温室气体排放增多问题进行攻击，我们应如何应对？

85. 朝核、朝鲜半岛和美日韩联合的威胁问题，我们应采取哪些措施？

二、希望党校解决的思想理论问题

1. 在民营经济发达地区如何发挥国有经济的主导作用？

2. 企业管理者的选拔与考评中存在的问题：侧重个人理论素质和处理人际关系能力等，忽视对经济领域现象分析决策能力。如何建立一个长期有效的激励机制，将经营者经营行为的短期化与企业发展的长期化统一起来？

3. 如何用马克思主义基本原理来解释当前金融危机？正确认识这次全球金融危机的深层次原因，对于我们坚定中国特色社会主义发展道路有何指导意义？

4. 如何全面理解虚拟经济在现代经济中的地位和作用？

5. 如何有效解决矿产资源利益分配中存在的矛盾？

6. 如何领会和掌握我国经济增长方式和经济发展方式转变的理论问题？

7. 中国电力工业的经济运行方式从行政计划管理体制向市场机制转变的理论基础是什么？如何使国有经济与市场经济更好地结合？

8. 随着市场经济的发展，国家不再大规模投资用于矿产资源地质勘察，而目前我国商业地质市场机制很不完善，导致矿产资源地质勘察工作的投资主体缺失。如何从理论上和实践中解决这一问题？

9. 前一阶段，讲“流动性过剩”。而现在“流动性过剩”没了踪影，到处都在喊融资困难，这是为什么？

10. 处于转型过渡期的国家开发银行如何更好地发挥开发性金融机构的作用？

11. 在国际金融危机的大背景下，如何理性地看待市场调节机制的作用，是否会影响我国经济改革的走向？

12. 怎样建立新时期国有企业的现代管理制度？如何避免变卖国有企业获取私利的现象？

13. 改革开放以来，我国GDP持续增长，综合国力提升，但群众感觉收入增长慢，与预期生活水平差距大，为何出现反差？

14. 土地流转中出现资本“跑马圈地”的现象，改变土地用途。如何保证“保护耕地、节约用地”政策的落实？

15. 在效率与公平的关系上，如何处理好企业发展与分配之间的关系？如何在分配方面体现现代企业的绩效考核？

16. 如何正确认识社会主义条件下的剩余价值问题？如何正确处理劳动与资本的关系？

17. 怎么发展民族的医药企业？

18. 如何认识和处理改革开放、发展经济与反腐倡廉的关系？如何从体制上推进反腐倡廉建设？群众关注的不仅是大案要案，还十分关注身边的事，关注具体部门与群众利益相关的事。

19. 发展社会主义民主政治需要解决的理论问题。（1）为什么要发展民主政治？民主到底有哪些好处和不足？（2）民主政治和多党制究竟是什么关系？怎样客观看待多党竞争制的优势、弊端和条件？一党制下能否发展民主、能否形成良性竞争机制？共产党领导下的多党合作和政治协商制度为什么能够发展民主？（3）民主政治与分权制衡是什么关系？发展民主政治究竟是需要分权制衡还是分工制约？怎样辩证地看待三权分立制度？究竟它是资本主义性质的东西，还是一种民主的手段？（4）如何认识民主政治的普遍性与特殊性的关系、民主政治的本质内容与具体实现形式之间的关系？民主有不同的实现形式，到底哪些形式可以借鉴、采用，为什么？（5）推进民主政治的时机、条件、战略、策略、路径是什么？（6）如何发挥地方人大在民主政治建设中的作用，有效、有序、有力地推进人大改革？

20. 在宪法框架下如何处理好加强党的领导与加快推进政治体制改革问题？

21. 如何做好厉行节俭工作，建立降低行政成本长效机制，实现建设节约型机关的目标？

22. 政治协商的主体与社会结构变化不相适应的问题：政治协商的政治功能随着市场经济的快速发展而有被弱化的倾向；如何将政治协商成果实际有效地转化为决策，尚缺乏必要的保障机制等。

23. 如何推进政治体制改革？

24. 如何扩大公民有序的政治参与？如何创新公民政治参与的形式？

25. 如何加强基层政权建设？基层选举中，宗教、黑社会、家族等势力的介入令人担忧。如何强化基层干部队伍教育？

26. 改革开放要进行第三次思想解放，要由上而下进行，攻坚之坚在哪？如何实现政府职能的真正转变？

27. 如何健全农村民主管理制度和党管农村的体制和机制？

28. 如何理解农村并村？如何确定并村的标准？如何解决在并村过程中出现诸如操纵选举、干群合心难、债务化解难等问题？

29. 如何用科学发展观指导政策的制定，以确保政策的严肃性、连续性、稳定性和关联性？

30. 如何建立违背民主集中制的责任追究制度，增强其执行的刚性，解决民主决策和班子团结统一等问题？

31. 在重特大突发事件发生时，政府如何掌握话语权，抢占舆论制高点，引导舆论？

32. 在处理重大事件和突发事件中，何时追究官员的责任更有利于事件的处理？被问责的官员是对突发事件的处理最有经验的、最熟悉情况的人，如果在处理突发事件的时候，就把这些人问责了，对事件的处理是否有利？

33. 如何科学合理地界定司法权的边界问题？如何使群众权益得到法律的公正救济？

34. 如何在国家的方针政策、法律法规中充分体现以人为本的思想和原则？如何逐步增强以人为本的可操作性和时效性？

35. 如何解决民事案件执行难的问题？

36. 在现代企业公司法人治理结构中如何体现党组织的政治核心作用？如何把党的政治优势转化为企业的核心竞争力？国有上市企业如何体现党管干部的原则？

37. 如何保证科学发展观在地方党政一把手中贯彻落实？

38. 如何更好地发挥工会、妇联组织的作用？

39. 如何加强党的群众工作，创新群众工作方法，改善党群干群关系？当群众的具体利益不符合党的政策时，怎么解决？如何界定群众满意度？如何对待群众不满意的问题？

40. 如何把党的宗旨与市场经济规则结合起来，以利益的链条科学有效地组织群众？

41. 如何提高干部素质，坚定干部党性观念？

42. 一个共产党员和一个领导干部在现实生活中对“实事求是”的要求的标准是什么？如何做到解放思想？

43. 如何从理论上认识、批驳“军队非党化”、“军队非政治化”、“军队国家化”的论调？

44. 如何认识军营文化？军营文化如何融入整体文化建设中？如何提高官兵的文化品味？

45. 如何弘扬中华民族的优秀文化和民族精神？如何评估中国文化软实力？如何培养全民的文化自觉？

46. 中国文化道德体系如何建设？

47. 如何大力推进中国特色社会主义理论体系的宣传普及？在社会主义初级阶段，应如何宣传共产主义理想？

48. 如何确保马克思主义在意识形态领域的主导地位？什么是意识形态领域的斗争？思想政治工作如何分类？怎样把文化建设与思想政治工作结合？如何创新内容、形式、方法、载体、机制，增强思想政治工作的吸引力、感染力，提升全国人民对保增长、保民生、保稳定的信心？如何增强人民对党的信任，增强对中国特色社会主义的政治认同、理论认同、感情认同？

49. 在全球金融危机背景下，马克思著作在西方国家又出现热销，如何重新认识和评价马克思主义？

50. 如何建立科学的评价体系和机制，

提高我国科技进步和自主创新能力？如何将科技放在中国发展战略的优先地位？

51. 我国企业尤其是中小企业的企业文化建设，还存在的问题：（1）对企业文化的认识和重视力度不够；（2）缺乏核心价值观和经营理念；（3）模仿色彩浓厚，缺乏创新；（4）企业文化建设滞后于企业的发展；（5）重短期利益，轻长远考虑，缺乏战略意识；（6）忽视国外管理模式与我国传统文化的相容性。

52. 如何看待体育传媒发展环境的变化及面临的政策瓶颈？

53. 如何做好民族期刊的宣传工作？如何实现期刊本土化？

54. 如何认识大学文化建设和建设文化型校园的重要意义？

55. 如何建设国家人文社会科学文献资源保障体系？

56. 目前的国学热是否在真正地继承和发扬中国传统文化？

57. 文艺工作者如何在全球金融危机面前，进一步努力解放和发展文化生产力？当前文艺工作面临的形势与任务是什么？

58. 如何解决文化建设与经济建设协调发展问题？如何认识文化发展与科技进步的关系？文化发展中民营资本如何发挥作用？

59. 如何在公共文化服务中兼顾公平与效率？如何加快公共文化服务体系建设？

60. 如何正确认识文物保护工程的性质？如何完善文物保护工程管理法规体系和文物保护工程技术标准、规范？是否能将工程勘察设计与施工资质单位合并？

61. 如何保护好非物质文化遗产？

62. 文化繁荣与文化颓废的外象与内涵有哪些？如何区别？文化理念与激励机制如何互补？

63. 如何看待“山寨文化”现象？“山寨文化”的本质是什么？是通俗文化大行其道，还是仿冒、侵权、作秀、恶搞？是对主流文化的补充还是颠覆？“山寨”的路能够走多远？

64. 高雅艺术在民族文化传承中的作用是什么？它与娱乐文化的区别有哪些？民族音乐在目前文化市场中该怎样定位？

65. 在中外文化遗产保护方面有何异同？有什么启示？如何解决跨文化传播的相互融合问题？

66. 如何看待中国特色社会主义的社会结构？共产党在这个结构中如何定位？

67. 社会救助在社会保障体系中的地位和作用如何加强？

68. 社会保障缺乏顶层设计，缺乏基本理念支撑，缺乏统一、全面、长期的规划，社会保障管理体制分割，各项制度之间不衔接，人群之间“碎片化”，待遇水平参差不一，资金渠道不同等问题。如何加以完善？

69. 在理论到实践中间隔了一层方针政策、法律法规、体制机制等。理论和实践相脱节，可能就是某些中间层的缺失，如何真正做到理论联系实际？

70. 如何处理灾害与社会稳定之间的关系问题？

71. 如何完善重大事项社会稳定风险评估机制？

72. 如何消除大学生就业中的性别歧视现象？

73. 如何在计划生育的实际工作中贯彻“以人为本”的理念？

74. 实行社会主义市场经济体制后，如何确定劳动者的地位和作用？如何从理论上阐述劳动者的主人翁地位？在实践中通过什么途径和方式实现劳动者的主人翁地位？

75. 做到“五个统筹”靠什么措施来保证？如何准确把握科学发展观实践性的内涵？

76. 如何实现农民得实惠，生态受保护？

77. 如何以科学发展观为指导，谋划应对香港未来普选的挑战？如何团结凝聚群众，发展壮大爱国爱港力量？

78. 如何防范国外敌对势力利用宗教组织，发展和扩大反华力量？

79. 世界文化交流不平衡，弱势文化担心全球化最终导致文化“同质化”或“殖民化”。这既是挑战又是机遇，如何把握？

培训部学员春季学期“两带来”问题汇总

一、干部群众关心的热点问题

1. 世界经济危机对香港影响很大，应如何评估这种影响？我们应如何最大限度地帮助香港应对金融危机？

2. 如何进一步加强和改善我国金融宏观调控，增强宏观调控政策的前瞻性、针对性和科学性？

3. 在金融危机影响下，如何保证人民群众生活水平不降低？

4. 2003 年国务院将房地产业确定为国民经济重要的支柱产业，但同时出现住房价格上涨过快，供应结构不尽合理等问题。如何解决？

5. 如何扶持农产品加工企业做大做强，提高农产品加工附加值，延伸产业链，促进农民稳定增收？

6. 经济危机是不是政治发展的重大契机？

7. 如何贯彻社会主义法治理念，将社会群体性事件处置工作全面纳入法治轨道？

8. 如何改善执行环境，健全社会诚信机制，破解执行难问题，维护法律尊严和人民利益？

9. 现在我们的教育从幼儿园到大学，有些环节有悖于教育的初衷，如何健全教育体制，全面实施素质教育？

10. 如何解决教育均衡发展以及边疆少数民族地区中小学教师队伍建设问题？

11. 如何增强德育工作的针对性、有效性，引导青少年树立正确的世界观、人生观、价值观？

12. 高校如何进行学科调整，提高社会服务功能？

13. 西部地区是我国教育发展最为落后的地区，高等教育尤甚。如何在实施西部大开发战略中发展高等教育？

14. 如何区分文化属性，既代表先进文化的前进方向，又保障公民的基本文化权益？

15. 学术不端、学术浮躁等问题引起全社会（特别是科技界）持续多年的热议，如何建立完善中国特色的科技评价体系？

16. “党八股”问题：“文山会海”、“以文件落实文件”、“以会议落实会议”等新“党八股”已经成为一大社会公害。如何摒弃“党八股”，切实做到说真心实话给老百姓听？

17. 如何采取特殊政策和有效措施，加快少数民族地区科学发展？

18. 制定新闻法的条件是否已经具备？影响制定新闻法的主要原因是什么？在社会主义市场经济条件下国家应怎样支持少数民族地区党报党刊的发展？

19. 如何改革少数民族地区的出版体制？

20. 新疆作为多民族共同生活的区域，怎样处理促进民族融合和保护民族文化遗产的关系才符合国家利益？

21. “7·5”事件深层次原因是什么？如何尽快弥合新疆各民族感情？如何增强干部群众对新疆发展与稳定的信心以及对党和政府的信任？

22. 如何以科学发展观为指导，正确处理稳定与发展的关系，建设富裕、稳定、繁荣、和谐的新疆？

23. “7·5”事件后，驻疆武警部队如何有效做好群众工作，增强民族互信，搞好民族团结？

24. 新疆在实施大企业大集团战略中如何处理经济发展与改善民生的关系？

25. 如何制定特殊政策，加快新疆经济社会发展，尽快提高干部群众收入水平？

26. 如何有效解决老百姓特别是边疆少数民族地区农牧民看病难、看病贵的问题？

27. 随着计划生育政策的实施，家庭养老压力加大。目前人口老龄化具有未富先老的特点，老年人自养能力较低，而养老保险覆盖面小。

28. 如何对待城乡分割的户籍制度？如何推进公共服务一体化以促进城乡一体化发展？

29. 如何建立农民特别是失地农民的社会保障体制，保护农民合法权益？

30. 如何加强少数民族待业青年技能培训，促进少数民族青年就业？

31. 如何解决矿产企业下岗职工年龄偏大再就业难的问题？

32. “边”、“少”、“穷”地区如何引进人才、留住人才？

33. 如何解决农村妇女的维权问题？如何解决农村妇女在教育、家庭权利、土地承包权利等方面权益被忽视问题？

34. 如何对新疆南疆三地州进行扶贫开发？

35. 如何克服经济发展和公民道德建设之间的矛盾？

36. 新疆如何在实施优势资源转换战略过程中切实保护好生态环境？

37. 如何解决在能源资源和生态环境领域发生的渎职犯罪多发、损失巨大问题？

二、希望党校解决的思想理论问题

1. 如何系统、规范、权威的解释“资

源入股”的概念？

2. 如何从体制方面研究“省管县”改革的模式和县政改革的方向和目标？

3. 如何从30年改革的成功经验中提炼新理论，以解决改革的动力问题？

4. 社会主义市场经济发展到今天，推进政治体制改革还有什么思想和理论障碍需要突破？

5. 如何加强反恐作战的立法研究？

6. 如何畅通群众向党组织提出建议和意见的渠道？

7. 如何理解中国共产党作为执政党的自身建设与作为执政党的执政能力建设的关系？

8. 如何在理论上解决反腐倡廉工作成果评价体系及政府绩效考核的标准、方法及实施问题？

9. 如何教育各族群众增强政治鉴别力，清醒认识到维护祖国统一是各族人民的最高利益？

10. 如何加强民族高校的“四个认同”教育？

11. 在坚持用中国特色社会主义理论体系指导实践的同时，如何正确看待西方国家的思想理念？

12. 我们的科学发展观与西方国家的发展观的异同及其关系如何？

13. 中国传统文化能否成为当今先进文化的代表？能否成为中国人的精神家园和文化价值认同？优秀的中国传统文化之精髓是什么？如何继承和发扬光大？

14. 如何将文化产业的发展真正纳入国民经济发展的大格局中，确保在“四位一体”的格局中真正体现文化建设的重要地位和作用？

15. 如何看待公益性出版与经营性出版的关系？

16. 如何解决地区间公共服务的均等化与国家在全国范围内实施功能区划的矛盾？

17. 如何从经济、政治、文化、社会、历史、意识形态以及国内国际等多个方面，研究解决影响新疆稳定问题的治本之策？

18. 如何用马克思主义的民族观、宗教观看待我国现实的民族宗教问题？

19. 怎样从理论和实践上解决中华民族多元一体的问题？

进修部学员秋季学期“两带来”问题汇总

一、干部群众最关心的热点问题

1. 如何认识金融危机的形成机制、传导机制、教训以及金融与实体经济的关系?

2. 我国金融创新不是过度，而是不足，如何认识?

3. 我国经济政策的下一步走向如何?中央是否会对积极的财政政策、适度宽松的货币政策做出大的调整?前七个月的增长是靠巨额投资产生的，下半年如果外需依然不振怎么办?以后怎么办?要高度重视巨额投资带来的负效应。该如何结合自身实际，寻找新的经济增长点?如何在危机背景下解决剩余劳动力?

4. 当前关于农村土地问题可以总结为“四难一多”。四难是融资难，农民融入现代化难，专业化分工难，有效保障土地收益权难；一多是农村涉地纠纷越来越多。

5. 对中国特色社会主义理论体系中的资本市场应有新的认识。如何大力发展资本市场，保持资本市场的稳定健康发展，为扩大内需战略提供服务和保障?

6. 金融危机背景下我国服务业面临的困难及机遇有哪些?

7. 全民所有资源的开发利用应该如何体现全民所有的基本原则?开发收益如何体现公平?

8. 现代制造业如何利用资本金融市场加速发展?

9. 如何建立国家经济安全的预警机制?

10. 后金融危机时代，如何应对产能过剩带来的影响?有关数据显示，我国22个主要行业，2009年将有20个行业面临产能过剩局面。

11. 当前是否会发生通货膨胀?

12. 如何推动西部地区发展生态旅游，实现经济发展与环境保护的双赢?

13. 中国民航如何统筹兼顾国内市场和国际市场的竞争?

14. 如何在国家战略性产业中培育市场机制?如何优化电力工业政策环境，完善电力工业市场化机制?

15. 如何在重大项目类公司中实施企业管理与项目管理的结合?

16. 如何对待党管干部的原则与国企高管人员市场化、职业化的关系?

17. 近年来，公共权力出现一些越位、缺位、错位和不透明、不规范、不合法的现象，该如何加快提高公共权力公信力?

18. 农村土地改革需要理论支撑，农村发展方向是什么?农村发展的路径是什么?

19. 如何从体制机制上强化权力监督的有效性问题?

20. 如何解决部门分割影响行政管理效能的问题?

21. 如何提高行政效率问题?当前，各种形式的联席会议越来越多，一些部级干部身上大都兼有二三十个甚至更多联席会议成员，经常要花许多时间和精力去参加其他部门牵头召开的各种会议，还经常互相抽调其他部门的部级干部用10天左右的时间下去监督检查某项工作的部署落实情况。这种现象是否符合行政管理体制改革的方向？应如何从体制、机制上加以解决？

22. 如何通过深化公共治理理论研究与实践来推进政府改革？

23. 如何增强政府政务公开，有效保障公民的知情权问题？

24. 人民群众如何有序参与到地方党委政府领导人的述职报告和绩效评价工作中去？

25. 执政的中国共产党如何支持和加强参政党建设？

26. 如何处理民主政治建设实践中出现的一些负面现象，如民意失真，拜票、拉票等不正之风蔓延，干部为了选票不敢大胆工作，过分看重投票结果而导致党管干部实质性弱化等？

27. 如何处理好实践依法治国与加强政府行政管理的关系？各级政府应该如何顺应媒体发展新趋势，有效运用媒体，化解矛盾，树立良好的政府形象？

28. 如何在农村村委会普遍直选的情况下，加强党对农村工作的领导？

29. 在新形势下，如何进一步加强党在基层的基础工作，充分发挥基层党组织的作用？

30. 如何解决告状难，特别是行政争议“告状难”？

31. 如何提高领导干部在群体性事件处置中做群众工作的能力和与媒体打交道的能力？

32. 如何正确理解基层党委政府的职能定位与作用发挥问题？

33. 如何解决庸官的问责问题？如何解决党员干部社会责任感的问题？

34. 部分干部中存在的空话套话、作风不实、形式主义等问题，其根源是什么？有哪些有效的对策？

35. 如何加强高校的党建工作？

36. 党的全心全意为人民服务的宗旨如何内化为党在新时期执政方式的转变？

37. 如何克服当前领导干部考评体系存在的缺点？一是只看GDP和财政收入，不看其他；二是只看速度，不看质量；三是只看当前见效的做法，不看打基础管长远的工作，造成浮躁、浮夸。此外，领导干部如何树立正确的稳定观，避免一些地方少数群众中出现“有吃有穿不求你，没病没灾不找你，有了问题就找你，解决不了就闹你”的现象？

38. 如何从根本上遏制住腐败势头，尤其是真正解决一把手腐败、群体腐败、干部亲属和子女腐败问题？

39. 如何进一步加强反腐倡廉建设？

40. 如何让“阳光作业”进入“权力运行”，让“群众公认”进入“权力决策”，腐败案件的审理与结果能否公开透明？

41. 如何逐步建立并完善官员财产申报制度？

42. 如何结合高校的特点和实际，加强高校廉政文化建设？

43. 如何加大政策扶持力度，大力发展航空工业，推进航空科学技术进步，使中国早日成为航空强国？

44. 如何完善管理互联网出版资质的

相关体制机制？

45. 怎样解决文风会风问题？

46. 信访问题有四个特点：一是多年积聚的；二是多层面的；三是很难办；四是属于发展中的问题。处理也有几个特点：一是没有底；二是没有序；三是没有法；四是没有头。解决要有思路，一是哪些问题需要解决？二是用什么办法来解决？目前，“截访”对地方工作造成了很大影响，该如何解决？

47. 如何有效化解当前的信访问题？广大基层干部特别是基层主要领导干部有三个方面的困惑，一是如何处理好干部主导与机制引导之间的关系，对于权力有限、责任无限的基层干部来说，对相当一部分信访问题力不能及甚至无能为力；二是如何处理好信访渠道与法律渠道之间的关系，在处理信访问题中常要面对涉访和涉法两个层面的问题；三是如何处理好疏导措施与强制措施之间的关系，对于一些假借信访之名谋取非法利益甚至煽动、利用信访群众影响社会稳定的违法现象，采取强制措施的度在实践中不好把握。

48. 新农村建设中如何规范土地承包流转问题？流转如何体现普惠制？如何解决其中土地产权界定不清，流转方式、抵押方式的规定不明确等问题？如何保障农民的效益，包括土地出租的租金和在龙头企业中打工的收益？

49. 新农村新牧区建设“新”在哪里？路径在哪里？如何和现代农牧业相结合？

50. 新农村建设中如何解决农民增收难，服务保障水平低，经济薄弱，设施落后，精壮外出，老弱留守，管理机制滞后、制约因素多等问题？

51. 如何实现职业病防治法制化？

52. 城市综合治理、城市环境建设与困难群体的摆摊经营问题的冲突，如何解决？

53. 如何加快城市化过程中农民市民化？如何解决留守儿童问题？如何解决大学扩招和大学生就业的矛盾？

54. 在城市发展和城市治理特别是旧城改造、城中村改造中，如何确保拆迁的顺利实施？如何解决特大城市的交通问题？如何真正到位地解决无障碍设施问题？如何安全高效地加强城市水环境的综合治理？

55. 按照目前的城镇化发展速度和水平，我们是否守得住18亿亩的红线？如何解决坚守红线和城市发展用地的矛盾？特别是如何解决中小城市和小城镇发展的用地问题？

56. 在城市化进程中，如何维护社会公平公正？现在许多不拆迁地区的老百姓吵着要拆迁，真的要拆迁了，又做钉子户。如何组织公正的监督小组，通过科学规范的制度和政策有效减少拆迁中的不公问题？

57. 如何规范兼并重组操作程序，保证企业职工的利益？

58. 如何提高农民工的文化水平与技术技能？如何正确处理弱势群体权益保障与经济发展的关系？如何改善农村老年妇女生存状况？

59. 收入分配和贫富差距拉大问题的原因有哪些？采取哪些手段促使居民敢于消费、放心消费，并逐步改变中国人长年来“重储轻消”观念？

60. 到底多大的收入差距是我国发展过程中允许的，不至于造成社会动荡？

61. 有些地区，守住青山绿水也是政

策，但老百姓如何致富？

62. 如何从制度上保证带薪休假的落实？

63. 如何采取积极措施，确保兵团在新时期进一步发挥推进改革、建设大军、中流砥柱、铜墙铁壁的作用？如何在新形势下发展新疆屯垦戍边的理论？如何解决加快经济发展、增加职工收入，让兵团人员扎根新疆？

64. 如何完善相关制度，进一步打击商业贿赂行为？

65. 统计数据怎样才能做到真实、客观？如何加强审计机关自身建设，提高依法审计的能力和水平？

66. 如何有效遏制重大特大事故发生，保护人民生命财产安全？

67. 如何建立适应科学发展观要求的人口理论，统筹解决人口问题？

68. 21世纪的中国将是一个不可逆转的老龄社会，中国的人口老龄化具有以下主要特征：规模巨大；发展迅速；地区发展不平衡；农村的老龄化水平高于城镇；女性老龄人口数量多于男性；老龄化超前于现代化。如何应对？

69. 独生子女、“留守儿童”、单亲家庭、社会竞争等等，青少年面临的压力越来越大，部分人出现了信念淡薄，公德缺乏，行为失范，厌学愤世，心态扭曲，有的甚至轻视生命，走上违法犯罪的歧途。青少年教育有何对策？

70. 社会保障工作的部门分割问题比较明显，缺乏制度衔接，以至于影响社保工作的统筹协调和整体推进，影响行政效能的充分发挥。如何改善？

71. 如何解决县级城市居民看电影难的问题？

72. 虚假违法广告为什么屡禁不止？如何解决？

73. 科学发展观如何进一步理论创新，加强制度设计，科学编制领导干部考评指标体系？

74. 如何按照科学发展观的要求逐步建立起促进我国海洋事业科学发展的海洋管理体制？当前政府对海洋的管理表现出许多不适应的地方，主要有：（1）缺乏高层次统筹决策机制；（2）部门间协调机制不健全，信息沟通不畅；（3）涉海部门“小而全”、低水平重复建设现象较为普遍。

75. 如何做好新时期的民族宗教工作？在当前经济社会快速发展、人口流动的大背景下，如何进一步做好进入发达地区城市的少数民族工作？

76. 如何加强对广大人民群众特别是高校学生的国防教育？

77. 在农村食品市场中，“三无”食品、过期不合格食品普遍存在，一些被城市拒之门外的食品流向农村市场。如何解决农村食品安全问题？

78. 如何做好出版社转企改革工作？出版社转企改革仍有一些问题有待解决，如由于历史原因，出版社情况各异，是否简单一刀切；是否强调“做大”、“拼大”等。

79. 如何解决国企医院的生存和发展问题？

80. 如何进行公益类科研机构的体制改革？

81. 我国殡葬改革如何进一步完善？如缺少对个人、法人和其他组织在参与殡葬活动时的权利义务方面的规定，缺少法定的殡葬义务人的规定，缺少殡葬服务机构的权利义务和政府相关部门职责规定。

82. 如何解决河流和环境污染监管不统一问题？

83. 鉴于西部本身财力不足，中央下达项目所需的地方配套资金能否适当调整或者减免？如何建成反哺机制和科学的生态补偿机制，实现对西部资源消耗及生态保护的补偿，推进发展？

84. 在我国社会主义初级阶段，如何解决城市建设特别是资源型城市发展中存在的高能耗、高排放问题？

85. 站在新的历史起点，如何加快“三北”防护林体系建设，统筹兴林与富民协调发展？

86. 如何建立健全生态环境补偿机制？当前还存在着补偿范围不明确、补偿标准不科学、补偿模式比较单一、资金来源缺乏、政策法规体系建设滞后等问题，尤其是近年来，重大环境污染事件呈频发态势，且大多是在发达地区向欠发达地区产业转移过程中，或是流域性河流上游对下游泄洪排涝时造成的污染。

二、最希望党校解决的思想理论问题

1. 在拉动经济增长的三驾马车中，如何避免投资一头大？如何实现产业的升级换代？

2. 马克思主义经济学里资本主义生产过剩与支付能力的矛盾部分验证了国际金融危机的爆发。今天理论上对此如何评价？

3. 如何进一步深化对混合所有制经济中的国有产权管理问题的研究？如何做到既保证国有资产的保值增值，又充分发挥国有产权的功能和作用？

4. 在新形势下，如何坚持生产建设兵团党政军企合一的管理体制？如何真正处理好兵团特殊管理体制与市场机制的关系？

5. 此次金融危机，西方国家的社会仍很稳定，社会运行秩序良好，如果放在中国，失业率翻倍、不良资产堆积、信仰缺失，会出现什么样的局势？

6. 如何正确理解我国体育事业发展中举国体制与市场机制的关系？

7. 目前农村征地制度存在很多问题，如土地价格存在巨大的剪刀差，农民无法获得巨额的土地增值收益；征地后农民缺乏谋生手段，影响社会稳定问题；征地操作不规范，农民利益很难得到保障；市场配置土地资源的基础性作用发挥不够；等等。如何坚持市场化方向，深化农村土地制度改革？

8. 如何建立国有独资公司治理结构？

9. 在金融危机中，政府如何有效控制物价、抑制通货膨胀？

10. 我国可否将非公企业所占有的公共资源收归国有？

11. 如何理解改善民生与扩大内需之间的关系？

12. 社会主义初级阶段出现的私营经济与资本主义私有制之间的本质区别是什么？

13. 开放经济条件下如何维护国家经济金融主权问题？

14. 社会主义的一般特征是什么？中国特色社会主义有哪些特征？社会主义市场经济有哪些特征？社会主义初级阶段何时才能完成？有哪些衡量指标和标志？

15. 如何处理好党建工作与政治体制改革的关系?

16. 如何理解政治体制与行政管理体制的关系?

17. 如何识别和控制行政管理体制改革进程中的风险?(1)风险类别问题:判断改革会引发多少种不同性质的风险?基本模式是什么?机理是什么?哪些因行政管理体制改革而直接引发或加剧?(2)风险评估问题:通过什么信息识别风险?各种改革可能引发的风险如何相互作用?可能的危险会达到什么程度和级别?(3)风险控制问题:通过什么方式化解风险?党、政、群等系统如何协同配合?

18. 从理论上如何认识新形势下的统一战线工作,如何建立和谐的政党关系?

19. 党政交叉任职中哪些可以交叉,哪些不能交叉?

20. 怎样从理论与实践相结合的高度,更好地解决建立村民监督委员会、加强对农村基层组织民主监督的认识问题?

21. 党内民主和人民民主的区别和联系是什么?

22. 如何探索决策权、执行权、监督权适度分离、相互制约、相互协调的机制创新?

23. 如何在行政工作中做到依法行政和以人为本相统一?

24. 如何创新城市基层党建管理体制,确保新形势下基层党建工作的全覆盖?如何进一步满足新形势下群众对基层党组织的服务需求?

25. 从国体和党的性质上,怎样看待和保证工人阶级的主体地位?怎样疏导工人、农民的情绪?

26. 怎样把干部人事工作改革探索的成果制度化?

27. 大部制改革对“加强党的执政能力”和“党政分开”有何影响?

28. 如何解决干部带“病”上岗的问题?人大监督和舆论监督怎样才能发挥作用?如何防止国企领导干部的腐败?如何把坚持党的领导与权力的制约结合起来?

29. 如何推动中国特色的政党理论和学习型政党的研究?

30. 市场经济条件下党员、干部拥有大量财富,这对党的性质和宗旨可能产生什么影响?

31. 如何理解执政党的执政方式与反腐倡廉的关系问题?

32. 创新型国家建设中,如何明确地方政府责任?如何让社会力量有效参与?

33. 党的建设科学化水平问题:这一问题中,哪些是宏观层面,哪些是中观层面?有什么具体要求?科学化的目标是什么?体系是什么样的?从什么地方着手?

34. 如何在理论上阐释党内民主所涉及到的一些问题?例如在干部考察中的“大多数原则”问题。党内民主的动力及保障党员权利的动力在哪里?怎样为发展党内民主提供动力和保障?党内民主发生发展的路径是怎样的?基层党员对党内民主是怎样看的?

35. 党的组织建设问题:现在一些基层党组织失能失范的问题如何解决?如何加强民族地区党的建设,维护民族地区的稳定?少数民族干部怎样培养?在四中全会精神指导下,在党建的视野下,如何解决高校管理体制带来的问题(党委领导下的校长负责制)?学生中的支部工作怎样抓？对流动党员如何管理？国企中党委和董事会怎么有机结合？如何给予理论和法律上的支撑？机关党建如何搞？缺少动力、缺少资源、缺少抓手的问题怎样解决？如何在公益机构和 NGO（非政府组织）中建立党组织？

36. 如何解决党校干部培训和使用脱节的问题？

37. 新形势下如何发扬党的艰苦奋斗的优良传统和作风？如何加强领导干部的作风建设？

38. 如何解决当前文化产业发展面临的主要问题？一是发展文化产业的规划和配套扶持政策不完善；二是由于体制制约，文化产业被按照载体形式分散管理；三是缺乏龙头企业；四是原创产品生产能力差，专业人才结构性不足。

39. 在新的形势下，如何真正做到推进马克思主义中国化、时代化、大众化？

40. 如何理解文化软实力与国际竞争力及增强国际话语权之间的关系？

41. 如何处理市场经济与社会主义核心价值体系的关系？如何对社会主义核心价值观进行凝练准确、好记易懂的概括？

42. 马克思主义与中国优秀传统文化之间的关系如何？

43. 马克思主义大众化的内容、范围、方式和手段是什么？怎样把国学与西方的东西结合起来，找到对党建管用的东西？如何解决理论武装和党性教育的有效性问题？如何解决党的理论与群众所想脱节的问题？

44. 新社会阶层人士成为新社会力量，如何认识和对待？

45. 目前工人阶级概念泛化，工会职责的边界和范围到底在什么地方？目前体制下，工会对所在企业严重依附，如何保持工会组织和干部的相对独立性？目前工会面临的维权任务日益繁重，如何赋予它更多的手段和资源？

46. 在巨大的贫富差距、社会资源享有与分配严重不均，以及各种丑恶现象的蔓延、社会道德伦理的缺失等情况下，如何在理论上说明我国社会主义的优越性、合理性？

47. 如何用马克思主义的辩证唯物主义观点来分析当今中国的深刻变化？如何结合时代特征和生产力发展要求，准确理解马克思主义关于人的自由全面发展的阐述？

48. 为什么现在群众信访不信法？党校要系统研究改革开放 30 年之后的人民内部矛盾问题。

49. 为什么“7·5”事件发生在新疆历史上发展最好、最稳定的时期？

50. 如何在全社会树立安全发展理念，把建设安全保障型社会融入党的执政能力建设和社会主义现代化建设的总体战略？怎么搭建安全保障型社会的标准体系、发展方向、发展重点、实施步骤等战略构架？

51. 各级地方党委能否在常委中明确专人抓安全生产？

52. 如何实现维稳工作的常态化管理，形成长效机制？

53. 如何解决政治理论认同和精神信仰特别是宗教信仰的分离问题？从理论上如何指导，实现二者统一？

54. 我们常说不要讲“套话”，“套话”的标准是什么？

55. 如何解决人才配置的失衡问题？

56. 新闻媒体一方面作为舆论工具，另一方面作为市场主体，这种双重属性如何兼顾？

57. 在美欧发达国家的冲击下，中国逐步失去发展中国家盟友，该如何应对？

培训部学员秋季学期“两带来”问题汇总

一、干部群众关心的热点问题

1. 金融危机时期及后危机时代，中央政府、地方政府与商业银行的关系应如何定位？怎样监管？怎样提高内控水平和风险管理能力，防范处理好金融风险？

2. 如何加强国有大型重点企业的监管，包括经营方向、高管人员行为等？

3. 如何合理确定国有企业领导人员薪酬和员工薪酬水平的差距范围？国企高管的薪酬如何建立有约束的长效机制？

4. 国有企业如何加强创新、聚焦主业和强化核心能力建设，发挥好在国民经济发展中的骨干作用？

5. 重要能源物资的价格机制应如何调整？能源型企业上下游的利益关系应如何平衡，如煤电之争？

6. 前瞻“后危机”时期，全球经济增长能否复原如初？经济格局会否出现重大变化？我国经济增长前景如何？

7. 如何确定房地产业的发展政策、稳定老百姓的预期、平衡好住房供求？

8. 如何强化核心信息资源的国家控制力？

9. 经济全球化形势下国家信息安全战略及基本对策问题。

10. 如何建立和创新我国的社团理论，发展我国的民间组织并发挥其积极作用？社团发展和民主政治建设的关系如何？

11. 如何通过司法改革，使司法活动在过程和结果中都能体现公平和正义的原则？

12. 如何打造民族创新精神，提高国家和企业两个层面的创新能力？

13. 如何运用科学发展观为指导，切实解决好科技体制改革中遇到的问题，推动科技企业自主创新能力的提高，人才队伍建设及产业化水平的提升等？如何理顺公益性科研机构的科研经费保障机制？

14. 如何营造和谐文明的网络文化生态？

15. 国有文艺演出团体如何在社会主义市场经济条件下走健康发展的道路？

16. 如何促进科技领域女性拔尖人才成长和发展？

17. 在对外关系中，如何打造我国的国家形象？

二、希望党校解决的思想理论问题

1. 国有企业如何有效建立党组织参与重大决策和公司董事会（经营层）自主决

策相结合的企业决策机制?

2. 如何统筹好国有资产、企业发展与员工合法权益的关系?需要在理论和政策上做出回答。

3. 国企一方面要按市场化的原则参与市场竞争，另一方面应更多地承担社会责任。如何平衡这两种角色?理论依据在哪?

4. 中央企业和地方政府的利益如何更合理地划分，以更好地发挥双方的积极性?

5. 国有资本为主体的国有企业之间如何解决竞争与合作问题?

6. 如何用科学发展观来指导进一步构建农村政策性金融体系，指导农村政策性金融机构改革发展?

7. 在新时期，中央政府和地方政府的职责应如何调整?

8. 如何建立与中国特色社会主义相匹配的现代行政体系与管理体制，巩固和加强党的执政地位和执政能力?

9. 中国古典哲学思想和中国特色社会主义理论有着怎样的联系?如何从中吸取营养来丰富中国特色社会主义理论体系?

10. 农业现代化如何与工业化、城镇化统筹推进?

11. 改革开放30年来，一方面国力增强，人民生活水平极大改善;另一方面各种社会矛盾和利益冲突凸显，甚至屡屡发生暴力对抗党委政府的事件。如何从理论上廓清这种矛盾现象，正确认识和有效解决这种矛盾?

12. 应该建立一个什么样的具有广泛共识的公平正义观，以实现社会和谐稳定?

学员学习交流

进修部举办学员读书心得交流会

11月2日上午，进修部在综合楼一教室举办了学员读书心得交流会。副校长孙庆聚出席了交流会并讲话。党建部副主任张志明、文史部副主任周熙明、国际战略研究所副所长刘建飞、进修部副主任赵凤珍，下班教学组，省部班、地厅班全体学员，共260多人参加交流会。会议由进修部副主任郭焕永主持。

此次读书交流会是进修部为贯彻落实习近平校长提出的“爱读书、读好书、善读书”要求，推进教学相长、学学相长，在各学员支部读书交流的基础上举办的。本学期入学伊始，进修部和各教学组即把引导学员认真读书和加强党性锻炼作为推进学员管理工作上台阶的“两轮驱动力”。采取推荐书目、小组会通读、典型引领等多种措施，引导学员认认真真地读书，持之以恒地读书，取得了明显效果。有的学员在两个月时间里集中精读了多部西方经济学著作，撰写了多本读书笔记；有的学员利用节假日和周末，在学员宿舍认真读书，将其作为一种生活常态、精神追求。各学员小组、支部先后进行了读书心得交流会，实现读书心得相互交流。各支部认真准备、精心推选出六位学员代表参加进修部读书心得交流会。

读书交流会上，省部班“国际金融危机与应对”专题一支部学员李洪峰首先作了《经济学阅读的几点体会》的发言，他通过在党校课外读书收获得出“理论强党必强，思想富国必富”的体会。二支部学员张秋俭以读吴敬琏《中国增长模式选择》一书的体会为题，发出了“诊病还须找准病根”的感悟。省部班“行政管理体制改革”研究专题学员单霁翔则以自己近年来的读书写作经历，阐述了自己“读书加写作”的读书方法，即带着工作中亟须研究和解决的问题，深入阅读相关理论书籍，再把学习收获体会系统地撰写出来用以指导实际工作。地厅班“廉政建设”支部学员李红杰以读《哲学的故事》一书为题，讲述了书中西方哲学思想发展的脉络，并指出新的社会环境需要新的哲学思想引领，他大声呼吁：每个学员都应成为党的肌体中的健康细胞，而健康细胞的营养液就是多读书、读好书！地厅班“城市发展和城市治理”研究专题支部学员吴良仁，结合读书体会，从哲学的角度对统筹兼顾方法进行详尽阐述。最后，地厅班“文化体制改革”研究专题支部的学员张毅君以“读《中国大趋势》”为题作了交流发言，概述了本书的主题思想及其启示。六位学员的发言在全体学员中引起了强烈反响，起到了相互促进、共同提高的良好效果。

学员发言结束后，孙庆聚副校长作了点评和总结。他首先充分肯定了进修部学员认真贯彻习近平校长提出的“爱读书、读好书、善读书”要求，紧扣研究课题、紧密联系实际、结合个人兴趣，认真读书的积极行动和思想境界。他说，每位学员的发言都非常精彩，听后深受启发，对我也是一次很好的学习和教育。这次读书交流会充分展示了进修部学员爱读书的高度自觉、读好书的高雅情怀、善读书的高超能力，反映了我们党的高中级领导干部广闻博览、好学深思的高尚学品和学以致用、用有所成的优良学风，说明了领导干部只有爱读书、读好书、善读书，才能提升素质、增强本领。

孙庆聚同志强调，乐于读书、善于学习是我们党的优良传统，也是中国共产党人的优良品格。国内外形势的新变化，新时期新阶段的新任务，各族人民的新期待，也迫切要求我们持之以恒地学习，不断提高领导科学发展、促进社会和谐的能力和水平。特别在当前应对国际金融危机的工作中，更要认真看书学习，注重研究新情况，切实解决新问题，通过不断探索创新转“危”为“机”，化险为夷。

孙庆聚同志指出，人生有限，学无止境。读书学习，贵在自觉，重在坚持。要想读有所获、研有所得、学有所成，关键是要耐得住寂寞，稳得住心神。只有坐得住，才能钻得进。书山有路勤为径，学海无涯苦作舟。当下之时，希望大家都能自觉做到“任凭浮华尘世闹，静下心思多读书”。我们的学员和工作人员，一定要带头落实习近平校长“爱读书、读好书、善读书”的要求，率先垂范，走在前头，大力发扬螺丝钉精神，抓机会，挤时间，多读书，勤思考，不仅把读书看作一种需要和任务，一种生活态度和社会责任，更把它当作一种精神追求和生活乐趣，真正做到深学精进，不断提高自己的知识素养和能力水平，争做学习型领导干部，努力为推动学习型政党和学习型社会建设贡献自己的智慧和力量。

进修部举办春季学期第一批学员课题研究成果交流大会

4 月 29 日，进修部举办学员课题研究成果交流大会。中央党校常务副校长李景田，副校长孙庆聚、李书磊，校委委员、科研部主任张伯里出席，教务部副主任赵理文，国际战略研究所副所长刘建飞，进修部主任黄宪起，副主任郭焕永、赵凤珍及教务部和教学组等有关工作人员参加，交流会由黄宪起主持和总结。

交流会上，七位学员分别代表省部班“国际金融危机与应对”研究专题、“国际战略”研究专题，地厅班“农村改革发展”研究专题、“扩大内需与经济发展”研究专题、“社会稳定”研究专题作了汇报。

进修部举办秋季学期第一批学员课题研究成果交流大会

秋季学期第一批进修班开设了省部级干部进修班（第46期）“国际金融危机与应对”、“行政管理体制改革”两个研究专题和地厅级干部进修班（第53期）“廉政建设”、“城市发展与城市治理”、“文化体制改革”三个研究专题，共六个学员支部228名学员。

11月3日进修部举办了学员课题研究成果交流大会。副校长孙庆聚、李书磊出席了交流会，政法部主任李良栋、科社部副主任叶庆丰、党建部副主任张志明、文史部副主任周熙明、国际战略研究所副所长刘建飞、进修部副主任赵凤珍，各教学组相关人员及进修部全体学员参加了交流会。交流会由进修部副主任郭焕永主持。

交流会上，六位学员分别代表本支部，就“以金融转型促经济转型，增强我国经济可持续发展能力”、“我国城乡统筹发展的阶段性特征及对策研究”、“加快产业转型升级，促进经济发展方式转变”、“建立健全党内决策权、执行权、监督权相互制约、相互协调机制”、“互联网给政府工作带来的机遇、挑战及应对建议”、“多民族地区村落文化建设与社会发展研究”六个课题研究成果作了汇报交流。

学员发言后，按照与孙庆聚副校长商定的议程，李书磊副校长就进修班教学的有关问题谈了意见。他对学员在校期间的学习和课题研究取得的成果给予了充分肯定，祝贺学员们取得的丰硕学习成果，并就课题研究报告提出了两点具体建议。

李书磊说，从今天大家交流的情况来看，本期课题研究的质量还是高的。六位同志的报告都不错，都有真知灼见。六篇报告选取的角度不尽相同，有的是宏观的角度，有的是中观的角度，还有比较微观的角度。从宏观角度着眼的，都能够突出重点，论述比较深入，以某一地方的经验作为依托；论述微观问题的，也能够以小见大，得出一些有普遍启发意义的认识。特别是六篇报告都不是简单地罗列现象，都能够提出问题，值得肯定。写报告、写文章，如果不能够提出问题，那么报告就没有灵魂，就变成了敷衍成文、为写而写，意义就不大了。我们在工作中都会碰到很多问题，头脑中都会形成对很多问题的思考，但有的人一写文章就进入“八股”的腔调里头去了。今天的报告很好，可以说我们的教学达到了目的。

他对学员撰写课题研究报告也提了两

点建议，一是我们的课题研究报告，要能够更加充分地容纳各位学员的见解。报告不是综述，但报告要有一定的综述性，要把在讨论中大家所表达出来的有价值的观点都能够容纳进来，包括对同一个问题的不同观点，让报告对大家讨论的状态能有更真切的反映。因为我们办进修班的目的就是通过这个平台，通过讲课、读书、讨论，激发大家把自己已有的经验、知识、思考都能够充分地调动起来、表达出来，一起分享，形成共识，形成不了共识的，可以形成争论，大家都从中受益。因此，一方面要把研讨组织好，真正把研讨变成激发大家智慧、思想的一个平台，同时，我们的课题报告也要更加充分地反映大家讨论的过程。二是课题报告的建议部分能不能再深入一步，不仅是简单地提出几条建议，笼统地说应该怎么办，而且要对一些重要建议做深入的论述，对落实这个建议可能遇到的困难、可以采取的路径和办法、可能产生的正面或者负面的效应，都做一些分析，这样才能真正成为一篇政策咨询的报告，效果会更好。包括政策建议里不同的替代性建议，都可以同时写进去。

他最后说，大家就快要毕业了，希望大家毕业后能够延续在党校的学习，真正养成读书的习惯，养成和周围的同事讨论理论问题的习惯，养成写文章的习惯，这都会让人终生受益。

培训部举办中青一班学员马恩经典原著学习交流会

根据教学计划，中青年干部培训一班在教师的指导下，较为深入地研读了马恩经典原著《费尔巴哈论》（张绪文教授导读）、《德意志意识形态》（第一章）（侯才教授导读）和《共产党宣言》（周为民教授导读），并于9月11日上午分支部与有关教师进行了双向交流。

一、学习收获

1. 学员们一致认为，读原著很有必要，是时代要求；同时，收获很大，老师讲得透。在对整个马克思主义中国化学习过程中，从老祖宗源头上理解马克思主义，特别是把读经典著作作为一个切入点，这是一种教学模式的创新，起到了正本清源的作用。这一阶段的学习应该是读原著的开头，而不是结束。

2. 读马恩经典，原汁原味，读起来很有味道，有身临其境之感觉。尤其是马克思在青年时代写作时的那种献身精神和经典原著的时空穿透力，深深地打动了学员们，强化了他们对马克思主义的信仰。学员们认为，作为人民的公仆，如果做出了错事傻事，就是愧对老祖宗。

3. 通过读原著，认识到马克思主义是一个完整的、科学的、发展的理论体系。掌握马克思主义的精髓，用系统的、完整的马克思主义原理和方法去分析我国的现实问题永远不会过时。但对马克思主义并不能不顾客观条件照抄照搬。比如社会制度的选择，实际上是生产力发展到一定阶段的必然。中国当时选择社会主义的道路，是当时中国经济社会条件所决定的。而中国现在必须走中国特色社会主义道路，这也是当今中国的经济社会条件所决定的。这就是马克思主义的一脉相承，又与时俱进。马克思主义的思想路线是实事求是，一切从实际出发。在新的形势下，要研究新问题，甚至要提出新理论。

4. 通过读原著，对马克思主义的根本方法——唯物史观，有了进一步的认识。研究新中国成立60年的历史变迁，研究当今中国发展的伟大成就，研究目前和今后中国面临的一系列重大问题，正确的方法是马克思恩格斯的唯物史观，即运用生产力与生产关系、经济基础与上层建筑之间的辩证关系原理，这样才能说到根本上。

5. 通过读原著，澄清了对一些理论问题似是而非的认识。比如关于市民社会的理解，关于私有制概念的诠释，关于阶级、阶层相区分的理论等，马克思恩格斯讲的是什么意思，只有阅读了原著后，才真正能够科学地理解和把握。

二、意见与建议

针对如何改进原著导读的教学，学员们也提出了一些建议：

1. 在导读过程中，应该不应该联系实际的问题。读原著既要原汁原味，在当时的环境中体会方法论；又要结合现实进行分析，使理论的学习不空洞，不枯燥。这两种导读方法怎么统一，需要进一步研究。

2. 在导读中要对国外的不同学派对马克思主义经典著作的研究成果加以介绍。让学员既要知道马克思主义在国内研究的状况，也要了解马克思主义在国外包括在资本主义国家有哪些研究成果。

3. 最好增加一次马克思主义政治经济学方面的原著导读课。

培训部举办中青一班学员社会调研成果交流会

6月11日下午，培训部在综合楼举行中青一班学员社会调研成果交流会。副校长孙庆聚出席并讲话。中青一班全体学员和中组部驻班联络员、培训部有关工作人员参加会议。会议由培训部副主任李中印主持。

会上，6位学员分别代表“扩内需保增长政策执行情况”、“发展循环经济，促进节能减排”、“关于西部农民增收致富问题”、“加快文化产业发展问题”、“大型国有企业自主创新”、“新时期我国西部地区发展战略研究”课题研究组作了汇报发言。

听取学员发言后，孙庆聚作了点评。他对学员们重视社会调研环节，围绕当前突出的重大现实和理论问题以及经济危机形势下经济社会文化发展主题，深入实际进行调查研究，取得积极成果，给予了充分肯定。他说，前一阶段的调研过程和今天的成果交流，充分体现了大家忧党、忧国、忧民之心，对我国经济社会发展所抱有的高度责任感和强烈使命感；充分体现了大家运用马克思主义基本立场、观点和方法研究、分析、解决问题的能力和水平，特别是用科学发展观的立场、观点和方法研究、分析、解决问题的能力和水平；充分体现了大家深入实际、深入群众，说真话、道真情，求真务实、不尚空谈的优良作风、学风和文风。他希望学员们把已取得的研究成果进一步整理、深化和提升，并把成果推介出去，供党委政府决策参考，以产生更大的社会效益。

按照教学安排，中青一班3个支部学员，组成13个课题组，自5月20日起分赴12个省（市、自治区），就金融危机、保增长扩内需、生态环境建设、循环经济、西部发展、自主创新、依法行政、旅游产业发展、文化产业发展、就业等问题进行了调研。

培训部举办中青二班学员社会调研成果交流会

9月15日下午，培训部召开中青二班社会调研成果交流会。副校长李书磊，原教育长李兴山，校委委员、培训部主任徐伟新出席会议。

会上，5位学员分别代表“教育公平”、“国家粮食安全战略”、“统筹城乡协调发展”、“环境执法体制机制”、“国际金融危机的影响及对策”课题组汇报了调研成果。

李书磊就如何搞好调查研究，如何取舍调研材料，如何分析调研材料，如何撰写好调查研究报告，如何发扬良好的学风和文风，谈了意见和看法。

李兴山对参加交流的5个调研成果作点评。他说，学员们的调研选题得当、调查深入、见解独到、质量较高，可以看出这次社会调研是一次实践科学发展观的调研，是体现理论联系实际学风的调研，是反映学员们学习研究的成果的调研。

根据教学计划安排，中青二班169名学员于7月中旬分20个调研组赴14个省市，就国际金融危机、城乡统筹协调发展、区域经济、新型工业化、“三农”问题、文化、科技、党的建设等15个方面的问题，开展了社会调研活动。为了实现调研成果的交流共享，在支部交流的基础上，召开了中青二班社会调研成果交流大会。

培训部副主任李中印主持会议。培训部副主任王炳和相关教研组的同志参加会议。

进修部学员读书心得三篇*

试论读书与写作

省部级干部进修班（第 46 期）学员　单霁翔

读书不一定写作。但是，我喜欢“读书加写作”的学习方式。

由于我的专业背景是建筑师，长年从事城市规划工作，工作对象包罗万象，希望接触了解各方面的知识，因此过去读书的范围较广，但是，基本处于“急用先学、学而不思”、“浮光掠影、蜻蜓点水”、“浅尝辄止、不求甚解”的学习状况。后来，到文物部门工作，周围专家学者多，不少是读了一辈子书、教了一辈子书、钻研了一辈子学问的“大家”，甚至是在历史学、考古学、博物馆学，或者古建筑研究等领域如雷贯耳的“泰斗”，深感自己“才疏学浅”，如果依然终日忙碌于会议、活动、应酬，必然难以胜任工作。于是我开始调整读书学习的方法，其措施之一，就是“读书加写作”，即带着工作中亟须研讨的问题，深入阅读相关理论书籍，再把学习收获系统地撰写下来。例如：

——2005 年底，在编制“中国文物事业十五规划”的过程中，认识到当前我国正在经历城市化加速发展进程，这一时期必然伴随大规模的城乡建设，是经济发展与文化遗产保护之间矛盾最集中、最尖锐的时期。因此，面对快速变化的形势，必须要有正确的判断，用创新的理念指导工作。为此，我集中精力研读了关于新时期经济发展规律和体制改革方面的一些理论著作，撰写了《城市化发展与文化遗产保护》（2006 年 6 月）一书，在分析“我国城市化发展与文化遗产保护态势”的基础上，提出“历史性城市保护的协调发展观”、“历史城区的整体保护观”、“历史街区保护的‘有机更新’观”等观点，归纳出“城市建设与加强文化遗产保护的战略思考”。

——2006 年秋，建设部、文化部和国家文物局决定，于 2007 年 6 月在北京联合召开“城市文化国际研讨会”，这是国家建设部门和国家文化部门首次携手研究城

---

* 为了贯彻习近平校长关于领导干部要爱读书、读好书、善读书的指示精神，对秋季学期开设的进修班各研究专题进一步强化了对学员读书的要求，各教研部（所）和进修部都加强了对学员读书的指导。学员在读书中形成了一批较高水平的读书报告。11 月 2 日进修部组织召开读书交流会，6 位学员代表交流了各自的读书体会。教务部选编了其中的 3 篇，载《教学情况反映》2009 年第 3 期。

市文化建设问题，希望通过这次大型国际会议，对正在各地开展的大规模“旧城改造”，以及日趋严重的“千城一面”现象进行反思，在城市建设中更加关注文化遗产保护。为此，我集中精力研读了关于“城市”、“文化”与“城市文化”方面的一些理论著作，撰写了《从“功能城市”，走向“文化城市”》（2007 年 6 月）一书，在分析“城市文化问题研究的现实意义”的基础上，通过研究传统文化、地域文化和文化多样性对城市文化的影响，归纳当前城市文化建设出现的八个方面的问题，提出了“从‘功能城市’走向‘文化城市’的发展路径”。

——2007 年 4 月，《国务院关于开展第三次全国文物普查的通知》印发，标志着有史以来规模最大的一次文化遗产资源调查正式启动，这也是国务院部署的一项重大国情国力调查，普查范围包括我国境内地上、地下、水下的全部不可移动文物。为了对新时期文化遗产资源进行正确定位，特别是对近年来国际文化遗产领域积极倡导的乡土建筑、工业遗产、20 世纪遗产、文化线路等新型文化遗产进行科学合理界定，及时将这些文化遗产列入全国文物普查范围，为此，我集中精力研读了国际新型文化遗产保护方面的一些理论著作，撰写了《从“文物保护”走向“文化遗产保护”》（2008 年 11 月）一书，在分析“国际文化遗产保护的发展与演变”、“我国文化遗产保护的发展与实践”的基础上，归纳出“我国新时期文化遗产保护的发展趋势”，并提出“关注新型文化遗产的保护”的具体意见。

——2008 年 6 月，“世界遗产保护·杭州论坛”召开，在我国首次提出了“文化景观遗产”保护的问题，引起文化遗产保护领域的广泛关注。为此决定将明年召开的“中国文化遗产保护无锡论坛”主题确定为“文化景观遗产”保护，启动这一文化遗产类别在我国的保护行动。这一新型文化遗产的开拓性实践亟须理论支撑，需要结合我国国情深化研究。为此，我集中精力研读了“景观”、“生态”和“环境”方面的一些理论著作，撰写了《走进文化景观遗产的世界》（2009 年 11 月）一书，在归纳国际社会“文化景观遗产保护的理论探索”的基础上，根据我国文化遗产资源的特点对文化景观遗产进行分类，阐释不同类别文化景观遗产的特征，提出了“保护文化景观遗产的若干途径”。

——2010 年 10 月，国际博物馆协会第 22 届大会将在我国上海召开，这是全世界博物馆领域的一次盛会，也是向世界各国同行学习，提升我国博物馆理论与管理水平的一次好机会。当前我国博物馆事业正在经历前所未有的快速发展，并在全世界率先实现了数以千计的博物馆向全社会免费开放，这一新的形势对博物馆界来说，既是机遇，也是挑战。因此，亟须对我国博物馆事业发展状况和未来趋势进行梳理和展望，通过扩大国际交流与合作推动我国博物馆建设的良性发展。为此，我开始集中精力研读国内外关于博物馆学方面的一些理论著作，着手撰写《从“数量增长”走向“质量提升”》一书。

以上的实践和收获使我认识到，不但要高度重视学习，而且要不断摸索学习的方法。“读书加写作”，可以提升学习自觉，可以增强学习效果。“读书”与“写作”具有辩证关系。一方面，读书是写作的基础，只有通过阅读，获得新的知识、了解新的思想、树立新的观念，才能提高写作的“准确性、逻辑性、深刻性、敏捷性、创造性”。另一方面，写作是读书的深化，写作有利于“把零散的东西变为系统的、孤立的东西变成相互联系的、粗浅的东西变为精深的、感性的东西变为理性的”，实现“阅读与思考的统一”。因此，“读书加写作”不失为一种学习的方法，通过几年的实践，我得到以下四点体会。

一是要增加学习的针对性，着重研究现实工作中最紧迫的理论问题。“当今世界和当代中国正在发生广泛而深刻的变化”，日常工作中必然不断遇到复杂的理论问题。读书，才能站得高、看得远；才能使“知识不老化、思想不僵化，能力不退化”。特别是要带着问题确定学习方向，力求理论紧密联系实际，通过潜心“读书加写作”，攻克影响实践与发展的最紧迫的问题，往往随着主要问题被梳理清楚，其他问题也就会迎刃而解。同时，通过“读书加写作”，使自己的观点不断为人所知，接受赞同或质疑，有利于不断有理论建树，形成自己经过研究获得的独到观点，增强学术发言权和工作主动性。

二是增加学习的计划性和系统性，“读书加写作”要突出重点。“理论联系实际，首先要有理论，然后才能去联系实际”。当前国内外相关理论著作甚多，“一得之见、一家之言，自有可供学习参考者，但也常失之过分烦琐；新理论新概念层出不穷，研究者自应随时关心，但也往往使初学者与社会无所适从”。我在读博士研究生的时候，导师吴良镛教授就曾提倡“建立在复杂体系中的整体观念”，系统明确，把握方向，突出重点，创造性地处理问题。多年来遵循这一教诲，受益匪浅。因此，要注重阅读权威理论著作，要关注当前最新理论动态，同时，结合工作调研，加以整合归纳，形成系统观点。

三是要坚持理论联系实际的学风，注重学习成果的应用和转化。毛泽东同志说过“读书是学习，使用也是学习，而且是更重要的学习”。读书不是目的，写作也不是目的，掌握真理、指导实践是最终的目的。正如习近平同志所说“书本上的东西是别人的，要把它变成自己的，离不开思考；书本上的知识是死的，要把它变为活的，为我所用，同样离不开思考”。因此，无论是读书还是写作，都要以正在做的事情为中心，着眼于对实际问题的思考，着眼于新的实践和新的发展。同时，要体现自己学习的收获体会，要用自己的语言，这样“读书加写作”才能取得实效，学习成果才能成为指导实际工作的“灯塔”。

四是要处理好“工”、“学”关系，掌握好“读书加写作”的节奏。作为担任一定行政职务的机关工作人员，首先必须完成日常的繁重工作，不可能每天拿出大量时间用于读书与写作。但是，又要把读书与写作作为日常生活必不可少的内容，细水长流、持之以恒，科学合理地安排时间。这些年，我每天晚上大约用2～3小时的时间读书与写作，渐渐成为习惯，晚饭后、书桌前、台灯下，放松心情，全神贯注，既有利于平衡一天紧张的工作节奏，又可以取得较好的学习效果。这样日积月累、水到渠成，每年自然就能阅读几十本书，撰写形成一部大约20万～30万字的专著，几年下来也就先后出版了5部专著，上百篇论文。

如今，每天吃过晚饭，沏上一杯茶，摊开喜爱的书籍，打开电脑，这是每天最美好的个人时光。“身体靠锻炼，心灵靠读书。”在读书与写作中，工作难题得以化解、生活真谛得以获得，其乐无穷。有人说现在工作太忙，没有时间写作，等到今后退休以后静下心来，再开始把要写的东西写下来。对此，我却有不同看法。今天我们在工作岗位上，读书与写作容易联系实际，容易获得第一手资料，研究成果能够应用于实践。因此，读书与写作正当其时。待若干年退休以后，可以阅读一些在工作岗位上想读而没有时间读的书籍，再加上经常“打上老酒、约好老友、话说当年、其乐融融”。我想该工作的时候就奋力拼搏，该休息的时候就好好休息。

领导科学是一复杂的巨系统，包括各种要素及其相互联系。各级领导干部所面对的事物，往往具有整体性、系统性、综合性、前瞻性、开放性和动态性等种种特点，“思维的进程及思维成果的产生更多地呈现非线性的特征”，组织经验与知识结构将不断受到挑战。因此，我们在读书与写作的过程中，就必须重视知识和经验的融合、智慧和灵感的积累，善于多样性思考、创造性思维，力图掌握事物总体的发展规律，洞察事业前沿的突破点，这样才能将有限的学习时间用在最有效的成果上。另外，领导干部通过读书与写作，除了希望获得较广博的综合知识和专业知识外，还有利于获得“理智与筹算、热情与诗意等美德”，获得对人生意义新的感悟，以及增添团队精神、创造能力、社会活动能力与运营管理能力等。只有经历一次次痛苦与愉悦的修炼，才能体会到学习的无穷乐趣。

我有幸在我国经济大发展、社会大变革的时代，参加城市规划和文化遗产保护实践，体味其中甜酸苦辣。20多年来，我曾数次在城市规划部门和文物保护部门之间调动工作，在工作中一直有一种感觉，就是一方面，城市规划领域对于文化遗产保护的实际问题始终关注不够，特别是在不少城市并未把文化遗产保护作为城市文化建设的重要组成部分加以重视；另一方面，文化遗产保护领域长期自我封闭，很少主动争取纳入城市发展战略规划。因此，长期以来一直希望能够运用城市规划和文化遗产保护两方面的工作实践体会，通过“读书加写作”，探讨沟通两者之间的方法，使相关学科融会贯通、相互集成，带来倍增的研究与实践效果。

几年来，读书与写作使我带着问题研究，带着答案实践，不少学习成果获得及时转化，甚至一些曾在书中提出的建议，如今也变成了现实，或成为正在努力推进的目标。例如关于实施大运河、丝绸之路等线型文化遗产整体保护的建议；关于开展涉台文化遗产、我国早期木结构建筑群等“系列遗产”保护的建议；关于实现以首钢、江南造船厂等为代表的工业遗产保护性再利用，带动全国工业遗产保护的建议等，都取得了积极的进展。同时，通过读书与写作，先后提出了“文化遗产保护与城市文化建设”若干新的课题，即对“遗产大国与遗产强国”、“单体保护与整体保护”、“政府保护与全民保护”、“有效保护与积极保护”、“文化遗产与文化资源”、“文化积累与文化创造”、“文化定位与文化复兴”、“经济时代与文化时代”等八个方面的关系给予新的思考，提倡采取更加积极的方针，更加科学的方式，更加有效的方法保护文化遗产和建设城市文化。

2002 年 12 月，胡锦涛同志在同中央党校校委座谈时的讲话中指出，要“发扬理论联系实际的马克思主义学风，以我们正在做的事情为中心，切实提高学员的理论水平和运用理论解决实际问题的能力”。今年 4 月 23 日是“世界读书日”，温家宝同志来到国家图书馆与广大读者交流读书心得，指出“书籍是人类智慧的结晶。读书决定一个人的修养和境界，关系一个民族的素质和力量，影响一个国家的前途和命运。一个不读书的人、不读书的民族，是没有希望的”。今年 5 月 13 日，习近平同志在中央党校发表了《领导干部要爱读书读好书善读书》的重要讲话，这些在党内外引起了强烈的反响。中央领导同志的一系列关于读书学习的讲话立意高远，需要我们认真领会和思考，从我做起，身体力行，“真正把读书学习当成一种生活态度、一种工作责任、一种精神追求”，“认认真真地学习、与时俱进地学习、持之以恒地学习”，当好学习型政党、学习型社会建设的衷心拥护者、积极实践者和大力推动者。

（作者单位及职务：国家文物局党组书记、局长）

读《哲学的故事》一书

地厅级干部进修班（第 53 期）学员　李红杰

各位老师、同学们：

上午好！

今天，我有幸代表地厅级干部进修班“廉政建设”研究专题支部在这里与大家进行读书交流。坦率地讲，读书已成为我的一种生活常态。工作、生活中遇到问题、矛盾，不管是为了化解矛盾、解决问题，还是为了平和心绪，读书是一种有效途径；百无聊赖之时，就更应与书为伴。人到中年，已经是左手摸右手一点感觉都没有的年龄了，若不从书中找到些许精神愉悦，还真不知如何打发日子。

我在“廉政建设”支部给同学们推荐了几本书。今天，因为时间的关系，我只向在座的同学们推荐一本我近日读的《哲学的故事》一书。推荐这本书的缘由主要基于三点：

首先，这本由英国人布莱思·麦基撰写的哲学普及书，既通俗易懂，又言简意赅、条理清楚，有别于其他我们读过的那些拗口的哲学书籍，很适合领导干部读。

第二，我认为我们肩负的责任似乎应该汲取些西方哲学思想。大家知道，中国是最大的发展中国家，要想实现祖国统一、民族复兴大业，使中国从最大的发展中国家成为世界强国，领导干部必须具备“世界眼光和战略思维”，做到科学判断、准确把握国际形势。如果我们连西方世界的基本文化思想脉络都搞不清楚，“世界眼光、战略思维”就无从谈起。况且，只有不断汲取世界各民族先进的思想、文化、哲学理念，才能丰富、充实我们的思想库，才能做出与我国经济实力相匹配的战略决策。

第三，就是试图揭示我们一直探讨的西方资本主义到如今为何不是垂死的，而是越活越有生机的现象。其社会的医疗、教育等福利事业都是走在前列，资本主义的修复能力为什么超出了我们伟大导师的想象力？其根源在哪儿？我试图在西方哲学历史的渊源中寻求答案。

下面，与同学们就西方哲学的思想脉络尤其是古希腊哲学思想做一个简单的回顾。

哲学是寻求对根本问题的理性认识，哲学的标志就是强调理性。

哲学有两个最根本的核心问题：一是存在的本质是什么？即生存的意义；二是我们如何进行认识？即方法论问题。

我们知道，古希腊哲学是人类从蒙昧时代进入理性思维时代的标志。先人们不再通过神秘的图腾式宗教或听命于传统权威，而是用理性来认识世界，哲学就诞生了。正如伏尔泰所说的“迷信使整个世界燃烧起来，哲学扑灭了这些大火”。

几位重要的哲学大师登上了历史舞台。

● 苏格拉底

苏格拉底奔波于雅典，向每一位听众询求道德和政治的基本问题——什么是善？什么是公道？什么是正义？这些问题至今仍然影响着我们的生活方式。尽管他没有给出圆满的答案，但他与人问辩的方式已促进了人们趋向新的价值取向。

苏格拉底的一个观念很值得我们思考，即“追求道德与追求知识是一致的”。他认为道德是一种知识，没有人会有意识地作恶。由此看来，我们生活中有的人为什么见着利益就伸手，见着困难就逃避，都是因为还不具有高尚的道德这门知识。要小聪明、短视做人做事，最终自己吃亏。苏氏最先倡导人格完整的至高无上性，这种人格完整是本真的，并非诉之诸神、宗教、法律或其他权威。

苏格拉底的教学方式也值得我们借鉴，他强调要在不断的质疑和答辩中寻求真理，这奠定了西方辩论式的教学方法。这种教学方法与东方最大的区别在于：我们的教学是老师对学生教导式的，而西方则是辩答式的，有利于调动学生的思维。

苏格拉底提倡辩证地看待问题。这里不得不提到一位先贤——赫拉克利特。同学们都知道他的名言：“人不能两次踏入同一条河流”和“人的性格决定命运”。

赫拉克利特提出了对立统一观点。以酒瓶为例，我说瓶一半有酒，你说一半是空的。两者看似对立的，但却又是统一的。酒瓶现象说明任何事物都是对立面的结合体。这蕴涵着人类生活中斗争和矛盾是不可避免的。正是矛盾的结合体才构成世界，没有矛盾就没有了现实。这一观点早于马克思两千多年就已提出，可以说是唯物辩证法的鼻祖。

赫拉克利特还提出了“一切皆流”。世界上的万事万物都不是永恒存在的，一切都在不断变化，事物以不同方式为实体，不同时刻表现为完全不同的现实体。试想一下，过50年后，我们在座的各位大都会烧成灰装在盒子里，转化为一种新的物质实体。变化才是生命和宇宙的规律。多么深刻的唯物史观！

● 柏拉图

柏拉图是苏格拉底的学生。他关于两个世界的划分对我们今天的宗教工作很有启发。柏拉图把整个现实分为两大部分。可见的世界向人的感觉呈现，乃日常世界，其中一切皆不持久，万事万物总会变成其他事物，不会永恒存在（这一论述，可以概括为：一切皆变，无物常在）。而另一个世界则是不依赖时空的，无法为感觉所把握，其具有永恒和完美的秩序。

两个世界的划分意味着人类本身也像其他事物一样。人的一部分是可见的，另一部分是不可见的，只能为思维所把握。可见的部分即人的身体和物质的东西，他们是不完善的，是变化的、消亡的。另一种东西是非物质的、永恒的，不妨称之为"灵魂"，它超越时空，所有永恒不变的"形相"构成了终极存在。

熟悉基督教的人一眼就能看出，这一思想似曾相识。基督教正统思想吸收了柏拉图的重要学说。《新约》固然用希腊语；柏拉图也被称为"基督之前的基督徒"。

● 亚里士多德

我们刚才说了，西方的教学特点在于弟子在质疑、批驳老师的基础上发展自己的理论。亚里士多德是柏拉图的弟子，但他摒弃了柏拉图哲学的基本思想——两个世界的理念。在亚氏看来，人类生活和经验的世界是唯一的世界，这个世界才是人们所要认识和解释的世界。离开了这个世界，根基就不存在了，只能坠入空谈。

从柏拉图到亚里士多德，这种思想的深刻内涵在于认识世界的过程中，人们不必在唯物主义立场和彼岸世界的立场之间做出选择，从而既能容忍非唯物主义思想又能保持自己的立场。这是对我们今天有益的启示。

信徒皈依宗教，并不在于相信宗教的真实性，而是信仰这些宗教所包含的道德哲学，并在生活中努力奉行这些哲学的道德旨意。宗教并非洪水猛兽，它是人们的一种精神寄托方式。我们党关于宗教的理论不能仅停留在认为"它是毒害人们的精神鸦片"的认知层面上，更应该有所创新。

亚里士多德一向认为，一个物体的真实本质不是构成它的物质，而是它具有的功能。事物的真正意义在于它的所作所为，在于它的作用。亚氏哲学的一大显著特征就是少有道德的说教，其目的本质上就是实践。从当年中苏论战放空炮到小平同志提出"猫论"，直至"发展是硬道理"和社会主义市场经济的提出，都是注重实践的结果。

● 亚历山大

亚里士多德的弟子亚历山大影响了哲学发展的进程。他每征服一处，都用希腊文化进行殖民，使得环地中海希腊化。埃及的亚历山大从公元前 4 世纪到公元前 1 世纪，三百年成了希腊文化之都。

从公元 5 世纪罗马帝国衰亡到 15 世纪文艺复兴初现曙光，西欧一千年的文明笼罩在基督教氛围之下。大约从公元 600—1000 年，当欧洲处于漫漫的黑暗时代时，更为昌盛的文明却在世界其他地方发展起来。这一时期正是伊斯兰教的黄金时期，也是中国文明进入盛唐时期。

亚里士多德的大部分著作虽在欧洲已散佚，但却在阿拉伯世界得以保存，并在13世纪开始重回欧洲。文艺复兴一大重要内容就是复兴古希腊哲学。

尽管在基督教会的黑暗统治下，哲学却以科学的发展为基础不断进步。哥白尼提出太阳中心论，打破了托勒密地球中心体系。伽利略、牛顿的出现使得哲学的发展也伴随着科学的发展而发展。科学的发展打破了传统权威，诞生了一种全新的世界观，教会丧失了对欧洲思想和文化的控制。

• 理性主义

一旦凌驾于思想上的教会权威受到根本性的动摇，人们开始逐渐认识到只有凭借理性才能获得关于外部世界的知识。这就是著名的理性主义运动。

理性主义的代表人物有：笛卡尔、斯宾诺莎、莱布尼兹。笛卡尔提出了“我思故我在”；斯宾诺莎怀疑《圣经》的权威性，指出“上帝即万物”并在万物之中，大自然是不可侵犯的，它有自己不变的秩序。他是最早的人与自然和谐论者。

• 经验主义

与理性主义哲学相对的是大不列颠群岛的经验主义。代表人物有：洛克、休谟等。洛克可以说是现代思想第一人。他认为，一个人的认识不可能超越他的经验。他提出不要盲目地跟从权威，也不要盲目地跟从传统和社会习俗，要自己动脑思考。他的一句名言：“新思想往往被人怀疑、反对，只是因为它们尚未被人理解。”这对于我们今天提出新想法、新思想却不被人理解很有借鉴意义。

休谟提出，没有任何真正观察证据能够证明上帝的存在。人的行为目的是由各种各样的情感所引起的，事物的美存在于思考者的心中。他认为基督教不仅一开始是奇迹，而且即使到了今天，理性的人没有一个会信仰它。

• 法国大革命的思想家

人类历史光辉的一页要属法国大革命，它点燃了自由、民主的火光。其代表人物有伏尔泰、狄德罗、卢梭等。伏尔泰强调以理性之光看待一切事物的立场，被称为“启蒙者”。

以狄德罗为代表的“百科全书派”致力于推动理性主义新科学，主张“宽容”和“人道主义”。

卢梭的名言：“人类生而自由，但又无所不在枷锁之中。”民主是他最关注的对象，他强调“民主、平等、博爱”。孙中山先生的有些思想也是源于此处。

• 德国哲学的黄金时代

我们知道，马克思主义的三个重要组成部分是哲学、政治经济学和科学社会主义理论，其主要是整合了德国的哲学、英国的经济学和法国的空想社会主义理论。因此，德国哲学是其基础。主要代表人物：康德、叔本华、黑格尔、尼采等。康德是理性和经验主义的集大成者。他认为信仰上帝存在是完全必要的，证明上帝存在则不然。

德国的哲学始于康德，拓展于叔本华。叔本华是一个公开的直言不讳的无神论者。他对人类做了独一无二的深刻认识。他认为，人终其一生，在世界上走一回，只是做了自己欲望的奴隶。一个欲望尚未满足，另一个欲望又相继而生，欲壑难填。这一论述，再次揭示了人的本性，也为我们今天开展廉政教育、制度、惩治并重的举措提供了理性参考。

黑格尔提出了三个重要思想，一是现实是一个历史的过程，必须依据历史解释的范畴来认识现实，马克思直接继承了黑格尔这一思想。二是世界历史具有一种合理的结构，变化的规律是认识这一结构的关键，马克思同样继承了这一思想。三是异化理论。他认为人类创造文明（制度、规则）反过来束缚人类。

黑格尔坚持辩证法，他提出矛盾自我发展观，即一旦解决就会形成新的情形，新的情形又包含着新的矛盾。这就是变化的基本原因，整个变化过程是辩证的过程；马克思认为哲学家们只是以不同的方式解释世界，问题本质在于如何改变世界。

尼采是我们不能回避的一个人物。他针对当时德意志民众的价值缺失，提出需要全新的价值观。尼采认为“许多东西如今站不住脚，我们不能把生活建立在基础已坍塌的价值体系上，否则我们的生活以及我们自身就都成了虚假的，必须把我们的价值建立在可信的基础上”。他的“超人”和“权力意志”把人类从一个失去宗教根基状态转入另一个权力意志独裁的状态，纳粹们更是把尼采奉为自己的“哲学代言人”。

• 20 世纪哲学人物

存在主义。二战后，欧洲最流行的就是存在主义，试图通过探索自身生存的奥秘来揭示生活的意义。黑格尔认为，个体只有在融入有机体后，才算自我实现。但存在主义却认为，个体本身实际上才是至高无上的道德存在。个体、主观的生命才是最重要的。人类的存在一开始就具有共同性和社会性，问题恰恰在于要成个体，要找到个体存在的本真方式。这一理论的代表人物是萨特。他极力宣扬个人自由。萨特认为，一个人事实上“完全通过选择成为了自己”。他的“我们创造了自身”的说法表达了自由思想，给很多美国年轻人以鼓舞。

总体来看，西方哲学思想体系有三个特点值得我们思考：

一、其具有非常宽泛的包容性。任何一个新哲学理论的生成，不必拘泥于已存在的哲学思想，而更注重对新的社会特征进行总结。因此，这样一个宽泛的哲学体系就可以源源不断地喷发出新的人类思想源泉，并不拘泥于前人范式，更不会非此即彼、非左即右。各种思想的火花交相辉映，形成真正的百家争鸣、百花齐放的社会形态，从而不断推动人类思想的前进。

二、其具有很强的实践性。西方哲学思想家们非常注重从社会生活实践中总结理论。每个时代都对社会实践进行总结，从而修正自身社会轨道。因为有很强的实践性，也就有很强的修复能力。马克思、列宁及斯大林把资本主义揭批得非常深刻，这反而在资本主义的实践中起到了修复的作用。资本主义实践者们也就必然吸取我们社会主义学说的长处，从而，社会主义理论中关于人类未来的美好描述也先于我们在资本主义世界实现。我们与苏联展开九评大论战，争论谁是真正的社会主义的时候，西方资本主义已经开始修复自身，完善社会福利制度了。这值得我们深思，今天就应该少一点左的论述，多一点为百姓办事的行动；少一点空谈，多一点实际效益的理论。

三、其具有较强的创新性。西方哲学的理论派系比较少地注重一脉相承，更注重依据时代的特点而创新理论，而不是盲目崇拜。每一种著名的哲学思想都是在对前人质疑的基础上发展的。我们今天有一个值得商榷的现象，就是每一次对新时期的社会实践进行总结找到新的理论旗帜的时候，总要牵强地从老祖宗那里找到几句只言片语以印证自己是一脉相承下来的。这有点像说相声的，只有拜了师，强调从哪支传下来的，才能出场说相声，反倒导致了相声的不断萎缩。侯宝林先生没生活在今天，也不可能那么早就抖出今天特征的相声包袱。只有紧紧把握时代的脉络，掌握时代的规律性才能引领新中国迈向下一个甲子。所以，我们要深刻理解中央提出来的“马克思主义中国化、时代化、大众化”的含义，尤其是“时代化”。

同学们，通过西方哲学史我们知道，每一次大的历史转换、社会巨变都会摧毁人们原有的价值认知。人们会重新寻求新的社会价值观。寻找新的价值认知过程，也就是又一新社会思想产生的过程，一旦人们通过理性对新的社会思想产生认同，这一思想就会引领社会进入另一个新的历史阶段。

中国已经进入一个新的发展阶段，计划经济条件下的原有价值观念已经发生重大变化，可以说我们已从一穷二白的理想社会主义中国进入到殷实的现实主义中国，新的社会环境需要新的哲学思想引领，中央党校应成为新思想的滥觞，中央党校的学员应成为新思想者的渊薮。我们有责任、有义务去观察，去思考，去引领社会。

读书，读哲人的书，汲取中外文化思想史上先贤们留给我们的宝贵思想是我们必做的功课。只有多读书，勤思考，才能有宽视野、宽思维、宽心胸，才能履行我们所肩负的使命。李鸿章在签订《马关条约》后写道：“任凭朝中百官骂，养就心中一段春。”我觉得可以改为：“任凭浮华尘世闹，养就心中一水清。”清即是静，静就说明有定力、沉稳、不浮躁。我们“廉政建设”支部的同学，每个人都要做到“静”，只有心中有一泓清水，才能像镜子一样每天照着我们的言行，警示我们规范做人，不浮躁、不虚华。

请允许我代表“廉政建设”支部的同学们向各位学员倡议，为了中国共产党拥有一个新的甲子执政，我们每个人都要成为党的肌体中的健康细胞，不仅要增强自身的免疫力，抵御恶性细胞的侵蚀，还要繁殖更多健康的细胞，而健康细胞的营养液就是多读书，读好书！

谢谢大家！

（作者单位及职务：中国外文局《中国报道》杂志社社长）

读《中国大趋势》的一点心得

地厅级干部进修班（第53期）学员　张毅君

美国未来学家约翰·奈斯比特今年9月出版了中文版新书——《中国大趋势》，据说刚一面市便登上热销榜。近一时期国际上对中国未来发展的推测、评议似乎已形成一股潮流，作为中国人对此很难无动于衷。

说到奈斯比特，许多中国人可能会画个问号，但提起《大趋势》这本书，凡有一定文化教育背景的人恐怕或多或少都会有些耳闻。作为美国著名的未来学家，他曾出版过不少有影响的著作，在全球的销售量高达数千万册之巨。

记得20世纪80年代曾接触过几本至今仍留有印象的书，一本是托夫勒的《第三次浪潮》，一本是里夫金和霍华德的《熵：一种新的世界观》，还有一本就是约翰·奈斯比特的《大趋势》。那时我正在大学读书或是刚参加工作不久，依稀记得几部著作观点新颖、风格独特，颇有震撼力。当时还谈不上有多么深刻的理解，与自己所从事的工作及所生存的社会有多紧密的联系，也无从说起。

弹指之间二十多年过去了，再看类似的书，最突出的感受就是有话要说。

27年前奈斯比特在《大趋势》中曾对未来世界作出十多个方面的预测，据说全都应验，无一例外。尤其关于经济全球化和互联网的发展，更为其赢得了极高的声誉。如今他推出关于中国发展趋势的专著，哪怕是出于好奇，都不大可能不引起中国人，也包括怀有各种心思关注和研究中国的人们的极大兴趣。

该书的序言很直白，也很有意思。作者写道，多年来我一直心存遗憾，担心自己错过了生命中最宝贵的一次机会。那是在1996年，提供这次宝贵机会的是当时世界最有权力的人物之一：中国国家主席江泽民。江主席在北京中南海与我进行了私人会谈，地点就在毛泽东当年的会客室。江主席之所以邀请我是因为我在1982年所写的一本书——《大趋势》。它分析的是美国经济、政治、社会和文化的变革。该书雄居《纽约时报》畅销书排行榜两年之久，而且大部分时间都是排在第一位，在全球范围内该书的销量也甚佳。《大趋势》一书甚至还进入了中国，令我惊讶的是我得知该书在中国的销量可能达到了2000万册，不过大部分都是盗版。“你都不知道你自己在中国的名气多么大。”这就是江主席的开场白。其间在谈到台湾问题时，奈斯比特发出感慨：“台湾是个小故事，但他讲得很好；大陆有个大故事，可惜讲得很糟。”江主席沉思了一下说：“你为什么不来讲这个故事呢?”奈斯比特写道，尽管这一邀请让我心动不已，但是无法接受，由于种种原因，我还没有做好准备。10年之后机会来了，准备也比较充分了。在此过程中，我们一直在提醒自己，不要像近一时期大多数关于中国书籍的作者一样，以外来者的眼光审视中国。我们探寻的是中国大趋势。我们明白，自己所关注的是一个区域发展各异，各种变化纷繁复杂的国家。我们所寻找的是一种中国模式，只有把一系列事件放在这个模式中来观察才有意义，并勾画出一幅中国的图画，就像1982年我写《大趋势》时对美国所做的分析那样。

奈斯比特究竟为改革开放30多年的中国勾勒了怎样的一幅图画呢?

作者把中国比喻为一个庞大而复杂的企业。前30年由于经营不善，出现大量致命的问题，使企业滑向崩溃的边缘。1978年这家企业重新组建了领导团队，确定了新的发展战略，调整了经营方针，采取了一系列独创的、既符合外部市场又适应内部文化的有效举措，不仅使企业重新获得生机，而且蒸蒸日上，赢得了无限广阔的发展前景，用不到一代人的时光，取得了他人几代甚至十几代才有可能取得的业绩。作者形象地指出：中国就像一个超大企业已经实现了重组，并用八大支柱牢牢地支撑着自己的发展目标。

从该书的描述看，所谓八大支柱是作者对中国改革开放30年来一系列行之有效做法的归纳与概括。在此必须指出，尽管奈斯比特在主观上要求自己尽量避免西方或至少是外国人的视角和判断，但文化背景的差异并非主观自觉就能够完全克服的。但无论如何，由于本书的论断毕竟出自一位世界著名未来学家的笔端，其价值和分量自然还是需要给予格外关注的。

作者认为支撑起中国新社会形态的八根支柱分别是，①解放思想；②“自上而下”与“自下而上”的结合；③规划“森林”，让“树木”自由生长；④摸着石头过河；⑤艺术与学术的萌动；⑥融入世界；⑦自由与公平；⑧从奥运金牌到诺贝尔奖。

其中作者最为推崇的是前两根支柱，认为解放思想是中国实现了凤凰涅槃、浴火重生的前提；“自上而下”与“自下而上”的结合，是中国有别于西方既定的民主模式而进行的即作者谓之为“纵向民主”的一项极为重要的创举。作者认为这一“纵向民主”模式既避免了西方“横向民主”的弊端，又契合了中国千百年的文化传统，同样具有汲取民智、会聚民力，从而获得源源不断发展动力的民主功能。

对奈斯比特的论断并非所有人都予以认同，包括印在该书末页“名家推介”的一些名家，其中中国民（私）营经济研究会会长保育钧写道：“《中国大趋势》从八个方面剖析了中国的变化，作者自认为是用中国人的思维方式来认识中国，但他毕竟不是中国人。初读此书，觉得肤浅，甚至觉得有讨好中国之嫌，再读或者读后仔细想想，其观察中国变化的独特方法，却给人以启示。”奈斯比特勇于把这段毁誉参半的评价收入书中并置于其他若干溢美书评之首，足见作者的从容自信和实事求是精神。这也引起了我对他的自信究竟从何而来的高度兴趣。

作者有如下一段西方与中国发展现状的对比分析，大概就是他看好中国发展趋势的重要依据。即西方国家正在保持着现状，而中国正在实现着新的目标；西方国家在很多方面进行思想禁锢，而中国正在解放思想；西方国家不断增加间接管制，而中国正在减少经济管制和监管；西方国家要想告诉别人他们是问题的解决者，而中国是更多机会的寻求者；问题的解决者侧重于过去，机会的寻求者则着眼于未来。

西方国家正在走下坡路，中国正在走上坡路，而西方对这种状况缺乏心理准备。他们对中国时而恐惧，时而妒忌，时而排斥，所以他们心态复杂地经常攻击中国。

作者认为，美国的变革发生在一个已经建立了很长时间的体系内，而中国正在进行的变革则在一个由她自己创造的全新的政治经济体系下。这种发展模式适合中国的历史和社会现实，就像美国创造了一种符合她200多年的历史和社会现状的发展模式一样，就像美国模式逐步对欧洲的民主化进程产生影响一样，中国的这种政治经济体系也许可以证明资本主义这一所谓的“历史之终结”只不过是人类历史道路的一个阶段而已，必将对世界产生深远影响。

有一位书评者写了一段很有意味的话：27年前他（奈斯比特）的《大趋势》让我们从一个新的角度看世界；27年后，他的《中国大趋势》又让我们从世界的角度看中国。27年前他准确地预测了现在，但愿今天他再一次准确地预测了未来。

过去的27年，我们这个年龄段的人基本都是亲历者，对中国的巨变有目共睹，不是溢美或诋毁所能改变的。如果不出意外，我们仍有机会见证未来的二三十年。我们都相信，事实胜于雄辩。

仅基于上述，该书就值得一读。不仅出于对其预言能否成为现实的好奇，或是为了猜谜而一定要读懂谜面，而是在阅读的过程中有可能获得阅读其他书籍所难以得到的有益启示，在此罗列几点与大家共享。

第一，当今世界对中国的关注与以往有了本质的不同。马可·波罗时代的西方关注中国是被其游记所误导，以为遥远的东方有一个遍地黄金的中央之国，憧憬着能到中国车拉船载，不劳而获。近现代的西方对中国关注，其善良者会流露一丝的同情与怜悯，反华势力更多的则是蔑视和厌恶。在他们眼中，中华民族已经沦落到与狗同等的地位。《中国大趋势》告诉人们，今天的中国引人关注则完全是由于“中国现象”和“中国奇迹”。《从漠视、斜视到正视》是一篇评论文章的标题，恰如其分地反映了世界对中国态度的微妙变化。

第二，可否采用一个比较形象的说法，中国共产党执政以来的60年是“上穷碧落下黄泉”，孜孜探索的60年，是组织带领十几亿中华儿女进行着一场前无古人、极为复杂庞大、无与伦比的人类社会最伟大的实验。不必忌讳我们曾走过弯路，有过挫折甚至出现过重大失误，中国人并没有气馁、没有退缩。别人的方法路子我们都曾尝试过，实践证明不适合中国。为了中华民族的前途和利益，我们唯有在中国共产党的坚强领导下走自己的路，寻找到一种符合中国国情的发展模式，才能获得自立于世界民族之林的坚实基础。改革开放30年的巨大进步使中国共产党和中国人民坚定了必胜信念，国际社会不是也已出现了从不屑到疑虑到惊讶再到敬佩的变化吗？30年也好，60年也罢，在人类社会发展的历史长河中不过是短暂的一瞬，中国的实验并没有结束，甚至可以说是刚刚开始，是一个刚刚摸到一点“门道”的开始。

第三，与上述观点相关，面对未来的发展进程我们必须要有极大的耐心和坚忍，切不可心浮气躁、急功近利、浅尝辄止。要善于倾听国际社会的不同声音，由于利益取向的不同，历史文化的差异，政治理念的相左，断不能听风就是雨，为国际舆论中的杂音迷失方向、放弃原则。国家的发展与人类的进步有相近之处，指责和烦恼是难以避免的，唯有具备顽强的抗挤压乃至抗打击能力，才有机会冲破重重阻碍到达光明的彼岸。

第四，民族文化的影响力与国家的政治经济实力呈正比关系。没有国家的强盛，难有文化的强势，古今中外概莫能外。奈斯比特27年前《大趋势》的主角是美国，彼时的美利坚如日中天；十多年前他推出《亚洲大趋势》时，崛起的亚洲开始粉墨登场；如今他又将目光聚焦中国，恐怕不是什么偶然，也无须感到意外。可以预期，伴随中国目标一个又一个的实现，假以时日不是中华文化能否走出去，而将是如何应对络绎不绝的“取经者”。

第五，中国目前展现给世界及世界对中国的认可还仅仅是“趋势”，从“趋”到“势”，也就是从“趋向”到“成势”还有相当的距离，切不可盲目乐观。

第六，一个成熟的民族与国家既要经得起人家的“打压”，又要经得起人家的“追捧”，始终保持冷静和清醒的头脑，古人留有十分经典的训诫：“贫贱不能移，富贵不能淫，威武不能屈。”面对当前的局势我们是否可以狗尾续貂地加上一句：“追捧不能晕。”

谨以上述心得就教大家，欢迎批评指正。谢谢各位！

（作者单位及职务：国家新闻出版总署科技与数字出版司司长）

培训部学员从政经验交流三篇*

砥砺品行，做一名称职的领导者

王宝伟

中央党校组织的学员从政经验交流，为大家搭建了一个相互交流、学习、提高的平台，我们可以有机会对自己过去的经历做一个系统回顾、总结，更能够从别人身上对照比较出自身的弱点和不足，正所谓“以人为鉴，可知得失”，从而进一步完善自我。以下，是我就担任领导干部以来感悟到的做“人”、做“事”的一些道理和体会。

我认为，从政者无论其处在什么岗位、职位高低，都必须着眼于执政为民的根本宗旨，以协调处理好各方面利益关系为天职，推动“行政”得以有效实施。而能够有效地推动行政者，自己必须具备优良品德，把生命与事业融为一体，克己奉公，兢兢业业。在履行自己职责工作中，始终恪守十六字原则，即待人以诚、胸怀宽阔、勇于负责、认真勤奋。这里“待人以诚”是基础，“胸怀宽阔”是条件，“勇于负责”是关键，“认真勤奋”是手段。

第一，待人以诚，赢得信任。从事社会管理工作，必须与其他人发生联系，特别是作为中层领导干部，上有领导，中有同僚，下有部属，左右有相关的部门、单位以及地方上的方方面面，由此要做的每一件事，都离不开上传、下达和左右协调。要想使彼此之间的沟通协调得以有效进行，必须以诚信为本，做诚实人，说老实话，有信用。首先，在上级面前要诚实，必须能讲“真话”、敢讲“真话”，绝不能打诳语、要小聪明。前几年社会上一度对“国货复进口”（国产品先出口，随即经香港再进口）产生很大非议，一些权威人士认为这造成了进出口秩序混乱和税收损失，国务院领导对此做了一系列重要批示。为此，我带队去广东进行了比较深入具体调研之后，以翔实的事例、材料和严谨的论证，提出了与主流舆论相反的观点，同时也指出了加工贸易管理方面存在的问题及改进措施。可以说这样做是有些风险的，

---

* 从政经验交流是培训部在中青班开展的一项旨在通过学学相长，提高领导干部执政能力，加强党性修养的教学活动。9—10月，第27期中青年干部培训一班各支部开展了从政经验交流活动。学员们相互启发借鉴，共享从政心得。教务部从81位学员的交流报告中选编了3篇，载《教学情况反映》2009年第50期。

但在我与领导反复交流斟酌、得到支持后，还是如实报告了国务院。后经一系列政策调整，促进了数以百万计人以此为生的加工贸易的健康有序发展，同时也维护了香港方面政治、经济的稳定。在上级面前还必须做到知错认错、不狡辩、不推诿，工作不到位的地方要勇于承担责任，勇于自我批评。另外，作为中层领导的工作定位应是上传下达、抓好贯彻落实，因此在上级决策前要知无不言、当好参谋，而一旦上级做出决定，即使有异议也必须严格按科层制要求不折不扣地执行，一丝不苟地落实。这些年我严格遵循给自己定下的这些规矩做事，由此赢得了若干任主管领导的信任，这种信任又转化为他们给予我工作上的极大支持，这种支持对中层领导者是何等的重要！其次，在班子成员面前、在下级面前要诚实，坦诚自己的观点、意见，给予每个人以充分的尊重和信任，让集体帮你校正、修改某项方案，使之更接近于实际和正确。诚恳地告诉大家自己的想法，诚恳地听取大家的意见和建议，这样做出的决策中必然体现了大家的智慧，不仅能有效地避免失误，而且能使大家感觉到自己的存在价值，从而齐心协力来完成工作目标。我司六个处，下班后和节假日都有人在自觉地加班，我认为他们的工作动力正是来源于自我价值的实现。再次，在相关部门面前要诚实，以理服人，体谅对方难处。我的经验是，在总方针、大原则不违背的前提下，要学会换位思考，能站到对方的立场上出主意、想办法，久之，对方认可了你的人品，再打起交道来就很轻松、高效，也就更易于取得相关部门的支持，而这一切的前提是待人以诚。

总之，要把别人对你的信任理解成责任，要持之以恒地诚信做人，特别是大家都信任你时更加要“慎独”。

第二，胸怀宽阔，汲取动力。我所在的经济贸易司承担的主要业务工作是粮、棉、油、糖等大宗农产品和农业生产资料的总量平衡和宏观调控，以及重要工业品进出口调控和外贸政策、对外经济合作、市场流通体系建设等。这些工作是发改委领导甚至党中央、国务院领导都高度关注的问题，任务重、责任大且高度繁忙。近六七年，既是我国粮食等大宗农产品供求关系发生较大变化和粮、棉流通体制实行市场化改革的关键时期，也是我国对外贸易突飞猛进增长和对外经济合作取得普遍收获的时期。对于大宗农产品，在新的市场环境中，在新的流通管理体制下，要采取什么样的调控机制才能完成领导交付的重任，才能保证国内市场的供应和价格基本稳定，才能促进农民增产增收，我做过很多思考，并带领有关部门的相关司局共同研究提出了一些新的调控措施。比如通过在农产品集中上市季节，由国家定点、定价、定量组织收购的方式，较好地解决了农产品集中出售、全年消费、季节间价格波动较大、容易“谷贱伤农”的问题，最大限度地保护了农民利益，调动了种粮积极性，也保证了正常的市场机制作用的发挥。对于进出口贸易和国际合作，在外贸巨额顺差、国际社会对我施压和贸易纠纷不断的形势面前，我们稳住了阵脚，提出了我国贸易顺差将长期存在并符合发展规律的概念，得到了国务院领导和业内充分认可，从而保持了我国外贸发展势头。可以这么说，我司这几年所做的工作，领导层是充分肯定的，方方面面是比较满意的。

这些年做了一些事，也做成了一些事，特别是作为司里一把手，工作千头万绪。靠什么来做事情呢？我体会是依靠了群体的智慧和力量。一代名相魏征给李世民的《十思疏》中讲，“虑壅蔽，则思虚心以纳下”。实践证明，宽阔的胸怀，会使一个领导者汲取无穷的力量。比如，在几个涉及农产品调控的部门间，我成立了几个工作协调小组，定期会同大家磋商调控的办法。不论所在部门的大小，不看职务的高低，谁都可以提观点、提建议，对的意见就肯定，绝不搞一言堂。司里有一个年轻干部，经常提与众不同的观点，当众和我唱反调，有时弄得我很尴尬，但我还是以平常心对待，以宽阔的胸怀来包容。我认为，他有不同的观点，说明这个同志在想工作、肯动脑筋。他提不同意见，可能就是我们正在研究的政策措施还有不完善的地方。正是因为我看到了这个年轻人在看问题、出主意方面有独到之处，就有意给他压担子，经过几年的锻炼培养，现在这个同志已经成长为处级干部，能够在工作上出色地独当一面并在业内具有了一定的权威性。

胸怀宽阔，还表现在能够团结人，勇于做自我批评，善用人并且不与同僚和部下争功。善于团结人，特别是团结那些反对过自己、实践证明反对错了的人，这是毛主席的名言，也是我当领导的座右铭。事实说明，往往是一个人的大度会赢得对方的敬佩。这些年我曾多次向我的下级（很多人是普通干部）诚恳地做过自我批评，不但得到了他们的谅解，而且更愿意跟着我干了。一名领导干部，做人做事要唯实则通，千万不要斤斤计较，要肯原谅和体谅他人。要多一些质朴、少一些繁文缛节，不要把自己太“当回事儿”。

作为司长，我的主要职责是出主意、用人、带队伍。用人之道在于公道公正、不分亲疏，要积极创造条件，给大家施展才能的机会，让想干事、能干事的人有舞台；在于要充分肯定部属的工作成绩，使之不被埋没、不被窃取，让有成绩的人有成就感和荣誉感；在于重用那些德才兼备的人，使该提拔的干部能够及时恰当得到安排，让能干事又干成事的人有地位。一把手要学会“吃亏”，能揽过而不可争功，把成绩归于别人身上，长远看并不是吃亏的事情。我连续四年被司里全票推选为委里的先进司领导，我四次均坚辞不就，并推荐上报其他年龄比我大的副司长，许多人对此不甚理解，后来事实证明，大家都能得到他应得到的荣誉，就会上下左右拧成一股劲，就能齐心协力去完成工作目标。这不是对一把手最大的肯定和褒奖吗？我始终认为，衡量一个领导者成功与否，绝不能仅看他在任时自己做了多少事情，而更要看他是否塑造了一个集体团结向上的作风，是否打造出了一支能战斗的队伍，这才是真正对事业负责。

第三，敢于负责，塑造威信。我所在的经济贸易司是1998年机构改革时由外经、外贸和市场流通三块业务合并组成的，工作领域宽、跨度大、要求高、突发事件多，特别是工作量大（2008年各类发文2022件，其中上报党中央和国务院的100多件）。这么多的工作任务，不可能我一个人去做，基础工作是依靠分管司领导、各个处室的同志来完成的，但最终的决策还是要我来拍板。我司六个处，六大方面的政策措施，几乎都是关系到国计民生的大事，稍有不慎就可能造成不可估量的影响，就可能要承担现实甚至历史的责任。因此，在这里当“一把手”，不是手握重大的权力，而是肩负重大的责任。

正是基于这样的认识，这些年我把敢于负责作为司长、作为国家公务员的头条要求。怎样负好这个责任，我的体会：首先是深入调研，勤于思考，秉承公心，要把自己管的六大方面的事情弄清楚，做到胸中有数，而且心底无私，这样才能客观地权衡利弊，才能敢拍这个板。二是当发生重大紧急事件时，能够顾大局，敢决策、有担当，不能在其位而不谋其政，更不能患得患失，犹豫不决。就像曾国藩说的，天下事，在局外呐喊议论总是无益，必须躬身入局，挺膺负责，乃有成事之可冀！三是不诿过、敢担责任，每天面对繁杂的工作，千头万绪，难免会有疏漏和失误，真的出了问题，自己要先站出来承担，把责任揽到自己身上，既不能推给领导，更不能推给下级，这也是一名党员领导干部的党性原则问题。从自身的经验看，可能就是因为我能一如既往地敢于负责，使我在这个工作圈子里渐渐建立起了威信。大家对我这个人从心里比较佩服，所以对我的工作就更加支持，这也使我在拍板定事的时候更有勇气和底气。去年5月12日汶川发生特大地震灾害，四川省政府紧急申请动用在该省的中央储备粮、储备食用油救灾。按照《中央储备粮管理条例》和《国家粮食应急预案》的规定，动用中央储备粮必须要国务院批准。但在当时那种情况下，国务院和发改委的主要领导都在灾区前线，短时间内根本不可能完成报批程序，于是我和相关部门几位司长商量了一下，口头向委领导作了报告，就决定当天夜里开仓放粮，调出了15万吨中央储备粮和1.4万吨中央储备油，用于保证灾民和救灾人员的供应。当时我的想法就是，职责所在，不得不为，如果因此我个人受到处分，我也会坦然接受。

第四，认真勤奋，历练才干。国资委有一位德高望重的老领导曾经说过，对经贸司司长而言，业务能力和理论素养的要求都是很高的。为了达到这个标准，挑起领导交付我的这份担子，不辜负组织对我的期望，这些年我坚持认真谨慎工作，勤奋钻研业务。我的理念，一是“天下大事必作于细”。发改委的每一项政策措施都会对一个行业、一个领域产生巨大影响，我们工作中的一点失误，就可能伤及千百万人的利益。魏征说“忧懈怠，则思慎始而敬终”。我始终就是抱着战战兢兢的心情去面对我的工作。每次研究出台政策，都要事先仔细推敲，事中密切关注，特别是在收尾的时候，比开头看的更重要，也就是俗话说的“编筐编篓，全在收口”。为此，凡我司向国务院上报或下发的重要文件，我都要逐字逐句审核。有时为了将文稿中某个问题讲清讲透，多次将已经辛苦成稿的文件推倒重来。我就是想尽最大努力，不让我们出台的政策措施有瑕疵、有纰漏，造成不利影响。二是“勤能补拙”。过去20多年的经济管理工作，使我积累了一些经验，这是一笔很宝贵的财富，但是光靠经验办事，不能适应新时期、新形势的要求。因此，近十几年来，我两次考取专业院校的研究生班，就经济管理和产业经济等专业进行研读，不断丰富、更新自己的知识结构，提高自己的理论素养。去年，我又倡导司里成立了中青年读书会，并带头参加读书活动，使全司形成较浓的理论学习氛围。注重学习，但不迷信书本。我始终牢记陈云同志说过的“不唯书、不唯上、只唯实，交换、反复、比较”的名言。所以，这些年我总是利用到各地出差开会的机会，到田间地头、到基层企业深入调研学习，掌握第一手的实际情况。遇到不清楚的问题，绝不不懂装懂，要查资料、问专家，反复琢磨，直到彻底弄清楚为止。2000 年 12 月中旬，为即将开始的全国粮食清仓查库找出库存粮食自然损耗的合理系数，我带人到河北省一个基层粮库，花了三夜四天时间用台秤和麻袋称了 500 吨小麦。我不分昼夜，每隔一个小时就对四台台秤亲自校正一遍（我年轻时做过检斤员），后来得出的试点数据普遍用在了全国清仓查库工作上。我认为，只有勤奋刻苦才能做到细致入微，避免挂一漏万和出现“万一”；而且只有这样，我们研究制定的政策措施才能符合客观实际的需要，才能高效有序推动行政，才能不误己、误人，不误国、误民。

（作者：王宝伟　国家发改委经济贸易司司长，中青一班学员）

常怀感恩之心，不辜负组织赋予的岗位重托

秦焕明

感谢党校搭建了这样一个领导经验交流平台，从同学们的从政经验和感悟中，自己不但学到了许多领导心得和诀窍，也对各位同学从事的工作领域及对国民经济发展所作出的重要贡献有了一定了解，开拓了自己的视野，受益匪浅。

下面，从三个方面交流一下自己的工作体会。

一、牢记组织培养，常怀感恩之心，为企业发展作出更多贡献

坦率地讲，一个人能走上领导岗位，除了自己的努力奋斗外，很重要的就是组织的培养和信任，同时借助所处环境、历史机遇以及领导和同志们的帮助，才能成就一点事儿，体现出自身价值。中国 13 亿人，有大量优秀人才，自己能走上领导岗位，就是因为有了组织的培养和信任。因此，自己常怀感恩之心，感到是组织和群众看到了自己、信任了自己，唯有认认真真地工作，才能对得起组织和群众的选择。为此，平常能够经常提醒自己，要常思怎样才能更好地回报组织、领导和同志们的信任，这样心胸才更宽广，心态才更平衡，做事才更认真、更投入。

正是因为有了这种朴素的感恩思想和

情怀，组织上安排我干啥就干啥。我承担了集团各项工作中相对来讲矛盾突出、推进困难、风险较大的主辅分离、辅业改制工作；承担了需要长时间打基础，并且很难在短时间内见成效，但却对集团的生存发展有至关重要影响的质量管理工作；承担了与德国合作伙伴打交道，引进轿车技术和产品，进而提高自主研发能力的合资合作工作。“实践出真知”，这是马克思主义一个基本的观点，我现在对这句话的理解越来越深。因为，越是比较难干的工作，越能迫使自己开动脑筋、全身心地投入，因而也越能为企业做更多的工作、越能体现出自身价值、越能得到群众的认可。在2007年一汽第十二次党代会上，我以全票当选为党委委员。

工作中我体会到，一个人越是取得成绩的时候，越是要感恩、低调，踏实干事。当你和常人一样时，你怎么样别人并不会太在意。可是一旦你作出了一些成绩，人们就会对你“另眼相看”了。这“另眼相看”大约有五种：其一是由衷的钦佩，其二是巴结，其三是“一峰突起丘陵妒”，其四是挑剔，其五是敬而远之。有时平日要好的朋友都会在你身份地位发生变化或取得一定成绩后，对你在心理上产生距离感和疏远感。为此，一定要保持低调，常念组织的教育和培养。我感到一个人在智商和才能差不多的情况下，能否把工作抓得有声有色，关键在于心态和德行。由于常怀感恩之心，总觉得组织、领导和同志们给自己的多，而自己回报的少，因而，总处于一种感恩的状态，总处于一种心态平衡状态，遇到困难和挫折也不气馁，能集中精力，找出解决问题的办法。更重要的是，你没什么“说道儿”，没什么计较，大家也愿意和你一起干，反而能够“得道多助”，工作容易打开局面。有真情者才能有境界，常怀感恩之心，不仅是一个人所追求的一种境界，更应是对一名领导干部政治品德的基本要求。领导干部只有有了对组织和群众“常怀感恩之心”的真情实感，才能“常修为政之德”，才能做到德才兼备，才能有为社会、为企业发展作出更多贡献的不竭精神动力。

二、敏锐把握机遇，真情回报自主事业，在合资合作中锻炼培养战略思维能力

如果说常怀感恩之心，体现的是一种境界，是一种工作的心态、思想和品德，那么作为担负一定领导责任的集团领导，还必须有敏锐的洞察力、清晰的战略思维能力和果断的组织实施能力。也就是要有思路，能办成事儿，能领导大家往前走。

坚持改革开放，扩大对外合作，是振兴中华民族的必由之路，也是企业赢得未来发展的必经之路。自主发展与开放合作，也是我们一汽发展中一贯坚持的方针。但从根本上讲，合资不是目的，而是学习国外先进技术和管理，用以强体魄、长本事、干好自主事业的手段。因此在合资合作中我们既要实现中外利益的“双赢”，更要主动占领制高点，把握合资合作发展中的主动权，为自身的发展赢得先机，奠定基础。一汽一大众是中国一汽与德国大众的合资企业，在一汽的改革发展中发挥着重要作用。但由于德国大众与上汽集团也有合资企业，因此总打“两张牌”。每次面临产品升级换代和需要再引进新产品时，

总是非常艰难，往往错过抢占市场的最佳时机。为彻底扭转这种局面，自己在集团主要领导的支持下，利用一汽同日本丰田的合作作筹码，并抓住德国大众要在2018年超过日本丰田的心理，以及其在欧洲销量下滑、在北美又是弱势品牌的现实处境，着重阐述清楚中国未来的轿车市场潜力和刚性需求，将会给大众的市场开拓产生的巨大影响。2006年，我又完整地提出了一汽—大众2012年实现产销100万辆的战略构想和实施方案。经过多轮沟通，终于赢得了德方的认同，不必像过去那样一事一议，从而在战略上赢得了主动，牵着德国人为了实现百万辆战略，源源不断地将新宝来，Golf A6，速腾下一代NCS，迈腾下一代B7L以及奥迪C7、Q5、Q3、A3等最新产品和先进的动力总成迅速拿到一汽—大众生产。正是因为有了这些战略上的安排和新产品作为保障，一汽大众进入了发展的快车道，年销量由过去的30万辆翻番提高到目前的65万辆，连续3年保持了全国乘用车销量第一，有力地支撑了集团的改革发展，同时也为集团自主产品的发展积蓄了力量，奠定了技术、人才和资金基础。

经过这方面的实践，我体会到：作为一名合格的领导干部，要时刻保持高度的敏锐性和前瞻性，要具备善于抓住机会，迅速占领制高点的战略思维能力，具备实现纲举目张、赢得主动发展的组织实施能力。

三、恪守岗位职责，心系企业员工利益，在解决复杂矛盾中锤炼提升自我

“为政之道在于安民，安民之要在于察其疾苦。”马克思列宁主义的基本原则就是要使群众认识到自己的利益，并且团结起来，为自己的利益而奋斗。在近些年承担分管的工作中，我遇到了一汽乃至在国企历史上第一次涉及员工国有身份和国有产权转换的改革改制工作。面对这种复杂艰难的局面，自己能够恪尽职守，以感恩之情认真开展工作，维护员工利益，求得企业与员工的共同发展。

这次改革改制涉及到的一汽装备制造体系是最弱势的群体之一。它是过去计划经济大而全的产物，在市场经济和专业化分工日益强烈的情况下，产品和市场竞争力不强，亏损严重，大部分靠集团“打点滴”维持，员工队伍极不稳定。解决的办法就是按照国务院国资委关于国有企业主辅分离、辅业改制文件精神，利用国家的支持政策，转换员工国有身份，引进非国有资本、技术、机制，实行企业改制。虽然这些企业的领导班子和多数骨干都认识到，不改制企业肯定没有出路，但绝大多数员工心里不情愿、不平衡，尤其是对转换国有身份和离开一汽有怨言和恐惧感，加之又赶上去年下半年金融危机，南方许多民营企业纷纷倒闭，更增加了员工对改制后企业前景的担忧。

这些历史和现实矛盾交织在一起，我作为负责此项工作的集团领导之一，压力非常大。在这个过程中，我亲身经历了一些公司员工连续多天上访、战略合作伙伴在关键时刻退出、职代会没有通过改制和员工安置方案、抱怨资产评估增值过高、劳动关系和债权债务关系以及对外投资关系等问题的集中“抄底”爆发等错综复杂的情况。好在有集团主要领导坚定不移的

支持，有广大改制企业员工期盼有活儿干、过上好日子的渴望。自己也认为历史的人，就要承担历史的责任，干历史的事儿。为此，我进一步明确了工作思路和方向，抓住“人”和“事”这两个环节，寻求突破。“抓人”，就是从人的切身利益切入，重点解决改制企业领导班子和经理人员的出路问题，让他们心里有底，这样才能带头做好工作。通钢悲剧的主要原因之一，就是原企业领导班子大部分游离在改制之外，没有得力的人去做得力的工作。“抓事”，就是实行“一厂一策”，根据每个改制企业的资产、人员、设备状况，分析所涉及业务的市场发展趋势、盈利能力和企业自身的市场位置，进行必要的产品结构调整，同时最大限度地利用集团的资源支持作保障，最后形成一个集团、改制企业、改制企业管理层和员工及合作伙伴都能接受并且可操作的改制方案。在2.5万多名改制企业领导和员工的理解、支持、参与下，最终于今年初，全部31家改制企业职代会都通过了改制方案，并完成了工商注册登记。现在，三个季度过去了，这些改制企业绝大部分运行良好，员工基本稳定，大家对未来发展逐渐充满了信心。

在深化改革、推进改制的过程中，自己经历了完成重大任务和解决复杂矛盾的考验，这些经历、体验和感受，已经成为自己一笔宝贵的精神财富。感触最深的体会有这么几点：一是要引导改制企业领导和员工丢掉各种幻想，认识到改制是企业的唯一出路，是员工的根本利益所在。同时，要真心实意帮助改制企业和员工解决实际困难。最大的帮助就是在市场资源上给予支持。企业有活儿干，能够向前发展，改制工作就初步成功了，这也深刻印证了马克思说的“人的生活和生产活动是一切活动的基础”的论断。二是做好改制企业领导班子和关键人物的工作，让改革改制成为员工自身的期望和要求，增强改制的内生动力。三是“政策和策略是党的生命”，一定要按政策办，要经得起历史的检验，不能随便许诺。一定要把握住政策，不能随便开口子，没根据的事，千万不能做。四是集团公司主要领导的坚定支持和班子其他成员的帮助，是完成复杂任务的最重要条件。

总之，在多年来的工作中自己有两点深刻感悟：一是要站在主要领导的角度和高度考虑问题，站在副手的角度做事。在担任子公司一把手时，自己知道希望副手怎样做最好。到集团担任副职后，就知道怎样配合好主要领导。我觉得有这样几点要把握住：顾全大局；重要事项及时请示、汇报，让主要领导掌握关键事项的进展和走向；不搞“小圈子”；棘手矛盾、问题尽量不上交，但既报喜也要报忧；维护集团的威信，听到议论多作正面解释和引导工作。关键是多为集团、主要领导着想，能干成事儿，成为集团和主要领导的重要支撑。另外，担任集团领导，职位的提高，并不意味着水平不需要提高，而是还有许多东西需要学习。二是要保护干事的人。作为一个领导者，这是最重要的一条。保护干事的人，就是保护了负责领域的员工的积极性。领导的行为是一个导向，大家看你对干事的人不仅使用，而且保护，就会努力干活。如果大家看到你只是用人家，到关键时候保护不力，不仅他本人，其他人也会寒心。领导者一定要意识到，干事的人最容易受到伤害。干工作就是解决矛盾，越是努力干工作的人，越容易陷入矛盾的旋涡。其实，下属最需要的就是两条：信任和安全。

以上几点，既是工作的体会和感悟，也是自己继续努力的方向，谈不上从政经验，仅供和同学们交流与共勉。

（作者：秦焕明　中国第一汽车集团公司副总经理、党委常委，中青一班学员）

阳光做人，踏实做事

陈 基 华

自从参加工作以来，阶段性的工作总结我们经常写，经常反思，在反思与总结中不断成长。岁月如梭，时光飞逝，一晃眼已经工作20年了。在这20年的工作经历中，我从一名学生成长为一名领导干部，回想起来我还真的从未做过系统的总结。从我的工作经历来看，虽然我从大学开始就一直学的做的都是财务会计专业，但20多年来工作的经历还是挺复杂，主要是工作行业跨度大，同时经历了不同的所有制体制。大学毕业后做过两年教师，后来考取研究生，研究生毕业后做了相当于现在的投资银行工作（当时是从事企业股份制改组及上市）。1995年开始到一家外企泰国红牛公司工作，参与组建中国红牛维他命饮料公司；后来又经猎头公司推荐到沙特阿拉伯一家公司做财务总监；1999年也是通过猎头公司推荐到吉通网络通信公司做副总裁兼财务总监，主要负责海外上市。不巧的是当时正好遇上IT网络概念泡沫破裂，上市没成功，所以有了上市失败的教训，而这教训又变成我个人工作阅历的一份财富。2001年到中国铝业公司，当时中铝公司正在筹备组建并准备海外上市，此后一直工作到现在。几次工作变化有一个共同点，就是每次工作的变化被动的成分更多一些，每次变化又都正好符合自己的职业需求。现在回想起来工作变动时，最值得总结的就是自己所经历的思想变化。在这思想变化的背后，记忆最深刻的就是自己想要什么，能给新的单位带来什么价值，想得都很清楚。我的经历虽然不能称其为从政经历，但我觉得由于我经历了不同行业及体制的变化，在我的成长过程中确实有很多体会，在这里与大家一起交流。

一、始终把阳光、坦诚作为自己做人做事的基础

从我的个性上看，我比较直率，待人诚恳，愿意将自己的想法直白无误地与人交流。我在来中铝之前，个人职业经历市场化的成分更多些。在外企工作时，人际关系相对简单，包括工作汇报关系、业绩

目标、价值取向（个人的和公司的两方面）。因此，我已经习惯于在管理上推行职责清晰、目标明确、绩效及时的管理模式。由于我一直是分管财务管理工作，工作的重心在预算控制和绩效管理上。在外企的工作经验体会是把该说的都说清楚，不留含糊的地方，一切按规矩来，对事不对人，相对来说做起来比较顺手。中铝是一个大国企，是中央企业。到了中铝后，一开始也是这么做，总觉得要把好的规范的管理模式推广起来，但发现难度很大。主要表现是很多管理上的问题讨论起来表面上大家都不能说透，因此有时候形成的决议并不是一个真正的共识，实际执行起来时很难按“规矩”办，而且总能找到各种各样的理由。尤其是有些事方案出台时不完善，隐含了一些缺陷，而别人又不说，等到执行起来就非常被动。有了这样的教训后怎么办？我的处理方式是加大征求意见的力度，但坚持将事情说透，坚持不含糊，坚持按既定规矩办，即便有不完善的地方，不会改变做事方式，强调把事情摆在桌面上。经过几轮回合，让同事们理解我的处事方式，特别是让同事们意识到我对这种处事原则的执着。用我的真诚去感化同事，最终目的还是让大家能理解也慢慢接受我的处事方式。时间一长，从表面上看，是我个人的被接受，其实背后还隐含了一个更重要的结果，那就是对一个单位工作氛围的影响。

二、想做事、能做成事是赢得同事尊重与信任的前提

首先得想做事。作为公司高级管理人员，或者组织上将你放在重要的领导岗位上，你得“物有所值”，你得不负众望。首先自己得有这份渴望，有一份做好工作的强烈愿望。这方面我的体会较深。来中铝前，尽管我的工作有过几次变化，但实际上每次变化都没有偏离过我的职业理念和发展方向，那就是做一个称职的高级职业经理人。这就要求不仅要精通自己的专业领域，更要具备国际视野。刚到中铝时，当时面临的任务非常明确，那就是完成公司重组及海外上市，完成上市后的内部业务整合。第一项任务对我来说在国际资本市场有一些基础，挑战在于我以前没接触过铝行业，需要我在较短的时间内要成为一名行业内的财务专家，困难可想而知。这就要求我花百倍千倍的努力，熟悉大量的数据。第二项任务是真正的挑战。中铝重组上市前，是从全国各地选了一些铝企业重组而成，俗称“先有儿子后有老子”。要完成业务整合，实现管理一体化，关键在于能否完成财务的管理一体化，能否完成财务的整合。用时任公司总经理郭声琨的话说：“财务管理的整合就是突破口，财务就是一把刀子，财务必须成为冲锋陷阵的排头兵。”“要你来，就是因为你有外企工作经验，就是希望你在推动国企体制机制改革时不用瞻前顾后，也不用忌讳各方利益格局。”在公司党组的统一领导下，由我牵头进行了一系列财务改革，建立了自上而下集中统一的财务管理体制，从预算、会计、资金、内控等各方面完成了公司财务全面集中整合，为公司营销、投资、研发等各业务的整合奠定了坚实的基础。

应该说从2001年开始，我们用了两年的时间将公司从一个管理分散、决策多头、

运转效率低下的状态带入了权责分明、管理集中、能最大限度调动各方面积极性的管理新阶段。在这过程中，通过财务的整合，形成了公司以财务为核心的运营管理体系。这个运营管理体系在过去几年里为公司的快速发展发挥了重要作用。在这个过程中，个人的成绩得到了公司上下的认可。尽管在整个业务开展过程中有许多困难，但只要一切以公司全局利益为出发点，最终都能得到大家的理解和认可。我本人由于工作表现出色，获得了2004年“中国首届十大CFO年度人物”。总结这些工作，自己体会作为年轻人，首先得有过硬的专业知识，同时要善于发挥个人的特长，敢于做事，要敢于迎着困难挑战上。要在克服困难的过程中，表现自身的价值，作出自身的业绩，只有这样，才能赢得同志们的尊重与信任。

三、善于沟通、敢于认错是获得同事理解支持的有效途径

管理是门艺术，而有效的沟通是打开这艺术之门的钥匙。财务管理需要坚持原则，但有时坚持原则后效果不一定让人满意，问题就出在沟通上。我始终认为，如果你的意见是对的，却又不能被采纳，那就说明你的沟通能力有问题。在沟通问题的认识上，不能仅强调自己的个性，不能简单地强调我就是什么方式，必须站在一个更高的层面来认识沟通的极端重要性，以最终的成败效果作为评判标准。

敢于认错是获得同事理解支持的有效途径。由于我们公司是按照财务为核心进行运营管理的，相对来说，财务比较强势，因此有时候与市场运作等方面有冲突，因为财务总是将风险控制放在首位，但这种管理模式会影响市场运作。经过一段时间的磨合，事实证明只有将市场运作的还给市场，财务内控的还给内控，才能保证运转的高效；事实证明只有在敢于认错基础上的坚持原则才是科学的坚持原则。领导干部在工作中容易犯的错误之一便是把不认错当成了坚持原则。事实上，敢于认错丝毫不会损害领导权威。

四、淡泊名利、不苛求“进步”，始终做到心态平和，在工作中享受快乐

在某一个领导岗位上工作了较长时间，特别是有了一些成绩，得到了一些表扬后，往往就在思想上有了一些松懈，而这往往又是出问题的开始。我在中铝历任三届财务总监，陪伴了三任董事长，前两任都已走上了重要的领导岗位。但我始终以满腔的热情踏踏实实地做好自己的本职工作。我自己的信念就是把平凡的工作做好，享受做好工作的快乐。财务管理牵涉面广，加上我又分管公司资本运营业务，工作中难免在重大项目决策、业务安排（比如购并、融资、配股、增发等）中涉及很多利益环节，有些免不了利益诱惑。由于我经历过不同的体制，对金钱利益的看法比较透，深知人对物质利益的贪求是没有止境的。我常常想自己从一个普通的农家子弟成长到今天，都是党和人民的培养。我们今天所拥有的物质生活已经如此之丰富了，从内心深处就应该知足。有了这种思想，就会珍惜现在拥有的一切，就能够从日常平淡朴素的生活中体会甘甜，就不会迷失方向。

五、始终将加强学习，努力提高自身修养作为个人成长不竭的动力源泉

“金无足赤，人无完人。”学无止境。唯有通过不断学习，全面提高自身修养，才能适应形势的飞速变化。加强学习，不仅体现在业务能力学习上，更多的要体现在不断地提高自身理论素养和个人品位、道德修养上。很长时间来，我比较注重专业业务领域的知识积累，比较强调管理制度的刚性。事实上，在企业的管理中特别是在一个有着几十年历史的国企里，有很多的实际问题不能简单地用专业理论去解决，更多的需要着眼于历史，着眼于企业在特定环境里所积淀下来的文化。比如，国企里党建工作的重要性，党建工作作用的发挥，都有一整套的理论体系与方法。这就要求自己必须不断地加强学习，用正确的思想武装自己的头脑，用高尚的品行来陶冶自己的情操。思想境界提高了，道德修养加强了，就会更加理性地看待自己，看待周围的客观世界，从而更加坚定自己为党和人民多做贡献的信念，这样的人生才更加有意义。

以上是自己这些年来对工作的一些体会。由于认识有限，一定有很多的偏颇之处。但我相信，只要一心为公，不谋私利，勤奋工作，踏实做人，最终总会有收获。

（作者：陈基华　中国铝业股份有限公司董事、副总裁、财务总监，中青一班学员）

党性教育和锻炼

第 26 期中青一班体验式教学及党性分析情况

按照教学安排，中央党校第 26 期中青一班学员奔赴革命圣地延安，在中国延安干部学院进行体验式教学及党性分析，累计经历了 6 次课堂教学，13 次现场教学和 25 人次的教学讲解和点评。学员们认真准备党性自我剖析材料，积极参与小组讨论，互相评议、互相启发，并召开支部大会进行了体会交流。通过开展这项活动，大家紧密联系各自思想和工作实际进行了深入的党性分析，再一次接受了深刻的党性教育，进一步明确了自身的不足和努力方向，进一步增强了建设中国特色社会主义的历史使命感和社会责任感，学员的党性修养水平又上了一个新的台阶。

一、主要收获

此次来延安进行体验式学习，开展了党性分析，学员们普遍感觉收获巨大，心灵受到震撼、灵魂受到触动，不仅更加全面地理解了延安精神的内涵，也对坚定理想信念、加强党性修养、强化作风建设的重要性、必要性和紧迫性有了更加深刻的认识。

（一）对延安精神有了新理解。对于延安精神，学员们原来都有不同程度的了解，但是这次实地参观学习，却使每个人的认识达到了一个飞跃。特别是通过在凤凰山、杨家岭、枣园、南泥湾等老一辈革命家奋斗过的每一个旧址进行现场观摩、聆听讲解，每一位学员都为延安时期革命斗争的艰苦卓绝所动情，也为延安精神的崇高和博大所敬仰。杨延虎教授讲授的《党中央在延安十三年》、宋炜教授讲授的《延安精神及其时代价值》，结合中国共产党 80 多年的奋斗历史，学员们深刻认识到延安精神绝不仅仅是延安时期的精神，而是一个开放包容、历久弥新的思想体系，在中国革命、建设和改革开放的不同历史时期，延安精神都不断被注入新内涵、得到新提升。但是不管在任何历史时期，延安精神的核心内容是具有永恒价值、始终昭示后人的，这就是：坚定正确的政治方向，解放思想、实事求是的思想路线，全心全意为人民服务的根本宗旨，自力更生、艰苦奋斗的创业精神。大家一致认为，延安精神的核心内容是中华民族优良品质和共产党人革命精神的有机融合，延安精神是成就中国革命的伟大精神，延安精神也应当是成就中国特色社会主义建设和中华民族伟大复兴的精神。同样，延安精神也是一名党员领导干部成就事业、成就人生的思想灯塔，如果缺乏延安精神的激励，思想就会缺少一个标杆，行动就会失去强大的动力。

（二）理想信念有了新升华。虽然大

家都是多年的党员，在各级领导岗位上不断受到教育，但是对于理想信念还是觉得比较抽象。这次来党校学习，通过中央领导和党校老师的指导和启发，通过来延安进行实地体验，大家对中国革命的艰辛历程由衷感叹，对中国革命、建设和改革开放的历史更加熟悉，对马克思主义的理想信念从理论走向了实践，对建设中国特色社会主义的理想信念从书本走向了现实，体会更深。大家依然不能忘记在枣园革命旧址进行现场教学的时候，赵耀宏老师介绍张闻天的生平。张闻天同志曾经受误解甚至被打倒，都没有动摇他对共产主义信仰的坚定追求，他在临终前缴纳的那笔党费更是深深打动了在场的每一位学员。从老一辈无产阶级革命家身上大家普遍对理想信念有了更加直观、更为具体的认识，从而也在思想上进一步增强了理想信念的自觉性和坚定性。

（三）党性修养有了新提高。大家一致认为，党性修养不是一时的问题，而是一生的问题。不能把加强党性修养当成上级的要求来被动执行，而是要作为领导干部的日常功课和内在追求来模范践行。同志们在王家坪现场教学中了解到，当毛岸英从苏联回到延安的时候，毛主席教育他“你要上劳动大学”，送他到百姓家同生活同劳动，让他了解国情了解民情。诸如此类的细节使大家体会到思想路线的具体内涵。大家认识到，这次结合革命传统教育来分析党性，在教学中开展党性分析活动就是要对照宗旨，深入剖析，找准问题，决不能轻描淡写、走走过场，否则只能在“加强党性修养”的口号中淡忘了党性，甚至背离了党性。大家从感性到理想、从理论到工作、从自己到组织、从自律到他律，从各个方面对党性修养问题作了探讨，思想认识上都很深刻，分析自身都很真实。大家表示，加强党性修养是一个与时俱进、紧跟时代的过程，要不断克服头脑中不适应时代要求的过时思想，不断完善自己，跟上时代步伐，经受住新的考验。

（四）服务群众有了新认识。通过在延安实地学习革命传统，学员们对于党的群众路线有了更深切的认识。大家普遍反映，作为领导干部，要想得到群众的拥护，就要真心实意、勤勤恳恳、坚持不懈地为人民群众解难事、办实事、办好事，做到权为民所用、情为民所系、利为民所谋，真正为人民掌好权、用好权。现场教学中提到的毛主席为在延安超过60岁的老人过生日的故事、毛主席亲自安排张思德追悼会的故事、“只见公仆不见官”等，无一不让同志们体会到，保持党同人民群众的血肉联系具有极其丰富的现实意义。大家认识到，在当前群众不断出现新需求，各类利益群体矛盾交汇的形势下，党员领导干部更要全面、深刻地认识群众路线，赋予群众路线以新的内涵和新的方法，创造性地服务群众、化解矛盾、促进和谐。

（五）廉洁从政有了新要求。学员们都结合自己的经历进行剖析，对自身廉洁自律的问题提出了更具体、更实际的要求。认为自己的每一步成长都离不开党和人民的培养，能够成为领导干部，这是党和人民对自己的信任，是组织给予自己一个工作的岗位，绝不是搞特权的资格，要保持平常之心，倍加珍惜今天的一切，不断警醒、警戒自己。结合学习5月3日习近平同志关于加强党校学员管理的批示精神，大家进一步从思想上认识到确保廉洁自律的重大意义，纷纷表示，要在实际行动上贯彻胡锦涛总书记关于党员领导干部作风建设的要求，解决好“为谁当官、怎样用权”的问题，自觉拒腐防变，做到不仁之事不谋、不义之财不取、不正之风不沾、违法之事不干，老老实实做人、踏踏实实办事、清清白白为官。

学员们除在思想上、认识上有以上收获之外，还对中央党校组织此次别开生面的活动谈了一些感想，认为这种将体验式教学与党性分析相结合的方式非常有意义，既不同于平常工作中的自我分析，也不同于单纯的革命传统参观学习，内容非常深刻，找问题更加有针对性，面对面的评议也更加有启发性。

二、存在的主要问题

在党性自我剖析中，学员们依照党章要求，依照落实科学发展观的需要，对照延安精神的要求，对自身思想、工作中存在的问题进行了认真分析。主要表现在以下三个方面：

在理想信念方面。有的理想信念有所淡化，仅仅把工作看成是个人的职业和事业，共产主义信仰和社会主义信念还没有完全内化为自觉行动。有的对群众路线贯彻得不是很到位，不善于同群众打交道，下基层调研存在“蜻蜓点水”的现象，对群众的困难、疾苦尽管有同情、有了解、有感慨，但更多的是出于职责要求，没有从情感、党性以及血肉联系的角度去认识和对待，没有在倾听民意的同时充分利用民智、调动民力。有的习惯在顺境中工作，忧患意识不足，紧迫感不强，一旦遇到类似于这场国际金融危机的逆境，感到思想准备不足，知识和能力储备不够。有的缺乏攻坚克难的勇气和信心，存在遇见困难绕着走、把问题和“硬骨头”后放、工作平推的现象。有的时候过于考虑个人升迁、前途，满足于讲程序、图安稳、不出事，害怕犯错误、捅娄子、得罪人，患得患失。

在作风建设方面。学习的系统性和针对性还不强，存在着把学习当负担、当任务的现象，不能长期有效地抓空闲、挤时间，学习效果不深入、不扎实；有时理论与实际结合不够，特别是在运用理论指导实践、学习转化先进知识为我所用上还做得不够。大局意识还有待强化，对大局意识的强调和重视有时还停留在口头，研究工作时仍过多着眼于自己所分管领域，没有做到在服务大局中善用大局。务实创新的精神还需要加强，有的工作部署之后没有一抓到底，面对新问题、新情况时手段不多、方法较少，工作缺乏针对性和实效性。领导方式和方法还需进一步改进，存在“一把手”说了算的现象，班子内部集体领导的效能有待提高，副职之间协调配合的意识有待强化。

在廉洁自律方面。虽然在杜绝以权谋私、钱权交易的大是大非面前保持清醒头脑，但有时讲排场、高消费等不良现象仍然存在，勤俭节约、艰苦奋斗的精神需要进一步发扬，廉洁从政的操守需要进一步强化。在践行“一岗双责”方面，一定程度上存在着重形式、轻实践，重事后、轻事前，重问责、轻监管的问题，领导干部的管理职责还需进一步加强。

三、今后努力方向

通过此次体验式教学和党性分析，学

员们一致表示，今后要进一步弘扬延安精神、加强党性修养，努力保持党员的先进性。归纳起来主要有以下三个方面：

（一）强化思想先导。思想是行动的先导。学员们表示，要加强思想建设，从思想上、源头上进一步增强对党性修养的认识，把党性修养作为思想政治建设的基础工程，作为党员干部永恒的主题，树立正确的世界观、人生观、价值观，真正在思想上完全入党。要坚持理论学习，不断用先进理论武装头脑，自觉把学习作为一种崇高境界和终身追求，更加清醒地分析新形势、研究新情况、应对新挑战，保持思想上的开拓和进取。要坚定理想信念，不仅把理想信念作为一个思想认识问题，更作为一个实践问题，在具体行动中充分体现党性修养，把对崇高理想的追求化作为党在现阶段任务而奋斗的自觉行动，把对事业的热爱和忠诚落实到日常言行举止和兢兢业业的工作实践中，始终保持坚定的政治方向，始终践行为人民服务的根本宗旨，以实际行动赢得群众的支持和拥护。

（二）强化作风保障。党性决定作风，作风体现党性。学员们结合党性分析的要求，在逐条对照剖析问题的同时也提出了加强自身作风建设的思考。综合起来，主要是"坚持三个并重"：一是坚持继承优良传统与顺应时代要求并重。作风的内涵是随着形势的发展不断充实和完善的。学员们表示，要继续深刻理解包括延安精神在内的党的一系列优良作风，同时坚持与时俱进，适应新形势要求，不断加强对新时期作风建设的理解，并赋予其新的内涵。二是坚持务实与创新并重。学员们普遍将求真务实与开拓创新作为工作作风的重点体现，下一步将着重改进。务实方面，重在进一步强化执行意识，掌握实情，吃准政策，敢闯敢干，立说立行，切实把各项决策部署落到实处。创新方面，重在培养创新的思维、创新的方法，善于抓住重点、找准突破口，敢于攻坚克难、正视矛盾，勇于改革创新、排除阻力。三是坚持服务大局与服务群众并重。将自身工作放到大局和群众的天平上衡量，既要把握上情、融入大局，在推进全局工作中发挥作用，更要把握需求、执政为民，以实现好、维护好、发展好群众利益作为最终追求目标。

（三）强化廉洁自律。廉洁自律是树立良好形象的重要体现。学员们基本上都从自律和律人两个方面谈了下一步的想法。重点是要抓好三个结合：一是思想教育和制度规范相结合。从加强教育、增强党性觉悟入手，树立正确的世界观、人生观、价值观和权力观、地位观、利益观，通过经常性的思想教育和学习，筑起抵制各种腐朽思想侵蚀的道德防线。同时，自觉遵守规范干部行为和关于廉洁自律的各项制度，切实做到履行职责有章可循。二是严格自律和强化监督相结合。把抓好自律放在第一位，坚持自重、自省、自警，同时主动接受党内监督、群众监督和舆论监督，使手中的权力在阳光下运行。三是以身作则与示范带动相结合。坚持"管好自己、不失形象，管好下属、不失原则"，从自身做起，带头遵守各项纪律和规章制度，同时充分发挥领导干部的示范带动作用，在率先垂范中带动身边的党员加强修养，共同塑造良好的形象。

新疆民族干部培训班学员赴西柏坡进行党性教育

4月25日至26日，新疆地厅级民族干部培训班（第49期）和新疆县处级民族干部培训班（第50期）师生一行96人赴河北石家庄西柏坡进行了党性教育的参观学习活动。

在西柏坡，党中央毛主席成功地指挥了三大战役，赢得了解放战争的最后胜利；在这里，召开了全国土地会议，颁布了第一部确立耕者有其田的《土地法大纲》，宣告了中国几千年封建土地制度的终结；在这里，召开了党的七届二中全会，毛主席提出“两个务必”的执政理念，绘制了新中国的宏伟蓝图。

在西柏坡，新疆班学员首先听取了西柏坡纪念馆副馆长安康美同志的介绍，然后分成地厅班和县处班两个支部分别参观了西柏坡纪念馆、中共中央旧址和解放军总部旧址以及毛泽东、刘少奇、朱德、周恩来故居。最后，新疆班师生一起汇集在七届二中全会旧址，听取了讲解员的介绍，面向旧址前的党旗，重温入党誓词。

学员们怀着崇敬的心情，身临其境，参观老一辈无产阶级革命家工作生活的旧址，深刻缅怀老一辈无产阶级革命家和革命先烈。参观过程中，学员们每到一处都静心地听，仔细地看，悉心地记，不解地问，潜心地想。通过参观学习，学员们深深地为老一辈无产阶级革命家不畏艰难困苦、不怕流血牺牲的大无畏革命精神和超然的革命乐观主义所震撼，为毛泽东为代表的第一代领导集体指点江山激扬文字的雄才大略而敬仰，为谦虚谨慎、戒骄戒躁和自力更生、艰苦奋斗的优良作风而感动。

学员们纷纷表示，这次活动时间虽短，但这次党性教育印象深刻，效果很好。我们要有感恩的心，什么时候都不能忘记：没有共产党就没有新中国，就没有新疆的发展和繁荣，就没有新疆各族人民的幸福生活，就没有各民族的大团结。要珍惜在中央党校学习机会，刻苦学习，努力提高自身能力和素质。要以老一辈革命家为榜样，牢记“两个务必”，永葆艰苦奋斗的政治本色，坚定走中国特色社会主义道路的理想信念不动摇，深入贯彻落实科学发展观。

学员们还参观了石家庄市太平河生态环境开发整治工程、石家庄解放纪念塔和正定大佛寺。

第27期中青一班体验式教学和党性分析情况

根据教学计划安排，第27期中青年干部培训一班学员于11月1日至9日分赴井冈山和延安两所干部学院（一支部27人到延安，二、三支部54人到井冈山）开展体验式教学和党性分析活动。全体学员以党的十七大和十七届四中全会精神为指导，按照习近平同志“要把理论学习和党性修养结合起来，使学习的过程同时成为改造主观世界、提高思想境界、增强党性的过程”的新要求，紧紧围绕“坚定理想信念，加强作风建设，提高执政能力，保持共产党员先进性”这一主题，结合深入学习实践科学发展观活动，亲身体验、深刻感悟，认真思考、深入剖析，取得了较好的成效。有关情况如下：

一、体验式教学和党性分析的基本情况和特点

1. 中央党校和两所干部学院高度重视，体验式教学和党性分析活动目标任务明确，内容丰富，安排周密。

10月29日，培训部专门组织召开动员会，孙庆聚副校长讲话，对学员抓好党性分析、提高思想境界、增强党性修养提出了明确要求和殷切希望。部领导对学员党性分析活动作了具体部署，对体验式教学和党性分析的目的、内容、方式、要求作了详细介绍。两所干部学院精心准备，安排了内容丰富的课程，为开展好党性分析活动奠定了较好的理论基础和思想基础。

2. 学员们思想上重视，认识上到位，行动上积极认真。

在体验式教学期间，学员们认真准备，为党性分析活动高质量地完成提供了思想与理论储备。他们自觉挤时间再次深入学习了《中国共产党章程》、毛泽东同志的《为人民服务》、《纪念白求恩》、《深入学习实践科学发展观活动领导干部学习文件选编》、《中共中央关于加强和改进新形势下党的建设若干重大问题的决定》以及胡锦涛总书记在党的第十七届中央纪律检查委员会第三次全体会议上的重要讲话等规定篇目。大家深刻认识到党性分析是学员在党校学习期间进行党性锻炼的重要环节和必修课，是理论联系实际的自我教育活动。他们边学习边回顾，边思考边总结，从主客观两方面，结合课堂上老师传授的理性思维和整体认识，从自己的思想实际出发不断深刻剖析自己，认真、及时准备好了党性分析材料。

3. 亲身体验和党性分析相结合，效果显著。

伟大的井冈山精神和延安精神使学员们的思想受到震撼、灵魂得到洗礼、精神得到升华。学员们普遍反映，中青班学员党性分析活动的一个突出特点就是与井冈山、延安体验式教学相结合。学员们在身临其境中重温我们党艰难曲折的革命历程，感受革命先烈们的伟大情怀、民族气节和百折不挠的意志。别开生面的现场教学，

画龙点睛的理论阐述，一段段生动的历史事件，一个个鲜活的历史人物，潜移默化、润物无声，极大地感染着学员们。有的学员说，参加工作后进行过多次党性分析活动，但面对革命先烈进行党性分析还是第一次，它带来一种特殊的体会，说出了不少平时在单位不好说的话，挖掘出了不少内心难于言表的想法，收到了一般情况下难以收到的积极效果。

4. 自我查找改进与小组交流评议相结合，剖析深刻。

在组织员和联络员的精心指导下，学员们认真撰写党性分析材料，都力求把自己发自肺腑的感受、心得、查找到的不足与改进方向写出来。小组交流评议中，来自国家机关、大型企业、金融机构等各个部门、各个岗位、各条战线上的学员，围绕自己讲自己、跳出自己看自己，敞开思想讲真话、抛开顾虑说实情，拿自己的剖析启发别人、用别人的得失丰富自己。组织员、联络员的积极鼓励、指导和帮助，也极大地调动了学员的热情，呈现出团结、紧张、严肃、活泼的交流气氛。大家有讲有评、有问有答、有议有论，形成了互动，取得了较好的效果。

二、党性分析查找出的主要问题

在党性分析中，大家以四中全会精神为指导，坚持一分为二辩证地看待自己，认真对照历史和先辈，对照新形势下党的建设新要求，用更高的标准来严格要求，侧重分析党性方面还存在着的一些不能忽视的问题和不足，主要是：

1. 学员们理想信念普遍比较坚定，但部分学员对现实问题认识不清晰，时有困惑。

理想信念既是世界观问题，也是党性问题。大家认为，总的来说从入党以来特别是担任领导干部以来，能够始终做到对马克思主义信仰、共产主义信念和对党领导和带领全国人民建设中国特色社会主义道路的信心坚定。但是，实践中有时做得还不够好。比如，面对市场经济下出现的新情况新问题和各种思潮影响时，容易产生热情衰减、困惑疑问，缺乏老一辈革命家那种一往无前、不懈奋斗的英雄气概。在这次学习和党性分析交流中，学员认识到理想信念不是抽象的，理想信念是目标也是过程，是认识也是行动。对理想信念既要加强学习，保证思想上的坚定、政治上的清醒；又要注重实践，在行动上坚守，在日常工作和生活中加以检验。

2. 宗旨意识比较强烈，但也偶有懈怠，存在深入基层不够的问题。

全心全意为人民服务是我们党一切工作的出发点和归宿。中国共产党是为全国人民谋福利的，没有自己的特殊利益，这是与其他党派、团体的最大区别。大家认为，自入党的那天起，为人民服务就是我们必然的选择，就是要为最广大的人民群众的根本利益而工作。但在实际工作中，也存在对党的宗旨理解不深、领会不够、服务意识淡化的情况，在践行党的宗旨时存在个人主义、患得患失的思想。有时，深入基层调查研究少，为基层解决实际问题和反映问题少，深入群众、倾听群众呼声、了解群众疾苦少。

3. 作风建设上注意坚持求真务实，但在实际工作中有时也仍显浮躁。

作风建设是党的创造力、凝聚力、战斗力的直接来源。党员干部的作风连着党风，党风不正，就得不到人民群众的支持和拥护，党的执政地位就会动摇，执政意图就不能很好地贯彻执行。大家感到，平时虽比较注重加强和改进作风，但在实际工作中还存在凭经验办事多，用科学方法不够；用传统手段多、用现代理念不够；靠行政推动多、靠市场机制不够等情况。另外，时常也存在浮躁心态，在顺利时顺心如意、容易自满，在逆境时怨天尤人、烦躁不安，对问题望而却步。部分学员也感到现在“虽然交通发达了，下基层却少了；虽然通信方便了，与群众接触却少了；虽然信息来源多了，第一手资料却少了”。特别是多年在机关工作，容易养成高高在上的漂浮作风，服务基层、服务群众的意识不强。

4. 廉洁自律意识总体比较强，但从严中还有差距。

为官清廉，是一个共产党员领导干部应达到的基本标准，也是共产党员的基本操守和品格。在这方面，对照先辈，用共产党员先进性的标准严格检查，在廉洁自律方面还有不少差距：有时遇到实际问题把握不住，有时碍于情面礼尚往来等现象也是得过且过。这些都说明廉洁自律方面还不过硬，如果不引起重视，防微杜渐，就容易思想松懈，产生其他问题。

三、体验式教学和党性分析的主要收获

到井冈山和延安干部学院开展体验式教学和党性分析活动时间虽短，但学员们都感觉受益匪浅，收获颇多。大家认为，这既是一次饱含深情、回顾历史的学习过程，也是一次振奋人心、催人奋进的自省过程。对中青年领导干部来说，这个环节极其重要，不可或缺。归纳起来，主要有以下几点收获：

1. 进一步领会了井冈山、延安精神的深刻内涵和精髓。

井冈山、延安精神是老一辈无产阶级革命家和老一代共产党员留下的优良传统和作风，是我们党宝贵的精神财富，是干部教育培训的永久教材。通过这次学习，大家对井冈山、延安精神由原来的感性认识，上升到了理性认识，有了更深刻的体会和感悟。井冈山、延安精神具有超越时空的稳定性，是激励中国革命和建设取得一个又一个胜利的巨大精神财富，也是培养和教育一代又一代中华民族优秀儿女的精神支柱。大家纷纷表示，在面对新形势、新问题，面对这样那样的困难的时候，始终坚持自力更生、艰苦奋斗的创业精神，始终坚持全心全意为人民服务的精神，始终坚持理论联系实际、不断开拓创新的精神，始终坚持实事求是的思想路线，就一定能克万难、促发展，就一定能实现全面建设小康社会、构建和谐社会、实现中华民族伟大复兴的宏伟目标，就一定能实现共产主义最终目标。

2. 进一步坚定了走中国特色社会主义道路的信念和决心。

在井冈山大家体验到，当时中国革命遭遇严重挫折，环境极其艰苦，甚至有许多人丧失革命信心，发生信念动摇。就是在这生与死的较量中，老一辈革命家，却怀着坚定的理想信念，进行艰苦卓绝的斗争，最终取得了革命胜利。他们那种矢志不移的信念，百折不挠的意志，使学员深受震撼。在延安，大家经过延安革命旧址

体验和党性分析，深深感到中国蓬勃发展、人民幸福安康来之不易，党的发展壮大、民族复兴来之不易。大家一致认为，井冈山、延安精神的灵魂，是共产党人对理想信念的执著追求，如果没有这种坚定的信仰作支撑，中国革命是不可能取得最终胜利的。我们要在井冈山、延安革命精神指引下，保持共产党员的先进性，坚定共产主义的理想信念，奋勇推进中国特色社会主义建设事业。

3. 进一步锤炼了依靠群众、艰苦奋斗的作风。

通过学习，学员们对马克思主义的群众路线有了更为深刻的认识。在革命年代，井冈山、延安缺粮少衣、缺医少药，而且斗争形势严峻，队伍损失惨重。毛泽东、朱德等共产党人，清楚地认识到，要取得革命胜利，必须紧密联系群众、依靠群众。他们与群众同甘共苦，艰苦奋斗、攻坚克难，得到人民群众的广泛支持和拥护，凝聚了坚实的革命力量，发展壮大了革命力量。大家一致认为，今天我国社会主义现代化建设正处在关键时期，面临着这样那样的困难和挑战，只有上下同心，形成合力，才能跨越各种阻碍。为此，我们必须继续发扬党的优良作风，坚持群众路线，做到问政于民、问计于民，凝聚民心、群策群力，不断增强党的凝聚力和战斗力。

4. 进一步增强了廉洁自律、抵制腐败的意识。

这次学习期间，老一辈革命家以身作则、廉洁自律的精神风貌，一直感染着学员，使学员们对什么是正确的人生观、价值观、幸福观和苦乐观有了新的认识。大家纷纷表示，自己肩负的责任重大，任务艰巨，将时刻铭记“以艰苦奋斗为荣、以骄奢淫逸为耻”，不断加强道德修养，树立正确的义利观、荣辱观、道德观、人生观，保持共产党员的革命情操和高尚气节，追求积极向上的生活情趣，时刻自重、自省、自警、自励，坚决抵制歪风邪气，勇于同各种消极腐败现象作斗争，努力做一名让党放心、让人民放心的党员干部。

四、明确了今后的努力方向

通过井冈山、延安体验式教学和党性分析活动，学员们一致表示今后要进一步弘扬井冈山、延安精神，加强党性修养，强化党性锻炼，增强为党和人民事业不懈奋斗的使命感和责任感，不断推进自身的思想建设、作风建设、反腐倡廉建设。

1. 加强理论学习，推进思想建设。思想建设是党的根本建设，具有“铸魂”作用。学员们纷纷表示要始终保持坚定的政治方向。一是夯实理论基础，坚定理想信念。认真学习中国特色社会主义理论体系，深入贯彻落实科学发展观，不断研究新形势、新问题，不断提高运用科学理论改造主观世界和客观世界的能力。二是坚持用时代发展要求审视自己、以改革创新精神提高和完善自己，不断推进实践创新。三是端正执政理念，坚持科学执政、民主执政、依法执政，着力提高总揽全局、协调各方的能力和水平。四是坚持居安思危，常怀忧党之心，恪尽兴党之责，树立使命意识，树立执政意识。

2. 加强党性修养，推进作风建设。作风是党性的外在表现，关系党的形象，关系事业的成败。学员们一致表示要做到“四个坚持”，推进作风建设：一是坚持党性锻炼，把加强党性修养作为优良作风养成的重要基础和动力。二是坚持立党为公，执政为民。要坚持全心全意为人民服务根本宗旨，坚持以人为本，虚心向群众学习，热心为群众服务，诚心受群众监督。三是坚持求真务实，真抓实干。要把心思用到干事业上，把功夫下到察实情、出实招、办实事上，努力推动科学发展、促进社会和谐。四是坚持无私奉献，艰苦奋斗。要始终与人民群众同甘共苦，迎难而上，积极工作，发挥共产党员的先锋模范作用。

3. 加强廉洁自律，推进廉政建设。这次体验式教学和党性分析活动，使学员们从党的生死存亡战略高度认识党风廉政建设的重要性，纷纷表示要坚持不懈开展反腐败斗争，保持共产党员的先进性。一是严格遵守廉洁自律各项规定。二是勇于批评和自我批评。三是讲党性、重品行、作表率。

党的十七届四中全会强调，加强党性修养、坚定理想信念、保持优良作风，关系党的生死存亡和中国特色社会主义事业的兴衰成败。第 27 期中青一班学员们表示：以此为契机，把这一阶段的学习成果带到今后的学习工作中去，把查找的问题落实整改，把深刻领会的精神用于实践，把互动共享的经验归纳吸收，不断通过自省、互勉锤炼党性、提高修养，更好地承担党和人民交给的重任。

学员管理规律研究

探索学员管理规律，提高学员素质能力*

进 修 部

学员管理工作是党校工作的重要组成部分。中央党校是培训轮训党的高中级党政领导干部和理论骨干的，做好学员管理工作必须探索和遵循干部成长规律和学员管理规律。

一、学员管理的基本规律

我们在总结多年学员管理实践的基础上，归纳出学员管理工作具有以下四条基本规律。

（一）党校姓党是根本原则

党校姓党是由党校的性质、地位和作用决定的，是党校最大的特色，是学员管理必须长期坚持的根本原则。坚持党校姓党原则，落实到学员管理就是坚持把党性教育、党性锻炼作为学员管理的主线，使之贯穿于学员在党校学习的全过程。

要把党性教育、党性锻炼与发展中国特色社会主义紧密联系起来，高举中国特色社会主义伟大旗帜，重点解决理想信念问题，坚定走发展中国特色社会主义道路；要把党性教育、党性锻炼与对当前国内国际重大现实问题的战略思考紧密联系起来，深化对人类发展规律、社会主义建设规律和党的执政规律的认识，提高理论素养和执政能力；要把党性教育、党性锻炼与坚持解放思想、实事求是、与时俱进、理论联系实际的思想路线，弘扬马克思主义学风紧密联系起来，增强工作的原则性、系统性、预见性和创造性；要把党性教育、党性锻炼与切实实现“三个转变”结合起来，通过入学教育等环节，增强学员遵守党纪党规和校纪校规、严格执行学员部学员管理各项规定的自觉性，专心致志完成学习任务。

（二）学员为本是基本理念

以学员为本，就是把提高学员的素质和能力作为党校全部工作的出发点和落脚点，让学员成为学习的主体、管理的主体和创新知识的主体。

以学员为本，首先要使学员成为学习

* 2007—2008 年度中央党校校委重大课题“干部成长规律和党校教育规律研究”形成了校内 26 个分课题研究报告和 4 个地方党校的研究报告，本文是分课题研究报告之一，选自《中共中央党校“两个规律”课题研究成果汇编》，中共中央党校科研部、中共中央党校研究室编，中共中央党校出版社 2009 年 7 月第 1 版，第 233—237 页。

的主体。为学员搭建平台，促进学员的学习和研究，引导学员党支部带动全班学员自主学习、自主研究、自主选择，营造活跃、开放的学习研究氛围，调动学员主动学习、积极研究、主动参与。

以学员为本，要使学员成为管理的主体。要发挥学员党支部的战斗堡垒作用，充分调动学员个体参与自主管理、自我约束、自我管理的积极性，形成认真学习、民主讨论、求真务实、廉洁自律的良好风气。

以学员为本，还要使学员成为知识创新的主体。深入挖掘学员资源，通过“两带来”交流、学员论坛等形式，激活学员思想，贡献智慧；坚持学以致用、学用相长，促进中央精神与地方实际、部门实际的创造性结合；推动研究成果有效使用，为决策提供建议和参考。

（三）学习管理是中心任务

学习管理是学员管理的中心任务。要贯彻理论联系实际的教学方针，通过实施分类别、分层次管理，推进研究式教学，实现教学相长、学学相长，调动学员学习的主动性和自觉性。明确教学指导思想、目的要求和方法，实现听课、自学、研讨、交流、论坛、参观、调研等各教学环节的自然衔接，确保各教学单元的顺利过渡，落实教学计划，提高教学效果。

（四）从严管理是基本要求

从严管理是党校姓党原则在学员管理中的具体体现。坚持从严管理，必须严之有理、严之有据、严之有情。

严之有理，按照中央对干部培训的要求和党纪国法，遵循管理规律，实现科学管理与民主管理相结合。严之有据，实施规范化管理，依据干部培训的各项制度，学校学员管理的有关规定，学员部对学员管理的各项规章制度，实现规范管理与理性管理相结合。严之有情，实施人本管理，用真情关爱凝聚人心，全心全意为学员服务，实现倾情管理与细节管理相结合。

坚持从严管理，要求管理者身体力行、为人师表，尤其是位于第一线的组织员，是中央党校“第一形象代言人”，必须加强工作的研究性、规范性，努力做学习理论的模范、党性锻炼的模范、廉洁自律的模范、严守纪律的模范、积极向上的模范。

二、当前学员管理面临的新情况和新课题

世情、国情、党情的发展变化，向学员管理工作提出了大量的新情况新问题，学员管理的任务比过去任何时候都更为繁重。

（一）中央对党校教育提出了新目标、新要求

党的十七大强调，必须坚持中国特色社会主义道路和中国特色社会主义理论体系，以党的执政能力建设和先进性建设为主线，以改革创新精神全面推进党的建设新的伟大工程，明确在新世纪新阶段要进一步大规模培训干部，大幅度提高干部素质。这对党校教育提出了新目标新要求，也对学员管理工作提出了新的更高的要求。深刻理解中央对干部教育工作新的重大部署，在学员管理中积极动员一切资源，实现干部教育培训效果的最优化，是亟待研究和解决的新课题。

（二）学员的结构和特点正在发生变化

随着中高级领导干部新老交替的不断

展开，党校学员的结构和特点也在不断发生变化：普遍年轻化、知识化、眼界国际化，理论基础扎实，有丰富的工作经验，接受新生事物能力强，善于对现实问题思考，独立见解多，学习需求更加多样化、个性化，求知欲强，学习积极性高。这就要求教员和管理人员要更多地了解世界、更透彻深入地了解实际问题、更全面地了解中国国情。

干部队伍的新老交替是一个动态的历史过程，随着时间的推移和形势的发展，还会出现新的变化和新的不适应，如何根据学员变化着的个性化和多样化学习研究需求，实施更加符合当前学员特点的有针对性的管理，更好地满足学员旺盛的求知欲，需要我们认真研究解决。

（三）教学改革不断深化

近年来，党校深入推进教学改革，强调研究式教学，给学员管理带来了许多新情况和新变化：课堂学习压缩了，课题研究增加了；大班听课减少了，分散研讨增多了；灌输式教学减少了，互动式教学增多了；学制时间缩短了，学员们相互沟通更迫切了；学员学习需求更加多样化、个性化；班次设置多样化了；研究方向多样化了；教学方法多样化了，出现了研究式、参与式、互动式、菜单式等许多新的教学形式。“我管理你服从，我要求你做到，我主导你被动，我引导你跟进”的传统管理模式受到挑战，组织管理者从辅助者变为参与者，学员管理工作发生了许多新的变化。

党校教育是个系统工程，教学改革的推进需要发挥教、学、研、管、服的系统整合功能。学员管理是教学新框架中的能动要素，如何进一步挖掘学员管理的能动性，发挥好纽带桥梁作用，推动学员成为学习、管理和知识创新的主体，是一个需要深入研究的新课题。

（四）队伍建设面临新的挑战

面对新情况新变化，学员管理工作单凭以往的经验已经远远不够，事业的发展对我们提出更高要求，学员管理工作的理念、内容、方式方法都要实现根本转变，必须在思想、组织、业务上进一步加强学员管理队伍建设。要以党的十七大精神为指导，进一步加强学员管理工作的思想理论基础，强化党性教育和理想信念教育，充分体现以学员为本的管理理念，实现直接管理向间接管理方式的转变，由辅助者成为研究式教学全过程的参与者，培养一支有较高理论素养和管理水平的优秀管理人员队伍。

组织员是党校联结学员的纽带，肩负着直接服务学员、管理学员的重要职责。特别是进入21世纪后，组织员工作的思想性和研究性显著增强，对组织员素质和能力的要求明显提高。面对新的挑战，组织员队伍在思想理论、组织结构、业务素质等方面或多或少存在着一定程度的不适应性。

如何按照中央提出的以马克思主义教育家的标准，着眼长远加强党校管理人员队伍建设，提高与学员的对话和引导能力，实现深度的思想引导和学习管理，是一个富有挑战性的新课题。

三、努力的方向

落实党的十七大对党的干部教育事业和党校培训工作提出的新目标和新要求，我们要高举中国特色社会主义伟大旗帜，以党的十七大精神为指导，以改革创新精神推进学员管理工作，敢于探索、勇于实践，团结一心、开拓奋进，为党的干部教育事业做出不懈努力。

一是加强学习，提高认识。加强对党的十七大精神的学习和研究，深刻理解中央对干部教育培训工作新的重大部署，提高对党校教育重要性的认识，提高对学员管理工作意义和作用的认识，大力加强和改进学员管理工作。要从党的事业全局和党的自身建设的迫切需要这个高度去认识和把握，以全面培养领导干部政治家素质为目标，在深化教学改革中，充分发挥学员管理工作的能动作用。要从造就马克思主义理论家教育家的高度，努力建设一支政治强、业务精、作风正的高素质学员管理队伍。

二是进一步强化管理。进修部有省部班、地厅班、市地党政主要领导同志班和县委书记班，不同班次和级别的学员有不同特点，我们要继续加强管理的针对性，切实做到分类分层管理。

进一步加强学习管理、党性教育、组织管理和生活管理。学习管理是学员管理的中心，通过学习管理，进一步促进学学相长，调动学员学习的积极性，促进学习效果最大化。党性教育是学员管理的主线，要进一步提高党性教育的针对性，不断增强学员党性修养的自觉性，增强党性教育效果。组织管理是学员管理的关键，要充分发挥学员党支部的学员自我管理作用，进一步提高管理的科学性和规范性。生活管理是落实党性教育的重要体现，要进一步强化学员集体生活管理，为学员的学习提供更加充分有力的保障。

继续完善分类分层管理。针对不同班次的特点和学员情况的发展变化，着力解决工学矛盾等突出问题，继续采取有差别的管理措施。不断完善研究式教学的组织机制和运行机制，建立并不断充实覆盖面广的研究课题题库，提高研究成果为中央决策服务的能力。

进一步拓展开放式学习和研讨。继续坚持请进来和走出去相结合，进一步用好校内资源和校外资源，进一步激发学员学学相长，创新开放式学习和研讨的形式、内容和空间。

三是进一步加强组织员队伍建设。加强组织员队伍建设是永恒的主题。面对新的情况和更加繁重的管理任务，必须从学员管理长远发展的战略高度，进一步谋划建设一支高素质的组织员队伍。

倡导勤奋学习的风气。教育者先受教育，学习是组织员的一项基本功。要加强理论学习，特别是党的十七大精神和中国特色社会主义理论体系的学习，进一步提高组织员的理论素养和政策水平。拓宽知识面和视野，掌握话语权和引导权。继续深入全面地参与教学过程，实施更有深度的思想引导和学习管理。

弘扬勇于创新的精神。形势任务在变化，学员情况也在变化，新情况新问题层出不穷，必须以创新的精神开辟新途径，寻找新方法，总结新经验，开创新境界。

恪守严于自律的准则。注意妥善处理好与学员的关系，坚持原则，善于引导。要自重、自省、自警、自励，以身作则，言行一致，为人师表，当好先锋。

塑造乐于奉献的品格。从培养治党治国治军的高素质的领导干部队伍的要求出发，以高度的政治责任感和历史使命感，培养特别能奉献的精神，克服种种困难，卓有成效地肩负起光荣而艰巨的任务。

培养高层次党政领导人才的成功模式*

——一年制中青班办学实践的调查与思考

培 训 部

培养和造就一大批政治坚定、善于领导科学发展、能够担当重任的优秀中青年领导干部，始终是关系中国特色社会主义伟大事业后继有人，关系党和国家长治久安的战略大计。中央党校一年制中青班作为培养中青年领导干部的重要载体，自1980年开办以来，截至2007年已举办23期，毕业学员3511人（含现在校的第23期142人，则为3653人）。毕业学员大多走上重要领导岗位，成为中国特色社会主义事业的中坚力量。经过20多年的发展，中央党校一年制中青班作为中央党校的主体班次之一，已成为培养高中级领导干部的摇篮，在广大干部中赢得了巨大声誉，引起了国内外的广泛关注。认真回顾和总结中央党校一年制中青班的办学实践，深入研究这一办学模式，对于进一步加强和改进干部教育培训工作，着力造就坚定贯彻落实党的路线方针政策、善于领导科学发展的高素质干部队伍，具有十分重要的意义。

中央党校第23期中青班组成课题组，利用社会实践和暑假调研时间，对中央党校一年制中青班在我国中青年领导干部培养教育中的作用和影响进行了重点研究。课题组对中央党校一年制中青班的部分毕业学员进行了问卷调查和走访，同时到中央组织部干部教育局、中央党校培训部查阅了大量资料，并与有关领导和同志进行了座谈，还深入陕西省一些单位和部门进行了实地考察。经过认真调研、深入思考，形成以下调研报告。

一、中央党校一年制中青班为我国中青年领导干部培养教育做出了重大贡献

我们党历来高度重视中青年干部的培养教育工作。党的十一届三中全会前后，邓小平就反复强调培养选拔中青年领导干部是“一个战略性问题”和“带有根本性质的问题”，提出了大力培养选拔优秀中青年干部的战略任务。中央于1980年上半年

* 2007—2008年度中央党校校委重大课题“干部成长规律和党校教育规律研究”形成了校内26个分课题研究报告和4个地方党校的研究报告，本文是分课题研究报告之一，选自《中共中央党校“两个规律”课题研究成果汇编》，中共中央党校科研部、中共中央党校研究室编，中共中央党校出版社2009年7月第1版，第238—251页。

开始在中央党校举办中青年干部培训班，并作为中央党校的主体班次长期坚持下来，就是加快中青年干部培养教育的一个重大举措。在中央领导的高度重视和关怀下，中央组织部和中央党校共同努力及有关方面大力支持，中央党校一年制中青班经过长期的探索和实践，取得了显著成效，为建设高素质干部队伍发挥了重要作用。

（一）20多年来，中青班逐步以省部级后备干部为主要培养对象，源源不断地为各条战线培养输送了大批领导骨干

自1980年以来，除1986年、1988年、1991年和1999年四年外，中央党校一年制中青班每年举办一期。前18期学员的构成包括正司局级、副司局级和正处级三个层次。从2003年第19期起，所有学员全部为司局级正职。1995年以后，中央明确规定："选拔进省、自治区、直辖市党委、政府和中央、国家机关各部委领导班子的干部，应先选送中央党校进行为期一年的马克思主义基本理论和党内政治生活基本准则的培训。"这就明确了中青班的定位。此后，后备干部成为学员的主体。第16期至第23期共有后备干部808名，占同期学员总数的58%（见表一）。一年制中青班的学员毕业后，绝大多数承担了繁重的领导工作，表现出较高的领导水平，取得了突出的工作业绩，显示出很大的发展潜力，得到广大干部、群众的公认和好评。一批学员走上了更为重要的领导岗位，成为党和政府的高级领导干部，党和国家领导人胡锦涛、李长春、尉健行、田纪云、王忠禹等同志就曾参加过中央党校一年制中青班学习。对263名毕业学员进行的"中央党校中青班干部培训及成长情况"问卷调查显示，学员在培训后3年内任职岗位被调整的占68.64%；在毕业后5年内被提拔任职的达48.3%，其中，培训后首次提拔是在原单位提拔的占30.08%，跨系统提拔的占11.02%，异地提拔的占4.66%，跨级提拔的占3.39%；67.37%的学员认为参加中青班培训对自己职务调整有很大或较大影响。据中组部干部教育局提供的数据表明，1995年至2005年，中青班共毕业学员1753人，目前已进入中管干部行列的达512人，占总数的29%（见表二）。

表1　中央党校一年制中青班各期人数统计表

期次	在校时间	学员人数	入学前后备干部人数
1	1980	55	
2	1981	135	
3	1982	190	
4	1983—1984（83级）	166	
5	1984—1985（84级）	110	
6	1985—1986（85级）	119	
7	1987—1988（87级）	157	
8	1989—1990（89级）	178	
9	1992	170	
10	1993	172	

续 表

期次	在校时间	学员人数	入学前后备干部人数
11	1994	160	
12	1995. 9—1996. 7	160	
13	1996. 9—1997. 7	159	
14	1997. 9—1998. 7	164	
15	1998. 9—1999. 7	162	
16	2000. 3—2001. 1	244	126
17	2001. 3—2002. 1	252	141
18	2002. 3—2003. 1	216	174
19	2003. 3—2004. 1	173	60
20	2004. 3—2005. 1	98	48
21	2005. 3—2006. 1	125	72
22	2006. 3—2007. 1	146	93
23	2007. 3—2008. 1	142	94
总计		3653	

（第 1 期到 15 期学员中入学前后备干部人数未统计）

表 2　1995 年以来参加中青班学习后进入中管或省部级干部统计表

在校时间（期）	人数	正部级	副部级	现职中管干部	入学前已是中管干部
1995（12）	160	7	95	5	
1996（13）	159	1	72	11	
1997（14）	164		42	12	
1998（15）	162		24	6	
2000（16）	244		53	9	
2001（17）	252		32	20	10
2002（18）	216		22	10	7
2003（19）	173		9	9	8
2004（20）	98		6	5	4
2005（21）	125		1	7	25
总计	1753	8（0.5%）	356（20%）	94（5.4%）	54（3%）

（二）20 多年来，中青班努力符合中青年干部特点和成长规律的办学模式，有效地提高了学员的素质和能力，对中青年干部的成长产生了深远影响

中央党校在总结几十年来各类班次教学实践经验的基础上，着眼于新形势下高中级领导干部的需要，遵循人才成长规律和干部教育培训规律，把帮助中青年干部增强执政意识、提高执政本领贯穿始终，逐步形成了具有一年制中青班特色的“一个中心、四个方面”的教学布局（即以学习马克思主义理论为中心，主要包括“理论基础”、“世界眼光”、“战略思维”和“党性修养”四个方面内容的教学布局），学员通过系统的理论学习，对马列主义、毛泽东思想、邓小平理论、“三个代表”

重要思想和科学发展观等重大战略思想有了更加全面、深刻的理解和把握，进一步坚定了共产主义理想和中国特色社会主义信念、夯实了理论基础；通过学习“五当代”和出国考察，了解了当代世界经济、科技、法律、军事和社会思潮方面的一些情况，进一步开阔了视野、培养了世界眼光；通过开展国内外重大理论和实际问题的研讨，进一步增强了与时俱进、开拓创新的观念，提高了战略思维能力；通过认真的党性教育、党性分析，进一步增强了党性修养，世界观、人生观、价值观得到了改造。问卷调查显示，有87.79%的毕业学员认为“经过中青班培训，自己的素质和能力有很大或较大提高”；在对“党校培训对自己帮助最大的地方”的回答中（多项选择），选择“提高了分析解决问题能力”的有80.51%，选择“坚定了理想信念”的有77.12%，选择“掌握了马克思主义基本原理”的有67.37%，选择“拥有了哲学思辨能力”的有55.51%；有94.49%的学员认为中青班的培训对自己的工作有很大或较大的指导作用，其中，在回答“党校培训对您今后工作和发展的作用”时，选择“自己的定位更准确”的有43.64%，选择“学习的紧迫感更强了”的有69.49%，“能力得到了提高”的有78.81%。许多学员说：“中青班学习一年，受益终身。”大多数学员都把在中青班的所学、所思与自己的本职工作紧密结合起来，进一步树立了正确的政绩观，以科学发展观统领全局、指导工作的能力不断增强，推动科学发展、促进社会和谐的工作思路更加清晰，推动经济社会全面协调可持续发展的成效更加显著。实践证明，为期一年的中青班对促进中青年干部的健康成长、对推动经济社会发展发挥了非常重要的作用。

（三）20多年来，中央党校一年制中青班的办学实践，对新时期党政领导人才培养教育发挥了重要示范作用

经过多年的发展，中央党校一年制中青班已成为我国中青年干部教育培训的成功范例，成为干部教育培训的一个著名“品牌”。各级地方党委参照中央党校一年制中青班的办学模式，先后在同级党校开办了以地厅级、县处级、乡科级后备干部为主要培训对象的中青班，为各级领导干部队伍培养和输送了大批优秀年轻人才。据统计，“九五”以来，各省（区、市）委党校中青班培训学员超过3万人，其中近1万人走上重要领导岗位，产生了良好的社会影响。实践充分证明，中央在中央党校举办一年制中青班的决策是完全正确的，是大力培养选拔优秀中青年干部的重要举措，具有极其重要的战略意义。

二、中央党校一年制中青班的成功实践，为进一步加强中青年领导干部教育培养提供了重要经验

中央党校一年制中青班是在我国改革开放和社会主义现代化建设进程中诞生和发展的，其发展始终与中国特色社会主义伟大事业相伴随，与党的建设新的伟大工程同步伐。党的事业的发展和党的建设的不断推进对高层次党政领导人才的需要，是中青班发展的前提和基础，同时，又不断对其提出新的要求、注入新的活力。在长期的办学实践中，中组部和中央党校紧

密联系国际形势的新变化，紧密联系我国改革开放和社会主义现代化建设的新实践，紧密联系中青年干部的思想和工作实际，逐步形成了一套完整的一年制中青班教学和管理模式。

（一）党中央高度重视，切实加强领导和指导，是中青班沿着正确的方向健康发展、取得实效的根本前提。中青班自开办以来，一直受到党中央的高度重视与亲切关怀。江泽民同志对培养和选拔年轻干部作过许多重要论述。1996 年 6 月 21 日，江泽民等中央领导同志在人民大会堂亲切接见了中青班第 12 期学员，随后在《努力建设高素质的干部队伍》的重要讲话中，勉励年轻干部要“刻苦学习，勤奋工作，勇于创造，自觉奉献”。胡锦涛同志对中青年干部的培养和选拔工作始终高度重视，倾注了大量心血，多次对中央党校中青班作重要讲话和批示，明确提出中青班要“加强领导、强化培训、严格管理、注重实效”，强调“要把学员选拔和后备干部的确定结合起来，把那些确实有潜力的优秀中青年干部选来培训”，要在“提高他们的思想政治素质上下功夫”，“在提高解决现实问题能力和增强党性锻炼上取得明显成效”。这些年来，每期中青班的开学和毕业典礼，兼任中央党校校长的中央领导同志都亲自出席、讲话，为学员颁发毕业证书。每期中青班学员毕业前，中组部领导同志都亲自主持召开学员代表座谈会，听取情况汇报。中央领导同志的指示和关怀，为办好中青班进一步指明了方向，提供了有力支持。

（二）坚持改革创新，不断拓展教学内容、改进教学方式，是中青班健康发展、取得实效的关键所在。中组部、中央党校和中青班领导小组认真贯彻中央指示精神，对每一期、每个阶段的培训工作都提前谋划，周密部署，精心指导，抓好落实。中央党校着眼于中青年领导干部任职教育的客观需要，坚持把我们党干部教育的优良传统、历史经验同时代特征有机结合起来，吸收借鉴国外领导人才培养教育的有益经验，形成了适应高层次党政领导人才需求、符合中青年干部成长规律的中青班教学模式。

在教学内容上，坚持以马克思主义中国化的最新成果为中心内容，根据形势任务的发展变化，不断调整和完善课程设置，在开设“三基本”、“五当代”课程的同时，还开设了哲学、经济学、管理学、政治学、社会学、国际政治、历史学、文学、民族学和宗教学等学科的若干必修课和选修课。此外，中央党校一直坚持每周安排一次“形势与任务”报告，邀请党和国家领导人、中央国家机关部门负责同志或专家学者作专题报告。这些课程把学习马克思列宁主义、毛泽东思想、邓小平理论、“三个代表”重要思想和十六大以来党中央提出的科学发展观、构建社会主义和谐社会等一系列重大战略思想贯通起来，把学习马克思主义中国化的最新成果与对当代世界的深刻观察贯通起来，把学习马克思主义中国化的最新成果与对我国改革和发展的重大理论与现实问题的深刻分析贯通起来，把学习马克思主义中国化的最新成果与党性锻炼贯通起来，起点高、视野广、信息量大，较好地满足了学员扩大知识储备、打牢理论基础、提高综合素质的需要。问卷调查中，认为教学内容设置与学员需求结合比较紧密、课程设置比较合理的学员比例高达99.16%，认为对自己帮助最大的教学内容依次为："五当代"(47.88%)、"三基本"(38.98%)、形势与任务(27.54%)、各种讲座(25%)。

在教学方式方法上，注重在提高讲授式教学质量的同时，更加广泛地采用研究式教学、案例分析、情景模拟和体验式教学等方法，教育培训的针对性和实效性明显增强。按照胡锦涛同志提出的中青班学员要"蹲点调查，解剖麻雀，提出对策性意见"的要求，每期中青班入学后，都由中组部、中央党校商请中央有关部委根据各部委当前的重点工作，提出30至50个调研课题，然后由学员结合自己的实际情况选择课题，并组成相应课题组，在暑假分赴全国各地开展调研活动。这种研究式教学受到了学员的极大欢迎。问卷调查表明，72.88%的毕业学员最认可这种教学方法，在问卷所列六种教学方法中居第一位。从2000年第16期班开始，每期中青班都由中组部和中央党校领导带队、组织学员赴国外考察研修，出国考察研修学员所占的比例逐年上升，考察方式也逐步得到改进和深化，由刚开始的以参观为主，转变为以研究性考察为主。回国后，还专门组织交流会，在深入讨论的基础上，形成正式的考察报告。大规模组织中青班学员出国考察研修，帮助学员了解世界大势，为培养学员的世界眼光和战略思维能力创造了机会，是中央党校开放式教学的一个重大突破。

（三）坚持党校姓党，把帮助中青年干部加强党性锻炼贯穿教育培训全过程，是中青班办学实践中形成的鲜明特色。根据中青班学员的学习任务和素质要求，中央党校坚持把理论武装同党性教育相结合，每期中青班都安排进行党性分析活动，从指导思想、主要内容、方法步骤到具体要求都作出明确规定。主要步骤有：开展思想动员、组织专题学习、撰写党性分析材料、组织集中交流。每次党性分析活动一开始，中央党校领导和培训部领导亲自上党课、作动员，对搞好党性分析，提出希望和要求。培训部和各学员支部精心组织学习中央有关文件、《中国共产党章程》和中央领导同志有关重要讲话，帮助学员掌握思想武器。在此基础上，开展谈心活动，交流思想，相互启发，联系个人实际认真思考，充分准备，写出认识有高度、分析有深度的党性分析材料。然后，以小组为单位汇报交流，学员回顾成长经历，总结经验教训，找出问题和差距，联系思想实际，明确改进措施。针对党性分析中反映出来的共性问题，每组推荐一名代表，进行支部集中交流。

党性分析活动中，明确提出要注意做到"六个结合、六个侧重"：把全面回顾与重点回顾相结合，侧重重点回顾；把联系工作实际与联系思想实际相结合，侧重联系思想实际；把总结经验与反思教训相结合，侧重反思教训；把查找客观原因与查找主观原因相结合，侧重查找主观原因；把具体叙事与就事论理相结合，侧重就事论理；把开展批评与自我批评相结合，侧重自我批评。注意克服"六多六少"的倾向，即讲工作多、讲思想少，讲成绩多、讲不足少，讲具体问题多、深入剖析少，讲共性的东西多、讲个性的东西少，讲套话多、讲实话少，讲一般化的东西多、讲有深度的东西少。

党性分析活动坚持以自我批评、自我教育为主，学员们围绕自己讲自己、跳出自己看自己、畅开思想讲真话、抛开顾虑说实情，拿自己的剖析启发别人，用别人的得失丰富自己，取得了较好的效果。学员们反映，党性分析活动使自己的心灵受到了震撼，作风得到了锤炼，思想得到了升华，为“人生列车”加了油、充了电。问卷调查中，84.49%的学员认为党性党风教育（包括党性分析活动）成效较好。一年制中青班开展党性分析活动的实践，也为建立党员党性定期分析制度积累了有益经验。

（四）坚持以人为本，注重发挥学员的主体作用和教员的主导作用，是中青班办学实践不断取得新成效的重要因素。在中青班的办学实践中，中央党校按照建设学习型政党的要求，坚持以学员为本，把发挥党校教师的理论知识优势和学员的实际工作经验优势结合起来，创造条件增强学员与教员、学员与学员之间的交流与互动，先后开展了双向交流、学员论坛、从政经验交流等活动，引导学员取长补短，相互切磋，共同进步。问卷调查显示，毕业学员认为收获最大的教学方式依次为：双向交流（44.92%）、课题研究（35.59%）、从政经验交流（19.07%）、学员论坛（14.83%）。

教学中，立足于中青年干部的特点，努力做到“五重”、“五个结合”。“五重”：一是重能力，把研究问题和提高能力有机结合起来，突出对各种能力的培养；二是重研究，把研究问题放在突出地位，引导学员结合理论学习，集中研究一两个重大现实问题；三是重过程，把过程和结果紧密联系起来，避免过分注重结果的形式而讨论和研究不够的现象；四是重参与，在学习研究过程中充分发挥学员的主观能动性，使学员积极参与每个教学环节；五是重集体研究，通过每个学员课题组集体研究，相互交流，共同努力，集思广益，形成相应的研究成果。五个结合：理论与实际相结合，学员的主体作用与教员的主导作用相结合，学员骨干的标杆作用和全体学员参与的主体作用相结合，课程学习与课题研究相结合，校内资源和校外资源相结合。这些措施极大地调动了中青班学员的学习积极性和主动性。许多学员十分珍惜这一难得的学习锻炼机会，沉下身子利用这难得的集中时间进行系统学习，夜以继日地刻苦攻读，有的节假日也加班加点在校读书和研究问题。每期中青班学员都在报刊上发表数百篇文章，形成上百篇调研报告，一些调研报告受到中央领导同志、中央国家机关有关部门和有关省（区、市）党委、政府的高度重视。

（五）坚持严格管理，不断健全和完善教学管理机制，是中青班健康发展的制度保证。在20多年的中青班办学实践中，中央组织部、中央党校和中青班领导小组始终按照中央提出的要求，严格管理，形成了从学员选调、报名审查、入学教育、日常管理、跟班考察到毕业鉴定等一整套完整的管理制度。中组部明确要求各地、各部门组织人事部门严格按标准选调学员，报请党委（党组）审批；并派出多名联络员全程跟班学习，考察了解学员。

中央党校从学员一入学，就要求学员实现从工作到学习的转变，从个人家庭生活到学校集体生活的转变，从领导干部到普通学员的转变，严格遵守考勤制度、请假制度、生活管理制度、考试考查制度和廉政建设的各项规定。这些年来，中央党校结合办学实际，先后制定和完善了中青班学员考核标准，出台了《学员管理40条》、《中央党校学员廉洁自律的规定》等，这些制度对督促学员努力完成学习任务发挥了积极作用。

中央党校一年制中青班的深入探索和成功实践，为进一步加强中青年干部教育培训创造和积累了许多宝贵经验。主要有以下几点：

一是必须高举中国特色社会主义伟大旗帜，以邓小平理论和“三个代表”重要思想为指导，全面贯彻落实科学发展观，牢牢把握中青年干部教育培训工作的正确方向。始终把政治理论培训放在首位，以马克思主义中国化的最新成果作为理论武装的中心内容，不断提高中青年干部的马克思主义理论水平和运用理论解决实际问题的能力。

二是必须围绕党和国家工作大局，为全面建设小康社会、加快推进社会主义现代化服务。始终从贯彻执行党的基本路线的实践和加强党的建设的实际出发，紧密联系国内外形势的发展开展中青年干部教育培训，不断提高中青年干部科学执政、民主执政、依法执政的水平和推进经济社会又好又快发展的本领。

三是必须以增强执政意识和执政本领为重点，把提高教育培训质量摆在更加突出的位置，全面提高中青年干部的素质和能力。把加强党的执政能力建设和先进性建设贯穿中青年干部教育培训工作始终，以中青年干部的综合素质和能力是否得到提高作为检验工作成效的标准。

四是必须大力弘扬理论联系实际的马克思主义学风，切实做到学以致用。坚持学习理论与指导实践相结合，改造客观世界与改造主观世界相结合，运用理论与发展理论相结合，教育引导中青年干部切实做到实事求是、与时俱进、艰苦奋斗、执政为民。

五是必须联系实际创新路、加强培训求实效，不断推动中青年干部教育培训工作的改革创新。适应经济社会发展需要，研究新情况，解决新问题，探索新途径，不断增强中青年干部教育培训工作的针对性和实效性。

六是必须完善制度机制，加强督促检查，不断推进中青年干部教育培训工作的科学化、制度化和规范化。

三、新的形势和任务对中青年干部教育培训工作提出新的更高的要求

党的十七大在总结我国改革开放29年波澜壮阔的创新实践和取得的辉煌成就的同时，指出中国特色社会主义发展正站在一个新的历史起点上，机遇前所未有，挑战也前所未有。站在新的历史起点审视中青年干部教育培训工作，同样也是机遇前所未有，挑战也前所未有。

（一）新的历史起点面临的复杂多变的国际形势，要求中青年干部教育培训工作要进一步增强忧患意识、开阔工作视野

正在新的历史起点上，错综复杂的国际环境使中青年干部教育培训工作既面临着难得的机遇，也面临着巨大的挑战。从面临的机遇分析，经济全球化的快速发展，

我国对外开放程度的进一步提高和参与全球化范围和领域的进一步扩大，有利于中青年干部进一步解放思想，拓宽视野，培养战略思维和世界眼光，增强创新和发展意识，也为中青年干部教育培训提供了更为广阔的空间。从面临的挑战分析，在世界多极化趋势发展过程中，西方敌对势力把对我实施“西化”、“分化”的希望更多放在青年一代特别是中青年干部身上，充分利用经济全球化带来的接触和交往的机会，通过一些国际性经济组织、社会团体、中介组织向中青年干部灌输其文化理念、价值观念和意识形态，利用为广大青年干部提供出境培训和交流的机会，对他们施加影响。国际间这种政治经济日益增强的关联性和复杂性，信息沟通技术的日益发达和便捷，要求新形势下做好中青年干部的教育培训工作，必须增强忧患意识，强化战略思维。视野要更加宽广，不仅要着眼于党的建设新的伟大工程和建设中国特色社会主义伟大事业的全局，而且要在国际形势发展变化的大背景下谋划和考虑；教育培训方式一定要适应经济社会发展和时代变化的特点，更加具有针对性和实效性。

（二）深入贯彻落实科学发展观，要求中青年干部教育培训工作要始终坚持以人为本，做到统筹规划、可持续发展

党的十七大把科学发展观确立为我国经济社会发展的重要指导方针、发展中国特色社会主义必须坚持和贯彻的重大战略思想，并提出在全党开展深入学习实践科学发展观活动的重大政治任务。中青年干部作为党员干部中的优秀分子、党的事业的中坚力量，应该在学习实践科学发展观的活动中走在前列，成为模范。这就要求中青年干部教育培训工作，不仅要在教学内容上把深入学习贯彻科学发展观作为中青年干部教育培训的重点内容，坚持用发展着的马克思主义指导中青年干部客观世界和主观世界的改造，提高运用科学理论分析和解决问题的能力；而且要在指导思想和工作部署上把贯彻落实科学发展观作为根本出发点和落脚点，切实把科学发展观贯穿于工作的全过程，落实到中青年干部教育培养的各个环节。要始终坚持以人为本的观念，把促进中青年干部健康成长和充分发挥作用放在首要位置，把促进中青年干部的全面发展与促进党校教学改革有机统一起来，做到党校的教学改革与中青年干部的全面发展相互促进。要牢固树立统筹协调的观念，统筹做好“理论基础”、“世界眼光”、“战略思维”和“党性修养”等方面的教育，统筹开发和利用好校内和校外、国内与国外各种培训资源，统筹做好中青年干部集中培养和跟踪培养的工作，促进中青年干部教育培养工作各个方面、各个环节的协调发展。要牢固树立可持续发展的观念，着眼于提高教育培训工作的质量和中青年干部整体素质，坚持把能力建设作为中青年干部教育培训的主题，大力加强中青年干部能力建设，培养中青年干部的学习能力、实践能力和创新能力，不断培养造就大批符合时代发展需要、具有创新精神和创新能力的高素质中青年干部，实现中青年干部教育培养工作的可持续发展。

（三）实现全面建设小康社会的奋斗目标，要求中青年干部教育培训工作找准科学定位、更加奋发有为

党的十七大基于我国仍处于并长期处

于社会主义初级阶段的基本国情，适应国内外形势的新变化，顺应各族人民过上美好生活的新期待，从实现经济又好又快发展、扩大社会主义民主、加强文化建设、加快发展社会事业和建设生态文明五个方面，提出了实现全面建设小康社会奋斗目标的新要求，同时对社会主义经济建设、政治建设、文化建设和社会建设作出了全面部署。政治路线确定以后，干部是决定因素。中青年干部是贯彻执行党的路线方针政策的中坚力量。这就要求中青年干部教育培训工作，要从保证党的基本路线一百年不动摇、保证党和国家长治久安的战略高度，充分认识培养中青年干部的重要性和紧迫性，从促进经济建设、政治建设、文化建设、社会建设和党的建设协调发展、相互促进的宽广视野，研究中青年干部教育培训为实现全面建设小康社会奋斗目标提供人才保证的切入点、结合点和着力点，进一步开阔工作思路，拓展工作领域，使中青年干部教育培训工作与实现全面建设小康社会奋斗目标在指导思想上相一致，在工作目标上相协调，在工作部署上相呼应。

（四）实现全面推进党的建设新的伟大工程新部署新任务，要求中青年干部教育培训工作要进一步解放思想，坚持改革创新

党的十七大强调要以改革创新精神全面推进党的建设新的伟大工程，对全面推进党的建设新的伟大工程作出了战略部署，提出了“一条主线”、“五个重点”的总要求，部署了六个方面的重大任务，而且创造性地提出了许多关于党的建设的新思路、新举措。比如，提出在全党开展深入学习实践科学发展观活动；提出健全领导体制，完善地方党委领导班子配备改革后的工作机制；提出以扩大党内民主带动人民民主、以增进党内和谐促进社会和谐；提出尊重党员主体地位、推进党务公开；提出实行党的代表大会代表任期制，完善党的地方各级全委会、常委会工作机制，推行地方党委讨论决定重大问题和任用重要干部票决制，改革党内选举制度，改进候选人提名制度和选举方式；提出规范干部任用提名制度，健全领导干部职务任期、回避、交流制度，等等。这些新思路、新举措，都与中青年干部教育培训工作有着密切的联系。贯彻落实这些新思路、新举措，要求中青年干部教育培训工作进一步解放思想、实事求是、与时俱进，勇于变革、勇于创新，不断研究新情况新问题，善于用改革创新的思路和办法破解其中的重大课题，探索提高中青年干部执政本领和领导水平的有效途径，推进教育培训工作的理论创新、制度创新和方法创新。

（五）省级党委、人大、政府、政协换届和中央国家机关领导班子调整后中青年后备干部队伍的现状，要求进一步加大中青年干部教育培训工作力度，不断提高培训工作的质量和水平

中央一直高度重视中青年后备干部队伍建设。党的十六大后，中央从2003年底到2004年6月，对省部级后备干部进行了集中考察，建立了省部级后备干部名单。这个名单既考虑了当时领导班子补充调整的需要，选拔出了一定数量的条件比较成熟、短期可以进班子的合适人选，又着眼于5到10年领导班子建设的长期需要，选拔出了一批可以列入中长期培养使用的后备人选。通过那次集中考察，建立起了一

支数量充足、结构合理、素质较好的省部级后备干部队伍。后备干部名单建立后，中央有计划有步骤地对这些干部进行了培养，包括选送到中央党校中青年干部班培训。通过教育培训，极大地提高了后备干部的理论素养、党性觉悟和能力水平，为党的十七大人事安排、这次省级换届和中央国家机关人事调整提供了较充足的干部准备。经过党的十七大和省级换届，被列入名单的一大批后备干部走上了省部级领导岗位，使得现有后备干部储备无论是数量上还是结构上都难以适应新的形势和任务的需要。这就需要我们一方面要按照党的十七大精神，加紧制定从现在起到2020年党政领导后备干部队伍建设的中长期规划，大批选拔和培养党政领导后备干部人才；另一方面要求党校要切实发挥对中青年后备干部进行培训的主渠道作用，在培训目标、培训方式、培训手段、培训内容、日常管理和其他配套措施等方面，未雨绸缪，超前谋划，提出切实可行的方案，强化措施，加大力度，不断推动中青年后备干部培训工作取得新的成效。

四、对进一步改进中青班教育培训工作的几点建议

调研中，大家一致认为，做好新阶段中青班教育培训工作要在总结和继承过去成功的经验和做法的同时，按照党的十七大的要求，在学员选调、课程设置、教学方式等方面进行改革创新，进一步探索中青年干部教育培训规律。

（一）坚持把学员选拔和后备干部的培养结合起来，进一步改进学员选调方式

选什么样的人进中青班学习，是关系中青班教育培训质量和水平的关键问题。胡锦涛同志曾经对中央党校一年制中青班的学员选调工作作出重要指示，要求“把学员选拔和后备干部的确定结合起来，把那些确实有潜力的优秀中青年干部选来培训”。这些年学员选调工作总体上做得是好的，但也存在着对个别学员把关不严的问题，特别是列入省部级后备干部名单的学员数量还显得少了一些。建议今后一年制中青班学员的选调对象原则上以省部级后备干部为主，适当扩大选调女学员的比例。同时适当选调一些工作特别需要、有培养前途但未列入省部级后备干部名单的优秀中青年干部。中组部和中央党校要加强对一年制中青班学员选调工作的领导，进一步研究和改进一年制中青班学员选调的办法，对各省、市、区和系统上报的学员名单进行严格把关，切实保证选调学员的结构和质量。

（二）针对中青年干部实际和党校姓党的要求，进一步改进课程设置

党校姓党，党校与其他院校在培训对象和培训内容上应有所侧重、有所区别，特别是中青班的课程设置，要更多体现培养高中级党政领导干部的要求，要按照马克思主义政治家的要求突出培养中青年干部的政治觉悟、政治信仰、政治意识、党性修养。要加大对中青班学员进行党的基本理论、基本路线、基本纲领和基本经验的培训，加大党史党建、党的优良传统和作风及党性分析的课时，进一步丰富党校姓党的内容，体现党校的办学特色。

（三）根据培养高素质党政领导人才的要求，努力打造“精品课程”

经过多年的发展，中央党校吸引、培

养和造就了一支高素质的教师队伍，为提高办学质量和水平奠定了坚实的基础。有的同志把党校的教学特点概括为“精英对精英”，即一流的教师与高素质的学员。这种特殊的校情，对教师的教学提出更高的标准。要从学员的特点和需求出发，努力打造“精品课程”。教师要研究学员、了解学员，知道他们想什么、缺什么、需要什么；同时还要了解实际，知道实践中已经做到什么程度、存在什么问题、有哪些解决的思路，等等。要建立集中备课、课前试讲和授课讲义审批制度，保证每堂课都有深度、有新意、有亮点，能给学员以启发和思考，促进学员能力和水平的提高。

（四）进一步改进和完善教学方式，充分发挥学员在教学活动中的主体作用

在教师和学员的关系上，教师是主导，学员是主体。在教学活动中，不是讲的越多越好，而重在激发和引导学员学习的主动性和积极性，重在通过学员的主动参与提高学员分析问题和解决问题的能力。党校在这方面已经进行了长期探索，形成了案例教学、体验式教学、菜单式教学、研讨式教学等教学模式，受到广大学员的欢迎。目前的问题主要是这些教学形式应用还不普及，课时安排还比较少，各种形式之间的互动借鉴还不够等，应继续深化对这些教学形式的研究，争取在一些重点环节上有所突破。毛泽东同志在谈到干部教育培训时，提出“干部班要用讨论式”。因此，中青班的教学不仅应每节课有讨论，而且应该进一步延长教学过程交流和相互研讨环节的时间和分量，通过教师与学员、学员与学员之间的相互交流、相互启发，提高学习效果。要适当增加中青班到井冈山和延安进行体验式教学的时间。学员对进行体验式教学非常重视、非常感兴趣，但由于受时间的限制，许多活动显得有些仓促，只能是蜻蜓点水。有的学员说：“党中央在延安 13 年，我们才学 6 天，能不能让我们学 13 天呀。”学员们认为把学校的党史党建课程和体验式教学结合起来，效果会更好一些。

（五）坚持“学用结合”、“备用结合”的方针，加强对中青班学员的管理

要进一步加强对中青班教育培训工作领导，选派经验丰富、素质较高的联络员参与学员的管理，特别要注意从中组部干部局选调联络员。加强联络员对学员基本情况、个性特征、兴趣爱好等各方面的了解，要坚持与学员共同生活、共同学习、共同研讨，加强对学员的日常管理和考核。建立中组部、中央党校与省市区和系统组织部门的联系机制，中组部各干部局应加强与中青班的联系，中青班的一些重大活动要派人参加。要改进学员考核办法，注重对学员考核结果的使用。对党校学习期间表现优秀的后备干部可以考虑在同等情况下优先提拔使用，对在学习期间表现突出的学员，可通过适当程序列入后备干部名单。要坚持对毕业学员进行跟踪了解，关心他们的成长进步，听取他们对改进中青班办学的意见和建议。

（第 23 期中青班课题组执笔人：高永中）

发展党校学位研究生教育，为促进党的干部教育事业服务*

研究生院

改革开放新时期以来，党校学位研究生教育同党校干部教育事业同步发展，相互促进。面对新世纪新阶段党校干部教育事业发展的新的任务和要求，研究党校学位研究生教育事业在党校工作大局中的地位，探索党校学位研究生教育对促进干部教育事业发展具有重要意义。

一、党校学位研究生教育与党校干部教育的关系

（一）党校学位研究生教育与党校干部教育关系的历史考察

1. 中央党校和省级党校学位研究生教育的沿革及现状。

培养党的理论骨干一直是中央党校的重要任务，并设有专门负责此项工作的学员三部。研究生院的前身就是中央党校学员三部，主要任务是培养理论宣传骨干。为适应改革开放和社会主义现代化建设对高素质马克思主义理论人才的需要，中央党校从1981年开始试招学位研究生。1982年学员三部更名为中央党校理论部。1983年，按照中共中央《关于实现党校教育正规化的决定》的精神，中央党校面向全国开始单独招收硕士研究生。1985年起开始招收博士研究生。经国家教委同意，从1989年起，中央党校学位研究生的招生计划编制、研究生报考及录取工作全面纳入国民教育体系，党校研究生教育进一步规范化。为适应党校研究生教育发展的需要，1994年6月，中央党校校委通过了《中共中央党校研究生工作改革方案》，决定将负责研究生教育管理工作的理论部改为研究生部。2000年3月，经胡锦涛校长批示同意、中编办审批，报教育部备案，中央党校研究生部更名为中央党校研究生院。中央党校研究生院是校委领导下的主管学位与研究生教育的专门机构，为党和国家培养具有坚定的共产主义信念、坚实宽广的马克思主义理论基础、系统深入的专业知识、独立进行教学科研和政策研究能力的高层次的专业人才和领导干部。研究生院

* 2007—2008年度中央党校校委重大课题“干部成长规律和党校教育规律研究”形成了校内26个分课题研究报告和4个地方党校的研究报告，本文是分课题研究报告之一，选自《中共中央党校“两个规律”课题研究成果汇编》，中共中央党校科研部、中共中央党校研究室编，中共中央党校出版社2009年7月第1版，第270—281页。

的成立，体现了党中央对党校学位与研究生教育的重视，是中央党校学位与研究生教育进一步规范化的新起点。

20多年来，中央党校学位与研究生教育取得了令人瞩目的成绩。一是形成了独具特色的培养模式。中央党校学位与研究生教育认真贯彻“坚持国家统一标准，办出党校特色”的办学原则，严格贯彻执行国务院学位委员会和教育部的有关法规、制度和要求，同时突出马列主义、毛泽东思想、邓小平理论、“三个代表”重要思想和科学发展观以及马克思主义中国化最新理论成果的基础理论教学，注重国内外重大现实问题和理论问题的研究，尤其强调理论联系实际，注重实际工作能力和创新能力的培养；强调实行研究式、启发式、讨论式和案例教育；要求把党性锻炼和党性修养，牢固树立科学的世界观、人生观和价值观贯穿培养全过程。另外，在导师遴选、研究生管理、思想政治工作、校园文化等方面都形成了自己的特色。二是形成了学科专业结构比较合理、专业门类比较齐全的学科体系、研究生课程体系和教材体系。20世纪80年代初，中央党校只有3个硕士学位授权点，目前已拥有3个国家重点学科、3个一级学科、3个博士后科研流动站、23个二级学科博士学位和32个二级学科硕士学位授权。三是造就了一支力量比较雄厚、结构相对合理的师资队伍。目前，拥有教学人员700多名，其中有高级职称者500多名，博士研究生导师91名，硕士研究生导师153名，拥有一批国内外著名的哲学社会科学门类的专家、学者和一批在教学科研方面做出突出贡献的中青年学科带头人。导师们在指导研究生的实践中，既传授学术专长，又做好研究生的思想政治工作，充分发挥了教书育人的主导作用，为党校学位与研究生教育的发展做出了重要贡献。四是培养了一大批高素质的理论人才和宣传骨干。20多年来，我们本着大力提高培养质量、稳步扩大培养规模的原则。截至2007年，已毕业硕士学位研究生1475人、博士学位研究生643人，在校的学位研究生近700人。在已毕业的2000余名学位研究生中，不少人已经成为中高级党政领导干部、学界精英、商界巨子，展现了党校毕业研究生在改革开放和社会主义现代化建设中的风采，为推动我国的经济与社会发展做出了重要贡献。

省级党校学科建设和学位研究生教育事业也取得了很大进步。全国省级党校拥有硕士授权的14家，两家获得了和高等院校联合招生的授权；全国省级党校的硕士学位授予点从25个增加到了101个，其中北京市委党校获得了马克思主义理论硕士一级学科授权。学科建设对省级党校教学科研、教师队伍建设、培养人才都具有重要的推动作用。现在，全国党校系统学位研究生教育已经初步形成了以马克思主义基本理论学位点为主、结构比较合理、服务于国家人才培养大局、服务于党校教学新布局和推动理论创新需要的体系。

2. 改革开放新时期党中央和中央党校校委高度关心重视党校学位研究生教育工作。

中央党校于1977年复校。为了适应全党工作重心的转移和新时期的需要，中央发布了《关于办好各级党校的决定》，重新明确党校是培训轮训党的干部的学校，是宣传、捍卫马列主义、毛泽东思想的重要阵地。此后，各级党校相继恢复，为进一步办好各级党校，推进和加强党校建设，中央颁布了一系列有关党校工作的文件。在这些文件中的许多规定表现出党中央和中央党校校委对党校学位研究生教育的高度关心重视，为党校学位研究生教育的健康发展指明了方向。

1980 年 2 月，中央批转《全国党校工作座谈会会议纪要》指出：中央党校理论班要采取长、短期班相结合的办法，为省、市、自治区和部分地委党校培训师资。

1982 年 12 月，经中央批准的《中央党校今后教学工作的意见》强调，理论班主要培养省级党校的师资，以及中央单位和省、地两级党委宣传部门的理论骨干，学员应有大专学历，学制两年半。此外，还可不定期地开办党校理论教师进修的短期理论班（学习时间三个月至半年）。

1983 年 5 月，中央印发了《中共中央关于实现党校教育正规化的决定》和《关于第二次全国党校工作会议情况的报告》的通知。这两个文件提出了党校教育实现正规化的目标和要求，即主要指办学方式和课程设置的正规化，各级党校要逐步做到有同一班次、学制、课程内容、教材和考试考核制度；强调中央党校和省、市、自治区党校，均属高等院校体制，明确党校教育是整个国民教育的一个重要组成部分，但在培养目标、招生对象、教学内容等方面又具有自己的特点；理论班主要轮训党校的理论师资和党委宣传部门的理论骨干，学制三年，毕业可参加学位论文答辩，优秀者授予相应学位，按照国务院学位委员会的有关规定，建立党校系统学位委员会。

1985 年 11 月，中央批转了《全国党校工作座谈会会议纪要》和《关于中央党校培养对象问题的请示报告》。这两个文件规定：理论班要采取长短结合两种形式，长期的是以培训理论宣传骨干和党校师资为目标的三年制攻读硕士学位的研究生和两年制研究生班。三年制的研究生，经过学校的考核和批准，通过论文答辩，优秀者可取得硕士学位，特别优秀者，可取得博士学位。两年制研究生班的毕业生，发毕业证书，不授硕士学位；经过考核并经学校的特别批准，少数优秀者可适当延长学习期限，继续攻读硕士学位。此外，还将为省、地两级党校教师举办三至五个月的短期专业进修班，提高各级党校现有教师的水平。

1987 年 11 月，中办特发《中央党校〈关于改革中央党校工作的报告〉》明确指出：硕士、博士研究生属理论班。

1990 年 9 月，中央 15 号文件《中共中央关于加强党校工作的通知》指出：继续办好培养马克思主义理论学科的博士、硕士研究生；具备条件的党校，根据国家有关规定经批准后可招收马克思主义理论学科的研究生。同年，北京市委党校、吉林省委和四川省委党校三家获得硕士学位授予权。

1994 年 5 月，《中共中央关于新形势下加强党校工作的意见》指出：已按规定向国务院学位委员会申请并获准招收研究生的党校，要认真做好培养工作，以造就德才兼备的高层次理论人才。

1995年9月，《中国共产党党校工作暂行条例》规定：中央党校和具备条件的省、自治区、直辖市委党校，经国务院学位管理部门批准，可按《中华人民共和国学位条例》要求，招收攻读硕士、博士学位的研究生，并纳入国家学位管理体系。

2000年中央10号文件《中共中央关于面向21世纪加强和改进党校工作的决定》，对学位研究生教育给予了高度关注："党校博士、硕士学位研究生教育，对培养高层次的马克思主义理论骨干具有重要作用，应当积极稳妥发展。在国家学位和研究生教育部门指导下，加强党校系统的学位管理，适当增加党校系统学位授予点，扩大培养规模，提高教学质量。我们党作为执政党，要重视和加强'党的学说与党的建设'的学科建设，做好专业学位点的评审工作，并充分发挥中央党校在这方面的作用。"

通过上述回顾可以看出，党校学位研究生教育与新时期党校干部教育事业的发展是同步的，党中央是从培养马克思主义理论骨干的战略高度，是从培养党校师资的长远利益出发来考虑党校学位研究生教育事业的地位和发展方向的。随着党校干部教育事业发展，党中央对党校学位研究生教育的发展思路和方向越来越清晰，越来越明确。学位研究生教育是党校工作大局的重要方面，对于干部教育来说，不是可有可无的，不是"两张皮"，而是有机统一、相互促进、共同发展的。

（二）学位研究生教育在党校工作大局中的地位

截至2007年中央党校举办学位研究生教育已经26年，省级党校举办学位研究生教育也已经17年。实践已经证明，党校系统举办学位研究生教育是必要的，并且这种必要性还将日益显现出来。党校学位研究生教育对党校干部教育事业发展起到了重要的支撑作用，主要表现在：

一是为党和国家培养了一大批高素质的马克思主义理论骨干和实际工作者，培养合格的社会主义事业接班人。截至2007年，已毕业硕士学位研究生1475人、博士学位研究生643人。他们大都到党政部门工作，或者到党校和高校从事党的理论研究和宣传工作。毕业的研究生中有相当一大批都做出了突出的成绩，成为具有独立从事科学研究和政策研究能力的高层次的马克思主义理论骨干和高素质的实际工作者。

二是党校干部教育工作离不开学科建设，学位研究生教育是党校学科建设和发展的一个重要载体和途径。党校学位研究生教育发展的历程，也是党校学科建设门类逐步扩大、层次逐步提升、结构更为合理、地位空前提高的过程。党校学位研究生教育，对于加强和促进党校学科建设、提升党校在全国理论界和学术界的地位起到了重要作用。

三是党校学位研究生教育，对于提高党校主体班的教学水平，促进党校科研的发展，起到了重要的学科支撑作用。

四是对于提高教师队伍的素质和能力，培养一批著名的专家学者、大家和领军人物起到了重要作用。

党校学位研究生教育同党校干部教育之所以能够有机结合，最根本的原因就在于它们都是"教育"，都服从"教育规律"。学位研究生教育本质上是国民教育，获得硕士、博士学位研究生的授权，是一个学校学科建设、教师队伍建设、教学科研水平、图书资料建设、管理水平和教学设施的一个综合标志，是教育规律的集中体现。党校干部教育虽然具有很强的政治性，但也应遵循教育规律，特别是中央党校和省级党校作为培训轮训党的高中级领导干部这样一种高层次教育，发展博士、硕士这种高层次学位研究生教育是与之相匹配、相适应的。这是党校教育规律的一个侧面和组成部分。

二、党校学位研究生教育的基本经验和特点

中央党校学位研究生教育已有 20 多年历史，基本经验和特点可以概括为："坚持国家标准，办出党校特色。"

（一）党校学位研究生教育是国民教育的重要方面，必须坚持国家标准

党校学位研究生教育，既是国民教育体系的重要组成部分，又具有鲜明的党校教育的特色。对于学位研究生教育，国家教育管理部门制定了一系列比较完整的法律、法规、制度和规定，这是国家标准。坚持国家标准，就是要遵循高等教育的规律，特别是研究生教育的规律办事，按照国家有关法律法规制度办学，否则，党校系统的学位研究生不可能得到国家和社会的认可，不可能健康发展。党校学位研究生教育必须认真贯彻执行国家教育管理部门在招生、考试、培养、学位论文的写作和答辩、毕业就业、学位授予等方面的法律法规。必须根据全面建设小康社会和建设创新型国家对人才的要求，提高研究生培养质量，提高研究生创新能力，强化研究生培养过程各个环节管理，建立质量标准和考核办法，建立健全自我监督体系，主动接受国家和各省（市）学位管理部门的监督管理。提高研究生的思想政治素质。严格博士生、硕士生导师遴选条件和程序，坚持公开、公正、公平的原则，加强对导师的考核和管理。按照学位和教育部门的要求，加强对省级党校学位研究生教育的指导和管理工作。抓好管理队伍建设，按照“三从严”的要求，使各项管理工作科学化、规范化、制度化和信息化。

（二）党校学位研究生教育所体现的党校特色和优势

党校在党和国家工作中的特殊地位、党校多年形成的光荣传统和优势，对党校学位研究生教育发生了重要影响。党校干部教育的经验和特点对党校学位点的布局和结构，对党校学位研究生培养特色和优势的形成发生的重要影响，主要表现在：

一是在学科方面，党校学位点的设置和学科优势，都是同干部教育所需要的学科紧密相关的，这就是同马克思主义基本理论密切相关的学科。多年来，校委在学科建设方面做了大量工作，特别是根据新布局和大规模培训干部的需要，调整和规范了学科布局及组织机构，取得了明显的成绩，为进一步做好学科建设工作打下了较好基础。马克思主义哲学、马克思主义政治经济学、科学社会主义、中共党史（含党的学说与党的建设）等学科在国内外理论界和学术界都有很高的声誉，有一大批国内外知名的专家教授。目前我校已有哲学、科学社会主义与国际共产主义运动、中共党史（含党的学说与党的建设）三个国家重点学科；有哲学、马克思主义理论、政治学三个一级学科；还设有哲学、理论经济学、政治学三个博士后流动站；

有一级学科下所属的23个二级学科博士学位授予权和32个二级学科硕士学位授予权。全国省级党校拥有硕士授予权的14家，2家获得了和高等院校联合招生的授予权，全国省级党校的硕士学位授予点增加到了101个，其中北京市委党校获得了马克思主义理论硕士一级学科授予权。现在，全国党校系统学位研究生教育已经初步形成了以马克思主义基本理论学位点为主、结构比较合理、服务于国家人才培养大局、服务于党校教学新布局和推动理论创新需要的体系。

二是学位研究生的导师，都是从事干部教育事业的专家和骨干教师。中央党校作为党的最高学府，曾经拥有过一大批党内国内著名的理论家、教育家，他们为马克思主义理论研究、宣传和干部教育事业做出了突出贡献。目前，中央党校仍有一批著名的老一辈专家学者，还涌现出一大批中青年的专家学者。他们既是从事干部教育事业的专家和骨干教师，又是学位研究生的导师。

三是在政治要求上，特别注重学生的党性锻炼和党性修养，强调增强党的观念和党员意识，在思想上政治上同党中央保持高度一致。在学风和培养的环节上，特别地强调理论联系实际，突出马克思列宁主义、毛泽东思想、邓小平理论、“三个代表”重要思想、科学发展观和马克思主义中国化最新理论的基础理论教学，注重对改革开放和现代化建设中重大理论和现实问题的研究，注重对理论创新能力和实际工作能力的培养。

四是在对学生的管理上，加强坚持党校姓党教育，强调“三从严”，也就是“从严治校、从严施教、从严管理”。在日常的学习生活中，要求同学们严格遵守党纪，遵守国家的法律法规和学校的各项规章制度。在学习生活中讲原则、讲规矩、讲团结、讲尊重，正确处理个人利益和他人利益、个人利益同集体利益的关系，做遵法守纪的模范，自觉维护中央党校的形象、维护党的形象。对于违反纪律和规定的同学，进行及时地批评教育。在严格管理的同时，坚持以人为本，开展耐心细致的思想工作。在学生管理体制上，我们专门设立了学员工委，成员由院领导和6个年级的组织员老师组成，具体负责学生思想政治工作和管理工作。

五是坚持党校姓党的原则是党校研究生教育事业的成功之本。坚持党校姓党，是办好党校的根本，也是办好中央党校研究生院的根本。中央党校的学位研究生教育和培养管理，必须坚持党校姓党的原则。第一，中央党校是党中央的一个重要工作部门，是党的最高学府，是一个政治性极强的部门和学校。学位研究生，生活和学习在这样一个政治环境之中，事实上也享有了一些领导干部学员的政治待遇。作为中央党校的学位研究生，一言一行、为人和为学，在一定意义上说，同党校的形象、同党的形象是联系在一起的。在这个问题上，党校和高等院校是不同的，党校有着更高的要求。因此，学位研究生必须主动地适应和按照党校姓党这一原则办事。第二，坚持党校姓党同国家对研究生培养目标的要求和中央党校学位研究生的培养定位是一致的。研究生是我们国家的高层次人才。在全面建设小康社会，建设创新型国家的新的形势面前，党和国家对研究生从政治上提出了新的要求。作为中央党校来说，我们的要求更高。中央党校学位研究生教育，就是要为党和国家培养在政治上靠得住、在业务上有本事、能够为党和国家的事业做出贡献的理论人才和高素质的领导人才。也就是说，为党和国家培养具有坚实宽广的马克思主义理论基础、系统深入的专业知识，具有独立从事科学研究和政策研究能力的高层次的马克思主义理论骨干、高素质的领导人才。坚持党校姓党，是党校研究生院培养马克思主义的理论骨干和领导人才的基本保证。第三，多年来的办学实践经验证明，坚持党校姓党的原则是党校研究生教育规律的体现，是中央党校研究生教育事业的成功之道。在培育研究生过程中，要求同学们要：坚持一个理想信念，即坚持共产主义远大理想和建设中国特色社会主义的信念；夯实两个功底，即马克思主义理论功底和专业功底；强化三种意识，即党员意识、全局意识和团结意识；争做四个模范，即弘扬马克思主义学风、推动理论创新的模范，艰苦奋斗的模范，遵纪守法的模范，诚实守信的模范。这些具体要求，核心贯穿的是党的观念和党性修养。

（三）依托学位研究生教育举办领导干部在职研究生教育

党校教育是党政领导干部培训轮训的主渠道，党校研究生教育是整个党校事业的重要组成部分，领导干部在职研究生教育是党校学位研究生教育同干部教育的有机结合。

领导干部在职研究生教育，招生对象严格控制在处级和处级以上领导干部，主要是在中央党校进修部、培训部毕业的学员和地方党政领导机关企事业单位的县处级以上领导干部。在培养方式上，把国家关于培养学位研究生的标准、党校办学的特色和党政领导干部的需求结合起来，实际上是国家学位研究生教育和党的干部教育的一种结合。领导干部在职研究生教育，是依托有硕士学位授权的专业，课程设置以硕士生的主干课程为主，同时，强调坚持理论联系实际，强调对改革开放和现代化建设中重大理论和现实问题的研究，对工作实践中的重大问题的总结和思考，强调党性修养和党性锻炼。在管理模式上，教学中把面授、导师个别指导和学员自学相结合，实行启发式、研究式教学；在组织管理上，研究院和各教研部门以及教学点之间形成了一整套比较严格、规范而且实用的制度办法。

领导干部在职研究生教育，一方面，它适应了新时期党对干部队伍建设的新要求，对于参加学习的广大领导干部来说，起到了“夯实理论功底，更新知识结构，提升学历层次，提高素质能力，增强党性修养”的作用；另一方面，促进党校学位研究生教育工作，促进学科建设，扩展党校讲坛，锻炼师资队伍。领导干部在职研究生教育，开创了干部教育的新形式，拓展了党校教育的内涵，延伸了学员在党校接受教育的过程，扩大了党校教育的影响，促进了党校事业的发展。

三、充分发挥党校学位研究生教育对于党校干部教育事业的促进作用

（一）着眼于党校干部教育发展需要，进一步完善党校学位点的布局和结构

根据加强党的先进性建设和执政能力

建设的新要求，适应大规模培训干部以及干部教育从素质培训向素质和能力培训相结合转变的需要，按照适应党校教学新布局的要求以及更好地为党委和政府决策服务，必须进一步完善党校学位点的布局和结构。中央党校学科建设以马克思列宁主义、毛泽东思想、邓小平理论和“三个代表”重要思想为指导，贯彻落实科学发展观，落实中央关于党校工作的一系列重要指示，特别是《中共中央关于面向21世纪加强和改进党校工作的决定》和《中共中央关于进一步繁荣发展哲学社会科学的意见》。坚持党校姓党，立足于培训轮训高中级领导干部和培养高层次马克思主义理论骨干的需要，遵循学科发展的内在规律和国际国内学科建设的发展趋势，突出党校教育特色，形成具有党校特色的学科体系。重点围绕“一个中心，四个方面”的教学新布局，按照“增强执政意识，提高执政能力，创新培训方法，提高培训质量”的要求，重点发展马克思主义基础理论学科，大力加强有利于提高党政干部领导水平和执政能力的有关学科；着眼于国内外重大理论和现实问题的研究，为提高党校的教学科研质量服务，为加强党的先进性建设和执政能力建设服务。根据既有基础和条件，现阶段要切实加强哲学、政治学和马克思主义三个一级学科以及哲学、科学社会主义和国际共产主义运动、中共党史（含党的学说和党的建设）三个国家重点学科，发展法学、经济学、管理学等学科。

（二）重点发展马克思主义理论学科，为做好用马克思主义中国化最新成果武装工作服务

学校已获得马克思主义理论一级学科博士、硕士学位授予权。为加强马克思主义理论一级学科建设，校委通过了《中央党校马克思主义理论一级学科建设实施方案》。校委决定将马克思主义理论一级学科建设作为党校学科建设的重点，逐步形成以马克思主义理论研究为一级学科，以马克思主义基本原理、马克思主义发展史、马克思主义中国化研究、国外马克思主义研究、思想政治教育专业为二级学科，以分领域研究、研究生培养、教材建设和队伍建设为支撑的马克思主义研究的学科体系。马克思主义理论一级学科的建设和发展，应反映马克思主义理论一级学科建设的特点和规律，要把学习、研究、宣传马克思主义中国化最新成果作为马克思主义理论一级学科建设的中心内容，突出重点，为用马列主义、毛泽东思想、邓小平理论、“三个代表”重要思想和十六大以来党中央的一系列重大战略思想武装高中级领导干部服务，为推动马克思主义中国化理论创新服务，为完善党校教育新布局、提高教学科研水平服务，为培养马克思主义理论创新人才服务，推进马克思主义中国化的最新成果进课堂、进头脑、进教材。

（三）以提高学位研究生培养质量为核心，促进党校教学科研水平的提高

着眼于研究生教育发展的新趋势、新要求，进一步坚持国家标准，办出党校特色。认真学习贯彻教育部《关于实施研究生教育创新计划，加强研究生创新能力培养，进一步提高培养质量的若干意见》，深入探索新形势下党校研究生教育规律，以提高培养质量为中心，解放思想，深化改革，推进创新，进一步完善与社会主义市场经济体制相适应的党校研究生教育体制

和运行机制。根据教育部对研究生培养的新要求，和教研部（所）一起修订完善各学科专业研究生培养方案，着力提高研究生培养质量和创新能力。贯彻《中共中央党校学术规范（试行）》和《中央党校研究生院学术规范》，加强学术训练和培养。加强学风建设，形成良好的教学科研氛围，促进党校教学科研水平的提高。

（四）抓好导师队伍建设，为培养和造就学术带头人服务

按照《中央党校遴选博士研究生指导教师暂行办法》和《中央党校硕士研究生指导教师遴选办法》做好博士生导师和硕士生导师遴选工作。制定《中央党校学位研究生指导教师守则》，加强对学位研究生指导教师的考核和管理，建立对学位研究生指导教师的激励约束机制。按照教育部《关于实施研究生创新计划，加强研究生创新能力培养，进一步提高培养质量的若干意见》的精神，研究完善博士、硕士研究生指导教师的产生机制，坚持公开、公正、公平的原则，进一步完善导师遴选制度，实行淘汰机制。发挥学科建设对教师队伍建设的积极作用，促进学术带头人和学术骨干的成长。

附：1. 中共中央党校授予博士、硕士学位情况综合表

2. 历届博士、硕士研究生毕业去向统计表（2004—2007 届）

附1：

中共中央党校1989年至2007年
授予博士学位情况综合表

学科	专业	年份																			合计
		89	90	91	92	93	94	95	96	97	98	99	00	01	02	03	04	05	06	07	
哲学	马克思主义哲学	2	1	2	1	2	5	4	2	2	3	4	5	7	8	10	14	21	19	14	126
经济学	政治经济学	1	5	1	1	1	1	6	5	3	4	9	9	10	12	14	20	23	24	26	175
政治学	科学社会主义与国际共产主义运动		1	3	4	2	3	3	5	3	6	1	9	6	11	8	14	11	14	16	120
	国际政治										3	3	3	3	5	4	8	9	16	10	64
	中共党史		1	3	1	3	4	1	4	7	6	4	2	3	2	4	8	6	10	10	79
	党的学说与党的建设				1		1		1		2	3	4	4	9	9	12	12	8	13	79
合计		3	8	9	8	8	14	14	17	15	24	24	32	33	47	49	76	82	91	89	643

中共中央党校1985年至2007年（1998年未授予）授予硕士学位情况综合表

学科	专业	年份																						合计
		85	86	87	88	89	90	91	92	93	94	95	96	97	99	00	01	02	03	04	05	06	07	
哲学	马克思主义哲学	6	24	16	13	8	7	14	5	3	1	4	6	2	3	3	5	4	6	11	9	8	7	165
	中国哲学						3	3	1		1	3		2		3	1	2	1	1	2	2	2	27
	科学技术哲学						1	6	2	1	2	3	2	1		2	1	1	5	5	4	4	3	43
	外国哲学							1	2			1	1	1	1	1	1	2	4	2	1	3	2	23
	伦理学																						1	1
经济学	政治经济学	11	26	15	17	2	7	20	9	9	3	13	11	13	5	6	7	11	11	8	13	9	11	237
	世界经济学							4	1	2	1	3	5	1	3	2	2	1	6	2	4	4	5	46
法学	法学理论										2	8	8	5	4	3	3	5	6	5	13	9	6	77
	经济法学																						2	2
政治学	科学社会主义与国际共产主义运动	7	23	16	36	7	8	21	19	5	8	18	9	4	6	8	14	10	12	12	7	10	11	297
							2	5	2		2	10	3	2										
	社会学																	2	3	7	6	6	4	28
	国际政治				4	3		5	2		2	4		3	5	5	8	3	7	7	6	9	7	80
	中共党史		27	14	11	5	11	9	6	4	3	12	9	7	7	5	5	7	10	7	9	8	9	185
	党的学说与党的建设		21	9	19	5	4	10	10	15	7	23	15	4	4	4	11	4	8	10	12	8	7	210
	政治学理论															4	5	5	8	5	5	5	5	42
	马克思主义理论与思想政治教育																				5	2	3	10
历史学	中国近现代史																						2	2
合计		24	121	70	100	30	43	98	59	39	32	102	69	45	38	46	63	57	87	82	96	87	87	1475

备注：表中授予1475名硕士学位中不含授予研究生班55名学员的硕士学位及授予在职人员以及研究生毕业同等学力的241名硕士学位。

附 2：

历届博士、硕士研究生毕业去向统计表（2004—2007 届）

	总人数	高校系统		党校系统		机关系统（国家、司法）		其他行业	
		人数	所占比例	人数	所占比例	人数	所占比例	人数	所占比例
04 届	170	24	14.12%	30	17.65%	76	44.71%	40	23.53%
05 届	183	38	20.77%	36	19.67%	74	40.44%	35	19.13%
06 届	173	41	23.70%	24	13.87%	60	34.68%	48	27.75%
07 届	169	40	23.67%	14	8.28%	43	25.44%	72	42.60%

进修部、培训部毕业学员名单

2009年春季学期进修部学员名单

省部级干部进修班（第45期）“国际金融危机与应对”研究专题（30人）

蔡赴朝　张俊芳　王增力　张　力　刘俊文　祝业精　邹新生　葛慧君　叶继革　铁代生　肖志恒　马志伟　于革胜　胡　伟　詹国枢　丁学东　王晓初　王志国　易小准　王　力　李　健　张敬礼　宋大涵　潘云鹤　范福春　陈新权　赵　林　刘　京　覃志刚　沈建国

省部级干部进修班（第45期）“国际战略”研究专题（14人）

赵　丕　庞维义　杨建华　贾方亮　方正辉　王振川　刘　莉　段世杰　陈鹤良　田东风　沈晓农　郄建伟　孙照华　梁国扬

地厅级干部进修班（第52期）“农村改革发展”研究专题（18人）

张晓华　韩　伟　许立全　张　宁　刘玉超　梁宏贤　马少青　韩克茵　王　义　戚学森　孙志筠　张新宝　刘　敏　俞　华　韩国祥　颜　波　刘忠文　肖炳南

地厅级干部进修班（第52期）“扩大内需与经济发展”研究专题（68人）

张慧光　杜西平　张　军　王新民　苏亚君　韩东太　高金芳　胡家辉　杨国强　张世平　王　咏　黄小华　徐　新　徐克勤　管跃庆　赵中社　张　季　王爱祖　曾　羽　杜　捷　吾买尔·阿不都拉　刘德峰　张建军　陈果吉　于　薇　毛起雄　赵　艾　刘世江　郑立均　钱　敏　王燕之　刘　勇　李　实　王家栋　高志丹　李晓超　王晋杰　韩　毅　王冬峰　王　澄　李太平　杨　柳　刘欣欣　王跃飞　史玉光　王　平　石绥祥　李　烨　张勤学　崔茂森　雷长群　丘智健　郭　林　张燕飞　杨圣军　唐　军　刘剑平　邹宏英　那希志　陈建华　柴顺林　曾　义　盛小列　于健龙　高文柱　李恒波　吴　吟　甘行平

地厅级干部进修班（第52期）“社会稳定”研究专题（38人）

史建明　宋新柱　布仁　张　晶　于守臣　李明辉　李晋闽　段景来　孟富强　谭泽中　罗兴武　曹莉莉　周建军　赵　霞　肖明生　崔红星　张筱强　谢义亚　吴高盛　宋寒松　吴国华　张荣胜　刘永斌　刘建明　杨　烁　孙咸泽　马宇虹　丁　锋　房　宁　赵　强　吴卫民　孟　军　曹社平　娄德兰　刘继臣　黎　鸣　江　丹　梁　毅

“文化遗产保护”专题研讨班（47人）

税　勇　孙宝启　庞学光　刘学军　冀明德　李雪波　高　炜　杨晓萍　孙甘霖　王鸿声　董玉海　陈建一　杨文孝　叶长荫　罗才福　潘燕燕　卢正大　侯端敏　丁世显　陈国桢　李雪峰　李宏伟　刘学勤　陈汉桥　刘晓越　陈　潇　陶　诚　李　崴　甘　霖　陈　军　蔡道静　李　宁　姜学东　李　涛

计明南加　同珠　段先念　车建营　张西林
刘克智　柴绍豪　王化平　陈莉萍　郑　强
米赞·哈吉亚克巴　木太力甫·托合提
黄　宁

省部级干部进修班（第45期）“扩大内需与经济发展”研究专题（24人）

刘永瑞　李潭生　闫　丰　林炎志
王卓辉　沈素俐　高　雄　刘佩智　黄　毅
尼玛次仁　齐同生　朱之鑫　李忠杰　倪岳峰
苏　波　张景安　杨国庆　纪正昆　田力普
李宝荣　潘功胜　张燕玲　孟献斌　丁培顺

省部级干部进修班（第45期）“民生与社会建设”研究专题（50人）

慕　平　肖怀远　段惠军　郑福田
李法泉　陈晓光　黄建盛　陈述涛　高小玫
刘春良　陈安众　王新陆　王训智　魏文彬
彭　钊　张力夫　许　俊　王洪华　刘玉顺
王宇坤　黄润秋　顾　久　陈勋儒　张　伟
宋洪武　刘维隆　铁力瓦尔迪·阿　卢晓峰
张少华　饶顺和　余献义　刘鼎新　蔡名照
何晔晕　孙怀山　苏泽林　王学军　陈小江
李　熙　胡占凡　林贤郁　李育才　刘金平
武　寅　苏　和　徐宜仁　宋原生　谢　平
齐　让　吕世明

地厅级干部进修班（第52期）“国际金融危机与应对”研究专题（83人）

杨全社　张晓亚　佟铁顺　常军政
李会永　曲志深　周卫国　李学忠　王首萌
汪建国　刘　健　陈义兴　裴金佳　肖四如
薛　克　严大考　詹玉荣　张国臣　张　锐
王国振　阮继清　王延党　刘庆选　李红军
李炳余　赵德明　李应济　周忠良　何金平
王静波　张冬科　钟　华　耿文清　孟朝晕
黄华光　陈景宽　边彦耀　龚海燕　郑德刚
姚　红　张备三　梁　桂　贺德方　杜英民
陈　刚　史跃梅　高　军　何　宁　张广志
陈　杰　邹伟忠　郭志斌　胡培兴　江德元
肖国尧　陈琦良　张德霖　李岳德　宋大伟
董瑞生　康金城　黄晓忠　熊　伟　侯增谦
杨　锐　门晓波　薛勇军　许锡龙　车德宇
罗中涛　王力红　刘广平　胡　冰　录大恩
江　超　易曙光　殷学智　宋占江　姜永军
宋建国　姜新波　庄　严　芦明辉

地厅级干部进修班（第52期）“党的群众工作”研究专题（37人）

王淑玲　盛大成　刘树枝　石时态
陈　菁　郝青山　唐　兵　高劲松　旺　杰
宋忠庆　冯锐强　李金英　王国建　王学林
李建昌　傅振坤　马　魁　陈久松　杨启儒
肖　宏　魏树旺　张肖鹰　吴亚东　任卫华
王　健　孙伟林　李良君　王　珂　凌玉祥
郑世成　马德有　梁丽涛　王宗文　钱先文
孟庆林　申兆军　王晓龙

地厅级干部进修班（第52期）“文化发展”研究专题（46人）

肖　培　赵鸿友　杨增武　李　平
金秀东　钟桂松　吴玉辉　陈　伦　王崇杰
桑金科　郑永扣　杜建国　符咏梅　顾作义
傅　磬　郑晓幸　于燕京　王　军　赵宗福
董家平　库尔班·牙生　黄思潮　成育进
张志明　熊华源　宫喜祥　常大光　邬旦生
李建辉　禹宾熙　胡传武　霍燕飞　才　凡
席　强　秦剑波　马　俊　王智玉　涂晓东
滕采模　姜　军　秦　伟　杨沛超　柴晓明
李晓红　王向阳　周玉兴

“党校系统教学管理”专题研讨班（49人）

刘　阳　杜俊杰　侯贵星　高建生
金　瑞　戴茂林　朱　慧　戚　扬　程　龙
吴彦杰　杜国钧　郑　喆　朱　华　桑学成

刘喜发　刘振华　安蓉泉　王正国　游龙波
邓仁仑　曾志刚　商志晓　刘晓钟　梁周敏
陶良虎　汪德明　周正刚　陈鸿宇　陈秀源
罗归国　陈林杰　包亚宁　罗晓梅　李　新
谢育新　陈　扬　陈　榕　普布次仁　郑志飙
李伯钧　冯　湖　陈　玮　张　廉　高建龙
强始学　巩联军　玉淑君　何晓辉　杨永志

2009年秋季学期进修部学员名单

省部级干部进修班（第46期）“国际金融危机与应对”研究专题（61人）

熊大新　宋长瑞　罗啸天　雲　峰
赵长义　高广滨　陶夏新　张效廉　徐冠巨
朱秉发　张传林　张若飞　王文超　李明波
温思美　车荣福　符　兴　董治良　余远牧
李登菊　孙华璞　谌贻琴　张田欣　张道宏
刘新文　刘立军　赵启中　骆惠宁　刘新齐
陈凤翔　董　宏　张秋俭　奚晓明　孙宝树
鲁建华　李洪峰　苏　宁　董大胜　解学智
孙寿山　刘平均　祝善忠　李　伟　姜　洋
李克明　徐建洲　李　超　易会满　杨　琨
陈　元　王银香　王志刚　赵建国　乔保平
包克辛　宋　林　宫晶堃　马建中　张庆伟
张弘力　陈小宪

省部级干部进修班（第46期）“行政管理体制改革”研究专题（50人）

王　伟　高　勇　王雅安　刘卓志
常显玉　张元富　陈　旭　谢广祥　弘　强
国家森　刘玉功　龚立群　陈柏槐　肖雅瑜
陈际瓦　肖若海　翁杰明　吴政隆　张作哈
张雨东　凌　峰　张书领　黄永垠　王耀东
邵旭军　曲莹璞　王国卿　孙　谦　张晓强
屈万祥　曲淑辉　张　通　叶金福　董　力
翟虎渠　杨树安　张为民　印　红　叶小文
刘　越　黄浩涛　修济刚　李春先　单霁翔
孙华山　刘自强　贺军科　董松根　佟宝君
王乃坤

地厅级干部进修班（第53期）“廉政建设”研究专题（33人）

陈晓颖　丁雪峰　李　杰　赵　祥
陈承贵　郑鲁宁　陈永红　崔　瑛　余幼明
陈山地　黄　翔　杨玉清　鲍玉璋　张国生
田成江　陆增寿　刘明波　李红杰　杨　奇
李　一　王贵农　刘海宇　林明鹊　冯育毅
王耀宗　庞长青　李　建　谢　平　方玉峰
赵慧侠　王明宝　薛新功　李占海

地厅级干部进修班（第53期）“城市发展与城市治理”研究专题（52人）

王爱民　郑连生　王　研　关德伟
金　华　于洪涛　毛小平　孙燕丽　余红艺
陈继松　吴良仁　李松武　谢振山　陈金荣
陈三新　卜功富　甘　新　符琼光　王礼全
沈　健　张　宁　郭玉虎　马廷礼　周新军
刘　钊　郭英楼　杨滇利　陈　翔　陈国栋
刘亚川　杨　榕　苏乃民　文　毅　李江民
鲜力群　曹丕玉　甘建国　谢冰玉　高　文
邓季达　彭玉敬　王笃礼　苑玉成　蒙昌嘉
何国强　闫嘉有　彭源贤　雷佳民　余兴鹏
潘　超　唐显凯　陈亚安

地厅级干部进修班（第53期）“文化体制改革”研究专题（33人）

张明亮　龙　华　张　哲　翁　星
雍秀英　刘长允　刘长春　周中庭　杨新科
李权利　王占峰　曹俊德　余清楚　朱连璋
贾京平　傅　东　温继武　李　松　董天恒
姚宗桥　汪　洋　陶嘉庆　曹马陵　张毅君
万武义　徐金鹏　王　巍　冀国强　王志标
韩　炎　钟希田　刘　光　秦玉文

“推进土地管理制度改革”专题研讨班（31人）

孙瑞彬　郝益东　陈超英　于莎燕
周太彤　李小敏　倪发科　陈达恒　才利民
张大卫　田承忠　林大声　林念修　凌月明
钟　勉　辛维光　刘　平　赵正永　徐福顺
姚爱兴　努尔兰·阿不都满金　杜鹰　张来武
张少春　陈大卫　胡亚东　翁孟勇　周学文
陈晓华　李干杰　吕章申

省部级干部进修班（第46期）“转变经济发展与经济结构战略性调整”研究专题（63人）

李士祥　程　红　何荣林　臧献甫
臧胜业　丛　斌　申维辰　肖黎声　金国生
王儒林　蔡达峰　缪合林　刘　奇　王建满
陈　芸　王随莲　储亚平　史济春　段轮一
龚佳禾　李微微　王顺生　宋　海　林念修
刘学普　解　洪　许正维　谢晓尧　杨保建
王学智　吴英杰　白玛朗杰　骆玉林　王令凌
多杰热旦　杨春光　王云龙　马德秀　李晓红
欧进萍　王寒松　易　红　曹健林　李　勇
柯炳生　高虎城　刘　谦　田　进　武保忠
王寿君　孟建民　寻寰中　郑文凯　杨明生
陆　明　宋超智　于文明　于亚利　吴少华
陆启洲　赵立新　李朋义　喻红秋

省部级干部进修班（第46期）“学习贯彻党的十七届四中全会精神”研究专题（24人）

李少平　李润兰　杨晓渡　赵树丛
宋晨光　辛维光　刘晓滨　马秋星　贺江波
朱成虎　张西南　徐天亮　杨利民　张建南
拉巴平措　王建华　刘建平　杨　晶　孟宏伟
汪　民　赵　阳　熊群力　范继英　陈建功

地厅级干部进修班（第53期）“扩大内需与经济发展”研究专题（76人）

赵克庆　王志欣　张春生　司永涛
杨汉忠　吴玉厚　王克成　沃岭生　庞光明
缪瑞林　杨　勇　丁敏哲　单美娟　孔发龙
孟凡利　张亚伟　宋亚平　张值恒　李壮丽
李春洪　杜　新　张　超　王志杰　扈万泰
刘国强　蔡国祥　李宝海　宋尚有　王胜德
潘爱华　王会伟　贾淑琴　郑淑娜　赵理峰
江　龙　刘　康　赖文生　曾少华　何建中
俞建华　薛启谊　徐庆华　倪会忠　叶健夫
孙文序　安丰杰　李永红　郑清智　郑　凡
孙宪法　周纪昌　于世良　刘锡汉　叶春和
牛　靖　陈仁义　梁　勤　杜　鹏　邹逸桥
张庆民　付舒拉　乔　堃　王玉国　丁　俊
周小杰　姜景山　向　涛　黄文昌　蔡连重
刘永旭　雷升祥　崔殿生　唐志成　陶晓林
杨晓东　顾汉春

地厅级干部进修班（第53期）“突发公共事件与危机管理”研究专题（52人）

马玉蝉　梁成军　兰玉杰　彭锦清
章凯旋　陈砚秋　陈洪波　欧阳志鸿　刘耀龙
周道平　张笑春　罗　杰　李三原　周万生
李世春　杨智勇　马振犊　沈相玉　凌振国
薛惠君　刘未鸣　赵大光　方君实　李苏楠
柴　梅　李志刚　李　华　牛玉国　冯忠武
张显良　王宇东　邢早忠　李革华　杜卫群
王建荣　董　熔　吴　军　于　斌　姜在旸
郭殿满　宋承志　加哈努尔·喀比力阿孜
王先文　文秉友　刘江波

王引平　张　伟　赵瑞亮　章　献　刘伯根
屈增国　龚恰恰

地厅级干部进修班（第53期）“学习贯彻党的十七届四中全会精神”研究专题（46人）

朱明德　李绍洪　王以鸿　梁志忠
郭新民　韩　竞　周立元　朱　伟　王　晖
安世银　李海舰　常建华　马葆青　刘　毅
龙德芳　吴天智　张幼明　孙汉友　张守华
曹　普　柴　玺　黄百炼　刘京辉　陈达云
毕雪融　刘学钊　朱光沛　詹思明　王子民
龚建德　朱晓东　李德清　祖　斌　王金岩
黎学勤　姚玉海　李开民　高福来　杨春锦
赵继东　海　燕　邹晓巧　王延祜　吴长江
曹　红　王金定

市地党政主要领导干部进修班（第3期）（31人）

王云峰　王宏江　陈　贵　董洪运
白向群　姜治莹　许兆君　周　平　张　雷
陈铁雄　吴旭军　谢亦森　邓向阳　杨鲁豫
毛超峰　化有勋　朱汉桥　禤沛钧　向　涛
唐利民　王建军　廖国勋　赵立雄　熊清华
赵　合　梁凤民　李文卿　林亚松　李文章
曹天星　刘玉成

2009年春季学期培训部学员名单

中青年干部培训一班（第26期）（104人）

陈　刚　聂瑞平　刘润民　胡敏谦
安胜利　康　捷　姜国文　翁祖亮　缪蒂生
钱巨炎　江　山　洪碧玲　孙爱军　董锦燕
丁小强　李金冬　陈绿平　李国坚　王应际
刘　伟　沈　骥　段丽元　拉　巴　杨冠军
张令平　宋显珠　吴玉才　王会民　邹跃斌
祝卫东　魏小东　任生德　蒲增繁　赵长茂
李亚飞　张荣顺　吴晓光　卫彦明　钟志华
谢焕忠　陈吉宁　周文斌　邓秀新　陈雨露
王晓方　崔芝崑　胡存智　王志宏　袁宏祥
王占甫　刘伟平　韩永进　金小桃　杨子强
马青山　胡金木　赵英民　肖殷洪　赵子忠
褚　波　张　勇　张建华　张百新　邓建军
赵立申　赵争平　孙抱平　屈　强　胥燕婴
沈立强　宋先平　董建岳　陈彩虹　寿梅生
蔡华相　戴春宁　李守武　刘跃珍　袁家军
刘　运　柳　地　舒印彪　王良友　郭珺明
辛保安　陈　飞　孙康敏　佟吉禄　李晓春
刘华学　张英健　于万源　赵　峡　孙月英
徐思伟　姚瑞坤　张　华　蒋　伟　董春波
奚国华　张　杰　刘金峰　高体玙　恽鹏举

中青年干部培训二班（第9期）（169人）

王　军　陈宏志　赵维明　陈法春
金洪钧　马宇骏　戎　阳　郑　红　郭玉福
李　昊　林　涛　高金祥　孟宪东　温树忠
来　鹤　郝　欣　朱天舒　王成胜　王　臣
李前龙　叶　青　黄迪南　王自力　葛晓燕
宣　勇　黄生林　刘大群　袁　华　徐姗娜
余红胜　施维雄　朱民安　占　勇　刘新民
迟丽华　周杰华　张英焕　焦国栋　原永胜
杨　军　任振鹤　毛传强　董石桂　朱建山

赵　平　卢淳杰　肖　叶　王世彤　李纯德　潘志金　李东兴　谢瑾瑜　刘　耿　刘保锋　盖文启　朱　军　丁中平　黄锦生　邹　蔚　滕中平　郭亨孝　徐国骏　肖振猛　余惠平　张泽军　张慧星　李小平　索朗扎西　刘秀宏　钱远刚　王建军　徐启方　黄高宝　张俊宗　王嘉毅　吴　捷　索南东智　张黄元　张八五　姚文明　杨有贤　吐逊江·艾力　邵　峰　亢　平　姜晓龙　付爱琴　庄建武　魏建荣　张志刚　高　嵌　李　莉　邱国栋　沈全荣　张家权　华　清　姜永刚　于晶霞　李晓东　吴佳松　曹国英　宜宇才　陈庆立　袁亚彬　穆红玉　张　越　周望军　叶玉江　赵　铸　冯曰铭　冯亚平　胡一丁　李沐欣　熊盛青　刘国洪　游　钧　姜万荣　季求知　谢少锋　陈大勇　廖西元　朱小良　李立中　张汉平　程　光　宋京雁　郭晓林　陈善荣　袁灼琼　高世军　李玲蔚　周石平　薛松岩　曹清尧　王智永　魏保志　滕　刚　谭建生　严弟勇　李耀强　陈奋健　谢　彪　左　力　刘　刚　马　扬　李雪松　戴亚平　赖新春　高世楫　胡　斌　詹丰兴　王耀鹏　刘懋洲　乔方利　倪庆华　曹兵武　罗毅芳　王学东　王理平　贾　洪　张长河　张晓辉　杨文志　郑希友　李敬泽　樊江波　马玉娥　王尚康　尹宝虎　王思强

新疆地厅级民族干部培训班（第49期）（40人）

郭英华　巴拉提·阿斯木　王龙德　依不拉音·阿不都　吾提库尔·阿不都热合曼　王富强　刘怀春　平新来　乌斯满·达吾提　魏　瑾　侯存尚　温　浩　田兴国　张秀成　尼加提·司马义　祖丽菲娅·阿布都卡德尔　贾春林　徐　忠　吐鲁洪·阿不都热依木　史志昌　阿布来提·麦麦提　艾力哈孜·别克库尔曼　彭小明　林亚蓉　帕力旦·热依木　阿德尔汗·阿布德拉西　王树林　赵德儒　王大军　马雄成　王建勇　徐长年　石　岗　阿不都热依木·阿不列孜　王新明　肖　明　李新民　罗　忆　艾力提·沙力也夫　古丽夏提·西尔艾力

新疆县处级民族干部培训班（第50期）（48人）

胡　雁　禹　明　塔依尔·那斯尔　艾克拜尔·艾德尔　陈维斌　李凌杰　阿迪力·努尔麦麦提　朱财如　祖丽胡玛　阿曼古力·艾山　海拉提·禾加布都拉　伊力亚斯·阿吾提　李永晟　王建民　张建发　托里坤　阿不力米提·阿不来提　苗桂云　阿里木江　尚　文　郑连军　穆塔里甫·苏皮　阿布都哈里克·阿布都巴克　塔图·加尼　扎曼·沙坎　高立山　蒋新华　阿孜古丽·阿地力　艾合买提·尼亚孜　何建国　甫拉提·玉苏甫　刘　稚　木拉提　穆塔力甫·阿布都热西提　李彦武　努尔尼沙·阿布力孜　刘立群　艾合买提江　托乎提·热合曼　方　侠　吾买尔·艾力　巴　图　徐建民　刘宏敏　莫合塔尔·阿不都　陈　梦　高枫春　阿里甫

半年制西藏民族干部培训班（第37期）（44人）

嘎玛仁青　格宪毕　多布拉　阿旺次成　朱　强　边巴卓玛　蒋贞明　张志勇　赵祥德　土登占堆　卢连连　宋金贤　次仁达娃　阿旺朗杰　阿诺　杨　慧　张海春　贡布　扎西次仁　拉巴　索朗次仁　邵利民　母兴斌　扎桑　徐龙海　夺呷泽郎　金美多吉　薛光明　央宗　古桑多吉　王积林　杨红兵　曹　林　马继洋　伦珠扎西　张裕庭　次仁卓玛　乔建民

杨光洪　喻泽红　觉多　甘丹平措
边巴次仁　梁俊艳

一年制西藏民族干部培训班（第38期）（36人）

杨家罗　次仁贡布　达瓦次仁　卓嘎
觉昂泽仁　杨　红　益西卓嘎　布多
努木　扎西卓玛　王佩宏　米次　杜新年
傅仲良　尚凤英　侯志武　辛春弟　达娃
达娃卓玛　张　云　泽仁扎西　罗布
仁增伦珠　益西央宗　冯志端　刘建军
索朗央金　曲丁　魏长旗　柳　林
阿牛次仁　边巴卓玛　熊　焰　付荣华
王　凤　格桑雍西

台湾省籍干部培训班（第8期）（43人）

陈燕妮　高　峰　马振生　陈子云
杨晓东　陈　利　吴晓琴　王耀冀　周志文
谢碧玲　史茂杰　廖艳芳　张百良　杨志峰
郑吉虎　刘继维　庄振文　任湘清　郑博光
林　敏　陈小凡　张　良　徐友洪　郭　晴
罗　鹰　张晓东　管　勇　林华生　庄琼龙
黎建华　呈琼雄　吴桂英　吴凯琦　冯雪松
黄学军　何　秦　林贤顺　徐　岩　孙常玲
高　伟　田　靖　蔡国斌　张　荟

2009年秋季学期培训部学员名单

中青年干部培训一班（第27期）（81人）

杨克勤　蒋希伟　黄宪起　方江山
王良城　乔永清　陈怀鹏　郝贵诚　陈惠丰
王　晋　王卫星　江　冰　王宝伟　王承文
王来柱　王恒勤　孔昌生　王　宁　戴东昌
匡尚富　于康震　雷喜宁　王　谦　王常松
庄文武　张　剑　许瑞表　张健伟　李任芷
熊　梦　吴　浩　相里斌　黄　平　黄　辉
吕　薇　龚维斌　王兰民　端义宏　陈　舜
卢景波　徐　莹　李永春　关　强　黄国波
徐　聪　岳　毅　赵　欢　鲍建安　李玉海
周为民　章建华　冯志斌　施进浩　袁光宇
李　康　余龙文　曹志安　张晓东　邓建玲
苏　力　张钧安　沙跃家　秦焕明　刘卫东
王克伟　冯永强　文利民　李忠武　刘　强
陈基华　任积东　迟京涛　田　民　徐建瑛
王祥明　冉新权　崔光庆　田国立　魏　锁
倪邦文　谭　琳

新疆地厅级民族干部培训班（第51期）（39人）

巫文武　晏果辉　朱玛什·沙合达提
常海滨　王　璐　白新民　方章荣
艾尔肯江·牙生　任存新　安仓振　贾伊生
黄雪伟　何海源　孙兴杰　古力先·吐拉洪
黄志忠　薛　江　汤国滨　外坦·艾则孜
张　杰　李培军　帕塔尔·吐尔逊　张　俭
郭为民　尼克·乌音山　海米提·依米提
樊庆魁　铁格斯·再别克　齐德香　王　利
郭海清　艾尼瓦尔·阿不都许库尔　李凤堂
张华中　玉素甫·艾力　杨　健　李广平
朱雪飞　沙勒塔娜提

新疆县处级民族干部培训班（第52期）（49人）

韩界龙　买买提江·马合木提

阿尔太·塔依巴扎尔　刘亚农　李　岩
徐耀宗　任新军　海　滨　王　勤　艾沙江
艾来提·斯马义　詹寒戈　王玉仓
海拉提·哈布根　张新友　马学武　陈　刚
吴　良　古丽鲜·依明　吐达洪·吐鲁甫
常　虹　李潮云　海拉提·巴拉提　甘　泉
塔西买买提·赛力木江　阿不都艾尼·买买提
陈远华　赛力克·哈布肯　周耀治　朱　新
亚克夫·吐尔地　克然木·阿不力孜　陆一民
伊利哈木·木塔力甫　张　斌　许有龙
文福来　祁文秀　曾新成　唐培霞　张红光
派孜拉·买买提　王忠民　邵典武　孙海森
穆合甫力·阿不力米提　阿德勒·艾提江
周忠宇　玉米提

半年制西藏民族干部培训班（第39期）（43人）

次仁旺堆　刘巨元　江　娟　洛松林
次旺晋美　庞　健　杨成武　赵树明
达娃措姆　王培槐　马勤生　戴林生
白玛次仁　卓玛拉姆　谭树辉　次培
巴珠　多吉　旦增朗杰　曲扎　布珠
旺堆　鲁　韬　郭守平　龙措　王胜祝
才旦南杰　边巴次仁　穷达　杨晓纯
旦增顿珠　崔广全　江措　李富忠　德吉
徐雄光　晋美旺措　赤列克珠　徐焕新
普赤　次旺　卓嘎　马武桑

学位研究生教育

学位研究生培养

2009年中央党校学位评定委员会

主　席：李书磊

副主席：李兴山　卓泽渊（常务）

委　员：（以姓氏笔画为序）

王东京　王长江　叶庆丰　刘　春　李良栋
李晓兵　严书翰　张伯里　张恒山　周为民
宫　力　柳建辉　赵长茂　赵伯英　赵振华
段若鹏　贾高建　秦　刚　康绍邦　谢春涛
戴焰军

中央党校博士学位学科、专业授权点

学　位	学科门类	一级学科	二级学科、专业	批次	国家批准时间	备注
博士一级学科	法　学	政治学		9	2003.09	
	哲　学	哲　学		10	2006.01	
	法　学	马克思主义理论		10	2006.01	
博士学位（23个学科、专业）	哲　学	哲　学	马克思主义哲学	2	1984.01	
			中国哲学	10	2006.01	
			外国哲学	10	2006.01	
			逻辑学	10	2006.01	未招生
			伦理学	10	2006.01	
			美　学	10	2006.01	未招生
			宗教学	10	2006.01	未招生
			科学技术哲学	9	2003.09	
	经济学	理论经济学	政治经济学	2	1984.01	
	法　学	法　学	法学理论	10	2006.01	
		政治学	政治学理论	10	2003.09	
			中外政治制度	10	2003.09	未招生
			△科学社会主义与国际共产主义运动	2	1984.01	
			△中共党史（含党的学说与党的建设）	3	1986.08	
			☆国际政治	5	1993.12	
			国际关系	10	2003.09	未招生
			外交学	10	2003.09	未招生
		马克思主义理论	马克思主义基本原理	10	2006.01	
			马克思主义发展史	10	2006.01	
			马克思主义中国化研究	10	2006.01	
			国外马克思主义研究	10	2006.01	
			思想政治教育		2003.09	
			中国近现代史基本问题研究		2008.04	未招生
备注	1. 按学科专业分类“党的学说与党的建设”专业含在“中共党史”专业内，中央党校根据实际将其分成两个专业。 2. “△”为国家重点学科，“☆”为北京市重点学科。 3. 共计23个学科、专业授权点。					

中央党校硕士学位学科、专业授权点

学　位	学科门类	一级学科	二级学科、专业	批次	国家批准时间	备注
硕士学位（32个学科、专业）	哲　学	哲　学	马克思主义哲学	2	1984.01	
			中国哲学	3	1986.08	
			外国哲学	3	1986.08	
			逻辑学	10	2006.01	未招生
			伦理学	10	2003.09	
			美　学	10	2006.01	未招生
			宗教学	10	2006.01	未招生
			科学技术哲学	3	1986.08	
	经济学	理　论经济学	政治经济学	2	1984.01	
			世界经济	3	1986.08	
		应　用经济学	国民经济学	10	2006.01	
			区域经济学	10	2006.01	
	法　学	法　学	法学理论	4	1990.11	
			宪法与行政法学	10	2006.01	
			经济法学	9	2003.09	
		政治学	政治学理论	6	1996.05	
			中外政治制度	9	2003.09	
			△科学社会主义与国际共产主义运动	2	1984.01	
			△中共党史（含党的学说与党的建设）	3	1986.08	
			☆国际政治	3	1986.08	
			国际关系	9	2003.09	
			外交学	9	2003.09	
		马克思主义理论	马克思主义基本原理	10	2006.01	
			马克思主义发展史	10	2006.01	
			马克思主义中国化研究	10	2006.01	
			国外马克思主义研究	10	2006.01	
			思想政治教育	8	2000.12	
			中国近现代史基本问题研究	10	2008.04	未招生
		社会学	社会学	7	1998.06	
	文　学	中国语言文学	文艺学	10	2006.01	
	历史学	历史学	中国近现代史	9	2003.09	
	管理学	公共管理	行政管理	10	2006.01	
备　注	1. 按学科专业分类“党的学说与党的建设”专业含在“中共党史”专业内，中央党校根据实际将其分成两个专业。 2. “△”为国家重点学科，“☆”为北京市重点学科。 3. 共计32个学科、专业授权点。					

中央党校在岗博士研究生指导教师

（总计117人，其中18人兼岗、3人为校外） 制表日期：2009年5月

专业	姓　名	性别	出生年月	职称	担任时间批次	备注
马克思主义哲学16人	韩树英	男	1922.10	教授	1984（第2批）	
	杨春贵	男	1936.01	教授	1993（第5批）	
	王伟光	男	1950.02	教授	1996（第7批）	校外
	庞元正	男	1947.09	教授	1998（第8批）	
	韩庆祥	男	1957.12	教授	1998（第8批）	
	贾高建	男	1959.05	教授	1999（第9批）	
	徐伟新	女	1956.01	教授	1999（第9批）	
	侯　才	男	1952.06	教授	2000（第10批）	
	董德刚	男	1950.01	教授	2003（第11批）	
	毛卫平	男	1950.03	教授	2003（第11批）	
	边立新	男	1955.08	教授	2004（第12批）	
	杨信礼	男	1958.01	教授	2006（第13批）	
	胡为雄	男	1953.02	教授	2006（第13批）	
	阮　青	女	1957.05	教授	2006（第13批）	
	赵理文	男	1954.03	教授	2006（第13批）	
	郝永平	男	1963.10	研究员	2009（第14批）	
中国哲学	任俊华	男	1966.03	教授	2009（第14批）	
外国哲学2人	丁东红	女	1948.11	教授	2003（第11批）	
	郭大为	男	1965.04	教授	2006（第13批）	
伦理学	靳凤林	男	1963.07	教授	2009（第14批）	
科学技术哲学5人	王克迪	男	1959.07	教授	2004（第12批）	
	冯鹏志	男	1967.11	教授	2004（第12批）	
	李建华	男	1950.10	教授	2006（第13批）	
	赵建军	男	1961.04	教授	2006（第13批）	
	段培君	男	1956.09	教授	2006（第13批）	
政治经济学20人	王　珏	男	1926.05	教授	1984（第2批）	
	刘海藩	男	1935.11	教授	1995（第6批）	
	李兴山	男	1945.07	教授	1998（第8批）	
	张伯里	男	1954.10	教授	1999（第9批）	

续 表

专业	姓　名	性别	出生年月	职称	担任时间批次	备注
	王东京	男	1959.11	教授	1999（第9批）	
	张燕喜	女	1948.11	教授	2000（第10批）	
	赵长茂	男	1957.02	教授	2003（第11批）	
	王天义	男	1954.07	教授	2003（第11批）	
	谢鲁江	男	1958.12	教授	2003（第11批）	
	胡希宁	男	1952.04	教授	2004（第12批）	
	杨秋宝	男	1955.09	教授	2004（第12批）	
	赵振华	男	1966.07	教授	2006（第13批）	
	韩保江	男	1963.03	教授	2006（第13批）	
	曹　新	男	1958.05	教授	2006（第13批）	
	徐祥临	男	1957.10	教授	2006（第13批）	
	韩　康	男	1951.11	教授	1995（第6批）	校外
	田应奎	男	1962.12	教授	2009（第14批）	
	陈江生	男	1967.12	教授	2009（第14批）	
	施　红	女	1969.10	教授	2009（第14批）	
	梁　鹏	男	1968.01	教授	2009（第14批）	
法学理论8人	石泰峰	男	1956.09	教授	2006年认证	
	张恒山	男	1954.11	教授	2004（第12批）	
	林　喆	女	1953.02	教授	2004（第12批）	
	卓泽渊	男	1963.02	教授	2004（第12批）	
	张忠军	男	1968.02	教授	2009（第14批）	
	张晓玲	女	1958.01	教授	2009（第14批）	
	傅思明	男	1964.12	教授	2009（第14批）	
	姜小川	男	1957.07	教授	2009（第14批）	
政治学理　论6人	李良栋	男	1950.10	教授	2000（第9批）	科社专业
	刘　春	男	1956.10	教授	2004（第12批）	
	朱满良	男	1951.05	教授	2006（第13批）	
	侯少文	男	1950.02	教授	2006（第13批）	
	赵虎吉	男	1953.02	教授	2006（第13批）	
	王　军	男	1957.06	教授	2009（第14批）	
科学社会主义与国际共产主义运动17人	江　流	男	1922.07	教授	1984（第2批）	
	严书翰	男	1950.01	教授	1999（第9批）	
	叶庆丰	男	1955.02	教授	2003（第11批）	
	王怀超	男	1955.11	教授	2004（第12批）	
	秦　刚	男	1957.12	教授	2004（第12批）	

续 表

专业	姓　名	性别	出生年月	职称	担任时间批次	备注
	吴忠民	男	1959. 10	教授	2006（第13批）	
	李慧英	女	1957. 10	教授	2006（第13批）	
	贾建芳	女	1963. 01	教授	2006（第13批）	
	胡振良	男	1957. 03	教授	2006（第13批）	
	靳　薇	女	1957. 05	教授	2006（第13批）	
	常欣欣	女	1955. 01	教授	2006（第13批）	
	韩云川	男	1953. 01	教授	2009（第14批）	
	向春玲	女	1963. 04	教授	2009（第14批）	
	杨玲玲	女	1956. 03	教授	2009（第14批）	
	胡　岩	男	1955. 10	教授	2009（第14批）	
	刘俊杰	男	1961. 03	教授	2009（第14批）	
	孙劲松	女	1955. 03	教授	2009（第14批）	
中共党史11人	谢春涛	男	1963. 02	教授	1999（第9批）	
	李　瑗	女	1950. 03	教授	2000（第10批）	
	刘晶芳	女	1950. 10	教授	2003（第11批）	
	李君如	男	1947. 07	教授	2004（第12批）	
	柳建辉	男	1958. 10	教授	2004（第12批）	
	陈　述	男	1955. 10	教授	2006（第13批）	
	李东朗	男	1956. 12	教授	2006（第13批）	
	罗平汉	男	1963. 08	教授	2006（第13批）	
	张太原	男	1970. 02	教授	2009（第14批）	
	曹　普	男	1965. 04	教授	2009（第14批）	
	王海光	男	1954. 08	教授	2009（第14批）	
党的学说与党的建设11人	王长江	男	1956. 12	教授	2000（第10批）	
	梁妍慧	女	1951. 02	教授	2003（第11批）	
	李　民	女	1950. 02	教授	2003（第11批）	
	冯秋婷	女	1957. 09	教授	2004（第12批）	
	高新民	女	1956. 01	教授	2004（第12批）	
	姜　跃	女	1959. 09	教授	2006（第13批）	
	刘炳香	女	1964. 06	教授	2006（第13批）	
	张希贤	男	1954. 10	教授	2009（第14批）	
	刘玉瑛	女	1956. 11	教授	2009（第14批）	
	张志明	男	1964. 01	教授	2009（第14批）	
	张荣臣	男	1962. 09	教授	2009（第14批）	

续表

专业	姓　名	性别	出生年月	职称	担任时间批次	备注
国　际 政　治 10人	康绍邦	男	1948.07	教授	1999（第9批）	
	宫　力	男	1952.09	教授	1999（第9批）	
	马小军	男	1952.11	教授	2003（第11批）	
	刘建飞	男	1959.10	教授	2003（第11批）	
	郭建平	男	1950.11	研究员	2004（第12批）	
	刘德喜	男	1956.03	教授	2004（第12批）	
	左凤荣	女	1964.12	教授	2006（第13批）	
	张　明	男	1954.12	教授	2006（第13批）	
	赵伯英	男	1952.08	教授	2009（第14批）	
	李忠杰	男	1952.10	教授	1995（第6批）	校外
外交学 4人	王红续	男	1956.08	研究员	2009（第14批）	
	门洪华	男	1969.08	研究员	2009（第14批）	
	刘建飞	男	1959.10	研究员	2009（第14批）	兼岗
	马小军	男	1952.11	教授	2009（第14批）	兼岗
马克思 主　义 基本原理 4人	王伟光	男	1950.02	教授	2006年7月	兼岗
	边立新	男	1955.08	教授	2006年7月	兼岗
	叶庆丰	男	1955.02	教授	2006年7月	兼岗
	秦　刚	男	1957.12	教授	2006年7月	兼岗
马克思主 义发展史 4人	韩庆祥	男	1957.12	教授	2006年7月	兼岗
	王天义	男	1954.07	教授	2006年7月	兼岗
	严书翰	男	1950.01	教授	2006年7月	兼岗
	刘德喜	男	1956.03	教授	2006年7月	兼岗
马克思 主　义 中国化 研　究 5人	张喜德	男	1948.09	教授	2006（第13批）	
	李君如	男	1947.07	教授	2006年7月	兼岗
	董德刚	男	1950.01	教授	2006年7月	兼岗
	柳建辉	男	1958.10	教授	2006年7月	兼岗
	谢春涛	男	1963.02	教授	2006年7月	兼岗
国外马 克思主 义研究 4人	侯　才	男	1952.06	教授	2006年7月	兼岗
	丁东红	女	1948.11	教授	2006年7月	兼岗
	胡振良	男	1957.03	教授	2007年7月	兼岗
	左凤荣	女	1964.12	教授	2007年7月	兼岗
思想政 治教育 4人	段若鹏	男	1951.10	教授	2004（第12批）	
	戴焰军	男	1954.09	教授	2004（第12批）	
	张晓燕	女	1963.11	教授	2006（第13批）	
	宋福范	男	1967.01	教授	2009（第14批）	

续 表

专业	姓　名	性别	出生年月	职称	担任时间批次	备注
中国近现代史基本问题研究2人	赵书刚	男	1950.12	教授	2009（第14批）	
	岑大利	女	1950.08	教授	2009（第14批）	

中央党校在岗硕士研究生指导教师

（总计142人，其中6人兼岗）　　　　制表日期：2009年7月

专业	姓　名	性别	出生年月	职称	认定时间	备注
马克思主义哲学10人	刘毅强	男	1956.03	教授	1999年复核	
	何建华	男	1964.08	教授	1999年复核	
	薛广州	男	1955.08	教授	1999年复核	
	刘能杰	男	1963.08	副编审	2000年7月	
	辛　鸣	男	1969.03	研究员	2002年7月	
	钟国兴	男	1958.02	编审	2004年7月	
	邱耕田	男	1964.03	教授	2004年2月	调入
	张　琳	女	1967.03	副教授	2005年7月	
	董振华	男	1973.07	副教授	2009年7月	
	林艳梅	女	1974.09	副教授	2009年7月	
中国哲学4人	孙　琰	女	1952.08	副教授	1999年复核	
	王　杰	男	1963.03	编审	2003年7月	
	赵　峰	男	1964.04	副教授	2005年7月	
	陈中浙	男	1969.12	副教授	2007年7月	
外国哲学4人	李文堂	男	1965.04	教授	2005年7月	
	成官泯	男	1968.01	副教授	2005年7月	
	李小科	男	1967.01	副教授	2006年7月	
	李晓兵	男	1957.01	研究员	2009年7月	
伦理学2人	刘余莉	女	1973.01	教授	2006年7月	
	孙向军	男	1973.03	副教授	2007年7月	

续表

专业	姓　名	性别	出生年月	职称	认定时间	备注
科学技术哲学3人	傅　立	女	1960.01	教授	1999年复核	
	蔡德聪	女	1954.01	教授	2003年7月	
	杨玉成	男	1968.12	教授	2006年7月	
政　治经济学14人	周天勇	男	1958.10	教授	1999年复核	
	贾华强	男	1961.08	教授	1999年复核	
	石　霞	女	1959.01	教授	1999年复核	
	刘振英	男	1958.12	教授	1999年复核	
	陈高桐	男	1956.01	研究员	1999年复核	
	梁言顺	男	1962.12	副研究员	2000年7月	
	李旭章	男	1962.10	副教授	2002年7月	
	李继文	男	1957.08	教授	2002年7月	
	徐平华	男	1964.08	副教授	2003年7月	
	王　炳	男	1963.08	编审	2004年7月	
	刘学侠	男	1966.06	副编审	2004年7月	
	李省龙	男	1962.09	教授	2005年7月	
	刘艳梅	女	1974.12	副教授	2009年7月	
	李　鹏	男	1974.10	副教授	2009年7月	
世　界经　济11人	孙仲涛	男	1959.11	教授	1999年复核	
	朱邦宁	男	1954.10	教授	1999年复核	
	赵黎青	男	1956.01	教授	1999年复核	
	史妍嵋	女	1963.05	研究员	1999年复核	
	纪　军	女	1955.12	教授	1999年复核	
	肖勤福	男	1954.12	教授	1999年复核	
	王金龙	男	1961.09	研究员	2001年7月	
	扈华林	男	1954.08	副教授	2001年7月	
	余瑞先	女	1949.09	译审	2001年7月	
	吕建华	男	1952.01	研究员	2002年7月	
	潘　悦	女	1969.02	研究员	2003年7月	
国　民经济学5人	潘云良	男	1959.05	教授	1999年复核	
	董艳玲	女	1969.06	教授	2005年7月	
	曹　立	女	1967.03	副教授	2006年7月	
	史世鹏	男	1963.01	研究员	2007年7月	
	陈宇学	女	1971.10	副教授	2007年7月	

续 表

专业	姓　名	性别	出生年月	职称	认定时间	备注
区　域经济学3 人	孙小兰	女	1962.10	教授	1999 年复核	
	王君超	男	1971.10	副教授	2006 年 7 月	
	张玉杰	男	1955.08	教授	2006 年 7 月	
法　学理　论8 人	李雅云	女	1961.11	教授	1999 年复核	
	刘永艳	女	1963.09	教授	2001 年 7 月	
	牟卫民	男	1966.09	副研究员	2001 年 7 月	
	谢煜桐	男	1968.02	副教授	2004 年 7 月	
	王军敏	男	1969.02	副研究员	2004 年 7 月	
	封丽霞	女	1973.11	教授	2006 年 7 月	
	赵永红	男	1974.10	副教授	2007 年 7 月	
	王立峰	男	1969.09	副教授	2009 年 7 月	
宪法学与行政法学3 人	王　红	女	1956.03	教授	1999 年复核	
	王　勇	男	1970.08	副教授	2009 年 7 月	
	刘素华	女	1966.04	副教授	2009 年 7 月	
经　济法　学3 人	罗志先	男	1963.06	教授	2001 年 7 月	
	庄玉瑞	男	1957.04	副教授	2001 年 7 月	
	杜　颖	女	1972.12	副教授	2005 年 7 月	
政治学理　论3 人	刘学军	男	1961.01	教授	2001 年 7 月	
	刘启云	男	1963.07	副教授	2001 年 7 月	
	肖立辉	男	1974.02	副教授	2005 年 7 月	
中外政治制度 1 人	王雅琴	女	1971.03	副教授	2006 年 7 月	
科学社会主 义 与国际共产主义运动17 人	刘海涛	男	1960.10	教授	1999 年复核	
	王成志	男	1963.11	副教授	2000 年 7 月	
	白平浩	男	1963.06	副教授	2000 年 7 月	
	倪德刚	男	1961.08	副研究员	2000 年 7 月	
	焦　平	男	1954.11	副研究员	2000 年 7 月	
	黄宪起	男	1958.08	研究员	2002 年 7 月	
	张建新	男	1961.04	副教授	2002 年 7 月	
	张　弥	女	1958.12	研究员	2004 年 7 月	
	梁　波	男	1972.10	副教授	2005 年 7 月	
	牛先锋	男	1964.10	教授	2005 年 7 月	
	门晓红	女	1961.06	副教授	2005 年 7 月	
	孟　鑫	女	1968.11	教授	2006 年 7 月	
	冯书泉	男	1968.07	副教授	2007 年 7 月	

续表

专业	姓　名	性别	出生年月	职称	认定时间	备注
科学社会主义与国际共产主义运动 17人	郭　强	男	1971.01	副教授	2007年7月	
	万　军	男	1974.11	副教授	2007年7月	
	郑　权	女	1971.07	副研究员	2007年7月	
	陈天林	男	1972.10	副教授	2009年7月	
中共党史 14人	张桂英	女	1954.10	副教授	1999年复核	
	王彦民	男	1953.04	研究员	1999年复核	
	孙慧荣	女	1962.02	副研究员	2000年7月	
	张珊珍	女	1968.08	编审	2001年7月	
	李书磊	男	1964.01	教授	2002年7月	
	程连升	男	1966.03	副教授	2005年7月	
	崔禄春	男	1972.03	副教授	2005年7月	
	匡家在	男	1968.09	副教授	2005年7月	
	祝　彦	男	1964.09	教授	2007年7月	
	高中华	男	1972.11	副教授	2009年7月	
	张卫波	男	1975.02	副教授	2009年7月	
	卢　毅	男	1971.08	副教授	2009年7月	
	刘宝东	男	1974.10	副教授	2009年7月	
	李庆钢	男	1973.12	副教授	2009年7月	
党的学说与党的建设 11人	陈凯龙	男	1958.09	副教授	1999年复核	
	任铁缨	男	1955.04	教授	1999年复核	
	刘利群	男	1952.01	编审	2001年7月	
	蔡　霞	女	1952.10	教授	2001年7月	
	耿克民	男	1963.12	副教授	2001年7月	
	王　莉	女	1962.05	副教授	2004年12月	
	王　瑜	女	1969.06	副教授	2005年7月	
	农华西	男	1973.02	副教授	2007年7月	
	吴　辉	男	1969.10	副教授	2009年7月	
	祝灵君	男	1971.10	副教授	2009年7月	
	王金柱	男	1969.03	副教授	2009年7月	
国际政治 4人	李援朝	男	1951.08	教授	1999年复核	
	赵黎青	男	1956.01	教授	2001年7月	
	张　莹	女	1963.12	副教授	2001年7月	
	秦治来	男	1972.05	副研究员	2009年7月	
国际关系 2人	李云龙	男	1961.08	研究员	2004年7月	
	孙建杭	男	1955.01	研究员	2006年7月	

续 表

专业	姓　名	性别	出生年月	职称	认定时间	备注
社 会 学 3 人	青连斌	男	1961. 05	教授	1999 年复核	
	谢志强	男	1961. 12	教授	1999 年复核	
	林　梅	女	1972. 10	副教授	2006 年 7 月	
马 克 思 主义基本 原　　理 5 人	曾业松	男	1954. 10	研究员	2006 年 7 月	
	彭劲松	男	1971. 07	副研究员	2007 年 7 月	
	牛先锋	男	1964. 10	教授	2006 年 7 月	兼岗
	梁　波	男	1972. 10	副教授	2006 年 7 月	兼岗
	王中汝	男	1973. 05	副教授	2009 年 7 月	
马克思主义 发展史	白平浩	男	1963. 06	副教授	2006 年 7 月	兼岗
马克思主义 中国化研究 1 人	程连升	男	1966. 03	副教授	2006 年 7 月	兼岗
国外马克思 主义研究 2 人	纪　军	女	1955. 12	教授	2006 年 7 月	兼岗
	王　瑜	女	1969. 06	副教授	2006 年 7 月	兼岗
思想政 治教育 3 人	陈冬生	男	1957. 12	教授	2002 年 7 月	
	李俊伟	男	1970. 07	副教授	2005 年 7 月	
	侯典明	男	1966. 12	副研究员	2005 年 7 月	
文 艺 学 7 人	张筱强	男	1954. 03	教授	2006 年 7 月	
	廖小鸿	男	1951. 12	教授	2006 年 7 月	
	谢武军	女	1949. 06	教授	2006 年 7 月	
	马奔腾	男	1970. 03	副教授	2006 年 7 月	
	刘　忱	女	1963. 04	副教授	2006 年 7 月	
	张　文	女	1962. 08	教授	2007 年 7 月	
	范玉刚	男	1969. 07	副教授	2009 年 7 月	
中国近现 代史 2 人	刘悦斌	男	1962. 01	教授	2004 年 7 月	
	张　军	男	1973. 06	副教授	2009 年 7 月	
行政管理 2 人	黄小勇	男	1970. 05	副教授	2004 年 7 月	
	张　伟	男	1973. 07	副教授	2009 年 7 月	

中央党校2009年授予博士学位人员

（共68人）

编　　　号	学　科 专　业	研究生 姓　名	论　文　题　目	指导教师 姓　名
8000022009000744	马克思主义哲学 16人	朱正阳	寻求限定性与自主性的平衡——中国与国际接轨问题研究	王伟光
8000022009000745		唐霄峰	公开问题的哲学追问	王伟光
8000022009000746		胡朝阳	公共利益研究——基于政治哲学视角的分析	丁东红
8000022009000747		焦石文	中国权力机构转型的哲学研究	韩庆祥
8000022009000748		师英杰	人的创新能力的哲学研究	韩庆祥
8000022009000749		禹国峰	和谐哲学：当代中国马克思主义哲学形态	毛卫平
8000022009000750		杨东柱	社会资本研究——基于社会哲学层次的一种解读	贾高建
8000022009000751		田俊峰	和谐社会的政治价值研究	徐伟新
8000022009000752		侯一夫	中国公民社会的发育——现状、问题与前景	徐伟新
8000022009000753		周前程	人性与政治	侯　才
8000022009000754		刘希良	市场秩序基础理论的哲学审视	董德刚
8000022009000755		袁初明	发展风险的哲学审现	庞元正
8000022009000756		吴　楠	人与社会关系思想的历史性生成	边立新
8000022009000757		刘武根	执政伦理研究	戴木才
8000022009000758		朱　虹	社会中介组织的伦理审思	戴木才
8000022009000759		张　东	人权问题若干重大问题研究	杨春贵

续 表

编　　号	学　科 专　业	研究生 姓　名	论　文　题　目	指导教师 姓　名
8000022009000760	政治经济学 12人	朱攀峰	中国新型城市化道路选择研究	刘海藩
8000022009000761		姚成杰	中国城市商业银行的并购问题研究	韩　康
8000022009000763		田要武	邓小平改革观研究——基于马克思主义政治经济学视角的分析	王瑞璞
8000022009000764		徐宏伟	中国养老保障制度改革研究	王瑞璞
8000022009000765		王红强	金融衍生工具系统风险的宏观效应研究	王天义
8000022009000766		杨　奕	中国农村金融制度创新研究	赵长茂
8000022009000767		张　兴	政府管制下的中国资本市场效率研究	谢鲁江
8000022009000768		龚双红	中国产业集群升级研究	杨秋宝
8000022009000769		吴　琳	软件外包产业发展研究	杨秋宝
8000022009000770		侯晋封	中国农民工流动就业问题研究	胡希宁
8000022009000771		韩　芳	浙江经济发展中的制度创新研究	胡希宁
8000022009000772		樊世杰	论国内需求与汇率制度安排	王东京
8000022009000773	政治学理论 8人	曾白凌	网络表达的划入法规——简论网络表达中的隐私权与匿名权	卓泽渊
8000022009000774		淦家辉	中国网络政治沟通研究	卓泽渊
8000022009000775		张　维	救济权及其在当代中国实现的制度研究	林　喆
8000022009000776		张　晖	当代中国非政府组织与人权保护	林　喆
8000022009000777		管前程	新社会阶层政治参与研究	李良栋
8000022009000778		何丽君	新时期中国公民政治社会化研究	李良栋
8000022009000779		王一星	中国共产党内问责制研究	张恒山
8000022009000780		田　侠	行政问责机制研究	刘　春

续 表

编　　号	学科专业	研究生姓名	论文题目	指导教师姓名
8000022009000781	科学社会主义与国际共产主义运动 8人	董　欢	和谐社会视野中的我国城市社区建设研究	严书翰
8000022009000782		杜保友	中国特色社会主义公民社会若干重要问题研究	严书翰
8000022009000783		郭厚禄	我国基本公共服务均等化研究	叶庆丰
8000022009000784		连志慧	论服务型政府的构建	叶庆丰
8000022009000785		庞德英	文化和谐研究	李道中
8000022009000786		潘　嘉	中国共产党社会建设思想研究	王怀超
8000022009000787		邹佰峰	论社会主义与自由	秦　刚
8000022009000788		王克宁	苏共执政时期意识形式工作研究	秦　刚
8000022009000789	中共党史 8人	蒋积伟	1978 年以来中国救灾减灾工作研究	刘晶芳
8000022009000790		吴　茜	新民主主义社会论形成和放弃的理论探源	刘晶芳
8000022009000791		文记东	1949—1966 年的中苏文化交流	谢春涛
8000022009000792		王晓飞	中国乡镇体制变迁的历史考察与思考	李　瑗
8000022009000793		徐　兵	中国特色的政党制度的形成与运行	李君如
8000022009000794		李祥营	中国共产党与人民政协的关系研究	李君如
8000022009000795		陈建坡	“文化大革命”研究 30 年述评	柳建辉
8000022009000796		陈莉莉	龚育之与中共党史研究	柳建辉
8000022009000797	党的学说与党的建设 4人	丁清晔	党内监督制度研究	梁妍慧
8000022009000798		胡绿叶	干部制度中“以人为本”理念研究	李　民
8000022009000799		孙俐俐	台湾地区政党体制的演变	高新民
8000022009000800		陈位志	执政党领导干部驾驭社会建设能力研究	冯秋婷

续 表

编　　号	学 科 专 业	研究生 姓 名	论 文 题 目	指导教师 姓 名
8000022009000801	国际政治 10 人	申 琰	互联网的国际博弈与合作研究	李忠杰
8000022009000802		刘小军	关于当代中国海权的若干思考	康绍邦
8000022009000803		张 泽	国际水资源安全问题研究	康绍邦
8000022009000804		宣兴章	世界市场与国内冲突治理	宫 力
8000022009000805		王展鹏	跨国民主及其限度——欧盟制宪进程研究	宫 力
8000022009000806		吴传华	中东领土与边界问题研究	宫 力
8000022009000807		杨晓萍	中国外交中的观念因素	刘建飞
8000022009000808		陈 佳	论北约转型	刘德喜
8000022009000809		徐海娜	影响中的政治无意识——美国电影中的保守主义	郭建平
8000022009000810		魏书杰	中国海上贸易发展战略研究	刘德喜
8000022009000811	马克思主义理论与思想政治教育 2 人	宋志强	残疾大学生思想政治教育研究	段若鹏
8000022009000762		杨 鑫	我国公务员行政道德建设研究	戴焰军

中央党校 2009 年授予硕士学位人员

（共 94 人）

编　　　号	学　科 专　业	研究生 姓　名	论　文　题　目	指导教师 姓　名
8000032009001553	马克思主义哲学7人	韩功华	纠错机制的实践维度研究	邱耕田
8000032009001554		李林宝	毛泽东的文化理想与当代文化建构	张　琳
8000032009001555		石翼飞	论毛泽东成功的主观因素	刘毅强
8000032009001556		何　涛	开放视野中的人的自主性问题研究	何建华
8000032009001557		周　皓	马克思人学观的重新解读——人的矛盾性研究	阮　青
8000032009001558		朱丙娟	毛泽东的民本思想	张　琳
8000032009001559		张　豫	“维纳斯”计划介绍及启示	薛广州
8000032009001560	中国哲学3人	李明杰	“黄帝内经”的自然哲学	赵　峰
8000032009001561		顾建军	黄老政治思想从先秦到汉初之演变	任俊华
8000032009001562		牛冠恒	孔子教育目标的再审视	王　杰
8000032009001563	外国哲学3人	杨　阳	哈耶克自由观评述	李小科
8000032009001564		王　兵	论洛克政府起源学说	成官泯
8000032009001565		董双兵	恐惧与自由——论利维坦的双刃剑	李文堂
8000032009001566	科学技术哲学2人	孙艳新	自组织理论视域中创新思维研究	李建华
8000032009001567		邢　俐	低碳经济范式下能源利用方式转变研究	赵建军

续 表

编　　号	学 科 专 业	研究生姓 名	论 文 题 目	指导教师姓 名
8000032009001568	政治经济学12人	黄　原	我国转型期经济波动问题研究	曹　立
8000032009001569		孙俊峰	产业集群升级研究	王君超
8000032009001570		曾繁盛	物质资源可持续利用研究	贾华强
8000032009001571		曹元华	企业战略实施中执行力问题研究	董艳玲
8000032009001572		霍本涛	跨国公司转让定价反避税问题探索	李继文
8000032009001573		杜相乾	我国商业银行公司治理问题研究	田应奎
8000032009001574		李　飞	我国商品房价格调控问题研究	刘振英
8000032009001575		马　涛	关于我国上一轮通货膨胀的成因及治理研究	石　霞
8000032009001576		张　党	中国农村金融供给与农户信贷支持问题研究	徐平华
8000032009001577		晁先锋	技术转移对中国区域竞争力影响	张玉杰
8000032009001578		邓舒仁	我国微型金融发展问题研究	施　红
8000032009001579		何　川	国际资本流动对我国金融安全威胁及对策研究	潘云良
8000032009001580	世界经济5人	毛惠青	中印经济实力对比——现状与趋势的分析	陈江生
8000032009001581		娄季芳	东亚区域内产业转移与中国对外贸易不平衡	朱邦宁
8000032009001582		陶进操	国有商业银行“走出去”研究	吕建华
8000032009001583		陶　冶	股市泡沫对货币政策的挑战	孙仲涛
8000032009001584		李沛霖	资产证券化在次贷危机中的作用及其作用机制	肖勤福
8000032009001585	法学理论8人	吴翔宇	我国信访立法探究	王　红
8000032009001586		齐崇文	论我国多元化纠纷解决机制的构建与完善	刘永艳
8000032009001587		胡焕刚	司法自由裁量权的法理解析	卓泽渊

续 表

编　　号	学科专业	研究生姓名	论文题目	指导教师姓名
8000032009001588		李文鹏	弱势群体权益保障的立法思考	付思明
8000032009001589		黄海媛	论法院内部影响审判独立之因素改革	姜小川
8000032009001590		韩跃广	“恶法非法”与“恶法亦法”的理论评析——解读西方法律思想史的一条主线	封丽霞
8000032009001591		沈　玲	论政党对司法的影响	李雅云
8000032009001592		许　超	新闻监督研究	张晓玲
8000032009001593	经济法学2人	汪　中	农业专项资金管理法治化探讨	张忠军
8000032009001594		袁　振	论我国主权财富基金法律制度之构建	杜　颖
8000032009001595	政治学理论4人	陈桂营	循环模式与辩证模式——韩国与台湾政治发展比较研究	赵虎吉
8000032009001596		王　璇	东西方文化的融合与会通：新加坡政治价值与政治发展问题研究	赵虎吉
8000032009001597		刘　惠	WTO 合法性研究——以决策机制为视角	王雅琴
8000032009001598		王　一	论大部门体制	王　军
8000032009001599	中外政治制度1人	程全杰	美国利益集团行为管制研究及启示	黄小勇
8000032009001600	科学社会主义与国际共产主义运动8人	张　磊	当前我国民主社会主义思潮热的原因分析	杨玲玲
8000032009001601		孙会兵	中国特色社会主义的历史方位	刘海涛
8000032009001602		马新颖	论网络政治对我国政治体制改革的影响	韩云川
8000032009001603		袁红丽	当代中国公共危机管理中的政府角色	梁　波
8000032009001604		李　炜	转型期农民工社会保障制度初步研究	张　弥
8000032009001605		曾辉方	中国和平发展道路中的社会主义民主政治建设	常欣欣
8000032009001606		张红锋	中国城乡利益失衡与协调问题研究	牛先锋
8000032009001607		马兰世	新时期我国民间组织的发展完善研究	黄宪起

续 表

编 号	学科专业	研究生姓名	论文题目	指导教师姓名
8000032009001608	中共党史10人	赵 鹏	抗美援朝运动初期《人民日报》宣传方式分析	罗平汉
8000032009001609		赵艳来	“揭批查”运动研究	王海光
8000032009001610		朱云河	“大跃进”时期的技术革命运动研究	张太原
8000032009001611		殷顺凤	胡耀邦的知识分子思想研究	张桂英
8000032009001612		王连广	1998 年国务院机构改革研究	陈 述
8000032009001613		王传东	“洋跃进”问题探析	程连升
8000032009001614		史代罗	龚育之与中共历史研究	匡家在
8000032009001615		万 理	大陆落实台胞台属政策研究(1977—1986 年)	王海光
8000032009001616		刘 佳	延安新哲学会研究	李东朗
8000032009001617		刘亚丽	中共个体私营经济政策演变的历史考察（1978—1992 年）	曹 普
8000032009001618	党的学说与党的建设9人	朱炳军	加强社区党的建设的初步思考	张志明
8000032009001619		李 颖	中国特色廉政文化建设探析	张希贤
8000032009001620		赵建发	党内基层民主研究	陈凯龙
8000032009001621		刘玉欣	英国工党政府 1997 年以来的福利制度改革研究	谢 峰
8000032009001622		李建锋	公共危机治理与加强党的执政能力建设研究	蔡 霞
8000032009001623		密 珊	新时期利益格局调整中党与农民关系研究	刘炳香
8000032009001624		李海洋	新形势下农村党风廉政建设问题的思考	张荣臣
8000032009001625		孟 婕	俄罗斯政党政治转型的社会生态分析	姜 跃
8000032009001626		唐 靓	党内监督与党外监督关系研究	任铁缨

续 表

编　　号	学科专业	研究生姓名	论文题目	指导教师姓名
8000032009001627	马克思主义理论与思想政治教育 3人	姜丽钧	社会转型期思想政治教育中的情感教育研究	陈冬生
8000032009001628		刘贞龙	新媒体时代下的思想政治教育创新	张晓燕
8000032009001629		常建英	思想政治工作的人文关怀探析	李俊伟
8000032009001630	国际政治 6人	王　岳	俄罗斯应对外国非政府组织研究	赵黎青
8000032009001631		李玉桃	从欧洲议会的权利演变看欧盟的民主合法性问题	赵伯英
8000032009001632		杨亚清	21世纪初欧盟对非洲援助研究	张　明
8000032009001633		张　亮	2005年以来乌兹别克斯坦与俄罗斯关系研究	左凤荣
8000032009001634		刘娟娟	美国传媒与政府互动关系研究	张　明
8000032009001635		姜　成	冷战后中国战略伙伴关系研究	门洪华
8000032009001636	国际关系 2人	金　鑫	构建中日韩自由贸易：现状，挑战与对策	李云龙
8000032009001637		左芳舟	21世纪初小布什政府对华政策的调整	孙建杭
8000032009001638	外交学 1人	陈迁达	论民间外交的价值及其利用	王红续
8000032009001639	社会学 6人	姜飞云	突发事件中电视转播的符号互动理论分析	谢志强
8000032009001640		陈晓伟	社会转型期我国商品房价格上涨的社会因素分析	吴忠民
8000032009001641		葛伶俊	转型期城镇住房保障制度初步研究	吴忠民
8000032009001642		晏　荣	网络动员：社会动员的一种新形势	青连斌
8000032009001643		南储鑫	社会性别视角下村规民约的实践逻辑	李慧英
8000032009001644		陈如钧	城市化进程中“农民”医疗保障制度研究	向春玲
8000032009001645	中国近现代史 2人	王　立	清末江浙地区乡绅兴办新式教育研究	岑大利
8000032009001646		杨煜国	孙中山的民主主义研究	赵书刚

中央党校2009年授予同等学力硕士学位人员

（共36人）

编　　号	学科专业	研究生姓名	论文题目	指导教师姓名
T8000032009000294	马克思主义哲学15人	李　楠	关于奢侈消费的哲学思考	阮　青
T8000032009000295		马晓军	反腐倡廉制度的哲学反思	阮　青
T8000032009000296		孙艳丽	人的休闲方式研究	阮　青
T8000032009000297		张世骞	虚拟世界中人的交往问题研究	阮　青
T8000032009000298		崔　磊	全球化背景下中国国家文化安全问题研究	张耀光
T8000032009000299		张亚宾	人与自然和谐关系的构建	张耀光
T8000032009000300		孟　涛	“以人为本”思想及其现实意义	张耀光
T8000032009000301		赵海亮	对科学发展观中以人为本思想的哲学思考	张耀光
T8000032009000302		丁秋松	人与自然和谐发展的哲学解读	杨信礼
T8000032009000303		韩　晓	社会主义新农村建设与农民主体地位问题研究	杨信礼
T8000032009000304		刘丽华	毛泽东社会和谐思想及其当代价值	杨信礼
T8000032009000305		孙　俊	我国转型时期社会诚信问题的哲学沉思	杨信礼
T8000032009000306		隋　晶	人的主体性建设：问题及其出路	何建华
T8000032009000307		史富峰	社会主义核心价值体系建设的方法论思考	何建华
T8000032009000308		程利新	浅论科学发展观的哲学意蕴	何建华
T8000032009000309	政治经济学4人	辛丽华	土地整理激励机制研究	李继文
T8000032009000310		刘文来	旅游产品体系构建中的游客体验价值研究	李继文

续 表

编　　　号	学　科 专　业	研究生 姓　名	论　文　题　目	指导教师 姓　名
T8000032009000311		杨留星	经济增长与充分就业的协调研究	李省龙
T8000032009000312		李　义	科学发展观指导下的中心镇经济发展路径创新研究初探	李省龙
T8000032009000313	法学理论 4 人	王　洋	完善我国法官制度的思考	张晓玲
T8000032009000314		李　响	略论我国农村集体土地所有权的法律地位及现实问题	张恒山
T8000032009000315		吕凯峰	有限公司变更登记审查问题研究	姜小川
T8000032009000316		茆　明	构建我国非政府组织法律制度的思考	谢煜桐
T8000032009000317	党的 学说 与 党的 建设 13 人	张怀恒	党政关系视野下党的执政能力建设研究	蔡　霞
T8000032009000318		孙卫东	中国共产党党务公开问题研究	蔡　霞
T8000032009000319		张晓艳	新时期的党内基层民主建设	蔡　霞
T8000032009000320		张梦昂	试论中国共产党“以人为本”的执政理念	蔡　霞
T8000032009000321		何爱云	中国共产党执政环境研究	陈凯龙
T8000032009000322		田艳娟	新时期加强中国共产党党内监督的思考	陈凯龙
T8000032009000323		岳迎春	新形势下农村基层党组织建设思考与研究	陈凯龙
T8000032009000324		滕祥栋	新时期思想政治工作的思考	陈凯龙
T8000032009000325		陈志强	试论加强和改进城市社区党的建设	宋福范
T8000032009000326		张福森	共产党员个体先进性建设研究	宋福范
T8000032009000327		张卫静	新时期密切党群关系研究	宋福范
T8000032009000328		刘　芬	新时期干部制度建设探析	王　瑜
T8000032009000329		刘　峰	优化党的执政资源的思考	王　瑜

中央党校2009年校级优秀博士学位论文

学科专业	作者姓名	导师姓名	论文题目	专家意见排列名次
马克思主义哲学	陈方刘	侯　才	马克思主义与中国传统文化相结合研究	1
中共党史	高冬梅	李　瑗	1949—1952年中国弱势群体及其社会救助研究	2
政治经济学	段平方	张伯里	开放条件下的中国经济内外均衡研究	3

陈方刘的《马克思主义与中国传统文化相结合研究》（侯才指导）参加北京市优秀博士学位论文的评比。

博士后研究流动站

中央党校 2009 年博士后研究出站人员

姓 名	性别	年龄	出站时间	出站后工作单位	导 师
范彩军	男	39	2009 年	国家计划生育委员会	刘海藩
潘国平	男	44	2009 年	自由职业	康绍邦
郑木清	男	44	2009 年	海富通基金公司	王伟光
黄伊梅	女	45	2009 年	深圳市委党校	侯 才
余 意	男	31	2009 年	国台办	宫 力
周寂沫	男	31	2009 年	国家发展改革委员会	赵长茂
卓英子	女	31	2009 年	广西发展改革委员会	王东京
王永挺	男	33	2009 年	国家卫生部	叶庆丰

中央党校 2009 年博士后研究进站人员

姓 名	性别	年龄	进站时间	导师姓名	毕业学校	现工作单位
王 晔	男	39	2009. 09	边立新	中央民族大学	四川西昌学院
王耀武	男	38	2009. 09	王克迪	人民大学	山西阳曲县政府
秦 泰	男	37	2009. 09	杨秋宝	西北农林科技大学	山东威海贸促会
李 峰	男	38	2009. 09	胡希宁	复旦大学	山东潍坊创新公司
甘德建	男	39	2009. 09	胡振良	中央党校	河南漯河教育局
王启峰	男	34	2009. 09	谢春涛	北京大学	无
李 舒	女	33	2009. 09	王长江	传媒大学	中国传媒大学
王立君	女	38	2009. 09	马小军	人民大学	中国人民大学
刘 杨	男	33	2009. 09	李良栋	政法大学	无
王 欢	男	37	2009. 09	段若鹏	美国纽约大学	北京师范大学

研究生招生

中央党校 2009 年研究生招生人数

中央党校 2009 年共计招生 214 人。其中，招收博士研究生 98 人，硕士研究生 116 人。当年在校学生总数（2007 级、2008 级、2009 级）为 639 人。

学位研究生工作会议

全国党校系统学位研究生工作座谈会在重庆召开

5月26日至27日，全国党校系统学位研究生工作座谈会在重庆市委党校召开。中央党校副校长李书磊，重庆市委常委、组织部长陈存根出席会议并讲话。会议期间，重庆市委副书记、市委党校校长张轩会见了出席会议的有关领导。

李书磊副校长受中央党校常务副校长李景田的委托，代表中央党校校委向会议的召开表示祝贺，并发表了讲话。他在讲话中指出：《中国共产党党校工作条例》对党校系统学位研究生工作作了明确定位，为进一步做好学位研究生工作指明了方向。学位研究生工作为党校学科建设提供了系统的学术支撑平台，要从发展党的学术研究和巩固党的意识形态话语权的角度认识党校学位研究生工作的重要意义。他强调，在学位研究生工作中贯彻《中国共产党党校工作条例》，关键要落实“坚持国家标准，办出党校特色”的原则，当前要特别重视提高学位研究生培养的学术水平，要在学位研究生培养的各个环节体现党校特色。

这次会议的主题是贯彻落实《中国共产党党校工作条例》有关学位研究生工作的规定和精神，总结党校系统学位研究生培养工作的经验，研究新形势下党校学位研究生教育的特点和规律，提高全国党校系统学位研究生培养质量和管理水平。

会议充分肯定了党校系统学位研究生教育近年取得的成绩，在此基础上，实事求是地分析了工作中存在的问题和不足。主要是从战略层面看，学位研究生教育如何更好地与党校干部教育实现良性互动，如何更好地与国民教育体系衔接，促进教育规模、结构、质量协调发展等，有待进一步探讨。从学科结构上看，学位类型比较单一。虽然2009年中央党校实现了专业硕士学位零的突破，但传统上党校系统大多是人文社会科学的学术型学位，缺乏应用型和专业型学位，与社会需要存在一定程度脱节并影响到毕业生就业。从管理体制看，在招生、培养、就业以及学位申请和授予等各个具体环节、各种规章制度，随着形势和环境的发展变化有待进一步改进和完善。党校系统的学位和培养工作的评估、以评促建的自律机制、联动机制尚未建立，有关管理制度还不规范。在教育理念上，学位研究生培养观念还有待进一步创新，尚未形成以可持续创新为核心理念的培养体系。从队伍建设看，导师和教师队伍的理论和学术水平，在国内学术界的影响还需要进一步提高，研究生管理人员队伍的能力和水平需进一步增强。从社会影响看，党校系统学位研究生教育在国家研究生教育中的地位和影响还不够大，甚至在社会上还存在一定程度的误解等。

与会代表认为，这些问题有些是党校系统长期存在的老问题，有些是社会上所有研究生培养单位普遍遇到的问题，还有些是工作中存在的问题，对此，我们要高度重视，认真研究解决前进中出现的新情况、新问题，自觉、主动地适应新形势对学位研究生教育提出的新要求和新挑战。

与会代表还对如何搞好党校学位研究生教育提出了理性的观点和建设性的意见。主要是：新形势下，必须把党校学位研究生教育放到国家学位研究生教育的整体布局中加以思考和把握，要主动和高校尤其是与名校加强联系，学习其培养经验。进一步按照条例要求，在坚持“国家标准、办出党校特色”这一原则上做文章，实现培养模式的创新和培养质量的提高。加强和国家教育行政部门的联系，争取到更加有利的政策支持。进一步加强党校系统内部交流，进一步加大党校系统研究生培养交流合作的力度，努力探索资源共享的方式和途径，共同塑造党校学位研究生教育的品牌和形象。

中央党校各教研部（所）有关领导、学位点负责人和31所省、自治区、直辖市党校的有关领导及研究生部（处）负责同志近80人参加了会议。

在职研究生教育

中央党校 2009 年在职研究生教育概况

2009 年，执行校、院领导关于在职研究生“压缩规模、加强管理、提高质量”的指示精神，教学班制招生计划压缩到 1500 人，录取 1542 人（包括后来补录 42 人），实际注册 1481 人，仍分布于京、津、沪、渝四个直辖市，本年份在读学生人数（含 2007、2008、2009 三个年级）减至 6196 人，98 个班次。同时，2006 级 1933 人中的 1873 人完成所有课程考核、毕业综合考试和毕业论文答辩顺利毕业。

同年，导师制 2009 级招生 66 人，其中 2 人由教学班转制过来。2007 级 104 人中 91 人完成所有课程考核、毕业综合考试和毕业论文答辩顺利毕业。

对招生点及其招生专业进行了大规模压缩，暂停了京桥大学、铁道部党校和北京铁路局党校、财政部党校、中央党校函授学院北京市直分院、北京城建集团党校、北京通信服务公司、北京顺义杨镇党校、北京平谷区委党校、北京朝阳鹏华教育培训中心、中央国家机关党校、上海宝钢集团党校、天津市级机关工委党校、天津红桥区委党校、中国人民解放军第三军医大学等 15 个招生点，新增北京市公安局党校、北京市路桥集团党校、国资委职业经理培训中心、江西省直工委党校 4 个招生点，实际办学点数由 2008 年的 37 个减少到 26 个，15 个专业。另外，北京市化工集团党校更名为北京燃气集团党校。中央国家机关工委党校隔年招生。

组织人事

人才队伍建设概述

2009年，中央党校坚持深入学习实践科学发展观，全面贯彻党的十七大和十七届四中全会精神，认真落实人才强校战略实施纲要和深入学习实践科学发展观活动提出的整改措施，以高层次人才为重点，统筹抓好各层次人才工作，进一步加强领导班子和干部队伍建设，不断深化干部人事制度改革，紧紧围绕党校工作大局开展组织人事工作，人才队伍建设取得显著成效。

一、大力贯彻落实人才强校战略实施纲要，以高层次人才为重点的教师队伍建设工作取得明显成效

（一）专家工作

完成了“新世纪百千万人才工程”国家级人选、“四个一批”人才的年度推荐选拔工作，其中柳建辉同志被批准为“四个一批”人才；推荐戴世吉等5位退休老专家为中国翻译协会资深翻译家；完成21位专家的社会兼职报批工作；根据中组部的要求，对中央联系的专家信息库进行更新。

（二）教师培训工作

推荐2人从事博士后研究，2人在职攻读博士学位，22人出国留学或访学，进一步夯实教师专业理论基础；选派7人到基层或中央国家机关锻炼，提高教师理论联系实际的能力；选派3人到三所干部学院学习，图书馆、校医院24人参加各种业务培训。

借助中央党校举办“全国党校系统教学管理研讨班”之际，与教务部联合举办了中青年骨干教师培训班。培训班采取大班套小班的形式，以参加“全国党校系统教学管理研讨班”听课为主，单独组织交流，使受训教师既能很好地把握党校教学管理工作中具全局性、普遍性和前瞻性的理论与问题，又能结合中央党校实际情况，做出有针对性的思考。这次培训取得了好的效果，受到教研部和教师的欢迎。

组织召开了赴新疆挂职锻炼教师经验交流会，八部一所、培训部等有关单位领导、教师参加了会议。通过赴新疆挂职教师的经验介绍和交流，大家认为，赴新疆挂职锻炼，对党和国家的民族宗教方针政策和法律法规更加熟悉，对新疆地区经济社会发展的特殊性和新疆班学员的特点和需求更加了解，深化了对新疆干部成长和干部教育特殊规律的认识。

（三）职称评审

在充分调研的基础上，研究起草《2009年中央党校专业技术职务评审意见》，组织开展专业技术职务评审工作，晋升8位正高级专业技术职务资格人员和8位副高级专业技术职务资格人员。

二、推进班子结构优化工作，加强领导班子和干部队伍建设

（一）领导干部思想作风建设工作

结合中心组学习、理论培训、年终考

核、任职考察等工作，采取多种措施抓好局处级领导班子和领导干部思想政治建设工作，各级领导班子和领导干部在贯彻民主集中制原则、改进思想作风工作作风、增强廉政意识等方面都取得明显进步。

（二）领导班子和干部队伍建设

按照优化班子结构、推进班子建设的要求，加强局处级领导班子的配备和调整工作。深入实际，调查研究，定期了解和分析局级领导班子和领导干部的情况，有针对性地对局、处级领导班子进行调整补充。调整充实办公厅等9个局级领导班子、30个处级领导班子、28个教研室班子。完成34名局级干部、116名处科级干部任免工作。协助中组部完成省部级后备推荐考察和教育长、校委委员的推荐增补工作。

（三）干部监督工作

联合校纪委起草《副局级以上干部任职听取机关纪委意见的工作细则》，设立了干部监督专用电话和电子信箱，开展对各直属单位贯彻执行《干部任用条例》情况的检查工作。完成了中央党校贯彻《关于深入整治用人不正之风进一步提高选人用人公信度的意见》工作总结、中央党校干部任免工作自查情况报告、中央党校处以上党员领导干部个人有关事项报告的工作总结。组织开展直属单位领导班子成员学习《干部选拔任用工作法规选编》和答题活动。起草《2009年执行干部任用条例情况报告》，对2009年干部选拔任用工作执行《干部选拔任用条例》情况进行总结，查找不足。在进修部、校刊社、函授学院三个单位开展“一报告两评议”工作。

三、认真落实干部教育培训条例，抓好干部和工人培训工作

（一）干部培训工作

认真落实《中央党校2006—2010年行政干部教育培训规划》，创新培训方式，增强培训的针对性，提高培训效果。选送12名局级干部、24名处级干部赴国内外参加各类学习培训、挂职锻炼。第一次采取“走出去”的方式，以“接受革命传统教育、加强党性修养”为主题，举办第四、五期新任局处级领导干部培训班，分赴井冈山、延安培训，共77人参加，取得良好效果。

（二）工人培训工作

组织21人参加中直机关职业技能培训；选派4名炊事人员赴江苏参加第十九届“中国厨师节”观摩交流活动；委托北京市工贸技师学院对综合服务中心和餐饮服务中心共112名服务员进行了培训。

四、落实各项政策规定，完成各项干部人事日常工作

（一）年度考核工作

组织完成2008年年度考核工作，207人被确定为优秀（不包括15名局级）。组织参与26个直属单位的领导班子和领导干部述职会和领导班子民主生活会，完成对26个直属单位领导班子和领导干部的民主测评工作。

坚持局级领导干部年度考核结果反馈谈话制度。组织部领导班子成员分别与各直属单位班子成员谈话，反馈年度考核测评情况，肯定干部优点，指出不足，特别是督促干部针对突出问题，查找原因，提

出改进措施，逐步改正。

改进年度考核工作，建立健全年度考核在干部选拔任用中的作用机制。根据中央和中组部关于改进干部考核工作的有关精神，认真总结近年来的年度考核工作经验，研究制定年度考核工作方案，修订完善对局级领导班子和局级领导考核指标体系，首次要求局级非领导职务干部和处（室）级负责人在全体会上述职、测评。

（二）调配工作

对全校教职工队伍状况及人才需求情况进行全面摸底分析，形成分析报告，并据此制定2010年学校进人计划，经校委会批准后，上报中组部审批；完成2009年军队转业干部的接收、岗前培训和职级确定工作。为规范全校不同序列、不同岗位变动人员职级确定问题，制定《调任到参照公务员管理单位人员的条件和职务确定办法》、《调整到事业单位专业技术岗位或管理岗位人员的条件和职务确定办法》。

根据工作需要和有关规定，在校内调整工作人员37人，其中为马克思主义理论教研部在校内调配工作人员16名；调出工作人员3名。为5名同志办理解决夫妻两地分居手续。完成2010年录用公务员的报名、资格审查等工作。

（三）工资福利、离退休工作

对中央党校由于各种原因派遣到校外工作的人员的相关补贴进行规范。做好2009年和2010年不同工资序列人员正常晋升工资工作。按中组部有关规定，为2名离休干部提高享受正部长级医疗待遇，为5名离休干部提高享受副部长级医疗待遇，为16名同志提高享受副局级医疗待遇，为1名同志补办医疗待遇手续。

为40名同志办理离退休手续，协助教研部门等单位办理离退休干部的返聘工作。落实中组部关于到龄中管干部离退休的要求，为6名到龄中管干部办理离退休手续。

（四）档案管理及侨务工作

做好干部档案“三龄一历”的认定工作，就部分同志档案中“三龄一历”不统一问题，经认真研究分析，提出认定办法。

完成中直侨联第二届代表大会代表和中国侨联第八届代表大会代表和委员会委员的推荐工作，全国侨联副主席和中直侨联主席以及中直侨联常委推荐的有关工作。

（五）奖励工作

顺利完成教师节表彰大会的推优表彰工作；完成全国和中央单位接收军转干部先进单位、先进军转安置工作者、模范军转干部推选工作。组织部被评为全国接收军转干部先进集体，崔津秀、段宝平分别被评为中央单位先进军转安置工作者和模范军转干部；完成全国民族团结进步先进单位推选工作，培训部被评为全国民族团结进步先进单位；完成中直侨联先进工作者推选工作，机关党委赖为华被评为先进工作者；组织全国第七届“人民满意的公务员”的推荐工作。

五、加强调查研究，不断创新干部人事制度，进一步完善有利于人才成长的制度机制建设

完善和规范高层次人才引进机制，经认真调查研究、广泛征求意见，制定《中央党校关于公开招聘选拔高端战略人才的意见》、《中央党校公开招聘教学科研高端战略人才办法》和《中央党校公开选拔管理高端战略人才办法》。

修改完善中央党校“人才强校”专项基金资助项目优秀教研人才和优秀出版编辑、图书资料人才评审工作选拔实施意见，改变以往申报人自行设计研究项目的做法，采取由教研部设计题目招标，申报人竞争的方式；改变以往由综合专家组统一进行评审的做法，采取先按学科由校内外专家组成不同评审组进行评审，再由校内外专家组成评审委员会进行综合评审的办法。

完善干部选拔任用制度，提高选人用人公信度。（1）规范三个副巡视员机动指标的使用和选拔工作，制定《关于三个副巡视员机动指标使用办法的意见》；规范教研室机构领导职务选拔任用工作，制定《关于教研室机构领导职务任职资格条件的补充规定》。（2）制定局级非领导职务选拔办法，改进面试述职环节，增加校外专家参与述职评审，进一步提高述职评审的公平性、公正性；进一步完善民主推荐和考察评价环节。为发挥好巡视员、副巡视员的作用，就巡视员、副巡视员的职责问题，在面向各直属单位充分调研的基础上，起草调研报告。

在职教职工人数

单　位	在职人员总数	其　中			
		教研人员	教辅人员	管理人员	工勤技能人员
中央党校	1176	287	228	478	183

人事任免

校委领导任免情况

姓　名	任　职	免　职	职　级	任免时间
郝时晋		教育长	副部长级	20091208
张伯里	教育长		正局级	20091208
张伯里			副部长级	20091210
黄宪起	校委委员		正局级	20091211
赵长茂	校委委员		正局级	20091211

局级干部任免情况

序号	单位	姓名	任职	免职	交流	职级	任职时间
1	办公厅	李作钦	副主任			副局级	20090716
2	办公厅	谢煜桐	副巡视员			副局级	20090716
3	教务部	王统销	副巡视员			副局级	20090401
4	教务部	王东京	主任		交流	正局级	20091224
5	教务部	李书磊		主任			20091224
6	科研部	倪德刚	副巡视员			副局级	20090401
7	科研部	李连明	副巡视员	副主任		副局级	20090827
8	科研部	张伯里		主任			20091224
9	科研部	梁言顺	主任			正局级	20091224
10	马理部	韩庆祥	副主任	哲学部副主任	交流	副局级	20090326
11	马理部	周为民	主任		交流	正局级	20090326
12	马理部	秦　刚	副主任			副局级	20090401
13	马理部	王彦民	副巡视员			副局级	20090401
14	哲学部	李晓兵	副主任	出版社总编辑	交流	正局级	20090326
15	哲学部	侯　才	副主任			副局长	20090401
16	哲学部	孙　琰	副巡视员			副局级	20090716

续 表

17	经济学部	赵振华	主任			正局级	20100114
18	经济学部	潘云良	副主任			副局级	20100114
19	党建部	梁俊平	副巡视员			副局级	20090716
20	文史部	纪　庆	副巡视员			副局级	20090716
21	文史部	张筱强		副主任		副局级	20090716
22	研究所	宫　力	所长			正局长	20090108
23	研究所	王缉思		所长		正局长	20090108
24	研究所	顾丽丽	副巡视员			副局级	20090401
25	研究室	冯秋婷	主任			正局级	20100114
26	进修部	孙慧荣	副局级组织员			副局级	20090401
27	进修部	崔禄春	副局级组织员			副局级	20091231
28	培训部	赵棋山	正局级组织员			正局级	20091231
29	培训部	王建华	副局级组织员			副局级	20091231
30	研究生院	苏　燕	副局级组织员			副局级	20090401
31	研究生院	管培月	副局级组织员			副局级	20090401
32	研究生院	路志群	副局级组织员			副局级	20090401
33	研究生院	段若鹏	巡视员			正局级	20091231
34	研究生院	冯继武	巡视员			正局级	20090902
35	图书馆	陈高桐	馆长	校刊社总编辑	交流	正局长	20090326
36	财务局	郭继棠	副巡视员			副局级	20090423
37	财务局	王必坚	副巡视员			副局级	20091231
38	机关党委	牛卫国	主席			正局级	20091231
39	出版社	胡建华	总编辑	办公厅副主任		正局长	20090401
40	出版社	李援朝	巡视员	社长		正局级	20090827
41	出版社	胡建华	社长兼总编辑			正局级	20091020
42	报刊社	肖勤福	社长兼总编辑	图书馆馆长	交流	正局长	20090326
43	报刊社	钟国兴	副总编辑			副局长	20090430
44	报刊社	包　驰	副总编辑			副局长	20090430
45	报刊社	李庆华	常务副总编辑			正局级	20090430
46	后勤服务部	刘国华	副巡视员			副局级	20090423
47	后勤服务部	刘彦龙	副巡视员			副局级	20091231
48	离退休干部局	冯继武		副局长		正局级	20090716
49	离退休干部局	刘　春	正局级干部			正局级	20100114
50	信息部	王利民	副巡视员			副局级	20090401

机构变动

关于设立马克思主义理论教研部的通知

中校通〔2009〕6号

一、经研究并报中央机构编制委员会批准，我校设立马克思主义理论教研部，作为内设机构。其主要职能是：承担与马克思主义理论学科有关的教学、研究、学位研究生培养和教材建设等工作。

二、将相关教研部门承担的马克思主义理论学科的教学科研等职能调整到马克思主义理论教研部。党的建设教研部思想政治工作教研室划归马克思主义理论教研部（名称为“思想政治教育教研室”），国际战略研究所不再保留马克思主义研究所名称。

三、按照机构序列，马克思主义理论教研部排在科研部之后。

中共中央党校校务委员会

2009年3月26日

关于校刊社、学习时报社合并为报刊社的通知

中校通〔2009〕7号

一、经研究并报中央机构编制委员会办公室批准，我校设立报刊社，作为所属事业单位。

二、撤销校刊社、学习时报社。

三、按照机构序列，报刊社排在出版社之后。

中共中央党校校务委员会

2009年3月26日

干部人事制度建设

中央党校关于公开招聘选拔高端战略人才的意见

为进一步深化干部人事制度改革，落实人才强校战略实施纲要，按照中央和国家有关规定，结合我校实际，就公开招聘选拔高端战略人才提出如下意见：

一、公开招聘选拔高端战略人才的意义和必要性

加强以教研人才为重点的队伍建设，是事关党校事业发展的一项具有战略性的基础工作。建设一支高素质的教研、管理人才队伍，需要在坚持内部培养的基础上，面向社会公开招聘选拔一定数量的教学科研高端战略人才和少量具有特定专业知识要求的复合型管理人才。做好这项工作，不仅可以解决我校部分学科、岗位人才缺乏问题，而且有利于促进人才成长、改善队伍结构。从长远来说，有利于建立更加科学合理的选人用人机制，打造一支以马克思主义理论大家、名家为带头人的教学科研队伍。

高端战略人才分为教学科研高端战略人才和管理高端战略人才。教学科研高端战略人才，是指在相关研究领域具有较高知名度、比较年轻，具备成长为党校名师、大家的综合素质与发展潜质的人才。管理高端战略人才，是指既具有较强的管理能力，又具有丰富的某一专业领域知识，比较年轻的复合型人才。

二、公开招聘选拔高端战略人才的原则

1. 坚持德才兼备、以德为先的用人标准，贯彻公开、公平、竞争、择优的原则。

2. 坚持结构合理、发展急需的原则。

3. 严格遵循国家岗位设置管理的制度法规和学校有关规定。

三、公开招聘选拔高端战略人才的基本条件

1. 中共党员，认真学习中国特色社会主义理论体系，拥护党的路线、方针、政策，与党中央保持一致，清正廉洁，作风正派，道德品质好。

2. 具有岗位所需的职务资格和相应的专业技术水平、管理能力。

3. 年龄符合相应岗位的要求；身体健康。

四、公开招聘选拔范围

1. 公开招聘教学科研高端战略人才仅限于教研部门，重点充实教学科研急需的学科。

2. 公开选拔管理高端战略人才重点充实一些专业性较强的副局级领导岗位。

五、公开招聘选拔工作程序

公开招聘选拔高端战略人才一般包括提出公开招聘选拔方案、面向社会发布公开招聘选拔信息、资格审查与初选、面试与专家评审、组织考察、商调等程序。

六、公开招聘选拔工作的组织与费用

1. 公开招聘选拔工作在校委领导下，根据干部队伍建设情况不定期举行。

2. 公开招聘教学科研高端战略人才工作由组织部与相关教研部（所）共同组织实施。

3. 公开选拔管理高端战略人才由组织部组织实施。

4. 学校安排专项经费用于公开招聘选拔工作。

七、纪律与监督

公开招聘选拔工作要严格按照方案规定的内容和程序操作，不得在实施过程中随意更改；工作人员要严格遵守干部人事工作纪律，特别要严格执行保密制度和回避制度，不准泄露考试内容、考察情况等。校机关纪委负责对公开招聘选拔工作进行检查监督，受理违反本暂行规定的检举和申诉，并查处违反有关规定的人和事，对问题严重、影响恶劣的要给予相应的党纪政纪处分。

八、相关待遇

公开招聘选拔的高端战略人才，在有关政策法规的基础上，从优安排住房；京外调入的，解决配偶及子女户口。

九、附则

1. 本意见由组织部负责解释。

2. 本意见自发布之日起实施。

附件一《中央党校公开招聘选拔教学科研高端战略人才办法》

附件二《中央党校公开选拔管理高端战略人才办法》

中共中央党校校务委员会

2009 年 10 月 20 日

附件一：

中央党校公开招聘选拔
教学科研高端战略人才办法

为进一步深化干部人事制度改革，更好地实施人才强校战略，按照《中央党校关于公开招聘选拔高端战略人才的意见》，制定本办法。

一、公开招聘的原则

1. 坚持德才兼备、以德为先的用人标准，贯彻公开、平等、竞争、择优的原则。

2. 坚持结构合理、发展急需的原则。

3. 坚持以教学为中心，以科研为基础，以学科建设为重点，合理确定公开招聘计划。

二、公开招聘的范围与岗位

1. 公开招聘教学科研高端战略人才限于教研部门。

2. 公开招聘的岗位是教授（研究员）岗位。

3. 公开招聘教学科研高端战略人才使用学校预留的机动岗位，2016年后，学校收回机动岗位。

三、公开招聘的条件

公开招聘教学科研高端战略人才，除具备《意见》所规定的基本条件外，还应具备以下条件：

1. 热爱党的干部教育事业，具有坚实的马克思主义理论功底和扎实的专业知识，熟悉本学科学术前沿，有宽广的学术视野、较强的科学研究和理论联系实际的能力，积极探索中国特色社会主义的重大理论和现实问题。

2. 科研成果显著，在国内有较高知名度，有独立主持国家级课题或中央委托重要课题的经历。教学水平高，熟悉和掌握现代教育方法，能够带动中央党校的学科建设，有较大发展潜力，具备成长为党校名师、大家的综合素质或发展潜质。遵守学术道德和规范，有良好的团队精神和合作意识。

3. 具有博士学位，身体健康。年龄一般在45岁以下。

4. 其他相关的业务条件。

四、公开招聘工作程序和方法

1. 制定公开招聘方案、发布公告。组织部根据教学科研和学科建设需要，提出岗位公开招聘方案，报校委会批准后，面向社会发布公开招聘公告。公告包括公开招聘的岗位、岗位条件、招聘人员数量、招聘程序和方式、应聘人需提交的材料、时间安排等。

2. 报名、资格审查。应聘人应在规定时间内向组织部提交应聘材料。应聘材料一般包括申请表、无学术不端行为声明、正式发表的全部学术论著目录、代表作、所承担的科研项目的批准文件（文书）和项目申请书的复印件、专业技术职务任职情况证明材料、学历学位证书复印件等相关材料。申请表应论证研究方向、已有研究成果以及应聘人的教学科研设想。

用人单位、组织部及相关单位人员组成初审小组，对应聘人员的资格进行审查甄选，确定初选人员。

3. 面试。由同行专家组成面试小组对初选人员进行面试。应聘者就应聘岗位相关专业的题目进行试讲和答辩。面试小组根据应聘者提供的材料及面试情况对应聘者的学术水平和科研能力进行评议、评分，按照一定比例产生入围人选。

面试小组的组成不少于9人，由组织部协商用人单位后，报校领导审批。

4. 专家鉴定。组织部请不少于3名校内外专家对入围人选的代表作进行专家鉴定。

5. 确定拟聘人选。用人单位与组织部根据面试和专家鉴定情况，确定拟聘用人选，报校委批准。

6. 兼职试用。对拟聘用人选实行兼职试用制度，试用期为半年。兼职试用期内，拟聘用人员组织人事关系仍在原单位，作为教研部聘用的兼职教授，由教务部协调安排我校主体班次课程（由校内同行专家听课评估、学员进行教学效果评估）；参加相关科研工作，并在校内或教研部内做不少于一次的学术前沿讲座。兼职试用期结束后，兼职试用人员在教研部（所）全体范围内，做兼职工作报告，进行民意测评。教研部根据校内同行专家的听课评估和学员教学效果评估及兼职试用期间的表现进行评议，就是否正式聘用提出意见。民意测评不及格的，不能聘用。

7. 组织考察。由组织部和用人单位到拟聘人员所在单位进行组织考察。必要时通过其他渠道进行了解考察。

8. 商调、聘用。组织考察结束后，由组织部部长办公会议讨论，提出是否聘用的意见，报请校领导审批。按照岗位设置有关规定，办理聘用手续。

五、兼职试用期待遇

兼职试用期间，参加教学科研活动，由后勤服务部安排食宿，并按规定报销往返旅费，享受中央党校的教学津贴。

附件二：

中央党校公开选拔管理高端战略人才办法

为进一步推进干部选拔任用制度改革，拓宽选人用人渠道，建立竞争择优、充满活力的用人机制，根据《党政领导干部选拔任用工作条例》、《公开选拔党政领导干部工作暂行规定》和《中央党校关于公开招聘选拔高端战略人才的意见》，制定本办法。

一、公开选拔的原则和岗位

1. 公开选拔管理高端战略人才必须遵循《党政领导干部选拔任用工作条例》、《公开选拔党政领导干部工作暂行规定》和《中央党校关于公开招聘选拔高端战略人才的意见》所规定的原则，坚持民主、公开、竞争、择优，坚持考试与考察结合。

2. 公开选拔的岗位：部分专业性较强、校内无合适人选的直属单位副局级领导岗位。

二、公开选拔管理高端战略人才的条件

1. 具备《党政领导干部选拔任用工作条例》规定的基本条件。

2. 具有一定的马克思主义理论水平和较丰富的业务知识，热爱党的干部教育事业，有较强的行政管理能力。

3. 副局级干部或任正处（室）级领导职务3年以上，大学本科以上学历，年龄在50岁以下。

4. 岗位要求的其他条件。

三、公开选拔的程序和方法

1. 制定公开选拔方案、发布公告。组织部与公开选拔职位所在的直属单位协商制定公开选拔方案，报校委批准后，面向社会发布公告。公告内容包括选拔的职位以及职位说明、选拔范围、报名条件与资格、选拔程序和遴选方式、时间安排等。

2. 报名、资格审查。报名人员通过组织推荐或者个人自荐等方式报名，并填写报名表。报名表组织部审核。

组织部进行资格审查，审查合格者准予参加笔试。经资格审查合格参加笔试的人数应在 3 人以上，不足 3 人的取消该岗位的选拔工作。

3. 考试分为笔试和面试。笔试主要测试应试者胜任党政领导工作必须具备的基本素质和业务素质，特别是运用有关基本理论、基本知识和基本方法分析解决领导工作中实际问题的能力。笔试分为公共科目和专业科目部分，采用闭卷方式进行。

根据笔试成绩，从高分到低分确定面试人选。面试人选与选拔职位的比例不超过 5∶1。

面试主要测试应试者履行岗位职责所必备的基本素质和能力。面试由面试小组负责考试和评分。面试小组由组织部领导和有关专家、领导组成，一般不少于 7 人。

4. 组织考察。根据考试综合成绩，从高分到低分确定考察人选。考察人选与选拔职位的比例一般为 3∶1。

组织部依据干部选拔任用条件和选拔职位的职责要求到干部所在单位，对考察对象的德、能、勤、绩、廉等五个方面进行全面考察，对是否适合和胜任选拔职位做出评价。

实行考察预告制。将考察对象的简要情况、考察时间、考察组联系方式等，向考察对象所在工作单位进行预告。

在一定范围内对考察对象进行民主测评，充分听取群众意见。得不到多数人拥护的，不能选拔任用。

5. 决定任用。组织部向校委汇报应试干部的考察情况和考试成绩，校委会议讨论后作出任用决定。

当校委会议讨论认为无合适人选时，该职位选拔可以空缺。

6. 公示。对校委决定任用的人选在一定范围内进行任前公示。公示后，未发现影响任用问题的，办理任职手续，并向社会公布选拔结果。

7. 试用。对公开选拔任用的干部实行一年的试用期。试用期满后，经考核胜任的，正式任职；不胜任的，免去试任职务，一般按试任前职务层次安排工作。

人才培训

2009 年人才培训情况

中央党校鼓励和支持教师在职攻读博士、硕士学位和从事博士后研究。2009 年批准 2 人到高校从事博士后研究，2 人在职攻读博士学位。选派 3 人赴延安、浦东、井冈山干部学院的骨干教师培训班培训；与教务部合办党校系统教学管理专题中青年骨干教师培训班。

加大支持教师有针对性地到国内外有关高等院校、科研机构做访问学者的力度，积极支持教师出国留学、参加国际学术交流。共选派 22 人次赴美、英、德、日、西班牙、韩六国访学。其中，2 人获国家留学基金委出国留学项目资助，1 人获英国志奋领高级访问学者奖学金项目资助；推荐 3 人为美国国务院国际访问学者计划候选人，1 人参加韩国财团项目、1 人参加美国休伯特汉弗莱奖学金项目、2 人参加访日青年代表团项目、1 人参加西班牙加塞特基金会访学项目、2 人参加德国赛德尔基金会项目、2 人参加德国艾伯特基金会项目、3 人参加美国艾森豪威尔基金会项目。

表彰与奖励

经济学教研部教授石霞、文史教研部分别被授予“全国三八红旗手”、“全国三八红旗集体”荣誉称号

为表彰先进，凝聚力量，激励广大妇女为社会主义现代化建设再立新功，在隆重庆祝中华人民共和国成立60周年之际，全国妇联决定授予康佳等2000名同志“全国三八红旗手”、北京协和医院妇产科等1000个单位“全国三八红旗集体”荣誉称号。经济学教研部教授石霞被授予“全国三八红旗手”荣誉称号，文史教研部获得“全国三八红旗集体”荣誉称号。

后勤服务部综合服务中心冯月花荣获全国“巾帼建功标兵”荣誉称号

为表彰先进、树立榜样、振奋精神，进一步引导和激励广大妇女在促进经济又好又快发展中建功立业，在各地、有关行业部门认真评选推荐的基础上，全国妇联、中宣部、中直机关工委、中央国家机关工委、全国总工会、共青团中央、全国工商联、教育部、科技部、工业和信息化部、公安部、民政部、人力资源和社会保障部、交通运输部、卫生部、中国人民银行、国资委、国家税务总局、国家工商行政管理总局、国家旅游局、国家广播电影电视总局、中国银行、中国工商银行、中国建设银行、解放军总政治部等25家全国妇女“巾帼建功”活动领导小组成员单位共同决定，授予四川绵阳市南山中学等10个集体（岗组）十佳全国巾帼文明岗、周慧敏等10名同志十佳全国巾帼建功标兵荣誉称号。授予北京市公安局巡特警总队一支队女警队等2000个集体（岗组）全国巾帼文明岗、冯月花等520名同志全国巾帼建功标兵荣誉称号。授予中国银行工会工委等50个集体全国“争创巾帼文明岗，优质服务迎奥运”活动优秀组织、王淑娟等100名同志全国巾帼建功活动先进工作者荣誉称号。

中央党校校务委员会关于对获奖个人和单位进行表彰的决定

2008至2009学年，各直属单位和全校教职工认真学习贯彻《中国共产党党校工作条例》和全国党校工作会议精神，扎实开展深入学习实践科学发展观活动，较好地完成了校委部署的各项任务，教学、科研、行政后勤等各方面工作都取得了显著成绩。

根据《公务员奖励规定（试行）》和《中央党校奖励工作条例（试行）》的有关规定，学校开展了2009年的评奖工作。在推荐测评、校奖励工作领导小组讨论审议和公示的基础上，校委会议讨论批准：董振华等6名同志获教学优秀奖；郭大为同志译著《康德的〈纯粹理性批判〉——现代哲学的基石》等6项科研成果获科研优秀成果奖；陈其光等15名同志记三等功；经济学教研部等6个单位获集体奖。校委决定，对获奖的个人和单位予以表彰奖励。获奖名单如下：

1. 教学优秀奖（6人）：

哲学教研部　董振华
经济学教研部　曹　立
科学社会主义教研部　胡　岩
中共党史教研部　曹　普
党的建设教研部　刘炳香
国际战略研究所　潘　悦

2. 教学组织优秀集体奖（2个）：

经济学教研部
2008年秋季学期省部班“社会主义社会建设”研究方向教学组

3. 科研优秀成果奖（6项）：

哲学教研部　郭大为：《康德的〈纯粹理性批判〉——现代哲学的基石》（译著）

科学社会主义教研部　吴忠民：《走向公正的中国社会》（专著）

政法教研部　肖立辉：《进一步推进农村建设需要相应的体制机制改革》（研究报告）

中共党史教研部　李国芳：《初进大城市——中共在石家庄建政与管理的尝试（1947—1949）》（专著）

文史教研部　范玉刚：《欲望修辞与文化守夜——全球化视域中的中国大众文化研究》（专著）

国际战略研究所　左凤荣：《重振俄罗斯——普京的对外战略与外交政策》（专著）

4. 科研组织优秀集体奖（2个）：

经济学教研部
党的建设教研部

5. 记三等功人员（15人）：

党的建设教研部　陈其光
研究室　彭劲松
进修部　郭焕永
研究生院　余金华
图书馆　刘俊瑞

财务行政管理局	黄德金　袁　敏 李国强
离退休干部局	崔津秀
出版社	朱晋平　石秀颖
报刊社	章兆和　余昌淼
后勤服务部	车继先　张　旭

6. 管理服务优秀集体奖（2个）：

教务部　　　　　后勤服务部

校委希望受表彰的个人和单位珍惜荣誉，谦虚谨慎，继续努力，在今后的工作中取得更出色的成绩。

校委号召，全校教职工和各单位要向受表彰的个人和单位学习，学习他们忠诚于党的干部教育事业的高度政治责任感和使命感，以及踏实工作、认真负责的敬业精神，锐意进取，精益求精，在今后的工作中作出更大贡献。

校委要求，党校要在“大教育、大培训”新的干部教育培训格局下，充分发挥胡锦涛同志在全国党校工作会议上提出的“五个作用”。为此，各直属单位和全体教职工要更加积极、主动、创造性地开展工作，推动党校干部教育事业再上新台阶。

校委强调，要继续全面贯彻落实胡锦涛同志、习近平同志关于党校工作的一系列重要指示精神，坚持党校姓党原则，大力加强学风和校风建设，进一步落实人才强校战略。要把教师队伍建设摆在党校工作“重中之重”的位置，以更大的热情、更多的投入、更有效的举措，建设高素质的教师队伍；要按照“四个服务”的要求，进一步做好党校的科研工作；要继续坚持以人为本，做好行政管理、后勤服务和机关党的工作，把为教学服务、为教师服务、为学员服务作为一切工作的出发点和落脚点。要以蓬勃的朝气、求真的精神、务实的作风，推动各项工作，不断开创党校工作和党校事业发展的新局面。

中共中央党校校务委员会

2009年9月2日

中央党校举行2009年教师节庆祝表彰大会

9月10日下午，中央党校在大礼堂举行2009年教师节庆祝表彰大会。常务副校长李景田出席并讲话。副校长陈宝生主持会议。副校长孙庆聚宣读了《关于对获奖个人和单位进行表彰的决定》。副校长李书磊，校委委员张伯里、徐伟新、贾高建、罗宗毅，“百千万人才”工程国家级人选、中宣部“四个一批”人才和特聘教授出席会议。

李景田在讲话中代表习近平同志和校委向辛勤工作在教学、科研、行政管理和后勤服务第一线的全校教职工表示热烈的祝贺，向为党校事业发展作出重要贡献的离退休老同志及60年来曾在党校工作过的同志表示诚挚的敬意。他号召大家向受表彰的优秀个人和优秀集体学习，倡导在全校进一步形成学习先进、奋发上进的良好风气。

李景田强调，我们要在“大教育、大培训”的新格局之中创建新形势下的一流学府、保持一流学府的地位，就要充分发挥胡锦涛总书记在全国党校工作会议上提出的“五个作用”。要发挥好这“五个作用”，关键在于不断提高教学质量；提高教学质量的首要因素和关键环节，是建设一支高素质的教师队伍。因此，我们要把教师队伍建设摆在党校工作“重中之重”的位置，以更大的热情，更多的投入，更有效的举措，建设更高素质的教师队伍。

李景田希望广大教师进一步自觉加强党性修养，以脚踏实地、乐于奉献的工作态度和淡泊明志、甘为人梯的精神境界，以自己高尚的人格，教育和影响学员，努力成为广大领导干部的良师益友；要加强学习，争做“爱读书读好书善读书”的表率，不断地充实自己，提高施教的能力和水平。

会上，中央党校校领导分别为 27 名获奖个人和 6 个获奖单位颁发了奖状和证书。

中央党校教职工、离退休老同志和学员代表共 1100 多人参加了会议。

离退休干部工作

2009 年离退休干部工作概述

2009 年，中央党校离退休干部工作按照校委工作部署和全国老干部局长会议精神，坚持围绕中心、服务大局，深怀感情，主动服务，做了大量卓有成效的工作，取得新的成绩。

一、加强离退休干部思想政治建设和党支部建设，进一步落实好离退休人员政治待遇

按照校委和机关党委的统一部署，组织离退休党员参加深入学习实践科学发展观活动，组织老同志学习贯彻党的十七届四中全会精神。离退休干部党支部结合本支部党员的特点，进行学习和座谈。党委理论学习中心组在学习中发挥表率和引导作用，与老教授协会联合召开国际金融危机的发展与对策研讨会、“深入学习贯彻十七届四中全会精神，加强和改进执政党建设”研讨会。贯彻民主集中制原则，认真筹划组织，顺利完成了 30 个党支部和离退休干部局党委的换届改选。开展全国离退休干部先进个人评选推荐活动和中央党校优秀共产党员、优秀党务工作者评选活动，离休干部尤东山荣获“全国离退休干部先进个人”称号，辛守良等 37 名老同志被评为中央党校“优秀共产党员和优秀党务工作者”。国庆 60 周年前夕，常务副校长李景田等校领导慰问了新中国成立前参加革命的老干部、老工人、老党员，并向全体老同志发放慰问品和慰问信。

组织老同志参加政治活动。及时召开全校离退休人员通气会传达十七届四中全会精神，通报老同志关注的工作进展情况，组织开展中直机关五好文明家庭评选活动，绝大多数党支部落实一年两次的党组织生活会。组织部分老同志参加了中组部举办的先进事迹报告会和新中国成立 60 周年成就展览，魏晨旭、宿景芳等老同志参加重返延安、国庆观礼等活动。此外，还组织老同志参加了中国老年报社举办的“庆祝新中国成立 60 周年知识竞赛”答题活动，并获得优秀组织奖。

二、认真落实党和国家的政策规定，积极为老同志办实事、解难事

按照《中央党校进一步加强离退休干部工作整改方案》的整改期限要求，落实了以下工作：1. 调整中央党校离退休干部工作领导小组成员，各直属单位明确一位负责同志分管离退休干部工作；2. 落实帮扶机制，制定《离退休人员特困补助实施细则》；3. 在离休干部集中、年龄严重老化的党支部，开展由联络员兼任支委的试

点工作；4. 李景田等校领导以各种形式深入群众，座谈、走访、看望，为老同志过生日等。

配合有关职能部门为提高医疗待遇的22名离休干部办理了相关手续，为170名享受“大102”待遇的离休人员就近选择定点医院，认真研究6位离退休校级领导的服务保障问题。加大对因患严重疾病而长期住院治疗等原因，造成家庭生活困难的离退休人员的帮扶力度，全年给予145人次特困补助和送温暖。133人参加了集体过生日，特别是12位90岁以上的老同志，孙庆聚副校长逐人到老同志家里祝寿。专门组织离休干部参观香山植物园和北京现代科技园，组织27位局级离休干部到北戴河暑期休养。全年举办健康知识讲座2次，探视慰问病号263人次，重点人员家访590人次，为离休人员提供车辆服务1230次，并为19位去世老同志妥善办理丧事；办理抚恤金、丧葬费，发放书报费、特困补助等80余万元；还承担了为老同志结算物业费、办理出入证、医疗证（1600人次）等劳务工作，服务质量和水平得到老同志的认可。

三、活跃老年精神文化生活，老年大学工作和文体活动取得新进展

按照巩固成果、突出特色、办出水平的要求，老年大学春、秋季两个学期共开设9个专业32个班次，招收学员586人次。配合新中国成立60周年，举办老年大学成果展。适应老同志特点，组织开展了丰富多彩的文体活动，1月组织迎新春游艺联欢活动，“三八”节组织参观首都博物馆，4月组织春游平谷火山遗址和大觉寺，9月组织参观（顺义）第七届中国花卉博览会，重阳节组织老同志到密云古长城遗址登高，共1800多人次参加。老年门球队、乒乓球队参加了海淀区和校工会等单位组织的比赛，围棋队、象棋队、麻将队、钓鱼队等进行了局内比赛交流。晚晴合唱团在校工会举办的“祖国万岁”歌咏比赛中取得第三名的好成绩。燕京诗社、书画研究会、摄影俱乐部、服装队、舞蹈队等文体组织，采取送展、笔会、联欢等形式，积极与兄弟单位切磋交流。

支持和鼓励老同志发挥作用。2009年，老同志申报了三个校级科研项目：一是老教授协会申报的《解决“三农”问题的根本出路》；二是钱俊生申报的《生态文明的理论与实践》；三是董友忱申报的《关于泰戈尔的婚姻研究》。其中，吴振坤、辛守良、王兆铮等老教授集体编著的《解决“三农”问题的根本出路》，由广东人民出版社出版。经组织部推荐，戴世吉、戴汉笠、董友忱、何祚康、李钧学五位离退休老专家被中国翻译家协会授予资深翻译家称号。组织老同志积极开展为西藏党校捐款活动，共有244名同志捐款44640元。组织动员老同志踊跃捐赠文史资料，支持校史馆建设。老年书画研究会会员开展文化下乡活动。协调有关部门为老干部活动中心安装了护栏，更新老干部活动中心的音响设备，改善了老同志学习、活动条件。

四、加强机关队伍自身建设，各项工作进一步上水平

对老同志关注的社区食堂、安装电梯、住房调整、医疗保健和家属出入证办理等问题，主动与校房管、保卫、北医三院党

校院区、物业监管中心等部门进行沟通，协调解决。制定《关于进一步加强联络员工作的意见》，召开联络员工作经验交流会，进一步明确了联络员工作责任和要求。5月组织机关党员赴西柏坡接受革命传统教育，10月以“重温红色历史，弘扬延安精神”为主题，邀请在延安工作过的老同志讲党史、话传统。按照中组部通知要求，深化新形势下如何发挥好离退休干部作用问题研究，调研报告报送中组部老干部局，被评为二等奖。上报中组部的中央党校离退休干部数据库报表连续两年被评为全优报表。编辑《离退休干部工作》（文件、通讯）共5期，完成《中央党校老干部工作手册》初稿校正工作。

配合有关部门妥善地处理个别同志规避领导班子监督，重复报销老同志心脏起搏器款、虚报办班费用，用支票套取现金和私存私放现金等严重违犯财经纪律问题。

继2008年离退休干部局被中编办批准列为校内设局级机构后，2009年校委又批准离退休干部局下设“一室四处”，即办公室、党务工作处、文体工作处、服务处、宣传教育处5个处级机构，比原来增加了2个，编制增加到42人。

关于调整中央党校离退休干部工作领导小组成员的通知

中校字〔2009〕63号

校各直属单位：

经校委会议研究，同意对校离退休干部工作领导小组成员进行调整，调整后的领导小组成员如下：

组　长：李景田

副组长：陈宝生　孙庆聚

成　员：罗宗毅　赵晓光　宋　越
　　　　崔津秀　车继先　朱　鸣
　　　　柳凤清　刘　春

领导小组下设办公室，崔津秀兼任办公室主任，刘春兼任办公室副主任。日常工作由离退休干部局具体承办。

中共中央党校校务委员会

2009年11月19日

高扬同志逝世

3月29日，原中顾委委员、中央党校原校长高扬在北京病逝，享年100岁。

高扬同志简历

高扬，1909年9月出生于辽宁省辽阳县吉洞乡礼备沟村，1928年考入东北大学法学预科班。1936年12月加入中国共产党，后担任东北民众救亡会党支部书记，参加了“西安事变”前后的各种救亡活动。抗日战争期间，先后任邢台县委书记、冀豫特委宣传部部长、冀西地委书记兼军分区政委、豫北地委书记兼军分区政委等职。解放战争期间，先后任中共辽宁省委员、辽阳鞍山中心市委书记、辽宁省第一地委书记、辽东省委宣传部副部长、中共沈阳市委第一副书记兼组织部部长等职。1950年后，先后担任辽宁省人民政府副主席、主席，中共辽宁省委书记，东北局常委、组织部部长、纪律检查委员会书记等职。1955年，调任中央书记处第三办公室副主任。1956年1月，任工业交通工作部副部长。1962年6月，任化学工业部部长、党组书记。粉碎“四人帮”后，任吉林省革委会副主任、中共吉林省委书记。1979年4月，调任农垦部部长、党组书记。1982年6月，任河北省委第一书记兼省军区第一政委。1987年3月，任中央党校校长。

高扬同志是中国共产党第八、十二、十三次代表大会代表；全国人民代表大会第一、二、三次代表大会代表。中共十二大、十三大，当选为中央顾问委员会委员。

机关党的工作

在2009年机关党的工作会议上的讲话

（2009年4月30日）

李 景 田

刚才，庆聚同志对去年机关党的工作作了总结，对今年的工作作了整体部署，思路清楚，措施具体，我完全赞成。

去年是党和国家历史上极不平凡的一年，也是我校任务十分繁重的一年。在全校同志的共同努力下，我们高质量地完成了省部级主要领导干部专题研讨班、学习十七届三中全会县委书记培训班，以及各种常规班次的教学组织和实施工作，圆满完成了修订《党校工作条例》和承办全国党校工作会议的有关任务，顺利开展了深入学习实践科学发展观活动。各级党组织和广大党员在完成这些重大工作任务中，发挥了积极作用，作出了重要贡献。在此，我代表校委表示感谢。

今年是全面贯彻党的十七大精神、推进“十一五”规划顺利实施的关键一年，也是应对国际金融危机、保持经济平稳较快发展的关键一年，又恰逢建国60周年，改革发展稳定的任务很重，党和国家面临的风险和考验很多。首先，国际金融危机深度发展，世界经济增长明显减速，给我国经济发展带来严重冲击。二是，影响社会稳定的因素明显增多，各类社会矛盾碰头叠加，给社会稳定造成很大压力。三是，敏感日期比较集中，境内外敌对势力正蠢蠢欲动，伺机进行各种颠覆破坏活动，维护国家安全的任务更加艰巨。

基于这样的形势，中央作出了一系列决策部署，要求全党全国做好保增长、保民生、保稳定的各项工作，推动经济社会又好又快发展。中央党校作为党中央的重要部门，负有重要责任。全校各级党组织和全体党员一定要认清形势，迎难而上，以加强执政能力建设和先进性建设为主线，全面加强思想、组织、作风、制度和反腐倡廉建设，为服务党和国家工作大局、为完成党校的各项任务提供政治上、思想上、组织上的坚强保证，以优异成绩迎接新中国成立60周年。为此，我提以下几点要求。

一、进一步落实深入学习实践科学发展观活动整改方案，不断巩固和扩大学习实践活动成果

学习实践科学发展观是一项长期而艰巨的任务，如何把科学发展观切实体现到党校各项工作中去还需要坚持不懈地探索。最关键、最重要的是抓好校委和各直属单位整改方案的落实。一是各直属单位要各负其责，严格按照整改时限和要求做好整改工作。二是加快解决查摆出来的突出问题。对方案中涉及的问题，要有针对性地集中加以解决，坚决兑现承诺，对突发问题实施应急管理、及时处置。三是继续深入贯彻落实《党校工作条例》和全国党校工作会议精神。这是党校学习实践活动的重要载体和主要特色，应该紧密结合各单位实际，进一步深入学习贯彻会议精神，严格按照《条例》办党校。同时注意抓好地方党校贯彻落实《条例》和会议精神的督促检查工作。四是按照中央的要求，适时组织回头看活动，使学习实践活动中形成的好经验、好做法、好制度能够不断得到坚持和完善。

二、围绕中心、服务大局，推动党校各项工作

当前党和国家面临的新形势、新任务，给我们的教学、科研提出了不少新课题。机关党的工作要紧紧围绕中心、服务大局来开展。一方面，各级党组织要组织灵活多样的教育活动，把思想统一到中央对当前形势的判断和作出的重大决策部署上来。另一方面，要动员广大党员特别是教研人员，深入研究保增长、保民生、保稳定的具体措施，为中央决策提供参考，并把成果及时运用于教学中。

最近，中央办公厅、国务院办公厅转发了《关于领导干部定期接待群众来访的意见》、《关于中央和国家机关定期组织干部下访的意见》、《关于把矛盾和纠纷排查化解工作制度化的意见》等三个文件，突出强调提高党的执政能力、促进和谐社会建设。对党校来说，贯彻三个文件精神，最主要的是做好化解矛盾、排忧解难、维护稳定的工作。希望机关党组织要深入了解和分析干部职工的思想动态，及时做好工作，并积极探索创建和谐校园的工作制度和机制。

三、认真总结机关党的工作经验，把握规律，按规律办事

建国60年来，我们对共产党执政规律、社会主义建设规律和人类社会发展规律的认识不断深化，在巩固和加强党的建设方面积累了丰富的经验。中央党校在机关党建的实践中，也摸索出了许多行之有效的做法。各级党组织特别

是党务工作者要结合总结建国60周年党的建设经验，对机关党的工作的一些好做法、好经验进行梳理归纳，从中找出带有规律性的东西，并严格按规律办事，使机关党的工作更好地体现科学化、规范化、制度化。

四、不断推进机关党的工作的创新

面对不断变化的新形势新任务和层出不穷的新情况新问题，机关党的工作只有不断创新才能充满生机和活力。

一是工作内容要创新。要根据党和国家的中心任务、中央党校的中心任务以及各部门具体的业务工作实际，不断更新、充实、拓展工作内容。比如，思想建设如何建立健全坚持党校姓党原则的长效机制，作风建设如何带头改进学风、文风、会风，党组织的监督保证作用如何更好地发挥和体现，等等。内容很多，需要在实践中不断探索。

二是方式方法要创新。我们以往很多工作采用了适当的方式方法都取得了好的效果。比如，创建最佳党日活动，“健康体态、和谐心态”主题实践活动等等。今后还要进一步探索新形式、新载体，多做稳人心、暖人心的实事，多组织高层次、能解渴的活动，多采用互动、自主的方式，进一步提高工作的针对性和实效性，真正凝聚人心、凝聚力量、形成合力、推动发展。

三是制度机制要创新。要认真做好废、改、立工作，健全和完善好的制度，通过制度和机制来调动基层党支部和全体党员的积极性和创造性，推动党校各项工作和中心任务的圆满完成。

五、行政主要领导要高度重视党建工作

这个问题去年我也讲过，今天我还是要强调。对机关党的工作，各单位一把手不要当成包袱，而要当成资源。要真正负起责任，善于创新思路，找到党建工作服务业务工作的结合点、着力点和突破口；拿出实际行动，关心支持党组织开展工作，为他们解决问题、创造条件、提供舞台。特别要高度重视机关党务工作队伍建设，充分调动他们的工作积极性和创造性。机关党务工作任务重，头绪多，压力大，很不容易。对这支队伍要多关爱、多要求、多锻炼、多帮助，在政治上信任他们，工作上支持他们，待遇上照顾他们，生活上关心他们，为他们的工作、学习和生活创造必要的条件。

机关党务工作者要继续增强政治意识、大局意识、服务意识和创新意识，大力发扬敬业奉献的优良作风，勤奋工作、开拓奋进，以过硬的素质、务实的作风、良好的精神面貌履行好职责，为开创机关党的工作新局面作出新贡献。

在2009年机关党的工作会议上的讲话

（2009年4月30日）

孙庆聚

同志们：

这次会议的主题是，贯彻中直机关党的工作会议精神，总结2008年机关党的工作，部署2009年机关党的工作。景田同志对机关党的工作非常重视，亲自出席今天的会议并将作重要讲话，我们一定要结合机关党的工作实际认真贯彻落实。下面，我代表机关党委作2008年工作总结，对2009年工作讲几点意见。

一、2008年的工作回顾

2008年是极不平凡的一年。一年来，在校委和中直工委的领导下，在全校各级党组织的共同努力和各直属单位行政领导的大力支持下，我校机关党的工作紧密结合实际，积极开拓创新，努力为促进党校事业又好又快发展服务，取得了一定成绩。

（一）深入学习贯彻党的十七大精神，理论武装工作扎实推进

2008年是学习贯彻党的十七大精神，全面推进党的建设新的伟大工程的第一年。全校各级党组织始终把学习贯彻十七大精神、用中国特色社会主义理论体系武装党员干部作为首要政治任务，协助校委和各单位行政领导及时对学习作出部署，提出要求，并认真抓好中心组学习和各种形式的培训。年初，与组织部一起举办了处以上党员领导干部学习贯彻十七大精神培训班。通过集中辅导、学习研讨和组织交流，对党员领导干部深刻领会、准确把握十七大精神，推动全校理论武装起到了积极作用。尤其是在学习实践科学发展观活动中，坚持把规定的学习内容同党的十七届三中全会精神、中央经济工作会议精神、胡锦涛总书记在纪念党的十一届三中全会召开30周年大会上的讲话等结

合起来学习，使全校党员进一步加深了对科学发展观的认识和理解，进一步提高了贯彻落实科学发展观的自觉性和坚定性。

（二）积极发挥协助保障作用，促进学习实践科学发展观活动深入开展

去年的学习实践科学发展观活动，在校委和校学习实践活动领导小组领导下，各级党组织把学习实践活动作为一项重大政治任务，认真履行职责，全力以赴做好有关工作，较好地发挥了参谋助手作用、组织推动作用和沟通协调作用。一是超前谋划，做好思想和组织准备。二是精心组织，搞好每一阶段安排。三是深入发动，组织党员全程参与。四是及时反馈，做好沟通联络工作。五是坚持高标准、严要求，努力做到规定动作不走样，创新动作讲实效，不搞形式主义，不走过场。六是定期召开党组织负责人会议、联络员工作会议，及时沟通情况和信息，认真研究和解决问题。从而保证了各项工作任务的落实，推动了学习实践活动的健康深入发展。

（三）打牢夯实工作基础，切实抓好基层党组织和党员队伍建设

坚持围绕中心、服务大局，积极履行“协助、监督”职能，不断探索创新党组织活动方式，通过不断完善行政主要负责人带头抓党建责任制、党支部工作目标管理责任制和创建最佳党日活动制度，充分发挥基层党组织推动发展、服务群众、凝聚人心、促进和谐的作用。9 月组织了第三届“最佳党日活动”评选工作。全校共有 18 个直属单位党组织报送了 24 项党日活动参评。离退休干部局等 10 个单位党组织的活动被评选为“最佳党日活动”，后勤服务部综合服务中心等 5 个单位党组织的活动被评选为入围奖。根据《关于中国共产党党费收缴、使用和管理的规定》（中组发〔2008〕3 号）的要求，对我校党员党费的收缴、使用和管理办法作出了具体规定并认真组织实施。全年换届选举基层党组织 22 个，发展新党员 36 名。通过不断优化基层组织设置，壮大党员队伍，使我校基层组织建设得到进一步加强，党员素质得到进一步提升。

（四）广泛开展“送温暖、献爱心”活动，全力支援抗震救灾工作

2008 年，在抗击南方部分地区低温雨雪冰冻及其他自然灾害中，我们积极有效地组织了各种形式的“送温暖、献爱心”活动，特别是 5 月 12 日我国四川汶川 8.0 级特大地震后，按照校委和中直工委的要求，以灾情就是命令、时间就是生命的高度紧迫感和使命感，用最快的速度在最短时间内，积极组织了为抗震救灾捐款捐物活动。全校参加捐款人数 3736 人，共捐款 2400764.10 元。其中个人捐款 1240764.10 元；学校和有关直属单位集体捐款 1160000 元。全校党员还踊跃交纳抗震救灾“特殊党费”718899 元。其中，机关党委和离退休干部局党委等 8 个党组织从累计结存的党费和党组织活动经费中拿出

249000 元；334 名党员交纳 410699 元；69 名在校学员交纳 59200 元，各项指标均创中央党校历史之最。

（五）大力推进工作创新，全面启动实施健康关爱工程

把关心促进党员、干部、职工的身心健康作为机关党的工作的一项重要内容，全面启动实施健康关爱工程，开展了“健康体态，和谐心态”主题实践活动。通过举办健康知识讲座，推广传授健身技能，组织开展了各种形式的健身锻炼活动，积极促进主题实践活动不断深入开展，形成了人人关注健康、个个参加锻炼，全校共创和谐的良好氛围。在这项活动中，各级党组织结合本单位实际和特点，发挥优势，各展所长，做了大量卓有成效的工作。各级工会也发挥了重要作用，作出了积极贡献。

（六）认真搞好纪念改革开放 30 周年各项活动，扎实做好迎接服务奥运工作

按照校委和中直工委的部署和要求，开展了“回顾与展望——纪念改革开放 30 周年”主题活动。组织有关单位和个人参加了中直工委纪念改革开放 30 周年征文和中直机关文明礼仪演讲比赛等活动。共有 8 位同志分别获得了一、二、三等奖和纪念奖，其中经济学教研部赵振华等同志的论文获得了一等奖。“七一”前夕，校工会组织了“七一文艺晚会”。通过这些活动，使广大党员干部深刻认识高举中国特色社会主义伟大旗帜、坚持中国特色社会主义道路、坚持中国特色社会主义理论体系的重大意义和深远影响，进一步增强了在新世纪新阶段推进党校工作上新台阶的使命感和责任感。迎接和服务奥运的各项工作也开展得有声有色，卓有成效，受到各有关方面的认可和好评。

（七）狠抓措施落实，继续推进机关反腐倡廉建设

组织党员干部认真学习了中纪委二次全会精神，特别是胡锦涛总书记重要讲话精神。制定了《中央党校 2008 年党风建设工作的实施意见》和中央党校贯彻落实《建立健全惩治和预防腐败体系 2008—2012 年工作规划》的实施办法，加大了反腐倡廉宣传教育的力度。机关纪委组织部分同志参加中央纪委、中直纪工委举办的党的纪律检查机关恢复重建 30 周年征文活动，党建教研部张晓燕等同志的论文分别获奖。

（八）持续开展精神文明创建活动，稳步推进和谐机关建设

开展了全国和中直机关精神文明先进单位和先进个人评选活动，后勤服务部综合服务中心、机关党委、研究生院、科研部、培训部被中直文明委授予 2007—2008 年度“中央直属机关文明单位”，崔金河、王炳、赵长茂、黄宪起、吴忠民、王东京被授予“中直机关精神文明建设先进个人”。

（九）充分发挥群众组织作用，全力做好党的群众工作

积极支持工会、共青团等群众组织开展活动，为建设和谐校园发挥作用。校工会完成了“中央党校校园系列丛书”的编辑出版工作，包括《中央党校校园诗文集》、《中央党校老照片集》和《中央党校校园照片集》；组织开展了多种形式的“1+1”健身活动，第二届迎新年卡拉OK大赛和全校乒乓球赛；为全体教职工建立了重大疾病保险；元旦、春节期间开展了送温暖活动；各文体协会也开展了羽毛球、乒乓球、篮球、围棋、象棋等比赛和联赛，并在地区、街道组织的比赛中取得了好名次。校团委结合青年特点，开展了“立足新起点、创造新业绩”主题实践活动，引导青年在各自的工作岗位上开拓创新、成长成才；认真组织了中直机关十大杰出青年候选人预备人选的推荐工作，国际战略研究所潘悦同志被授予“中直机关第七届十大杰出青年”荣誉称号。

（十）扎实做好思想政治工作，确保党员、干部、职工思想稳定和校园安定

全校各级党组织围绕校委中心工作，紧密联系党员、干部、职工思想实际，积极开展深入细致的思想政治工作，注重人文关怀和心理疏导，引导广大党员、干部、职工正确认识形势和任务，正确对待困难和问题，正确处理各种矛盾，正确协调各种利益关系，坚决抵制不正之风的影响和错误思潮的冲击，不断增强政治意识、大局意识、忧患意识和党性意识、党校意识，有效地保证了全校教职工的思想稳定和校园和谐，推动了各项工作任务的顺利开展和校内良好风气的形成。

回顾一年的工作历程，我们体会到：机关党的建设是党的建设新的伟大工程的重要组成部分，机关党的工作是党校工作的一项重要内容，它不是中心联着中心；不是大局事关大局，影响全局；不是可有可无，而是不可或缺。只有始终围绕中心，服务大局，求真务实，不断拓展工作视野，创新工作思路，完善工作机制，落实工作措施，才能真正使机关党的工作体现时代性、把握规律性、富于创造性。

在肯定成绩的同时，我们也要清醒地看到存在的问题和不足。一是创新意识还不够强，对如何适应形势发展要求不断创新工作的内容、方法研究还不够透彻。二是对新时期机关党的工作特点和规律的认识还不够深刻，针对党校实际和工作特点主动开展思想政治工作的自觉性还不够高。三是深入指导基层党组织、帮助群众解决实际问题等方面的力度还不够大，个别基层党组织结合本单位本部门实际主动开展工作还不够自觉，总体发展不太平衡。四是机关党的自身建设还有待进一步加强，队伍整体素质需要进一步提升。这些都需要在今

后的工作中切实加以改进和解决。

二、2009年机关党的主要工作

2009年是新中国成立60周年，也是应对国内国际环境重大挑战、推动党和国家事业实现新发展的关键一年。根据校委和中直工委的部署，机关党的工作的总体要求是：高举中国特色社会主义旗帜，全面贯彻党的十七大精神，以邓小平理论和“三个代表”重要思想为指导，深入贯彻落实科学发展观，认真贯彻落实全国党校工作会议精神和《中国共产党党校工作条例》，坚持党校姓党原则，贯彻从严治校方针，围绕中心，服务大局，以改革创新精神抓好党的思想、组织、作风、制度和反腐倡廉建设，为党校事业科学发展和各项任务顺利完成提供可靠思想政治保证，以优异成绩迎接、庆祝新中国成立60周年。

按照这个要求，今年要着重做好以下几个方面的工作。

（一）以巩固和扩大学习实践活动成果为抓手，力求在理论武装方面取得新收获

学习实践活动虽然结束了，但贯彻落实科学发展观是一项长期的战略任务。进一步巩固和扩大学习实践活动成果，把各单位整改方案落到实处还需要一个过程。各级党组织要积极配合行政领导认真抓好整改措施的落实，确保学习实践活动取得实效。要把学习实践活动中形成的认识成果和实践成果，转化为制度成果，建立和完善深入学习实践科学发展观的长效机制。要把深入学习实践科学发展观与加强理论武装工作结合起来，把学习马克思主义中国化最新成果与深入学习贯彻党的十七大、十七届三中全会、中央经济工作会议精神和胡锦涛总书记等中央领导同志一系列重要讲话精神结合起来，努力做到学以致用，用以促学，学用相长，进一步把科学发展观转化为促进党校事业发展的正确思路和政策措施，转化为推动党校事业发展的实际能力和自觉行动。

要继续把理论武装作为机关党的工作的首要任务，充分发挥党校的人才优势、理论研究优势和资源优势，不断丰富学习内容，创新学习形式，深化学习效果。要针对教学科研、行政后勤等不同单位、不同人员的实际情况和特点，分别提出不同的要求，采取不同的措施，切实增强学习的针对性和实效性。要充分发挥党员领导干部的模范表率作用和示范带动作用，进一步促进广大党员的理论学习。办好党支部宣传委员学习培训班，认真交流各单位理论学习的经验和做法，积极探索加强理论学习的有效措施，推动理论武装工作不断上台阶、上水平。

（二）以加强思想政治建设为根本，力求在抓好党校姓党原则教育方面见到新成效

党校姓党原则是对党校性质、地位和作用的科学定位，是对党校办学规律和办学经验的深刻认识和科学总结，是对校风、校纪、校规的根本要求，是做好党校教学、科研、宣传、管理和服务保障等各项工作必须长期坚持的根本原则和指导方针。抓好党校姓党原则教育，保证每个党员、干部、职工都能自觉坚持姓党原则，是机关党的一项根本性建设，是各级机关党组织的神圣使命和庄严责任。坚持党校姓党原则，核心是在思想上、政治上、行动上与党中央保持高度一致。抓好党校姓党原则教育，关键是要让党校姓党的要求渗透到党校人的思想深处，转变为党校人的深刻理念，转化为党校人的自觉行动，体现到党校工作的各个方面和全部环节，落实到党校的各项具体工作和管理制度中，并形成坚持党校姓党原则的长效机制。抓好党校姓党原则教育，一定要讲究方法，注重实效，真正使其入心入脑，切忌无的放矢，空头说教。今后，我们要在认真总结经验的基础上，进一步强化措施，细化责任，力争使党校姓党原则教育取得新的更大的成效。

（三）以落实党支部目标管理责任制为推手，力求在加强组织建设方面实现新突破

中央即将召开全国机关党的建设工作会议，并将修订《中国共产党党和国家机关基层组织工作条例》。我们要以此为契机，积极推进机关党的先进性建设的理论和实践创新，努力提高机关党建工作水平。要按照中直工委的要求，结合中央党校的实际情况和自身特点，研究制定贯彻落实《条例》的实施办法，进一步改进和加强对机关党员的教育、管理和监督，不断扩大党的工作覆盖面。要进一步完善和落实机关党员长期受教育、永葆先进性的长效机制，不断增强党组织的创造力、凝聚力和战斗力。要在修改、完善现有制度的基础上，广泛征求基层党组织的意见建议，抓紧编印下发《中央党校机关党的工作制度汇编》、《中央党校党风廉政建设制度汇编》和《机关党委办事机构工作制度汇编》，进一步促进机关党的制度机制建设。

下半年召开全校机关党员代表大会，在认真总结近5年来机关党建工作经验的基础上，提出今后一个时期机关党建的发展思路和奋斗目标，选举产生新一届机关党委会和机关纪委会，团结动员全校党员锐意进取，奋力拼搏，推动党校事业又好又快发展。

认真总结推广中央党校实施党支部工作目标管理责任制16年来的经验，进一步促进中央党校机关党支部工作的规范化、制度化和机制化，使党组织

工作更加富有活力和朝气。要加大工作创新力度，把开展“健康体态，和谐心态”主题实践活动的情况作为一项重要内容列入党支部目标管理考核指标。

（四）以加强领导干部作风建设为重点，力求在加强党性教育和反腐倡廉建设方面开创新局面

加强党性锻炼，增强党性修养，树立和弘扬优良作风，是共产党人的终身课题。胡锦涛总书记在中央纪委第三次全体会议上强调，必须坚持不懈地加强领导干部党性修养，使各级领导干部始终保持共产党人的政治本色，发扬党的光荣传统和优良作风，树立和坚持正确的事业观、工作观、政绩观，以优良作风带领广大党员、群众迎难而上、锐意改革、共克时艰。要突出抓好作风建设，把党性修养和作风养成贯穿到党的思想、组织、作风、制度和反腐倡廉建设的各个环节。

要认真落实中央纪委三次全会和中直纪工委工作会议提出的工作任务，继续抓好党风廉政建设责任制和廉洁自律各项规定的贯彻落实。要认真做好群众来信来访的受理查处工作，自觉接受群众对党员、干部的监督。

（五）以庆祝建国60周年活动为契机，力求在服务发展方面作出新贡献

按照中央要求，以党的十七大精神和科学发展观为指导，积极应对国际金融危机冲击，确保持经济平稳健康较快发展，是全党和全国人民的共同任务，也是党和国家的工作大局。机关党的工作必须服从和服务于这个大局。各级党组织一定要紧密围绕国际国内形势的发展变化，大力开展形势任务和时事政策教育，引导广大党员干部把思想统一到中央对当前形势的判断和作出的重大决策部署上来，进一步认清形势，增强信心，努力为保增长、保民生、保稳定作出积极贡献。

今年重大事件多、重大活动多、敏感节点多，维护社会和谐稳定的任务异常繁重。各级党组织要深入了解和及时分析干部职工思想动态，做好化解矛盾、排忧解难、促进和谐、维护稳定工作。坚持半年一次分析研究本单位思想政治工作情况的制度，努力做到见微知著，进一步增强工作的预见性和主动性。

今年是新中国成立60周年，我们要以此为契机，组织党员干部通过参加报告会、展览会、走访慰问老同志等活动，发挥校内报刊、网络、板报栏等宣传媒体作用，深入开展爱党爱国爱校教育。届时，中央和中直工委将会组织一系列的庆祝活动，我们都要积极参与。同时，还要密切结合党校和本单位实际，认真组织开展以“为科学发展服务，向共和国生日献礼”为主题的庆祝

活动和党日活动，展现中央党校党员、干部、职工昂扬向上、团结奋进的良好风貌，以优异成绩向共和国60华诞献礼。

（六）以实施健康关爱工程为载体，力求在服务党员群众方面展现新作为

形势在变化，时代在前进，机关党的工作只有不断开拓创新，才能跟上时代的潮流，适应党员干部的需求。开展“健康体态，和谐心态”主题实践活动，是机关党的工作内容的一项重大创新，受到了大家的欢迎，产生了很好的效果。今年，我们要继续深化这一活动，进一步拓宽活动思路，丰富活动内容，创新活动方式，增强活动效果，切实把这项活动深入持久地开展下去，并以此真正把以人为本的理念落到实处，收到实效。

同志们，做好今年机关党的工作，任务艰巨，使命光荣，责任重大。各级机关党组织和广大党务工作者一定要深入贯彻落实科学发展观，围绕中心，服务大局，开拓创新，务实求进，努力推进中央党校机关党建工作再上新水平，以优异成绩迎接新中国成立60周年，为开创党校工作新局面作出新的更大的贡献。

2009年机关党的工作概述

2009年，中央党校机关党的工作坚持围绕中心，服务大局，以改革创新精神抓好党的思想、组织、作风、制度和反腐倡廉建设，为党校事业科学发展和各项任务的完成提供思想政治保证。

一、做好理论武装工作，提高广大党员干部的思想政治水平

引导各级党组织和广大党员干部深入学习领会十七大精神，特别是在十七届四中全会召开后，按照校委的统一部署，9月26日，全校党员干部亲自聆听了习近平校长的辅导报告《加强和改进新形势下党的建设的纲领性文献》；10月14、15日，校委召开理论学习中心组会议，常务副校长李景田主持会议，校领导和各直属单位主要负责同志30余人在会上发言，交流学习体会和贯彻落实的具体措施。还通过派出中心组学习联络员和专家作辅导以及召开组织生活会等形式，推动各单位学习活动。

探索理论武装工作的有效方法和制度。如发挥校内报刊、有线电视、校园网络媒体等现代传播手段，探索研究式、研讨式、互动式、模拟式、答疑式等方式方法，针对不同情况，分别指导。年初制定并印发了《中央党校直属单位理论学习中心组学习实施办法》。

二、整改落实，巩固和深化学习实践科学发展观活动成果

中央党校深入开展学习实践科学发展观活动于2月26日结束。校委认真查找自身在贯彻落实科学发展观方面存在的突出问题，认真梳理分析校内外意见和建议，形成了11个方面40项整改措施的全校整改落实方案和10个专题整改方案。各单位和各级党组织认真做好整改落实后续工作和“回头看”，对照整改落实方案，抓住重点问题和措施，以实际行动保证各项整改措施的落实。

三、实践创新，加强基层党组织和党员队伍建设

全国机关党的建设工作会议召开后，机关党委及时组织各直属单位党组织负责人学习会议精神，并组织了专职党务干部外出考察，与外省有关部门座谈研讨贯彻落实的具体措施。5月，习近平校长在进修班开学典礼上发表“爱读书读好书善读书”的重要讲话后，机关党委及时下发学习贯彻意见，并着重提出建设学习型党组织的要求。机关党委通过树立典型，示范引导，宣传研究室、后勤服务部、文史教研部等单位开展的创建活动，推动机关党员干部读书学习，增强机关基层党组织的活力和凝聚力，推进机关党建创新发展。

修订完善行政负责人带头抓党建责任

制、党支部工作目标管理责任制等工作制度和有关文件，编印《机关党的工作制度汇编》，并加强机关党的工作的信息化建设，进一步发挥网络对机关党的工作的服务功能。

四、凝心聚力，举办纪念建党88周年、庆祝新中国成立60周年活动

七一前夕，机关党委开展优秀共产党员和优秀党务工作者评选表彰工作，共有57名优秀共产党员、27名优秀党务工作者受到表彰；国庆前夕，举办“祖国万岁”歌咏比赛，充分展示党校人开拓创新、锐意进取、奋发向上的时代精神风貌。此外还组织参加纪念新中国成立60周年庆祝大会、联欢晚会和国庆游园、演出等活动。各级党组织还以“为科学发展服务，向共和国生日献礼”为主题，组织开展了走访慰问老同志、新党员宣誓、参观社会主义新农村等各具特色，寓教于乐、寓教于学的党日活动，进行了爱党爱国爱校教育。

五、惩防并举，推进党风廉政建设和反腐倡廉建设

机关纪委认真学习贯彻《关于实行党政领导干部问责的暂行规定》、《中国共产党巡视工作条例（试行）》、《关于实行党政领导干部问责的暂行规定》、《国有企业领导人员廉洁从业若干规定》和《关于开展工程建设领域突出问题专项治理工作的意见》等文件，并组织全校专、兼纪委委员、纪检委员培训，教授讲课。

贯彻落实《建立健全惩治和预防腐败体系 2008—2012年工作规划》，会同有关部门修订制定《中央党校内部审计的规定》、《中央党校集中采购管理规定》、《中央党校学员在校学习期间违法违纪处理暂行规定》、《关于对领导干部实施经济责任审计（离任审计）制度》、《中央党校基本建设管理办法》；进一步规范干部任用提名制度，制定干部选拔任用前征求同级纪委意见的制度。

六、以人为本，做好党的群众工作

继续深入开展“健康体态，和谐心态”主题实践活动，不断增强干部职工身心健康，营造和谐文明的校园氛围。在为援助西藏党校建设踊跃捐款的活动中，机关党委和各级党组织认真做好思想发动和组织捐款工作。广大党员干部怀着对西藏人民、西藏党校的一片深情厚意，怀着对西藏干部教育事业的无限关注，尽力捐献。截止到7月10日，共收到捐款22.3万余元。

机关党委积极支持工会、共青团和妇委会等群众组织依照各自章程、法规独立自主地开展活动。校工会坚持开展“1＋1”健身活动和“送温暖、献爱心”活动，组织形式多样的文体活动，活跃校园文化生活。校团委以“为祖国喝彩，与时代同行”为主题开展系列学习实践活动，服务青年成长成才。

机关党的工作制度建设

中央党校直属单位理论学习中心组学习实施办法

校机党发〔2009〕2号

为全面贯彻落实党的十七大精神，积极推进各直属单位领导班子思想政治建设，建立理论学习中心组学习长效机制，根据《中共中央办公厅印发〈关于进一步加强和改进党委（党组）中心组学习的意见〉的通知》（中办发〔2008〕17号）和《中央直属机关部委（党委）中心组学习实施办法（试行）》（工委发〔2009〕1号）的要求，结合中央党校实际，制定本实施办法。

第一条 各直属单位理论学习中心组（以下简称中心组）要充分认识中心组学习的重要性，加强对中心组学习制度的完善和管理，分析解决中心组学习中存在的矛盾和问题，不断增强学习的自觉性、主动性，努力把中心组学习提高到一个新水平。

第二条 各直属单位中心组学习要把深入学习贯彻中国特色社会主义理论体系作为首要任务。要坚持不懈地学习贯彻邓小平理论、"三个代表"重要思想，深入学习贯彻科学发展观，深刻领会其时代背景、历史地位、实践基础、科学内涵、精神实质和根本要求；精心研读马列著作、毛泽东著作、邓小平著作、江泽民著作以及胡锦涛同志一系列重要论述，深刻理解中国特色社会主义理论是同马克思列宁主义、毛泽东思想一脉相承而又与时俱进的科学体系；深入学习掌握党的路线方针政策，及时领会党和国家重要会议和领导讲话精神；经常学习《中国共产党章程》、《中国共产党党校工作条例》和党内各项规章以及中央领导关于党校工作的指示；适应时代发展需要，认真学习当代世界经济、政治、科技、法律、文化、军事、社会管理等方面的新知识。

第三条 各直属单位中心组学习要以掌握和运用马克思主义立场、观点和方法为目的，努力提高马克思主义理论水平、思想水平、领导水平和执政能力。大力弘扬理论联系实际、学以致用的优良学风，坚持学习理论和指导实践相结合，坚持改造主观世界和改造客观世界相结合，坚持运用理论和发展理论相结合，大力加强调查研究，大兴求真务实之风，使科学理论真正成为指导工作和决策的思想武器。

第四条 各直属单位中心组要健全学习组织。中心组主要由直属单位领导班子成员组成，可根据需要适当吸收党组织负责人和有关处（室）负责同志参加。直属单位主要领导任中心组组长，主要职责是：认真贯彻执行上级党组织有关理论学习的规定，负责审定学习计划，确定学习专题和研讨主题，主持集体学习研究，指导和检查中心组成员的学习。领导班子中分管党务工作的负责同志任中心组副组长，配合组长抓好学习的组织工作，可受组长委托主持学习。

第五条 各直属单位中心组学习秘书一般由办公室主任（秘书）或党支部委员担任，主要职责是：按照中心组组长要求起草年度学习计划和学习安排；为中心组成员搜集、整理、提供必要的学习资料；整理上报中心组学习情况，撰写中心组学习总结等；做好中心组集中学习的各项服务工作，包括考勤、记录、通报等。

第六条 各直属单位中心组要根据校委要求和本单位实际，制订年度学习计划和阶段性学习安排。要坚持集体学习研讨与个人自学相结合的学习方式。中心组成员平时要认真进行自学，主要以指定书目和相关理论知识、专业知识为主。要紧密联系本单位实际，认真撰写读书笔记和学习心得体会。在中心组成员自学的基础上搞好集中学习活动。集体学习要注意克服以讨论工作代替学习理论或读而不议等问题，力求学得生动，学得深入，学得有成效。要保证集中学习研讨的时间和质量，每年集中一定时间学习，每季度不少于一次。要注意改进学习方法，创新学习载体，探索各种形式，提高学习效果。

第七条 各直属单位中心组要建立健全并严格执行学习考勤和学习记录工作。要严格考勤管理，每次集中学习，中心组成员的出席率不应低于三分之二。学习记录的主要内容包括：年度或阶段性学习计划，历次中心组学习参加人员名单，学习情况等。

第八条 各直属单位党组织要把加强和改进中心组学习作为重要工作摆在突出位置，列入重要议事日程，定期研究学习情况，提出改进措施。单位主要负责同志作为中心组学习的第一责任人，要切实负起领导责任，以高度负责的精神抓好中心组学习。中心组成员要以身作则，率先垂范，为推动本单位党员、干部和群众的学习发挥表率作用。

第九条 各直属单位中心组及其成员根据学习专题和重点工作，确定调研课题，深入调查研究，所形成的调研报告或学习体会文章可在年底前报送机关党委，以便更好地了解情况并及时促进成果转化。

第十条 机关党委负责对各直属单位中心组学习情况进行督促检查。主要采取集中检查和面上一般性检查的方式进行。集中检查主要采取听取中心组组长介绍学习情况、旁听中心组学习、召开座谈会听取党员干部的反映等方式进行。面上一般性检查主要采取阅读中心组年度学习计划、总结报告等方式进行。督促检查情况由机关党委汇总后向校委或有关部门报告，并将结合平时所了解的情况，反馈给各单位。

中央党校机关党委
2009 年 4 月 13 日

优秀共产党员和优秀党务工作者表彰

关于表彰优秀共产党员、优秀党务工作者的决定

校机党发〔2009〕9号

2005年以来，特别是党的十七大以来，在中央党校的发展和建设中，在学习实践科学发展观等活动中，涌现出一批忠于党的干部教育事业，具有良好的政治、思想、业务素质，立足本职岗位，勤奋工作，开拓进取，有奉献精神，工作成绩显著，发挥了模范带头作用的优秀共产党员和优秀党务工作者。为表彰先进，弘扬正气，振奋精神，进一步推动党校事业和各项工作的发展，在各单位党组织评选的基础上，校机关党委于6月24日召开全体委员会议研究，决定对马玉琴等57名优秀共产党员、段宝平等27名优秀党务工作者予以表彰。

希望受到表彰的共产党员和党务工作者，要谦虚谨慎、再接再厉，为加强和改进我校机关党的建设，不断推进党的干部教育事业做出新的成绩。

全校共产党员和党务工作者要以先进为榜样，牢记党的宗旨，全心全意为人民服务；认真学习实践科学发展观，提高素质，增强本领，勤奋工作，勇于创新；进一步发扬奉献精神，更好地发挥先锋模范作用，为党校各项工作任务的完成、为全面开创党校事业发展的新局面而努力奋斗。

附：中央党校优秀共产党员、优秀党务工作者名单

单　位	优秀共产党员（57名）	优秀党务工作者（27名）
办公厅	马玉琴（女）、贾廷余（女）、谢煜桐	段宝平
教务部	席　琳（女）	
科研部	李怀义	
哲学教研部	胡　卫	侯　才
经济学教研部	陈宇学（女）	贾华强
科学社会主义教研部	孔　柠（女）	李道中
政法教研部	齐　惠（女）	杨淑云（女）
中共党史教研部	李东朗	
党的建设教研部	李俊伟	侯凤足（女）

续表

文史教研部	孟庆君（女）	陈宇飞
国际战略研究所	余瑞先（女） 王红续	
研究室	单　玉（女）	
进修部	郭焕永	
培训部	秦节荣（女）	李中印
研究生院	王军敏	
图书馆	刘魁明（女）	李新元
组织部		王　洋（女）
财务行政管理局	朱　鸣（女） 赵振福 郎旭斌	卢　平
机关党委		彭三宾
离退休干部局	李万华 张殿瑾 蔡晓云(女) 李振中 唐化一 张俊海 刘宝兰(女) 潘友先 崔云起 周升涛 黎　声(女) 于结力 胡希祥 彭宝亭 郑博文(女) 程　青 刘建能 辛文炳 杨振娥(女) 吴振坤 刘永桂(女) 苏品端(女) 程俊梅(女) 庞淑芳(女) 王启明(女) 杨惠忠	柳影萍(女) 王梅顺 周文琪 艾明杰 李　琪(女) 胡学彦 尤东山 辛守良 纪春英(女) 王大潮 曹贵忠
出版社	李新生	陈宝群
校刊社	李　红(女)	
函授学院	仲　平 姚志红(女)	
学习时报社	范林林（女）	
后勤服务部	张继海 张建国 范月兰(女)	包建华（女） 牛瑞胜
信息管理部	王天帅	王金龙

中央党校机关党委

2009年6月24日

庆祝建党88周年暨优秀共产党员、优秀党务工作者表彰大会召开

7月1日，中央党校庆祝建党88周年暨优秀共产党员、优秀党务工作者表彰大会在礼堂召开。常务副校长李景田出席并作重要讲话。副校长孙庆聚、李书磊和其

他校委成员也出席了会议。会议由副校长石泰峰同志主持。副校长、机关党委书记孙庆聚首先宣读了《关于表彰优秀共产党员、优秀党务工作者的决定》。校委成员为此次评选出的57名优秀共产党员、27名优秀党务工作者颁发了荣誉证书。校机关党委委员、全校党员和入党积极分子近千人参加了大会。

机关党的工作会议

“学习贯彻十七届四中全会精神，建设学习型党组织”座谈会召开

12 月 16 日至 17 日，中央党校机关党委召开“学习贯彻十七届四中全会精神，建设学习型党组织座谈会”。副校长、机关党委书记孙庆聚出席会议并讲话。会议由机关党委常务副书记宋越、副书记李乃杰主持。各直属单位党组织负责人、宣传委员以及机关党委工作人员参加了会议。副校长、机关党委书记孙庆聚在讲话中指出，建设马克思主义学习型政党，是党的十七届四中全会提出的一项重大战略任务。建设马克思主义学习型政党必须把建设学习型党组织作为基础工程和组织保障抓实抓好。他要求各单位党组织要从世情、国情、党情的深刻变化和党校教学面临的新形势、新任务来充分认识建设马克思主义学习型政党、建设学习型党组织的重要意义，进一步增强对学习的紧迫性和重要性的认识；各单位党组织要按照四中全会的要求明确学习内容，提高学习的主动性和自觉性。要大力弘扬理论联系实际的学风，切实把学习成效转化为解决实际问题的能力。要不断创新学习方式和学习载体，实现学习型党组织活动的全方位覆盖和全员参与。

他要求各单位党组织要结合本单位实际制定出具体方案，确保建设学习型党组织的任务落到实处。党员领导干部要自觉学习、带头学习，在学习型党组织建设中发挥表率作用。党组织要积极创造条件，为创建学习型党组织提供支持、服务和保障，为广大党员创造良好的学习条件和环境，努力营造党员人人学习、发奋学习、持续学习的良好氛围。

座谈会邀请报刊社副总编辑钟国兴为大家作了“学习型政党和学习型组织”的讲座，经济学教研部、研究室、后勤服务部等单位党组织介绍了本单位创建学习型党组织、学习型单位的做法和体会。

共青团中央党校第十次团员代表大会召开

2010年1月12日，共青团中央党校第十次代表大会在中央党校综合楼召开。全校8个基层团组织的76名团员代表参加了大会。中央党校副校长孙庆聚出席大会并作了重要讲话。中直团工委书记王晓锋及有关单位党组织负责人也出席大会。大会审议、通过了第九届团委会所作的工作报告，选举产生了第十届团委会委员，圆满完成了各项议程。

根据团章和共青团基层组织选举规则的有关规定，大会进行了换届选举。与会代表以无记名投票、差额选举的方式，选举产生了共青团中央党校第十届委员会委员。在随后召开的中央党校第十届团委会第一次全会上，赵永红同志当选为书记，李纪才、赵玉章当选为副书记。

组织捐助

机关党委组织捐助西藏党校建设

为进一步贯彻落实中央关于援藏工作的一系列新要求，按照校委的部署，6月下旬，机关党委和各级党组织认真组织为援助西藏党校建设捐款工作。大家怀着对西藏人民、西藏党校的一片深情厚意，怀着对西藏干部教育事业的无限关注，尽力捐献。全校共有1691人捐款，共捐款223742元。

对外培训

中央党校短期培训管理办法（试行）

中校发〔2009〕4号

第一章 总则

第一条 为贯彻中央关于建设马克思主义学习型政党的战略任务，以及大规模培训干部、大幅度提高干部素质的要求，根据《中国共产党党校工作条例》和《干部教育培训工作条例（试行）》，结合党校实际，制定短期培训管理办法。

第二条 中央党校应当充分利用和整合现有资源，挖掘潜力，发挥优势，积极开展各种形式的短期培训，充分发挥三个阵地、一个熔炉和培训轮训党政领导干部主渠道作用，满足广大党员、干部接受党校教育和培训的需要。

第三条 中央党校短期培训作为党校常规班次的必要补充，是党校教育的组成部分，是多渠道培训党员干部的有效形式。短期培训也应当成为培养锻炼教师、提高教学水平的新平台。

第四条 中央党校短期培训必须坚持党校姓党原则，坚持从严治校、从严施教、从严管理的方针，按照依法办事、合规培训的要求，注重社会效益，维护党校声誉。

第五条 中央党校短期培训应当树立正确的办学理念，坚持以人为本，按需施教，体现中央要求，贴近社会实际，贴近干部需求，努力办出特色，办出品牌，办出效益。

第二章 培训对象、目标和学制

第六条 中央党校短期培训以各级党政机关（包括各级党校）、事业单位、国有大中型企业的领导骨干，以及其他行业系统的管理人员为主要培训对象，重点是县、处级及其以上党员、干部。

第七条 中央党校短期培训目标，主要是帮助党员、干部增强贯彻党的理论、路线和方针政策的自觉性，提高科学判断形势、驾驭市场经济、应对复杂局面（包括处置突发事件）、依法行政，以及科学管理等方面的素质和能力。

第八条 中央党校短期培训学制以短期为主，培训时间一般不超过2周。个别班次，也可根据需要适当延长。

第三章 培训内容和特色

第九条 中央党校短期培训内容，主要包括政治理论培训、政策法规培训、业务知识培训和文化素养培训。此外，可以根据干部选调单位的需要，适当开设一些反映行业或地域特点的培训课程。

第十条 中央党校短期培训应当把党性教育列入培训计划，放在重要位置，并且渗透到培训各环节和管理全过程，引导学员了解党的优良传统，端正学习态度，发扬理论联系实际的马克思主义学风，坚持学以致用。

第十一条 中央党校短期培训应当突出党校特色，主要是体现一个中心、四个方面的教学新布局要求，坚持以学习中国特色社会主义理论体系为中心，帮助学员夯实理论基础，拓宽世界眼光，培养战略思维，加强党性修养。

第十二条 中央党校短期培训应当创新培训手段，突出案例教学、体验式教学和研究式教学，实现教学互动和教学相长，确实保证短期培训效果和质量。

第四章 培训形式

第十三条 中央党校短期培训应当适应不同地域、不同行业、不同层次的培训需求，体现针对性、实效性和灵活性，可以采取委托培训、合作培训、专题培训等形式，举办各类培训班、研讨班、讲座论坛等。

第十四条 中央党校短期培训应当以委托培训为主要形式，由干部选调单位提出培训需求，经党校培训机构审核同意后，双方签订委托培训协议。

第十五条 中央党校短期培训可以有条件地与其他干部培训机构进行合作培训，合作单位必须具有法定资质、相当层级和良好的社会声誉，经党校培训机构考察确认后，双方签订以党校为主导的合作培训协议。

第十六条 中央党校短期培训还可以根据形势需要开展专题培训，专题培训项目、培训内容、培训对象，应当经过论证、审核，同时注意控制班次规模。

第十七条 中央党校短期培训应当承担计划外全国党校系统教学和管理人员培训任务，围绕党校教学和管理的新需要，统筹安排，设计确定具体培训班次。

第五章 教材、教师和管理人员

第十八条 中央党校短期培训应当加强教材建设，根据学员需求和短期培训进展情况，选择和编写体现党校特色和短期培训特点的教材，逐步形成完善的教材体系。

第十九条 中央党校短期培训应当建立一支以中央党校专家教授为主体，同时包括高等院校、科研院所以及党政机关的著名专家学者在内的教师队伍，同时建立健全教师评价机制，制定教师选聘办法，实行动态管理，择优上岗。

第二十条 中央党校短期培训应当选聘政治素质好，懂教学，会管理，具有奉献精神的干部，充实培训机构，特别是要建设一支高素质的班主任和联络员队伍，并加强教育和培训。

第六章 学员管理

第二十一条 中央党校短期培训可以按地区、系统、专题等，分设培训班，由党校培训机构班主任、联络员，以及干部选调单位联络员，全程负责学员管理，以党校管理为主。

第二十二条 中央党校短期培训应当设立学员班委会，强化学员自我管理，同时党校培训机构和干部选调单位要加强对班委会工作的指导。

第二十三条 中央党校短期培训应当实行入学教育，帮助学员实现三个转变，并且了解党校和党校培训，遵守校规校纪，维护党校声誉，树立良好的党校学员形象。

第二十四条 中央党校短期培训应当规范考核和结业制度，由班主任、联络员和学员班委会，综合考察学员参加培训、遵守校规校纪和党性锻炼等情况。对考核合格者，发给中央党校短期培训结业证书。

第七章 途径、信息化与合作交流

第二十五条 中央党校短期培训可以采取校内、校外两种途径，以校内培训为重点，充分利用中央党校现有的教育资源、教学设施和教学辅助设备。

第二十六条 中央党校短期培训应当充分运用现代信息技术手段，特别是要加强网上信息平台建设，严格规范短期培训信息发布与管理，创立品牌，扩大影响。

第二十七条 中央党校短期培训应当根据形势发展，以条件适合的地方党校或具有相当资质的其他培训机构为依托，有选择、有重点地建立若干校外基地，发挥系统优势。

第二十八条 中央党校短期培训应当积极开展交流与合作，在境内合作培训的基础上，逐步研究和探索与境外培训机构的合作，沟通信息，研讨交流，合作培训。

第八章 内部制度建设

第二十九条 中央党校短期培训应当完善内部管理制度，健全短期培训工作流程，包括培训班次的内部审核制度、学员学籍档案制度，以及其他各方面工作制度。

第三十条 中央党校短期培训可以结合自身特点，探索和完善内部岗位聘任制，加强平时考核和年度考核，奖勤罚懒，奖优罚劣，对于优秀教师、优秀学员、优秀管理人员，应当进行表彰和奖励。

第三十一条 中央党校短期培训应当按照国家有关规定实行行政事业性收费和经营性收费，同时严格遵守财务规定，规范财务管理，特别是要全面加强经济核算，坚持勤俭办学，以学养学的原则。

第三十二条 中央党校短期培训可以根据需要设立专家咨询委员会，研究干部培训需求，探索短期培训规律，提出短期培训方面的政策建议，供决策参考。

第三十三条 中央党校短期培训应当建立培训情况反映制度，办好《中央党校短期培训专刊》，定期对短期培训工作进行总结、分析和通报，并且逐步建立培训绩效评估机制。

第九章 体制和保障

第三十四条 中央党校短期培训在校委领导下实行归口管理，由函授学院统一承担短期培训任务，并且根据培训对象和工作需要，设置相应的内部培训部门。

第三十五条 中央党校短期培训应当统筹规划，密切协作。函授学院应该加强与校内有关部门的协调与合作，建立有效的工作机制。教学、科研和行政后勤部门要遵循为教学服务、为学员服务的理念，积极创造条件，为短期培训提供保障，确保短期培训可持续发展。

第十章 附则

第三十六条 函授学院可以根据本办法精神，制定相关实施细则和内部管理制度。

第三十七条 本办法自校委批准之日起施行。

中共中央党校校务委员会

2009 年 12 月 3 日

短期培训归口管理会议召开

3月26日，中央党校校委会议研究，将原挂靠办公厅的对外培训中心划归函授学院，由函授学院统一承担全校所有的计划外班次培训任务。

12月9日上午，中央党校召开短期培训归口管理会议。中央党校副校长陈宝生代表中央党校校委和常务副校长李景田同志传达2009年12月3日校委会议精神并发表讲话。会议由中央党校副校长李书磊主持。

陈宝生副校长在讲话中强调，中央党校校委对函授学院贯彻落实校委会3月26日会议决定，在继续做好函授学历教育收尾工作的同时，卓有成效地开展短期培训工作给予了充分肯定。校委对中央党校短期培训工作进行了科学定位，并要求短期培训实行归口管理、保证质量、依法收费、不断完善制度建设，校内相关部门要积极配合函授学院做好短期培训工作。目前，函授学院在继续做好函授学历教育收尾工作的同时，根据自身力量适度开展短期培训。他要求，在贯彻落实校委决定和《中央党校短期培训管理办法（试行）》工作中，一定要注意处理好四个关系，即处理好常规班次和必要补充之间的关系，处理好归口管理与各尽其职的关系，处理好质量与数量的关系，处理好函授学历教育收尾和短期培训之间的关系。他还对贯彻落实短期培训归口管理会议精神提出具体要求。

李书磊副校长在会议总结时指出，校委对短期培训归口管理要求很明确，各单位必须认真贯彻，坚决执行。要从讲政治和维护党校声誉的高度，把短期培训归口管理落到实处。短期培训是全校的大事，函授学院要努力办好，其他各部门也要各尽其职，密切合作。

中央党校各直属单位有关负责人参加了会议。

函授学院获开展党员领导干部短期培训资格和职能

为了使中央党校的短期培训工作合法合规，函授学院积极向中编办申请增加开展“短期培训”项目，向国家发改委申报调整原有的短期培训收费方式和收费标准。4月13日，中编办正式批复函授学院，赋予函授学院开展关于党员领导干部短期培训的资格和职能。9 月 4 日，国家发展和改革委员会正式发文，同意函授学院采取行政事业性收费和经营服务性收费的两种收费管理办法（发改价格〔2009〕2292 号）。9 月 28 日，函授学院将《函院短期培训收费标准说明》分别报送发改委和财政部。同时，办理了收费许可证，并到税务部门购买了税务发票。

从 10 月 26 日开始试办短期培训，第一批办了 5 个班：中国人寿高管培训班、江西省地税系统领导干部培训班、湖南省国资委监管企业领导干部培训班、河南省郑州市政协常委培训班等。第二批也办了 5 个班：广西投资集团高管培训班（两期）、浙江中青年后备干部培训班、云南青年马克思主义者培养工程培训班和中国侨联领导干部培训班。两批共培训领导干部 537 名。

图书·出版·报刊

图书工作

2009年中央党校图书馆藏书简况

图书馆的收藏以马列主义理论及研究、社会科学文献为主，现有印刷型图书30万种、130多万册（件）；拥有电子图书约42万种，中文电子期刊约5300种，中文电子报纸约420种。

中央党校校委研究进一步发挥图书馆职能与作用

6月3日，在第16次校委会议上，陈高桐馆长做了《关于进一步发挥图书馆职能与作用的若干意见和建议》的报告。会议指出，为进一步加强图书馆的建设、发挥好图书馆的作用，既要有长远建设规划，又要按轻重缓急分布实施。当前急需做好以下七项工作：第一，要采取有力措施保管好纸质图书和报刊，并创造条件妥善保管珍藏品。第二，在经费有限的情况下，要有重点地为增加馆藏图书，进一步突出党校特色，改善馆藏结构，更好地为教学科研和学科建设服务。图书馆要重点建好三大文库：一是中国共产党党史文库；二是马克思主义理论文库；三是中国国情与地方志文库。第三，抓好数字图书馆的建设和管理。必须明确的是，数字图书馆是国有资产，所有资源都属于中央党校。数字图书馆要立足于中央党校自主管理，其经营方向、公益性的服务方向不能改变。对有些技术环节可进行招标，花钱买服务。第四，为充分发挥现有图书、报刊的作用，方便学工人员学习查阅，营造浓厚的读书氛围。主楼东部的原图书馆阅览室要恢复给图书馆使用，西部的原陈列馆建为校史馆。此项工作涉及到全校办公用房的调整，请财务行政管理局作通盘考虑。第五，充分发挥图书馆在活跃学校文化生活，促进学员读书上的作用。可通过开办历史文化讲座、以及配合讲座适当举办书画展览等形式，延伸图书馆文化服务功能。第六，切实加强图书馆队伍建设。通过校内调整、校外进人等方式，充实图书馆工作人员，优化补充相关技术人员和研究人员。有关机构编制和进人问题由图书馆商组织部具体落实。第七，增加图书购置等方面的经费投入，有关经费要列入年度预算。

《中国思想理论年鉴》从校刊社转交图书馆主办

《中国思想理论年鉴》（中校通〔2006〕19 号）是校委决定创办的大型文献类年刊，2007 年由原校刊社创刊，2009 年 9 月，经校委同意，从校刊社转交由图书馆主办。《中国思想理论年鉴》旨在全面、系统、准确地记录中国思想理论的形成和发展轨迹，总结和推进党的思想理论创新与发展，为中国特色社会主义道路和理论体系存史，为从事思想理论和战略策略研究与教学的广大理论工作者提供翔实丰富的文献资料。图书馆已完成 2008 年卷的编辑出版工作。

《党政干部文摘》更名为《党政干部参考》

经校委同意并报国家新闻出版署审批同意（新出审字〔2009〕665 号），《党政干部文摘》更名为《党政干部参考》。

“中国干部学习网·干部读书网”成立

根据6月3日校委会议精神，为贯彻落实习近平校长提出的“领导干部要爱读书读好书善读书”的要求，7月，中央党校校委批准成立“中国干部学习网·干部读书网”。具体工作由图书馆承担。“中国干部学习网·干部读书网”是全国党政干部学习的理论信息平台，重点突出中央党校数字图书馆的理论特色，同时依托全国党校系统现有的理论资源，充分发挥数字图书馆的知识存储和宣传两个功能，对干部学习起到更加主动的帮助作用。

“中国干部读书学习数字资源中心”战略合作框架协议签署

11月11日，中共中央党校图书馆与国家图书馆签署了组建“中国干部读书学习数字资源中心”战略合作框架协议。意在扩大国家图书馆远程终端访问范围，实现在党校系统范围内共享国图数字资源，开展科研和培训合作。

数字图书馆开工奠基典礼举行

12月22日上午，中央党校举行了数字图书馆开工奠基典礼。常务副校长李景田，副校长陈宝生，教育长张伯里，校委委员、办公厅主任罗宗毅等领导出席。图书馆馆长陈高桐、信息管理部主任郭英楼和其他各直属单位负责人参加了开工典礼。财务行政管理局局长赵晓光主持了开工奠基仪式。

中央党校数字图书馆工程历经近十年的酝酿，于2009年4月取得国家发改委的审核批准，工程总投资约2.2亿元，建设面积9600平方米。中央党校数字图书馆作为全国数字图书馆总体框架的核心节点之一，不仅要服务于中央党校，更要面向党校系统、面向全党，将充分利用国家已有的信息网络的物理平台，做到与其他核心节点之间互联互通，总体技术水平与国际接轨。工程建成后将会极大地改善中央党校图书馆的基础设施，提高中央党校的信息保障能力，有力地加强中央党校的教学科研能力。

全国党校文献信息学会常务理事会暨数字资源共享工作座谈会召开

12月3日至5日，全国党校文献信息学会常务理事会暨数字资源共建共享工作座谈会在北京召开，全国党校文献信息学会常务理事和全国党校系统图书馆数字资源共建共享工程共建共享示范馆馆长共29人出席了会议。会议研究了全国党校系统图书馆数字资源共建共享工程工作，着重讨论了如何在新形势下推进全国党校系统的图书馆工作。

会议认为，中央党校根据形势和任务的变化适时召开图书馆工作会议是指导地方党校图书馆工作的有效形式，建议2010年适当时候召开省级副省级党委党校参加的图书馆工作会议。

会议认为，中央党校图书馆应更好地发挥党校图书馆系统龙头作用，强化对地方党校图书馆的业务指导工作，尤其是在建立数字资源共建共享机制推进全国党校系统图书馆数字资源共建共享工程、加强业务培训工作以帮助提高地方党校图书馆业务技能方面发挥更大作用。

会议通报了中共中央党校图书馆组织的对全国部分党校图书馆工作现状的调研情况，交流了全国党校系统图书馆数字资源共建共享工程共建共享示范馆在数字资源共建共享方面的进展情况以及工作中的经验；对《全国党校图书馆工作规程（草案)》作了进一步的修订；通报了中共中央党校数字图书馆工程的进展情况和全国党校文献信息学会科研成果评选情况，通过了全国党校文献信息学会常务理事会部分成员调整增补事项。

出版工作

中共中央党校出版社完成体制改革工作方案

根据《中共中央办公厅、国务院办公厅关于深化中央各部门各单位出版社体制改革工作的意见》(中办发〔2009〕16号)和《中央各部门各单位出版社体制改革工作方案》的工作部署，中央各部门各单位出版社体制改革领导小组办公室将中央党校出版社确定为2010年转制单位，并要求于2009年12月31日前将体制改革方案报送领导小组办公室。

对于中央关于文化体制改革中经营性文化事业单位转制为企业的决定，中央党校校委高度重视，成立了以一名副校长为组长，教育长为副组长，出版社领导班子成员为小组成员的中央党校出版社体制改革工作领导小组，下设办公室。工作小组按照中央文化体制改革精神，针对中央党校出版社的实际情况，分别从明确主管主办单位、资产隶属关系，做好清产核资、财务审计和资产评估工作，规范人事关系，建立现代人力资源管理制度等方面，有计划有步骤地做了大量的调查研究和改革文件起草的准备工作，于2009年12月初完成了出版社转制工作方案，经过出版社职工大会审议同意后上报中央党校校委。

中央党校校委分别在12月10日和17日两次校委会上讨论了出版社体制改革的有关事项。12月10日的校委会会议指出，出版社体制改革是当前的一件大事，有利于今后的健康发展和更好地为党校教学科研服务，一定要确保此项工作顺利进行。会议对出版社改制工作提出了明确的要求：第一，中央党校要认真贯彻中央和国家新闻出版总署对出版社体制改革的有关精神，积极稳妥地推动出版社的体制改革工作。第二，对于出版社现有人员的安置问题，赞成出版社提出的按照“老人老办法，新人新办法”的原则办理。第三，改制后，中央党校作为主管主办单位，对出版社的管理主要体现在管领导班子和出版方向方面。出版社作为中央党校投资的国有独资企业，要建立现代企业制度，形成有效率、有活力、有竞争力的运行机制，确保国有资产的保值增值，每年向出资人中央党校上交一定利润，争取在出版行业内打造出具有党校特色的优秀品牌。在12月17日的校委会议上，校委讨论并原则同意出版社制定的《中共中央党校出版社体制改革工作方案》。会议指出，《方案》体现了中央对出版社体制改革的有关精神，并认真贯彻了校委会的意见，符合中央党校实际。出版社要根据此次校委会讨论的意见，对《方案》进行修改后报有关领导同志审定。会议强调，因体制改革涉及到群众切身利益，出版社一定要认真听取大家意见，做好深入细致的思想政治工作。在此基础上，召开全体职工大会，对《方案》做出详细说明。

12月25日，《中共中央党校出版社体制改革工作方案》报送中央各部门各单位出版社体制改革领导小组办公室。

关于送报中共中央党校出版社体制改革方案的函

中央各部门各单位出版社体制改革领导小组办公室：

根据（中办发〔2009〕16号）文件精神，中共中央党校出版社体制改革方案已经中央党校校委会审议通过，并经出版社职工大会审议同意。现按照贵办要求送报，请核收并予批准。

中共中央党校办公厅
2009年12月25日

中共中央党校出版社体制改革方案

为全面贯彻中央关于推动社会主义文化大发展大繁荣的精神，根据中央关于深化文化体制改革的部署和要求，按照《中共中央办公厅、国务院办公厅关于深化中央各部门各单位出版社体制改革工作的意见》（中办发〔2009〕16号）和新闻出版总署下发的《关于进一步推进新闻出版体制改革的指导意见》文件精神，结合中共中央党校出版社的实际情况，制定本方案。

一、中共中央党校出版社基本情况

（一）基本情况

中共中央党校出版社是由中共中央党校主管主办的事业单位，成立于1980年，是专门出版图书的专业出版社，在干部教育教材类和马克思主义理论研究著作出版领域有较大影响。

中共中央党校出版社现有员工70人，其中中共中央党校正式在编人员39人，合同制员工31人。

（二）优势与特色

中共中央党校出版社以马列主义、毛泽东思想、邓小平理论、“三个代表”重要思想为指导，深入贯彻落实科学发展观，以宣传党的基本理论、基本路线、基本纲领、基本经验为己任，以为全国党校系统的教学科研服务、为党的干部教育和思想理论建设服务、为社会主义精神文明建设服务为宗旨；出书范围以全国各级党校干校教材、干部学习读物、理论研究著作为重点，内容涉及马克思主义理论、哲学、政治经济学、科学社会主义、中共党史、党的建设、政治学、法学、文史、国际问题、科技等各个方面，还包括重要文献、资料、工具书及人物传记等。

中共中央党校出版社在出版宣传党的理论、政策的图书方面具有鲜明的特色和优势。建社30年以来，已经出版各类图书5000多种，其中有不少精品图书，得到了理论界、学术界的广泛好评，在读者中产生了较大影响，2种图书获得国家图书奖、4种图书获“五个一工程”奖，5种图书获中国图书奖；1种图书获国家辞书奖。

（三）组织机构

中共中央党校出版社，设有总编室、办公室、财务室、出版部、发行部和五个编辑室。中共中央党校出版社目前有社长兼总编辑1名，副社长3名，巡视员1名，副巡视员1名。

（四）经营状况

1980年中共中央党校出版社成立时，注册资本金50万元。2003年，依靠出版社自身积累，变更注册资本金为9230万元。截止到2008年底，中共中央党校出版社资产总额12706万元，净资产8860.6万元。2008年营业收入3023万元，上缴国家税费352万元，利润238万元。

二、体制改革的指导思想

（一）以邓小平理论和“三个代表”重要思想为指导，全面贯彻落实科学发展观，坚持把社会效益放在首位，实现社会效益和经济效益的最佳结合；坚持有利于党的干部教育事业的发展，有利于中共中央党校教学科研工作的发展，有利于出版社自身的发展。

（二）坚持正确的政治导向，始终坚持“党校姓党”原则，立足于党的干部教育事业，努力发挥马克思主义理论出版阵地的作用、党政干部教育类图书和党校教学科研成果出版阵地的作用、人文社科类图书出版阵地的作用。

（三）建立依法自主经营、独立核算、自负盈亏和科学的决策、执行、监督、激励、约束机制，继续完善出版社各项规章制度，形成产权明晰、权责明确、管理科学的企业运行机制。

三、体制改革的发展目标

坚持正确的政治导向，坚持精品发展之路。通过体制改革，走专、精、特、新的发展道路，切实提高出版社的发展质量，努力实现完善企业运行机制与增强企业市场竞争力的统一，使出版社的发展跃上一个新台阶，确保国有资产的保值增值，实现社会效益与经济效益的统一。在加强企业化运营的同时，成为具有较强实力、较强竞争力和品牌影响力的出版企业。

四、体制改革工作组织机构

成立中共中央党校出版社体制改革工作领导小组，下设办公室。

组　长：陈宝生（中共中央党校副校长）

副组长：郝时晋（2009年12月前中共中央党校教育长）

张伯里（2009年12月后任中共中央

党校教育长）

成　员：胡建华（社长总编辑）
张坚石（副社长）
田国良（副社长）
苏作霖（副社长）

办公室主任：田国良（副社长）

成　员：陈宝群（副巡视员）
朱晋平（总编室主任）
井　琪（副编审）
韩　丽（财务室副主任）

五、体制改革工作内容

（一）明确主管主办单位、资产隶属关系

1. 转制后，中共中央党校出版社为由中共中央党校主管、主办并作为唯一出资人和所有者的国有独资企业。

2. 转制后，中共中央党校负责把握中共中央党校出版社的出版方向，享有中共中央党校出版社的国有资产的所有权及相应的权利和对领导班子的任免权。

（二）做好清产核资、财务审计和资产评估工作

1. 清产核资、财务审计和资产评估工作在中共中央党校的指导和监督下进行。

2. 按照国家有关规定，根据《转制工作基本规程》的要求，委托具有资质的会计师事务所对中共中央党校出版社进行清产核资工作，包括资产清查评估和审计。清产核资和审计的范围包括：（1）中共中央党校出版社本部的全部货币资产和实物资产；（2）中共中央党校出版社投资的书店全部货币资产和实物资产。清产核资和产权界定工作，严格按照国资委《国有企业清产核资办法》、《国有企业清产核资工作规程》等规定进行，做到全面、合法、客观。清产核资、财务审计和资产评估的结果，报中共中央党校初审后，报财政部审批。

3. 财政部批复后，按国有资产管理规定，向财政部办理有关产权手续。

（三）规范人事关系，建立现代人力资源管理制度

1. 规范人事关系。

中共中央党校出版社现有人员分为两类：一类是事业编制人员，一类是编制外合同制人员。这次体制改革中，人事关系将按照《中共中央办公厅、国务院办公厅关于深化中央各部门各单位出版社体制改革工作的意见》（中办发〔2009〕16号）、《国务院办公厅关于印发文化体制改革中经营性文化事业单位转制为企业和支持文化企业发展两个规定的通知》（国办发〔2008〕114号）文件的精神，妥善解决。

2. 建立现代人力资源管理制度。

在人事关系规范的基础上，建立现代人力资源管理制度。按照现代企业制度的要求，改革用工制度、人事制度和收入分配制度，全面实行劳动合同制度，建立健全对企业经营管理者的激励与约束机制，形成职工能进能出、收入与企业效益挂钩的管理机制，保证企业的良性运行和发展。建立一套严格的人才管理制度，积极创造优秀人才脱颖而出的条件。坚持培养和引进并重，培养高素质的编辑队伍、营销队伍和管理队伍。

六、体制改革工作程序和进度安排

（一）2009年6月，成立中共中央党

校出版社体制改革工作领导小组，成立中共中央党校出版社体制改革工作小组。

（二）2009年7月，召开全社职工大会，传达体制改革有关文件和精神，交流思想，动员职工积极参加改革、支持改革并酝酿改革方案。

（三）2009年8—9月，在认真学习文件和有关会议精神并广泛开展调研的基础上，起草《出版社体制改革工作情况的汇报》、《中共中央党校出版社体制改革工作方案》。

（四）2009年9月，组织“学习贯彻十七届四中全会精神，推进出版社改革发展”大讨论活动，以编印各种学习材料和板报等方式宣传中央文件、中央各部门、各单位及全国各地出版社转制经验。各部室在学习文件精神的基础上展开讨论，并设意见箱广泛听取群众意见。

（五）2009年10月，按照有关规定，在中共中央党校财务行政管理局的指导下，选择有资质的会计师事务所，进行清产核资，财务审计的前期准备工作。

（六）2009年11月到12月，《中共中央党校出版社体制改革工作方案》经出版社全体职工大会讨论通过，中共中央党校校委会审核同意后，报中央各部门各单位出版社体制改革领导小组办公室批准。待《中共中央党校出版社体制改革方案》批准后，按要求注销中共中央党校出版社事业编制，进行工商企业登记，进一步完成清产核资、财务审计和评估等项工作。

中共中央党校出版社
2009年12月23日

中共中央党校出版社2009年主要新书目录

序号	新书名录
1	中国共产党对私营出版业的改造1949—1956
2	国际政治与经济若干问题研究
3	执政党面对大众传媒
4	成功领导者的12种气质
5	突发事件应急管理读本
6	党的建设研究2004—2008（续集）
7	十七届三中全会后党政干部关注的重大理论问题与现实问题解读
8	毛泽东最后十年——警卫队长的回忆
9	中国政府绩效评估体系研究报告
10	新的发展阶段中效率与公平问题研究
11	突发事件的舆论引导策略——政府媒体危机公关案例回放与点评

续 表

12	党校教育规律探索
13	加强和改善宏观经济调控政策读本
14	马克思主义中国化与共产国际
15	新世纪新阶段党的思想理论建设国情调研报告
16	领导者心理问题特别调查与解读
17	保增长保民生保稳定政策读本
18	新编党的建设辞典
19	“干部成长规律和党校教育规律”研究
20	全球视野下的民主社会主义研究
21	学习科学发展观　实践科学发展观——领导干部谈深入学习实践科学发展观
22	吴亮平文集（上下）
23	新中国60年辉煌历程900问
24	中国走过60年
25	新中国60年60个路标1949—2009
26	中国共产党巡视工作条例（试行）学习问答
27	《关于实行党政领导干部问责的暂行规定》学习问答
28	学习科学发展观——百位书法家手书集
29	全国党校系统纪念改革开放30周年理论研讨会论文集
30	中美欧三边关系研究
31	马克思主义中国化发展史论（第一卷）——总论卷
	马克思主义中国化发展史论（第二卷）——哲学卷
	马克思主义中国化发展史论（第三卷）——经济理论卷
	马克思主义中国化发展史论（第四卷）——科学社会主义卷
	马克思主义中国化发展史论（第五卷）——党的建设理论卷
32	人口理论概要（修订本）
33	中国共产党建设史
34	新形势下党的建设专题十二讲
35	新形势下党的建设100题
36	加强和改进新形势下党的建设——中央党校专家学者八人谈
37	加强和改进新形势下党的建设30个新要求新举措
38	十七届四中全会后党政干部关注的重大理论与现实问题解读
39	奥巴马执政后的中美关系应对共同挑战
40	领导是导向性管理
41	领导者必须掌握的二十四条黄金法则
42	古田会议精神读本

报刊工作

报刊社文章被转载概况

据报刊社初步统计，2009年《学习时报》、《中国党政干部论坛》、《中共中央党校学报》、《理论前沿》文章被《新华文摘》、《报刊文摘》、《文摘报》、《北京日报》、《中国社会科学文摘》、《思想理论动态参阅》、《人大复印资料》等报刊和专业文摘全文转载或摘编分别为230篇、37篇、20篇和30篇。

《学习时报》部分文章被转载情况

序号	期数	原文题录	转载报刊及摘文题录	作者姓名
1	462	美国金融危机的九个警示	《新华文摘》第1期50页：同名文章	李玉梅
2	467	下一步改革的主要任务	《新华文摘》第4期159页：同名文章	邓聿文
3	466	我国高层次科技人才回归不足现象及原因分析	《新华文摘》第4期124页：同名文章	陶　春
4	471	造就高素质的战略参谋队伍	《新华文摘》第7期26页：同名文章	陶　春
5	474	启动经济要立足于消费	《新华文摘》第8期162页：同名文章	邓聿文
6	476	政府应加大人力资本与社会资本的投入	《新华文摘》第9期160页：同名文章	李玉梅
7	482	推进基本公共服务的均等化	《新华文摘》第12期8页：同名文章	兰文飞

续 表

8	481	中国模式的特质	《新华文摘》第 15 期 5 页：中国模式的特质及其意义	兰文飞
9	484	国际经济危机形势下我国能源发展战略的方向选择（上、下）	《新华文摘》第 16 期 29 页：同名文章	邓聿文
10	490	弄清说透中国政治模式对世界政治文明的贡献	《新华文摘》第 18 期 22 页：同名文章	曾西雅
11	492	科学技术发展的伦理问题	《新华文摘》第 18 期 167 页：同名文章	陶　春
12	496	关键要动真格的	《新华文摘》第 19 期 117 页：同名文章	李玉梅
13	488	必须强化法律的有效性	《新华文摘》第 19 期 157 页：同名文章	兰文飞
14	498	基层民主的巩固需要哪些条件	《新华文摘》第 20 期 5 页：同名文章	兰文飞
15	500	科技跃升期应重点关注的几个问题	《新华文摘》第 21 期 139 页：同名文章	陶　春
16	500	浅论中国现代企业文化建设中的传统文化传承	《新华文摘》第 21 期 164 页：企业文化建设中的文化传承	罗俊锋
17	461	预算内教育经费的增长	《新华文摘》第 2 期 167 页：同名文章	蒋一兵
18	494	监督不力缘于缺乏监督动力	《新华文摘》第 21 期 157 页：同名文章	刘学侠
19	472	辩证看“渐进式改革”	《北京日报》3 月 16 日 20 版：掌握改革“渐进”与“突破”的辩证法	兰文飞
20	474	马克思的消费理论	《北京日报》4 月 6 日 12 版：同名文章	兰文飞
21	481	应下大力培育新经济增长点	《北京日报》5 月 25 日 20 版：同名文章	李玉梅
22	501	提倡官员出路多元化	《北京日报》9 月 7 日 17 版：同名文章	邓聿文
23	500	领导十悟	《北京日报》9 月 21 日 20 版：同名文章	罗俊峰
24	501	加强学术评论　破除“学术潜规则”	《北京日报》11 月 9 日 19 版：同名文章	蒋一兵

《中国党政干部论坛》部分文章被转载情况

序号	期数	原文题录	转载报刊及摘文题录	作者姓名
1	6	准确把握理论热点　不断增强主流媒体引导力	《新华文摘》第16期全文转载	李君如
2	1	建立社会对话协商机制是社会主义和谐社会的内在要求	《新华文摘》第5期论点摘编转载	高新民
3	7	三层内涵理解科学发展观	《新华文摘》第17期论点摘编转载	张志明
4	7	“土地入股”需慎行	《中国社会科学文摘》第10期转摘	曹利群

《中共中央党校学报》部分文章被转载情况

序号	期数	原文题录	转载报刊及摘文题录	作者姓名
1	6	国外政党执政面临的几个共同问题及其应对	《新华文摘》第6期转载	姜　跃
2	1	中国马克思主义哲学史上的几位哲学家	《新华文摘》第10期转载	许全兴
3	2	儒家“仁学”的现代诠释	《新华文摘》第15期转载	葛荣晋
4	4	现代西方人本主义思潮	《新华文摘》第24期转载	丁东红
5	6	日本农业现代化经验对我国的启示	《新华文摘》第6期转摘	庄荣盛
6	4	中国医改的理论框架	《新华文摘》第20期转摘	王虎峰
7	1	政策网络的开放与公共利益的实现	《中国社会科学文摘》第8期转摘	王春福
8	5	析创新“误区”	《中国社会科学文摘》第8期转载	李志昌
9	2	当前我国楼市利益主体的博弈分析	《高等学校文科学术文摘》第3期转摘	易宪容
10	2	儒家“仁学”的现代诠释	《高等学校文科学术文摘》第3期转摘	葛荣晋
11	1	中国特色社会主义理论体系的几个问题	《高等学校文科学术文摘》第2期转摘	严书翰
12	4	新中国60年与毛泽东哲学	《高等学校文科学术文摘》第5期转摘	石仲泉

《理论前沿》部分文章被转载情况

序号	期数	原文题录	转载报刊及摘文题录	作者姓名
1	18	尚未完成的国企改革	《新华文摘》第1期全文转载	周叔莲
2	15	我国收入分配领域存在的主要问题及对策	《新华文摘》第20期全文转载	苏海南
3	11	从小福利迈向大福利：中国特色福利制度的新阶段	《新华文摘》第22期全文转载	景天魁
4	5	改革开放以来政治领域的重大突破	《新华文摘》第10期论点摘编	许耀桐
5	8	论社会主义核心价值体系的引领力	《新华文摘》第14期论点摘编	张博颖
6	9	“创新”内涵的三层拓展与社会意蕴	《新华文摘》第10期论点摘编	李卫华
7	14	从“替谁说话”看增强党的宗旨意识	《新华文摘》第19期论点摘编	于朝霞
8	9	进一步加强网络文化建设和管理	《光明日报》5月26日论点摘编	曲青山
9	10	建设社会主义核心价值体系重在构建群众心理认同基础	《光明日报》3月24日论点摘编	粟　岚

理论研讨会

“领导干部要爱读书读好书善读书”理论研讨会暨中央党校报刊工作会议在西安召开

8月3日至5日，由中央党校报刊社主办，中共陕西省委党校协办的“领导干部要爱读书读好书善读书”理论研讨会暨中央党校报刊工作会议在西安召开。中央党校副校长李书磊到会并讲话。他指出，重视学习善于学习是我们党的优良传统，党校报刊必须服务于各级党校干部教育培训工作的大局，更好地承担起倡学导学助学的责任，在建设学习型政党工作中发挥自己应有的作用。

天津、黑龙江、湖南、武汉等省（市）委党校和铁道部党校常务副校长先后交流了读书学习的体会和做好干部教育培训工作的经验。江苏、辽宁、河南等省级党校介绍了各自的报刊发行工作经验，并对进一步贯彻落实习近平校长关于读书的讲话精神，扩大党校报刊的社会影响力，创新报刊发行工作方式等提出了意见和建议。

全国各省、市、自治区和部分省辖市党校负责同志共120余人参加了会议。

建设学习型政党理论研讨会暨纪念《学习时报》创刊10周年座谈会在京召开

建设学习型政党理论研讨会暨纪念《学习时报》创刊10周年座谈会10月17日在中央党校召开。中央党校常务副校长李景田、中组部副部长王尔乘、中央党校原副校长李君如、新闻出版总署副署长李东东、军事科学院副院长刘继贤、中国光大集团董事长唐双宁、国家烟草专卖局副局长张保振、解放军总政治部宣传部副部长周涛、求是杂志社副总编辑朱铁志等先后发言。中央党校原常务副校长郑必坚作书面发言。中央党校副校长石泰峰主持会议。

与会同志指出，党的十七届四中全会集中研究了党建问题，做出了《中共中央关于加强和改进新形势下党的建设若干重大问题的决定》。《决定》的第三部分专门强调和论述了建设马克思主义学习型政党问题。建设学习型政党，必须从我们面对的国际国内两个大局来认识。国际国内大局每天都在向我们提出新的问题，要求我们加强学习，要求每一个组织都成为学习型组织。中国共产党作为一个领导中华民族伟大复兴的执政党，只有更加重视学习、善于学习，才能担负起时代赋予的历史重任。建设学习型政党，是在新的形势下继承党的优良传统的一种方式。中国共产党领导中国革命的历史，就是一部不断学习的历史，就是把理论与中国实际具体结合的历史，就是一部创造性学习的历史。今天中央提出建设学习型政党，就是要在新的条件下，更好地发挥我党的优良传统，提高广大党员干部的素质能力，提高党的执政能力。

会议还举行了纪念《学习时报》创刊10周年“我与《学习时报》”征文颁奖仪式，共有18位同志分别获一、二、三等奖。李景田向获奖代表颁了奖。中央党校各直属单位负责同志及中央党校报刊社部分工作人员近百人出席会议。

中国马克思主义研究基金会

在中国马克思主义论坛2009开幕式的讲话

（2009年12月8日）

李 景 田

同志们，今天，来自全国各地从事马克思主义理论研究、宣传、教学工作的工作者们齐聚中央党校，参加中国马克思主义研究基金会主办的中国马克思主义论坛2009，全面贯彻落实党的十七届四中全会精神，回顾新中国60年马克思主义中国化的历史进程，总结60年来马克思主义中国化的历史经验，探讨继续推进马克思主义中国化的伟大事业很有意义。在此，我谨代表中央党校校委向出席论坛的各位领导、各位来宾表示热烈的欢迎和衷心的感谢！

近平同志对举办这次论坛很重视，他专门发来贺信，充分肯定此次论坛的重要意义，要求把论坛办成发表马克思主义研究新成果、推进马克思主义中国化、时代化、大众化的有影响力的平台，对广大理论工作者提出了殷切希望，明确指出大力推进马克思主义中国化、时代化、大众化是广大理论工作者的神圣职责，要求进一步办好中国马克思主义研究基金会，充分发挥马克思主义研究事业的助推器作用和联系团结党校系统以及全国理论工作者的纽带作用。

近平同志的指示，对进一步推进马克思主义理论研究、宣传、教学具有重大指导意义。我们理论工作者特别是专门从事马克思主义理论研究的同志，要充分认识到肩上的担子很重，责任很大。第一位的政治责任就是不断推进马克思主义中国化、时代化、大众化。中国化就是将马克思主义基本原理与中国实际情况相结合，认真研究解决中国的问题，在解决问题中不断发展马克思主义；时代化就是将马克思主义与不断发展的时代特征相结合，认真研究解决前进中的问题，在解决问题中不断发展马克思主义；大众化就是坚持一切为了人民的立场，把马克思主义与人民群众的根本利益相结合，认真研究解决人民群众最关心、最直接、最现实的问题，并用大众语言阐释和表达发展着的马克思主义，让大众所接受，成为人民群众的锐利思想武器。

在中国革命建设和改革的伟大实践中，马克思主义中国化、时代化、大众化是同一个过程。马克思主义所固有的实践性、时代性、人民性以及不可分割的内在统一性决定了推进马克思主义中国化的同时必须推进马克思主义的中国化、时代化、大众化，三者密切联系、相互促进，才能保持马克思主义的生机活力和在中国的与时俱进，才能巩固马克思主义的指导地位，不断推进中国特色社会主义的伟大事业。

推进马克思主义中国化、时代化、大众化，对于我们理论工作者来说，至少以下三点很重要。

第一，要注重实践，注意理论联系实际。马克思主义之所以能够有生命力，正是因为它把自己的根须深扎在现实的土壤里，与生活之树一起生长。作为理论工作者，我们要坚持马克思主义基本原理，这是一个基本前提。另一方面，在坚持马克思主义基本原理的同时，要以我国改革开放和现代化建设的实际问题，以我们正在做的事情为中心，着眼于马克思主义理论的运用，着眼于对实际问题的思考，着眼于新的实践和新的发展来研究马克思主义，使马克思主义更符合中国实际。

从新中国60年马克思主义中国化历史进程来看，在坚持和发展马克思主义的问题上，最大的障碍是主观主义。目前，仍然是这个问题。主观主义包括经验主义和教条主义。经验主义忽视理论的作用，甚至否定马克思主义对中国的指导作用，而教条主义则忽视理论联系实际，把马克思主义经典作家的个别词句当作医治百病的灵丹妙药；经验主义是实际工作者经常犯的错误，教条主义则是理论工作者常有的倾向。毛主席在延安时期关于反对主观主义的思想并没有过时，在今天仍有针对性，今后我们要坚持和发展马克思主义，反对主观主义，仍然是一项重要任务。

第二，既要善于吸收马克思主义中国化的历史经验，包括历史教训，也要善于借鉴世界各国的优秀成果。围绕“什么是马克思主义、怎样对待马克思主义”这个基本问题，我们党进行了不懈地探索，既取得了巨大成绩，也走了不少弯路。成绩是宝贵财富，教训同样也是宝贵财富。我们既要从成绩中吸取有益营养，也要从历史教训中吸取有益营养，尤其是千万不能忘记违背科学规律给我们带来的深刻教训，这样今后才能少走弯路。

马克思主义也是世界文明的伟大成果。推进马克思主义中国化、时代化、大众化同样不能脱离世界文明的发展轨道。如果没有深邃的世界眼光，没有吸纳和融合人类文明一切优秀成果的胸怀气度，我们党就不可能开辟中国特色社会主义道路和形成中国特色社会主义理论体系。特别是今天，中国与世界的关系发生了历史性的深刻变化。中国与世界的前途命运更加紧密地联系在一起。在此背景下，要推进马克思主义中国化、时代化、大众化就既要立足中国，坚持从中国社会主义初级阶段的实际出发，又要放眼世界，密切关注当代世界经济、政治、文化、科技发展变化的新趋势，善于吸取人类创造的一切优秀成果，使马克思主义更赋有时代精神。

第三，理论工作者要走出书斋，宣传马克思主义理论。为建设马克思主义学习型政党做贡献。马克思主义从来就不是书斋里的学问，而是来自实践，并用于指导实践的科学指南。马克思主义只有被广大人民群众所理解、所认同、所掌握，并被人民群众自觉地用来指导自己的实践，才能转化为强大的物质力量，在推动历史进步中发挥应有的作用。马克思主义中国化的理论成果也只有被广大人民群众充分理解和掌握，我们的宏伟目标才能顺利实现。以科学的理论武装人是理论工作者义不容辞的责任，要经常深入实际，了解广大干部群众在思考什么、关心什么，有的放矢地开展理论宣传，进一步增强理论宣传的吸引力、说服力、凝聚力、渗透力和竞争力，使马克思主义为更多的人民群众所掌握。

我个人认为，以上这几点既是我们在推进马克思主义中国化过程中取得的宝贵经验，同时也是对我们今后理论工作的要求。我作为一名马克思主义理论工作者提出来，与大家共勉。最后预祝论坛取得圆满成功。

谢谢大家。

“中央党校教学科研专项基金、学科建设专项基金、人才强校专项基金”资助奖励工作

教学讲题基金资助奖励项目评审委员会和专家评审组成员调整

4月15日，因教学讲题资助奖励项目评审委员会、教学讲题资助奖励项目专家评审组的原有关成员工作变动，经研究决定，对其组成人员进行相应调整。调整情况如下：

教学讲题资助奖励项目评审委员会成员名单

主　任：李书磊

副主任：赵理文　刘　春

成　员：李良栋　董德刚　韩保江　叶庆丰　谢春涛　张志明　周熙明　刘建飞　郭焕永　李中印

教学讲题资助奖励项目专家评审组成员名单

组长：李书磊

成员：李良栋　赵长茂　赵理文　冯鹏志　董德刚　韩保江　叶庆丰　谢春涛　张志明　周熙明　刘建飞　郭焕永　王　炳　侯少文　王成志

“中央党校学科建设专项基金”奖励项目启动

继2004年“中央党校教学科研专项基金”资助奖励项目启动和2006年“中央党校人才强校基金”奖励项目启动后，“中央党校学科建设基金”资助奖励项目于2009年正式启动。至此，中国马克思主义研究基金会“三项基金”资助奖励项目已经全部实施。2009年“三项基金”资助奖金总额为179万元，比2008年增长15%。

“中央党校教学科研专项基金”2009年度教学讲题资助奖励项目立项情况

第一组：进修部学员班次

（一般项目）

序号	班次	课程名称	讲题	推荐单位	承担者
1	省部班（第45期）	科学发展观研究（公共必修课）	生态文明与科学发展	哲学教研部	赵建军
2	省部班（第45期）“国际金融危机与应对”研究专题	国际金融危机与应对的重大理论和现实问题研究（专题课）	国际金融危机的原因、后果及教训	经济学教研部	谢鲁江
3	省部班（第45期）“国际战略”研究专题	国际战略中的重大理论和现实问题研究（专题课）	国际金融危机对国际战略格局的影响	国际战略研究所	孙建杭
4	省部班（第45期）“民生与社会建设”研究专题	民生与社会建设热点难点问题研究（专题课）	城乡医疗保障问题研究（案例教学）	科学社会主义教研部	向春玲
5	地厅班（第52期）“农村改革发展”研究专题	农村改革发展的热点难点问题研究（专题课）	加强农村基层党建问题研究（案例教学）	党的建设教研部	张晓燕
6	地厅班（第52期）“文化发展”研究专题	文化发展的热点难点问题研究（专题课）	中国传统文化及其当代价值	哲学教研部	王　杰
7	地厅班（第52期）“文化发展”研究专题	文化发展的重大理论和现实问题研究（专题课）	全球化背景下的文化矛盾与我们的应对	文史教研部	徐　平

续 表

序号	班次	课程名称	讲题	推荐单位	承担者
8	地厅班“城市发展与城市治理”研究专题	城市发展与城市治理热点难点问题研究（专题课）	建立覆盖城乡居民的社会保障体系	科学社会主义教研部	青连斌
9	县委书记班（第4、5期）	中国特色社会主义理论体系（专题课）	中国农村土地流转法律制度（研讨式教学）	政法教研部	李雅云 王　伟 庄玉瑞 王　静
10	县委书记班（第4、5期）	党的建设（专题课）	以改革创新精神全面推进农村基层党的建设	党的建设教研部	张希贤

（青年项目）

序号	班次	课程名称	讲题	推荐单位	承担者
1	省部班（第45期）“扩大内需与经济发展”研究专题	扩大内需与经济发展的重大理论和现实问题研究（专题课）	国际金融危机的成因及其对我国的影响	经济学教研部	董艳玲
2	地厅班（第52期）“农村改革发展”研究专题	农村改革发展的热点难点问题研究（专题课）	破解新农村建设资金短缺问题研究	经济学教研部	施　红 刘艳梅
3	地厅级干部进修班（第52期）“扩大内需与经济发展”研究专题	扩大内需与经济发展的重大理论和现实问题研究（专题课）	国际金融危机的成因及其对我国的影响	经济学教研部	陈启清
4	地厅班（第52期）“国际金融危机与应对”研究专题	国际金融危机与应对的热点难点问题研究（专题课）	国际金融危机与中国外经贸战略的调整	国际战略研究所	潘　悦
5	地厅班（第52期）“党的群众工作”研究专题	党的群众工作热点难点问题研究（专题课）	提高应对群体性事件的能力（案例教学）	党的建设教研部	蔡志强 王金柱

第二组：中青年干部培训一班

（一般项目）

序号	班次	课程名称	讲题	推荐单位	承担者
1	中青一班（第26期）	中国特色社会主义理论体系与当代实践（专题课）	科学发展观研究	哲学教研部	段培君
2	中青一班（第26期）	中国特色社会主义理论体系与当代实践（专题课）	加快城乡经济社会一体化发展	经济学教研部	石　霞 陈启清
3	中青一班（第26期）	党的历史经验研究（专题课）	十一届三中全会以前党对中国社会主义建设道路的探索	中共党史教研部	曹　普
4	中青一班（第26期）	中国特色社会主义理论体系与当代实践（专题课）	当代世界格局与中国和平发展道路	国际战略研究所	宫　力
5	中青一班（第27期）	中国特色社会主义理论体系与当代实践（专题课）	中国特色社会主义道路研究	科学社会主义教研部	严书翰

（青年项目）

序号	班次	课程名称	讲题	推荐单位	承担者
1	中青一班（第27期）	中国特色社会主义基本理论问题研究（专题课）	建设社会主义法治国家的前沿问题	政法教研部	封丽霞

第三组：中青二班、新疆地厅班、半年制西藏班、台籍班

（一般项目）

序号	班次	课程名称	讲题	推荐单位	承担者
1	中青二班	中国特色社会主义理论体系基本问题研究	中国特色社会主义理论体系的哲学基础	哲学教研部	毛卫平
2	中青二班	马克思列宁主义基本问题研究	民主社会主义研究	科会社学主义教研部	常欣欣
3	中青二班	中共党史专题研究	中国共产党农村调查的理论与实践	中共党史教研部	罗平汉
4	中青二班	中共党史专题研究	十一届三中全会与伟大历史转折	中共党史教研部	陈　述
5	中青二班	中国特色社会主义理论体系基本问题研究	执政条件下党群关系研究	党的建设教研部	张荣臣
6	新疆地厅班	马克思列宁主义基本原理	马克思恩格斯的经济学思想	经济学教研部	张燕喜
7	新疆地厅班	中国特色社会主义理论体系基本问题研究	走中国特色工业化道路问题	经济学教研部	曹　立
8	半年制西藏班	民族宗教问题专题研究	我国现阶段的宗教问题与宗教政策	科学社会主义教研部	胡　岩
9	半年制西藏班	中国特色社会主义理论体系基本问题研究	一国两制与祖国统一大业	国际战略研究所	刘建飞
10	台籍班	毛泽东思想基本问题	毛泽东对中国社会主义建设道路的探索	中共党史教研部	陈雪薇
11	台籍班	毛泽东思想基本问题	毛泽东思想的科学体系与历史地位	中共党史教研部	祝　彦
12	台籍班	台湾问题专题研究	国际战略视野中的台湾问题	国际战略研究所	马小军

（青年项目）

序号	班次	课程名称	讲题	推荐单位	承担者
1	新疆地厅班	中国特色社会主义理论体系问题研究	科学发展观研究	哲学教研部	董振华
2	新疆地厅班	中国特色社会主义理论体系基本问题研究	党群关系问题研究	党的建设教研部	祝灵君

第四组：新疆县处班、一年制西藏班

（一般项目）

序号	班次	课程名称	讲题	推荐单位	承担者
1	新疆县处班	中国特色社会主义理论体系	现代化进程中的城乡文化建设问题	文史教研部	陈宇飞
2	一年制西藏班	领导学知识讲座	领导者的语言艺术	党的建设教研部	刘玉瑛

（青年项目）

序号	班次	课程名称	讲题	推荐单位	承担者
1	新疆县处班	中国特色社会主义理论体系	完善基层民主制度	政法教研部	肖立辉
2	新疆县处班	中国特色社会主义理论体系	和谐世界理念与中国软实力研究	国际战略研究所	赵　磊
3	一年制西藏班	伦理学知识讲座	中国传统伦理思想	哲学教研部	刘余莉

"中央党校教学科研专项基金"2008年度教学讲题资助奖励项目教学评估达标及结项情况

第一组：省部级干部进修班、地厅级干部进修班

（一般项目）

序号	班次	课程名称	讲题	承担人	达标情况
1	省部级干部进修班（社会建设方向）	社会发展热点难点问题研究	加快推进以改善民生为重点的社会建设	青连斌	达标（9.16）
2	地厅级干部进修班（社会建设方向）	社会发展热点难点问题研究	社会管理体系问题研究	向春玲	达标（9.45）
3	地厅级干部进修班（社会建设方向）	社会发展热点难点问题研究	效率与公平问题研究	边立新	达标（9.36）
4	地厅级干部进修班（党建方向）	党的建设和党的历史经验热点难点问题研究	从夺取政权的党向执政党的转变（体验式教学）	高新民 张志明	达标（不评估）
5	地厅级干部进修班（党建方向）	党的建设和党的历史经验热点难点问题研究	党的领导与意识形态建设	陈冬生	达标（9.22）
6	地厅级干部进修班（政治方向）	政治建设与政治体制改革热点难点问题研究	依法行政的理论与实践（案例教学）	王　红 傅思明 王雅琴 张丽娟	未达标（8.91）
7	地厅级干部进修班（文化建设方向）	文化建设与文化体制改革热点难点问题研究	社会主义核心价值体系建设与意识形态创新研布	周熙明	达标（9.31）
8	地厅级干部进修班（国政方向）	国际政治与经济热点难点问题研究	中国周边环境面临的机遇与挑战	康绍邦	未达标（8.66）

（青年项目）

序号	班次	课程名称	讲题	承担人	达标情况
1	地厅级干部进修班（社会主义经济建设方向）	经济建设热点难点问题研究	现代金融理论创新与金融体制改革问题	陈启清	达标（9.03）
2	地厅级干部进修班（文化建设方向）	文化建设与文化体制改革热点难点问题研究	文化遗产与当前文化建设	马奔腾	达标（9.83）

第二组：中青一班

（一般项目）

序号	班次	课程名称	讲题	承担人	达标情况
1	中青一班	中国特色社会主义理论体系与当代实践	建设资源节约型国民经济体系问题研究	杨秋宝	未达标（8.99）
2	中青一班	中国特色社会主义理论体系与当代实践	毛泽东思想基本问题研究	陈雪薇	达标（9.48）
3	中青一班	中国特色社会主义理论体系与当代实践	统筹协调我国现阶段的利益关系	谢志强	未达标（8.6）
4	中青一班	中国特色社会主义理论体系与当代实践	加快推进以改善民生为重点的社会建设	贾建芳	未达标（8.69）
5	中青一班	中国特色社会主义理论体系与当代实践	科学社会主义基本原则与中国特色社会主义道路	秦　刚	达标（9.45）
6	中青一班	中国特色社会主义理论体系与当代实践	资源型城市经济转型问题（案例教学）	张玉杰 张汉飞	达标（9.17）
7	中青一班	中国特色社会主义理论体系与当代实践	中国城市化进程中的文化问题	陈宇飞	达标（9.02）
8	中青一班	中国特色社会主义理论体系与执政党的建设	党的执政方式前沿问题研究	张晓燕	达标（9.06）
9	中青一班	执政经验与领导能力训练	突发事件与危机管理	孙建杭	达标（9.0）

（青年项目）

序号	班次	课程名称	讲题	承担人	达标情况
1	中青一班	中国特色社会主义理论体系与当代实践	科学社会主义基本原则与中国特色社会主义道路	冯书泉	未达标（8.02）
2	中青一班	中国特色社会主义理论体系与当代实践	现代传媒与党的执政能力建设	秦　露	达标（9.48）

第三组：中青二班、新疆地厅班

（一般项目）

序号	班次	课程名称	讲题	承担人	达标情况
1	中青二班	执政经验与领导能力训练	提高应对突发事件的能力（案例教学）	王　军 黄小勇 牟为民 张　伟 井　敏	达标（分组教学评估达标）
2	中青二班	马克思列宁主义、毛泽东思想、中国特色社会主义理论体系研究	中国特色国际战略理论研究	宫　力	达标（9.59）
3	中青二班	中共党史专题研究	从新民主主义向社会主义的过渡	罗平汉	达标（9.51）
4	新疆地厅班	领导能力训练	领导能力训练战略预见与危机防范（案例教学）	段培君	达标（9.50）
5	新疆地厅班	马克思列宁主义、毛泽东思想、中国特色社会主义理论体系研究	中国特色社会主义理论的形成与发展	谢春涛	达标（9.53）
6	新疆地厅班	马克思列宁主义、毛泽东思想、中国特色社会主义理论体系研究	中国特色社会主义文化建设研究	谢武军	达标（9.53）
7	新疆地厅班	马克思列宁主义、毛泽东思想、中国特色社会主义理论体系研究	权力的法律制约问题研究（案例教学）	姜小川 刘永艳 封丽霞 张立伟	达标（9.58）
8	新疆地厅班	领导能力训练	一个书记所引发的现代领导者领导能力的争议（案例教学）	刘玉瑛	达标（9.55）

（青年项目）

序号	班次	课程名称	讲题	承担人	达标情况
1	中青二班	战略学专题研究	自主创新的理论与实践	胡　卫	达标（菜单课未评估）
2	新疆地厅班	马克思列宁主义、毛泽东思想、中国特色社会主义理论体系研究	党内民主与人民民主的互动关系研究	祝灵君	达标（9.16）
3	新疆地厅班	西部大开发专题研究	国外地区开发经验研究	潘　悦	达标（9.56）

第四组：新疆县处班、一年制西藏班

（一般项目）

序号	班次	课程名称	讲题	承担人	达标情况
1	一年制西藏班	马克思主义基本理论概述	中国特色社会主义理论体系概论	毛卫平	达标（9.54）
2	一年制西藏班	国际政治知识讲座	新时期中国国际环境的构建	马小军	达标（9.6）

（青年项目）

序号	班次	课程名称	讲题	承担人	达标情况
1	新疆县处班	马克思主义基本理论	中国特色社会主义宗教理论及现阶段宗教问题	蒲长春	达标（9.31）
2	新疆县处班	两部大开发讲座	西部地区民营经济发展问题	曹　立	达标（9.58）
3	一年制西藏班	经济学管理学知识讲座	当前金融状况及其政策	董艳玲	达标（9.59）

注：以上31个项目评估达标，予以结项，6个评估未达标，不予结项。

“中央党校教学科研专项基金”
2009年度科研课题资助奖励项目立项情况

序号	姓名	单位	项目名称（包括完成时间和最终成果形式）
1	杨玉成	哲学教研部	凯恩斯经济理论的哲学基础研究（2010年12月，研究报告）
2	靳凤林	哲学教研部	当代中国政治伦理的结构性转型研究（2010年12月，专著）
3	丁东红	哲学教研部	美国新马克思主义研究（2010年12月，研究报告、论文）
4	曹　新	经济学教研部	新形势下能源安全问题研究（2010年12月，研究报告）
5	曹　立	经济学教研部	新型工业化与现代服务业互动研究——从产业结构演进角度（2011年6月，研究报告）
6	陈启清	经济学教研部	基于次贷危机的金融风险全球化与国际金融监管合作研究（2010年5月，研究报告）
7	孟　鑫	科学社会主义教研部	西方新社会运动与我国当代社会转型问题比较研究（2010年9月，论文、研究报告）
8	青连斌	科学社会主义教研部	分配政策对解决贫富差距扩大问题的作用机制研究（2009年12月，研究报告）
9	张　瑞	科学社会主义教研部	价值与利益：市场经济条件下社会主义核心价值体系的建设（2010年12月，论文）
10	王　洋	组织部	新时期党校两支干部队伍协调发展问题研究（2010年12月，研究报告）
11	井　敏	政法部	我国基本公共服务均等化问题研究（2010年6月，论文）
12	张旭东	中共党史教研部	中国共产党政策演变与外国在华企业的衰亡（1949—1962）（2011年7月，专著）
13	张太原	中共党史教研部	《独立评论》与20世纪30年代的文化思潮（2010年12月，研究报告、专著）

续 表

序号	姓名	单位	项目名称（包括完成时间和最终成果形式）
14	尤元文	后勤服务部	媒体时代与执政党建设（2010 年 3 月，论文、专著）
15	吕　品	党的建设教研部	信息时代改善党的建设（2010 年 2 月，论文、研究报告）
16	谢　锋	党的建设教研部	法律视域下的政党党内民主（2010 年 12 月，论文）
17	范玉刚	文史教研部	文化战略视野中的国家文化创意产业发展研究（2010 年 5 月，研究报告、专著）
18	罗建波	国际战略研究所	中非关系全面提升背景下中国、欧盟与非洲国家的三边合作研究（2010 年 5 月，研究报告、论文 5 篇）
19	杨　青	国际战略研究所	中国——东盟关系中的南海问题研究（2010 年 12 月，内部报告）
20	纪　军	国际战略研究所	国际金融风暴对我国就业的影响及应对策略（2010 年 3 月，研究报告）
21	马小军	国际战略研究所	国际战略视野中的中国能源与环境安全问题（2010 年 6 月，研究报告）
22	刘燕飞	图书馆	面向用户的党校数字图书馆信息服务模式研究（2010 年 12 月，研究报告）

（离退休干部项目 3 项）

序号	姓名	单位	项目名称（包括完成时间和最终成果形式）
23	钱俊生	离退休干部局	生态文明的理论与实践（2010 年 12 月，研究报告）
24	董友忱	离退休干部局	关于泰戈尔的婚姻研究（2011 年 3 月，论文）
25	吴振坤	离退休干部局	解决“三农”问题的根本战略（2009 年 12 月，专著）

“中央党校教学科研专项基金”科研课题结项情况

（4 月 2 日通知）

序号	姓名	课题名称	成果名称	立项时间	出版社/刊物
1	封丽霞	中国党政干部法律意识调查报告	研究报告：《部分领导干部对中国法治的十点看法》	2004 年	《思想理论内参》2008 年第 42 期
2	李雅云	执政党与司法机关的关系研究	论文：《政党与司法关系——以美国联邦大法官为例》	2005 年	《中共中央党校学报》2008 年第 12 卷第 5 期
3	贾华强	可持续发展视角的价值与价格	专著：《边际可持续劳动价值论》	2005 年	人民出版社 2008 年 8 月版
4	潘　悦	跨国公司在中国的发展趋势和我国的对策研究	论文：1.《国际产业转移的新浪潮与东亚发展中国家、地区面临的挑战》 2.《跨国公司对华投资趋势与我国对策研究》	2005 年	1. 发表在《当代亚太》2006 年第 6 期 2. 发表在《中共中央党校学报》2008 年第 12 卷第 5 期
5	李慧英	我国出生性别比例失衡与政策干预模式创新	研究报告：《我国出生性别比例失衡与政策干预模式创新》	2006 年	经校内 1 名、校外 2 名专家匿名评审，同意结项
6	谢武军	文化体制改革研究	论文：《关于文化体制改革的几个问题》	2006 年	发表在《中国文化产业评论》第 8 卷
7	刘炳香	领导干部执政案例研究	专著：《领导干部案例教学与执政案例》	2006 年	中央党校出版社 2008 年 10 月版
8	孙小兰	贫困地区新农村建设资金保障机制研究	提交论文 2 篇	2006 年	分别发表在《学习时报》和《理论前沿》
9	韩庆祥	以人为本的思想体系与前沿问题研究	提交论文 5 篇	2006 年	分别发表在《社会科学战线》等
10	赵　磊	中国参与联合国维和行动的国家利益分析	提交论文 4 篇和专著 1 部	2007 年	论文发表在《中国党政干部论坛》等刊物，专著由九州出版社出版
11	辛守良	中国特色社会主义理论研究	专著：《中国特色社会主义新释》	2008 年	山西出版集团 2008 年 9 月版
12	李　民	媒体时代与执政党建设	专著：《传媒时代与执政党建设》	2008 年	中央党校出版社 2008 年 12 月出版

（7月15日通知）

序号	姓名	课题名称	成果名称	立项时间	出版社/刊物
13	张喜德	马克思主义中国化的经验教训	专著：《马克思主义中国化的经验教训》	2005年	中央党校出版社2009年出版
14	楚双志	晚清中央与地方关系的演变	专著：《晚清中央与地方关系的演变史纲》	2006年	中央党校出版社2006年10月出版
15	韩光宇	民主集中制基本问题研究	专著：《民主集中制研究》	2007年	湖南大学出版社2008年1月出版
16	郑　权	中国共产党执政理论问题研究述评	研究报告：《中国共产党执政理论研究》，另外提交论文4篇	2007年	分别发表在《中共中央党校研究报告》2009年第2期等杂志
17	李小科	现代西方政治哲学家眼中的“马克思”研究	提交论文《哈耶克眼中的“马克思”》等4篇	2007年	分别发表在《西南民族大学学报》2009年第5期等
18	徐伟新	中国特色社会主义妇女理论基本问题研究	论文：《发展、平等、和谐——改革开放30年中国特色社会主义妇女解放和发展的理论与实践》	2008年	发表在《理论动态》2008年12月30日第1801期
19	杨英杰	流动性过剩与中国金融风险研究	研究报告：《流动性过剩仍将考验中国金融体系安全》	2008年	发表在《中共中央党校研究报告》2009年第9期

“中央党校教学科研专项基金”2009年度研究生课程资助项目

序号	单位	学科专业	课程名称	负责人
1	马克思主义理论教研部	马克思主义基本理论	马克思主义经典文献选读（硕士生）	梁 波
2	哲学教研部	科技哲学	当代科学技术哲学前沿问题研究（博士生）	王克迪
3	经济学教研部	政治经济学	二元经济结构理论与中国农业现代化（博士生）	徐祥临
4	政法教研部	行政管理	比较公共行政（硕士生）	井 敏
5	科学社会主义教研部	科学社会主义	社会科学研究方法论（硕士生）	青连斌
6	中共党史教研部	中共党史	现代人物与思想（硕士生）	张太原
7	党的建设教研部	中共党史（党的建设与党的学说）	中国共产党建设史（硕士生）	张希贤
8	文史教研部	文艺学	中国美学史（硕士生）	廖小鸿
9	文史教研部	英语	英语课（博士生）	赵伯英
10	国际战略研究所	国际政治	国际关系史专题（硕士生）	左凤荣

“中央党校教学科研专项基金”2008年度研究生课程资助项目结项情况

类别	学位	学科专业	课程（讲题）名称	负责人	备注
专业课	博士（理论前沿课）	马哲	马克思主义哲学理论前沿题研究	韩庆祥	结项
		政经	经济学热点问题研究	王天义	结项
		政治学理论	政治学理论前沿问题研究	李良栋	结项
		科社	社会主义核心价值观研究	王怀超	结项
		党史	中国现代政治思想史研究述评	柳建辉	结项
		党建	世界政党比较研究的前沿问题	姜　跃	结项
		国政	国际政治研究中的历史地理因素	马小军	结项
	硕士	马哲	马克思主义哲学在当代	何建华	结项
		外哲	西方近代哲学原著选读	郭大为	结项
		政经	资本论	李继文	结项
		世经	国别经济学	陈江生	结项
		国民经济学	管理理论	陈宇学	结项
		区域经济学	西方经济学	张玉杰	结项
		政治学理论	政治文化专题研究	刘学军	结项
		法学理论	刑法学	赵永红	结项
		经济法学	企业公司法学	王　静	结项
		宪法与行政法	比较宪法	傅思明	结项
		党史	中国现代经济研究	程连升	结项
		党建	马克思主义党建学说经济典著作选读	吴　辉	结项
		思政	马克思主义关于思想政治工作的基础理论	李俊伟	结项
		国际政治	近现代国际关系	秦治来	结项
		外交学	马克思主义国际政治理论	左凤荣	结项
		中国近现代史	中国近代学术思想史	岑大利	结项
外语	博士	英语	英语语言文学	赵伯英	结项
	硕士	日语	日语语言文学	张爱平	结项

《理论视野》编辑工作

《理论视野》入选为 CSSCI 扩展版来源期刊

经《中文社会科学引文索引》（CSSCI）指导委员会审定，《理论视野》入选为 CSSCI 扩展版来源期刊（2008—2009 年）。

《理论视野》文章被转载情况

《理论视野》2009 年共被转载文章 49 篇，其中《光明日报》2 篇，《新华文摘》3 篇，《中国社会科学文摘》1 篇，《报刊文摘》7 篇，《文摘报》2 篇，中国人民大学复印报刊资料 34 篇。在全国综合性社会科学类期刊中排第 26 位。（根据中南财经政法大学图书馆期刊信息检索中心《信息检索报告》）

序号	期数	原文题录	转载报刊及文摘题录	作者姓名
1	4	中国化马克思主义的儒学因素	《新华文摘》第 9 期 40 页，同名文章	冯　俊
2	6	马克思主义何以实现中国化	《新华文摘》第 17 期 158 页，同名文章	田鹏颖
3	7	韩国民主政治的历史方位	《新华文摘》第 18 期 163 页，同名文章	杨鲁慧 宋国华
4	3	创新基本理论研究的方法原则	《光明日报》5 月 19 日第 9 版，同名文章	杨金海
5	5	列宁晚年的改革思想及其启示	《光明日报》6 月 16 日第 9 版，同名文章	张荣臣
6	1	深化中国特色农业经济理论的思考	《中国社会科学文摘》第 5 期 155 页，同名文章	杨承训
7	1	解放思想应普遍化常态化	《报刊文摘》2 月 4 日第 2 版，同名文章	衣俊卿
8	2	大变革大调整中的国际局势	《报刊文摘》3 月 6 日第 2 版，题目：民主化浪潮将处于暂时停顿阶段	金灿荣
9	3	破解中国经济困局	《报刊文摘》7 月 29 日第 2 版，题目：发消费券只是提供喘息之机	王东京
10	4	科学、客观地评价改革开放 30 年历史	《报刊文摘》5 月 8 日第 2 版,题目:推进改革开放需深入研究五大问题	李君如
11	4	科学、客观地评价改革开放 30 年历史	《报刊文摘》5 月 11 日第 2 版，题目：着眼于民族使命来研究 30 年历史	李君如
12	7	应对世界金融危机中的政府与市场	《报刊文摘》7 月 29 日第 2 版，题目：警惕一种错误信息的传达	包心鉴
13	12	当前宏观经济政策解读与建议	《报刊文摘》1 月 9 日第 2 版，题目：扩大投资与扩大消费并举	方福前
14	5	对资本主义重新认识的深化与发展	《文摘报》6 月 11 日第 6 版，题目：对当代资本主义的新认识	张　琳
15	11	中苏论战对马克思主义中国化的影响	《文摘报》12 月 10 日第 6 版，题目：中苏论战对马克思主义中国化的影响	刘丽琼
16—49		文化契合、文化融合与文化重建等 34 篇	中国人民大学复印报刊资料《马克思列宁主义研究》等专题	王南湜等

学术论坛

“中国马克思主义论坛2009”在中央党校举行

12月8日至9日，由中国马克思主义研究基金会主办、国家开发银行为支持单位的“中国马克思主义论坛2009”在中央党校举行。中共中央政治局常委、中央书记处书记，中央党校校长习近平向论坛致贺信，中央党校常务副校长李景田宣读习近平副主席的贺信并讲话。中国社会科学院常务副院长、中国马克思主义研究基金会理事长王伟光向论坛提交了书面演讲稿。出席论坛开幕式的领导还有：中央党校副校长陈宝生、中央党校副校长孙庆聚，中央党校副校长、基金会副理事长李书磊，中央党校教育长、基金会副理事长郝时晋，中央文献研究室副主任李捷，中央党史研究室副主任李忠杰，中国出版集团总裁聂震宁，中央党校原副校长、基金会顾问邢贲思、刘海藩，中央党校原副校长杨春贵、李君如，中央党校原教育长、基金会副理事长李兴山，中央党史研究室原副主任石仲泉，国防大学原副校长、基金会理事侯树栋，国防大学原副校长许志功，武汉大学原校长陶德麟，中央党校校委委员、科研部主任、基金会理事张伯里，中央党校校委委员、培训部主任徐伟新，中央党校校委委员、哲学部主任、基金会理事贾高建，中央党校校委委员、办公厅主任、基金会理事罗宗毅。中央党校校委委员、教育长郝时晋主持开幕式。中央党校直属单位负责人和部分省级党校校长，中央文献研究室、中央党史研究室、中国社会科学院、中央编译局直属单位负责人和研究人员，北京大学、清华大学、中国人民大学等14所高校马克思主义学院院长和资深学者，论坛入选论文作者代表出席论坛。中央党校进修部、培训部部分学员和各教研部部分教员也出席了论坛部分活动。参加论坛活动的共计600余人。

中国马克思主义研究基金会成立于1992年，是中央党校主管的全国唯一一家以奖励、资助、组织马克思主义和马克思主义中国化成果特别是中国特色社会主义理论体系的学习、研究、宣传为宗旨的基金会。

“中国马克思主义论坛2009”是中国马克思主义研究基金会举办的首届“中国马克思主义论坛”。以后将每年举办一届。

财务行政 · 后勤服务 · 安全保卫

财务行政

2009年财务行政管理工作概述

2009年，财务行政管理工作坚持为党校事业服务，为教学科研服务、为学工人员服务的宗旨，继续推进管理的规范化、制度化和科学化，各方面工作取得积极进展。

一、深入学习实践科学发展观，重点抓好学习实践活动整改方案和校委工作要点的落实

切实抓好学习实践活动整改方案和财务行政管理各项重大工作。

1. 解决学校职工住房问题，开展与中直机关管理局合作建房。按照校委提出的"人才战略"中的"筑巢引凤"要求，为中央党校引进优秀人才提供较好住房条件，解决近年新晋职的教职工以及每年新到中央党校工作的应届毕业生和部队转业干部的住房问题，中央党校和中直管理局达成了合作建房的协议，在后区以及花房、学校东门外等空闲地块新建职工住宅楼。确定合作建房工程后，财行局积极进行前期施工手续办理、工程招投标等工作，工程于2009年5月正式开工，计划2010年5月竣工。

2. 开展全面制度清理，做好各方面管理制度的废、改、立工作。对业务范围内各项制度进行了全面的清理，对财务管理、成本管理、资产管理、审计和内部管理、基本建设管理、房地产管理和资源节约管理等方面的制度进行修改和完善，制定了《中央党校干部教育费支出管理办法》、《中央党校差旅费管理办法》、《中央党校货币资金内部控制管理规定》、《中央党校内部审计规定》、《中央党校政府采购管理规定》、《中央党校收据管理办法》、《财务部有关处室办理收支业务基本须知》、《中央党校主楼及东西配楼管理办法》、《住宅房屋租用管理办法》、《工程资料租用管理办法》、《工程资料管理规定实施细则》、《关于进一步做好节能减排的意见》、《工程材料设备认价管理办法》等多项制度。

3. 做好中央党校防控甲型H1N1流感工作。为积极应对甲型H1N1流感病毒的传播，保障学员和教职员工身心健康，采取多项措施，全力做好防治甲型H1N1流感的工作。在甲型H1N1流感大面积蔓延前，爱国卫生委员会办公室制订出《中央党校防控甲型H1N1流感工作方案》，明确各部门职责分工，执行每日零报告制度，同时及时开展甲型H1N1流感防病知识的宣传教育。甲型H1N1流感蔓延后，中央党校爱委会办公室采取了多种检测体温措施，并组织教职员工接种甲型流感疫苗，

为学员接种700例，为教职工接种1500例，口服中药3450人。经过广泛地宣传教育和严密的防控，中央党校未发现聚集性疫情，很好地保证了正常的教学、科研和生活秩序。

4. 继续做好校史展相关工作。配合校史展工作领导小组，做好校史展文本修订和电子展板的制作工作，继续在校内外重点单位和地区做好史料、文物的征集工作，做好各项目组之间的衔接和配合工作。

二、抓好基本建设工作

按照校委优质、高效、安全、文明、廉洁的要求，继续做好校园基本建设工作。

1. 除与中直合作建房工程外，完成中水回用工程、育园楼加层改造工程、旧医院改造加固工程、体育馆游泳馆防结露改造工程、二食堂和清真食堂改造工程。利用暑期大干40天，完成第二食堂、清真食堂装修改造工程和主楼综合楼修缮工程。完成16、17、18、24号楼学员地下室和16、18、20号楼地下人防通道防水等维修工程。完成8栋学员楼、南院D座学生公寓工程（除防水外）竣工保修工程。协助后勤服务部园林修缮中心完成多项维修工程。

2. 继续做好外业工作。完成主楼维修工程、综合楼维修工程、育园楼维修工程、数字图书馆工程、校史馆工程公开招标和前期手续办理工作；完成旧住宅楼加装电梯工程的调研工作；继续做好新建学工食堂工程和数字校园工程申请立项等前期工作。

3. 继续抓好中央党校数字图书馆工程。中央党校数字图书馆工程立项于2000年提出，经过近十年的努力，2009年4月取得国家发改委的审核批准，12月22日奠基开工。

4. 协助天然气公司对全校住宅楼、食堂、锅炉设备、管道进行检查和维修，完成多处改线、通气工程。

5. 全年共审核预结算65项。

三、继续抓好财务管理和审计工作

按财政部要求，强化预算管理，抓好预算执行工作，力争作到均衡支出，特别加强了对项目支出的管理。

1. 完成2009年支出计划。为使资金得到合理使用，实现均衡支出，财务部以强化预算管理和执行进度管理为工作重点，在加强经费执行进度方面采取了提前抓、抓重点，分工负责、责任到人，加强计划性、加强沟通，加强日常督促等措施，较好地完成了年度支出计划。

2. 做好经费压缩工作。中纪委、监察部、财政部2009年联合发文，要求各部门做好有关经费压缩工作，财政部按规定核减了中央党校一定数额的招待费和交通费。在保证学校工作正常运转的前提下，通过加强日常管理，完成了压缩任务。

3. 全力争取追加经费。校委决定2009年开始进行校史展的相关工作和育园楼加层加电梯改造工作，积极想办法争取到追加经费。

4. 抓好编制2010年预算工作。为了编制好2010年预算，在总结以往经验的基础上，提前拟订了《关于编制2010年项目预算的通知》，并就如何申报预算提出了详细要求，提前对学校各项支出的数据进行测算，顺利完成中央党校2010年部门预算编报工作，并提前完成了2010年校内预算分配方案，为做好2010年预算执行工作奠定了基础。

5. 做好成本管理工作，加强收入管理。

6. 按照上级部门要求，完成中央党校治理“小金库”自查自纠、财务管理自查自纠工作，完成固定资产处置收入上缴国库工作，重新核定全体职工2009年住房公积金，安装“行政事业单位资产管理信息系统”，并为该系统的使用进行了前期工作。

7. 对保存期限已到期的会计档案进行了清理销毁。

四、继续做好房地产管理、人防、资源节约管理工作

1. 做好职工住房相关工作。分配调整中直马连道等三处职工住宅14套，已分配完毕10套，另4套在全校范围报名申请；利用暑期，完成了113、116楼房改售房职工个人产权证发放工作和四期住宅售房资料的核实、清理未结清房款、租赁地下室住户的结算收费工作；完成了四期土地证的办理工作和二期、三期住宅超规划的补办手续工作，部分完成职工房改购房建档工作。

2. 抓好公房管理工作。完成主楼内的部分单位的办公室调整、陈列馆内部办公单位的调整，为校史馆项目的如期开工创造条件。

3. 抓好节水节电相关工作。完成了全年校内经营性单位、校外单位、研究生水电费用的收取和职工住户全年水电费结清工作；完成了中央党校成本核算报表编制工作和部分地井水表的更换工作。

4. 继续做好人防工作。完成24号楼人防工程通风设备维修；参加中直人防办组织的人防指挥管理培训；建立人防工程钥匙库。

5. 抓好资源节约管理工作。完成中央党校雨水蓄积利用工程的施工方案的制订和中央党校建筑节能监测平台建设方案的招投标工作；加强资源节约宣传工作，开展第三届节能减排宣传日活动，举办6期橱窗板报宣传；完成了体育馆淋浴器、食堂燃气灶具和主楼部分厕所蹲便器的改造和中直管理局《厨房设备统计》、《住房节能改造报表》等报表填报工作。

五、做好爱国卫生、交通安全、人口与计划生育等综合管理工作

1. 继续做好爱国卫生工作。除全力做好防控甲流H1N1工作，开展对新学员进行病毒性肝炎、细菌性痢疾和“红眼病”监测工作；强化人员饮食、饮水安全监管，积极开展除害虫活动。

2. 继续做好人口与计划生育工作。大力开展健康知识普及、加强流动人口管理、推进各种保险办理、落实独生子女父母一次性奖励的发放。

3. 继续做好交通安全工作。与中直机关交通安全委员会和青龙桥地区交通安全委员会签订交通安全责任书，与校内各直属单位签订年度交通安全责任书。开展有针对性的宣传教育活动，加强对

专职驾驶员教育宣传。严格按规定对重点单位机动车的安全检查，确保了国庆期间没有发生道路交通安全责任事故。与东风雪铁龙公司合作，设置了校内道路交通指示牌。

4. 抓好迎接建国六十周年的安全、维稳工作。制订了建国六十周年安全维稳工作方案，加强日常值班和节假日值班、落实每日零报告制度，确保校内安全稳定。

关于印发《中央党校干部教育费支出管理办法（修订）》的通知

中校厅字〔2009〕30 号

校直属单位：

经校领导同意，现将校财务部制定的《中央党校干部教育费支出管理办法（修订）》印发给你们，请照此执行。

办公厅

2009 年 7 月 2 日

中央党校干部教育费支出管理办法（修订）

第一章 总 则

第一条 为了规范和加强对我校干部教育费支出的管理，提高资金使用效益，确保学校各项工作任务的完成，制定本办法。

第二条 干部教育费是用于完成党中央交给我校的教学科研、培训轮训学员等工作任务的经费。

第三条 本办法适用于学校直接管理的干部教育费。

第二章 我校干部教育费支出分类

第四条 我校干部教育费按支出性质分为基本支出经费和项目支出经费。

第五条 基本支出经费是指用于我校正常运转的费用。包括工资福利支出、商品和服务支出、对个人和家庭的补助支出、其他资本性支出。

第六条 项目支出经费是指由财政部专项核批的用于我校开展专项业务的经费。主要有培训轮训学员专项业务费、省部级领导干部专题研讨班专项经费、外事活动专项经费和其他项目经费。其他项目经费所含具体项目每年根据实际工作需要确定。

第三章 干部教育费支出的预算管理

第七条 根据财政部关于部门预算管理要求和《中央党校财务管理规定》，各有关单位每年要在规定的时间内，结合学校工作计划和本单位职责、任务以及事业发展计划，编制本单位下年度干部教育费支出预算并报财务部。

按照财政部批准的总预算及学校工作需要，由财务部提出经费预算分配建议，经校委审批形成我校年度干部教育费预算方案后执行。

第八条 各单位要按照校委批准的预算方案执行，不得擅自改变经费用途及金额。

对未经批准的、不报预算的、临时动议不属急需的经费支出一律不予开支。对确因工作调整等因素急需追加、调整预算的经费支出，按《中央党校财务管理规定》有关要求办理。

第九条 按照财政部关于加强预算执行管理的要求，学校预算方案批准后，各经费使用单位要按照规定的经费用途，结合单位工作实际和经费均衡使用的原则，研究制定出本单位所管理经费的使用计划，填报“部门经费支出月度执行计划表”；各“项目支出”承担单位，要制订详细的工作进展计划和用款进度计划，填报“项目支出月度执行计划表”，经单位主要领导签字后报财务部备案。财务部负责向财政部编报全校基本支出和项目支出月度执行计划，并按批准的计划统一管理、监督使用。

第四章 干部教育费的支出范围

第十条 按财政部规定，我校基本支出经费支出范围如下：

（一）工资和福利支出

1. 基本工资：指按规定发给工作人员的基本工资，包括公务员的职务工资、级别工资；事业单位工作人员的岗位工资、薪级工资等。

2. 津贴补贴：指经国家批准发给工作人员的岗位津贴、交通补贴、书报费、移动通信补贴和住宅公务电话补贴等。

3. 奖金：指发给工作人员年终一次性奖金。

4. 社会保障缴费：指单位为援藏援疆人员缴纳的人寿保险费和为劳动合同制人员缴纳的养老、失业、医疗等社会保险费，以及按北京市规定缴纳的残疾人就业保障金。

5. 伙食补助费：指单位发给职工的伙食补助费，如误餐补助等。

6. 其他工资福利支出：指发给单位工作人员的加班费、学校补贴、专项奖、劳动合同制人员工资等。

（二）商品和服务支出

1. 办公费：依照行政事业单位财务会计制度规定，用于购买不纳入固定资产管理范围的各种一般性办公用品和办公室的清扫用品、饮水用具等，支付有关办公复印、资料印刷等费用。按学校规定支付的有关部门的报纸、刊物的订阅费及校机关党委组织学习用资料费。

2. 印刷费：指用于校内有关部门发生的文件印刷费。

3. 水费：指用于支付办公、教学、学员楼及其他公共场所使用的水费、排污费等。

4. 电费：指用于支付办公、教学、学员楼及其他公共场所使用的电费等。

5. 邮电费：用于办公室办公用电话费开支（不包括信息费、上网费等其他服务项目的费用），经批准支付电信局的移机费或装机费用，及机要邮费、邮寄费等。

6. 取暖费：指用于冬季取暖和给学员楼供应热水及夏季制冷支付的电、气费及运行费用等。

7. 物业管理费：指用于办公楼、综合教学楼、体育馆、礼堂、南院研究生公寓等方面的物业管理和校园保安、绿化保洁费用。

8. 交通费：因公务发生的市内交通费用，包括乘坐各种公共交通车辆、出租车发生的费用和使用本校交通服务中心车辆的费用。

9. 差旅费：用于公务出差发生的费用，包括按有关规定乘坐交通工具的费用、住宿费用、出差补助及因工作需要支出的杂费等。

10. 维修（护）费：指用于房屋、电梯、锅炉、家具、机器设备等的维修发生的费用，以及办公楼、学员楼消防维修保养费用。

11. 会议费：指校委批准由学校安排经费的有关会议的费用。

12. 培训费：用于在职教职工和劳动合同制人员培训支出的学费、讲课金、资料费；干部挂职锻炼、选拔的费用；校机关党委、团委组织全校性宣传教育、培训等活动发生的费用。

13. 招待费：用于学校接待相关业务往来客人发生的住宿、招待餐等费用。

14. 专用材料费：指用于购置不按固定资产管理的物品和劳保用品发生的费用。

15. 劳务费：指按规定支付校外单位和个人的劳务费、稿费、翻译费、评审费，临时聘用人员工资等。

16. 工会经费：指按规定提取的工会经费。

17. 福利费：指按规定提取的福利费、学校拨给校工会的集体福利和职工困难补助基金等。

18. 其他商品和服务支出：指上述各项目未包括的日常公用支出，如计划生育费、离退休人员特需费和公用费、在职人员防暑降温费、食堂管理费、人防费、扶贫支出等。

（三）对个人和家庭的补助支出

1. 离休费：指按规定发给离休人员的离休费、护理费和其他补贴等。

2. 退休费：指按规定发给退休人员的退休费和其他补贴、返聘工资差额等。

3. 抚恤金：指按规定支出的烈士、牺牲、病故人员遗属一次性和定期抚恤金，伤残人员的抚恤金，离退休人员等其他人员的各项抚恤金。

4. 生活补助：指按规定开支的已故职工遗属补助、援藏援疆人员生活补助等。

5. 医疗费：指按规定由学校列支的在职人员、离退休人员的医疗费。

6. 助学金：指学员伙食补助、研究生助学金和困难补助、民族班节日会餐、学员杂费等。

7. 奖励金：指计划生育目标责任奖励、独生子女父母奖励等。

8. 住房公积金：指按规定比例为职工缴纳的住房公积金。

9. 提租补贴：指按规定向工作人员、离退休人员发放的租金补贴。

10. 购房补贴：按房改政策规定，向符合条件的职工（含离退休人员）发放的用于购买住房的补贴。

11. 其他对个人和家庭的补助支出：指上述各项目未包括的对个人和家庭的补

助支出，如独生子女费、职工探亲旅费等。

（四）其他资本性支出

1. 办公设备、专用设备及交通工具购置费：指用于购置包括办公家具、计算机、复印机、电教设备、其他电子设备等办公设备和锅炉设备、饮食设备等专用设备及交通工具的购置费。

2. 图书资料购置费：指图书馆购置图书、资料、报刊、数据库等发生的费用。

第十一条 我校项目支出经费分为国务院已研究确定项目、经常性专项业务费项目、其他项目三大类。

（一）国务院已研究确定项目

1. 省部级领导干部专题研讨班经费：按财政部规定，该专项经费是用于中央每年在我校举办的省部级领导干部专题研讨班的相关支出。

2. 宣传文化发展专项经费：按规定补贴给出版社、报刊社的专项经费。

（二）经常性专项业务费项目

我校培训轮训学员专项业务费为经常性专项业务费。按财政部规定，该项业务费开支范围如下：

1. 教学经费：指教务部用于购买、印刷教材及资料，组织教学参观及军训，支付外请教员讲课金，招生等费用；用于学科建设、教材编写、教学改革等方面的费用。

2. 科研经费：指科研部用于科研部组织召开的或经科研部批准召开的理论研讨会、信息交流会等发生的会议费；教研人员调查研究和参加学术会议的差旅费、会务费等费用；经批准拨给我校出版社资助学术著作出版的经费；科研奖励费用；校级和部（所）级课题研究开支的有关费用。

3. 研究生经费：指研究生院用于在校研究生的教育费用，包括招生费用、教材资料费用、印刷费用、论文评阅费用、答辩费用、派遣费用等。

4. 研究室业务费：指研究室用于购买有关资料、开展调研、支付理论内参印刷、年鉴编撰等费用。

5. 民族班、中青二班学习考察经费：指培训部民族班外出学习考察发生的交通、住宿及相关费用；经学校批准开支的民族节日庆祝费用等；中青二班去有关干部学院学习的单程路费。

6. 学员部业务费：指学校核定给进修部、培训部用于学员的资料打印、复印、办公用品购置、计算机耗材、论文评比等费用，以及围绕教学组织学员举办运动会及其他活动的费用。

7. 信息管理部业务费：信息管理部用于教学用计算机、音像设备的维修及有关耗材、音像带的购置，及电视台支付稿费、节目收视费，学员宿舍有线电视收视费、卫星信道费、宽带租赁费、网络服务费等费用。

8. 体育教学费：指文史教研部为开展学员体育教学，为学员购买体育用品等费用。

9. 校委专项调研费：指中央临时直接向校委交办或由校委决定并直接掌握的重大调研项目发生的费用。

10. “八部一所”专项业务费：指“八部一所”用于教学、科研、学科建设有关的支出，如小型研讨会议费、调研费、外请专家学者交通和劳务费等。

11. 其他业务费：与培训轮训学员有

关的其他业务支出。

（三）其他项目

1. 外事活动专项经费：是指外事工作办公室用于国际友好团体及人士来访接待费、学校有关人员出国访问费以及开展外事工作需要的相关费用。

2. 其他项目经费：是学校为履行职责、完成工作，经财政部批准的其他一次性专项经费，如大额和批量设备购置、大中型维修等专项经费。

第五章 干部教育费支出管理

第十二条 干部教育费支出要严格遵守国家的有关法律法规，遵守国家和学校的有关财务制度，严格执行财政部关于“国库集中支付”、“政府采购”、“加强预算执行管理”的有关要求，在干部教育费支出过程中，要从以下三个方面加以控制。

（一）审签控制

各单位必须指定一名领导主管核定给本单位的有关经费（确需两人分管的与财务部商定），并将审批人姓名、签字样式、联系电话报财务部备案，财务部凭各单位主管领导签字后的凭证办理有关报销手续。

各单位应指定专人负责本单位所管日常公用经费和经常性专项业务费的报账工作，包括办理支票、现金的领报工作及往来款项业务。

（二）指标控制

财务部按照校委批准的年度干部教育费预算方案为各有关单位设置指标控制账，每月将指标执行情况及时通报各单位。各单位在控制指标内按均衡支出的原则合理安排开支，避免年终突击花钱和突破指标。

（三）支出范围控制

各单位对由本单位分管的经费，要严格按规定的支出范围使用。除有明确规定外，不得在本单位管理的经费中开支会议费、差旅费、设备购置费、招待费及其他类似性质的支出（如在外吃、住等），特殊情况需事前与财务部沟通并经批准后进行。

第十三条 工资和福利支出管理。

（一）全校职工工资管理及支出标准由组织部根据国家有关政策和学校有关规定提出办法和标准，经校委批准后执行。人员增减工资、因调动发生的工资转移，由组织部按规定核定后，书面通知财务部办理有关手续。

（二）社会保障缴费由组织部按有关规定提出管理办法、缴费项目和标准，经校领导批准后执行。

（三）人员的其他支出由组织部和财务部按相关规定提出管理办法和支出标准，经校委批准后执行。

第十四条 商品和服务支出管理。

（一）对各单位工作需要的办公费、交通费，实行分别核定指标，允许统筹使用，总额不得超支的管理办法。对电话费、差旅费实行分别核定指标，指标内控制使用的办法。

（二）水费、电费、取暖费、维修费、物业费及环卫绿化等保障运转经费由有关职能部门分别专项负责。

（三）会议费、专用材料等经费，由财务部会同有关部门管理，实行会签审批制度。

（四）招待费由办公厅接待办负责按有关规定管理使用。

（五）工会经费、福利费由财务部按规定比例提取后拨付校工会，由校工会按有关规定管理使用。

第十五条 其他资本性支出管理。

（一）办公设备、专用设备及交通工具购置费由财务部统一管理，按照校委批准的年度预算分配方案中的购置计划，由国有资产管理室按照国家和学校关于政府采购的有关规定组织办理采购事宜。对所购置的资产按照《中央党校固定资产管理办法（修订）》进行管理。

（二）图书资料购置费由图书馆负责按有关规定购置图书、报刊、资料等，所购置的图书需按规定报国有资产管理室分类登记。

第十六条 对个人和家庭的补助支出管理。

（一）离休费由组织部按照国家有关政策规定核定标准，财务部执行。

（二）退休费由组织部按照国家有关政策规定核定标准，财务部执行。

（三）抚恤金由组织部按照国家政策规定核定标准，财务部执行。

（四）住房公积金由财务部按缴存规定及比例为在职人员核算、缴存，并按有关规定办理提取事宜。

（五）提租补贴由组织部按国家规定标准为在职人员、离退休人员核定，财务部执行。

（六）购房补贴由房管部门及有关职能部门根据国家相关政策制定管理办法，计算、核定出每个职工的执行标准，由财务部根据财政部有关要求和审定的标准进行核算与管理。

第十七条 省部级领导干部专题研讨班经费管理。

省部级领导干部专题研讨班经费，由财务部按有关规定审核后列支。

第十八条 培训轮训学员专项业务费管理。

培训轮训学员专项业务费的支出，要严格遵守财政部有关项目支出管理的规定，按照有关政策和开支标准做好专项业务费的支出管理，提高资金的使用效益，确保任务的完成和事业的发展。

（一）教学经费由教务部按照校委批准的年度教学经费预算，结合本部门年度工作计划具体安排教学经费各支出项目的控制额度，统筹使用并制定均衡、合理的分月用款计划报送财务部备案。支出由教务部分管经费的领导审签，财务部按有关规定审核后列支。

（二）科研经费由科研部按照校委批准的年度科研经费预算，结合本部门年度工作计划特别是大型会议计划以及本年度校级和部（所）级课题结项情况，具体安排科研经费各支出项目的控制额度，统筹使用并制定均衡、合理的分月用款计划报财务部备案。支出由科研部分管经费的领导审签，财务部按有关规定审核后列支。

（三）研究生经费由研究生院按照校委批准的年度研究生经费预算，结合本部门年度工作计划，参照以往年度经费使用情况及季节性因素，具体安排研究生经费各支出项目的控制额度，统筹使用并制定均衡、合理的分月用款计划报送财务部备案。支出由研究生院分管经费的领导审签，财务部按有关规定审核后列支。

（四）研究室业务由研究室按照校委批准的年度研究室业务费预算，结合本部门年度工作计划，参照以往年度经费使用情况，具体安排研究室业务费各支出项目的控制额度，统筹使用并制定均衡、合理的分月用款计划报送财务部备案。支出由研究室分管经费的领导审签，财务部按有关规定审核后列支。

（五）民族班、中青二班学习考察经费，由培训部按照校委批准的年度民族班、中青二班学习考察经费预算，结合民族班、中青二班年度参观计划，民族节日情况，制定合理的用款计划报送财务部备案。该项经费如因工作需要调整使用项目，需事先与财务部协商并报校委批准。支出由培训部分管经费的领导审签，财务部按有关规定审核后列支。

（六）学员部业务费由进修部、培训部按照校委批准的年度学员部业务费预算，参照以往年度经费使用情况，具体安排学员部业务费支出项目的控制额度，统筹使用并制定均衡、合理的用款计划报送财务部备案。支出由进修部、培训部分管经费的领导审签，财务部按有关规定审核后列支。

（七）信息管理部业务费由信息管理部按照校委批准的年度业务费预算，参照以往年度经费使用情况，具体安排业务费支出项目的控制额度，统筹使用并制定均衡、合理的用款计划报送财务部备案。支出由信息管理部分管经费的领导审签，财务部按有关规定审核后列支。

（八）体育教学费由文史教研部按照校委批准的年度体育教学费预算，参照以往年度经费使用情况，制定合理的用款计划报送财务部备案。支出由文史教研部分管经费的领导审签，财务部按有关规定审核后列支。

（九）校委专项调研经办公厅领导确认为校委专项调研项目后，财务部对项目预算按规定审提建议，并报分管财务工作的校领导审批。经费报销时，由协助校领导分管的项目负责人审签，财务部按有关规定审核后列支。

（十）“八部一所”专项业务由各教研部（所）按照校委批准的年度专项业务费预算，结合本部门年度工作计划，参照以往年度经费使用情况，具体安排专项业务费支出项目的控制额度，统筹使用并制定均衡、合理的分月用款计划报送财务部备案。支出由教研部（所）分管经费的领导审签，财务部按有关规定审核后列支。

第十九条 外事活动专项经费管理。

外事活动专项经费由外事办公室根据国家有关政策规定和校委批准的年度外事计划，按照学校有关外事工作和经费管理办法管理使用。

第二十条 其他项目经费管理。

其他项目经费由各项目主管部门，按照财政部批准的总预算细化预算，制定出各项目的实施进度表，按政府采购等国家相关规定组织完成相应工作。项目经费支出由项目主管部门指定的项目负责人和财务部有关领导审签后列支。

第六章 监督

第二十一条 国家财政部和审计署对我校干部教育费的使用范围、开支标准、使用效果及承担责任的履行情况进行监督。

第二十二条 财务部对我校各单位干部教育费的使用范围、开支标准、使用效果及承担责任的履行情况，负有监督责任。

第七章　附　则

第二十三条　校内单独核算、执行事业单位会计制度的单位，参照本办法执行。

第二十四条　本办法由财务部负责解释。

第二十五条　本办法自发布之日起执行，原《中央党校事业费管理办法》同时废止。

财务部

2009 年 6 月 22 日

关于印发《中央党校收据管理办法（暂行）》的通知

中校厅字〔2009〕35 号

校各直属单位：

经校领导同意，现将校财务部制定的《中央党校收据管理办法（暂行）》印发给你们，请遵照执行。

办公厅

2009 年 7 月 13 日

中央党校收据管理办法（暂行）

为加强收据管理，进一步规范我校收据使用行为，按照国家发展改革委和财政部相关规定，制定如下管理办法：

本办法所涉及的收据是指从财政部购买的“中央单位行政事业性收费统一收据”和“中央单位资金往来收据”及从商店购买的多联复写收据。

一、收据的购领

1. 财务部负责我校“中央单位行政事业性收费统一收据”（函授学院持《收费许可证》副本自购收据）和“中央单位资金往来收据”的购买及财务集中核算单位多联复写收据的购买工作。

2. 财务部设专人购买、发放和保管各类收据。设置收据购买、发放登记簿，按收据种类、领用单位如实记载发出、核销等情况。

3. 经财务部批准领用收据的单位必须设专人按要求领取、使用和保管收据。

4. 收据领取人在领取收据时，必须如实在登记簿上填写收据用途并按所填写用途正确使用。

二、收据适用范围

1.“中央单位行政事业性收费统一收据”的适用范围

根据国家发展改革委和财政部相关规定，行政事业性收费实施收费许可证制度和统一的收费票据制度。

校内有关单位经校委批准，在我校《收费许可证》核定的收费项目、范围和标准内从事相关工作进行的收费，使用“中央单位行政事业性收费统一收据”。

2.“中央单位资金往来收据”的适用范围

根据财政部有关规定：“中央单位资金往来收据”适用范围仅限中央国家机关、事业单位、社会团体、政府举办的非营利性医疗机构用于本部门、单位内部的暂收暂付、非盈利性代收代付业务、上级补助收入开具的记账凭证。

3. 多联复写收据的适用范围

多联复写收据是未经财政部门监制的主要用于单位内部使用的一种结算凭据，我校多联复写收据的适用范围如下：

（1）用于我校内部单位与单位之间、单位与个人之间非经营性的资金往来；

（2）用于校内因内部成本核算需要模拟市场运作而产生的内部服务、上缴等项目的结算凭据；

（3）我校内部其他适用多联复写收据的资金往来。

三、收据的使用

1. 各单位须严格按照各类收据的适用范围正确使用收据。从财政部购买的收据在启用前应当检查票据是否有缺页、漏页、重号等情况，一经发现，应及时向财务部票据管理负责人报告。

2. 各单位须严格按照各类收据的格式要求使用收据。填制收据时，必须按号码顺序，各联复写，逐栏填写，字迹工整，且收款人姓名不能缩写。使用“中央单位行政事业性收费统一收据”收费时，交款单位、收费项目、标准、金额（大小写）、收款人、日期等项目内容必须填写齐全准确。

3. 同一本收据的用途原则上要相同，特别是业务相同且用票数量较大的不能混用。

4. 各类收据在使用时必须加盖收款单位财务专用章。（实行财务集中核算的单位之间使用多联复写收据转账时可以加盖转账专用章）

5. 收据开票人不得兼做收款人。

6. 如收据在填开过程中发生填写错误，应另行填开。填写错误的收据应加盖作废戳记，保存其各联备查，不得涂改、挖补、撕毁。

7. 各单位要确保收据的安全使用，严禁邮寄或随意找无关人员携带空白或加盖财务印鉴的收据外出。如发生收据丢失，要及时逐级上报，对从财政部购买的收据，按照财政部有关票据管理规定，应及时声明作废，查明原因，写出书面报告，报财政部处理。

8. 各单位应及时将收据记账联与所收款项交回相关财务处室做账，不得坐收坐支。相关财务处室会计人员收到款项后要在收据的存根联签字。

9. 每本收据用完后，应计算出合计金

额写在收据尾页。

四、收据的检查和存根的管理

（一）“中央单位行政事业性收费统一收据”和“中央单位资金往来收据”

1. 使用“中央单位行政事业性收费统一收据”和“中央单位资金往来收据”的单位在领用新收据时（除经批准第一次领用的外）必须交回已用完收据。

2. 财务部对使用单位交回的已用完收据进行检查，检查合格者可以换领新收据。

3. 财务部对于违反收据管理规定的行为及时纠正，如有下列行为，将暂停其领用新收据，并报分管领导，对造成不良后果的（如财政部做出对我校收据购领不利决定、处罚等），要承担相应责任。

（1）收据使用超出规定项目和标准的；

（2）转借、转让、代开、销毁、涂改、丢失收据的；

（3）对于所犯错误不予改正的。

4. 每年财务部负责对上一年使用的所有收据进行检查，分类整理，做好国家发展改革委和财政部年检的准备工作。每两年对以前年度已用收据进行清理，按号排序，封箱、入库。

5. 收据存根保存五年。销毁收据存根时，由财务部登记造册，报财政部核准后方可销毁。

（二）多联复写收据

1. 财务部相关处室负责对本处室发出多联复写收据的检查与监督。

2. 财务部相关处室对内部使用的多联复写收据实行分类保管，内部使用的多联复写收据存根的保管年限应按下列要求：

（1）财务部内部因转账需要而使用多联复写收据的存根保管年限为一年。

（2）其他多联复写收据存根保管年限为五年。

3. 内部使用的多联复写收据存根的销毁，按照我校关于会计档案销毁的相关程序办理。

本办法自公布之日起执行。

财务部
2009 年 7 月 2 日

关于印发《中央党校内部审计工作规定（暂行）》的通知

中校厅字〔2009〕53 号

校各直属单位：

经校领导同意，现将校财务部修订的《中央党校内部审计工作规定（暂行）》印发给你们，请遵照执行。

办公厅
2009 年 9 月 21 日

中央党校内部审计工作规定（暂行）

第一条 为进一步加强我校内部审计工作，建立健全内部审计制度，加强廉政建设，促进党校教学、科研、行政管理、后勤服务及其他各项工作的健康发展，根据《中华人民共和国审计法》和《审计署关于内部审计工作的规定》等有关国家财经法规，结合我校工作实际，制定本规定。

第二条 校委授权财务行政管理局财务审计室履行内部审计职责。内部审计受分管财行局工作的副校长领导，财务审计室在分管局领导的具体领导下开展日常工作，独立行使内部审计监督和评价的职权，对校委负责，在审计业务上接受国家审计署的指导和监督。

第三条 内部审计人员所办理的审计事项，与被审计单位或审计事项有利害关系的，应当回避。

第四条 内部审计人员依法履行职责，任何单位和个人不得打击报复。

第五条 内部审计人员办理审计事项，应当严格遵守内部审计职业规范，忠于职守，做到独立、客观、公正、保密。

第六条 财务审计室按照校委授权履行下列职责：

（一）宣传、执行国家审计法规，参与制定校内审计规章制度。

（二）完成上级审计部门和上级领导布置的各项审计任务，协助上级审计部门进行有关审计工作。

（三）对被审计单位财务收支及有关经济活动进行审计。

（四）对被审计单位内部控制制度的健全性、有效性及风险管理进行评审。

（五）对被审计单位经济管理和效益情况进行审计。

（六）按照校委的要求，协助有关部门对校直属单位主管财务工作的行政负责人进行离调任及任期经济责任审计。

（七）对涉嫌侵占、贪污国家、集体财产，给国家集体财产造成严重损失、浪费及其他违反国家财经法规的行为，按照校委的要求协助有关部门或独立对其进行专案审计。

（八）完成法律法规规定和校委及上级部门要求办理的其他审计事项。

第七条 根据《中华人民共和国审计法》、《审计署关于内部审计工作的规定》的有关规定，财务审计室和审计人员具有以下职权：

（一）要求被审计单位及时提供真实和完整的财务、经营收支计划、预算及其执行情况、决算、财务会计资料及其他有关文件和资料。

（二）召开与审计事项有关的会议，参与研究制定有关的规章制度，提出内部审计规章制度。

（三）对被审计单位严重违法违规、严重损失浪费等行为，做出临时制止决定。制止无效的，经上级领导批准，可以采取相应的措施。

（四）有权向各级领导提出关于制止、纠正和处理违法违规的意见，以及改进管理，提高效益的建议。

（五）支持和协助学校及校属各单位的财会、物资管理部门和有关人员，按照国家有关法律法规履行职责，对各单位内部控制制度中的不足提出意见，并帮助其加以改进。

（六）有权检查有关财务和经营活动的资料、文件和现场勘察实物；检查有关的计算机系统及其电子数据和资料。

（七）有权对与审计事项有关的问题，向有关单位和个人进行调查，并取得证明材料。

（八）对可能被转移、隐匿、篡改、毁弃的会计凭证、会计账簿、会计报表以及与经济活动有关的资料，经校委或分管校领导批准，有权予以暂时封存。

（九）有权对违法违规和造成损失浪费的单位和个人，给予通报批评或者提出追究责任的建议。

第八条　财务审计室和审计人员进行审计时，被审计单位及其有关人员须积极配合，不得设置障碍，同时应完整、真实地呈报有关会计凭证、账簿、报表及与财务收支相关的资料，不得隐匿和拒绝交出。

第九条　财务审计室和审计人员依法执行公务，受法律的保护，任何组织和个人不得拒绝、阻碍审计人员依法执行公务，不得对审计人员进行打击报复。

第十条　审计工作的主要程序如下：

（一）财务审计室根据校领导的指示和学校年度工作安排，结合各个时期的中心任务，确定审计工作重点，拟订年度审计工作计划后实施。

（二）财务审计室根据工作计划，提前三至五天通知被审计单位。

（三）被审计单位须在规定的时间内，将有关财务会计资料、文件、计划等送交财务审计室，同时填写交接单。

（四）审计人员依据法律法规及我校有关规定，对被审计单位进行审计，对审计中重要问题，审计人员须深入进行调查、核实，取得有关证明材料，编制审计工作底稿，进行分析与评价。

（五）审计人员对审计事项实施审计后，编制审计报告；征求被审计单位的意见；被审计单位如果无异议，在接到审计报告（征求意见稿）之日起五个工作日内，单位负责人及单位财务负责人签名、盖章并将其返回审计机关；如对审计报告（征求意见稿）有不同意见，在接到审计报告（征求意见稿）之日起五个工作日内将书面意见送交财务审计室，逾期即视为无异议。双方对提出的意见达成一致后，发出正式报告。

（六）内部审计机构在审计事项结束后建立审计档案。

第十一条　财务审计室要向校委或分管副校长报告授权进行的专案审计情况，报告经审计发现的本校严重违反财经法规和严重浪费事件及对有关责任人的审计情况。

第十二条　奖励与处罚：

（一）对在管理活动中遵纪守法，成绩较显著的部门和个人，财务审计室除在报告中作出评价外，可向主管单位领导提出表彰和奖励的建议；对模范遵守财经法规，经济效益显著、事迹突出的单位和个人，财务审计室可向校委提请予以表彰及奖励，经批准后执行。

（二）被审计对象不配合内部审计工作、拒绝审计或者提供虚假资料、拒不执行审计结论或者报复陷害审计人员的，根据情节轻重，由财务审计室提出经济、行政处罚的建议，报校委审批后执行；构成犯罪的，移交司法机关追究刑事责任。

（三）对认真履行职责、忠于职守、坚持原则、做出显著成绩的内部审计人员，由学校给予精神或物质奖励。

对滥用职权、徇私舞弊、玩忽职守、泄露秘密的内部审计人员，由学校依照有关规定予以处理；构成犯罪的，移交司法机关追究刑事责任。

第十三条 本规定未尽事宜参照国家有关规定办理。

第十四条 本规定自公布之日起执行。1999年12月23日制定的《中央党校内部审计工作规定（暂行）》同时废止。

财务部

2009年9月

关于印发《中央党校货币资金内部控制管理规定（暂行）》的通知

中校厅字〔2009〕55号

校直属单位：

经校领导同意，现将校财务部制定的《中央党校货币资金内部控制管理规定（暂行）》印发给你们，请遵照执行。

办公厅

2009年9月30日

中央党校货币资金内部控制管理规定（暂行）

第一章 总 则

第一条 为了加强对我校货币资金的内部控制和管理，保证货币资金的安全，根据财政部《内部会计控制规范——货币资金（试行）》，结合我校的实际情况，制定本规定。

第二条 本规定所称货币资金是指我

校拥有的现金、银行存款和其他形式的货币资金。

第二章　岗位分工及授权批准

第三条　货币资金核算岗位按不相容职务相互分离、制约和监督的原则设置。

不相容职务主要包括：授权批准、业务经办、会计记录、财产保管、稽核检查等职务。

出纳人员不得兼任稽核、会计档案保管以及收入、支出、费用、债权债务账目的登记工作。

第四条　各单位负责货币资金核算管理的岗位须按照各自的职责、分工和权限管理货币资金，确保相互制约和监督，不得由一人办理货币资金业务的全过程。

第五条　单位应当按照规定的程序办理货币资金支付业务。

（一）支付申请。单位有关部门或个人用款时，应当提前向审批人提交货币资金支付申请，注明款项的用途、金额、预算、支付方式等内容，并附有效经济合同、相关证明或原始凭证。

（二）支付审批。审批人根据其职责、权限和相应程序对支付申请进行审批。对不符合规定的货币资金支付申请，审批人应当拒绝批准。

（三）支付复核。复核人应当对批准后的货币资金支付申请进行复核，复核货币资金支付申请的批准范围、权限、程序是否正确，手续及相关单证是否合规、齐备，金额计算是否准确，支付方式、支付单位是否妥当等。复核无误后，交由出纳人员办理支付手续。

（四）办理支付。出纳人员应当根据复核无误的支付申请，按规定办理货币资金支付手续，及时登记现金和银行存款日记账。

第六条　对于重要的货币资金支付业务，如对外投资、借款，以及基本建设、大额购置等，应实行集体决策并按规定程序报批。

第七条　未经授权或批准，有关机构或人员不得擅自办理货币资金业务。

第八条　各单位因人员工作调整涉及货币资金业务的工作交接，需要以书面形式完成的，须在移交清册上列出移交明细，移交人、接收人、监交人三方共同在移交清册上签字。交接完毕后，移交清册作为会计档案存档一份，移交人、接收人各执一份。交接后的相关业务必须确保相互制约和监督。

第三章　银行账户管理

第九条　我校银行账户的管理须遵守中国人民银行、财政部等部门制定的《人民币银行结算账户管理办法》、《中央预算单位银行账户管理暂行办法》和《中央党校结算中心账户管理办法》的规定。

第十条　我校有关单位开立、变更、撤销银行账户，实行财政审批、备案制度。校本级账户到财政部办理审批及备案手续，其他单位（企业法人单位除外）到财政部驻京专员办办理审批及备案手续。

第十一条　我校可以开设银行账户的单位，必须按中校厅〔1998〕16号文件的规定到结算中心办理银行账户的开户、销户和变更手续。

因办公地点在外地或离学校距离很远等特殊情况需要在其他银行开设银行账户

的单位，需要有加盖本单位公章的开户申请报告，报告须经财务部领导审批；账户开设后需要到结算中心办理备案手续。

我校所有账户均需要接受财务部结算中心和开户银行的管理和监督。

第十二条 开立银行账户的单位不得出租、出借银行账户。

第四章 现金和银行存款管理

第十三条 校内各单位要加强现金管理，并按照国务院、财政部等部门制定的《现金管理暂行条例》、《中央单位财政国库管理制度改革试点资金支付管理办法》、《中央预算单位公务卡管理暂行办法》和我校现金管理的相关规定管理和使用现金。

第十四条 各单位要严格控制现金的使用范围，除符合相关规定可使用现金结算的以外，其余都应通过银行票据（支票、汇票等）、公务卡或电子汇兑等其他结算方式办理结算。

第十五条 经授权或批准可以收取现金的单位，应制定合理的库存现金限额，一般在16点以前将大额现金全部交校结算中心，由结算中心统一存入银行。

第十六条 未被授权或批准可收取现金的单位，因工作需要必须收取现金时，须事前报财务部门审批（有独立财务的部门，报本部门财务）并确定开具何种发票或收据。所收款项须及时、足额上缴财务部门，发票和收据的记账联须随款项同时入账。

财务部门收入现金时，须由会计开具发票或收据，出纳收取现金。出纳收取现金时，须同时核对记账凭证的金额与发票（收据）记账联的金额是否一致。

第十七条 报刊杂志出版等单位，对收到的经邮局汇入的征订款，须严格遵守不同岗位相互制约和监督的现金管理规定。汇款单须由专人登记，专人取款，同一个人不能即登记、又取款。

对邮局征订刊款不能“坐收坐支”，必须全额上交财务部门，纳入规定账目进行管理。交款时，须附有经登记人和取款人双方核对签字后的明细单。

第十八条 库存现金要登记“现金日记账”，做到日清月结，每日进行账实核对。

第十九条 严禁设置“小金库”和用“白条”抵顶库存现金。

第二十条 各单位负责银行存款的人员要按月及时核对银行账，如与银行对账单余额不符，应查明原因，并须编制“银行存款余额调节表”，使银行存款账面余额与银行对账单余额调节相符。

各单位要及时清理未达账项，超过两个月的未达账要督促有关人员尽快处理并入账。

第二十一条 对账单和“银行存款余额调节表”实行签字制度。主管会计和处室领导须在每月底的对账单上签字，如有未达账项，须在“银行存款余额调节表”上签字，所有资料均作为会计档案存档。

第五章 银行票据管理

第二十二条 银行票据是指支票、汇票、本票，我校支票、汇票、本票的管理使用须遵守《票据法》的相关规定。

第二十三条 各有关部门要加强对银行票据的管理。银行票据由专人购买，专人保管和签发，银行票据和银行预留印鉴不能由同一人管理。

第二十四条 各支票使用单位需指定专人领取支票，建立完备的支票领用核销制度，督促有关人员及时报账，每月底结账前，原则上应收回当月发出的支票。

第二十五条 各有关部门要严格遵守银行结算纪律，不准签发没有资金保证的票据或远期支票，套取银行信用；不准签发、取得和转让没有真实交易和债权债务的票据，套取银行和他人资金。

第六章 发票、收据及有关印章的管理

第二十六条 发票管理须遵守财政部制定的《发票管理办法》及税务部门的有关规定。各类收据管理须遵守《中央党校收据管理办法（暂行）》。

第二十七条 各发票、收据使用单位，须在开票、收款、记账等环节的设置上形成相互制约和监督。开票人不能同时兼做收款人，所收款项须及时、足额交财务部门入账。

除电子税控机发票以外，各相关单位对现金收入须单独使用一本发票或收据，以便于会计审核；相关人员在交款时，须将未使用完的发票和收据同时交给主管会计，主管会计须将上交款项和发票（收据）记账联、存根联金额核对一致，在发票（收据）本上签字，注明已使用的收据号，该本发票或收据可以继续使用。

第二十八条 所有发票、收据用完以后，必须及时交回财务部门作为会计档案存档，主管会计应审核或抽查发票、收据所对应的款项是否全部入账。

第二十九条 加强银行预留印鉴、财务专用章和人名章的管理。银行预留印鉴、财务专用章应由专人保管，个人名章必须由本人或被授权人员保管，授权须有由授权人本人签字认可的书面授权委托书。

发票（收据）与相关财务印章不能由同一人管理。

第七章 监督检查和责任追究

第三十条 财务部负责对全校货币资金业务进行监督检查，检查将结合内、外部审计，采取定期、不定期的方式。

第三十一条 货币资金业务监督检查包括本规定涉及的全部内容。

第三十二条 对监督检查过程中发现的货币资金内部控制中的薄弱环节，财务部负责督促有关部门采取措施，加以纠正和完善。

第三十三条 因经办人员工作疏忽造成学校货币资金损失的，应由经办人员负责追回、赔偿。

第八章 附则

第三十四条 本办法由财务部负责解释。

第三十五条 本办法自发布之日起实行。

财务部

2009 年 9 月

关于印发《中央党校差旅费管理办法（试行）》的通知

中校厅字〔2009〕58号

校直属单位：

经校领导同意，现将财务部制定的《中央党校差旅费管理办法（试行）》印发给你们，请遵照执行。

附：1. 中央党校出差审批单

2. 交通工具乘坐等级表

办公厅

2009年10月14日

中央党校差旅费管理办法（试行）

第一章 总 则

第一条 为保证中央党校出差人员的工作需要，规范差旅费管理，节约经费开支，严格财经纪律，根据财政部《中央国家机关和事业单位差旅费管理办法》和有关补充规定，以及《财政部监察部关于落实出差和会议定点管理工作的通知》等规定，结合我校实际，制定本办法。

第二条 本办法适用于中央党校各直属单位及所属独立核算的事业单位。

第三条 本办法所称的出差，是指中央党校工作人员赴北京市以外的其他省、自治区、直辖市等地方（不含港、澳、台地区）以及北京市远郊区县进行公务活动。

第四条 各单位安排出差任务，要严格审批、讲求实效，控制人数和天数，节约开支。

第二章 出差审批

第五条 我校工作人员出差，须填写《中央党校出差审批单》（以下简称《出差审批单》，见附件一），并明确出差的事由、时间、地点、人数、接待单位、经费来源等，按照经费审批权限办理出差审批手续。《出差审批单》作为在财务部门借款和报销差旅费的依据之一。

第六条 根据差旅费经费出处的不同差旅费审批权限也不同，出差人员要报所用经费的指定审批人签字审批。

第七条 因情况特殊无法事先书面报批的，可按差旅费审批权限事先口头报有关领导同意，待出差结束后，再补办《出差审批单》。如需事先到财务部门办理借款的，则必须持经审批的《出差审批单》。

第三章 差旅费借款

第八条 出差人员凭领导签批的《出差审批单》到财务部办理借款手续，《出差审批单》复印件留存财务入账。

第九条 差旅费借款种类包括现金、支票及汇款借款。原则上差旅费应使用支票、汇款支付，减少现金交易的发生。

第十条 差旅费借款按不同种类，借款手续如下：

（一）现金借款需填写《借款凭证》。《借款凭证》一式两联为复写格式，第一联与《出差审批单》复印件一并交会计，由主管会计审核无误后填制记账凭证，借款人在记账凭证上签字后交出纳领取现金，

第二联留待报销时使用。

（二）领用支票需填写《支票领用审批单》。《支票领用审批单》与《出差审批单》经主管会计审核同意后，借款人在《支票领用簿》上登记，由出纳开出支票。《支票领用审批单》一式两联为复写格式，第一联与《出差审批单》复印件领取支票时交出纳，第二联留待报销时使用。当月不能报销的，需交回支票存根，填写《借款凭证》，办理借款手续。

（三）需要通过银行汇出的借款，借款人需提供详细完整的收款人信息（收款单位户名、银行账号、开户银行名称），并填写《借款凭证》，如该经费属财政拨款零余额账户资金的，还需按照领用支票的办法领用支票，经主管会计审核无误后办理汇款。

第四章 差旅费开支范围

第十一条 差旅费开支范围包括城市间交通费、住宿费、伙食补助费和公杂费。

第十二条 城市间交通费

（一）出差人员须按规定等级乘坐交通工具（见附件二），具体包括火车、轮船（不包括旅游船）、飞机、其他交通工具（不包括出租小汽车）。凭据报销城市间交通费。

（二）未按规定等级乘坐交通工具的，超支部分自理。

（三）副部长以及相当职务的人员出差，因工作需要，随行一人可以乘坐火车软席或轮船一等舱、飞机头等舱。

（四）出差人员乘坐飞机，执行以下规定：

1. 出差人员乘坐飞机要从严控制，出差路途较远或出差任务紧急的，经单位司局以上领导批准方可乘坐飞机。

2. 出差人员航空旅客人身意外伤害保险费可以凭据报销，限每人每次20元。

（五）出差人员乘坐火车的，执行以下规定：

1. 乘坐普通火车，从当日晚8时至次日晨7时乘车6小时以上的，或连续乘车超过12小时的，可购同席卧铺票。符合规定而未购买卧铺票的，按实际乘坐的硬座票价的80%给予补助。可以乘坐软卧而改乘硬卧的，不予补助。

如果其中一段路程坐了卧铺，其他路

段符合乘坐卧铺规定而未购买卧铺票的，可按照分段的方法计算补助费，即从当日晚8时至次日晨7时乘车6小时，或连续乘车超过12小时的，可按本段硬座票价的比例给予补助。达不到上述规定条件的，不给予补助。

2. 工作人员出差，经单位司局以上领导批准可以乘坐全列软席列车和动车组。全列软席列车和动车组设有一、二等软座的，副司（局）级及以上人员出差，可以乘坐一等软座，并按照一等软座车票报销；处级及以下人员出差，可以乘坐二等软座，并按照二等软座车票报销。

第十三条 出差住宿费

（一）我校工作人员出差可以到定点饭店住宿，也可以在非定点饭店住宿，但要在出差地住宿费开支标准上限以内凭据报销。出差地住宿费开支标准上限，即财政部委托各地通过政府采购确定出差接待定点饭店后，某一地区（地、市、州）所有的定点饭店中签订的最高协议价格就是当地的住宿费开支标准上限。定点饭店参见《党政机关事业单位出差和会议定点饭店目录》或“党政机关出差会议定点饭店查询网（www. hotel. gov. cn）”。

（二）我校工作人员入住定点饭店时，应携带并主动出示工作证和身份证，入住与本人级别对应类型的房间；按照定点饭店的协议价格主动交纳住宿费并索取正式发票。

（三）住宿标准为：副部长级人员住套间，司局级人员住标准间，处级及以下人员两人住一个标准间。遇处级以下出差人员数为单数，或异性人员出差而无法全部按两人住一个标准间安排的情况，可单独安排单人住一个标准间。

（四）出差人员无住宿费发票的不予报销住宿费。出差人员由接待单位接待或住在亲友家，无住宿费发票的，不予报销住宿费。

（五）出差人员到北京市远郊区县出差，当天往返的，不报销住宿费。当天不能往返，需要住宿的，住宿费按照本条款的相关规定执行。

第十四条 伙食补助费

（一）伙食补助费按出差自然天数实行定额包干，每人每天50元。

（二）由接待单位统一安排伙食的，出差人员应主动、如实在《差旅费报销单》上申报，不再按照定额包干办法发放伙食补助费。

第十五条 公杂费

（一）公杂费用于补助出差人员在出差地的市内交通、通讯等支出。

（二）出差人员的公杂费按照出差自然天数实行定额包干，每人每天30元。

（三）出差人员由公务活动接待单位或其他单位提供交通工具的，出差人员应主动、如实在《差旅费报销单》上申报，公杂费减半发放。

（四）出差人员到北京市远郊区县出差，公杂费减半发放；由接待单位或其他单位提供交通工具的，不予发放公杂费。

（五）按照《中央国家机关和事业单位差旅费管理办法》规定，差旅费中的市内交通费实行定额包干办法，但鉴于我校距离机场、火车站较远，我校出差职工可以凭当日票据报销在北京市往、返机场或火车站的单程出租车票，报销出租票后，在北京市往、返机场或火车站的公杂费补助减半发放。

（六）北京市以外地区从驻地往、返机场、火车站的交通费包含在定额包干之内，但出差人员从驻地往、返机场的专线客车费可以凭据报销，不在公杂费定额包干之内。

第十六条 出差人员的伙食补助费、公杂费按出差的自然（日历）天数计算。自然（日历）天数是指出差人员从出发当天零时起，到完成任务后返回工作单位所在地当天24时止的日历实际天数，出发和返回的当天均按一整天计算。

第十七条 出差人员不予报销的差旅费用：

（一）工作人员出差期间，因游览或非工作必须发生的参观费用；

（二）出差人员在飞机、列车、汽车、轮船等交通工具上发生的茶座、报刊、棋类等服务项目及其他属个人消费支出的项目；

（三）超出规定标准的支出部分。

第五章 特殊情况的差旅费

第十八条 外出参加会议、培训、学习的差旅费。

（一）凡主办单位统一安排食宿且不收取费用的，驻会和培训、学习期间的住宿费、伙食补助费由主办单位按规定统一开支，学校不再报销，公杂费减半发放；在途期间必须的住宿费、伙食补助费和公杂费按差旅费规定报销。

（二）凡主办单位统一安排食宿并收取相关费用的，驻会和培训、学习期间的住宿费、伙食补助费、会务费、培训费等按有关规定凭据报销，公杂费减半发放；在途期间必须的住宿费、伙食补助费和公杂费按差旅费规定报销。

（三）小型调查研究会等无主办、接待单位或主办单位不统一安排食宿的，会议期间和在途期间的住宿费、伙食补助费和公杂费均按照差旅费规定报销。

（四）在参加会议、培训、学习期间，因工作需要，需绕道其他地区办理公务的，必须事先经经费主管领导签字同意，否则不予报销绕道发生的各项费用。

第十九条 到基层单位实（见）习、工作锻炼、支援工作以及各种工作队等人员，在途期间的住宿费、伙食补助费和公杂费按照差旅费开支规定执行；在基层单位工作期间，每人每天发放伙食补助费15元，不报销住宿费和公杂费。学校有专门规定的按照专门规定办理。

对于到基层挂职担任领导职务的人员，其工资供给关系仍在原单位的，按照本规定给予补助。工资供给关系转到挂职单位的，不再执行本规定。

第二十条 工作人员因调动工作所发生的城市间交通费、住宿费、伙食补助费和公杂费，按出差的有关规定执行。并执行以下规定：

（一）工作人员调动工作，一般不得乘坐飞机；

（二）工作人员因调动工作所发生的行李、家具等托运费，在每人每公里1元以内凭据报销，超过部分自理；

（三）以上发生的各项费用，由调入单位报销。

第二十一条 与工作人员同住的家属（父母、配偶、未满16周岁的子女和必须赡养的家属），如果随同调动，其城市间交通费、住宿费、伙食补助费和公杂费，以及行李、家具托运费等，由调入单位按被调动人员的标准报销。已满 16 周岁的子女随同被调动人员调动所发生的各项费用，按一般工作人员标准报销。

被调动人员的同住家属，应与被调动人员同行。暂时不能同行的，经调入单位同意，可暂留原地。其以后迁移时的旅费，以及被调动人员的非同住家属，经批准迁到被调动人员的工作单位所在地的旅费，均由被调动人员的调入单位报销。

第二十二条 职工搬迁家属的路费。按有关规定，并经组织批准，将原未随同本人居住的配偶（非就业人员）及其同住亲属迁至工作单位所在地的，由工作人员所在单位按第二十四条规定报销旅费。

第二十三条 由部队转业到地方工作的干部，其差旅费按照解放军总后勤部的有关规定，由所在部队按合理路线、规定标准计算发给，到达调入单位后结算，多退少补，作为增加或减少单位的差旅费处理。

第六章 差旅费报销

第二十四条 差旅费报销流程

（一）出差人员原则上应在出差任务结束后 7 日内完成报销手续。

（二）报销差旅费时，出差人员应如实、逐项填写《中央党校差旅费报销单》，《中央党校差旅费报销单》及相关报销票据内容须与《出差审批单》内容相符，由经费主管领导审签后，到财务部门办理报销手续。

（三）会计人员按规定对单据进行审核，办理报销手续。

第二十五条 差旅费报销注意事项

（一）不在差旅费开支范围的其他费用不得列入差旅费中报销，如资料费、打印费等。

（二）借款或报销的现金金额在 5000 元以上的，需要提前 1 个工作日通知财务部，以便备足款项。

第二十六条 工作人员出差或调动工作期间，事先经单位领导批准就近回家省亲办事的，其绕道交通费，扣除出差直线单程交通费，多开支的部分由个人自理。绕道和在家期间不予报销住宿费、伙食补助费和公杂费。

第七章 附 则

第二十七条 对于差旅费报销过程中弄虚作假，虚报冒领，违反规定的，按照有关规定严肃处理。

第二十八条 本办法由财务部负责解释。

第二十九条 本办法自发布之日起执行，原《我校关于执行〈中央国家机关和事业单位差旅费管理办法〉、〈中央国家机关会议费管理办法〉有关问题的说明》同时废止。

财务部

2009 年 10 月

附件一：

中央党校出差审批单

单位：

出差人	姓名				
	职务（级别）				
	姓名				
	职务（级别）				
出差人数					
出差时间	年 月 日 至 年 月 日 共 天				
出差时间					
出差事由					
经费来源					
预算金额					
借款金额	现金________ 支票________ 汇款________				
接待单位					
出差地点及路线	自________ 经________ 至________				
交通工具（请画√或填写）	1. 飞机（ ）2. 火车（ ）3. 轮船（ ）4. 汽车（ ）				
所在单位审批意见	签字：				
经费主管领导审批意见	签字：				

经手人： 联系电话：

附件二：

交通工具乘坐等级表

交通工具 级别	火车	轮船（不包括旅游船）	飞机	其他交通工具（不包括出租小汽车）
副部长及相当职务的人员	软席（软座、软卧）含全列软席列车中的一等软座	一等舱	头等舱	凭据报销
中央国家机关正副司（局）长，以及相当职务人员；高等学校教授，科研单位研究员，医疗卫生单位主任医师，文化艺术单位艺术一级人员；职务工资在五级（含五级）以上的高级工程师，高级经济师，高级会计师，副教授，副研究员，副主任医师，艺术二级人员，以及相当以上技术职务人员	软席（软座、软卧）含全列软席列车中的一等软座	二等舱	普通舱（经济舱）	凭据报销
其余人员	硬席（硬座、硬卧）或全列软席列车中的二等软席	三等舱	普通舱（经济舱）	凭据报销

关于印发《中央党校政府采购管理规定（暂行）》的通知

中校厅字〔2009〕60号

校各直属单位：

经校领导同意，现将校财务行政管理局制定的《中共党校政府采购管理规定（暂行）》印发给你们，请遵照执行。

办公厅

2009年10月22日

中央党校政府采购管理规定（暂行）

根据《中华人民共和国政府采购法》、《中华人民共和国招投标法》、《中华人民共和国合同法》以及财政部、中直机关事务管理局有关政府采购的相关规定，结合我校的具体情况制定如下管理规定。

一、政府采购管理机构

财务行政管理局是我校政府采购工作的主管部门。财务部资产管理室是学校政府采购工作的办事机构，负责全校政府采购的日常管理工作，并负责全校货物类、服务类政府采购的相关工作。计划材料处负责全校工程类政府采购的相关工作。

二、政府采购范围

本规定所称政府采购，是指使用财政性资金（预算内资金和预算外资金）以及与财政资金相配套的自筹资金采购货物、工程和服务的行为。校属各单位，无论使用学校经费，还是使用本单位自有资金进行相关采购都属政府采购范畴。

政府采购范围包括以下三类：

（一）货物类

指各种形态和种类的物品，包括原材料、燃料、设备和产品等。

（二）工程类

指建设工程，包括建筑物和构筑物的新建、改建、扩建、装修、修缮、拆除。

（三）服务类

指除货物和工程以外的其他政府采购对象。

三、政府采购形式

政府采购形式分为“集中采购机构采购”、“部门集中采购”和“分散采购”。

“集中采购机构采购”是指按照国务院办公厅颁布的《政府集中采购目录及标准》的规定，必须委托集中采购机构组织的采购活动。

“部门集中采购”是指按照国务院办公厅颁布的《政府集中采购目录及标准》的规定，可由学校统一组织实施的采购活动。

“分散采购”是指在集中采购机构采购、部门集中采购范围以外，经学校批准由各单位组织进行的其他项目的采购活动。

四、政府采购的具体方式

政府采购通常采用公开招标、邀请招标、竞争性谈判、单一来源、询价、协议供货和定点采购的方式。其中：公开招标应作为政府采购的主要采购方式。

（一）凡单项或批量采购金额达到公开招标限额标准的采购项目，均须采用公开招标方式进行采购。不得将应当以公开招标采购的项目，化整为零以其他方式进行采购，规避公开招标。

（二）符合下列情形之一的货物或者服务，可以采取邀请招标方式采购：

1. 具有特殊性，只能从有限范围的供应商处采购的；

2. 采用公开招标方式的费用占政府采购项目总价值的比例过大的。

（三）符合下列情形之一的货物或者服务，可以采用竞争性谈判方式采购：

1. 招标后没有供应商投标，或者没有合格标的，或者重新招标未能成立的；

2. 技术复杂或者性质特殊，不能确定详细规格或者具体要求的；

3. 采用招标所需时间不能满足紧急需要的；

4. 不能事先计算出价格总额的。

（四）符合下列情形之一的货物或者服务，可以采取单一来源方式采购：

1. 只能从唯一供应商处采购的；

2. 发生了不可预见的紧急情况不能从其他供应商处采购的；

3. 必须保证原有采购项目一致性或者服务配套的要求，需要继续从原供应商处添购，且添购资金总额不超过原采购总额百分之十的。

（五）询价采购：未列入政府采购中心公布的协议供货目录，但采购货物的规格、标准统一，货源充足，价格变化幅度小的政府采购项目，可采用询价采购的方式进行采购。

（六）协议供货采购：在政府采购中心公布的协议供货目录范围内的政府采购项目，应采用协议供货的方式进行采购。

（七）定点采购：在政府采购中心规定的范围内，需求零散项目的采购，应通过定点供应商，并按合同承诺采购相关项目。

具体项目的采购方式，由财务行政管理局的相关职能部门按照有关法规，根据我校实际情况确定。

五、政府采购预算的编报与审定

（一）各单位编制预算时要根据教学、科研、行政后勤等各项工作的实际需要，本着艰苦奋斗、勤俭节约的原则制定。对项目的预算编报，要经过充分论证和市场调研，制定具有可操作性，切实可行的实施方案。

（二）各直属单位每年按规定的时间和要求，编制下一年度与政府采购内容有关的项目及经费预算，经校直属单位的主管领导签批意见，加盖直属单位公章后报财务部，由财务部汇总，报分管财务工作的副校长批准后向财政部申报。

（三）未列入预算的项目，原则上不得采购。确因工作急需增加的政府采购项目，必须先补报预算，经批准后才能实施。

六、政府采购工作的实施

（一）根据财政部批准的我校各项预算和校委批准的校内预算方案，按规定必须由“集中采购机构采购”的项目，由资产管理室和计划材料处按职责组织联系集中采购机构，落实政府集中采购招标工作。根据批准的预算，项目主管部门按招投标要求准备、提供相关资料，参与招标工作，并按有关合同具体组织项目实施。

（二）根据校委批准的预算，对可实行“部门集中采购”的项目，由资产管理室和计划材料处按职责和有关规定组织实施。

（三）根据校委批准的预算，对可实行“分散采购”的项目，由财务部通知并监督有关单位按要求实施。

（四）各类政府采购项目，在具体采购工作中都要按规定与供应商签订正式合同。

七、集中采购的监督管理

（一）财务行政管理局的有关职能部门负责对我校政府采购工作进行日常的监督管理。

校机关纪委和审计部门对集中采购工作及有关人员进行纪检和审计监督，凡发现工作人员有违法违纪行为，依据有关法律及纪律规定进行处理。

（二）各单位要严格执行国家和学校的政府采购管理规定。

本规定自批准之日起执行，由财务行政管理局负责解释。

财务行政管理局
2009 年 10 月

关于印发《中央党校货物类政府采购管理实施细则》的通知

中校厅字〔2009〕61 号

校直属单位：

经校领导同意，现将校财务部制定的《中央党校货物类政府采购管理实施细则》印发给你们，请遵照执行。

办公厅
2009 年 10 月 22 日

中央党校货物类政府采购管理实施细则

为做好全校货物类政府采购工作，提高资金使用效益，根据国家有关法规及《中央党校政府采购管理规定》，制定如下实施细则。

一、货物类政府采购范围和方式

1. 货物类政府采购指各种形态和种类的物品、包括原材料、燃料、设备和产品的采购。

我校货物类采购主要包括：通用设备、专用设备、交通运输设备、电气设备、电子产品及通讯设备、仪器仪表、计量标准器具及量具、衡器、文化体育设备、办公家具等的采购。

2. 货物类政府采购按规定分为委托中直采购中心等集中采购机构的采购；由财务部资产管理室统一进行的部门集中采购；经批准由使用单位自行组织的采购。

3. 货物类政府采购按规定采用公开招标、邀请招标、竞争性谈判、单一来源、询价、协议供货和定点采购等方式。

二、货物类政府采购预算的编报与审定

（一）校各直属单位每年要按规定的时间和要求，编制下一年度与货物类政府采购内容有关的项目及经费预算，经校直属单位的主管领导签批意见，加盖直属单位公章后报财务部资产管理室。

1. 按照财政部的统一要求，每年上半年，各中央单位在第一次申报下一年经费预算时，必须按照政府采购要求同时申报采购项目和金额。我校各直属单位须按规定的时间和要求上报本单位下一年度货物类的采购预算。如需采购《政府集中采购目录及标准》中规定的项目，此次必须申报。

2. 每年年底前，根据财政部给我校初步核定的下一年度的经费额度，各直属单位根据工作需要，可在规定的时间内，按要求对下一年度货物类的采购预算进行补充申报，但属《政府集中采购目录及标准》中规定的项目，无特殊急需，不能补报。

（二）各单位要根据教学、科研、行政后勤等各项工作的实际需要，经过充分论证和市场调研，本着艰苦奋斗、勤俭节约的原则，编报年度政府采购预算。

预算应当包括以下几项主要内容：

1. 采购理由。各单位要详细说明需购货物的具体原因及用途（不能只简单表述为工作需要）。

2. 所需货物的型号、生产厂家、技术要求、规格标准、采购数量、单价、金额及资金来源。

3. 本单位现有货物的数量及使用情况。对本次采购是属于新增还是更新应予以说明，如属于更新应同时提出旧品的处理意见。

4. 预算表由校各直属单位按类别统一

汇总，并经校直属单位的主管领导签批意见后，加盖直属单位公章，按期上报。

5. 对大额专项购置，各单位须进行充分论证和调查，附有可行性论证报告，提出切实可行的预算和实施方案。

（三）根据财政部批准的我校预算，财务部对各直属单位上报的采购计划汇总审核后制定全校设备购置计划，并与审核意见一同上报分管财务工作的副校长审批。

（四）对采购年度内未报预算，确因工作急需，要求临时增加的货物采购，有关直属单位必须首先写出追加采购申请（需包括上述1—3项的内容），报财务部审批后由资产管理室负责按规定组织实施。未经批准各单位不得擅自采购。

三、政府采购工作的实施

经分管财务工作的副校长批准的全校购置计划，由资产管理室书面通知各申报单位，其中：

（一）按规定必须委托集中采购机构采购的项目

1. 资产管理室与项目主管单位共同参与项目招标和实施工作。

2. 项目主管单位要按招投标要求，对申报预算时提交的实施方案进一步论证、完善，并提供完整的项目技术资料。

3. 资产管理室向我校委托的集中采购机构提交《项目招标委托函》及项目主管单位提供的项目技术文件。

4. 资产管理室根据招标结果，会同项目主管单位与中标商签订项目合同（项目主管负责人签字，资产管理室负责盖章）并督促合同执行。

5. 项目主管单位按合同要求，监督项目实施并负责项目验收。

（二）实行协议供货及定点采购的项目

1. 资产管理室人员会同使用单位，登录“中国政府采购网中直采购中心（www. ccps. gov. cn）或中央国家机关政府采购网（www. zyzfcg. ggj. gov. cn）”上网查询，根据管理使用的整体要求及部门工作的特殊需要，确定拟采购货物的品牌、型号。

2. 选定品牌和型号后，使用单位填写《设备采购确认表》交资产管理室，由资产管理室人员与供应商签订购货合同，并督促落实合同。

（三）按规定实行部门集中采购的采购项目

由资产管理室按有关规定组织进行。部门集中采购采取哪种具体采购方式，由资产管理室根据有关规定确定。

（四）实行分散采购的采购项目

1. 负责采购的单位须指定专人根据确定的采购任务进行市场调查，提出三家以上的供货商家或生产厂家备选。

2. 资产管理室领导、使用单位负责人、有关专业技术人员、采购人员，遵循公开、公平、公正的原则，集体讨论审定采购货物的供货商家或生产厂家。

3. 采购单位根据审定的意见，及时同有关供货厂商签订购货合同，督促合同的落实。

（五）货物的验收

货物到货后，采购单位和使用单位要及时办理货物交接手续，并当面验收。使用单位接收以后，在规定的期限内发现问题，及时与采购单位联系，确属质量问题的，由采购单位负责向供货单位联系更换或退货。产品保修期之内发生的问题，由供货单位按照有关“三包”的规定办理。

（六）采购款的支付

采购人员按照合同条款中的付款规定办理付款。使用学校统管资金的采购项目，需经资产管理室和财务部领导签字后，才能办理采购付款手续；使用单位自有资金的采购项目，需经直属单位分管领导签字后，才能办理采购付款手续。

四、日常采购工作的基本要求

（一）采购工作要认真落实到人，一般每个采购项目应有 2 人以上共同办理。采购人员要严格按照程序办事，遵纪守法。对厂家或商家给予的折扣，须通过降低所购物品的价格来体现，单位和个人不得收受回扣。

（二）所购货物质量应在同类产品中属较优者，同时还要充分考虑其技术的先进性、产品的性能价格以及售后服务情况，本着同类产品质量优先，同等质量价格优先，同样价格服务优先的采购原则进行选择。

（三）确定供货商、服务商及生产厂家时，产品的生产企业或供货商家应为技术先进、信誉良好、服务上乘的单位。

（四）对专业技术性能要求较高的设备的采购，有关使用单位须派专业技术人员对设备的技术性能和质量进行把关。

（五）对安全性能要求较高的设备的采购，有关使用单位应派专业技术人员对产品的技术要求、质量标准、安全性能按照国家有关规定进行验证，并对产品的生产厂家、供货单位进行资格验证。

（六）学校可依据工作需要，在中直采购中心等部门认定的中标企业中，选定一批产品质量良好、企业信誉可靠、售后服务周到的生产企业或供货商家，作为协议供货的定点采购单位。

（七）各单位要认真执行政府集中采购目录的规定。严格执行协议供货和定点采购制度，规范采购行为，提高采购效率。对协议供货和定点采购明确的采购项目，必须在中标产品、商家和定点供应商范围内选择采购。

本规定自批准之日起执行，原《中央党校集中采购管理规定》同时废止。

财务部

2009 年 10 月

后勤服务

2009 年后勤服务工作概述

中央党校后勤服务工作围绕“服务科学发展、建设和谐校园”主题，真抓实干，开拓创新，取得明显成效。

一、强化优质服务意识，为教学和科研提供后勤保障

2009 年，中组部及中纪委在中央党校举办四期专题研讨班。由于安排急、人数多、要求高、时间紧、任务重，加上常规班学员在校期间，后勤服务工作量猛增，工作难度比平时增长了几倍，超出了通常的接待能力。接到任务后，积极地做好工作计划，认真核定工作量，科学合理地调配人员，高效地进行接待前培训，细致地做好各项准备工作，加班加点、紧张而有序地挖掘潜力，多方调配，保证了服务到位。

园林修缮环卫中心重点抓了员工对细节服务的意识，在小活中看细节，看维修质量，减少返修率。另外，零修组今年变被动维修为主动找事干，他们登门征求意见，先后走访了培训部、进修部、综合服务中心等部门，针对座谈中提出的问题，及时处理不拖延，取得了一定的成效。针对大型活动较多且中央党校与中直合建职工住宅占用花房土地的特殊情况，合理调剂花源，积极做好花房搬迁，较好地完成了各项重要活动的用花需要，收到了较好的效果，受到中直机关的表扬。

动力保障中心针对今年寒冬来得早、温度低的新情况，及时做好各项检修工作，比原计划提前一周供暖。特别是面对几十年一遇的严冬，他们从全局工作出发，克服困难，加大投入，比往年同期提高供暖温度 2 ~3 度，使全校职工度过了一个温暖的冬季，受到住户的肯定。

为了提高车辆使用效率，交通服务中心从加强调度的管理入手，加强调度员的调配能力，要求调度做到接听电话要及时，态度和蔼，语言文明。对用车人的用车时间、上车地点、目的地等情况都要记录准确，派遣车辆时要合理调配，有效提高了车辆使用的效率。

校医院坚持为党校学工人员服务的宗旨，协调并督促北医三院党校院区不断完善服务条件，切实提高党校学工人员的医疗保健质量。校公费医疗办的同志通过挖掘潜力、拓展关系、融合资源，尽可能为党校职工管好医疗经费，提高现有条件下的医疗经费使用效率。为更好地满足离退休老同志就医要求，他们还把北区门诊重新改造，加强管理，极大方便了老同志就医。

物业监管中心从 2008 年 12 月接管南

院以来，按照校委提出的南院物业管理实行收支两条线，与主院管理模式同一种质量、同一种标准的总体要求，认真进行实地走访调研，制定和落实《关于完善提高南院物业化管理方案》，学生公寓与学生食堂的管理与服务水平有了明显的提高，

社区中心广场西侧的临时菜场，是社区管理的一个难题。社区服务中心积极与河务局、城管等部门沟通，由后勤服务部出资近20万元，在园林修缮环卫中心等部门的支持下，新建菜场于11月底建成并投入使用。社区为此专门成立了市场管理办公室，整治了周边环境，使管理规范有序，居民们非常满意。

二、加强后勤服务队伍建设

一是加强理论学习和业务培训。后勤服务部党总支和下属各支部高度重视政治理论学习，认真组织，学以致用，把党中央的要求和决议精神紧紧地同本职工作结合起来。党的十七届四中全会召开以后，党总支把深入学习《中共中央关于加强和改进新形势下党的建设若干重大问题的决定》作为一项重要政治任务，进行了周密布置和组织领导。各中心在认真学习的基础上，坚持理论联系实际，积极创新学习形式。综合服务中心党支部在学习《决定》的基础上重温了党的章程，进一步增强了全体党员的党性观念，党员意识，增强了贯彻执行党的路线、方针、政策的自觉性。餐饮服务中心、动力保障中心、交通服务中心等单位的党支部根据各自职业的特点，妥善安排学习时间，坚持集中学习和自学相结合，确保了上级布置的学习任务圆满完成，做到了工作、学习两不误，两促进。园林修缮环卫中心、社区服务中心、物业监管中心、校医院等单位的党支部积极组织全体党员参加政治学习活动，并在学习科学发展观和十七届四中全会精神的讨论中领会文件精神，认真查找不足，写出心得体会，真正实现了“党员干部受教育，科学发展上水平，人民群众得实惠”的目标要求。

在业务学习上，进一步推进2008年未完成的培训。面对职工队伍的现状，从2008年开始用了一年半的时间在后勤服务部进行了一次大跨度、多层次、多角度的全员参与的培训活动。通过活动使职工丰富了知识，提高了水平，也更加深刻地理解了服务工作的内涵。

为了配合这次培训教育活动，后勤服务部于2009年4月组织后勤各中心主任、支部书记到山东革命老区临沂进行实地考察，体会老区改革30年来的发展变化和取得的成果。通过对比较典型的工业、农业园区的考察，近距离体验了老区人民在改革大潮中顽强拼搏、艰苦创业、抓机遇、促发展、开拓进取的沂蒙精神，并怀着崇敬的心情瞻仰了孟良崮革命战争纪念馆和烈士陵园，再一次感受到老区人民对革命传统的传承和发扬光大，进行了一次生动的党的传统教育课。

二是将部分部门的领导班子人员进行了补充和调整。随着一些老同志退休，对一些中心班子进行了调整，几位年轻的同志走上了中心主任的领导岗位。各中心也在如何抓队伍上采取了新的举措。综合服务中心把一些基本素质较好，具有一定管理能力的员工进行培养，根据工作需要，将他们放在适当的岗位上进行锻炼。像班

长这一岗位，既提高了工资待遇，又放宽了留用条件，使他们看到了发展的大好前景，解除了后顾之忧，对稳定骨干队伍起到了较大的作用。

三是抓技能培训。综合服务中心、餐饮服务中心、动力保障中心等部门开展了技能培训和比赛。餐饮服务中心上半年召集班组长以上骨干，分别对三个学员食堂进行现场观摩，下半年又针对食堂的早餐情况进行了现场讲评。目前，各食堂在原有的基础上都有不同程度的进步。较突出的变化是各食堂的整体饭菜水平比较好，加工制作比较精细，花样品种多，荤素、花色搭配合理。全年两次征求对学员伙食工作的意见，其满意率和基本满意率都达到了90%以上。动力保障中心为了鼓励激发职工学习专业技术的积极性，在4月举办了电工、水暖专业技能竞赛。中心领导和业务骨干亲自讲解供暖专业理论和实际操作，参赛人员努力学习理论知识，苦练实操技能，进一步提高了专业技术能力。

综合服务中心服务任务量逐年加大，与此同时，服务员流动性越来越大。为了及时补充服务人员，2009年从全国各地共招服务员六批。培训小组紧紧围绕中心的工作目标开展工作，他们制定工作计划，明确工作重点，在坚持以往培训制度和培训项目的同时，对培训内容和培训方法进行了改进，取得了较好的培训效果。

四是结合新中国成立60周年活动，精心组织了以“党校是我家”为主题的大型文艺晚会。除后勤服务部在编职工、合同制员工，还特别邀请了承包单位的同志们参加。各单位自编自演了许多生动感人的节目，展现了后勤职工丰富多彩的文化生活，增强了全体员工的凝聚力。

五是不断强化大后勤大和谐的意识。一方面各类活动都邀请对外承包单位参加，另一方面各类活动均明确合同制员工要占一定的比例。以此向大家传递这样的信息，党校后勤要搞好是靠多方努力的，合同制员工同样受到尊重和使用。

三、勤俭办事，强化成本核算

坚持勤俭节约办事，推行成本核算，从开始的试点和模拟成本核算，到后来的全面推行核算，各部门已建立起一套成本核算的制度和办法。先干后算、只干不算的情况得到了根本扭转。2009年后勤服务的任务多，工作量很大，但每一项工作都是在严格的成本核算前提下完成。现在不但要成本核算，而且要按国家的要求及时完成、及时决算。2009年凡交由他们承担的工程和任务都在年内准时完成并结算。

四、坚持后勤服务社会化改革

后勤服务社会化改革已进行很多年，取得了明显成效。主要有：撤销幼儿园、南戴河培训中心、顺义养鸡场；对外承包了崇学山庄、绿杨宾舍、职工食堂、洗衣厂、南院配电室、社区商业楼、社区保安保洁等项目；引入物业公司管理包括：综合教学楼、礼堂、体育馆、南院研究生公寓、社区停车场等等，包括委托管理的校医院。还有相当项目是尚未社会化。2009年，进一步结合党校实际，在稳定现有合同制员工队伍的基础上，力求成熟一个推行一个，循序渐进。针对目前后勤服务部状况，大致可以分成三大类，一类是餐饮服务中心和综合服务中心两个中心，短时期内还要保持目前的管理状况。但要深入研究餐饮社会化后如何核算问题，学员楼和办公场所社会化后服务质量不降低的问题。二类是其他各部门，采取人员只出不进逐步压缩，逐步缩小管理范围，腾出一个外包一个，直到全部外包。三类是新添项目，如南院配电室，一开始就由社会企业管理，不再增加自管项目。

五、抓好创收工作

几年来，通过创收，既稳定了队伍，也为学校做出了很大贡献。在创收方面他们主要把握两点，第一，创收不是一个部门的利益而是后勤服务部整体的利益，需要各部门通力协作。第二，创收是为了更好地用于服务。他们把创收经费投入到学校建设方面的开支进一步加大，主要有：社区新建菜市场、社区门诊部改造、清真食堂扩建、二食堂维修经费追加、能源中心装修改造、社区建材料库房、职工食堂更换锅炉等项目，共投入资金100多万元。社区提前完成了全年收缴租金任务，并适时解决了一些遗留的租金问题。

六、加强安全管理工作

安全工作是后勤服务的重点。全年每月一次大检查，各单位经常自查，查出问题立即整改。社区服务中心进一步完善了安全管理的各项规定。定期召开保安公司负责人会议。同时进一步加强电子监控技术的应用和管理，在甘家口大厦前安装了360度摄像头，做好大厦前停车场和大厦的治安防范工作。根据后勤服务部安全管理的要求，定期与监管办联合各商户的卫生、治安和消防工作，及时发现存在的问题和安全隐患，提出整改意见和措施。交通服务中心为确保国庆期间的安全稳定，中心安全领导小组从年初就开始做好充分的准备工作，对中心的各个重点部位进行“拉网式”的安全检查，彻底消除了安全隐患。综合服务中心、餐饮服务中心、动力保障中心等部门结合工作特点，在安全措施的落实上有办法、有思路，形成了人人懂安全、人人负责安全的良好局面。

安全保卫

安全保卫工作概述

2009年，中央党校的安全保卫工作主要做了以下工作：

一、建成保卫处指挥控制中枢。将所有大门和重点部位的监控图像和各门验证设备的运行情况、显示数据接入到保卫处值班室，值班人员可随时观察各区域的安全情况，调动值勤人员，指挥处置突发事件。同时，配套建设了值班LED显示系统，将日常工作和应急联系电话、当日值班人员姓名等信息滚动播放，供值班人员随时查阅。

二、完成学员证、合同制务工人员出入证、非办公时间准入证的智能卡更换工作。截至12月止，为4000多名家属办理了非办公时间准入证，为1600多名学员更换和制作了智能学员证，为2000余名合同制务工人员制作了智能临时出入证。

三、拍摄中央党校安防信息化建设专题片。在中国移动通信公司的大力支持下，拍摄了中央党校安防信息化建设专题片。该片客观反映了近年来中央党校安防信息化建设取得的成果。

四、完成南院安全管理体制交接。根据校委指示，南管办撤销后，南院的安全工作参照北院教学办公区模式管理。4月初，保卫处抽调3名骨干人员进驻南院，完成交接工作。

五、举办灭火逃生演习。11月3日，在校大礼堂进行了灭火逃生演习。副校长陈宝生亲临演习现场并讲了话。校委委员、培训部主任徐伟新及部分直属单位主要负责人赵晓光、胡建华、欧亚平、郭英楼等同志观看了演习，校委委员、校防火委主任、办公厅主任罗宗毅做了演习小结。校防火委成员、校各直属单位安全保卫工作负责人、办公室主任观摩了演习。演习共分火情报警、人员疏散、灭火救护三个阶段。预设大礼堂东升厅学员正在上课，教室电源线突然起火引燃地毯。礼堂中控室报告火警后，校内有关单位联合行动，快速反应，及时疏散人员，将大火扑灭。

六、举办安全保卫保密工作培训班。11月18日至19日，中央党校安全保卫保密工作培训班在顺义国际会议中心举办，陈宝生副校长出席开班式并讲话。公安部、国家安全部、国家保密局等单位有关领导应邀为培训班作专题报告。各直属单位分管安全保卫保密工作的领导和联络员共50余人参加培训。

保密工作概述

2009年，中央党校保密委员会重点抓了以下几项工作：（一）加强制度建设，制定下发了《中央党校涉密载体销毁管理规定》、《关于采用一次性光盘传递涉密电子信息的通知》和《关于进一步加强我校门户网站保密管理的通知》。（二）开展教育活动。与国家保密局在黑龙江省委党校联合举办了全国党校系统保密教育专题研讨班。副校长李书磊出席开班仪式并讲话，国家保密局副局长丛兵等领导分别为研讨班授课。研讨班共举办两期，来自全国党校系统各省委党校以及部分副省级城市市委党校的97名从事保密教育工作的骨干教师及教学管理部门负责人参加了培训。邀请国家保密局局长夏勇、国家保密局保密科学技术研究所所长杜虹来中央党校作保密安全知识讲座。组织全校职工认真学习保密知识。校保密委下发了由国家保密局编印的《关于组织学习〈保密技术防范常识（图文版）〉的通知》，要求各直属单位涉密人员认真学习提高保密工作意识，丰富保密工作知识，强化保密工作技能。（三）组织签订《中央党校在（离）岗人员保密承诺书》和《中央党校保密管理责任书》。5月22日，校保密委和组织部联合下发《关于组织开展保密承诺书签订工作的通知》，在全校处以上干部，以及在工作中可能接触国家秘密的在（离）岗干部、职工和工勤人员中开展《中央党校在（离）岗人员保密承诺书》签订工作，全校共有763名正式教职工、76名聘用人员签订了保密承诺书。同时，校保密委还在各直属单位负责同志中开展了《中央党校保密管理责任书》的签订工作，各直属单位领导分别代表本单位签订了《中央党校保密管理责任书》。（四）做好检查、验收工作。3月31日，校保密委下发《关于在全校进行计算机安全检查的通知》，并从4月中旬起，对校各直属单位办公计算机及涉密载体的管理情况进行检查，对涉密计算机逐一登记并检查验收。

信息化建设

继续在信息网络的应用上下功夫

——在全国党校系统远程教学电视会议上的讲话

（2009 年 9 月 8 日）

郝 时 晋

同志们：

今天我们召开每学期一次的全国党校系统远程教学电视会议，主要是总结上学期远程教学工作，部署本学期远程教学安排，进一步推进全国党校系统远程教学和干部培训事业的发展。刚才中央党校三个单位负责同志的讲话，对工作有总结、有布置、有要求，我都赞成。根据大家的考虑和建议，我就远程教学工作，再谈三点意见。

一、深入学习领会习近平校长在今年秋季学期开学典礼上的讲话精神，并在远程教学工作中切实加以贯彻

习近平校长在 9 月 1 日中央党校开学典礼上，就党的建设问题发表了重要讲话，时机很好，主题重要。他在系统回顾 60 年来我们党的建设伟大历程的基础上，阐述了党的建设的几个主要特点：一是 60 年来，我们党根据承担的历史任务的变化，在科学判断并准确把握党的历史方位中加强和改进党的建设；二是把推进党领导的伟大事业同推进党的建设伟大工程结合起来，在履行执政为民、执政兴国历史使命中加强和改进党的建设；三是深刻总结和运用国内国际正反两方面经验，在坚持真理、修正错误、不断提高中加强和改进党的建设。他系统总结了 60 年来我们党在政治路线、指导理论、队伍建设、组织建设、作风建设、制度建设、反腐倡廉建设等方面取得的主要成绩，强调党的各方面建设取得的成绩是承前启后、与时俱进的。

习近平校长在讲话中指出，结合新中国成立 60 年我们党、我们国家走过的伟大历程，可以从党的建设实践中得到许多重要启示。第一，必须坚持把马

克思主义基本原理同中国具体实际和时代特征相结合，坚定不移地走中国特色社会主义道路。第二，必须紧紧围绕党的中心任务尤其是发展这个党执政兴国的第一要务来加强和改进党的建设，确保党建工作始终服务于经济社会发展。第三，必须坚持立党为公、执政为民，把实现好、维护好、发展好最广大人民的根本利益作为党的建设必须始终遵循的宗旨、方向和目的，始终保持党同人民群众的血肉联系。第四，必须坚持和健全民主集中制，发展党内民主，维护中央权威，不断增强党的蓬勃活力和团结统一。第五，必须以党的执政能力建设和先进性建设为主线，以改革创新为动力，推动党的思想建设、组织建设、作风建设、制度建设和反腐倡廉建设相互促进，从整体上提高党的建设水平。

近平校长讲话后，中央党校常务副校长李景田强调，近平校长这个讲话是对建国 60 年来党的建设的全面回顾和系统总结，所阐述的党建工作的几点启示深刻精辟，令人深思，对进一步加强党的建设、开展好干部教育和培训工作都有重要的指导意义。他要求大家要积极学习，认真讨论，深刻领会，并努力贯穿于到教和学的全过程和各环节。

在 9 月 5—6 日在深圳召开的全国党校系统纪念新中国成立 60 周年理论研讨会上，景田同志又做了一个重要讲话，他在讲话中回顾总结了 60 年的考验和 30 年改革开放的历程，启迪未来，居安思危。他的讲话进一步贯穿了近平校长讲话的精神，可以说是对近平校长讲话的一个很好的辅导。

远程教学作为党校教学工作的重要组成部分，一定要按照景田同志的要求，认真学习贯彻近平校长的讲话精神，按照中央党校教务部、函授学院、信息管理部的安排，结合各自的实际，把近平校长讲话的精神落到实处，以此丰富各级党员干部的党建理论知识，增强大家的党性修养，提高领导干部的执政能力。

二、继续加强内容和资源建设，增强远程教学网络的实用性和吸引力

远程教学网升级改造后，理应在干部教育培训中发挥更大的作用，为此，我们的工作重点必须转到加强信息网络的应用上。加强信息网络的应用，有很多工作要做，其中最基础性的工作就是过去我们经常强调的——建立丰富又实用的信息资源库，在提高远程教学内容和信息资源的丰富性、针对性、层次性、时效性和实用性上下功夫。为此，首先要把握好远程教学内容建设的定位。为实现提高干部素质能力的培训目标，党校在讲题设计和教学资源建设上都要注意满足干部培训的需求。远程教学作为党校教学的重要组成部分，教学内容和资源建设也要考虑干部培训的需求。中央党校和省级党校有关部门要多

作些调研，进一步摸清基层党校干部培训的需求，根据需求确定远程教学内容和资源建设的基本目标和内容要求。其次要进一步丰富内容资源。中央党校有关部门要根据资源建设的目标要求，通过内部制作、外部购买、相互交流共享等多种办法，努力构建适应不同层次、不同区域、不同行业干部需要的信息资源和教学内容体系，开发出不同用途的应用软件、资源数据库和服务咨询体系。近几年一些地方党校积极参与远程教学的课程建设，推荐了不少优秀的资源片，也积累了许多好的经验。所以也希望地方各级党校继续支持配合，多推荐好的课程和信息资源。再次要提高质量，突出特色。各级党校开发的课程和信息资源，既有满足共性需求的，也有满足个性需求的。不管满足什么样的需求，什么品种，一定要是精品，首先是政治上的精品。这项工作的任务十分繁重。各级党校的信息技术部门要和教学管理部门一起，继续开展好教学资源片的征集、选用工作。要牢固树立精品意识和特色意识，对课件的内容认真把关，努力使远程教学的内容突出地方特色和党校特色，使教学资源片技术过硬，品质优秀。

三、继续加强各级党校相互的交流与合作，共同促进信息网络的应用

信息网络的建设投入大，管理很复杂，应用更重要，所以一定要形成合力，发挥规模效益。全国各级党校虽然培训对象的层次不同，但都担负着培训领导干部的共同任务，有许多共同的需求和工作特点。这就决定了各级党校在信息网络的建设、管理特别是应用上有很多相同或者相似之处，有必要也可以相互多交流、多学习、多借鉴。今年暑期，我和中央党校信息管理部的同志分别对一些省市党校进行了调研，了解到地方党校在信息网络的建设、管理特别是应用上不少好的做法。比如为了充分利用远程教学资源，开阔学员视野，提高教学质量，很多党校对当时不能直接利用的远程教学课程和资源，及时进行录制存储，然后根据不同班次、不同需要安排播放；有的建立了校园网视频点播系统，将近年来录制的远程教学课程精选后存入视频点播服务器，供教师和学员随时点播观看。又比如，一些地方党校紧密结合教学科研的需要和行政后勤工作的实际，开发出了比较系统、比较有针对性的应用软件，在服务党校各方面工作中发挥了积极的作用。这些好的经验和做法，一定要发扬，要传播，要推广。

为了促进各级党校在信息网络的建设、管理特别是应用上一些好的经验和做法的推广，我想要从以下几个方面多做工作：一是中央党校有关部门要多组织、牵好头，搭建好交流的平台，比如信息管理部要办好中央党校校园网的

《信息化建设》栏目，多收集报道地方党校在信息化建设方面的经验，也可以对地方党校提出的问题进行答疑，还可以引导大家对一些疑难问题共同进行探讨。地方党校工作办公室可以在《党校工作通讯》上加大对地方党校在信息化建设方面经验的报道力度。二是地方党校要把在信息化建设方面好的经验和做法推荐上来，供中央党校参考、推荐、宣传。三是各级地方党校相互之间可以多联系、多交流，进一步加大相互学习、彼此借鉴的力度。四是党校内部的不同部门之间也应多沟通、多交流。调研中我们了解到，虽然很多党校都建立了信息网络，但一些党校信息网络上的可用资源很少，网络利用率不高，主要是因为网络技术人员不了解教学需要，而了解教学需求的人又不懂技术，从而不能有效开发出针对性强的应用软件，不能建设实用的信息网络资源。所以，教学教务部门与信息技术部门也要相互多沟通。相信通过大家的共同努力，党校的信息化建设暨远程教学工作特别是应用工作一定会取得新的成绩。

我就讲这些，谢谢大家！

2009年信息化建设工作概述

2009年，信息化建设的主要工作如下：

一、2月26日，中央党校召开全国农村党员干部现代远程教育网站改版专家研讨会。全国远程办相关领导、人民网、搜狐网、新浪网等专家出席会议。

二、3月3日上午，中央党校通过远程教学网召开2009年春季学期全国党校系统远程教学电视会议。这次会议总结了2008年下半年远程教学情况，安排了上半年远程教学的相关工作。中央党校教育长郝时晋在会上做了《努力推进党校信息化建设暨远程教学工作的科学发展》的讲话。

三、中央党校信息管理部在海口市举办全国党校系统教学资源建设培训班。来自各省、自治区、直辖市党委党校，各副省级城市党委党校信息部门的负责同志参加了培训。大家对本单位的资源建设、仿真实验室建设的经验做了介绍，就资源的共建共享、仿真课件、案例教学中所用的案例等一些内容的建设，提出以中央党校牵头、统一标准、共享内容、降低成本等建议。

四、中央党校新版外网正式对外发布。此次新版外网重点调整了《思想理论动态》、《爱读书　读好书　善读书》等栏目，展开了党校工作的“五句话”格局和对外交流栏目；调整了栏目布局和表现形式，增加了3个干部教育学院和主流网站的链接。

五、10月28日“中央党校校园网升级改造工程系统集成项目”验收会议在综合楼召开。验收专家组成员、太极计算机股份有限公司、北京国研信息工程监理咨询有限公司、信息管理部的有关负责同志参加会议。专家组分别听取了承建方、监理方和建设方的报告，审核了项目文档，对项目现场进行了实地考察，并对有关问题进行了质询，一致同意中央党校校园网升级改造工程系统集成项目（一期工程）通过验收。

六、中央党校重新发布办公室计算机上因特网管理规定，对上网范围、上网办法、上网须知、网络管理四个方面做出了具体规定。

七、中央党校求索音像出版社召开成立20周年座谈会。座谈会回顾了求索音像出版社走过的历程，总结了积累的经验并规划了未来。

八、中央党校将校园网升级改造中替换下来的思科交换机、摄像机等部分网络设备，分别捐赠给吉林省委党校、江西省委党校、西藏区委党校和上饶市委党校。

信息资源建设工作会议召开

11月24日上午，在主楼七层会议室召开了全校信息资源建设工作会议，教育长郝时晋出席会议并讲话，校信息资源建设小组成员、各单位新闻信息通讯员以及信息管理部的有关同志出席会议，会议由校委委员、办公厅主任罗宗毅主持。

信息管理部主任郭英楼通报了信息化建设情况，介绍了一年来信息化建设相关工程的进展情况，主要包括校园网络升级改造工程、信息资源应用系统和情景模拟仿真教室工程，并就相关工程的后期管理工作和使用中存在的部分问题进行了说明，希望校委能够进一步重视信息化建设工作，充分发挥信息化建设在党校教学、科研方面的积极作用。

信息管理部副主任王金龙就调整校园网信息资源建设工作小组成员、校新闻信息的通讯员及其职责、校园网新版内外网相关栏目承办以及2009年度校园网信息资源建设评奖等相关问题作了说明。

教育长郝时晋在讲话中要求抓紧落实有关事项，各单位要重视和积极配合做好信息资源建设工作，尤其是各部门通讯员要认真负责，及时、快捷、准确地报道新闻信息。教育长在讲话中要求，充分认识信息网络在党校工作中的重要作用，进一步丰富信息网络的内容和资源，全校形成合力，加强信息资源建设和新闻报道工作。

校委委员、办公厅主任罗宗毅最后强调，信息化建设是党校建设的重要部分，校委重视，全校关注。会后要积极落实会议精神，严格按照教育长的要求，明确职责、协调联动，共同做好信息化建设工作。

中央党校举行校史重要文物史料捐赠仪式

10月16日，中央党校举行校史重要文物史料捐赠仪式。常务副校长李景田，副校长石泰峰、陈宝生、李书磊，校委委员贾高建、罗宗毅，校史展顾问王渔及校史展筹备工作领导小组全体成员，校各直属单位主要负责同志和离退休老干部局党委各支部书记共80余人参加捐赠仪式。捐赠仪式由校史展筹备工作领导小组组长、副校长陈宝生主持。

中央党校共有20多人捐赠校史文物史料计400余件。在仪式上展出的中央党校各个历史时期的重要文物史料主要有：延安时期中央党校统一自制的校徽，陕甘宁边区的流通券、邮票（边区票），马列学院的校徽及学工人员的演出剧照和自制的笔记本，杨献珍 20 世纪 50 年代的手稿及生活用品、照片，《艾思奇文集》及生活用品、照片，郭大力的《资本论》校排手稿和文稿，马列学院教材《资本论》和中央高级党校教材《共产党宣言》，复校时的一部学员名单及书信等。

李景田在捐赠仪式上发表了重要讲话。他说，为了认真贯彻落实《中国共产党党校工作条例》和全国党校工作会议精神，深入学习实践科学发展观，加强对党校学员、教职员工的校史与优良传统教育，进一步加强和促进校风、学风建设，在近平校长的关怀下，校委决定从今年初开始，加快推进中央党校校史馆建设。今天，我们在这里举行中央党校部分校史重要文物史料的捐赠仪式，并对校史馆建设和校史重要文物史料收集工作进行动员，以此全面推行校史馆筹建工作。

李景田说，目前校史馆项目的可行性论证、展览文本和展品目录、展品收集、场建清理、展览设计以及布展施工的招投标等各方面工作都取得了较大进展，基本条件已经具备，校史馆工程建设近期就会动工。我们要不辜负中央领导同志的期望和全校学工人员及老同志的重托，把校史馆建成一个展示工程、教育工程、百年质量工程和节能环保工程。

李景田强调，校史文物史料的征集工作跨度大、涉及面广，许多珍贵的历史资料已经沉寂多年，搜集起来犹如大海捞针。为此，学校专门发了几个文件，有面向校内的，也有面向相关中央机关和国家机关的，还有面向全国各地方党校和相关地方党委、政府及革命纪念馆的。经过前一阶段的了解和调查，应该说，改革开放三十年以来有关中央党校发生的历史文献、资料、档案等基本都在，部分单位和老同志也保存有“文革”前、马列学院甚至延安时期和大革命时期的重要文物史料。我们在关注校外文物史料、争取中央和各界支持的同时，当前最重要的是尽快地把我们自己眼前的和库存的文物史料，进行系统地集中收集和整理。

李景田强调，从目前情况看，校史各阶段的亲历者，有的已经故去，有的年事已高，一些珍贵的校史资料急待抢救，建设校史馆日益紧迫。校委号召，全校各单位和全体教职工、老干部、老党员，都要积极行动起来，为办好校史馆和完善史料征集工作尽到自己的一份力量。各单位都要把校委的要求传达到全体工作人员和老同志，以对党校事业高度负责的精神，扎扎实实地做好校史文物、史料的征集工作。

中央党校校领导向捐赠代表颁发了《捐赠证书》。与会的领导和同志们兴致勃勃地参观了展出的校史重要文物史料。

对外合作与交流

外宾来访活动

1月6日上午，以印度人民党副主席、印度人民院议员巴尔·阿普泰为团长的印度全国民主联盟代表团一行6人来校访问，了解了中央党校的职能等情况。教育长郝时晋等会见来宾。

1月6日上午，政法教研部教授王军以“中国共产党的组织结构、中央与地方关系”为题，为中联部埃及民族民主党干部考察团授课。

1月9日下午，党的建设教研部教授张荣臣以“党建工作的基本经验”为题，为赞比亚多党民主运动干部考察团一行15人授课。

1月10—15日，应中央党校邀请，西班牙对外贸易发展局执行副主席安赫尔·马丁·阿赛贝斯率团访问中国。期间，副校长陈宝生会见代表团一行，代表团赴陕西考察访问。

1月12日上午，美国国际共和研究所中国项目负责人高兰来校访问，与党的建设教研部就双方学术合作事宜进行商谈。

1月13日，韩国西江大学政治外交系教授全圣兴来校访问，与国际战略研究所学者就中韩关系等问题座谈。

1月17日，美国福特基金会驻京首席代表费约翰先生来校访问，与国际战略研究所就双方合作事宜进行磋商。

2月23日，日本贸易振兴机构副所长箱崎大约见国际战略研究所研究员门洪华，就中日经济合作事宜进行探讨。

3月4日下午，英国外交部政研司司长大卫·浮士德先生来校访问，与国际战略研究所副所长刘建飞就中国和平发展国际战略、国际金融危机对中国内政外交的影响等问题进行探讨。

3月4日下午，党的建设教研部教授张荣臣以“中国共产党加强执政能力建设的思考与实践”为题，为南亚国家政党干部研修班讲课。

3月13日，台湾前海基会董事长洪其昌一行来校访问，与国际战略研究所的专家学者就“岛内正常轮替后民进党的变化与走向”、“民进党对两岸关系的看法”等进行交流。

3月13日下午，日本驻华使馆公使和田充广等2人来校访问。

3月13日下午，英国牛津大学政治学教授阿奇·布朗先生来校访问，与国际战略研究所师生就“俄罗斯在大国中的地位和作用以及中俄关系”等问题进行座谈。

3月16日下午，日本驻华大使宫本雄二一行来校访问。常务副校长李景田会见来宾。

3月17日上午，德国波鸿大学伦理研究中心负责人萨斯教授来校访问，以“在高科技背景下的生命伦理问题”为题与哲学教研部师生进行交流。

3月17日下午，美国国务院研究中心

调研员马克·埃博拉姆森等一行3人来校，与党的建设教研部主任王长江教授座谈，了解中国改革等情况。

3月20日，美国丹佛大学教授赵穗生来校访问，就奥巴马政府对华政策与中美关系走势等问题与国际战略研究所师生座谈。

3月24日下午，德国赛德尔基金会驻京办葛安飞先生来校，以“德国的政党政治与今年的德国大选”为题与党的建设教研部研究生进行交流。

3月25日上午，丹麦前社会部官员尼尔斯夫妇来校访问。副校长石泰峰会见来宾。

3月26日上午，经济学教研部教授梁朋以“中国共产党如何处理经济发展和社会发展之间的关系”为题为叙利亚阿拉伯复兴社会党干部考察团一行15人授课。

3月26日下午，中央党校战略所所长宫力和门洪华教授在韩国驻华使馆会见韩国国际交流财团有关人员，就合作事宜进行磋商。

4月7日晚上，培训部李中印同志出席了印度驻华使馆在北京饭店举办的“印度梦幻之夜”暨印度政府旅游局北京办事处成立一周年庆典活动。

4月8日下午，丹麦外交部亚洲司高级顾问、东北亚处处长普莱斯纳来校，与国际战略研究所研究员王红续就亚洲一体化进程事务和中国外交政策等问题进行座谈。

4月9日上午，委内瑞拉玻利瓦尔共和国总统查韦斯来校参观，并与学员座谈。常务副校长李景田会见来宾。副校长石泰峰、孙庆聚、李书磊，教育长郝时晋等出席活动。

4月13日下午，台湾台北大学教授吴秀光等3人来校访问，与国际战略研究所副所长郭建平等学者就“当前两岸热点问题”座谈。

4月14日上午，巴基斯坦驻华大使马苏德·汗来校访问。副校长石泰峰会见来宾。

4月14日下午，意大利驻华大使谢飒先生来校，为学员举办“意大利文化遗产的保护和修复模式及其在旅游和经济领域的利用”讲座。副校长李书磊主持讲座活动。

4月17日，美国外交政策全国委员会主席乔治·施瓦布一行6人来校访问，了解中国对台政策走向及两岸关系发展趋势。原常务副校长郑必坚会见来宾。

4月19日，科学社会主义教研部教授孙劲松以“中国改革开放30年的主要成就和基本经验”为题，为非洲政党与妇女组织干部研修班授课。

4月14—24日，以中央组织动员部长阿尔弗雷多为团长的安哥拉人民解放运动干部考察团一行11人来华访问期间，中央党校政法部王军教授为代表团就中国中央政府与地方政府的关系以及中央权力下放等问题作专题介绍。

4月21日晚，培训部与中央电视台“同一首歌”栏目在中央党校举办“培训部庆祝新中国成立60周年暨学员俱乐部成立联欢会”，成龙应邀参加。

4月22日，中央党校研究生院师生30人及部分教师参加凤凰卫视“一虎一席谈”栏目录制活动。节目主题为“官员问责制”。

4月，阳光卫视邀请党建部主任王长江教授参加该栏目访谈，主题为：中国基层民主。

5月18日上午，丹麦哥本哈根商学院院长延森一行来校访问。延森院长以“北欧模式”为题发表演讲。双方共同签署了合作备忘录。

5月22日上午，德国驻华使馆新任公使柯殷博士来校访问，校委委员、办公厅主任罗忠毅会见来宾。

5月22日下午，为纪念改革开放和新时期对台工作发展30周年，中央党校战略所副所长郭建平率该所师生20人参观中央台办举办的“对台工作成就图片展”。

5月，美国阿拉斯加大学教授孟吉瑞来校访问，就美国对话政策、环境保护等问题与国际战略研究所学者进行交流。

6月1日下午，日本防卫大学校长五百旗头真先生来校访问，并以“目前的国际形势与日本未来外交的展望”为题发表演讲。副校长孙庆聚会见来宾。

6月1日下午，韩国国际交流财团理事长任晟准先生来校访问，与国际战略研究所师生就“东亚区域合作与中日韩关系”进行座谈。

6月3日下午，英国驻华使馆政治二秘李诚德来校访问，就西藏民族宗教和民族团结问题与科学社会主义教研部胡岩教授进行座谈。

6月4日下午，外交学会美大部安排的澳大利亚高级公务员考察团一行13人来校访问，就“关于提高国内公共政策的社会参与度的改革建议”等与有关学者座谈。

6月5日下午，俄罗斯知名学者布罗夫教授和费德洛娃教授来校访问，以“当代俄国的马克思主义”和“政治哲学研究的方法论问题”为题，在哲学教研部发表演讲，并与师生座谈。

6月8日，美国驻华使馆一秘康达·梅克寒来校访问。

6月11日上午，中共党史教研部教授陈雪薇以“中国共产党开展宣传教育工作的情况”为题，为利比里亚团结党干部考察团一行10人授课。

6月11日下午，美国摩根大通董事长兼首席执行官杰米·戴蒙先生来校访问，与部分学员就“金融危机：摩根大通的经验与展望”进行座谈。原常务副校长郑必坚会见来宾。

6月16日下午，英国金融服务局局长泰勒爵士来校访问，以“市场经济和市场失灵：金融危机的教训”为题演讲。副校长李书磊会见来宾。

6月18日上午，科学社会主义教研部教授常欣欣以“中国改革开放的成就与经验”为题，为刚果（布）劳动党干部考察团一行8人授课。

7月1日，欧盟“马德里亚加欧洲学院基金会”执行主任德夫汉先生来校访问，与中央党校专家就气候变化、国际货币体系、农业或劳动就业改革以及经济复苏等问题交换看法。

7月6日上午，美国艾森豪威尔基金会中国项目主席约翰·沃尔夫先生来校访问，探讨双方合作事宜。

7月7日上午，党的建设教研部教授李民以“中共党建工作经验”为题，为南非共产党干部考察团一行12人授课。

7月10日上午，“中英400——青年交流计划”第二批英国百名青年政治家和企业家代表团来校访问，了解我国党政干部培训及管理机制。

7月14日下午，以总书记、议长埃瓦利斯特·博夏卜为团长的刚果（金）代表团来校参观访问，了解办校宗旨、方针、机构及课程设置等情况。常务副校长李景田同志会见来宾。

7月14日下午，丹麦哥本哈根商学院亚洲研究中心副教授杨江来校访问，与国际战略研究所研究员王红续、秦治来座谈。

7月21日，英国肯特大学政治与国际关系高级讲师帕克·李（Pak K. Lee）博士来校访问，与国际战略研究所有关学者就中国与东亚的合作问题进行座谈。

7月22日上午，党的建设教研部教授梁妍慧以“中国共产党组织动员群众工作的经验”为题，为苏丹全国大会党干部考察团一行15人授课。

8月5日，英国皇家国际问题研究所高级研究员包凯瑞来校访问，与党的建设教研部主任王长江就“农村基层村民委员会选举”等进行座谈。

8月25日下午，新加坡人民行动党议员白振华来校访问，与党的建设教研部有关学者进行座谈。

9月，日本广播协会摄制组应中联部邀请来华拍摄“新中国成立60周年系列报道”。期间，摄制组来中央党校拍摄“中国共产党年轻干部培训”专题片，并采访副校长陈宝生。

9月4日，美国耶鲁大学校长莱文一行来校访问。常务副校长李景田会见来宾。

9月4日，法国液空集团董事长兼首席执行官博天先生来校访问，与国际战略研究所学者就“长期投资——一个跨国公司成功的主要因素及其视角”进行座谈。

9月4日，韩国广播公司“中华人民共和国建国60周年特辑”摄制组一行3人来校采访、拍摄。陈宝生副校长接受采访。

9月7日下午，党的建设教研部教授梁妍慧以“中国共产党组织动员群众工作的做法和经验”为题，为吉尔吉斯斯坦“光明道路”人民党干部考察团一行10人授课。

9月7日下午，牛津大学詹姆斯·马丁21世纪学院首任院长彦戈丁教授等2人来校访问，与原副校长刘海藩等就“全球气候变化、医学与健康以及影响现在和未来的道德和社会问题”进行座谈。

9月8日上午，英国政府首席国务大臣、创新和技能国务大臣、枢密院院长彼得·曼德尔森勋爵来校访问，以“全球经济危机及其应对”为题发表演讲。常务副校长李景田会见来宾。

9月8日，澳大利亚国立大学亚太学院院长安德鲁·麦克因泰尔教授来校访问，探讨双方合作事宜。

9月14日，德国杜伊斯堡—埃森大学社会科学院副院长东亚研究所所长托马斯·海贝勒来校访问，以“国外学者视野中的中国道路”为题与科学社会主义教研部学者座谈。

9月15日上午，科学社会主义教研部教授常欣欣以“中国共产党的理论建设与创新、中国特色社会主义理论体系”为题，为以全国选举书记圣地亚·巴雷达为团长的秘鲁阿普拉党干部考察团一行10人讲课。

9月16日，美国艾森豪威尔基金会中国项目主席约翰·沃尔夫先生一行来校访问，就参加艾森豪威尔奖学金生项目事进行探讨。

9月16日下午，德国巴伐利亚精英学院代表团一行30人来校访问，了解党校组织结构和学科设置等情况。

9月21日，意大利国家行政学院院长卡罗·弗拉门特一行来校访问。常务副校长李景田会见来宾。

9月26日，美国美中合作基金会主席约翰·米勒夫妇来校访问，与报刊社副社长钟国兴等就“中国学习型社会、学习型组织研究情况”进行座谈。

9月28日下午，由全国执委会委员、党总部负责人穆克塔尔率领的埃塞俄比亚人民革命民主阵线代表团来校访问。副校长陈宝生会见来宾。

9月28日下午，当代中国史国际高级论坛的外国专家来校访问，就“当代中国和它的发展道路”等议题与中共党史教研部师生进行座谈。

10月9日，日本驻华使馆二秘柿泽未知及日本国际交流基金相关人员来校访问，与国际战略研究所就当前中日关系及未来合作等议题进行交流。

10月10日上午，意大利忠利集团执行总裁瑟吉欧·巴比诺特先生来校访问，发表演讲。双方签署了合作备忘录。

10月13日上午，以日本外务省大使、前驻华大使阿南惟茂为团长的日本青年领导访华团一行60人来中央党校访问，并举办“中日青年领导互访交流十周年纪念活动”。代表团成员与培训部一年制中青班部分学员就“行政”、“环境”、和“经济”等问题进行座谈。常务副校长李景田出席活动并宴请访华团成员及参加座谈的相关人员。

10月15日下午，党的建设教研部教授李民为以第一副领袖、政府副总理兼地方政府部长穆达瓦迪为团长的肯尼亚橙色民主运动代表团一行6人授课，介绍中国共产党的建设及党员领导干部培训情况。

10月21日，法国人民运动联盟总书记格扎维埃·贝特朗一行6人来校访问。副校长陈宝生会见来宾。

10月21日上午，经济学教研部副教授曹立以“中国经济社会发展情况及中国共产党在经济建设中发挥的作用”为题，为以全国青年主席阿巴斯·阿加马为团长的乌干达全国抵抗运动青年干部考察团一行15人授课。

10月23日，马克思主义理论教研部副教授曹鹏飞以“中共基层党建经验”为题，为俄罗斯国家杜马议员米赫耶夫率领的俄罗斯青年干部考察团授课。

10月27日，美国明尼苏达大学休伯特汉弗莱公共事务学院院长布莱恩亚特·伍德先生来校访问，以“奥巴马的外交政策”为题与研究生院师生座谈。

10月27日，党的建设教研部副教授吴辉、经济学教研部副教授曹立分别以“中国共产党组织建设及运作情况”和“中国经济发展情况及中国共产党在经济发展中的作用”为题，为中非夸纳夸干部考察团授课。

10月30日，清华大学人文与社会科学学院哲学系加拿大籍贝淡宁教授应邀来政法部访问，就“社群主义对当代中国核心政治价值的启示”作讲座，并与该部师生进行座谈。

10月，英国广播公司（BBC）资深国

际事务编辑辛普森采访了原副校长李君如。

11月2日，英国伦敦政治经济学院学者马丁·雅克来校访问，与国际战略研究所学者就“中华文明对中国崛起的作用及中国崛起对未来国际格局的影响”进行座谈。

11月5日，与西班牙对外贸易发展局在校内共同举办“中国和西班牙市场监管——体制与实践”国际学术研讨会。常务副校长李景田会见了与会者。副校长陈宝生出席闭幕式并致辞。

11月6日，台湾中兴大学当代中国研究中心主任巨克毅教授来校访问，与国际战略研究所、哲学教研部学者就“台湾战略学研究与两岸关系问题”进行座谈。

11月6日下午，巴西社会主义党干部考察团一行8人来校访问，了解党校情况。

11月9日下午，科学社会主义教研部教授常欣欣以“毛泽东思想和中国特色社会主义理论的形成与发展”为题，为东帝汶执政联盟干部考察团授课。

11月18日下午，肯尼亚民族团结党代表团一行3人来校访问。

11月19日下午，意大利经济和财政部长朱利奥·特莱蒙蒂来校访问。常务副校长李景田会见来宾。副校长李书磊等校领导出席会见。特莱蒙蒂以“引发第一次全球危机的原因及其造成的政治影响”为题发表演讲。

11月19—20日，中央党校与外交学会等单位在京共同举办“中欧战略伙伴关系研讨会”。原副校长李君如同志出席会议。

11月20日，印度驻华大使苏杰生先生来校拜会李景田常务副校长。改革开放论坛与印度驻华使馆保持着良好的交流合作关系，苏杰生大使的拜会，意在保持并巩固这种交往关系，为中印两国关系的发展做出积极的贡献。

11月24日下午，前总书记西里尔·拉马弗萨率领的南非非洲人国民大会全国执委研修班一行18人来校访问。教育长郝时晋会见来宾。

11月25日，应中联部邀请，以中央委员、巴解组织执委会委员、对外关系部部长阿巴斯·扎奇为团长的巴勒斯坦民族解放运动（简称“法塔赫”）干部考察团一行11人11月下旬来华访问。党建部副教授吴辉以“加强党的理论和思想建设工作经验”为题为代表团授课，并与团员交流。

11月25日上午，党的建设教研部副教授吴辉以“加强党的理论和思想建设工作经验”为题，为以中央委员、巴解组织执委会委员、对外关系部部长阿巴斯·扎奇为团长的巴勒斯坦民族解放运动（简称“法塔赫”）干部考察团一行11人授课。

12月1日晚，为庆祝新中国成立六十周年暨《学习时报》创刊十周年，校刊社举行《红旗飘飘》文艺晚会，香港籍演员蔡炳泉来校参加演出。

12月2日，香港特别行政区中央政策组考察团一行14人来校拜会石泰峰副校长，了解中央党校情况，并就有关议题与中央党校学者座谈。

12月2日，法国亚洲中心研究院杜懋之来校访问，与国际战略研究所副所长刘建飞就“中法、中欧关系”等议题座谈。

12月4日上午，日本外务省顾问、前外务事务次官谷内正太郎先生来校访问，以“日中关系与战略互惠关系”为题作报告，并与国际战略研究所学者座谈。

12月4日上午，英国驻华使馆一秘王大卫来校，介绍其继任者孟加斯。

12月11—13日，美中教育交流基金会与国际战略研究所在校内联合举办“中美关系30年：回顾与展望”国际学术研讨会。

12月8日上午，中联部安排哥伦比亚前驻华大使、麦德林大学孔子学院院长、中国问题专家巴勃罗·埃查瓦里亚来校访问，了解中国共产党和党校情况。

12月8日，经济学教研部副教授曹立以“中国共产党在治国理政、特别是领导经济建设方面的主要做法和经验”为题，为喀麦隆人民民主联盟干部考察团授课。

12月10日上午，美国艾森豪威尔基金会美国学者米歇尔·谢罗德来校访问，与经济学教研部学者曹新、李蕾等就新能源、环境与城乡经济发展政策、经济合作等议题座谈。

12月10日下午，美国驻华使馆一秘张诺亚先生来校访问，与文史部主任赵伯英和国际战略研究所副所长康绍邦就中美关系进行座谈。

12月11日上午，党的建设教研部副教授吴辉以“中国共产党加强自身建设的经验”为题，为苏丹人民解放运动干部考察团授课。

12月12日上午，香港特别行政区中央政策组考察团一行13人来校访问、座谈。副校长石泰峰会见来宾。

12月15日，中央党校与中澳治理项目办公室合作的“政府间关系——中澳体制与实践”国际学术研讨会在北京举行。12月14日下午，教育长郝时晋在校会见了来华参加研讨会的澳方学者。

12月16日上午，由副主席皮乌斯·姆塞夸率领的坦桑尼亚革命党代表团来校访问。副校长陈宝生会见来宾。

12月17日下午，印尼亚洲战略研究中心总裁、总统顾问米世祥博士来校访问，与国际战略研究所副所长刘建飞座谈。

中央党校出访活动

1月8—14日，中央党校与中共中央对外联络部联合组团赴越南，考察了解越南的政治、经济、社会等情况。党史部副主任谢春涛等14人参加考察。

1月12日—2月12日，应德国柏林医科大学中国生命科学理论研究院邀请，科学社会主义教研部教授靳薇赴德国进行学术访问。

1月31日—2月21日，应美国驻华大使馆邀请，哲学部董振华赴美国参加“国际访问者计划”。

2月3—13日，应全国人民代表大会常务委员会办公厅邀请，石泰峰副校长随全国人大代表团访问了葡萄牙、马其顿。

2月13—25日，应美国双蓝公司邀请，校组织部部长赵长茂率团一行10人赴美国考察。

2月15—26日，根据本校与美国全球环境研究所的合作项目安排，科学社会主义教研部教授胡岩率团一行10人赴英国考察。

2月19日—3月20日，根据中加环境可持续发展项目第4年度工作计划安排，国际战略所助理研究员赵磊等3人到加拿大皇家路大学进行环境硕士课程学习。

2月24日—3月7日，中共中央对外联络部邀请陈宝生副校长率中共代表团访问刚果（金）和吉布提。

3月16—26日，根据与加拿大国际发展署和美国双蓝医保联合会分别制定的年度项目活动计划安排，孙庆聚副校长率团一行5人访问加拿大和美国，完成中加环境可持续发展项目的总结评估工作，考察美国的医保制度和双蓝的成功经验等。

3月16—30日，根据与意大利高等经济金融学校的合作协议，出版社总编李晓兵率团一行17人赴意大利进行培训。

3月20日—4月20日，应台湾中华经济研究院邀请，国际战略研究所研究员马小军赴台湾就“台湾能源现状以及能源安全问题研究”课题进行考察和学术交流。

4月12—22日，应美国卡内基国际和平基金会和韩国三星集团邀请，常务副校长、改革开放论坛理事长李景田率团一行3人赴美国和韩国访问。

4月19—24日，应德国外交部邀请，原副校长李君如赴德国参加以“亚洲的安全机制——欧洲安全与防务政策和欧洲安全与合作组织方面的经验”为主题的访问。

4月19—24日，应越南胡志明国家政治行政学院邀请，经济学教研部教授施红和科学社会主义教研部教授常欣欣赴越南就“三农问题”、“科学发展观在中国十七大以后的新认识”等内容进行专题讲解。

4月27—29日，应马来西亚航空公司总裁莫赫德·穆尼尔·马吉德邀请，国际战略研究所副所长康绍邦赴马来西亚参加“东盟经济一体化的途径”学术研讨会。

4月27日—5月2日，应中央统战部邀请，科学社会主义教研部教授胡岩随团赴英国参加学术研讨会。

5月4—14日，应德国赛德尔基金会和意大利高等经济金融学校邀请，副校长李书磊率团一行6人赴德国和意大利访问。

5月6—16日，根据与中澳治理项目和日本政策研究大学院大学的项目协议，以教育长赫时晋率团一行6人赴澳大利亚和日本访问，对澳政府治理模式及中央和地方关系进行考察和交流，与日方续签合作协议。

5月11—25日，根据与意大利高等经济金融学校的合作协议，科社部副主任叶庆丰率团一行9人赴意大利进行培训。

5月11日—6月17日，根据中央组织部、外交部、国家外专局《关于2009年举办领导干部境外培训部的通知》，选派党的建设教研部主任王长江赴美国参加第7期公共管理高级培训班。

5月15日—6月10日，政法教研部教授刘永艳参加由国务院法制办和国际出庭律师学会共同组织的美国法律体系和司法制度考察团，赴美参加2009年美国出庭律师学会项目考察。

5月16日—6月6日，根据与西班牙

贸易发展局的项目协议，中共党史教研部主任柳建辉率团一行20人赴西班牙考察。

5月17—23日，根据与美国乔治城大学的项目协议，经济学教研部主任王东京率团一行9人赴美国参加“应对全球金融危机：合作与互信”高层论坛。

5月17日—7月17日，根据与美国乔治城大学达成的2009年合作计划，经济学教研部教授陈启清、国际战略研究所教授吕建华赴美国访问学习。

5月23—30日，根据与西班牙贸易发展局的项目协议，校刊社社长陈高桐率团一行6人赴西班牙参加主题为“公共服务与基础设施”的学术研讨会。

6月1—21日，函授学院副院长史金龙随中直机关工委赴德国培训。

6月2—8日，根据与越南胡志明国家政治行政学院的合作协议，校委委员、科研部主任张伯里率团一行9人赴越南进行考察和学术交流活动。

6月8—22日，根据与意大利高等经济金融学校签署的合作协议，研究生院副院长刘春率团一行18人赴意大利培训。

2009年6月13日—2010年6月13日，经组织部同意，哲学教研部李小科参加美国休伯特·汉弗莱奖学金项目培训。

6月15—18日，应中国人民外交学会邀请，国际战略研究所研究员孙建杭参团赴韩国，参加由外交学会和韩国国际交流财团在仁川共同举办的第14届“中韩未来论坛”。

6月18—19日，应越南胡志明国家政治行政学院下属传媒学院邀请，党的建设教研部教授李俊伟赴越南参加“政治学”主题研讨会。

6月19—28日，根据与加拿大民主与人权问题研究中心签署的合作协议，政法教研部主任李良栋率团一行10人赴加拿大进行学术访问。

6月20日—7月3日，应美国通用电气（GE）中国有限公司邀请，经与中央组织部沟通，选派办公厅副主任张忠军参团赴美国参加第10期中国高级管理人员研究班。

6月21—28日，根据中日两国政府签署的备忘录，党的建设教研部教授赵绪生随中国青年代表团一行500人访问日本。

6月22—24日，应香港中文大学邀请，中共党史教研部王海光教授赴香港参加新中国建国史国际学术研讨会，发表了“中共贵州建政初期征收1949年度公粮问题初探”的论文。

7月，应北京市社会科学界联合会邀请，科学社会主义教研部教授赵曜随团赴南非、埃及进行学术交流。

7月6—9日，应美国和平研究所所长所罗门邀请，国际战略研究所研究员张琏瑰赴美国参加第二届中美危机规避与合作会议，并就“东北亚地区安全合作中的朝鲜因素”作主题发言。

7月7—15日，应台湾辅仁大学校长黎建球邀请，哲学教研部许全兴、阮青和王杰赴台湾参加“2009迎向世界的哲学对话与文化交流”第十六届国际中国哲学大会。

7月11—27日，根据国家外专局《关于组织“第五十六期中国高级公务员经济管理研讨班”赴香港培训的通知》，选派组织部张进勇参团赴香港参加第56期中国高级公务员经济管理研讨班。

7月18—28日，根据与美国英特尔公司合作项目年度工作计划的安排，文史教研部主任赵伯英率团一行6人赴美国考察企业的社会责任和企业与政府的关系问题。

7月20—26日，应国务院发展研究中心邀请，国际战略研究所教授潘悦随团赴香港执行课题考察任务，针对特区政府部门、大学、科研机构和科技园进行课题调研。

2009年7月29日—2010年6月13日，按照与德国赛德尔基金会签署的合作协议，哲学教研部梁晓杰赴德国进行访问学者交流。

8月1—21日，应美国驻华大使馆的邀请，国际战略研究所研究员纪军赴美国进行访问学习。

8月2—5日，应香港中文大学邀请，国际战略研究所博士后孙东方赴香港参加"汉学新方向研讨会"。

8月7日，与新加坡东亚研究所在新加坡联合举办"执政党建设和政府治理"国际研讨会，党的建设教研部主任王长江率团一行6人与会。

8月19—22日，应香港政治科学学会邀请，科学社会主义教研部教授胡岩赴香港参加"中国政治60年"学术研讨会，就"改善西藏自治区的宗教关系"作主旨发言。

8月24日—9月3日，应美国兰德公司和瑞典国际和平研究所邀请，原副校长李君如率改革开放论坛代表团赴美国和瑞典访问，参加兰德公司和改革开放论坛第12届年会，并赴斯德哥尔摩就"环保、新能源和低碳经济"等问题深入探讨。

8月8—13日，为学习国外开展艾滋病防治工作的先进经验，根据中英艾滋病策略支持项目工作机会，由卫生部国际合作司组团赴印度尼西亚参加第九届亚太地区艾滋病大会，中央党校财务行政管理局范京尔参团出访。

8月10—31日，经中央国家机关工委批准，中共国家机关分校重新启动2008年培训项目，组织中央国家机关部分党务干部赴澳大利亚进行培训，教务部罗明琦参团。

9月1—4日，应中央对外宣传办公室邀请，政法教研部主任李良栋随国务院新闻办公室团赴日本参加"庆祝新中国成立60周年国家研讨会"。

9月1—15日，应韩国中国政治文化研究所邀请，国际战略研究所研究员张琏瑰赴韩国，就韩中关系及朝鲜半岛局势进行学术交流。

9月1日—10月31日，按照与德国赛德尔基金会签署的合作协议，科学社会主义教研部教授孙劲松赴德国进行访问学者交流。

9月12日—10月4日，组织部孙相东赴美国参加由美国国务院主办的主题为中美科技关系和知识产权问题的国际访问者项目，并就中美关系中的科技议题以及知识产权执法的政府间关系进行调研和走访。

9月14—16日，应美国驻华使馆邀请，国际战略研究所副所长刘建飞赴俄罗斯海参崴参加"东北亚安全论坛"会议。

9月14—28日，根据与意大利高等经济金融学校签署的合作协议，研究生院副院长段若鹏率团一行16人赴意大利培训。

9月15日—11月15日，2008级政治学专业博士研究生王鹏通过申请台湾中华发展基金会“奖助大陆地区研究生来台研究作业”项目获台方批准，赴台湾国立政治大学短期学习两个月。

2009 年 9 月 15 日—2010 年 1 月 5 日，根据与日本富士通公司合作协议的有关规定，选派经济学教研部张汉飞赴美国夏威夷的日美工商管理学院，参加“2009 年度 9—12 月的富士通亚太奖学金项目”考察。

9 月 21—24 日，应美国威尔斯利女子学院威尔斯利妇女中心邀请，科学社会主义教研部李慧英赴美国参加中国性别与法律政策专家组协商会议。

9 月 29 日—10 月 2 日，应德国希尔德斯海姆大学社会科学研究所邀请，科学社会主义教研部李慧英赴德国参加主题为“亚洲的女性与政治 2009”国际会议。

10 月 12—26 日，根据与意大利高等经济金融学校签署的合作协议，教务部副主任冯鹏志率团一行 16 人赴意大利培训。

10 月 14—21 日，应日本政府邀请，经济学教研部赵锦辉随中国青年代表团一行 500 人赴日本访问。

10 月 20—29 日，应西班牙贸易发展局和意大利国家行政学院邀请，常务副校长李景田率团一行 6 人赴西班牙、意大利访问。10 月 27 日下午，常务副校长李景田访问了意大利国家行政学院，双方续签了合作备忘录。

10 月 20—30 日，按照与日本富士通株式会社合作项目年度工作计划安排，校委委员、哲学部主任贾高建率团一行 5 人赴日本访问，访问主题为“创新与可持续发展”。

10 月 23—29 日，与哈佛大学在美国联合举办“2009 中国社会发展论坛”国际研讨会，校委委员、科研部主任张伯里率团一行 9 人参会。

10 月 24 日—11 月 13 日，应美国驻华大使馆新闻文化处的邀请，经济学教研部教授董艳玲赴美国访问学习，考察美国金融业的组织体系和运行机制。

10 月 28 日，应中国现代国际关系研究院邀请，国际战略研究所副所长刘建飞赴比利时和法国，参加了在欧盟委员会布鲁塞尔总部举行的第四届“中欧战略会话”活动。

10 月 29—31 日，应韩国实学学会邀请，哲学教研部王杰赴韩国参加“东亚细亚实学，意味和发展”国际学术研讨会。

10 月 29 日—11 月 2 日，应韩国首尔淑明女子大学亚洲妇女研究所邀请，科学社会主义教研部教授李慧英赴韩国参加主题为“中韩老年妇女”国际会议。

11 月 2—12 日，原常务副校长虞云耀率全国人大华侨委员会代表团一行 8 人赴埃塞俄比亚和卡塔尔访问。

11 月 4—13 日，根据原中央政治局常委、国家副主席曾庆红与日本前外务大臣和野洋平于 2000 年达成的共识，副校长李书磊率中国青年干部代表团（第十期）一行 90 人赴日本访问。

11 月 4—13 日，根据中国、新加坡两国外交部 2001 年《关于中国中高级官员赴新学习培训项目框架协议》，校委委员、办公厅主任罗宗毅率中国青年干部代表团（第八期）一行 43 人赴新加坡访问。

11 月 4—14 日，根据原中央政治局常委、国家副主席曾庆红与韩国三星电子首席执行官尹钟龙于 2002 年达成的共识，副校长孙庆聚率中国青年干部代表团（第八期）一行60人赴韩国访问。

11月4—28日，应德国图宾根大学亚洲与东方研究学院邀请，哲学教研部郭大为赴德国图宾根参加“为了未来的启蒙：中德学者关于康德与德国当代哲学的对话”国际学术研讨会。

11月12—18日，应中共中央台湾工作办公室邀请，原常务副校长郑必坚赴台湾参加“两岸一甲子”学术研讨会。

11月16—19日，应中共中央香港工委组织部邀请，中央党校党的建设教研部主任王长江赴香港作关于十七大四中全会的辅导报告。

11月18—23日，应日本佛教大学邀请，哲学教研部教授丁冬红赴日本参加有关教育哲学的学术研讨会。

11月24—30日，应台湾中国大陆研究学会邀请，国际战略研究所郭建平等8人赴台湾参加“新形势下两岸关系”学术研讨会。

11月25—30日，应台湾中国青年大陆研究文教基金会邀请，中央党校马克思主义基金会魏静茹随大陆青年代表团赴台湾考察。

12月3—10日，应台湾国立政治大学国际事务学院两岸政经研究中心的邀请，经济学教研部和国际战略研究所联合组团一行8人赴台湾参加“金融危机后的两岸发展”学术交流研讨会。

12月6—13日，根据与法国电力集团签署的合作协议，马克思主义理论教研部主任周为民率团一行8人赴法国访问，考察法国电力集团的节能减排实践和法国国有企业的改革与管理。

12月7—15日，根据与日本政策研究大学院大学续签的新协议，科学社会主义教研部主任严书翰率团一行6人赴日本进行访问。

地方党校工作

地方党委颁发贯彻落实
《中国共产党党校工作条例》文件情况

序号	发文机关	发文名称	文号
1	中共北京市委	关于贯彻落实《中国共产党党校工作条例》的意见	京发〔2009〕10号
2	中共河北省委	关于贯彻落实《中国共产党党校工作条例》的实施意见	冀发〔2009〕2号
3	中共山西省委	关于贯彻落实《中国共产党党校工作条例》的实施意见	晋发〔2009〕21号
4	中共辽宁省委	关于贯彻落实《中国共产党党校工作条例》的实施意见	辽委发〔2009〕26号
5	中共吉林省委	关于贯彻落实《中国共产党党校工作条例》的若干意见	吉发〔2009〕13号
6	中共黑龙江省委	关于贯彻落实《中国共产党党校工作条例》的实施意见	黑发〔2009〕8号
7	中共上海市委	关于贯彻落实《中国共产党党校工作条例》的若干意见	沪委发〔2009〕8号
8	中共安徽省委	关于贯彻落实《中国共产党党校工作条例》的若干意见	皖发〔2009〕16号
9	中共福建省委	关于贯彻落实《中国共产党党校工作条例》的实施意见	闽委〔2009〕11号
10	中共江西省委	关于贯彻落实《中国共产党党校工作条例》的实施意见	赣发〔2009〕11号
11	中共山东省委	关于贯彻落实《中国共产党党校工作条例》的实施意见	鲁发〔2009〕8号
12	中共湖北省委	关于贯彻落实《中国共产党党校工作条例》的若干意见	鄂发〔2009〕14号
13	中共湖南省委	关于贯彻落实《中国共产党党校工作条例》的实施意见	湘发〔2009〕7号
14	中共广东省委	关于贯彻《中国共产党党校工作条例》的意见	粤发〔2009〕6号

续 表

序号	发文机关	发文名称	文号
15	中共广西区委	关于贯彻落实《中国共产党党校工作条例》的实施意见	桂发〔2009〕18号
16	中共海南省委	关于贯彻落实《中国共产党党校工作条例》的实施意见	琼发〔2009〕12号
17	中共重庆市委	关于贯彻落实《中国共产党党校工作条例》的实施意见	渝委发〔2009〕9号
18	中共贵州省委	关于贯彻落实《中国共产党党校工作条例》的实施意见	黔党发〔2009〕11号
19	中共甘肃省委	关于贯彻落实《中国共产党党校工作条例》的实施意见	省委发〔2009〕5号
20	中共青海省委组织部等	关于贯彻落实《中国共产党党校工作条例》的实施意见	青发〔2009〕2号
21	中共武汉市委	关于进一步加强和改进新形势下党校工作的意见	武发〔2009〕22号
22	中共哈尔滨市委	关于贯彻落实《中国共产党党校工作条例》的实施意见	哈发〔2009〕10号
23	中共西安市委	关于贯彻落实《中国共产党党校工作条例》的若干意见	市发〔2009〕8号
24	中共杭州市委	关于进一步加强和改进党校工作的实施意见	市委〔2009〕15号

工作概述

【北京市委党校】

按照中共北京市委的决定，2009 年开办为期 1 年的第一期区县局级领导干部研修班，探索建立局级干部长期培训制度。研修班培训内容以中国特色社会主义理论体系为中心，以提高领导和推动首都科学发展的素质能力为目的，主要进行马克思主义理论与党性修养、国际经济金融形势和区域经济发展、现代公共管理与城市管理、社会建设与社会管理、民主法制建设等内容的培训，并围绕“人文北京、科技北京、绿色北京”建设中的重大现实问题进行专题研修。培训方式主要采取专题讲授、外省市挂职、境外培训、系列讲座、专题研修等方式。共有 21 人参加研修班。中央领导十分关注北京市首期区县局领导干部一年制研修班的开办。中共中央政治局常委、中央书记处书记、中央党校校长习近平批示：“北京市开展局级领导干部免职脱岗培训，是在制度改革上的创新之举，应予以关注，观其效果，加以总结。”6 月 17 日，中共中央政治局委员、中央书记处书记、中央组织部部长李源潮批示：“请对北京开展局级干部免职脱岗培训进行跟踪研究，要注重实效，注重可行。”中组部干部教育局进行了专题调研。

2009年，共举办各类主体班次72期，包括一年制研修班、进修一班（4期）、中青年干部培训班（2期）、处级公务员培训班（3期）、中关村企业家培训班等，培训干部6500人。培训班次和培训人数均达到历史最高。还首次举办“领导干部学国学”和“科学发展与领导力提升”两个自主选学专题培训班。此外，硕士研究生17人顺利取得硕士学位，其中4人考上博士研究生。

教学工作。完善教学内容的更新机制，主体班教学内容的更新率达到30%以上。着力开发了建设“人文北京、科技北京、绿色北京”、“应急管理”模拟教学、“什刹海胡同游特许经营”现场教学、“798文化创意产业”现场教学等重点课程，取得很好反响。继续推进教学方式方法改革，进修班完善学员的研修流程，培训班加大能力训练课程，开展“每月热点问题论坛”等新的教学形式。进一步规范主体班教学方法的改革与创新，逐渐实现质量、效果和形式的提升，完成校级课程研发项目和案例项目的结项工作。召开全市党校系统第六次教学改革经验交流会，承办全国党校系统科学社会主义教学科研第14次座谈会。举办2期校内中青年师资培训班，45岁以下的中青年教师全员参加，有效地促进了中青年教师的成长，60%以上的中青年教师参与主体班的教学任务。

科研工作。首次设立北京市党校系统科研协作项目，10项科研协作项目获得立项，批准20项年度学科建设课题、21项主体班教学案例及课程研发课题、15项校级调查研究课题；获国家社科基金重大招标项目1项，获中央党校调研课题6项、国家行政学院招标课题1项、北京市社科规划项目8项；与市社科院、社科联等单位共同完成市哲学社会科学“十一五”重点项目《北京市局级干部胜任力》，被确定为北京市“十二五”规划前期课题研究单位。校刊《新视野》在已入选国内四大核心期刊的基础上，今年又被评为“RCCSE中国核心学术期刊”，邮发征订数保持在4200余份；《北京行政学院学报》实现入选国内四大人文核心期刊的目标，并同样被评为“RCCSE中国核心学术期刊”；《北京干部教育》在全国党校系统第五届报刊协作会上获得3个奖项。

人事制度改革。完成管理、专业技术和工勤3个系列235名在编在岗事业编制人员的岗位聘用工作。新聘任6名同志为四级专业技术岗位（正教授），8名同志为七级专业技术岗位（副教授）。通过竞争上岗，新任命和聘任4位主任、处长，8位副主任、副处长，7位正、副调研员。

对外合作与交流。全年共组织出访团（组）16批次、169人次，其中市委党校49人次。接待团组49批次、480人次。接待参观利玛窦和明末清初外国传教士墓地的重要宾客共计97批次、1628人次。重要来访团组有南非非洲人国民大会代表团、美国佐治亚大学校长团、吉尔吉斯斯坦国家总统公务学院团、越南河内一区代表团等。组织主体班学员、教师和硕士研究生参加各类国际学术讲座和学术研讨会13次约500余人次，主题涉及信息公开、公共管理、公共预算、应急管理、金融危机、应对媒体、文化差异与交流等。

贯彻落实《中国共产党党校工作条例》（以下简称《党校工作条例》）。北京市党校工作会议召开后，深入各区县、委（办）局（总公司）党校，对如何全面提高党校教育体系的整体优势，加快推进资源整合，不断提升全市党校的综合实力，增强党校教育体系的整体服务功能进行调查研究，举办北京市党校系统第6次教学改革经验交流会和第7期党校系统师资培训班。

【天津市委党校】

2009年，共举办主体班次21期，包括局级领导干部进修班（4期）、处级领导干部进修班（2期）、优秀中青年干部培训班（2期）、处级公务员任职培训班（2期）、选调生公务员初任培训班（2期）、公务员初任培训班（7期）、全市党校系统师资培训班和全市区县党校常务副校长专题研讨班，培训干部1635人。与市委组织部、南开大学共同举办全市“金融危机背景下天津及滨海新区经济发展面临的挑战与机遇”系列专题讲座（7次）、全市局级领导干部应急管理培训班（2期）、全市处级领导干部应急管理培训班（2期）、全市宣传部长培训班、全市宣传骨干培训班、全市高校哲学社会科学教学科研骨干培训班（2期）、全市有关领导干部金融专题研讨班和国家人事部委托举办的东西部公务员对口培训班（3期），共19期，培训干部4522人。

教学工作。重点开设了“坚持和发展中国特色社会主义理论体系”、“科学发展观的理论体系”等教学专题。党的十七届四中全会召开后，与市委组织部、南开大学联合举办7场主题为“金融危机背景下天津及滨海新区经济发展面临的挑战与机遇”的高端系列讲座。邀请中央和市有关方面领导和专家以及外籍学者来校授课，共举办12场高层次报告会。开办京津党校学员论坛，邀请北京市委党校学员来本校，也组织本校学员到北京，互相考察，共同听取有关领导专家作关于两市经济社会发展情况的报告，分别就相关课题进行研讨。组织学员赴井冈山、重庆、贵州、延安等地学习考察，赴蓟县开展助学帮困活动，到监狱听服刑人员现身说法，观看警示教育片，定期开设军事训练课程。坚持校委主要领导为学员讲党课制度。

科研工作。对《科研项目资助办法》、《科研成果奖励办法》和《学术委员会工作条例》3个文件进行修订。全校年度组织申报项目122项，其中申报省部级以上项目93项，占申报项目总数的76%；全年承担科研项目38项，先后与天津市纪检委、天津市泰达集团建立了“党风廉政建设”、“滨海新区与党建”研究基地，以此为依托，先后获得天津市重点委托项目《滨海新区与天津市新定位关系研究》、《关于党内决策权、执行权、监督权相互制约相互协调运行机制研究》，天津市社科规划项目《加快发展滨海新区现代服务业研究》，天津市科技项目《领导干部科学素质与科学决策能力训练测评平台建设研究》、《中国北方经济中心的二次崛起》等课题；63项课题结项，与去年同期相比，结项率提高了20%。全年教研人员出版学术专著10部，发表学术论文258篇，在重点报刊登载的文章占论文总量的71%。全年共完成调研报告60余篇，完成市重点调研项目8项。与天津市党建研究会等联合举办“纪念新中国建立60周年理论研讨会”。主办直辖市党校教学与科研协作会议。

学员管理工作。制定《进一步加强培训一班学员管理工作的具体措施》、《进一步加强学风建设的意见》等管理制度。要求主要班次每周举行一次党日活动，做到有制度、有计划、有主题、有总结。将每个班次分成若干党性教育学习小组，强化教育和管理。将考核结果填入《学员考核表》，按程序报送市委组织部，寄送学员所在单位的组织人事部门。有针对性地抓好请假制度，严格执行请假1天报常务副校长审批、请假2天以上报市委组织部领导审批制度，确保出勤率。

队伍建设。引进高层次人才。调入3名博士后、5名博士充实教师队伍，调入1名硕士为教辅部门增加教学管理力量。考录2名选调生（硕士），公开招考1名参照公务员法管理人员，充实管理干部队伍。任免了16名干部。

对外合作与交流。全年接待乌克兰、德国、新加坡、泰国和越南等9个国家和地区158人来访，先后组织4个团组43人分别赴韩国、美国、乌克兰和中国台湾等国家和地区进行培训、研修，参加学术会议和考察访问。

【河北省委党校】

2009年，共举办各类班次47期，主体班次有市厅级领导干部进修班、县处级领导干部进修班、县处级领导干部培训班、乡镇党委书记进修班、师资培训班、应急能力专题研讨班、农村改革与发展专题轮训班和研讨班、机关效能建设专题研讨班和领导干部信访工作专题研讨班等，培训学员2870人。积极探索校企合作培训，与河北钢铁集团合作，成功举办6期省钢铁集团中层干部轮训班，共培训360人。

教学工作。突出中国特色社会主义理论体系、党的十七届四中全会和省委七届五次全会精神的理论教育，突出“应对金融危机、城镇3年大变样、节能减排”等促进河北科学发展的重大现实问题的研讨，突出以强化忠诚、尽职尽责、道德情操和拒腐防变为主要内容的党性教育，突出干部履行岗位职责必备知识的教育；适当减少课堂讲授，在开设必修课的基础上，增加侧重于现实性、学术性、知识性和新颖性的选修课专题，在部分主体班次实行团队教学，广大教师综合运用案例式、情景模拟式、研讨式等多种教学方法搞活课堂。聘任了18位兼职教授。邀请国家部委高层领导和国内外知名专家学者到校作报告25人次。按照《党校工作条例》要求，将培训需求调研贯穿教学全过程，分别进行干部培训需求问卷调查和干部培训满意度问卷调查，定期召开学员座谈会征求意见，及时掌握学员学习需求，增强教学的针对性。

科研工作。立项并完成社会调研共32项，完成省领导交办和向省领导征集重大调研课题8项，分别获得省领导肯定性批示，并批转有关部门决策采纳。全年共有8项专题调研成果进决策，数量较上年增加1倍。有1人参加省政府“十二五”规划的起草工作。积极组织国家社科基金项目申报工作，获准立项4项；获准省社科基金项目立项23项，为历年最多；获准立项省社科联课题5项、全国党统系统课题6项。全年出版著作14部，在省级以上报刊发表论文（含调研报告）257篇，其中在《人民日报》、《光明日报》和《人民日报内参》发表了3篇理论文章，入选省内外理论研讨会论文161篇。制定《河北省党校系统科研项目管理办法》、《河北省邓小平理论和“三个代表”重要思想省委党校研究基地科研成果奖励办法》，修订《专职教研人员科研津贴分配办法》、《科研资助和成果奖励办法》和《社会调研项目管理办法》3项制度。

队伍建设。根据河北省有关文件精神，结合党校实际，制定专业技术人员聘用办法，设置二级岗至十二级岗，全校151名专业技术人员得到相应的岗位，实现专业技术人员由身份管理向岗位管理的转变。按照省委领导要求，修订和完善教师和干部挂职锻炼实施意见，选派11名教师和干部分别到石家庄、保定、邢台、衡水4市挂职锻炼，实现了挂职规模、范围、形式等方面的较大突破。4名教师入选2009年度河北省新世纪“三三三人才工程”第二层次人选，1名教师被授予“河北省优秀教师”荣誉称号，1名教师被授予第二届“河北省杰出中青年法学专家”荣誉称号。

信息化建设。争取50万元专项资金购置安装了网页防篡改软件等设备，进行网络加固；完成远程教学接收系统模拟改数字的转换工作，更换智能数字机顶盒；更换了校园网IP地址，全部调整网络线路；录制了建校60周年庆典纪实DVD光盘，编辑制作《新世纪新跨越——前进中的中共河北省委党校》电视专题片，制作农村党员干部远程教育教学资源片16部，被全省农村党员干部远程教育中心全部采用。

基础设施建设。完成校园改扩建三期工程，建成多功能文体活动中心。加大校园环境整治力度，实施校园整体绿化、亮化和美化工程。

贯彻落实《党校工作条例》。2009年，继续推进深入学习实践科学发展观活动。扎实开展“干部作风建设年”活动。认真贯彻落实党校工作条例和全国、全省党校工作会议精神。编印了《河北省党校工作会议文件（资料）汇编》，及时下发各市、县党校学习贯彻。校领导分别深入各市党校调查研究，督导会议贯彻落实情况。召开了市级党校贯彻落实全国、全省党校工作会议精神情况汇报交流会。向省委上报了《关于各市贯彻落实全国、全省党校工作会议精神情况的报告》。向各市党委和党校印发了《关于各市贯彻落实全国、全省党校工作会议精神情况的通报》。

【山西省委党校】

2009年，共举办各类主体班次23期，包括省管领导干部进修班（4期）、中青年领导干部培训班（2期）、山西省新选任大学生村党支部书记（村委会主任）专题培训班、省直机关正处级公务员培训班、全省煤焦领域领导干部培训班（3期）、全省建筑领域重点工程培训班（2期）、全省建筑领域廉政教育培训班、全省煤焦领域廉政教育培训班、全省三级统计局长培训班、全省第三批深入学习实践科学发展观活动乡镇党委书记培训班（3期）、全省街道社区党建工作会议暨街道（党）工委书记培训班、全省“学习贯彻党的十七届四中全会精神”组织人事领导干部培训班（2期）和省安监系统领导干部提高班，培训干部4566人。此外，还举办了市县党校常务副校长培训班和师资培训班。

教学改革。主体班逐步调整规范为进修班、培训班和乡镇书记班，各种短期班逐步调整规范为按专题或按系统办班。改革教学内容，形成理论武装、领导能力、党性修养和山西省情与发展四大模块。改革教学方法，大力推行研究式教学，综合运用讲授式、案例式、现场体验式、情景模拟式等教学方法，把推行“2+X”课堂互动教学和案例教学作为重点，使研究式教学成为党校教学的基本方法，成为教学常态。在主体班学员中开展读一本好书的活动，在中青班推行了“学员课题组教学活动”。整合教学资源，实行开放办学，本校（院）被省政府应急办确定为应急管理培训的主要阵地，建立领导干部能力训练中心。聘请了10位兼职教授，邀请4位国家级专家学者和28位省内的领导干部专家学者来校（院）讲课作报告。加大教学管理的力度，完善“三位一体”教学考评机制和教师教学档案。

科研工作。校理论研究中心全年发表文章11篇，其中2篇分别发表在《人民日报》和《理论前沿》。编印《决策建议报告》7期，4期被省委办公厅转发。省委书记张宝顺和省长王君分别对《关于加强我省应急管理和培训工作的建议》做出重要批示。《关于城中村改造问题的建议》被省委领导批转太原市政府及有关部门。申报国家和全省社科重点课题26项，有2项国家课题和1项国家社科基金重大课题子课题以及1项中国博士后基金课题立项。在第二届全国行政学院系统优秀科研成果评奖中，获一、二等奖各1项，实现一等奖零的突破。在省社科联组织的第六次社科研究优秀成果评奖活动中，获一等奖1项。与中央党校合办“中国特色社会主义论坛”，与国家行政学院合办“全国法学教学科研联席会议”，与中央党校亚太研究中心合办“中美两国政府运行体制比较”国际研讨会。《理论探索》首次被评为中文社会科学引文索引扩展版来源期刊第一名，连续6年被评为山西省一级期刊。图书馆与省城18所高校图书馆签署馆际借阅协议，数字化水平有新的提高。

队伍建设。采取竞聘、考聘方式，选拔任用7名行政管理及教研部门正处级干部。对行政管理部门16名科级干部进行了提拔调整。选送20名教师到国家级校院学习培训。选派10名中青年教师到基层挂职锻炼。选拔推荐“新世纪学术技术带头人333人才工程”省级人选1人，引进博士研究生1人。老干部工作分别被评为2009年“全省老干部工作先进集体”和“2006—2009年度创先争优活动先进基层党组织”。

机关党的建设。校（院）委制定下发《关于进一步加强学习建设学习型校院的意见》，成立建设学习型校（院）指导委员会。召开校院直属机关第四次党员代表大会，完成机关党委和纪委换届选举工作。组织培训70名入党积极分子，发展党员33名、审批预备党员转正27名。制定《2009年校院党风廉政建设和反腐败工作责任分解意见》，召开校院委民主生活会和党支部组织生活会。组织“送温暖、献爱心”活动，干部职工捐款83850元，为“联企帮困”单位太原油漆厂困难职工捐款5000元。继续保持“省直机关文明和谐单位”荣誉称号。

信息化建设。自主研发省委党校（行政学院）内网办公平台，建成可容纳100人的领导干部与媒体沟通（为政访谈）实验室和拥有68台微机的计算机网络教室。9月，晋昇苑大楼完工投入运营，并在此举办全省党校工作会议和校庆60周年活动。此外，还完成了校园电网增容改造、地下排水管和排污管道对接，宿舍区列入全省节能改造试点。

【内蒙古自治区委党校】

2009年，共举办主体班次18个，包括厅局级干部培训班、厅局级干部进修班、旗县长培训班、中青年干部培训班、苏木乡镇党委书记培训班、选调生班、学习实践科学发展观活动专题培训班、直属机关组织人事处长培训班、党校系统师资班、学习贯彻十七届三中全会精神和中央农村工作会议精神专题培训班等，培训学员1302人次。

教学工作。按照“一条主线（中国特色社会主义理论）、两个热点（金融危机和公共管理危机）”的思路进行课程设置。十七届四中全会召开后，及时将相关专题进入课堂。优选师资力量，对校内教师好中选优，外请专家学者来校授课、作报告，全年共举办外请报告39次。举办青年教师学术沙龙，每两周左右举办一次，给青年教师提供一个交流教学经验和互相学习的平台。进一步完善异地培训的组织方式，组织旗县长培训班和中青班赴革命老区、中国（海南）发展改革研究院和北京市委党校开展异地培训。以党校系统师资班为试点，探索实行“项目制管理”。从教学计划的制定、课程的设置到教学的组织管理完全交由教研部负责。改变以往的单元考核制度，在中青班试行单元测验。在单元学习结束后，不再要求学员提交主题研讨的发言提纲作为单元成绩，由相关教研部负责就本单元的学习内容进行命题测验，对学员的学习情况做出综合评价。

科研工作。全年完成国家社科基金规划项目2项、自治区社科基金规划项目1项、全国党校系统重点课题5项、校级课题18项。获准立项国家西部地区研究项目2项、自治区社科规划项目1项、全国党校系统课题2项、审核确定校级课题14项。评审全区党校系统2009—2010年度课题54项、立项36项。向全国党校系统、行政学院系统庆祝建国60周年理论研讨会提交并入选论文3篇。

人才强校。面向社会公开招考5名硕士研究生充实教师队伍。通过全区公务员统一考试，录用5名参照公务员充实到行政岗位。选派骨干教师和管理人员参加师资培训、干部培训和岗位培训，有11人在职攻读博士、硕士学位。努力畅通出口，根据相关政策法规，对7名长期离岗人员核销了编制，与50名临时工解除了劳务关系。

对下级党校业务指导。组织召开“全区盟市和大企业党校常务副校长座谈会”，会同自治区党委组织部、自治区人事厅召开“全区党校、行政学院系统优秀教师和优秀教育工作者表彰会”，对全区党校、行政学院近年来涌现出的“优秀教师”和“优秀教育工作者”进行表彰。

基础设施建设。全力抓好新校区办学设施的建设、管理和使用，精心组织实施学校的整体搬迁工作。

【辽宁省委党校】

2009年，共举办各级各类班次43个，培训干部3167人次。其中，主体班有市厅级干部进修班（4期）、省直处级干部进修班（3期）、县市党政主要领导干部进修班、市直综合部门正职领导干部进修班、县处级团干部培训班、县（市）委书记培训班、青年干部（选调生）培训班、干部教育培训管理者培训班、提高领导科学发展能力师资班、党的建设师资班和县（市）委党校校长培训班，共16个班次，培训干部942人；省委在党校举办的专题研讨班次有“学习贯彻党的十七届四中全会精神”专题研讨班（3期）、“深入贯彻十七届三中全会精神建设社会主义新农村”乡镇党委书记专题研讨班（4期）、“全省县（市）区领导干部安全生产专题研讨班”、“推进沈阳经济区建设”专题研讨班和“实施突破辽西北战略”专题研讨班，共10个班次，培训干部830人；与省直有关部门联合举办出国培训回国学员培训班（2期）、省选聘优秀高校毕业生到村任职培训班、全省农业产业化龙头企业党员负责人培训班、宣传系统领导干部培训班、民主党派省级组织副主委（无党派人士）培训班、社科教研骨干研修班（4期）、新疆克州县处级领导干部培训班、中央政府驻港联络处处级干部培训班、省属企业经营管理人员培训班和地税系统领导干部培训班（3期），共16个班次，培训干部1395人。与国外合作举办韩国京畿道公务员汉语研修班，培训学员18人。90%的硕士毕业生实现当年就业，2人在全国党校系统硕士研究生论文评选中获奖。

教学工作。重点办好县委书记和乡镇党委书记班，同省委组织部一道尝试提高学员能力与增强党性相统一，强化忠诚教育、作风教育、道德情操教育和廉政教育；在常规轮训的基础上，扩大了培训的规模，举办了10期专题研讨班；全年新开设专题（讲座）32个，更新率为22%，成功组织了12次板块教学。拓展案例式教学，新推出了两个案例教学课；创办《学员建言》，发动学员为辽宁科学发展献计献策，开展学员自主选择研究方向并完成研究工作。

学科建设工作。承担“十一五”时期学科建设重点工程——“马克思主义中国化理论与实践研究”中的12项研究课题已全部结项。其中，11项成果已经由中国社会科学出版社出版。省委党校科学社会主义和国际共产主义运动史和中共党史（含中共党建）被省政府学位委员会和教育厅评为全省“优势特色重点学科”，并列入《辽宁省中长期教育改革和发展规划纲要》。

科研工作。出台《中共辽宁省委党校关于国家社科规划项目申报和结项资助的补充规定》，鼓励高端立项。全年共承担国家社科规划基金重大项目子课题和中宣部委托课题各1项、全国党校系统重点课题4项，中标省社科基金规划项目15项等。1项国家社科基金项目结项，成果获优秀等级。成立“辽宁沿海经济带与环渤海经济圈比较研究”课题组，完成4篇调研报告；与省振兴办联合开展了以“辽宁振兴老工业基地5年评估及应对金融危机保增长”为主题的调研活动，调研成果《调查显示金融危机对辽宁企业形成较大冲击》，被新华社通过《国内动态清样》（抄送件）形式上报给国务院主要领导；调研成果《辽宁东部地区生态建设区域发展研究》被省国土规划局采用，项目成果获国务院发展研究中心颁发的中国发展研究奖。组建党校系统省情调研网络，建立省情数据库，为全省党校系统干部培训、各级党委政府提供省情信息的检索和决策咨询服务。举办和承办全国党校系统“执政经验与执政规律”理论研讨会、“辽宁省第二届哲学社会科学学术年会辽宁省委党校分会”、“马克思主义中国化与辽宁科学发展”专题研讨会、“第二届环渤海区域合作与发展党校论坛”和“庆祝新中国成立60周年理论研讨会”。

学员管理。制定《中共辽宁省委党校关于进一步加强主体班学员学风建设的若干规定》。全国党校系统学员管理座谈会后，省委党校又研究制定了《中共辽宁省委党校关于加强学员管理的补充规定》。同时，狠抓入学教育和日常秩序，严格请销假制度，提高学员出勤率。

队伍建设。引进博士1人，选派2名中年骨干教师到中国人民大学作访问学者，选派2名中青年教员在职攻读博士学位，选派1名中年教员到地方政府相关部门挂职锻炼，选派30多人次参加上级党校、干校及省委组织部组织的培训，选派10名青年教员任主体班副班主任，选派业务部门及教员骨干16人到韩国参加培训，选派6名公务员及2名工人参加相关单位组织的业务培训。

【吉林省委党校】

2009年，共开办各类班次46个，其中主体班次20期，包括省管干部进修班（4期）、市州部门主要领导干部进修班（2期）、省直正处级领导干部进修班（4期）、全省高校哲学社会科学骨干研修班（2期）、骨干企业高层经营管理者进修班、中青年干部培训班、乡镇党委书记培训班（2期）、街道党委书记培训班、省直部门正处级女领导干部培训班、全省女领导干部能力提升专题研究班和日喀则地区后备干部培训班，培训干部1673人；与省委组织部联合举办正处级以上领导干部自主选学专题培训班26个，培训学员730人次。毕业硕士研究生16人。

教学工作。制定《主体班次教学管理工作暂行办法》，设计“吉林省委党校教学管理软件”，把所有与教学工作相关的规章制度、工作流程、工作信息上传校内网。实行项目招投标和项目负责制，并将项目组教学模式向下级党校推广。设置教学专题180个，其中新专题111个，开设短期自选培训项目25个，其中新研发项目11个，专题课程433个。在主体班次任课教师全员试讲的过程中，聘请省直相关部门有实践工作经验的领导干部作为试讲评委，对教师的专题试讲进行审核把关，保证主体班次专题教学能够理论联系实际，增强教学的针对性。在国家级贫困县通榆县建立吉林省委党校学员宗旨意识教学实践基地，在通化市东北抗联军校、抗联遗址建立省委党校学员革命传统教学实践基地。

从8月起，组织学员赴基地，结合重走抗联路、与贫困农村农民同吃同住同劳动，实地开展理论教学、党性分析。与吉林省委组织部等部门共同举办“高端讲坛”5期。学风建设和自选式短期培训工作被《人民日报》等重要媒体宣传报道。

学科建设。确定政治经济学、党的建设、马克思主义哲学、科学社会主义、农业经济、宪法行政法、公共事务管理与公共政策学科组为重点资助学科组，区域经济学、政治学理论、国民经济学、伦理学、领导科学、行政管理、中共党史、民商法、文化社会学、发展社会学、马克思主义中国化研究学科组为重点学科组。分别资助重点学科组学科建设经费6万元、重点学科组学科建设启动经费2万元。

科研工作。制定和修订了《校（院）级重大科研项目管理制度》、《关于科研成果转化制度》、《关于依据教研人员研究方向管理科研成果的规定》、《科研成果级别认定及赋分、津贴管理规定》、《校（院）级课题项目管理暂行规定》、《决策咨询报告管理办法》、《关于学术论坛的暂行规定》、《关于教研人员参加高层次学术会议的规定》、《关于科研所工作管理办法》、《关于科研所年度调研项目管理规定》、《学术委员会工作条例》11项科研管理制度；设立6项校级重大课题，组织完成各级各类项目申报219项，获准立项152项，立项率达69.4%，省部级课题结项优秀率达历史最高水平，获省部级以上科研奖励52项；教研人员在省部级以上报纸和国家核心期刊发表文章60余篇，在《吉林日报》、《新长征》杂志发表科研成果21项，编辑《省情研究报告》16期近4万字；围绕庆祝新中国成立60周年，组织开展了“五个好”（共产党好、社会主义好、改革开放好、伟大祖国好、各族人民好）理论演讲会和“2009年吉林省社会科学学术年会——加强和改进党的建设专场研讨会”；《长白学刊》在第二届吉林省新闻出版奖评选中，获“优秀期刊社”称号，在第九次全省期刊等级评审中，获“吉林名刊”称号。

学员管理。制定《党员干部在党校学习期间廉洁自律的有关规定（试行）》，形成省纪委、省委组织部、省公务员局和省委党校4家联动的工作机制，学员到课率达95%以上。

队伍建设。拟定《专业技术岗位设置实施方案》，在全省党校系统职称评审中首次建立并实施答辩制度，省委党校有31名专业技术人员晋升任职资格，公开选拔15名处级领导干部。引进博士1名。实施“百名教师培养工程”，先后组织教师分5批、181人次到“长三角”、“珠三角”，派到省外或国外参加培训12人，有8名处级干部参加校内主体班次培训。

创先争优。省委党校被吉林省人民政府评为“东北亚博览会接待服务先进单位”，被吉林省精神文明建设指导委员会办公室授予“2007—2009年度省文明单位”光荣称号，离退休干部党支部被省委组织部、省委老干部局评为全省先进离退休干部党支部。有3位同志分别被吉林省人民政府评为“东北亚博览会接待服务先进个人”，被吉林省妇联评为“吉林省三八红旗手”，被吉林省创争活动领导小组评为“吉林省岗位创新能手”。

【黑龙江省委党校】

2009年，共举办63个班次，培训学员3685人次。

教学工作。建立校领导联系主体班制度，增补《主体班干部培训需求调查制度》、《关于开展研究式教学的实施意见》、《关于开展菜单式教学的实施意见》，修订《学员管理工作条例》。以学习中国特色社会主义理论体系和研究解决重大现实问题为中心，不断优化教学布局。上半年，增设领导干部应对和运用媒体课、突发公共事件与应急管理课、领导干部执政能力课、加强党性修养课和革命传统教育课，增设、修改一批关于全省重大问题的专题课。下半年，在省管干部班、正处班政治方向专门设立了“党的十七届四中全会精神学习和研讨”单元，设置了关于全省“八大经济区”的7个专题，还及时将部分教学竞赛的获奖题目纳入主体班教学专题，丰富课程体系。进一步改革教学方法，专门召开“教学方法改革研讨会”，建立“应对媒体技能培训”演练中心，试行了行为训练课。还根据专题课内容，聘请在校相关单位的学员参与教学，教师重点讲基础理论部分，学员侧重讲现状、存在问题及对策，加强师生间的互动。全年组织学员到革命传统教育基地参观英模事迹展览32次，到监狱进行警示教育14次，参观考察省内大中型企业、农垦、科研院所等部门32次，开展书法、摄影活动19次，体育比赛41次。学员处建立了根据“公平民主、分类轮流、全面均衡”的原则产生带班人选，经分管校长审定后上岗带班的新管理方式。

科研工作。在国家社科基金项目申报通讯初评中，全省共通过60项，省委党校就通过了10项并中标4项。中标6项全国党校系统重点调研课题、1项国家行政学院系统科研合作基金课题和4项省“十二五”规划重点课题。积极推进教学科研一体化，出台了《教研人员年度基本工作量考核和管理办法》。黑龙江省纪委反腐倡廉建设研究基地于2009年5月在本校成立。《理论探讨》在本年度全国党校系统期刊转载率排序中位列第四，在第三届北方优秀期刊评奖中被评为优秀期刊，并再次进入2010—2011年中文社会科学引文索引来源期刊。

队伍建设。完成部分岗位处、科级干部选拔任用工作，启动实施党政、教研部门空缺处级岗位竞争上岗工作。全年共培训教职工200多人次。其中，参加境外培训21人，参加业务能力培训32人，国家干部教育培训基地培训12人，挂职、跟班锻炼5人，处科级干部跟班培训70人。

贯彻落实《党校工作条例》。召开全省市（地）级党校贯彻落实《党校工作条例》座谈会，开展了基层党校贯彻落实《党校工作条例》情况咨询调查，组织开展全省基层党校（行政学院）教学竞赛。财政拨款同比有较大增幅，保证学校各项事业的发展，被评为本年度省级预算先进单位和省直机关公共节能十佳单位。

拓展对外合作办学渠道，扩大与国（境）外的交流合作。

【上海市委党校】

2009年，共举办各类班次130种184期，培训学员9593人次。其中，计划内主体班次67种103期，培训学员5510人次；接受国内外及市内单位委托办班63种81期，培训学员4083人次。全年新开办的计划内班次达到28期，培训学员1355人次，占计划内培训学员总人数的29.2%。其中，增开美国金融危机与上海金融中心新一轮发展、领导干部应急管理、社会公共安全危机管理、提高应对国际局势和处理国际事务能力等2+X类型（即市委组织部、市委党校和市委市政府某一部门联合举办的专题班）专题研讨班4个。恢复领导干部公共管理与构建和谐社会专题研修班（与美国哈佛大学合作），增设国际金融中心建设（与英国牛津大学合作）、国际航运中心建设（与荷兰海事大学合作）等出国培训班。毕业硕士研究生16人。

教学工作。深化教学改革，完善重点班次教学内容。领导干部进修班继续做好统分结合教学，分班工作前移至招生阶段，党性分析采用案例式、讨论式；中青年干部培训班学制改为3个月，突出理论武装、党性修养方面的教学，同时加强党史方面的教学；党政机关正处级干部轮训班按照市级机关、区县机关、街道镇、综合4种类别进行分类招生，把正处级干部需要学习和掌握的知识能力分为共性和个性两部分（共性部分突出必备的能力和素质，个性部分突出所在岗位的能力和素质）开展分类教学；机关处级公务员领导职务任职培训班学制由8周改为5周。制定《关于做好学员单元学习体会文章评阅工作的暂行规定》，使教师评分更加规范。进一步加大现代培训方式比重，加强研讨式、模拟式和体验式等现代培训方式的使用，全年共评审通过案例17个，各主体班均安排数量不等的案例教学。进一步加强教育培训针对性、实效性，建成媒体沟通和应急管理两个实训室，还新建5家教学基地，充分利用28个研究型教学基地开展现场教学，进一步满足当前应急处理、社区建设、党性教育等社会热点的教学需求。进一步提升授课质量，大力选聘优秀党政领导干部、企业家和知名专家学者担任兼职教师。

科研工作。围绕科研聚焦战略，抓好精品科研和教研咨一体化。组织力量集体攻关，形成了“社会主义核心价值体系研究”9大科研聚焦领域。全年申报3项国家社科基金重大招标项目，其中2项入围答辩环节，最终获得1项重点项目。获得国家社科基金一般项目2项，省部级课题13项。首次将入围国家社科基金的项目以党校系统一般课题的形式予以立项。在权威期刊发表学术论文22篇，较往年翻一番。在核心期刊上发表论文170篇，出版学术著作17部。获得3项国家行政学院优秀科研成果奖：一等奖1项、二等奖2项。开展了重点决策咨询调研课题《上海郊区发展研究：江苏昆山、江阴等地发展的启示与借鉴》，形成的研究报告获中共中央政治局委员、上海市委书记俞正声圈阅，被市委研究室采纳。课题组成员应金山区委中心组邀请，为金山区委主要领导干部作《借鉴昆山、江阴经验，促进都市郊区发展》的专题报告。围绕新中国成立60周年、建校60周年组织承办了各种学术研讨会13场，其中大型国际研讨会2场，全国性会议3场，学术沙龙4场。在上海市纪念新中国成立60周年征文活动中，共有7篇论文入选论文集，占入选论文的10%。在今年的上海社会科学界学术年会中，入选年会优秀论文12篇，39篇摘要入选，分别占全市的9%和14%，特别是在马克思主义研究专场中，有3篇优秀论文入选，占全场优秀论文的20%。市委党校也因此分别荣获上海市委宣传部和上海市社会科学界学术年会组织委员会颁发的两项优秀组织工作奖。

信息化建设。升级改版门户网站，为校门户网站开发了2个专版，开发和修改了5个部门网页，修改完善报网投稿管理系统。上海市党校系统远程教学系统（暨上海网络党校）首批单位建设完成，建成应急管理案例教学系统、媒体沟通实训室系统，完成网上学员社区应用系统开发并投入试运行。

行政后勤保障。修订和新制定35项制度，推进了外聘教师管理、教学科研管理、对外交流、党群工作和保密管理等的规范化；年内调整了校保密委，组织开展全方位的计算机信息系统专项保密检查的自查工作，加强对涉密载体的保密管理。注重保密宣传教育，配合市保密委完成“上海市保密教育培训基地”挂牌工作。后勤服务社会化改革有序推进，安全保卫、财务管理的科学化、精细化不断加强，新建教学楼和学员宿舍的二期工程开工建设，校办企业规范分离有序推进。

【江苏省委党校】

2009年，共举办常规主体班次30个，培训干部3398人次；举办“菜单式选学”班13个，培训学员970人次；举办“5+X”公务员能力培训班10期，培训学员2531人次；同省纪委、省委组织部、省委宣传部连续举办5期省管党员领导干部学习贯彻党的十七届四中全会精神轮训班，轮训党员领导干部982人。

教学工作。进一步突出党的十七大、十七届三中、四中全会、中央经济工作会议精神，通过专题招标立项的形式，开设“应对金融危机，促进科学发展”、“金融危机背景下的中国宏观经济政策解读”、“江苏保增长拉内需调结构研究”等应对国际金融危机方面的新专题，约占教学总专题的32%。举办“积极应对金融危机，保增长保民生保稳定”跨班学员论坛和乡镇党委书记班学员座谈会。把2009年确定为深入推进案例教学年，在县处级中青年干部培训班和省级机关处级干部培训班中开展的“迟到的及时处理——出租车罢运事件后的政府反思”、“突发事件中的媒体应对”等案例教学活动。会同省委组织部组织第2期师职军转干部任职培训班的学员分别赴苏南、苏中、苏北开展“军转干部看江苏”现场教学活动，组织另外7个主体班次学员赴昆山进行现场教学。

学科建设。遴选了中共党史和党的学说、社会学、国民经济学为“江苏省十二五规划重点学科”的培育学科。加强了对省、校重点学科的管理，已经形成了校学科建设领导小组、学术委员会、科研处和学科建设办公室各负其责，分工明确的组织体系。

科研工作。承担国家社科基金项目3项、中央党校课题18项、国家行政学院系统立项课题1项、江苏省政府重大招标课题4项和江苏省社科基金课题3项；完成中央党校重点课题24项、国家行政学院2009年重点协作课题1项和江苏省委交付的重大理论研究课题1项。教研人员共发表论文397篇，出版著作22部。其中，在国家级出版社出版学术专著5部，3篇文章入选省委宣传部出版的《新中国成立60年以来江苏社科期刊论文选编》。

队伍建设。举办了第四期青年教师培训班，组织全校处级干部和科级干部分别参加“菜单式选学”培训和“5+X”公务员能力培训，推荐选派25名同志参加出国出境学习考察、高等院校进修和在职学历培训。新成立“中共江苏省委党校继续教育学院”和“廉政教育研究中心”，对网络信息处、行政学教研部、基础学科教研部和现代科技教研部进行更名。对全校除“两院”以外的在同一参照管理岗位上任职超过6年的6名正处职领导干部普遍进行轮岗、交流任职，选拔4名优秀处级干部主持部分处室的工作；对在非参照管理部门同一岗位连续任职达6年以上的正处级领导干部进行述职考评；参照管理部门和事业编制部门部分处级岗位进行竞争上岗，一批优秀干部脱颖而出。

校委领导班子建设。坚持执行校委会议事制度、校委民主生活会制度、校委中心组理论学习制度、校委成员分工联系主体班次制度、常务副校长接待日制度、党风廉政建设责任制度等各项制度，切实发挥团队的战斗堡垒和带头示范作用。

机关党的建设。充分发挥工会、共青团、女工委等群团组织的桥梁纽带作用，积极开展“青年文明号”重新确认、创建“五四红旗团委”、“巾帼文明示范岗”等活动。

贯彻落实《党校工作条例》。同省委组织部、省委宣传部、省编办、省人事厅等省有关部门制定《江苏省省辖市市委党校评估工作暂行规定》，成立评估工作委员会，组织开展实施评估工作。5月26日，江苏省委党校评估工作委员会召开全体会议，审议通过《专家组现场考察意见》和讨论确定被评估市委党校的评估等次。经省委批准，在省辖市市委党校配备副市级常务副校长的工作也已在连云港、无锡两市党校取得突破。

【浙江省委党校】

2009年，共举办轮训培训班次60期，培训干部6306人次。此外，还完成全省市县委书记专题培训班、全省乡镇纪委书记培训班、青川灾后重建千名干部培训班、福建省党校校长培训班和西藏区委党校中青班等班次8000多人的培训任务。

制度建设。研究制定了《进一步加强校委会集体领导和分工负责制度实施办法》、《关于提升教学品质打造教学品牌的若干意见》和《关于进一步加强学风建设的实施意见》等10余项制度规定。

教学工作。优秀课率稳定保持在95%。及时把党的十七届四中全会及省委十二届五次和六次全会精神贯穿于党校教学工作的各个环节。积极探索实行“双百分”考核办法，完善学员管理制度。举办首期市长论坛，邀请杭州、绍兴市市长围绕“应对金融风暴、推进转型升级”的主题与学员和教职工进行交流。在中青班开展“贴近实践、体察民情、增强党性、促进发展”主题实践活动。在主体班次全面推开“领导干部与媒体沟通”情景模拟教学，与省委宣传部、省外宣办建立运用和应对媒体的合作关系，投资近600万元建成“公共危机处理与媒体应用实验区”。

推行项目制管理，形成《教学项目制管理操作流程》。继续加大品牌教学基地教学开发与利用，组织30余场现场教学，开发6个新的现场教学点。在深化中国特色社会主义理论体系教学的基础上，突出新时期加强党的建设的理论教学，着重研究党的执政规律，开设“加强党的先进性建设，提高党的执政能力”等系列专题课程。不断深化研究中国特色社会主义在浙江实践中的重大理论与现实问题，开设了“世界金融危机与中国经济运行”等系列课程。探索学员调研考核新办法，在进修二班、女领导干部培训班尝试进行了调研报告集体答辩。

科研工作。全年共承担国家社科基金课题3项、省部级课题23项，获得省部级科研奖18项，其中获省第十五届哲学社会科学成果一等奖3项、二等奖6项、三等奖6项，获全国行政学院系统第二届科研成果一、二、三等奖各1项，出版专著12部。与中国社科院研究生院等联合在义乌举办“深化改革开放，推进转型升级理论研讨会”，形成报送省委的决策咨询报告，赵洪祝书记对此作出重要批示；与中国社科院政治学研究所、省政协研究室联合举办“经济社会发展与民主政治建设”国际学术研讨会。组织教研骨干进行专题调研，全年有15项研究成果得到省委省政府领导26人次批示；由陆立军教授领衔的“中国特色社会主义理论创新与浙江发展模式”研究团队被省委省政府评选为“浙江省重点创新团队”；将建校60周年庆祝活动与庆祝建国60周年、深入贯彻落实党校工作会议精神和深化党校教育规律研究结合起来，召开建校60周年庆祝大会暨秋季开学典礼，省委书记赵洪祝和中央党校领导出席大会并讲话；开展“六个一批”评选表彰活动；举办全省党校系统“纪念建国60周年”理论研讨会。《中共浙江省委党校学报》出刊6期，被2009年度人大《复印报刊资料》全文转载14篇，《新华文摘》转载1篇，2009年获华东地区第四届优秀期刊。加强图书情报和信息化建设，组织召开全省党校系统信息化建设工作会议，正式发行《党校信息化研究》电子版，全省党校系统科研管理系统建成并投入使用，举办全省市级党校信息管理部负责人培训班。投资600万元，组建公共危机管理与媒体应对教学实验区，包括公共危机管理与媒体应对试验室、新闻发布会实验室、学网用网实验室。建成浙江省党校系统网络图书馆，全省党校系统虚拟专网建设项目完成了省委党校和市县党校的网络接入工作，全省党校系统共建《浙江省情研究数据库》，全省可共享数字资源12种。

队伍建设。选派5名中青年教师到中国社科院研究生院进修培训，选派6名中青年教师到绍兴、嘉兴、湖州市委党校进行为期一年的任职支教。充分利用与中国社科院研究生院全面合作的平台，由中国社科院研究生院聘请省委党校12名优秀教师参加该院博士研究生培养指导小组，以提升师资队伍的学术与教研水平。继续在全校深入开展向陆立军同志学习活动，进一步提高教职工的整体素质。

【安徽省委党校】

2009年，共举办各类常规主体班次24个，包括市厅级干部进修班（2期）、市厅级干部“金融理论与实践”专题研讨班（2期）、加快皖北发展培训班、县处级干部进修班（2期）、中青年干部培训班（2期）、中青年专家理论研讨班、乡镇党委书记进修班（2期）、县处级宣传理论干部进修班、干部教育师资培训班（2期）、哲学社会科学教学科研骨干研修班（2期）、市县干部“党建理论”进修班、省属企业党务干部进修班、“加快皖北和沿淮部分市县发展”县处级干部培训班、县（市、区）长任职培训班、高校负责人研修班、市厅级干部任职培训班和市厅级干部“开放型经济”专题研讨班，培训干部1210人次。

教学工作。实施“四大板块”教学布局，即马克思主义基础理论与马克思主义中国化最新理论成果板块，加强党性修养与提高党的执政能力板块，经济运行与社会管理板块，安徽经济社会发展板块。教学内容紧密联系安徽省委省政府中心工作，新设“县（市、区）长任职培训班”、“加快皖北和沿淮部分市县发展”县处级干部专题培训班和“乡镇党委书记进修班”等班次。提高培训实效，开辟了肥西三岗花木城、江汽集团、华泰集团3个现场教学基地，组织12个班次600余名学员参加现场教学。全年共组织16个班次800余名学员分别到上海、杭州等地进行异地教学。全年累计邀请各类领导、专家、教授81人次授课。出台了《主体班实施教学计划的若干规定》、《外请教师管理暂行办法》。完善专题试讲制度、教师集体备课制度、异地教学工作人员责任制度、主体班年度优秀课堂教学奖和年度优秀课堂教学集体奖评选办法等。试行教学新专题竞标制度，首次面向全省公开招标8个课题。此外，还举办全省党校系统优秀教学比赛。

科研工作。制定《关于“中共安徽省委党校科研成果奖励办法”的补充规定（试行）》，增设“科研组织奖”、“科研项目奖”和“科研业绩突出贡献奖”。承担课题41项，包括省社科规划项目7项、全国党校系统重点课题6项、全国基础外语教育研究培训中心课题1项、省社科联课题3项、省软课题1项、全省党校系统重点课题20项和省教育科学规划课题1项。确立对策研究课题、优秀教学专题和学员关注的热点难点问题优先立项的“三优先”原则，设立20个校级重点课题项目。完成课题29项：国家社科基金项目3项、2008—2009年度全国党校系统重点课题15项、2009年度全国党校系统重点课题6项、中央社会主义学院课题1项、省社科规划项目1项、省社科联课题2项和省教育科学规划重点课题1项。其中，省级课题结项率达到100%。全年出版专著3部、编著5部，发表论文161篇，其中在国家级刊物上论文20篇。3项成果获省社科文学艺术奖；15项成果获省委党校第七届优秀科研成果奖。召开“全省党校系统纪念新中国成立60周年理论研讨会暨科研颁奖会”、“全省党校系统2009—2010年度重点课题研讨交流会”和“中美两国政治运行机制比较”研讨会。

学员管理。狠抓制度建设，完善《学员管理工作暂行规定》，制定《关于学员廉政建设的意见》、《学员廉洁自律五不准》、《学员课堂纪律八不准》等一系列规定制度；坚持把党性锻炼贯穿于学员在党校学习、生活的全过程，细化学员党性修养考核办法。搭建活动平台，精心组织好学员参观考察、警示教育、文体娱乐等活动；在全国党校系统学员管理工作座谈会上作了有关学员管理工作的经验介绍。

队伍建设。任命了3名厅级干部，通过民主推荐、竞争上岗，选拔处级干部25人。通过公开招考录用公务员2名，接收博士毕业生2名，安置军转干部2名；全年共安排各类培训41人次，选调5名教研人员到基层参加挂职锻炼。

信息化建设。组织实施全省党校系统网络互联互通二期建设工作，实现了全省县（区）党校信息资源共享。完成中央党校远程教学网的二级管理和升级改造工作，对18家党校的远程教学网进行了升级改造，新增数字资源13560条。研制了5个特色专题数据库，搭建了省委党校承担的中央党校共建共享工程数据库资源软件平台《区域协调发展数据库平台》。组织召开全国党校文献信息学会安徽分会常务理事会。建设省委党校综合信息管理平台软件系统，完成综合信息管理平台软件系统总体开发工作，实现了办公的网络化和无纸化。

基础设施建设。在省委省政府的支持下，2.9万平方米的教学综合楼项目于2009年5月立项，前期准备工作进展顺利；建筑面积10500平方米的图书馆项目于2009年元月开工，9月封顶，已进入内装修阶段；顺利完成近2万平方米的校园道路铺设工作和5000平方米的校园治理工作，校园面貌有了明显改观。

贯彻落实《党校工作条例》。宣传指导、督促检查各市县党校贯彻落实《党校工作条例》、《中共安徽省委关于贯彻落实〈中国共产党党校工作条例〉的若干意见》和全国、全省党校工作会议精神，举办了第一届安徽党校发展论坛。组织实施了全省第五批县（市）委党校中专体制规格申报的实地验收及评审工作，10所县（市）委党校通过验收评审。

【福建省委党校】

2009年，共举办短期班27个、长期班6个，培训、轮训干部3845人次。其中，围绕学习贯彻党的十七届三中全会精神，连续举办4期“推动农村改革发展”专题研讨班，各设区市分管领导、省直有关厅局领导和全省县（市、区）长、县（市、区）委副书记共261人参加学习；围绕贯彻落实中央和省委关于保增长、保民生、保稳定的工作部署，及时举办“应对国际金融危机与促进海西建设”专题研讨班，全省各设区市和相关职能部门共58名厅级领导干部参加学习；围绕学习贯彻党的十七届四中全会精神、国务院关于支持加快建设海峡西岸经济区的《意见》和省委八届六次全会精神，连续举办5期厅级领导干部专题研讨班，全省各设区市和相关职能部门共489名厅级领导干部参加了学习；连续举办3期县、市、区主要领导干部专题研讨班，全省各县（市、区）党政一把手共91人参加学习；还举办全省党校校长培训班（2期）和乡镇党委书记学习贯彻国务院《意见》专题研讨班。

教学改革。实行小班制、分方向教学。在部分主体班次增设《路德维希·费尔巴哈和德国古典哲学的终结》等经典原著导读，开设努力提高党的建设科学化水平和关于应对国际金融危机、加快建设海峡西岸经济区等教学专题，安排“党性教育活动单元”；开设“海峡西岸港口群建设”、“县域经济发展问题研究”、“闽台农业合作交流”、“古田会议决议对马克思主义建党学说的贡献”等多个现场教学专题，组织主体班次学员赴上海、广东、江苏、浙江等地开展异地培训。深化中国特色社会主义理论体系和闽台关系研究等重要理论和现实问题的专题教学，邀请省委政研室、省政府发展研究中心、福建社科院和福建师大的专家学者进行跨学科、跨部门集体备课，办好“海西大讲堂”。

科研工作。成立跨学科的“中国特色社会主义理论体系研究中心”。全年获国家课题立项2项，省课题立项13项，省中国特色社会主义理论研究基地课题立项5项，中央党校课题立项2项。完成中央组织部、中央党校、全国党建研究会和省委、省政府等下达的各类课题14项。在全省第八届社会科学优秀成果奖中获二、三等奖各6项。《党史研究与教学》再次入选中文社会科学引文索引来源期刊（2010—2011年）目录。《领导文萃》连续两年被列入“中国邮政发行畅销报刊”名单，获“福建省十佳期刊”、“2009年华东地区优秀期刊”等称号。

队伍建设。2位校领导分别参加中央党校第52期地厅级干部进修班和教学管理专题研讨班学习，2位教师分别到浦东干部学院和延安干部学院参加骨干教师培训班学习，推荐5名青年教师报名参加2009年出国访问学者，选送2名教师和管理人员出国培训，选送1名教师攻读博士学位，3名处级干部参加本校处级干部进修班培训，抽调10多位年轻教师下班协助工作和锻炼，推荐3位教授为“省优秀人才人选”、1位教授为“百千万人才工程”国家级人选。2位教授被授予享受国务院政府特殊津贴专家，2位教授被评为省宣传文化系统“四个一批”人才。

校委领导班子建设。坚持校委中心组学习制度，修订实施了《校委会议事决策规则》。认真落实学习实践科学发展观活动整改方案，教职工普遍关注的一些重要事项取得明显进展。

机关党的建设。深化学习型党组织建设工作，推进和深化党务公开和党风廉政建设。顺利召开第6次机关党员代表大会，选举产生新一届机关党委和机关纪委。加强机关党建带工建、妇建、团建工作，充分发挥工会、妇委会、团委会等群团组织和机关工委的桥梁和纽带作用，依托重要纪念日和节假日开展校园文化和体育健身活动，和谐校园建设取得新进展。省委党校连续第6次获“省级文明单位”称号。

贯彻落实《党校工作条例》。全省各级党委、政府切实加强对党校办学工作的领导，省直有关部门也加大对党校办学工作的支持，为全省各级党校增拨经费总额累计超过1.6亿元，全省党校的建设发展条件有了较大的改善。

【江西省委党校】

2009年，共举办各类班次33期，培训干部共1746人，较上年增长47.8%。其中，主体班有市厅级干部进修班、县处级干部进修班、中青年干部培训班、县处级国家公务员任职培训班、乡镇（街道）党委书记进修班等18期，培训干部851人；专题研讨班有四川省小金县干部赴赣培训班、新疆克州干部赴赣培训班、江西省领导干部金融知识专题培训班等15期，培训干部895人。

教学工作。按照党的十七届四中全会关于建设马克思主义学习型政党的战略部署和全国、全省党校工作会议精神，进一步完善教学内容和布局，突出理论教育、知识教育和党性教育的融合，引导学员进一步坚定理想信念、增强宗旨观念、加强道德修养。在坚持原有好传统、好方法的基础上，开展“项目制专题研究式教学”试点，把理论与实际、教师主导与学员主体、研讨问题与提出对策结合起来，提高了培训效果。同时，充分利用江西的红色资源创新党性教育形式，在第35期中青年干部培训班进行试点，努力探索以红色精神熏陶人、以高尚品德规范人的新路子。该班学员在井冈山开展党性锻炼期间，受到中共中央政治局委员、中央书记处书记、中宣部部长刘云山的亲切接见和省委副书记、省委党校校长王宪魁的充分肯定。严抓学风建设，省委组织部与省委党校联合下发了《进一步加强学员学风建设的若干规定》，进一步完善了《进修培训学员管理办法》、《学员党性修养考核办法》、《进修培训学员请销假与考勤规定》等一系列规章制度。

科研工作。有8项省部级以上课题获准立项；完成国家级课题2项、省部级课题22项、全省党校系统课题58项和省委交办的8个重大问题的研究，研究成果《发展中国特色社会主义八个重大问题研究》等得到省委书记苏荣等领导的批示肯定，《坚定不移抓好项目建设，努力增加固定资产投资》被收入《江西省2009年解放思想调研课题报告集》；全年发表论文295篇，其中在国家级刊物发表论文20篇，与解放军某部合作编写《学习实践科学发展观理论热点通俗解读》一书；首次以“江西省中国特色社会主义理论体系研究中心”名义在“三报一刊”发表了理论文章。

学员管理。及时修订《学员管理办法》、《加强主体班学员学风建设的若干规定》、《关于教职工不得找学员办私事的规定》和《进修培训学员廉政建设意见》等。针对新形势下党性教育面临的新要求，在第35期中青班开展“红歌伴学”活动，挖掘江西特色的廉政教育资源，从大量文献资料中精选出廉政名言警句100条，引导学员认真品读、撰写感悟，编辑出版《清廉之光》。将过去“党校课堂+教育基地”“两位一体”教学模式，延伸深化为党校课堂教学、革命传统教育基地教学、警示教育、军营体验式教学和调研实践“五位一体”模式。

队伍建设。全年共引进博士生4名，硕士生1名；通过竞争上岗方式，选拔正处级干部4名，副处级干部15名，处级干部轮岗交流8人次；加强对任课教师的培养和管理，推行主体班理论辅导员制度，进一步完善对教职工的评价、激励机制，评选教学优秀奖、科研优秀奖和行政后勤工作优秀奖，形成了争创一流的良好氛围。

后勤服务管理和信息化建设。扎实开展“机关效能年”活动，所有公务经费在上年预算的基础上核减5%，严格预算管理，对经费运行实行动态监控，实现了公用经费“零增长”。加快信息化建设步伐，主体班网上教学评估系统研发成功并正式投入使用，加强对校园网络及设备的维护和管理，充实了视频课件库、数字图书馆的信息资源，进一步发挥了数字资源服务教学科研的作用。

【山东省委党校】

2009年，共举办各类班次62期，培训总人数4675人。其中，主体班次有市厅级领导干部进修班（2期）、人大政协领导干部进修班、县委领导干部进修班、处级领导干部进修班（2期）、乡（镇）党委书记进修班（2期），全省党校系统教师进修班、中青年干部培训班、学习贯彻党的十七届三中全会精神专题研讨班、保持经济平稳较快发展专题研讨班、推进山东半岛蓝色经济区建设专题研讨班、教学管理专题研讨班、全省市县及省直部门厅处级领导干部学习贯彻党的十七届四中全会精神专题培训班、全省党校系统学习贯彻党的十七届四中全会精神理论骨干培训班等48个班次，培训干部2455人；专题班次有全省妇女事业专题培训班、全省社科理论骨干和高校哲学社会科学教学科研骨干研修班（2期）、全省市厅级领导干部民族宗教专题研讨班、广西区委党校行政骨干培训班、黑龙江省委党校正处级领导干部进修班（2期）、全省保密工作专题培训班、全省党校系统应用对策研究专题培训班、全省党校系统信息化建设技术骨干培训班、山东省文化旅游产业融合发展高端论坛、教学改革与创新专题培训班、山东省信用社联社管理干部培训班和江西省委党校乡镇书记班，共计14个班次，培训干部2220人。

教学工作。科学调整学制，进修班次学制调整为两个月，中青年干部培训班学制调整为半年，师资培训班学制调整为一个月，专题类班次一周至一个月；不断完善教学内容，“四个单元、十大板块”的教学新体系全面推广，“分专业、分类别”教学专题库的年更新率在30%以上，15个新专题进入课堂；进一步强化马克思主义中国化最新成果的教学，安排专题单元学习十七届四中全会精神，增加经济社会发展热点问题研究教学单元，重点讲授和研讨经济文化强省建设方面的内容；开设案例教学70次，形成26个专训性模块和“4·28”胶济铁路特大交通事故应急管理等26个教学案例；修订《中共山东省委党校关于教学质量评估工作的意见》，强化三级备课制度，举办“教学改革与创新专题培训班”，召开了“全省党校系统教学工作暨2008年度优秀教学奖评选会议”等。

科研工作。修订《关于进一步加强科研工作的意见》等文件，出台《关于加强挂靠我校的省级学会管理的意见》。加大对课题研究的经费资助，获准立项国家社科基金项目3项、全国党校系统重点课题5项、省社科规划项目22项、省软科学课题4项和全省党校系统科研项目62项，完成省以上科研项目55项、全省党校系统项目24项，获得省社科成果一等奖1项、二等奖4项、三等奖6项，创历年获奖之最。在省级以上刊物发表论文566篇，其中国家级刊物200篇，出版专著13部。《理论学刊》进入中文社会科学引文索引扩展版来源期刊（2010—2011年）。成立中国特色社会主义研究中心、山东经济社会发展研究中心和山东省社会科学重点研究基地——山东省哲学创新与发展研究基地。为贯彻落实胡锦涛总书记视察山东时的重要讲话精神，组织课题24项，有37项研究成果被省领导批示转发。组织全省党校系统科研项目立项154项，开展全省党校系统科研成果评奖活动，举办全省党校系统应用对策研究专题培训班，开展庆祝建国60周年理论研讨会等活动，与省委宣传部等5个部门联合举办首届“经济文化强省建设高层论坛”，与省社科联等单位主办学术年会。

队伍建设。提拔校级领导3人、校委委员3人，推荐厅级后备干部5人，充实、调整、提拔处级干部21人、科级干部69人，引进各类人员13人；组织召开年度党校教师高评委会议，评审通过84人；修订出台《中共山东省委党校有突出成绩的中青年人才选拔管理暂行办法》；选派20名同志到基层挂职锻炼，选调14名骨干教师外出培训，推荐教师参加省齐鲁文化英才选拔和省社会科学学科新秀奖评选，3人入选，组织赴国外学习考察访问团3批。

基础设施建设。一期工程12座建筑单体的主体施工已进入内外装修阶段，主体结构均被评为优质工程，主要材料采购节约资金4934.38万元；完成新校区景观方案设计及景观施工图设计。

贯彻落实《党校工作条例》。召开全省党校工作会议，组织起草《中共山东省委关于贯彻〈中国共产党党校工作条例〉的实施意见》；受省委委托，校领导带队分别对17市、4大企业的党委和党校、省直分校、部分县级党委和党校学习贯彻情况进行了检查。

【河南省委党校】

2009年，共举办常规主体班次21个，包括局级领导干部进修班（4期）、处级领导干部进修班（2期）、优秀中青年干部培训班（2期）、处级公务员任职培训班（2期）、选调生公务员初任培训班（2期）、公务员初任培训班（7期）、全市党校系统师资培训班、全市区县党校常务副校长专题研讨班，培训干部1635人；举办计划外班次13期，包括全省市辖区委书记（县市、区）长学习贯彻党的十七届三中全会精神专题研讨培训班、全省乡（镇）党委书记学习贯彻党的十七届三中全会精神专题研讨培训班（6期）、省委组织部举办学习贯彻十七届四中全会精神专题培训班（2期）、省旅游局星级宾馆高级人员培训班、阿克苏中青班培训班、全省宣传文化系统干部培训班和江西省委党校中青年干部培训班，培训干部3412人。

教学改革。做好省委常委到党校授课的服务工作，全年有10位省委常委分别到党校作了学习报告；调整充实教学内容，开设十七届四中全会辅导、国际金融危机与河南经济发展改革创新、发扬焦裕禄精神等60余个新专题；创新教学方式，开设了“科学大讲堂”、“省情大讲堂”、“学者大讲堂”，在继续开展研究式教学，加大案例教学、听证模拟教学、现场教学的基础上，探索了体验式教学、团队训练等新的教学方式。

科研工作。以“河南省中国特色社会主义理论体系研究中心”名义分别在《人民日报》、《光明日报》、《经济日报》、《求是》杂志发表理论文章5篇。获准立项国家社科基金项目5项，中标河南省社科规划项目5项、河南省政府发展研究项目12项、河南省软科学项目4项、全国党校系统重点调研课题6项和全国行政学院系统课题1项。较好地完成国家社科基金规划办下达的项目通讯评审119项，河南省社科规划办下达的项目通讯评审243项。获得省级以上优秀科研成果奖8项。在国家级报刊发表文章120篇，在核心期刊发表文章39篇，在省部级报刊发表229篇。《学习论坛》被《新华文摘》摘编论点4篇，被人大《复印报刊资料》全文转载18篇。

学员管理。坚持严格管理与热情服务相结合，完善考勤、请销假、签到和外出考察等制度，加强学员党支部建设，充分发挥学员党支部和广大学员加强自我管理的作用，加强班主任队伍建设，进一步提高工作水平和为学员服务的质量。

队伍建设。选派教研人员到中央党校、国家行政学院和干部培训学院、重点高校学习进修，组织骨干教师出国出境考察、学术交流，安排12名青年教师和科级干部到郑州市基层挂职锻炼，引进多名博士研究生以充实教师队伍。

新校区建设。6月24日，河南省委党校新校区开工奠基仪式在新校址隆重举行，省四大班子主要领导出席奠基仪式。新校区建设实行代建制，不承担项目的招投标及建设过程中的具体工作，但按照有关规定，充分发挥监督检查作用，积极配合有关方面，努力把新校区建成一个精品工程、廉洁工程。

贯彻落实《党校工作条例》。7月，河南省召开全省推进县级党校办学体制改革工作电视电话会议，省委党校与省委组织部等6个部门联合下发《关于积极推进办学体制改革，全面促进县级党校建设和发展的实施意见》，全省110个县（市）委党校全部举行省辖市委党校分校和新农村建设学院挂牌仪式；各省辖市积极推进统筹教学，加强系统业务指导，整合优质教学资源；各地加大经费投入，努力改善县级党校办学条件，有60多所县（市、区）党校重新选址立项，迁建新校区。

【湖北省委党校】

2009年，共举办主体班35个，包括厅级干部进修班、县处级干部进修班、公安厅机关处级干部培训班、中青年干部培训班、县处级女干部培训班、党校系统师资培训班等，培训干部3212人；省委在党校举办的重要班次有全省县域经济发展研讨班（3期）、全省领导干部学习党的十七届四中全会精神培训班（6期），培训干部1763人；与有关部门联合办班17期，包括全省对外开放专题研讨班、省林业局处级干部培训班、国防教育师资培训班、长江水利委员会领导干部进修班、中国长江航运（集团）总公司中层干部理论培训班、中国银监会党校湖北银监局处级领导干部培训班、黄石市长江公路大桥管理局领导干部培训班、中国石化销售有限公司华中分公司领导干部学习科学发展观培训班、保险公司总经理理论培训班等，培训干部1201人。

教学工作。将来自省直、市州、县市区的县处级干部按其所从事的工作进行归口，在兼顾个人需求的基础上，实行分类编班，推进分层分类教学。完善教学布局，提出“理论武装、省情省策、能力培养和党性锻炼”的具有湖北特色的党校教学布局模式，实施“四名”（教学名课、科研名题、名优学科、教学名师）工程和“双百”（聘请100名国内外知名专家和100名党政干部、企业高管作为兼职教师到党校作学术讲座或专题报告）工程，全年共外请领导和专家来校作报告108人次；通过加大现场教学和案例教学力度，开展主题调研，引入双讲式教学和经验分享式教学，新建教学基地，开展拓展训练，实施教学项目管理；修订完善《主体班教学工作规程》、《名课评选暂行办法》、《名师评选暂行办法》、《“双百”工程实施方案》、《课堂教学双向评估办法》、《主体班教学事故处理暂行办法》等制度，有力促进教风学风的好转。

科研工作。全年立项省部级以上课题12项，包括国家社科基金项目2项、中央组织部重点调研课题1项、中央党校重点调研课题6项、国家行政学院招标课题1项和湖北省社科基金项目2项。各类课题已结项30项，其中22项被评为良好，研究成果《中国共产党面临的执政风险及其对策》刊发全国哲学社会科学规划办公室网站“成果选介”专栏，并编入《国家社会科学基金项目成果选编》；省委党校调研成果《完善地方党委领导农村工作的体制机制问题研究》被中组部评为调研课题一等奖。获省部级以上科研成果奖8项。在省部级报刊发表论文113篇，其中，在《人民日报》理论版发表论文1篇，被人大《报刊复印资料》全文转载4篇，在核心期刊发表论文26篇，独著或主编出版6部学术专著或教材。省委党校副校长方世荣教授被国家行政学院借调参与国务院行政法规《行政学院工作条例》的起草和制定工作，较好完成工作任务，受到了国家行政学院领导的充分肯定。全年共有十多人次参加了国际行政院校联合会、中央党校、国家行政学院、省纪委、省委宣传部、湖北省社科联等单位举办的国际性、全国性高层次理论研讨会，与省行政学院一起组织6批34人次赴我国台湾和德国、奥地利、巴西、新加坡等国家和地区参加学术交流活动。

队伍建设。提拔干部13名，引进经济学博士2人。选派7名教师和13名干部到中央党校、国家行政学院等院校培训进修，组织30名专职教师赴境外7个国家和地区学习考察，安排2名处级干部到基层挂职锻炼。在专业技术职务评聘、岗位设置管理等方面，以能力和业绩为导向，为拔尖青年人才打开绿色通道，推动教学出名课、名师，科研出名题、名作。

对基层党校业务指导。开展基层党校工作调研，形成《关于全省党校工作的调研报告》，荣获全省第一批学习实践活动调研报告综合评比总分第一名。与基层党校联合完成了《宜都市城乡一体化问题研究》、《湖北长江经济带开放开发问题研究》等10项协作调研课题。将全省党校系统师资培训班纳入主体班计划，全年共举办3期，培训基层党校教师150人。

【湖南省委党校】

2009年，共举办主体班29个，包括全省党政主要领导干部廉政培训班、新任副地厅级干部廉政教育暨任职培训班、地厅级干部进修班、中青年干部培训班、处级公务员任职培训班、省直处级干部进修班、省管企业领导人员培训班、县（市、区）委副书记培训班、市州处级干部进修班、宣传部长培训班（意识形态班）、省直单位人事处长培训班、乡镇党委书记培训班、司法系统政工干部培训班、优秀中青年专家理论研讨班和妇联干部能力建设培训班等，培训干部1663人次。毕业硕士研究生26人。

教学工作。广泛开展培训需求调研，全年教学专题更新率达50.49%。完善菜单式选修课和外请报告制度，全年举行各类专题讲座85个、大课堂教学32场，有38位省内外著名学者、政府官员和企业高管来校讲课。广泛开展读书活动，向学员推荐书目260个，表彰读书典型50余名。首次在中青班开展为期一周的“驻村入户察民情”体验式教学活动。加强教学组织管理，完善课前择优任教、课中质量评估、课后评比奖励的教学组织方式和集体备课、相互听课、教学督导制度与学员打分、教研部评分、专家点评的教学考核模式，培训质量进一步提升。

学科建设。马克思主义哲学、政治经济学、中共党史和党的学说与党的建设4个重点学科，科学社会主义、公共管理、工商管理、法学和科技哲学5个重点培养学科接受了评估验收。进一步加强教材建设，把教材建设和教学工作、学科建设以及科研成果转化结合起来，围绕理论武装编写基本理论培训教材，围绕湖南经济社会发展重大问题编写省情省策培训教材，围绕教学改革编写案例培训教材，围绕中央和我省重大政策的最新动态编写时事政策辅导教材，新编主体班教材：《中国特色社会主义理论体系概论》、《科学跨越，富民强省——湖南发展新战略研究》、《领导干部案例培训》和《中国银都——湖南永兴县循环经济调研报告》共4本。

科研工作。申请立项国家课题有新的突破，全年获准立项国家课题3项，获省社科规划重点课题1项、一般课题10项；有10余项省一般课题通过结项，省重大委托课题《科学跨越·富民强省——湖南发展新战略研究》的研究成果评审鉴定为优秀等级；获得国家和省部级奖励科研成果7项，其中1项成果获第九届省社科成果一等奖，两人被评为第四届湖南省优秀社科专家；以湖南中国特色社会主义理论体系研究中心名义分别在《求是》、《人民日报》、《光明日报》发表理论文章5篇（全省共19篇），其中3篇文章在中宣部评奖中获奖（湖南仅此3篇），连续3年位居全省之首；2009年出版学术著作20部，发表学术论文516篇，其中国家一级期刊上发表论文9篇，在CSSCI期刊上发表论文49篇；《湖南党校》报试刊，《湖湘论坛》的“兴湘方略”栏目被湖南省期刊协会评为“优秀栏目”。

队伍建设。全年组织师资培训33人次，包括出国培训1人次、中央党校3人次、国家行政学院3人次、延安干部学院1人次、上海浦东干部学院2人次、井冈山干部学院1人次等，挂职锻炼4人；组织全省党校系统第八次教学比赛，本校有2人获一等奖，2人获二等奖；引进硕士生1名。

党性教育。在中组部召开的“加强领导干部党性修养及理想信念教育专题研讨会”上进行交流，在全国党校系统学员管理经验交流会上作经验介绍，在省直机关非派驻单位纪检监察工作经验交流会上作典型发言。开展“讲党性、重品行、作表率”活动、“三湘读书月”活动、建国60周年庆祝活动、“创先争优”活动、全省党校行政学院系统纪念改革开放30周年文艺汇演。省委党校基层党建示范点工作通过省直工委复查考评，继续保持“党建示范点单位”荣誉，再度被评为“省直机关文明标兵单位”；校委中心组被评为“省直机关先进中心组”；省委党校被授予“全省反腐倡廉建设先进单位”称号，确定为廉政文化“六进”示范创建点。

【广东省委党校】

2009年，共举办各类班次151个，培训各类学员首次超过3万人次，达30335人次。其中，举办常规班次59期，包括市厅级领导干部进修班（4期）、县处级领导干部进修一班（2期）、县处级领导干部进修二班（4期）、中青年领导干部培训一班（2期）、中青年领导干部培训二班（2期）、政法综治领导干部培训班和中青年女干部培训班（2期）等，培训干部11529人次；省委在省委党校举办的重要班次有26期，包括全省县处级以上领导干部学习贯彻《珠江三角洲地区改革发展规划纲要（2008—2020年）》专题培训班（20期）、全省县处级以上领导干部学习贯彻“党的十七届四中全会精神”专题报告会和广东省第八期领导干部党纪政纪法纪教育培训班等，培训干部13684人数；与省委有关重要部门联合办班10期，包括省政协提高参政议政能力培训班（2期），省接待干部培训班、广东省领导干部经济管理专题研究班、广东省领导干部区域经济发展专题研究班和广东省领导干部公共管理高级培训班等，培训干部1653人次；面向大型国有企业举办神华集团广州公司、广晟集团、省盐业集团等企业干部培训班，面向基层举办东莞石排镇、厚街镇、高埗镇等乡镇干部培训班，面向省外、境外举办了海南省文昌市党政干部培训班和驻港企业管理人员培训班，还积极接受省人力资源与社会保障厅、省质监局、省体育局、省检验检疫局等委托培训班次，共办班56期，培训干部3469人次。

推进教学改革。按照“新、精、近、实”的要求，设计和组织实施“广东建设‘文化强省’若干重大问题”、“推进广东党的建设”、“打造宜居城乡，促进社会和谐”、“领导干部驾驭互联网能力”和“涉外交往中形象传播”等教学新模块，课程更新率达70%，实现了由教学单一性向多样性的升级。在中青班3个支部进行自主选学试点，组织学员到韶关钢铁集团、曲江区大塘镇和炮一师开展以“牢记宗旨，纯洁党性，执政为民”为主题的“三个三”（当三天工人、三天农民、三天士兵）现场教学活动，教学创新受到了省委书记汪洋的赞赏。通过以会代训、跟班学习、现场观摩、集体备课等方式，教师队伍的整体素质和教学能力得到提高，教学满意率达90%以上。

提高科研质量。全年出版著作和发表论文514项，申报各类课题200多项，获立项67项，其中国家社科项目1项，中央党校重点课题5项，国家行政学院课题2项，省社科项目8项，首次承担联合国工业发展组织课题“佛山产业集群升级与资本运作发展战略报告”。《扩大内需战略研究》、《广东积极参与北部湾经济圈大开放、加快粤西经济发展》、《落实〈珠江三角洲地区改革发展规划纲要〉的几点法律意见》等决策咨询研究成果得到省领导重视和批示。会同省直机关有关部门和珠江三角洲地区9市市委党校合作编写《〈珠江三角洲地区改革发展规划纲要〉学习丛书》，出版《解放思想在广东》、《战略思维论广东》和《世界眼光看广东》3部专著。

推进人才队伍建设。全年安排32人次培训学习，其中厅级5人、处级10人、教师11人，出国培训6人；积极推进干部信息技术能力提升工程，215人参加学习培训；积极推进教师挂职锻炼工作，出台《选派中青年骨干教师到基层挂职锻炼的实施意见》，首批选派3名教师挂职县委常委或副县长；引进教师（博士）3人，首次通过选调方式录用行政干部2名；修订了《广东省党校教师专业技术资格条件》，组织评审全省党校系统教师专业技术资格108人，其中高级职称66人；完成13个教研部门的领导班子换届聘任，新聘13名部门正职、21名部门副职；制定了《校（院）开展事业编制岗位设置和人员聘用工作计划》、《关于加快广东行政职业学院发展若干重大问题的意见》和《关于落实〈广东行政职业学院编制方案〉人事安排工作意见》。

不断加强信息化建设。完成了校园数字网络监控系统第一期工程，为常规班次录制课程60次，利用省干部教育卫星远程教学网进行2009年全省公务员面试考官远程培训；为全省县处级以上领导干部学习贯彻党的十七届四中全会精神5场专题报告会进行远程直播。

提高后勤综合服务能力。公务员教学综合大楼工程进展顺利，被广东省建筑协会评为2008—2009年度“优秀工程监理项目”、“广东省安全文明施工AA标准化诚信工地”；财务决算工作连续两年受到省财政厅表彰，荣获“2008年度决算编制工作先进单位”；出台《关于建设节约型校（院）的意见》，完成省委组织的“广东学习论坛”等重要会议和活动的技术保障，全年录制和播出各类课程280次；完善了校（院）办公自动化和“一卡通”系统，进行了网络评教系统的运行检测，启动了花都校园网二期工程。

【广西壮族自治区委党校】

2009年，共举办主体班19个，培训学员1349人次。其中，常规主体班15期，培训干部855人，厅级领导干部自选专题培训班4期，培训494人，完成干部培训任务。

推进主体班教学改革。从经费、政策等方面支持教学改革，共投入300万元用于教学改革，这是前所未有的。初步构建起以必修、选修、系列报告相结合，综合运用讲授、案例、研讨、情景模拟、现场体验等教学方式，在强化主线教学中注重培育以红、蓝、绿特色教育精品课程（红是利用百色起义为主的红色资源作为增强党性教育的内容，蓝是利用北部湾经济区资源作为增强改革开放意识的现场教学的内容，绿是以广西绿色文明资源和南宁绿城品牌切入科学发展观教育）为特点的教学新体系，15个主体班都参加这3个主题的教学活动。

推进科研工作。全年，科研投入270万元。重点抓为党委、政府服务的应用性、咨询性重大课题立项和研究工作，确立了《广西公共危机管理问题研究——提高我区领导干部应对公共危机能力的对策研究》等6项校级重大课题。对50项“学习实践科学发展观活动”校级立项调研课题进行结项评审，全部合格，予以结项。对72项调研成果进行评奖，有3项科研成果获第二届全国行政学院系统优秀科研成果奖。2009年《桂海论丛》被评为自治区十佳期刊。出版《改革开放科学发展——广西党校系统纪念改革开放30周年理论研讨会论文集》。校马克思主义理论研究基地2008年重点课题的研究成果《新认识新实践新水平——深入学习实践科学发展观》一书正式出版。这也是开展深入学习实践科学发展观活动又一项重要理论成果。组织召开了广西党校系统庆祝中华人民共和国成立60周年理论研讨会，开展了全区党校系统优秀科研成果评奖活动。主办全区党校系统“加强基层党员干部培训暨全区县级党校办学水平达标评估工作交流会”。

加强队伍建设。对14个处室的领导班子进行了调整充实，根据工作需要新设了干部继续教育学院，选拔任用14名处级领导干部（其中正处级领导4名，副处级领导9名），平级调整处室班子成员9名，晋升处级非领导职务5名。推动和深化主体班教学改革，着力打造党校（行政学院）干部教育培训品牌。全年共安排16名博士试讲，引进9人。对引进的人才，根据“补缺”原则对其进行再培养，对符合条件的予以提拔使用。引进人才中有2人（次）赴国（境）外作学术访问，2人抽调到区党委组织部工作，1人提拔到处级领导岗位，3人派到学员工作处担任班主任，1人到中央党校进修。制定《关于加强师资队伍建设的若干意见》、《关于新进校教研人员带（跟）班锻炼的规定》、《外聘员工请销假规定》和《外聘员工年终奖金分配办法》，修订《校委班子成员民主生活会制度》，草拟《首席教授、学科带头人及学术骨干选拔和管理办法》。

加强信息化建设。召开全区党校系统信息化工作会议。不断完善“广西党校信息管理系统平台”系统的功能，建立了189邮件系统和短信群发平台、增设校门人员车辆出入管理系统、开发学员入学网上报到、考勤、评教等功能。投资、建设全区党校系统VPN专网一期工程，联通了14个市级党校（二期工程），将为每个县级党校开通5个移动用户，完成全区党校系统的VPN虚拟网互联。建设专业化的“媒体沟通情景模拟室”和“公共危机管理情景模拟室”。

响应中央领导和中央党校的号召，推进西藏干部教育事业的发展，给予西藏自治区委党校援助项目建设资金15万元。党校获自治区“军（警）民共建精神文明先进单位”和南宁市“百佳”文明市民学校荣誉称号。校团总支获“2008年度广西区直机关五四红旗团（总）支部”荣誉称号。有3位同志被授予为“定点帮扶贫困村先进个人”。

【海南省委党校】

2009年，共举办主体班次23个，包括学习贯彻党的十七届三中全会精神乡镇书记培训班（3期）、新任厅局级领导干部任职培训班、全省干部教育创新力培训班、全省高校哲学社会科学教学科研骨干研修班（3期）、新任厅局级领导干部任职培训班、市县中青年领导干部培训班、新任县（市）正职任职培训班、全省乡（镇）长培训班、全省农村党支部书记培训班（2期）、全省2009年度村委会主任培训班、全省离退休干部党支部书记培训班、全省公务员任职培训班（2期）、全省少数民族和贫困地区公务员培训班、全省知识产权公需科目继续教育培训班、统战工作信息宣传员培训班和全省无党派人士骨干培训班，培训干部1649人次。

教学改革。首次举办新任县（市）党政正职领导培训班，全面轮训乡（镇）委书记，落实《中共海南省委关于实施新时期农村党的建设“强核心工程”的意见》，集中培训全省农村“两委”干部；立足学员的职位特点，充实“海南问题”专题的内容，2—3月举办的全省乡镇党委书记培训班，安排“海南土地资源规划和利用”、“海南城乡规划”、“海南国际旅游岛建设”、“群体性事件应对”等10个专题教学；制定《省党政领导同志到我校讲课的实施办法》，邀请省领导来校作报告，聘请一批本省的知名专家学者、企业家和党政领导干部担任主体班的兼职教师；建立农村党支部书记培训班党性锻炼基地，实现专兼职教师的有机结合；将菜单式、互动式、案例式、体验式和政企对话、学员论坛、拓展训练、头脑风暴法等推广到所有主体班，在中瑞合作海南子项目第一期学习班采用“行动学习法”，围绕海南国际旅游岛建设课题，对一些影响和制约国际旅游岛发展建设中的热点、难点问题进行深入研究，形成多项政策建议，受到省委省政府的高度重视。

科研工作。发表科研论文109篇，完成调研报告31篇，出版著作29部，承担省部级科研项目10项，完成国家社科基金项目、省级科研项目6项，获得省部级奖励的科研成果奖8个。中瑞合作管理培训项目海南子项目第一期行动学习班撰写的《赴瑞士学习考察报告》得到省委书记卫留成的批示。《打造国际旅游岛的“绿色品牌”——关于海南文明生态村转型提升的建议》和《关于搞好海南农垦管理制度改革若干问题的看法》，被省有关部门采用。

队伍建设。面向全国招聘（录）13名博士、硕士毕业生，选派25名教研人员和教学管理人员参加由中共海南省委组织部举办的干部教育创新力培训班赴中央党校培训，安排11名教研人员分别到中央党校、国家行政学院、中央社会主义学院、上海浦东干部学院、延安干部学院、井冈山干部学院和其他高等院校参加培训，还选派3人出国培训。

制度建设。理顺“一校两院”的管理体制，完善议事程序和规则。坚持每月一次中心组理论学习，加强了领导干部廉洁自律制度建设，实行了校领导主要活动日报制以及校内上课不拿课酬、退出科研奖励机制和工作用车限油等制度；设立离退休干部工作处、市县党校工作处和继续教育培训处，省委党校海口分校已经挂牌，三亚、琼海、儋州的分校挂牌工作正在筹备之中。编印《校（院）规章制度汇编》，包括党务、教学、科研、行政、财务、后勤、计算机信息七个方面的41项制度，印发全校教职工，人手一册。组织全校教职工进行了法律知识和校（院）规章制度知识考试，并强化制度执行的力度，做到按制度规定办事。

【重庆市委党校】

2009年，共举办各类班次41个，培训干部3843人次。其中，常规主体班次有厅局级领导干部进修班、区县党政领导干部进修班、区县人大（政协）领导干部进修班、市级机关处长培训班、区县部门党政主要领导干部培训班、区县乡镇党政主要领导干部培训班、区县街道党政主要领导干部培训班等，培训干部2195人；举办各类专题班8期，主要有市管主要领导干部学习贯彻党的十七届四中全会精神专题研讨班、重庆市第二批学习实践科学发展观活动市管领导干部专题研讨班、重庆市基层党组织联系服务群众“三项制度”专题培训班和全市应急管理领导干部专题培训班等，培训干部1438人；增设中青年干部培训班3期，培训学员210人。首次举办新加坡官员赴中国研修班，对来自新加坡总理公署等10余个部门的27名官员进行为期一周的培训。

教学改革。修订完善《主体班优质课评选办法》和《主体班授课教师遴选和退出办法》，提高教学评价的针对性，制定并落实《关于在教学活动中违反政治纪律的处理规定》；大力推进研究式教学，深化“两段式”教学、现场教学、案例教学和行为训练式教学，组织局干班和区县长班在重庆市联合产权交易所举行现场教学课；举办中青年教师授课比赛、教师现代培训方式观摩课等，提高培训能力。探索“三进三同”（进基层、进村子、进农户，同吃、同住、同劳动）党性锻炼活动。在主体班先后开展“缅怀先烈”、“革命传统教育”等7项主题实践活动，组织主体班600名学员到延安、井冈山开展党性教育，分两批组织中青班学员到渝东北和渝东南12个区县的209个贫困村，以“让我来当村支书”为主题，与农民同吃、同住、同劳动。对此，李源潮专门批示予以肯定。7月，市委决定将“三进三同”活动作为第二、第三批学习实践活动的规定动作在全市推广。

科研工作。全年承担科研项目23项，包括国家社科项目6项、重庆市级社科重大委托项目2项、重庆市级重点项目4项、重庆市级社科特别委托项目3项、重庆市级社科一般项目3项、中央党校项目4项、国家行政学院项目1项。完成项目31项，包括国家社科项目2项、部委委托项目1项、重庆市委重大委托项目2项、重庆市委重点委托项目1项、重庆市级社科重点项目1项、重庆市级社科一般项目3项、重庆市级软科学项目4项、重庆市级教育项目1项和中央党校重点项目16项。获得省部级科研奖9项。编辑报送《领导视窗》17期，获市领导批示16次。其中，《关于将“传箴言”发展为微博客的建议》获薄熙来书记批示，相关政策建议被市委宣传部采纳应用。制定出台《学术委员会工作规则》、《社团管理办法》和《学术著作出版资助管理办法》，修订完善《科研成果和咨政成效奖励办法》、《科研项目管理办法》和《教研人员参加学术会议管理办法》。成立宣讲团，组织专家赴市级各部门、全市各区县开展理论宣讲300余场次，受训干部10万余人，配合市第二、第三批学习实践活动，编写宣讲大纲和“三项制度”读本。

队伍建设。全年共引进17名优秀人才，从学校干部中推举出3名市管干部，近1/3的在职教职工参加了各种形式的培训，顺利推进专业技术人员岗级管理改革，为专业技术人才队伍建设建立了良好的体制机制基础。举行第三届学术委员会委员聘任仪式，召开打造“名师名课”座谈会，组织应聘考核引进优秀人才。在2009年度重庆市党委系统目标管理绩效考核中，首次获得150分的满分。还获得“建国六十周年重庆市先进基层党组织”，“全市组织系统网络宣传工作先进集体”、“全市人事工作先进单位”，“学位与研究生教育管理工作先进集体”，“工人先锋号”和“女职工建功立业标兵岗”，“消防工作先进单位”，“机关事务工作先进集体”等荣誉称号。

信息化建设和校园建设。改版“探索”门户网站，召开“图书馆数字资源建设论证会”，增加专项投入140万元（不含当年图书馆信息化专项经费90万元），购买计算机200余台、交换机12台、投影仪10台，完成了中心机房整修、东学员楼布线工程等硬件设施建设，实现了校园网络千兆到骨干、百兆到桌面的目标；学员综合楼工程投资1.1亿元、建筑面积3.5万平方米，可容纳700名学员住宿就餐，于2009年9月2日开工，2011年交付使用。生态停车场工程和学员网球场工程相继完工并投入使用。

对区市县委党校业务指导。举办全市党校系统常务副校长专题研讨班、两期党校系统师资培训班、一期骨干师资赴韩国培训班，举办首届全市党校系统教师教学比赛，指导3所分校举办特色专题班14期，培训学员1054人，为区县党校立项市委党校校级课题30项。

【四川省委党校】

2009年，共举办各类班次40个，培训干部3198人。其中，主体班次有中青年干部培训班一班、中青年干部培训二班、市厅领导干部培训班（4期）、民族干部培训班（2期）、县处级领导干部进修一班（4期）、国有大中型骨干企业领导干部培训班、高层次复合型人才培训班（2期）、全省高校哲学社会科学教学科研骨干研修班（7期），市厅级国家公务员“扩大内需与推动经济平稳较快增长”专题研修班、乡镇党委书记进修班（2期）、省政府部门处长任职培训班（2期）和全省党校系统师资培训班28个，培训干部1616人；省委省政府以及相关部门交办的培训班次有四川省城市规划建设管理专题培训班、藏区乡镇党委书记（乡镇长）培训班、四川省项目融资培训班、机要局长培训班、全省加强新农村环境保护建设生态新农村党政领导干部专题培训班和省委宣传部长培训班等12个，共培训干部1582人。此外，毕业硕士研究生39人。

深化教学改革。在中青年干部培训班和县处级领导干部进修班以菜单形式增设了学员自主选学单元，在市厅级领导干部进修班开展专题培训，围绕“党的建设及基层政权建设”、“农村发展改革研究”热点问题，进行研究式学习研讨，在主体班次教学中，增设“突发事件处置与应急管理能力提升”教学板块，增加“《突发事件应对法》与地方政府应急管理机制建设”、“汶川大地震恢复重建：环境与社会问题研究”和“地震灾后民事法律研究”等内容。整合多种教学资源，扩大多种教学形式的应用，加大远程教学平台和GDLN、CDDLN等远程教学资源在主体班的应用。加大应急管理教学和现场教学力度，在绵阳、汶川建立应急管理教学科研基地。加大外聘教师的力度，全年共外请专家学者、党政领导90余人次到校授课，外聘专家学者、有关领导和党校教师三位一体的师资体系逐步完善。

提升科研水平。全年共组织申报各类课题698项，立项308项，包括国家课题4项、全国党校系统课题5项、四川省哲学社会科学“十一五”规划课题5项和联合国社会性别主题工作组课题1项。结项国家课题4项。获国家行政学院优秀科研成果二等奖一项、三等奖一项。审评全省党校系统调研课题608项，立项271项。先后抽调30余名专家学者，会同省委、省政府、国家减灾委等部门，形成《汶川地震应急处置和救援工作评估》报告。在4个市州党校建立了校外科研基地，深化党校系统整体科研实力。举办了全省党校系统纪念建国60周年理论研讨会、学习贯彻十七届四中全会精神理论研讨会。与重庆市委党校联合举办了“新中国60周年发展变迁与川渝合作”理论研讨会，与西藏自治区委党校联合开展《中国特色、西藏特点发展路子问题研究》等6个科研合作项目研究。开展全省党校科研评奖活动，评选优秀科研成果奖130余项，科研组织奖10余个。2009年12月，在北京举办《马克思主义中国化发展史论》出版发行座谈会，提升校院科研成果的社会影响力。

加强信息化建设。启动党校科研管理工作数字化一期工程，建立“专题资料库”和“决策智能库”。完成“蜀光”外部网站的改版和《科研教学工作量查询管理系统》的开发应用。做好校院信息网络安全的系统架构及实施准备，中国西部开发远程学习网（CDDLN）投入使用。建成10个CDDLN市州远程学习中心，完成《全省拟任县处级党政领导职务政治理论水平任职资格考试》软件系统的升级改版及专用题库的修订完善。

实施人才强校战略。组织开展竞争性选拔处级领导干部工作。选拔推荐参加2009年新世纪百千万工程、第五届“四川杰出创新人才奖”、全省首批干部教育培训师资库人选、四川省高层次人才信息库人选。选送130余人次教研和管理骨干参加各类培训、会议和研讨。支持28人攻读硕士、博士学位。举办中英应急管理师资培训班、案例编写与案例演示师资培训班。离休干部党支部被中央组织部评为“全国先进离退休干部党支部”。校院获省委表彰的党建工作先进单位。

认真搞好内部管理。规范校务公开、党务公开、事务公开的内容、范围和时限，坚持校长接待日制度。落实首问负责制、责任追究制、限时办结制，狠抓办公自动化、目标督察、机要档案、文秘、保密、综合接待工作。大力改进会风文风，着力精简会议文件，全面实施网上公文交换，纸质文件大幅度减少。整合内部管理体制和运行机制，在蜀光大厦服务中心、榕园师资培训中心、餐饮服务中心的基础上整合组建培训服务中心，实现办班、办会和后勤保障的一站式服务。将《理论与改革》、《中共四川省委党校学报》和《四川行政学院学报》合并成立期刊社，实现校院科研资源的有效整合。全面加强财务整改，完善财务制度，加强预算管理，出台《财务管理暂行办法》、《职工出差审批程序和差旅费管理暂行办法》等规章制度。

切实做好后勤服务保障。建立健全以学员和教职工评价为主的后勤服务质量意见征询制度和考核评价制度，完善24小时后勤服务热线制度，职工对后勤服务质量测评平均满意度97.5%，学员满意度为98.85%。落实节能目标管理责任制和能耗统计报告制，坚持管理节能和技术节能相结合，全年水电气用量减少，较上一年度节约资金22万余元。

加强对下级党校业务指导工作。组织召开2次全省市州党校常务副校长会议和工作处长会议，组织部分市州党校领导到省外学习考察。积极开展对地震灾区党校灾后恢复重建调研和各地贯彻落实全省党校工作会议精神情况调研，修改完善了《市州党校师资培训五年规划》和《关于评选优秀教师和优秀教学组织单位的办法和意见》，完成2009年度党校系统教师高级职务评审工作。

【贵州省委党校】

2009年，共举办各类班次38个，培训学员2081人次（地厅级干部353人，县处级干部927人）。其中，常规性班次24期，1102人；委托类班次14个，979人，超额完成全年培训任务。

教学工作。加强制度建设，制定、修订《主体班次教学工作制度》、《教学督导制度》、《教学分析与总结制度》等；推行学制改革，普遍压缩主体班次学制，实现由中长期学制为主向短期学制为主的转变；针对班次特点深化教学改革，在乡镇书记班、民族干部班和妇女干部班推开板块式教学，县长班实行课题研讨式教学，学制两个月以上的主体班次开展论文答辩，多种途径增强教学的针对性和实效性；加强教材建设，组织力量调研，编写案例教材《调查与思考》，为主题班学员提供更切合本省实际的优秀教材；在评“学”方面，通过入学摸底考试、路线方针政策考试、毕业论文答辩及课堂展示等手段充分评估学员理论学习情况；在评“教”方面，定期组织学员对外请报告、教师讲授、研讨（案例）等教学活动以及对教管教辅部门进行评估，评选出年度优质课教学奖和优秀教学组织奖；加强教学基地建设，建立了遵义会议会址革命传统教育基地。

学科建设。现已形成9个教研部（系）和1个理论研究所的部门格局，正在制定《“十二五”时期学科建设规划》，初步确定了马克思主义基本原理、马克思主义中国化研究、中国哲学、政治学理论、科学社会主义与共产主义运动、社会工作、政治经济学、区域经济学、产业经济学、中共党史、党的学说与党的党建、行政管理、公共政策、危机管理、法学理论、宪法学与行政法学、财政学、企业管理、文化学、中国近现代史、科学技术哲学、人口与资源和环境保护共21个重点学科。

科研工作。修订完善《科研管理办法》，提高资助力度，鼓励教研人员向高层次的科研项目、高质量的成果、高等级的科研奖项作出努力，为重要课题、重要成果奖励、学术活动和调研活动提供经费保障。立项国家社科基金规划项目1项、全国党校系统重点课题4项、贵州省软科学研究项目1项、全国行政学院系统院级招标课题1项、中国西部开发远程学习网二期项目精品课件开发2项和25个校级研究课题。结项的课题共10项，其中国家级课题1项，省部级课题及中央党校重点课题9项，经专家鉴定为优秀的省部级课题1项、中央党校重点课题1项。入选各种国际性、全国性及省级会议论文近20篇，其中1篇论文获全国行政学院系统第二届优秀科研成果二等奖，1篇论文获中国纪检监察报社等单位组织的征文活动优秀奖。全年在省级以上公开刊物发表学术论文170篇（其中核心刊物发表21篇），出版学术专著2部。

学员管理。与省纪律检查委员会、省委组织部、联合制定了《干部在党校学习培训期间加强作风建设十五项规定（试行）》。开设理论专题课，加强学员党性教育和作风建设，要求学员结合自己的思想和工作实际，对照检查，分析解剖。组织学员考察革命教育基地，培养学员吃苦耐劳和艰苦奋斗的精神。考核学员在党性修养和作风建设方面的表现情况和成绩，评估成绩按优、良、合格、不合格记录，学期结束时根据学员的理论学习和党性锻炼的成绩按一定比例评选优秀学员。抓好两支队伍建设：一支作风硬、业务精的组织员（班主任）队伍和一支凝聚力、战斗力强的学员班（支）委队伍。

师资队伍建设。修订完善《关于引进培养博士（后）、硕士有关待遇的规定》，制定《专职教师挂职锻炼办法》等制度，积极培养急需人才，师资队伍学历、职称、学科结构得到明显的改善，具有正高职称的人员已达29人（本年度新增6人），具有博士学位的人员已有11人，省管专家6人（本年度新增2人），被聘为教育部第一批高等学校哲学社会科学重点编写教材课题组主要成员1人。选派教师及处级以上干部20余人次到中央党校、国家行政学院及其他国内知名高校培训，以委托方式培养在读硕士博士7名，选派7名干部到基层挂职锻炼、参加党建扶贫和开展“一村一名大学生”帮扶工作。

【云南省委党校】

2009年，共举办各类班次107个，培训干部6551人次。其中，主体常规班次有云南省领导干部学习贯彻党的十七届四中全会精神专题培训班（2期）、云南省省委联系的专家学习贯彻党的十七届四中全会精神专题培训班、云南省公开选拔副厅级领导干部任职培训班、2009年新提拔厅级领导干部反腐倡廉建设及履职能力专题培训班、全省领导干部危机管理专题培训班（3期）、边境一线干部培训班和云南省高校哲学社会科学教学科研骨干研修班（3期）等16个，培训干部1273人。

教学工作。突出理论教育，重点进行党的十七大和十七届三中、四中全会精神的学习贯彻。根据学员级别、岗位特点、培训目的，对学员进行分类分级分专题培训。先后举办“切实保障改善民生推进社会建设研究专题”、“全力推进经济平稳较快发展研究专题”厅级干部进修班，“推进农村改革与发展研究专题”、“县域经济发展研究专题”县处级领导干部进修班，“加强和改进新形势下党的建设专题研究”、“舆论引导与危机管理专题研究”处级干部培训班等。抓好学员“两个带来”工作，精选了362个优秀案例，编辑成4册，为案例库建设奠定基础。

科研工作。全年共出版学术专著《马克思主义政治哲学研究》、《状态论复杂系统研究方法新探》、《西部地区民族经济发展问题研究》等10部，在核心期刊发表论文61篇。承担国家社科基金项目、省院省校合作项目、中央党校、国家行政学院项目等立项13项，课题结项22项，科研成果获省部级优秀科研成果奖4项。召开庆祝建国60周年理论研讨会。完成省委领导交给的科研任务，组织完成“提高领导干部6个方面本领”、“市、县（区）委书记队伍建设研究”等3个课题调研。

人才强校。打破事业人员原来岗位的限制，所有人员一律重新竞争岗位等级。完成了专业技术岗位（12个等级）、管理岗位（2个等级）、工勤技能岗位（4个等级）三个类别的初次聘用工作。校党委通过党委扩大会、校处干部会议、全校教职工大会等形式，及时组织干部教师传达学习中央、省委的精神，组织全校专职教师、副处级以上干部分三期跟班参加省委举办的学习十七届四中全会精神培训班学习。组织专职教师和管理人员近200人到中央党校、国家行政学院、北京市委党校学习培训，到北京、上海、江苏等发达地区学习考察，选派20名干部教师到德国、俄罗斯、意大利、英国、巴西、泰国、越南等国开展校际交流、参加国际学术研讨会和培训。加大集体备课力度，做好老教师对年轻教师的“传帮带”，开展教学观摩、教学课件竞赛；派出第二批10名教师干部赴西山区各街道办事处和委办局挂职锻炼，派出9名干部教师参加扶贫工作和新农村指导员工作；组织开展以忠诚于党为主题的岗位练兵技能竞赛活动。组织开展了首次评选、表彰全省党校（行政院校）系统优秀教师活动，共评出45名优秀教师。

从严治校。加强教职工的思想政治工作。校党委进一步完善和落实校、处领导班子领导工作责任制、思想政治工作责任制，把省委开展的“个人形象一面旗、工作热情一团火、谋势布局一盘棋”主题实践活动的要求融入到学校工作中，注意充分发挥党支部的战斗堡垒作用和党员的先锋模范作用。严格教师管理，制定《进一步规范外请教师和校内教师外出讲课管理工作的实施意见》，对本校教师外出授课报告审批、外请专家管理等做出明确规定，特别强调党校讲坛有纪律，必须坚持党校姓党的原则，决不允许传播政治谣言、小道消息的政治要求。规范和加强财务行政管理。针对审计厅对校财务收支进行审计提出的整改意见认真整改，强化对重点岗位人员、重要工作部位、重要工作环节的监督，进一步规范事权、财权、人事权、物权，建立健全经费审批、物资采购等相关制度和机制，认真落实厉行节约的有关规定。

基础设施建设。全力推进校园改扩建工程。到2009年底，工程到位资金已达投资预算的40%，一期工程的建筑主体部分已基本完成。

【西藏自治区委党校】

2009年，共举办各类班次15期，包

括全区地（厅）级领导干部推进农村改革发展专题研讨班、中青年干部培训班（2期）、全区县（处）级领导干部“推进农村改革发展”专题研讨（2期）、全区援藏县委书记培训班（2期）、乡（镇、街道办）党委书记进修班（2期）、区直机关处级领导干部进修班（2期）、区直单位科级干部培训班、2007级两年制经济管理专业干部培训班、全区维护西藏稳定工作专题研讨班和离退休干部党支部书记培训班，培训学员635人。

教学与学科建设。在主体班次中主要开设中国特色社会主义理论体系、有中国特色西藏特点的发展路子、行政能力、社会主义民主与法制、学习党的十七届三中全会、四中全会和区党委七届四次全委会议精神、党的执政能力建设和先进性建设、社会主义市场经济、基本理论和西藏区情等课程。为满足学员多样化、个性化的培训要求，加大研究式教学和现场教学的力度，继续推行“菜单式”教学。在县处班、公务员班、乡镇班等8个班次中进行了现场教学，分别组织第16期、第17期中青年干部培训班赴云南和浙江进行了异地培训，还利用了中央党校、国家行政学院远程教学课件和“中经视频”，积极推进多媒体课件教学。起草《西藏自治区委党校、西藏自治区行政学院学科建设意见》，根据学校总体学科建设的要求，初步确定了党校办学急需的哲学、经济学、法学、管理学为重点建设学科。

科研工作。逐步推行科研工作量制度，建立科学、规范的科研考核标准和指标体系，把教研人员最低科研考核工作量纳入个人职称晋升、先进工作者评选和各学科带头人选拔行列，根据考核结果实行奖励和处罚。健全科研奖励制度。优秀成果给予奖励，高层次科研成果给予重奖。建立科研课题管理制度，实行统分结合的管理体制，继续搞好国家级、省部级课题组织申报、设计论证、招标立项等工作，对已立项课题进行督促、检查，以保证其按时按质完成。建立科研经费管理制度。课题资助形式应从数量主导型向质量主导型转变。国家社会科学基金项目《中国共产党在西藏工作的决策与实践研究》结项，鉴定等级为良。3项自治区“十二五”规划重大课题研究获准立项；申报的2个国家社科基金项目，《中国共产党维护西藏稳定的历史经验及政策分析》和《推动西藏科学发展社会和谐的重点难点问题研究》获国家社科基金西部项目立项；4个专题的课件入选中国西部远程学习网二期项目；5篇论文在2009年全区宣传部长会议上被西藏自治区宣传部评为“2008年度全区优秀理论文章”；《关于达赖集团通过宗教向我进行渗透情况的调研报告》被西藏自治区宣传部授予“宣传部2008年度优秀调研报告”；3项课题获自治区发改委“十二五”规划前期重大课题研究立项，与自治区统计局联合开发统计资料课题4个。

学员管理。建立课题研究、自学、读书笔记、作业和党性党风教育的评分考核制度。带领学员参观了达孜县科技示范园、拉萨市城关区塔玛村居委会、拉萨市城关区检察院反腐倡廉警示教育基地，到武警森林总队进行军事训练等，开展了“优秀班干部”和“优秀学员”的评选活动。

队伍建设。任命3名正处级、7名副处级干部，配合区党委干部考察组完成地

（厅）级后备干部集中调整工作，开展县处级后备干部考察工作，确定12名正处级后备干部和19名副处级后备干部；引进6名区外应届硕士研究生和1名区内应届本科毕业生，聘任1名教授、5名副教授和5名讲师，安置2名现役退伍士兵。

信息化建设。全年投入使用的信息化建设项目17个，总计资金1390万元。建成多媒体教室、情景模拟教室、办公保密专网，开通校园内网、外网，为进一步宣传党校、加强党校系统的交流搭建了有效平台。

【陕西省委党校】

2009年，共举办主体班次27期，包括全省乡镇纪委书记培训班、全省市县监察局长培训班、优秀县（处）级女干部培训班等，培训干部3792人；在行业专题和技能培训方面，举办了榆林市县处级领导干部培训班、全省林业系统领导干部反腐倡廉专题培训班、全省机关后勤领导干部培训班等32期，培训干部1924人；协助省委组织部举办了“三秦大讲堂”（8期）和“高端讲座”（4期），培训干部5600余人；开展拓展培训29期，培训学员2043人。采用网络视频形式，全年9次对省、市、县（区）三级党员干部进行培训，培训干部2万多人次；播放远程教学节目150余次，培训干部2万多人次，超出省上下达任务的50%。全年共培训轮训各级各类干部5.3万人次。

教学工作。党的建设理论与实践“三秦学者”岗位获得省政府批复。推行项目负责制、拓展培训领域，加强教学管理，在延安、榆林建立了一批新的教学科研基地，加强信息化建设，建成了教学资源库。

科研工作。全年共完成科研成果501项。获得国家和省部级课题16项，完成省部级以上课题21项、校级课题11项。成功举办全省党校系统第23次理论研讨会等一批国际、国内学术会议。在全省党校系统招标完成课题54项。组织教研人员80多人次深入武功、旬邑、洛川、柞水以及延长石油集团等地调研，形成20多项对策性研究成果报省委省政府参阅；28项理论研究成果在《中共党史研究》等权威期刊发表；完成省纪委、省决策咨询委等重大课题8项。其中，重大课题报告《我省急需建设和改进一批大中型水利工程》在陕西省决策咨询委员会的陕咨字〔2009〕9号文件、省委党校主办的《理论导刊》上发表，得到赵乐际书记等领导批示，并转有关部门采纳。校报校刊方面，主办的《理论导刊》连续五届蝉联全国中文类核心期刊。《党的执政规律研究》被评为第十一届全国优秀党建读物；获“省哲学社会科学优秀科研成果奖”5项，获省委、省政府颁发的“领导干部优秀调研成果”一等奖1项，获中纪委、中组部、中央文献研究室、中央党校举办的全国理论研讨和征文奖8项。举办全国党校系统落实习近平同志重要讲话精神的“领导干部要爱读书、读好书、善读书理论研讨会”，承办“全国党校系统经济理论研讨会”、全省党校系统第23次理论研讨会等，与德国、法国、澳大利亚等9个国家的政党、研究机构开展了学术交流。

信息化建设。升级完善了校园网络系统、远程教学系统、视频会议系统和教学办公信息化设施；建成了全省干部教育音像库；购置了方正电子图书、人大报刊复印资料、中国知网、万方期刊等电子数据库；加强和提升了数字资源交换平台，数字化图书馆初步建成；自建的《科学发展观》数据库已正式投入使用。

队伍建设。修订完善《关于量化推荐教师参加专业技术职务任职资格评审实施办法》等3项制度，出台《学科带头人管理规定》、《关于加强教研骨干队伍建设的意见》等5项管理规定。推行了任前民主评议、廉政勤政谈话、干部监督工作联席会议制度，推进了干部选拔任用科学化、规范化和民主化。全年有31名同志职级晋升，培养选拔年轻干部的做法在全省培养年轻干部大会上做经验交流，获“全省军转干部安置工作先进单位”。

机关党的建设。完成新一届机关党委换届选举。制定《关于加强和改进学员党建工作的意见》等3个重要文件。加强流动学员党务管理，34个党支部通过达标验收，2个支部被省直机关工委评为标兵支部，校机关党委被省直机关工委评为先进党委，被省纪委授予“全省党风廉政教育工作先进单位”。举办了“全省党校系统纪念新中国成立60周年文艺汇演”，“庆祝新中国成立60周年暨省委党校建校75周年书画摄影展”、“校史展”、“革命传统教育图书展”等。投资23万元，为地震灾后帮扶点凤翔县姚家沟镇洛峪村建成“两委会”办公场所；投资4万元，资助扶贫点桃岔河村修建村小学，建成优质核桃示范基地。

基础设施建设。建成教职工体育活动中心、后勤服务综合大楼，加固改造学苑大厦、门诊部、老干部活动中心，制订完善了学校东南角开发的招标方案。完成了后勤综合办公大楼周围800平方米空地的绿化工作，完成了2.7万平方米校园环境的卫生保洁和3.5万平方米绿化养护工作，获省级“绿化模范单位”、“园林式校园”称号；加强节约型机关建设，完善节约资源考核办法，有效降低支出，省委党校获得全省目标责任考核优秀等次。

对市县党校业务指导。加强全省市县党委、党校贯彻落实全国全省党校工作会议精神和《党校工作条例》的检查指导。为全省党校系统培训骨干教师47人。完成全省党校教师高级专业技术职务任职资格评审。召开全省党校系统教学管理工作会议，出台相关文件。

【甘肃省委党校】

2009年，共培训轮训干部5315人，比2008年增加205人。其中，举办厅级干部进修班、企业经营管理人员研讨班、中青年干部培训班、县处级干部进修班、县（市、区）党委常委进修班、高校处级干部培训班、甘南州民族干部培训班、组织人事干部培训班、女干部培训班、乡（镇）党委书记进修班、街道社区管理干部培训班、选调大学生培训班和哲学社会科学教学科研骨干研修班等24个班次，培训干部1066人；与省委组织部、省委统战部、省委政法委联合举办全省党政领导干部维护稳定工作研讨班、全省党外副县（市、区）长研讨班和省第十一次党代会代表培训班，培训干部386人；与省政法委、省司法厅、省交通运输厅等单位联合办班40余个，培训干部3863人。组织专家学者在酒泉、嘉峪关等市和省直有关部门作题为《加强和改进新形势下党的建设》的专题辅导报告，开展学习全会精神的系列专题讲座，为全省广大党员干部深入学习十七届四中全会精神发挥了积极作用。

教学改革。突出中国特色社会主义理论体系、党的十七届四中全会精神的学习、省情教育和党性教育。与新华社甘肃分社签署战略合作协议，把新华2008视频终端引入甘肃省委党校主体班次课堂，并在教学方面开展全面合作。在各班次开设22个教学模块、设计近160个教学专题供学员自主选学；积极推进案例式教学，加大我校《案例教学资源库》建设力度；在11个教学专题中组织开展互动课堂活动；组织中青年干部培训班尝试“四个一周”拓展培训，即一周到高校接受新知识培训、一周到浦东等3所干部学院接受异地教学、一周到革命老区或贫困地区体验式学习、一周到基层调研等。制定完善了集体讨论教学计划、集体备课和教学分析与总结等制度，建立和完善学习考核和教学质量考核评估体系；全面加强学员的学习管理、组织管理和生活管理，加强对学员的忠诚教育、尽职尽责教育、道德情操教育和拒腐防变教育。

科研工作。全年全校教学科研人员独立或以第一作者发表论文220篇，包括在国家级刊物上发表23篇，省级刊物上发表173篇；出版著作33部，包括在国家级出版社出版4部、省级出版社出版29部。有28项科研成果获奖，其中获甘肃省第十一次社会科学优秀成果奖12项。获批国家社科基金项目5项、中宣部重点调研项目1项、省社科规划项目6项、全国党校系统重点调研项目6项、兰州市社科规划项目2项、全省党校系统调研项目33项、校级科研项目32项，共85项。完成4项国家社科基金项目、1项中宣部重点调研项目、6项省社科规划项目、19项全国党校系统重点调研项目、28项全省党校系统调研项目和8项校级科研项目，共66项。与省科学社会主义学会和庆阳市委联合，举办了中国社会主义60年与甘肃新农村建设理论研讨会；与白银市委、市政府联合，举办兰州—白银都市经济圈建设论坛等学术会议。

人才强校。新晋升高级职称12人。其中，正高5人（正常晋升3人、破格2人），副高7人（正常晋升6人、破格1人）。委托培养博士研究生3人、硕士研究生3人，新录用博士研究生2人、硕士研究生6人，调入硕士研究生1人；选送6名同志到中央党校和延安、浦东、井冈山三所干部学院学习培训，选送1名同志到中央党校作访问学者，选送5名教师到省直部门和区、县挂职锻炼。推荐入选甘肃省领军人才5人，其中第一层次2人，第二层次3人。

信息化建设。投资35.1万元采购了存储容量为15T的大容量存储设备，投资3.6万元新增应用服务器2台与大容量存储设备配套，投资57万元新增办公用计算机49台，为副教授及副处级领导干部配置笔记本电脑62台；采购部署了“ESET NOD32 Antivirus”反病毒软件。进一步加强和完善了“甘肃省情全文数据库”、“甘肃省委党校专家教授论文数据库”、“和谐社会专题数据库”、“教学参考”和“甘肃省情”5个自建数据库的建设工作。利用网站平台，开设专栏和专题链接进行国庆宣传；组织举办了党校历史网络图片展，开启了省委党校珍贵历史图片资料的数字化、网络化保存工作；制定发布了《中共甘肃省委党校校园网站信息管理办法》。

基础设施建设。完成编制《中共甘肃省委党校校园平面图》等13幅平面图的绘制工作，投资6000万元实施危旧校舍改扩建1期工程，投资700余万元完成天然气锅炉改造工程，投资130余万元完成高低压电路及设备检修和IC卡式电表改造工程与读书楼餐厅维修改造工程。

【青海省委党校】

2009年，共举办各类培训轮训班56个，培训轮训学员2949人。其中，举办主体班36个，培训轮训学员1592人；承办全省财政局长培训班、全省城乡规划与建设领导干部培训班等计划外培训班20期，培训干部1357人。

教学工作。制定出台《精品课评选办法》及实施方案，组织开展全省党校系统“精品课”评选活动，共评选出3项精品课和2项优秀课。研究制定主体班次课程开发办法，完善健全教学质量评估及优秀教学成果、优秀教师评比等办法和制度，建立教学工作联席会议制度。根据各培训班次的教学目标，确定不同的研修方向，形成“社会发展与民生改善”、“农牧区改革发展”等研修小班教学。举办“应对金融危机”、“关注民生”、“生态立省”、“维护稳定”、“党的建设”等专题研讨班。成立“应对金融危机”、“农村改革与发展”、“维稳社会工作”等教学项目组。新建自主创新与现代企业管理、民族宗教与社会建设、农村改革与发展等教学实践基地。“政治理论”、“知识拓展”、“省情研究”、“领导素养”、“能力提升”和“党性修养”等教学模块进一步完善。在各主体班次共开设专题218个，其中开发新专题112个。

科研工作。全年立项各级各类课题共32项。其中，国家社科规划基金项目6项，全国党校系统重点科研课题5项，国家行政学院和全国社会主义系统课题各1项，青海省社科规划基金项目6项，全省党校系统重点科研课题7项，校院级课题6项。结项课题30项。其中，省部级课题21项、校院级课题9项。获青海省第八次哲学社会科学优秀成果奖“论文及调研报告类”一等奖1个、二等奖1个、三等奖2个，著作类三等奖1个。在全国行政学院第二届优秀科研成果评奖中获一等奖1项、三等奖1项；在青海省年度优秀调研报告评选中获二等奖1项。在全国党校系统纪念新中国成立60周年理论研讨会等研讨会入选论文22篇。年内校院承担并完成省委省政府课题任务共7项。参与完成的《关于三江源生态移民工程存在的问题与对策建议》刊发国家行政学院《送阅件》，得到中央领导同志批示。《加强藏传佛教寺院社会管理的重要途径》被中央社会主义学院《统战理论内参》以特刊形式刊发。牵头成立“青海省发展中的马克思主义研究中心”，承担并完成了全国党建研究会重点书目《新中国60年中国共产党执政成就与经验研究》中“历史的选择人民的选择”一章的编写任务；《实现民族认同与国家认同相统一》被《人民日报》刊载。年内共编辑发行《青海党校研究报告》12期、《思想理论内参》38期。

队伍建设。修订完善教职工培训管理、挂职锻炼等相关制度。年内有5人考取博士研究生或硕士研究生，21名教研骨干和干部赴德国、意大利、港澳等国家和地区进行学习考察，10名教研人员到国内知名院校进行高级研修或作访问学者，选派7名教师到中央党校、国家行政学院等进行培训，12名教研人员到省招商局、海东地区等挂职锻炼，5名青年教师到学员工作处挂职锻炼。

信息化建设。开通拥有140部教学专题片可供点播的校院干部网络教育平台，并向省委、省政府领导及州级党校和有条件的县级党校开放。开通全省党校虚拟专网，向州级党校和有条件的县级党校开放校院网上数字资源。完成全省党校系统中央党校远程教学系统升级工作。初步搭建“青海干部在线学习平台”。建立了校园安防监控系统。对新装修的报告厅和两间多媒体教室进行音频、视频改造。

党风廉政建设。制定校院《2009年党风廉政建设工作要点》和《建立健全惩治和预防腐败体系2008—2012年实施意见》，校委成员严格履行“一岗双责”，始终坚持机关党委和机关纪委负责同志列席校委会议、校长办公会制度；组织重要岗位人员参加王瑛同志事迹报告会、参观反腐倡廉警示教育基地、观看警示教育片。

贯彻落实《党校工作条例》。组织召开全省党校系统工作交流会，加强对基层党校贯彻落实全国党校工作会议和《党校工作条例》和省委《若干意见》精神的检查指导。制定出台全省党校系统重点科研课题管理办法。组织基层党校教研人员在浙江省委党校、国家行政学院和本校参加培训班4期，组织实施第3届全省教学观摩比赛活动。积极争取全省党校系统基础设施改造及信息化建设专项资金，给3所州（市、地）委党校和25所县委配发笔记本电脑41台、台式电脑52台、投影机9台，给2所州委党校和5所县委党校配备办公家具2968件，帮助海晏、治多等4所县委党校建立远程教学C级站和多媒体教室。

帮扶工作。全年教职工共捐款42160元。在民和县巴州镇19个村集中开展中央和省委1号文件的宣讲，并为巴州镇赠送电脑2台，党建及农村实用技术类书籍350册和面粉、衣物等。联点帮扶解决尖扎县康杨镇宗子拉村党支部软弱涣散问题，并积极为该村争取电灌站维修项目资金。

【宁夏回族自治区委党校】

2009年，共举办主体班18个，包括厅级干部进修班、新任副厅级干部培训班、县处级干部进修班（2期）、中青年干部培训班（2期）、区直机关处级公务员培训班（8期）、市（县、区）党政主要负责人培训班、全区干部人事档案工作人员培训班和乡镇党委书记（乡镇长）培训班（2期），培训1693人。

教学工作。重新修订23项制度，新制定了《主体班现场教学管理办法》和《案例教学实施意见》。形成了以中国特色社会主义理论体系的3个组成部分、“6个为什么”重大问题为主要内容的比较成熟的理论武装教学体系。大力推进现场式教学，共开发宁东能源化工基地、太阳山循环经济、大武口城乡经济社会一体化发展、宁夏农村基层民主政治建设等8个现场式教学课程，加深学员对区情的了解。“五当代”和讲座课的教学完全实现菜单式教学，打破专业方向和班级的界线，所有学员自主选择学习课程。改革学员社会考察方式，实行现场教学与学员社会考察相结合，教务处、教师、班主任共同参与社会考察活动，既规范学员的社会考察活动，又解决现场教学的资金，也为撰写调研报告作了准备。推行新的考核形式，除厅级干部进修班继续实行课题研究的考核方式外，其他班次一律实行理论考试、撰写调研报告、撰写学习心得和党性分析报告的考核方法。改变教学质量评估方法，实行一周两评的新办法，提高评估的有效性。

科研工作。制定《专业技术人员科研工作量考核办法》、《优秀科研成果奖励办法》、《科研精品工程实施办法》等13项制度。全力推动完善课题研究、理论宣传、调研咨询“三位一体”的党校科研工作格局，进一步强化“四个服务”职能，按照教学出题目、科研做文章、成果进课堂的要求，加大教研人员深入基层调查研究力度，积极探索研究宁夏跨越式发展路径，大力实施科研“精品工程”。全年立项国家级课题2项、省部级课题13项，获得审批单位资助经费达40余万元；首次获准立项宁夏“十二五”规划重大问题研究课题1项、宁夏党建研究会重点课题1项、银川市社会科学研究课题3项、银川市软科学研究课题1项。已完成结项国家级课题1项、省部级课题19项、自治区环保课题2项。科研成果获省部级奖15项。全年发表理论宣传文章60余篇，特别是针对新疆“七五”事件所造成的影响，围绕贯彻落实胡锦涛在新疆干部大会上的讲话精神，撰写了《维护社会稳定是民族地区的硬任务》一文在《人民日报》发表。调研咨询报告《大工业：固原市经济发展战略调研的建议》得到自治区政协主席项宗西的批示。

学员管理工作。制定《主体班次学员管理工作暂行条例》、《主体班次学员考勤制度》等6项制度，并坚持以制度规范学员管理。重点抓了主体班次学员签到、点名和座位席签制，对学员自学情况、讨论情况、组织活动情况进行检查，形成了学员入学三级联动教育制、签到制、请假制、席签制、老师全程跟班制、文艺汇演制、公示制、安全责任制、外出活动审批制、重要事项报告制，教育基地化、管理制度化，使学员管理更加科学和规范。

队伍建设。有3人作为访问学者参加了中组部“西部之光”计划，有10名教师到基层挂职锻炼，首次选派14名教授、副教授在美国举办了一期“创新性思维与知识经济”培训班。有1人被中宣部确定为全国宣传文化系统“四个一批”人才，有1人入选自治区“新世纪313人才工程”。与此同时，加大干部人事制度改革力度，对全校9个空缺处级领导职位实行了竞争上岗。

信息化建设。制定《2009—2010年宁夏党校信息化建设规划》，将接入带宽由原有的10M升级为100M，把依托于银川政府网络平台的宁夏干部教育培训网络学院平移到本校信息技术部，配备了防火墙、流量整形网关、负载均衡器、IP存储设备及多台高性能服务器。将清源大厦整体接入校园网，实现了学员宿舍楼连接Internet网络。成功开发的“宁夏干部教育培训网络学院”网站，并于12月8日正式开通运行。

基础设施建设。在自治区党委、政府及相关部门的大力支持和帮助下，经过积极协调、沟通，新规划的学员培训楼已于2009年底开工建设，总建筑面积23111平方米，主体高19层，投资8238万元，预计2011年底可建成并投入使用。

贯彻落实《党校工作条例》。开展对市县党校的业务指导，制定出台了《全区党校系统贯彻落实〈中国共产党党校工作条例〉检查评比活动实施方案》，并在全区各市、县开展“两好”（即贯彻条例好，推动整体工作好）活动，对整体工作及分项工作成绩突出的市、县党校进行表彰，推动全区党校系统的整体工作水平的提高。

【新疆维吾尔自治区委党校】

2009年，共举办常规主体班次15个、培训干部547人；与自治区有关部门积极配合，先后完成了第二批学习实践活动单位主要领导专题研讨班、社区干部和新录用公安民警培训班、全区中学书记校长专题培训班、大中专院校领导班子暑期学习班等集中培训任务，共培训干部4000余人；承办自治区选调优秀大学生培训班、社会培训班（5期），培训干部553人。

教学工作。在各班次教学中，开设推进马克思主义学习型政党建设、加强领导干部党性修养等专题讲座，开展党风廉政建设现场教学；突出维护社会稳定、维护民族团结以及应对突发事件的教学和研讨，加大增强民族团结、维护新疆社会稳定的教育培训，强化民族理论与宗教政策、新疆发展的历史、民族发展史、宗教演变史等教学内容。举办基层党校少数民族骨干教师“双语”和业务能力强化培训班。邀请自治区有关部委、厅局领导作专题报告14场；举办中科院院士团报告会，并在伊犁州和乌鲁木齐市作了宣讲。举办了第二期理论师资骨干教学改革专题研修班，通过学习和考察调研，编写出《以史为鉴，面向未来（喀什“10·30”事件剖析）》等4个教学案例。加强教学管理，要求各教研部对本教研部上课的教师至少组织1次观摩教学，形成包括需求分析、专题设置、教师竞聘、课堂管理、教学津贴等在内的教学运行机制；建立和完善包括课堂学员评估、专家督导评估以及通过座谈会、问卷调查进行教学评估等在内的教学效果评估机制；建立和完善了包括笔试、面试、读书笔记、撰写论文等在内的学员学习考核机制。

科研工作。组织申报各级课题45项，获准立项14项，其中国家社科基金项目4项，全国党校系统和国家行政学院课题5项。出版著作2部，发表论文200余篇。获省部级科研成果奖6项，其中，国家行政学院第二届科研成果奖1项，自治区第八届哲学社会科学成果二等奖3项，优秀奖2项。组织教研人员参加区内外学术交流活动，申报论文22篇，其中4篇入选国际人类学与民族学联合会第十六届大会，3篇入选全国党校系统和国家行政学院理论研讨会。组织教师赴南北疆9个地县、乡镇深入调研，形成调研报告25篇，参加人数占教师总数的1/3。开展了全疆党校系统第五届优秀科研成果评奖，地县党校共报送成果135项，获奖成果87项。以庆祝建国60周年为主题，举行全疆党校第九届理论研讨会征文活动，地州党校有87篇文章入选。

队伍建设。实施“225”人才培养工程方案，全年共选送34名教研人员赴中央党校、国家行政学院及高等院校学习深造，占教师队伍总数的39.9%。继续抓好人才引进工作，鼓励教师攻读博士学位，招聘录用硕士研究生7人，目前在读博士15人。培训各级干部9人，其中选派出国培训2人、参加中组部培训1人，到基层挂职3人。选拔任用了10名县处级干部，调整配备科级干部50多名，对部分处、科级机构进行了更名或调整。召开全区党校、行政学院校（院）长会议，研究制定了全区党校百名骨干教师培养方案，并纳入自治区重点人才培养五年规划。组织科研协作，开展理论研讨会征文和优秀科研成果表彰奖励活动，参与和指导地州党校教学研讨、观摩比赛。举办全区党校骨干教师深化教学改革研讨班，带动地县党校教学科研工作和队伍建设。

机关党的建设。召开机关第四次党员代表大会，开展“加强党性修养、弘扬优良作风”学习教育和创建“五好党支部”活动，民族理论教研部和医务所分别获得自治区“民族团结进步单位”、“巾帼文明岗”称号。

信息化建设。自治区委党校作为中国西部开发远程学习网省级中心帮助完成兵团党校、农一师党校、昌吉州党校、阿尔泰地委党校、巴州党校、阿克苏党校、农八师党校7个地、州党校远程学习站点的设备安装和系统调试工作。与7个地、州远程学习站点实现了互联互通。与7个地州学习点举办视频会议一次，传输本校教授和专家课程4次。获得了国家发改委西部办2009年度特别贡献奖。

基础设施建设。新建综合教学培训楼自2008年6月立项开工，与自治区纪委联建的党风廉政建设教育基地和学术交流中心大楼主体部分已完工，学员餐厅和教职工高层住宅楼正在建设中。以上3项工程预计总投资将超过1亿元。筹资60万元新建演播室，对学员餐厅、教学楼和部分住宅楼进行维修改造。中国西部开发远程学习网二期项目正式运行，在地州和兵团7所党校建立远程学习站点。

维稳工作。2009年，在处置乌鲁木齐“7·5”事件中，校（院）委认真学习贯彻胡锦涛总书记在自治区干部大会上的重要讲话和中央、自治区党委重大决策部署，向全区党校、行政学院发出《关于进一步做好维护社会稳定维护民族团结工作的通知》，主动向学员、教职工和社会各方面，开展教育引导，组织宣讲、发表文章、接受媒体采访、捐款、慰问值勤武警和公安民警等活动；举办社区干部和新录用民警培训班；参加自治区有关干部读本及宣传材料的编写、审稿工作。选派20多名优秀的各民族干部分两批下社区参加维稳工作、6名职工参加社区联防队，完成了维稳各项任务。

【新疆生产建设兵团党校】

2009年，共举办主体班次21个、29期，包括进修一班、进修二（甲、乙）班、进修三班、培训一班、培训二班、处级公务员任职培训班、科级公务员培训班、政委团长进修班、兵团哲学社会科学教学科研骨干研修班、兵团干部教育师资班、和谐社会建设专题研讨班、推进新型工业化专题研讨班、兵团组织部长专题研讨班、兵团师团级领导干部专题研讨班和兵团第二批学习实践科学发展观领导干部专题研讨班等，培训轮训干部1895人次。

教学工作。制定和完善《关于深化兵团党委党校兵团行政学院教学改革的意见》、《兵团党委党校兵团行政学院现场教学管理办法》、《教学计划制度》、《教师集体备课制度》、《任课教师选聘制度》、《文明处室创建考核"教学"工作考核细则》、《案例教学的基本要求》、《教学案例编写的要求》等制度。完善"兵团问题研究"为主要内容的教学板块，增设"民族团结和社会稳定"板块；党的十七届四中全会召开后，及时增加宣讲会议精神的内容度；外请专家学者和知名人士作报告32场次。

科研工作。全年立项国家课题2项，立项省部级课题14项，其中全国党校系统重点课题6项，国家行政学院科研合作基金课题1项，自治区社科基金课题1项，兵团哲学社会科学基金课题6项。立项兵团党校系统重点科研课题4项。已结项的省部级以上课题17项；提交评审课题9项；在研课题17项。全年，撰写论文140余篇，在省级以上刊物公开发表文章88篇，其中在核心期刊上发表文章2篇。组织征文活动8次，撰写征文60余篇，入选论文36篇，获省部级优秀论文奖3篇。出版专著2部。举办"当代西方政治发展主要流派及其对中国政治发展启示"研讨会和"兵团农业产业化、兵团新型工业化发展问题"研讨会。组织兵团党校系统第六届优秀科研成果、优秀科研工作者评奖活动。组织教研人员参加各类理论研讨会10余次。

学员管理。制定《关于党员领导干部在党校学习培训期间加强党风廉政建设的暂行规定》、《学员工作部关于在教学组织中防止政治杂音的暂行规定》、《学员工作部学员人性化管理的工作要求及规定》、《学员工作部学员外出学习调研安全工作的规定》、《学员工作部组织员带班工作流程》、《兵团党委党校兵团行政学院关于加强组织员队伍建设的意见》等6项制度。组织现场教学活动24次；组织5个班进行拓展训练，组织1个班赴黑龙江农垦、内蒙古异地培训；组织学员论坛16次，开展党性教育活动19次，组织党风党纪教育、观看录像片、进行警示教育12次，组织351名学员进行党的知识考试，组织12个主体班进行党性分析，开展形式多样的民族团结教育活动。

队伍建设。制定《兵团党委党校兵团行政学院事业单位岗位设置实施方案》、《兵团党委党校兵团行政学院事业单位岗位设置管理实施方案》、《兵团党委党校兵团行政学院事业单位岗位聘用办法》和《兵团党委党校机构编制核定方案》。选派教师60人次参加中央党校、国家行政学院、浦东、井冈山、延安干部学院等党校、干校骨干教师培训班以及赴中国香港、德国等进行培训。选派2名教师到农六师共青团和农四师74团挂职锻炼。招聘硕士研究生8名。

机关党的建设。全年组织反腐倡廉专题报告会2次，校委中心组反腐倡廉专题学习4次，学员和教职工观看先进事迹和警示教育录像片5次。调整党风廉政建设领导机构，由党校第一责任人同各部门主要领导签订《党风廉政责任书》，推行新上任处级干部廉政谈话制度和诫勉谈话制度，认真对待信访举报，做到件件有结果。党校被授予“兵团机关文明部局”称号和“兵团级文明单位”，机关党委再次被评为“兵直机关先进基层党组织”，计划财务处、学员工作部被兵直机关妇委会授予“巾帼建功”先进集体，工会被兵直机关工会授予“年度先进基层工会组织”。

行政后勤管理。制定《兵团党委党校增收节支实施办法》、《兵团党委党校车辆管理办法》。积极改善办学条件，争取专项经费300万元，教学楼维修改造项目获准立项；完成基本建设维修项目10个，共计投资39万余元；报批并组织实施物资设备、工程项目政府采购20次，资金节约率达25%；建成3幢90户教职工集资住宅楼并交付使用。

信息化建设。完善校园网功能，新增“教学活动”、“学员管理”栏目，开通“视频点播”服务，提供应用软件服务；投资5.6万余元，开通“中国知网”；完成中央党校远程教学课程接收平台从卫星到数字网络的迁移和中国西部开发远程学习网二期项目兵团远程学习中心设备的安装调试；实现在疆内和自治区党校远程学习中心、兵团2个师学习点和地方4个地州学习点的音视频双向交流互动；录制中央党校远程教学课程200余讲，为主体班播放大报告28次。

【铁道部党校】

2009年，共举办各类培训班97个，培训干部8251人。其中，主体班次有建设管理高级培训班、“十一五”第三期中青班、工会主席任职培训班（2期）、和谐铁路建设师资班、学习贯彻党的十七届四中全会精神培训班、纪检监察领导干部培训班和全路信息化管理高级培训班等26个，培训局级领导干部108人；举办全路党校师资培训班和教学观摩会，培训党校教师201人。

深化教学改革。重点开发《深入学习实践科学发展观》、《四中全会的理论创新和发展》、《世界铁路发展趋势与中国高速铁路建设》、《党内民主和党内监督》、《管理思维创新与执行力提升》、《劳动合同与职工权益维护》、《精细化管理》、《财务管理》、《劳动合同法》、《物权法》、《应急管理案例教学》等新的教学专题。以虚拟的“中原客专铁路开通新闻发布会”为主题，开展“铁路领导干部与新闻媒体沟通”情景模拟课教学。积极拓展培训渠道，开展与有关铁路局、南车集团、物资总公司、中企联等单位的培训合作，为合作单位讲授了《管理思维创新与执行力提升》、《组织中的领导之道》、《十七届四中全会精神解读》、《营销管理与品牌战略》课程，为铁路基层干部讲授18门课程。坚持教师竞讲制度，强化教学组织，确保授课质量，所有主体班次的课题都通过竞争试讲确定授课人，授课教师通过竞争取得授课资格。坚持集体备课制度，校教学项目监督管理委员会委员具体指导各教学模块的集体备课，发挥把关定向作用。进一步规范学员管理，严格执行学员管理制度规定，加强党性锻炼力度，组织学员到革命传统教育和警示教育基地接受党性教育，本校的学员管理经验在全国党校系统学员管理工作座谈会上进行交流。

推进科研工作。全年共取得科研成果76项。省部级科研课题与合作调研课题10项。其中，省部级科研软课题2项，全国党校系统党建调研课题7项，合作调研课题1项。已完成的科研课题有省部级软科学课题《铁路运输企业高级领导人员培训研究》以及与铁道部直属机关党委合作课题《关于机关党建工作方式方法创新的研究》等。在报刊公开发表的26篇学术论文中，《领导干部读书问题必须经常讲持久抓》、《试论邓小平理论在中国特色社会主义理论体系中的地位和作用》、《谱写辉煌——科学发展观解决铁路发展的几个重要问题》3篇论文，分别在中央党校学习研讨会和全国党校系统建国60周年理论研讨会上交流。积极参加国家及部机关征文活动，多篇理论文章获奖。参加铁道部直属机关党委开展的主题征文活动，提交9篇文章，5篇文章分获一、二等奖。参加中央国家机关纪工委开展的“扎实推进惩治和预防腐败体系建设”理论征文活动，获奖14篇，占获奖征文总数的31%，机关纪委荣获“优秀组织奖”。与基层站段合作，开展课题研究。与沈阳铁路局、南宁铁路局以及北京铁路局丰台西站等基层单位合作，建立了“站段管理创新”调研基地。与南宁铁路局党委合作，开展《如何提高铁路专兼职党支部书记能力素质的思考》课题研究。组织教师进行理论学习，刊发学术成果，本校教师学习、解读党的十七届四中全会精神的理论文章在《人民铁道》报整版刊登。充分发挥校刊理论宣传阵地的作用。校刊《理论学习与探索》、《现代管理与现代领导》及时开辟“庆祝新中国成立60周年”及“学习贯彻党的十七届四中全会精神”等新栏目。

加强队伍建设。积极开展教师培训进修活动。选送9名教师到中央党校、浦东干部学院、井冈山干部学院等高层次培训机构进修学习，2名教师到清华、北师大等高等院校攻读硕士或博士学位。4名教师调整到管理和其他业务岗位，1名从事科研工作的同志充实到教学岗位。引进3名应届高校硕士毕业生。举办全路党校学习贯彻党的十七届四中全会精神、推进“和谐铁路建设”教学观摩会，全路党校系统34名骨干教师、34门课程参加交流评比，推动了党校品牌课程建设和优质教师资源共享。

加强基础设施建设。投入110万元，修建400多平方米的教职工体育活动中心，采购教学、办公和数字化建设所需的计算机、服务器等设备设施，在校园内安装安全监控系统。建设数字图书馆，构建具有铁路党校特色的信息资源体系。完成了“马恩列斯论铁路”数据库和“俄罗斯铁路”等资料信息整理。

贯彻落实《党校工作条例》。召开全路党校校长会议，推动全路党校系统的贯彻落实。

2009年，获得中央国家机关文明单位、首都文明单位称号，被评为铁道部直属机关社会治安综合治理先进集体。

【广州市委党校】

2009年，共举办各类班次45个，其中常规主体班次14个、自主选学短训班15个和非常规主体班次16个，共培训干部3291人。主体班次包括局级领导干部专题研讨班，局（处）级领导干部进修班，中青年领导干部培训班，处级公务员任职培训班，一年制青年干部培训班和自主选学（菜单式）短训班和学习《珠江三角洲地区改革发展规划纲要》专题培训班等。此外，还举办了广州市组工干部培训班和广西百色干部培训等委托班次。

深化教学改革。坚持贴近最新理论成果、贴近广州实际、贴近学员需求。把纪念新中国成立60周年、学习贯彻党的十七届三中及四中全会精神、实施《珠江三角洲改革发展规划纲要》、广州建设国家中心城市、建设全省“首善之区”等热点问题及时纳入培训专题中；在中青班、处级班和青干班分别开展课题组研究式教学，采用小组“导师”制做法，全年学员共完成课题研究报告185篇，将其中具有重要价值的篇章分送给市有关职能部门作为决策参考；首次开展“项目教学”。运用现代培训技术，以“广州城市交通问题”、“住房改革”等热点问题为主题，把管理理论、现场体验、案例研讨融为一体，根据学员的层次、特点进行组合来实施教学。全年更新教学专题45个，更新率为37.5%。

推进科研工作。获1项国家社科基金课题立项（这是本校获得的第12个国家社科基金课题）、3项全国党校系统重点课题、1项全国行政学院系统招标课题，1项省科技厅软科学研究课题和近10项广州市社科规划课题、招标课题、社科联资助课题等项目；结项的“2008—2009年度全国党校系统重点课题”9项，有4项被评为“优秀”等级，完成广州市第19次社会科学研究招标课题“广州城乡区域协调发展研究”，为市委市政府出台有关文件提供有价值的参考；在全国党校系统第七届优秀科研成果评奖活动中，有3项成果分获一、二、三等奖，有3项成果分获第二届全国行政学院系统优秀科研成果一、二、三等奖，有1项成果获得广东省哲学社会科学优秀成果三等奖。全校（院）公开发表（出版）论文（书稿）近200篇（章），公开出版专著、编著8部。举办了“新中国成立60周年与中国特色社会主义理论体系建构”和“建设马克思主义学习型政党”等理论研讨会。在本校（院）设立的广州市党建重点研究基地，全年完成2项党建重点研究课题和5项子课题。

加强信息化建设。建成党校综合业务管理平台，新增学习贯彻《珠江三角洲地区改革发展规划纲要》、党的十七届四中全会精神和“党校动态”等专题以及多种电子书刊，开辟“广州市党建研究基地”专题资料、优秀案例分析文章等栏目，增加4600多篇文档和750多个多媒体节目，数字资源达7000G。

推进管理的制度化、规范化。出台《教研人员专业技术职务聘任办法（试行）》及《教学工作量核算暂行办法》、《科研工作量核算暂行办法》和《教研人员年度基本工作量（任务）试行标准》等制度，并于2009年11月正式实施专业技术职务聘任制；通过实施评聘分开制度，打破专业技术职务终身制，实现由固定用人制度向聘任制度转变；还完善了教研人员利益分配机制，实行绩效工资制。在行政管理和后勤服务人员中，实行岗位责任管理；制定《行政管理部门工作人员岗位职责》和工作任务书，细化工作内容，确保人人有事干，事事有人做。公开招聘录用教研人员8名、行政管理人员4名，其中博士2名、硕士8名。共选派教研人员19人次参加进修培训，另有7位教研人员在职攻读博士学位。

加强基础设施建设。提升服务质量，建成新食堂，改善了学员和教职工就餐环境；新教学楼等项目建设的前期准备工作已基本完成，拆旧建新正在逐项展开。

【武汉市委党校】

2009年，共举办主体班17个，包括市管干部进修班（2期）、中青年干部培训班、优秀科技人才培训班、市总工会中青年干部培训班、市农业局青年干部培训班、新录用公务员培训班（2期）、市工商局干部培训班、市审计局处级公务员培训班和全市政法战线处级后备干部培训班等，培训干部1203人次。此外，还组织举办“名家论坛”和市管干部社会化菜单式选学培训20期，培训干部4119人。

教学工作。成立“武汉市应急管理干部培训中心”。在主体班次中开设“两型社会”建设专题课程，逐步形成符合武汉“两型社会”建设课程体系。全年设置教学新专题共计22个，专题更新率为32.8%。积极引导和组织学员围绕“两型”社会建设的难点、重点课题开展调查研究。通过教师的指导，撰写调研报告，回答和解决现实问题，初步形成教、学、研一体化培训模式。组织学员向市委市政府提供调研报告和咨询建议，第52期市管干部进修班撰写的《关于湖北省嘉鱼县官桥村第8组社会主义新农村建设情况的调查报告》、第37期处级公务员班撰写的《武汉市房地产市场现状及价值取向研究》、第6期科任班撰写的《行政学院学员热议我市“两型”社会建设》得到市领导的批示。此外，召开了武汉城市圈党校系统教研工作联席会议，举办首届武汉城市圈党校系统中青年教师优质专题评选活动，评定12个精品专题，专题入库率达到46.2%。组织武汉城市圈党校常务副校长前往中国浦东干部学院和杭州市委党校学习考察。组织召开“城市圈党校系统教学方法创新经验交流会”。

科研工作。全年课题立项31项。其中，国家社科基金课题1项，省部级课题7项，重大调研课题2项。课题结项率在95%以上，为历年最高，有3项中央党校重点课题结项为优秀。全年有关“两型社会”建设的课题研究成果有31项，在17项校级课题中，有关全市“两型社会”建设的对策性问题课题立项14项，占了89%。结合建国60周年与“两型社会”建设组织科研活动，在武汉城市圈党校系统征文，出版《科学发展与“两型社会”建设》论文集。先后在咸宁和黄石成功举办了两次理论研讨会。修改制定《科研成果登记管理办法》、《科研课题管理办法》和《学术委员会章程》，编制《2008年科研成果资助清单》，全年科研成果资助共计42.526万元。

学员管理。要求处级班学员签订廉洁自律“五不”承诺书，做到不公车私驾，不参加“带彩”的娱乐活动，不用公款相互宴请，不接受贵重礼品、礼金、有价证券和支付凭证，不接待“礼节性”来访；在出勤率考核上采取摆放座位卡的方式，切实做好对学员的考核和监督。

人才强校。制定《加强领导班子思想政治建设的意见》，师资培训经费投入30

万元；招聘5名教师，招录参公人员1名，组织完成了3名局级干部的民主推荐、测评工作，6名试用期满处级干部考核工作和6名干部的任免工作，还调整交流了部分干部，聘任和续聘了10名教研部负责人，新聘、续聘副高以上专业技术职务46人，完成了信息中心内部3类岗位聘任工作；全年选派教师挂职锻炼培训6人次（包括市委选派1名），举办青年教师英语能力培训班，选派青年骨干教师和专家学者出国（境）调研9人次、讲学2人次。

信息化建设。校园网采用百兆交换到桌面，对外连通互联网，对于校外用户和出差用户通过VPN实现任何地点和时间对校园网的安全访问；增添了一套非线性编辑系统，提高了视频课件及音视频节目的制作能力。

学校被市委、市政府评为“爱国卫生工作先进单位”、“计划生育达标单位”等。

【哈尔滨市委党校】

2009年，共举办各类主体培训班36期，包括以市管领导干部为对象，新开设的“提升哈尔滨城市竞争力”、“平安哈尔滨建设”、“推动哈尔滨农村改革与发展”、“大型国企高管人才”等重点项目培训班；以全市正处级干部为对象，举办任职培训班和中青年干部培训班，新开设“经济建设”、“社会建设”、“民主与法制”、“公共管理”研修班等；以乡（镇）党委书记、乡（镇）长为对象，新开设农村基层干部能力素质提升培训班；以街工委书记、主任为对象，举办城市基层干部能力素质提升培训班，共培训干部1956人。

教学工作。根据中共哈尔滨市委印发的《关于加强学风建设的意见的通知》（哈发〔2009〕8号）要求，党校制定了《关于学习落实市委〈关于加强学风建设的意见〉的几点要求》。教学方面，形成以“理论教育”、“能力提高”、“党性教育”为框架的教学新体系，设置了专题教学、特色教学、高层讲坛、省市情讲坛、学员论坛、讲座选修等教学单元，调整教学专题74项，储备教学专题109项；通过聘请全国知名专家学者开设“周末大讲堂”，解决干部（特别是“一把手”）的工学矛盾问题；通过新专题试讲、集体备课，举办教学竞赛和参加省委党校教学竞赛，提升教师执教水平。年内，党建学科获准为市级重点学科。与哈尔滨电气集团公司（以下简称“哈电集团”）合作办学，哈电集团在市委党校设立集团党校，市委党校在哈电集团设立现场教学基地和拓展训练基地，哈电集团领导和党校领导双方相互兼职。

科研工作。全年获得立项课题6项。其中，国家社科基金课题1项，中央党校、国家行政学院重点课题4项，市联席会议重点课题1项。党校在研课题达到24项。12项中央党校在研课题顺利结项，完成校级重点课题11项，出版学术专著7部，发表论文100余篇，获市级以上科研成果奖31项。发挥学员优势开展调研，有6项调研成果得到市领导批示，有4个班次的调研成果呈交市有关部门。

信息化建设。校园监控工程经哈尔滨市采购中心公开招标启动，项目预算11万元，9月工程通过专家验收。工程在全校各楼宇及校园共布设数字化监控摄像头25

个，监控信号的传输与存储基于校园内网，并建设了专用监控中心。校委会议室数字化会议系统启动，项目预算4.5万元，建设16坐席的数字会议系统。

队伍建设。制定了《市委党校名师队伍建设实施方案》、《市委党校学科（专业）带头人梯队管理办法》、《市委党校学科带头人、后备带头人管理选拔培养规划》等制度。全年安排5名教师到区、县（市）和市直部门挂职锻炼，8名青年教师到校内机关处室挂职。增加7个正高专业技术职数，增设科级干部非领导职数，提拔调整26名科级干部。

对地方党校业务指导。建立"片区会议"机制，引导基层党校关注党委和政府的中心工作开展科研；组织参加全省、全市党干校系统科研评奖，调动基层党校教研人员的积极性和主动性，在全省党（干）校系统评奖中，基层党校有9项科研成果获奖。

后勤服务改革。成立采购中心，建立集中采购机制和定点采购基地，实现物品的"采、管、用"分离；实施安保社会化、安装校园数字化监控系统、完善安全预警和应急预案；启动干部教育培训网工程建设；改善职工用餐条件，提高用餐标准，兴建校园文体活动中心和校史室等场馆。

【沈阳市委党校】

2009年，共举办主体班48个，主要有市管领导干部进修班、市委中青年干部理论培训班、市教科系统处级干部培训班、市直处长培训班、全市百名公选村党组织书记培训班和公务员初任职班等，培训干部5461人。

教学工作。以提高领导干部素质和执政能力为重点，不断进行深化拓展。围绕沈阳市中心工作和不同班次学员需求，把中国特色社会主义理论体系，特别是科学发展观作为教学中心内容进行重点课程安排。按照重在提高党员领导干部领导素质和执政能力的要求，重新调整课程安排，设置了政治理论、执政能力建设、领导科学、现实问题研究、人文修养与党性锻炼5个单元。在教学布局上，坚持以掌握理论创新的最新成果为重点夯实学员的理论基础，以把握时代特征和国际经济政治形势为重点拓展学员的世界眼光，以强化大局意识和应对复杂局面为重点培养学员的战略思维，以坚定理想信念、增强宗旨观念和改进作风为重点强化学员的党性修养。在做好培训需求调研的基础上，按照分类别、分层次的原则进行课程设置，做出既有区别又相互衔接的教学安排。同时围绕沈阳市经济社会发展的形势和中心任务的要求，不断充实和创新教学内容，优化教学布局，有效地增强培训的针对性和实效性。在教学方法上，大力推进研究式教学，综合运用案例式、行动式、专题式、项目式、体验式、情景模拟式等教学方法。根据不同类型班次的学员需求，坚持以研究式教学方法为主，在市管领导干部、中青年干部、国家公务员等各类班次，尝试运用了专题调研式、影像式等教学方法，积极探索研究式教学的多种实现形式，在充分发挥教员主导作用的同时，注意发挥学员主体作用，挖掘学员资源，教学相长，师生互动。坚持把严格管理与增强学员自我约束、引导式管理和人性化服务恰当地运用到教学组织和学员管理过程，积极努力为学员创造良好的学习环境。

科研工作。全年申报各级科研课题36项，立项25项，其中国家级4项（含中国社会科学院1项招标课题），省级11项；科研课题结项18项；共发表论文176篇，主编参编专著、教材24部，完成调研报告16篇，获各级奖励31项；科研咨询服务方面，主动了解和把握市委、市政府关心的热点问题和经济社会发展中的重大问题，加强与政策研究机构的联系与协作，积极组织科研课题申报和立项工作，有针对性地开展对策研究，推动科研工作精品工程建设。在发挥“思想库”作用方面，紧密结合沈阳实际和教师研究专长，确定优势研究项目，特别是“沈字头”项目，积极开展具有一定前瞻性、指导性的调查研究和理论探索，努力使研究成果进课堂、进教材、助决策，一批研究成果被市委、市政府及有关部门采纳。在科研管理和咨询服务方面，按照《条例》对党校科研工作新定位，重新修订了《党校科研工作管理办法》，把党的基本理论和沈阳市改革发展中的重大问题作为科研的主攻方向，进一步完善科研管理制度和奖励资助制度，形成科研咨询工作的良性循环。沈阳市是全国部分享有地方立法权（试点）的城市之一，为了加强地方立法技术研究，组织力量用3年时间完成了市人大关于《地方立法框架下立法技术研究》课题。该项成果不仅为我国地方立法提供了重要参考，同时也推进了党校教学科研一体化。

【成都市委党校】

2009年，共举办各类班次80个，包括8期主体培训班和14期专题培训班等，培训干部2438人，完成培训目标任务的203.2%。此外，对城建、政法系统干部试行学制1周的专题培训，全年分14批37个班次培训城建、政法系统处级以上领导干部863人。

教学改革。优化培训内容，增强培训针对性，紧密结合成都实际，围绕全市“统筹城乡、四位一体、科学发展”的总体工作，开设“学习贯彻《党的十七届四中全会决定》”、“止滑提速保增长——2009年宏观经济形势分析”、“深入推进城乡一体化”、“全面提升‘三个集中’水平，加快建立以工带农、以城带乡的长效机制”、“成都发展新技术、新产业研究”等专题，将城乡统筹、四位一体科学发展的典型案例作为干部培训的重要内容；创新干部教育方式，由市委组织部牵头，校院在全市局级干部中开展“推进式教学法”。开展现场教学，全年共开展现场教学125场次，培训学员6500人次。

科研工作。全年立项全省党校系统调研课题55项，全市党校系统调研课题59项，其中的34项被评为全市党校系统优秀调研报告。立项全国党校系统重大调研课题、全国行政学院系统招标课题，全国社会主义学院系统以及省邓研中心课题17项。首次承担并完成中组部下达的重点调研课题《党员主体地位的实现途径和落实措施研究》，申报成功并完成了中央党校年度重点课题《灾后重建与扩大内需》，与市纪委合作完成了中纪委规划的年度调研课题《成都市党政领导干部问责制研究》，与市社科院合作完成了《统筹城乡发展的理论与实践》等服务党委、政府中心工作的重大课题研究工作。参与完成了《中共基层组织在处理重大突出事件中的作用》等2项国家社科基金课题。全年获得省政府社科成果三等奖4项，全国党校系统优秀调研课题奖5项，全国社会主义学院系统优秀课题奖1项，全国行政学院系统科研成果三等奖1项。获得全省党校系统科研成果奖7项，其中一等奖2项、二等奖2项、三等奖3项。4月创刊《成都干部资讯》创刊。该刊物作为一种新的学习方式的载体和干部教育方式，以党和国家大政方针解读，成都改革发展中热点难点问题分析，国内外现代化进程中重要案例点评等为主要内容，为我市局级领导干部提供了一份便捷的高水平学习快餐。

基础设施建设。整合干部培训资源，改善干部培训条件。市委、市政府决定在龙泉驿区驿都大道1492号新建成都市委党校、成都行政学院、成都市社会主义学院。新校区建设工程于2006年12月21日动工，2009年9月1日竣工，9月18日新校区投入使用，为党校发展提供有力保障。

【南京市委党校】

2009年，共举办各类培训班65期，培训学员8690人次。其中，主体班43期，培训学员4556人次；委托办班22期，培训学员4134人次。仅市管领导干部、区县管正职领导干部专题班就连续举办9轮26期，培训学员1126人；全市农村基层干部科学发展观能力专题班连续举办8期，培训学员1580人。此外，还完成了全市组工干部、市管领导干部学习四中全会精神等集中培训班次的保障任务。

深化主体班教学改革。更加注重对南京经济社会发展问题研究，及时做好四中全会精神进课堂、进学员头脑工作。会同市委组织部等在全市开展现场教学基地的申报、评审工作，确定锁金村街道等12家单位为首批南京市干部教育现场教学基地；完成了《南京市地方政府公共管理案例》的征集、编写和出版工作。贯彻从严治校、从严施教、从严管理原则，进一步完善教学管理、学员管理、班主任队伍建设等制度，学风建设得到加强。拓展党校办学功能，认真实施南京企业高级职业经理人培训，取得了良好的社会效益，被省企业职业经理人任职资格培训与认证委员会评为“2009年度企业职业经理人培训与认证工作先进单位”。

推进科研工作。全年申报市级以上课题40余项，获准立项课题14项，包括省部级课题4项、市软科学课题1项、市重点调研课题2项等；结项市级以上课题15项，其中结项鉴定为优秀的7项；获省部级科研成果奖6项，包括一等奖2项、二等奖1项、三等奖3项；发表科研成果230余项，其中省级以上刊物发表的科研成果继续保持在200项以上，核心期刊和重要内刊发表的精品50项；围绕南京经济社会发展主题的调研报告中有4篇被市委领导同志批示或被市有关部门采纳，7篇论文入选市“保增长、促转型”与南京跨越发展高层论坛，参与完成的《关于南京“绿色经济”的调研报告》，得到市委主要领导的批示；以深入学习实践科学发展观、纪念建国60周年活动为契机，承办、协办和组织教师参加各种理论研讨会，有20篇论文入选市级以上理论研讨会，还参加了《江苏省60年发展成就展》部分脚本编写、

《南京百科全书》条目编写等工作。

加强队伍建设。根据学科建设需要，首次通过参加全市事业单位公开招聘，引进3名青年教师，其中博士1名、硕士2名。安排2名年轻教师到基层挂职锻炼，29人次参加市级机关以上组织的专业技术人员进修、培训，开展教师沙龙活动，选派青年教师在主体班班主任岗位上进行学习锻炼。修订《关于做好中青年教师挂职锻炼工作的实施意见》、《关于教职工培训工作实施意见》、《关于青年教师导师制实施办法》、《关于进一步加强学科建设的意见》等，促进教师素质和能力的提高。1名青年教师被确定为全市宣传文化系统第二批"五个一批"人才培养对象，1名离休教师荣获全省"离退休干部先进个人"称号，1名教授被评为享受国务院特殊津贴专家。对7名副处级以上干部进行聘任，调整3名科以下干部职务。

加强机关党的建设和作风建设。深入开展"攻关服务年"活动。进一步加大投入，顺利完成综合楼改造、多功能活动厅建设及食堂维修改造工程。完成信息化终端、网络设备更新等任务。坚持勤俭办学，全年节水30%，荣获全省"节水型（企业）单位"称号。

加强基础设施建设。按照市委的部署要求，做好全市党校工作会议的筹备、市委党校新校区选址论证等相关工作。

【西安市委党校】

2009年，共举办主体班次17期，培训领导干部1300余人次，开设对外培训班次80期，培训学员5600余人次。

教学工作。紧紧围绕党委和政府的中心工作，加大科学发展观教学专题的分量，有针对性地开设《论科学发展观》、《构建社会主义和谐社会》、《绿色经济与西安发展》等教学专题；在教学精细化上下功夫，积极推广运用"微格"教学技术；把原有的精品课程提升到更高的层次，推出红色经典、绿色经济、政府决策法治化以及中国传统经典系列专题课程；探索精品课的建设标准，《干部培训中的精品课的建设标准与程序》一文在陕西省党校系统理论征文中获奖。

科研工作。全年共申报国家社科基金项目、国家行政学院院级招标课题、陕西省社会科学基金项目等各类课题共28项，获得立项的省部级课题9项，结项省部级课题12项；在省部级以上报刊公开发表理论文章55篇，21篇论文在各种征文活动中获奖；改《西安社会科学》季刊为双月刊，办《西安干部教育》基层专刊；承担了西安创意城市建设研究、西安市公职人员法律知识需求研究、西安市休闲农业发展研究、西安文化软实力研究等有关调研课题，出版《西安文化软实力建设研究》等学术专著4部，西安市领导对党校教师撰写的《关于西安曲江文化旅游产业进一步发展的几点思考》一文作了批示。

学员管理。重新修订《主体班学员手册》，制定《学员报到、结业工作流程》、《主体班学员党性锻炼计划》、《主体班优秀学员评选暂行办法》，将学员的考勤情况进行公示，并将学员的到课率作为评选优秀学员的必要条件；严格施行学分制管理，通过实施《主体班学员学分制管理规定》，量化学员在校期间的出勤、表现和学习情况，并在西安市委组织部、西安市委干教办下发的《西安市干部教育培训学分登记手册》中结合到课率进行填写；充分发挥学员的作用，由班委策划主体班的活动，学员到课情况由各小组长配合督促；第四期青干班学员围绕西安市当前经济社会建设中的热点难点问题展开调研，通过学员论坛评选出优秀论文，其中有5篇得到市委领导的批示；出版3期学员论文专辑，收录文章99篇，约85万字；对班主任的工作提出更高的要求，各班主任在日常管理中填写班主任日志，将主体班学员的到课、上课等基本情况记录下来，保留管理资料并积累管理经验，定期召开班主任带班经验交流会、学员代表座谈会、教研部主任座谈会，广泛征求学员、教师对学员管理工作的意见和建议，及时改进工作。

理论宣讲。积极开展学习实践科学发展观活动，全校10多名专家教授走出校门，到区县、市级部门、街道、企事业单位进行专题辅导和宣讲60多场次，听众达6000多人次，有力地推动了全市学习实践科学发展观活动的深入开展和十七届四中全会精神的学习贯彻。

队伍建设。引进博士研究生1名，硕士研究生1名，同时公开招聘10名专业技术人员，其中硕士研究生7名，本科生3名组织44名教师前往中组部组工干部学院参加西安市干教系统师资培训班；有2人分别被西安市委评为“优秀教师”和“先进个人”。

基础设施建设。积极改善办学条件，先后完成学员公寓1号楼和学员餐厅的装修改造，建立校园监控系统，完成1号综合楼外墙内保温工程，学员公寓2号楼改造工程全面启动。

【长春市委党校】

2009年，共开办主体班次23个，包括进修一班（4期）、进修二班（2期）、县局级后备干部培训班（2期）和公务员培训班（15期），培训干部2505人；计划外办班7个，包括党校专职教师课件制作培训班、党校课程开发特训营、榆树市后备干部赴长春市委党校综合素质提高班、吉林省城市建设与规划培训班、江西调查总队考察班、市计生干部培训班和市园林局干部培训班，培训学员535人。

教学工作。着力探索建立多种形式办学基地，先后与省纪检委、检察院、计生委、卫生局等部门联系，计划在党校建立反腐倡廉教育基地、预防职务犯罪教育基地、人口与计生理论教育培训基地、健康教育基地等；与江西、宁夏、重庆、西安、兰州及长春市各县（市）区委组织部积极联系，建立多个联合办学基地，互派学员进行短期培训，在一汽集团、皓月集团建立了实践教学考察基地，与吉林省素质教育研究会就国学培训与推广项目签订了合作协议，建立社会办学基地；举办国学报告会8场，各级领导干部和在长企事业单位领导近1000人参加了培训；实行教师竞课制度。对新开发的课程，通过全员试讲的形式进行竞课的方式，产生出主讲教师；改革结业方式。采取边办班、边座谈、边改进的做法，每期主体班结业式既是总结会，也是征求意见座谈会，主要听取学员关于学制、内容、方式方法、管理等方面的意见和建议。根据学员们提出的意见建议，认真研究调整教学内容，改进教学方法，加强自身的建设，提高培训质量。

科研工作。制定了《科研成果奖励、资助办法》；组织申报各级各类课题23项，立项16项，包括全国党校系统课题3项，全国行政学院系统课题1项，省级课题1项，省党校系统课题9项，市级课题2项；校市情研究中心继续发挥在长春市民生问题研究方面的专长，承担长春市发展和改革委员会关于《“十二五”期间长春市重大民生问题研究》课题；7项全国党校系统重点课题已经结项，3项全国行政学院系统课题、3项全国党校系统课题、9项省党校系统课题还在评审中；公开发表的论文29篇，在核心期刊发表2篇，2篇论文分别入选全国党校系统和全国行政学院系统庆祝新中国成立60周年理论研讨会，1篇论文在全国行政学院系统评奖中获奖；召开全市党校系统庆祝新中国成立60周年理论研讨会，收到参会文章105篇。

队伍建设。进一步优化教师队伍结构，从国内重点高校选拔了8名（博士1人，硕士7人）优秀毕业生，调入适合从事党校教学工作的两位同志（副高职称）充实教学工作一线。

行政后勤保障。重新制定《后勤中心岗位目标管理、考核、奖惩办法》，继续执行大宗物资集体采购，易损的维修物资、工具和办公用品以旧换新制度；对报告厅改造工程分别通过招标公司和政府采购中心公开招标确定施工单位和价格，办公楼外墙瓷砖修缮工程、学员宿舍楼洗浴热水供应系统改造工程实行校内公开招标等；投入146万元完成了报告厅的装修改造工作，投入7.9万元增设了储水箱等，完成了学员宿舍楼洗浴热水供应系统改造，投入21万元为6号和7号学员宿舍楼安装空调145台，完成学员宿舍楼的卫星电视安装工程。

【济南市委党校】

2009年，共举办各类主体班次23种、28期，包括市管领导干部进修班、中青年后备干部培训班、市直机关处级干部进修班等，培训干部1481人。

教学工作。根据形势和任务需要不断更新教学专题设置，在济南市城郊经济强村（居）党支部书记、村委会主任进修班专门设置农村土地流转、制度建设等与村（居）负责人工作密切相关的专题；推动新课程开发，全年推出城市管理案例教学、社会主义法治理念案例教学、领导干部战略思维方法研讨式教学、建设社会主义核心价值体系研讨式教学、领导干部需要掌握的经济理论问题研讨式教学共5个互动式教学课程，全年主体班教学专题更新率保持在40%以上；创新教学方法，在第14期中青年后备干部培训班实行一周军训、一周高校培训、一周干部学院培训、一周革命传统教育、一周基层调研“五个一周”的培训模式；着眼大局，服务地方发展。专设“领导干部讲坛”，邀请市统计局、规划局、外经贸局等10余个市直部门领导为学员做报告20余场次。在教学管理方面，加强制度引导，对原有的课时量计算办法进行修订，出台了《教师参与教学活动相关工作量确定办法的补充规定》，并与年终目标考核挂钩，增加了教师研究和应用现代教学方法的动力。

科研工作。完善《社会科学成果年度奖励办法》、《特别优秀成果奖励办法》、《教研人员最低科研工作量考核暂行办法》

等制度。全年共取得科研成果218项，其中国家级论文16篇，省级论文111篇；立项课题49项，其中省部级课题7项，包括全国党校系统调研课题3项、国家行政学院课题1项、中央社会主义学院课题3项；完成市级课题37项，包括济南市社科规划课题28项、全省党校系统课题6项、济南市软科学课题3项；获社科优秀成果奖31项，其中省部级社科奖4项，包括省社科优秀成果三等奖1项，全国行政学院系统优秀科研成果二等奖1项、三等奖2项，市级社科奖27项，其中全省党校系统社科优秀成果奖6项，济南市社科优秀成果奖21项；编印《领导参阅》12期，其中《济南奥体中心赛后运营效率提升的“五化模式”及对策建议》等得到济南市委领导的批示。

学员管理。修订完善《学员须知》、《主体班次学员临时党支部（班委会）职责》等规章制度。采取组织员全程跟班听课的管理方式，要求学员按学号入座，定期通报全班出勤情况。对于确实不能保证出勤率的，与市委组织部干教处主动沟通，建议其改期再学。

贯彻落实《党校工作条例》。发挥市委党校干部讲坛的作用，派出10名教师参加市委宣讲团，组织10余名教师到县区和市直部门作辅导报告。积极响应中央和中央党校的号召，大力支持西藏党校建设。济南市援助西藏党校建设经费100万元。拿出专项资金培训济南市对口援助的西藏白朗县党政干部。

队伍建设。通过选派教师到上级党校及著名高校学习进修、参加双高人才培训、举办年轻教师教学竞赛等形式，着力提高教师教学科研能力，有1人入选山东省高层次人才库，2人被评为全省党校系统优秀教师，1人被评为全省党校系统先进工作者，1人被评为济南市拔尖人才，1人被评为济南市青年学术技术带头人。

对县区党校业务指导。对全市10个县区党校贯彻落实《党校工作条例》情况进行督促检查，推动了《条例》的落实和全市党校工作的科学发展；加强县区党校师资培训力度，市委党校干部培训班次专题课全部对县区党校教师开放，共组织听课活动220余人次。

基础设施建设。建筑面积13500平方米的学术交流中心投入使用，校园网带宽由原来的10兆增加到100兆，开通校园网内网视频点播系统，更新图书馆网站。认真做好校园绿化美化、环境卫生、安全保卫、节能工作，被评为“省级绿色社区”和“省级卫生先进单位”，1名同志被评为济南市部门决算先进个人和市经济普查先进个人。

全运会工作。市委党校被第十一届全运会组委会确定为全运会工作人员服务单位，承担250名全运会驾乘人员食宿及车辆停放服务保障任务，被济南市委市政府授予“第十一届全运会筹办先进集体”，被第十一届全运会组委会交通保障部授予“交通保障工作先进集体和有突出贡献单位”荣誉称号，10名同志被评为先进个人。

【杭州市委党校】

2009年，共举办计划内领导干部培训班次98期，同比增长28.95%；培训9352人次，同比增长42.82%。

教学工作。首次推出“面向高校实行教学单元模块公开招标”的引进模式，设置由北京大学马列学院中标承担的“中国当前经济形势与金融危机应对策略”和“中国当前经济社会前沿热点问题”专题教学，全年外请客座教授授课18人次，招标模块单元授课10人次，外请专家教授14人次；“双周五专家大讲堂”、“领导干部讲坛”使党校课堂影响力得到提升，品牌课堂效应开始显现；开展首届党校系统精品课评选，并对精品课程优先安排；市管领导干部进修班等4个班次先后赴北京大学和复旦大学进行异地培训和考察调研。

科研工作。全年立项课题60项，包括国家社科基金项目2项，省规划课题4项，中央党校和行政学院、社会主义学院课题6项，还承担部门委托课题11项；主持完成课题55项，包括国家级课题2项，全国党校系统重点调研课题9项，全国行政学院科研合作基金课题3项，完成市政府政研室委托合作课题共4项，被采用成果3项；市情研究进一步加强，在完成的55项课题中，杭州市级课题32项，占58%，在新立项的60项课题中，结合杭州市情的课题达36项，占60%；编写《领导参阅》8期，6期得到省市领导的批示，被省委省政府、市委市政府主要领导批转的决策咨询（调研）报告11项；出版著作2部，发表论文69篇。获各类奖项45项，其中省部级以上奖项20项；加强科研组织建设，新建党校系统社科联，调整充实校学术委员会。

加强队伍建设。面向全国公开选拔副校长1人，通过组织考察提拔副校长1人、校委委员1人，校委会班子年龄结构得到优化。引进博士2名、硕士1名、高级讲师1名，选调公务员3名，新录用公务员5名，录用事业专技人员2名，接收部队转业干部1名。安排8名教研人员到相关部门挂实职锻炼，教研人员中有3人在读博士，1人做访问学者，1人赴国外攻读MPA。

后勤管理与服务。成立校资产管理小组，坚持走市场化路子，积极探索新的后勤管理模式；对宾馆、餐饮和文体馆实行委托管理经营模式，对物业管理实行“整体打包、服务外包”的管理模式；完善图书馆服务功能，图书馆阅览室实行晚间开放，新采购图书2879种2933册，订阅报刊482种，交换资料308种，接待读者2417人次，为教师、研讨班学员、县区党校代查资料600万字左右；培训收费改为电脑开票，完成公务卡制卡、使用工作，对学校独立核算单位财务实行会计委派制度，实行归口核算管理，出台二级核算单位财务管理制度。此外，市委党校建筑群体荣获国家建设部“中国建设工程鲁班奖（国家优质工程）”。

制度建设。全年共出台17项制度，主要有《关于加强大师梯队建设的实施意见》、《精品课评选实施办法》、《科研成果配套资助和奖励办法》、《客座教授聘任管理办法》等教学科研制度，为大师梯队建设提供制度保障；还有《关于切实加强节能减排工作建设节约型机关的实施意见》、《公务接待工作管理办法》等。

【大连市委党校】

2009年，开设主体班次31个，培训干部3752人次；开设委托培训班次30个，培训学员2379人次。根据市政府关于扶贫工作的统一部署，为湖北省兴山县、贵州省六盘水市和新疆乌治县举办干部培训班，累计培训学员400人。此外，完成拓展训练2345人次。

教学改革。开设《6个“为什么”重大理论问题解读》等新专题课41个，组织学员论坛34次，组织学员到外埠教学基地现场教学43次；发挥党校“净化器”的作用，出台《“一校两院”学员管理暂行规定》，实行学员廉洁自律承诺制和述廉制，有效促进学员在校期间廉洁自律；在全国党校系统学员管理工作座谈会上，市委党校作为全国唯一副省级城市党校作“坚持三结合三促进，不断推进学员管理工作创新发展”主题发言。

科研工作。全年共申报各级各类课题56项，获准立项26项；结项省部级课题8项，市级招标课题7项，市级其他级别课题6项；16项研究成果分获全国行政学院系统、辽宁省党校系统、辽宁省行政学院系统优秀成果一、二、三等奖；完成《全球金融危机背景下的大连方略》攻关课题，得到市委书记夏德仁、副书记里景瑞和常务副市长肖盛峰等市领导的批示；出版著作4部，发表论文（省级以上报刊）175篇，其中国家级论文51篇；编辑出版《市情研究》18期，其中登载的《新时期大连宗教领域的主要问题及对策研究》一文得到市委副书记里景瑞批示；《大连干部学刊》获大连市期刊年度奖，其中设置的“大连研究”、“中国特色社会主义理论与实践”栏目获大连市期刊年度栏目奖，市委党校获“辽宁省委党校系统第七届科研工作组织奖”。

队伍建设。提拔使用、岗位交流干部30名，选拔调入选调生4名，公开招聘硕士研究生以上学历（副高级以上职称）专业技术人员5名，引进中级职称专业技术人员1名，晋升正高级任职资格3人、副高级任职资格1人、中级任职资格1人；组织参加境外培训考察28人次，参加上级党校、行政学院和高校学习深造16人次，参加组织调训和社会实践锻炼20人次；开展“先进集体”、“先进个人”和“名师、名课、名作”评比活动，评出先进集体7个，先进个人34名，名课15讲，名作（论文、调研报告）12篇。

深入学习实践科学发展观活动。举办全市领导干部深入学习实践科学发展观活动专题研讨班和政协委员学习实践科学发展观培训班各1期，共培训干部900人；组建深入学习实践科学发展观活动宣讲团，深入全市机关、企事业单位和街道、社区宣讲百余场次，受众1万余人；举办“大连市科学发展面临的主要任务与挑战”等专题辅导报告会5次，组织“夏德仁市长在全市深入学习实践科学发展观活动动员大会上的讲话精神”等专题讨论5次；在《大连干部学刊》开辟“科学发展观”专栏，在市委党校网开设“科学发展观学习园地”栏目，在《学习时报》、《辽宁党校报》、《大连日报》以及大连市委信息《每日汇报》等刊发稿件30余篇。

【青岛市委党校】

2009年，共举办主体班次36个，培训学员2087人。

教学工作。成立教学指导委员会；教学内容突出科学发展观教育，突出中央和省、市委重大决策部署教育，突出能力素质培训，突出理想信念和党性教育，全年共申报199个专题，其中新专题92个，更新率46%；加大开放办学力度，打造“三个论坛”，共举办“专家论坛”23场、“领导论坛”56场、“学员论坛”69场，邀请市直有关部门、区市部门领导和学校教师一起开发打造执行力项目组；推进自主选学，推出26个跨班选修专题；教学管理进一步精细化和制度化，建立完善专题开发机制、主体班次课堂准入机制和教学评估规定及信息反馈机制，利用先进教学录播系统，组织主体班次试讲和教学评估，教学评估优秀率达到92.1分，较去年提高3.75个百分点。

科研工作。全年立项国家社科规划课题1项，国家软科学课题1项，全国党校系统课题3项，全国行政学院课题1项，市社科规划课题6项，市双百课题11项，市软科学课题1项，全省党校系统课题5项，校课题14项，市直部门课题4项；12项科研成果获上级领导批示；获全国行政学院系统科研奖一、二、三等奖各1项，市社科奖6项，全省党校优秀科研成果奖6项；组织召开全市党校系统庆祝新中国成立60周年理论研讨会学术年会，承办全国省社会科学优秀成果评选工作改革研讨会和山东省社科界2009年学术年会第二专题学术研讨会；共发表论文314篇，出版著作4部；开展学习实践科学发展观教育活动期间，承接市委组织部“领导干部每月一讲”1期，共安排教师外出宣讲328人次，听众3万余人，获全省讲师团系统“理论宣讲工作先进单位”称号。

学员管理。全面推行《主体班次学员管理百分制考核规定》，学员到课率、出勤率达到95%以上。印发了《2009年主体班次党性教育实施意见》，组织传统教育11次，警示教育11次，廉政教育2次；强化实践锻炼、抓好入学教育、课堂听课、学习研讨、社会考察调研、驻村入户、传统教育、异地培训、支部活动、党性分析等环节，提高学员党性修养，坚定理想信念，发挥党校熔炉作用。

人才兴校。引进1名博士研究生。6名教学行政骨干赴香港理工大学学习，36名教师到北京、上海、杭州等地培训，7名教师到中央党校、国家行政学院和省委党校培训，7名行政干部参加省委和市委党校培训；13名年轻教师到市委政策研究室、市国资委和崂山区等单位挂职；选派优秀教师到上级党校、国内名校、科研院所作访问学者，还邀请全国各地知名学者和教育专家到党校对教师进行培训。树立“大师资”观念，以“专家论坛”、“领导论坛”和“学员论坛”为载体，逐步建立扩大兼职教师队伍；进一步完善了《教研人员年度考核实施细则》及配套考核激励办法，加强目标绩效考核，设立教学优秀奖和教学贡献奖，3人获“青岛市专业技术拔尖人才”称号，1人获“青岛市劳动模范”称号。

【深圳市委党校】

2009年，共举办各类培训班124个，培训学员15268人次。其中，主体培训班次64个，培训学员10971人次；自选培训和各类社会培训班次60个，培训学员4297人次；重点完成了《珠江三角洲地区改革发展规划纲要》和十七届四中全会精神轮训培训任务。

教学工作。在教学板块设计上以突出深圳现实问题讲授为主，对区域经济、深港合作以及制约珠三角发展等问题进行探索，重点研究深莞惠一体化问题；利用现代信息技术，开设“媒体应对模拟演练”课程，邀请记者现场提问，学员现场回答，现场录像，专家点评，实现媒体沟通和危机应对的现场情景模拟教学；正式启动媒体沟通情景模拟实训室和危机管理情景模拟实训室建设，相关的调研、设计、课程开发等前期工作已顺利完成；中青班在教学形式、教学方法以及“三同”的时间、具体方式等方面进行了新的探索；邀请国内外专家举办5期高层次《干部讲坛》，主体班学员调研成果汇编成《学员论坛》，上报市委市政府决策参考；组织编写教材《深圳市公务员实用英语100句》、《深圳党校案例教学汇编》和《〈珠江三角洲改革发展规划纲要〉辅导材料》。

科研工作。组织教研人员申报各级各类课题42项，获准立项9项，设立校级课题立项35项，承担市有关部门及各区街道委托的各类现实问题课题13项；完成科研成果115项。其中，出版专著19部，发表学术论文及调研报告96篇；获省部级科研奖4项，包括广东省哲学社会科学成果著作类三等奖1个，全国行政学院科研成果论文类二等奖2个和三等奖1个；组织教研人员编写《比较社会主义》丛书9部；参与组织召开全国48所省级党校和副省级城市党校的专家学者200多人参加的“全国党校系统纪念新中国成立60周年理论研讨会”，与市社科联、特区报社联合召开“应对金融危机”研讨会；组织教研人员撰文并参加中央党校举办的“全国党校系统纪念新中国成立60周年理论研讨会”、国家行政学院举办的“新中国行政体制60年”研讨会、中纪委举办的“新中国党风廉政建设60年”理论研讨会和市社科联举办的“首届深圳学术年会”等系列学术活动。

学员管理。完善班主任工作职责和工作程序；严格入学教育，处以上班级进行入学测试；实行班主任考勤和学员科考勤相结合的办法，在教学楼显示屏上公开各主体班的考勤情况，公布缺勤人员名单，严格执行超过规定请假天数不予结业的规定；在主体班学员中开展读书活动，不定期邀请知名作者、学者来校开专题讲座，推荐佳作，赏析名作，培养学员读书兴趣，提高学员阅读品味；科以上主体班在入学第一周内制定出班级读书计划和学员个人读书计划，每位学员每周至少读一本书，每天写300字左右的读书笔记；每位学员在校期间向班级同学推荐1～2本好书，至少提交一篇500字的读书笔记或好书精髓，放到班级网页上共享；举行读书演讲比赛，对优胜者给予表彰。将读书活动的情况作为考评学员的重要内容，对学员读书笔记进行评分，成绩记入学籍档案，表彰在读书活动中表现突出的班级和学员，并作为评选优秀学员的依据之一。

信息化建设。全面开通运行网上办公系统、网站信息发布系统、校园电子屏幕信息发布系统、教务管理/学员网上报名系统、科研管理系统、自选培训网上学习及管理系统、课件实时化系统、六区分校VPN联网应用系统；成立校网络宣传办公室，全面改版升级校园网，完成信息安全风险评估，新增网络入侵保护和WEB应用安全保护设备；完成6部党员教育电视片摄制，其中有两部被中组部选定为党建宣传教材，完成《新的跨越》二次制片；全年共建成终端站点3782个，接收并上传中央党员干部现代远程教育平台节目384部，总时长194小时，制作并上传深圳市党员干部现代远程教育平台节目2574部，总时长1490小时。

后勤管理和服务。在引进中航、粤海两大集团的基础上，今年又引进深圳出版发行集团经营管理学校书店，社会化管理不断深化。

【厦门市委党校】

2009年，共举办主体班次29期，培训学员2526人。

教学改革。推行“模块招标、团队竞争”教学新专题招标改革。在主体班的中国特色社会主义理论体系、党性教育和海西建设与厦门发展教学单元中，推行“模块招标、团队竞争”教学新专题招标改革。公布教学招标方案，组织教学团队招标，严格评审，部署和督促教学团队积极备课，推进新专题教学质量提升。实施按需施教菜单式教学、研讨式互动式教学、现场教学。开展有针对性异地培训，推进干部境外培训交流。搭建拓宽干部教育培训新平台，举办领导讲坛7场，专家讲坛16场，学员论坛3场。此外，编写出版乡土教材《海西建设与厦门发展》；全年外请师资137人次，大跨度整合校内外教育资源，不断提升教育培训质量。

科研工作。坚持科研工作为党委和政府决策服务，抓好课题调研。校领导带头、全体教学科研人员广泛参与课题调研，全年校（院）教研人员承担的16项市课题和校级课题均围绕厦门热点问题展开。按照“教学出题目、科研做文章、成果进课堂、实现一体化”的思路，重视优秀科研成果进课堂进教材，不断提高科研成果转化为教学专题比例，切实发挥科研作为教学的基础作用。校（院）教研人员在公开刊物上发表论文75篇。获国家、省、市、校课题立项29项，其中获国家社科基金立项课题1项，中央党校、国家行政学院、中央社会主义学院、福建省社科规划办等省部级课题立项13项，市社科重点项目8项，校级课题8项。组织推荐优秀成果参加评奖，获全国行政学院优秀科研成果二等奖、三等奖各1项，获福建省社科第五届学术年会、省共产主义运动史学会三等奖1项，厦门市妇女人才理论研讨会论文二等奖1项。

基础设施建设。新校项目占地135297.7平方米（折合202.94亩），建设总规模7.5万平方米，建设内容包括教学、科研、图书馆、行政办公、网络信息和专家公寓、学员宿舍、生活保障、健身活动等场所以及地下停车场等辅助设施，新校采用代建模式，由厦门特房集团公司负责代建。厦门市委党校新校迁建工程从2007年10月正式动工兴建以来，在市委市政府的重视和支持下，各个项目进展顺利，累计招投标100多项，在“抓质量、控投资、保安全、促进度”等方面成效显著，被评为2009年度“厦门市重点建设工程优胜项目”。

信息化建设。加强数字图书馆建设，提高文献信息服务保障能力和水平，全年采集书刊3000多册，电子信息存储450多千兆。至2009年底，“厦门干部在线学习平台”面向全市处级以上干部发放上网学习卡1万多张，“厦门干部在线学习平台”成为市委党校干部教育培训实体教学的重要补充。

机关党的建设。重点抓好科学发展观、党的十七大、十七届三中、四中全会精神的学习，搞好理论武装，着力提高党员干部的思想政治素质和理论水平，不断加强机关党的思想建设。抓好党的基层组织建设，完成机关党委、纪委换届，选出新一届的机关党委委员和纪委委员。结合纪念建党88周年和建国60周年活动，积极开展争先创优活动，表彰一批先进党支部、优秀共产党员和优秀党务工作者。校机关党委被市委组织部、市直党工委评为2006—2008机关党建工作“三级联创”先进党组织。认真落实党建工作责任制和党风廉政建设责任制。认真抓好机关党建责任制落实工作，制定市委党校第七轮党建工作责任书，上报市直党工委。积极开展“加强党性修养，树立和弘扬优良作风”为主题的党风廉政宣传教育活动，教育党员清正廉洁。强化制度约束，加大监督力度，按照校委要求，加强对学校一些重要事项、重点工程的监督检查，特别是新校建设中的网络工程、物资采购招投标工作进行全程监督。

【宁波市委党校】

2009年，举办主体班次60期，培训6743人次，协同各部门办班33期。

教学工作。以深入实践科学发展观为中心，把学习、宣传中国特色的社会主义理论体系作为首要政治任务，坚持把马克思主义中国化最新成果作为教育培训的中心内容；以加强干部党性教育为主线，强化世界观、人生观、价值观教育，以及理想信念教育、道德情操教育和拒腐防变教育，开设党建、革命传统教育以及理想、信念和信仰教育等系列专题课，并以鲜活的实践教材开展体验式教学，引导和帮助领导干部自觉实践社会主义核心价值体系；以干部能力教育为重点，突出领导干部的执政能力、创新能力和处置突发事件能力，把领导干部创新创业能力的提高作为检验和衡量干部教育培训工作成效的重要标准，初步实现干部教育从偏重知识传授向素质与能力并重转变；以宁波发展战略教育为特色，加大市委市政府重大决策在教学中的分量，围绕市委确定的战略要求，开设树立科学发展观推进宁波经济发展、按照科学发展观要求推进农村改革发展、生态文明与循环经济、国际金融危机下宁波政策应对分析、企业风险管理和保增促调等42个专题内容。精心组织开展现场教学、师生论坛、模拟训练、体验式教育、模块化教育等方式，通过这些教学方式的创新，教学效果更加显著。

科研工作。承担国家社科基金课题3项，获各级各类立项课题105项；完成课题39项，其中有1项国家课题，8项中央党校重点课题，国家行政学院课题、中央社会主义学院课题和浙江省规划课题各1项；发挥市马克思主义理论研究基地作用，全年完成并通过结项课题6个，其中2个课题被市领导批示给有关部门工作参考，一篇调研报告在《领导专报》上全文刊登；修改完善《科研工作考核奖励暂行规定》，获省级以上部门奖23项，其中1项国家社科规划优秀课题，5项全国党校系统优秀重点课题；公开发表论文207篇，其中5篇论文被《人大报刊复印资料》转载，出版专著4部、编著2部；实施研究所发展战略，制定实施了《市委党校研究所工作制度》，以党校6个研究所和2个内刊为平台，积极开展调查研究，发挥党委政府决策的思想库作用，还联合浙东学术文化研究所、市文化研究会、历史学会、文物考古博物馆学会举办了第三届“浙东文化论坛”；学报继续保持“全国优秀社科学报”和出版形式规范A类期刊荣誉。排名进入全国中文核心期刊扩展区。

理论宣讲。讲师团成员和教师为全市党员干部作科学发展观、十七届四中全会精神宣讲达1306场次，全市达到2181场次。1人被评为全省优秀宣讲员，4人被评为“宁波市社科普及讲师团”优秀教师。

机关党建工作。切实改进党风与校风，校党委被评为“宁波市党建先进单位”，学员管理支部被评为“宁波市先进基层党组织”；加强廉政文化建设，新建的“市委党校廉政文化建设网”和“市委党校廉政文化长廊”被确定为省级廉政文化进机关示范点。2009年市委党校再次被评为“宁波市级文明机关”。

大事记

1月4日 西藏自治区党校工作会议在拉萨召开。中共西藏自治区党委书记张庆黎出席会议并讲话。自治区党委副书记、区委党校校长张裔炯主持会议并作工作报告。自治区有关领导和区直（中直）单位主要负责人、各地（市）委副书记（分管干部教育培训工作）、组织部部长等参加会议。

1月6日 济南市党校工作会议召开。中共山东省委常委、济南市委书记、市委党校校长焉荣竹出席并讲话。济南市委副书记殷鲁谦主持会议。

1月6—7日 湖南省党校工作会议在省委党校召开。中共湖南省委书记、省人大常委会主任张春贤出席并讲话。省委常委、省委组织部长、省委党校校长黄建国代表省委作工作报告。会议分别由省委常委、省纪委书记许云昭，省委副书记梅克保主持。省委党建工作领导小组成员，省委、省政府有关部门和省社会主义学院负责人，各市（州）委分管党校工作的负责同志，市（州）委党校、省直机关党校校长，省委教育工委党校、大中型企业党校代表，省委党校全体校委成员、巡视员、副巡视员及部门主要负责人参加会议。

1月7日 中共湖南省委书记、省人大常委会主任张春贤在省委党校主持召开省委常委专题办公会议，听取党校办学情况的汇报，研究解决省委党校的实际困难。省委副书记梅克保，省委常委、省委组织部长黄建国，省委常委、省纪委书记许云昭，省委常委、省委秘书长杨泰波，省委常委、省委宣传部长路建平和省委党校全体校委成员出席会议。

1月14日 浙江省党校工作会议在省

委党校召开。中共浙江省委书记、省人大常委会主任赵洪祝出席并讲话。省委常委、省委组织部长、省委党校校长斯鑫良主持会议并作工作报告。

1月15—16日 广西全区党校校长会议在南宁召开。中共广西壮族自治区党委书记、自治区人大常委会主任郭声琨出席并讲话。自治区党委副书记、党校校长陈际瓦作工作报告。自治区党委常委、宣传部长沈北海，自治区党委常委、纪委书记石生龙，自治区党委常委、组织部长陈向群，自治区副主席李康出席会议。自治区党的建设工作领导小组、自治区党委干教工作领导小组成员，区直、中直驻邕副厅级以上单位主要负责人，各高等院校党委书记，各市、县（市、区）党委党校校长、组织部部长、党校常务副校长，以及自治区党委干教办领导，自治区党委党校教职工等600多人参加会议。此外，还主办全区党校系统加强基层党员干部培训暨全区县级党校办学水平达标评估工作交流会。

1月17—18日 甘肃省党校工作会议在省委党校召开。中共甘肃省委书记、省人大常委会主任陆浩发表书面讲话。省委副书记、省委党校校长刘伟平出席并讲话。省委常委、省委宣传部部长励小捷主持会议。省委党的建设领导小组成员、各市州委分管党校工作的负责同志和组织部长、党校常务副校长，省军区政治部、武警甘肃总队和省直有关部门、大型企业负责同志160人参加会议。

2月15—16日 新疆自治区党校暨干部教育培训工作会议在乌鲁木齐召开。中共中央政治局委员、自治区党委书记王乐泉出席并讲话。自治区党委副书记、自治区常务副主席、自治区党校校长杨刚作工作报告。自治区党委常委、组织部部长韩勇作总结讲话。自治区党委副书记、自治区主席努尔·白克力主持会议。各地、州、市党委书记，专员、州（市）长，党校校长，组织部长，各县（市、区）委书记，县（市、区）长，各地、州、市委党校常务副校长、组织部干部教育科（处）长，自治区党委各部、委，自治区各委、办、厅、局、人民团体、大专院校、大中型企业、设立党组和党委的二级局分管领导等528人参加会议。

2月20—21日 四川省党校工作暨干部教育培训工作会议在成都召开。中共四川省委书记、省人大常委会主任刘奇葆出席并讲话。省委常委、组织部长、党校校长柯尊平主持会议并作总结讲话。省委常委、省国资委党委书记王少雄，省委常委、常务副省长、四川行政学院院长魏宏，省委常委、省委秘书长、省委统战部部长陈光志等省领导出席会议。

2月25—26日 中共福建省委召开全省党校工作会议。会上，印发中共福建省委书记卢展工在省委常委会传达学习全国党校工作会议精神时的讲话。省委副书记于广洲出席并讲话。省委常委、组织部长、党校校长于伟国主持会议并作工作报告。福州、厦门、漳州、宁德和晋江、尤溪等市、县（市）委党校校长或常务副校长在会上作交流发言。福建省委干训领导小组成员单位负责人，省委党校校委成员，各设区市市委党校、省直机关工委党校、各县（市、区）委党校校长和常务副校长共230人参加会议。

2月25—26日 中共广东省委召开全省党校工作会议。中共中央政治局委员、广东省委书记汪洋出席并讲话。省委常委、组织部部长、党校校长胡泽君作工作报告。各市县分管党校工作的领导、市县委党校常务副校长、省直有关单位领导、省委党校中层以上干部共320多人参加会议。

3月6日 西安市党校工作会议召开。中共陕西省委常委、西安市委书记孙清云出席并讲话。西安市委副书记、市委党校校长王成文主持会议并作党校工作报告。西安市委常委、市委组织部部长王启文，西安市委常委、市委统战部部长张雷等省市领导出席会议。西安市部分市级机关负责同志，西安市各区县委分管党校工作的负责同志、各区县委党校常务副校长，受表彰的单位和个人，西安市委党校校委全体成员及中层干部，共115人参加会议。

3月9日 济南市委党校举行2009年春季开学典礼。中共山东省委常委、济南市委书记、市委党校校长焉荣竹出席并讲话。济南市委、市纪委和市委组织部、宣传部的有关领导出席开学典礼。

3月10日 哈尔滨市干部教育培训工作暨党校工作会议在哈尔滨市委党校召开。中共黑龙江省委常委、哈尔滨市委书记杜宇新出席并讲话。市委副书记王颖主持会议。会议颁发《哈尔滨市2008—2012年大规模培训干部工作实施意见》、《关于贯彻落实〈中国共产党党校工作条例〉的实施意见》、《关于加强学风建设的意见》、《哈尔滨市干部教育培训宏观管理规定》、《哈尔滨市党政领导干部到党校讲课制度》、《哈尔滨市干部教育培训主体班次督学暂行办法》6个征求意见稿。哈尔滨市各区、县（市）党校校长、常务副校长，各区、县（市）组织部长和主管干部培训工作的副部长，市委干部教育领导小组各成员单位领导和其他市直各单位主要负责人、组织部长或干部（人事教育）处长，近300人参加会议。

3月25日 天津市党校工作会议召开。中共中央政治局委员、天津市委书记张高丽出席并讲话。市委有关领导，市委各工委、各区县、有关局、市管企事业单位分管负责同志，党校有关负责同志和教师干部代表参加会议。

3月26日 北京市党校工作会议召开。中共中央政治局委员、北京市委书记刘淇出席并讲话，市委副书记王安顺作工作报告。市委常委、组织部部长吕锡文主持会议。会上，4所党校进行大会发言。

3月30日 中共中央委员、中央党校常务副校长李景田到宁波市委党校视察，听取了常务副校长励慧芳的工作情况汇报，与市委党校班子成员合影留念。

3月30日 哈尔滨市委党校举行春季开学典礼。中共黑龙江省委常委、哈尔滨市委书记杜宇新以“世界经济形势的急剧变化带来的重大挑战及对策”为题，作首场辅导报告。

4月7日 重庆市党校工作会议召开。中共中央政治局委员、重庆市委书记薄熙来出席并讲话。市委副书记张轩作工作报告。市委常委、组织部长陈存根主持会议。市领导黄奇帆、何事忠、徐敬业、范照兵等出席会议。

4月7—8日 湖北省党校工作会议在武汉召开。中共湖北省委书记、省人大常委会主任罗清泉出席并讲话。省委副书记、省长李鸿忠，省委常委张昌尔，省委常委、常务副省长李宪生，省委常委、省纪委书记黄先耀，省委常委、省委秘书长李明波，省委常委、省委宣传部长李春明等领导出席会议。省委常委、组织部长、党校校长潘立刚主持会议并作工作报告。

4月14日 上海市党校工作会议在市委党校召开。会前（4月9日），中共中央政治局委员、中共上海市委书记俞正声对召开本次会议作出批示。市委副书记殷一璀代表市委讲话，市委常委、市纪委书记董君舒出席会议，市委常委、市委组织部长、市委党校校长沈红光代表市委作工作报告。会后，市委颁发了《关于贯彻落实〈中国共产党党校工作条例〉的若干意见》。

4月16日 中共湖南省委常委、长沙市委书记陈润儿到省委党校调研，主持召开现场办公会，研究解决省委党校建设中的实际困难。长沙市委副书记、市长张剑飞，市委秘书长、办公厅主任程水泉以及市直有关部门负责人陪同调研，部分校委成员和相关部门负责人参加会议。

4月24日 武汉市党校工作会议召开。中共湖北省委副书记、武汉市委书记杨松出席并讲话。武汉市委副书记、市委党校校长胡曙光作工作报告。部分市委常委出席会议。市委、市政府相关部门负责人，区委组织部部长、区人事局长、各区党校校长和与会代表150多人参加会议。

4月27—28日 中共吉林省委召开全省党校工作会议。会议传达了中共吉林省委书记王珉关于党校工作的重要讲话，省委副书记、党校校长王儒林作工作报告，省委常委、组织部长黄燕明主持会议。会后，省委颁发了《关于贯彻落实〈中国共产党党校工作条例〉的若干意见》。

4月27—29日 “全国党校系统纪念改革开放30周年党建理论研讨会”在山西省委党校召开，中央党校副校长李君如出席并作主题报告，中共山西省委常委、组织部部长任泽民致欢迎词。会上还成立全国党建研究会党建理论教学与研究专业委员会。各省市党校党建研究方面的专家学者共100余人参加会议。

4月30日 海南省党校工作会议召开。中共海南省委书记、省人大常委会主任卫留成出席并讲话。省委副书记于迅代表省委作工作报告。省委常委、省纪委书记王为璐，省委常委、省委秘书长许俊，省委常委、省委宣传部长谭力出席会议。省委常委、省委组织部长楼阳生主持会议。会后，省委颁发了《关于贯彻落实〈中国共产党党校工作条例〉的实施意见》。

5月8日 哈尔滨市委党校与哈电集团举行校企合作办学协议签约、揭牌暨首期企业高管培训班开班仪式。中共黑龙江省委常委、哈尔滨市委书记杜宇新出席并致辞。

5月11日 全国人大常委会原副委员长、世界汉语教学学会会长许嘉璐应邀到福建省委党校为“海西大讲堂”作《文化建设》专题报告。省委常委、秘书长杨岳主持报告会。省直机关厅局级领导干部、省委党校在校师生参加报告会。

6月2日 中共贵州省委召开全省党校工作会议。中共贵州省委书记、省人大常委会主任石宗源出席并讲话。省委副书记王富玉主持会议。省委常委、省纪委书记王正福，省委常委、省委秘书长张群山，省委常委、副省长、贵州行政学院院长黄康生，省委常委、省委宣传部部长谌贻琴出席会议。省委常委、省委组织部部长、省委党校校长张少农作工作报告。贵州省直有关部门、省军区政治部和省武警总队负责同志，各市（州、地）、县（市、区）党校校长和常务副校长，省委党校班子成员及处以上干部200余人参加会议。

6月10日 杭州市党校工作会议在市委党校召开。中共浙江省委常委、杭州市委书记王国平出席并讲话。市委副书记、市委党校校长王金财作工作报告。

6月13日 中共中央政治局常委、中央书记处书记、中央党校校长习近平就北京市委党校第一期区县局级领导研修班培训作批示。17日，中共中央政治局委员、书记处书记、组织部部长李源潮也作出批示。研修班于3月16日开班，于2010年1月22日结业。

6月24日 中共山东省委书记、省人大常委会主任、省委党校校长姜异康在省委常委、组织部部长李玉妹等领导陪同下到山东省委党校检查指导工作。

6月24日 河南省委党校新校区（位于郑汴产业带职业教育园区）开工奠基仪式隆重举行。中共河南省委书记、省人大常委会主任徐光春宣布开工。省委副书记、省长郭庚茂致辞，省委副书记、省委党校校长陈全国主持开工仪式，省政协主席王全书，省委常委、常务副省长李克，省委常委、组织部长叶冬松，省委常委、郑州市委书记王文超，省人大常委会副主任李柏拴出席开工仪式。

6月25—26日 中共安徽省委召开全省党校工作会议。中共安徽省委书记、省人大常委会主任王金山出席并讲话。省委副书记、党校校长王明方代表省委作党校工作报告。省委常委、组织部长段敦厚等省委领导出席会议。会前，省委颁发了《关于贯彻落实〈中国共产党党校工作条例〉的若干意见》。

6月29日—8月14日 中共上海市委第四巡视组集中考察上海市委党校2007年以来贯彻执行党的路线、方针、政策和决议、决定以及市委工作部署的情况，特别是坚持党的政治纪律、贯彻落实科学发展观、贯彻《党校工作条例》、坚持党校姓党的情况；执行民主集中制、贯彻领导班子思想政治建设、市委关于“三重一大”制度的执行情况，团结协调、充分调动班子成员积极性的情况；贯彻执行党风廉政建设责任制和领导干部廉政勤政的情况；选拔任用干部的情况；领导干部的作风建设5方面的情况。巡视的主要对象是校委领导班子及其成员，特别是主要负责同志，主要通过听取工作汇报和专题汇报、个别访谈、列席有关会议、查阅档案资料和信访资料、民主测评、到相关单位了解情况、廉政谈话或诫勉谈话等10种方式开展巡视。9月7日，巡视组向市委党校提出《关于对中共上海市委党校开展巡视的反馈报告》的巡视报告，对校委领导班子及主要工作成绩给予充分肯定，并指出存在的问题，提出建议。

7月1日 河南省委党校建校60周年座谈会召开。中共河南省委副书记、省委党校校长陈全国出席会议并讲话。省委常委、组织部长叶冬松主持会议。

7月3日 辽宁省党校工作会议在省

委党校召开。中共辽宁省委书记、省人大常委会主任张文岳出席并讲话。省委副书记、省委党校校长张成寅，省委常委、省委组织部长唐军，省委常委、省委宣传部长张江出席会议。省委党建工作领导小组成员，各市分管党校工作的副书记，各市委组织部部长，各市党校常务副校长，省直有关部门负责人，省委党校领导班子成员、部门负责人和教职工代表100余人参加会议。

7月7—25日 中央组织部会同西藏自治区党委在自治区委党校举办了两期“西藏自治区地（市）、县党政主要领导干部应急处变能力培训班”。中央组织部副部长王尔乘出席两期开班式并讲话。自治区党委书记张庆黎，自治区党委副书记张裔炯，自治区党委副书记、自治区常务副主席郝鹏等领导分别出席开班式、结业式或为学员作专题报告，自治区领导洛桑江村、王宾宜和尹德明主持日常教学工作，其他常委均出席开班式。中央组织部、中央统战部、国务院应急办、中国地震局、清华大学、中央电视台等领导和专家教授为学员作了专题讲授。

7月9日 深圳市委召开全市党校工作会议。中共广东省委副书记、深圳市委书记刘玉浦出席并讲话。市委常委、市委组织部部长、市委党校校长王穗明主持会议。深圳市直有关单位、各区主要负责同志、全市党校系统教职工共230余人参加了会议。会上，市委颁发了《深圳市干部学习促进办法（试行）》。

7月13日 江西省党校工作会议在南昌召开。中共江西省委书记苏荣作重要批示。省委副书记、省委党校校长王宪魁作工作报告。省委常委、常务副省长凌成兴出席会议。省委常委、组织部长弘强主持会议。

7月13日 中共湖北省委书记、省人大常委会主任罗清泉到省委党校看望2009年选调生培训班学员，并与学员合影留念。湖北省委常委、省委组织部长、省委党校校长潘立刚等领导的一同前往。

7月20日 中共中央委员、中央党校常务副校长李景田一行到济南市委党校调研《中国共产党党校工作条例》贯彻落实情况。中共山东省委常委、济南市委书记、市委党校校长焉荣竹陪同调研。

7月23日 第七届“三北”（东北、华北、西北）地区省级党校常务副校长座谈会在吉林省委党校召开。中央党校教育长郝时晋出席并讲话。吉林省委副书记、省委党校校长王儒林在会上致辞。会上，北京市委党校、天津市委党校等15所省级党校交流了各自贯彻落实全国党校工作会议精神和《中国共产党党校工作条例》的做法和经验，研究探讨了以改革创新精神全面开创党校工作新局面的新思路和新举措。

7月25日 中共中央委员、中央党校常务副校长李景田一行到内蒙古自治区委党校，就贯彻落实《中国共产党党校工作条例》和全国党校工作会议精神情况进行考察调研。自治区党委副书记、自治区副主席、党校校长任亚平主持汇报会。李景田常务副校长一行听取了汇报，参观了校史陈列室、信息化建设和图书馆等。

7月25日 江苏省党校工作会议在南京召开。中共江苏省委书记、省人大常委会主任梁保华出席并讲话。省委副书记、省委组织部部长、省委党校校长王国生主持大会并作工作报告。省领导李全林、李小敏、张九汉出席会议。各省辖市委、县（市）委和部分区委的党校校长和常务副校长，各省辖市市委组织部负责同志，省干部培训领导小组成员，省委党校校委委员，以及部分企业党校代表等参加会议。

7月28日 中共河南省委组织部向本省各省辖市、县（市、区）委组织部、党校，省直、省辖市直有关单位颁发了《关于积极推进办学体制改革全面促进县级党校建设和发展的实施意见》（豫组〔2009〕21号）。30日，河南召开全省推进县级党校办学体制改革工作电视电话会议。中共河南省委副书记、省委党校校长陈全国出席并讲话。

7月31日—8月1日 全国党校系统经济理论研讨会暨第六届经济学年会在陕西省委党校召开。中共陕西省委副书记、省委党校校长王侠出席开幕式并致辞，中央党校副校长陈宝生出席并讲话。

8月5—6日 中共中央委员、中央党校常务副校长李景田一行赴青海就贯彻落实《党校工作条例》和全国党校工作会议情况进行调研。期间，省委书记强卫、省长宋秀岩会见了李景田一行，省委副书记、省委党校校长骆惠宁向李景田一行汇报了青海省贯彻落实《党校工作条例》和全国党校工作会议精神的情况。

8月7日和10日 新疆维吾尔自治区委党校副校长卫利·巴拉提同志作为中国政府代表团成员赴日内瓦参加联合国消除种族歧视委员会会议，并就新疆人权和民族问题作了发言。

8月10—11日 全国党校系统援助西藏党校工作会议在拉萨召开。中共中央委员、中央党校常务副校长李景田和中共西藏自治区党委书记张庆黎出席并讲话。中央党校副校长陈宝生和自治区党委副书记、西藏自治区委党校校长张裔炯分别主持开幕和闭幕会议。国家行政学院，中央党校和西藏自治区的有关领导出席会议。全国省级党校分别派代表参加会议。

8月31日 大连市党校工作会议在市委党校召开。中共辽宁省委常委、大连市委书记夏德仁出席并讲话。市委副书记、市委党校第一校长里景瑞作工作报告，市委常委、组织部长宋善云主持会议。市委常委、常务副市长肖盛峰等市委领导出席会议。市委干部教育培训工作领导小组成员，各区市县委、市直有关部门负责人，全市各级党校负责人等参加会议。

9月2日 新疆维吾尔自治区直属机关地厅级领导干部“学习贯彻胡锦涛总书记在新疆干部大会上重要讲话精神”专题研讨班开班仪式在新疆人民大会堂举行。中共中央政治局委员、新疆维吾尔自治区党委书记王乐泉出席开班仪式并讲话。至17日，专题研讨班在自治区委党校举办了3期。

9月5—6日 全国党校系统纪念新中国成立60周年理论研讨会在深圳市委党校召开。中共中央委员、中央党校常务副校长李景田，副校长陈宝生、孙庆聚，教育长郝时晋，中共广东省委副书记、深圳市委书记刘玉浦，中共广东省委常委、深圳市委副书记、代市长王荣等出席了会议。来自中央党校和全国48所省级党校和副省级城市党校的专家学者共200多人参加研讨会。

9月8日 山东省委党校举行2009年秋季开学典礼。中共山东省委书记、省人大常委会主任、省委党校校长姜异康出席并讲话。省委副书记刘伟，省委常委、省纪委书记杨传升，省委常委、秘书长王敏，省委常委、组织部长李玉妹，省委常委、宣传部长李群等领导出席开学典礼。

9月10日 河北省委党校举行建校60周年庆祝活动，组织“十个一”项目：一部校史、一本画册、一本校庆征文选集、一个光盘、一套教材、一次画展、一场文艺演出、一盘录像、一套纪念币、一次离退休人员回校参观，集中展示了60年来党校发展成果和党校人的良好风貌。

9月10日 山西省第三批深入学习实践科学发展观活动乡镇党委书记培训班开班式在省委党校举行。中共山西省委书记、省人大常委会主任张宝顺出席并讲话。省委常委、组织部长汤涛主持并作动员讲话。开班仪式结束后，张宝顺书记出席了省委党校教师节座谈会，察看了即将投入使用的晋昇苑大楼。

9月23日 中共中央政治局常委、中央书记处书记、中央党校校长习近平在中共黑龙江省委书记、省人大常委会主任吉炳轩，省委副书记、省长、省行政学院院长栗战书等陪同下到省委党校调研，观看了校史展览和科研成果展示，接见了校学科带头人，观摩了“突发公共事件与政府应急管理”的教学活动，听取工作汇报并就党校工作发表重要讲话。

10月20日 广东省委理论学习中心组第67期广东学习论坛报告会暨全省县处级以上领导干部学习贯彻党的十七届四中全会精神专题培训班首场报告会在广东省委党校举行。中共中央政治局委员、广东省委书记汪洋出席报告会。至11月18日，中共广东省委在省委党校举办5期全省县处级以上领导干部学习贯彻党的十七届四中全会精神专题报告会，共培训干部3392人。各地级以上市通过全省党校系统远程教育网，组织县处级以上干部约12.5万人次收听收看了报告会。

10月26日 济南市委党校举行建校60周年座谈会。按照中央和省、市委勤俭办党校、勤俭办会的精神，不搞庆祝仪式，不邀请领导出席，以召开一次纪念座谈会、发表一篇纪念文章、出版一本纪念画册的形式，庆祝建校60周年。

10月29日 山西省党校工作会议暨省委党校建校60周年庆祝大会在省委党校隆重举行。中共山西省委书记、省人大常委会主任张宝顺，省委副书记、省政协主席、省委党校校长薛延忠分别讲话。省委副书记、省长王君和部分省委常委出席会议。中央党校副校长石泰峰代表来宾单位致辞。中央党校、国家行政学院，河北省委党校、内蒙古自治区委党校、铁道部党校等单位的领导应邀出席会议。

10月 由中共云南省委办公厅牵头，省委组织部和省委党校参与，组成4个督察组，分别对全省16个州市和部分县市区就贯彻落实《中国共产党党校工作条例》和全国党校工作会议精神工作进行督察。这是云南省首次以省委名义对党校工作进行督察。

11月2—6日 贵州全省领导干部学习党的十七届四中全会精神专题培训班在省委党校举行。中共贵州省委书记、省人大常委会主任石宗源出席并讲话。全省各市（州、地）委书记、省直单位主要负责人、省直机关党委书记、高校党委书记、省管企业党委书记及省委党校副处级以上干部和副高以上职称人员参加学习。

11月3—4日 湖南全省、市、州和省直单位党政主要领导干部廉政培训班在省委党校举行。中共湖南省委书记、省人大常委会主任张春贤，省委副书记、省长周强出席并主讲廉政党课。

11月6日 正在井冈山视察工作的中共中央政治局委员、中央书记处书记、中宣部部长刘云山接见江西省委党校第35期中青班学员，并与全体学员合影留念。

11月11日 中共陕西省委书记、省人大常委会主任赵乐际到省委党校作学习党的十七届四中全会《关于加强和改进新形势下党的建设若干重大问题的决定》辅导报告。

12月8日 由中共宁夏回族自治区党委组织部和自治区党校联合创办的宁夏干部教育培训网络学院（网址：www. nxgbjy. org. cn）正式开通。中共宁夏回族自治区党委常委、组织部长、党校校长徐松南，自治区人大常委会副主任马秀芬、自治区副主席李锐共同点击开通网络学院网站。

12月18日 全国政协原副主席，中国工程院院长、党组书记徐匡迪院士应邀在陕西省委组织部和省委党校联合举办的“三秦大讲堂”为陕西省领导干部作题为《学习实践科学发展观，转变经济发展方式，建设创新型国家》的专题报告。省委副书记、省委党校校长王侠主持。省委常委、省纪委书记郭永平，省委常委、省军区政委夏龙祥，省人大常委会副主任赵德全、刘维隆、黄玮，副省长吴登昌、姚引良，省政协副主席张生朝、李冬玉等领导听取报告。

教职工简况

序号	党校名称	在职人员总数（人）	教研人员（人）	教辅人员（人）	行政管理人员（人）	工勤技能人员（人）
1	北京市委党校	353	103	36	148	66
2	天津市委党校	463	149	79	155	80
3	河北省委党校	353	107	43	117	86
4	山西省委党校	417	133	25	180	79
5	内蒙古自治区委党校	289	94	47	81	67
6	辽宁省委党校	316	106	37	89	84
7	吉林省委党校	599	153	77	240	129
8	黑龙江省委党校	440	123	52	170	95
9	上海市委党校	368	89	53	124	102
10	江苏省委党校	542	181	24	244	93
11	浙江省委党校	356	97	48	157	54

续 表

序号	党校名称	在职人员总数（人）	教研人员（人）	教辅人员（人）	行政管理人员（人）	工勤技能人员（人）
12	安徽省委党校	291	87	29	101	74
13	福建省委党校	273	92	49	79	53
14	江西省委党校	429	120	74	134	101
15	山东省委党校	383	123	41	143	76
16	河南省委党校	424	119	24	164	117
17	湖北省委党校	269	72	27	141	29
18	湖南省委党校	519	124	50	204	141
19	广东省委党校	448	118	80	172	78
20	广西壮族自治区委党校	262	77	63	72	50
21	海南省委党校	200	48	30	76	46
22	重庆市委党校	362	110	46	128	78
23	四川省委党校	568	197	40	242	89
24	贵州省委党校	286	94	0	121	71
25	云南省委党校	397	107	63	110	117
26	西藏自治区委党校	153	49	29	41	34
27	陕西省委党校	475	128	70	207	70
28	甘肃省委党校	393	125	37	153	78
29	青海省委党校	325	80	37	157	51
30	宁夏回族自治区委党校	225	68	29	79	49
31	新疆维吾尔自治区委党校	470	116	59	180	115
32	新疆生产建设兵团党校	203	63	35	72	33
33	铁道部党校	316	35	97	88	96
34	广州市委党校	150	40	28	62	20
35	武汉市委党校	192	45	25	92	30
36	哈尔滨市委党校	199	54	58	57	30
37	沈阳市委党校	249	71	20	81	77
38	成都市委党校	244	82	15	101	46
39	南京市委党校	167	42	14	68	43
40	西安市委党校	160	57	19	59	25
41	长春市委党校	144	50	39	33	22
42	济南市委党校	165	61	7	84	13
43	杭州市委党校	166	46	35	70	15
44	大连市委党校	163	43	17	72	31
45	青岛市委党校	190	63	15	78	34
46	深圳市委党校	132	50	19	40	23
47	厦门市委党校	96	31	18	31	16
48	宁波市委党校	133	40	40	34	19

承担国家社科基金项目

序号	批准号	项目类别	项目名称	负责人	单位
1	09AZD004	重点项目	新形势下中国共产党软实力研究	程竹汝	上海市委党校
2	09BDJ014	一般项目	选人用人公信度的形成机理研究	李烈满	福建省委党校
3	09BDJ017	一般项目	电子党务要成为推进党的建设创新的重要平台	冯仿娅	广州市委党校
4	09BDJ019	一般项目	科学发展观指导下运用和拓展党执政资源的对策研究	祝福恩	黑龙江省委党校
5	09BDJ020	一般项目	深化干部制度改革的重大举措——干部任期制研究	韩　强	山东省委党校
6	09BDJ021	一般项目	改革开放以来我国优秀农村党支部书记成长规律研究	郭献功	河南省委党校
7	09BDJ022	一般项目	构建城乡统筹基层党建新格局调查研究——以重庆市的实践与探索为例	王正宁	重庆市委党校
8	09BDJ024	一般项目	建立健全统筹城乡党建工作一体化新格局研究	陈鹏键	宁波市委党校
9	09BDJ026	一般项目	中国共产党基层组织在重大突发事件中的作用——基于汶川地震与汉源事件的比较分析	周治滨	四川省委党校
10	09BDJ030	一般项目	建立与完善网络监督机制及推进网络反腐制度化研究	刘　晔	开封市委党校
11	09BDJ031	一般项目	建立健全农村基层党组织党内激励、关怀、帮扶机制研究	孟永华	山西省委党校
12	09BDJ032	一般项目	党内民主制度构建的科学性研究	董连翔	江苏省委党校
13	09BFX022	一般项目	财产申报的基础制度研究	王　蓉	四川省委党校
14	09BGJ002	一般项目	非传统威胁下中国公民海外安全分析	李晓敏	浙江省委党校
15	09BJL055	一般项目	中部地区引进区域性战略投资者研究	冷宣荣	河北省委党校
16	09BJY001	一般项目	国际金融危机对我国外向型经济的影响——基于江浙沪粤鲁的比较	黄瑞玲	江苏省委党校
17	09BJY005	一般项目	加快发展原创性高新技术产业对策研究	徐明华	浙江省委党校

续 表

序号	批准号	项目类别	项目名称	负责人	单位
18	09BJY007	一般项目	转轨时期我国政府俘获的新变化与政府规制改革	穆瑞丽	河北省委党校
19	09BJY026	一般项目	青藏高原生态圈一体性长效性生态环境补偿机制研究	王兰英	青海省委党校
20	09BJY035	一般项目	生态型城市群发展对策研究——基于长株潭“两型社会”试验区实证分析	匡跃辉	湖南省委党校
21	09BJY043	一般项目	发展低碳经济的市场机制与政策研究	张晓理	杭州市委党校
22	09BJY054	一般项目	提升装备制造业竞争力对策研究	陶良虎	湖北省委党校
23	09BJY058	一般项目	沿海发达地区新农村建设中的妇女人力资源开发研究	巢小丽	宁波市委党校
24	09BKS004	一般项目	马克思恩格斯生态哲学思想研究	张进蒙	陕西省委党校
25	09BKS006	一般项目	马克思主义生态思想和新疆生态文明建设研究	王　勤	新疆维吾尔自治区委党校
26	09BKS011	一般项目	资本批判与现代性批判视角下的科学发展观研究	何建津	福建省委党校
27	09BKS021	一般项目	构建统筹城乡发展的制度框架研究——以重庆城乡统筹综合配套改革试验为例	余　凡	重庆市委党校
28	09BKS023	一般项目	科学发展观视野下的民生需要研究	陈洪泉	青岛市委党校
29	09BKS025	一般项目	构建和谐社会中城市社区自治组织的规范化研究	胡国民	宁波市委党校
30	09BKS028	一般项目	阶层分化与新时期人民内部矛盾问题研究	彭心安	厦门市委党校
31	09BKS029	一般项目	新时期群体矛盾的政策性研究	陶笑眉	湖北省委党校
32	09BKS030	一般项目	正确处理人民内部矛盾机制研究	刘松枝	哈尔滨市委党校
33	09BKS043	一般项目	少数民族地区马克思主义大众化问题研究	吴玉敏	青海省委党校
34	09BKS044	一般项目	推进当代中国马克思主义大众化研究	丁　素	河南省委党校
35	09BKS045	一般项目	用社会主义核心价值体系引领社会思潮途径研究	盛秀英	黑龙江省委党校

续表

序号	批准号	项目类别	项目名称	负责人	单位
36	09BKS046	一般项目	“多元一体”格局下西北少数民族地区社会主义核心价值体系建设研究	周银霞	甘肃省委党校
37	09BKS056	一般项目	群体性事件的治理与利益表达机制的有效性研究	陈秀梅	河北省委党校
38	09BKS057	一般项目	我国公民网络参与研究	魏星河	江西省委党校
39	09BMZ017	一般项目	建立维护藏区社会稳定工作长效机制研究	陈　玮	青海省委党校
40	09BRK002	一般项目	甘肃陇南市灾后重建与人口迁移的现状和对策研究	李含琳	甘肃省委党校
41	09BSH003	一般项目	中国特色社会建设理论与政策框架研究	翁笑冰	上海市委党校
42	09BSH027	一般项目	农村公共文化服务体系建设及评估研究	彭益民	湖南省委党校
43	09BSH053	一般项目	农民新型合作组织研究：绿色共同体的生成和发展视角	钱一舟	江苏省委党校
44	09BTQ014	一般项目	泛在环境下我国图书馆信息资源组织与服务的群体化整合模式研究	张　旭	山东省委党校
45	09BXW018	一般项目	提高领导干部网上舆论引导能力问题及对策研究	王晓燕	黑龙江省委党校
46	09BZJ022	一般项目	宗教与社会建设的关系研究——以“长三角地区”城市社区发展与宗教组织的关系为例	尤　佳	江苏省委党校
47	09BZX014	一般项目	和谐社会视域中的环境正义问题研究	田宪臣	河南省委党校
48	09BZX018	一般项目	社会主义核心价值体系引领社会思潮的途径分析	陈　勇	北京市政法委党校
49	09BZX019	一般项目	西北民族地区增加社会主义意识形态凝聚力问题研究	刘耀霞	新疆生产建设兵团党校
50	09BZX028	一般项目	论虚拟技术的人文价值	曾　慧	广东省委党校
51	09BZX069	一般项目	消费文化对青年价值观的影响	扈海鹂	江苏省委党校
52	09BZX072	一般项目	防范治理邪教与和谐社会建设研究	文国伟	重庆市委党校

续 表

序号	批准号	项目类别	项目名称	负责人	单位
53	09BZZ004	一般项目	城市化进程中农民权益的政府保护机制研究	朱 秦	云南省委党校
54	09BZZ005	一般项目	村民委员会选举中的贿选问题研究	吴思红	杭州市委党校
55	09BZZ011	一般项目	互联网与廉政监督新途径研究	王瑞娟	山西省委党校
56	09BZZ018	一般项目	新农村视野下的农村专业经济协会研究	吴传毅	湖南省委党校
57	09BZZ033	一般项目	综合配套改革中服务型政府的构建：以浦东为个案的研究	陈奇星	上海市委党校
58	09CDJ004	青年项目	网络党建工作方式创新研究	刘长发	郑州市委党校
59	09CDJ006	青年项目	农民工中党的工作的困境与出路研究	杨东广	河北省委党校
60	09CFX011	青年项目	清朝前期涉外法律研究——以广东地区来华外国人管理为中心	王巨新	山东省委党校
61	09CJY005	青年项目	中国产业结构转换的路径选择与城乡就业统筹	王燕飞	重庆市委党校
62	09CJY006	青年项目	基于创业活动差异分析的创业型经济发展政策分类设计研究	李剑力	河南省委党校
63	09CKS017	青年项目	转型期中国共产党社会整合机制研究	涂小雨	河南省委党校
64	09CRK006	青年项目	汶川大地震迁移人口的可持续发展研究	杜丽红	四川省委党校
65	09CSS004	青年项目	社会过渡时期英国富裕农民研究（15—18 世纪）	徐华娟	天津市委党校
66	09CTQ021	青年项目	基于内容管理的政府信息资源开发模式与评价研究	朱锐勋	云南省委党校
67	09CZX008	青年项目	灾难与中华民族精神发展	李长庚	陕西省委党校
68	09CZX015	青年项目	工程伦理与和谐社会：STS 视角下的实证分析	梁 军	陕西省委党校
69	09CZX020	青年项目	中国传统文化在网络文化中传承与发展对策研究	曹学娜	黑龙江省委党校
70	09CZZ024	青年项目	农村能人队伍建设问题研究——基于浙江的实证研究	顾金喜	浙江省委党校

续 表

序号	批准号	项目类别	项目名称	负责人	单位
71	09CZZ039	青年项目	网络架构下的国家安全走向及对策研究	王　谦	武汉市委党校
72	09XDJ002	西部项目	中国共产党维护西藏稳定的历史经验及政策分析	续文辉	西藏自治区委党校
73	09XDJ003	西部项目	党内选举的改革实践与制度创新	杨继荣	四川省委党校
74	09XDJ004	西部项目	考试测评选任干部实践规范化研究	马俊林	内蒙古自治区委党校
75	09XDJ005	西部项目	提高选拔任用干部的公信度研究	邓献辉	贵州省委党校
76	09XDJ007	西部项目	改革开放以来藏区党的建设基本经验及运用研究	梁代生	青海省委党校
77	09XDJ008	西部项目	建立健全城乡统筹的党建工作一体化新格局研究	兰亚宾	宜宾市委党校
78	09XDJ009	西部项目	新时期话语体系创新与提高党的动员力	于连锐	内蒙古自治区委党校
79	09XJL007	西部项目	基于能值理论的河西走廊绿洲农业发展方式转变研究	魏奋子	甘肃省委党校
80	09XJL012	西部项目	金融危机视阈中的负所得税中国化研究	李庆梅	甘肃省委党校
81	09XJL023	西部项目	西部生态环境建设补偿制度的生态经济学依据研究	周　玲	宁夏回族自治区委党校
82	09XJY001	西部项目	边疆少数民族地区建设促进城乡经济社会发展一体化制度研究	赵　涛	云南省委党校
83	09XJY022	西部项目	新疆现代林果产业体系发展中的市场建设和创新研究	周　斌	新疆维吾尔自治区委党校
84	09XJY025	西部项目	基于我国粮食安全和主要农产品有效供给的农业“走出去”战略研	强始学	新疆生产建设兵团党校
85	09XJY028	西部项目	中国玉米产业国际竞争力研究	聂　敏	陕西省委党校
86	09XKS003	西部项目	西部民族地区领导干部践行科学发展观研究	曹淑英	青海省委党校
87	09XKS008	西部项目	中国特色社会主义公民社会与社会主义和谐社会的契合性内在机理研究	苏咏喜	云南省委党校

续 表

序号	批准号	项目类别	项目名称	负责人	单位
88	09XMZ003	西部项目	兴边富民行动及其成效的调查研究	杨引官	新疆维吾尔自治区委党校
89	09XMZ005	西部项目	老少边穷连片地区区域合作路径与机制研究	宋爱苏	重庆市委党校
90	09XMZ006	西部项目	推动西藏科学发展社会和谐的重点难点问题研究	李 宏	西藏自治区委党校
91	09XSH012	西部项目	城市化进程中回族社区变迁与清真寺功能社会化研究	马占彪	青海省委党校
92	09XSH015	西部项目	新疆少数民族地区单一民族聚居村与“民汉杂居”村发展状况对比研究	麦丽燕	新疆维吾尔自治区委党校
93	09XZS013	西部项目	古汉字“本义系统”与上古神话原型研究	陈文敏	陕西省委党校
94	09XZX015	西部项目	荒漠化防治系统内散外敛型组织模式的生态哲学研究	王丛霞	宁夏回族自治区委党校
95	09XZX017	西部项目	西北农村地区道德生态的变迁与现状解析	符晓波	甘肃省委党校
96	09XZZ009	西部项目	县级政府行政权配置研究	邓 博	云南省委党校
97	09XZZ010	西部项目	中国特色廉政文化建设的思路和方法研究	唐秀玲	广西壮族自治区委党校
98	09XZZ011	西部项目	我国政府公共决策利益博弈的路径和机制研究	陈建先	重庆市委党校

注：按全国哲学社会科学规划办公室2009年公布的国家社科基金项目批准号排序。

完成国家社科基金项目

序号	批准号	项目名称	成果名称	鉴定等级	负责人	工作单位
1	05BZZ015	东北老工业基地振兴与事业单位体制改革的机遇和责任研究	东北老工业基地振兴与事业单位体制改革的机遇和责任研究	优秀	陈　静	沈阳市委党校
2	06BZX074	民营企业家自主创新心智模式比较研究	民营企业家自主创新心智模式比较研究	优秀	郑湘娟	宁波市委党校
3	05BDJ026	增强党在新经济组织阶级基础和群众基础研究	新领域、新开拓——增强党在新经济组织阶级与群众基础研究	良好	顾建键	上海市委党校
4	02BTQ009	现代图书馆架构研究	现代图书馆架构	良好	王丽丽	上海市委党校
5	06BKS009	党的十六大以来马克思主义理论创新研究	党的十六大以来马克思主义理论创新	良好	于文俊	湖北省委党校
6	05XDJ011	逐步推进党务公开，增强党组织工作的透明度研究	民主政治背景下的党务公开——逐步推进党务公开增强党组织工作的透明度研究	良好	郭　伟	四川省委党校
7	06BGJ027	云南周边国家地方民族武装对我国构建和谐社会的影响	云南周边国家地方民族武装对我国构建和谐社会的影响	良好	韦承二	云南省委党校
8	05XFX003	西北边疆民族法制建设与和谐社会构建	西北边疆民族法制建设与和谐社会构建	良好	李崇林	新疆维吾尔自治区委党校
9	04XMZ014	资源开发、环境与小民族生存——赫哲族、鄂伦春族个案研究	资源开发、环境与小民族生存——鄂伦春族个案	合格	何　群	内蒙古自治区委党校
10	04BZX013	思维创新的认识论研究	思维创新的认识论研究	合格	刘卫平	上海市委党校

续 表

序号	批准号	项目名称	成果名称	鉴定等级	负责人	工作单位
11	05XJL003	经济运行干预比较：提高驾驭社会主义市场经济能力研究	经济运行干预比较：提高驾驭社会主义市场经济能力研究	合格	文大会	四川省委党校
12	05BKS017	发展民族文化产业在反西方文化战中的作用研究	发展民族文化产业在反西方文化战中的作用研究	合格	李卫宁	云南省委党校
13	06BDJ028	新时期密切党群关系的政策研究	新时期影响我国党群关系的若干重大问题与相关政策研究	优秀	刘贵丰	山东省委党校
14	06BDJ026	利益结构变化对党群关系的影响及对策研究	利益结构变化对党群关系的影响及对策研究	优秀	赵士红	河南省委党校
15	06BJY110	改革和完善农村金融服务体系研究	改革和完善农村金融服务体系研究	良好	陈时兴	浙江省委党校
16	05BSH035	构建社会主义和谐社会的城乡利益协调机制研究	城乡利益协调机制研究——基于公共品供给制度的分析	良好	廖清成	江西省委党校
17	07CSH003	构建社会主义和谐劳动关系问题研究	劳动关系：社会和谐发展的风向标	良好	谭　泓	山东省委党校
18	07BJY094	新农村建设中乡村存量债务重组与增量债务监控问题研究	新农村建设中乡村存量债务重组与增量债务监控问题研究	良好	杜　爽	河南省委党校
19	07BJY072	增强西部地区发展能力的长效机制和政策研究	增强西部地区发展能力的长效机制和政策研究	良好	江世银	四川省委党校
20	05XSH018	农村社会养老保障制度基础框架研究	中国农村社会养老保险制度基本框架研究	合格	蔡明秋	成都市委党校
21	06BDJ004	中国共产党领导经济社会发展的基本经验与科学发展观	中国共产党领导经济社会发展的基本经验与科学发展观	良好	杨升祥	天津市委党校

续 表

序号	批准号	项目名称	成果名称	鉴定等级	负责人	工作单位
22	05BJL009	中国特色社会主义分享经济理论与共同富裕的实现机制研究	中国特色社会主义分享经济理论与共同富裕的实现机制研究	良好	李炳炎	江苏省委党校
23	03BJL050	中部大发展与区域经济协调	中部崛起与区域经济协调发展	良好	李本和	安徽省委党校
24	06BZZ037	取消农业税后农村公共产品和公共服务供给问题研究	取消农业税后农村公共产品和公共服务供给问题研究	良好	周　青	福建省委党校
25	05XKS008	西部县级领导干部树立和落实科学发展观研究	西部县级领导干部树立和落实科学发展观研究	良好	王安琦	陕西省委党校
26	07CJY034	农村贫困人口标准和扶贫政策及措施研究	农村贫困人口标准和扶贫政策及措施研究	合格	赵　玉	河北省委党校
27	06CJY027	完善农业补贴政策研究——农户策略性行为与农业补贴政策的社会绩效分析	完善农业补贴政策研究——农户策略性行为与农业补贴政策的社会绩效分析	合格	乔翠霞	山东省委党校
28	06XSH009	城市郊区农民市民化问题研究——以成都地区为个案的实证分析	城市郊区农民市民化问题研究——以成都地区为个案的实证分析	合格	路小昆	成都市委党校
29	03BKS015	边疆民族地区全面建设小康社会问题研究	边疆民族地区全面建设小康社会若干问题研究——以云南为例	良好	赵长青	云南省委党校
30	06XKS003	印共（马）“人民民主革命”理论与实践研究	印共（马）“人民民主革命”理论与实践研究	良好	苗光新	陕西省委党校
31	05BDJ011	中国共产党领导边疆农垦的历史经验研究	中国共产党领导边疆农垦的历史经验研究	良好	王小平	新疆生产建设兵团党校
32	05XDJ010	转型时期党在民族地区构建和谐社会问题研究	转型时期党在民族地区构建社会主义和谐社会问题研究	合格	孙　杰	内蒙古自治区委党校

续 表

序号	批准号	项目名称	成果名称	鉴定等级	负责人	工作单位
33	06BDJ017	朱德社会主义建设思想研究	朱德社会主义建设思想研究	合格	江泰然	江西省委党校
34	06XFX005	行政程序证据规则研究	行政程序证据规则理论与实务	合格	徐继敏	重庆市委党校
35	04XMZ001	西北民族地区生态安全与水资源制度创新研究	西北民族地区生态安全与水资源制度创新研究	合格	陈永胜	甘肃省委党校
36	04BZZ019	新疆现代化进程预测与行为方式创新	新疆现代化进程预测与行为方式创新	合格	曾庆忠	新疆维吾尔自治区委党校
37	02BDJ023	长期执政条件下中国共产党面临的考验及对策研究	长期执政条件下中国共产党面临的考验及对策研究	良好	杨　彧	天津市委党校
38	07XMZ039	西部少数民族地区基层政府公共服务能力建设问题研究	西部少数民族地区基层政府公共服务能力建设问题研究	良好	丁玉才	内蒙古自治区委党校
39	05BJY001	加强和改善宏观调控、防止经济大起大落的体制机制研究	加强和改善宏观调控防止经济大起大落机制研究	合格	周炼石	上海市委党校
40	06CDJ004	中国共产党政党文化研究	中国共产党政党文化研究	良好	赵理富	湖北省委党校
41	07BDJ031	中国共产党面临的执政风险及其对策研究	中国共产党面临的执政风险及其对策研究	良好	舒艾香	湖北省委党校
42	04XJY030	可持续脱贫的机制与治理结构转型——对若干国家级贫困县的调查研究	可持续脱贫的机制与治理结构转型——对若干国家级贫困县的调查研究	良好	凌经球	广西壮族自治区委员会党校
43	07BDJ030	完善执政党反腐败动力机制研究	完善执政党反腐败动力机制研究	优秀	唐晓清	辽宁省委党校
44	05BKS029	当前我国意识形态安全问题研究	当前我国意识形态安全问题研究	良好	杜阿奇	青岛市委党校
45	05XFX013	我国西部民族地区中小企业发展制度建构研究	我国西部民族地区中小企业发展制度建构研究	良好	陶青德	甘肃省委党校

续 表

序号	批准号	项目名称	成果名称	鉴定等级	负责人	工作单位
46	07BDJ020	党内民主示范带动人民民主的理论与实践研究——以成都为例	党内民主示范带动人民民主的理论与实践研究——以成都为例	合格	王　凡	成都市委党校
47	06BJL011	对社会再生产系统的动力学分析	对社会再生产系统的动力学分析——基于马克思再生产理论所作的研究	良好	朱殊洋	广州市委党校
48	05BJY081	促进服务性消费研究——西部地区服务性消费增长及对策研究	促进服务消费研究——西部地区服务消费增长及对策研究	良好	柏建华	宁夏回族自治区委党校
49	06CJL020	统筹区域发展与区域协调互动机制研究	统筹区域发展与区域协调互动机制研究	合格	王泽强	安徽省委党校
50	06BDJ030	新时期共产党员理想信念建设的继承与创新	新时期共产党员理想信念建设的继承与创新	合格	康超光	成都市委党校
51	06XZX004	和谐社会视野下的少数民族文化	和谐社会视野下的少数民族文化	合格	陈黔珍	贵州省委党校
52	06XZZ006	深化边疆民族地区党政干部人事制度改革研究	深化边疆民族地区党政干部人事制度改革研究	合格	杨庆东	云南省委党校
53	06XDJ008	新疆农牧区加强基层党组织建设与建设社会主义新农村研究	新疆农牧区加强基层党组织建设与建设社会主义新农村研究	合格	牟振江	新疆维吾尔自治区委党校
54	04XDJ001	中国共产党在新疆执政为民的实践与历史经验研究	中国共产党在新疆执政为民的实践与历史经验研究	合格	段　良	新疆维吾尔自治区委党校
55	06BZZ024	强县扩权与省直管县体制改革	探索实行省直接管理县（市）的行政体制——强县扩权与市管县体制改革研究	优秀	孙学玉	江苏省委党校

续 表

序号	批准号	项目名称	成果名称	鉴定等级	负责人	工作单位
56	07BZX006	马克思主义哲学大众化的历史经验及创新路径	走向大众哲学——马克思主义哲学大众化的基本理论、历史经验及创新路径	良好	林国标	湖南省委党校
57	06BZZ006	中国共产党在西藏工作的决策与实践研究	中国共产党在西藏工作的决策与实践研究	良好	普布次仁	西藏自治区委党校
58	04XJY009	西部地区生态建设补偿机制、配套政策和评价体系研究	西部地区生态建设补偿机制、配套政策和评价体系研究	合格	李香兰	内蒙古自治区委党校
59	04BZZ031	中国特大城市政府管理体制创新与政府职能转变研究	中国特大城市政府管理体制创新与职能转变	合格	李琪	上海市委党校
60	07CKS003	环境伦理创新与和谐社会构建互动机制研究	环境伦理创新与和谐社会构建互动机制研究	合格	田文富	河南省委党校
61	04BJY056	我国粮食生产地区粮食综合生产能力与我国粮食安全问题研究	我国粮食生产地区粮食综合生产能力与我国粮食安全问题研究	良好	邵立民	黑龙江省委党校
62	07BKS043	加强和谐文化建设，化解“无直接利益冲突”矛盾问题研究	加强和谐文化建设，化解“无直接利益冲突”矛盾问题研究	良好	孙玉杰	河南省委党校
63	07BKS026	规范党委与人大关系的长效机制研究	规范党委与人大关系的长效机制研究	良好	张建民	湖南省委党校
64	04BZX055	基因技术之伦理研究	基因技术之伦理研究	合格	张春美	上海市委党校
65	04CZJ007	邪教中的女性群体研究	邪教中的女性群体研究——以当代江苏为中心	合格	李霞	江苏省委党校
66	06BRK009	人口发展战略管理研究	人口发展战略管理研究	合格	周学馨	重庆市委党校

续 表

序号	批准号	项目名称	成果名称	鉴定等级	负责人	工作单位
67	05XDJ015	西部欠发达地区农村干部管理机制创新及夯实执政基础问题研究	西部欠发达地区农村干部管理机制创新及夯实执政基础问题研究	合格	范　义	白银市委党校
68	06XFX010	农村社会保障制度研究——以西北贫困地区农村为例	农村社会保障制度研究——以西北贫困地区农村为例	合格	曹建民	甘肃省委党校

注：按全国哲学社会科学规划办公室2009年公布的国家社科基金项目成果鉴定等级公告顺序排序。

硕士学位学科、专业授权点

序号	党校名称	学科门类	一级学科	二级学科、专业
1	北京市委党校	哲　学		马克思主义哲学
2	北京市委党校	哲　学		外国哲学
3	北京市委党校	经济学		国民经济学
4	北京市委党校	法　学		政治学理论
5	北京市委党校	法　学		中共党史（含党的学说和党的建设）
6	北京市委党校	法　学	马克思主义理论	马克思主义基本原理、马克思主义发展史、马克思主义中国化研究、国外马克思主义研究、思想政治教育
7	北京市委党校	法　学		社会学
8	北京市委党校	管理学		行政管理
9	辽宁省委党校	法　学		科学社会主义与国际共产主义运动
10	辽宁省委党校	法　学		中共党史（含党的学说和党的建设）
11	辽宁省委党校	法　学		马克思主义基本原理
12	辽宁省委党校	法　学		马克思主义中国化研究
13	吉林省委党校	哲　学		马克思主义哲学
14	吉林省委党校	经济学		政治经济学
15	吉林省委党校	法　学		中共党史（含党的学说和党的建设）
16	黑龙江省委党校	经济学		政治经济学
17	黑龙江省委党校	经济学		区域经济学
18	黑龙江省委党校	法　学		科学社会主义与国际共产主义运动

续 表

序号	党校名称	学科门类	一级学科	二级学科、专业
19	黑龙江省委党校	法 学		中共党史（含党的学说与党的建设）
20	黑龙江省委党校	法 学		马克思主义中国化研究
21	黑龙江省委党校	管理学		行政管理
22	上海市委党校	哲 学		马克思主义哲学
23	上海市委党校	经济学		国民经济学
24	上海市委党校	法 学		政治学理论
25	上海市委党校	法 学		科学社会主义与国际共产主义运动
26	上海市委党校	法 学		中共党史（含党的学说与党的建设）
27	上海市委党校	法 学		马克思主义基本原理
28	上海市委党校	法 学		马克思主义中国化研究
29	江苏省委党校	哲 学		马克思主义哲学
30	江苏省委党校	经济学		政治经济学
31	江苏省委党校	经济学		世界经济
32	江苏省委党校	经济学		国民经济学
33	江苏省委党校	经济学		区域经济学
34	江苏省委党校	经济学		劳动经济学
35	江苏省委党校	法 学		政治学理论
36	江苏省委党校	法 学		科学社会主义与国际共产主义运动
37	江苏省委党校	法 学		宪法与行政法学
38	江苏省委党校	法 学		中共党史（含党的学说与党的建设）
39	江苏省委党校	法 学		国际政治
40	江苏省委党校	法 学		社会学
41	江苏省委党校	管理学		行政管理
42	江苏省委党校	管理学		企业管理
43	浙江省委党校	哲 学		马克思主义哲学
44	浙江省委党校	哲 学		伦理学
45	浙江省委党校	经济学		区域经济学
46	浙江省委党校	法 学		政治学理论
47	浙江省委党校	法 学		马克思主义基本原理
48	浙江省委党校	法 学		马克思主义中国化研究
49	浙江省委党校	管理学		行政管理
50	山东省委党校	哲 学		马克思主义哲学
51	山东省委党校	经济学		政治经济学
52	山东省委党校	法 学		科学社会主义与国际共产主义运动
53	山东省委党校	法 学		中共党史（含党的学说与党的建设）

续 表

序号	党校名称	学科门类	一级学科	二级学科、专业
54	山东省委党校	法　学		马克思主义基本原理
55	山东省委党校	法　学		思想政治教育
56	湖北省委党校	经济学		政治经济学
57	湖北省委党校	法　学		宪法学与行政法学
58	湖北省委党校	法　学		科学社会主义与国际共产主义运动
59	湖北省委党校	法　学		中共党史（含党的学说和党的建设）
60	湖北省委党校	法　学		马克思主义基本原理
61	湖南省委党校	哲　学		马克思主义哲学
62	湖南省委党校	哲　学		科学技术哲学
63	湖南省委党校	经济学		政治经济学
64	湖南省委党校	法　学		科学社会主义与国际共产主义运动
65	湖南省委党校	法　学		中共党史（含党的学说与党的建设）
66	湖南省委党校	法　学		马克思主义基本原理
67	湖南省委党校	法　学		思想政治教育
68	湖南省委党校	管理学		行政管理
69	广东省委党校	哲　学		马克思主义哲学
70	广东省委党校	哲　学		伦理学
71	广东省委党校	经济学		政治经济学
72	广东省委党校	法　学		科学社会主义与国际共产主义运动
73	广东省委党校	法　学		中共党史（含党的学说与党的建设）
74	广东省委党校	法　学		马克思主义中国化研究
75	重庆市委党校	哲　学		马克思主义哲学
76	重庆市委党校	经济学		政治经济学
77	重庆市委党校	法　学		宪法学与行政法学
78	重庆市委党校	法　学		科学社会主义与国际共产主义运动
79	重庆市委党校	法　学		中共党史（含党的学说与党的建设）
80	重庆市委党校	法　学		马克思主义中国化研究
81	重庆市委党校	管理学		行政管理
82	四川省委党校	哲　学		马克思主义哲学
83	四川省委党校	经济学		政治经济学
84	四川省委党校	经济学		区域经济学
85	四川省委党校	法　学		科学社会主义与国际共产主义运动
86	四川省委党校	法　学		中共党史
87	四川省委党校	法　学		马克思主义中国化
88	陕西省委党校	哲　学		马克思主义哲学

续 表

序号	党校名称	学科门类	一级学科	二级学科、专业
89	陕西省委党校	经济学		政治经济学
90	陕西省委党校	经济学		国民经济学
91	陕西省委党校	法　学		科学社会主义与国际共产主义运动
92	陕西省委党校	法　学		中共党史（含党的学说与党的建设）
93	陕西省委党校	法　学		马克思主义基本原理
94	陕西省委党校	法　学		马克思主义中国化研究
95	陕西省委党校	法　学		政治学理论
96	陕西省委党校	法　学		思想政治教育

主办报刊简况

序号	报刊名称	国际标准刊号	国内统一刊号	刊　期	主办单位
1	新视野	ISSN1006-0138	CN11-3257/D	双月刊	北京市委党校等
2	求知	ISSN1001-8239	CN12-1162/D	月　刊	天津市委党校
3	中共天津市委党校学报	ISSN1008-410X	CN12-1285/D	双月刊	天津市委党校
4	领导之友	ISSN1671-198X	CN13-1311/D	双月刊	河北省委党校
5	河北党校报		CN13-0831/(G)	半月刊	河北省委党校
6	中共山西省委党校学报	ISSN1009-1203	CN14-1237/D	双月刊	山西省委党校等
7	理论探索	ISSN1004-4175	CN14-1079/C	双月刊	山西省委党校等
8	理论研究	ISSN1672-5573	CN15-1122/C	双月刊	内蒙古自治区委党校等
9	党政干部学刊	ISSN1672-2426	CN21-1254/D	月　刊	辽宁省委党校
10	辽宁党校报		CN21-0843/(G)	20期/年	辽宁省委党校
11	长白学刊	ISSN1003-5478	ZN22-1009/D	双月刊	吉林省委党校
12	吉林党校报		CN22-0836/G	半月刊	吉林省委党校
13	理论探讨	ISSN1000-8594	CN23-1013/D	双月刊	黑龙江省委党校
14	党政论坛	ISSN1006-1754	CN31-1203/D	月　刊	上海市委党校

续 表

序号	报刊名称	国际标准刊号	国内统一刊号	刊　期	主办单位
15	上海党校通讯		CN31-0832/(G)	半月刊	上海市委党校
16	唯实	ISSN1004-1605	CN32-1083/D	月　刊	江苏省委党校
17	江苏党校报		CN32-0867/G	半月刊	江苏省委党校
18	中共浙江省委党校学报	ISSN1007-9092	CN33-1010/D	双月刊	浙江省委党校等
19	理论建设	ISSN1007-4767	CN34-1136/D	双月刊	安徽省委党校
20	安徽党校报		CN34-0834/G	半月刊	安徽省委党校
21	中共福建省委党校学报	ISSN1008-4088	CN35-1198/C	月　刊	福建省委党校
22	党史研究与教学	ISSN1003-708X	CN35-1059/A	双月刊	福建省委党校等
23	领导文萃	ISSN1005-720X	CN35-1168/D	半月刊	福建省委党校等
24	求实	ISSN1007-8487	CN36-1003/D	月　刊	江西省委党校
25	理论学刊	ISSN1002-3909	CN37-1059/D	月　刊	山东省委党校
26	学习论坛	ISSN1003-7608	CN41-1023/D	月　刊	河南省委党校等
27	党政干部论坛	ISSN1003-837X	CN42-1099/D	月　刊	湖北省委党校
28	干部教育报		CN42-0814/(G)	20期/年	湖北省委党校
29	湖湘论坛	ISSN1004-3160	CN43-1160/D	双月刊	湖南省委党校
30	岭南学刊	ISSN1003-7462	CN44-1005/C	双月刊	广东省委党校
31	桂海论丛	ISSN1004-1494	CN45-1180/D	双月刊	广西壮族自治区委党校等
32	新东方	ISSN1004-700X	CN46-1023/D	月　刊	海南省委党校等
33	探索	ISSN1007-5194	CN50-1019/D	双月刊	重庆市委党校
34	重庆党校报		CN50-0824/G	半月刊	重庆市委党校
35	理论与改革	ISSN1006-7426	CN51-1036/D	双月刊	四川省委党校
36	中共四川省委党校学报	ISSN1008-5955	CN51-1540/D	季　刊	四川省委党校
37	四川党校报		CN51-0834/(G)	半月刊	四川省委党校
38	中共贵州省委党校学报	ISSN1009-5381	CN52-1116/D	双月刊	贵州省委党校等
39	贵州干部教育		CN52-0808/(G)	旬　刊	贵州省委党校

续 表

序号	报刊名称	国际标准刊号	国内统一刊号	刊 期	主办单位
40	创造	ISSN1004-9797	CN53-1097/D	月 刊	云南省委党校
41	中共云南省委党校学报	ISSN1671-2994	CN53-1159/C	双月刊	云南省委党校
42	西藏发展论坛	ISSN1673-2669	CN54-1047/C	双月刊	西藏自治区委党校等
43	理论导刊	ISSN1002-7408	CN61-1003/C	月 刊	陕西省委党校
44	甘肃理论学刊	ISSN1003-4307	CN62-1002/D	双月刊	甘肃省委党校
45	攀登（汉文版为哲学社会科学理论）	ISSN1001-5647	CN63-1015/C	双月刊	青海省委党校等
46	攀登（藏文版为民族政治理论类综合）	ISSN1005-2089	CN63-1015/C-G	季 刊	青海省委党校等
47	党校教育		CN63-0801/(G)	半月刊	青海省委党校等
48	宁夏党校学报	ISSN1008-2921	CN64-1034/D	7期/年	宁夏回族自治区委党校等
49	宁夏党校通讯		CN64-0804/(G)	10期/年	宁夏回族自治区委党校等
50	实事求是	ISSN1003-4641	CN65-1005/D	双月刊	新疆维吾尔自治区委党校
51	兵团党校学报	ISSN1009-0274	CN65-1199/D	双月刊	新疆生产建设兵团党校等
52	探求	ISSN1003-8744	CN44-1309/D	双月刊	广州市委党校等
53	长江论坛	ISSN1005-3980	CN42-1344/D	双月刊	武汉市委党校
54	哈尔滨市委党校学报	ISSN1008-8520	CN23-1463/D	双月刊	哈尔滨市委党校
55	沈阳干部学刊	ISSN1672-5840	CN21-1499/D	双月刊	沈阳市委党校等
56	中共成都市委党校学报	ISSN1008-679X	CN51-1541/D	双月刊	成都市委党校
57	中共南京市委党校学报	ISSN1672-1071	CN32-1783/D	双月刊	南京市委党校等
58	长春市委党校学报	ISSN1008-8466	CN22-1299/D	双月刊	长春市委党校等
59	中共济南市委党校学报	ISSN1672-6359	CN37-1396/C	季 刊	济南市委党校等
60	中共青岛市委党校青岛行政学院学报	ISSN1008-3642	CN37-1293/D	双月刊	青岛市委党校等

续表

序号	报刊名称	国际标准刊号	国内统一刊号	刊　期	主办单位
61	中共杭州市委党校学报		CN33-1243/D	双月刊	杭州市委党校等
62	大连干部学刊	ISSN1671-6183	CN21-1409/D	月　刊	大连市委党校等
63	特区实践与理论	ISSN1673-5706	CN44-1629/D	双月刊	深圳市委党校
64	厦门特区党校学报	ISSN1673-5684	CN35-1207/C	双月刊	厦门市委党校等
65	中共宁波市委党校学报	ISSNI008-4479	CN33-1228/D	双月刊	宁波市委党校等